Hans-Ulrich Wehler

Deutsche Gesellschaftsgeschichte

Zweiter Band

Hans-Ulrich Wehler

Deutsche Gesellschaftsgeschichte

Zweiter Band

Von der Reformära bis zur industriellen und politischen «Deutschen Doppelrevolution»

1815–1845/49

Verlag C. H. Beck München

CIP-Kurztitelaufnahme der Deutschen Bibliothek

Wehler, Hans-Ulrich:
Deutsche Gesellschaftsgeschichte / Hans-Ulrich Wehler.
– München : Beck
ISBN 3-406-32490-8

Bd. 2. Von der Reformära bis zur industriellen und politischen «Deutschen Doppelrevolution» : 1815–1845/49.–
3. Aufl. – 1996
ISBN 3-406-32262-X

ISBN 3 406 32262 X für diese Ausgabe
ISBN 3 406 32490 8 für die vierbändige Ausgabe

Dritte Auflage 1996

Satz: Fotosatz Otto Gutfreund, Darmstadt
Druck und Bindung: Parzeller, Fulda
Printed in Germany

Übersicht über das Gesamtwerk

Erster Band

Vom Feudalismus des Alten Reiches
Bis zur Defensiven Modernisierung der Reformära
1700–1815

Erster Teil:
Grundbedingungen deutscher Geschichte
im ausgehenden 18. Jahrhundert

Zweiter Teil:
Defensive Modernisierung
Die deutsche Reaktion auf die Französische Revolution
und Napoleon: 1789–1815

Zweiter Band

Von der Reformära bis zur industriellen
und politischen «Deutschen Doppelrevolution»
1815–1845/49

Dritter Teil:
Deutschland in der Epoche vor seiner «Doppelrevolution»
1815–1845/48

Vierter Teil:
Die «Deutsche Doppelrevolution»
Erfolgreiche Industrielle Revolution und gescheiterte
politische Revolution 1845–1848/49

Dritter Band

Von der «Deutschen Doppelrevolution»
bis zum Ende des Ersten Weltkriegs
1849–1918

Vierter Band

Vom Ende des Ersten Weltkriegs
bis zur zweiten deutschen Republik
1918–1949

Inhalt des Zweiten Bandes

Dritter Teil

Deutschland in der Epoche vor seiner «Doppelrevolution» 1815–1845/48

Anhang

Verzeichnis der Übersichten

Dritter Teil

Deutschland in der Epoche vor seiner «Doppelrevolution» 1815–1845/48

Nach der großen Friedenskonferenz zu Wien setzte 1815 in den europäischen Staaten an vielen Stellen das Bestreben ein, das Rad der Entwicklung anzuhalten, es womöglich zurückzudrehen, zumindest aber seinen Gang zu verlangsamen. Deshalb sprachen schon die Zeitgenossen – wie in der zweiten Hälfte des 17. Jahrhunderts in England – wieder von einer Epoche der Restauration: hoffnungsvoll-zufrieden die einen, vorwurfsvoll-bitter die anderen. Und während die Macht der ersten neu gefestigt schien, wuchs die Zahl der anderen unaufhaltsam an. Der Eindruck äußerer Ruhe, der Rückkehr zu geordneten Verhältnissen wurde zumal dort, wo man sich gern schreibfreudig über die Zeitläufe ausließ, durch die Erfahrung anscheinend anhaltender biedermeierlicher Behaglichkeit verstärkt. Die halkyonischen Tage vor 1789, sie schienen manchem zurückgekehrt. Tatsächlich aber erhob sich die Revolution schon fünfzehn Jahre nach dem Wiener Kongreß erneut in Frankreich und strahlte von dort auf Teile Europas aus. Und wiederum eine halbe Generation später erfaßten die europäischen Revolutionen von 1848 auch alle deutschen Staaten, abrupt war es mit dem trügerischen Frieden des Vormärz vorbei. 1776 und 1789 hatten mithin keine einmaligen Ereignisse dargestellt, deren Folgen bewährte Staatskunst sicher kanalisiert hatte, sie hatten vielmehr das «Zeitalter der Revolution» eröffnet.

«Sechzig Jahre lang haben wir uns unentwegt getäuscht», präzisierte Alexis de Tocqueville 1850 seine Diagnose der Zeit, «da wir der Illusion nachhingen, wir hätten jeweils das Ende der Revolution erlebt. Angeblich war sie am 18. Brumaire zum Abschluß gekommen, dann wiederum 1814. Ich selber habe 1830 geglaubt, sie könne jetzt vorüber sein, als ich feststellte, daß die Demokratie, die auf ihrem Vormarsch jedes Vorrecht aufgehoben und zerstört hatte, vor dem altüberlieferten und notwendigen Privileg des Eigentums haltgemacht hatte. Ich dachte, daß sie wie der Ozean an seinem Gestade endlich Ruhe gefunden habe. Ich hatte unrecht. Jetzt ist es offensichtlich, daß die Springflut noch ansteigt..., daß wir nicht nur das Ende der grandiosen Revolution, die vor unserer Zeit begonnen hat, noch nicht erlebt haben, sondern daß auch das Kind, selbst das Neugeborene kaum dieses Ende erblicken wird. Die Gesellschaft wird nicht hier und da verändert, sie befindet sich als Ganzes in einem Prozeß der Transformation.»[1]

Tocqueville dachte in erster Linie an die gewaltige Hebelkraft und die gesellschaftlichen Folgen der politischen Revolutionen wie den Siegeszug der Nationaldemokratie. In Wirklichkeit erlebte jedoch die Zeit seit den 1770/80er Jahren eine «Doppelrevolution»: zum einen die in mehreren eruptiven Wellen hervorbrechende politische Revolution, die von Amerika und Frankreich ihren Ausgang nahm; zum zweiten die Industrielle Revolution, die seither in Großbritannien ihren Spitzenreiter fand, während die kontinentaleuropäischen, auch die hochentwickelten deutschen Gewerberegionen, die zwischen 1789 und 1800 gleichfalls an der Schwelle zu ihrer Industriellen Revolution gestanden hatten, durch Revolution, Krieg und Isolierung von England zurückgeworfen wurden, ehe sie sich – vorerst trotz punktueller Fortschritte weit abgeschlagen, wenn nicht sogar förmlich deklassiert – nach 1815 wieder an dem Wettkampf der europäischen Industrialisierung beteiligten.

Diese anonymen, überpersönlichen Prozesse brauchten ihre Zeit, bis sie sich mit vollem Gewicht im Bewußtsein erst der scharfsichtigsten Beobachter, dann einer breiteren Öffentlichkeit niederschlugen. Bis dahin konnte man wohl den Eindruck gewinnen, daß die Nachkriegsjahre «arm an Ereignissen» blieben. Und «wenn man darunter Kriege, Revolutionen, Großkonflikte versteht», wirkte das bis auf 1830 und dann natürlich die neue Zäsur von 1848 «ganz wahr». Wahr aber nur im Sinne eines einseitigen und vor allem oberflächlichen Urteils, das – würde es heute noch ein Historiker so fällen – Unkenntnis fundamentaler, zunächst gewissermaßen subkutan verlaufender sozialökonomischer, aber auch politisch-ideologischer Veränderungen verriete. Denn hinter der Fassade jener «Restauration», die viele Gemüter beruhigte, hinter den Erfolgen der Metternichschen Stabilisierungspolitik gegen jedwede nationale und soziale, politische und intellektuelle Unruhe entfaltete sich eine unbezähmbare Dynamik nicht nur der politischen Energien, die 1830 und dann 1848 die Dämme staatlicher Einhegung durchbrachen, sondern auch einer sozialökonomischen Entwicklung von säkularer Bedeutung: der Aufstieg des Industriekapitalismus, das weitere Vordringen des Agrarkapitalismus und die von diesen Kräften kapitalistischer Marktwirtschaft und Marktgesellschaft stumm, aber unwiderstehlich vorangetriebene Herausbildung immer größerer marktbedingter sozialer Klassen.

Tocqueville sah die Grundströmung schon richtig. Mit seiner Diagnose stimmte auch ein anderer ebenso skeptischer und historisch-vergleichend urteilender Beobachter wie Jacob Burckhardt überein, als er für seine Vorlesung notierte, «daß eigentlich Alles bis auf unsere Tage im Grunde lauter Revolutionszeitalter ist, und wir stehen vielleicht erst relativ an den Anfängen oder im zweiten Akt; denn jene scheinbar drei ruhigen Dezennien von 1815 bis 1848 haben sich zu erkennen gegeben als einen bloßen Zwischenakt in dem großen Drama. Dieses aber scheint Eine Bewegung werden zu wollen, die im Gegensatz zu aller bekannten Vergangenheit unseres Globus steht.» In der Tat: Die gesamte Gesellschaft befand sich unwiderruflich in einem universalhistorisch einmaligen Transformationsprozeß, dessen Ausgang zu jenem Zeitpunkt, als auch Deutschland seine

«Doppelrevolution», die erfolgreiche Industrielle Revolution und die scheiternde politische Revolution in den 1840er Jahren, erlebte, völlig ungewiß im Dunkel der Zukunft lag – einer Zukunft überdies, in der die Strömungen der «Doppelrevolution» bis heute nicht in ein endgültiges Ruhebett eingemündet sind.

Auch unter einem anderen, obgleich verwandten Gesichtspunkt läßt sich Einblick in folgenreiche Bewegungsprozesse der Epoche von 1815 bis 1848 (und weit darüber hinaus) gewinnen. Als Strukturierungskern sowohl einer gemeineuropäischen als auch einer deutschen Geschichte jener Jahrzehnte können die großen modernen Emanzipationsbewegungen dienen. Ihre Entstehung und Bekämpfung, ihr Aufstieg und Erfolg bilden ein großes Thema für sich. An ihrem Anfang steht die bürgerliche Bewegung, die sich damals weithin mit dem Frühliberalismus deckte, aber auch im Vereinswesen, in den Vorformen politischer Parteien, in der Bildungs- und Wissenschaftsentwicklung, in all den verzweigten Institutionen der öffentlichen Kommunikation unter «aufgeklärten», «patriotisch» oder schon «national» denkenden Bürgern ihren Ausdruck fand. Sie richtete sich gegen aristokratische Privilegien und fürstenstaatlich-bürokratischen Absolutismus, denen der Anspruch auf Rechtsgleichheit, Versammlungs-, Druck- und Redefreiheit in der zu verwirklichenden Staatsbürgergesellschaft entgegengesetzt wurde. Nicht selten zog sie der konstitutionellen Erbmonarchie die auf dem Konsens entscheidungsberechtigter Bürger beruhende Republik vor. Liberalismus und Nationalismus bildeten die Kampf- und Integrationsideologie dieser bürgerlichen Bewegung. Klassische Erfolge erlebte sie z. B. mit der Durchsetzung des revolutionären Leistungsprinzips gegen den zufälligen Vorrang der Geburt, der Adelspolitik der Reformära, der bewundernswerten Emanzipation der jüdischen Minderheit. Den Weitblick ihrer konsequent die Probleme zu Ende denkenden Repräsentanten erkennt man auch daran, mit welcher Vorurteilslosigkeit und Entschiedenheit sie für die Gleichberechtigung der Frauen eintraten.

Seit den 1840er Jahren überschnitt sich die im Vergleich mit Westeuropa und Nordamerika noch keineswegs ihre Siegesallee hinaufmarschierende deutsche bürgerliche Bewegung mit der anhebenden Emanzipationsbewegung der Arbeiter. Sie ist zwar erst ein halbes Jahrhundert später zu einem Machtfaktor ersten Ranges und Verteidiger von Alternativformen des gesellschaftlich-politischen Lebens herangewachsen, immerhin aber hat sie bis 1848 ihre Ansprüche zum ersten Mal unüberhörbar auch in Deutschland angemeldet. Sie richtete sich gegen die sozioökonomische Benachteiligung in Betrieb und Alltag, aber auch gegen die politische Diskriminierung als Bürger zweiter Klasse. Sie stritt für das Recht auf unbehinderte Organisation in Vereinen, für politische und zunehmend auch soziale Gleichberechtigung. Ihr Fernziel lag im republikanischen, nationalen Volksstaat gleichberechtigter Staatsbürger. Ihre Oppositions- und Integrationsideologie wurde von verschiedenen Spielarten des Sozialismus gespeist: des religiösen Sozialismus, des französisch-englischen Frühsozialismus, schließlich des Marxismus, der mühsam vorankommend rund fünfzig Jahre zu seiner Durchsetzung bedurfte.

In diesen vormärzlichen Jahren bestand noch kein unüberbrückbarer politischer Gegensatz zwischen bürgerlicher Bewegung und Arbeiterbewegung. Liberale bürgerliche Politiker und Publizisten verfochten als programmatische Vorstellung, dem sogenannten «Vierten Stand» Möglichkeiten des Besitzerwerbs zu eröffnen und seine Angehörigen als Kleineigentümer allmählich in eine – wie man hoffte – klassenlose mittelständische Staatsbürgergesellschaft aufzunehmen. In den von solchen liberalen Ideen beeinflußten Arbeitervereinen stand man diesem Ziel auch nicht prinzipiell ablehnend gegenüber. Erst die soziale und politische Polarisierung des späten Vormärz, der Einfluß des Frühsozialismus und die Revolutionserfahrungen haben diese denkbare Gemeinsamkeit in Frage gestellt, obwohl es auch noch in den zwanzig Jahren nach 1848 viele Berührungspunkte zwischen bürgerlichem Liberalismus und proletarischer Arbeiterbewegung gab einschließlich des lange geteilten gemeinsamen Ziels, einen deutschen Nationalstaat zu schaffen.[2]

Indessen: Die Entwicklung der großen Emanzipationsbewegungen bildet nur einen Ausschnitt aus der komplexen Problematik jener Epoche, die der deutschen «Doppelrevolution» vorausging. Daher zurück zum Ausgangspunkt des Jahres 1815. Darstellung und Analyse folgen wieder dem durchgängigen Gliederungsschema nach denselben Sachgesichtspunkten. Am Beginn steht deshalb die deutsche Bevölkerungsgeschichte zwischen 1815 und 1848.

I.
Kontinuität und Anstieg des Bevölkerungswachstums

Da die Gesellschaft der Gegenwart sich «in fortschreitender Bevölkerung» befinde, notierte Hegel 1818 für seine «Grundlinien der Philosophie des Rechts», diesem rapiden Wachstum jedoch keine entsprechende Arbeitsnachfrage gegenüberstehe, werde das «Herabsinken einer großen Masse unter das Maß einer gewissen Subsistenzweise» allenthalben sichtbar. Trotz «dem Übermaße des Reichtums» sei die «bürgerliche Gesellschaft nicht reich genug», um «dem Übermaße der Armut und der Erzeugung des Pöbels zu steuern». An dieser Beobachtung sind mehrere Dinge bemerkenswert. Einmal erfaßte Hegel eine bedeutsame demographische Erscheinung, die freilich keineswegs erst wenige Jahre alt war. Zum zweiten konstatierte er das damit zusammenhängende verfassungspolitische Problem – den Begriff weit genug gefaßt –, daß sich die Gesellschaft und ihre politischen Entscheidungsgremien schwertaten, dieser Erscheinung mit den damals zur Verfügung stehenden Mitteln Herr zu werden. Im Zusammenhang mit der Sozialgeschichte, insbesondere mit dem «Pauperismus» des Vormärz wird beides noch erörtert (Teil 3, III, 6). Wesentlich ist an dieser Stelle, daß Hegel, zu Beginn der Nachkriegszeit und soeben in Berlin eingetroffen, als kritischer Diagnostiker auf das Aufsehen erregende Bevölkerungswachstum relativ frühzeitig einging, mithin die intensive Diskussion, die schon seit den 1780/90er Jahren darüber geführt worden war, erneut aufnahm und politisch wachsam fortzuführen half. Das Neuartige, Unberechenbare, Gefährliche dieser demographischen Entwicklung war nicht nur ihm, sondern auch zahlreichen anderen zeitgenössischen Beobachtern und Statistikern zu diesem Zeitpunkt völlig präsent.[1]

Dieser Tatsache steht eine außerordentlich zählebige Legende entgegen, die seit langem in wissenschaftlichen Werken und Schulbüchern gepflegt wird. Danach soll die deutsche «Bevölkerungsexplosion» der ersten Hälfte des 19. Jahrhunderts das unmittelbare Resultat der preußischen Reformgesetze gewesen sein. Da der Ehekonsens aufgehoben, die Freizügigkeit gewährt und eine hohe Zahl an neuen Arbeitsstellen geschaffen worden sei, seien Heiratsalter und Zölibatsquote gesunken, die innereheliche Fruchtbarkeit und die regionale Wachstumsrate angestiegen, so daß dadurch eine wahre Bevölkerungslawine ausgelöst worden sei. Die Realität des historischen Prozesses sieht tatsächlich jedoch anders, vor allem viel komplizierter aus.

Dabei gilt es, als Ausgangspunkt festzuhalten, daß auch in den deutschsprachigen Gebieten des Alten Reiches die dritte Expansionswelle in der europäischen Bevölkerungsgeschichte unzweideutig noch vor der Mitte des 18. Jahrhunderts eingesetzt hatte, sich dann im letzten Viertel des Jahrhunderts offensichtlich noch beschleunigte und z.B., wie vorn erörtert, in Preußen, aber auch in zahlreichen andern deutschen Staaten und Gebieten zwischen 1750 und 1800 zu einem Anstieg der statistisch schon einigermaßen zuverlässig ermittelten Bevölkerung um rund 50 %, manchmal sogar um fast 100 % (Schlesien: 0,94 p.a.) führte. Dieses Wachstum hatte sich fast ausschließlich in den Agrarregionen und ländlichen Kleinstädten vornehmlich Ost- und Mitteldeutschlands, nicht dagegen in den wenigen größeren Städten vollzogen. Die jährliche Zunahme in den am schnellsten ihre Kopfzahl vergrößernden Regionen übertraf sogar die in der Fachliteratur häufig angeführten Spitzenraten von England und Wales (1750–1800: 0,8 p.a.!).

Für das deutsche Wachstumsphänomen scheint es drei Hauptursachen gegeben zu haben:

1. Der Ausbau einer differenzierten Landwirtschaft, insbesondere auf den größeren Gütern und Bauernhöfen, im Zeichen der markt- und exportorientierten Kommerzialisierung und eines voranstrebenden Agrarkapitalismus dehnte Nahrungsspielraum und Existenzchancen aus.

2. Das ubiquitäre protoindustrielle Heimgewerbe, das durch die Verlage an überregionale und internationale Absatzmärkte seit langem angeschlossen war, erhöhte die Absorptionsfähigkeit und Elastizität der ländlichen, zum Teil auch der städtischen Gesellschaften.

3. Die internationale Konjunktur seit dem Siebenjährigen Krieg verbesserte trotz schmerzhafter Krisenjahre und Epidemieeinbrüchen die globalen Rahmenbedingungen für den binnengesellschaftlichen ökonomischen Aufschwung, damit auch für die demographische Expansion.

Die älteren generativen Strukturen, die auf einem soziokulturell ausbalancierten und herrschaftlich gesteuerten Verhältnis von Nahrungsspielraum und Bevölkerungsgröße beruht hatten, sind daher seit der Mitte des 18. Jahrhunderts zunehmend in Frage gestellt, ja vielerorts bereits gesprengt worden; an anderen Stellen, wie im Münsterland und in Bayern, haben sie sich jedoch weiterhin als fest erwiesen. Die Bevölkerung hing in ihrer materiellen Existenz seit alters her, erst recht, wenn sie plötzlich anwuchs, von der Qualität des Nahrungsspielraums ab, der als gesellschaftlich definierte Chance auf eine Vollerwerbsstelle, zumindest aber auf Überleben, verstanden werden kann. Heiratsalter und -frequenz, etwa die Spätheirat nach der wichtigsten Fruchtbarkeitsperiode der Frau, erzwungenes Zölibat und – viel seltener – innereheliche Geburtenbeschränkung, damit aber die erste demographische Hauptvariable, die Fertilität im Sinne der Kinderzahl pro Familie und der illegitimen Geburten, unterlagen im Prinzip sozialnormativer Lenkung, durch sie wurde ein prekäres Gleichgewicht gewährleistet, das eventuell – wenn es durch Bevölkerungsanstieg ernsthaft gestört blieb – erst durch Hungerkrisen und Seuchen unbarmherzig austariert wurde. Auch die Mortalität als zweite demographische Determinante kann nicht allein als physiologischer Vorgang gelten. Sozialdeterminierte Phänomene wie die Aussetzung von Alten und Kindern, die Aborte aus vielerlei Gründen, z.B. wegen der Diffamierung unehelicher Mütter und Kinder, die sozialhygienischen Einflüsse, welche die ärztliche Versorgung, den Grad der Säuglingssterblichkeit, den Ortswechsel bei Epidemien, die Qualität des Wassers usw. umschlossen, spielten zum Teil eine genauso ausschlaggebende Rolle wie selbstredend die Vermögenslage, welche Mißernten voll durchschlagen oder spurlos vorbeiziehen ließ.

Die deutsche Bevölkerungsgeschichte ist in der zweiten Hälfte des 18. Jahrhunderts bereits dadurch charakterisiert, daß die zentralen Komponenten der generativen Strukturen sich veränderten und in ein neues Verhältnis zueinander gesetzt wurden: Heiratsalter und -häufigkeit, Fertilität und Mortalität unterlagen seither einem tiefgreifenden Wandel. Dieser Wandel setzte sich mit schichten- und altersspezifischen Eigenarten auch während der ersten beiden Phasen des sogenannten «Demographischen Übergangs» durch, deren erste durch den relativen Gleichstand von hoher Geburtlichkeit und hoher Sterblichkeit (vor allem der Säuglinge) und deren zweite durch die Scherenbewegung zwischen hochbleibender Fertilität und absinkender Mortalität gekennzeichnet ist.[2]

Das explosive Bevölkerungswachstum seit den 1740er Jahren ist mit absoluter Vorrangigkeit ein Wachstum der ländlichen Unterschichten, der «Fruchtbarkeit der Dorfarmen», mit großem Abstand sodann der städtischen Unterschichten und anderer sozialer Schichten und Klassen gewesen. Diese Signatur behielt auch noch der Bevölkerungsanstieg des frühen 19. Jahrhunderts. Wenn seither die Fertilitätsrate vereinzelt sank, blieb dieser – spätere Bewegungen sozialtypisch vorwegnehmende – Rückgang zunächst auf Beamten- und Unternehmerfamilien beschränkt, erst nach 1850 schlossen sich Handwerker und Kleingewerbetreibende teilweise an.

Die bereits seit rund sechzig bis siebzig Jahren dank der Geburtenüberschüsse ansteigende Bevölkerungszahl kann demzufolge kausal keineswegs allein auf die Reformen zurückgeführt werden. Ganz abgesehen von der grundsätzlichen Frage, wie schnell Menschen auf bürokratische Verordnungen hin in zentralen Bereichen ihres Sozialverhaltens antworten, ob sie ohne Zögern und ohne Reaktionspause tief eingeschliffene generative Strukturen zu verändern bereit sind, ist statistisch nicht zu bestreiten, daß die dritte gemeineuropäische Expansionswelle seit den 1740er Jahren auch Deutschland erfaßte und sich im neuen Jahrhundert trotz geringfügiger Einbuchtungen aufgrund der Menschenverluste in den Kriegsjahren zunächst einmal weiter fortsetzte. Richtig ist sodann, daß in einigen deutschen Staaten die Auswirkungen der Reformen über kurz oder lang die demographischen Prozesse beschleunigt haben, während in anderen dieser Effekt völlig ausblieb.

Das preußische Nordostdeutschland ist in der ersten Hälfte des 19. Jahrhunderts in der Tat eine herausragende Zone geblieben, die durch hohe Wachstumsraten der Bevölkerung charakterisiert ist. Hier haben die zwischen 1807 und 1821 in Gang gebrachten Reformen offensichtlich die seit langem anschwellende Bevölkerungsvermehrung noch weiter gefördert. Die herrschaftlich sanktionierte Eheerlaubnis entfiel zusammen mit der Schollenpflichtigkeit der Erbuntertänigen, die neue Freizügigkeit, wie sie auch die Deutsche Bundesakte gewährte, konnten seit 1815 immer mehr Menschen genießen, vermutlich dehnte sich allmählich die Mobilitätsbereitschaft ebenfalls aus. Auch für diesen Bereich der Bevölkerungsbewegung gilt, daß die Reformen «eine legislative Anpassung» an nicht länger mehr aufschiebbare Entwicklungen bildeten, die sich jahrzehntelang angebahnt hatten. Wahrscheinlich reagierte die ländliche Bevölkerung mit ihrem generativen Verhalten nicht direkt auf die Gesetzestexte selber, sondern vielmehr auf die ökonomischen Chancen und Zwänge, die von diesen Zug um Zug geschaffen, bestätigt oder genommen wurden.

Während die jährlichen Wachstumsraten der preußischen Gesamtbevölkerung seit 1816 ziemlich stetig hochkletterten, so daß sich im Durchschnitt bis 1866 dieselben 14 bis 15 p. M. Zuwachs wie in den meisten der schnell wachsenden Regionen Europas ergaben, und während einzelne Provinzen zeitweilig sogar weit darüber hinausschossen (Pommern z. B. 2,3 % p. a.), verschärfte sich mit innerer Notwendigkeit das Spannungsverhältnis zwischen dem Arbeitsplätzeangebot und Arbeitskräftepotential, das man auf rund 45 % der Gesamtbevölkerung veranschlagen kann.

Übersicht 15: Wachstum der preußischen Bevölkerung 1816–1866 in Mill.

1. 1816 = 10349 (10636)	4. 1840 = 14929 (14917)
2. 1820 = 11723 (11464)	5. 1848 = 16165
3. 1830 = 12988 (13119)	6. 1866 = 19501

In dem halben Jahrhundert seit der Neugestaltung des preußischen Staates auf dem Wiener Kongreß wuchs seine Bevölkerung mithin um rund 90 % an, wobei die Annexionen von 1866 (1867 = 23,97 Mill.!) natürlich nicht einberechnet worden sind. Bis zur Revolution von 1848 sind es immerhin schon 5,8 Mill. (rund 55 %) gewesen, insgesamt in den fünfzig Jahren seit 1815 absolut fast doppelt soviel wie in der zweiten Hälfte des 18. Jahrhunderts. Weitere sechs Staaten des Deutschen Bundes verzeichneten übrigens bis 1846 einen Zuwachs von 80 %, nur sechs von 38 Mitgliedern des Bundes weniger als 50 % (Deutschland in den Grenzen von 1914: 1816–1848 = 39 %, d. h. 1,33 % p. a.). Seit 1816 (= rund 27 %) wohnte von der preußischen Bevölkerung in 356 Städten mit mehr als 2000 Einwohnern (18 mit mehr als 20000 Einwohnern, 1/15 der Bevölkerung; 26 mit mehr als 10000 und 330 mit 2000 bis 10000 Einwohnern; darunter gab es noch 556 Städte mit bis zu 2000, 396 davon mit weniger als 1000 Einwohnern) konstant ein gutes Viertel: 1848 waren es noch immer 28 %. Rechnet man alle Städte gemäß der Städteordnung von 1808 zusammen, ergibt sich ein knappes Drittel (2,896 Mill.); mehr als zwei Drittel (rund 72 %) blieben bis 1848 auf dem flachen Land oder in Ackerbürgerstädtchen; faßt man den Stadtbegriff strenger, blieben es sogar ⅘! Die Bevölkerungsdichte pro Quadratkilometer stieg von 1816 = 35 und 1830 = 44 auf 1850 = 56 Menschen an. Sieht man von dem Habsburgerreich ab, zählte der nächstgrößte Staat im Deutschen Bund, das Königreich Bayern, 1816 genau 3,56 Mill., also fast nur ein Drittel der preußischen Einwohnerzahl!

Die gesamtstaatlichen Ziffern bedürfen allerdings sogleich mehrerer Stufen der Differenzierung, und zwar zuerst nach Provinzen, zwischen denen sich in klarer Verlängerung des Trends im 18. Jahrhundert ein unübersehbares Gefälle des demographischen Wachstums fortsetzte.

Übersicht 16: Bevölkerungswachstum in den preußischen Provinzen 1816–1848 in Mill. Einwohnern

	1816	1820	1830	1840	1848
1. Ostpreußen	0,886	1,03	1,24	1,39	1,45
2. Westpreußen	0,571	0,650	0,787	0,916	1,02
3. Posen	0,820	1,01	1,07	1,23	1,36
4. Schlesien	1,94	2,12	2,44	2,86	3,06
5. Sachsen	1,12	1,28	1,44	1,64	1,77
6. Pommern	0,683	0,744	0,907	1,06	1,18
7. Brandenburg (ohne Berlin)	1,09	1,13	1,33	1,53	1,70
8. Westfalen	1,07	1,11	1,75	1,38	1,47
9. Rheinland	1,87	2,00	2,24	2,59	2,80

Alle östlichen Provinzen nahmen in den fünfzig Jahren nach 1816 zwischen 80 % und 120 % zu. Nicht nur in den reinen Agrarprovinzen Westpreußen und Posen oder im hausindustriell hochentwickelten Schlesien stieg die Einwohnerzahl zwischen 1816 und 1866 (von 571000 auf 1,27 Mill., von 820000 auf 1,54 Mill. und von 1,94 auf 3,56 Mill.) derartig an, sondern auch im gewerbereichen Rheinland (1,87–3,41 Mill.) und in Westfalen (1,07 bis 1,7 Mill.) wurden ähnliche Wachstumsspitzen erreicht. Diese westlichen Gewerbebezirke wiesen von 1816 bis 1846 auch einen ersten Wanderungszustrom von 155300 aus.

Außerdem erlebte die Hauptstadt Berlin, zugleich größte Garnisons- und Gewerbestadt des Landes sowie Zufluchtsort zahlreicher Glaubensflüchtlinge und Zuwanderer, ein exzeptionelles Wachstum. Ihre Bevölkerung stieg von 1784 = 145021, 1816 = 197717, 1820 = 202641, 1830 = 239233 und 1840 = 330230 auf 1848 = 412132 an. In den fünfundfünfzig Jahren von

Friedrichs II. Tod bis 1840 verdoppelte sich ihre Einwohnerschaft, in dem halben Jahrhundert von 1816 bis 1866 (= 666800) stieg sie sogar um 235 % an. Das Zuwanderungsvolumen der einströmenden Menschen blieb schon damals stets größer als der dauerhafte Wanderungsgewinn aus den seßhaft werdenden Ankömmlingen. Insgesamt behält jedoch die Feststellung ihre Richtigkeit, daß ein Haupteffekt des deutschen, nicht nur des preußischen Bevölkerungswachstums in der Überfüllung des flachen Landes, bis 1850 jedoch nicht in erhöhter Urbanisierung bestand. Die Stadtbevölkerung nahm bis zum Ende des Vormärz, pauschal gerechnet, genauso stark wie die Gesamtbevölkerung (57,5 % : 59 %) zu und holte das hohe ländliche Wachstum erst nach der Jahrhundertmitte, dann aber in hektischer Eile, nach. Generell lagen die höchsten Zuwachsraten zwischen 1816 und 1846. Nach diesem Krisenjahr fielen sie ab, so daß die späten 1840er Jahre einen klaren Einschnitt markieren. Westpreußen, Posen, Schlesien, Rheinland und Westfalen verzeichneten mit dem Königreich Sachsen zudem bis 1846 einen geringen positiven Wanderungssaldo, während seit 1841 fast alle anderen Gebiete, seit 1849 ausnahmslos alle, negative Wanderungsbilanzen besaßen.[3]

Mit dem Beginn der Friedensjahre, der Nachholheiraten und der ersten Auswirkungen der Reformen setzte von 1816 bis 1825 ein Spitzenwachstum ein, das einen durchschnittlichen jährlichen Zuwachs von 1816–1819 = 16,9, 1820–1822 = 18,2 und 1822–1825 = 16,0 p.M. ergab. Primär als Folge der Agrarkrise und Hungersnot der 20er Jahre, wohl auch der Cholera und vielleicht der Grippe am Anfang der 30er Jahre flaute es dann ab und erreichte erst 1837–1840 = 17,7 p.M. eine neue Rekordmarke. Diese Durchschnittsziffern für Preußen wurden jedoch durchweg von den wachstumsintensivsten, städtearmen, geradezu «entstädterten» rein agrarischen Provinzen noch erheblich übertroffen (siehe die absoluten Zahlen in Übersicht 16). In Ost- und Westpreußen und Posen etwa blieb der jährliche Zuwachs von 1816 bis 1825 kontinuierlich bei 20,4 p.M.; allein die Landbevölkerung stieg dort in den vierzig Jahren vor 1848 um 53 % an. Die maßgeblichen Ursachen dafür liegen «fast ausschließlich» in der «natürlichen Vermehrung der ländlichen Unterschichten». Schon in den Jahrzehnten vor den Reformen hatten sie sich – wie bereits (in Bd. I) gezeigt – am stärksten vermehrt, in Pommern z.B. allein von 1795 bis 1805 um 14 % p.a. In den Regierungsbezirken Posen und Bromberg zählten bereits, ehe dort die Reformen seit 1823 verspätet durchgeführt wurden, 50 % der Bevölkerung zu den lohnabhängigen Landarbeitern, sogar ⅔ bis ¾ der Haushaltsvorstände wurden als «ackerlos» erfaßt. Diese in der Tat «negativ privilegierte Erwerbsklasse» verzeichnete seither erstaunliche Zuwachsraten (Siehe Übersicht 17!).

Die Landlosen wuchsen mithin unvergleichlich schneller als die Gesamtbevölkerung der Provinz Posen (siehe Übersicht 16, Nr. 3). Ähnliche Prozesse spielten sich in Schlesien (1816: 1,94 – 1866: 3,56 Mill.), Pommern (1816: 683000 – 1866: 1,44 Mill.) und Ostpreußen ab (Siehe Übersicht 18!).

Übersicht 17: Wachstumsraten in der Provinz Posen 1810–1861

		Gesamtzahl der Haushaltsvorstände und Abhängigen i. T.	Anteil der Landlosen	in %	Haushaltsvorstände und -arbeitskräfte		in %
					Gesamtzahl	Anteil der Landlosen	
Rb.	1810	402,6	204,2	50,7	128,5	89,1	69,2
Posen	1849	644,5	360,7	56	195,4	147,4	75,4
	1861	652,1	384,1	58,9	205,0	158,3	77,2
Rb.	1810	186,3	105,3	56,6	67,4	49,5	73,5
Brom-	1849	359,1	192,8	53,7	90,5	67,1	74,2
berg	1861	245,9	215,5	62,3	108,3	87,1	80,1

Übersicht 18: Wachstum der Landbevölkerung in Ostpreußen 1805–1867

	1805 Stellen	Personen i. T.	1867 Stellen	Personen i. T.	Mittlere jährliche Zunahme p. M.
1. Gutswirte	41,4	7	3,5	1,7	14
2. Insten, Tagelöhner	55	220	140	580	16
3. Gesinde	109,5	115	157,2	160	5
4. Hofbauern	58,8	294	65,5	360	3
5. Eigenkätner	8	40	30	144	21
6. Dorfgewerbe	8	32	34,4	101	19

Nachdem sich die ländlichen Arbeiterfamilien in Ostpreußen schon von 1750 bis 1800 um 250 % vermehrt hatten, verzeichneten in einem Zeitraum, während dessen sich die Bevölkerungszahl von 1816 = 886200 auf 1866 = 1,8 Mill. hinaufbewegte, die Bauern erneut den geringsten Zuwachs – dennoch gingen sie auch dort, wie bereits geschildert, aus der Zeit der Bodenreform numerisch verstärkt hervor –, während Eigenkätner mit Zwergparzellen, landlose Tagelöhner, die Insten und Dorfgewerbe ihre Zahl durchweg verdreifachten.[4]

Das aufgrund der geburtenstarken Jahrgänge seit dem letzten Drittel des 18. Jahrhunderts sprungartig sich ausdehnende und nach 1815 noch einmal jahrzehntelang beispiellos vermehrende Arbeitskräftepotential wurde, insbesondere seit Beginn der Reformen, erstens aufgrund des Arbeiterbedarfs der ritterlichen Eigenwirtschaften auf die neugeschaffenen Familienstellen für Insten, die rechtlich streng gebundenen Gutsarbeiter mit Deputat,

Wohnsitz und Nutzungsland, gelenkt. Die Einführung neuer Fruchtfolgen, die Intensivierung der Viehwirtschaft und die Erschließung riesiger Anbauflächen erhöhten zusätzlich den Bedarf nach einer teils dörflich seßhaften, teils fluktuierenden Tagelöhnerschaft. Zweitens wurden durch die Aufhebung des ständischen Bodenrechtes, die Kultivierung neuen Ackerlands und den Parzellenverkauf oder gar die zahlreichen Dismembrationen jener Bauernhöfe, deren Besitzer im Zug der Reformen aufgeben und zum Verkauf schreiten mußten, unentwegt zahlreiche neue Kleinstellen für Eigenkätner, Häusler, Gärtner – und wie man sie sonst noch nennen mochte – hinzugeschaffen. 1816 gab es in ganz Preußen 533176 kleine Betriebe mit bis zu 15 Mo., 1849 aber insgesamt 1,391915 Mill. mit bis zu 30 Mo.; die bis 1840 rund 200000 zählenden Instenstellen sind darin noch nicht einmal enthalten! Als der Arbeitskräftebedarf der Güter und Großbauern nachließ, hielt die Kleinstellengründung die Heirats- und Geburtenziffern hoch. Diese Familien gewannen ihren Lebensunterhalt aus kümmerlicher Subsistenzwirtschaft, aus Lohnarbeit auf Gütern und Bauernhöfen, durch Naturaliendeputate und Hausgewerbe, aber sie vermehrten sich besonders rasch, so daß der Mittelpunkt des demographischen Wachstums bei diesen Landlosen und Landarmen blieb.

Obwohl sich die Aufnahmefähigkeit der ostdeutschen Landwirtschaft dank ihrer arbeitsintensiven Differenzierung und der Ausweitung des Kulturlandes in den fünfzig Jahren seit 1815 nahezu verdoppelte, obwohl sie auch bis 1850 der größte Produktionszweig mit der Mehrheit aller Beschäftigten blieb – der statistische Landesdurchschnitt von 50% wurde in den Ostprovinzen weit überschritten, umgekehrt in den Westprovinzen beträchtlich unterschritten –, konnte sie nach der Überwindung ihres anfänglichen Engpasses den überproportionalen Zustrom aus den unterbäuerlichen Schichten, als sich das Gesetz des abnehmenden Grenznutzenwertes von zusätzlichen Arbeitskräften und Böden durchzusetzen begann, nicht weiter aufnehmen. Schon seit der Mitte der 30er Jahre staute sich daher ein erhebliches Arbeitskräftepotential auf dem Land immer bedrohlicher auf. Diese latente Übervölkerung überschnitt sich mit dem Rückgang des lebensfähigen Heimgewerbes und der Überfüllung der Handwerksberufe, so daß die Bevölkerungszunahme in das Massenelend des «Pauperismus» mit seinem absoluten Tiefpunkt in den 40er Jahren einmündete.[5]

Folgt man der Rangordnung der zunehmenden Bevölkerungszahl, ergibt sich hinter den nordostdeutschen Agrargebieten der zweite Platz für eine Zone, die von Sachsen über Schlesien nach Böhmen reichte. Während in Preußen die landwirtschaftliche Bevölkerung bei 72% lag, fiel noch in der Restaurationszeit dieser Anteil im Königreich Sachsen bereits auf fast 25% hinab. Das seit langem menschenreiche und gewerbefleißige Sachsen zählte 1815 = 1,179 Mill. Einwohner, sie stiegen in rasantem Wachstum und dank stetiger Zuwanderung (1820 = 1,25, 1830 = 1,40, 1840 = 1,71) bis 1848 auf

1,87 Mill., in dem halben Jahrhundert bis 1866 um fast 100% auf 2,38 Mill. an. Die jährliche Zuwachsrate von 1,99% erreichte fast die Spitze von Westpreußen (= 2,48) und Ostpreußen (= 2,05); die Geburtenüberschüsse lagen bei 10 p. M. p. a. Auch hier vollzog sich der Hauptzuwachs auf dem protoindustriell dicht durchsetzten Lande mit zum Teil schon frühindustriellen Zentren; dort lebten 1843, als Sachsen 1,758 Mill. Einwohner besaß, noch 66% der Bevölkerung, immerhin schon ein Drittel wohnte in den Städten. Auch hier taten, während der Anteil der Vollbauern relativ zurückging (1750 = 24,6, 1843 = 13,5%), die landarmen oder landlosen Gärtner und Häusler (= 46,8%) mit den armen Inwohnern der Dörfer (5,4%) den größten Sprung auf 52,2% der sächsischen Gesamtbevölkerung. Die Inwohner der Städte dagegen stiegen im Vergleich mit 1750 nur um 1,3% auf 17,6%; damit übertrafen sie allerdings weiterhin die Zahl der Bürger (16,2%). Die ländlichen und städtischen Minderberechtigten, die Besitzlosen oder Armen stellten mithin zu diesem Zeitpunkt mehr als zwei Drittel der sächsischen Bevölkerung.

Die auffälligste Ausnahme im Hinblick auf das Bevölkerungswachstum bildete Bayern, dessen Einwohnerzahl zwischen 1750 und 1800, als allenthalben die Populationsziffern kräftig hochzusteigen begannen, sogar abfiel. Anschließend gehörte seine jährliche Zuwachsrate von 0,63% zwischen 1816 (= 3,56, 1820 = 3,78, 1830 = 4,13, 1840 = 4,37, 1848 = 4,5 Mill.) und 1866 (= 4,83 Mill., d.h. + 30,6%) zu den fünf geringsten Werten, die bei allen Mitgliedern des Deutschen Bundes überhaupt festzustellen sind. Dieser Sonderfall des drittgrößten deutschen Staates ist erklärungsbedürftig. Da in der ersten Jahrhunderthälfte die geringe jährliche Zunahme schleppend erfolgte, dazwischen sogar Stagnation und Rückgang vorkamen, sind die Reformen offenbar ohne sichtbaren Einfluß auf die generativen Strukturen geblieben. Sie griffen ja auch in das besitzrechtlich gesicherte, stabile Mittel- und Großbauerntum ungleich weniger tief als in Preußen ein. Das strenge Heirats- und Niederlassungsrecht (1816/1825) kann den langsamen Anstieg allein auch nicht veranlaßt haben, denn anderswo war es genauso hart und schloß Bevölkerungszunahme nicht aus. In Bayern trieb es vornehmlich das Heiratsalter, die Zölibatsquote sowie die Unehelichenquote (z.B. zwischen 1841 und 1870 auf 7,24 bis 9,02 p.M.) hoch. Aber eine negative Rückkoppelung zwischen langfristiger Wirtschaftslage und Bevölkerungsentwicklung hatte sich bereits zwischen 1750 und 1800 ausgewirkt. Andauernde ökonomische Krisen hatten das Land im letzten Drittel des 18. Jahrhunderts niedergedrückt und die Lage der Mehrheit der Bauern häufig so verschlechtert, daß sie mit teilweise bewußter Geburtenbeschränkung auf die Misere reagierten. Besonders in Gebieten mit primär kleinbäuerlicher Struktur sank das Fertilitätsniveau. Auch zwischen 1800 und 1850 blieben die allgemeinen Geburtenziffern mit 34 p. M. weitaus niedriger als etwa in Brandenburg (40,2), Schlesien (42,8) oder Posen (45,3).

Diese geringe Fertilität läßt sich nicht mit der Unverheiratetenquote erklären, denn die Heiratszahl selber schwankte in dieser Zeit und sank über lange Zeitspannen hinweg ab. Das scheint eine Folge der ökonomischen Entwicklung gewesen zu sein, denn die schlechten Transportmöglichkeiten und die Schwächung der Marktnachfrage, der Preisfall agrarischer Produkte, die daraufhin schnell folgende umfangreiche Schuldenerhöhung und schließlich der Verkauf oder die Zerlegung von Höfen hielten die innereheliche Geburtlichkeit relativ klein. Zugleich nahm jedoch die Mortalität ungewöhnlich stark zu. Die Höhe der Erwachsenensterblichkeit spiegelte die Härte der Arbeit, Krankheitsanfälligkeit und die fehlende Elastizität des Kräfteangebots wider. Die Säuglingssterblichkeit kletterte bis in die 1840er Jahre auf erschreckende 42 p.M.; die kurze Stillzeit und die zunehmende Frauenarbeit auf Klein- und Mittelbetrieben verstärkten diesen Effekt. Die Tuberkulose breitete sich wegen schlechter Ernährung aus. Moderne ärztliche Versorgung erreichte nur wenige; den meisten, die weiter dem Bader vertrauten, erschien sie auch zu teuer. Will man die Konsequenzen positiv formulieren: Nahrungsspielraum und Bevölkerungsgröße blieben in einem recht stabilen Verhältnis. Die unleugbare Ertragssteigerung, die es auch in Bayern gab, hat mithin nicht zu erhöhter Fruchtbarkeit geführt. Das Zusammenwirken dieser Faktoren ergab jedenfalls, daß die Bevölkerung des Königreichs Bayern zwischen 1816 und 1866 nur um 35 % anstieg.

Unterboten wurde Bayern noch von einem anderen Rheinbundstaat, dem Königreich Württemberg, das von 1815 (= 1,397, 1820 = 1,426, 1830 = 1,575, 1840 = 1,647, 1848 = 1,734 Mill.) bis 1866 (= 1,76 Mill., + 27 %) bei einer jährlichen Zuwachsrate von 0,61 % bis zur Jahrhundertmitte nur um 24 % zunahm. Trotzdem gehörte das eng besiedelte Land zu den Gebieten mit der größten Bevölkerungsdichte in ganz Europa: Von 1818 = 82 Menschen pro km² stieg diese Dichte auf 1849 = 91 Menschen; im Deutschen Bund lagen nur Sachsen und das Großherzogtum Hessen ein wenig höher. Erheblich bewegter als in Württemberg stellte sich die Situation im Großherzogtum Baden dar. Es begann 1815 nach seiner Konsolidierung mit 993000 Einwohnern und erreichte (1820 = 1,05, 1830 = 1,20, 1840 = 1,3, 1848 = 1,37 Mill.) bis 1866 = 1,43 Mill., also bis zur Revolution einen Zugewinn von fast 40 %. Seine Bevölkerungsdichte glich ungefähr der des benachbarten Württemberg.

Die zahlreichen Städte im badisch-württembergischen Südwesten verteidigten mit Heimatrecht und Aufnahmegebühr ihren relativ statischen Zustand. Die anhaltende Freiteilbarkeit der Bauernhöfe aufgrund des Realteilungsrechts, das – in diametralem Gegensatz zum Anerbenrecht – alle Erben berücksichtigte, führte zu einer verwirrenden Zersplitterung des Grundbesitzes. Knapp 10 % der Betriebe besaßen mehr als zehn Hektar Land, aber die Bevölkerungsdichte erreichte bereits 1810: 66 Personen pro Quadratkilometer, eine Zahl, die Ostpreußen selbst 1939 noch nicht besessen hat. Kümmerliche Subsistenzwirtschaft verbunden mit konjunkturabhängiger protoindustrieller Nebentätigkeit war in vielen Fällen die unvermeidbare Folge. Die frühe Kleinindustrie zog einige Arbeitskräfte ab, Tausende wanderten vor allem aus dieser Gegend aus, das staatliche Bevölkerungsrecht griff scharf ein. Die ziemlich hohe eheliche Fertilität, auch hier keineswegs eine Folge der Agrarreform, wurde durch die Sterblichkeit der 1830/40er Jahre im Gefolge von Mißernten und Depressionen des Heimgewerbes alsbald ausgeglichen.

1848 standen daher 16,2 Mill. Preußen 7,6 Mill. Menschen in den drei süddeutschen Mittelstaaten gegenüber, 1866 lautete das Verhältnis sogar 19,5 zu 8 Mill. Nach den Annexionen im Gefolge der beiden ersten Bismarckschen Kriege (1867 = 24 Mill.) übertraf Preußen schon Großbritannien. Allein in den zwanzig Jahren vor der Revolution nahm Preußen um 25 % (Sachsen freilich um 30 %), Bayern aber nur um 6,6 % und Württemberg um 11 % zu. Zwar befanden sich Ballungsinseln der Bevölkerung auch in Baden und Württemberg, vor allem aber, außer im Königreich Sachsen, im preußischen Schlesien, Rheinland, Westfalen (Mark, Ravensberg) und in Berlin. Ostelbien blieb bis 1848/50 «der Schwerpunkt der allgemeinen Bevölkerungsentwicklung». Im weiträumigen Norden und Nordosten Deutschlands entfielen trotzdem weniger als dreißig Einwohner auf den Quadratkilometer, im südlich gelegenen Deutschland gewöhnlich knapp siebzig.[6]

Wo in den Zentren des größten Bevölkerungszuwachses intensivierte Güterwirtschaft und Hausindustrie, Kleinstellengründung, Handwerk und Frühindustrialisierung nicht halfen, blieb manchmal noch eine – bis 1850 freilich sehr begrenzte – Binnenwanderung, wie sie in der Migration von Tausenden von Lohnarbeitern zutage trat, und schließlich die Auswanderung nach Übersee oder nach Ost- und Südosteuropa möglich.

Übersicht 19: Die deutsche Auswanderung 1816–1849

1816–1819 =	25000	1816–1844 =	303200
1820–1829 =	22500	1845–1849 =	308200
1830–1839 =	145100	1816–1847 =	583800
1840–1849 =	418800		

Bis zum Revolutionsjahr 1848 wanderten immerhin schon fast 600000 Deutsche, überwiegend in die Vereinigten Staaten (90 %), aus. Höhepunkte bildeten die Zeit der Mißernten und Hungersnöte von 1816/1817 (20000) und das Dutzend Jahre zwischen 1834 und 1846/47, in denen die jährliche Zahl von rund 6000 auf rund 15000 stetig anstieg. Allein in den fünf Krisen- und Revolutionsjahren von 1845 bis 1849 übertraf dann die Anzahl von 308200 die Gesamtzahl aus der Zeit von 1816 bis 1844 = 303200. Der Schubfaktor der Verelendung wirkte dabei mit der Anziehungskraft der

Verheißungen Amerikas zusammen. Es war konsequent, daß auf das Spitzenwachstum im ersten Nachkriegsjahrzehnt hin eine Generation später angesichts der beschränkten Verhältnisse im Inneren die Emigration hochschnellte. Die Übervölkerung an sich führte also nicht zur beschleunigten Industrialisierung, sondern der Menschenexport fing zusammen mit der Mortalität die sozialen Folgewirkungen des hohen Bevölkerungswachstums etwas ab. Entscheidende Erleichterung auf die Dauer konnte die Auswanderung den Daheimgebliebenen noch nicht verschaffen, obwohl sie im vorrangig betroffenen Südwesten den Druck des Arbeitskräfteangebots und die sozialen Kosten der Übervölkerung entspannte.[7]

Ein weiteres Wanderungsventil blieb vorerst den meisten versperrt: Das war der Weg in die Städte, von denen es zu Beginn des 19. Jahrhunderts nur wenige große gab: Wien 247000, Berlin 172000, Hamburg 110000, Prag 75000, Breslau 61000, Königsberg 60000, Dresden 55000, Köln 50000, Frankfurt 48000, Leipzig 40000 und München 30000. Fast alle Mittelstädte lagen unter 20000 Einwohnern, z.B. Barmen mit 13000, Remscheid mit 7000 und Hagen mit 2000 Einwohnern. Die höchste Anzahl von Klein- und Mittelstädten lag im deutschen Südwesten. Einige Großstädte wuchsen trotz aller Einschränkungen bis 1850 kräftig an: Berlin um 150% auf 419000, München um 250% auf 110000, Köln und Breslau um 100% auf 97000 bzw. 114000. Auch die Mittel- und Kleinstädte vergrößerten sich, aber ihr eigentlicher Wachstumssprung stand noch bevor. Denn überall, auch im ostelbischen Preußen, bestanden bis über die Jahrhundertmitte hinweg korporationsrechtlich verankerte Ständeschranken in Gestalt des Bürger-, Niederlassungs- und Schutzverwandtenrechts gegen die Zuwanderung weiter fort. Hohe Zuzugsgelder, Vermögensansprüche und Leumundszeugnisse, die alle auch im städtereichen Südwesten üblich waren, schufen weitere Barrieren. Bis 1816 war das Gewicht der großen und mittleren ostelbischen Städte doppelt so schwer, wie bis dahin das der westdeutschen Städte war, und Ostelbien – auch ohne Berlin – behauptete bis ca. 1833 eine Spitzenposition mit Städten über 20000 Einwohnern, wie es auch seit dem Ende der 1830er Jahre, dem voranschreitenden Industrialisierungsprozeß entsprechend, ein prozentual schnelleres Wachstum der städtischen als der ländlichen Bevölkerung in den mittleren und westlichen Gebieten des Staates erlebte. Dennoch tat dank der rechtlichen Erleichterungen und der industriellen Entwicklung die neue Urbanisierung seit 1850 in Westdeutschland ihren ersten großen Schritt voran, begleitet von Sachsen und gefolgt von den großen östlichen Städten wie Berlin, Königsberg, Breslau, Magdeburg, Danzig usw. Bis dahin blieb die städtische Geburtenziffer auch hier durchweg niedriger als die ländliche, und die Urbanisierung führte allgemein eher zu einem Absinken als zu einem Anstieg der Geburtenziffern. Beides unterstreicht die Bedeutung der Binnenwanderung für das Städtewachstum.

Von 1815 bis ca. 1867/1871 wehrten sich nicht nur die Städte gegen unerwünschte Arbeitssuchende, die ihnen, da die Armenfürsorge erneut rechtlich normierte Kommunalsache blieb, alsbald zur Last fallen konnten. Auch die Staatsregierungen griffen wieder zum Mittel der obrigkeitlich gesteuerten Bevölkerungspolitik, indem zahlreiche Gesetze die Heiratserlaubnis, damit auch meistens das Heimat-, Bürger- und Niederlassungsrecht an Grundbesitz, an ein gewisses Vermögen oder gesichertes Einkommen, vielleicht sogar an die Innungszustimmung und schriftliche Zeugnisse über einen guten Ruf und innereheliche Geburt banden. Auch damit hängt wahrscheinlich wesentlich der viele Beobachter bestürzende Anstieg der unehelichen Geburten bis zu seinem Gipfel um die Mitte des 19. Jahrhunderts kausal zusammen, obwohl dieser Trend schon seit der Mitte des 18. Jahrhunderts anhielt und den Mangel an vollen Nahrungsstellen, damit aber an Ehechancen für die wachsenden Unterschichten widerspiegelte. Wer in der hohen Zahl der illegitimen Kinder einen bewußten Protest gegen das tradierte Normensystem, einen Anlauf zu autonomer, individueller Selbstentfaltung junger Frauen der Unterschichten, ein emanzipatorisches Sexualverhalten im Kontext allgemeiner Modernisierungsprozesse bereits für die damalige Zeit entdecken will, verfehlt mit seiner Interpretation einmal die Stabilität der «kulturellen Matrix, in der die sexuellen Normen» trotz des abweichenden Verhaltens vieler noch fest verankert blieben; er ignoriert zum zweiten die zahlreichen, sehr konkreten staatlich-städtischen Rechtsnormen, welche Heirat nur unter rigoros definierten Bedingungen zuließen und deshalb vielen, da die Sanktionsgewalt öffentlich-polizeilicher Instanzen die Beachtung überwachte, nur mehr die Ventilsitte des illegalen vorehelichen Zusammenlebens mit unehelichen Geburten übrig ließ.

Solange diese bevölkerungspolitischen Sperrmaßnahmen in Kraft blieben, stieg – während die Eheschließungsziffern konsequent sanken – die Unehelichenquote «in allen Gebieten» bis rund 1860 an. Die hohen Unehelichenziffern des Vormärz, die vielerorts jährlich zwischen 25 % und 10 % der Geborenen lagen, scheinen mithin recht eindeutig ein Ergebnis der Verletzung jener rechtlichen Normen und restriktiven Maßnahmen gewesen zu sein, welche, streng formuliert und hart durchgeführt, das Wachstum der Unterschichten von oben her zu bändigen und die Stabilität der Gesellschaft, insbesondere auch in den Städten, wo die Furcht vor dem aufsässigen Mob seit 1789 tief verwurzelt blieb, zurückzugewinnen suchten. Ein Großteil der in sogenannten Konsensehen vorehelich geborenen Kinder wurde später durch die kirchliche bzw. zivile rechtsgültige Trauung nachträglich legitimiert. Im Grunde handelte es sich also bei dem Illegitimenproblem um ein zeitweilig durch ökonomische Umstände oder Rechtsnormen erzwungenes abweichendes Verhalten, nicht aber um eine fundamentale gesellschaftliche Anomie oder Selbstbefreiung zu sexueller Mündigkeit. Als nach der Jahrhundertmitte Gewerbefreiheit und Freizügigkeitsgesetze fast überall in Kraft traten, als auch der vollberechtigte städtische Einwohner trotz erbitterten Protests der Städte endlich den privilegierten Stadtbürger ablöste, als das städtische Zuzugsgeld entfiel und 1875 die Zivilehe diese Entwicklung abschloß, schrumpfte die Unehelichenzahl, obwohl weiterhin regional unterschiedlich hoch, auf einen relativ geringen Anteil der Geburtenquote zurück.[8]

Eine zusammenfassende Erklärung des deutschen Bevölkerungswachstums bis 1848 hat nach alledem davon auszugehen, daß sich bereits seit den 1740er, verstärkt seit den 1770/80er Jahren ein hoher Sockel herausgebildet hatte, der im Verlauf der bis in die 1830er Jahre anhaltenden dritten europäischen Expansionswelle weiter in die Breite und Höhe anwuchs. Danach wurde die bisher vorherrschende hohe Fertilität nicht mehr erreicht, und da die Mortalität noch nicht drastisch sank, verlangsamte sich fortab das Wachstum. Der traditionale vorindustrielle Circulus vitiosus von begrenztem Nahrungsspielraum, Bevölkerungsanstieg, Mißernten, Seuchen, Massenelend und -sterben war jedoch bis dahin schon durchbrochen. Obwohl 1770/72 und in den 1840er Jahren der Typhus und 1830/32 die Cholera noch einmal auftraten, blieben doch Pest und Pocken fern. Die Krisenjahre von 1846/48 (Teil 4, II) bedeuteten nur einen kurzen Rückfall in die alte Gefahrensituation. Auch der «Pauperismus» der 1830/40er Jahre drückte ein seit 1850 schnell verschwindendes Mißverhältnis von Nahrungschancen, Arbeitskräftepotential und Arbeitsplatzangebot aus. Um 1872/1873 endete in Deutschland nicht nur die Industrielle Revolution, sondern auch die erste Phase des «Demographischen Übergangs» mit ihrer hohen Fertilität (30–50 p. M.) und hoher, zuletzt tendenziell absinkender Mortalität (25–40 p. M.).

Welche der demographischen Hauptvariablen hat das gewaltige deutsche Bevölkerungswachstum bis zur Jahrhundertmitte am stärksten beeinflußt? Blickt man auf die Fertilität als erste Determinante generativer Strukturen, stellt sich heraus, daß ein besonders signifikanter Faktor: das Heiratsalter geburtsfähiger Frauen, ziemlich stabil geblieben ist. Es gibt keinen Anhaltspunkt für einen erheblichen Wandel. In Preußen z. B. lag das Durchschnittsalter 1850 noch immer bei 27,9, in Sachsen bei 26,6 Jahren; dieser Durchschnitt fiel erst seit den 1890er Jahren! Ein höherer Anteil der Periode der größten Fruchtbarkeit wurde mithin vor 1848 noch nicht durch sinkendes Heiratsalter in die Zeit der ehelichen Fertilität einbezogen. Obwohl die Erwachsenenzahl anstieg, blieb auch die Heiratsquote bis in die 1820er Jahre hinein konstant. Von 1816 bis 1822 lag sie mit einer Fertilitätsrate von 40 p. M. im Osten am höchsten, nicht als Folge der Reformen oder Nachholheiraten nach den kurzen Befreiungskriegen, sondern des Bevölkerungsschubs seit den 1780er Jahren. Im Rheinland, in Westfalen und Sachsen war diese Welle «nur schwach ausgeprägt». Seit der Mitte der 1820er Jahre fiel die Heiratsquote dann sogar bis 1850 (1816–1843 in Preußen um 2,8–5,2 % der Gesamtbevölkerung) u. a. deshalb ab, weil seit etwa 1830/35 die große Zeit der Neugründung von Insten- und Kleinbauernstellen spürbar nachließ.

Für die Zeitspanne von 1816 bis 1866 weist daher die Heiratsquote eine insgesamt sinkende Tendenz auf, typischerweise in Preußen von 36 auf 32 p. M., während die Ledigenquote stieg. Da einerseits der Entschluß zur Ehe die Zukunftserwartungen der Partner widerspiegelt, andrerseits die Prosperität seit den 1820er Jahren zu Recht als ungewisse, schwankende Größe empfunden wurde, sank die Heiratsquote mit innerer Folgerichtigkeit. Und drittens blieb die Geburtenrate, zumal eine breitenwirksame Geburtenkontrolle noch fehlte, relativ stabil auf hohem Niveau erhalten, wobei sich die seit 1750 bestehenden regionalen Unterschiede weiter durchhielten: Die höchsten Ziffern behielt der agrarische Osten, z. B. Ostpreußen mit 40 p. M., während Westdeutschland durchweg niedriger lag. Da also Heiratsalter und Geburtenrate relativ konstant blieben, die Heiratsquote sogar sank, kann die drei Generationen lang unbestritten hohe eheliche Fertilität bis in die 1830er Jahre hinein für sich genommen das Wachstum nicht ausreichend erklären, die seither leicht nachlassende Geburtlichkeit erst recht nicht.[9]

Deshalb rückt die Mortalität, der zweite demographische Kernbereich, für die Erklärung der steigenden Bevölkerungszahl in den Vordergrund. Allgemein blieb die Sterblichkeit in Westeuropa, langfristig gesehen, noch hoch, sie sank jedoch alters- und schichtenspezifisch auch in Deutschland zwischen 1816 und 1866 etwas ab, so daß der anhaltende Zuwachs durch die Geburtenüberschüsse einer manchmal bereits verdoppelten Bevölkerung wegen eingeschränkter Mortalität zu dem erstaunlichen Anstieg führen konnte. In der Kur- und Neumark z. B., wo die Mortalität von 1748 bis 1793 29,4 p. M. betragen hatte, machte sie 1816 bis 1849 noch 26,3 p. M. aus; in Hannover um 1800 = 29,4 p. M., 1830 aber nur 26,3 p. M.; ähnliche Werte finden sich im Taunusgebiet. Sogar in einigen Städten fiel bereits die Sterblichkeitsrate, in Königsberg etwa von 1700–1780 = 35,9 p. M. auf 1803 = 30,4 p. M. Wie die Fertilitätsraten im Osten bis 1850 (und danach) stets höher als im Westen blieben, lagen dort auch die Mortalitätsraten höher, z. B. in den 1820er Jahren in einem Verhältnis von 34,3 zu 26,4 p. M. bzw. von 38,6 p. M. in Posen und Ostpreußen zu 26,3 p. M. im Rheinland.

Die Gründe für diese hohe, gleichwohl in spezifischen Altersgruppen sinkende Mortalität sind nicht leicht zu finden. Der Einfluß der Medizin wird für diese Zeit häufig überschätzt. Zwar wurde die ärztliche Versorgung etwas verbessert. In Preußen stieg z. B. die Zahl der akademisch ausgebildeten Ärzte von 1827 bis 1847 um 53,2 %, auf jeden von ihnen entfielen in diesen Jahren jedoch 2 500 bis 4 000 potentielle Patienten. Auch die Zahl der preußischen Krankenhäuser vermehrte sich um 340 % von 1822 = 155 auf 1855 = 684 Anstalten, aber die Heil- und Überlebenschancen konnten damit noch nicht entscheidend verbessert werden. Die Vermögenden scheuten die «Siechenhäuser», die Armen konnten die Kosten nicht bezahlen, die Mittelklassen fürchteten die neuen Ansteckungsgefahren. Epidemien und endemische Krankheiten wurden erfolgreich bekämpft. Die Pocken hatten z. B. in

Bayern 16%, in Preußen 8,2% aller Todesfälle verursacht, bis zwischen 1802 und 1817 vielerorts die Zwangsimpfung eingeführt wurde. In Bayern erhöhte sich dennoch die Mortalität; in Preußen, wo zunächst nicht einmal in allen Provinzen die Impfung durchgesetzt wurde, fiel dagegen die Zahl der Pockentoten bis 1831 auf 0,7%. Grippe, Cholera und Typhus, die zwischen 1831 und 1847 mit teilweise verheerenden Folgen erneut auftraten, konnten jedoch noch nicht effektiv eingedämmt werden. Insgesamt wird man die wohltätigen Wirkungen verbesserter fachmedizinischer Behandlung in der ersten Hälfte des 19. Jahrhunderts allgemein in Europa, auch in Deutschland noch eher skeptisch beurteilen müssen.

Eine verbesserte, vitamin- und kalorienhaltigere, abwechslungsreichere Ernährung kann sich für die Masse der Bevölkerung auch noch nicht durchschlagend geltend gemacht haben. Zwar stieg in Deutschland zwischen 1816 und 1866 der Ausstoß aller Agrarprodukte um rund 135%, ohne sich jedoch in reichhaltigere Mahlzeiten für jedermann umzusetzen. Im Gegenteil: In Ostdeutschland, wo außerdem der Arbeitskräfteeinsatz zwischen 1816 und 1848 schneller als der Ausstoß pro Landarbeiter stieg, blieb, wie erwähnt, die durchschnittliche Lebenserwartung bei der Geburt geringer als im Westen; auch in Württemberg und Bayern lag die Mortalität über dem Durchschnitt. Die damals voranschreitende folgenschwere Umstellung von Getreide auf Kartoffeln als Massennahrungsmittel bedeutete zunächst, daß man einen verminderten Nährwert in Kauf nehmen mußte.

Vor allem aber wurden gleichzeitig die Produktionsfortschritte primär durch Arbeits-, noch nicht durch Kapitalintensivierung erzielt. Die Arbeitskräfte auf den Gütern und großen Bauernhöfen wurden härter und effizienter als bisher ausgenutzt. Die Kleinstellenbenutzer mußten sich, um überhaupt Schritt halten zu können, demselben Zwang beugen und außer der Arbeit auf dem eigenen Betrieb unter verschärften Bedingungen ihre zusätzliche Lohnarbeit leisten, wenn sie, ökonomisch schnell geschwächt, die Existenz ihrer Familie überhaupt sichern wollten. Die erhöhte Arbeitsintensität und häufige Unterernährung vergrößerten folgerichtig die Anfälligkeit für Krankheiten und Infektionen. Deshalb und auch wegen der härteren Kinderarbeit blieb die altersspezifische Sterblichkeit der Ein- bis Fünfzehnjährigen hoch. Und da Arbeitsmethoden, Familienarbeit, Frauenarbeit und Feminisierung neuer Arbeitsvorgänge die Frauen zunehmend beanspruchten, sank die Stillzeit, deren Länge damals über die Lebenschancen von Kleinkindern wesentlich mitentschied. Die verabreichte Ersatznahrung löste zum Teil sogar tödliche Folgen aus, und infolgedessen blieb auch die Säuglingssterblichkeit der Ein- bis Zwölfmonatigen hoch. Zwischen 1790 und 1798 hatte sie in Preußen zwischen 15,7 und 18,4 von 100 Lebendgeborenen geschwankt. In dem halben Jahrhundert nach 1816 stieg sie sogar noch höher, während die Zahl der Tot- und Fehlgeburten bis 1900 zwischen 2,7% und 3,4% aller Geburten lag.

Übersicht 20: Säuglingsmortalität in Preußen 1816–1870, in %

1816–1820	16,9	1846–1850	18,9
1821–1825	16,7	1851–1855	19,4
1826–1830	18,1	1856–1860	19,9
1831–1835	18,5	1861–1865	20,8
1836–1840	18,1	1866–1870	21,2
1841–1845	18,3		

In Sachsen standen die Werte 1831/40 bei 26,6 und 1871/80 bei 28,7, in Bayern sogar 1831/40 bei 29,5 und 1861/70 bei 32,7.

Im Durchschnitt lag die Säuglingsmortalität im Osten um ein Viertel bis ein Drittel höher als in den rheinisch-westfälischen Gebieten, in Schleswig-Holstein und Oldenburg. Auf der anderen Seite führte die verkürzte Stillzeit als Folge von Arbeitszwang oder Säuglingstod regelmäßig zu vorzeitiger Schwangerschaft und letztlich damit zu mehr Lebendgeburten. Solange das hohe Bevölkerungswachstum in Ostelbien anhielt, wurde es sowohl durch externe als auch durch lokale Arbeits- und Marktbedingungen – die Expansion der Güterwirtschaft, der Kleinstellen, des Landesausbaus – stimuliert, welche die Heirats- und Geburtenziffern bis rund 1830 hochhielten, und die hohe Fertilitätsrate glich die deprimierende Säuglings- und Kindersterblichkeit mehr als aus, begünstigte damit auch wieder Arbeits- statt Kapitaleinsatz. Hinzu kam, daß die Kindermortalität vor 1850 altersspezifisch in den Gruppen zuerst der Zehn- bis Vierzehnjährigen, dann der Ein- bis Dreijährigen und der Zehn- bis Neunzehnjährigen zu sinken begann. Dadurch wurde der Anteil der gebär- und arbeitsfähigen Bevölkerung der Neunzehn- bis Neunundzwanzigjährigen relativ schnell vermehrt, z. B. in Preußen von 1816 bis 1840 um 46,68 %, von 1816 bis 1858 sogar um 58,9 %. Eine vergleichbare Ausdehnung dieser wichtigen Altersgruppe läßt sich in derselben Zeit auch an vielen anderen Stellen beobachten. Das gilt z. B. für Rheinland und Westfalen, wo das Realeinkommen höher als im Osten lag und bessere «Terms of Trade» vorherrschten, wo mit der Ertragssteigerung und dem dichteren interregionalen Handel die Marktposition der Landwirte und Handwerker verbessert wurde, wo die härtere Konkurrenz zwischen Agrar- und Gewerbesektor schneller zu kapitalintensiver Produktion führte, wo längere Stillzeiten festzustellen sind und Fertilität und Zuwanderung die geringere Lebenserwartung (45 bis 60 Jahre) der Stadtbewohner und frühen Industriearbeiter wettmachten, so daß regional endogene Faktoren bereits die langfristig wirksame industrielle Entwicklung förderten, ehe sie durch Fabriken, Maschinen und Binnenwanderung entscheidend vorangetrieben wurde.[10]

Kontinuität und Anstieg des deutschen Bevölkerungswachstums bis 1848 hängen also in erster Linie von der dritten großen Expansionswelle der europäischen Bevölkerungsgeschichte ab, die zwischen den 1740er und 1840er Jahren zu einer 80–120 %igen Vermehrung der Einwohnerzahlen führte. Im preußischen Nordosten haben die Auswirkungen des Agrarkapitalismus, insbesondere seine beschleunigte Entfaltung dank der Reformen, in Sachsen außerdem der hohe Stand der proto- und frühindustriellen Gewerbe zu überdurchschnittlich hohen Zuwachsraten geführt. Allgemein hielten sich Fertilität und Mortalität noch auf einem hohen Niveau, aber dank der altersspezifisch sinkenden Sterblichkeit wurde das Wachstum der besonders aktiven Bevölkerungsgruppen begünstigt. Das Arbeitskräftepotential erhöhte sich infolgedessen, hielt die Lohnkosten niedrig und ermöglichte arbeitsintensive Methoden und Innovationen in der Land- und Gewerbewirtschaft. Dem Zusammenspiel dieser Faktoren, die mit den speziellen sozioökonomischen, technologischen und politischen Entwicklungsbedingungen der einzelnen deutschen Regionen und Staaten aufs engste zusammenhängen, ist das beispiellose numerische Wachstum bis in die 1830er Jahre und, etwas abgeschwächt, bis über die Jahrhundertmitte hinweg zu verdanken.

Die erste Phase des «Demographischen Übergangs» erlebte um 1833 einen Einschnitt. Bis 1850 überlagerten sich die traditionalen generativen Strukturen mit der neuen, vor allem dann vom Industriekapitalismus geprägten Bevölkerungsbewegung. Um 1873, dem Ende auch der deutschen Industriellen Revolution, war diese erste Phase vollends abgeschlossen, nachdem in diesen letzten vierzig Jahren hohe Fertilitäts- und leicht abfallende Mortalitätsraten noch einmal einen jährlichen Geburtenüberschuß von 10 p.M. ergeben hatten. Vielleicht gingen die demographischen Indizien manchmal den ökonomischen Trends voraus. Im allgemeinen aber gewinnt man den Eindruck, daß die die traditionale Enge bereits sprengende Dynamik erst des frühen Agrar- und protoindustriellen Handelskapitalismus bis 1800/1815, danach des breiter entfalteten Agrar- und Industriekapitalismus von der demographischen Expansion nicht nur nicht scharf zu trennen ist, daß vielmehr ein Verhältnis kausal-funktionaler Abhängigkeit der Bevölkerungsvermehrung vom sozioökonomischen Entwicklungsniveau bestand. Der Bevölkerungsanstieg an sich hat den agrar- und den industriekapitalistischen Aufstieg nicht ausgelöst, fraglos aber seine Wachstumsprozesse kraftvoll mit vorangetrieben und auf jeden Fall eine entscheidende Bedingung der Möglichkeit ihres säkularen Erfolgs gebildet.

II.
Strukturbedingungen und Entwicklungsprozesse der Wirtschaft

Vor einiger Zeit folgte man gelegentlich der trügerischen Mode, die deutschen Staaten der «vorindustriellen Zeit» um 1815 mit den Entwicklungsländern der 1950/60er Jahre zu vergleichen – teils um Verständnis für deren Probleme zu wecken, teils um die europäische Geschichte als Lehrmeisterin gegenwärtiger Entwicklungspolitik zu bemühen. Beide Absichten besaßen ihren guten Sinn. Bereits im Ansatz war dieser Vergleich jedoch meist irreführend. Um ihn überhaupt zu ermöglichen, versuchte man, ökonomischen Wohlstand, z. B. in Begriffen des Bruttosozialprodukts, der Investitions- und Exportquote, ziemlich krude zu messen und zu vergleichen. Nicht nur fehlen aber in fast allen deutschen Ländern, häufig bis zur Mitte des 19. Jahrhunderts, verläßliche Statistiken, sondern die simplifizierenden Größenberechnungen geben für ein differenziertes komparatives Vorgehen denkbar wenig her. Alfred N. Whiteheads Warnung, «abgesehen von einer stillschweigend vorausgesetzten Regelmäßigkeit bestimmt Quantität schlechterdings gar nichts», ist hier am Platze, zumal vorgegaukelte Zahlen leicht zu naheliegenden «Trugschlüssen durch irreführende Konkretisierung» führen.[1] Tatsächlich stellten die deutschen Staaten um 1815 in fast jeder Hinsicht keine mit den «Less Developed Countries» der 1960er Jahre vergleichbaren Gesellschaften dar. Wo sich das pro-Kopf-Einkommen schätzungsweise ermitteln läßt, lag es in Deutschland durchweg höher, wuchs weiter und wurde trotz des auffälligen Bevölkerungsanstiegs keineswegs durch jene Bevölkerungsexplosion, wie sie in den gegenwärtigen Entwicklungsländern abläuft, prinzipiell in Frage gestellt oder tagtäglich aufgezehrt.

Vor allem aber besaßen die deutschen Länder Mitteleuropas ein sozialökonomisches, soziokulturelles und politisches Potential, das ihre ungleich vorteilhaftere Ausgangsposition vor der Industriellen Revolution beweist: Es gab hochentwickelte Gewerberegionen, die hinter den englischen Wachstumszentren dichtauf lagen. Ansätze zum modernen Großbetrieb hatten sich unübersehbar ausgebildet. Überall konnte man auf die fast tausendjährigen Traditionen eines höchst differenzierten Handwerks zurückgreifen. Eine modernisierungsfähige Landwirtschaft strebte nach niederländisch-englischem Vorbild voran. Die Verkehrs- und Handelsbeziehungen waren, wie gefährdet auch immer, gut eingespielt. Innovationslustige Unternehmer wurden nicht diskriminiert. Sie konnten auf Fachkräfte und Expertenwissen zurückgreifen. Ein zeitgemäßes Finanz- und Steuerwesen befand sich in entwicklungsfähigem Zustand. Das Analphabetentum sank. Eine spezialisierte Universitätsausbildung konnte seit langem Tausenden vermittelt werden. Fest institutionalisierte Verwaltungsapparate standen Staaten, Ständen, Städten zur Verfügung. Ein hohes Maß an zunehmender Rechtssicherheit kam Staatseinwohnern und kapitalistischem Wirtschaften zugute. Politische Herrschaft und religiöser Herrschaftsanspruch blieben hinreichend voneinander geschieden. Die Elitenkultur zeichnete sich durch Spitzenleistungen aus.

Innere Bewegungskräfte und exogene Einflüsse verrieten allenthalben die typische Dynamik okzidentaler Gesellschaften vor der universalhistorischen Zäsur des Industriezeitalters.

Nein, mit den «Entwicklungsländern» hatten diese deutschen Staaten, die soeben eine staunenerregende «defensive Modernisierung» eingeleitet oder zum Teil schon verwirklicht hatten, in der Nachkriegszeit nach 1815 nichts gemein. Sie besaßen eine breite, fest verankerte Entwicklungsbasis, welche die – in vergleichender Perspektive – unleugbare Retardierung des Modernisierungstempos, die institutionellen und politischen, die rechtlichen und mentalitätsbedingten Hemmnisse in einer im Grunde verblüffend kurzen Zeit, bis in die Umbruchperiode seit 1845/1848 hinein, überwinden half, als die deutsche Industrielle Revolution und die politische Revolution einen Schlußstrich unter das Feudalzeitalter zogen.

Im Bereich der Wirtschaft sind zu Beginn, den zugrunde liegenden evolutionstheoretischen Richtungskriterien folgend, drei zentrale Entwicklungen hervorzuheben:

1. Der Aufstieg des Agrarkapitalismus setzte sich, von den – mit staatlichem Brief und Siegel ihn legalisierenden – Reformen gefördert, weiter fort. Der größte und bedeutendste Wirtschaftssektor wurde dadurch allmählich in seinen Grundstrukturen weiter umgebaut.

2. Der Handelskapitalismus erfuhr einen beträchtlichen Entwicklungsschub. Zugleich jedoch erlitt er sowohl einen relativ starken Gewichtsverlust im Verhältnis zum emporstrebenden industriellen Produktionskapitalismus als auch eine qualitativ einschneidende Veränderung im Zeichen der neuen, vom industriellen England her bestimmten Weltwirtschaft des 19. Jahrhunderts.

3. Der Industriekapitalismus, der sich auch in den entwicklungskräftigen deutschen Regionen voranarbeitete, trat Anfang der 1840er Jahre in die Phase seines entscheidenden Durchbruchs ein: Um 1845 begann die deutsche Industrielle Revolution, der «Große Spurt», der «Take-Off» der deutschen Industrialisierung. Ihre Leistungen wurden schon damals von aufmerksamen Zeitgenossen bestaunt, ihre Entwicklungsmöglichkeiten optimistisch beurteilt. Daß jedoch ein wahrhaft historischer Wendepunkt gekommen war, daß die beispiellose Dynamik des «entfesselten Prometheus» auch Deutschland seit den 1840er Jahren erfaßt hatte, ist nur wenigen bewußt geworden. Auch die Phantasie von Sachkennern reichte meistens nicht aus, um sich den Entwicklungssprung in eine Zukunft, die doch schon begonnen hatte, auszumalen.[2]

Dieses pointierte Urteil soll nicht dazu verleiten, die industriewirtschaftlichen Erfolge bis in die 1840er Jahre zu überschätzen. Widerstände und Barrieren gab es unstreitig noch genug. Aber der Entwicklungspfad einer modernen Marktwirtschaft, einer modernen Marktgesellschaft wurde doch immer deutlicher erkennbar.

1. Die Landwirtschaft

Unverändert blieb freilich trotz aller Signale einer neuen Zeit die Agrarwirtschaft im Hinblick auf Produktionsvolumen und Produktionswert, Produktivitätsfortschritt und Beschäftigtenzahl der dominante Wirtschaftssektor in der ersten Hälfte des 19. Jahrhunderts. Der Konjunkturverlauf wird wiederum zuerst verfolgt, ehe die bedeutenden regionalen Unterschiede der Agrarentwicklung einschließlich der Agrarverfassung geschildert werden. Anschließend stehen Produktionssteigerung und Finanzierungsprobleme, Innovationen und landwirtschaftsfreundliche Institutionen zur Debatte, ehe die klassische Frage erörtert wird, ob auch in Deutschland eine «Agrarrevolution» der Industriellen Revolution als notwendige Vorstufe vorangehen mußte und tatsächlich vorangegangen ist. Die Sozialgeschichte der ländlichen Gesellschaften wird, entsprechend der vorn begründeten Einteilung nach einheitlichen Sachgesichtspunkten, im Zusammenhang des Kapitels über die «Soziale Ungleichheit» unten diskutiert (Teil 3, III).[3]

a) Der Konjunkturverlauf von 1815 bis 1850

Als die Kriegsära 1815 endete, waren in den meisten deutschen Bundesstaaten – von Ausnahmen wie etwa Sachsen oder den Hansestädten abgesehen – noch immer rund 75 % der Beschäftigten in der Land- und Forstwirtschaft tätig. In eben dem Augenblick, in dem wahrscheinlich jedermann die Wohltaten des lang ersehnten Friedens erwartete, schnitt 1816/1817 eine schwere Agrarkrise in die erste Aufwärtsentwicklung ein. Es handelte sich bei dieser gemeineuropäischen Erscheinung um die vorletzte der großen Hungersnöte, die auch die deutschen Gesellschaften seit Jahrhunderten heimgesucht hatten. Zu jener Zeit war die Nachfrage nach Nahrungsmitteln besonders unelastisch, und es regierte uneingeschränkt das Gesetz des Statistikers Ernst Engel, daß der Anteil für Lebensmittel im Budget einer Familie um so höher liegt, je geringer ihr Einkommen ist bzw. daß er proportional mit steigendem Einkommen sinkt. Die Heftigkeit dieser Krise kontrastierte wegen ihrer sozialökonomischen Auswirkungen um so schärfer mit den allgemeinen Prosperitätserwartungen.

Die zentrale Entwicklung der Getreidepreise bis 1815 ist bereits (in Bd. I) im Überblick vorgestellt worden (Übersicht 14); er soll, um die Orientierung anhand eines aufschlußreichen Indikators zu erleichtern, an dieser Stelle von 1816 bis 1850 fortgeführt werden.

Übersicht 21: Deutsche Getreidepreise 1816–1850 (1913 = 100)

Jahr	Roggen	Weizen	Gerste	Hafer	Jahresdurch-schnitt	preuß. Weizen in M. pro To. 1821–1850
1816	109	126	98	84	108,8	
1817	158	189	167	110	161,4	
1818	106	128	93	95	109,0	
1819	74	86	58	72	74,7	
1820	54	72	41	53	56,9	
1821	45	70	42	45	51,6	133
1822	48	64	49	50	52,7	131
1823	52	62	52	55	55,0	126
1824	34	51	33	37	38,6	90
1825	35	47	36	38	38,9	83
1826	45	46	42	48	45,4	91
1827	58	58	52	57	56,9	115
1828	61	77	58	52	64,0	138
1829	59	88	55	51	65,1	159
1830	62	79	48	51	63,2	151
1831	77	90	63	67	77,2	188
1832	75	87	68	63	74,6	155
1833	55	59	50	53	55,2	111
1834	53	57	54	53	54,3	105
1835	54	56	59	56	55,3	104
1836	47	56	51	49	50,0	104
1837	47	59	53	49	51,4	114
1838	62	80	63	57	66,5	151
1839	63	95	71	61	72,6	179
1840	64	89	65	65	70,9	167
1841	63	80	56	57	65,7	157
1842	66	91	59	60	71,1	174
1843	73	78	70	69	73,5	149
1844	66	80	85	62	71,7	137
1845	79	78	93	74	80.0	155
1846	102	108	110	86	102,6	206
1847	124	140	123	96	124,6	263
1848	62	87	63	58	68,2	156
1849	48	76	50	47	56,0	147
1850	53	74	52	52	58,3	139

Hatte sich der Jahresdurchschnitt der Preise für die vier wichtigsten Getreidesorten: Roggen, Weizen, Hafer und Gerste 1814 noch bei 76 Indexeinheiten bewegt, trieb ihn die knappe Ernte von 1815 auf 82 hinauf. Aber erst die katastrophale Mißernte nach dem kalten Regensommer von 1816, die schlimmste des gesamten 19. Jahrhunderts, jagte noch im selben Jahr die

Sortenpreise um 23 bis 33, den Durchschnitt um 27 auf 109 höher. Als 1817 wieder eine knappe Ernte folgte, wurde der höchste Preisstand des Jahrhunderts erreicht, den auch die letzte große Krise von 1846/1847 nicht mehr übertreffen sollte. Der Preis für das Hauptnahrungsmittel Roggen schnellte innerhalb von zwei Jahren von 82 auf 158, für Weizen sogar von 96 auf 189, der Durchschnitt von 82 auf 161,4 hinauf! Ein Hamburger Last Roggen (d. h. 60 preußische Scheffel), der 1780 = 59, 1816 = 96 preußische Taler gekostet hatte, wurde 1817 mit 147, auch 1818 noch mit 142 T. bewertet. Für einen preußischen Scheffel Weizen wurden 1817 im Rheinland 166 Silbergroschen bezahlt, im Durchschnitt 122. In Süddeutschland, wo die größte Not herrschte, kletterten die Brotgetreidepreise, gemessen an 1815, teilweise um 300 bis 500%. Der bayerische Scheffel kostete 49 statt 16 fl. Getreideausfuhrsperren in Österreich, danach in den süddeutschen Staaten verhinderten einen Ausgleich von Überschuß und Mangel, da die traditionellen Exportgebiete Böhmens, Ungarns und der Lombardei abgeriegelt wurden. Sogar im gut versorgbaren Berlin gingen die Preise noch um 150% in die Höhe. Verbreiteter Massenbettel, erregter Hungerprotest und eine erste größere Auswanderungswelle aus dem verheerend getroffenen Südwesten bildeten unmittelbare Folgen. Da es sich um eine europäische Agrarkrise handelte, infolgedessen die internationale Nachfrage schlagartig anzog und die deutschen Großproduzenten von der Mißernte in der Regel immer noch am wenigsten geschwächt wurden, folgten sie dem lukrativsten Preisangebot. Daher stieg z. B. der deutsche Weizenexport nach England dem Werte nach von 1816 = 440000 Pfund Sterling auf 1817 = 1,73 Mill. und 1818 = 3,1 Mill. Pfund auf das Siebenfache an. Das entsprach durchaus der Logik des internationalen agrarkapitalistischen Marktes, auf dem der zahlungskräftigste Bedarf die Nachfrage und die Preise regierte. Auf die sozialen Kosten im Binnenland wurden dabei keine Rücksichten genommen.[4]

Ein erster Preisfall setzte bereits im Herbst 1817 ein. Gute Ernten führten in den nächsten Jahren einen wahren Preissturz herbei. Bereits 1818 fielen Roggen und Weizen von 1817 = 158 auf 106 bzw. von 189 auf 128. 1819 bis 1821 setzte sich die Abwärtsbewegung fort und endete bei 45 bzw. 70 Einheiten, mithin bei 28 bzw. 35% des Höchststandes von 1817! Ein Hamburger Last Roggen kostete 1821 nur mehr 55, 1822 nur 47 T. Die 1816/1817 hart geprüften Konsumenten wurden jetzt durch erschwinglichere Preise teilweise etwas entschädigt.

Für die landwirtschaftlichen Erzeuger dagegen begann nach dem kräftigen «Nachkriegsaufschwung der Preise» mit der Preiskrise der 1820er Jahre das große Lamentieren. Die reiche Ernte von 1823 verschärfte ihre Situation, denn 1824 purzelte der Roggenpreis auf 34, der Weizenpreis auf 51, der Durchschnittspreis auf ganze 38,6. Damit wurde die tiefste Preislage nicht nur seit 1792 (Übersicht 14), sondern seit dem Ende des 17. Jahrhunderts erreicht. Hatte um 1800 der Preis für den Weizen 118, aber 1817 189 Indexeinheiten betragen, lag er 1825 bei 47, genau bei einem Viertel des Höchstpreises von 1817. 100kg Roggen waren jetzt für 1,5 T. zu haben. Allgemein wurden 1825 in den deutschen Ausfuhrhäfen 28 %, im Binnenhandel 23 % der Getreidepreise von 1817 gezahlt. Deshalb erreichte z. B. der Export aus Danzig und Elbing zwischen 1821 und 1825 im Jahresdurchschnitt nur ein Achtel der Spitzenausfuhr zwischen 1801 und 1805. Seit 1826 wirkte sich dann wieder ein recht gleichmäßiger Preisanstieg aus.

Die Ursachen dieser lebhaft diskutierten, nicht selten sogar übermäßig dramatisierten Krise der 1820er Jahre, welche die landwirtschaftsfreundliche Agrargeschichtsschreibung, die Enttäuschung der Produzenten widerspiegelnd, gewöhnlich weit mehr beschäftigt hat als die Hungerkrisen von 1816/1817 und 1846/1847, hat man seit den ersten zeitgenössischen agrarökonomischen Untersuchungen, von denen Johann Heinrich Thünens «Isolierter Staat» die bedeutendste bleibt, in fünf Kausalkomplexen gesucht:

1. Seit dem «Landwirtschaftsfieber» des ausgehenden 18. Jahrhunderts und der nachfolgenden Expansion aufgrund der hohen Preise, aber auch wegen der Kontinentalsperre hatte sich die europäische Agrikultur in den vergangenen Jahrzehnten lebhaft entwickelt und ihre Anbauflächen allerorts ausgedehnt.

2. Das Zusammentreffen sehr guter Ernten zwischen 1819 und 1824 trieb das Marktangebot ständig an die Bedarfsgrenze heran oder darüber hinaus.

3. Die Exportkanäle wurden verstopft, z. B. durch die englischen Kornzölle, welche die kommerzialisierten, marktorientierten ostdeutschen Großbetriebe von einem Hauptmarkt ausschlossen, während eigene Einfuhrzölle den deutschen Staaten fehlten. Auch übertrug sich der 1819 erfolgende Zusammenbruch der englischen Getreidepreise auf das außenwirtschaftlich eng verbundene Norddeutschland, wo der Absatz noch mehr ins Stocken kam und angesehene Exportfirmen kollabierten, als 1825 der Hamburger Diskontsatz von 2 bis 5 auf 10 %, der Berliner auf 8 % anstieg.

4. Die ebenfalls sinkenden Viehpreise drückten zusätzlich auf das Erzeugereinkommen.

5. Gleichzeitig konnten neue Staatssteuern und Zinsen, Pacht und Kapitalmangel, Betriebskosten und überhöhter Lebensstandard mit dem Einkommen oft nicht mehr in Einklang gebracht werden. Zwar wurde mit Indulten, Pachterlaß und Rentenstundung die kritische Situation zu überbrücken versucht, aber einige Jahre lang blieb die Schere zwischen Kosten und Erlöspreisen weit geöffnet.

Ein Bündel schwer korrigierbarer Faktoren wirkte mithin zusammen. Den dominanten Grund bereits allein in einer Überproduktionskrise zu sehen, wie das seit Thünen wiederholt geschehen ist, wirkt daher zu einseitig. Dieser monokausalen Interpretation widerspricht z. B. schon, daß in Preußen, wo der Weizen von 1820 = 133 M./To. auf 1825 = 83 M./To.

absackte, dennoch die Getreideimporte, vor allem von Weizen und Gerste, zwischen 1822 und 1825 lebhaft anstiegen!

Die Folgen der unmittelbar auf die Hungersnot folgenden Preiskrise wogen schwer. Hatte etwa der Preis- und Gewinnanstieg nach 1814 die Position des preußischen Adels bei der Abwicklung der Agrarreformen gestärkt, schwächte ihn der Preisverfall seit 1818, denn diese Krise übertrug sich auf den Grundstücksmarkt, der wie 1806/1807 erneut einbrach. Zwar verlängerte die Staatsregierung bereitwillig die Zahlungsmoratorien, gewährte Steuernachlaß und Zinsreduktion, pumpte verlorene Zuschüsse in Millionenhöhe über die «Landschaften» in die adligen Betriebswirtschaften. Dennoch standen bald Hunderte von Rittergütern zum Verkauf. Ihre Preise fielen auf die Hälfte oder gar ein Drittel des Taxwerts. Von 1823 bis 1832 wurden allein in Ostpreußen 230 Güter verkauft; das waren immerhin zwei Fünftel aller von der «Landschaft» beliehenen Besitzungen. 1851 ist der ostpreußische Landrat Alexander v. Lavergne-Peguilhen soweit gegangen, vor dem Preußischen Abgeordnetenhaus zu behaupten, daß in den 1820er Jahren 80% aller Rittergüter den Eigentümer gewechselt hätten. Dieser Extremwert der «Güterschlächterei», die für den Adelsegoismus publikumswirksam ausgenutzt werden sollte, ist unstreitig viel zu hoch gegriffen, aber daß es einen ausgedehnten Besitzumschlag gegeben hat, steht ebenso außer Frage.

Auch in Schleswig-Holstein fielen die Bodenpreise auf ein Drittel des Wertes von 1800, und in Teilen des großbäuerlichen Ostfriesland gerieten bis Ende 1824 50% der Grundbesitzer in Konkurs. Besonders nachhaltig traf die Preiskrise viele der ablösungsberechtigten preußischen Bauern. Besaßen sie überhaupt noch Eigenkapital, wurde es nunmehr häufig aufgezehrt. Kredit, um Zahlungsverzug zu vermeiden, stand ihnen kaum zur Verfügung. Von 1823 bis 1825 sollen daher 27% der bäuerlichen Verpflichtungen offengestanden haben. Nicht wenige mußten wegen Landabtretung ihr Produktionsvolumen vermindern oder verloren vollständig ihr Eigentum. Im Bezirk Gumbinnen sollen von 1600 regulierten Höfen schon 1822 rund 1000 wegen untragbarer Steuerschulden an die Ritter verkauft worden sein. Im südwestdeutschen Realteilungsgebiet verloren zahlreiche Kleinbauern ihren Zwergbesitz, so daß sie zu Tagelöhnern degradiert wurden. Umgekehrt kam den Bauern bei der bayerischen und württembergischen Grundentlastung, die erst nach der Krise der 20er Jahre voll anlief, der neue Preisanstieg zustatten, so daß sie ihre Verpflichtungen leichter abzahlen konnten.[5]

Der agrarwirtschaftliche Konjunkturverlauf nahm seit 1826 wieder eine Wendung zum Besseren. Bis 1845 schwankten die Getreidepreise um ein mittleres Niveau (45,4 bis 77,2), ehe sie in diesem Jahr mit 80 Einheiten einen Höchststand seit 1818 (= 109) erreichten. Der Bevölkerungsanstieg mit einer Reihe von durchschnittlich mittelguten Ernten sorgte für einen

Ausgleich von Angebot und Nachfrage, ja der sachte Preisanstieg führte sogar manchmal schon wieder zu Versorgungsschwierigkeiten, z.B. in Chemnitz, wo der Brotpreis bis 1828 um 70 % anstieg. Die Krisenzeit hatte zudem Löhne und Betriebskosten gedrückt und dank der Hilfsmaßnahmen die Schulden der Privilegierten vermindert. Vielerorts stiegen die Reinerträge (der Großbetriebe von 1830 bis 1870 um das Zwei- bis Dreifache!), während der Zinsfuß sank. Wer in den 20er Jahren ländlichen Grundbesitz billig erstanden hatte, konnte – wie sich allmählich herausstellte – sein Vermögen bis in die 1850/60er Jahre hinein verdreifachen. Agrarkapitalistisches Verhalten setzte sich weiter durch. Der Grundbesitz werde unentwegt, wiederholte ein adliger Gutsbesitzer das längst vertraute Klagelied, «zur Ware herabgewürdigt, wobei man nicht vorzüglich durch ökonomischen Ertrag, sondern nur beim Kauf zu gewinnen hofft».

Ohne daß es den Zeitgenossen bewußt wurde, haben nach der Preiskrise die fünfzig «goldenen Jahre» der deutschen Landwirtschaft von 1826 bis 1876 begonnen. Am Ende dieser Periode stand dann der Zusammenbruch des mitteleuropäischen Agrarmarkts unter dem Druck der übermächtigen überseeischen Konkurrenz. Fortab begann ein neues Zeitalter der staatsinterventionistisch geschützten Agrarwirtschaft. Unterbrochen wurde die Blütezeit vorher nur mehr durch die große Hungerkrise von 1846/1847, die letzte Agrarkrise «alten Typs» – wiederum ein gesamteuropäisches Phänomen mit den verheerendsten Auswirkungen diesmal in Irland. Danach veränderten die Agrarkrisen qualitativ ihren Charakter. Seither können sie unter den Bedingungen des Weltagrarmarkts und Staatsprotektionismus kaum mehr mit ihren Vorgängern verglichen werden.

Die harte Agrarkrise von 1846/1847 wird unten im Zusammenhang der Vorgeschichte der Revolution von 1848 als eine ihrer maßgeblichen Bedingungen eingehend erörtert (Teil 4, II), hier ist sie nur knapp in die Konjunkturbewegung bis zur Jahrhundertmitte einzuordnen. Bereits 1843/1844 kam eine «lebhafte Bewegung» auch in das agrarwirtschaftliche Preisniveau. Von 1844 (= 71,7) kletterte der durchschnittliche Getreidepreis auf 1845 = 80. Als in diesem Jahr eine knappe Ernte eingebracht wurde und bis zu Dreiviertel der Kartoffellieferungen wegen einer neuartigen Kartoffelfäule ausfielen, zogen die Nahrungsmittelpreise bis 1846 steil an: Roggen sprang von 79 auf 102, Weizen von 78 auf 108, in Preußen sogar von 155 auf 206 M./To., der deutsche Durchschnitt auf 103 Indexeinheiten. Damit aber nicht genug: Das Jahr 1846 erlebte nach einer großen Dürre eine völlige Mißernte, so daß die Preise, vom Spekulationsfieber hochgetrieben, 1847 ein Rekordplateau erreichten. Roggen stieg auf 124, Weizen auf 140, preußischer Weizen auf 263 M./To., der deutsche Durchschnitt auf 125 Einheiten. Der Hamburger Last Roggen erreichte 1847 den Höchstpreis von 153 T. Seit 1817 (= 161) hatten die Getreidepreise auch nicht von ferne diese Spitze erzielt, die im Mai 1847 den Höhepunkt der Jahre zwischen 1818 und 1854 erreichte. Während dieser Zeit kulminierte der deutsche Pauperismus des Vormärz, und die sozialökonomischen und politischen Konsequenzen der letzten Hungerkrise lenken unmittelbar auf die Revolution hin.

Die reiche Ernte von 1847 konnte zwar zunächst den Preisanstieg noch nicht aufhalten, führte aber bereits 1848 zu einem verblüffend effektiven Abfall. Preußischer Roggen sank, verglichen mit 1847, um 55 %, Weizen um 48 %, Gerste um 56 % und Hafer um 44 %. In Deutschland ging der Preis für Roggen auf 1848 = 62 und dank einer mittelguten Ernte auf 1849 = 48, für Weizen auf 87 bzw. 76 Einheiten zurück. Der statistische Durchschnitt fiel auf 68,2 bzw. 56 hinab. Damit glich er sich dem Pegel der späten 1830er Jahre wieder an. Für die Entspannung der offenen politischen Konflikte seit dem März 1848 kam diese Konjunkturbewegung freilich zu spät.[6]

b) Das Vordringen des Agrarkapitalismus: «Deutsche Agrarrevolution» als Vorbedingung der deutschen Industriellen Revolution?

Der Wellenrhythmus des agrarwirtschaftlichen Konjunkturverlaufs geht natürlich in den Schwankungen der Getreide- und Mengenpreise zwischen 1816 und 1850 nicht auf, obwohl sie eine wichtige Orientierungshilfe bieten und aufschlußreiche Perspektiven eröffnen. Gleichzeitig vollzogen sich, teils von den Konjunkturbewegungen geprägt, teils relativ unabhängig von ihnen, beträchtliche Produktions- und Produktivitätssteigerungen; ökonomische und technische Innovationen sowie institutionelle Neuerungen wirkten sich aus; das Arbeitskräftepotential wuchs; die kommerziellen und geldwirtschaftlichen Beziehungen drangen weiter vor. Alle diese Tendenzen wiederum blieben in höchst unterschiedliche staatliche und regionalgeschichtliche Rahmenbedingungen eingebunden. Sie führten deshalb zu scharf divergierenden Ergebnissen. Von einer einheitlichen Physiognomie der deutschen Agrarwirtschaft kann auch für diesen Zeitraum nicht annäherungsweise die Rede sein.

Ein Grundzug der Entwicklung ist jedoch über alle gravierenden Unterschiede hinweg und ungeachtet aller zählebigen Relikte der Vergangenheit erkennbar: Vom preußischen Großlandwirt bis zum sächsischen Zuckerrübenerzeuger, vom ostfriesischen Viehzüchter bis zum westfälischen Meierbauern, vom mittelgroßen bayerischen Hofbesitzer bis zum südwestdeutschen Kleinstelleneigentümer mußten sich alle mehr oder weniger bereitwillig, früher oder später dem Zwang zur agrarkapitalistischen Unternehmensführung, zum Verzicht auf reine Subsistenzwirtschaft, zur Erhöhung der Marktquote, mithin internationalen und innerdeutschen kapitalistischen Marktbedingungen und Kommerzialisierungsschüben beugen. Erst der Agrarkapitalismus überwand Schritt für Schritt die traditional geringe Angebotselastizität, die im Prinzip wachstumsbremsend wirkte. Wenn eine Grundthese dieses Bandes zutrifft, daß vor der Jahrhundertmitte die Reste des Feudalzeitalters endlich einer neuen Ära weichen mußten, gilt diese

Behauptung auch, aufs Ganze gesehen, für die deutsche Landwirtschaft. Trotz mancher Altertümlichkeiten, die weiter fortlebten, ist der unaufhaltsame Siegeszug des Agrarkapitalismus in der Getreide- und Viehwirtschaft um 1850 klar zu erkennen gewesen – erst recht gilt das im Rückblick. Zwischen Reformepoche und Revolutionsära ging das Mittelalter auch im Bereich der Landwirtschaft unwiderruflich zu Ende.

Zunächst sind noch einmal die scharfen regionalen Kontraste zu betonen. In Süddeutschland vollzog sich ein langwieriges, häufig nur geringfügiges landwirtschaftliches Wachstum. In weiten Gegenden herrschte das traditionale Schneckentempo weiter. In wenigen Wohlstandsinseln, wie in Hohenlohe und Teilen der Pfalz, ging es dagegen zügig voran. Die nur zögernd in Angriff genommenen Agrarreformen stagnierten oft genug bis 1848. Die bayerischen Staatsbauern zögerten mit dem Freikauf genauso wie die auf Fiskaleinnahmen bedachte Verwaltung. Die Adelsbauern trafen bis 1848 auf unnachgiebigen Widerstand. In Baden und Württemberg schleppte sich die Ablösung seit den 20er Jahren langsam voran, bis Krediterleichterungen für die Bauern getroffen wurden. In den Standesherrschaften regierte der Stillstand.

Dank der gesicherten Rechtslage behielt das Mittel- und Großbauerntum seinen Bestand. Aber auch der Größenanteil der Kleinbetriebe bewies, wie das bayerische Beispiel zeigt, eine erstaunliche Konsistenz. In 47 von insgesamt 85 Landgerichtsbezirken sind inzwischen (bis 1980) alle Anwesen exakt erfaßt worden – das ist ein mehr als hinreichendes Sample. Die Güterkonskriptionen und Hofanlagebücher seit 1751/52 weisen 55 % der Gehöfte als so klein aus, daß die Familien nicht allein vom Agrareinkommen leben konnten, sondern eines Nebenerwerbs bedurften. Unabhängig von der «Bauernbefreiung» zeigt der Stand von 1895, ob für Oberbayern, Niederbayern oder die Oberpfalz, daß 35,6 % (bis 2 ha) bzw. sogar 60,5 % (bis 5 ha) der Betriebe zu klein blieben, als daß man auf einen gewöhnlich protoindustriellen Nebenerwerb verzichten konnte. Nicht zuletzt hing dieser gleichbleibende Betriebsgrößenstand mit dem Fehlen einer finanzkräftigen Nachfrage nach Bauernland zusammen. Der grundherrschaftliche Adel erhielt seit den Reformen anstelle des Grundrenteneinkommens erhebliche rentenförmige Ablösungszahlungen, die er zwar zum Teil zum Ankauf von Grundbesitz, zum guten Teil aber auch zur Anlage in renditesicheren Staatsobligationen verwandte. Nur in extremen Ausnahmefällen schlugen auch seine Angehörigen selber den Weg zum landwirtschaftlichen Unternehmer ein. Ein übermächtiges adliges Großagrariertum ist daher als konkurrenzbeherrschende Gegenmacht den süddeutschen Bauern nicht entstanden.

Im Vergleich mit dem Süden vollzog sich in Norddeutschland, hier wiederum vor allem in Sachsen, Anhalt und im preußischen Nordosten, eine rasche Expansion und Leistungssteigerung der Agrarwirtschaft. Im Königreich Hannover wurde durch die Reformgesetze von 1831/33 der bäuerliche

Besitz weit besser als in Preußen geschützt. Maximal ein Sechstel des Landbesitzes durfte zur Ablösung abgetreten, der Hofbestand prinzipiell nicht gefährdet werden. Renten- und Kapitalzahlungen besaßen den Vorrang. Die Bauern wurden privatrechtlich volle Eigentümer, obwohl wichtige Regelungen der alten Meierverfassung für das Anerbenrecht als Einschränkungen bestehen blieben. Die staatliche Verwaltung rückte teilweise an die Stelle der privaten Grundherrschaft, indem sie sich ein «Aufsichts- und Mitwirkungsrecht» vorbehielt. Insgesamt besaßen in Nordwestdeutschland die leistungsfähigen Großbauern mit 20 bis 200 ha Land weiterhin, je nach Landschaft, rund 40 bis 65% der Gesamtfläche; den Rest teilten sich mittlere und kleine Bauern mit den Adelsgütern.

Unmittelbar nach dem 1831 erfolgenden Übergang zur konstitutionellen Monarchie wurde im Königreich Sachsen, aktuell beschleunigt durch die Unruhen von 1830 und langfristig gedrängt von der inneren sozialökonomischen Entwicklung des Landes, das Werk der Agrarreformen ebenfalls relativ spät eingeleitet, dann aber sehr erfolgreich verwirklicht und durch die Nachtragsgesetze von 1846 und 1850/51 endgültig abgeschlossen. Der bauernfreundlichen Reform gelang es, den Loskauf von allen ökonomischen Pflichten im Rahmen des grundherrlichen Systems in vollem Umfang durchzusetzen. Die sächsischen Bauern, die ohnehin keiner rechtlichen Unfreiheit im Sinne der Erbuntertänigkeit unterworfen gewesen waren, konnten jetzt alle Lehnsgelder, die Geldgefälle und Naturalabgaben ablösen, darüber hinaus wurden die Gemeinheiten auf der Linie des liberalen Besitzindividualismus geteilt, die Verkoppelung begann, eine dörfliche Selbstverwaltung wurde eingeführt und die Patrimonialgerichtsbarkeit aufgehoben. Die Bauern durften auch hier die Feudallasten nicht mit Bodenabtretung, sondern nur mit Kapitalzahlung in Form einer Geldrente ablösen.

Der zweite, für die bäuerliche Bodenbesitzstruktur entscheidende Unterschied zum benachbarten Preußen bestand darin, daß diese Aufhebung der alten Dienste und Abgaben durch eine neugegründete Landesrentenbank, die ausdrücklich dem bäuerlichen Realkredit dienen sollte, weitsichtig erleichtert wurde. Im Grunde konnte daher die gesamte sächsische Agrarreform in zwanzig Jahren, einschließlich aller Restaufgaben in fünfundzwanzig Jahren, abgewickelt werden, wobei der bäuerliche Bodenbesitz, wie er zu Beginn der Reform bestanden hatte, ohne Einschränkung mit 77% der Nutzfläche erhalten blieb. Die Bauernwirtschaft behielt mithin in Sachsen ihren strukturbestimmenden Charakter. Die Großbesitzer (mehr als 100 ha Land) einschließlich der Adeligen zählten bei der ersten genauen Erhebung (1845/1854) nur 1,2% der Landeigentümer. Die Großbauern (20 bis 100 ha) kamen dagegen auf 18,8%, die Mittelbauern (5 bis 20 ha) sogar auf 43,4%; zusammen stellten sie mit 62,2% eindeutig das Gros lebensfähiger bäuerlicher Besitzklassen. Darunter machten die nebenerwerbsabhängigen Kleinbauern (1,5 bis 5 ha) 36,7% aus. Da als eine der «wesentlichen

Auswirkungen» der Reform die überlieferte Besitzgrößenverteilung in ihrem Grundmuster auf längere Zeit konsolidiert wurde, lassen sich diesen vier Besitzklassen auch die Nutzflächenanteile von 1865, ehe eine ländliche Konzentrationsbewegung begann, ziemlich zutreffend zuordnen. Von 990500 ha Kulturland besaßen die 827 Großbesitzer immerhin 131500 ha (13,3 %); den 13342 Großbauern gehörten 421500 ha (42,55 %), den 30762 Mittelbauern 357500 ha (36,1 %), den 26021 Kleinbesitzern nur 80000 ha; auf nicht mehr als 8,1 % des kultivierten Landes mußten danach 36,7 % aller Bauern leben. Zu welchen Leistungen die Groß- und Mittelbauern auf 78,6 % der Nutzfläche imstande waren, zeigt die Produktions- und Produktivitätssteigerung der 1830/40er Jahre.

Über die Ergebnisse der preußischen Agrarreformen ist bereits im Vorgriff auf den Vormärz ausführlich berichtet worden (Bd. I). Unstreitig sind die Rittergüter die Hauptgewinner bei der Auflösung der alten Bodenverfassung gewesen. Auf ihnen sowie auf den Großbesitzungen bürgerlicher Landwirte machte die marktorientierte Produktion die schnellsten Fortschritte, sie standen in der vordersten Linie agrarkapitalistischer Betriebsführung, sie bauten die landwirtschaftlichen Nebengewerbe am zügigsten aus, und ebenso unwiderruflich verwandelten sich die «Junker» in eine landwirtschaftliche Unternehmerklasse. Am Ende des Vormärz gab es knapp 12000 preußische Rittergüter, daneben etwa 6000 bürgerlich-bäuerliche Großbesitzungen mit über 600 ha Land. Waren früher einmal soziale Ehre und Selbstverständnis einer Adelsfamilie mit der Kontinuität des Besitzes einer Gutsherrschaft verbunden gewesen, hatten Spekulation und Preishausse seit dem ausgehenden 18. Jahrhundert die Güter längst zu flugs gehandelten Marktobjekten gemacht.

Nach dem umfangreichen Besitzwechsel der 1820er Jahre haben zwischen 1835 und 1864 von diesen 11771 Rittergütern wiederum 1347 durch erzwungene Versteigerung, 7903 durch Vererbung und 14404 durch freiwilligen Verkauf den Eigentümer gewechselt. Insgesamt gab es 23654 Besitzveränderungen (ca. 200 %), davon über 60 % freiwillige Verkäufe. Im traditionell wirtschaftsliberalen Ostpreußen z.B. haben seit 1835 77,2 % aller Rittergüter den Besitzer gewechselt. 1885 gehörten nur mehr 12,8 % (154) zum «alten Gutsbesitz», der länger als fünfzig Jahre im Eigentum ein und derselben Familie geblieben war. So sah die Wirklichkeit aus, die mit der vielbeschworenen Bodenständigkeitsideologie des Landadels – fest verwurzelt im heimischen Familienbesitz – nicht viel gemein hatte, sehr wohl aber der Mobilität eines gewinnträchtigen kapitalistischen Gütermarkts entsprach; dazu gleich mehr.

Trotz der Verluste an Bauernland, trotz des offenbar unvermeidbaren Verkaufs vieler Höfe als Folge der Kapital- und Kreditschwäche, der Ablösungsprobleme und Krisenjahre ist, wie gesagt, die Zahl der ostelbischen Bauernstellen bis 1848/1850 weiter kräftig angestiegen. Nach der preußischen Statistik galt ein Besitz von 5 Mo. ab aufwärts als hauptberuflich betrieben, ab 30 Mo. war im allgemeinen Gespannhaltung und der ständige oder zeitweilige Einsatz familiärer und fremder Arbeitskräfte gegeben. Der eigentlich bäuerliche Grundbesitz bewegte sich jedoch in der Betriebsgrößenklasse zwischen 30 und 300 Mo. Die Zahl aller ostelbisch-preußischen Höfe bis 300 Mo. Größe hatte 1816 = 467 196 betragen. Wenn man die beiden neuen kleinstellenreichen Westprovinzen, wo der bauernfreundlichen französischen Bodengesetzgebung aus politischer Klugheit nach 1815 ihre Geltungskraft belassen wurde, an dieser Stelle einmal außer acht läßt, lag die Zahl der Höfe bis zu derselben Größe von 300 Mo. in Ostelbien 1849 genau bei 871 222. Rechnet man die beiden Größenklassen von 5 bis 30 Mo. (= 270457) und bis zu 5 Mo. (= 323 280, zusammen 593737) ab, um den vollbäuerlichen Besitz zu ermitteln, kommt man auf 277385 Betriebe. Berücksichtigt man außerdem, daß in der Größenklasse von 300 bis 600 Mo. (= 10653) und von Besitzungen über 600 Mo. (= 13 211, zusammen 23 864; abzüglich der 11771 Rittergüter insgesamt 12093 bürgerlich-bäuerliche Großbesitzungen) auch noch eine unbekannte Zahl von Großbauern enthalten ist, wird man, bei behutsamer Schätzung, von rund 280 000 lebens- und leistungsfähigen ostelbischen Bauernwirtschaften um die Jahrhundertmitte ausgehen können. Darunter lebte eine Besitzklasse von 270457 Kleinbauern mit 5 bis 30 Mo. Land, unter denen wiederum 323 280 Zwergbesitzinhaber mit weniger als 5 Mo. Land existierten. Diese Expansion auf rund 594 000 Kleinstellen bleibt ebenfalls ein bemerkenswertes Zeichen für den Überlebenswillen und die Vitalität auch der kleinen Landwirte.

Um einen Überblick über den bis zur Revolutionszeit erreichten Stellenstand sowohl in Ostelbien als auch in den Westprovinzen und im Gesamtstaat zu ermöglichen, faßt Übersicht 22 die wichtigsten Ergebnisse zusammen:

Übersicht 22: Zahl und Umfang der landwirtschaftlichen Besitzungen in Preußen 1849

109,115300 Mill. Mo.	über 600 Mo.	300–600 Mo.	30–300 Mo.	5–30 Mo.	–5 Mo.	Gesamtzahl
Ostelbien	13211	10653	277485	270457	323280	895086
Westprovinzen	1480	2809	92459	249765	548414	894927
Gesamtstaat	14691	13462	369944	520222	871694	1,79 Mill.

Auffällig ist darüber hinaus der hohe Klein- und Zwergbesitz in den Westprovinzen. 249765 Kleinbauern erreichten dort fast (um rund 20000 Stellen) die Zahl in ganz Ostelbien. Die 548 414 Zwergbauern übertrafen sogar um rund 225 000 Stellen die ostelbische Größenordnung. Im Rheinland z. B. entfielen auf 455 835 Kleinparzellenbesitzer mit weniger als 5 Mo.

Land rund 80 % aller Betriebe auf einem Drittel des Kulturlandes – ein schärferer Gegensatz zu den großbäuerlichen Teilen von Ostwestfalen oder Niedersachsen ließ sich kaum denken. Von den 1,79 Mill. landwirtschaftlichen Besitzungen in Preußen kamen 1849 allein 798 179 Klein- und Zwergbauernstellen auf den Westteil des Königreichs. Wegen seines Kleinbesitzes machten diese beiden Kategorien im Gesamtstaat 77,8 %, mehr als Dreiviertel aller landwirtschaftlichen Besitzstellen aus.

Um ein bereits konstatiertes Urteil noch einmal zu wiederholen: Die ostelbischen Bauern hatten seit 1816 gegen schier zahllose Nachteile anzukämpfen, wenn sie sich mit den überlegenen Rittern auseinandersetzten, Land abzutreten und hohe Renten zu zahlen hatten, die Allmende verloren, neue Steuern entrichteten, Amortisationen und Zinsen aufbringen mußten, auf Böden schlechterer Qualität abgedrängt wurden, Land roden und Akkerland erst urbar machen mußten. Aber die Mehrheit der landwirtschaftlichen Betriebe Ostelbiens blieb trotzdem in bäuerlicher Hand, sie bewies ihre Anpassungs- und Leistungsfähigkeit bis ins 20. Jahrhundert.[7]

Einer der Hauptgründe, der den Großgrundbesitzern die graduelle Modernisierung erleichterte, den Bauern jedoch auch den kleinsten Schritt erschwerte, lag in dem grundverschiedenen Zugang zum landwirtschaftlichen Realkredit, einem Herzstück des Agrarkapitalismus. Während die Ritter, denen seit dem letzten Drittel des 18. Jahrhunderts ihre «Landschaften» zur Verfügung standen, deren billigen Kredit stets weidlich auszunutzen verstanden, fehlten nicht nur eigene Finanzinstitute für die ostelbischen Bauern, sondern von 1811 bis 1843 lag bekanntlich die Verschuldungsgrenze für ihren Besitz bei einem Viertel des Taxwerts. Aus diesem Grunde blieb ihr finanzieller Spielraum, da der freie Kapitalmarkt praktisch verschlossen war und das schmale Eigenkapital nicht weit reichte, eine Generation lang außerordentlich eingeengt – dank eines heuchlerischen Patriarchalismus, der die Bauern angeblich nur vor ihrem Selbstruin bewahren sollte, aus ihrer Geldnot aber die bequemsten Vorteile beim Aufkauf bäuerlichen Ackerlandes zog. Nicht selten fielen Gehöfte für ein Zehntel des Realwertes an die Ritter. Im ostpreußischen Kreis Angerburg konnte man geradezu von einer «Hofschlächterei» sprechen, denn dort wurden von 1811 bis 1860 rund 90 % aller Bauernhöfe von den Gutsherren preiswert aufgekauft. Diese ritterfreundliche Politik wurde vom Oberpräsidenten v. Schön «wohlwollend und parteiisch unter dem Deckmantel liberaler Selbsthilfe», tatsächlich aber in Gestalt von «Radikalkuren» nur «einseitig zu Lasten der Bauern» nachdrücklich unterstützt. Das Ergebnis verriet, wer gemäß der Smithianischen Ideologie die eigentliche Marktmacht ausüben konnte.

Als die Verschuldungsbeschränkung 1843 aufgehoben wurde, ist wegen der fehlenden Landbanken der bäuerliche Realkredit auch nicht sogleich verbessert worden; das gelang erst – von den rheinisch-westfälischen Landeskreditkassen abgesehen – durch die Rentenbanken nach 1849. Zu Recht formulierte damals eine Kommission des neuen Preußischen Abgeordnetenhauses rückblickend eine scharfe Kritik: «Die Staatsregierung ist jedem Versuch, der die Bildung von Kreditinstituten für die Bauern bezweckte, entgegengetreten», sie erzwang von ihnen «den Übergang zur Geldwirtschaft», versagte ihnen «aber die Mittel zu ihrer gedeihlichen Durchführung» durch die bäuerlichen Unternehmer.

Diametral entgegengesetzt sah die Realkreditlage für die Gutsherren aus. Nach der Preiskrise der 1820er Jahre profitierten die ostdeutschen Ritter als erste von dem neuen Preisaufschwung der 30er Jahre, der wie um 1790 unmittelbar auf den Gütermarkt übergriff. Im Gefolge des Revolutionsjahrs 1830 begann eine «Periode andauernder Geldverbilligung im Immobilienverkehr». Der Hypothekenzins ging auf 1,5 bis 3 % zurück (für Bauern blieb er freilich bei 5 bis 6 % stehen). Wegen der Nachfrage und des Verschuldungsanreizes stiegen Grundstückspreise und Hypothekenschulden der Adelsgüter ununterbrochen an, wie aus einer Erhebung, die das preußische Justizministerium als oberste Behörde für das Hypothekarwesen in sechs über den Staat verstreuten Kreisen 1857 anstellte, zweifelsfrei hervorgeht.

Übersicht 23: 1. Pfandbriefschulden einiger preußischer Landschaften 1815–1850

Jahresende	Schuldsumme in Mill. T.	Prozentualer Anstieg
1815	63178	4,04
1820	73741	16,72
1825	81155	10,05
1830	85062	4,81
1835	88648	4,22
1840	89927	1,44
1845	85621	–4,79
1850	87167	1,81

2. Verschuldung preußischer Rittergüter in sechs Kreisen 1837–1857

Rb.	Kreise	% des «ersichtl. Werts» 1837	Summe in 1000 T.	% des «ersichtl. Werts» 1847	Summe in 1000 T.	% des «ersichtl. Werts» 1857	Summe in 1000 T.
Königsberg	Neidenburg	64	215560	70	459883	74	846910
Marienwerder	Konitz	57	415453	70	830914	76	1269618
Bromberg	Wirsitz	84	1471712	108	2416890	84	2506620
Köslin	Lauenburg	114	865505	94	1517559	89	1894821
Frankfurt	Sternberg	68	1319330	72	1889300	73	2309427
Oppeln	Rybnik	89	1210724	90	1672734	85	2249578
Summe		80	5498284	84	8787280	80	11076974

Alle erfaßten Güter waren um 63 bis 114% über den Taxwert hinaus verschuldet; ihr Handelswert stieg in den zwanzig Jahren seit 1837 um mehr als das Doppelte an, im Durchschnitt hatten sie im Zeitraum von 1837 bis 1857 mehr als zweimal den Besitzer gewechselt. Anhaltende «Geldverbilligung, Verschuldungszunahme und Bodenpreissteigerung... lancierten» sich gegenseitig, bis überall wieder der vertraute Ruf nach zusätzlicher staatlicher Krediterleichterung ertönte. Der reichlich gewährte Immobiliarkredit, der dank der «ganzen Verfassung und Organisation» der «Landschaften» «lediglich auf die Bedürfnisse» der Rittergutsbesitzer zugeschnitten war, kam primär dem Schacher der gewinnhungrigen Verkäufer, erst in großem Abstand danach auch der verbesserten Bewirtschaftung zugute. Mit den Bodenpreisen stiegen überdies auch die Pachtsummen, und nicht selten übertraf der Grundwert den nachweisbaren Ertragswert, da insgeheim mit einem steilen Anwachsen der Rentabilität gerechnet wurde. Wie in diese Spekulationshausse des norddeutschen Gütermarkts Anfang der 1840er Jahre die Konkurrenz der Eisenbahnaktien als einschneidende Störung hineinfuhr und welche politischen Reaktionen sie auslöste, wird unten noch erörtert (Teil 4, I). Jedenfalls wußten die Redner des «Junkerparlaments» vom August 1848 sehr genau, wovon sie nach einem fast zwanzigjährigen Konjunktur- und Spekulationsboom sprachen, wenn sie unverhüllt zur Verteidigung ihrer «materiellen Interessen» aufriefen.[8]

Ein hervorstechendes Phänomen der deutschen Agrargeschichte zwischen 1800/1815 und 1848/1850 ist die zum Teil beträchtliche, zum Teil sogar erstaunliche Produktions- und Produktivitätssteigerung innerhalb weniger Jahrzehnte. Diese Leistungserhöhung, welche für die anwachsende Bevölkerung eine vitale Notwendigkeit darstellte, resultierte aus einem Bündel von zentralen Ursachen:

1. Der Ertragszuwachs bildete einmal ein Ergebnis der wirtschaftsliberalen Reformpolitik mit ihrer Aufhebung des grundherrlich-genossenschaftlichen Besitzes, der Familien- und Sippenrechte am Boden und dem Übergang zur freien Verfügbarkeit über privates Eigentum. Dieser Übergang, verbunden mit dem erfolgreichen Appell an ein Energien entfesselndes, egoistisches Interessenkalkül, vermehrte das Ackerland vermutlich um rund 20%. Insbesondere wegen der Aufteilung der Gemeinheiten veränderte sich das Verhältnis von Grünland zu Ackerland von 1:1,57 auf 1:2,5.

2. Die Schwarzbrache wurde recht zügig beseitigt. Nachdem sie 1800 noch rund ein Drittel, d.h. 7 von 21 Mill. ha Ackerland ausgemacht hatte, war sie bis 1850 auf 15%, d.h. in fünfzig Jahren um 85% bzw. 6 Mill. ha, reduziert worden, so daß dadurch jährlich rund 120 Mill. Getreidezentner und ein Zuwachs der bebauten Fläche von schätzungsweise 20 bis 25% gewonnen werden konnte. Am niedrigsten lag um die Jahrhundertmitte der

Brachenanteil in Sachsen (1 %) und im Rheinland (3 %), am höchsten dagegen noch in Bayern (19 %) und Württemberg (14 %).

3. Unablässig wurde Ödland nutzbar gemacht, dadurch erweiterte sich das kultivierte Land wohl abermals um rund 20 %. In Preußen z. B. fiel das Unland von 1802 bis 1861 sogar um 20 % der Gesamtfläche, während das Ackerland um 43 % anstieg. Die «größten Änderungen» in der damaligen Landwirtschaft ergaben sich daher wahrscheinlich daraus, daß die private Nutzfläche derartig ausgeweitet und der Produktionsfaktor Boden intensiver als je zuvor genutzt wurde, wodurch sich die jährlich besäte Ackerfläche fast verdoppelte. Durch Intensivkulturen wie den Hackfrüchtebau wurden die positiven Effekte noch erheblich vergrößert. Melioration, Eindeichung von Meeresgebieten, von Seen und Flüssen, Trockenlegung von Sümpfen, Urbarmachung von Heide und Wiese, Drainage und gezielte Aufforstung trugen auf ihre Weise zu diesem Fortschritt bei.

4. Die verbesserte Anbautechnik und Düngung führten zu einer weiteren geschätzten Ertragssteigerung von rund 40 % je Flächeneinheit.

5. Der Viehstapel wurde nach schweren Einbußen bis 1814 mühsam wieder vergrößert. Schließlich wurde aber die Zahl der Rinder um rund 50 %, die der Schweine um 85 % und der Schafe um 75 %, die tierische Produktion insgesamt um fast 100 % erhöht. Außerdem konnte durch die verbesserte Leistung je Tier (Fleisch, Milch, Wolle) die tierische Produktion um weitere 70 % gesteigert werden.

6. In einer ersten Phase wurde der Arbeitskräfteeinsatz intensiviert: In der Landwirtschaft stieg der Produktionsfaktor Arbeit von 1800 = 9,5 und 1816 = 9,53 auf 1849 = 11,48 Mill. Arbeitskräfte, d. h. in der Zeitspanne einer Generation um fast 2 Mill. Beschäftigte an. Schrittweise erfolgte dann der Übergang zu einer kapitalintensiveren Wirtschaft, die sich an neuen Gebäuden und Geräten, an höhergezüchteten Viehrassen und der Bodenverbesserung ablesen ließ. Bis zur Jahrhundertmitte haben sich deshalb Nettoprodukt und Bodenrente der Landwirtschaft, gefördert von steigenden Produkt- und Bodenpreisen, fast verdoppelt, so daß nicht nur der erhöhte und anspruchsvollere Bedarf der zahlungskräftigeren Konsumenten, sondern überhaupt einer Bevölkerung, die im deutschsprachigen Mitteleuropa von 1816 bis 1848 um mindestens 40 %, in einzelnen Staaten aber um 55 bis 65 % anwuchs, in der Regel gedeckt werden konnte.

Teilt man die damaligen deutschen Agrargebiete nach dem Entwicklungsstand der Bewirtschaftungsmethoden und damit zugleich nach ihrer Leistungsfähigkeit ein, ergibt sich eine dreifache Staffelung:

1. In einigen abgelegenen Gebieten mit karger Subsistenzwirtschaft, wie in der Eifel und Rheinpfalz, im Hunsrück und an der Saar, herrschte noch die völlig überlebte germanische Zweifelderwirtschaft.

2. Die Kleinbetriebe in Ost- und Westpreußen, Posen und Pommern, im Erzgebirge und Vogtland, in Thüringen, Hessen und Niederbayern hingen zum guten Teil noch geraume Zeit der alten Dreifelderwirtschaft an. Wegen ihrer minimalen Marktquote hatten sie protoindustriellen Nebenerwerb nötig.

3. Dagegen betrieben die mittel- und großbäuerlichen Betriebe, die adligen und bürgerlichen Großbesitzungen vorwiegend die verbesserte Dreifelder- oder schon gelegentlich die recht komplizierte Fruchtwechselwirtschaft, die man nach dem Übergang zur Dreifelderwirtschaft im 8. und 9. Jahrhundert als zweite große revolutionäre Veränderung der landwirtschaftlichen Anbaumethoden bezeichnet hat. (Bis in die 1950er Jahre hinein ist, wie bereits erwähnt, die verbesserte Dreifelderwirtschaft in der Bundesrepublik noch die verbreitetste Bewirtschaftungsform geblieben.) Gute Böden und Marktbeziehungen, Unternehmererfahrung und die «Economies of Scale» gestatteten das etwa in Sachsen, Hannover, Brandenburg, Ost- und Westpreußen, in der preußisch-sächsischen Börde und in Westfalen. Um die Städte herum begannen sich hochkultivierte, leistungsstarke Landgürtel der Direktlieferanten von Gemüse, Hackfrüchten, veredelten tierischen Produkten usw. manchmal schon in einem geradezu «explosionsartigen» Ausbau zu legen. Das entsprach Thünens – an Smith, Justi und Thaer geschulter – Standortlehre, wonach dieser sogenannte «erste Ring» dank seiner Marktnähe bevorzugte Chancen standortgerechter Spezialisierung in einer arbeitsteiligen Verkehrswirtschaft besaß. Die höchste Ackerproduktivität wurde in den beiden Teilen Sachsens, im Rheinland und in Teilen von Württemberg und Baden erreicht. Wenn man für 1805 den mittleren Ernteertrag auf 9,1, für 1840 auf 11,6 dz/ha geschätzt hat, wurde er doch in solchen Spitzenregionen bereits beträchtlich übertroffen, noch ehe die eigentlich sprunghafte Steigerung seit den 1850er Jahren einsetzte.

Übersicht 24: Deutsche Hektarerträge in dz/ha 1800–1848/52 (1800 = 100)

Jahre	Weizen	%	Roggen	%	Gerste	%	Hafer	%
1800	10,3	100	9,0	100	8,1	100	6,8	100
1846/1847	11,5	112	10,2	113	9,7	120	9,5	140
1848/1852	12,3	119	10,7	119	11,2	138	10,9	160

Die Hektarerträge von Weizen und Roggen stiegen in einem halben Jahrhundert immerhin um 20 %, eine auffallendere Erhöhung erfuhren Gerste und Hafer mit 38 bzw. 60 %. Im Durchschnitt wuchsen aber diese Getreideerträge in Preußen, Sachsen, Bayern und Württemberg in dem halben Jahrhundert nach 1800 um 58 % an. Die Kartoffelerträge gingen, nachdem sie 1800 bei 80 dz/ha gelegen hatten, selbst bis 1882 nur sachte um

12 % auf 89,4 dz/ha höher. Kartoffeln bedeckten aber, durch die Mißernten von 1816/1817 attraktiver gemacht, bis 1850 rund 10 %, im Osten öfters sogar bis zu einem Drittel der Anbaufläche. Aus dem verengten Blickwinkel einer mit reiner Quantifizierung schon zufriedenen Wirtschaftsgeschichte mag diese Zahl als gering erscheinen. Fraglos aber lag ihr Grenznutzenwert für die tägliche Existenzsicherung vieler Konsumenten außerordentlich hoch, so daß der Ernteausfall darüber entschied, ob Hungersnot oder Hungerstod vermieden werden konnten. Außerdem half die geringe Preiselastizität der Kartoffel, andere Agrarpreise zu regulieren und zu weite Pendelausschläge der Brotpreise zu verhindern.

Schaut man sich die Produktionszuwächse auf dem stetig anwachsenden Kulturland genauer an, muß zuerst eine angesichts der konstatierten Bevölkerungsvermehrung außerordentlich bemerkenswerte Erhöhung: nämlich die Verdoppelung der gesamten deutschen Agrarproduktion zwischen 1800 und 1850, festgehalten werden.

Übersicht 25: Deutsche Agrarproduktion 1800–1850 (1800/1810 = 100)

Jahre	Pflanzl. Prod.	Viehwirt. Prod.	Gesamte Agrarprod.
1811/20	108	98	103
1821/25	129	107	122
1826/30	136	117	130
1831/35	153	150	152
1836/40	168	164	167
1841/45	182	185	183
1846/50	192	202	198

Dabei behielt der Roggen, der zuerst 40 %, dann 28 % (1860) der Getreideanbaufläche bedeckte, seine Spitzenstellung; der Anbau des Weizens, der mehr Nährstoffe und höhere Erträge ergab, nahm aber mit dem beginnenden Trend vom Roggen- zum Weizenbrot stetig zu (9 %), während Hafer bei 16 % lag und der Anteil der Gerste (6 %) deutlich zurückging. Übrigens erwies sich die deutsche Agrarproduktion bereits in diesem Zeitraum der französischen proportional überlegen, obwohl es in Frankreich bessere Böden, ein vorteilhafteres Klima und seit der Revolution eine fester verankerte kapitalistische Rechtsordnung gab.

In einigen Bereichen kündigten sich damals in Deutschland auch Entwicklungen an, die erst nach der Jahrhundertmitte in den Vordergrund rücken sollten. Am Ausgang des 18. Jahrhunderts wurden erstmals seit vorgeschichtlicher Zeit neue Früchte eingeführt, die «den Rahmen des traditionellen europäischen Pflanzenbaus» sprengten: Es handelte sich um die amerikanische Kartoffel, den Mais, die Sonnenblume und den Tabak; auf die wichtigste neue Hackfrucht, die Kartoffel, ist bereits mehrfach eingegangen worden. Die wertvollsten Erträge pro Morgen lieferten außer der flächensparenden, rationeller als Getreide auf kleinsten Parzellen und schlechten Böden anbaubaren Kartoffel vor allem Tabak, Raps, Flachs, Hanf, Futter- und Zuckerrüben. Nach einem ersten Anlauf während der Zeit der Kontinentalsperre, der mit der Rückkehr der Rohrzuckerimporte vorläufig scheiterte, nahm der Zuckerrübenanbau in den 30er Jahren einen neuen Aufschwung, der an die Ergebnisse des Experiments, das F. K. Achard, der Direktor der Physikalischen Klasse der Berliner Akademie der Wissenschaften, mit einer ersten Zuckerrübenfabrik auf dem schlesischen Gut Cunern angestellt hatte, anknüpfen konnte.

In der fruchtbaren Magdeburger Börde entwickelte sich das deutsche Zentrum dieser neuen Zuckergewinnung. Zwar gab es vorerst praktische Probleme: Der Zuckergehalt blieb vor der verbesserten Züchtung noch gering; die Monokultur des Rübenbaus traf auf eine «biologische Schranke» und erzwang nach drei bis vier Jahren einen Bepflanzungswechsel; vor dem Eisenbahnbau gab es kaum lösbare Transportprobleme. Dennoch bestanden in Preußen 1839 schon 105, in Bayern 1847 10, im gesamten Zollverein 1852 234, davon allein in der preußischen Provinz Sachsen, also in der Börde, 123 Zuckerfabriken. 1850 brauchte man noch 14,5 Zentner Rüben, um einen Zentner Rohzucker zu gewinnen, aber die Produktion ging von 1836 = 507000 Zentner auf 1852 = 14,8 Mill. Zentner Rüben, von 25346 auf 985920 Zentner Rohzucker hoch. Sie erforderte den Großbetrieb, so daß aus einem zunächst bescheidenen landwirtschaftlichen Nebengewerbe eigene Genossenschaften oder kapitalkräftige Aktiengesellschaften hervorgingen, die den anfänglich geringen Rübenzuckerkonsum – im Vergleich mit Rohrzucker nur 1,5 % – zügig emportrieben. Im Effekt gehörte diese unstillbare Rübenzuckernachfrage «zu den revolutionärsten Veränderungen der deutschen Volkskost im 19. Jahrhundert».[9]

Werden die Globalziffern des Index in Übersicht 25 nach Mengen und Arbeitskräften weiter aufgeschlüsselt, ergibt sich ein genauerer Einblick in die Entwicklungstendenzen der landwirtschaftlichen Produktion bis 1850.

Die auf eine Arbeitskraft entfallende, in Getreidewerten gerechnete landwirtschaftliche Produktion stieg von 1800 bis 1850 um 65 %, wobei sich trotz der arbeitsintensiven Erzeugung der ersten zweieinhalb Jahrzehnte die mengenmäßige Gesamtproduktion, wie erwähnt, ungefähr verdoppelte, während das Arbeitskräftepotential nur um 20 % zunahm. Wie der Ausstoß konnte auch die landwirtschaftliche Produktivitätssteigerung je Arbeitskraft mit der wachsenden gewerblich-industriellen Arbeitsproduktivität in der ersten Jahrhunderthälfte nicht nur Schritt halten, sondern sie übertraf sogar einige Wachstumsindustrien, ehe sich die Auswirkungen der deutschen Industriellen Revolution seit der Hochkonjunkturperiode der 1850er Jahre geltend machten. Im preußischen Steinkohlenbergbau z. B. stieg die Arbeitsproduktivität um rund 32 %, sie stagnierte im Kupferbau, in der Landwirtschaft jedoch erreichte sie 60 bis 65 %; selbst bis 1866/1870 betrug

Übersicht 26: Deutsche landwirtschaftliche Produktion je Arbeitskraft (Basis: Getreidewerte; in 1000 To.) 1800–1850

Jahre	Pflanzl. Prod.	Viehwirt. Prod.	Gesamt-prod.	Arbeits-kräfte in 1000	Tonnen je Arbeits-kraft	Index
1800/10	14500	7555	22055	9525	2,32	100
1811/20	15660	7332	22992	9530	2,41	104
1821/25	19140	8100	27240	10100	2,70	116
1826/30	20010	8787	28797	10300	2,80	120
1831/35	22910	11205	34115	10600	3,22	139
1836/40	24795	12262	37057	11057	3,35	144
1841/45	26825	13719	40544	11662	3,48	150
1846/50	29000	14874	43874	11425	3,84	165

der Zuwachs im Bergbau 110 %, im Kupferbergbau 128 %, in der Landwirtschaft jedoch zwischen 141 und 152 %. Während die Produktivität in einem strategischen Wachstumssektor wie der Eisenindustrie während zweier kritischer Jahrzehnte von 1837 bis 1859 um 26 % zunahm, erzielte die Landwirtschaft 30 bis 32 %. Obwohl die Produktion der Industrie von 1800 bis 1850 um 500 bis 600 %, ihre Arbeiterzahl sogar um mehr als 900 % anstieg, behielt die Landwirtschaft noch insgesamt ihren ersten Rang.

Unbestritten besaß in der Agrarwirtschaft der Getreideanbau bis 1850 weiter den Primat. An die zweite Stelle schob sich nach erheblichen Anlaufschwierigkeiten mit schließlich ebenfalls seit etwa 1830 hohen Zuwachs- und Leistungsraten die Viehwirtschaft. Hatte sie um 1800 fast noch ein «notwendiges Übel» für die Ackerwirtschaft und Düngung dargestellt, durchlief sie in der ersten Jahrhunderthälfte eine grundlegend wichtige Modernisierungsphase, ehe dann in der Epoche der Industriellen Revolution und Hochindustrialisierung der Verbrauch tierischer Produkte dank steigender Konsumkraft hochzuschnellen begann.

Übersicht 27: Deutscher Viehbestand in 1000, 1800–1853

Jahre	Pferde	Rinder	Schweine	Schafe	Ziegen
1800	2700	10150	3800	16190	340
1816	2346	9619	3527	15725	559
1833	2664	11318	4425	20842	809
1840		13100	5400	26600	
1853	2735	13376	5297	25117	1437

Die schweren Einbußen der Kriegsperiode konnten erst seit Beginn der 1830er Jahre wettgemacht und die Vorkriegszahlen allmählich übertroffen (bis 1870 verdoppelt) werden. Für Pferde, Rinder und Schweine erwiesen sich die importierten englischen, aber auch die holländischen und schweizerischen Zuchtrassen als besonders wertvoll. Mühsam gestaltete sich die Nachzucht von Pferden, obwohl sie nicht nur in der Landwirtschaft zur unverzichtbaren Betriebsausstattung gehörten. In Preußen z. B. hatte man es bis 1846 wieder auf 1,3 Mill. Pferde gebracht. 38350 von ihnen wickelten einen Personen- und Warenverkehr ab, bei dem 1,3 Mill. To./km geleistet wurden; 1910 schafften die deutschen Eisenbahnen 56276 Mill. To./km: diese Leistung hätte 1,7 Mrd. Pferde erfordert. Die Rinder wurden auf das Ziel eines höheren Schlachtgewichts – es stieg in den fünfzig Jahren um rund 60 % – und einer vermehrten Milchproduktion hin – sie stieg um 113 %, je Kuh um 34 % – hochgezüchtet. Der Schweinebestand kletterte um auffallende 40 % höher. Das hing – wie die Schnapsbrennerei im Nebengewerbe – mit dem Kartoffelanbau, der billigen Fütterung, auch auf der freien Brache, und einer Preisgestaltung zusammen, die den Schweinefleischkonsum von breiteren Schichten ermöglichte. Im Anstieg der Ziegenzahl um mehr als 300 % drückte sich die Tatsache aus, daß für die zahlreichen Kleinstellenbesitzer, Insten, Gärtner usw. die Ziege in dieser Zeit zur «Kuh des kleinen Mannes» wurde. Und die vor allem in Ostelbien betriebene Schafzucht erwies sich nach der Einführung der kostbaren spanischen Merinos – ein Zuchtwidder konnte bis 12000 fl. kosten – wegen der Verdoppelung der Wollpreise bis 1848, ja wegen eines teilweise verdreifachten Wollwerts der Edelschafe als ungewöhnlich lukratives Geschäft. Von 1800 bis 1861 stieg daher die Schafzahl um 73 % auf 28,02 Mill. Stück – in Preußen verdoppelte sie sich sogar –, die Wollproduktion um 188 % von 12143 auf 35021 Mill. To. Erst seit etwa 1864 begannen unter dem Druck der überseeischen Wollkonkurrenz, der Baumwolle und der sinkenden Transportkosten die Preise abzusacken; damit wurde einer lohnenden deutschen Schafzucht, wie sich herausstellte, dauerhaft der Boden entzogen. 1914 gab es nur noch ein Fünftel der Zahl von 1860!

Wie wichtig die erste Jahrhunderthälfte für die Expansion der gesamten viehwirtschaftlichen Produktion gewesen ist, wird aus dem folgenden Überblick, der wieder eine Verdoppelung anzeigt, deutlich. (S. Übersicht 28!)

Seit 1815 vollzog sich auch in der deutschen Agrarwirtschaft ein neuartiger Übergang zur planmäßigen Tierzucht, zur tierischen Veredelungswirtschaft, der Ackerbau wurde oft in den Dienst einer einträglichen Tierhaltung gestellt. Diese in Europa und Nordamerika erreichte dritte Stufe der Viehhaltung hat ein Sachkenner wie Wilhelm Abel für «einmalig in der Geschichte der Menschheit» erklärt.

Die getreide- und viehwirtschaftliche Produktion hat sich nach der Kriegsepoche während einer problem- und krisenreichen Periode von rund fünfzehn Jahren erst seit den frühen 1830er Jahren intensiver weiterentwikkelt – darüber besteht seit längerem unter den sachkundigen Agrarhistorikern Übereinstimmung –, dann aber innerhalb von zwanzig Jahren den Sprung bis zu einer Verdoppelung ihrer Erträge und Leistungen während

Übersicht 28: Deutsche viehwirtschaftliche Produktion 1800–1850

Jahre	Viehbestände in 1000 St.	Fleischproduktion in 1000 To.	Milch in 1000 Ton.	Wolle in 1000 To.	2–4 zus. in 1000 To. (Getreidewert)	Index (Getreidewert) 1800/1810 = 100
1800/04	10200	490	5243	15,2	8394	100
1810	6700	240	5040	10,0	6716	100
1820	9200	392	5150	14,9	7332	97
1830	11500	480	6028	20,6	8787	116
1840	13668	834	7400	27,2	12600	167
1847	14076	892	9800	27,0	14680	194
1850	14382	929	10400	27,4	15119	200

insgesamt vierzig Jahren getan. Preisanstieg und Konjunkturtrend spiegeln diese Entwicklung unzweideutig wider. Auch der Kapitalstock der bäuerlichen Bevölkerung soll sich schätzungsweise von 1800 bis 1850, vor allem zwischen 1830 und 1850, fast verdoppelt, das bäuerliche pro-Kopf-Einkommen in derselben Zeit um rund 15 bis 20% vermehrt haben. Dieser Gesamtanstieg überschnitt sich mit der Schlußphase der deutschen Frühindustrialisierung und dem Beginn der Industriellen Revolution, so daß seither gewissermaßen zwei ökonomische Intensivierungsprozesse, sich wechselseitig verstärkend, nebeneinander verliefen.[10]

Der agrarische Fortschritt bis 1850 ist noch nicht das Ergebnis mechanisierter Produktion und maschineller Ausrüstung gewesen. Beide setzten sich erst in der zweiten Hälfte des 19. Jahrhunderts auf breiterer Ebene durch. Wohl aber gab es eine folgenreiche Diffusion verbesserter Geräte (etwa neuartiger Pflüge), verbesserter Bebauungstechnik und verbesserten Fachwissens. Dafür spielten einige Institutionen eine maßgebliche Rolle. Nach den Ökonomischen Gesellschaften des 18. Jahrhunderts, gewöhnlich elitären Vereinigungen mit fürstlichem Privileg, breiteten sich – wie das durchaus der allgemeinen raschen Ausdehnung des Vereinswesens entsprach (vgl. Bd. I) – landwirtschaftliche Vereine, aus denen nach geraumer Zeit die ersten Massenorganisationen der deutschen Bauern hervorgehen sollten, in allen deutschen Staaten aus.

Da der neue sächsische Verfassungsstaat von 1831 auch die Bauern zu gleichberechtigten Staatsbürgern erhoben und ihnen damit das liberale Grundrecht der freien Assoziation zugestanden hatte, schloß sich eine schnell wachsende Anzahl von Bauern in den amtlich geförderten landwirtschaftlichen Bezirksvereinen zusammen, die im sogenannten Hauptverein eine von den Bezirksvereinen, den Ökonomischen Gesellschaften und Regierungsvertretern besetzte Zentrale besaßen. Bis 1844 wurden in 44 Vereinen rund 3000 Mitglieder erfaßt, welche mit vielen anderen die jährlichen

Landwirtschaftsausstellungen besuchten. Diese aufgeschlossenen Bauern konnten sich auch auf Antrag von staatlichen Kommissaren ihre Betriebe als Musterwirtschaften einrichten lassen, wie in Preußen sogenannte Ackerbauschulen besuchen und ihren Söhnen seit 1844 landwirtschaftlichen Fachunterricht an Gewerbe- und Realschulen erteilen lassen. An den ländlichen Volksschulen scheint demgegenüber der landwirtschaftliche Unterricht überall mißlungen zu sein.

In Preußen, um ein weiteres Beispiel zu nennen, hatte Albrecht Thaer, die unbestrittene Spitzenfigur der «rationellen Landwirtschaft», bereits in das Reformedikt von 1811 (§ 39) den Wunsch nach landwirtschaftlichen Vereinen zur gegenseitigen Hilfe und für den Kenntnisaustausch hineingeschrieben. Bis 1848 entwickelte sich dann tatsächlich ein weitmaschiges Netz bäuerlicher Vereine, deren Mitgliederzahl nur langsam wuchs, zumal die Aktivität und die Verbindung durch Vereinszeitschriften weithin vom Alphabetisierungsgrad abhingen. Erst 1842 entstand mit dem «Landesökonomiekollegium» eine (bereits 1811 zugesagte) Spitzenorganisation, die fortab schnell Einfluß gewann.

Drei Jahre nach dem Deutschen Zollverein war 1837 in Dresden der «Nationalverein der deutschen Landwirtschaft» gegründet worden, der seine Jahrestagungen als Wanderversammlungen abhielt. Mitglieder aus allen Bundesstaaten, auch aus Österreich, waren in ihm vertreten; politisch verfocht er daher eine großdeutsche Tendenz.

In der Nachkriegszeit entstanden auch die ersten Landwirtschaftlichen Hochschulen. Thaer hatte sein Mögliner Mustergut seit langem zum «Institut» ausbauen wollen, 1819 wurde es endlich als «Königliche Akademische Lehranstalt des Landesbaus» anerkannt und erst 1861 mit dem Landwirtschaftlichen Institut der Universität Berlin vereinigt. Vorangegangen war in Bayern die Gründung von Weihenstephan durch den Thaer-Schüler Schönleuthner, und als diese Ausbildungsstätte verödete, wurde 1822 eine Akademie in Schleißheim eröffnet. Seit 1818 leitete Schwerz die neue württembergische Agrarhochschule in Hohenheim; 1826 folgte ein Institut in Jena; außer drei Forschungsanstalten entstand eine sächsische Landwirtschaftsakademie in Tharandt, die Universität Leipzig erhielt einen Agrarökonomischen Lehrstuhl. 1850 existierte ein volles Dutzend Landwirtschaftlicher Hochschulen, von denen zahlreiche Impulse zugunsten einer zeitgemäß modernisierenden Agrarwirtschaft ausgingen. So wurde etwa von dort aus die Verwendung der neuen Pflüge oder seit den 1840er Jahren auch des künstlichen Düngers propagiert, der freilich zuerst nur zögernd verwendet wurde.

Eine spürbare Risikominderung für die bäuerlichen Betriebe bedeutete das Vordringen des Versicherungswesens (s. u. Teil 3, II, 4). Schon Leibniz und die Kameralisten hatten «Assekuranzanstalten» gefordert. Wegen der Holzgebäude und des leicht brennbaren Getreides galt die Brandversicherung als vordringlich. Sie konnte entweder von staatlichen Monopolverbänden mit Beitrittszwang oder von privaten Sozietäten mit freiwilliger Mitgliedschaft übernommen werden. Beide Möglichkeiten wurden verwirklicht, bis die großen Sachversicherungsanstalten tüchtiger Unternehmer den Vorrang gewannen. Für die zweitwichtigste Versicherung, den Schutz gegen Hagel- und Ernteschäden, wurden von vornherein Vereine auf freiwilliger Basis organisiert, die aber ebenso wie die diffizile Tierversicherung zwischen dem Angebot erträglicher Prämien und dem Zwang zur Bildung hoher Reserven lavieren mußten und infolgedessen häufig scheiterten. Allgemein gelang den Versicherungen auf längere Sicht sowohl eine Senkung des Existenzrisikos als auch eine Verbesserung der Kreditwürdigkeit, da die Kapitalversicherung den Pfänderwert für den Realkredit erhielt und den Absturz in hoffnungslose Armut verhinderte.

Eine genaue Ermittlung des Bodenwerts als Belastungsgrundlage bildete eine weitere Voraussetzung für den Realkredit. Diese Aufgabe wurde in langwierigen Verfahren durch die «katastralische Landesvermessung» gelöst. Diese entsprang in erster Linie dem Bedürfnis nach allgemeiner und gerechterer Grundbesteuerung, denn die qualitative Bewertung des Bodens sollte als Basis einer angemessenen Geldsteuer dienen, um die staatliche Verwaltung beim Übergang zur vorauskalkulierenden modernen Steuerwirtschaft von Naturalabgaben und das heißt vom Ernteausfall, damit aber auch überhaupt von dem «bunten Chaos bäuerlicher Lasten» (Roscher), unabhängig zu machen. Zur gleichen Zeit bildeten Fläche und Wert der Grundstücke wichtige Größen bei den Auseinandersetzungen von Gutsherrn und Bauern sowie bei der Teilung der Gemeinheiten. In den Rheinbundstaaten wurde die Katastrierung von französischen Genieoffizieren unterstützt, in Preußen von den Geometern der Generalkommissionen geleistet. Über die Jahrzehnte hinweg wuchsen schließlich die Katasterergebnisse zu einer Gesamtkarte des deutschen Bodenbesitzes und der Bodenbewertung zusammen.[11]

Angesichts des säkularen Einschnitts, den die Industrialisierung auch in Deutschland bedeutet hat, stellt sich abschließend die insbesondere im Hinblick auf die englische und westeuropäische Industrialisierung seit langem kontrovers diskutierte Frage, ob eine «Agrarrevolution» eine unabdingbare Vorbedingung für den Erfolg der deutschen Industriellen Revolution gebildet hat. Da die deutsche Industrielle Revolution vor der Mitte der 1840er Jahre definitiv begann, hätte sich eine deutsche Agrarrevolution vorher ereignen müssen. Die Verfechter dieser Konzeption einer «Agrarrevolution» gehen davon aus, daß von einer durchschlagenden Produktions- und Produktivitätssteigerung der Landwirtschaft der nachfolgende industriewirtschaftliche Aufschwung im Zeichen des «Take-Off» abgehangen habe. Vor allem vier Aufgaben, die eine derartige Agrarrevolution für den Durchbruch der Industrialisierung zu lösen habe, werden der Landwirtschaft zugewiesen oder sie gelöst zu haben wird ihr sogar bereits zuerkannt.

1. Die Agrarrevolution habe den Kapitalstock zu erweitern und damit Investitionsmittel für den Gewerbesektor zu erwirtschaften.

2. Sie müsse einen aufnahmefähigen Absatzmarkt für industrielle Gebrauchsgüter ausbilden.

3. Es obliege ihr, das Nahrungsmittelangebot so zu steigern, daß eine wachsende Bevölkerung, insbesondere auch die Bewohnerschaft der urban-industriellen Zentren, angemessen versorgt werden könne.

4. Schließlich müsse sie zahlreiche Arbeitskräfte freisetzen und der gewerblichen Wirtschaft die ominöse «industrielle Reservearmee» zur Verfügung stellen.

Die Klärung dieser Problematik hängt natürlich wesentlich davon ab, wie der Revolutionsbegriff definiert wird. Versteht man darunter einen zeitlich eng begrenzten, gewaltsam beschleunigten, strukturverändernden Wandlungsprozeß, der den dahintreibenden Strom der Geschichte plötzlich in hektischem Tempo durch gefährliche Katarakte treibt, oder nennt man, in der Sprache und Begrifflichkeit der Wirtschaftsgeschichte, ein unmißverständlich steiles Ansteigen der Wachstumsziffern für Produktion, Produktivität, Investitionen, Wertschöpfung usw. auf ungeahnte Höhen «revolutionär», kann man hinsichtlich der deutschen Agrarentwicklung von einer «Agrarrevolution» in diesem Sinne nicht sprechen.

Die Ausdehnung des Kapitalstocks der Landwirtschaft erfolgte in erheblichem Ausmaß erst in den beiden Jahrzehnten, in denen auch die Industrialisierung an Tempo gewann, also zwischen 1830 und 1850. Ihre Investitionen flossen vor 1850 in erster Linie in diejenigen Gewerbe, welche landwirtschaftliche Produkte verarbeiteten, keineswegs jedoch in die eigentlichen Industrieunternehmen, zumal man ohnehin einen Verzögerungseffekt bei der Umleitung solcher Kapitalflüsse annehmen darf. Eher hat sie sich wohl auch über die Preise eigene Ausweitungsinvestitionen auf Kosten anderer Wirtschaftsbereiche und Bevölkerungsschichten beschafft, als selber Kapital in das Gewerbe gelenkt. Kreditnot – das blieb das Panier, welches die Landwirtschaft unentwegt schwenkte. Der für 1850 angenommene Kapitalstock von 5,83 Mrd. M. im gewerblich-industriellen, von 15,9 Mrd. M. im landwirtschaftlichen Bereich, wo die Kapitalausstattung je Arbeitskraft noch einige Zeit größer blieb, weist ebenfalls nicht auf nennenswerte Kapitalströme zwischen den beiden Sektoren in der ersten Hälfte des 19. Jahrhunderts hin. Auch der von den preußischen Großagrariern in den 1840er Jahren scharf bekämpfte Abfluß von mobilem Kapital in die heranwachsende Industrie (s. u. Teil 3, II, 3; Teil 4, I), worin sich u. a. die Sorge vor dem Mangel an billigem Kapital für die Landwirtschaft und ihre Kreditinstitute ausdrückte, unterstützt nicht die These, daß in der Landwirtschaft erwirtschaftete Investitionen frühzeitig in die Industrie abgewandert seien. Empirisch ist inzwischen auch der Befund erhärtet worden, daß das relativ geringe Startkapital für frühe Industriebetriebe überwiegend durch Selbstfinanzierung aus Familienvermögen gewonnen wurde oder aus geringen Darlehen stammte (s.u. Teil 3, II, 2 u. 3). Von einer Versorgung der deutschen Industrie mit Kapital, das in der Landwirtschaft bis 1850 gewonnen worden ist, kann nach alledem nicht mit überzeugenden Gründen die Rede sein.

Auch die Konsumfähigkeit für industrielle Produkte blieb in der deutschen Landwirtschaft während des erörterten Zeitraums noch recht begrenzt; zum Teil wurde die schmale Nachfrage durch die preiswerten englischen Waren befriedigt. Eine Ausweitung der Aufnahmefähigkeit läßt sich erst seit der allgemeinen Hochkonjunktur der 1850er Jahre beobachten, als die Maschinenausstattung der Landwirtschaft, der Ausbau der landwirtschaftlichen Nebengewerbe usw. sichtbare Fortschritte machten.

Trotz der beiden dramatischen Hungerkrisen von 1816/17 und 1846/47 ist es der deutschen Landwirtschaft jedoch gelungen, nicht nur der «malthusianischen Falle», d.h. dem von Malthus prophezeiten unkorrigierbaren Scheitern der Ernährung einer enorm angestiegenen Bevölkerung, zu entgehen, sondern vielmehr das allgemeine Versorgungsniveau trotz der anschwellenden Konsumentenzahl quantitativ und qualitativ (Fleisch und Milch) erheblich zu verbessern. Außerdem schaffte es die Landwirtschaft auch noch, beträchtliche Exportleistungen zu erbringen und damit Gewinne für die eigenen Bedürfnisse der Lebenshaltung und Betriebsführung zu erwirtschaften.

Bis die Gesellschaftskrise des Pauperismus einsetzte, gelang es der Landwirtschaft im Verein mit der Protoindustrie, einen Großteil der neu zuwachsenden Arbeitskräfte zu absorbieren. In den 1830/40er Jahren kamen beide jedoch an die Grenzen ihrer Aufnahmekapazität. Gleichzeitig begann die Erhöhung der Arbeitsproduktivität den Grenznutzen arbeitsintensiver Wirtschaft zusätzlich zu vermindern. Ein unregelmäßig – vornehmlich mit Teil- oder Kurzarbeit – beschäftigtes oder arbeitsloses, in Armut versinkendes Arbeitskräftepotential staute sich jetzt auf. Das Ende der Frühindustrialisierung in den 1830er Jahren und das erste Jahrzehnt der Industriellen Revolution sind jedoch hinsichtlich der Herkunft der Arbeiterschaft dadurch bestimmt, daß primär handwerklich geschulte Fachkräfte und verarmte städtische Gesellen und Angelernte von den Unternehmen eingestellt wurden, keineswegs aber ungelernte Landarbeiter. Erneut trifft es erst seit den 1850er Jahren zu, daß diese Lawine von den entstehenden industriellen Großbetrieben allmählich aufgefangen wurde, dann allerdings als zunächst unbegrenzte «Reservearmee» mit zunehmender Geschwindigkeit die anhaltende Nachfrage befriedigte.

Als unabdingbare Vorstufe und Initialzündung für die deutsche Industrielle Revolution läßt sich mithin eine deutsche Agrarrevolution im strengen Sinne eines spektakulären Modernisierungssprungs mit überzeugenden Argumenten nicht nachweisen. Ein wahrhaft revolutionär zu nennendes

Wachstum hat es vor den 1850er Jahren in der Landwirtschaft noch nicht gegeben – vielleicht verdient sogar erst die westdeutsche Entwicklung seit 1950, so eine provozierende These, dieses Etikett! –, und bis zu diesem Zeitpunkt war eine moderne, selbstregulierende industriewirtschaftliche Entwicklung schon voll in Gang gekommen. Ungeachtet dieser Skepsis gegenüber einer Vorstellung von «Agrarrevolution», die vermutlich ohne strenge vergleichende Prüfung allzu geschwind aus der englischen Wirtschaftsgeschichte oder aus der amerikanischen, wo ein extrem erfolgreicher landwirtschaftlicher Leitsektor den Industrialisierungserfolg initiierte, auf die deutsche übertragen worden ist, bleibt dennoch eine große Leistung der deutschen Landwirtschaft anzuerkennen, ohne die der schnelle Erfolg in den industriellen Wachstumszentren schwer vorstellbar ist. Eine kontrafaktische Prüfung der Frage, ob dieser Erfolg bei einer weniger leistungsfähigen Landwirtschaft überhaupt erzielbar gewesen wäre, ist nicht möglich. Die geschilderte Entwicklung der deutschen Landwirtschaft, insbesondere die Fortschritte des Agrarkapitalismus mit all seinen quantitativen Leistungen zeigen indessen trotz aller regionalen Disparitäten sehr deutlich, welche günstigen Vorbedingungen beide für den Vorstoß der Industriewirtschaft geschaffen haben. Und auch nach der Jahrhundertmitte hat die noch 25 Jahre lang anhaltende Prosperität der Landwirtschaft die Industrialisierung mitgetragen und ihre Ausbreitungseffekte in einem Prozeß wechselseitiger Rückkoppelung verstärkt. Insofern bleibt die vorsichtigere These berechtigt, daß auch in Deutschland der Industriellen Revolution eine landwirtschaftliche Produktions- und Produktivitätssteigerung vorausging oder diese begleitete. Diese agrarwirtschaftlichen Leistungen wiederum hätten ohne die Reformen der «defensiven Modernisierung» nicht zustande kommen können, so daß die Agrarreformen zu den wesentlichen Voraussetzungen der Industrialisierung gehören.

Überblickt man noch einmal die genannten Funktionen der «Agrarrevolution», stellt man fest: Auch die deutsche Landwirtschaft hat einen so breiten Kapitalstock gebildet, daß sie, obschon dadurch der Industriefinanzierung größere Summen sobald nicht zugeführt wurden, eine harte Konkurrenz des Gewerbesektors vertragen konnte, so daß dieser hinreichende Kapitalfonds für seine Zwecke zu mobilisieren vermochte, und dies erst recht, als die Institution der Aktiengesellschaft nicht mehr bekämpft wurde (s. u. Teil 3, II, 3). Die strikt begrenzte Konsumfähigkeit des landwirtschaftlichen Marktes für industrielle Güter braucht nicht erneut behandelt zu werden. Andrerseits ist nicht zu übersehen, in welch hohem Ausmaß ein klassischer industrieller Führungssektor wie der Eisenbahnbau (und mit ihm Sektoren wie Eisen-, Stahl- und Kohlenproduktion und der Maschinenbau) vom Transport von Agrarerzeugnissen abhing, so daß der Agrarmarkt auf vermittelte Weise auf die Industrialisierung stimulierend einwirkte.

Unbestreitbar ist sodann die Landwirtschaft der schweren Aufgabe gerecht geworden, mit ihrem Nahrungsmittelangebot insgesamt – von zwei Ausnahmekrisen abgesehen – die hochkletternde Nachfrage einer nach Meinung zahlreicher Zeitgenossen sich bestürzend schnell vermehrenden Bevölkerung zu befriedigen. Die Zunahme der Agrarproduktion übertraf, wie gezeigt, durchweg die Raten des Bevölkerungswachstums; der Anteil am Sozialprodukt entsprach vermutlich dem von der Landwirtschaft lebenden Bevölkerungsanteil. Zwar ist die Produktionsmenge von 1800/1810, soweit sie statistisch annähernd genau ermittelt werden kann, relativ gering gewesen, aber da man nach einer langwährenden Kriegsepoche eine Verdoppelung sowohl der pflanzlichen als auch der neuen viehwirtschaftlichen Produktion innerhalb von vierzig Jahren erreicht hat, ist das uneingeschränkt als bedeutender Erfolg zu bezeichnen. Daß sich dennoch die deutsche Agrargesellschaft in den 40er Jahren am Rande ihrer Tragfähigkeit bewegte und erst die erfolgreiche Industrialisierung die durchaus reale Gefahr einer langen Hungerkatastrophe in kurzer Zeit zu bannen in der Lage war, ist ebenso unbestreitbar wahr wie die Tatsache, daß von dem Nachfragesog, den Millionen neuer Konsumenten ausübten, eine «immense Ausweitung der Binnenmärkte» ausging.

Insofern ist es dem modernisierenden deutschen Agrarkapitalismus auch weniger gelungen, Arbeitskräfte endlich für die Industrialisierung freizusetzen – in den kleinen Industrierevieren und -städten herrschte daran zunächst kein Mangel –, als vielmehr zusammen mit dem protoindustriellen Handelskapitalismus Millionen Menschen so lange notdürftig eine Existenz zu sichern – die freilich für die Pauperisierten tagtäglich gefährdet blieb –, bis sich die Entlastung dank der Industrie auswirkte: Spätestens bis zum Ende der 1880er Jahre hatte sie die Reste des Pauperismus gewissermaßen aufgesogen. Pointiert mit anderen Worten gesagt: Die deutsche Landwirtschaft vollbrachte bis 1850 nicht die positive Leistung, kraft eigener «rationeller» Methoden Arbeitskräfte an die nachfragende Industrie abgeben zu können, sondern sie schob bemerkenswert lange negative Effekte der «Bevölkerungsexplosion» auf und erzielte insofern einen Vermeidungserfolg – eine irische Katastrophe kehrte in Deutschland nicht ein. Die Hungersnot von 1846/47 ist in historischer Perspektive ein letztes Phänomen des krisenreichen Übergangs in die industriekapitalistische Welt gewesen. Im Grunde verlor danach die Landwirtschaft in der ökonomischen Bewegungsmechanik der deutschen Wirtschaft ihre Führungsrolle als Preis- und Lohnregulator. Aber erst nach dem Bruch, den die Industrielle Revolution und vor allem die Erfahrung der industriewirtschaftlichen Hochkonjunktur der 1850/60er Jahre anschaulich machten, begann dieser fundamentale Wechsel sich im Bewußtsein allmählich durchzusetzen.[12]

2. *Die Gewerbewirtschaft*

Obwohl die Erfolgsbilanz der deutschen Agrarwirtschaft bis zur Mitte des 19. Jahrhunderts eindrucksvoll genug ausfällt, muß doch in historischer Perspektive der gleichzeitig einsetzende Aufstieg des deutschen Industriekapitalismus als das – bereits auf mittlere, erst recht auf lange Sicht – ungleich bedeutendere Phänomen gelten. Seither wurden auch deutsche Regionen und schließlich Staaten mit zunehmender Geschwindigkeit in den Transformationsprozeß unwiderruflich hineingesogen, der seit dem 18. Jahrhundert Teile von Westeuropa und Nordamerika bereits umzugestalten begonnen hatte.

In die ersten zweieinhalb Jahrzehnte nach 1815 fällt die Schlußphase der deutschen Frühindustrialisierung. Eine der nunmehr historisch überholten Formen der zentralisierten Produktion, die Manufaktur, ging währenddessen größtenteils unter; relativ wenigen Betrieben gelang es, wie bereits (in Bd. I) beschrieben, sich zeitgemäß in Fabriken zu verwandeln. Das schafften ebenfalls einige zentrale Werkstätten von dezentralisiert arbeitenden Großverlagen, manche Handwerksbetriebe und Mechanischen Werkstätten. Daneben entwickelten sich auch aus genuinen «Protofabriken» und Neugründungen die Betriebe der modernen: der auf Kraft- und Arbeitsmaschinen, freie Lohnarbeit und private Unternehmerautonomie gegründeten Industriefabriken. Aufs Ganze gesehen blieben die Organisationsformen des deutschen Großgewerbes in dieser Zeit noch durch diffuse Mischungsverhältnisse weiter gekennzeichnet. Bis zur Mitte der 1840er Jahre hat dann jedoch die Industrie in jenem modernen Sinn schon eine derartige Schwungkraft entwickelt, daß sie den ersten industriekapitalistischen Konjunkturzyklus in Gang setzen konnte. Damit wurde eine neue Epoche der sozialökonomischen Entwicklung eröffnet.

Während ihre Konturen nur von außergewöhnlich scharfsichtigen Beobachtern frühzeitig erkannt worden sind, ist die Entwicklungskrise des traditionellen Gewerbes, des Handwerks, allenthalben ausgiebig diskutiert worden. Sie nahm in der Debatte über die drängenden gesellschaftspolitischen Probleme der Nachkriegszeit, insbesondere dann des Vormärz einen breiten Platz ein. Da das Handwerk ökonomisch und sozial in jenen Jahren unstreitig noch eine quantitativ wichtigere Rolle als die frühe Industrie spielte und außerdem die Gefahr besteht, daß hinter dem dramatischen Siegeszug des Industriekapitalismus die Handwerkswirtschaft und die von ihr lebenden Menschen, immerhin wohl fast ein Fünftel der Bevölkerung, ungebührlich zurücktreten, wird zuerst das Handwerk knapp erörtert.

a) Das «alte» Handwerk in der Krise

Krise – das stellte für das Handwerk und jene Publizistik, die sich bis hin zur Pauperismusliteratur mit seinen Problemen eingehend beschäftigte, seit langem kein neues Schlagwort mehr dar. Seit dem späten 18. Jahrhundert herrschte an pessimistischen Diagnosen und düsteren Prognosen ein wahrer Überfluß (vgl. Bd. I). Bis zur Jahrhundertwende hatte sich weithin Übereinstimmung darüber herausgebildet, daß Meister und Gesellen, Zunftwesen und Kleingewerbe einer extrem ungewissen Zukunft gegenüberstünden. Danach waren sowohl die anhaltenden inneren Konflikte im Handwerk selber als auch die Eingriffe der Reformpolitik und die dauernde Unruhe der Kriegsjahre nicht dazu angetan, daß diese begründete Skepsis optimistischeren Erwartungen wich. Und nachdem der Frieden zurückgekehrt war, traten nach einer im Grunde recht kurzen Übergangsphase von rund zwanzig Jahren noch schärfere interne Spannungen als zuvor in Erscheinung; vor allem aber schien es gegenüber dem fatalen Dilemma eines für viele unaufhaltsam wirkenden Niedergangs keine Hilfsmittel zu geben, die Abhilfe auf Dauer zuverlässig versprachen.[13]

So unleugbar es daher seit dem 18. Jahrhundert eine Kontinuität des Gefühls existenzieller Bedrohung im Handwerk gab, lag «in der Umformung und noch mehr in der Zurückdrängung oder Vernichtung ganzer Handwerkszweige durch die industrielle Konkurrenz und die veränderten produktionstechnischen und gewerberechtlichen Bedingungen» der vormärzlichen Periode tatsächlich «etwas qualitativ anderes als in der Bedrängnis der früheren Zeiten». In der Epoche nach 1815 ging es nicht nur um einschneidende ökonomische und rechtliche Einflüsse, so gravierend sich auch die beruflichen und sektoralen Strukturverschiebungen, die fluktuierenden Einkommen und Löhne zusammen mit den neuen soziopolitischen Rahmenbedingungen auswirken mochten, sondern mit dem beschleunigt fortschreitenden Zerfall der verklärten, aber längst in Frage gestellten traditionalen «Einheit des handwerklichen Trägerkreises» und «des patriarchalischen Meisterhaushalts» gingen drastische Wandlungen in der inneren Zusammensetzung der absolut stark anwachsenden Handwerkerschaft, insbesondere im Verhältnis von Meistern und Gesellen, nicht zuletzt aber in der gesellschaftlichen Statushierarchie einher, auf deren Rängen angestammte Plätze den Meistern verlorenzugehen oder den Gesellen gar nicht mehr erreichbar zu sein schienen. All das verschärfte die Problematik: Die gesamte Lebenswelt des alten Handwerks fand sich, einer weitverbreiteten Grundstimmung zufolge, ohne Aussicht auf durchgreifenden Wandel zum Besseren definitiv in Frage gestellt.

Der Zustand um 1800 ist bereits (in Bd. I) knapp geschildert worden. Wegen der Kriegswirren, der häufigen territorialen Veränderungen, der fehlenden statistischen Unterlagen und neuen Gewerbegesetze kann die Entwicklung bis 1815 nicht genau erfaßt werden. Danach jedoch ist ein Überblick über den Zeitraum bis 1848/1849 in groben Grundzügen möglich. Gab es 1800 rund 1,23 Mill. im Handwerk Beschäftigte (12 % aller Erwerbstätigen) und eine Handwerksbevölkerung von rund 17 %, zählte man 1846 in den Zollvereinsstaaten rund 2 Mill. im Handwerk Beschäftigte (d. h. einen

Zuwachs von 63 %), der Anteil an der Erwerbstätigenzahl hatte sich auf rund 13,5 % leicht erhöht, die Handwerksbevölkerung, bei deren Ermittlung ehelose Gesellen vorausgesetzt werden, auf 16 % angeblich etwas verringert. Da die Ehelosigkeit der Gesellen jedoch keineswegs mehr die Regel bildete, ist diese Zahl auf jeden Fall zu gering veranschlagt. Wahrscheinlich lebten mehr als 17 %, rund ein knappes Fünftel der Gesamtbevölkerung, vom Handwerk. Statt 820000 Meister um 1800 gab es Mitte der 1840er Jahre 1,07 Mill. Meister, die um 30 % zugenommen hatten. Anstelle von ehemals 410000 Gehilfen wurden mehr als doppelt so viele: nämlich 930000 Gesellen und Lehrlinge registriert. Dieser spektakuläre Zuwachs von 127 % bedeutet, daß die Zahl der Gehilfen seit 1800 mehr als viermal so stark wie die der Meister angewachsen war.

Da es verläßliche Angaben über das gesamtdeutsche Handwerk in der Zeit des multinationalen Deutschen Bundes nicht gibt, können nur an einzelstaatlichen Entwicklungen, z. B. an der recht gut erforschten preußischen Handwerksgeschichte, wichtige Trends und Größenverhältnisse verdeutlicht werden. Daß die Situation in Mittel- und Süddeutschland anders aussah, wird unten noch beispielhaft illustriert.

Übersicht 29: Das preußische Handwerk 1816–1849

Jahr	Meister	Gehilfen	Gesamtzahl	Bevölkerungs-anteil in %
1816	259000	145000	404000	3,9
1831	334000	188000	522000	4,0
1840	396000	280000	676000	4,5
1846	457000	385000	842000	5,2
1849	535000	407000	942000	5,8

Die Entwicklung des preußischen Handwerks vom Friedensbeginn bis in die Revolutionsjahre hinein läßt sich in zwei klar unterscheidbare Phasen einteilen, die auch anderswo zu erkennen sind.

1. Von 1815 bis zur Mitte der 1830er Jahre veränderte sich zwanzig Jahre lang die Relation zwischen Handwerk und Gesamtbevölkerung kaum. Die Meisterzahl stieg «annähernd im Gleichtakt» mit der Bevölkerung, die Gehilfenzahl ein wenig mehr. Der Gesamttrend entsprach der zögernden gewerblichen Entwicklung nach der Kriegsära. Um 1830 arbeiteten rund 50 % der selbständigen Handwerker als Einzelmeister; von hundert Meistern beschäftigte jeder zweite einen Gesellen oder Lehrling, nur jeder dritte einen Gesellen. Am Ende dieser Phase (1837) entfielen auf 100 Meister in den zehn größten Städten rund 160 Gehilfen, in dreißig mittelgroßen Städten rund 105, in den übrigen Städten rund 64, auf dem Land rund 30; im Durchschnitt waren das 53 Gehilfen, für die das Aufrücken in Meisterstellen mancherorts noch eine realisierbare Möglichkeit zu sein schien.

2. Vom Ende der 1830er Jahre bis 1848/1849 folgte sodann eine scharf ausgeprägte Expansionsperiode, die zugleich mit einer Notlage zahlreicher Meister und Gesellen verknüpft war. Im Verhältnis zur Gesamtbevölkerung stieg die Meisterzahl nicht auffällig hoch, die Gehilfenzahl jedoch «überproportional» steil an: von 1837 bis 1849 um 65 %. Insgesamt zählten Meister und Gehilfen bis 1849 rund 80 % mehr als 1830! Blickt man ein wenig genauer auf die Entwicklung des preußischen Handwerks, wird der unterschiedliche Charakter der einzelnen Etappen noch deutlicher.

1816 bestand die Zahl der rund 404000 Kleingewerbetreibenden aus rund 259000 Meistern und rund 145000 Gehilfen. Ein halbes Dutzend Jahre später (1822: 458000; 296000/162000) kamen 55 Gesellen auf 100 Meister, auf 72 Landesbewohner entfiel ein Gehilfe. Nach den ersten fünfzehn Nachkriegsjahren war die Handwerkerzahl erst auf 522000 (334000 Meister und 188000 Gehilfen) emporgeklettert. Aber in den Anfängen der zweiten Phase, als es zu der ins Auge stechenden Ausdehnung kam, wurden 1840 schon 676000 Handwerker ermittelt, darunter 396000 Meister und 280000 Gehilfen. Der prozentuale Zuwachs in den fünfundzwanzig Jahren seit Kriegsende betrug rund 68 % oder rund 53 % für die Meister und rund 93 % für die Gehilfen. Auf 100 Meister entfielen jetzt immerhin 71 Gehilfen. In den 1840er Jahren setzte sich die seit etwa 1837 verfolgbare sprungartige Vermehrung weiter fort. 1846 verzeichnete das preußische «Statistische Büro» in Berlin, das unter C. F. W. Dietericis Leitung ein umfangreiches und bemerkenswert realitätsnahes Material zusammentrug und analysierte, rund 842000 Handwerker. 457000 Meistern standen 385000 Gesellen und Lehrlinge, 100 Meistern 84 Gehilfen gegenüber; bereits auf 47 Landeseinwohner entfiel ein Gehilfe. Allein innerhalb von sechs Jahren hatten sich die Handwerker um fast ein Viertel, die Meister um rund 15 %, die Gehilfen aber um rund 37 % vermehrt.

Dreißig Jahre nach 1816 kam der prozentuale Zuwachs einer Verdoppelung gleich: Er betrug für das preußische Handwerk insgesamt rund 108 %, bei den Meistern rund 76 %, bei den Gehilfen sogar mehr als rund 165 %. Diese Aufwärtsentwicklung hielt bis 1849 weiter an: Unter den rund 942000 Handwerkern dieses Jahres hatte sich allerdings das relative Größenverhältnis der rund 553000 Meister zu den rund 407000 Gehilfen kaum mehr verändert; in nicht einmal einem Jahrzehnt hatten jedoch die Handwerker seit 1840 um fast 40 %, d.h. die Meister um rund 35 % und die Gesellen, etwas abgeschwächt durch die Folgen der Gewerbekrise, um rund 45 % zugenommen. In den Städten bestand zwischen Meistern und Gesellen nunmehr ein Verhältnis von 100 zu 98, auf dem Land, wo ein deutlicher Abstand erhalten blieb, von 100 zu 56. Ein interregionaler Ausgleich hatte freilich bis 1849 allmählich stattgefunden. Nachdem im Landhandwerk der westlichen Teile der Monarchie ursprünglich weit mehr Gehilfen als in ihren Ostprovinzen tätig gewesen waren, hatte Posen z.B. bis 1846 in dieser

Hinsicht mit dem gewerbereichen Rheinland und Westfalen ungefähr gleichgezogen. An der Sonderrolle Berlins hatte sich dagegen wenig geändert. In der Landesmetropole waren schon 1820 auf 100 Meister 185 Gehilfen entfallen; seit 1846 besaßen die Gehilfen mit 100 zu 210 mehr als die doppelte Zahl der Meister. Darin spiegelte sich die gewerbliche Führungsrolle der größten norddeutschen Stadt wider.

In Sachsen als dem gewerblich höchstentwickelten deutschen Staat standen sich in Stadt und Land Meister und Gesellen fast in derselben Größenordnung: 100 zu 112 bzw. 111 gegenüber. Aus diesem Reservoir bezog die seit den 1830er Jahren anlaufende sächsische Industrialisierung ihre Fachkräfte. In Süddeutschland dagegen lag die Expansionsrate des Handwerks im allgemeinen ungleich niedriger als in Preußen oder gar in Sachsen. Zwar hatte sich insbesondere im Südwesten bis 1800 eine höhere Handwerksdichte als in den ostelbischen Gebieten herausgebildet, aber wegen des geringeren Bevölkerungs- und Wirtschaftswachstums hinkte die kleingewerbliche Entwicklung bis 1848 vergleichsweise nach. In Württemberg z. B., wo 1828 und 1836 das Zunftwesen im wirtschaftsliberalen Sinn vorsichtig etwas eingeschränkt wurde, hielt sich für die Meister und Gesellen ein Verhältnis von 4 zu 1; in dem auf Zunftzwang beharrenden liberalen «Musterland» Baden von 2,5 zu 1; in Bayern sogar, wo mit Hilfe des 1825 eingeführten staatlichen Konzessionsrechts den Zünften keine ernsthafte Konkurrenz geschaffen wurde, konnte der relative Zuwachs an Meistern und Gehilfen nicht einmal mit der ohnehin geringen Bevölkerungszunahme Schritt halten.[14]

Vernachlässigt man einmal die zurückbleibenden Regionen, wuchs das deutsche Handwerk insbesondere in dem Dutzend Jahre vor 1850 absolut gerechnet und relativ zur Bevölkerungsvermehrung mächtig in die Breite. Sein Anstieg übertraf noch immer die Wachstumsziffern des Großgewerbes einschließlich der Industriefabriken. Lange Zeit nahm es Erwerbssuchende auf und stieß sie nicht wegen der allmählich spürbaren eigenen Überfüllung zurück. Das Arbeitskräftepotential, das in den Gebieten mit wachsender Bevölkerung rasch anschwoll, drängte daher auch mit Macht ins Kleingewerbe, und das drückte sich sowohl in den abrupt steigenden Gehilfenzahlen als auch in der zunehmenden Menge der Meisterstellen aus. Unter den Bedingungen des Vormärz führte diese Expansion des Handwerks bei unzureichend mitsteigender Kaufkraft weniger zu offener Arbeitslosigkeit, obwohl es davon auch genug gab, als vielmehr zu einer Abwertung des Stellenwerts, mithin zu Unterbeschäftigung und sinkenden Einkommen der Meister bzw. Löhnen der Gehilfen. Die gesicherte «Nahrung»: das Lebensziel des alten Handwerks, die Kompensation für entbehrungsreiche Gesellenjahre: der Aufstieg in eine reputierliche Meisterstelle – beide Ziele stellten sich in zunehmendem Maße als Illusion heraus.

Die bisher vorliegenden regional- und stadtgeschichtlichen Studien vor allem aus Nord- und Mitteldeutschland zeigen, vereinfachend zusammengefaßt, daß die Handwerkerrealeinkommen wegen der fallenden Getreidepreise teilweise bis 1825/1830 leicht anstiegen, dann aber einen langlebigen Rückgang um rund 25 % bis zur Jahrhundertmitte erlebten, wobei die Tiefstwerte während der Gewerbekrise von 1846/1847 erreicht wurden. Veranschlagt man als Existenzminimum für eine vier- bis fünfköpfige Familie ein Jahreseinkommen von 100 bis 150 Talern, lebten etwa in Wolfenbüttel bereits 1825 rund 46 % aller Meisterhaushalte von weniger als 150 Talern; in Weimar lagen rund 24 % unter 100, rund 50 % zwischen 100 und 200 Talern, Dreiviertel aller Meister bewegten sich also unter oder geringfügig über dem Existenzminimum. In Berlin wurden aus solchen Gründen bis 1840 rund 75 %, 1849 sogar rund 83 % aller Handwerksmeister von der Gewerbesteuer befreit. Von 1830 bis 1850 schwankte diese Zahl stets zwischen 73 und 83 %; im Durchschnitt der schlimmen 40er Jahre blieben immer mehr als Dreiviertel der Meister zahlungsunfähig. Selbst in einem gemeinhin von Bevölkerungsanstieg und Familiengründung unmittelbar profitierenden Handwerkszweig wie der Tischlerei konnte sowohl 1830 als auch 1840 nicht einmal ein Drittel der Berliner Meister die Gewerbesteuer zahlen.

Trotz der großen örtlichen und beruflichen Unterschiede läßt sich von den Reallöhnen der Gesellen auch festhalten, daß sie spätestens in den 40er Jahren ebenfalls häufig unter das Existenzminimum abfielen oder um dieses herum fluktuierten. Außerdem hatten die Gesellen von ihren Bruttolöhnen in der Regel noch Abgaben, Kassenbeiträge, Kosten für Unterkunft und Verpflegung – zum Teil im Rahmen des ausbeuterischen Trucksystems – abzuführen, mit Kurzarbeit, Arbeitslosigkeit und Krankheit zu kämpfen, während die ersehnte Meisterstelle immer weiter in die Ferne rückte. Der harte Konkurrenzkampf und der niederdrückende Lebensstandard verwandelten langsam aber sicher die Stellung der Gesellen im Arbeitsprozeß: Aus dem künftigen Kollegen des Meisters wurde der Geselle zur zeitweilig angestellten Hilfskraft. «Auch der Geselle», konstatierte 1839 das Brockhaussche «Konversations-Lexikon», «wird von dem Meister nur als sein Lohnarbeiter angesehen, und der Meister hat weiter kein Interesse an ihm, als wie er durch seine Arbeit verdienen wolle.» Kein Wunder, daß die in ihrer Kümmerexistenz verharrenden «lebenslangen Gesellen» sich als die eigentlichen Leidtragenden der Handwerkskrise betrachteten. Aber auch die Abertausende von verarmenden Einzelmeistern fühlten sich als Opfer einer übermächtigen Entwicklung, die sie zusammen mit den Gesellen auf die Suche nach Ursachen und Sündenböcken trieb. Zugleich wurde durch diese Verhältnisse die soziale Polarisierung im Handwerk verschärft, da sowohl die Distanz zum Frühproletariat der Fabrikarbeiterschaft abnahm als auch die Einkommensverschlechterung nicht aufhörte und – ein vielleicht noch wichtigerer Faktor – der unwiderrufliche Statusverlust drohte.

Angesichts dieser Entwicklung, die sich in den 1840er Jahren vielerorts zuspitzte, wird es verständlich, daß Handwerker mit Empörung und Ungeduld forderten, die Gewerbefreiheit überall, wo sie eingeführt worden war, aufzuheben, dagegen die Zünfte und Innungen wieder zu stärken, die Zwangsmitgliedschaft aller Handwerker erneut einzuführen, der industriellen Konkurrenz enge gesetzliche Schranken zu setzen, kurzum: dem Handwerk wieder eine möglichst weitreichende autonome Kontrolle über die gesamte Gewerbewirtschaft zu übertragen. Diese Forderungen lassen sich leicht als wirklichkeitsfremder Kampf gegen eine unaufhaltbare Entwicklung charakterisieren, damals aber ging von ihnen – da es sich um das Wohl und Wehe von fast 20 % der Bevölkerung handelte – ein erheblicher Druck aus, der die süddeutschen Verfassungsstaaten vor einer Liberalisierung ihrer Gewerbepolitik zurückschrecken ließ und in Preußen zu einer langanhaltenden Diskussion über eine Revision der Reformedikte und das Postulat einer neuen Gewerbeordnung führte.

Preußen zerfiel ja nach 1815 noch dreißig Jahre lang in drei Zonen mit unterschiedlichem Gewerberecht: In den ostelbischen Provinzen war die alte Zunftverfassung zwischen 1810 und 1820 aufgehoben, in der Provinz Sachsen aber beibehalten worden, und in den Westprovinzen war das liberale französische bzw. rheinische und westfälische Recht gültig. Die heftige Kontroverse über die wohltätigen oder zerstörerischen Folgen der Gewerbefreiheit blieb über Jahrzehnte hinweg sowohl durch das anhaltende Drängen des Zunfthandwerks zugunsten der Wiederherstellung seiner Privilegien als auch durch den zähen Widerstand der smithianischen Bürokratie gekennzeichnet und mündete 1845 in einen Kompromiß. Erstmals wurde eine im Gesamtstaat verbindliche Gewerbeordnung in Kraft gesetzt. Sie hielt nicht nur am Prinzip der Gewerbefreiheit fest, sondern weitete ihre Gültigkeit auf das gesamte Staatsgebiet aus, wobei bestimmte Qualifikationsausnahmen (Ärzte, Apotheker, Drucker usw.) erhalten und weiterhin an eine staatliche Lizenz gebunden blieben. Zugleich wurde aber den Zünften und Innungen die Fortdauer oder die Neugründung unter staatlicher Aufsicht gestattet. Die Mitgliedschaft wurde wunschgemäß an den herkömmlichen Befähigungsnachweis gebunden. Zugleich blieb jedoch, um kein neues Monopol der traditionalen Organisationen aufkommen zu lassen, eine zweite Kategorie von freien Handwerkern weiterhin zugelassen.

Als besonders wichtig für die künftige Rechtsstellung von Industrieunternehmen sollte sich erweisen, daß die polizeiliche Genehmigungskompetenz sich fortab nur mehr auf Betriebsgründungen in jenen Gewerben erstreckte, die das «Gemeinwohl» gefährden konnten. Wie es der Natur einer Zwischenlösung entsprach, wurden weder die Zunfthandwerker, wie sich 1848/1849 zeigen sollte, noch die für uneingeschränkte Gewerbefreiheit eintretenden Liberalen zufriedengestellt. Die Gewerbeverfassung ist daher ein Dauerproblem auch in der zweiten Hälfte des 19. Jahrhunderts geblieben.[15]

Insgesamt ergibt der Blick auf das Handwerk zwischen 1815 und 1848 einen durchaus zwiespältigen Befund. Während sein Wachstum in den meisten Regionen, insbesondere in der Periode zwischen dem Ende der 30er Jahre und der Revolution alle bisherigen Erfahrungen übertraf – in Preußen z.B. vermehrte es sich von 1816 bis 1849 um fast 135 %, übertraf also das Bevölkerungswachstum um rund 80 %! –, erfuhren auf der einen Seite zahlreiche Kleingewerbetreibende das bittere Schicksal eines deprimierenden ökonomischen und sozialen Niedergangs, der auf jeweils unterschiedliche Weise Meister und Gesellen traf. Auf der anderen Seite gelang es aber auch nicht wenigen Betrieben, sich an die veränderten Verhältnisse anzupassen. Neue Bedürfnisse riefen neue Handwerkszweige hervor. Manchmal ging «das Handwerk stufenweise zur Fabrik über». Geschäftstüchtige Handwerker stiegen zu Industriellen auf, Gesellen verwandelten sich in gut bezahlte Facharbeiter. Der anschwellende Protest gegen die Misere «des» Handwerks verhinderte jedoch meist eine gerechte Anerkennung, vielleicht sogar die Wahrnehmung solcher Erfolge.

Diese widerspruchsvolle Situation hat zu zwei rivalisierenden Interpretationen der Gesamtsituation des deutschen Handwerks seit dem frühen 19. Jahrhundert geführt. Die «pessimistische» Deutung gründet sich auf die Zeit bis zur Jahrhundertmitte und geht von dem Selbstverständnis derjenigen Handwerker aus, die mit wortreichen Dauerbeschwerden den Niedergang ihrer Gewerke beschworen. Der Inhalt dieser Klagen, die verständnisvolle Historiker seither oft wiederholt haben, wird als die Realität der Handwerkerexistenz im Vormärz verstanden, die aktive Teilnahme an der Revolution und der Protest der Meister- und Gesellenkongresse von 1848 als Bestätigung des massenhaften Elends dargestellt. Aus dem Umfeld dieser Deutung stammt die zeitgenössische Vorhersage, daß die allgemeine Proletarisierung des Handwerks schlechterdings unabwendbar sei.

Ihre bekannteste Zuspitzung hat diese Prognose wahrscheinlich durch Marx erfahren, der damit freilich nur einen jedermann vertrauten, unstreitig auch aus verbreiteten Erfahrungen genährten Topos der vormärzlichen Diskussion aufgriff, ihn aber als unaufhaltbares Resultat des Ablaufs sozialökonomischer Gesetzmäßigkeiten geschichtsphilosophisch hochstilisierte. Auch außerhalb des Einflußbereichs der marxistischen Theorie blieb diese alsbald stereotypisierte Auffassung während der zweiten Hälfte des 19. Jahrhunderts weit verbreitet; sie tauchte z.B. in den Untersuchungen des «Vereins für Sozialpolitik» wieder auf und lebte auch im 20. Jahrhundert noch weiter fort. Die Gründe, welche dieser pessimistischen Interpretation zufolge zum Zerfall von Welt und Wert des Handwerks führten, werden einmal in den verhängnisvollen Folgen der Gewerbefreiheit gesehen. Diese Politik eines konsequenten Wirtschaftsliberalismus, dem die vorwurfsvollen Chronisten der Handwerkergeschichte selten mit Wohlwollen gegenüberstanden, habe die Regelungskompetenzen der Zünfte und Innungen fatal geschwächt, damit die Stabilität der gesicherten «Nahrung» zerstört und zu einer Aufblähung der Handwerkerschaft, weit über den von der Nachfrage geforderten Umfang hinaus, geführt. Als diese ohnehin schwer lösbaren Probleme einer allseitigen «Überbesetzung» dann noch durch den Anprall der billigen, maschinell hergestellten Massenproduktion der Industrie, mit der das Handwerk nicht mehr habe konkurrieren können, verstärkt wurden, sei sein Abstieg besiegelt gewesen.

Die «optimistische» Interpretation der Handwerksgeschichte faßt demgegenüber die Entwicklung vom Vormärz bis zur Gegenwart ins Auge und besitzt wegen dieser historischen Tiefendimension im Vergleich mit dem anderen Ansatz, der seinen Gegenstand ungleich enger eingrenzt, deutliche Vorzüge. Sie leugnet keineswegs die individuelle und kollektive Not von Gesellen und Meistern, obschon sie aus guten Gründen den Ausdruck dessen, wie die betroffenen Akteure ihre Umwelt wahrgenommen und gedeutet haben, nur für eine Teilwahrheit hält. Im historischen Rückblick erscheint ihr die zeitlich ziemlich eingeschränkte Problematik der 1830er und 1840er Jahre als eine der Begleiterscheinungen eines schmerzhaften Wachstumsprozesses, der nach gravierenden Umstellungs- und Anpassungsschwierigkeiten im Grunde eine bis unmittelbar in die Zeit der Bundesrepublik anhaltende Erfolgsgeschichte des Handwerks einleitete, ohne daß es währenddessen jemals von der Klagemauer weichen wollte.

Was die Kritik an den Ursachen der vormärzlichen Krisenlage betrifft, wird die unmittelbare Wirkung der Gewerbepolitik für «eigentümlich belanglos» erklärt, denn das Handwerk sei in Staaten mit oder ohne Gewerbefreiheit angewachsen. Erhebliche Unterschiede aber gab es schon, und so berechtigt es ist, in diesem Zusammenhang die auf eine beschönigte Vergangenheit fixierten Vorwürfe von Handwerkern und ihren Apologeten gegen die liberale Gewerbepolitik nicht naiv zu wiederholen, sondern zurechtzurücken, könnten doch die unleugbar positiven Folgen einer beharrlich beibehaltenen Gewerbefreiheit unversehens abgewertet werden. Seit dem Ende der 1820er Jahre scheinen die von ihr ausgehenden Impulse die preußische Gewerbewirtschaft durchaus stimuliert zu haben, wie sich das auch vom sächsischen Wirtschaftsliberalismus seit den 1830er Jahren sagen läßt, obwohl es an heftigem Widerstand nirgendwo gefehlt hat. Einen neutralen und belanglosen Faktor hat die Gewerbefreiheit in dem umfassenden Wandlungsprozeß des Handwerks gewiß nicht dargestellt.

Auch die Probleme der «Überbesetzung» und des Verhältnisses zur Industrie gewinnen im historischen Rückblick ein anderes Gewicht. In großen Zügen entsprach ein expandierendes Handwerk durchaus der Bevölkerungszunahme und wachsenden Gewerbewirtschaft. Die steigende Handwerkerzahl bildet einerseits eine wesentliche Voraussetzung für die Prosperität mancher Handwerkszweige, andrerseits kam sie auch den Bedürfnissen des frühen industriellen Arbeitsmarkts entgegen, der aus der «Ausbildungsschule» des Handwerks Fachkräfte herauszog und – daran hat sich bis heute wenig geändert – an die Fabriken weiterleitete. Da die Industrie jedoch noch in den Anfängen steckte, war ihre Aufnahmekapazität vorerst gering; sie weitete sich jedoch seit den 1850er Jahren explosionsartig aus und trug als eine Art soziales Sicherheitsventil dazu bei, auch die Krisenlage des Handwerks zu entschärfen.[16]

Für die Zeit vor der Jahrhundertmitte muß man sich immer wieder die extremen, eine eintönige Schwarzmalerei ausschließenden Unterschiede im Kleingewerbe vor Augen führen. Daß der Niedergang zahlreicher traditionsstolzer Gewerke nicht aufzuhalten war und den Betroffenen hohe soziale Kosten auferlegte, ist nie ernsthaft bestritten worden. Wie die Perückenmacher bereits verschwunden waren, verloren jetzt etwa die Kutschenbauer ihren Wettkampf mit den Fabriken für den Eisenbahnwaggonbau. Möbelfabriken begannen, die aufkommenden städtischen «Magazine», die Vorläufer der späteren Großkaufhäuser, preiswert zu beliefern, und dementsprechend schrumpfte der Absatzmarkt der kleinen Möbelschreiner. Auch die These von der «Überbesetzung» besitzt insofern ihre begrenzte Richtigkeit, als mangels anderer Arbeitsgelegenheiten – die Landwirtschaft war inzwischen überfüllt, die Auswanderung meist zu teuer, der Weg in die Söldnerheere durch die Wehrpflicht verschlossen, die Industrienachfrage noch zu gering – das Handwerk einer wachsenden Zahl von Arbeitswilligen als einziger Zufluchtsort erscheinen mußte. Der dadurch entstehende Überschuß an kleingewerblichen Arbeitskräften ist jedoch ein zeitlich und sektoral relativ strikt begrenztes Phänomen geblieben, dessen Folgen, die schweren Schäden einer krisenhaft zugespitzten Notlage, unbedingt ernstzunehmen sind, zumal sie 1848/49 zu beträchtlichen politischen Konsequenzen führten, aber nicht den Blick auf die Entwicklungswege alter und neuer florierender Handwerksbranchen verstellen dürfen. Nicht wenige Konsumgüterproduzenten prosperierten, wie ihr Gewerbesteueraufkommen und die Gesellenlöhne insbesondere dann verraten, wenn es sich um langlebige Gebrauchsgegenstände oder um die Nahrungsmittel für den täglichen Grundbedarf handelte. Das Bauhandwerk unterlag konjunkturellen Schwankungen, genoß aber als Folge der Bevölkerungszunahme und Urbanisierung bald einen erstaunlich lange anhaltenden Aufschwung. Schlossern öffnete sich im Maschinenbau ein zukunftsträchtiger, nachfragestarker Industriezweig, während sie gleichzeitig im Bauwesen gesucht wurden. Auch gewann die Funktion des handwerklichen Zulieferanten für die Fabriken schnell an Bedeutung, und dem Reparaturhandwerk erschloß sich ein breites, ständig weiter aufgefächertes Betätigungsfeld.

Einer bereitwilligen Ausnutzung dieser Arbeitsgelegenheiten standen jedoch oft traditional geprägte Vorurteile entgegen. Im überlieferten Verständnis des «ehrbaren» Lebensstils gab es eine tief verwurzelte Abneigung gegen die angeblich degradierende Fabrikarbeit, die weithin nicht nur als sozialer Abstieg, sondern auch als Verrat am Handwerkerethos empfunden wurde.

Dieser innere Widerstand konnte sich genauso effektiv auswirken wie der objektive Mangel an Arbeitsplätzen. An derartigen mentalen Schranken änderte auch die Tatsache vorerst wenig, daß viele Gesellen von lohnabhängigen Arbeitern kaum mehr zu unterscheiden waren. Erst allmählich wurde die Trennwand zwischen Gesellen und Fabrikarbeitern seit den 1840er Jahren durchlöchert.

Ähnlich mußte eine hohe psychische Hemmschwelle überschritten werden, ehe der selbständige Schuhmachermeister sich in das Leben eines Flickschusters fügte, allgemeiner gesagt: ehe Reparaturarbeit statt Neuschöpfung als Dauerzustand des Handwerkerlebens akzeptiert wurde. Bei alledem handelte es sich um mühselige individual- und sozialpsychische Anpassungsprozesse, die nicht Jahre, sondern manchmal Jahrzehnte brauchten und die Situation des Handwerkers noch trister erscheinen ließen, als sie es branchen- und zeitweise ohnehin schon war. Wenn das Handwerk seit den 1830/40er Jahren einen derart tiefgreifenden Strukturwandel erlebte: den Zusammenbruch alter Gewerke, daneben die Hochkonjunktur neuer Gewerbezweige, die harte Realkonkurrenz mit der aufstrebenden Industrie, die Umstellung auf ein feindselig abgelehntes Gewerberecht und die neuartigen Bedürfnisse einer Bevölkerung, die nicht nur selber wuchs, sondern durchaus auch eine schichtenspezifische Wohlstandssteigerung erlebte, das gespannte Verhältnis zwischen Meister und Gesellen im Zeichen sinkenden Stellenwerts und um das Existenzminimum schwankender Realeinkommen – wie hätte dieser Strukturwandel ohne gravierende ökonomische, soziale und ideologische Krisenerscheinungen verlaufen können?

Trotzdem darf die Reaktionselastizität des Handwerks nicht unterschätzt werden. Die meisten seiner Probleme erwiesen sich nach der Jahrhundertmitte als lösbar. Das Handwerk wuchs seither «eindeutig» weiter, und die von ihm erlittene und beklagte Expansion wirkte sich als vorteilhafte Voraussetzung einer ständig weiterwachsenden Gewerbe- und Industriewirtschaft aus. In gewisser Hinsicht machte das Handwerk in den Jahrzehnten etwa nach 1835 eine Entwicklung durch, die sich mit der Industriearbeiterschaft zum Teil gleichzeitig, zum Teil etwas später wiederholen sollte: Aus einer weitverbreiteten Notlage wurde durch das Zusammenwirken von wirtschaftlichem Wachstum, eigener Initiative und staatlicher Gesetzgebung der Aufstieg auf ein höheres Niveau des Lebensstandards erreicht.[17]

b) Die Frühindustrialisierung: Der beschwerliche Aufstieg des deutschen Industriekapitalismus

Die «Anlaufperiode» der deutschen Industrialisierung wird hier in Gestalt eines pragmatischen Überblicks über die allmählich fortschreitende Entwicklung und qualitative Veränderung der großgewerblichen Wirtschaft bis etwa 1840 verfolgt. Eine grundsätzliche Erörterung des erfolgreichen deutschen Industriekapitalismus findet sich hauptsächlich aus dem Grunde erst unten zu Beginn von Kapitel IV, weil dort der Durchbruch der Industriellen Revolution behandelt wird. Durch die säkulare Bedeutung dieses Phänomens wird eine weiter ausholende Diskussion erzwungen. Auch an dieser Stelle sind jedoch einige allgemeine Überlegungen unumgänglich oder im Rückgriff auf früher Ausgeführtes knapp zu wiederholen.

Den Beginn der deutschen Frühindustrialisierung kann man natürlich nicht auf ein bestimmtes Jahr datieren, da es sich um einen anonymen, hier und da in vereinzelten Regionen, häufig nur im Schneckentempo einsetzenden sozialökonomischen Wandlungsprozeß handelt. Aber im letzten Viertel des 18. Jahrhunderts, das – von lebhaften Konjunkturen bewegt – den abschließenden Schub von neuen Manufakturgründungen, den Ausbau der leistungsfähigen Verlage, Handwerksbetriebe und unzünftigen Werkstätten, nicht zuletzt aber auch die vermehrte Einrichtung von «Protofabriken» erlebte, läßt sich eine zeitlich gestreckte Anfangsphase relativ deutlich ausmachen. Am Ende der 1830er und zu Beginn der 1840er Jahre wurde dann jene «Markscheide» erreicht, jenseits deren aufgrund des Eisenbahnbaus und der deutschen Industriellen Revolution die entscheidende «Entfaltung eigener Wachstumskräfte» einsetzte und bis 1873/79 «die institutionelle Garantie» für die Fortdauer eines eigendynamischen, selbstgeregelten industriekapitalistischen Wirtschaftswachstums sowohl selber schuf als auch soziopolitisch gewährleistet bekam.

Auch und gerade während der Frühindustrialisierung handelte es sich um ein ungleichgewichtiges Wachstum, das nicht nur an einigen «Führungssektoren» – dieser Begriff wird im Zusammenhang der Darstellung der Industriellen Revolution, für die er voll zutrifft, genauer erläutert – nachgewiesen, sondern vor allem auch wieder in einigen «Führungsregionen» exemplarisch verfolgt werden kann. Diese regionalen Wachstumszentren, z. B. in Sachsen, Berlin und Oberschlesien, im Bergischen und Märkischen, an der Saar und am Niederrhein, hoben sich von ihrem traditional geprägten Umfeld unverwechselbar ab. Der spezifische Charakter dieser Pionierregionen wird jedoch verfehlt, wenn man sie nur als Vorreiter der «deutschen» Industrialisierung betrachtet. Tatsächlich war etwa das entstehende rheinisch-westfälische Industrierevier durch transnationale Prozesse der Technologieverwendung, der Kapitalinvestition, der Expertenzirkulation, der bevorzugten Ex- und Importbeziehungen, auch durch demographische Eigenarten, lange Zeit enger mit den Niederlanden, Belgien, Nordfrankreich und England als mit Oberschlesien oder dem Saargebiet, geschweige denn mit Mecklenburg oder Oberbayern verbunden. Außerdem wirkte sich neben dem jahrhundertealten West-Ost-Gefälle auch noch ein Nord-Süd-Gefälle spürbar aus, das durch die Kraftströme entlang den beiden neuen, um 1815 erkennbaren Achsen der gewerbewirtschaftlichen Entwicklung entweder noch weiter verschärft oder nur langsam ausgeglichen wurde.

Auch der großgewerbliche Betrieb stellte zu Beginn des 19. Jahrhunderts längst nichts Neues mehr dar. Aber die Tatsache, daß die neue Technologie der jüngst erfundenen Kraft- und Arbeitsmaschinen, eine formal freie Lohnarbeiterschaft und eine marktorientierte Warenproduktion zu Profitzwecken durch Unternehmer – welche die strategischen Investitions-, Produktions- und Absatzentscheidungen als private Eigentumsbesitzer autonom trafen, die betriebsinterne Funktionsteilung förderten, die Herrschaft im Betrieb ausübten und die Arbeiterschaft durch Anreize und Strafen disziplinierten – mit zunehmender Häufigkeit in der Organisationsform der Industriefabrik kombiniert wurden, verriet das Vordringen des neuartigen, zukunftsträchtigen industriellen Produktionskapitalismus. Sein Fortschritt konnte sowohl an der wachsenden Anzahl solcher Fabriken als auch an der wachsenden Größe der Betriebe, ihrer Belegschaften und Produktionsziffern abgelesen werden.

Dieser Aufstieg des Industriekapitalismus darf jedoch keineswegs allein auf seine ökonomisch-technologischen Dimensionen reduziert werden. Er blieb vielmehr in einem fundamentalen Sinn auch von außerökonomischen Antriebskräften, von soziokulturellen und politischen Bedingungen abhängig. Ohne diese spezifisch okzidentale Fusion von ökonomischen, technologischen, sozialen, politischen und kulturellen Elementen hätte auf die Herausforderung durch die historische Situation nicht mit der «Antwort» des Industriekapitalismus reagiert werden können. Anders gesagt: Ohne die Gesamtkonstellation der stimulierenden Rahmenbedingungen wären neue Technologien oder Ressourcen ungenützt, gewissermaßen latent geblieben, wie das bei einigen von ihnen jahrzehnte- oder sogar jahrhundertelang bis dahin der Fall gewesen war. Hier freilich steht die wirtschaftsgeschichtliche Entwicklung im Vordergrund, während die sozialen, politischen und kulturellen Voraussetzungen, die bereits (in Bd. I) beschrieben worden sind, die Begleiterscheinungen und Folgen später zusammenfassend diskutiert werden.[18]

Wie auf die amerikanische, französische oder belgische Frühindustrialisierung trifft auch auf die deutsche zu, daß sie eine eigentümliche Mischung von endogen-autonomen Antriebskräften und Imitationsleistungen, bezogen auf das englische Vorbild, darstellt. Deshalb ist diejenige Auffassung zu einseitig, die sie pauschal als eine «abgeleitete, keine autochthone Entwicklung» charakterisiert. Es gab in den deutschen Führungsregionen einen recht breiten Sockel von gewerblichen Betrieben und technischen Hilfsmitteln, von Unternehmern und Facharbeitern, von Kapital und Know-how, von Geschäftserfahrung und Marktorientierung. Ohne dieses Potential hätten die englischen Errungenschaften gar nicht so schnell und effektiv rezipiert werden können.

Trotzdem ist es wahr, daß die deutschen Staaten mit den höchstentwickelten Gewerberegionen seit der Zeitspanne, als England mit seiner Industriellen Revolution einen unübersehbaren Vorsprung gewonnen hatte, als

«Nachfolgeländer», die der allseitige Konkurrenzkampf im Staatensystem auch zur industriewirtschaftlichen Anpassung zwang, die englischen Industrialisierungserfolge unmittelbar wiederholen oder durch funktionale Äquivalente in Gestalt von innovatorischen Substitutionsleistungen ersetzen mußten. Alexander Gerschenkron hat in diesem Spannungsverhältnis zwischen England als dem «industriellen Pionierland» und den aus einer Position «relativer Rückständigkeit» aufschließenden «Nachfolgeländern» geradezu das Grundmuster der europäischen Industrialisierung bis 1914 gesehen; aus dieser Verlaufstypologie hat er sodann einige erklärungskräftige Interpretationsansätze abgeleitet. Wegen ihrer Verallgemeinerungsfähigkeit und ihres heuristischen Werts ist auf diese Argumentationsfigur auch schon vorn zurückgegriffen worden, als es um den historischen Stellenwert der deutschen merkantilistisch-kameralistischen Wirtschaftspolitik und des deutschen «Aufgeklärten Absolutismus» ging.

Im frühen 19. Jahrhundert gab es in den verschiedenen Bereichen der gewerblich-frühindustriellen Wirtschaft in den deutschen Ländern, wo sich die Reformgesetze gewöhnlich nur langsam auswirkten, je unterschiedliche Grade dieser relativen Rückständigkeit, die es zu überwinden galt. Im Hinblick z.B. auf Mechaniker oder Unternehmertalente war, wie sich herausstellte, dieser Abstand im Grunde nicht allzu groß. Im Hinblick jedoch auf den allgemeinen «Ökonomisierungsprozeß», den England bereits im 17. und 18. Jahrhundert mit dem breiten Vordringen des Kapitalismus im Handels- und Bankwesen, in der Agrar- und schließlich der Gewerbewirtschaft erlebt hatte, oder auf das Vorhandensein kapitalstarker privater Investoren, die in Deutschland erst durch die ingeniöse Erfindung der Aktiengesellschaft und der AG-Großbank mit ihrer Verbindung von Industriefinanzierung und Depositenkasse ersetzt werden konnten, bestand zeitweilig eine breitere Kluft fort.

Insgesamt hing von dem Ausmaß und den variierenden Graden der relativen Rückständigkeit eine Reihe von Faktoren ab, die sowohl auf den Beginn der Industriellen Revolution als auch auf den landesspezifischen Charakter der sich daran anschließenden breitgefächerten Industrialisierungsprozesse einen maßgeblichen Einfluß ausübten. Gerschenkron selber hat vor allem neun solcher abhängiger Variablen betont: 1. die Geschwindigkeit des industriellen Wachstums, 2. die Bedeutung von Großunternehmen, 3. das Gewicht der Schwerindustrie, 4. die Abhängigkeit von Technologie- und Kapitaltransfer, 5. den Druck auf das Konsumniveau, 6. den Einfluß der Landwirtschaft, 7. die Rolle der Banken, 8. die Funktion der Staatsintervention sowie 9. die Virulenz von Ideologien, die den Industrialisierungsprozeß rechtfertigten, förderten und abschirmten. Diese Komplexe und noch weitere Aspekte, die im Rahmen jener Konzeption ins Blickfeld rücken, gilt es hinsichtlich der deutschen Industrialisierung im Auge zu behalten.

Die offensichtlichen Nachteile der relativen Rückständigkeit dürfen nicht darüber hinwegtäuschen, daß sie – bis hinein in die Gegenwart der «Dritten Welt» – zu einem nicht geringen Teil durch besondere Vorteile für den industrialisierenden Nachzügler wettgemacht werden können: Er braucht die fortgeschrittenste Technologie der Zeit nicht mehr selber zu entwickeln, sondern kann sie direkt einführen; in der Regel sind Kapitalimporte möglich; Experten können abgeworben werden, die das Fehlen eigener Fachkräfte ersetzen oder diese heranbilden helfen; begehrte Rohstoffe und Halbfertigfabrikate wie etwa Roheisen sind vergleichsweise preiswert zu erhalten; Organisationsmodelle und Geschäftsmethoden lassen sich kopieren, kurzum: bestimmte Evolutionsphasen können übersprungen werden. Auf diese Weise ziehen die Nachfolgeländer unmittelbar oder mittelbar Nutzen aus dem Entwicklungsvorsprung des industriellen Pioniers, der ihnen Zeit und Geld, Kraft und Umwege ersparen hilft, ohne selber dabei auf profitable Geschäfte zu verzichten, die ihn in gewisser Hinsicht dafür entschädigen, daß sich der Aufstieg gleichwertiger Rivalen auf die Dauer nicht nur nicht verhindern läßt, sondern von ihm selber beschleunigt wird.[19]

In diesem ambivalenten Verhältnis standen die industriell entwicklungsfähigen Regionen der deutschen Länder zu England, als sich nach 1815 die Austauschbeziehungen einer Friedenswirtschaft wieder einspielten. Die vorangegangenen Kriege und wirtschaftspolitischen Maßnahmen hatten sich in Deutschland einerseits als Wachstumsbremse, andrerseits aber auch in bestimmten Sektoren als wichtige Nachfrageerzeuger und Marktvergrößerer ausgewirkt, so daß ungeachtet aller Schäden und Nachteile ein nicht unbeträchtlicher «Nettowachstumseffekt» zustande gekommen war (vgl. Bd. I). Die Nachkriegsdepression wirkte sich kurzfristig hemmend aus, danach ging jedoch von den Ergebnissen der Revolutions- und Kriegsepoche und den neuen Chancen der Friedenszeit ein langfristig wirksamer Zwang zur ökonomischen Modernisierung aus, der insbesondere durch die englische Konkurrenz verschärft wurde. Denn die überlegene englische Industrie wirkte sich keineswegs, wie eine zählebige Legende weismachen will, nur erdrückend, sondern eher belebend aus, sie erleichterte die Industrialisierung durch Lieferung billiger Zwischenprodukte, reizte zum Wettbewerb, zur Nachahmung an; sie entfaltete vor den deutschen Nachfolgeländern das attraktive Ziel einer, wie es schien, mit Energie und Geschick bald erreichbaren Zukunft.

Zu den vorwärtstreibenden Kräften der industriekapitalistischen Entwicklung gehörte eine spürbare, wenn auch noch längere Zeit in ziemlich begrenztem Umfang ansteigende Nachfrage, die von lokalen und regionalen, von interregionalen und internationalen Märkten ausging. Diese Marktexpansion rief ein breiteres Angebot hervor, schuf Anreize für den Ausbau des Verkehrswesens und führte schließlich an die Schwelle der neuen Epoche des Eisenbahnbaus und der Industriellen Revolution heran. Bevölkerungswachstum, Wohlstandsverbesserung und allmählich zunehmende Massenkaufkraft verstärkten über drei Jahrzehnte hinweg den Nachfragesog. Das Zusammenwirken dieser Faktoren drängte auf die Lösung von Problemen hin, die mit Engpässen («Bottlenecks») in der technischen Ausstattung von Betrieben und bei der Nutzung neuer Ressourcen verbunden waren. Die Umstellung auf den neuen Energieträger Kohle, die das Holz schrittweise zu ersetzen begann, kam sichtbar voran, wenn auch das Holz erst nach der Jahrhundertmitte durch den mineralischen Brennstoff endgültig überholt wurde.

Auf diese allgemeinen Impulse reagierte eine erst kleine, dann wachsende Zahl innovationsbereiter Unternehmer, die ihre Fabriken mit den neuen Kraft- und Werkzeugmaschinen – ob aus dem Ausland eingeführt oder bald bereits im Inland hergestellt – ausstatteten. Die maschinelle Produktion in der neuen Unternehmensorganisation der Fabrik zeigte sich im Prinzip jeder Nachfrage gewachsen; sie enthüllte eine Expansionsfähigkeit, welche die meisten herkömmlichen Schranken zu überwinden gestattete. Von jeder erfolgreichen Fabrik aber ging ein Demonstrationseffekt aus, der andere zu Neugründungen anregte. Minimal besteuerte Gewinne, größere Sicherheit in der Beurteilung der Aufnahmefähigkeit und Reaktion von Märkten, intensivierte Handelsbeziehungen sowie ein verbessertes Kommunikations- und Transportsystem kamen den frühindustriellen Unternehmern zunehmend zustatten. Ihre risikoreichen Entscheidungen konnte ihnen freilich keiner abnehmen, und aller Wahrscheinlichkeit nach ist die Zahl der Gescheiterten ungleich größer als die der Aufsteiger gewesen.

Die direkten Erfolge der staatlichen Gewerbeförderung dagegen sind insbesondere im Hinblick auf die Frühindustrialisierung meistens überschätzt worden, wenn auch einige Ergebnisse – z. B. der staatlich initiierten technischen Ausbildung, der Investitionshilfen, der Musterbetriebe – nicht unterschätzt werden dürfen. Manchmal hat die Verwaltung wirksam assistiert, subventioniert, reguliert. Als weitaus wirksamer erwies sich jedoch, daß durch die Staatspolitik rechtliche und soziopolitische Rahmenbedingungen geschaffen und legitimiert wurden, die entweder, vorsichtig gesagt, die Industrialisierung nicht nachhaltig hemmten oder aber, obschon oft nach einer konfliktreichen Bremsphase, ihre Entfaltung – z. B. durch die Rechtssicherheit, die Eigentumsgarantie, die öffentliche Infrastruktur, durch die Zollpolitik, das Aktienrecht, die Freizügigkeit in einer tendenziell rechtsgleichen Staatsbürgergesellschaft – auf Dauer effektiv und nachdrücklich unterstützten.[20]

Den Antriebskräften standen andrerseits auch weiterhin starke hemmende Faktoren im Wege. Entscheidende Ressourcen wie Kohle und Eisenerz waren zunächst ganz unzulänglich erschlossen. Ein mühsamer Weg mußte bis zu ihrer «effizienteren Nutzung», einer weiter vorangetriebenen Arbeitsteilung und vorteilhaften Standortwahl neuer Betriebe noch zurückgelegt werden. Die Produktionstechniken waren von den englischen zwar nicht grundverschieden, aber eben nicht auf dem neuesten, gelegentlich noch auf dem mittelalterlichen Stand. Industriefreundliche Kreditinstitute fehlten vielerorts. Die Verkehrsbedingungen ließen sich mit den englischen und französischen nicht vergleichen. Das zünftige Handwerk begegnete Fabrikanten durchweg mit Feindseligkeit. Im Partikularismus der rund vierzig Mitglieder des Deutschen Bundes lebte noch immer ein gut Teil der politischen Zersplitterung des Alten Reiches weiter fort. Die staatliche Zollpolitik etwa diskriminierte eine freie Verkehrswirtschaft, bis im Zollvereinsmarkt die am meisten störenden Barrieren abgebaut wurden. Das West-Ost- und Nord-Süd-Gefälle wirkten sich retardierend aus. Kein deutscher Staat besaß Kolonien, aus denen Reichtum hätte abgeschöpft werden können.

Vor allem aber lebten in den einzelstaatlichen und regionalen Gesellschaften noch zahlreiche Traditionselemente weiter fort, die erst auf längere Sicht durch den sozioökonomischen Evolutionsprozeß und die bürokratischen Reformen der defensiven Modernisierung zurückgedrängt oder aufgelöst wurden. Überkommene ständische Verhaltensweisen verfestigten Immobilität. Neue, sozial offenere Klassen mußten sich gegen starke Hemmnisse erst durchsetzen. Kulturelle und religiöse Mentalitätsprägungen sperrten sich gegen ein gewinnorientiertes Handeln freier Wirtschaftssubjekte oder die Erniedrigung durch Fabrikarbeit. Rechtliche Schranken engten den Spielraum der neuen ökonomischen Aktivität industriekapitalistischen Stils störend ein. In den Medien der öffentlichen Meinung blieb das entstehende «Fabriksystem», dessen soziale Schäden frühzeitig debattiert wurden, weiterhin heftig umstritten.

Fragt man genauer nach den Determinanten der ökonomischen Schwierigkeiten, die einer schnelleren Rezeption und Diffusion der ökonomisch-technologischen Innovationen auch noch im ersten Drittel des 19. Jahrhunderts in Deutschland entgegenstanden, trifft man vor allem auf drei Problemfelder.

1. Die erste Transmission von Innovationen erfolgte oft in erstaunlich knappem zeitlichen Abstand: Drei Jahre nach der Errichtung von Watts Dampfmaschine, elf Jahre nach der Erfindung von Arkwrights Spinnmaschine wurden solche Maschinen auch in deutschen Betrieben eingeführt. Aber sie fanden danach nur eine schwache Verbreitung, d. h. die breitenwirksame Diffusion von grundlegenden Prozeß- und Produktionsinnovationen verzögerte sich vergleichsweise lange – bis hin zu einer Zeitspanne von dreißig Jahren beim Kokshochofenverfahren. Warum?

Die monopolistische Marktpolitik der Technologiebesitzer, ob zuerst in England oder dann auch in Deutschland, hielt das Angebot jahrzehntelang knapp. Der englische Qualitätsvorsprung war seit dem späten 18. Jahrhundert wohlbekannt, nach 1815 eine jedermann geläufige Tatsache, aber die Nachfrage wurde durch Rechtsvorschriften, »zufallsbedingte Suchprozesse und relativ hohe Informationskosten behindert«. Die Strategie der »Ermittlung, Prüfung und Auswahl« geeigneter Produktionsgüter, die Form der Übertragung und Nachahmung, die Gewinnung und Weitervermittlung eigenen Sachwissens trafen ringsum auf beträchtliche Hindernisse. Zuerst spielten persönliche Kontakte eine vorrangige Rolle. Unternehmer, Mechaniker, Beamte im Regierungsauftrag besuchten englische Industriebetriebe, denen die Geheimhaltung ihrer Innovationen selten für längere Zeit gelang. Aber es erwies sich als außerordentlich schwierig, Maschinen aus dem Gedächtnis oder nach erlisteten Blaupausen zu bauen. Die Fähigkeit zur Nachkonstruktion mußte ebenso wie das qualitativ geeignete Material erst entwickelt werden. Gleichzeitig wurde der personelle Transfer von englischen Meistern, Technikern, Facharbeitern, die Maschinen bauen und deutsche Arbeitskräfte ausbilden konnten, mit hohen materiellen Prämien nachdrücklich betrieben. Obwohl die englischen Behörden dieser Abwerbung ein Auswanderungsverbot für Fachkräfte und hohe Strafen entgegensetzten, waren doch Tausende von solchen »echten Fremdenlegionären der Industrialisierung« in Westeuropa tätig. Angeblich soll ihre Zahl allein in Frankreich um 1848 mehr als 15000 Mann betragen haben; auch aus der Geschichte zahlreicher deutscher frühindustrieller Unternehmen ist die strategische Rolle englischer Handwerker, Ingenieure und Geschäftsleute bekannt. Umgekehrt verbrachten vor allem seit den 1820er/30er Jahren Tausende von Deutschen ihre Lehrjahre in England; allein in London soll die deutsche Kolonie während des Vormärz schon 40000 Menschen gezählt haben.

Trotz des (bis 1843 gültigen) englischen Exportverbots für die meisten Maschinen wurde ihr Import mit allen Mitteln, auch des Schmuggels und der Werkspionage, des Kaufs und Diebstahls von Bauzeichnungen, betrieben; reguläre Importe wurden durch Niedrigzölle begünstigt. Solange wie möglich suchten dann wiederum die deutschen Produzenten ihre Kenntnisse geheimzuhalten. Von den Behörden wurden sie dabei durch Monopolkonzessionen unterstützt, zumal zuerst ein Patentschutz ganz fehlte – in Preußen wurde er erst seit 1815, fast zweihundert Jahre nach England, eingeführt – oder relativ unwirksam blieb.

2. Selbstverständlich hing auch in Deutschland die Nachfrage nach Industriegütern nicht nur von der Produktionsfähigkeit, d.h. von der technischen Ausrüstung, den Fachkräften, dem Kapitaleinsatz usw., sondern in entscheidendem Maße auch von der Marktentwicklung ab. Marktlage und daran orientiertes Gewinnkalkül beeinflußten die Übernahme teurer Innovationen und wirkten sich geraume Zeit auf die Rezeption und Diffusion nachteilig aus. Denn auch nach 1815 bewegte sich die inländische Nachfrage nach Investitionsgütern zunächst in engen Grenzen, zumal Importe preiswert angeboten wurden. Die Märkte blieben häufig eng, lokal zersplittert, halb-autark; sie verbanden erst seit den 1830er/40er Jahren attraktive Größe mit konstantem Nachfrageanstieg, so daß eine risikoschwächere Vorauskal-

kulation, Kapitalanlage und Produktion möglich wurden. Der größte Sektor, die Landwirtschaft, fragte bis zur Jahrhundertmitte nur wenige deutsche industrielle Güter nach, sondern verließ sich auf die billige englische Einfuhr; die private Nachfrage blieb klein, die Preis- und Einkommenselastizität gering – in den 1840er Jahren lag das englische Pro-Kopf-Einkommen dreimal so hoch wie deutsche Durchschnittswerte. Nur preiswerte Textilien für die wachsende Konsumentenzahl ließen eine mechanisierte Produktion frühzeitig lukrativer erscheinen. Staatsgrenzen und Binnenzölle, Abgaben und Zunftvorschriften, mithin zahlreiche, trotz der Reformgesetze fortbestehende »Markteintrittsbarrieren« erschwerten das Wachstum. Dieser Marktlage entsprach eine schwache, erst allmählich wachsende Nachfrage. Vom Exportgeschäft, das auf überlegene Konkurrenz traf, ging meistens noch kein hoher Anreiz aus. Erst unter dem Druck zur Effizienzsteigerung, wie er sich seit den späten 30er Jahren auswirkte, nahm die Bereitschaft zum Transfer oder zur Imitation der fortgeschrittenen Technologie folgerichtig zu.

3. Nicht zuletzt hing die Technologieverbreitung auch von der Wettbewerbsintensität in den verschiedenen Industriebranchen ab. Eine ungleich schärfere Konkurrenz als in Produktionszweigen, die nur für den Binnenmarkt arbeiteten, herrschte im Exportgeschäft. Dort sah sich z. B. die deutsche Textilausfuhr, an erster Stelle das Leinen, einer starken Substitutionskonkurrenz durch die Baumwollwaren ausgesetzt. Die protoindustriellen Verleger reagierten auf Kosten der Heimgewerbefamilien mit harten Lohnsenkungen, so daß sie auf der halben Höhe englischer Löhne noch eine Zeitlang wettbewerbsfähig blieben. Andere Produzenten begegneten dem Problem mit Spezialisierung (Krefelder Samt und Seide, Wuppertaler Bandwaren). Eine Minderheit ging zu eigenen Baumwollfabriken über, und wenn sich auch die Einführung von Dampfmaschinen anstelle des billigsten Energieträgers, der Wasserkraft, und die Mechanisierung der Produktion nur langsam vollzogen, gelang doch durch die Imitation der englischen Textilfabriken über kurz oder lang der Anschluß an deren Erzeugungsniveau am besten. Bei der Eisenherstellung dagegen handelte es sich um eine »völlig binnenmarktorientierte Produktion«, welche nur einen geringen Importdruck spürte; vor allem deshalb wurden die Hochöfen mit der altertümlichen, aber billigen Holzkohle anstatt mit dem leistungsfähigeren, aber gar nicht oder nur teuer erwerbbaren Koks beschickt. Erst der vom Eisenbahnbau erzwungene gewaltige Eisenimport führte hier einen radikalen Wandel mit dem Übergang zu den modernsten technologischen Verfahren herbei. Der Maschinenbau wiederum stand unter dem starken Importdruck der überlegenen Engländer. Die seit der Mitte der 1830er, insbesondere in den 1840er Jahren entstehenden deutschen Maschinenbauanstalten gingen daher frühzeitig zu einer modernen Ausrüstung über und nutzten alle Chancen einer Kostendegression erfolgreich aus. Vergegenwärtigt man sich die allge-

meinen Hemmnisse und die zuletzt erörterten Schwierigkeiten, versteht man besser, gegen welche Widerstände die deutsche Frühindustrialisierung zu kämpfen hatte, warum auch nach der Kriegsepoche ihr Wachstum noch rd. 25 Jahre lang auch innerhalb der führenden Regionen in eher schleppendem Tempo verlief.[21]

Überschaut man die herausragenden Wachstumsregionen des industrialisierten Deutschland, liegt es nah, den Rückblick auf ihre frühe Entwicklungsgeschichte mit den rheinisch-westfälischen Industriezentren zu beginnen. Als Preußen nach dem Wiener Kongreß aus dem vielfach vergrößerten westlichen Teil der Monarchie die Provinzen Rheinland und Westfalen bildete, umschlossen beide mehrere alte gewerbereiche Gebiete, wie sie etwa im Bergisch-Märkischen, um Krefeld, Mönchengladbach und Rheydt, um Aachen, Eschweiler und Düren und im Saargebiet lagen. Das spätere Ruhrgebiet dagegen bildete keineswegs schon eine wirtschaftliche Einheit, sondern verharrte vielerorts noch in geradezu «altfränkischer Rückständigkeit». Während sich die traditionellen Gewerbezonen in einem mühsamen Prozeß der Umstrukturierung und Anpassung auf die neuen ökonomischen und politischen Bedingungen der nachrevolutionären Epoche einzustellen bemühten, waren in den meisten Teilgebieten, aus denen das Ruhrrevier schließlich zusammenwachsen sollte, erst einmal komplizierte Probleme zu überwinden, ehe die Grundlagen für den Entwicklungssprung seit den 40er Jahren gelegt waren: die technische Zurückgebliebenheit, die unzulänglich ausgebildete Marktorientierung, die daher auch nur spärlich vorhandenen Handelsbeziehungen und der eng eingeschränkte translokale Warenabsatz. Außerdem mußten diese Nachholleistungen im Schatten jener Krisen vollbracht werden, denen sich das Handwerk und die Heimgewerbe seit den 1830er Jahren ausgesetzt sahen und die durch das Bevölkerungswachstum noch verschärft wurden.

Am Kohlenbergbau, an der Eisen- und Stahlindustrie und am Maschinenbau lassen sich einige Schwierigkeiten verdeutlichen. Seit 1766 hatte die Bürokratie im Bergbau der alten preußischen Westgebiete das sogenannte Direktionsprinzip eingeführt, das den Staatsbehörden die Verwaltung und Überwachung der Zechen, die Produktionskontrolle, Marktaufteilung und Preisgestaltung übertrug. Nach 1815 wurde diese etatistische Lenkung auch im neugebildeten Oberbergamtsbezirk (OBAB) Dortmund, der sich von Emmerich im Westen bis Minden im Osten, von Ibbenbüren im Norden bis Lüdenscheid im Süden über ein weites Gebiet ausdehnte, rechtlich und ökonomisch durchgesetzt. 98 % der darin geförderten Kohle stammten aus dem späteren Ruhrrevier, so daß die OBAB-Statistik mit ihren nur geringfügig überhöhten Zahlen über die Entwicklung ziemlich zuverlässig Auskunft gibt.

In den fünfundzwanzig Jahren von 1790 bis 1815 war in diesem Gebiet die Förderung von Kohle für Hausbrand, Export und gewerbliche Zwecke von nur 177000 To. auf immerhin 513000 To., also um fast das Dreifache angestiegen. Die Anzahl der eindeutig überwiegenden kleinen Zechen, die durchschnittlich acht bis zwölf Bergleute in ihren Stollen – Tiefschächte gab es noch nicht – jährlich rund 2000 bis 3000 To. Kohle graben ließen, vermehrte sich geringfügig von 154 auf 173, die Belegschaft von 1360 auf 3440 Bergknappen und -arbeiter. Unter preußischer Ägide fand, wie Übersicht 30 zeigt, in dem folgenden Vierteljahrhundert von 1815 bis 1840 eine deutliche, aber noch keineswegs dramatische Ausdehnung statt, so daß 1840, unmittelbar zu Beginn des industriellen Booms, 1,2 Mill. To. Kohle auf 221 Zechen von 8950 Beschäftigten gefördert wurden. Zwischen 37 und 49 % der preußischen Kohleerzeugung kamen in dieser Zeit aus dem OBAB Dortmund. Seine Produktion und Zechenbelegschaft waren um etwas mehr als das Doppelte, die Grubenzahl um 50 % angewachsen. Als Folge eines ersten Konzentrationsprozesses hatten sich einige große Zechen an die Spitze geschoben; die größte von ihnen, die Zeche »Gewalt«, förderte zwischen 1836 und 1842 rund 30000 To. p.a. Die jährliche Wachstumsrate der Kohlenproduktion lag im Durchschnitt bei rund 4 %; die Arbeitsproduktivität, gemessen als jährliche Produktion eines Bergmannes in Tonnen, pendelte in dieser Zeit zwischen mindestens 131 und höchstens 170, 1815 lag sie bei 149, 1840 bei nur 133.

Übersicht 30: Bergbauzahlen aus dem «Ruhrgebiet» bzw. OBAB Dortmund 1790–1840

Jahr	Förderung/To.	Beschäftigte	Zechen	Arbeits-produktivität (in To. p. c., p. a.)
1790	177000	1360	154	–
1800	231000	1550	158	–
1810	369000	3120	177	–
1815	513000	3440	173	149
1820	510000	3560	161	144
1830	686000	4460	172	154
1840	1,2 Mill.	8950	221	133

Dem Wirtschaftsliberalismus in der höheren preußischen Beamtenschaft widersprach die penible staatliche Gängelung des Bergbaus genau so wie den unternehmungslustigen Mitgliedern der in ihrem Geschäftsgebaren ohnehin schwerfälligen Berggewerkschaften mit ihren immobilen Anteilspapieren, den Kuxen. Den etatistisch-kameralistisch denkenden Kräften dagegen war die überlieferte Ordnung harte Opposition gegen jede Aufweichung wert. Trotzdem gab es schon frühzeitig, seit der Mitte der 1820er Jahre, erste Bestrebungen, das Bergrecht zu revidieren. Bereits 1821 erlaubte ein Gesetz die Erweiterung der Grubenfelder, um die Verhältnisse dem Ausdehnungsbedürfnis der größeren Zechen anzupassen. 1824 begann der Verkauf staatlicher Zechen. Die seit 1826 mehrfach überarbeiteten Entwürfe für eine grundlegende rechtliche Neugestaltung der Beziehungen zwischen Staat und Bergwerkseigentümern forderten die Aufhebung des Direktionsprinzips. Die Bergämter sollten nur mehr die Sicherheit überwachen; das Management, die Entscheidung über Beschäftigung und Löhne, Produktion und Absatz sollte den individuellen «Gewerken» übertragen werden. Trotz des Drängens der Unternehmer auf Privatisierung der wesentlichen Kompetenzen lief sich jedoch die Revisionsarbeit am bürokratischen Widerstand fest. Die wachsenden Spannungen, die infolgedessen seit den 30er Jahren zwischen privater Initiative und staatlicher Bevormundung entstanden, konnten die liberalen Bergbeamten nur teilweise durch Lockerung der Kontrolle und praktische Konzessionsbereitschaft entschärfen. Die Schwerfälligkeit dieses Entscheidungsprozesses vertiefte während des Vormärz im rheinisch-westfälischen Unternehmertum die Skepsis, ob der Staatsapparat der Lösung dringender Probleme überhaupt noch gewachsen sei. Vom Beginn der Beratungen ab gerechnet sollte es mehr als drei Jahrzehnte dauern, bis zwischen 1851 und 1865 die preußische Bergrechtsreform endlich verwirklicht wurde.[22]

Drei Vorgänge kündigten seit den 1820/30er Jahren trotz all der Hindernisse, die einem ungehemmten privatkapitalistischen Abbau der Kohle noch entgegenstanden, zukunftsweisende Entwicklungen an.

1. Der Fernhandel mit Kohle nahm stetig zu. Da die Ruhr noch in der spätfriderizianischen Zeit schiffbar gemacht worden war, gab es nach Kriegsende eine lebhaft befahrene Verkehrsader zum Rhein, auf dem der billige Transport stromabwärts bis Holland und stromaufwärts bis Mainz, Mannheim oder sogar zur Schweiz fortgesetzt werden konnte. Mathias Stinnes z. B., der aus der wichtigsten Hafenstadt, Mülheim an der Ruhr, stammte, dehnte seit den ersten Friedensjahren das väterliche Schifferei- und Kohlenhandelsgeschäft zügig aus. 1818 eröffnete er eine Kohlenfrachtlinie zwischen dem Ruhrgebiet, Köln und Arnheim als Endhafen des Hollandexports. Nach Süden gingen 1819 schon 2,6 Mill. Ztr.; bald waren 66 Frachtkähne für ihn unterwegs. Angeblich zahlte die Firma bereits 1820 80000 T. an Steuern und Abgaben. Seit der Mitte der 1820er Jahre kündigten die ersten Dampfschiffahrtsgesellschaften auf dem Rhein eine neue Epoche des billigen Massentransports an. Wegen der starken Konkurrenz bat Stinnes ständig um staatliche Subventionen. Aber auch ohne diese betrieb der Mülheimer Reeder, der auch als erster Dampfschlepper mit Frachtkahnkonvois einsetzte, dank seiner anhaltenden Erfolge in den 1840er Jahren die größte deutsche Schleppschiffahrtsgesellschaft. Gleichzeitig kaufte er sich im großen Stil in den Bergbau ein, bis er in seinem Todesjahr (1845) mit vier eigenen Zechen und der Beteiligung an 36 Gruben als der «bedeutendste Bergwerkunternehmer des Reviers» galt.

2. Schon beim Kohlenabbau in Stollen warf das eindringende Grundwasser schwere, für die Zechenleitung kaum überwindbare Probleme auf. Schächte konnten nicht einmal auf fünfzig Meter Tiefe niedergetrieben werden, da die altertümlichen Pumpen vorher versagten. Manchmal mußten bis zu zwei Dutzend Arbeiter allein für das Abpumpen des Wassers eingesetzt werden. Erst die Dampfmaschine überwand diese technische und wirtschaftliche Grenze. Diese fabulöse Maschine tauchte 1799 erstmals im Ruhrgebiet auf, seit 1801 wurde sie dort von dem Mechaniker Franz Dinnendahl für Zechen nachgebaut. Mit großen, mehrjährigen Abständen folgten weitere Maschinenhersteller. 1828 zählte das OBAB Dortmund für neun Stollen erst 28 Dampfmaschinen, die zum Wasserpumpen und für die Kohlenförderung verwendet wurden, 1839 waren es 70 für 42 Stollen. Die Leistungsstärke der ersten Dampfmaschinen betrug bis zu vier PS, sie stieg allmählich auf zwanzig PS, bis 1850 auf durchschnittlich achtzig PS an. Mit Hilfe dieser Maschine gelang es den Zechen nicht nur ungleich besser als vorher, mit den Wasser- und Transportproblemen fertig zu werden, sondern die Grubenbesitzer konnten jetzt auch daran denken, zu Tiefbauschächten, wie es sie in England und Wales längst gab, überzugehen. Dazu mußte auch die harte Mergeldecke, die in rund hundert Meter Tiefe über den für die gewerblich-industrielle Nutzung besonders ergiebigen Fettkohlenlagern sich erstreckte, durchstoßen werden. Franz Haniel, Miteigentümer der Gutehoffnungshütte (GHH) und erfolgreicher Bergwerksunternehmer, ließ als erster zwischen 1830 und 1837 bei Essen zwei solcher Schächte auf eine Tiefe von maximal 206 Meter treiben, förderte Kohle seit 1838, stellte aber 1842, nachdem 131000 T. Unkosten aufgelaufen waren, den Betrieb wieder ein. Im Prinzip befand er sich jedoch auf dem richtigen Weg. 1840/41 folgten ihm Stinnes' Fachleute in derselben Gegend, dann binnen kurzem vier Dutzend weitere Unternehmen. 1845 gab es 48 mit 95 Dampfmaschinen. Mit verbesserten Methoden wurden damit zu dem Zeitpunkt, als die Nachfrage sprungartig anzog und die Erschließungskosten sich rentierten, die eigentlich ergiebigen Tiefenflöze des Ruhrgebiets erreicht.[23]

3. Eine vergleichbar langwierige und beschwerliche Entstehung durchlief in dieser Periode auch die Eisen- und Stahlherstellung auf ihrem Weg zur schwerindustriellen Fabrikproduktion. Im Ruhrgebiet nahmen einige der später berühmten Unternehmen zwischen 1810 und 1820 die Erzeugung und Bearbeitung von Eisen und Stahl auf. So vereinigten sich 1810 die Betriebe von Heinrich Huyssen, Gottlob Jacobi und Haniel zur GHH in Sterkrade bei Oberhausen. Zwanzig Jahre später erreichte sie mit 340 Arbeitern eine Jahresproduktion von 25000 Zentnern Roheisen. 1819 war in ihr die erste eigene Dampfmaschine installiert worden; seit 1820 baute Jacobi in einer zur GHH gehörenden Maschinenfabrik diese Kraftmaschinen weiter. 1828 wurde dem Unternehmen ein Blechwalzwerk, 1836 ein Puddel- und Stabeisenwerk angegliedert; 1831 stellte seine Duisburger Schiffswerft das erste

deutsche Dampfschiff her. Haniel als Motor des Unternehmens organisierte von der GHH aus den ganzen Fabrikationsprozeß von der eigenen Kohlen- und Erzgewinnung, Holzkohlen- und Eisenproduktion bis zum Maschinenbau. Anfang der 40er Jahre, als die GHH rund 2000 Arbeiter beschäftigte, begann mit der Belieferung der Eisenbahngesellschaften ihre eigentliche Expansionsphase.

Friedrich Krupp, der 1811 in Essen die Gußstahlfabrikation aufgenommen hatte, konnte zwar 1816 die GHH erstmals mit seinem Produkt beliefern, blieb aber seit der Nachkriegsdepression erfolglos und hinterließ, als er 1826 starb, die Leitung der hochverschuldeten Werkstatt seinem vierzehnjährigen Sohn Alfried, der im ersten Jahr ganze 2000 T. Umsatz erzielte. Mit höchstens neun Arbeitern (1831) kam er zunächst auch weiterhin darüber nicht hinaus. Dank der nachhaltigen Hilfe der Familie, sein Großvater gehörte zu den reichsten Essener Bürgern, trieb er dann bis 1836 mit achtzig Arbeitern den Umsatz auf 23000 T. hinauf. Im Zollverein öffneten sich neue Absatzmöglichkeiten für seinen Tiegelgußstahl. 1838 sah sich Krupp zu einer einjährigen Studienreise nach England imstande; dort änderte er, Ausfluß der typischen Anglophilie, den Vornamen in Alfred um. Von 1840 bis 1843 erkundete er den österreichischen Markt. Zu dieser Zeit beschäftigte er hundert Arbeiter, die seit 1838 seinem strengen Fabrik-Reglement unterworfen wurden. 1843 tauchte erstmals sein Interesse an Gußstahlkanonen auf. Einen spürbaren Aufschwung nahm auch dieser Betrieb erst mit dem Eisenbahnbau der 40er Jahre, danach mit seiner Rüstungsproduktion.

Mit seinem englischen Sozius Thomas und Heinrich Kamp eröffnete Friedrich Harkort 1819 eine «Mechanische Werkstätte» auf dem Burggelände von Wetter an der Ruhr. Nicht nur die ersten Facharbeiter kamen aus England – sie waren nach Harkorts drastischem Urteil so begehrt, daß sie dort von ausländischen Werbern selbst vom Galgen abgeschnitten wurden –, sondern auch die Kenntnis englischer Maschinen stammte nach eigenem Eingeständnis von Leuten, «welche schmuggeln». Die beiden ersten Dampfmaschinen wurden 1820 gebaut, danach verschiedene Typen mit vier bis zwanzig PS. Im Jahr 1825 beschäftigte die junge Firma bereits 94 Arbeiter, sie zählte damit zu den größten westfälischen Fabriken. Als Thomas 1826 ausschied, wurde der Leistungsabfall durch neue Engländer überwunden. Außerdem wurde ein Puddel- und Walzwerk errichtet, zu dem 1832 noch eine Eisenhütte, eine Gießerei und die eigene Kohlenförderung hinzukamen. Tendenziell wurde damit ein Produktionsverbund wie in den späteren vertikalen Konzernen erreicht. 1832 stellten 147 Arbeiter 50000 Ztr. Eisen her, verarbeiteten 150000 Ztr. und bauten je nach Auftragslage diverse Maschinen. Da Harkort zwar ein einfallsreicher, sehr innovationsfreudiger Unternehmer, aber ein durch vielseitige politische und intellektuelle Interessen abgelenkter Mensch und kein geschickter Geschäftsmann war, scheiterte er 1834 trotz seiner Anfangserfolge. Kamp übernahm die Anlage und reüssierte in den 40er Jahren mit der Maschinen- und Eisenproduktion.

Ähnliche Kleinfabriken entstanden in anderen Orten des Ruhrgebiets. Typisch für sie war der zukunftsträchtige Verbund von Eisen und Kohle, Metallverarbeitung und Maschinenbau. 1835 lagen von den 1837 preußischen Hammer- und Hüttenwerken allein 55 % (743 im Regierungsbezirk Arnsberg, 261 im Regierungsbezirk Düsseldorf) in dieser Region. Damit zeichnete sich am Ende der 1830er Jahre ein «Kernraum industrieller Evolution» ab, die das Ruhrgebiet zu einer Führungsregion par excellence machen sollte. Im Hinblick auf technologische Modernität war freilich zu diesem Zeitpunkt seine relative Rückständigkeit noch scharf ausgeprägt. Roheisen stellte noch immer ganz überwiegend ein Produkt der Holzkohlehochöfen dar. 1837 wurden 90 % des preußischen Roheisens auf diese seit dem Mittelalter beibehaltene Weise hergestellt, nur 8,8 % mit Hilfe von Kokshochöfen. Diese waren zwar seit den 1790er Jahren vereinzelt und ohne nachhaltigen Einfluß auszuüben in Schlesien entstanden, aber an der Ruhr setzten sie sich erst seit den 50er Jahren durch.

Auch bei der Weiterverarbeitung des Roheisens zu Schmiede- und Walzeisen drang das sogenannte Puddelverfahren, die 1784 in England erfundene, die Leistung verzehnfachende Innovation des Flammofenfrischens mit Steinkohle, seit den 20er Jahren sehr zögernd vor: 1824 wurde es z. B. auf der Remyschen Rasselsteinhütte bei Neuwied, 1825 auf der Lendersdorfer Hütte der Hoeschs, 1826 in Harkorts Betrieb, 1836 bei der GHH eingeführt. Vor 1840 wurde aber noch nicht einmal ein Drittel des preußischen Stabeisens im Puddelverfahren gewonnen. 1837 hatte die Eisenproduktion einen Qualitätsstandard und eine Produktionsmenge erreicht, die sie in den folgenden fünf Jahren, als sie in einer tiefen Strukturkrise stagnierte, nicht übertreffen konnte. Die durchschnittliche Jahresproduktion des üblichen Holzkohlehochofens betrug 1837 rund 9400 Ztr., während die englisch-belgischen Kokshochöfen bereits 90000 Ztr. lieferten. Westdeutsches Roheisen kostete 1840 22,5 T. je 1000 Pfund, das bessere englische Roheisen genau 16 T. frei Ruhrort. Angesichts dieses Ausgangsniveaus nimmt sich der Wachstumsschub der rheinisch-westfälischen Schwerindustrie seit den frühen 1840er Jahren um so eindrucksvoller aus.[24]

Im Süden und Südosten des Ruhrgebiets lagen die jahrhundertealten märkischen und bergischen Gewerbegebiete, wo zahlreiche Hammerwerke in den wasserreichen, engen Tälern meist aus dem Siegerland stammendes Roheisen, Osemund-Eisen (d. h. zweimal geschmolzenes Schmiedeeisen) und Rohstahl verarbeiteten. Hochdifferenzierte metallverarbeitende Werkstätten stellten eine Vielfalt von Produkten, von den berühmten Solinger und Remscheider Schneidwaren über die märkischen Drähte bis zu den Lüdenscheider Knöpfen, Haken, Schnallen und Bügeln her. In der Mark, die um 1800 einen «der bedeutendsten Gewerbebereiche» der preußischen Monarchie bildete, waren 33 % aller gewerblich Beschäftigten im Metallgewerbe tätig. Sie bildeten damit die Spitzengruppe, die sogar vor dem Textilgewerbe (29 %) rangierte.

Überhaupt nahm das märkische Gewerbe in Deutschland eine Sonderstellung ein, denn während sonst die Landwirtschaft in aller Regel weit vor dem Gewerbe einen eindeutigen Vorrang besaß, lag sie in diesem «gewerblichen Ballungsraum» mit 42:41 % gleich auf. Stadt und Land besaßen eine gleichartige Gewerbedichte: 90 % der 252 Hammerwerke mit 44 % der metallgewerblich Beschäftigten lagen auf dem Land, 90 % der Drahtproduktion (20 %) in den Städten, die Metallwarenherstellung (35 %) mit je 50 % in beiden Bereichen. Die «ausgeprägt exportorientierte» Region, durch die scharfe Konkurrenz mit dem benachbarten Bergischen ständig angetrieben, verdankte wie dieses der staatlichen Wirtschaftspolitik so gut wie gar nichts, sondern fast alles der Entwicklung aus eigener Kraft. An der Ausbildung der maschinellen Fabrikproduktion hatten jedoch die Familienschleifkotten der protoindustriellen Feineisenerzeuger und die kleinen Hammerwerke der sogenannten Reidemeister einen sehr geringen Anteil. Sie beharrten noch jahrzehntelang auf ihrer überlieferten Technik und Produktionsweise, als Puddelverfahren und Drahtwalzen sie bereits obsolet gemacht hatten. Der Stolz des Altbewährten begegnete dem Neuen mit Mißtrauen. Insgesamt ist das märkisch-bergische Metallgewerbe ein Beispiel dafür, wie sich ein beneideter Vorsprung unter neuen Bedingungen als Hemmschuh erweisen konnte. Erst nach einer Periode mühsamer Anpassung und Umstellung auf neue Verfahren und Werkstoffe gewann das Metallgewerbe seit den 40er Jahren wieder den Anschluß an die moderne Entwicklung und erlebte einen neuen Aufschwung.

Eine strukturell ähnliche Situation bestand im Siegerland, wo neben kleinen Gruben ein traditionales Kleingewerbe in Hüttenwerken und Verarbeitungsbetrieben für Roheisen und Stahl eine hochentwickelte Leistungsfähigkeit erreicht hatte. Die innovationsfeindlichen Zünfte wurden 1830 durch eine «Hütten- und Hammerordnung» für das Siegrevier endlich aufgehoben, lebten aber in neuen Korporationen für Eisenbläser und Schmiede de facto weiter fort. Anfang der 30er Jahre kamen aus dem Siegerland trotzdem rund 13 % des preußischen Roheisens und sogar 72 % des Rohstahls. 34 % der Bevölkerung lebten von der Montanindustrie und Metallverarbeitung. Wenige Jahre später wurde dort jedoch englisches Eisen billiger als das an Ort und Stelle hergestellte angeboten (10 bis 13 T. statt 16 bis 17 T. für 500 kg.), gleichzeitig gingen dadurch sichere Absatzgebiete, z. B. im Bergisch-Märkischen, zum guten Teil verloren. Wegen dieses Wettbewerbsdrucks, der schlechten Verkehrsverhältnisse und entsprechend hohen Transportkosten, während gleichzeitig die rheinisch-westfälische Konkurrenz sowohl durch ihre Kohlelager als auch durch die Rhein- und Ruhrschiffahrt begünstigt wurde, verlor das abgelegene Siegerland rasch an relativer Bedeutung. Erst als seit den 40er Jahren Puddelwerke und Hochöfen ebenso vordrangen wie der Bau fester Straßen, verbesserte sich die Lage. Auch hier brachte aber erst der Eisenbahnbau eine entscheidende Verbesserung der Infra- und Wirtschaftsstruktur.

Kontinuierlicher, sonst aber ähnlich wie im Ruhrgebiet verlief der Gang der Dinge im alten Gewerbezentrum zwischen Aachen, Eschweiler, Stolberg und Düren, das während der Franzosenzeit gewerberechtliche Vorteile und weite Absatzmärkte gewonnen hatte. Mit günstigem Standort arbeiteten dort zahlreiche Hammerwerke – 1825 im Regierungsbezirk Aachen allein 144 –, dazu Gießereien und Betriebe der Feinfabrikation wie für die Aachener Nadeln. Die benachbarte Eifel blieb für die Roheisenproduktion und Verhüttung von Erzen zunächst am wichtigsten; die Steinkohle des Wurm- und Eschweiler Reviers und die Braunkohle bei Düren lagen in der Nähe. 1836 wurden im Bergamtsbezirk Düren 94 Zechen und 37 Hüttenwerke sowie 4300 Arbeiter im Eisengewerbe gezählt.

Der Bergbau wurde vorerst jedoch noch ebenso primitiv wie im Dortmunder Bezirk betrieben. Dampfmaschinen tauchten seit den 20er Jahren ganz vereinzelt auf. Immerhin wurde 1834 von Christine Englerth mit dem entwicklungsfähigen «Eschweiler Bergwerks-Verein» die erste deutsche Bergbau-AG gegründet. Zügiger ging es wegen des Konkurrenzdrucks und der Anregungen, die von den in Kontinentaleuropa führenden Cockerillschen Unternehmen im niederländisch-belgischen Seraing ausgingen, mit der Metallverarbeitung und dem Maschinenbau weiter. Eberhard Hoesch, aus einer erfahrenen calvinistischen Unternehmerfamilie stammend, machte sich 1823 in England mit dem Puddeln vertraut und baute 1824/25 unweit von Düren das Lendersdorfer Puddel- und Walzwerk mit Hilfe englischer Fachkräfte unter der Leitung des Ingenieurs Dobbs auf. 1827 wurde der erste Hochofen mit vorgewärmtem Gebläsewind errichtet, bis 1837 die stattliche Zahl von 23 Puddelöfen in Betrieb genommen, so daß das Unternehmen, als 1838 die Schienennachfrage einsetzte, wegen der günstigen Voraussetzungen schnell weiterwachsen konnte.

Nicht nur mit den Hoeschs tauchte ein später weitbekannter Schwerindustriellenname auf – eine andere Linie dominierte in der neuen Papierfabrikation –, sondern auch die Poensgens und Thyssens erschienen gleichzeitig in diesem Revier. 1828 gründete Reinhard Poensgen bei Schleiden das Puddel-, Walz- und Drahtwerk Marienhütte. Seit 1832 leitete F. Thyssen die Drahtfabrik Eschweiler, wo sich August Thyssen die praktischen Kenntnisse für seine Ruhrunternehmen erwarb. Bereits 1819 hatten J. Reuleaux, F. Englerth und Dobbs die Eschweiler Maschinenfabrik gegründet. 1825 nahm einer der Cockerills selber, James, den Maschinenbau in Aachen auf.

Eine herausragende Position nahm auch die Messing-, Blei- und Zinkproduktion ein. Dreiviertel des preußischen Messings stammten aus Stolberg, wo 1820 in 60 Öfen jährlich 13000 Ztr. erzeugt wurden, die allerdings im

Vergleich mit den 200 Öfen und 60000 Ztr. in der Zeit der Zugehörigkeit zum französischen Empire einen Abstieg bedeuteten, der erst nach großen Anstrengungen wettgemacht werden konnte. Im BAB Düren konzentrierte sich die Eisen- und Zinkproduktion. 1836 wurden acht Gruben, 22 Poch- und Waschwerke – 1840 das erste mit einer Dampfmaschine – und 34 Hütten- und Hammerwerke registriert. Im folgenden Jahr wurde die Zink-AG des Altenbergs mit der damals ungewöhnlich hohen Kapitaleinlage von sieben Millionen französischen Francs gegründet. Auch in dieser am weitesten westlich gelegenen Gewerbezone Rheinpreußens belebte sich mithin die ökonomische Tätigkeit in den 30er Jahren, ehe sie im folgenden Jahrzehnt eine ungeahnte Steigerung erfuhr.[25]

In den Grundlinien ergibt sich dasselbe Bild im Maschinenbau. Einen eminent folgenreichen Fortschritt stellte im Bereich der Kraftmaschinen die bis 1784/85 entwickelte, doppeltwirkende Niederdruck-Dampfmaschine von James Watt dar. Marx hat mit der ihm eigenen Definitionsschärfe die Bedeutung dieser klassischen Innovation charakterisiert. Mit der neuen Wattschen «Dampfmaschine war ein Motor gefunden, der seine Bewegungskraft selbst erzeugt aus der Verspeisung von Kohlen und Wasser, dessen Kraftpotenz ganz unter menschlicher Kontrolle steht, der mobil und ein Mittel der Lokomotion, städtisch und nicht gleich dem Wasserrad ländlich, die Konzentration der Produktion in den Städten erlaubt..., universell in seiner technologischen Anwendung, in seiner Residenz verhältnismäßig wenig durch lokale Umstände bedingt». Schon 1788 wurde die erste Dampfmaschine dieses Typs auf der schlesischen Friedrichshütte bei Tarnowitz installiert, einige weitere Exemplare folgten, um die Jahrhundertwende begannen deutsche Mechaniker mit dem Nachbau. 1803/04 lieferte Franz Dinnendahl seine beiden ersten handgemachten Dampfmaschinen an westfälische Kohlengruben aus; weitere stammten aus seiner 1807 in Essen eröffneten Maschinenfabrik, die bald sechzig Arbeiter beschäftigte. Sein Bruder Johann baute seit 1813 in einer Mülheimer Werkstatt ebenfalls Dampfmaschinen im Eigenbau nach. 1835 stellten dort 35 Arbeiter Hochdruckmaschinen her, z.B. 1836/37 insgesamt neun. 1819 installierte die GHH ihre erste eigene Dampfmaschine, und 1820 fertigte Harkorts Werkstatt zwei Dampfmaschinen an.

Diese ersten deutschen Dampfmaschinen kosteten zwischen 2500 und 20000 T., je nach der Entstehungszeit und Leistungsstärke. Wegen der Preishöhe und ihrer Störanfälligkeit breiteten sie sich auch nach der Kriegszeit nur langsam aus. Immerhin zählte eine amtliche Erhebung von 1836 neun Maschinenbauanstalten mit tausend Arbeitern im Aachener Raum, der neben Berlin bald eine führende Stellung in Preußen gewinnen sollte. In diesem Staat liefen 1830 erst 210 Dampfmaschinen, aber im gewerbereichen Sachsen standen zur selben Zeit nur 25, genau soviel wie in Berlin, und im Königreich Hannover wurde 1832 die allererste in Gang gesetzt. Die

Gewerbestatistik von 1837 ergab für Preußen 423 Dampfmaschinen mit 7513 PS, und es ist ein Zeichen der beschleunigten Entwicklung in den nächsten Jahren, daß 1843 allein Rheinland und Westfalen schon mehr, nämlich 470 Dampfmaschinen mit 13763 PS, besaßen. Unaufhaltsam wurden die alten krafterzeugenden Einrichtungen wie Göpelwerke, Treträder, Wasserräder und Windmühlen zurückgedrängt.

Um sich die Bedeutung der Dampfmaschinen in einem Gedankenspiel klarzumachen, kann man davon ausgehen, daß eine Dampfmaschine mit nur einer Pferdestärke die Kraft von 21 Männern zu ersetzen vermag. Deshalb leisteten 1837 die 423 preußischen Dampfmaschinen gewissermaßen die Arbeit von 158000, 1843 die 470 Dampfmaschinen in den preußischen Westprovinzen schon die Arbeit von 289000 «mechanischen Sklaven».

Es kann nicht überraschen, daß die an Leistungspotential stetig zunehmende Dampfmaschine den Zeitgenossen der Frühindustrialisierung als das Symbol des technischen Fortschritts galt. Das war jedoch ein etwas vordergründiger Eindruck, denn diese neuartige Kraftmaschine rief für sich genommen noch «keine industrielle Revolution» hervor. Es war vielmehr die Werkzeugmaschine, von der «die industrielle Revolution» ausging und «welche die revolutionierte Dampfmaschine notwendig machte». Zuerst wurde diese frühe Einsicht durch die rasche Folge technischer Innovationen in der Textilindustrie bestätigt, bald darauf auch durch die Förderungs- und Transportmaschinen im Kohlen- und Erzbergbau, durch die Pressen und Drehbänke, die Fräs-, Hobel-, Bohr- und Schleifmaschinen in der Metallverarbeitung, seit den 40er Jahren durch die allseits imponierende Lokomotive.[26]

Im südlichsten Teil der Rheinprovinz gewann Preußen mit dem Saargebiet ein zweites montanindustrielles Wachstumszentrum in seinem Westteil dazu. Mit einer Ausnahme übernahm die Bergverwaltung alle Kohlengruben, die schon seit der Mitte des 18. Jahrhunderts in landesherrlichen Besitz gewesen waren, und unterwarf sie bis 1851 dem Direktionsprinzip. Das Bergamt Saarbrücken unter der effektiven Leitung des Bergrats Sello (1816–1857!) unterstützte einen technisch verbesserten Abbau, aber die ersten Tiefschächte wurden mit Hilfe der Dampfmaschine 1822/25 auf der einzigen, den Villeroys gehörenden Privatgrube in Hortenbach gebaut, 1826 folgte die staatliche Zeche Kronprinz. Die Steinkohlenförderung im Saargebiet hatte 1815 einen Stand von jährlich 100000 To. erreicht, einem Fünftel der Menge des OBAB Dortmund, aber sie wuchs in den folgenden 25 Jahren (1820: 115000, 1830: 223000, 1840: 408000), in denen sie sich vervierfachte, doppelt so schnell wie die Ruhrkohlenproduktion. 1836 wurden 1925 Bergleute auf den elf Grubenfeldern beschäftigt, im selben Jahr gab es in der Eisenindustrie schon 4200 Arbeiter.

1815 gehörte bereits die Hälfte aller Hüttenwerke der Familie Stumm, die über mehrere Generationen hinweg eine führende Rolle spielen sollte. Als es ihr 1827 gelang, den großen Konkurrenten, die Dillinger Hütte – bis 1843 die einzige rheinische Industrie-AG –, unter ihre Kontrolle zu bringen, besaß sie im Zentrum des Saargebiets eine beherrschende Stellung. Ihr Neunkirchener Betrieb wurde 1833 durch ein erstes Puddel- und Walzwerk erweitert, ihm folgten St. Ingbert, Geislautern und Dillingen. 1826 war bereits der erste Kokshochofen auf der Geislauterner Hütte in Betrieb genommen worden, erst 1842 zogen die Neunkirchener Werke nach. Wiederum war es der Eisenbahnbau, der auch in dieser Region den sowohl an den emporschnellenden Förderungs- und Produktionsziffern als auch an der interregionalen Exportquote ablesbaren Aufschwung der 1840er Jahre auslöste.[27]

Im preußischen Osten bildete sich in der Periode der Frühindustrialisierung eine einzige Gewerberegion mit industrieller Zukunft heraus. Auf Kohle, Erz und Zink, also auf Bergwerken, Eisen- und Zinkhütten beruhte die Bedeutung des oberschlesischen Industriereviers, das sich in den Kreisen Beuthen und Gleiwitz konzentrierte. Hier bildete sich seit den 1780er Jahren eine scharf kontrastierende Koexistenz von zwei Typen der industriewirtschaftlichen Entwicklung heraus: Einerseits bauten feudalaristokratische Magnaten umfangreiche Privatunternehmen auf, welche die Bodenschätze auf ihren Besitzungen ausbeuteten und dort verarbeiteten; andrerseits führte die Bürokratie unter den Ministern v. Heynitz und v. Reden eine Art staatliches Industrialisierungsprogramm relativ erfolgreich aus, das in technologisch fortschrittlichen Musterbetrieben seinen Ausdruck fand. Der von bürgerlichem Unternehmertum und freier Lohnarbeiterschaft denkbar weit entfernte Typus der Gewerbebetriebe von adligen Großgrundbesitzern, die durch eine eigentümliche Mischung von traditionaler Lebensform und produktionskapitalistischem Kalkül gekennzeichnet waren, tauchte in den 1780er Jahren auf. Seither wurden von diesen Adelsherren insbesondere Hüttenwerke, wie 1782 das des Grafen Colonna, gegründet, die zuerst wegen der Abhängigkeit von Holzkohle und Wasserkraft dezentralisiert in Wäldern und an Bächen lagen und eine Belegschaft aus abkommandierten gutsuntertänigen Fron- oder besser: «Gewerbe-Bauern» besaßen.

Ebenfalls seit den 1780er Jahren betrieb die Verwaltung sowohl den Ausbau der Steinkohlenbergwerke als auch in ihrer Nähe die Gründung von Eisen-, Zink- und Bleiwerken. Diese Betriebe wurden nach den Möglichkeiten der Zeit, auch wieder mit Hilfe englischer Fachleute, modern ausgerüstet. 1788 erhielt die Friedrichshütte bei Tarnowitz eine vielbewunderte englische Dampfmaschine. 1796 wurde in Gleiwitz der erste deutsche Steinkohlenhochofen in Betrieb genommen, nachdem seit 1789 im ersten staatlichen Hüttenwerk in Malapane mit der Verkokung experimentiert worden war. 1802 entstand die technologisch am besten ausgestattete staatliche Eisenhütte, die Königshütte, mit zwei Hochöfen. Dieses Modellwerk wurde, wie das den bürokratischen Entwicklungshilfe-Hoffnungen entsprach, schon 1805 vom Grafen Henckel zu Donnersmarck mit der Amalienhütte und vom Fürsten Hohenlohe mit der Hohenlohe-Hütte erfolgreich nachgeahmt. Die Königshütte behielt freilich ihren Vorsprung: 1809 kam ein dritter Hochofen mit der Zinkhütte Lydognia, 1817 der vierte Hochofen hinzu, so daß eine Wochenproduktion von rund 100 To. Eisen gewährleistet war. 1838 wurde der Komplex durch das Puddel- und Walzwerk Alvenshütte noch ergänzt.

Nur in Oberschlesien gab es so früh sechs Hochöfen, daß hier im Jahre 1828 mit 300000 Ztr. Roheisen knapp 50% der gesamtpreußischen Produktion von 610000 Ztr. hergestellt werden konnten. Seit den 30er Jahren wirkte sich, wie auch in anderen Gewerbezonen, eine sachte Aufwärtsbewegung aus. Bis 1838 stieg die Eisenerzeugung um 110% auf 635000 Ztr., in den Westprovinzen war sie jedoch inzwischen um 300% auf 1,1 Mill. Ztr. gestiegen. 1840 wurden in 213 Eisenwerken von 4000 Arbeitern 780000 Ztr. erblasen. Bis zu diesem Zeitpunkt hatten 7000 Bergleute auch die Steinkohlenförderung auf die Höhe von 11 Mill. Ztr. gebracht, aber im rheinischen OBAB förderten 1840 5730 Bergleute 12,2 Mill. Ztr. und im westfälischen OBAB 8950 Bergleute sogar 24 Mill. Ztr.

Der montanindustrielle Ausstoß Oberschlesiens wuchs unstreitig weiter, aber das Entwicklungstempo und der Vorsprung in der technologischen Ausrüstung gingen im Vergleich mit Westdeutschland zurück. Das hing z. T. mit den häufig beschworenen geringen Gewinnspannen zusammen, die sowohl die Adels- als auch die Beamtenunternehmer von den notwendigen, aber kostspieligen Investitionen für die Zukunft abhielten; zum Teil wirkte sich aber der ungünstige Standort aus, der erst durch den frühen Eisenbahnboom zwischen 1842 und 1852 ausgeglichen wurde. Seither drangen auch bürgerliche Unternehmer verstärkt vor. Bis dahin hatte zwischen 1808 und 1845 der Aufschwung der Zinkindustrie geholfen, schwierige Entwicklungsprobleme der Region abzumildern. Auch auf diesem Gebiet stellten zuerst die staatlichen Musterbetriebe das Vorbild dar. 1840 wurden von 2500 Arbeitern 1,2 Mill. Ztr. «Zinkschmelzgut», hauptsächlich im Galmei-Bergbau, gefördert – zwanzig Jahre später stammten 40% der Weltzinkerzeugung aus Oberschlesien![28]

Ein Gewerbezentrum eigener Art bildete seit dem 18. Jahrhundert die einzige preußische Großstadt: Berlin. Durch die Wasserstraßenverbindungen über Spree, Havel und ein Kanalsystem waren die an sich ungünstigen Standortbedingungen verbessert worden, so daß ein Textilgewerbe entstanden war, das über die Hauptnachfrage der relativ großen Landeshauptstadt, des Militärs und des Hofes hinaus produzierte.

Durch Verlage und Manufakturen organisiert, hatten Wollweberei und -spinnerei, Baumwollweberei und -spinnerei, Kattundruck und Seidenweberei eine ungewöhnliche Gewerbedichte geschaffen. Nach 1815 ergaben sich jedoch eingreifende Veränderungen. Die Wollspinnerei sowie die Baumwollweberei und -spinnerei gingen stark zurück. Sie wanderten in die Provinz mit ihren billigeren Arbeitskräften ab. Die Seidenweberei war auf mittlere Sicht der rheinischen Konkurrenz nicht gewachsen. Dagegen behielt die Wollweberei nicht nur ihre Position, sondern konnte sie seit der Mitte der 30er Jahre noch längere Zeit weiter ausbauen. Einen gewissen Ersatz für die Einbußen schuf einmal der Kattundruck, der in frühzeitig mechanisierten «Cattunfabriken» zwischen 1835 und 1845 eine Produktionssteigerung von mehr als 650% erlebte, so daß Berlin sein preußischer Mittelpunkt wurde. Zum zweiten entfaltete sich ein ausdehnungsfähiges Konfektionsgewerbe, vor allem für Damenoberbekleidung und Wäsche. Hier konnte ohne technische Innovation und Maschinenproduktion niedrig bezahlte Frauenarbeit sowohl von Betrieben als auch von Verlagen ausgebeutet werden.

Während insgesamt das Textilgewerbe an strukturprägender Bedeutung verlor, stiegen zuerst sporadisch, seit dem Ende der 30er Jahre jedoch in dem inzwischen vertrauten beschleunigten Tempo Maschinenbau und Metallindustrie auf. Berlin war die erste deutsche Stadt, wo seit 1800 eine Dampfmaschine für den Antrieb von Werkzeugmaschinen im Baumwollgewerbe eingesetzt wurde. 1804/05 entstand die Königliche Eisengießerei am Oranienburger Tor und bestimmte jahrzehntelang den Standort von Betrieben, die ihre Nähe brauchten. Wenn 1815 eine Erhebung angeblich zehn Maschinenbauanstalten erfaßte, handelte es sich in Wirklichkeit um größere Schlosserwerkstätten. Im selben Jahr richtete aber einer der Cockerills mit staatlichem Zuschuß nicht nur eine Wollspinnerei mit 900 Spindeln und der größten preußischen Dampfmaschine (1817: 30 PS) ein, sondern baute auch gleichzeitig eine Maschinenfabrik auf. 1820 waren acht Dampfmaschinen innerhalb der Stadt in Betrieb, 1830 immerhin schon 25. Im Jahre 1821 hatte Franz Anton Egells nach einer staatlich finanzierten Englandreise seine Maschinenfabrik gegründet, 1828 fügte er die erste private Eisengießerei hinzu. 1837 eröffnete August Borsig sein Maschinenbauunternehmen. In diesem Jahr gab es, genau genommen, erst drei Maschinenfabriken, die diesen Namen wirklich verdienten und nicht mehr als 72 Arbeiter beschäftigten. Sie bauten auf Bestellung schlechthin alles: von Dampf- und Textilmaschinen bis zu Kriegsgerät und Pflügen. 1836/37 setzte eine kleine Welle von Neugründungen ein, so daß 1840 sechs Betriebe mit 520 Beschäftigten bestanden.

Fortab schnellten die Zahlen wegen der Auswirkungen des Eisenbahnbaus in kurzer Zeit auf das Fünffache empor. Die durchschnittliche Beschäftigtenzahl überschritt vor 1840 noch nicht eine Belegschaft von 86 Arbeitern. Wenn die «Ältesten der Berliner Kaufmannschaft» in ihren Jahresberichten für 1830 = 500 und 1840 = 3000 Arbeiter im Metallgewerbe ausrechneten, addierten sie alle Zahlen aus dem Metallhandwerk, der Metallindustrie und dem Maschinenbau ohne genauere Unterscheidung. Mit dem Maschinenbau und der Metallindustrie – 1839 bestanden z.B. acht Eisengießereien, die 40000 Ztr. Roheisen herstellten – und anderen mechanisierten Produktionszweigen wuchs auch die Zahl der Dampfmaschinen weiter an, obwohl sie öfters nur Teilbereiche des Arbeitsprozesses erfaßten. Der Mangel an bequem einsetzbarer Wasserkraft erwies sich jetzt als Vorteil, da er die Installierung der modernen Kraftmaschinen erzwang. 1840 waren es fünfzig mit 662 PS. Seit dieser Zeit strahlte die anlaufende Eisenbahnkonjunktur auch auf Berlin aus: Borsig baute an seiner ersten Lokomotive, F. A. Pflug eröffnete 1839 eine Waggonbaufabrik, Maschinenbau und Metallindustrie taten nach einer schwierigen Anfangsphase in den 40er Jahren einen steilen Sprung nach oben. Auch hier führte die Eisenbahn wieder zu einer «grundlegenden Wende» und erwies sich für diese Industriezweige von «größter marktmäßiger Bedeutung», so daß insbesondere der Berliner Maschinenbau eine «entscheidende Stellung» in ganz Deutschland erringen konnte.[29]

Bedarf an Maschinen trat an erster Stelle im Textilgewerbe, Bergbau und Hüttenwesen auf, die nach Spinn-, Web-, Dampf- und Werkzeugmaschinen verlangten und sie nicht selten in eigenen Werkstätten herstellten. Daher ist es nicht verwunderlich, daß sich der frühe Maschinenbau im Rheinisch-Westfälischen, in Schlesien, Berlin und Sachsen konzentrierte. Der Wiener Kongreß hatte wegen der preußischen Annexionsforderungen dem Königreich Sachsen nur mehr ein Drittel seines bisherigen Umfangs mit jedoch zwei Dritteln der kursächsischen Bevölkerung übriggelassen. 1830 arbeiteten nur mehr rund 20% der Beschäftigten allein in der Landwirtschaft, die große Mehrheit dagegen lebte von einer hochdifferenzierten Gewerbewirtschaft, die vom Stadt- und Landhandwerk über die Verlage der protoindustriellen Heimgewerbetreibenden bis zu Manufakturen und Fabriken reichte. Erzbergbau wurde seit dem Mittelalter betrieben. Am Ende der 1830er Jahre begann die Steinkohlenförderung bei Zwickau und im Lugau-Oelsnitzer Revier. Seither entstand zwischen Chemnitz, Glauchau und Zwickau ein bedeutendes Industriegebiet.

Die allgemeinen frühen Entwicklungsphasen des deutschen Maschinenbaus lassen sich auch in Sachsen verfolgen: Zwischen 1790 und 1820 tauchten vereinzelt kleine Betriebe auf; zwischen 1820 und 1835 begann ein stärkerer Ausbau dieses Wirtschaftszweigs, und in das Jahrzehnt zwischen 1836 und 1846, in die Zeit nach der Gründung des Zollvereins und dem Beginn des Eisenbahnbaus, fällt die «Hauptentstehungsperiode der Maschinenindustrie». Bis 1830 wurden 24, von 1831 bis 1840 jedoch 33 Maschinenbauanstalten gegründet; 1841 bis 1845 folgten noch einmal 17. Die eindeutige Mehrheit von ihnen lag in Sachsen, in und um Chemnitz bildete sich ihr Zentrum heraus. Gut ein Drittel dieser Fabriken ging aus Werkstätten von Handwerkern hervor, fast zwei Fünftel wurden sogleich als Fabrik gegründet; der Rest entstand aus Maschinenbaubetrieben von Eisenhütten und Textilunternehmen. Wie die große Mehrzahl der Besitzer stammten auch die meisten Fachkräfte aus dem Handwerk: Schlosser, Schmiede, Uhrenmacher, Feilenhauer, Tischler u. a. brachten oft eine gewisse Vertrautheit mit mechanischen Produktionsinstrumenten mit, da sie früher Göpelwerke, Wasserräder, Mühleneinrichtungen, Uhren, Handwebstühle, Tretspinnräder usw. gebaut hatten. Insbesondere «Mechanici» imitierten die englischen oder Cockerillschen Maschinen verblüffend geschickt.

Der erfolgreichste frühe sächsische Maschinenbauer, Carl Gottlieb Haubold, ein gelernter Zimmermann, stellte seit 1807 Spinnmaschinen her, nachdem er bei englischen Mechanikern noch einmal informell in die Lehre gegangen war. 1815 eröffnete er seine Chemnitzer Werkstatt, die so florierte, daß er nicht nur 1828 ein staatliches Darlehen von 10000 T. für den weiteren Ausbau erhielt, sondern 1830 auch eine Studienreise durch England und Westeuropa antreten konnte. Mit Hilfe des englischen Ingenieurs Hedges baute Haubold seit 1831 Dampfmaschinen, gliederte seinem Betrieb eine Eisen- und Metallgießerei an und bildete 1836, als er schon 500 Arbeiter beschäftigte, sein in der Branche führendes Unternehmen in die AG «Sächsische Maschinenbau-Compagnie» um.

In Haubolds Fabrik lernte auch der Schmied Richard Hartmann fünf Jahre lang sein neues Gewerbe kennen, bis er sich 1837 in Chemnitz selbständig machte. Er lieferte insbesondere Textilmaschinen, seit 1840 stellte er als erster mit seinen hundert Arbeitern Dampfmaschinen in regelmäßiger Fabrikproduktion her. Haubolds Vetter Carl Gottfried arbeitete ebenfalls bis 1837 als Werkmeister im Betrieb seines Verwandten, gründete dann eine eigene Fabrik und lieferte binnen kurzem komplette Spinnerei- und Webereiausrüstungen. Ähnlich beginnt die Geschichte mancher Maschinenfabrik in Crimmitzschau, Leipzig, Dresden, Plauen, Zwickau, Glauchau, Harthau und anderen kleinen sächsischen Orten. Die zweite Gründergeneration hatte öfters entweder schon bei der ersten gelernt – wie etwa Hartmann, Rabenstein, Schönherr bei Haubold – oder eine Gewerbeschule, vielleicht sogar eine (höhere) Polytechnische Lehranstalt wie die Dresdner besucht. Ihr wurde auch häufig mit günstigen staatlichen Darlehen und Zinsbeihilfen von der sächsischen Verwaltung unter die Arme gegriffen.

Die frühen Maschinenbaufabriken besaßen zunächst wenige eigene Maschinen. Sie bauten sich dann ihre Drehbänke, Pressen, Bohr- und Hobelmaschinen, insbesondere ihre Dampfmaschinen in der Regel selber, denn fast alle nutzten diese neuen Kraftmaschinen aus. Sie bildeten vor 1840 auch eins ihrer Hauptprodukte, im übrigen wurden eine «bunte Fülle und Vielfalt» von Textil- und Papiermaschinen, Pumpen, Wasserrädern, Dreschmaschinen, später dann vor allem auch Lokomotiven hergestellt. Eine konsequente Spezialisierung konnten sich diese Betriebe noch nicht leisten. Auch wurde nur auf Bestellung, noch nicht ins Ungewisse hinein für einen anonymen Markt gearbeitet. Allerdings erwies sich diese Tätigkeit als so attraktiv, daß die Zollvereinsstatistik 1846 Sachsen mit 232 Maschinenfabriken (2250 Arbeitern) vor Preußen mit 131 (7640) an der Spitze sah. Aufs Ganze dominierte noch der Kleinbetrieb mit durchschnittlich zehn Arbeitern, während in Preußen der Durchschnitt schon bei 58 lag. In der hohen Unternehmenszahl drückte sich aber bereits der voll wirksame Rückkopplungseffekt des Eisenbahnbaus aus, und deshalb werden die 1840er Jahre im Kontext der Industriellen Revolution unten eingehender erörtert.[30]

Die drei größeren süddeutschen Rheinbundstaaten erlebten nach dem Einschnitt von 1815 mehr oder minder lange Perioden der Rezession oder Stagnation. In Baden z. B. wurden 1815 191 fabrikähnliche Betriebe – meist größere Werkstätten, einige Manufakturen und Fabriken – mit 2630 Arbeitern erfaßt, aber erst Ende der 1820er Jahre belebte sich die Gewerbewirtschaft und erfuhr einen bis in die Mitte der 40er Jahre anhaltenden Aufschwung. 1829 zählte die Landesstatistik nur mehr 153 Fabriken mit rund 4000 Arbeitern, aber im Durchschnitt besaß jetzt jeder Betrieb 25 Beschäftigte, und die vierzig größeren «Etablissements» lagen erheblich darüber. Viele «fabrikartige» Textil- und Eisenunternehmen (25/29) gehörten dazu. In den folgenden zehn Jahren bis 1840 verdoppelte sich die Zahl solcher Betriebe auf 298, ihre Arbeiterschaft verdreifachte sich auf 13370, die durchschnittliche Belegschaft stieg auf 45 Mann an. Dennoch bedeutete das, daß noch nicht mehr als 5 % der Bevölkerung vom Fabriksystem abhängig waren. Seine Spitzengruppe, fünf große Spinnereien, führten die 1809 gegründete, inzwischen dem Karlsruher Hofbankier Seligmann v. Eichthal gehörende Spinnerei St. Blasien mit 28000 Spindeln und die Ettlinger Spinnerei an, eine AG mit 26800 Spindeln; sie besaßen weit mehr als die doppelte Kapazität der folgenden Betriebe mit rund 10000 Spindeln. In zügiger Entwicklung befand sich ebenfalls die 1836 gegründete Kesslersche Maschinenfabrik in Karlsruhe, hinter der mit erheblichem Abstand vier weitere Maschinenbauanstalten rangierten. Auch die fünf größten Papierfabriken hatten sich, wie die «Badische Gesellschaft für Zuckerfabrikation», auf eine teilweise mechanisierte Produktion umgestellt. Insgesamt besaß das Großherzogtum eine bemerkenswerte Gewerbewirtschaft, aber die fabrikindustrielle Entwicklung im engeren Sinn setzte sich erst seit den 40er und 50er Jahren stärker durch.

Ähnlich sah die Lage im benachbarten Württemberg aus, das aufgrund der zahlreichen kleinen und mittelgroßen Gewerbebetriebe, vor allem aber der allgegenwärtigen Verlage mit Tausenden von protoindustriellen Arbeitern, die zwischen Landwirtschaft und Heimgewerbe ihre gespaltene Existenz führten, eine auffallend hohe Gewerbedichte, jedoch keine fabrikartigen Großunternehmen besaß. Seit der Gründung des Königreichs fehlte ein Schuß jenes smithianischen Wirtschaftsliberalismus, der in Preußen wichtige Politikbereiche beeinflußte. Nach 1815 herrschte vielmehr zeitweilig ein «sozialrestaurativer Druck», der auch industriekapitalistische Unternehmungen nicht hochkommen ließ. Handwerk und Verlagswesen dagegen entwickelten sich weiter aus eigener Kraft. An sie dachte der Finanzminister, als er 1823 in einer teils begrifflich irreführenden, teils euphemistischen Formulierung konstatierte: «Württemberg glänzt nicht durch einzelne große Fabrik-Institute, aber ganz Württemberg ist eine Fabrik.» In der Tat war das Königreich längst kein reines Agrarland mehr, und zeitgenössische Beobachter erkannten schon damals die herausragende Bedeutung der hausindustriellen «Arbeiter-Bauern». 1832 ergab eine statistische Erhebung 330 größere gewerbliche Betriebe – von denen übrigens schon zwei Drittel auf den Export angewiesen waren –, aber nur 30% beschäftigten mehr als zwanzig Arbeiter (19: mehr als 100; 32: 50 bis 100; 44: 20 bis 50); von allen gewerblich Beschäftigten waren ganze 5% in der maschinellen Fabrikproduktion tätig. Um 1840 lebten nur mehr 45% der Bevölkerung von der Landwirtschaft, aber bereits 48% vom Handwerk, von den Verlagen und wenigen Fabriken sowie dem Handel. Das markierte damals einen höheren Anteil der gewerblich Beschäftigten als in allen anderen deutschen Staaten außer Sachsen. Trotzdem wuchs das durchschnittliche Volkseinkommen nicht schneller als anderswo in Deutschland an. Erst in den 1840er Jahren ist ein Aufschwung erkennbar, der zu wichtigen Fabrikgründungen führte und in jenes akzelerierte industriewirtschaftliche Wachstum überleitete, dank dessen zwanzig Jahre später 20% aller Beschäftigten in Fabriken tätig waren.[31]

Im Königreich Bayern blieb bis weit in den Vormärz hinein die relative Rückständigkeit schärfer als bei seinen südwestdeutschen Nachbarn ausgeprägt, ganz zu schweigen von jenen Staaten, die frühindustrielle Gewerbezonen, etwa in den sächsischen, rheinisch-westfälischen, saarländischen, oberschlesischen Revieren, besaßen. Bayern hatte 1840 den höchsten Anteil an landwirtschaftlicher Bevölkerung von allen deutschen Staaten: 45% der Beschäftigten lebten ausschließlich, 74% mit Einschluß der saisonal beschäftigten Heimgewerbetreibenden vom Agrarsektor, nur 12% waren im gewerblich-industriellen Bereich tätig. Fast handelte es sich um eine stationäre Wirtschaft; in sie waren jedoch einige weitentwickelte städtische Inseln mit älteren Gewerben und neuen Fabrikanlagen eingesprengselt.

Die wichtigsten Ursachen der bayerischen Rückständigkeit sind unschwer zu erkennen: Bodenschätze für die neue industrielle Ökonomie fehlten fast durchweg. Ungünstige Verkehrs- und Standortverhältnisse schreckten Unternehmer ab. Außerhalb der wenigen großen Städte hielten sich Kapitalbesitzer mit gewerblichen Investitionen zurück. Banken gingen eigentlich erst seit den 50er Jahren in das industrielle Effektengeschäft. Der größere Binnenmarkt nach 1834 wirkte sich nur allmählich aus. Die staatliche Wirtschaftspolitik machte Montgelas' mutigen Anlauf zu einer Verbesserung des Wirtschaftsrechts durch die Gewerbegesetze von 1824 und 1834 zum guten Teil zunichte. Zeitweilig herrschte eine «ausgesprochene Industriefeindlichkeit der Obrigkeit». Kapitalistische Unternehmer, die zu jener Zeit noch der sozialen Anerkennung, ja der Sanktionierung ihres von etablierten Normen abweichenden Verhaltens bedurften, trafen in Bayern bis 1848 auf ein «zählebiges System vor- und antikapitalistischer Werte». Die objektiven Wachstumschancen wurden durch derartige Umstände außerordentlich eingeschränkt. Andrerseits kann man vielleicht auch sagen, daß die Landwirtschaft mit dem traditionellen Handwerk, den älteren Verlagen und Manufakturen ein relativ ausbalanciertes Mischsystem eingegangen war, so daß noch geraume Zeit kein starker sozialökonomischer, erst recht kein politischer Druck zugunsten der Industrialisierung entstand.

Eine Ausnahmestellung behielten die während der großen politischen Flurbereinigung bis 1806 einverleibten ehemaligen Reichsstädte Augsburg und Nürnberg, in vorerst geringerem Umfang gewann sie auch München. In Augsburg hatte zwar die angeblich größte europäische Kattundruckerei von J. H. Schüle 1811 schließen müssen, auch gingen nach 1815 alle in der Zeit der Kontinentalsperre entstandenen Spinnereien wieder ein, aber einige Kattunfabriken konnten sich halten. Außerdem blieb die Stadt vorerst das führende bayerische Bankenzentrum, in dem die jüdischen Privatbankiers, die Schaezler, Seligmann v. Eichthal, Süsskind u.a. unbestritten den Ton angaben. Seit der Mitte der 30er Jahre setzte sich eine kräftige gewerbliche Konjunktur durch. Eine neue größere Kammgarnspinnerei wurde 1836/38 von Mez eröffnet, aber erst 1842 auf Maschinen für 400 Arbeiter umgestellt. Das Bankhaus Schaezler selber gründete dann 1837 die AG «Mechanische Baumwollspinnerei und -weberei», die von Anfang an als Großunternehmen konzipiert und eröffnet wurde; sie besaß ein Firmenkapital von 1,2 Mill. fl. und 1840 bereits 12000 Spindeln, wobei die Maschinenausrüstung und das Anlernen der Fachkräfte von einer Elsässer Maschinenfabrik übernommen wurden. 1840 entstand auch die «Maschinenfabrik Augsburg» unter Leitung von C. Buz. Gleichzeitig stiegen die großen Kapitalbesitzer seit 1835 in das Eisenbahngeschäft ein, so daß auch Augsburg mit der typischen Beschleunigung der gewerblich-industriellen Entwicklung in die 40er Jahre eintrat.

Das vielseitige Nürnberger Metallhandwerk setzte im ludovicianischen Bayern seine Produktion fort, zugleich behielt die Stadt ihren Rang als Handelszentrum. 1840 wurden auch mehr als 40 % der eigenen Gewerbeerzeugnisse exportiert; von den Erwerbstätigen arbeiteten 49 % im Handwerk und einigen kleinen Fabriken, 16 % für Handel und Verkehr. Im selben Zeitraum kam es zu zwei folgenreichen Fabrikgründungen. Seine in der dritten Generation bestehende Bleistiftwerkstatt wandelte Lothar Faber seit 1839 in eine mit Dampfkraft ausgestattete mechanisierte Produktionsstätte um, die bald statt der anfänglich zwanzig Arbeiter 500 beschäftigen konnte. Und Johann Friedrich Klett, der sich dank seiner Manufaktur für Spielwaren und Spiegel eine Reise nach England hatte leisten können, versuchte die Imitation der bewunderten englischen Fabriken zuerst mit einer Kammgarnspinnerei und errichtete nach dem Scheitern dieses Projekts 1841 die erste Nürnberger Maschinenfabrik. Mit Hilfe von drei Engländern baute er eine Betriebsdampfmaschine und eine eigene Gießerei. 1842 beschäftigte er bereits 70 Arbeiter. Mit dem Eisenbahnbau expandierte auch sein Werk, aus dem später durch Fusion mit der vorn erwähnten «Maschinenfabrik Augsburg» die MAN hervorgehen sollte.

In München hatten sich seit dem ersten Jahrzehnt des 19. Jahrhunderts die Anfänge einer optischen Industrie entwickelt, an deren Spitze unstreitig die verschiedenen Betriebe von J. Fraunhofer – eines typischen Erfinder-Unternehmers –, J. Utzschneider und G. Reichenbach standen. 1837/38 errichtete einer der Pioniere der deutschen Eisenindustrie, Johann Anton Maffei, in Hirschau bei München ein Hammerwerk mit Gießerei, aus dem alsbald eine Maschinenfabrik hervorging, die nicht nur 1841 die erste bayerische Lokomotive herstellte, sondern in kurzer Zeit zu einem der Großunternehmen des deutschen Maschinenbaus heranwuchs. Auf der Grundlage einer technologischen Innovation begannen 1817 die beiden Druckereimaschinenspezialisten Friedrich Koenig und Andreas F. Bauer, die bereits ein Erfolgsjahrzehnt in England hinter sich hatten, mit der Einrichtung ihrer Schnellpressenfabrik im ehemaligen Prämonstratenserkloster Oberzell bei Würzburg, die seit 1825 einen «enormen Aufschwung» erlebte, als immer mehr Druckereien zu diesen Maschinen übergingen. Dank solcher Fabriken nahm Bayern 1846 mit 17 Maschinenbauanstalten, d. h. knapp 8 % der sächsischen Betriebe, immerhin den dritten Platz unter den Zollvereinsstaaten ein. Aufs Ganze gesehen vergrößerte sich jedoch während der Frühindustrialisierung der Abstand, der Bayern von Sachsen, Preußen und den süddeutschen Mittelstaaten trennte.[32]

Unbestritten ist die Textilindustrie im Verlauf der englischen Industriellen Revolution der klassische Führungssektor schlechthin gewesen. In Deutschland dagegen bildete sie zwar auch den zuerst am weitesten mechanisierten Produktionszweig, da die steigende Nachfrage nach seinen verbilligten Konsumgütern die Rentabilität der maschinellen Herstellung sicherte; die deutsche Textilindustrie hat daher von den 1780er Jahren bis in die späten 30er, zum Teil noch in die 40er Jahre hinein die quantitative Vorherrschaft im Bereich der industriellen Fabrikproduktion besessen. Aber in keiner Gewerberegion hat sie den Übergang zur Industriellen Revolution in Gang gesetzt. Der deutsche «Take-off» ist primär ein Ergebnis der Verkehrsrevolution und der schwerindustriellen Entwicklung gewesen. Anders als in England, wo die Sonderrolle der Textilindustrie einer einzigartigen Außenhandels- und Nachfragekonstellation zu verdanken war, wirkte sie in Deutschland nicht als Initialzündung für ein eigendynamisches, sich selbst tragendes industrielles Wachstum. Geht man davon aus, bestanden ihre Hauptfunktionen einmal aus den Demonstrationseffekten, die von ihrer zentralisierten Produktion, der Arbeitsteilung, dem Einsatz großer Arbeiterzahlen, den Managementmethoden, der Produktivitätssteigerung usw. ausgingen; zum zweiten stimulierte sie den Kraft- und Arbeitsmaschinenbau. Ihre im Vergleich zur Montanindustrie und zu dem Maschinenbau für die deutsche Industrielle Revolution weniger wichtige Stellung rechtfertigt, daß hier nur einige ihrer Entwicklungstendenzen kurz behandelt werden.

Im Textilgewerbe vollzogen sich zwischen der Jahrhundertwende und -mitte zwei parallel verlaufende Prozesse mit gegenläufiger Richtung: Dem Aufstieg der maschinellen Spinnerei und Weberei sowie der dadurch radikal veränderten binnenländischen und internationalen Konkurrenzsituation entsprach der zunächst schleichende, dann aber forcierte Niedergang der traditionalen Handgewerbe. Die historische Alternative lautete, das manuelle Textilgewerbe bis hin zum Ruin fortzusetzen oder sich dem Zwang zur industriellen Produktion zu beugen. In Sachsen und am Niederrhein, in Baden und in vielen anderen Gegenden war seit den 1780er Jahren, insbesondere seit der napoleonischen Zeit, die Fabrikspinnerei und -weberei vorgedrungen, hatte nach der Aufhebung der Kontinentalsperre und dank der von Grund auf veränderten Marktlage nach 1815 schmerzhafte Einbußen erlitten, aber bis zum Ende der 1820er Jahre ihre Wettbewerbsnachteile weithin wieder ausgeglichen. Die preiswerten, leichten, unschwer zu reinigenden Baumwollwaren fanden den besten Absatz. Die in wachsender Zahl gegründeten, vorn zum Teil schon erwähnten Mechanischen Spinnereien und Webereien reagierten auf eine expandierende Nachfrage. So verdoppelte sich z. B. die Zahl der in der Baumwollindustrie Beschäftigten innerhalb von dreißig Jahren von 1800 = 60000 auf 1830 = 123000 und wuchs dann allein im nächsten Jahrzehnt noch einmal um mehr als 70 % auf 1840 = 213500 an.

Übersicht 31: Die Baumwollindustrie in Deutschland 1815–1840

Jahr	Deutschland	Sachsen	Preußen	Baden	Bayern	Württemberg
1815	360000	284000	55000	11000	2000	7000
1820	373000	–	56000	16000	2000	10000
1830	456000	336000	80000	18000	–	22000
1840	818000	493000	150000	105500	50000	20000

Jahr	Beschäftigte in Spinnereien	Beschäftige in Webereien	Beschäftigte insgesamt
1815	–	62200	–
1820	12300	rd.72000	rd.84000
1830	13600	110000	123600
1840	19500	194000	213500

Zwischen 1815 und 1840 vergrößerte sich der Abstand der in Spinnereien und Webereien Beschäftigten von einem Verhältnis von 1 zu 6 auf 1 zu 10 bzw. von 12300 zu 72000 auf 19500 zu 194000. Sachsen trat 1815 aufgrund der vorn geschilderten Konjunktur mit einem großen Vorsprung an Baumwollspindeln in die Nachkriegszeit ein (284000); mit weniger als einem Fünftel folgte Preußen, das wiederum weit vor den süddeutschen Staaten lag. Die Konkurrenzmacht Englands nötigte die beschleunigte Mechanisierung und Übernahme der technischen Innovationen auf; zusätzliche Absatzmärkte wurden, etwa in den USA, erschlossen, so daß der Aufwärtstrend der Baumwollindustrie anhielt. 1840 hatte sich Sachsen mit einem Zuwachs von rund 75 % (493000) weiter an der Spitze behauptet, aber Preußen besaß jetzt immerhin ein Drittel (150000), Baden ein gutes Fünftel (105500) dieser Zahl, wobei Preußen in den 30er Jahren seine Spindelzahl fast verdoppelt, Baden sogar verfünffacht hatte. In einem westdeutschen Zentrum der Baumwollverarbeitung wie im Regierungsbezirk Düsseldorf liefen 1836 rund 58000 Spindeln, davon allein 50 % in den 16 Spinnereien in und um Gladbach und Rheydt; in der Baumwollweberei dieser Gegend, wo 1828 10000 Arbeiter mit 6000 Webstühlen gezählt wurden, herrschte dagegen noch das Verlagssystem vor. Anderswo traf das auch auf die Handspinnerei zu. Der Grund ist leicht zu erkennen. Das große Reservoir an billigen männlichen und weiblichen Arbeitskräften und das daraus folgende Niedriglohnniveau ermöglichten den Verlegern noch längere Zeit, mit den Waren sächsischer und englischer Fabriken zu konkurrieren, bis die Marktlage die Spinnerei- und Webereifabrik schlechterdings erzwang.

Auch die Produktion der deutschen Wollindustrie nahm vom Beginn der 30er Jahre bis 1840 um etwa 50 % zu, folgte damit aber – ob in den Kammgarn- oder Streichgarnspinnereien und -webereien – einem regional variierenden, insgesamt aber deutlich schwächeren Trend als die Baumwollindustrie. Dennoch setzten sich auch in diesem Bereich die Vorzüge der Wollwarenfabrikation immer deutlicher durch.

Die Kehrseite dieser voranschreitenden Mechanisierung der Textilproduktion bildete erst der Rückgang der Handspinnerei und -weberei, schließlich ihre Vernichtung oder Abdrängung in kleine, abseits gelegene, verelendete Rückzugsgebiete, die der Strom der modernen Entwicklung gewissermaßen in seinem Brackwasser hinter sich zurückließ. Durch die Verdrängungskonkurrenz der Baumwolle wurde zuerst die Leinenherstellung getroffen, die bis zur Jahrhundertmitte drastisch reduziert wurde. Seit den 20er/30er Jahren wurde aber allgemein die heimgewerbliche Spinnerei und Weberei, ob sie es mit Wolle, Flachs oder Baumwolle zu tun hatte, durch die Produkte der Textilfabriken unaufhaltsam unterlaufen. Da die Landarmen und Landlosen, aber auch große Teile der städtischen Unterschichten von der protoindustriellen Heimspinnerei und -weberei ihr Leben fristeten, wurden sie seit den 30er Jahren durch den Lohnverfall und sinkenden Lebensstandard hart getroffen – hier lag eine der wesentlichen Ursachen des um sich greifenden Pauperismus. Erst allmählich dämmerte den Betroffenen, daß es sich um keine kurzlebige Konjunkturschwankung, keine temporäre Not handelte, sondern um die Zerstörung ihrer bisherigen Existenz durch die unwiderstehlich vordringende maschinelle Fabrikproduktion, mit der jedoch auch, und zwar schon auf mittlere Sicht, das erfolgreiche Palliativ für die sozioökonomische Dauerkrise des Vormärz heranwuchs.[33]

Überblickt man die frühindustrielle Entwicklung in den Jahrzehnten vor 1840, kann man konstatieren, daß seit der Mitte der 1830er Jahre eine Phase der lebhafteren Entwicklung industrieller Wachstumskräfte in den Führungsregionen begonnen hat. Der entscheidende Schub, der «große Spurt» der Industrialisierung stand jedoch noch bevor und sollte erst in den 40er Jahren einsetzen. Das Wachstum der deutschen Fabrikproduktion (einschließlich der Manufakturen) zwischen 1800 und 1840 ist auf 2,2 % p.a. geschätzt worden. Angesichts des niedrigen Ausgangsniveaus und des Bevölkerungswachstums verrät dieser Orientierungswert eine ziemlich geringe Wachstumsrate. Die Kohlenförderung stieg in diesem Zeitraum nur um rund 70 %, die Roheisenproduktion um rund 135 %, die Stahlherstellung um rund 100 %. Dagegen verfünffachte sich zwischen 1815 und 1840 die Produktion der Baumwollspinnereien, die der Baumwollwebereien verachtfachte sich sogar. Die Ausstattung der Fabriken, Protofabriken und Bergwerke mit Dampfmaschinen hatte sich langsam verbessert: In den Staaten des Deutschen Bundes waren bis 1840 Dampfmaschinen mit maximal 40000 PS installiert worden – sie stellten aber nur 6 % der in England bereits vorhandenen Zahl dar.

Die Arbeitsproduktivität in der Industrie hatte in den vier Jahrzehnten des 19. Jahrhunderts spürbar zugenommen, lag aber erheblich unter den belgischen, englischen und amerikanischen Werten (25–65 %). Das Sozialprodukt vermehrte sich in den 1820er und 30er Jahren um jährlich kaum mehr als 0,5 %. Zur Steigerung dieses relativ geringen Zuwachses bedurfte es entweder einer Vermehrung der Produktionsfaktoren Kapital und Arbeit oder einer Steigerung ihrer Produktivität durch den technischen Fortschritt. Beide Prozesse bewegten sich erst seit den 40er Jahren schneller voran. Auch daß der Trend der Großhandelspreise zwischen 1825 und 1840 «nahezu unverändert» blieb, enthüllt eine relativ ungünstige Situation. Der irreguläre Wachstumsrhythmus des entwickelten Industriekapitalismus hatte ebenfalls noch nicht eindeutig eingesetzt. Zwar gab es eine konjunkturelle Belebung seit der Mitte der 20er Jahre, vor allem von 1834 bis 1837, sodann eine gewisse Verlangsamung von 1837 bis 1841, aber eine klar ausgebildete zyklische Konjunkturbewegung setzte erst 1843/45 mit dem kraftvollen Aufschwung des ersten deutschen industriellen Wachstumszyklus ein.[34]

3. Probleme der Kapitalbildung und die Schlüsselinnovation der Aktiengesellschaft

Lange Zeit galt das Kapital als ein absolut vorrangiger Faktor der Industrialisierung, ja als die eigentliche Grundlage der Vermehrung des modernen Volkswohlstandes. Während die wissenschaftliche Differenzierung des Kapitalbegriffs durch die Politische Ökonomie und Wirtschaftswissenschaft vorangetrieben wurde, entstand gleichzeitig eine wahre Mythologie «des Kapitals», woran Karl Marx, der selber originelle Gedanken zur Kapitaltheorie beisteuerte, einen maßgeblichen Anteil besaß. Auch in der älteren Wirtschaftsgeschichte ist die Bedeutung des Kapitals – jetzt im Sinn der für gewerblich-industrielle Investitionen zur Verfügung stehenden Finanzmittel – stark überschätzt worden. Tatsächlich hat die neuere empirische Forschung jedoch ergeben, daß Kapital in der Phase der Frühindustrialisierung und Industriellen Revolution zwar unentbehrlich war, aber quantitativ eine relativ unbedeutende Rolle spielte, da in dieser Anfangsperiode der Industrialisierung vergleichsweise geringe Beträge notwendig waren, um die Produktion in Gang zu setzen und zu halten. Solche Summen ließen sich, wie sich herausstellte, in allen Gewerberegionen Europas aufbringen.

Auch in den deutschen Staaten, in denen die Industrialisierung anlief, herrschte keineswegs, wie irrtümlicherweise oft angenommen worden ist, Kapitalarmut. Vielmehr waren die deutschen Kapitalmärkte in der ersten Hälfte des 19. Jahrhunderts geradezu durch Kapitalüberfluß charakterisiert, und die Nachfrage aus ganz verschiedenen Bereichen hat sie nie ernsthaft belastet. Das entscheidende Problem für die Industrieunternehmer bestand daher nicht darin, mit Kapitalmangel an sich kämpfen zu müssen, sondern Zugang zu den im Prinzip reichlich vorhandenen Kapitalreserven zu gewinnen. Mit anderen Worten: Sie mußten die Schranken überwinden, die einer Investition außerhalb der vertrauten und sicheren Anlagefelder – z. B. des Handels, des Verlagswesens, der Staatsschuldpapiere – entgegenstanden, und zugleich für die überlegene oder doch gleichwertige Attraktivität von Investitionen in einem neuartigen, risikoreichen, von einer Vielzahl unbekannter Bedingungen abhängigen Bereich werben.[35]

Bereits die sachkundigen Zeitgenossen haben immer wieder auf die Kapitalfülle hingewiesen. Ein Bankfachmann wie Niebuhr urteilte schon 1824, es sei «in der Tat nur ausnahmsweise der Mangel an Kapital, welcher solide Unternehmungen hindert», «wenigstens in den westlichen Provinzen» fehle es «nirgends an Geld, sondern nur an Sicherheit». Ähnlich argumentierte 1833 die Hagener Stadtverwaltung: «Wer einigermaßen Sicherheit zu bieten imstande ist, kann Geld genug erhalten.» Dem stimmte die Kölner Handelskammer zu: Kapital sei im Überfluß vorhanden, nur fehle es an sicheren Anlagechancen. Und 1839 klagte Christian v. Rother, der Chef der «Preußischen Seehandlung», «die Kapitalisten sind hier nicht geneigt, industrielle

Unternehmungen gehörig zu würdigen. Jeder zieht vor, sein Vermögen, statt es der Industrie zuzuwenden, auf Hypotheken oder Staatspapiere anzuwenden, um die Früchte... mit möglichster Sicherheit in Ruhe genießen zu können, und nur zum Ankauf von Landgütern sind einzelne bei dem jetzigen niedrigen Zinsfuß geneigt worden». 1845 sprach er diese Kritik fast gleichlautend noch immer aus. Nicht nur die zahlreichen Emissionen in- und ausländischer Staatsobligationen, sondern auch die hohe Überzeichnung des Gründungskapitals der Eisenbahngesellschaften verrieten den Reichtum an anlagesuchendem Kapital. Das bestätigte auch das Verhalten des Zinsfußes, der von 1815 bis zu seinem Tiefpunkt 1844/45 konstant niedrig blieb.

Wenn sich dennoch viele Kapitaleigner von gewerblich-industriellen Investitionen zurückhielten, entsprang diese reservierte Einstellung der Skepsis, die sie gegenüber einer neuartigen ökonomischen Aktivität, dem freien Unternehmertum, der Abhängigkeit von ausländischen Erfindungen, einer ungewissen Marktsituation hegten. Soziokulturelle Hemmungen wirkten sich aus, wenn die im Zuge der Agrarreformen anfallenden hohen Ablösungsgelder von den vermögenden Adelsfamilien wieder in Grund und Boden oder in Staatsschuldpapieren, jedoch nur in wenigen Extremfällen im gewerblichen Sektor angelegt wurden. Reiche Bürgerliche blieben durch die Familientraditionen z. B. an das bewährte, überschaubare Handelsgeschäft gebunden. Aber all diese Vorbehalte bildeten keine unüberwindbaren Hindernisse, nirgendwo schlossen sie den Industrieunternehmer vom mehr oder minder beschwerlichen Zugang zu Kapitalressourcen aus.

Wenn hier von Problemen der Kapitalbildung die Rede ist, sollen darunter nur die Vorgänge im gewerblich-industriellen Sektor verstanden werden. Andere wichtige Bereiche dagegen, die damals eine ungleich höhere Kapitalbildung aufwiesen, wie die Landwirtschaft, das private und öffentliche Bauwesen, die Verkehrsanlagen, werden nur für den Zweck des Vergleichs berührt. Auch der seit dem ausgehenden 18. Jahrhundert immer klarer zu beobachtende säkulare Prozeß, daß der Staat mit wachsender Geschwindigkeit in unablässig ausgeweiteten Aufgabenfeldern «die Rolle des Sozialkapitalträgers» übernahm, also für den Ausbau der Straßen, Brücken, Kanäle und Eisenbahnen, der Post- und Nachrichtenverbindungen, der Bildungs- und Gesundheitsinstitutionen, kurzum: für die Infrastruktur einer modernen Markt- und Verkehrswirtschaft mit Hilfe des steigenden öffentlichen Finanzaufkommens sorgte, soll an dieser Stelle ebenfalls nicht erörtert werden. Und, last not least, geht es auch nicht um die Beschreibung und möglichst genaue quantitative Erfassung eines Prozesses, der – wie Marx frühzeitig – hellsichtig erkannte – den Fortschritt zum entfalteten Industriekapitalismus kennzeichnet: nämlich um die rasche Ausdehnung und Vielfalt des fixen Kapitals (in Gestalt von Maschinen bzw. Investitionsgütern, Fabrikgebäuden, privaten Verkehrsanschlüssen usw.), während das (in Gestalt von Löhnen, Warenwerten, Vorschüssen) zirkulierende Kapital einen Verlust an relativer Bedeutung erlitt.

Um eine Vorstellung von der Größenordnung der gewerblich-industriellen Kapitalbildung zu gewinnen, kann man sich die bisher nur für Preußen annäherungsweise ermittelten Investitionsmengen vergegenwärtigen.

Übersicht 32: Durchschnittliche jährliche Nettoinvestitionen in Preußen 1816–1840 (Mill. Mark in Preisen von 1913)

Jahre	Landwirtschaft	Nicht-landwirtschaftliche Gebäude	Verkehr	Industrie	Insgesamt
1816–1822	86,5	28,7	7,0	2,8	125,0
1822–1831	70,4	18,7	8,8	5,1	103,0
1830/31–1840	109,6	52,0	22,5	5,6	189,7

Hauptträger der Kapitalbildung bis 1840 blieb danach weiterhin die Landwirtschaft mit dem deutlich erkennbaren Einschnitt der 1820er Jahre. An zweiter Stelle hielt sich der Hausbau, der dank der Konjunktur der 30er Jahre bereits auf 50 % der landwirtschaftlichen Nettoinvestitionen anstieg, während die Sozialkapitalbildung im Verkehrswesen während derselben Zeit, an deren Ende der Eisenbahnboom soeben, aber in der Statistik schon sichtbar, begann, auf rund die Hälfte der bau- und ein Fünftel der landwirtschaftlichen Investitionen kam. Weit abgeschlagen machte die industrielle Kapitalbildung nur jeweils einen geringen Bruchteil der Leistungen in den drei anderen Bereichen aus. Selbst in den günstigen 30er Jahren überstieg sie noch nicht ein Achtzehntel der landwirtschaftlichen, ein Neuntel der bauwirtschaftlichen und ein Viertel der verkehrswirtschaftlichen Investitionen, obschon die letztgenannten eng mit ihnen zusammenhingen. Anders gesagt: Die Periodisierung der Frühindustrialisierung wird durch diese Ergebnisse der Kapitalformation bestätigt.[36]

Woher stammten die Investitionsbeträge der frühindustriellen Unternehmer? Wie finanzierten sie den Auf- und Ausbau ihrer Betriebe, den Einkauf der Rohstoffe und Maschinen, die laufende Produktion? Als Ausgangspunkt muß dabei noch einmal unterstrichen werden, daß der durchschnittliche frühindustrielle Kapitaleinsatz gering und daher seine Funktion «als Wachstumsdeterminante» von untergeordneter Bedeutung blieb. Als Beispiele: Bis in die späten 30er Jahre hinein konnten Spinnereien, Webereien, Färbereien mit 15000 bis 50000 T., Eisen- und Maschinenfabriken mit 50000 bis 70000 T. gegründet werden. Borsig brauchte 1837 für sein Berliner Werk 65500 T., von denen 10500 T. seinen ersparten Eigenbesitz darstellten. Nur die wenigen Großunternehmen – wie etwa die Schaezlersche und v. Eichthalsche Spinnerei – benötigten das Zehn- bis Zwanzigfache dieser Summen.

Bei der Analyse der Industrieinvestitionen empfiehlt es sich, die verschiedenen Arten des Eigenkapitals von den verschiedenen Formen des Fremdkapitals zu unterscheiden. So lange wie irgend möglich bevorzugten die frühindustriellen Unternehmer die Selbstfinanzierung. Sie nahmen dafür in erster Linie ihr eigenes Vermögen in Anspruch. Was dessen Herkunft angeht, bildete Handelskapital die «wichtigste Quelle» zu Beginn der Gründungsphase. Reichte der für einen Industriebetrieb abgezweigte Teil des Vermögens nicht aus, wurden Ersparnisse und Erbschaften, die Mitgift der Frauen und der Erlös aus verkauften Grundstücken zugeschossen. Verwandte übernahmen Bürgschaften oder gewährten anderweitige Sicherheiten: an erster Stelle für Hypotheken. Manchmal traten sie auch als Teilhaber in die Betriebe ein. Alle diese Arten der Kapitalmobilisierung, die auf die Familie im weiteren Sinne zurückgriffen, lassen sich noch als Selbstfinanzierung begreifen, die bei den Krupp, Stinnes, Hoesch, Dinnendahl, Huyssen, Harkort und Stumm, bei der Wuppertaler Textilfirma Frowein, dem Bochumer Eisenwerk J. Mayers, der Bielefelder Spinnerei und Weberei Delius und vielen anderen zu beobachten ist.

In der für die gewerblich-industrielle Entwicklung günstigen Phase von der Mitte der 20er bis zur Krise der 1840er Jahre trat dann der erwirtschaftete Gewinn, sobald das Unternehmen einmal gut lief, als bedeutendste Finanzierungsquelle an die Spitze. Diese Gewinne wurden als Reinvestitionen für den Kapazitätsausbau verwendet, Rücklagen wurden geschaffen, Kredite und Darlehen getilgt, Teilhaber ausgezahlt. Nicht selten galten diese Schulden als moralische Belastung, der es sich bei erster Gelegenheit zu entledigen galt. Ein Teil der Gewinne diente dem – längere Zeit noch frugalen – persönlichen Aufwand, dem Erwerb von Grundbesitz und festverzinslichen Wertpapieren, dem Bau einer Villa, seit den späten 30er Jahren öfters auch der Spekulation mit attraktiven Aktien. Teilweise wurden trotz einer stark divergierenden Höhe des Grundkapitals nicht unbeträchtliche Summen als Gewinn ausgewiesen. Die Firma Frowein z.B. verzeichnete 1832 = 30000 T., 1835 = 66100, 1841 = 33300 T. Reingewinn; ähnlich vorteilhaft nahm sich die Ertragslage der Textilfabrik Delius aus. Der «Eschweiler Bergwerks-Verein» erzielte 1839 = 50000 und 1840 = 42000 T., die Dillinger Papierfabrik die Hälfte, die Rheinböllerhütte 30000 T. als Jahresgewinn, während der Reinertrag der GHH von 1818 bis 1840 zwischen 8000 und 30000 T. schwankte.[37] Bis zum Aufkommen der Aktiengesellschaften besaß das Eigenkapital vermutlich eine «überragende Bedeutung». Fremdkapital wurde wegen des damit verknüpften Einflusses oft abgelehnt, mußte aber dennoch in zahllosen Fällen aufgenommen werden. Bevorzugt wurde das Privatdarlehen von Verwandten und Freunden oder der Kredit von vermögenden Investoren: von Händlern vor allem und Grundbesitzern, auch von Beamten und Adligen, bei denen der Unternehmer Vertrauen genoß. Nicht selten wurde auch der Lieferantenkredit für eine Laufzeit von sechs bis zu vierundzwanzig Monaten in Anspruch genommen, obwohl er nur für die Überwindung einer kurzlebigen Liquiditätsanspannung taugte.

Fraglos muß auch die weitverbreitete Behauptung, daß Banken vor der Jahrhundertmitte im allgemeinen noch keine Industriefinanzierung betrieben hätten, mit Nachdruck eingeschränkt werden. Privatbanken, Staatsbanken und Sparkassen haben bereits in den 1830/40er Jahren mit erheblichen Beträgen auch als Kreditinstitute für industrielle Unternehmen fungiert. Die privaten Banken sind ja häufig als Nebenzweig eines größeren Handels-, Speditions- und Kommissionshauses entstanden. Der Industriekredit ergab sich zwanglos aus den Geschäftsbeziehungen, zumal gerade diese vielseitigen Großhandelsfirmen über beträchtliche liquide Mittel geboten. 1833 gab es im Rheinland bereits dreiundfünfzig solcher lokaler Privatbanken. Allein im Bankenzentrum Köln existierten vor 1850 bis zu zwölf Banken, mit Einschluß der zum Teil vermögenden Wechselhändler gab es fünfzig bis sechzig potentielle Kreditinstitutionen.

Die Führung besaßen zweifellos die vier großen Bankhäuser S. Oppenheim, I. D. Herstatt, A. Schaaffhausen und J. H. Stein, die sich auch alle im Industriegeschäft betätigten. Die Schaaffhausensche Bank, die sich zuerst in der Textilindustrie engagiert hatte, bezog immer stärker die Metallurgie mit ein – z. B. Hoesch, Stumm, Poensgen, Krupp, die GHH und den «Eschweiler Bergwerks-Verein» – und stieg in den 40er Jahren mit einer Klientel von rund 170 Fabriken (mit 40000 Arbeitern) zum wichtigsten Kreditinstitut der westdeutschen Schwer- und Maschinenindustrie auf. Daneben gewannen die Bankhäuser Stein, Herstatt und Oppenheim, das seit den 30er Jahren den Unternehmen von Hoesch, Röchling, Englerth und J. Mayer beistand, ehe es im westdeutschen Eisenbahngeschäft die Spitze übernahm, eine vergleichbare Stellung. Wegen der Bedeutung der Wuppertaler Industrie errang die Elberfelder Bank v. d. Heydt überregionale Bedeutung, so daß sie z. B. Krupp, Stinnes und die GHH kreditierte. Ähnliche Funktionen erfüllten in Frankfurt die Bank der Gebrüder Bethmann, der ersten deutschen Effektenbankiers, in Augsburg die Bankhäuser Schaezler und Seligmann-v. Eichthal, in Karlsruhe und München die Banken derselben Familie und die Bayerische Hypotheken- und Wechselbank, in Berlin die Banken Gebrüder Schickler und J. Mendelssohn und Co., in Hamburg das Bankhaus Warburg und Co.

Außer dem Personalkredit, der ohne dingliche Sicherheit auf Vertrauensbasis gegeben wurde, wurde überall der Kredit gegen Bürgschaft, Verpfändung und Sicherheitsübereignung gewährt, wobei Bergbaukuxen wichtiger als die seltener vorhandenen Wertpapiere und Aktien waren. In besonders hohem Maße wurden Sicherheitshypotheken gefordert, wodurch diese Banken gerade in kritischen Zeiten aber auch in Abhängigkeit von den Grundstückspreisen geraten konnten. Zwar gab es schon den Wechseldiskontkredit mit ein- bis zweimonatiger Laufzeit, aber er spielte keine wesentliche Rolle, da eine Möglichkeit zur Rediskontierung noch fehlte. Eher wurde ein

Akzeptkredit gewährt, da er die Bankenliquidität nicht belastete. Akzepte wurden wie Zahlungsmittel benutzt oder anderen Banken zum Diskont eingereicht. Da im allgemeinen die Kreditzinsen mit fünf bis sechs Prozent niedrig blieben, wurde den Geldgebern ihr Geschäft öfters durch Umsatzprovisionen schmackhaft gemacht. Daß die Privatbanken überdies von Anfang an für die Finanzierung der Aktiengesellschaften eine fundamentale Bedeutung besaßen, ist unten noch zu zeigen.[38]

Neben den Privatbanken leisteten auch staatliche und halbstaatliche Banken wie Sparkassen einen nicht unerheblichen Beitrag zur frühen Industriefinanzierung. Den Sparkassen wurde zwar in ihren Statuten regelmäßig eine primär wohlfahrtspolitische «Dienstleistung für die unteren Gesellschaftsschichten» zugewiesen, die dort festverzinsliche, mündelsichere Minimalanlagen einzahlen konnten. Aber von den 110 deutschen Sparkassen, die bereits für das Jahr 1825 ermittelt worden sind, beschränkte sich nur gut die Hälfte auf das Passivgeschäft, 48 dagegen betrieben schon – auch außerhalb der Satzungsvorschriften – das Kreditgeschäft mit Hypotheken-, Schuldschein- und Pfanddarlehen. Seither rangierte aufgrund der Kapitalbildung durch Sparen in zunehmendem Maße die Darlehnsgewährung an Unternehmen an erster Stelle, denn nicht die Anwerbung, sondern die befriedigende Verwertung der Depositen, für die sogar in Anzeigen Kreditempfänger gesucht wurden, warf das eigentliche Problem auf. Insofern fungierten die Sparkassen, die zwischen 1850 und 1914 weit vor den berühmten Großbanken «den größten Finanzierungsbeitrag aller Kreditinstitutsgruppen» erbringen sollten, schon ziemlich frühzeitig als Sammelbecken für «kleine Kapitalsummen», die zu einem Teil auch in die gewerbliche Unternehmensfinanzierung umgeleitet wurden. Diese Kredite sind noch nicht quantifizierbar und gewiß nicht zu überschätzen, aber angesichts der meist geringen Kapitalbedürfnisse der frühindustriellen Betriebe dürfen sie auch nicht, wie bisher üblich, ganz vernachlässigt werden.

Mit ungleich höheren Beträgen konnten sich die Staatsbanken an der Industriefinanzierung beteiligen, da sie generell eine größere Kapitalkraft als Privatbanken und Sparkassen besaßen. Damit wird die allgemeine Frage nach der Bedeutung des Staates als Fremdkapitalgeber für die gewerblich-industrielle Wirtschaft in diesen Jahrzehnten aufgeworfen. Einmal konnte sich der Staat – wie etwa in Sachsen, Württemberg, Bayern, Preußen – mit Krediten und verlorenen Zinszuschüssen, auch mit der Beteiligung an Unternehmen oder geschenkten Investitionsgütern direkt einschalten. Zum zweiten konnte er indirekt fördernd eingreifen: durch Zinsgarantien, Zollerleichterungen und Qualitätsprämien, durch staatliche Musterbetriebe, die Finanzierung von Auslandsreisen und Ausstellungen. Auch die Tatsache, daß indirekte Steuern und Zölle bis zur Jahrhundertmitte die Hauptquelle der öffentlichen Finanzwirtschaft bildeten, begünstigte die Kapitalbildung und ließ die Investoren nach günstigen Anlagechancen suchen.

Im allgemeinen ist die Bürokratie mit direkter Hilfe zurückhaltend gewesen: Die Krupp, Stinnes, Harkort, Hoesch, Stumm und viele andere wußten von der hartnäckigen Ablehnung ihrer zahlreichen Bittgesuche dasselbe Lied zu singen. Erst der Eisenbahnbau lockerte diese Haltung stärker auf. Aber bei der halbstaatlichen «Königlich Württembergischen Hofbank» z. B., die 1838 einen Umsatz von rund 30 Mill. fl. besaß, entfielen 43 %, 13 Mill., auf Industrie und Handel; der Cannstätter Baumwollfabrik gewährte sie 1836 einen Kredit von 60000 T., am Aktienkapital (300000 fl.) der Esslinger Maschinenfabrik war sie später «maßgeblich beteiligt». Die «Bayerische Staatsbank», die bis 1844 ihren Geschäftsbetrieb über die Hauptbank in Nürnberg abwickelte, beteiligte sich frühzeitig an den aufstrebenden Industrieunternehmen von Maffei, Klett und Fichtel (Schweinfurt). Und zu den Zielen der «Preußischen Seehandlung» gehörte seit 1820 auch die Aufgabe, gewerbliche Unternehmen zu unterstützen oder selber zu betreiben. Unter Rother wurde sie bis 1845 mit einem jährlichen Umsatz von 86,5 Mill. T. (insgesamt 2,076 Mrd. T.) der größte Gewerbetreibende im preußischen Staat. Mit Abstand an erster Stelle standen ihre eigenen, als Musterbetriebe gedachten Unternehmen, darunter vierzehn erfolgreiche Spinnereien, Webereien, Maschinenfabriken usw., auch die chemische Fabrik Oranienburg, von welcher der angesehene schwedische Chemiker Berzelius behauptete, es gebe in England und Frankreich kein vergleichbares Unternehmen. Außerdem trat die «Seehandlung» in verschiedene Betriebe als einflußreicher Gesellschafter ein und vergab Subventionen, bis 1837 etwa 110000 T. an niederschlesische Maschinenspinnereien, um das Beschäftigungsniveau gezielt anzuheben. Die scharfe Kritik von liberalen Unternehmern und Beamten an der Wettbewerbsverzerrung durch die «Seehandlungs»-Unternehmen wurde nicht grundlos geäußert, denn trotz zahlreicher Absichtserklärungen wurden sie bis 1848 nie an Privatleute verkauft. Andrerseits bemängelte Rother kontinuierlich, daß ein Großteil der gewerblichen Unternehmer auf Staatsmittel hoffe, anstatt sich hinreichend Eigenkapital zu beschaffen.

Außer den Direktinvestitionen, verlorenen Zuschüssen, geschenkten Maschinen der «Seehandlung» – 1840 hatte sie u. a. in Fabriken 2,8 Mill. T. angelegt – gab es auch noch die Unterstützung, die der gewerblichen Wirtschaft von der «Königlichen Bank» (seit 1846 der «Preußischen Bank») gegeben wurde. Ihre sieben Kontore außerhalb Berlins: in Königsberg, Danzig, Stettin, Breslau, Magdeburg, Münster und Köln gewährten jedoch direkte Kredite nur unter der Bedingung, daß es sich um sichere, zwei- bis dreimonatige Geschäfte handelte, bei denen allenfalls zweimal prolongiert wurde. Die Frühformen des modernen kurzfristigen Industriekredits, des Kontokorrent-, Lombard- und Wechseldiskontkredits, waren schon bekannt, wurden aber sehr zurückhaltend und umständlich gehandhabt; selbst beim Wechseldiskont bestanden die Kontore auf drei soliden Unterzeichnern und zweimonatiger Laufzeit. Angesichts dieser eingeschnürten Aktivität war ihre Funktion bei der indirekten Investitionshilfe von besonderer Wichtigkeit, da sie – wie die «Seehandlung» – «als Refinanzierungsquellen» die seriösen Privatbanken mit namhaften Krediten stärkten (z. B. 1832 Stein, Herstatt und Oppenheim mit 180000 T.). Für die im Vormärz rasch wachsenden Investitionsbedürfnisse erwies sich die Kapitalausstattung der «Königlichen Bank», die trotz des Monopols der Notenemission erst 1846 eine Aufstockung vornahm, nach allgemeinem Urteil als ganz ungenügend. Immerhin nahm zwischen 1837 und 1842 das gesamte Geschäftsvolumen um 100% zu, das des Kölner Kontors verdreifachte sich, aber die absoluten Beträge blieben weiterhin recht gering. In sehr engen Grenzen hielt sich auch die Beteiligung ausländischen Kapitals, das sich vor den 1840er Jahren nur vereinzelt engagierte, so daß seine Bedeutung erst später präzisiert werden muß.[39]

Insgesamt ging die Kapitalnachfrage der meisten frühindustriellen Unternehmer über eine Größe, die man im Vergleich mit dem AG-Kapital der Eisenbahngesellschaften und Montanindustrie der 40er Jahre nur als äußerst bescheiden charakterisieren kann, selten hinaus. In der gesamten Schwerindustrie des Ruhrgebiets waren einer gut informierten neuen Schätzung zufolge um 1840 2,5 bis 3 Mill. T., davon 1,5 Mill. in Bergwerken und 1 bis 1,5 Mill. in Hüttenwerken und Maschinenfabriken, angelegt. Die Unternehmen trafen auf ihrer Suche nach Finanzmitteln nicht auf Kapitalmangel oder Kapitalarmut, sondern vielmehr immer wieder auf schier endlose, enervierende Beschaffungsschwierigkeiten. Diese Barrieren vor allem waren es, welche die allgemeine Klage der jungen Industriewirtschaft über das unzulängliche Kreditwesen auslösten. Waren die eigenen Mittel, die Darlehen aus dem Verwandten- und Freundeskreis alle ins Unternehmen eingebracht, gab es noch zahlreiche, freilich lokal und regional stark variierende Möglichkeiten der Fremdkapitalaufnahme. Davon aber in der häufig gebotenen Eile erfolgreich Gebrauch zu machen, fiel sowohl kleinen Unternehmern als auch hoch kreditierten größeren Betrieben meist extrem schwer. Das Engagement einiger Privatbanken, die sich damals noch keineswegs um Einlagen bemühten, sondern allein mit dem eigenen Vermögen arbeiteten, blieb letztlich doch ganz so begrenzt wie die Unterstützung durch staatliche Banken.

Ein leistungsfähiges, dezentralisiertes Bankwesen für die Industriefinanzierung, insbesondere für die Übernahme langfristiger Investitionskredite, hatte sich noch nicht herausgebildet. Es hing auch in Deutschland von der rechtlichen Legitimierung von AG-Banken ab. Und die direkte Hilfe der Verwaltung mit öffentlichen Mitteln, deren absolute Beträge recht gering blieben, spielte nirgendwo für das Industrialisierungstempo eine entscheidende, sondern nur eine punktuell anregende Rolle. Unter diesen Umständen war es kein Wunder, daß Unternehmer seit den 30er Jahren darauf drängten, jene effektiven Methoden der Kapitalakkumulation, wie sie in Westeuropa und England bereits durch Aktiengesellschaften praktiziert wurden, auch in Deutschland nachahmen zu können. Diese Wünsche trafen jedoch noch geraume Zeit auf heftigen politischen Widerstand. Erst als es bei dem Kapital von Unternehmen einer neuartigen Größenordnung nicht mehr um Beträge von 10000 bis 100000 T., sondern um das Hundertfache dieser Summen, um 5, 10 oder 15 Mill. T. ging, wurden im Zusammenhang mit dem Eisenbahnbau und der Entstehung großer montanindustrieller Betriebe und Versicherungsgesellschaften die entscheidenden Schritte getan, um eine der folgenreichsten sozialen Erfindungen und Rechtskonstruktionen des neuzeitlichen Wirtschaftslebens, die Aktiengesellschaft (AG), auch in Deutschland einzubürgern.[40]

Seit dem Vorbild der großen westeuropäischen Handelskompagnien des 17. und 18. Jahrhunderts waren die älteren Formen der Aktiengesellschaft auch in Deutschland bekannt, obwohl sie nur selten nachgeahmt wurden. In Preußen z. B. sind bis 1800 nur vier Aktiengesellschaften mit 387000 T. Kapital entstanden; das ALR verzichtete noch ganz auf eine spezielle landesrechtliche Normierung. Das erste allgemeine europäische Aktiengesellschafts-Gesetz, der französische Code de Commerce von 1807, hat dann, obschon mit dreißigjähriger Verspätung, auch die Entwicklung dieses deutschen Gesellschaftsrechts bestimmt. Was die «Grundproblematik des Aktienrechts» jahrzehntelang so umstritten machte, war «das Spannungsverhältnis zwischen Nutzen und Mißbrauch». Was aber die moderne Aktiengesellschaft zu einer der ingeniösen Schlüsselinnovationen des 19. Jahrhunderts machte, war die für Unternehmer und Investoren beispiellose Häufung von Vorzügen für die Kapitalsammlung und -anlage.

Dank ihrer atemberaubenden «Pumpwirkung» saugte die Aktiengesellschaft größere und kleinere Kapitalien auf dem öffentlichen Kapitalmarkt so lange an sich, bis sie ein leistungsfähiges Großkapital für geschäftliche Zwecke akkumuliert hatte. Während bisher in einer Gesellschaft Schuldner mit ihrem gesamten Vermögen unbeschränkt gehaftet hatten, war fortab die Verfassung der Aktiengesellschaft, einer privaten Korporation in der Rechtsform der juristischen Person mit Haftungsbeschränkung, allen bekannten Gesellschaftsformen überlegen. Die Aktie zog nicht nur vermögende Kapitalbesitzer und Banken an, sondern übte wegen der möglichen Kleinheit des Anteils auch zeitweilig eine unwiderstehliche Attraktivität auf breite Schichten aus, die bisher im sprichwörtlichen Sparstrumpf Millionen gehortet hatten. Der Investor erwarb die wertpapiermäßig verbriefte Mitgliedschaft durch den Kauf groß- oder kleingestückelter Inhaberaktien, haftete nicht persönlich, sondern trug ein überschaubares Risiko in der Höhe seiner Einlage. Nach der Einzahlung seines Anteils besaß er nur noch Rechte und – wie jedermann hoffte – die Aussicht auf hohe Gewinnchancen, jedoch keine belastenden Pflichten. Die Aktie blieb durch Verkauf jederzeit übertragbar, ohne daß das Gesellschaftsvermögen geschmälert wurde. Die Funktionsmechanismen der Effektenbörse hielten selbst die größte oder kleinste Aktie völlig fungibel und eröffneten zugleich dem Spekulationswilligen ein weites Feld der Betätigung.

Diesen bestechenden Vorzügen hielten skeptische Juristen, vor allem aber argwöhnische Bürokraten, Politiker und Großagrarier, die ihre politischen und materiellen Interessen bedroht sahen, die mit der Aktiengesellschaft angeblich unausweichlich verbundenen Gefahren entgegen. Dieser Kritik zufolge verführte die Aktiengesellschaft zum Mißbrauch von Macht ohne Verantwortung, im Grenzfall gestattete sie – und hier stimmten auch liberale Beamte zu –, ein Monopol zu erringen, das sich von den perhorreszierten mittelalterlichen oder merkantilistischen Sonderprivilegien nicht mehr unterschied. Wie könne man die Übermacht des Großkapitals, eventuell eines Marktmonopolisten effektiv zähmen, fragten liberale Gegner. Wie könne man vertrauensselige, unerfahrene Sparer vor Spekulationsverlusten bewahren, fragten die Vertreter eines «wohlfahrtspolizeylichen» Publikumsschutzes. Als eine praktische Entscheidung nicht länger mehr aufgeschoben werden konnte, fand man die Lösung darin, das seit jeher geübte und auch im Code de Commerce vorgesehene staatliche Konzessionsverfahren mit der Einhegung durch Normativbestimmungen zu verbinden, die nach der Aufhebung des Konzessionszwanges ganz in den Vordergrund rückten.[41]

Verschiedene deutsche Staaten – Sachsen, Württemberg, Nassau und Hamburg z. B. – haben in den 1830er Jahren eine Kodifikation nach dem Modell des Code de Commerce versucht, sie scheiterten aber alle ohne Ausnahme. Das erste deutsche Aktiengesellschafts-Gesetz kam nach heftigen Auseinandersetzungen 1843 in Preußen zustande; von dieser Grundlage aus entwickelte sich bis 1884 das gesamte deutsche Aktienrecht. Bis die preußische Regierung dem Evolutionsdruck, der von der Dynamik der gewerblich-industriekapitalistischen Wirtschaft ausging, endlich nachgab, hatte sich eine längere konfliktreiche Vorgeschichte abgespielt. Im ersten Jahrzehnt nach Kriegsende waren zu den vor 1815 entstandenen acht Aktiengesellschaften nur neun neue hinzugekommen, darunter die erste größere privatrechtliche: die Berlinische Feuer-Versicherungs AG von 1812; der Kapitalstock von allen Gesellschaften betrug 7,6 Mill. T. Zwischen 1826 und 1834 stagnierte die Entwicklung, nur sechs kleine Gesellschaften wurden zugelassen. Das umständliche, aus dem ALR hergeleitete staatliche Konzessionsverfahren schreckte ab. Vergeblich wurde 1830 zum erstenmal von der «Korporation der Berliner Kaufmannschaft» eine den Bedürfnissen der Zeit angemessene Normierung des Aktienrechts verlangt.

Das Jahr 1835 bedeutete dann insofern einen wichtigen Einschnitt, als die erste deutsche Bergwerks-AG, der «Eschweiler Verein», mit drei Mill. T. gegründet wurde. In dem nächsten halben Dutzend Jahre wurden 34 neue Aktiengesellschaften konzessioniert; in Sachsen stieg ihre Zahl ebenfalls an, und auch in Süddeutschland tauchten größere industrielle Aktiengesellschaften auf, obwohl überall eine gesetzliche Regelung noch fehlte. Die entscheidenden Impulse für diese Vermehrung gingen vom Eisenbahnbau, von den Bergwerken, Hütten und Eisenfabriken sowie von Versicherungs- und Straßenbaugesellschaften aus. Wo nur möglich trafen die Kapitaleigner eine eindeutige Präferenzentscheidung für die Aktiengesellschaft.

Offenbar wurden trotz der Rechtsunsicherheit die Vorzüge dieses Organisationstyps für Großunternehmen für durchschlagend gehalten, und nirgendwo zeigte sich der Kapitalüberfluß deutlicher als bei der Gründung neuer Aktiengesellschaften. 1837 wurden für die Bahnlinie von Frankfurt/Oder nach Breslau weit über die Kapitalforderung hinaus schon am ersten Tag 7 Mill. T. gezeichnet. Die Köln-Krefelder Linie brauchte 2,4 Mill. T., doch sogleich wurden 53 Mill. T. aufgebracht. Die Sächsisch-Schlesische Bahn suchte 4 Mill. T., aber 56 Mill. T. wurden gezeichnet. Die Thüringische Bahn verlangte 16 Mill. T. und erhielt sogar das Zehnfache: 167 Mill. T. in einer Zeit angeboten, als das jährliche Berliner Staatsbudget 55 Mill. T. betrug. Spielend brachte die Köln-Aachener ihre 6 Mill., die Köln-Mindener ein Vielfaches ihrer 13 Mill. T. auf. Der «Kölner Bergwerksverein» und die «Stolberger AG für Bergbau-, Blei- und Zinkfabrikation» begannen mit 2 Mill. T., die «Metallurgische Gesellschaft» Bonn mit 1 Mill. T., die «Rheinische Bergwerke AG» in Düsseldorf mit 2,5 Mill. frcs. Grundkapital. Zwischen dem Kapitalstock der Eisenbahnen und dem der montanindustriellen Gesellschaften bewegten sich die großen Versicherungsanstalten.

Obwohl die Kapitalbewegungen an der Berliner Börse, auf der es in den 1830er Jahren lebhaft zuging, von der Regierung mit ausgeprägter Animosität verfolgt wurden und mehrfach einschneidende Eingriffe in den Börsenmarkt erfolgten (s. u. Teil 3, II, 4), nahmen die wirtschaftsliberalen Kräfte in der höheren Bürokratie das Kapitalbedürfnis der Eisenbahngesellschaften durchaus ernst. Daher wurde ihnen im preußischen Eisenbahngesetz vom 3. November 1838 die Rechtsform der konzessionspflichtigen Aktiengesellschaft zugebilligt. Nicht nur wurde dieses Angebot unverzüglich ausgenutzt, sondern die Berliner Börse verwandelte sich in den Umschlagplatz für deutsche Eisenbahnaktien schlechthin. Außerdem demonstrierte die Gründungswelle der folgenden Jahre einen wahren Siegeszug der Aktiengesellschaft, die von vielen Bewunderern dieser «Kapitalassoziation» – einem neuen Erfolgsbeweis bürgerlichen Vereinswesens – enthusiastisch gefeiert wurde. Es war nur konsequent gedacht, wenn der rheinische Großunternehmer Ludolf Camphausen seit 1839 auch die Zulassung von AG-Banken forderte. Diesem Verlangen begegnete die Regierung freilich noch jahrelang mit schroffster Ablehnung.

Unterdessen wogte der innerbürokratische Streit zwischen etatistischen und wirtschaftsliberalen Fraktionen darüber hin und her, wie der Staat auf die Aktiengesellschaften reagieren sollte. Ein so sachkundiger Beamter wie

Rother brachte das anhaltende Mißtrauen gegenüber autonomer Unternehmertätigkeit, aber auch den Machtegoismus des Staatsapparats auf den Punkt, als er seinen Widerstand gegen die Aktiengesellschaften damit begründete, daß sie als «eine vom Staat unabhängige Geldmacht» operieren könnten. Aber schließlich setzte sich die Einsicht durch, daß die ökonomischen Bedürfnisse, die mit dem industriekapitalistischen Wachstum derart unübersehbar verbunden waren, der gesetzlichen Regelung bedurften. Mit dem Aktiengesellschafts-Gesetz vom 9. November 1843 antwortete die staatliche Wirtschaftspolitik auf die Probleme der Kapitalakkumulation im gewerblich-industriellen Sektor und der immer schwierigeren Prüfung der Gründungserlaubnis.

Das staatliche Konzessionssystem wurde beibehalten. Hinsichtlich der Rechtsnatur der Aktiengesellschaft hatte es im preußischen Staatsrat eine Grundsatzdebatte gegeben, die Friedrich Karl v. Savigny als Minister für Gesetzgebung mit dem Argument, daß das Recht der beschränkten Haftung aus der Anerkennung der Gesellschaft als juristischer Person notwendig folge, mithin keineswegs ein Vorrecht, d.h. ein landesherrliches Privileg, bedeute, zugunsten der optimalen Gesellschaftsverfassung entschieden hatte. Nach genauer Prüfung des Konzessionsantrages, die durchaus ein Jahr lang dauern konnte, wurde daher die Aktiengesellschaft als juristische Person mit beschränkter Haftung und zeitlich begrenzter Dauer in einem eigenen Status anerkannt; AG-Banken blieben freilich bis 1848 verboten. Vorstand und Generalversammlung der Aktionäre wurden vorgeschrieben (der Aufsichtsrat kam erst später hinzu), jährliche Rechnungslegung wurde verlangt, die Publizitätspflicht aber noch nicht verankert. Eine Lücke blieb insofern offen, als Kommanditgesellschaften ohne Konzession gegründet werden konnten, dennoch aber Aktien ausgeben durften. Die Verbotsabsicht wurde nicht ausgeführt und die hier gebotene Möglichkeit öfters ausgenutzt. Der Staat behielt sich die Oberaufsicht durch einen Kommissar vor, der an allen Sitzungen teilnehmen, die Bücher einsehen, die Hauptversammlung berufen und ein suspensives Veto gegen umstrittene Entscheidungen geltend machen konnte.

Im übrigen räumte das Gesetz der Eigenentwicklung der Gesellschaft ein hohes Maß an innerer Autonomie ein. Eine Ministerialinstruktion vom 22. April 1845 ordnete unter dem Eindruck der Börsenspekulation die zusätzliche Prüfung an, ob der erklärte Zweck der Gesellschaft nur durch eine Aktiengesellschaft erfüllt werden könne und ob diese im allgemeinen Interesse liege. Der bürokratische Interventionsspielraum wurde dadurch erheblich ausgeweitet, die Opposition der vormärzlichen Bourgeoisie gegen die staatliche Gängelung verstärkt. Indes, die Weichen waren jetzt zugunsten der Aktiengesellschaft gestellt. In dem 1843 und 1845 abgesteckten Rahmen konnten sich die Aktiengesellschaften, von denen rund 85 % mit rund 100 Mill. T. im Eisenbahnbau tätig waren, als gesetzlich legitimierte

Kapitalassoziationen weiter ausbreiten. Aber erst die Revolution stieß das Tor für jene Männer auf, die zur Fortentwicklung eines zeitgemäßen Aktienrechts bereit waren.[42]

4. Banken und Börsen, Sparkassen und Versicherungsanstalten

Während der ersten Hälfte des 19. Jahrhunderts besaßen die Privatbanken als «bedeutendste Finanzierungsinstitutionen» im deutschen Bankwesen den unbestreitbaren Vorrang. Mit Ausnahme der «Preußischen Seehandlung» waren die Staatsbanken weit weniger wichtig, und der Aufstieg der großen AG-Universalbanken setzte erst nach 1848/50 ein.[43] Die Privatbankiers betrieben ihr Geschäft mit eigenem Kapital und unbeschränkter Haftung des gesamten Vermögens, daher auch mit «alleiniger Entscheidungsgewalt». Anstelle von eigenen Filialen in anderen Städten übernahmen befreundete Institute die auswärtige Interessenvertretung. Fast durchweg sind diese Banken im Zusammenhang mit anderen Unternehmen entstanden, wo hohe Gewinnspannen, Marktkenntnisse und Kundschaftsbeziehungen erworben werden konnten. Am wichtigsten waren in dieser Hinsicht Großhandel, Spedition, Reederei und Geldhandel. Erst seit der Jahrhundertwende wurden Banken als solche gegründet wie etwa die Oppenheimsche oder Warburgsche. Der Regelfall dagegen zeigt, wie sich neben dem Großhandels-, Transport- und Kommissionsbetrieb, neben dem Geschäft mit Münzsorten oder fürstlichen Finanzbedürfnissen das Bankunternehmen allmählich an die Spitze schob und schließlich verselbständigte. In den Seestädten gab es auch deutsche «Merchant Bankers», d.h. Ex- und Importkaufleute, die Kredite und Darlehen gewährten, mit Wechseln und Akzepten arbeiteten, auch öffentliche Anleihen placierten.

Eine Sonderstellung nahmen die jüdischen Hoffaktoren ein, deren Bedeutung man u.a. daran ablesen kann, daß bereits vor den deutschen Emanzipationsgesetzen rund 150 Faktorenfamilien geadelt worden sind. Aus dem Kreis der Hoffaktoren gingen im 19. Jahrhundert nicht selten die Gründer der großen jüdischen Bankhäuser hervor, die bis 1914, ja oft bis 1933 eine herausragende Stellung behauptet haben. Meyer Amschel Rothschild z.B., ursprünglich ein kleiner Geldwechsel-, Münzen-, Antiquitäten- und Textilienhändler aus dem Frankfurter Ghetto, legte das Fundament für den beispiellosen Erfolg seiner Finanzdynastie, als er sich innerhalb von dreißig Jahren zum einzigen Hoffaktor des Landgrafen bzw. Kurfürsten von Hessen-Kassel, eines der reichsten deutschen Landesherren, emporkämpfen konnte. Erst 1812 gründete er sein Unternehmen mit den fünf Söhnen als Teilhabern in eine Bank um, hinter der 1815 ein Vermögen von 3,3 Mill. fl. stand, das wegen der glänzenden Geschäfte mit Staatsobligationen, Kontributionen und Subsidien bis 1818 schon auf 42,5 Mill. fl. angestiegen sein soll. Neben dem Frankfurter Stammhaus entstanden Banken der Brüder

Rothschild in London, wohin sich jahrzehntelang das Schwergewicht verlagerte, in Paris, Wien und später in Neapel. Nach außen arbeiteten diese Banken gemäß dem jeweils geltenden Landesrecht als selbständige Offene Handelsgesellschaften, nach innen bildeten sie durch Familienverträge, Entscheidungsgremien, gemeinsame Entschlüsse, Risiko- und Gewinnverteilung einen einzigen Konzern – ein frühes «multinationales Unternehmen» – die damals vielzitierten «fünf Finger an einer Hand». Als die wichtigsten Vermittler von Staatsanleihen, die nach der Kriegsära in ganz Europa zur Sanierung der öffentlichen Finanzwirtschaft gebraucht wurden – allein zwischen 1814 und 1826 soll es sich nach dem kompetenten Urteil von Friedrich v. Gentz um 1,2 Mrd. fl. gehandelt haben! –, vermehrten die Rothschilds dank dieser Suprematie nicht nur ihr allseits bestauntes Gesamtvermögen auf 102 Mill. fl. im Jahre 1825 und eine halbe Milliarde fl. um 1850, sondern trugen auch als die «erste Großmacht unserer Tage», wie sie der preußische Diplomat v. Arnim nannte, zur finanziellen Konsolidierung und damit auch zur politischen Stabilisierung vor allem der konservativen Staaten im Restaurationszeitalter bei. Ihre Berliner Interessen wurden bis 1828 von J. Mendelssohn & Co. wahrgenommen, seit 1828 von dem 1803 gegründeten Bankhaus S. Bleichröder, dem Gerson, der Sohn des Gründers, die offizielle Vertretung in Preußen, später im Kaiserreich verschaffen konnte.

Ebenfalls aus Frankfurt stammte Salomon H. Oppenheim, Hoffaktor des in Bonn residierenden Kölner Kurfürsten; sein Enkel verlegte 1801 die 1789 geschaffene Bank als selbständiges Unternehmen nach Köln, wo sie bis heute ihre Stellung als größte westdeutsche Privatbank behauptet hat. Als württembergische und kurpfälzische Hoffaktoren hatten sich auch die Seligmanns bereits fest etabliert, ehe der Kurpfälzer Karl Theodor Bayern erbte, so daß Aron E. Seligmann auch noch bayerischer Hoffaktor und 1814 als Baron v. Eichthal geadelt wurde. Die Bankhäuser dieser Familie – in München, Karlsruhe und Augsburg – spielten in Süddeutschland eine bedeutende Rolle. Neben ihnen sind noch die Kaullas zu nennen, die ebenfalls schon als württembergische und bayerische Hoffaktoren fungiert hatten, als Karoline und Jakob Kaulla 1802 in Stuttgart eine Bank gründeten, an der sich der damalige Herzog Friedrich mit 50 % des Kapitals (150000 T.) beteiligte. 1805 in «Königlich Württembergische Hofbank» umbenannt, blieb dieses Institut mit gleichbleibender Einlage des Königs eine halböffentliche Privatbank, die im vormärzlichen Württemberg ihren privilegierten Status zu nutzen verstand.

Diese Bankhäuser, die in räumlicher Konzentration in den älteren kommerziell-politischen Zentren wie Frankfurt, Leipzig, Berlin, Hamburg entstanden, wickelten den kommerziellen Zahlungsverkehr ab, betrieben den Wechsel- und Sortenhandel, brachten Pfandbriefe unter und gewährten auch kleinere gewerblich-industrielle Kredite; nicht wenige führten daneben noch ihre Handels- und Speditionsunternehmen weiter fort, die Bethmanns z. B. bis 1864. Häufig schufen diese Banken auch Geldsurrogate und trugen dadurch zur Kreditschöpfung bei. So setzten sich z. B. Bankwechsel, die direkt auf die Bank gegen Depositen oder Überziehung gezogen wurden, seit 1815 weithin durch. Außerdem gaben die Banken eigenes Girogeld für Zahlungen von Kunden aus. Auch die Pfandbriefe der preußischen «Landschaften» kursierten als vollwertiger Geldersatz. Um den Umfang zu verdeutlichen: In Preußen befanden sich 1835 für 50 Mill. T. Surrogate der Banken und für 100 Mill. T. Pfandbriefe im Umlauf; 1845 waren es bereits 130 bzw. 110 Mill. T.

Nach den napoleonischen Kriegen erwies sich das – den Hoffaktoren längst vertraute – Geschäft mit staatlichen Anleihen aus allen europäischen Ländern als besonders lukrativ. Im Kreis der Geschäftsfreunde, zunehmend auch über die Börse, wurden die Staatsschuldscheine untergebracht. Da Frankfurt zum wichtigsten deutschen Finanzplatz herangewachsen war, wo die Bankhäuser Rothschild, Gebr. Bethmann, Metzler, Gontard, de Neufville, Stern, Speyer u. a. unter 93 Privatbanken (1830) den Ton angaben, gewannen die Frankfurter Bankenwelt und Börse eine beherrschende Stellung für die Emission der zahlreichen in- und ausländischen Staatsobligationen, denen rund 25 Jahre lang der deutsche Kapitalreichtum unangefochten zustatten kam. In ungleich geringerem Ausmaß partizipierten die größeren Berliner Privatbanken – Gebr. Schickler, Mendelssohn & Co., Delmar & Co., Gebr. Benecke, Bleichröder –, die überregional bedeutenden Hamburger Banken – Parish, Heine, Goldschmidt, Warburg, Berendt, Merck, Berenberg, Gossler & Co. – und einige süddeutsche Banken – Seligmann-v. Eichthal, Kaulla, Hirsch in Würzburg – an dieser Hausse der Staatspapiere.[44]

Während Frankfurt, das deutsche «Silber- und Goldloch», als autonome Stadtrepublik den Aufstieg zu einem Zentrum des internationalen Staatsanleihengeschäftes nach Kräften förderte, reagierte die preußische Verwaltung mit restriktiven Maßnahmen, als dieser Kapitalabfluß über die Berliner Börse ständig anhielt (unten sogleich mehr über die Börsenentwicklung). Sie hielt sich aber ein halbes Dutzend Jahre lang bemerkenswert zurück, als die Eisenbahnaktien seit 1836/37 kometenhaft emporstiegen und binnen kurzem die Berliner Börse zum Hauptplatz für den Umschlag der neuen Wertpapiere wurde. Daß die Frankfurter Banken mit ihrem eingespielten Kapitalmarkt diese Rolle bewußt nicht übernehmen wollten, lag an dem Traditionalismus, mit dem sie an dem Primat des vertrauten, gewinnbringenden Staatsobligationengeschäfts festhielten, und an einer daraus herrührenden Skepsis, mit der sie dem Eisenbahnaktiengeschäft bis zur Jahrhundertmitte begegneten, als ob es sich um einen unseriösen Emporkömmling handle. Außerdem lagen die neuen Industriereviere ziemlich weit außerhalb ihres räumlichen Einflußbereichs. Unbelastet von diesen Skrupeln nutzten die preußischen Banken, die Berliner Börse und nicht zuletzt die einheimischen Investoren diese Situation zu ihren Gunsten so schnell aus, daß die Berliner Spitzenposition im Eisenbahngeschäft schon zu Beginn der 40er Jahre nicht mehr bestritten werden konnte. Insbesondere die großen rheinischen Banken, welche die Staatsanleihen nie einseitig bevorzugt hatten, aber um 1845 mit 55 Mill. T. an privatem Bankkapital in unmittelbarer Nähe von drei neuen Industrierevieren operieren konnten, zeigten die größte Flexibilität und behielten bis 1850 den führenden Rang in der deutschen Industriefinanzierung. Als 1837 die «Rheinische Eisenbahn-Gesellschaft» definitiv gegründet wurde, nahmen bereits zu diesem frühen Zeitpunkt die vier großen Kölner Bankhäuser größere Beträge auf und gaben weiter Vorschüsse. Allein Oppenheim besaß 1843 bei dieser Gesellschaft einen Aktienanteil von 300000 T. Auch von dem um ein Vielfaches überzeichneten Gründungskapital der Köln-Mindener Bahn übernahmen 1843 Stein, Herstatt, Schaaffhausen, Oppenheim und das jüngere Bankhaus der Camphausens mit 6,5 Mill. T. mühelos die Hälfte, der preußische Staat die anderen 50%. In der Montanindustrie besaßen diese Banken frühzeitig enge Verbindungen zu den Bergwerks-Aktiengesellschaften. Bis 1842 hatte Oppenheim der «Vereinigungsgesellschaft für Steinkohlenbergbau im Wurmrevier» 250000 T. zugeführt. Auch bei der ersten Ruhrkohle-AG waren die Schaaffhausensche Bank und Camphausen von Anfang an dabei.

Überhaupt erwies sich während des Vordringens der Aktiengesellschaften ihre Abhängigkeit von der Kooperation mit innovationsfreudigen Banken. Während diese bisher so gut wie nie Gründungskredite für Industrieunternehmen gegeben hatten, regten sie seit den 30er Jahren immer häufiger die unternehmerische Initiative an, wenn Aktiengesellschaften ins Auge gefaßt wurden. Bei attraktiven Aktiengesellschaften – vor allem im Eisenbahnbau, in der Dampfschiffahrt, der Montanindustrie und im Versicherungswesen – übernahmen sie sowohl die Kapitalbeschaffung für die Gründung – manchmal sogar die Gründung selber – und die Aktienausgabe als auch später Anleihenemissionen, Zwischen- und Überbrückungskredite. In einem Prozeß wechselseitiger Rückkoppelung trieben sich Aktiengesellschaften und Privatbanken voran. Auch an ihrer Vermehrung im industriell führenden Staat des Vormärz läßt sich diese Entwicklung ablesen.

Übersicht 33: Preußische private Banken und Geldinstitute 1820–1849

	1820	1843	1849
Rheinpreußen	50	93	102
Berlin	60	80	107
Preuß. Staat	330	424	439

Trotz dieses positiven Urteils ist hier eine Einschränkung angebracht. Fraglos ist die Tätigkeit der Privatbanken am Ende der Frühindustrialisierung und zu Beginn der Industriellen Revolution eine erfolgreiche Leistung gewesen. Aber der Motor der Industrialisierung wurde soeben erst angeworfen, und die Beschaffung eines wesentlichen Bestandteils seines Treibstoffes: nämlich ausreichenden Kapitals, sollte alsbald in ungeahnte Größenordnungen jenseits der Finanzkraft von Privatbanken hineinführen. Eine effektive Kreditorganisation ist mithin für die forcierte deutsche Industrialisierung besonders wichtig gewesen, und den schwierigen Aufgaben der Großkapitalbildung für die Verkehrs- und Produktionsgesellschaften während des Wachstumssprungs seit den 1850er Jahren zeigten sich doch erst die großen AG-Universalbanken gewachsen.[45]

Mit großem Abstand hinter den Privatbanken rangierte das Geschäftsvolumen der halbstaatlichen und staatlichen Banken. Ältere öffentlich-rechtliche Banken wie der Nürnberger Banco Publico (bis 1827) oder die Hamburger Girobank (bis 1876) bestanden zwar im 19. Jahrhundert weiter fort, kamen aber über einen untergeordneten Platz nicht hinaus. Die erste moderne Notenbank, die 1835 trotz fehlender Aktienrechtskodifikation als zweite AG-Bank mit 10 Mill. fl. Kapital gegründet wurde, ist die seit 1819 projektierte «Bayerische Hypotheken- und Wechselbank» in München gewesen, ein Privatunternehmen unter staatlicher Oberaufsicht. Als «eigentlicher Gründer» stand der von den Rothschilds gestützte Münchener Privatbankier S. v. Eichthal, der mit dem Augsburger Bankhaus Schaezler zu den vier Hauptaktionären mit jeweils einer Mill. fl. gehörte, hinter dem Unternehmen, während König Ludwig sich nur mit 400000 fl. beteiligte. Das Geschäft lief jedoch nur langsam an. 1842 umfaßten die Hypothekendarlehen erst 8 Mill. fl., die 1836 angeschlossene Feuer- und Lebensversicherung mußte mühsam aufgebaut werden, und eine spürbare Belebung setzte erst mit dem Eisenbahnbau ein. Im Vergleich mit der «Hypo», erst recht mit v. Eichthals und Hirschs privaten Bankhäusern, spielte die «Bayerische Staatsbank», die 1806 aus der preußischen «Anspach-Bayreuthschen Hof-Banco» hervorgegangen war, damals noch keine wesentliche Rolle. Ihre Aktiva betrugen 1840 erst 7,9 Mill. fl., hauptsächlich wurde der Handel mit Agrarprodukten kreditiert.

1838 folgte als zweite Notenbank die Bank von Leipzig, aus der die Bank von Sachsen hervorging, und 1846 wurde die «Königliche Bank» zu Berlin als «Preußische Bank» auf Aktienbasis umorganisiert. Ihr privates Eigenkapital wurde auf 10 Mill. T. aufgestockt, die weiterhin unter bürokratischer Kontrolle standen; das Emissionsrecht erstreckte sich seither auf 15 Mill. T. Beide Beträge wurden jedoch angesichts des starken Kreditbedürfnisses und vermehrten Geldumlaufs allgemein für unzureichend gehalten. Von ungleich höherer Bedeutung als die «Königliche Bank» erwies sich die 1772 für den Außenhandel gegründete «Preußische Seehandlung», die 1809 in eine Staatsbank umgegründet und 1820 Rother unterstellt wurde. Sie hatte, ihrem ursprünglichen Auftrag gemäß, Reederei und Überseehandel zu betreiben – auf beiden Gebieten blieb sie in eklatantem Maße erfolglos. Aber mit dem

Eigenbetrieb und der Unterstützung von gewerblichen Unternehmen schwang sie sich zum größten Industriekonzern des Landes empor, bis ihr im Februar 1845 durch eine Kabinettsordre die weitere Expansion förmlich untersagt wurde. Und was ihr drittes Betätigungsfeld, das staatliche Bankgeschäft, angeht, behielt sie zwischen 1815 und 1848 ihre Spitzenstellung als «stärkstes Geld- und Kreditinstitut» des Landes. Erst die Folgewirkungen der Revolution markierten in der Erfolgsgeschichte der «Seehandlung» eine Zäsur, nach der sie in die Zweitrangigkeit zurückfiel.[46]

An der Entwicklung der großen gewerblichen Betriebe und der Banken läßt sich verfolgen, wie der voranschreitende Industriekapitalismus «rechtliche Konnexinstitute» erforderte, die sowohl eine Produktion in großem Stil als auch «freien Warentausch, Kreditschöpfung und Zahlungsverkehr» erleichterten. Insofern entsprachen dem Entwicklungsniveau «neue rechtliche Organisationsformen», etwa in Gestalt der Aktiengesellschaft, weit ausholende Kapitalbildung durch diese Unternehmen und Bankhäuser, neue Mittel der Kreditschöpfung wie u. a. «die Mobilisierung des Realkredits, kurzfristige Wechselkredite und die Kommerzialisierung der Schuldtitel». Mit diesen Prozessen waren auch aufs engste verquickt die Funktionsmechanismen der modernen Effektenbörse, die sich ebenfalls in den Jahrzehnten zwischen dem Wiener Kongreß und der Revolution voll herausbildete. Den Vorrang besaß, wie erwähnt, die Frankfurter Börse, die um 1800 schon einen Kurszettel mit zwanzig Wertpapieren herausgab, ihre eigentlichen «Geburtsjahre» aber zwischen 1816 und 1826 erlebte, als das aus den Kriegskosten und einer modernen öffentlichen Finanzwirtschaft erwachsende Staatsanleihengeschäft der großen Privatbanken Frankfurt vierzig Jahre lang seine internationale Bedeutung verschaffte.

Sobald es die neuen, durch die Regierung und Volkswirtschaft eines Landes gedeckten Staatsobligationen einmal gab (vgl. Bd. I), lag eine Bewertung und Verwertung auf der Börse nahe, die einen Prüfstand und Umschlagplatz zugleich darstellte. Spätestens 1815 war klargeworden, daß die bisher führende Bank der Gebr. Bethmann von den Rothschilds abgelöst worden war, die ihre Anleihen teilweise über ihre Londoner und Pariser Bank, zum großen Teil aber auch über die Frankfurter Börse plazierten. Nach der kurzen Krise von 1826 hielt die Ausweitung des Börsengeschäfts an, 1829 machte der tägliche Umsatz bereits 1,5 Mill. fl. aus. Die absolute Priorität der Staatspapiere lenkte jedoch das Bankeninteresse vom neuaufkommenden Aktienhandel ab. Nur die Bethmanns begannen sich seit 1836/37 an der Eisenbahnfinanzierung zu beteiligen, aber da die Rothschilds bis zur Jahrhundertmitte noch vorsichtig abwarteten, konnten die Aktien an der Frankfurter Börse vorerst keine Prominenz gewinnen.

Anders verlief die Schwerpunktbildung in Berlin, wo die neue Börsenordnung von 1825, die auf einer Königlichen Verordnung von 1805 basierte, eine bis 1866 gültige rechtliche Basis schuf, die Frankfurt erst 1843 erhielt. Danach stellte die 1820 gebildete Dachorganisation der «Korporation der Kaufmannschaft» die Börsenvorsteher, welche die Festsetzung der Kurse, die Veröffentlichung des Kurszettels und die Höhe der Maklergebühren kontrollierten. Der ruhige Betrieb im Wechsel-, Fonds- und Pfandbriefgeschäft hörte auf, als seit der Mitte der 20er Jahre auch an der Berliner Börse der Handel mit Staatspapieren eine ungeahnte Blüte erlebte. Das teilweise schon sehr lebhafte Treiben und die neuartige Bewegung, die dadurch in die preußischen Kapitalmärkte geriet, lösten nach kurzer Zeit offensive Reaktionen der preußischen Regierung aus. Eine Verordnung vom Juni 1833 machte nicht nur die Ausgabe von Wertpapieren an Inhaber, sondern die Zirkulation eines jeden Papiers mit Zahlungsversprechen genehmigungspflichtig. Damit hoffte die Bürokratie, den Börsenverkehr nach Bedarf beeinflussen zu können. Im Januar 1836 ging eine weitere Verordnung scharf gegen Zeitgeschäfte mit ausländischen Staatsobligationen vor, und im Mai 1840 untersagte die Staatsverwaltung, der die bisherigen Eingriffsrechte noch immer nicht weit genug gingen, zumal sie durchschlagende Erfolge bisher nicht hatte erzielen können, sogar sämtliche Zeitgeschäfte dieser Art. Alle Makler, die aufgrund des ALR als Staatsbeamte galten, wurden daran erinnert, daß sie der behördlichen Disziplinargewalt unterstanden und bei Verstößen bestraft und entlassen werden konnten.

Als Motive für ihre Eingriffe gab die Regierung an, daß der Landwirtschaft und Industrie durch die Spekulation Kapital entzogen, das Vertrauen auf geregelte Arbeit mit normalem Verdienst untergraben und die Geschäftsmoral erschüttert werde; außerdem gerieten ehrbare Bürger unverschuldet in Not. Tatsächlich aber verfolgte die Verwaltung vor allem zwei Ziele, von denen eins in dem ersten Motiv kurz angedeutet wurde. Für die ritterschaftlichen «Landschaften» wurde es zunehmend schwieriger, ihre Hypotheken zu niedrigen Zinsen zu erhalten. Ihre Pfandbriefe sanken im Kurs, da ausländische Emissionen und Spekulationsgewinne einen höheren Profit versprachen. Außerdem wurden durch die Attraktivität der fremden Wertpapiere die preußischen Staatsschuldscheine abgewertet, wie die Kurstabellen unzweideutig anzeigten. Rittergutsbesitzern und Staatsfinanzen sollte daher durch die administrative Kontrolle des Börsen- und Bankmarkts geholfen werden.

Am Ende der 30er Jahre tauchte eine neue Gefahr mit den Eisenbahnaktien auf, die jedoch sechs Jahre lang nicht diskriminiert wurden. Seit 1840 übernahm die Berliner Börse die Spitze in diesem vielversprechenden Emissionsgeschäft, das der Spekulationslust mächtigen Auftrieb gab. Von zwei Eisenbahnaktien schnellte die Zahl bis 1847 auf 53 Emissionen von 33 Eisenbahn-Aktiengesellschaften empor, während in Frankfurt nur zwölf Aktien notiert wurden. Diese Haussestimmung wurde seit 1842 noch verstärkt, als die preußischen Staatsschuldscheine wegen des Kapitalüberhangs in nur mehr 3,5 % statt 4 % Rendite bringende Obligationen konvertiert wurden, viele Besitzer ihre Papiere abstießen und unverzüglich eine neue Anlage in Eisenbahnaktien suchten, weil einige von diesen in den letzten Jahren eine mehr als 100 %ige Wertsteigerung erfahren hatten.

Seither nahm der Andrang der Investoren sprungartig zu. Innerhalb von knapp zwei Jahren wurde die Spekulation so angeheizt, daß die Börse bis Anfang 1844 Emissionen von 29 verschiedenen Eisenbahnaktien mühelos mit stetig steigenden Kursen unterbringen konnte. Als Finanzminister v. Bodelschwingh Anfang April 1844 mit merkantilistischen Argumenten vor dem Kapitalabfluß warnte, erlebte die Börsenhalle eine hektische Betriebsamkeit, in die am 25. April 1844 eine scharf intervenierende Börsenverordnung wie ein Ungewitter hineinfuhr. Die Zeichnung von Eisenbahnaktien ohne Sondergenehmigung des preußischen Finanzministeriums, alle Zeitgeschäfte mit inländischen Aktien und ausnahmslos alle Geschäfte mit ausländischen Aktien wurden verboten. Alle daraus ableitbaren Klagen wurden vorsorglich ex ante annulliert, spekulierenden Beamten und vereidigten Maklern harte disziplinarrechtliche Strafen angedroht. Berlin erlebte seine erste moderne Börsenpanik, der Wert mancher Papiere fiel um 20 %, Millionen gingen durch Kursdifferenzen verloren, die Spekulation brach zusammen.

Als sich die Börse im Sommer 1844 etwas zu erholen schien, wurde im Herbst der Zinssatz für Lombard- und Diskontgeschäfte erhöht. Erneut gab es hohe Börsenverluste und eine tiefe Erschütterung des preußischen Geldmarktes. Hinzu kam dann noch im Frühjahr 1845 die Instruktion zur Konzessionierung von Aktiengesellschaften, wodurch u. a. die Ausgabe von Inhaberaktien, die Kapital kurzfristig mobilisieren konnten, eingeschränkt wurde. Nach dieser Serie von staatlichen Interventionsmaßnahmen stockte das freie Börsengeschäft bis 1850. Durch die Gewerbekrise von 1845/48 wurde die Situation noch verschärft. Kompetente Beobachter wie die rheinischen Unternehmer und die «Ältesten der Berliner Kaufmannschaft» waren sich darin einig, daß die Rezession durch zu hohe Diskontsätze, steigende Hypothekenzinsen und fallende Aktienkurse verschärft wurde. Diese wirtschaftspolitischen Probleme vertieften im liberalen Großbürgertum die skeptische Auffassung, daß die Staatsverwaltung den komplizierten Fragen der kapitalistischen Marktwirtschaft nicht gewachsen sei. Insofern gehörten die Erfahrungen seit 1844 zu den Ursachen der politischen Vertrauenskrise, die im Frühjahr 1848 offen zutage trat.

Sowohl das Staatsanleihen- als auch das Eisenbahnaktiengeschäft hatten jedoch die Leistungsfähigkeit der deutschen Kapitalmärkte demonstriert, und auch von daher läßt sich besser verstehen, warum die Pioniere der neugegründeten Groß-Aktiengesellschaften und AG-Banken in der nächsten Konjunkturphase mit solcher Zuversicht ans Werk gingen.

Neben den beiden Brennpunkten des Börsengeschäftes in Frankfurt und Berlin bestand noch eine beträchtliche Zahl kleinerer Effekten- und Warenbörsen, z. B. in Hamburg, Bremen, Lübeck, Hannover, Köln, Augsburg, München, Leipzig, Zwickau, Breslau, Königsberg usw. Mit der Ausnahme der zusehends an Einfluß gewinnenden Kölner Produktenbörse besaßen sie jedoch bis 1850 allesamt nur eine lokale oder regionale Bedeutung.[47]

«Fast völlig unabhängig» vom Banken-, Börsen- und AG-Recht entwickelten sich die deutschen Sparkassen. Zwar waren einige Institute schon seit dem ausgehenden 18. Jahrhundert entstanden, aber ein breitgefächerter Aufschwung setzte erst nach 1815 ein, als sich auch das Vorbild der englischen Sparkassen auswirkte. Bayern und Preußen erreichten bis 1848 mit 260 bzw. 234 Anstalten die höchste Dichte. Immer ging die Gründungsinitiative «von oben», vom Rat oder Magistrat der Stadt, von örtlichen Honoratioren, häufig sogar direkt von der staatlichen Zentral- oder Lokalverwaltung aus. Von Anfang an besaßen solche öffentlichen Träger das Übergewicht, und relativ schnell entwickelte sich die kommunale Sparkasse zum Normaltyp dieser Einrichtungen, die in der Tradition der gemeinnützigen Gesellschaften der deutschen Spätaufklärung standen. Von daher ergab sich auch zwanglos die seit den 20er Jahren überall feststellbare Integration in die lokale Wirtschaft.

In den Gründungsstatuten der meisten Sparkassen – 1825 gab es mindestens 110 – wurde ihr Hauptauftrag, die gesellschaftspolitische Funktion der Armenhilfe, klar ausgesprochen: Sie sollten, wie es etwa im preußischen Reglement von 1838 hieß, «hauptsächlich auf das Bedürfnis der ärmeren Klassen … Rücksicht nehmen». Das war im Sinne einer «Daseinsvorsorge für Krisensituationen mit Einkommensausfall oder -minderung», wenn möglich sogar eines bescheidenen «Aufstiegs in der Gesellschaft» aus einer «instabilen, ständig bedrohten Zone» gedacht. Anstelle einer zinsbaren Depositenaufbewahrung sollte ihnen die festverzinsliche, mündelsicher vererbbare Anlage garantiert werden. Fast immer wurden Mindest- und Höchsteinlagen fixiert; ihre Größenordnung bewegte sich zwischen 0,15 und 420 fl. oder 0,5 und 200 T. Da die Obergrenze nicht strikt beachtet wurde, blieb die Kontogröße faktisch nach oben offen. Daneben wurde häufig von Anfang an der Zweck der Gewinnerzielung und Kreditgewährung genannt, an der sich 1825 schon die Hälfte aller Sparkassen beteiligte. Waren zahlreiche Sparkassen, deren Statuten solche Aktivgeschäfte zuerst ausschlossen, ursprünglich mit den Leih- und Waisenkassen verwandt gewesen und insofern außerhalb der Marktwirtschaft tätig, wuchsen auch sie mit steigendem Depositenvolumen früher oder später in den Kreis der Kreditinstitutionen hinein.

Die soziale Zusammensetzung der Sparer entsprach freilich in gewissen Grenzen den Gründungsintentionen: Handwerksgesellen, Dienstboten, Arbeiter, Tagelöhner, Bauern, Knechte, Mägde usw. stellten bereits bis rund 1840 maximal 40 bis 50% der Konteninhaber, die zwischen 20 und 60% ihres jährlichen Geldeinkommens ansparten und zum Mittelaufkommen ihrer Kassen einen Beitrag von insgesamt 20 bis 30% beisteuerten. In absoluten Ziffern handelte es sich oft um geringfügige Beträge von 2 bis 18 fl., aber die seit den 20er Jahren relativ stabilen Reallöhne ermöglichten Erwerbstätigen immerhin eine geringe Spartätigkeit, die bei gutgestellten Dienstboten jährlich 30 fl. in einer Zeit erreichen konnte, als der tägliche Maurerlohn 0,5 fl. betrug. Die Mehrheit der Sparer stammte jedoch aus den gewerblichen Mittelklassen. Bis 1849 erreichten Angehörige der höheren Einkommensschichten – Beamte, Ärzte, Geistliche, Juristen, Offiziere – nicht mehr als 4,5% der Einlagen alle bisher untersuchten Sparkassen. Hinzu kamen Guthaben von Stiftungen, Schulen und Gemeinden, aber auch zahlreiche Kinderkonten (zwischen 14 und 39%!), auf denen vermögende Eltern offenbar eine sichere Rücklage schufen.

Die städtischen und ländlichen Unterschichten (einschließlich der Kleinbauern), von denen sich große Teile im Vormärz zeitweilig unter dem Existenzminimum bewegten, waren zum Sparen im allgemeinen außerstande, gleichwohl sollen bis zu 10% der Sparer aus diesem Umkreis, wenn auch nur mit Minimaleinlagen, gekommen sein. Die sozialpädagogische Absicht, gerade die materiell schlechtgestellten Bevölkerungsgruppen zu kleinen, aber regelmäßigen Sparleistungen anzuhalten, scheint trotz aller Schwierigkeiten in einem nicht gering zu achtenden Umfang verwirklicht worden zu sein. Was die geographische Herkunft angeht, stammten in Bayern 70% des Sparkassenkapitals aus den größeren Städten, 30% aus dem ländlich-kleinstädtischen Bereich – ein Befund, der sich angesichts der schroffen Unterschiede zwischen Bayern und Posen, Sachsen und Mecklenburg schwerlich verallgemeinern läßt.

Nach einer umfassenden Sparkassenenquete im Jahre 1836 wurde das für die deutsche Entwicklung grundlegende preußische Sparkassenreglement von 1838 erlassen. Es betonte noch einmal den sozialpolitischen Auftrag der Sparkassen, unterwarf alle der Konzessionspflicht und damit der staatlichen Überwachung, schrieb einen Reservefonds von rund 5% vor, erlaubte die Ausstellung von Sparbüchern und regelte bemerkenswerterweise schon die Frage der «Überschüsse», d. h. der inzwischen offenbar üblichen Gewinne. 1839 wurden im Gesamtstaat 85 Sparkassen (mit 18,12 Mill. T. Einlagen) registriert. Allein im folgenden Jahrzehnt verdreifachte sich die Zahl; in Bayern, aber auch in anderen deutschen Staaten läßt sich ein vergleichbarer Anstieg beobachten. Worin sind die Ursachen zu suchen?

Einmal hatten sich die Sparkassen inzwischen durchaus als Sammelbecken kleinster und größerer Geldfonds, also bei der Kapitalbildung für den Realkredit, bewährt. Gemeinden und Städte riefen aus diesen Gründen neue Institute ins Leben. Ohne den Allokationseffekt der Sparkassen wären zahlreiche Barmittel ökonomisch nutzlos weiter gehortet worden. Die nicht selten auftretende Überliquidität und Anlagesuche bestätigen übrigens noch einmal die Annahme hoher Kapitalreserven im frühindustriellen Deutschland. Wahrscheinlich hat aber in dieser Zeit des Vormärz im engeren Sinn die sozialdefensive «systemstabilisierende Zielfunktion» mindestens dieselbe, wenn nicht eine höherwertige Bedeutung gewonnen. In noch stärkerem Maße als vorher galten Sparkassen als Palliativ gegen den Pauperismus. Auf dieser Linie ging C. A. v. Malchus in seinem großen Überblick über die europäische Sparkassenentwicklung 1838 von dem Befund aus, daß die allgegenwärtige Armut wie ein «nagender Krebs» weiterwachse und daher für die Regierungen die «sorgfältigste Beobachtung» der politischen Konsequenzen geboten sei. Sparkassen hülfen einmal «denjenigen Volksklassen», die «eine Sicherstellung ihrer auskömmlichen Existenz» brauchten; sie dienten aber auch der «sittlichen Veredelung einer in jedem Lande großen Volksklasse» verarmter Menschen, «in deren Interesse an der Erhaltung ihres» gleich wie geringen «Vermögens eine nicht unwichtige Garantie gegen die Störung der öffentlichen Ordnung und für die Stabilität der bestehenden Staatsinstitutionen beruht».

Dieses gesellschaftspolitische Präventivmotiv taucht in der zeitgenössischen Publizistik, welche die rasche Vermehrung der Sparkassen begleitete, immer wieder auf. «Der Zweck der Sparkassen», ließ auch die preußische Regierung 1847 verlauten, «besteht darin, den arbeitenden Volksmassen Gelegenheit zur zinsbaren Nutzung ihrer Ersparnisse» zu geben und sie auf diese Weise «vor der Verarmung zu bewahren». «Dadurch», hieß es in einem Zeitungskommentar desselben Jahres, «daß man den Sinn für eine bessere Existenz bei der arbeitenden Klasse» durch Sparguthaben weckt, «wird die Proletariatsfrage auf dem einzig sicheren und naturgemäßen Wege gelöst». Die empirische Forschung hat ergeben, daß in der Tat zahlreiche Sparkassen in den 40er Jahren als «Stabilisierungsmittel» gegen die soziale Labilität entstanden sind, und insofern fand die furchterfüllte Pauperismusdiskussion auch in der Gründungskonjunktur der kommunalen Sparkassen noch eine spürbare Resonanz.[48]

«Unsere ganze jetzige Moral ist auf diese Sekurität» der staatlich garantierten Eigentums- und Erwerbsrechte «wesentlich orientiert», notierte sich Jacob Burckhardt für eine Baseler Vorlesung, «und was der Staat nicht leisten kann, das leistet die Assekuranz, d.h. der Abkauf des Unglücks durch bestimmte jährliche Opfer». Mit dieser Beobachtung wurde ein wesentlicher Aspekt des Versicherungswesens erfaßt, das sich nach älteren Vorläufern in der ersten Hälfte des 19. Jahrhunderts zu seinen modernen Formen entwikkelte. Die unaufhaltsame Ausweitung des Güter- und Zahlungsverkehrs erzwang in relativ kurzer Zeit die «rationalisierte Abnahme individueller Schadensrisiken durch die Privatversicherung», und es entsprach nur dem

Vordringen kapitalistischer Organisationsprinzipien, wenn die Versicherungsgesellschaften nach sorgfältigem Kalkül die von ihnen akkumulierten Geldfonds so anlegten, daß eine hohe Rendite ihr schwieriges Geschäft belohnte.

Am weitesten reicht die Geschichte der Feuerversicherungen zurück, denn bereits im 17. Jahrhundert tauchten erste städtische und staatliche Sozietäten auf, aus denen im 18. Jahrhundert größere öffentlich-gemeinnützige Assekuranzvereine hervorgingen. Ihre Ziele bestanden darin, einen begrenzten Ersatz für den Verlust von Immobilien zu gewährleisten (erst in der zweiten Hälfte des 19. Jahrhunderts wurden Mobilien einbezogen) und für Hypothekengläubiger bzw. den Realkredit ein Unterpfand der Sicherheit zu schaffen. Die Beiträge wurden als Umlage nach Schadensfällen unter den Mitgliedern erhoben. 1836 wurden in Preußen die lokalen Vereine zu öffentlichen Provinzial-Feuerversicherungsanstalten zusammengefaßt, die jedoch wegen der Schwerfälligkeit der Bürokratie die in sie gesetzten Erwartungen nicht erfüllten, so daß das Vordringen der Privatversicherungen erleichtert wurde.

Eine erste Gothaer Feuer-Versicherungs-Bank hatte von 1779 bis 1820 bestanden. 1821 wurde sie von dem Kaufmann Ernst Wilhelm Arnoldi umgegründet und konnte in nur drei Jahren 115 Mill. T. an Prämien anwerben. 1812 war die Berlinische, 1819 die Leipziger Feuerversicherung entstanden, und die wirtschaftliche Führungsposition der preußischen Westprovinzen drückte sich auch darin aus, daß 1823 mit der Elberfelder und 1825 mit David Hansemanns Aachener Feuerversicherung zwei auf Kapitalrendite bedachte Aktiengesellschaften entstanden. Hansemann, der klassische Typ des Selfmademan, der sich seit jener Zeit von bescheidenen Anfängen in einer kleinen Wollhandlung in die Spitzenschicht der rheinischen Großbourgeoisie hocharbeitete, baute mit unbezähmbarer Energie sein Unternehmen aus, wurde 1834 auch in Bayern zugelassen, wo es als «München-Aachener-Feuerversicherung» firmierte, und besaß dank der tatkräftigen Mithilfe des Direktors F. A. Brüggemann um 1840 die größte deutsche Feuerversicherung. Die 1828 gegründete Württembergische Privat-Feuer-Versicherungs-Gesellschaft und die von acht großen Handelshäusern und Banken 1838 geschaffene Kölner «Colonia» ahmten Hansemanns Stil nach. Der verschärfte Konkurrenzkampf begünstigte den Versicherungsnehmer mit niedrigen Prämien und höheren Entschädigungsleistungen. Die englischen und hamburgischen Versicherungen verloren währenddessen ihre in manchen Gegenden monopolartige Stellung. 1837 half Preußen den inländischen Gesellschaften, indem es für alle ausländischen den Zulassungszwang einführte und sie auf administrativem Wege abwürgte.

Die von der Landwirtschaft begehrte Viehversicherung bildete wegen der äußerst mangelhaften veterinärmedizinischen Kontrolle ein hochriskantes und diffiziles Geschäft, das jedoch seit der Jahrhundertwende, begrenzt auf das Rindvieh, allmählich in Gang kam. Die erste große Viehversicherungsgesellschaft wurde jedoch erst 1832 in Leipzig gegründet und seither öfters imitiert. Seit den frühen 1820er Jahren wurden auch erste Policen zur Versicherung gegen Hagelschäden angeboten.

Zur Abmilderung der Risiken der Hochseeschiffahrt hatte es schon seit langem Assekuranzfirmen in den größeren Hafenstädten gegeben. Mit der nach 1815 rasch voranschreitenden Verdichtung des Binnenlandverkehrs entfalteten sich auch die Transport-Versicherungsgesellschaften. 1818 z.B. entstand bereits die «Rheinschiffahrts-Assekuranzgesellschaft», mehrere Gesellschaften für Transportversicherung wurden in den beiden nächsten Jahrzehnten gegründet, und 1845 schuf Gustav Mevissen, ein faszinierendes Unternehmertalent aus dem an solchen Persönlichkeiten nicht armen Köln, mit der «Agrippina» eine großangelegte und erfolgreiche Versicherungs-Aktiengesellschaft für alle Arten des Land- und Seetransports sowie des Feuerschadens.

Zögernd nur traten die Versicherungsunternehmen an die, wie es zuerst scheinen mußte, extrem riskante Lebensversicherung heran. Hier war eine einigermaßen verläßliche mathematische Vorauskalkulation der durchschnittlichen Lebenserwartung anstelle pragmatisch ermittelter Prämiensätze unerläßlich, um einigermaßen erschwingliche Beiträge anbieten zu können. Der versierte Arnoldi ging 1827 mit der «Gothaer Lebensversicherungs-Bank» erneut voran, die erstmals in größerem Maßstab die seither in diesem Bereich sich durchsetzenden Prinzipien der Gegenseitigkeit und Gewinnbeteiligung zugrunde legte und zum führenden deutschen Unternehmen dieser Branche aufstieg. 1828 folgte die Lübecker, 1835 die Berliner Lebensversicherungsgesellschaft; einen verwandten Zweck verfolgte seit 1833 die Stuttgarter Rentenversicherungsanstalt.

Seit den 1830er Jahren setzte sich mithin das Versicherungswesen auf breiter Front durch. Frühzeitig erkannten auch Banken das gewaltige Volumen dieses neuentstehenden Geschäfts. Einige von ihnen, wie die agilen großen Kölner Bankhäuser, beteiligten sich daher selber an der Gründung von Versicherungsgesellschaften oder bahnten enge Verbindungen an, da sich auf diese Weise der Zugang zu einem neuen Finanzpotential erschließen ließ, das unablässigen Zufluß versprach. Tatsächlich haben dann die bedeutenden Versicherungsunternehmen seit den 1840er/50er Jahren zu den großen Kreditgebern der modernen Marktwirtschaft gehört.[49]

5. Das Verkehrs- und Nachrichtenwesen

Bevor sich die Eisenbahnen – «das revolutionärste Mittel..., das die Geschichte für die Wirtschaft, nicht nur für den Verkehr verzeichnet» – auch in Deutschland ausbreiteten, besaßen Straßen, Wasserwege und Seerouten ihre überkommene Bedeutung für den Waren- und Personenverkehr ungeschmälert weiter. Und nicht nur das: Die vom Eisenbahnbau ausgehende Faszination darf den Blick darauf nicht verstellen, daß zwischen 1815 und 1850 auch im traditionellen Verkehrssystem ein folgenreicher Modernisierungsprozeß einsetzte und in manchen Bereichen erstaunliche Fortschritte brachte.

Alle deutschen Staaten haben zwischen 1815 und 1848 erhebliche öffentliche Mittel für den Ausbau der Staatsstraßen, die überall die große Mehrheit der künstlich befestigten Straßen ausmachten, aufgebracht. Daneben wurden noch Kreis-, Gemeinde- und Privatstraßen angelegt; auch florierten eine Zeitlang Aktiengesellschaften für den Chausseebau. Im Deutschen Bund wuchs daher das Straßennetz zwischen 1820 und 1850 um 350 % von 14774 auf 52975 km an! Am genauesten läßt sich dieser vom Staat als wichtigstem Sozialkapitalträger angeführte Ausbau eines Kernbereichs der Infrastruktur wiederum in Preußen verfolgen.

Übersicht 34: Das gesamte preußische Straßennetz 1816–1850/km

1816	3836	1840	11009
1825	5529	1845	13013
1830	7301	1848	14990
1835	10120	1850	16689

Um 1800 hatte Preußen nur wenige Kilometer fester Chausseen besessen (vgl. Bd. I), aber nach der Kriegsepoche, als für die Armeen eine feste Straße nach der andern gebaut worden war, und nach seiner neuen territorialen Ausdehnung besaß es 1816 rund 3840 km. Drei Fünftel davon lagen im westlichen Teil bzw. 75 % in den neuen Provinzen Rheinland, Westfalen und Sachsen; selbst 1846 befand sich dort noch fast die Hälfte aller Straßen (7487 von 13405 km). Dagegen gab es 1816 in Ost- und Westpreußen, in Posen und Pommern nur eine ältere, 8 km lange Straße bei Danzig. In den zehn Jahren von 1825 bis 1835, in denen die Zollvereinspolitik und der Ausbau der Schnellpost intensiv vorangetrieben wurden, verdoppelte sich das Straßennetz von 1825 = 5529 auf 1835 = 10120 km. In dieser Zeit widmete die preußische Verwaltung dem Chausseebau ihre besondere Aufmerksamkeit, um sowohl die handelspolitische Attraktivität der angestrebten ökonomischen Integration zu erhöhen als auch Gegenkoalitionen unter anderem auf diese Weise zu begegnen. Als z. B. der «Mitteldeutsche Handelsverein» von 1828 den Preußisch-Hessischen vom Bayerisch-Württembergischen Zollverband trennen wollte, machten Finanzminister Motz und Innenminister Schuckmann diese Absicht zunichte, indem sie ganz unter dem politischen Aspekt durch Coburg-Gotha und Sachsen-Meiningen zollfreie Straßen nach Westen bauen ließen, die im Effekt den Handelsverein zerstörten.

Nach dem Sieg der preußischen Zollpolitik ließ die Bauaktivität etwas nach. Aber die 1840er Jahre erlebten wieder eine Verlängerung der festen Straßen um 65 % von 1840 = 11009 auf 1850 = 16689 km. In der Zeitspanne zwischen Friedensbeginn und Revolution schaffte Preußen einen Zuwachs von 11154 km, d. h. eine durchschnittliche jährliche Leistung von 338 km. Von 1815 bis 1850 wandte Berlin rund 45,7 Mill. T. (in laufenden Preisen) für Neubauten (6000 bis 6500 T. pro km), etwas weniger für die Unterhaltung, immerhin fast 90 Mill. T. für sein Straßensystem auf; davon wurde allerdings mehr als die Hälfte durch die – auch auf englischen und amerikanischen «Turnpikes» – üblichen Benutzungsgebühren, die sogenannten Chausseegelder, für die Staatskasse zurückgewonnen. Mit diesem Bautempo hielt die Vermehrung der Wasserstraßen nicht Schritt. Um 1815 soll es im Deutschen Bund Kanäle von 490 km, dazu beschiffbare Flüsse und Seen von 670 km Länge, insgesamt also rund 1160 km an Binnenwasserwegen gegeben haben. Nach 1815 begannen die großen Projekte der Stromregulierung, z. B. Tullas Werk am Oberrhein, in den 30er Jahren belebte sich auch der Kanalbau. Dennoch läßt sich in den 35 Jahren bis 1850 nur eine Verdoppelung der Wasserstraßen auf 2380 km (37 km Kanäle, 1400 km Flüsse und Seen) konstatieren. In dieser Hinsicht blieb der Deutsche Bund weit hinter England und Frankreich oder den Vereinigten Staaten zurück.[50]

Auf den großen deutschen Flüssen belebte sich dennoch die Binnenschiffahrt. Seit der Mitte der 20er Jahre z. B. drang die Dampfschiffahrt auf dem Rhein vor. Führende rheinische Unternehmer wie Stinnes und Camphausen setzten sich mit ihren Gesellschaften an die Spitze. Die bereits vom Wiener Kongreß geforderte Rheinschiffahrtsakte von 1831, in der sich die Anrainerstaaten auf einen Abbau des komplizierten, transitfeindlichen Zoll- und Abgabensystems, wenn auch noch nicht auf eine zollfreie Durchfahrt von der deutsch-schweizerischen Grenze bis zur holländischen Mündung einigten, gab der Flußschiffahrt neuen Auftrieb. Das läßt sich an einigen aufschlußreichen Zahlen ablesen: Alle zwei, drei Jahre verdoppelte sich die Anzahl der Dampfer, welche mit zahlreichen Schleppkähnen die Düsseldorfer Schiffsbrücke passierten. Waren es 1843 erst 339, so 1845 = 1073, 1848 = 2438 und 1850 = 3989 Dampfer, das Zwölffache der Zahl vor sieben Jahren!

Auch für die Elbe hatte der Wiener Kongreß die freie Schiffahrt bis zur Mündung gefordert. Die Uferstaaten einigten sich in der Elbeakte von 1821 darauf, die Zölle, die bei Frachtladungen von Hamburg bis Sachsen 51%, bis nach Böhmen sogar 70% der gesamten Transportkosten ausmachten, durch geringere Abgaben, die jedoch immer noch das Dreifache der Rheingebühren betrugen, zu ersetzen. Obwohl Preußen, das die höchste Handelsquote auf der Elbe besaß, darauf verzichtete, erschwerten andere Zölle, schließlich die Konkurrenz der Eisenbahnen den Flußverkehr, der dennoch von 1824 bis 1849 um 100% anstieg. Auch die billigere Oderschiffahrt, auf der sich zwischen 1816 und 1849 die Anzahl und Tragfähigkeit der Frachtschiffe ebenfalls verdoppelte, zog einen Teil des Frachtaufkommens an sich. Allerdings dauerte es noch geraume Zeit, bis sie vom industriellen Ausbau Oberschlesiens profitierte. Mit der Verkehrsdichte auf dem Rhein ließen sich die Elbe- und Oder-, die Weser- und Donauschiffahrt bis 1850 noch nicht vergleichen. Immerhin erreichte die gesamte deutsche Binnenschiffahrt in diesem Jahr 900 Mill. Tokm (36 % davon auf dem Rhein), gut die Hälfte der Transportleistung im Jahr der Reichsgründung.

Seit der Mitte der 1820er Jahre begannen auch der Schiffsbestand und das Verkehrsvolumen der deutschen Hochseereedereien erneut zuzunehmen. Zwischen 1836 und 1850 erfolgte ein Wachstumsschub, der Wert der Ein- und Ausfuhr verdoppelte sich. Das war unter anderem dem gesteigerten Außenhandel des Zollvereins, der um 1840 einen Markt mit rund 28 Mill. Verbrauchern besaß, zu verdanken. So stieg etwa die preußische Handelsflotte, die 1826 = 87000 Bruttoregistertonnen (BRT) gezählt hatte, bis 1836 auf nur 106500 BRT, dann jedoch auf 1840 = 145300, 1845 = 161000 und 1848 = 202300 BRT, mithin in rund zwanzig Jahren um 133 % an. In den Hansestädten behauptete die bremische Flotte bis 1848 einen ungefährdet wirkenden Vorsprung vor der hamburgischen Schiffahrt, verlor ihn aber dann bereits bis 1850. Während in Bremen 1836 = 24900, 1840 = 43600, 1845 = 55700, 1848 = 66900 und 1850 = 67800 BRT, insgesamt ein Zuwachs von 172 % registriert wurde, zählte man in Hamburg in denselben Jahren 25600, 35700, 42800, 53800 und 71300 BRT, so daß die Expansion der späten 40er Jahre eine Vermehrung um 180 % einbrachte.

Dieser Erfolg ging auf das Konto der großen Hamburger Reedereien, von Godeffroy, jahrzehntelang die führende, von Sloman, Merck, Wappäus, Mohrmann und anderen. Während von Bremen aus schon seit 1826 eine feste Linienschiffahrt nach Amerika betrieben wurde, folgte Hamburg erst 1836 nach, als Sloman eine regelmäßige Verbindung mit New York einrichtete. Die anschwellende Zahl der deutschen Auswanderer schuf die finanzielle Basis dieses Linienverkehrs, ehe er von Warenlieferungen mitgetragen wurde. Im Mai 1847 entstand mit der «Hamburg-Amerikanischen-Packetschiffahrts-AG» (HAPAG) unter der Leitung von Godeffroy, Merck und Laeisz ein modern organisiertes Schiffahrtsunternehmen, das zur größten deutschen Reederei aufsteigen sollte; erst 1857 trat ihm mit H. H. Meiers »Norddeutschem Lloyd» der gefährlichste Rivale entgegen. Die Vorherrschaft der Segelschiffahrt wurde bis zur Jahrhundertmitte noch keineswegs in Frage gestellt. Seit 1840 stellte Slomans «Hanseatische Dampfschiffahrtsgesellschaft» eine Verbindung mit Hull und London her, 1850 nahm sie Transatlantikreisen nach New York auf; 1846 folgte eine zweite Gesellschaft, erst 1856 die HAPAG. Die Dampfer kündigten zwar seit den 1840er Jahren ein neues Zeitalter des Hochseeverkehrs mit verkürzter Fahrtzeit, verbilligter und vermehrter Frachtladung an, aber vorerst zeigten sich die großen Segelschiffe dieser Konkurrenz noch gewachsen. Insgesamt vergrößerte sich der Schiffsbestand der deutschen Reedereien von 1830 = 276400 bis 1850 um fast 100 % auf 534000 BRT; damit erreichte er etwa die Hälfte des Bestandes von 1871.

Einerseits beruhte, wie der Vergleich mit England und Frankreich, Belgien und den Vereinigten Staaten zeigt, die relative Rückständigkeit des deutschen Wirtschaftslebens vor der Industriellen Revolution zu einem nicht geringen Teil auf den gravierenden Problemen des Verkehrswesens, die zwei Jahrzehnte lang durch die politische Zersplitterung und die Mängel der überkommenen Zoll- und Abgabenvielfalt verschärft wurden. Andrerseits wurde insbesondere in den 30er und 40er Jahren das Verkehrsnetz der Land- und Wasserstraßen mit beträchtlicher Effektivität ausgebaut, die Transportleistungsfähigkeit mehr als verdoppelt, der interlokale und interregionale Austausch gesteigert. Dadurch setzte ein Abbau der interregionalen Preisgefälle und eine langfristig wirksame Preissenkung ein, ehe diese Prozesse vom Eisenbahnbau machtvoll beschleunigt wurden. Die bereits sichtbaren und fürderhin zu erwartenden Ergebnisse der Verkehrsverdichtung waren es, die der ersten Generation der Eisenbahnbauunternehmer ihre Projekte so attraktiv, so erfolgversprechend erscheinen ließen. Sie konnten diese aufsteigende Tendenz in der Nachfrage nach Verkehrsleistungen mit guten Argumenten in ihr Kalkül miteinbeziehen, als sie – nicht etwa aus Experimentierlust oder Begeisterung für den technischen Fortschritt – ihren kapitalintensiven Linienbau verfolgten. Es wäre auch irreführend, den Straßen- und Eisenbahnbau seit der Mitte der 30er Jahre in erster Linie als Wettbewerb um das Verkehrsaufkommen zu interpretieren. Vielmehr handelte es sich um komplementäre Vorgänge, die sich bei der Erschließung des Landes durch ein modernes Verkehrs- und Handelssystem wechselseitig stimulierten.[51]

Das Vordringen des marktorientierten Agrar- und Gewerbekapitalismus, die Intensivierung handelskapitalistischer Verkehrsbeziehungen und die anhaltenden soziokulturellen Mobilisierungsprozesse verliehen dem Nachrichtenwesen in den Friedensjahrzehnten nach dem Wiener Kongreß eine gesteigerte Bedeutung. Das Thurn- und Taxissche Postmonopol aus der Zeit des Alten Reiches war durch Napoleon oder die deutschen Staaten selber aufgehoben worden. Zwar wurde diese Privatpost dank der Deutschen Bundesakte nach 1815 wieder eingerichtet und belieferte erneut Teile von Südwest- und Mitteldeutschland. Aber die großen Staaten – wie Österreich, Preußen, Bayern, Baden, Württemberg, Sachsen – führten ihr eigenes staatliches Postsystem ein. Zielstrebig baute z. B. der preußische Generalpostmeister v. Nagler seit 1823 den Postbetrieb aus. 1824 wurde der Zustelldienst in den Städten und auf dem Lande, 1822 bereits ein Seepostdienst mit Dampfschiffen zu den Haupthäfen der um die Ostsee liegenden Staaten eingeführt. Zwischen 1821 und 1837 wurden 182 Schnellpoststrecken geschaffen, deren Voraussetzung der staatliche Chausseebau war. 1838 wurden die Brief-, Paket- und Personenbeförderung zusammengefaßt. 1845 verfügte die Postverwaltung über 225 Postämter und rund 1500 Posthaltereien mit 5100 Postillionen und 17890 Pferden.

Zu dieser Zeit war jedoch bereits klar geworden, daß die Eisenbahnen sich in kurzer Zeit als überlegene Transportmittel durchsetzen und die Postkutschen verdrängen würden. Seit dem Eisenbahngesetz von 1838 hatte sich allerdings auch der preußische Staat das Recht gesichert, den Eisenbahnverkehr für die Postbeförderung in Anspruch nehmen zu können. Diesem Vorbild folgten auch die anderen deutschen Staaten. Warum v. Nagler eine Zeitlang gegen den Eisenbahnbau heftig opponiert hatte, wird verständlich, wenn man sich die fiskalischen Vorzüge der Staatspost vergegenwärtigt. Jährlich erwirtschaftete der Postdienst beträchtliche Überschüsse: 1821 bereits 718000 T., 1840 sogar 1,56 Mill. T., von 1821 bis 1850 einen Nettogewinn von rund 36 Mill. T. Das hing auch mit den außerordentlich hohen Beförderungsgebühren zusammen: Wer einen Brief über eine Entfernung von bis zu 14 km befördern lassen wollte, zahlte bereits einen Silbergroschen, die Maximalgebühr betrug 19 Silbergroschen. Daß die Tarife 1844 endlich ermäßigt wurden, entsprach der Expansion von Handel und Gewerbe, wie überhaupt das Nachrichtenwesen seit den späten 1830er Jahren für die Wirtschaft eine zunehmend wichtigere Rolle zu spielen begann. Ihrem Bedürfnis nach schneller, zuverlässiger Informationsübermittlung standen die eifersüchtig auf ihre Rechte pochenden siebzehn autonomen: staatlichen, städtischen und privaten Postdienste im Deutschen Bund entgegen. Erst 1850 gelang es, in einem deutschen Postverein eine einheitliche Taxierung und Beförderung der Brief- und Fahrpostsendungen durchzusetzen.

Für eilige Nachrichten bildete der optische Telegraph einen Vorläufer der elektrischen Übermittlung. In der napoleonischen Kriegsära waren solche optischen Verbindungen vom Zentrum Frankreichs bis an den Rhein geschaffen worden, aber nach 1815 dauerte es fast zwanzig Jahre, bis Preußen als erster mitteleuropäischer Staat 1832/33 eine optische Telegraphenlinie mit 61 Zwischenstationen von Berlin bis Köln und Koblenz installierte. Die von Licht und Wetter abhängige Sendeanlage blieb freilich politischen und militärischen Nachrichten vorbehalten. Der Wunsch der Berliner Kaufmannschaft, mit Hilfe des Blinksystems auch Börsenkurse und andere ökonomisch interessante Mitteilungen zu senden, wurde abgelehnt. Wegen der begrenzten Nützlichkeit des optischen Telegraphen traf die elektromagnetische Übermittlung auf um so stärkeres Interesse. Zwischen 1847 und 1849 wurden die ersten Telegraphenlinien, von Bremen nach Vegesack und von Berlin nach Frankfurt und Aachen, gebaut. Diese Leitungen wurden wie auch die nachfolgenden österreichischen und bayerischen Telegraphenverbindungen der Öffentlichkeit zugänglich gemacht. Frühzeitig wurde erkannt, welche Vorteile die Koinzidenz des Eisenbahnbaus und die Erfindung des elektrischen Telegraphen bedeutete, so daß die Leitungen den Bahnstrecken und Bahnhöfen folgten. Obwohl sich das Telephonieren seit den 1880er Jahren ziemlich rasch ausbreitete, blieb der Telegraph fast ein halbes Jahrhundert lang das schnellste Mittel der Informationsübermittlung und ein zentrales Element der revolutionären Veränderung des Kommunikationssystems.[52]

6. Binnenmarkt und Außenhandel: Der Deutsche Zollverein von 1834

Für den Handel zwischen den deutschen Staaten – alsbald auch für ihren außerdeutschen Außenhandel – sind die einschneidenden Veränderungen in ihrer Zollpolitik während der fünfzehn Jahre von 1818 bis hin zum Deutschen Zollverein von 1834 und dann vor allem in der Folgezeit von grundlegender Bedeutung gewesen. Eben deshalb muß man vor drei weitverbreiteten Fehlinterpretationen dieser Vorgänge besonders auf der Hut sein.

Die Zollunionspolitik der 1820er und 30er Jahre ist nicht die wesentliche treibende, geschweige denn die auslösende Kraft des deutschen Binnenhandels gewesen, sondern sie hat den bereits vorhandenen Fluß der Waren- und Handelsströme beträchtlich erleichtert, vermutlich auch ihren Umfang vor allem seit der Mitte der 30er Jahre vermehrt. Ähnlich läßt sich ihr Einfluß auf den internationalen Außenhandel der deutschen Staaten charakterisieren.

Der Zollverein von 1834 hat keineswegs die deutsche Industrielle Revolution ausgelöst, wie mancher Historiker bis in die Gegenwart hinein, die Bedeutung einer einzigen neuen Institution grandios überschätzend, gemeint hat. Die Anfänge der beschleunigten Industrialisierung sind entweder längst vorher zu erkennen, oder aber die wahrhaft epochalen Neuentwicklungen sowohl im Verkehrswesen als auch in der Schwer- und Maschinenbauindustrie bedurften nicht des Zollvereins als notwendiger Vorbedingung. Andrerseits sollen diese Einwände nicht bestreiten, daß die Existenz des Zollvereins relativ schnell auch das industrielle Wachstum begünstigt hat.

Weder war der Zollverein primär eine wirtschaftspolitische Waffe Preußens zur Vorbereitung eines kleindeutschen Nationalstaats unter der Führung der Hohenzollern, wie Treitschke seinem Publikum weismachen wollte, noch bildete er einen bewußt geschaffenen «Ersatz» für die fehlende nationale Einheit, um «die deutschen Mittelklassen vom Jakobinismus zurückzugewinnen», wie A. J. P. Taylor in einer an grotesken Fehlern reichen Spekulation behauptet hat, und irreführend ist auch die Behauptung, daß die progressive Bourgeoisie der herrschenden Klasse die Konzessionen dieser Zollpolitik erfolgreich abgerungen habe.[53]

All diese Urteile überschätzen die Bedeutung des Zollvereins, insbesondere vor 1848, und sie verkennen die Intentionen der entscheidungsfähigen Politiker und Beamten, die ihn zustande gebracht haben. Beide Komplexe sind aus Gründen der analytischen Klarheit strikt auseinanderzuhalten: einerseits die Entstehungsgründe und Motive der handelnden Akteure, welche die verschiedenen Zollunionen schlossen und den Zollverein seit den 40er Jahren verlängerten; andrerseits die kurz-, vor allem aber die langlebigen Wirkungen und Funktionen, die als Folge der Gründung des Deutschen Zollvereins empirisch ermittelt werden können.

Die Ausgangssituation ist unstreitig durch das preußische Zollgesetz von 1818 bestimmt, das gegen Ende der Reformperiode – und nachdem Bayern 1807, Württemberg 1810 und Baden 1811 auch auf diesem Gebiet vorangegangen waren – einen einheitlichen Grenzzoll und dahinter einen zollfreien Binnenmarkt geschaffen hatte. Die Motive waren einmal, wie bereits (in Bd. I) geschildert, fiskalpolitischer Natur: Die Staatseinkünfte sollten zu einer Zeit, als Zölle und indirekte Verbrauchssteuern die wichtigsten öffentlichen Einnahmequellen darstellten, effektiv gesteigert werden, um der hohen Schulden Herr zu werden, aber auch um den Einfluß des mehrfach versprochenen preußischen Parlaments, das im Besitz des Budgetrechtes sein würde, zu schwächen. Zweitens sollte das gerade auch ökonomisch äußerst heterogene preußische Staatswesen von 1815 im Zug der inneren Staatsbildung unter den Zwang zur administrativen Vereinheitlichung und wirtschaftlichen Integration gestellt werden. Und schließlich entsprach die Mischung von gemäßigt freihändlerischen und wohldosierten protektionistischen Elementen in diesem Zolltarif, der die junge Industrie durch Wertzölle und freie Rohstoffimporte protegierte, konkreten preußischen Interessen. Insgesamt setzte sich, ohne daß die Forderung nach höheren Schutzzöllen berücksichtigt wurde, das Kalkül der zentralstaatlichen Entscheidungsträger durch; auf diese Weise die Keimzelle eines künftigen Nationalstaats zu bilden, gehörte nicht zu ihren Überlegungen.

Die Motive und der Verlauf der Zollunionspolitik nach 1818 können einmal aus der Perspektive ihres erfolgreichsten Verfechters, Preußens, verfolgt werden; zum zweiten müssen aber auch die Gründe klargemacht werden, warum die sich schließlich zum Deutschen Zollverein zusammenschließenden anderen Staaten bei ihrer Kosten-Nutzen-Abwägung durch das Schwergewicht erkennbarer und erhoffter Vorteile zu dieser Entscheidung bestimmt wurden.

Für die Berliner Politik ist eine Trias von politischen Zielvorstellungen ausschlaggebend gewesen. In dem seit achtzig Jahren währenden Konkurrenzkampf mit Österreich stellte die Zollunionsstrategie ein wirtschaftspolitisches Mittel der großpreußischen Expansion dar, die auf lange Sicht auf die Dominanz in Norddeutschland und die Verbindung des westlichen Teils mit dem östlichen Kernstaat der Monarchie abzielte. Das hatte mit Nationalpolitik genauso wenig gemein wie die Ausdehnung der ökonomischen Einflußsphäre nach Süden, wodurch die Optionsbreite der Wiener Politik beschnitten und überhaupt Österreichs Vorrangstellung im Deutschen Bund wirksam unterhöhlt werden sollte. Außerdem durfte sich Berlin, zumal angesichts der Zweiteilung des Staates, handelspolitische Erleichterungen und auf längere Sicht auch wachstumsfördernde Effekte für seine Industrie versprechen. Und schließlich spielte erneut der öffentliche Finanzbedarf eine ganz zentrale Rolle. Die inzwischen auf fest kalkulierbare Geldmengen umgestellte staatliche Steuerwirtschaft blieb an den Grenzzolleinnahmen höchst interessiert, denn in Europa gehörte der preußische Zolltarif zu den Außenzöllen mit den niedrigsten Sätzen, in Deutschland aber besaß er die höchsten. Selbständige Einkünfte gestatteten es dem Hof und der Ministerialbürokratie, die Einberufung eines Parlaments, das «the power of the purse» besaß, weiterhin hinauszuschieben. Und die Aufteilung der Zollverwaltungskosten unter mehrere Staaten konnte den preußischen Anteil senken, während die Nettoeinnahmen bei florierender Wirtschaft stiegen.

Offensichtlich entfiel für die künftigen Zollunionspartner das Motiv einer freiwilligen Unterstützung großpreußischer Ausbreitungswünsche. Die Aussicht auf handelspolitische Verbesserungen zugunsten spezieller Interessen löste häufig die Furcht in mindestens ebenso wichtigen Wirtschaftskreisen aus, dem freien Konkurrenzkampf mit starken preußischen Rivalen nicht gewachsen zu sein. Die unleugbaren politischen und ökonomischen Pressionen Preußens vermochten da manches, aber nicht alles auszurichten. Der Schlüssel zur Erklärung der ausschlaggebenden Beitrittsgründe in der Zeitspanne bis 1834 – danach gewann der Zollverein als wirtschaftlicher Großraum ein zusätzliches Eigengewicht – liegt daher in der Fiskal- und Verfassungspolitik: in der spezifischen Attraktivität, welche die Vorzüge einer Zollunion gerade auch für die Finanzwirtschaft und gouvernementale Innenpolitik der Klein- und Mittelstaaten besaßen.

Ein simples Theorem der neoklassischen Wirtschaftstheorie besagt, daß Präferenzentscheidungen für neue institutionelle Lösungen von Problemen dann zustande kommen, wenn ihre Kosten die des alten Arrangements wahrscheinlich dauerhaft unterbieten. Was besagt das für die Beitrittserwägungen der späteren Zollunionsmitglieder? Auch in den kleinen und mittelgroßen deutschen Staaten vollzog sich während der ersten Hälfte des 19. Jahrhunderts der Übergang zur staatlichen Steuerwirtschaft, die zum guten Teil auf Zöllen beruhte. In den Staaten ohne Parlament war das Interesse an wachsenden öffentlichen Einnahmen nicht weniger ausgeprägt als in den Verfassungsstaaten, wo die Regierung häufig versuchte, mit Hilfe autonomer staatlicher Einkünfte die Abhängigkeit vom Budgetrecht des Landtags zu umgehen, damit aber das Parlament generell abzuwerten und das Entscheidungsfeld restaurativ-konservativer Fürstenpolitik zu verteidigen oder sogar auszuweiten. Auch konnten sich nur größere Staaten die beträchtlichen Kosten einer effektiven Zollverwaltung erlauben und damit regelmäßige Zolleinkünfte sichern. Der Erfolg der preußischen Zollunionspolitik beruhte daher ganz wesentlich auf der – in Denkschriften auch rechnerisch exakt untermauerten – Aussicht darauf, durch die Vereinheitlichung, Vereinfachung und Lückenlosigkeit des Grenzzollsystems die kollektiven Verwaltungskosten insgesamt erheblich mindern, dagegen die – nach der Kopfzahl der Einwohner – aufzuteilenden Einkünfte aus den stets zugrunde gelegten relativ hohen preußischen Außenzöllen ebenso erheblich steigern zu können. Als dieses Nutzenkalkül durch eindrucksvolle Erfahrungen bestätigt wurde, war die Existenz des Zollvereins aufs erste gesichert. Der Preis für die finanziellen und innenpolitischen Vorteile der kleineren Mitglieder bestand in einer gewissen außenpolitischen und ökonomischen Abhängigkeit von Berlin, deren Reichweite nicht leicht zu bestimmen ist, aber z. B. keineswegs ausschloß, daß Zollvereinsstaaten in den 1860er Jahren gegen Preußen Krieg führten (während der Handelsverkehr ungestört weiterlief!) und sich bis 1870 einer großpreußischen Lösung der deutschen Frage entschieden widersetzten.

Klar erkennbar durchlief die Zollunionspolitik seit 1818 sechs Etappen.

1. In den Jahren nach dem Inkrafttreten des preußischen Zollgesetzes wurden kleinere Enklaven, die wie Schwarzburg-Sondershausen, Anhalt-Köthen und Anhalt-Dessau von preußischem Staatsgebiet umschlossen lagen, nach zum Teil langwierigen Verhandlungen in das Zollsystem des übermächtigen Nachbarn einbezogen.

2. Frühzeitig erwies sich der Deutsche Bundestag trotz eines Verfassungsauftrages als unfähig, gemeindeutsche Zollfragen anzupacken. Andrerseits spürten die süddeutschen Staaten die Gefahr, die von der preußischen Zollpolitik ausging. Nach mehrjährigen Expertengesprächen, die zwischen 1820 und 1825 in Darmstadt und Stuttgart geführt wurden, trat 1828 ein Vertrag über die erste deutsche interregionale Zollunion zwischen Bayern und Württemberg in Kraft.

3. Im selben Jahr gelang es der Beharrlichkeit der Berliner Unterhändler, das Großherzogtum Hessen-Darmstadt zu einem Zollverein mit Preußen zu bestimmen, das damit seinem Ziel, eine ununterbrochene Verbindung zwischen den West- und Ostprovinzen herzustellen, einen Schritt näher kam. Seither standen sich zwei relativ große Zollverbände gegenüber. Spätestens im Vorfeld dieser beiden Vertragswerke hätte die Wiener Politik entschlossen reagieren müssen. Bis in die frühen 20er Jahre hinein hatte Metternich jedoch auf den großen internationalen Konferenzen die preußische Unterstützung benötigt, danach erhielt sich unter den konservativen Ostmächten ein Verhältnis ideologischer Affinität, aber vergleichsweise lockerer Kooperation, das Wien mit vielleicht nur potentiell bedrohlichen Zollproblemen nicht belasten mochte; eventuell unterschätzte Metternich damals auch die möglichen Folgen der preußischen Wirtschaftsdiplomatie. Die bayerisch-württembergische Zollunion nannte er indigniert ein «schlechtes Beispiel», Hessen-Darmstadt warf er schon «unbegreifliche Verblendung» vor, dessen Vertrag mit Preußen charakterisierte er heftig-theatralisch als «Teufelswerk» – aber eine entschlossene Gegenaktion, ein Veto auf Biegen oder Brechen blieb aus.

4. Allerdings kam noch im Dezember 1828 der heimlich von Metternich geförderte «Mitteldeutsche Handelsverein» zustande, der sich von Sachsen über die thüringischen Staaten, Hessen-Kassel und Nassau bis zu den Herzogtümern Braunschweig und Oldenburg sowie dem Königreich Hannover, wie ein schwer überwindbarer Sperriegel, aus dem Südosten nach

Nordwesten reichend, quer durch Deutschland legte. 1829 wurde diese antipreußische Zollunion bis 1840 verlängert, aber noch im selben Jahre gelang Berlin der entscheidende Gegenschlag.

5. Im Juni 1829 band ein Handelsvertrag die preußisch-hessische Zollunion im Norden und die bayerisch-württembergische im Süden zur Überraschung aller Gegner eng zusammen. «Wenn diese Vereinigung zustande kommt», hatte kurz vorher der hannoversche Geheimrat v. Grote dem Frankfurter Bürgermeister Thomas prophezeit, werde «Österreich aus den deutschen Angelegenheiten gänzlich verdrängt», damit aber zeichne sich als Ergebnis ab, daß «der ganze Bund preußische Staatswirtschaft und Finanzgrundsätze adoptiert..., was heutzutage eigentlich alles heißt, da sich alles um diese dreht». Nun war tatsächlich diese «Sprengmine für den... Oppositionsblock» gelegt worden. Als Preußen außerdem noch der Bau zweier zollfreier, nach Hessen-Darmstadt und Bayern-Württemberg führender Straßen durch Sachsen-Meiningen, Sachsen-Coburg und Reuss gelang, brach der «Mitteldeutsche Handelsverein» faktisch zusammen.

6. Der Tod eines der aktivsten preußischen Protagonisten der Zollunionspolitik, des Finanzministers Friedrich v. Motz, im Juni 1830 und die französische Revolution im folgenden Monat führten dazu, daß der Druck der Berliner Wirtschaftsdiplomatie zeitweilig nachließ. Aber schon im August 1831 gab Hessen-Kassel dem erneuten Drängen nach, indem es sich dem preußischen Zollverein anschloß. Damit wurde endlich eine breite Verbindung zwischen dem westlichen und östlichen Preußen erreicht. In Mitteldeutschland stießen Sachsen und die thüringischen Staaten hinzu, denen trotz Metternichs Opposition auch die bayerisch-württembergische Zollunion folgte. In einer Reihe von zwischenstaatlichen Verträgen, die im März und Mai 1833 zustande kamen, wurde der ökonomische Integrationsprozeß völkerrechtlich besiegelt und die Gründung des Deutschen Zollvereins vereinbart, der seit dem 1. Januar 1834 alle Vertragspartner umschloß. Eine einheitliche Außenzollgrenze – die Tarifsätze entsprachen aufs Ganze den preußischen von 1818 – zog sich seither um das «zollvereinte Deutschland», das eine große Freihandelszone mit 26 Mill. Einwohnern bildete (1837, d.h. mit 88,6% der deutschen Bevölkerung des Bundes ohne die Deutsch-Österreicher). Ursprünglich wurde der Zollverein für die Dauer von zwölf Jahren geschlossen. Falls eine Versuchsphase bis 1842 zufriedenstellend verlief, sollte ab 1846 die automatische Verlängerung gelten, zu der es dann sogleich kam, da sowohl die Regierungen als auch die öffentliche Meinung sich bis 1842 über den Erfolg des Zollvereins einig waren.

Wie läßt sich der Deutsche Zollverein, dieses «erste geschichtliche Beispiel einer Zollunion souveräner Staaten moderner Ausprägung», genauer charakterisieren? Was leistete er für die Mitgliedstaaten?

Seiner Rechtsnatur nach bestand der Zollverein aus einem Bündel von jeweils befristet gültigen, bi- und multilateralen, schließlich insgesamt 130

Abkommen umfassenden Verträgen aus den Jahren von 1819 bis 1884; er endete im Herbst 1918 mit dem Untergang des Kaiserreichs. Wie die nordamerikanische Union wurde der Zollverein als offenes System definiert, das Beitrittswillige jederzeit aufnehmen konnte. Bereits 1835 traten z.B. Baden, Nassau und Frankfurt, 1841 Braunschweig und Luxemburg (bis 1918!) ein; der antipreußische «Norddeutsche Steuerverein» erlahmte in seinem Widerstand erst 1851, worauf Hannover und Oldenburg Mitgliederstaaten wurden. 1867 beugten sich die beiden Mecklenburgs und Lübeck, Schleswig-Holstein wurde nach der Annexion durch Preußen im selben Jahr einbezogen, und als letzte schlossen sich die Hansestädte Hamburg (1882) und Bremen (1884) an.

Die legislative Institution bildeten die jährlich abgehaltenen Generalkonferenzen der instruierten Delegierten aller Vereinspartner, die bis 1867 an der Einstimmigkeit bindender Beschlüsse festhielten. Die einzelstaatliche Souveränität der Mitglieder blieb im übrigen unberührt, entscheidungskompetente supranationale Organe wurden nicht geschaffen. Das Berliner «Zentralbüro» diente lediglich der Verteilung der Zolleinnahmen und der Zollvereinsstatistik.[54]

Im deutschen Staatensystem verschob die Berliner Zollpolitik seit dem Durchbruch von 1829 nur sehr sachte und auf lange Sicht die Gewichte zugunsten des preußischen Hegemonialstrebens. Daß Preußen fortab durch das stumme Wirken der ökonomischen Verhältnisse begünstigt werde, wurde auch sogleich erkannt, die Wirkung aber häufig überschätzt. Als 1829 die Zusammenarbeit zwischen der nord- und süddeutschen Zollunion beschlossene Sache war, urteilte z.B. der französische diplomatische Vertreter in München über den sich abzeichnenden deutschen Zollverein mit den dramatisierenden Worten, es handle sich um «eins der bedeutendsten Ereignisse seit der Reformation». Preußen werde in diesem «riesigen System» eine beispiellose Macht gewinnen. Die später aufgestellte Behauptung, daß Preußen seither eine «Strategie des wirtschaftlichen Nationalismus» verfolgt habe, um im Sinne der bürgerlichen Nationalbewegung das Ziel eines deutschen Nationalstaats, wenn auch vorerst nur durch wirtschaftliche Verbindungen, anzusteuern, entbehrt jeder Substanz. Auch der deutsche Nationalismus stellte in seiner zweiten Entwicklungsphase noch eine eindeutig liberale, progressive Oppositionsideologie in scharfem Gegensatz zum autoritären fürstenstaatlichen Partikularismus dar. Nationaldeutsche Ziele, die es nach Kräften bekämpfen half, derart zu verfolgen, verbot sich für das Preußen der Restaurationszeit von selber. In der Erwartung wirtschaftspolitischer Vorteile und des künftigen Nutzens, den das Instrument des Zollvereins angesichts der latenten Rivalität mit der österreichischen Vormacht einmal bringen könne, stimmten dagegen die aktiven Berliner Politiker wie Motz, sein Nachfolger Maaßen, Außenminister Bernstorff und andere völlig überein.

Seit 1829 erkannte auch Metternich, daß Wien eigentlich energisch reagieren müsse. Es spricht für die in solchen Dingen undogmatische Flexibilität des Staatskanzlers, daß er ein offensives Verhalten empfahl, indem er Österreichs Annäherung an die Zollunionspolitik im Norden als «eine wirtschaftliche Notwendigkeit» darstellte; folgerichtig wollte er deshalb das starre Schutzzollsystem der Habsburger Monarchie aufheben, mithin die verschärfte Konkurrenz in Kauf nehmen. Damit scheiterte er jedoch am unbeugsamen Widerstand der Hofkammer. Nach dem Fait accompli im Frühjahr 1833 beschränkte er sich auf eine skeptisch-weitsichtige Diagnose. Die soeben abgeschlossenen Verträge, erläuterte er Kaiser Franz im Juni, bekräftigten die «preußische Präponderanz» in der Zollunion, die wegen des Anschlusses der süddeutschen Staaten «zu einem wahrhaft wichtigen Zeitereignisse», für Österreich aber «entschieden eine höchst nachteilige, unheildrohende Erscheinung» geworden sei. Der Deutsche Bund beruhe auf dem Gleichgewichtsprinzip und der Gleichberechtigung seiner Mitglieder. «In dem großen Bundesverein» entstehe aber jetzt «ein kleiner Nebenbund, in dem vollsten Sinne des Wortes ein status in statu, welcher nur zu bald sich daran gewöhnen wird, seine Zwecke mit seinen Mitteln in erster Linie zu verfolgen». Wahre Einsichten, die indes an der Untätigkeit der Hofburg nichts änderten.

Argwöhnisch hat Metternich die unübersehbaren Fortschritte des Zollvereins in den folgenden Jahren beobachtet und angesichts der Unbeweglichkeit der Wiener Machtzentrale im Oktober 1841 teils beschwörend, teils schon fast resignierend noch einmal ein aktives Vorgehen angeraten. Schon jetzt sei Österreich auf ökonomischem Gebiet aus Deutschland ausgeschlossen und werde wie das Ausland behandelt. «Die kommerzielle Vereinigung der deutschen Territorien mit Ausnahme der österreichisch-deutschen Länder wird bald vollendet sein», warnte er, «und dann wird der vereinigte deutsche Handelsmarkt dem angrenzenden Staat jene Verhältnisse abzuzwingen suchen, die seinen Interessen frommen dürften.» Vergebens: Obwohl ihn Handelsminister v. Kübeck, hohe Beamte und Industrielle unterstützten, kam eine Wiener Initiative nicht zustande. Die von den Interessenten genährten Befürchtungen, daß viele Zweige der durch einen spätmerkantilistischen Hochprotektionismus geschützten Gewerbewirtschaft der sächsischen und preußischen Industrie im Wettbewerb unterliegen würden, überhaupt der Widerwille gegen den von Preußen durchgesetzten Wirtschaftsliberalismus, aber auch die Rücksichtnahme auf die prekäre Kohäsion der Monarchie, deren nicht zum Deutschen Bund gehörende Länder von der wirtschaftlichen Integration ausgeschlossen worden wären, die gravierenden innerstaatlichen Zollprobleme zwischen der cis- und transleithanischen Reichshälfte – alle diese Erwägungen verhinderten es, daß die «kakanische» Passivität des achselzuckenden Abwartens überwunden wurde. Und Preußen wiederum hatte allen Grund, selber geduldig abzuwarten, ob Österreich sich den Funktionsprinzipien des florierenden Zollvereins beugen werde.

Im Grunde stand die Wiener Politik seit den späten 20er Jahren vor einer dürren Alternative: Entweder mußte sie die deutsch-österreichische Wirtschaft durch Reformen, Entwicklungshilfe und radikalen Zollabbau auf den unvermeidbar verschärften Wettbewerb vorbereiten und dann den Eintritt in den Zollverein vollziehen, um ihn von innen her mit zu beeinflussen. Oder aber sie mußte den Zollverein, notfalls mit allen Mitteln, zerschlagen. Zu beiden Möglichkeiten zeigte sie sich vor 1848 außerstande. Das Bleigewicht schwieriger Strukturprobleme des Habsburgerreichs machte sich geltend, zu viele Hürden standen einer klaren Anpassungs- oder Konfliktpolitik im Wege, und auch zwischen 1850 und 1865 scheiterte Wien zweimal bei dem Anlauf, die Fehler der Vergangenheit zu korrigieren. Dennoch bleibt es falsch, eine unvermeidbare Zwangsläufigkeit der Entwicklung vom Zollverein zum Bismarckreich zu konstruieren. Zwischen 1834 und 1866 gab es viele offene Entscheidungssituationen. Trotz der ökonomischen Bindungen traten 1866 die meisten Mittelstaaten auf Österreichs Seite, und bei Königgrätz standen – wer könnte es leugnen? – die Dinge genauso auf des Messers Schneide wie erneut 1870. Daß Preußen sich aber letztlich durchsetzte, verdankte es, freilich in einem vermittelten Sinn, auch seinem überlegenen ökonomischen Potential, und dessen Qualität hatte dem Zollverein viel zu verdanken.

Schneller als es selbst den optimistischsten Hoffnungen entsprach, gingen die fiskalpolitischen Erwartungen in Erfüllung. Wegen des gemeinsamen Grenzzollsystems sanken dessen Verwaltungskosten von 1834 bis 1844 von einem Sechstel auf ein Zwölftel des anfallenden Zolleinkommens, während sich der Jahresdurchschnitt von 1834 = 14,5 auf 1844 = 27 Mill. T. verdoppelte. Die Nettoeinkünfte, die je nach der Höhe der Einwohnerzahl auf die Mitgliederstaaten umgelegt wurden, stiegen um rund 90 %, während die Bevölkerung im selben Zeitraum nur um 21 % anwuchs. Preußen schnitt wegen seiner hohen pro-Kopf-Quote (55 % der Nettoeinkünfte) vorteilhaft ab, aber gerade den nichtpreußischen Staaten flossen ungeahnt hohe Verteilungsgewinne zu: An die bayerische Staatskasse z. B. wurden in den ersten zehn Jahren 22 Mill. fl. Nettogewinn abgeführt, Württemberg erhielt 10 Mill., Baden 3 Mill. fl., die thüringischen Kleinstaaten empfingen 4 Mill. T. Diese Steigerung des öffentlichen Einkommens erwies sich als ein finanzieller Kitt, der die Regierungen des «zollvereinten Deutschland» fester aneinander band. Auch die anfangs eher skeptische öffentliche Meinung in Süddeutschland schlug eindeutig um, die Erprobungsphase wurde zum Erfolgserlebnis, die Verlängerung warf für die Kabinette keine ernsthaft strittigen Probleme auf.

Schwieriger ist es dagegen zu beschreiben, welche allgemeinen ökonomischen Wohlfahrtseffekte – abgesehen von dem gesteigerten Fiskaleinkommen – durch den Zollverein ausgelöst wurden. Daß der preußische Zolltarif übernommen werden konnte, hing vor allem damit zusammen, daß die schwierigsten Kompromisse, die wegen der extrem divergierenden Interessen innerhalb Preußens gefunden werden mußten, bereits 1817/18 formuliert worden waren und während der Beitrittsverhandlungen mit Staaten, deren Wirtschaftsstruktur eher geringere oder allenfalls vergleichbare Probleme aufwarf, als Modellösung dienten, auf die man sich stets einigen konnte. Übrigens entsprachen diese Zolltarife von 1818 und 1834 nicht den unmittelbaren ökonomischen Interessen der preußischen Machtelite der Landjunker, die damals von einer reinen Freihandelspolitik sowohl im Hinblick auf ihren Getreideexport als auch auf den Import preiswerter Gewerbegüter mehr profitiert hätten. Beide Male haben sich die «Terms of Trade» für sie etwas verschlechtert, sie zahlten mithin einen gewissen Preis für die ökonomische Integration, welche die Berliner Politik, auch hier nicht bloß Agent der Adelsinteressen, vorantrieb. Die zäh verteidigten englischen «Corn Laws», die das aus Ostdeutschland eingeführte Getreide erheblich verteuerten, wurden wegen der preußisch-deutschen Zollpolitik nicht verändert, und als sie 1846 fielen, stellte das keinen Erfolg des Zollvereins, sondern der englischen Freihandelsbewegung dar.

Bildete umgekehrt der Schutz vor der englischen Industriekonkurrenz eine wichtige Aufgabe des Zollvereins, und stellten sich die erhofften Wirkungen ein? Zog der Zollverein sinngemäß die Konsequenzen aus Friedrich Lists bitterem Vorwurf, Deutschland werde von England derart ausgebeutet, daß es ohne hohe Schutzzölle, die für die junge deutsche Industrie zugleich als «Erziehungszölle» dienen sollten, demnächst «in den Stand einer englischen Agrikulturkolonie» zurückgeworfen werde, wo die Deutschen nur noch «als Wasserträger und Holzhacker der Briten» zu arbeiten hätten? Unter den Ursachen der Zollunionspolitik besaß das antienglische Argument eines «Schutzes der nationalen Arbeit» einen zu vernachlässigenden Stellenwert. Sodann war weder der britische Gewerbeexport in die deutschen Staaten noch die deutsche Gewerbeausfuhr nach England jeweils von so vorrangiger Bedeutung, daß die «internationalen Preisrelationen» durch die vergleichsweise maßvollen Zollvereinstarife nachhaltig beeinflußt worden wären. Einerseits wurde daher der englische Export nicht etwa aus dem Zollvereinsgebiet verdrängt, sondern kletterte vielmehr – ganz besonders zwischen 1838 und 1844 im Bereich der industriellen Halbfabrikate – mengen- und wertmäßig weiter in die Höhe. Andrerseits besaß Preußen seit den frühen 20er Jahren, der Zollverein unverändert seit 1834 einen Überschuß beim Export gewerblicher Fertigwaren. Obwohl manche Branchen über den Druck englischer Importe klagten, bestand keine dringende Notwendigkeit, Gewerbe und Industrie mit Hochzöllen zu schützen. Deutsche Gewerbewaren erwiesen sich aufgrund eines «erstaunlich hohen Kostenvorteils» auch gegenüber englischen Produkten als durchaus konkurrenzfähig, sie drangen z. B. stetig auf den nord- und südamerikanischen Märkten vor, und seit der Mitte der 40er Jahre gewann die deutsche Industrieproduktion verblüffend schnell die absolute Dominanz im Zollvereinsmarkt. Mit anderen Worten: Die deutschen Zollunionspolitiker besaßen, von ihren Statistikern gut informiert, hinreichende Marktkenntnisse, um das von Preußen verbindlich, aber hartnäckig verfochtene System einer realistischen Mischung von Freihandel und gezielter Protektion nicht aufzugeben oder einseitig zu verändern.[55]

Wie lassen sich die Wohlfahrts- und Wachstumseffekte kennzeichnen, die durch den Zusammenschluß der Zollvereinsstaaten ausgelöst wurden? Diese Auswirkungen sind nicht leicht zu bestimmen, sind jedenfalls nicht so transparent und auch nicht so schnell eingetreten wie die fiskalischen; eine exakte Quantifizierung ist praktisch unmöglich. Auch muß man sich vergegenwärtigen, daß es nicht sogleich um eine volle ökonomische Integration, sondern primär um den freien Warenhandel ging, während Kapitalbewegungen, Dienstleistungen usw. erst nach geraumer Zeit folgten. Trotzdem wird man generell konstatieren können, daß mit der Schaffung dieser großen mitteleuropäischen Freihandelszone, deren Einwohnerzahl schon bald die 30 Millionen-Grenze überstieg, ein expansionsfähiger Markt entstand, von dem zwar nicht sofort revolutionäre Veränderungen, aber schon auf mittlere Sicht stimulierende, folgenreiche Anstöße ausgingen. Unstreitig führte der Zollverein zu einer schnellen Intensivierung des Handels, regte zu Investitionen und Kapazitätsausweitungen an, eröffnete die Vorteile der «Economies of Scale», veränderte die Standortverhältnisse und «durchbrach auf der Angebots- ebenso wie auf der Nachfrageseite traditionelle Marktstrukturen». Nicht zuletzt beeinflußte er den Verlauf des kurz nach seiner Gründung einsetzenden Eisenbahnbaus, der ja gerade von der Erwartung eines weiterwachsenden Verkehrsvolumens und einer Verdichtung der Geschäftsbeziehungen zehrte. Insofern belebte der Zollverein die planende Phantasie der Unternehmer, setzte Energien frei, flocht das Netz der wirtschaftlichen Integration auf undramatische Weise dichter. Zunehmend diente er als Ersatz für den fehlenden nationalstaatlichen Binnenmarkt.

Welche spezifischen regionalen Wachstumswirkungen aber dem Zollverein oder der gleichzeitig ohnehin voranschreitenden Industrialisierung zuzurechnen sind, läßt sich mit überzeugender Eindeutigkeit überhaupt nicht entscheiden, zumal die Komplexität der Antriebskräfte die Überprüfung durch kontrafaktische Fragen (was wäre geworden, wenn es den Zollverein nicht gegeben hätte...?) ausschließt. 1837 z.B. stammten 87% der bayerischen, badischen und württembergischen Importe an gewerblichen Fertig- und Halbfertigwaren aus Preußen und Sachsen. Der Süden lieferte dafür Rohstoffe und Agrarprodukte, die 69,3% seines Exports in diese beiden Staaten ausmachten. Preußische Fachleute sahen daher eine dauerhafte Überlegenheit der preußischen und sächsischen Industrieregionen voraus. Süddeutsche Kritiker dieser Handelsstruktur befürchteten dagegen eine innere Kolonialisierung durch die Herrschaftsträger dieser fortgeschrittenen

Regionen. Tatsächlich nahm jedoch die südwestdeutsche und bayerisch-schwäbische Baumwollindustrie, deren Garnimporte sich von 1834 bis 1842 schon verdoppelten, trotz der sächsischen und preußischen Konkurrenz einen verblüffend schnellen und drei Jahrzehnte lang anhaltenden Aufschwung, der bei den Baumwollspinnereien und -webereien, aber auch hinsichtlich der Mechanisierung und der Unternehmensgröße weit über den durchschnittlichen Wachstumsraten des Zollvereins lag. Auf diese Weise entstand dort eins der großen Zentren der deutschen Baumwollindustrie. Die Vermutung, daß die dem Zollverein zu verdankenden Wohlfahrtseffekte nur einen «Bruchteil vom Regionaleinkommen» dieser Länder geschaffen hätten, ist genauso spekulativ, wie die Frage müßig wäre, ob solche Erfolge allein auf Entwicklungskräfte zurückgeführt werden könnten, die sich auch ohne den Zollverein durchgesetzt hätten. Realhistorisch haben sich die Unternehmer auf die seit 1834 bestehenden Chancen eingestellt, in diesem neuen Erwartungshorizont Investitionen geplant und erweiterte Kapazitäten ausgenutzt oder aus Sorge vor der Ungewißheit beides nicht getan. Großhandel, Verkehrswesen und Banken stellten sich Schritt für Schritt auf die Dimensionen des Zollvereins um.

In historischer Perspektive zählen die verbesserten allgemeinen Wachstumsbedingungen letztlich ungleich mehr als regionale Differentialgewinne oder -verluste von geringer Größe. Im Sinn dieser allgemeinen Begünstigung eines aktiveren Wirtschaftslebens wirkten sich auch noch einige weitere Leistungen aus, die mit der Zollvereinspolitik verbunden waren. Das Netz der nunmehr zollfreien Fernstraßen wurde weiter ausgebaut, endlich auch die zollfreie Flußschiffahrt erreicht, die den Massengütertransport verbilligte. Günstigere Handelsverträge als früher wurden vom Zollverein und nicht von Aberdutzenden von deutschen Einzelstaaten mit den Nachbarländern abgeschlossen. Die Rechtsangleichung in den Mitgliederstaaten wurde vorangetrieben; sie erreichte im «Allgemeinen Deutschen Handelsgesetzbuch» von 1861, dessen Regelwerk die Vereinspartner weithin anerkannten, einen vorläufigen Abschluß. Mehrere Münzkonventionen erleichterten den Zahlungsverkehr. Auch dabei baute Preußen seine wirtschaftliche Führungsstellung aus. Seit 1815 war Deutschland in die beiden großen Währungsräume des Talers und des Guldens geteilt. Das umfangreichste Gebiet beherrschte schon der Taler, während außer den österreichischen Ländern vor allem Bayern und Südwestdeutschland zur Guldenzone gehörten; daneben gab es noch den norddeutschen Markraum um die für den Außenhandel wichtigen Hansestädte von Hamburg bis Lübeck. Durch das Münzgesetz von 1821 hatte Preußen «weite Gebiete des ehemals stark zersplitterten Talerraums nominell unter ein einheitliches Rechnungssystem gebracht» und bis 1827 «den währungspolitischen Primat» der Zentralinstanzen durchgesetzt, obwohl diese die Geldsurrogate der Banken und «Landschaften» in beträchtlichem Umfang weiterhin duldeten. Beim Taler entsprach erfahrungsgemäß der Durchschnittswert am ehesten dem Münzfuß, und daher konnte Berlin auch ohne Schwierigkeiten zusätzliches Staatsgeld in Umlauf bringen, um nicht nur «die heraufziehende Industrialisierung nach der monetären Seite hin» abzustützen, sondern auch um den erweiterten Handels- und Zahlungsverkehr im Zollverein zu erleichtern. Innerhalb kurzer Zeit wurde die Vorrangstellung des preußischen Talers, durch die Münzkonventionen wirksam unterstützt, in der deutschen Zollunion weiter ausgedehnt. Dieser währungspolitische Erfolg brachte nicht nur Berlin einen politischen Bodengewinn, sondern auch dem Zollverein die Vorteile eines tendenziell zunehmend homogeneren Verrechnungssystems.[56]

Noch ehe sich der Zollverein auf die internationalen Wirtschaftsbeziehungen seiner Mitgliedstaaten auszuwirken begann, hat der deutsche Außenhandel eine außerordentlich wichtige Entwicklungsphase durchlaufen. Wie vorn erörtert hatten die meisten deutschen Staaten die Kriegsepoche weit besser überstanden, als bis vor kurzem gewöhnlich angenommen worden ist. Ihr Handelsvolumen hatte sich von 1789 bis 1814 fast verdoppelt, seine Wertsteigerung hatte damit fast Schritt gehalten. Die schwierige Strukturkrise des internationalen Handels, die nach einem Vierteljahrhundert der Revolutionen und Kriege fast sieben Jahre lang anhielt, bis das außenwirtschaftliche Geflecht zwischen den Staaten adjustiert und auf die neuen Verhältnisse umgestellt war, verursachte beträchtliche Störungen auch im Außenhandel der deutschen Staaten. Immerhin reichte der deutsche Export aber bereits 1818 vollständig aus, um die Importe des wichtigsten Handelspartners, Englands, vollständig zu bezahlen. Seit 1823 begann dann der englische Export «ein gutes Teil seines drückenden Übergewichts zu verlieren». Von 1824 bis 1826 blieb die deutsche Handelsbilanz im Verhältnis zu England positiv oder zumindest ausgeglichen. Überhaupt bildeten die Jahre zwischen 1823 und 1826 eine wichtige Zeitspanne für die Export-Importrelationen, da eine allgemeine Aufwärtsbewegung der deutschen Ausfuhr mit der Folge einer aktiven Handelsbilanz einsetzte. Die legendäre Vorstellung von der «Ausbeutung des schwachen Deutschland durch das übermächtige England» muß auch in dieser Hinsicht revidiert werden. Im Gegensatz zur bisher allgemein vorherrschenden Meinung, daß die englische Exportflut auf eine beklagenswerte deutsche Unterlegenheit getroffen sei, hat sich auch von 1827 bis 1833 ein «eindeutiger und erheblicher Exportüberschuß zugunsten Deutschlands» im Handel mit England mit einem durchschnittlichen jährlichen Vorsprung von 9 Mill. T. gehalten. In vier von diesen sieben Jahren lag die deutsche Ausfuhr sogar «überraschend viel höher» als die höchsten britischen Exportziffern. Zwischen 1821 und 1830 verdoppelte sich auch der deutsche Frankreichexport. Vor ihm lag noch die Ausfuhr in die Niederlande, aber wegen des vermutlich beträchtlichen Anteils, den davon der Transithandel nach England besaß, läßt sich eine präzise Zurechnung nicht vornehmen; ungefähr denselben Umfang besaß auch der Export in die österreichischen Länder, die in der hier zugrunde gelegten Außenhandelsstatistik nicht zu «Deutschland» gerechnet worden sind.[57]

Die Gesamtaußenwirtschaft läßt sich also für das Jahr 1830 im wesentlichen in die folgenden vier dominierenden Anteile aufteilen: Weit vorn an der Spitze lag Großbritannien mit 40 %, gefolgt von den Niederlanden (Holland und Belgien) mit 17 %, Österreich mit 16,5 % und Frankreich mit 12 %. Überhaupt eignet sich 1830 als Stichjahr, um einen genaueren Überblick über die deutsche Außenhandelsstruktur zu gewinnen.

Übersicht 35: Deutsche Außenhandelsstruktur 1830 (Wert in Mill. preuß. T.)

	Exportstruktur	Importstruktur
Gesamtwert	127,1 (nach Schätzung noch 16 % höher)	124 (nach Schätzung noch 6 % höher)
Agrarprodukte und Rohstoffe	88,7 (68 %)	40,5 (31 %)
Fertigwaren	28 (23 %)	39,1 (30,5 %)
Kolonialwaren	11 (9 %)	44,6 (38,5 %)

Für das gesamte Außenhandelsvolumen ist ein Wert von 264,3 Mill. T. nachweisbar, doch ergänzende realistische Schätzungen beziffern ihn auf rund 281,1 Mill. T. 54 % des Exports gingen nach England, das überwiegend Rohstoffe und – trotz der Kornzölle – Agrarprodukte einführte. Die wichtigsten Märkte für deutsche Fertigwaren – fast 70 % noch Textilprodukte, insbesondere Wollwaren – lagen dagegen in Nord- und Lateinamerika, wo die volle Konkurrenzfähigkeit gewonnen und nach Ausweis der Hamburger Handelstabellen behauptet wurde. Zwar kamen nur 34 % der Importe aus England, aber dieser Anteil besaß deshalb einen besonderen Wert, weil davon wiederum 70 % (28,3 Mill. T.) von gewerblichen Fertigwaren gestellt wurden – in der Regel von Substitutionen für die noch unterentwikkelte Eigenproduktion an Industriefabrikaten. Nur 15 % dieses Warentyps stammten aus Frankreich. Fast die Hälfte der importierten Rohstoffe wurde vom Textilgewerbe benötigt.

Vor der Durchsetzung der deutschen Industriellen Revolution und der Verbindung der deutschen Regionalmärkte durch das Eisenbahnsystem scheint sich über die außenwirtschaftlichen Beziehungen ein eigentümliches Dreiecksverhältnis zwischen Nordostdeutschland, England und Westdeutschland eingespielt zu haben. Die kommerzialisierte ostelbische Landwirtschaft nahm allmählich ihren Export nach England wieder auf, der sich schon bis 1806 als so lukrativ erwiesen hatte und seit den 20er Jahren manchmal eine solche Höhe erreichte, daß der Empfänger ein «Edelmetall-Leck» (specie drain) spürte. Die westdeutschen Gewerberegionen importierten englische Gewerbeprodukte, insbesondere Halbfabrikate, Roheisen und Garne; für diese beiden Handelsströme besaß Hamburg, vor allen

Ostseehäfen, die Funktion des wichtigsten Umschlagplatzes. Westdeutsche Gewerbeprodukte suchten dann ihren Weg nach Ostdeutschland, dessen Agrargüter wegen der Transportschwierigkeiten vor dem Bau der Eisenbahnlinien den Westen nicht leicht erreichen konnten. Die Handelsbeziehungen «zu England dienten deshalb unter anderem als Ersatz und Bindeglied für den fehlenden deutschen Markt».

Mit anderen Worten, da die ostdeutschen Agrarregionen und die westdeutschen Gewerberegionen noch nicht über einen deutschen Binnenmarkt ökonomisch integriert waren, nutzten sie ihre komparativen Kostenvorteile aus, indem der Osten als «typischer Primärproduktlieferant», vor allem von Wolle und Weizen, das industrielle England versorgte, während der westdeutsche Gewerbeexport wesentlich auf englischen Halbfertigwaren basierte. Der «Hauptantrieb» dieses anglodeutschen Handels ging von der britischen Agrargüternachfrage aus; sie hing von den eigenen Ernteergebnissen ab, die zeitweilig wegen dieses funktionalen Verbundes auch die deutschen gewerblichen und «frühindustriellen Konjunkturschwankungen» mittelbar beeinflußten. Wenn die deutsche gewerbliche Produktion durch die Impulse, die im Rahmen dieses außenwirtschaftlichen Dreiecks weitervermittelt wurden, stimuliert wurde, gab es zwei Reaktionsmöglichkeiten: Eine Antwort bestand in der Expansion des protoindustriellen Verlagswesens, das auf ein Überangebot an billigen Arbeitskräften – wie auf die «Surplus Labor» der Entwicklungsländer – zurückgreifen konnte und ohne Struktur- bzw. Produktivitätsveränderungen in ein extensives, nicht aber intensives Wirtschaftswachstum mündete, wie sich das an den Textilgewerben der Nachkriegszeit häufig beobachten läßt.

Die eigentlich zukunftsträchtige Antwort bestand jedoch im Übergang zur Fabrikproduktion, die allerdings einer anspruchsvolleren, durch kontinuierliche Ausdehnungsfähigkeit gekennzeichneten Nachfrage nach Fertigwaren bedurfte, wie sie zuerst in der Baumwollindustrie, dann aber vor allem durch den Eisenbahn- und Maschinenbau auftrat. Hier spielte dann der Zollschutz insofern eine wesentliche Rolle, als er die Rückkoppelungseffekte zugunsten der Schwerindustrie und des Bergbaus gewissermaßen im Inland festhielt, während sie vorher zum großen Teil nach England abgewandert waren, wie sich bei der Analyse der deutschen Industrialisierung in den 40er Jahren noch zeigen wird.

Um aber wieder auf den Außenhandel vor 1834 zurückzulenken: Hier lassen sich zwei wichtige Konsequenzen seiner erstaunlich günstigen Entwicklung festhalten. Erstens ist der ökonomische Aufwärtstrend der 1820er und 30er Jahre offenbar wesentlich vom «Außenbeitrag der deutschen Volkswirtschaft» getragen worden. Und zweitens hat der rund zehn Jahre lang anhaltende Außenhandelsaufschwung wahrscheinlich auch die Neigung der Regierungen erhöht, das Experiment des Deutschen Zollvereins zu wagen und die Grenzen nach innen zu öffnen.

Im zollvereinten Deutschland setzten sich dann nicht nur die Wachstumsraten des Außenhandels – er vermehrte sich von 1830 bis 1840 um mindestens 15 % –, sondern auch die Nettoüberschüsse des Exports bis 1839 weiter fort. Das Verhältnis von Ausfuhr und Einfuhr in der zweiten Hälfte der 30er Jahre verrät das Übergewicht dieser Exportleistungen: 1836 = 158,6 zu 124,8, 1837 = 138,1 zu 134,4, 1838 = 156,5 zu 151,0 und 1839 = 164,7 zu 149,6 Mill. T. Seit 1840 (162,5 zu 164,5 Mill. T.) kehrte sich die Relation für die gesamten 40er Jahre, zeitweilig in dramatischem Ausmaß, völlig um. Darin drückte sich unmißverständlich die relative Rückständigkeit der deutschen Lieferkapazitäten aus, als die Frühphase der Industriellen Revolution einen unerwarteten Nachfragesog erlebte, der z. B. bis 1844 zu einer Verzehnfachung der Eisen- und Stahleinfuhr in den Zollverein führte. Unübersehbar stieg aber auch insgesamt das Außenhandelsvolumen des Zollvereins weiterhin «deutlich schneller als im ganzen Deutschland» an, weil in ihm sowohl die Industrialisierung in ihre entscheidende Durchbruchsphase eingetreten war, als auch der Agrarexport anhaltende Zuwachsraten besaß, bis er schließlich wieder ein Viertel des britischen Gesamtimports ausmachte.[58]

Da die außenwirtschaftliche Entwicklung der 40er Jahre nur angemessen interpretiert werden kann, wenn sie in den Zusammenhang der deutschen Industrialisierungsfortschritte eingebettet wird, soll diese Thematik unten (Teil 4, I) weiterbehandelt werden. Unabhängig von seinen zeitspezifischen Charakteristika hatte jedenfalls auch der deutsche Außenhandel bereits bis 1840 Entwicklungen unterstützt, die einer florierenden Außenwirtschaft generell zugeschrieben werden: Er begünstigte wirtschaftliche Expansion und Differenzierung der Leistungsfunktionen, die Arbeitsteilung und Organisationserfahrungen, engere Geschäftsbeziehungen und nicht zuletzt erhöhte Kapitalbildung. Dank seiner fortdauernden Dynamik wuchs sein allgemeiner Einfluß seither weiter an.

III.
Strukturbedingungen und Entwicklungsprozesse Sozialer Ungleichheit

Der gewaltige Transformationsprozeß, den Tocqueville, Engels und Burckhardt jeweils in unterschiedlichen Worten, in gemeinsamen Grundzügen jedoch als Resultat der Französischen Revolution, der modernen Staatsbildung und des vordringenden Industriekapitalismus beschrieben haben, hat während der ersten Hälfte des 19. Jahrhunderts auch die Sozialstruktur der deutschsprachigen Gesellschaften in Mitteleuropa unwiderruflich weiter umgeformt. Die diesen Zeitraum durchlaufenden langlebigen Evolutionsprozesse sind sowohl durch die Auswirkungen der Großen Revolution und der napoleonischen Herrschaft auf Deutschland als auch durch die defensive Modernisierungspolitik derjenigen deutschen Länder, welche den staatlichen Konzentrationsprozeß im Verlauf der radikalen «Flurbereinigung» zwischen 1803 und 1815 überlebt haben, nicht nur mit ungeahnter Schubkraft beschleunigt worden, vielmehr sind auch zahlreiche obsolete Hindernisse aus ihrer Bahn geschafft worden. In den Jahrzehnten bis zur Revolution von 1848/49 vollzogen sich daher insbesondere auch im System der sozialen Ungleichheit irreversible Veränderungen, die sich an der Lebenswelt des Adels, der Bürgerlichen, der ländlichen und städtischen Unterschichten usw. bis hin zur bedrohlichen vormärzlichen Gesellschaftskrise des «Pauperismus» verfolgen lassen.

Freilich ist die Zeit nach 1815 zunächst durch die gemeineuropäische Illusion der Rückkehr zur «guten alten Zeit», zur unabänderlichen politischen Stabilität, auch zur nostalgisch verklärten ständischen Rangordnung bestimmt gewesen. Diese Tendenzen traten etwa in dem teils trotzigkämpferisch, teils kritisch-warnend gebrauchten Schlagwort der «retour de la noblesse» zutage. Für die zeitgenössischen Beobachter, aber auch für den rückblickenden Historiker ist mithin die Zeitspanne zwischen 1815 und 1848 an der Oberfläche der Erscheinungen durch eine häufig diffuse Verschränkung widerstreitender Entwicklungen gekennzeichnet. Sichtbar gab es allenthalben Bemühungen um politische und soziale Restauration. Eher unaufdringlich, letztlich aber um so effektiver rückten indes auch neue soziale Formationen, neue ökonomische Verhältnisse, neue politische Ideen und Kräfte vor.

Zeittypisch ist daher die Überlagerung von Resten der alten Ständeordnung und neuen Klassengrenzen: Ob bei Großagrariern, Bildungsbürgern oder Fabrikarbeitern, überall überlappten sich ständische Ehrbegriffe und Lebensansprüche mit den Mentalitäten, die sich aus den Auswirkungen und veränderten Lebensbedingungen der fortschreitenden Klassenbildung ergaben. Konfessionelle Eigenarten, z.B. des streng katholischen, ehemals stiftsfähigen westfälischen Adels, durchkreuzten außerdem seine soziopolitischen Interessen. Der Wirtschaftsliberalismus im ostpreußischen Landadel kontrastierte scharf mit dem reaktionären Konservativismus von Adelsgenossen in anderen Regionen. Der Romantizismus handwerklicher Ehrbarkeit und Nahrung irritierte den Gesellen auf seinem Weg zum industriellen Facharbeiter. Im späten Vormärz hat dieser vielfältige Widerstreit schließlich einen Problemstau herbeigeführt, der sich erst in der Revolution entlud. Wegen der unüberbrückbaren Spannungen hielt Ernst Moritz Arndt diesen Ausbruch für unvermeidbar: denn «so ungeheure Risse» hatten seit 1789 «die letzten fünfzig Jahre durch die Zeit gerissen».[1]

1. Das Vordringen der marktbedingten Klassen

Als die dominante soziale Dynamik der Restaurationsepoche – und die bunte Melange von Altem und Neuen darf den Blick darauf nicht verstellen – erscheint in historischer Perspektive das unaufhaltsame Vordringen der marktbedingten Klassen, jener bereits (in Bd. I) beschriebenen gesellschaftlichen Formationen, die auf der Güter- und Leistungsverwertung auf kapitalistischen Märkten und deren Funktionsmechanismen beruhen. Während weithin noch der Eindruck einer neoständischen Renaissance vorherrschte, wirkten sich realhistorisch diejenigen Triebkräfte unablässig weiter aus, die das strukturelle Gefüge der Gesellschaft gewissermaßen einem neuen Aggregatzustand entgegenführten. Den ausschlaggebenden Basisprozeß bildete die Ausdehnung der kapitalistischen Marktwirtschaft. Das galt einmal für die unter englischer Hegemonie aufblühende internationale Verkehrswirtschaft, mit deren Wachstum auch die deutschen agrar- und gewerblich-industriellen Führungsregionen durch das Schleusensystem des Aus- und Einfuhrhandels, durch Bankbeziehungen und Reedereigeschäfte eng verbunden waren. Zum zweiten galt es für diese Regionen selber, wo sowohl der Agrarkapitalismus als auch der Übergang vom verlegerischen Handelskapitalismus zum industriellen Produktionskapitalismus zunächst mühsam, dann auf einmal zügig vorankamen. Nur fünfundzwanzig Jahre nach dem glänzenden Triumph der politischen Kräfte der Beharrung in Wien stand der Durchbruch der deutschen Industriellen Revolution, damit aber auch eine unvergleichlich machtvolle Expansion marktwirtschaftlicher und marktgesellschaftlicher Prozesse bevor. Die Reformgesetze hatten hemmende Rechtsschranken beseitigt oder alte Normen zugunsten einer tendenziell liberalisierten Wettbewerbs- und Staatsbürgergesellschaft verändert. Rechtlich war es mit der feudal-autochthonen Souveränität der Adelsherren weithin schon vorbei, das bürgerliche Leistungsprinzip hatte sich weiter durchgesetzt, geographische und soziale Mobilität, Gewerbefreiheit und höheres Bildungssystem verstärkten die innergesellschaftliche Bewegung.

Aus diesen Prozessen der Dekorporierung, der Freisetzung neuer individueller Energien, der «Verflüssigung» der überkommenen Sozialhierarchie entwickelten sich jene Bedingungen, unter denen die Magnetfelder kapitalistischer Märkte mit rasch wachsender Anziehungskraft ihre gesellschaftsstrukturierende Macht entfalten konnten. Faktisch oder informell konnten die Repräsentanten der Restauration nach 1815 einiges zurückschrauben, korrigieren, aufhalten. Aber eine prinzipielle Revision der veränderten sozialen und ökonomischen, auch der politischen Rahmenordnung, die aus der Anpassung an den Evolutionsdruck und aus der bürokratischen «Revolution von oben» gegen die Ausstrahlung der Französischen Revolution hervorgegangen war, erwies sich als unmöglich. Sie ist auch trotz allen konservativen Bodengewinns, der die weltgeschichtliche Zäsur zwischen 1789 und 1815 nicht überdecken konnte, nirgendwo in Deutschland ernsthaft, mit allen Machtmitteln versucht worden. Daher gab es nach 1815 für den zentralen sozialhistorischen Vorgang: die beschleunigte Ausbildung ländlicher und städtischer Klassenformationen ungleich günstigere Voraussetzungen als noch wenige Jahre zuvor. Daraus wurde seit den 1840er Jahren deshalb ein unaufhaltsamer Siegeszug, weil die konstitutiven Organisationsprinzipien der heraufziehenden Marktgesellschaft und die entscheidenden Rechtsnormen, die den ökonomischen Basisprozessen relativ flexibel Rechnung trugen, die marktbedingten Klassen nicht nur förderten, sondern erforderten.

Ist diese Grundkonstellation zutreffend charakterisiert, haben wir es seither mit Entwicklungsprozessen zu tun, deren Gewalt sich der Beeinflussung durch Individuen in der Regel fast völlig entzog, die sich hinter ihrem Rücken durchsetzten, über sie hinweggingen und sie in den neuen sozialen Formationen zurückließen. Die Bedingungszusammenhänge einer voranschreitenden Marktgesellschaft ließen es zwar zu, Klassen mit ständischen Attributen zeitweilig zu drapieren, gestatteten es jedoch nicht mehr, die Klassenbildung als solche auf Dauer aufzuhalten. Daher geht es auch bei dieser Problematik darum, wie das bereits 1822 der Begründer der deutschen Rechtsgeschichte, Karl Friedrich v. Eichhorn für die «unbefangene Forschung» forderte: die «Ursachen und Wirkungen größtenteils nur aus den Verhältnissen zu erklären, von welchen der Einzelne beherrscht wird, während er ihnen zu gebieten glaubt». Erst als die sozialen Kosten dieser übermächtigen gesellschaftlichen Umwälzung für das Gemeinwesen eine systemgefährdende Brisanz gewannen, als der Widerstand der Hauptbelasteten ein nicht mehr zu ignorierender Machtfaktor geworden war, mithin im 20. Jahrhundert, konnten sich die Instanzen der politischen Steuerung nicht mehr der Aufgabe entziehen, die soziopolitischen Folgen einer Klassengesellschaft zu korrigieren, in das System der sozialen Ungleichheit aktiv umgestaltend einzugreifen. Bis zu diesem neuen Einschnitt stiegen jedoch auch in der deutschen Gesellschaftsordnung marktbedingte Klassen, dem Imperativ der marktwirtschaftlichen Umorganisation der Gesellschaft folgend, allen Widerständen zum Trotz zur Dominanz auf.

Dieser realhistorische Prozeß der Umwandlung der Stratifikationshierarchie spiegelt sich auch in der Terminologie der Zeitgenossen wider. Der semantische Befund ergibt, wie bereits erwähnt (vgl. Bd. I), daß der Klassenbegriff seit dem letzten Drittel des 18. Jahrhunderts im Vordringen begriffen war, obwohl ihm präzise Trennschärfe oft noch fehlte, manchmal aber durchaus schon eigen war. Svarez sprach bei der Arbeit am ALR noch vage davon, daß die «Mitglieder einer solchen Klasse zusammengenommen» einen staatlich protegierten Funktionsstand ausmachten. Gleichzeitig riet der münstersche Minister Franz v. Fürstenberg zwei jungen Angehörigen des westfälischen Stiftsadels: «Analysieren Sie sorgfältig, welchen Eindruck an verschiedenen Orten auf verschiedene Klassen der Menschen» die Französische Revolution macht. «Die Klassen der Menschen und die Gesinnungen werden sich verschiedentlich klassifizieren lassen.» Ein anderer westdeutscher Edelmann berichtete 1796 von einer Bildungsreise aus Wien über die «Bekanntschaft mit einer höheren Klasse von Leuten». Im neuen Jahrhundert drangen Klassenbegriffe zügig in die Alltagssprache vor, insbesondere im Hinblick auf die «unteren Volksklassen»: Clausewitz kritisierte z. B. 1817 das schlimme Schicksal der eigentumslosen «letzten Klasse»; der Freiherr vom Stein fürchtete 1830 das rapide Wachstum «der untersten Klasse der bürgerlichen Gesellschaft», und v. d. Marwitz verwendete in den 1820er und 30er Jahren Klasse wie ein selbstverständliches Wort – «beide Klassen», arme Ritter und Kossäten, hieß es z. B. 1836, seien zugrunde gegangen. Seither häuften sich Ausdrücke wie «arbeitende», «gebildete», «höhere» Klassen. Friedrich Harkort sah 1844 «alle Klassen der Gesellschaft» durch die vormärzliche Krisensituation betroffen. Moses Heß polemisierte 1846 in seiner Zeitschrift «Gesellschaftsspiegel» wider den Gegensatz zwischen den «besitzlosen Volksklassen» und der «Klasse der Besitzer». Zahlreiche Autoren beschrieben die Pauperisierten und Proletarier der 1830/40er Jahre als «Klassen», längst ehe Lorenz v. Stein, Marx und Engels ihre Klassenbegriffe entfalteten. In den 40er Jahren war Klasse ein fester Topos geworden. Die Brockhaussche «Real-Enzyklopädie» verwendete den allgemeinen Begriff «Klasse» ebenso wie den der «Berufsklasse» seit 1846. Der auf Gemeinverständlichkeit zielende Stil des großen Lexikons verrät, wie sich die «Klassen-Sprache» inzwischen eingebürgert hatte. Überraschen kann das nicht mehr, da Klassenformationen sich vor aller Augen immer schärfer herausgebildet hatten.[2]

Fraglos handelte es sich um einen verwirrenden Pluralismus von hier bereits klar zu erkennenden, dort noch verschleierten, von der traditionalen ständischen Ordnung verdeckten «Gesellschaftsklassen» (v. Stein). Klar hoben sich aber am Ende der Epoche die positiv privilegierten Besitzklassen der kapitalbesitzenden Unternehmer im Großgewerbe und Fabrikwesen, im Banken- und Handelsgeschäft ab, obwohl sie sich erst auf dem Wege der Verschmelzung zu einer relativ binnenhomogenen, durch scharfe Außendifferenzierung abgehobenen Bourgeoisie befanden. Ebenso deutlich waren die agrarischen Unternehmerklassen der adligen und bürgerlichen Großgrundbesitzer hervorgetreten, wobei der Landadel seine herrschaftsständische Position und seinen ständisch stereotypierten Lebensstil mit Macht verteidigte, mithin gerade in dieser Übergangszeit einer «ständischen Klasse» am nächsten kam. In Stadt und Land gab es unter den Oberklassen zahlreiche positiv privilegierte Besitzklassen: städtische Kaufleute und Hausbesitzer, Spediteure und Händler, ländliche Verleger und die nach Besitz und Marktquote unterteilbaren bäuerlichen Besitzklassen.

Mindestens ebenso aufmerksam, zumal sich geheime und offene soziale Angst mit ihnen verband, wurde die Entstehung marktbedingter Erwerbsklassen registriert: die der Verlags-, Manufaktur- und Fabrikarbeiter, der besitzlosen oder -armen Landarbeiter insbesondere im Geltungsbereich der Gutsherrschaft, wo ein nur von eigener Arbeitskraft lebendes Landproletariat frühzeitig beobachtet wurde. Scharfsinnige Zeitgenossen erkannten auch, wie zahlreiche Handwerksgesellen aus der ständisch geprägten Welt des «alten Handwerks» einen gleitenden und dennoch schmerzhaften Übergang in eine der Erwerbsklassen vollziehen mußten. Immer aber sprachen sie im Hinblick auf die marktbedingten Erwerbsklassen von einer Vielzahl «arbeitender», «unterer», «armer Volksklassen», die von einem «Proletariat» mit ausgebildetem Klassenbewußtsein, eigenen Kollektivinteressen, politischer Organisation und Aktion noch meilenweit entfernt waren.

In diesem buntscheckigen Sozialpanorama, das ein System neuer oder verwandelter Ober-, Mittel- und Unterklassen umfaßte, tauchten auch neue Berufsklassen auf, wie die freien Rechtsanwälte, Ärzte und Techniker, oder auch die verschiedenen funktionsspezifisch untergliederten Berufsklassen der Beamten, deren Selbsteinschätzung durchaus ständisch blieb, während sie ihrer objektiven Lage nach, in analytischen Kategorien ausgedrückt, gleichzeitig auch Mitglieder von privilegierten Berufsklassen von Leistungsqualifikationsbesitzern wurden, die der öffentliche Dienst von speziellen Arbeitsmärkten abrief.

Wer keinen Blick für die fundamentalen, manchmal jedoch auch nur subtilen Veränderungen der Sozialhierarchie besaß, mochte glauben, sich an den überkommenen ständischen Begriffen weiterhin verbindlich orientieren zu können. Den klarsichtigen Beobachtern der damaligen Zeit galt jedoch die neuartige, von der Funktionsmechanik kapitalistischer Märkte beschleunigte Transformation der Gesellschaft, von Jahrzehnt zu Jahrzehnt in den Grundzügen immer weniger zu bezweifeln, als unaufhaltsamer Evolutionsprozeß. Die gesellschafts- und sozialhistorische Analyse muß dazu beitragen, über Verlauf und Inhalt dieser Vorgänge mehr Klarheit zu verschaffen.

2. Der Adel im Zeichen der Restauration und des Kapitalismus

Die Zeitspanne von 1803 bis 1815 und die Revolutionsjahre von 1848/49 markieren die beiden tiefsten Einschnitte in der tausendjährigen Geschichte des deutschen Adels. Verloren zahlreiche Adlige schon kurz nach Beginn des 19. Jahrhunderts Land und Herrschaft, Rang und Titel, politische Souveränität und altüberlieferte Rechte, brachte die Gesetzgebung von 1848/49 sogar die formalrechtliche Aufhebung ständischer Unterschiede, damit aber die Herabstufung des Edelmannes zur bevorrechtigten Privatperson. Eingespannt zwischen diese schmerzhaften Zäsuren lagen jene 33 Jahre, in denen der Adel, der durchweg nur 0,2 bis maximal 0,5 % der Bevölkerung ausmachte, zuerst hoffte, soviel wie möglich von seiner traditionalen Herrenstellung wieder aufbauen zu können, während er auf längere Sicht erfahren mußte, daß ihm mit dem vordringenden Agrar- und Industriekapitalismus, dem bürgerlichen Aufstieg, dem bürokratisierten Anstaltsstaat übermächtige Kräfte begegneten, denen auch er, in mehr oder minder erfolgreicher Defensive, sich anzupassen hatte.

Die feindifferenzierte Adelswelt des ausgehenden 18. Jahrhunderts war durch Säkularisation und Mediatisierung, Staatsbildung und antiaristokratische Reformpolitik in ihrer Komplexität rigoros reduziert worden, obwohl im Binnenverständnis des Adels, in der Erinnerung, auch in den Prozessen, die viele Adelsfamilien um ihre Rechtsstellung führten, die historischen Gradierungen und hochgeschätzten Nuancen des kleinen Unterschieds weiterlebten. Im Grunde genügt aber seither ein Fünferspektrum für die Analyse.

Unangefochten stand an der Spitze der Adelspyramide der Hochadel und in diesem wiederum die Elite der 34 regierenden Dynastien, die sich im Genuß der kaiserlichen und königlichen, fürstlichen und herzoglichen Landeshoheit befanden. Dieser schmale Kreis der Souveräne enthüllt klarer, als es viele Worte zu tun vermöchten, in welch ungeheurem Maß der deutsche Adel mit landesherrlichen Rechten in einem knappen Dutzend Jahre zusammengeschrumpft war. Den regierenden Häusern folgte der vor allem in Süddeutschland beheimatete nichtregierende Hochadel, dessen Heirats- und Verkehrskreise sich auch durch ganz Europa zogen. Gleichberechtigt neben ihm stand eine erst durch Art. XIV der Deutschen Bundesakte geschaffene neuständische Adelsschicht: das rund achtzig Familien mit einigen hundert Mitgliedern umfassende Korps der sogenannten Standesherren. Man verstand darunter jene mediatisierten «kleineren regierenden Häuser», die zwischen 1803 und 1814 ihre reichsunmittelbare Landeshoheit verloren hatten, seit der Rheinbundakte als «Standesherren» bezeichnet wurden und als Schöpfung des Wiener Kongresses die mit zahlreichen Sonderrechten ausgestattete «privilegierteste Klasse» in den Bundesstaaten bilden sollten. Mit anderen Worten: Die regierende und nichtregierende deutsche Hocharistokratie wurde durch das Kunstprodukt einer dritten hochadligen Schicht erweitert, die sich – exklusiv wie die beiden andern – mit nach unten fest geschlossenen Grenzen über dem landesherrlichen Niederadel erhob. Juristisch, aber auch psychologisch gesehen, bildete die – bis 1918 bestehende – Ebenbürtigkeit das für den standesherrlichen Hochadel geradezu konstitutive Prinzip, auf das sich trotz der inneren Zweiteilung in fürstliche und gräfliche Standesherren alle seine Angehörigen berufen konnten; als notwendiges Korrelat gehörte dazu die Hoffähigkeit.

Auf dieser unschätzbar wertvollen blaublütigen Gleichberechtigung auch mit den höchsten Dynastien beruhte ein Großteil ihres Selbstwertgefühls, das außerdem aus unterschiedlichen Quellen wie etwa der Zugehörigkeit zum Uradel oder jüngeren Reichsadel, dem Alter der vergangenen Reichsunmittelbarkeit, dem Prestige der fürstlichen und gräflichen Familien gespeist wurde. Die Bundesakte und die dort vorgeschriebenen landesgesetzlichen Ausführungsbestimmungen gewährten ihnen das Anrecht auf die Titel und Wappen, die Prädikate «Durchlaucht» oder «Erlaucht», wogegen die jetzt den Dynastien vorbehaltene alte Devotionalformel «von Gottes Gnaden» untersagt wurde. Die Familienhäupter durften sich jedoch «regierender Fürst» nennen, sie feierten «Regierungsjubiläen», sie nannten ihren ständigen Wohnsitz «Residenz». Kanzleizeremoniell, Ehrenwache, Kirchengebet und Trauergeläut erhielten ihnen traditionale Vorrechte. Die Befreiung vom Militärdienst wurde durch steuerliche Vergünstigungen bis hin zur Steuerfreiheit für Güter und Personen ergänzt. Als Entgelt für den Ausfall früherer Einkünfte wurden ihnen staatliche Renten gezahlt. Wichtig für den Konfliktfall war die Entscheidung, daß den Familienhäuptern der Mediatisierten eine standesspezifische Sonderjustiz: die Austrägalgerichtsbarkeit, d. h. die Rechtsprechung durch ebenbürtige Standesgenossen, erhalten blieb – ein permanenter Stachel gegen die Rechtsgleichheit vor ordentlichen staatlichen Gerichten. Politisch fiel besonders ins Gewicht, daß ihnen bis 1918 die «erbliche erste Landstandschaft» in den Ersten Kammern ihrer Heimatstaaten eingeräumt wurde. Auf der Lokalebene behielten sie richterliche und exekutive Befugnisse in einem Ausmaß, das über die Patrimonialgerichtsbarkeit und die gutspolizeilichen Rechte weit hinausging. Standesherrliche Beamte trugen eigene Titel und Uniformen, manche leisteten sogar, z. B. in Württemberg, einen Diensteid. In sich schlüssig gewährte daher das preußische Edikt über die Standesherren vom Juni 1815 «niedere Regierungsrechte», also gemeinhin dem Zentralstaat vorbehaltene hoheitliche Befugnisse, und sprach, wie auch die bayerische Standesherren-Deklaration von 1807, von den «Untertanen» der neuen Adelskorporation. Bis 1848 kann man nach alledem «mit vollem Recht» von einer Art «Unterlandesherrschaft» der Mediatisierten sprechen, denn dank der staatsrechtlich verbrieften, relativ weitreichenden Autonomie dieser neuen «pouvoir intermédiaire» bildeten die Familien und Stammgüter der Standesherrschaften einen «nichtstaatlichen Verband», der dennoch eigenes Recht statuieren und durch Sanktionen innerhalb der Familie oder gegenüber den Untertanen auch durchsetzen konnte.

Dieses allgemeine Bild bedarf freilich vielfacher Modifizierung im Detail je nach der rechtlichen Regelung und politischen Behandlung in den verschiedenen Bundesstaaten. In Österreich gab es keine einzige Standesherrschaft. Preußen behandelte die Mediatisierten vergleichsweise am großzügigsten (Edikte vom 21. VI. 1815 und 20. V. 1820), so daß Berlin nicht wenige prominente Persönlichkeiten in den höheren Staatsdienst ziehen konnte. Eifersüchtig wachten dagegen die neuen süddeutschen Staaten, wo die meisten Standesherren (73) lebten, über ihre «innere Staatssouveränität», inbesondere solange dort die großen Figuren der bürokratisch-absolutistischen Integrationspolitik am Ruder blieben. Das Bayern des Grafen Montgelas machte seine Subordinationsansprüche seit 1807 am schärfsten geltend und setzte sie sogar als subsidiäre Norm in der Bundesakte durch; in Baden, das neuerdings zu einem Drittel aus standes- und grundherrlichen Gebieten bestand, trat Reitzenstein als entschiedener Gegner der hochgespannten Ansprüche der Mediatisierten auf, und das manche Sonderrechte schroff bekämpfende Württemberg Friedrichs I. galt «als das Purgatorium der Standesherren». Mochte der regierende und nichtregierende Hochadel den Mediatisierten auch generös begegnen, jede Dynastie zwang sie zur Huldigung bei Änderungen im Herrscherhaus, und jeder Staat unterwarf sie seinen Landesgesetzen. Die staatliche Verwaltung arbeitete durchweg darauf hin, sie möglichst nur als adlige Gutsbesitzer zuzulassen und «auf den allgemeinen ununterschiedenen staatsbürgerlichen Status festzulegen».

Daß Staatsangehörige in den Standesherrschaften das Gefühl einer «doppelten Untertanenschaft» ertragen mußten, bildete für den bürokratischen Zentralismus – und die aufbegehrenden Bauern von 1848! – ständig einen Stein des Anstoßes. Der für die Standesherren streitende Heidelberger Staatsrechtler Zöpfl urteilte daher aufgrund seiner Sachkunde, daß mit wachsendem zeitlichen Abstand vom «Unrecht» der Mediatisierung «die Bürokratie in allen Staaten geneigt» sei, die «Forderungen der Bewegungspartei durch neue Schmälerung der den Mediatisierten garantierten Rechte für Augenblicke zu beschwichtigen und zur endlichen Vernichtung dieser Rechte die Hand zu reichen». Gegen die Beschneidung ihrer Privilegien wehrten sich die Standesherren mit bitteren Beschwerden, demonstrativen Gesten der Eigenständigkeit und zahlreichen Prozessen bis hin zu ihrer obersten Appellationsinstanz, dem Frankfurter Bundestag. Tatsächlich aber bäumten sie sich gegen den Prozeß der inneren Staatsbildung und gegen die sozialhistorischen Grundströmungen der Ära vergeblich auf. Ihre Unterlandesherrschaft besaß keine Aussicht auf Konsolidierung mehr, geschweige denn auf expansive Entwicklung. Die Gesetzgebung der Revolutionszeit zog unter den Verteidigungskampf der Standesherren insofern einen vorläufigen Schlußstrich, als sie dieselben überall zu noch immer bevorrechtigten hochadligen Privatleuten machte.

Bis dahin aber stellten die Standesherren «eine Eigentümlichkeit der deutschen Geschichte» dar. Inmitten der zerfallenden ständischen Ordnung und der heraufziehenden Klassengesellschaft bildeten sie ein aus dem Gesamtadel ausgegliedertes, durch staatliches Recht hochgradig privilegiertes neues «politisch-gesellschaftliches Korps des Hochadels von eigener Physiognomie». Trotz seiner anachronistischen Züge demonstrierte dieses Korps auch, wie weit es zu Beginn der Restaurationsepoche gelingen konnte, altüberlieferte Rechtspositionen auf neuem staatsrechtlichen Fundament zu bewahren, umzuformen und dann zugunsten einer neoständischen Adelsschicht immerhin jahrzehntelang zu verteidigen. Während regierende Dynastien und nichtregierender Hochadel noch von einer inzwischen fragwürdigen Kontinuität zehrten, verkörperten die Mediatisierten deutlich die Diskontinuität in der Adelsgeschichte. Mochte es zeitweilig so scheinen, als ob an diesen exklusiven Edelleuten nach ihrer Neukonstituierung als Untergruppe des Hochadels der rasche soziale Wandel in der ersten Hälfte des 19. Jahrhunderts erstaunlich folgenarm vorüberziehe, erwies sich gleichwohl ihr kurzlebiger, die Überreste alter Herrlichkeit unter der Glasglocke des Standesherrentums konservierender Sonderstatus nur zu bald als Pseudoerfolg.[3]

Anders erging es dem landesherrlichen Niederadel. Er durchlief in Süddeutschland eine Entwicklung, die sich von der preußisch-norddeutschen durchaus unterschied. Die Rheinbundstaaten hatten ihre neugewonnene innere Souveränität ausnahmslos dazu genutzt, den Adel soweit wie möglich «durch eine Revolution von oben» zu entrechten. Im Großherzogtum Baden z.B. wurde ihm 1809 der privilegierte Gerichtsstand, 1810 die Steuerfreiheit, 1812 die Militärfreiheit entzogen. Ebenso rigoros ging Württemberg vor. Besonders einprägsam und paradigmatisch aber läßt sich diese antiaristokratisch-etatistische Politik am größten süddeutschen Staat, am Königreich Bayern, verfolgen. Bei Montgelas verband sich ein «wahrhaft revolutionärer» Etatismus mit idiosynkratischer Reserve gegenüber dem Kleinadel. «Der Minister verachtete alles kleine Gewürm», urteilte der Ritter v. Lang aus genauer Kenntnis des bayerischen Entscheidungszentrums, «und schenkte seine Vorliebe nur den auf reichen Fideikommissen und Herrschaftsgerichten ausgespreizten Löwen, Panthern und Leoparden und dann noch einige persönliche Gunst dem bunten Federspiel, das man Ritter nannte. Sein Plan war», ähnlich dem des Freiherrn vom Stein, «ein einziger Adel des großen Großgrundbesitzes, allein durch die ältesten Söhne forterbend, und dann noch ein persönlicher Ritteradel.» Ein «armer und bettelhafter Adel» falle «dem Lande zur größten Last», auch mit dem Briefadel müsse sparsam umgegangen werden: «Der Adel sei ein Luxus, in den meisten Fällen nicht notwendig; wen es also doch hiernach gelüste, der soll bezahlen.» Nirgendwo sonst wurden die Edelleute einer so unerbittlichen, respektlosen Kontrolle ihrer Adelsprädikate unterworfen, wie sie das bayerische Reichsheroldamt, v. Langs Behörde, auf strenge Anweisung von Montgelas mit der Konsequenz ausübte, daß der nach peinlicher Überprüfung anerkannte Bewerber zum staatlich konzessionierten Adligen wurde, der den antifeudalen Souveränitätswillen der «Amtsaristokratie» (so Rotenhan 1819), der «Oberbeamtenschaft» zu spüren bekommen hatte und fortab seinen Titel kraft staatlicher Lizenz, im Prinzip jedoch nicht mehr aus eigenem Recht führen durfte.

Die bis 1808 vervollständigte Adelsmatrikel und das Adelsedikt von 1818, das als fünfte Beilage zur Verfassung staatsrechtlich aufgewertet wurde, hielten die Anzahl der bürokratisch gefilterten Adligen in einer Rangordnung mit fünf Stufen – Fürsten, Grafen, Freiherrn, Ritter, Adlige mit einfachem «von» – genau fest. Die Statistik erfaßte 1822 insgesamt 1384 Adelssippen (1918: 1240), darunter dreizehn Fürsten, einen Marquis, 149 Grafen, 481 Freiherrn und 740 Adlige. Ein Drittel besaß überhaupt keinen Grundbesitz, zehn Jahre später wurden sogar 860 Adlige «ohne allen Besitz» gezählt. Allen strikten Prinzipien zum Trotz ließ der Zustrom neuen Verdienstadels nicht nach. Alle süddeutschen Staaten, auch Montgelas' Bayern, setzten seit 1806 die «Nobilitierung instrumental zur Schöpfung einer Staatsführungselite» aus hochqualifizierten, dem neuen Zentralstaat loyal dienenden Funktionsträgern ein. Außerdem wurden, wie vordem auch, weiterhin «reiche Kaufleute, bürgerliche Gutsbesitzer und jüdische Bankiers» zusammen mit den neuerdings erfolgreichen Industrieunternehmern durch das Adelsprädikat an das Regime gebunden. Deshalb gab es in Bayern nach zwei Nobilitierungsschüben (1808–1811, 1820–1830) im Jahr 1833 422 Adelsfamilien mehr als 1822: nämlich 1806 mit 6515 Angehörigen. In Württemberg fiel jedem Minister, Universitätsrektor und Stabsoffizier quasi automatisch der persönliche Briefadel zu. Die internen Grenzen zwischen altem und neuen Adel blieben natürlich weiterhin scharf ausgeprägt: Die frisch geadelte Familie Seligman-v. Eichthal etwa wurde in Baden nicht in die exklusiven Zirkel aufgenommen, in München jedoch seit 1820 zur hofnahen «Gesellschaft» zugelassen, ein allseits vermerkter Ausnahmefall.

Nach harten Konflikten fixierten in Bayern die Verfassung und das Adelsedikt die Rechtsstellung des Adels. Die Konstitution erkannte als geborene Mitglieder der Ersten Kammer die Mediatisierten und Erblichen Reichsräte an, die gewöhnlich aus dem «großgrundbesitzenden altbayerischen Herrenstand» stammten; er bemühte sich in seinem sozialdefensiven Trotz ganz so, eine «abgeschlossene Kaste» zu bilden, wie der ober- und mainfränkische ehemalige Reichsadel seine hermetisch abgeriegelte «feudale Gesellschaft» bis 1918 zu verteidigen suchte. Im Abgeordnetenhaus war der Adel mit Gerichtsbarkeit und der «den gemeinen Untertanen» gleichgestellte einfache

Adel vertreten. Nach der Überprüfung behielt der Adel Titel und Wappen, das Recht der Siegelführung, des eigenen Gerichtsstandes und der Fideikommißstiftung. Gutsherrliche Gerichtsbarkeit, Hoffähigkeit und Hofdienstrechte wurden ihm vom Landesherrn zugebilligt. Jeder Titel konnte jedoch suspendiert werden, wenn ein Adliger «Lohndienste» übernahm, einen «Kramladen» oder ein Handwerk führte. Fabrikbesitz galt dagegen als standesgemäß.

Zum entscheidenden Statuskriterium wurde der Besitz der nach drei Rangklassen abgestuften adligen Gerichtsbarkeit – der «umstrittenste» Gegenstand der Beratungen bis 1818. Denn der Adel behielt keineswegs wie in Preußen die allgemeine Niedergerichtsbarkeit als ein traditionales Recht, sondern konnte die gutsherrliche Gerichtsbarkeit nur mehr vom Staat delegiert bekommen. Unverzüglich setzte der «Drang nach dem Prestige» dieses genuinen Herrenrechts ein, denn das Patrimonialgericht «war unter den letzten Resten des Feudalismus noch immer das hervorstechendste» Merkmal von Macht über Menschen. Die Gutsherren suchten daher, «ihre Gerichtsbezirke soweit als möglich auszudehnen», erkannte sogleich ein Ministerialreferent, «um ihre zerstreuten Hintersassen in demselben zu umfassen». Die scharf diskriminierten kirchlichen Stiftungen strebten dagegen danach, «sich aller Grundholden um Geld zu entledigen», so daß «über beträchtliche Massen von Gerichtsuntergebenen... die Jurisdiktion feilgeboten und ein öffentlicher, durch die Intelligenzblätter bekanntgemachter Handel mit Familien... zur Regel erhoben» wurde. Bei dieser Art von Menschenschacher traten sogar «Spekulanten» auf, welche «die abzutretenden gutsherrlichen Gerichtssassen in übermäßiger Anzahl auf verschiedenen Wegen an sich zu bringen» verstanden, um «Zwischenhandel auf Gewinn» zu treiben.

Wegen des grundherrlichen Streubesitzes blieb der Patrimonialgerichtsbarkeitsbezirk der Adelsfamilien häufig völlig zersplittert. Um einen Extremfall zu nennen: Dem Gericht Burggrub unterstanden im Vormärz 1343 «Subjekte» in 98 Orten im Einzugsbereich von fünf staatlichen Landgerichten! Infolge dieser Überlappung von Staats- und Adelsgerichtsbezirken wurde «das Sozialgefüge in zwei Klassen von Gemeindebürgern gespalten». Als die gutsherrlichen Gerichte 1848 endlich aufgehoben wurden, gab es immerhin noch insgesamt 773 Adelsgerichte; nur 136 hatten bis dahin durch Totalverzicht zu bestehen aufgehört. Nicht nur die adlige Gerichtsbarkeit beruhte auf staatlichem Delegationsrecht, selbst ein Fundament altadliger Familien, der als Fideikommiß gesicherte Erbsitz, wurde der «Aufsicht des Staatsapparats» unterstellt, der damit Einsicht in die Ertragslage und die «Kontrolle der Finanzen» gewann.

Obwohl von Liberalen die bayerischen Adelsrechte von 1818 als «finsterste Relikte krassesten Aristokratismus» angeprangert wurden, ist doch die Verstaatlichung des Adels unter Montgelas und auch nach 1817/18 erstaunlich weitgetrieben worden. Die Bewahrung einiger Privilegien durch die Verfassung entpuppte sich im Grunde als «Scheinsieg der Aristokraten». Zwar wurde der Niederadel neben dem Hochadel und den Mediatisierten als ein privilegierter Stand von Staates Gnaden anerkannt und bemühte sich, aufgrund seiner spezifischen Herrschafts-, Gerichts- und Eigentumsrechte auch im Verfassungsstaat möglichst viel von seinem traditionalen Charakter zu verteidigen. Nachdem jedoch die bayerische Modernisierungspolitik unter Montgelas mit einem hohen Maß an Effektivität eingesetzt hatte, erwiesen sich die Jahre bis 1848 als «eine in mancherlei Zuckungen verdämmernde Agonie des Feudalismus», und auf längere Sicht war die «Umbildung des adligen Standes zur Gesellschaftsklasse» nicht aufzuhalten.[4]

Unverändert bestand bei dem grundherrlichen älteren süddeutschen Adel das Charakteristikum fort, daß er von seinem arbeitsfreien Renteneinkommen, aufs Ganze gesehen nur selten von einer (meist kleinen) Eigenwirtschaft, lebte und wie bisher eine Karriere am Hof, in der Diplomatie, im Militär, immer häufiger auch bei schwankendem Renteneingang in der Verwaltung anstrebte. Im Norden dagegen wurde die günstige Ertragslage seiner agrarkapitalistischen Unternehmen ein zunehmend wichtigeres Ziel des landsässigen Niederadels. Ihm war die Ahnenprobe erspart geblieben, aber die Unsicherheit im Gefolge der Kriege und Reformgesetze erschwerte eine Zeitlang die Orientierung – die Unbeugsamkeit der altkonservativen Adelsopposition gegen eine zeitgemäße Politik unterstrich das auf ihre Weise. Ihre Vertreter hingen einer Vergangenheit an, wie sie v. d. Marwitz im Gegensatz zur neuen Welt nach den Reformen beschrieb. Früher habe «unter den besitzenden Klassen eine vollständig geregelte Aristokratie in jeder Klasse» geherrscht: «der Bauer über seinen Knecht..., der Schulze über sein Dorf..., der Gutsherr und der Königliche Amtmann über seine Untertanen, alles mit gegenseitiger Verpflichtung und Diensterweisung. Das Resultat der neuen Lehre (der smithianisch inspirierten Reformen) ist gewesen, alle diese Verbindungen zu trennen und jedermann mit unbefriedigten Ansprüchen zu isolieren.» Demgegenüber wollten v. d. Marwitz und seinesgleichen den Adel wieder als starken, mit «gewissen Vorrechten» ausgestatteten «Mittelstand» anerkannt sehen, der – zwischen Dynastie und Volk vermittelnd – dafür sorgte, daß «die Masse» im Interesse des Adels und der Monarchie an ihrem Platz «im Zaum» und «geteilt gehalten» werde. Zugleich sollte der Adel, forderte C. W. v. Lancizolle, eine Schutzwehr «gegen die zersetzenden Kräfte der städtischen Geldmacht» bilden.

Trotz des Pessimismus der Ultras ist jedoch die im Grunde verblüffend schnell erfolgende Stabilisierung und Revitalisierung des preußischen Adels nicht zu übersehen. Die Deklaration von 1816 z.B. (vgl. Bd. I) gab der Agrarreform eine grundlegende Wendung im Sinne der ritterlichen Interessen. Dieser unleugbare rechtlich-politische Erfolg schränkte das bisher eingeleitete Reformwerk zwar scharf ein, hob es aber nicht auf. Im Kampf um guten Boden und freie Arbeitskräfte gewährte es den Gutsbesitzern seither nicht nur nachdrückliche Unterstützung, sondern wirkte auch als weithin spürbares Symbol neuer adliger Machtkonsolidierung. Das Vordringen der Zentralverwaltung in die ländlichen Herrschaftsbezirke hatte der Adel schon 1811/12 abgeblockt, die Grundsteuerfreiheit (für rund 20 Mill. Mo. Land) verteidigt und später erreicht, daß der Landrat seine Adelsgenossen für die Klassensteuer einschätzte, mithin in aller Regel schonte, so daß ein «Moment der indirekten Wirtschaftshilfe» ganz unverhohlen zum Zuge kam.

Zwei, drei Jahre nach Kriegsschluß konnte von der «Kanzlerdiktatur» Hardenbergs ernsthaft nicht mehr die Rede sein, aus einer im Kern geschwächten Position führte er nach dem Ende der Reformzeit zwischen 1817 und 1820 die Regierungsgeschäfte bis 1822 zu Ende. Anstelle des kurzlebigen «bürokratischen Absolutismus» spielte sich in einer neuen, gelegentlich fluktuierenden Kräftekonstellation ein Kondominat zwischen Adel und Bürokratie ein, wobei der Adel am Hof und in der Verwaltung schnell an Stärke, zeitweilig ein Übergewicht gewann, während die Bürokratie teils wieder fügsames Herrschaftsinstrument wurde, teils ihr Expertenwissen für die eigene Behauptungs- und Durchsetzungsfähigkeit ausnutzte und oft auf ihrem Geheimratsliberalismus gesinnungsfest beharrte. Wurden aber vitale Adelsinteressen durch die Reform von oben berührt, blieb sie spätestens seit 1816/18 «überall dort stecken..., wo sich die traditionale ständische Gesellschaft kraft ihrer Beziehung zum Hof als stärker erwies». Andrerseits verteidigten die bedeutenden Köpfe der preußischen Verwaltung ihren Wirtschaftsliberalismus und die Ausführung der Reformgesetze, so gut es unter den gewandelten Bedingungen noch möglich war. Aus dieser labilen Kooperation mit kurzfristig wechselnden Machtschwerpunkten erklären sich die «zwitterhaften Züge in der Physiognomie Preußens» während der drei Jahrzehnte vor 1848.

Hinter der Fassade einer mit kaum verhohlenem Triumph betriebenen Adelsrestauration spielten sich jedoch tiefeinschneidende sozialökonomische Wandlungsprozesse ab, die auch durch die Vormacht am Hof nicht aufgehalten werden konnten. Im «sozialen Hexenkessel des 19. Jahrhunderts» haben die Reformen der defensiven Modernisierung die «längst in Bewegung geratene aristokratisch-autokratische Herrschaftsstruktur» und die «geburtsständische Hierarchie» weiter aufgelöst. Eine Grundtendenz setzte sich seit 1807 beschleunigt fort: Der adlige Erbstand der Ritter zerfiel zusehends und verwandelte sich im Zeichen des Agrarkapitalismus seiner objektiven Funktion nach in eine relativ offene Besitzklasse. Aus dem Niederadel des Landjunkertums wurde Zug um Zug eine «Aristokratie des beliebig übertragbaren Bodeneigentums, eine mobile Wirtschaftsklasse von Kapitalbesitzern, Gutswirtschaftsunternehmern und Arbeitgebern», die jedoch zugleich erbittert darum kämpften, die Rechte und Ansprüche, das

Auftreten und die Symbolik eines exklusiven spätfeudalen Herrschaftsstandes zu behaupten. Um das Ergebnis auf eine Kurzformel zu bringen: Bis 1848 wandelte sich die Ritterschaft «erfolgreich vom herrschenden Stand zur herrschenden Klasse». Insofern wiederholte sich der Dualismus des staatlichen Herrschaftssystems in der Janusköpfigkeit des Adels zwischen Stand und Klasse.

Innerhalb kurzer Zeit änderte sich die soziale Zusammensetzung der ländlichen Oberschicht Ostelbiens, als «ehemalige königliche Domänenpächter, Gutsverwalter, Großbauern, bürgerliche Verwaltungs- und Justizbeamte, Armeelieferanten, Kaufleute, Industrielle, Bankiers und studierte Angehörige der freien Berufe» zu Rittergutsbesitzern aufstiegen. Voll ohnmächtigen Zorns mußten sich die Junker damit abfinden, daß sie es in ihrem Kreis fortab auch mit «frischem Beamtenadel, geadelten oder ungeadelten Plutokraten, getauften oder ungetauften Kleiderjuden, ja bisweilen selbst mit gekämmten oder ungekämmten Gelehrten» zu tun hatten. Wenn trotz dieser Heterogenität die Umschmelzung des neuen Rittergutsbesitzertums «in eine solidarische agrarkapitalistische Produzentenschicht» unter Bewahrung mannigfacher Privilegien für die Edelleute gelang, lag das einmal an der Identität der ökonomischen Interessen, vor allem aber an der erstaunlichen Assimilationskraft des preußischen Landadels, von dem die arrivierten homines novi «sozial verschluckt» wurden. Diese Feudalisierung, genauer: Neoaristokratisierung der bürgerlichen Großgrundbesitzer, mit der sich das allgemeine historische Phänomen bereitwilliger Anpassung an überlegene ständische Vorbilder wiederholte, ist schon deshalb ein bemerkenswertes Zeugnis für die verhaltens- und stilprägende Kraft der adligen Herrenschicht, weil damit allein quantitativ erhebliche Anforderungen verbunden waren. Hatte um 1807 das Verhältnis bürgerlicher Rittergutsbesitzer zu adligen Eigentümern noch etwa 1:10, um 1820 angeblich schon 3:7 betragen, machte es dreißig Jahre später etwa 5:7 aus. Um 1850 waren von 12339 Rittergütern noch 7023 in adligem, 5316 jedoch in bürgerlichem Besitz!

Politisch entzog diese Assimilierung den Bürgerlichen den Boden zu selbständigen politischen Operationen. Machtbewußt hielt der alte Adel jeden bürgerlichen Gutsbesitzer aus der provinzialständischen Vertretung der Ritter, nach Möglichkeit auch vom Landratsamt fern. Höhnisch zähle, gab Staatsrat Kunth seinen Eindruck wieder, der Adel die bürgerlichen Ritter «zu der Hefe des Volkes», und Niebuhr hielt ihre Wahl in den Provinziallandtag trotz «allen illusorischen Ausdrücken des Gesetzes» für praktisch ausgeschlossen, «weil die Oligarchen die Kabale geschlossen haben, nur stiftsfähige Edelleute zu wählen.» Wenn das Oktoberedikt auch das ständische Bodenrecht aufgehoben hatte, wurden die Standesschranken sozialer Exklusivität eben deshalb um so entschiedener verteidigt. Obwohl standesungleiche Heiraten, die unlängst noch das ALR extrem diskriminiert hatte, nicht allzu häufig vorkamen, gab es doch eine zweifache Durchlässigkeit der Standesgrenzen. Adelssöhne heirateten nicht selten, wie die seit 1815 steigende Zahl der Dispensgesuche verrät, reiche Bürgertöchter aus durchsichtigen ökonomischen Gründen. So nahm etwa der spätere preußische Finanzminister v. Patow eine vermögende Hamburger Patriziertochter zur Frau, um seine Güter zu sanieren; in Schlesien sahen sich die Grafen Schaffgotsch und Tiele-Winckler dank ihrer Ehe mit Breslauer Kaufmannstöchtern imstande, die Bodenschätze auf ihrem Landbesitz auszubeuten und bedeutende Montanunternehmen aufzubauen; der Militäradel verhielt sich hinsichtlich des Konnubiums notgedrungen eher noch großzügiger. Adelstöchtern, die nach der Säkularisierung auch nicht mehr als Stiftsdamen versorgt werden konnten, wurde nach Möglichkeit ebenfalls eine standesgleiche Ehe vermittelt, aber die Einheirat in den vom ALR ausdrücklich anerkannten höheren Bürgerstand kam als zweitbeste Wahl ziemlich häufig vor. Um 1850 soll einer Stichprobe zufolge rund ein Viertel der akademischen bürgerlichen Beamten mit Töchtern ihrer adligen Kollegen verheiratet gewesen sein. Fraglos wurde durch die vergleichsweise elastische Heiratspraxis des preußischen Adels – der altbayerische und hannoversche Adel beharrten dagegen auf makelloser Ebenbürtigkeit – seine Wirtschaftskraft gestärkt. Darin ist das Hauptmotiv seiner «Unvoreingenommenheit» zu erblicken. Agrarkapitalistisches Wirtschaften erzwang ein ökonomisches Leistungsdenken, das den ritterlichen Standesdünkel in Frage stellte, ihn jedenfalls nicht mehr als absolut unüberwindbare Hürde fortbestehen ließ.

Porös blieb die Standesgrenze auch dank der Nobilitierungsstrategie. Zwischen 1790 und 1848 wurde 453mal, zwischen 1807 und 1848 241mal der erbliche Adel verliehen; außerdem wurden 208 bzw. 145 Standeserhöhungen vorgenommen. Dadurch wurde einerseits «der Graben zwischen Bürgertum und Adel» vertieft, andrerseits zog derselbe in der zweiten Zeitspanne dank dieser Aufstiegsmobilität 99 Offiziere, 82 Beamte, 50 Rittergutsbesitzer und zehn Unternehmer unwiderruflich an sich. Freilich bildete die Nobilitierung zunächst nur ein Eintrittsbillet, jedoch noch keine Vollmitgliedskarte. Auch dem geadelten hochkonservativen Stabsoffizier wurde so schnell kein politisches Mandat übertragen. Da jedoch angemessener Besitzstand die unabdingbare Voraussetzung für eine standesgemäße Lebensführung des frisch Nobilitierten bildete, drängten sie auf den Erwerb des wertvollsten Symbols, eines Ritterguts, und Konnubium zusammen mit gutsnachbarlichem Verkehr konnte, wahrscheinlich meist in der zweiten Generation, die anfänglichen Barrieren überwinden helfen.[5]

Gelang es auch, aufs Ganze gesehen, dem preußischen Adel erstaunlich effektiv, dem ostelbischen Großgrundbesitz soziopolitisch weiter seinen Stempel aufzuprägen, hatte er es wirtschaftlich keinesfalls, wie die vorne (Teil 3, II. 1 a) beschriebenen heftigen Schwankungen der Agrarkonjunktur nachdrücklich zeigen, mit durchweg rosigen Zeiten zu tun. Bis 1830 kletterte vielmehr im allgemeinen die Verschuldung der Rittergüter rasch hoch, wozu die Spekulationsfolgen, Kriegskosten, Absatzprobleme und dann vor allem die Folgen der schmerzhaften Agrarkrise der 20er Jahre beitrugen. Allein von 1815 bis 1821 ist bei den «Landschaften» die Schuldsumme von 54 auf 74 Mill. T. angestiegen, in Schlesien verdoppelte sie sich sogar. Die Schuldenmoratorien bis 1832, staatliche Darlehen und Geldgeschenke brachten kurzlebige Erleichterung, dafür aber auch das ländliche Kreditgeschäft zum Erliegen. Güterverkauf und Zwangsversteigerung gehörten damals zum Alltag. In Ostpreußen haben bis 1829 von 888 der adelsgenossenschaftlichen «Landschaft» angehörenden Rittergütern 510 den Besitzer gewechselt, die Hälfte davon durch Sequestration; in dieser Provinz mit ihrem adligen Wirtschaftsliberalismus wirkte sich die Bodenmobilität wahrscheinlich am stärksten aus. In Pommern wurden von 1311 Rittergütern 507 – das war mehr als ein Drittel – versteigert, in Posen von 1405 nur 172, in Schlesien 369; seither stellten dort Bürgerliche den Großteil der Käufer. Schon 1835 gab es übrigens auch 51 jüdische Rittergutsbesitzer, denen selbstverständlich alle ständischen Sonderrechte vorenthalten wurden.

In den dreißig Jahren bis 1845 erhöhte sich die Pfandbriefverschuldung der ritterschaftlichen Kreditinstitute durchschnittlich um 34%. Da die Rittergutsqualitäten mit ihren ständischen Exklusivrechten je nach Provinz an eine bestimmte Ertragslage gebunden waren, bedeutete das Unterschreiten dieser Grenze den Verlust der begehrten Rechte. Der ökonomische Druck oder Niedergang hielt mithin nicht nur wirtschaftliche Schwierigkeiten, sondern auch die Möglichkeit eines jähen politischen Absturzes und des Verlustes einer spezifischen Adelsqualität: nämlich der sozialen Ehre des Geschlechts, allzeit präsent. Mit der Stabilisierung der agrarwirtschaftlichen Prosperität seit etwa 1828 bis zur Krise von 1845/47 trat eine spürbare ökonomische Beruhigung ein. Hohe Gewinnspannen konnten erwirtschaftet werden, die wiederum potente Investoren anzogen, so daß der Umschlag auf dem Gütermarkt lebhaft blieb. Von der ohnehin verklärten sozialen Stabilität des bodensässigen Rittergutsbesitzertums blieb nur die teils nostalgische, teils romantisierend-heuchlerische Erinnerung.

Im Kampf um seine wirtschaftliche Behauptung hat der seine Mutation zum agrarkapitalistischen Unternehmer erlebende Junker den ihm ohnehin eigenen derben Egoismus der Interessenverfechtung noch schärfer ausgebildet. Mit unübertrefflicher Direktheit brachte der pommersche Großgrundbesitzer Adolf v. Thadden-Trieglaff diese Haltung auf eine allgemeine Lebensmaxime: «Ich bin bekanntlich ein Konservativer», erklärte der angesehene Pietist und Besitzer eines Musterguts, «weil geschrieben steht, wer da hat, dem wird gegeben, und als echter Preuße verstehe ich den alten Wahlspruch unseres Hauses ‹Suum cuique› nicht bloß, behalte, was du hast, sondern nimm, was du kriegen, aber wohlverstanden, was du mit gutem Gewissen bekommen kannst». Ein so intimer und wohlwollender Kenner des preußischen Adels wie Theodor Fontane hat im «Stechlin» dieses

Bekenntnis indirekt mit einem treffsicheren Bonmot charakterisiert: «Adelssauce mit einem Bibelspruch als Champignon – aber ranzig». Hatte v. Thadden primär an den Ausbau seiner Eigenwirtschaft auf Kosten des Bauernlandes gedacht, besaßen oberschlesische Großgrundbesitzer wie die Fürsten Pless, die Herzöge von Ratibor, die Grafen Henckel v. Donnersmarck und andere eine vergleichbare Rücksichtslosigkeit, als sie «in skrupelloser Weise... die weitgehendsten Bergbauvorrechte..., wie sie sonst nirgends im 19. Jahrhundert verliehen wurden», errangen – Extremprivilegien, die bisher nur das Mittelalter als fürstliche Gnadenerweise gekannt hatte.

Dieselbe Robustheit zeigte sich mindestens ebenso unverhüllt bei der harten Verfolgung des kollektiven Eigennutzes auch in verschiedenen Bereichen der Politik, etwa in der Arena, die zwischen 1825 und 1828 in allen acht Provinzen für die «regionalen Herrschaftsverbände der Kreisstände» geschaffen wurde. Diese kreisständische Versammlung bestand aus allen eingesessenen Rittergutsbesitzern, die mithin ihre Virilstimme behielten; neben sie traten Deputierte der Städte und Bauern. Im Osten gab es in den Kreisständen durchweg eine zehn- bis vierfache Ritterübermacht. In Ostpreußen etwa gehörten 1898 Ritter, 350 Kölmer (d.h. Großbauern), 126 Stadtbürger und 165 Bauern den Kreisständen an; in einem Kreis sah das so aus, daß zwei städtische Magistratsmitglieder und drei bäuerliche Schulzen fünfzig Rittern gegenüberstanden. Diese Kreisordnung verkörperte den «staatlichen Versuch, im Osten den Status quo der Sozialstruktur einzufrieren», und das «verwaltungspolitische Versickern der Staatsmacht auf dem Lande verwässerte zugleich die Agrarreform». Im Westen gab es viel weniger Rittergüter, trotzdem wurden Städte und Bauern schlechtergestellt. In Westfalen saßen 379 Adlige 102 Stadt- und 186 Bauerndeputierten gegenüber. Im Rheinland unterstützte die Staatsregierung die Ritterschaft, indem sie die Wiedereinführung der durch französisches Recht abgeschafften Majorate förderte. 471 neue Rittergüter besaßen zwar nur 4 % des Kulturbodens, ihre Besitzer stellten jedoch 40 % der Kreistagsvertreter. Politisch bedeutete das, in den Westprovinzen «die Anpassung an den Osten so weit wie möglich voranzutreiben». Das stellte in einem Staat, der 1815 zwar den doppelten Umfang gewonnen hatte, «aber keine politisch oder sozial homogene Gesellschaft» besaß, einen äußerst problematischen Anlauf zur inneren Vereinheitlichung im Sinne der adligen Machtelite dar.

Der Kreis behielt seine «Doppelnatur» als formal «staatlicher Verwaltungsbezirk» und «höherer Kommunalverband» mit einer Vetoposition des Adels, der außerdem seit 1816 den Landrat vorschlagen durfte. Die Wahlvorschriften gewährten den 12000 Rittern faktisch das «Monopol, die 329 entscheidenden ersten staatlichen Verwaltungsposten» mit Männern ihres Vertrauens zu besetzen: 89 % stammten aus dem alten, nur 11 % aus dem neuen Adel und bürgerlichen Beamtenfamilien. Über diese einseitige Selektion hinaus wurde die Macht der Landräte noch gestärkt: Von den kreisfreien Städten abgesehen, gewannen die Landräte nach der Beseitigung der Steuerräte die Aufsicht sowohl über die Städte als auch über die ehemals kreisfreien Domänenbauern. Indem daher die Landräte in den bis 1835 eingerichteten 329 Kreisen «alle durch die Auflösung des gutsherrlich-bäuerlichen Bandes» und die Städtereform «frei werdenden Aufsichtsrechte» akkumulierten, zogen sie – Ironie der Reformgesetze – aus den Folgen der staatlichen Modernisierung einen unerwarteten anachronistischen Machtgewinn.

Aufgewertet wurde die politische Position des Adels auch durch die 1823/24 geschaffenen Provinzialstände. Sie knüpften in der Regel nicht an die alten Stände an, sondern bildeten neue Ständeversammlungen, die statt moderner Repräsentativorgane in allen Provinzen eingerichtet wurden. Immerhin gab es eine Versammlung anstelle der altständischen Kurien, außerdem die freie Entscheidung anstelle des imperativen Mandats. Fast überall stellten die Ritter 50 %, die Städte ein Drittel, die Bauern ein Sechstel – der ländliche Grundbesitz mithin zwei Drittel der Vertreter; im Rheinland besaßen Ritter, Stadtbürger und Bauern je ein Drittel der Stimmen. Der gemeinsame Widerstand gegen die künstlich gestärkte Adelsmacht führte dort Vertreter der liberalen Bürgerlichen und der Bourgeoisie mit den Bauern zusammen und förderte die Gärung vor 1848.

Von insgesamt 584 Ständevertretern stellte der Adel 278, das Stadtbürgertum 182, die Bauernschaft 124 begüterte Landwirte, der «Grundbesitz war unverhältnismäßig bevorzugt». In den süddeutschen Ersten Kammern war freilich das Übergewicht des Adels keineswegs geringer. In Preußen jedoch trug «das gesamte Ständesystem» von 1823/28 «von seiner ersten bis zu seiner letzten Bestimmung den Stempel der Angst», denn es «wurde mit bürokratischer Rabulistik tatsächlich das Mißtrauen institutionalisiert». Die Berufung auf das «historische Recht» bildete «nur eine Maske zur generellen Absicherung der Ritterschaft» mit dem Ziel, eine «königstreue», gesamtstaatlich im Prinzip jedermann zugängliche, aber durch massive «Blöcke altständischer Vorrechte» privilegierte Klasse zu erhalten. Die «Beschränkung der Vertretung auf die Provinzen» und die hartnäckige, jahrzehntelange Verweigerung einer staatlich-unitarischen Repräsentation, «die schmale Dosierung der zuerkannten Rechte» der Beratung einer Verwaltung, die durch die Oberpräsidenten die Provinzen recht fest im Griff hatte, «das ausgeklügelte Schottensystem des Wahlverfahrens, die kleinliche Abstimmungsarithmetik und schließlich das Verbot jeder Öffentlichkeit» – all diese Vorkehrungen dienten einer ungeschminkten Absicherung der ritterschaftlichen Vorrechte, ergänzt durch zum Teil neuartige Sonderprivilegien. Da die Maxime «Adel wählt nur Adel» insbesondere gegenüber bürgerlichen und neuadligen Rittergutsbesitzern konsequent verfolgt wurde, verwandelte sich die «relative Majorität auf dem Lande in eine fast absolute auf den Landtagen und Landratsämtern». Uneingeschränkt bestand sie ja ohnehin in den

Kreistagen von sieben Provinzen. Prallten divergierende Interessen in den Provinzialständen aufeinander, wie z. B. außergewöhnlich heftig im Rheinland, entschied Berlin «generell im Sinne der Provinz, in denen sich der Adel am wenigsten nachgiebig zeigte», ein klassischer Beweis für die Durchsetzungsfähigkeit, die strategisch postierte Adelscliquen gegenüber dem Reformflügel der Bürokratie gewonnen hatten.

Ein kluger zeitgenössischer Beobachter wie der gewöhnlich kurzerhand zu den «Rechtshegelianern» geschlagene Philosoph Eduard Gans hat das zutiefst Widersprüchliche, ja Unwahre dieser Politik sogleich unverblümt ausgesprochen. «Die Gesetze von 1807 haben die drei Stände, welche in den Provinzial-Stände-Gesetzen wiederum von den Toten erweckt werden, ausgelöscht», kritisierte Gans ohne Umschweife, «indem ein Adliger ein Gewerbe treiben und ein Gewerbetreibender ein Rittergut besitzen kann. Stände sind aber nur wahrhaft vorhanden, wenn die Individuen wesentlich zu einem derselben gehören müssen; kann ein Individuum zur gleichen Zeit von verschiedenen Ständen sein, so ist das Ständische nur ein Geschäft, die Annahme desselben beliebig und die innere Wahrheit der Abteilung ins bloße gestellt.» Deutlicher konnte ein preußischer Rechtsphilosoph den artifiziellen Charakter der neoständischen Verkleidung des adligen Interessenegoismus schwerlich beim Namen nennen. In der Tat war es die unüberbrückbare Konflikte aufstauende «Zwielichtigkeit der preußischen Gesetzgebung im Vormärz, daß sie, die die politischen Standesrechte des Adels als eines Geburtsstandes beseitigt hatte, auf dem Umweg über regionale Sonderbestimmungen und scheinbar privatrechtliche Exemtionen den Adel wieder abstützte.»[6]

Überdies lebten ja umstrittene alte Rechte weiter fort. Dazu gehörte z. B. die Patrimonialgerichtsbarkeit, die auch nach der Agrarreform das Dorf und die Neusiedlungen nach der Trennung vom Gutsverband umfaßte. Neben der staatlichen Gerichtsbarkeit bestand mithin das konkurrierende Strafverfolgungssystem der Mediatisierten und Ritter bis 1848 weiter fort. 1844 unterstanden von 12,577 Mill. Gerichtseingesessenen (ohne die Rheinprovinz mit ihrem französischen Recht gerechnet) 3,545 Mill., mehr als ein Viertel, diesen privaten Gerichten. Je nach Provinz schwankte der Anteil der ihnen unterstellten Landbewohner: Die Patrimonialgerichtsbarkeit erfaßte in Schlesien 61 %, in Pommern 44 %, in Brandenburg 31 %, in der Provinz Sachsen 23 %, in Ost- und Westpreußen 11 % der ländlichen Bevölkerung; nur in Posen war mit antipolnischer Spitze ausschließlich das staatliche Gerichtswesen durchgesetzt worden. Die ritterliche Polizeigewalt wurde wegen der geringen Zahl staatlicher Gendarmen erweitert und die Polizeigerichtsbarkeit 1827 den Inhabern der Patrimonialgerichte auch noch zuerkannt. Ein Privatmann konnte seither vierzehn Tage Gefängnis, fünf Taler Strafe und körperliche Züchtigung im Zuge einer Amtshandlung verhängen.

Während die Adelsherrschaft staatlich stabilisiert wurde, vollzogen sich jedoch sozialökonomische Entwicklungsprozesse, welche diese massiv abgesicherte Exklusivität von knapp 0,5 % der Bevölkerung mehr als überholt erscheinen ließen. Die Zahl der tüchtigen bürgerlichen und bäuerlichen agrarkapitalistischen Landwirte stieg, der bürgerliche Aufstieg setzte sich fort, der Industriekapitalismus drang vor. Angesichts der nach außen eher befriedigenden, innen aber als prekär empfundenen Stellung des Adels bildeten sich drei idealtypisch unterscheidbare soziopolitische Strömungen heraus.

1. Es gab einen ultrakonservativen Flügel, keineswegs nur aus Landadligen bestehend, der für eine ungehemmte Adelsrestauration eintrat. Sein defensivideologisches Credo schleuderte v. d. Marwitz mit empörten Worten, die ein wahres Schauergemälde der Zeit seit 1807 entwarfen, den Gegnern entgegen: «Es fing nun mit» der Reformbürokratie «(und an Gehülfen aus den anderen Klassen fehlte es nicht) die Revolutionierung des Vaterlandes an, der Krieg der Besitzlosen gegen das Eigentum, der Industrie gegen den Ackerbau, des Beweglichen gegen das Stabile, des krassen Materialismus gegen die von Gott eingeführte Ordnung, des (eingebildeten) Nutzens gegen das Recht, des Augenblicks gegen die Vergangenheit und Zukunft, des Individuums gegen die Familie, der Spekulanten und Comptoirs gegen die Felder und Gewerbe, des Bureaus gegen aus der Geschichte des Landes hervorgegangene Verhältnisse, des Wissens und eingebildeten Talents gegen Tugend und ehrenwerten Charakter». Ohne diesen kraftvollen Stil, aber mit derselben Stoßrichtung sprangen ihm hohe Beamte wie Kamptz und Schmalz bei. Diese Altkonservativen traten dem bürokratischen Zentralismus sogar mit der staatsrechtlichen Konstruktion entgegen, Preußen sei ein föderativer Bund seiner Provinzen und solle das auch fürderhin bleiben. Den Unitarismus der neugewonnenen Staatseinheit konnten sie damit freilich nicht erschüttern. Auf den kreis- und provinzialständischen Versammlungen taten sie sich jedoch nicht selten durch ihre maximalistischen Forderungen hervor, und 1848/49 zeigten sie ein außergewöhnlich hohes Maß an Aktionsfähigkeit.

2. Die Mehrheit konnte eine konventionell traditionalistisch-konservative Gruppierung für sich beanspruchen, die handfeste Interessenpolitik betrieb und zäh verteidigte oder neugewonnene Einflußchancen nach Kräften nutzte. Pointierte programmatische Postulate waren ihre Sache nicht, aber auf das Bekenntnis Ancillons, der 1825 die unauflösliche Zusammengehörigkeit von starkem Adel und Königtum beschwor, hätten sie sich wohl einigen können: «Ohne Adel gibt es keine Monarchie, sondern morgenländischen Despotismus oder eine königliche Demokratie.» Die möglichst ungeschmälerte Herrschaft im Gutsbezirk mit Patrimonialgerichtsbarkeit und Polizeigewalt waren dieser Adelsgruppe harten politischen Streit ganz soviel wert, wie sie die empörenden staatlichen Gießkannengeschenke der Schuldenmoratorien und zinsfreien Darlehen willkommen hieß. Sie warfen ihr Gewicht,

für das es keine überzeugende politische Legitimation gab, auf den kreis- und provinzialständischen Versammlungen in die Waagschale, sie begrüßten es, daß seit den späten 30er Jahren das Duellverbot für erfolgreiche Bürgerliche, die in den vergangenen zwanzig Jahren satisfaktionsfähig geworden, de facto also in ihrer Ehre wie Adlige behandelt worden waren, wieder schärfer durchgesetzt, die Illusion ihrer Einzigartigkeit genährt wurde. Aber sie spürten auch am eindringlichsten die zahlreichen Schwierigkeiten der unentrinnbaren Umstellung auf eine effiziente agrarkapitalistische Gutswirtschaft. Trotz aller konservativen Beharrung bewiesen sie ein nicht gering zu schätzendes Maß an betriebswirtschaftlicher Elastizität bei der Anpassung an die Bedingungen der agrarökonomischen Marktwirtschaft, und von diesem Anpassungserfolg sollten sie bis ins Kaiserreich zehren.

3. Schließlich gab es einen schmalen liberalen Flügel von Rittern und adligen Verwaltungsbeamten, liberal im wirtschaftstheoretischen oder im politischen Sinn – oder beides vereint in einer Person. Hier fanden sich eindrucksvolle Persönlichkeiten, die auch 1848 ein unverwechselbares Profil behielten, das Kollektivverhalten und die Mehrheitsmentalität ihrer Adelsgenossen beeinflußten sie aber nur spärlich oder gar nicht.

Diese verschiedenen Adelsströmungen erlebten parallel, aber gegenläufig vordringende Tendenzen: einerseits eine mehr oder minder positiv beurteilte Verteidigung und Aufwertung der alten Herrenschicht Ostelbiens, zur selben Zeit aber auch eine schleichende Machtdeflation. Die Universitätswissenschaft, den Büchermarkt, den Eisenbahnbau, die Ausbreitung der Industriefabriken konnte der Adel weder kontrollieren noch verhindern. Neue Kräfte meldeten ihre Ansprüche an, und schier unmerklich, aber unwiderruflich verblaßte der einstige «Nimbus des lokalen Herrentums» (Hintze). Trotz der Restaurationsbemühungen wurde die Statusbewahrung immer schwieriger, da die Zentralverwaltung in der Rechtspraxis stillschweigend, öfters ohne viel Aufsehen zu erregen oder verspätete Reaktionen auslösend, ständische Sonderrechte, sofern sie nicht die «Amtsaristokraten» selber betrafen, abbaute. 1837 faßte etwa eine Kabinettsordre, die keineswegs allen Betroffenen sogleich bekannt wurde, Adlige, Offiziere und «höheren Bürgerstand» wie selbstverständlich als «Personen höherer oder gebildeter Stände» zusammen. Gegen diese tendenzielle Statusnivellierung blieb der pommersche Landjunker oder der in seiner Posener Garnison stationierte adlige Offizier vorerst einmal machtlos. Das Familienschloß, Dienstboten, Kutschen, Winterfeste, Reisen in die Hauptstadt oder in Kurorte – sie alle wurden als ostentative Attribute adligen Lebens nach Kräften verteidigt, weil es galt, bei der ritualisierten Status- und Konsumkonkurrenz mitzuhalten. Hinter der Fassade verbarg sich aber oft eine bescheidene Lebensführung, wie es andrerseits mindestens ebenso häufig das Auftrumpfen eines standesgemäßen, und das hieß in der Regel: über die finanziellen Verhältnisse hinausgehenden Verhaltens gab, mit dem Ziel, die traditionale «Dispositionsfreiheit» über Menschen, Zeit und Geld vorzutäuschen.

Standesexklusivität durch Sondererziehung, wie sie früher einmal Ritterakademien oder auf dem Herrensitz lebende Hofmeister gewährleistet hatten, zu bewahren, erwies sich angesichts der Macht der Leistungsdiplome, deren auch Adlige für Militär und Verwaltung bedurften, als immer schwieriger. Die 1842 neugegründete katholische Ritterakademie im rheinischen Bedburg, die zum Teil auch den neuen konfessionellen Spannungen ihre Existenz verdankte, entpuppte sich nicht gerade als Erfolgsunternehmen. Eher wirkten im erhofften Sinn die Kadettenanstalten weiter, wo die Söhne des verarmten Adels eine Qualifikation und verinnerlichte Arroganz zugleich erwarben. Gewiß gab es weiterhin Hauslehrer und Internate, aber immer deutlicher, vor allem seit 1834, erwiesen sich Gymnasium und regelrechtes Universitätsstudium – hier wurden Jura und Staatswissenschaft für die Verwaltungskarriere bevorzugt –, damit aber auch die Beachtung bürgerlicher Leistungskriterien als unvermeidbar. In exklusiven Korps bemühten sich die adligen Studenten, ihren spätfeudalen Ehrenkodex und ein sozial abgeschottetes Leben weiterhin zu kultivieren. Unverändert behielt auch der bornierteste junge Leutnant seine Hoffähigkeit, und im allgemeinen bewegte sich der Adel auch in der Hauptstadt in abgezirkelten Verkehrskreisen, die manchmal selbst hochgestellten bürgerlichen Amtskollegen aus den Ministerien verschlossen blieben. Wer sich über veralteten Standesdünkel großzügig hinwegsetzte, konnte einen unnachgiebigen gesellschaftlichen Boykott auslösen. «Jede sinkende Aristokratie sucht», erklärte der preußische Adlige H. v. Bülow dieses Verhalten, «durch stets wachsende Strenge in der Form, durch ein von Tag zu Tag schroffer werdendes Abschließen von den ihr nicht angehörigen Massen den schwindenden Herrn zu verdecken und zu ersetzen.» Die Bemühungen des oft in geradezu kargen Verhältnissen lebenden Land-, Militär- und Beamtenadels, sich wegen des subsistenzsichernden Gehalts und der Pension angemessen alimentierte Posten im Staatsdienst zu suchen, wo er jedoch auf den jahrzehntelang durchgehaltenen Stellenstop und zahlreiche bürgerliche Konkurrenten traf, haben den Kampf um soziale Distanz noch verschärft.

Eingeklemmt und in ihrer Unentbehrlichkeit verkannt, fühlten sich viele Adlige auch deshalb, weil selbst im Zeichen des adlig-bürokratischen Kondominats der bürokratische Anstaltsstaat weiter vorrückte. Diese Tendenz erfaßte 1842 der bayerische Graf Giech mit der prägnanten Formulierung: «In früheren Zeiten waren es mehr die Personen, welche die öffentlichen Angelegenheiten leiteten. Jetzt sind es mehr die Institutionen. Die sachlichen Beziehungen haben das Übergewicht gewonnen.» Und leicht war es nicht mehr, in den politischen Institutionen wenigstens an den strategischen Stellen die Vormacht des Adels zu behaupten. Endlose Kämpfe standen ihm hier bis 1918 bevor.[7]

3. Die Bauern und die ländlichen Unterschichten

Hinter der trügerisch ruhigen Fassade der Restaurationsepoche vollzogen sich nicht nur für den Adel schmerzhafte Veränderungen, sondern die bäuerliche Welt erfuhr bis zur Jahrhundertmitte eine womöglich noch einschneidendere Umwandlung. Hatte die große Mehrheit der Bauern bis rund 1800 unter den rechtlichen und sozioökonomischen Bedingungen des Spätfeudalismus gelebt – ob nun unter den vergleichsweise milden Formen der westdeutschen Rentengrundherrschaft oder im starren Gehäuse der gutsherrschaftlichen Erbuntertänigkeit –, stießen die in der ersten Jahrhunderthälfte in fast allen deutschen Staaten eingeleiteten und bis 1848 weithin durchgeführten Agrarreformen das Tor zu einer neuen Entwicklungsphase auf. Trotz der verwirrenden regionalen Eigenarten, die diese Entwicklung in den historischen Landschaften mit ihren völlig verschiedenen Ausgangsbedingungen und divergierenden Ergebnissen tiefgreifend beeinflußten, lassen sich doch einige gemeinsame Grundtatsachen festhalten.

Im allgemeinen wurde bis 1848 die persönliche Unfreiheit der Bauern aufgehoben. Für den größten Teil der Bodenfläche wurden die feudalrechtlichen Bindungen beseitigt. Die große Mehrheit besaß am Ende des Vormärz das autonome Verfügungsrecht über das Privateigentum an Grund und Hof. Mit Rentenzahlung, Landabtretung und Naturalienlieferung waren die überkommenen Abgaben und Dienste teilweise schon abgelöst worden, oder aber die Guts- und Grundherren wurden nach dem Abschluß des juristischen Klärungsverfahrens für die aufgehobenen Feudalpflichten im Verlauf eines langwierigen Kapitaltransfers vorteilhaft entschädigt. Auch wenn man einmal die zahlreichen mehr oder minder gravierenden Ausnahmen beiseite läßt und sich die hohen sozialen Kosten vergegenwärtigt: die Existenzvernichtung, das menschliche Leid, die soziale Degradierung usw., die alle unleugbare Bestandteile des Reformverlaufs bildeten, befand sich die Masse der existenzfähigen Bauern 1848 in einer relativ gesicherten Position auf den mittleren und zum Teil den oberen Rängen der ländlichen Besitzklassenhierarchie und privaten Eigentümergesellschaft.

Überall, wo altertümliche Zustände beseitigt werden mußten, hatten die Agrarreformen des staatlich gesteuerten Modernisierungsprozesses die Funktion eines «Reglers» ausgeübt, «durch den der Prozeß der Herausbildung agrarkapitalistischer Verhältnisse... kanalisiert» wurde. Die gewaltigen Schwierigkeiten, die bei diesem Umbau von Agrargesellschaft und -wirtschaft allerorts auftraten und zu ihrer Überwindung eine «unleugbare bewundernswerte Arbeitsleistung» (Harnisch) erforderten, sind durch den unregelmäßigen Rhythmus der Agrarkonjunkturen und -krisen noch gravierend verschärft worden. Im Vergleich mit den adligen und bürgerlichen Großgrundbesitzern bekamen insbesondere die ablösenden und regulierenden Bauern ihre ökonomisch-finanzielle Inferiorität und ihre Wettbewerbsnachteile nachdrücklich zu spüren, als ihre Abhängigkeit von anonymen Prozessen auf agrarkapitalistischen Märkten weiter anwuchs. Aber die Masse der selbständigen, lebensfähigen Bauern zeigte sich, als die Schwelle zur zweiten Jahrhunderthälfte herannahte, diesen Belastungen gewachsen.[8]

Hinter den regionalhistorischen Unterschieden sind weitere gemeinsame Grundlinien der agrargesellschaftlichen Entwicklung zu erkennen. Die Groß- und Mittelbauern, die bis Ende des 18. Jahrhunderts bekanntlich längst zu einer Minderheit geworden waren, behielten diesen Status nicht nur bei, sondern er prägte sich wegen des überproportional hohen Wachstums der unterbäuerlich-landlosen und kleinbäuerlichen Klassen und Schichten noch schärfer aus. Ob man nach Ostpreußen und Brandenburg, auf die Magdeburger Börde und das Königreich Sachsen, nach Hannover, Minden-Ravensberg oder Altbayern blickt: In der Regel stellten diese Bauern nur ein Fünftel bis maximal ein Viertel der in der Landwirtschaft tätigen Bevölkerung; anderswo: im Paderborner Land, im Breisgau, im Schwäbischen, in großen Teilen von Schlesien machte ihr Anteil sogar nur sechs bis sechzehn Prozent aus. Diese Minderheit begriff sich in ihrer Selbsteinschätzung noch völlig in den überlieferten Kategorien eines ständischen Sozialgefüges. Die Dominanz, welche die Größe und Qualität des Grundbesitzes im sozioökonomischen und politisch-kulturellen Leben besaßen, die davon abhängige Marktquote der Produktion und das Ausmaß der wachsenden Einbeziehung in marktwirtschaftliche Verflechtungen erfordern es jedoch, von immer klarer hervortretenden Besitzklassen zu sprechen. Zwischen diesen bäuerlichen Besitzklassen gab es unübersehbare Differenzen aufgrund des Eigentumswertes, des Prestiges, des Einflusses, außerdem wirkten sich innerhalb dieser Klassen zahlreiche feine Gradierungen und Abschattierungen von alltagsprägender Kraft aus. Mit Sicherheit aber gab es keinen «Bauernstand» mehr, wie er für das Mittelalter und die Frühe Neuzeit angenommen wird, und die Selbstdefinition in zählebigen Standesvorstellungen reicht für eine objektivierende sozialhistorische Ortsbestimmung nicht aus.

Die Vollbauern, die durch ihren Grundbesitz – «die wichtigste Determinante» im ländlichen Leben – ohnehin hervorgehoben wurden, nutzten auch an erster Stelle die Gemeinheiten – so lange es sie noch gab – als Weide und Holzreserve; bei der Aufteilung wurden sie wiederum bevorzugt berücksichtigt. Innerhalb der Einwohnergemeinde aller Lasten tragenden Bewohner bildeten sie die eigentliche Realgemeinde mit den Privilegien der Verwaltung und Entscheidung wesentlicher Angelegenheiten. Allein aus ihrer Mitte wählten sie den Dorfvorsteher oder Schulzen; oft blieb das Amt über Generationen hinweg im Besitz einer besonders angesehenen Familie. Der Vorsteher legte die Kommunalabgaben fest, führte die Kasse, besaß die niedere Polizeigewalt, regelte die Allmendenutzung und die Einteilung der

Gemeindedienste wie den Wegebau usw. Dabei unterstützten ihn als Träger formaler Rechtsgewalt die Funktionsmechanismen der von der «Bauernaristokratie» im Mikrokosmos des Dorfes effektiv ausgeübten «informellen... sozialen Kontrolle». Faktisch besaßen die Bauern oft genug das «Monopol der lokalen politischen Macht», die sie «umsichtig, gebieterisch», unverhohlen ihre Eigeninteressen verfolgend, zu ihren Gunsten, danach auch der Verwandtschaft und eines weiteren Klientel- und Patronagekreises einsetzten. Dieser «kommunalpolitische Herrschaftsclan» nahm, getragen von den «Unspoken Assumptions» der besitzhierarchisch orientierten dörflichen Mentalität, nicht nur exklusive wirtschaftliche und politische Rechte in Anspruch, sondern zeichnete sich auch durch eine Vielzahl von respektierten Vorrechten und einen sorgfältig beachteten Verhaltensstil aus. Seine Angehörigen besaßen einen eigenen Kirchstuhl und Friedhofsplatz; im Wirtshaus wartete ein eigener Tisch auf sie; Grüße und Gesprächston verrieten die Reputation, die sie genossen. Der soziale Umgang im engen, keineswegs durch räumliche Nähe bestimmten Verkehrskreis der Gleichgestellten, die Mitgift der Töchter, die offene Konsumdemonstration mit Haus und Einrichtung, Möbeln und Wertgegenständen, das Renommiergehabe auf Festen, Hochzeiten und Begräbnissen enthüllten ihre hervorgehobene Rolle.

Da Besitzunterschiede von so überragender Bedeutung blieben, stand der Fundamentalzweck, den Besitz zu sichern, zu vermehren und zu vererben, unbestritten im Mittelpunkt bäuerlichen Handelns und Planens. Das Konnubium mit Kätnern, Insten und Tagelöhnern wurde infolgedessen unnachsichtig diskriminiert. Die «am Besitzstand orientierte Endogamie» der bäuerlichen Familien blieb ungeschriebenes Gesetz. So wurde durch Eigentum und Erbrecht, durch politischen Einfluß und informelle Präponderanz das bäuerliche Besitz- und Sozialgefüge zu stabilisieren versucht. In langwierigen Sozialisationsprozessen wurde die ländliche Besitzhierarchie mit all ihren Folgeerscheinungen von jedem jungen Dorfbewohner verinnerlicht und bis zum Einsetzen schwerer, polarisierender Konflikte als vorgegebene traditionale Ordnung anerkannt oder doch als «natürlicher» Zustand hingenommen. Die Beobachtung eines irritierten Landpfarrers, daß sich selbst die Dorfkinder beim ersten Konfirmandenunterricht stillschweigend gemäß der sozialen Rangordnung hinsetzten: vorn die Söhne und Töchter des Schulzen und der Vollbauern, dann der Kleinbauern, danach die der Büdner und Tagelöhner, zuletzt des Abdeckers, konnte nur den Ankömmling aus einer fremden Lebenswelt überraschen.[9]

In mannigfacher Hinsicht veränderten oder überformten regionale Besonderheiten den Fundus an Gemeinsamkeiten der bäuerlichen Existenz. Um mit einem negativen Sonderfall zu beginnen: In Mecklenburg mit seiner anachronistischen Adelsherrschaft, der das Fehlen eines jeglichen Bauernschutzes entsprach, wurden zwischen 1820 und 1850 rd. 25% aller Bauern mit fast 50% des bäuerlichen Landes gelegt oder ausgekauft; bis 1900 sind in den beiden mecklenburgischen Staaten rd. 75% aller seit dem zweiten Drittel des 17. Jahrhunderts registrierten Bauernstellen verschwunden, in den ritterschaftlichen Gebieten sogar 97%. «Nirgendwo» in ganz Deutschland «wurde schlechter reguliert» als dort.

Im Königreich Sachsen dagegen blieb durch die verspätete, aber bauernfreundliche Reformgesetzgebung seit den 1830er Jahren das vererbbare Bauernland, 77% des Kulturbodens, vollständig erhalten. Auch in Preußen gab es «keine massenhafte, direkte Expropriation von Bauern», wie das bei der Erörterung der Reformfolgen schon (in Bd. I) geschildert worden ist. Die Zahl von rund 351600 spannfähigen Bauern im Jahre 1816 hat sich bis 1860 nur um 2% auf rund 344700 mit 35 Mill. ha Land verringert. Maximal 8% der bäuerlichen Betriebsfläche von 1816 gingen verloren – ein bitterer Verlust, der aber durch die Kultivierung von Neuland mehr als wettgemacht wurde; überdies wurde bis 1848 die riesige Reserve der Brache von fast 50% der bestellbaren Ackerfläche zunehmend ausgenutzt.

Die erdrückende Mehrheit der ehemaligen Domänenbauern, der abgelösten und regulierten Groß- und Mittelbauern blieb trotz der schweren Belastung durch Landabtretung, Ablösungsrenten, Hypothekenzinsen, Separationskosten, erhöhte Staatssteuern und Kommunallasten imstande, auf existenzsichernden Höfen zu überleben. Nicht selten ist sogar ein an den Neubauten und Geräten, der Hauseinrichtung und Kleidung ablesbarer ökonomischer Aufschwung festzustellen. Rund 84% dieser spannfähigen Ablösungs- und Regulierungsbauern mit 92% des bäuerlichen Bodens hatten bis 1848 das guts- oder grundherrliche Verhältnis aufgelöst, d.h. die meisten Auseinandersetzungen waren rechtlich abgeschlossen, der größte Teil der Entschädigungsrenten mußte jedoch noch gezahlt werden. Außerdem standen auch die «befreiten» Bauern des Gutsbesitzers dank der konservierten Machtposition der Ritter in soziopolitischer Hinsicht noch immer in einem halbuntertänigen Verhältnis zu ihrem «Herrn», während sie außerhalb in den freien Dörfern ein beträchtliches Maß an Autonomie genossen.

Eine verblüffende Expansion erfolgte im Bereich der kleinbäuerlichen Stellen. Gab es 1816 rund 533000 Kleinbauern mit bis zu 15 Mo. Land, stieg die Zahl der Höfe bis zu 30 Mo. Land vor 1849 auf 1,392 Mill. an; in Schlesien betrug damals der Anteil der ländlichen Betriebe mit Land unter 5 Mo. nicht weniger als 44%. Die Separationen, die Gemeinheitsteilungen und die Dismembration von Gütern und Höfen ermöglichten das Wachstum dieser Besitzklasse von «kleinbäuerlichen Grundeigentümern», das sich auch in der Verdoppelung der Preise für Kleinland sichtbar widerspiegelte. Rund 100000 auf Rittergutsland lebende Kleinbauern und Kossäten wurden erst im März 1850 regulierungsfähig, blieben also bis dahin in das Netz feudalrechtlicher Verpflichtungen eingezurrt.

Auch die meist nebenerwerbsabhängigen Kleinbauern rechneten sich jedoch noch zur Bauernschaft. Manchmal gelang es einigen von ihnen, durch unentwegte Arbeit, eine erfolgreiche Heirat und mit viel Glück die Subsistenzwirtschaft mit einer Vollerwerbsstelle hinter sich zu lassen oder sogar in den Rang eines Mittelbauern aufzusteigen. Insgesamt blieben das indes, vor allem seit den 1840er Jahren, auffallende Ausnahmefälle. Aber noch der kleinste Hof erhielt eine schroff betonte soziale Distanz zwischen seinem Besitzer einerseits, dem landarmen Arbeiter, erst recht dem Landlosen andrerseits. Je klarer sich agrarkapitalistische Verhältnisse bis in den späten Vormärz hinein endgültig durchsetzten, desto deutlicher wurde auch die Beziehung zwischen Bauer und Landarbeiter ausschließlich als Verhältnis von Herr und Knecht empfunden, über das die Verdeckungsideologie eines wohlwollenden Patriarchalismus, wie ihn die Gutsherren auch für sich gern in Anspruch nahmen, nur mehr notdürftig hinwegtäuschte.

Bereits um 1800 hatten die Landarmen und Landlosen im preußischen Ançien Régime knapp zwei Drittel der Landbevölkerung gebildet, und ihr Anteil war seither unaufhörlich weiter angewachsen. Sie stellten im nordöstlichen Deutschland das unerschöpfliche Reservoir der Landarbeiter, die in ihrem Leben allenthalben, während der Agrarkapitalismus sie unzweifelhaft in seinen Geltungsbereich weiter einbezog, auch noch die Nachteile der nur langsam dahinschwindenden halbfeudalen Ausbeutung zu spüren bekamen. Der Barlohn machte z. B. einen sehr geringen Teil ihres Einkommens aus. Bis 1850 sollen etwa neun Zehntel des Lohns in Gestalt von Naturaliendeputaten übergeben worden sein. «Die Abarbeit» für überlassene Parzellen, die Dienstpflicht der ganzen Familie von Sonnenaufgang bis -untergang, die entmündigte Existenz unter dem Gesinderecht – sie gehörten zu diesem Schwebezustand, in dem sich die Risiken formal freier Lohnarbeit und die Zwangsmethoden des Spätfeudalismus in der Phase seiner Agonie zu Lasten der ländlichen Arbeiterfamilien akkumulierten.[10]

Die innere Differenzierung dieser Landarbeiterschaft läßt sich mit Hilfe von vier Kategorien erfassen.

1. Eine eigene Sozial- und Rechtsfigur stellte der durch einen langfristigen Kontrakt fest angebundene Gutstagelöhner, der Inste, dar; von ihnen soll es bis 1840 schätzungsweise rund 200000 gegeben haben, die mit ihren großen Familien den festen Arbeiterstamm der Gutsbetriebe bildeten, nachdem die ritterliche Eigenwirtschaft nicht mehr in dem gewohnten Maße auf bäuerliche Frondienste zurückgreifen konnte oder erst aufgebaut werden mußte. Dem Instenverhältnis lag kein «reiner Arbeitsvertrag im modernen Sinne» zugrunde, «weil es ein Herrschaftsverhältnis über die Person des Instmanns nicht nur de facto…, sondern de iure begründete, und zwar verwaltungsrechtlich und privatrechtlich: verwaltungsrechtlich, weil der Arbeitgeber zugleich Gerichtsobrigkeit war, privatrechtlich, weil es in erster Linie die einseitige, grundsätzlich unbeschränkte, d. h. nur zeitlich abgegrenzte Ver-

pflichtung des Insten und seiner Familienglieder nach Belieben des Gutsherrn sich zur Arbeit... zur Verfügung zu stellen, begründete.» Der Inste stand auch deshalb nicht in einem «reinen Lohnverhältnis», weil sein Einkommen nur zum geringen Teil aus einem fest fixierten Barlohn, an erster Stelle vielmehr aus einem als Deputat ausgeteilten Anteil «am Roheinkommen der Gutswirtschaft» bestand. «Vollständige Unterwerfung unter die Disposition des Herrn, aber verbunden mit wirtschaftlicher Interessengemeinschaft» – das bildete jahrzehntelang das charakteristische Signum der Instenexistenz. Sie stellte im Grunde nur «eine Modifikation des alten gutsherrlich-bäuerlichen Verhältnisses» dar. Mit andern Worten: Das Instenverhältnis wurde geprägt durch seinen Übergangscharakter als ein «Produkt des Feudalismus, dem es entstammte, und des Kapitalismus, in den es hineinwuchs». Nach alledem kann es nicht verwundern, daß sich einem zeitgenössischen Beobachter die rhetorische Frage aufdrängte: «Ist dies nun etwas anderes als, der Sache nach, ein Frondienst?»

Die Insten erhielten, wie gesagt, in der ersten Hälfte des 19. Jahrhunderts außer Deputaten und einer geringen Geldsumme eine Kate, häufig auch bis zu zwei, drei Morgen Land zur eigenen Nutzung überlassen. Gewöhnlich mußte der Inste je nach Bedarf zusätzliche Scharwerker aus der eigenen Familie stellen oder selber mieten. In totaler Abhängigkeit vom Gutsherrn lebend, seiner Willkür ausgesetzt oder gelegentlich sein Wohlwollen erfahrend, genoß er im Zeichen wachsenden Arbeitsplatzmangels immerhin die Vorzüge eines dauerhaften Arbeitsverhältnisses, das einige Nachteile der verschleierten Untertänigkeit kompensierte. Ritter und Bürokraten scheuten sich andrerseits nicht, dieses Abhängigkeitsverhältnis rechtlich zu verfestigen und zu verschärfen, indem sie die Insten seit 1837, von Ost- und Westpreußen ausgehend, direkt der Gesindeordnung, damit z. B. auch der Polizeiaufsicht durch den Gutsherrn, unterwarfen. Im offenen Kontrast zu dieser reformwidrigen Rückkehr zu traditionalen Bindungen standen ökonomische Veränderungen, die das ursprüngliche Instenverhältnis seit den 40er Jahren allmählich auszuhöhlen begannen. Die Landnutzung durch Insten wurde schrittweise reduziert, Geldlohn ersetzte einen wachsenden Teil der Deputate, die Anteilsvergütung entfiel immer häufiger. Da die Agrarpreise stiegen, das kultivierte Land im Eigenbetrieb bestellt werden sollte, ein fester Arbeiterstamm inzwischen gewonnen war und zusätzliche Arbeitskräfte sich reichlich anboten, wurde das Instenverhältnis für die Güter unrentabel, so daß sich sein Charakter in den beiden Jahrzehnten nach der Jahrhundertmitte zusehends veränderte.

2. Die Masse der Landarbeiter wurde von den Tagelöhnern gestellt, die man noch einmal in zwei Schichten untergliedern muß. Die Eigenkätner, Häusler, Büdner usw. besaßen eine Hütte mit Land bis zu einer Größe von höchstens drei bis vier Hektar. Sie waren dadurch nach fremdem und eigenem Urteil bessergestellt als die Besitzlosen, blieben aber durchweg von

agrarischem und gewerblichem Nebenerwerb abhängig. Im Sommer leisteten sie auf den Gütern und größeren Bauernhöfen Saisonarbeit, im Winter stand das protoindustrielle Heimgewerbe im Vordergrund. Je nach Landschaft und Konjunkturlage konnte die landwirtschaftliche Arbeit zum eigentlichen Nebengewerbe werden, so daß die Abhängigkeit von der ihrer tödlichen Krise entgegengehenden Hausindustrie fatale Züge annahm.

3. Die Einlieger und Losleute dagegen gehörten zu den Landlosen, wohnten auf den Gütern und Höfen zur Miete und verkauften ihre Arbeitskraft gegen Naturaldeputate und Bargeldlöhne. Diese Tagelöhner kamen dem Typ des freien Lohnarbeiters am nächsten, sie bildeten den Kern des eigentlichen Agrarproletariats. Die Löhne dieser Landarbeiter lagen häufig unter dem Existenzminimum, das im späten Vormärz für Schlesien z. B. auf 141 bis 174 Taler p. a. sachkundig geschätzt wurde, während dort eine Tagelöhnerfamilie in der Landwirtschaft auf 60 bis 80 Taler kommen konnte, also geradezu zum Überleben auf ihr protoindustrielles Zusatzeinkommen angewiesen blieb.

Die Anzahl der Insten, Häusler und Eigenkätner berechnete der preußische Statistiker Dieterici 1846 auf 668400, die der Tagelöhner auf 873300. Mit ihren Angehörigen zählten die Landarmen bei einer klein gehaltenen durchschnittlichen Familiengröße von vier Personen fast 3, die Landlosen über 3,5 Millionen. Nimmt man eine realitätsnähere durchschnittliche Familiengröße von fünf Personen an, wären es schon 3,5 bzw. 4,5 Mill. gewesen. Diese 8 Mill. blieben immer noch unter Dietericis 60 % Pauperisierten der 16 Mill. Einwohner von 1848. Solche Zahlen vermitteln eine annähernd zutreffende numerische Vorstellung von der Größe der Probleme. Einlieger, Tagelöhner und Heuerlinge führten, konstatierte 1848 selbst das Preußische Landesökonomiekollegium nach einer breitgestreuten Umfrage zur sozioökonomischen Lage der Landbevölkerung, eine «überwiegend dürftige und haltlose Existenz».

4. Das Gesinde schließlich, das sich sowohl aus Angehörigen der Landarbeiterfamilien als auch aus Söhnen und Töchtern insbesondere der Kleinbauern rekrutierte, gehörte zum Kern der langfristig betriebsintegrierten Guts- und Hofarbeiter. Gesindeleute besaßen keinen Gebäude- und Bodenanteil, sie erhielten Kost und Logis, je nach Vereinbarung auch eine geringe Barsumme. Häufig blieb der Gesindedienst eine Durchgangsstation für junge Leute, ehe sie die Suche nach einer günstigeren Tätigkeit aufnahmen; je später desto häufiger wurden sie durch Tagelöhner ersetzt. Auf vielen Gütern gab es aber auch jahrzehntelang dieselben Knechte und Mägde im Gesindestatus. Aufgrund der mehrfach verschärften Gesindeordnung von 1810 unterstand das Gesinde der paternalistischen Hausgewalt des Betriebsbesitzers. Mit einem Minimum an Eigenrechten ausgestattet, blieb es faktisch der nahezu schrankenlosen Verfügungsgewalt seines Dienstherrn preisgegeben. Die Gesindeordnung liest sich wie ein pedantisch genau

ausgeklügelter Katalog von Rechtsbeschränkungen, Zwangsvorschriften und Strafmaßnahmen, die den «plagenvollen Dienstzwang», wie der Fürst zu Putbus 1817 monierte, konkret fixierten.

Die Wirklichkeit des Gesindelebens behielt, ungeachtet solcher Einwände, ihre rechtlich abgesicherten drakonischen Züge. Durch verbotene Absprachen drückten die Gutsbesitzer auch die Gesindejahreslöhne auf einen Minimalstand. Offener Protest konnte zu Körperstrafen, zur Entlassung und zu einem negativen Dienstattest führen. Nach heftigem Drängen des Landadels führte das preußische Staatsministerium Ende 1846, als es weit über eine Million Gesindeleute gab, sogar «Gesindedienstbücher» mit dem offen eingestandenen Hauptziel ein, eine «genauere polizeiliche Beaufsichtigung und Kontrolle» zu ermöglichen. Seither konnte jeder Arbeitgeber und Polizeireiter Verfehlungen, Entlassungsgründe und Dienstbeurteilung mühelos kennenlernen. Auch dieses Herrschaftsinstrumentarium und die übliche Behandlung des Gesindes beweisen, wie im vormärzlichen Preußen «der Liberalismus immer vor den untersten Schichten haltmachte».[11]

Das Arbeitsleben und die gesamte Alltagsexistenz dieser ländlichen Arbeiter stand im Zeichen eintöniger Mühsal und Entbehrung; sie war in aller Regel von einer kaum mehr vorstellbaren Dürftigkeit geprägt. Solange sie an Ritterguts- und Bauernwirtschaften angebunden blieben, solange protoindustrieller Nebenerwerb möglich war, konnten viele gleichwohl ihr karges Leben fristen. Da jedoch das demographische Wachstum in den verschiedenen Schichten der Landarbeiterschaft am auffälligsten anhielt, während der Arbeitskräftebedarf der Gutsbetriebe und Bauernhöfe sowie des Handwerks seit den späten 1830er Jahren scharf abfiel, da er saturiert war, gehörten diese expandierenden ländlichen Unterschichten unter den Bedingungen einer fortab anhaltenden «strukturellen Übervölkerung» der Dörfer zu den Hauptleidtragenden jener Massenverelendung, die von den Zeitgenossen als Pauperismus angsterfüllt diskutiert wurde.

Die ländliche Sozialschichtung in Nordwestdeutschland wies einige mit Preußen vergleichbare Züge auf. Natürlich fehlte das erdrückende Schwergewicht der ostelbischen Adelsgüter, aber in den Verhältnissen der Bauern und Unterschichten gab es ähnliche Zustände. Die Besitzklasse der Großbauern mit 20 bis 100 ha Land stellte z. B. im Königreich Hannover 10 %, die der Mittelbauern, die mit ihren 5 bis 20 ha öfters noch eine Marktquote erwirtschaften konnten, 26 % der Bevölkerung. Unter den 13 % Kleinbauern und Landhandwerkern rangierten schon 1815 rd. 60 % Landlose. Die «nach Umfang und Besitzverteilung relativ stabile» machtvolle Minderheit der Vollbauern mit einem Einkommen aus mindestens 5 ha Land – manchmal reichte aber nur für 17 % von ihren insgesamt 36 % die Landwirtschaft als Haupteinnahmequelle aus! – bildete als ein «nach unten abgeschlossener multifunktionaler Sozialverband» den Kern der dörflichen Realgemeinde. Ihre «Verfügungsgewalt über Land», ihr dorfpolitischer Einfluß und das günstige Erbrecht sorgten für die Stabilität der bäuerlichen Besitz-, Macht- und Rechtsstrukturen. Nach 1815 waren die Emanzipationsgesetze des Königreichs Westfalen aufgehoben und die vornapoleonischen Abgaben und Dienste mühelos wieder eingeführt worden. Die Agrarreformen seit 1831/1833 befestigten dann die Stellung der Großbauern, denen der Großteil des bebaubaren Landes aus den Gemeinheitsteilungen zufiel, so daß sich der Zug von der dörflichen Wirtschaftsgenossenschaft zum «agrarischen Individualismus» beschleunigt fortsetzte. Die unterbäuerlichen Schichten blieben die «großen Verlierer», die auch hier im langwährenden Streit um die Folgen der Reform unterlagen.

Ein gut Teil der Landarbeiter, die in etwa mit den Insten vergleichbaren Heuerlinge, verharrte, von allem politischen Wirbel unberührt, in der überkommenen Abhängigkeit von den bäuerlichen Arbeitgebern. Diese überließen wie seit langem dem Heuerling außer spärlichen Deputat- und Geldlöhnen einen Wohnraum, das wichtige Pachtland für die Eigennutzung und auch Rohstoffe, wie Flachs, für das unabdingbare protoindustrielle Nebengewerbe. Als Gegenleistung übernahm der Heuerling eine faktisch meist ungemessene Dienstverpflichtung, mit seiner Familie bis zu etwa 200 Tage wie ein «Leibeigener» des Bauern – wie 1786 ein ravensbergischer Pastor zürnte – auf dem Hof zu arbeiten. Da es für die Heuerlinge außer der begrenzt realisierbaren «Hollandgängerei» keine Alternative gab, erhielt sich die Grundstruktur dieser Ausbeutungsbeziehungen bis zur Mitte des 19. Jahrhunderts.

Daß die Heuerlinge im Osnabrückschen noch Anfang der 1830er Jahre bereit seien, für die übliche Land- und Torfmoorverpachtung unbegrenzte Dienste zu übernehmen und den «Landwirten jeden Augenblick und auf jeden Wink wie... Domestiken» zur Verfügung zu stehen, erschien einem aufgeklärten Beamten als «wahre Sklaverei». Die Lage der Heuerlinge verschlimmerte sich sogar, da sich in der ersten Jahrhunderthälfte ihre Zahl je voll- und kleinbäuerlicher Stelle durchweg verdoppelte und der allgemeine Druck des Arbeitskräfteangebots, das aufgrund des anhaltenden Bevölkerungswachstums zunahm, zu Verdienstrückgang führte; die Löhne wurden von den Bauern nach Gutdünken gesenkt, während steigende Agrarpreise die Lebensmittel verteuerten; das Pachtland wurde für den Eigenbetrieb eingezogen, so daß sich die Heuerlinge vielerorts in ein «Einliegerproletariat» verwandelten; gleichzeitig ließ der Rückgang der verlegten ländlichen Textilgewerbe den Nebenerwerbsgewinn schrumpfen oder ganz dahinschwinden. Die soziale Dichotomie zwischen bäuerlichen Besitzklassen und den von Massenarmut betroffenen Landlosen nahm daher im Vormärz ebenso zu wie die latente, seit 1830/1831 gelegentlich offene politische Polarisierung zwischen den Vollbauern im Besitz des Landmonopols und der anschwellenden «Klasse der Benachteiligten». In Minden-Ravensberg z. B. zählten die «besitzlosen Heuerlinge» vor 1848 mehr als ein Drittel der ländlichen Bevölkerung, in Tecklenburg, Hannover und Braunschweig schwankte der Anteil der Landlosen und Zwergparzellenbesitzer zwischen 60 und 80 %. Da die krisenschweren 40er Jahre das Gefühl der Aussichtslosigkeit verstärkten, erzeugte die erbärmliche Lage der unterbäuerlichen Armen einen – wie sich ein besorgter Gemeindevorsteher 1846 ausdrückte – «tumultuarischen Geist», der in der Märzrevolution in spontane Aktionen überging.[12]

In Süddeutschland zeichnete sich die Mehrheit der Bauern durch eine im Vergleich mit den ostelbischen Lassiten bessere Rechtsstellung aus. Lebensfähiger Groß- und Mittelbesitz war in regionalen Ballungsgebieten verbreitet, er umfaßte z. B. in Bayern immerhin 20 % der ländlichen Eigentümer. Die bayerische Verfassung blieb bei der Ablösbarkeit der grundherrlichen Belastungen für alle landesherrlichen Bauern, die seit kurzem 76 % der Hofbesitzer ausmachten. Die Reform zugunsten der Staatsbauern wurde auch seither nicht rückgängig gemacht, bis 1848 waren aus ihnen durchweg freie Landwirte und Staatsbürger geworden. Die 24 % Adels- und Kirchenbauern blieben dagegen bis 1848 von der Ablösung ausgeschlossen und mußten rund 375 verschiedene Geld- und Naturalabgaben weiter leisten. Diese Kompensation für die schroffe antiaristokratische Politik der frühen Montgelaszeit wurde bis zur Revolution nicht ernsthaft in Frage gestellt. Anders gesagt: Gegen die in der Restaurationszeit befestigte Adelsmacht konnte und wollte die Münchner Zentralregierung die Ausweitung der Reformen nicht mehr durchsetzen.

Um 1840 zählten die Großbauern mit mehr als hundert ha Land, wie man sie in den altbayerischen Einzelhofgebieten fand, nur 0,3 %, die Mittelbauern mit zehn bis hundert ha knapp 20 %, die seit dem späten 18. Jahrhundert rasch wachsende Schicht der Kleinbauern mit einem bis zehn ha 55 % und die Zwergbesitzer mit bis zu einem ha Land 25,5 % der Landbesitzer in einem Staatsvolk von 4,4 Mill. Mittel- und kleinbäuerliche Landeigentümer kamen zusammen auf 75 %, Klein- und Zwergbesitzer zusammen sogar auf 80 %. Für 50 bis 80 % der landwirtschaftlichen Bevölkerung blieb je nach Ernteausgang und Arbeitschancen ein heimgewerbliches Nebeneinkommen unbedingt erforderlich, zumal die Vollbauern beim Feldbau, bei der Nutzung der restlichen Allmende und beim Wegebau ihre Überlegenheit rücksichtslos geltend machten.

Überhaupt wurde die ländliche Welt Bayerns in hohem Maße von diesen Bauern bestimmt. Die adlige Eigenwirtschaft besaß ja nur eine äußerst geringe Bedeutung; für die abgabepflichtigen Adelsbauern verkörperte ein Verwalter, Inspektor oder auch Pächter die Macht des abwesenden Grundherrn. Die preußische Dreiteilung der Agrargesellschaft in adlige Gutsbesitzer, bäuerliche Landwirte und Landarbeiter trat in Bayern nicht auf. Die ländliche Stratifikationshierarchie wurde primär durch die Besitzgröße und Bodenqualität der Bauernhöfe bestimmt. Als Arbeitgeber konnte der Bauer auf drei Schichten von Landarbeitern – dieser Begriff wurde in der Regel nicht verwendet – zurückgreifen. Die sich besonders stark vermehrenden besitzlosen «Inwohner», die auf dem Hof eine Unterkunft, minimalen Barlohn und ihre Nahrung erhielten, wurden häufig mit «Leibeigenen» verglichen. Ihre Lage galt «in jeder Hinsicht» als die «schlechteste aller Schichten». Für die Saisonarbeit verdingten sich Tagelöhner: Häusler, Söldner, Gütler mit Hütte und einem Stück Land oder zur Miete wohnende Besitzlose, zum Teil auch schon Wanderarbeiter aus Armutsgebieten. Zahlreicher war die Gruppe der Dienstboten, auch «Ehehalten» genannt, zu der alle in den Kreis der Bauernfamilie einbezogenen unselbständigen Knechte und Mägde gehörten. Das staatliche Dienstbotenrecht stützte, hierin durchaus der preußischen Gesindeordnung vergleichbar, eine harte «hausväterliche» Herrschaft, die Abertausende ihr Leben lang einer repressiven Sanktionsgewalt unterwarf.

Söldner, Häusler, Tagelöhner fanden sich häufig bitterer Armut ausgeliefert. Bis zu 80% sollen manchmal auf Almosenempfang angewiesen gewesen sein. Verlief die Suche nach protoindustriellem Einkommen ergebnislos, blieb ihnen nur noch das Vagantentum, zuletzt die Armenanstalt, die der anschwellenden Schar der Pauperisierten auch nicht Herr werden konnte.

Obwohl der Agrarkapitalismus nur quälend langsam vorankam, standen sich im späten Vormärz doch zunehmend positiv und negativ privilegierte Besitzklassen gegenüber, deren Verhältnis durch überkommene Normen und Sitten, durch formale Herrschaft und informelle Kontrolle noch reguliert wurde, unter anhaltendem Druck jedoch zum Konflikt prädisponierte. Bremsend wirkte in Altbayern außer dem begrenzten Horizont von Dorf, Pfarrei und Marktplatz sowohl das fast stagnierende Bevölkerungswachstum als auch die vom Dorfleben scharf geschiedene Streusiedlungs- und Existenzweise der Einzelhöfe mit ihrer Tendenz zum «Autarkismus». 77% dieser Einzelhöfe lagen im kurbayerischen Gebiet, nur 7% z.B. im neugewonnenen schwäbischen Landesteil. In Neubayern verlief demgegenüber die demographische Entwicklung lebhafter und führte zu Spannungen, welche die sozioökonomische und -politische Stabilität des Dorfsystems zunehmend in Frage stellten.

In Württemberg kam nach dem Tod des letzten aufgeklärten Despoten unter König Wilhelm I. trotz des Edikts von 1817 die Agrarreform nur schleppend voran. Erst seit 1836 wurde die Ablösungsgesetzgebung mit einer prinzipiell bauernfreundlichen Tendenz zügig verwirklicht, so daß bis 1848 für die große Mehrzahl der Bauern eine «in Deutschland einmalig günstige Regelung» getroffen worden war. Auch in Baden wurde seit 1819/1820 die Grundentlastung nur zögernd betrieben. Ein neuer Schub setzte erst ein, als die Revolution von 1830 im Nachbarland die Aufhebung der Frondienste und Abgaben beschleunigte. Die meisten Verfahren über die Ablösung der Feudalrenten und 90% der Zehntzahlungen wurden dann zwar bis 1848 juristisch abgeschlossen, aber die teilweise hohen Entschädigungszahlungen liefen zu diesem Zeitpunkt überall noch weiter in die Kassen der Grundherren und nährten den bäuerlichen Unmut. In beiden südwestdeutschen Staaten, insbesondere aber in Baden, wurde die Heftigkeit des ländlichen Aufbegehrens im Frühjahr 1848 beeinflußt durch den alltäglich als Stachel erfahrenen Kontrast zwischen den bessergestellten staatsuntertänigen Bauern, denen die Reformen zugute kamen, und den unmittelbar neben ihnen lebenden, weiterhin in spätfeudaler Abhängigkeit wirtschaftenden standesherrlichen Bauern in den 1815 geschaffenen «Unterlandesherrschaften», die sich dort konzentrierten. Dieses Gefälle häufte einen Zündstoff an, der in der Tat nur mehr der Initialzündung bedurfte. Überhaupt sollte die Betonung der Überlebensfähigkeit der Groß- und Mittelbauern, der unleugbaren Reformerfolge trotz aller fortdauernden und neuartigen Belastungen keineswegs dazu führen, das sich aufstauende Konfliktpotential in den Regionalgesellschaften des ländlichen Deutschland zu unterschätzen.

Diese als Folge des vordringenden Agrarkapitalismus und der unvollendeten Reformen allmählich anwachsenden Gegensätze wurden sowohl von der Politischen Romantik als auch von der neu entstehenden Literaturgattung der Bauernromane geleugnet. In ihnen wurde eine unreflektierte Sittlichkeit, die fest verankerte Religiosität, die harmonisierte Ordnung des ländlichen Lebens der künstlichen städtischen Gesellschaft, dem «Schreckbild Stadt», entgegengesetzt. Indem der Mythos vom natürlichen, ewigen Bauerntum mit seiner qualitativen Höherwertigkeit geschaffen wurde, verliehen Schriftsteller einem geschichtslosen «Phantasieprodukt unmittelbaren Realitätscharakter». Mit Gotthelf, Auerbach, Immermann, dann Anzengruber, Rosegger, Raabe und anderen Autoren begann eine «breite Entfaltung» dieser Bauernromane, deren plötzliches Aufkommen einen «der elementarsten Vorgänge in der ganzen deutschen Literaturgeschichte» bedeutet.

Seine «gesellschaftsgeschichtliche Basis» lag «in der Neukonstituierung des Metternichschen Systems» als Reaktion auf die Revolution von 1830, lag im Widerstand gegen Urbanisierung und Kapitalismus, letztlich in der Abscheu vor dem okzidentalen Modernisierungsprozeß mit all seinem teuer erkauften Fortschritt und seinen unbestreitbaren Schattenseiten. Bei Gotthelf erschien das Dorf als Festung gegen den Zeitgeist, gegen den als «mythisches Ungeheuer» aufgebauschten Einfluß der Stadt. Als grüne Insel bukolischer Glückseligkeit wurde das Landleben angesichts des herandräuenden Industriezeitalters verklärt. An der «sozialreaktionären Lehre», die Immermanns und Anzengrubers Bauernidylle trug, ist der «Zivilisationsprotest» nicht zu übersehen. Die Stadt wurde als «Kloake» (Gotthelf), «Eiterbeule» (Rosegger), «Ungeheuer» (Raabe) perhorresziert, städtische Kultur, städtisches Leben galten als Ausfluß von «Babel, Sodom, Ninive». Diese zivilisationsfeindliche Neuromantik verdrängte zeitweilig nicht nur den Naturalismus, vielmehr wurde der schon in der ersten Hälfte des 19. Jahrhunderts «relativ schwache deutsche Realitätssinn» durch sie weiter geschwächt, ja die realitätsferne «Verherrlichung des Landes» trug ihr Teil zum modernen deutschen Kulturpessimismus, auch zur Blut- und Boden-Ideologie einer späteren Zeit bei. Die Revolution von 1848 hat die kitschigen Klischees der frühen Bauernromane befestigt und mit Nachdruck politisiert. Seither bewies die stereotype Wendung vom gesunden Bauerntum als Quell deutschen Wesens eine verhängnisvolle Zählebigkeit.[13]

4. Das «Bürgertum»

«Das Bürgertum», behauptete Wilhelm Heinrich Riehl um die Jahrhundertmitte, «ist unstreitig in unseren Tagen im Besitze der überwiegenden materiellen und moralischen Macht», es ist «die eigentliche Macht der sozialen Bewegung». «Unsere ganze Zeit trägt einen bürgerlichen Charakter.» Dieses pointierte Urteil traf keineswegs schon auf alle deutschen Landschaften zu, aber im Kern hielt es nicht nur eine weit verbreitete Auffassung im Bürgertum selber, sondern auch in anderen sozialen Schichten und Klassen fest. Darüber hinaus erfaßte es eine immer deutlicher erkennbare objektive Kräftekonstellation im gesellschaftsgeschichtlichen Entwicklungsprozeß.

Unverändert führt jedoch auch in dieser Zeit der undifferenziert gebrauchte Sammelbegriff «des Bürgertums» oder «der bürgerlichen Gesellschaft» geradewegs in die Irre, weil «das» Bürgertum noch längst keine annähernd homogene Sozialformation darstellte. Hier bestanden verkrustete, traditionale Strukturen weiter fort, dort verstärkten sich relativ junge, zukunftsträchtige Differenzierungsprozesse, als deren Ergebnis die Konstituierung moderner bürgerlicher Klassen in vollem Gange war, wenn sie auch, wie jede Klassenbildung, ihr geraumes Maß an Zeit brauchte. Wegen der Koexistenz des traditionalen Stadtbürgertums, der zwischen Funktionsstand und Berufsklasse schwebenden bildungsbürgerlichen Intelligenz und der neu aufkommenden, auf produktionskapitalistischem Unternehmertum und intensivierter Verkehrswirtschaft beruhenden Bourgeoisie behielt das Bürgertum seine zwitterhaften: einer versinkenden Vergangenheit und einer aufsteigenden Zukunft zugewandten Züge. Unleugbar drangen aber mit der Ausdehnung der kapitalistischen Marktwirtschaft vor allem die Kennzeichen marktbedingter Besitz- und Erwerbsklassen vor – der sich «ohne Zutun der Staatsgewalt entwickelnden Berufsklassen», wie sie das Brockhaussche Konversationslexikon schon in den 1840er Jahren konzis nannte –, während die primär ständischen Charakteristika der Stratifikationshierarchie allmählich zurücktraten.

Rein numerisch gesehen besaß das Stadtbürgertum immer noch eine erdrückende Mehrheit. Die Minderheit der Bürgerlichen, unter ihnen an erster Stelle das akademische Bildungsbürgertum und die kleine Wirtschaftsbourgeoisie, bestimmte jedoch zunehmend die Formierung und das Profil neuer, klar segmentierter bürgerlicher Teilgesellschaften innerhalb der Gesamtgesellschaft. Bildungsbürger und Bourgeoisie, nicht mehr die stadtbürgerlichen Honoratioren, waren es, die im Hinblick auf Sozialstatus, Reichtumsmacht und politischen Einfluß, auf Verhalten, Geschmack und Berufschancen in wachsendem Maße die Lebenschancen und -risiken, den Lebensstil und die Sprache, die Durchsetzungsfähigkeit und die Ziele, nicht zuletzt auch die ideologische Deutung der sozialen Umwelt zu prägen vermochten.

a) Das Stadtbürgertum in der Defensive

Zählebig verteidigte das Stadtbürgertum, insbesondere in den süddeutschen Städten, trotz der einschneidenden, seine Fundamente erschütternden und zum Teil schon zerstörenden Erfahrungen zwischen 1803 und 1815 die überkommenen Daseinsformen. Eine offensive Bedrohung ging erstens von der neugestärkten staatlichen Bürokratie mit ihrem Willen zur vereinheitlichenden Reglementierung und damit von der unitarischen zentralstaatlichen Gesetzgebung aus, welche die Ungleichheit zwischen Vollbürgern, Bei- oder Hintersassen und rechtlosen Unterschichten im Prinzip durch die Stadtgemeinde gleichberechtigter Staatsbürger-Einwohner ersetzen wollte. Zweitens stellten die kapitalistische Verkehrswirtschaft außer- und innerhalb der Domäne der traditionalen städtischen Ökonomie sowie, drittens, die anonymen Kräfte des anhaltenden Bevölkerungswachstums die alte Ordnung zusehends von innen her in Frage.

In ihrer defensiven Reaktion beharrten diese Städte auf den alten Vorrechten für «gewisse Bürgerklassen», wie der Staatsrechtler Mittermaier im Rotteck-Welckerschen «Staatslexikon» mit modernen Begriffen anachronistische Unterschiede beschrieb, d.h. auf der Dichotomie von Stadtbürgern und Einwohnern, damit auch von Vollbürgergemeinde und bloßer Einwohnerschaft. Sie verteidigten die Verfügungsgewalt über das Heimatrecht und die gedrosselte Kooptation neuer Bürger, dazu ein Maximum an autonomer Selbstverwaltung und an weiteren Schutzmaßnahmen, wie etwa das Zuzugsgeld, das Unerwünschte fernhalten, oder das Ehekonsensrecht, das den Menschenzuwachs bändigen sollte. Insbesondere das Heimatrecht – im Prinzip die armenrechtliche Zugehörigkeit zu einer Stadt oder Gemeinde – wurde, um die anschwellende Zahl der Zuwanderungswilligen einzudämmen, auf ingeniöse Weise deshalb mit neuen Vorteilen ausgestattet, damit man seinen Erwerb dann um so glaubwürdiger erschweren konnte. So wurden z.B. die Rechte zum Grundstückserwerb, zum Gewerbebetrieb, zum Mitgenuß öffentlicher Stiftungen und Anstalten, zur Verehelichung in der Stadt und erleichterte Möglichkeiten zum Erwerb des vollen Bürgerrechts in das Heimatrecht hineindefiniert, das dann effektiver als je zuvor als feiner Filter gegen Fremde verwendet werden konnte – und vielerorts dieser sozialprotektionistischen Aufgabe der Erhaltung stadtbürgerlicher «Nahrung» und Privilegien jahrzehntelang gerecht wurde.

Trotz der Stärkung der Zentralgewalt fand die Verwaltung während eines ersten Anlaufs alsbald heraus, wie kompliziert und komplex die Aufgabe war, selbstbewußte Städte in den Staatsverband zu integrieren. Um deren Widerspenstigkeit zu brechen, um die zahllosen Konflikte für sich zu entscheiden – dafür reichte die Problembewältigungskapazität der neuen Bürokratie häufig noch nicht aus, sie mußte daher notgedrungen das Leitseil wieder lockerlassen. Als Folge davon gewannen viele Städte ihre lokale Entscheidungsautonomie in wichtigen Bereichen zurück, so daß sie trotz der mehr oder minder intensiv anhaltenden staatlichen Zähmungsbestrebungen ihr Eigenleben in gewissen Grenzen weiterführen, sogar der trügerischen Illusion geretteter Tradition erliegen konnten. Tatsächlich ist auch erst in den beiden Jahrzehnten nach der Jahrhundertmitte das institutionelle Gehäuse dieser alten Städte weniger zerfallen als vielmehr zerschlagen worden; die Restaurationserfolge erwiesen sich als Pyrrhussieg, die letzten Bastionen fielen zwischen 1866 und 1870, so daß überall die moderne Stadtgemeinde, deren Einwohner aus gleichberechtigten Staatsbürgern bestanden, an ihre Stelle treten konnte.[14]

In den größeren Stadtrepubliken wie Hamburg und Bremen wirkte sich das Beharrungsvermögen der alten Ordnung fast unangefochten weiter aus, wie überhaupt die Restauration nach 1815 nirgendwo so tief ging wie in den übriggebliebenen bürgerlichen Stadtstaaten. Die alte Reichsstadt Frankfurt erlebte nach dem Zwischenspiel des großherzoglichen Satellitenstaates unter Dalberg, daß die adligen Patriziergeschlechter endgültig zurückgedrängt und für die Dauer eines halben Jahrhunderts durch die Suprematie traditional orientierter stadtbürgerlicher Ober- und Mittelschichten ersetzt wurden. In den rheinischen Städten dagegen wurde die einst erzwungene Umstellung auf das freiere französische Recht nach 1815 entschieden verteidigt, und die neue preußische Verwaltung besaß genug Einsicht, das meiste davon auch in der Stadtverfassung weiter bestehen zu lassen. In den ostelbischen Städten griff die etatistische Steuerung weiterhin ungleich tiefer in das politische Leben ein; sie bemühte sich bestenfalls, im Sinne der Steinschen Städteordnung ein Stück bürgerlicher Mitverantwortung für das städtische Gemeinwesen mit bedächtiger Zurückhaltung zu fördern. Auch hier blieb das Bürgerrecht an Grundbesitz, Gewerbebetrieb und Steuerleistung gebunden. Stimmfähigkeit und Wählbarkeit begannen gewöhnlich erst oberhalb eines jährlichen Einkommens von 150 bis 200 T. Die eximierte Oberschicht der Beamten und freiberuflichen Akademiker besaß kein Bürgerrecht, aber auch keine Bürgerpflichten; für Kommunalsteuern wurden Beamtengehälter nur zur Hälfte berücksichtigt, Geistliche und Lehrer gar nicht veranschlagt.

Auch die revidierte Städteordnung von 1831 behielt die Scheidung zwischen Stadt- und Staatsbürgern bei, die akademische Intelligenz blieb bis

1848 eximiert, ihre Sachkunde wurde von der Kommunalpolitik ferngehalten. «Hochgestaffelte Zensussätze» engten das «republikanische Wahlrecht von 1808» ein, sie schlossen die Unterschichten, d.h. zwei Drittel bis drei Viertel der Einwohner, vom Wahlakt und von politischer Teilhabe ganz aus. Bis 1831 hatten die Stadtväter über das erteilte, verwehrte oder entzogene Bürgerrecht, das die Voraussetzung für einen städtischen Gewerbebetrieb bildete, eine Vetogewalt gegenüber der generellen Gewerbefreiheit ausgeübt.

1831 fielen die Beschränkungen, die bisher Schutzverwandten und Auswärtigen den städtischen Grundstückserwerb und Gewerbebetrieb versperrt hatten; das Bürgerrecht wurde nunmehr ein «generelles Attribut selbständiger Gewerbetätigkeit», folgte also nicht mehr allein aus dem örtlichen Bürgerrecht. Zwar kritisierte man in den Städten die «Gewerbeanarchie» und als Folge davon die Unterminierung der Bürgerexklusivität, aber im Sinn des preußischen Wirtschaftsliberalismus wurden Gewerbefreiheit und Freizügigkeit ein Stück weiter verwirklicht. Das Kompromißgesetz der neuen preußischen Städteordnung von 1831 war übrigens insofern mit einem Unikum verbunden, als von der Staatsregierung die Option für die neue, die alte und im Rheinland für die eigene provinzielle Stadtverfassung freigegeben wurde. Vermutlich ist es in der Tat «ein einzigartiger Vorgang» gewesen, «daß ein Staat Gesetze zur Auswahl» anbot. Im Ergebnis galten daher vor 1848 alle drei Städteordnungen: die alte in den ostelbischen Stammprovinzen, die revidierte in Posen, Sachsen und Teilen des Westens, dazu noch die rheinische mit ihrem scharf plutokratisch gestuften Klassenwahlrecht, das weniger an politischer Partizipation bot als das altertümliche Frankfurter Bürgerrecht.

Wie weit auch immer die politischen und rechtlichen Verfassungszustände der deutschen Städte voneinander abwichen, blieben doch bis zu der Schwelle von etwa 1850, als die rapide Urbanisierung im allgemeinen erst in voller Breite einsetzte, gewisse Züge der überlieferten sozialen Hierarchie überall erstaunlich ähnlich. Das Honoratiorentum lebte in den tonangebenden Familien der Großkaufleute, Bankiers, Großhändler, Verleger und Reeder fort. Nur reiche Aufsteiger, hohe Beamte, Geistliche und leistungsfähige Männer aus den freien akademischen Berufen bewegten sich noch in seinen Heirats- und Verkehrskreisen. Das Mittel- und Kleinbürgertum der selbständigen Handwerker und Gewerbetreibenden, der Kaufleute und Krämer, der Oberlehrer und mittleren Beamten bildete meistens ein Bollwerk des Traditionalismus, der nicht nur in Süd- und Mitteldeutschland sowie in den Stadtstaaten manchen Triumph feiern konnte, sondern sich auch in Preußen der liberalen Wirtschaftspolitik mit ihrem Kernstück: der Gewerbefreiheit, nicht ohne Erfolg entgegenstemmte. Die in prekärer Rechtslabilität lebende Schicht der Hintersassen, Beisassen oder Schutzverwandten bestand fast überall weiter. Und die große Mehrheit stellten unverändert die rechtlich diskriminierten Unterschichten der Handwerksgesellen und Handarbeiter, die von Verlagen, Manufakturen und Fabriken beschäftigt wurden, der Tagelöhner und Dienstboten, der Fuhr- und Gesindeleute sowie jener zahlreichen Armen, die zwischen Hungerdasein und stets gefährdeter Zufallsarbeit am unteren Rande des Existenzminimus unterstützungsbedürftig dahinvegetierten.

Im Vergleich mit dem ausgehenden 18. Jahrhundert (vgl. die Übersichten 4–6 in Band I) haben sich die Relationen zwischen den sozialen Rangstufen bis 1848 äußerlich kaum verändert. Die Oberschichten bewegten sich im allgemeinen weiter in einer Größe von nur einem Prozent bis zu sechs Prozent der Stadtbevölkerung (bis zu 10 % der Vollbürgerschaft), sie bezogen aber zwei Drittel bis drei Viertel aller privaten städtischen Einkommen. Die mittel- und kleinbürgerlichen Schichten lagen zwischen 10 und 25 %, maximal bei einem Drittel; die Unterschichten noch immer zwischen 70 und 90 %. An einigen Beispielen lassen sich die Beharrungskräfte älterer Strukturen und die neuen Entwicklungstrends konkreter verdeutlichen.

In Köln etwa erweiterte sich die Oberschicht bis 1849 auf nicht einmal 2 % einer Bevölkerung von rd. 86000 bzw. auf 6,5 % der 22000 Steuerpflichtigen mit einem jährlichen Einkommen von 80 und mehr Talern. Die klar abgehobene Spitzengruppe bildeten Fabrikanten wie die Zuckerraffineriebesitzer Joest und vom Rath mit einem für die Steuer geschätzten, daher nach allen Common-Sense-Erfahrungen unterschätzten Jahreseinkommen zwischen 60000 und 75000 T.; Bankiers wie F. Herstatt mit 30000, A. und L. Camphausen mit je 24000, J. H. Stein mit 20000 bis 25000, A. und S. Oppenheim mit angeblich nur je 15000, J. D. Herstatt jun. und die beiden Merkens mit je 7000 T.; Großhändler in Wein, Häuten und Manufakturwaren wie Bürgers mit 25000, De Noël mit 20000, Mann mit 15000, Richartz und Kron mit 12000, Heuser mit 20000 T., sowie jüngere «Allround»-Unternehmer wie Gustav Mevissen und Ludolf Camphausen, die Merkens, Schaaffhausens und Deichmanns u. a., die sowohl im Banken- und Versicherungsgeschäft als auch in ihren Großhandlungen, Fabriken, Bergwerks-, Eisenbahn- und Dampfschiffahrtsgesellschaften tätig waren. Hinzu stießen vermögende Rentiers, hochdotierte preußische Beamte mit 3000 bis 6000 T. p. a. und freiberufliche Akademiker mit demselben Einkommen. Um diese Elite des Reichtums und Ansehens, aber auch des politischen Einflusses in der Kommunalpolitik, auf dem Provinzial-Landtag und schließlich in Berlin lagerten sich wenige hundert kleinere Unternehmer, Bankiers, Großhändler, Kaufleute, Beamte usw. Zusammen bildeten sie jene Kölner Oberschicht von rd. 1400 Personen, die von sich selber gern als «unger uns» sprachen.

Nur knapp 5 % der Stadtbevölkerung besaßen ein jährliches Einkommen von 400 und mehr Talern. Erst oberhalb dieser Schwelle erhielt man das städtische Wahlrecht, das – in drei Klassen von 2304, 1262 und 533 Wähler gestaffelt – ganzen 4100 Aktivbürgern die Kommunalpolitik direkt zu beeinflussen gestattete. Ähnlich waren übrigens die Größenverhältnisse in anderen rheinischen Städten gelagert. Rechnet man die Oberschicht ab, bleibt der Kern des gesicherten bürgerlichen «Mittelstandes» übrig (2900), zu dem u.a. 150 freiberufliche Akademiker, 906 steuerpflichtige Handwerksmeister (von 4478!), Kaufleute, Krämer, Gastwirte usw. gehörten. Von den verbleibenden rund 18000 Steuerpflichtigen rechnete die übergroße Mehrheit zum Kleinbürgertum, das am unteren Rand zu den rd. 78% der Unterschichten ausfranste.

Das benachbarte Bonn litt seit dem französischen Einmarsch darunter, daß es seine Stellung als Residenzstadt der Kölner Kurfürsten verloren hatte; es mußte sich auf den Charakter einer preußischen Provinzstadt, die freilich anstelle von Köln die begehrte Universität erhielt, erst mühsam umstellen. Von 9300 Einwohnern im Jahr 1816 gehörten rund 3% zur Oberschicht der Unternehmer, Professoren, Räte, Rentiers und Akademiker; bis 1849 (16200 Einwohner) hat sich dieser Anteil um rund 2% vergrößert. Nur zwanzig Professoren besaßen jedoch ein Jahreseinkommen von mehr als 3000 T.; der höchstbezahlte Ordinarius z.B. erhielt 2000 T. Gehalt; der Rest stammte aus Nebeneinnahmen und Privatvermögen; von 1000 T. ab aufwärts verlor indes das biedermeierliche Leben an beklemmender Enge und frugaler Bescheidenheit. Das Mittel- und Kleinbürgertum der Gewerbetreibenden, mittleren Beamten und Handwerker machte zuerst nur etwa 10%, bis zur Revolutionszeit vermutlich gut 15% aus, die zwischen 200 und 800T. verdienten. Darunter rangierten die Unterschichten mit rund 80 bis 87%.

In der niederrheinischen Textilhochburg Krefeld behielten dagegen die alten, vorwiegend mennonitischen Großbürgerfamilien der v. d. Leyens, Flohs, de Greiffs, Heydweilers, Scheiblers, v. Beckeraths usw., die mit Verlagen, Protofabriken und Handelsfirmen ihr Vermögen erworben hatten, ihre abgehobene Stellung in einem geschlossenen, eng verschwägerten Kreis. In ihrer Gesellschaft «Societät Nr. 5» wurde die Stadtpolitik vorentschieden. Erst in den 1860er Jahren schob sich eine neue Unternehmerschicht, die allein in den fünfzehn Jahren vor der Revolution 57 Betriebe gegründet hatte, endgültig an die Spitze, während einige der bekanntesten vorindustriellen Kaufmannsfamilien als Rentiers oder Landadlige aus dem aktiven Wirtschaftsleben ausgeschieden waren.

In der Freien Hansestadt Hamburg wuchs bis 1848, als die Stadt schon 116000 Einwohner besaß, die Oberschicht aus alten Patrizierfamilien, Honoratioren und erfolgreichen Aufsteigern auf maximal 6 bis 8,7% an. Große Überseekaufleute, Reeder, Bankiers, Großhändler und Rentiers, aber auch Juristen und Geistliche zählten mit ihren Familien rund 7000 Köpfe. Aus diesem Kreis wurde die politische Elite des Senats bzw. Rats, der Bürgermeister, Syndici und 15 «Oberalten» gewählt. Als Repräsentanten der Oberschicht verteidigten sie bis 1860 das Kooptationsrecht für jeden neuen

Vollbürger, wobei Neureiche, Juristen und Pfarrer auf generöse Anwendung bauen durften. Rund 18 bis 25 % – um 20 % schwankte gewöhnlich der Mittelwert der Steuerpflichtigen mit mehr als 400 M. Jahreseinkommen – gehörten zum Mittel- und Kleinbürgertum, dessen untere Grenze im Übergang zur Armutszone der Unterschichten mit einem Umfang von 60 bis 80 % verfloß.

Im Norden der Seemetropole, in Flensburg, blieb unter den 12450 Einwohnern des Jahres 1835 die schmale Oberschicht der Kaufleute mit 1,07 % ganz so stabil wie die bürgerliche Mittelschicht von rund 9 %. Für die hannoversche Universitätsstadt Göttingen, die 1829 rund 10250 Einwohner registrierte, ist dagegen eine Oberschicht von 5,5 % und eine relativ gesicherte bürgerliche Mittelschicht von 16 % ermittelt worden. Das Kleinbürgertum von rund 32 % lebte aber häufig in dürftigen Verhältnissen; daher ließ es den Anteil der Unterschichten von mindestens 47,2 % leicht auf 64 bis 75 % anschwellen.

Keine mitteleuropäische Stadt ist zwischen 1815 und 1849 schon so schnell gewachsen wie das preußische Handels- und Industriezentrum Magdeburg, das in der Spanne einer einzigen Generation seine Einwohnerschaft von 1815 = 29300 auf 1849 = rund 60000 verdoppelte. Dieses Wachstum verdankte die Elbestadt in erster Linie ihrer beherrschenden Stellung als Handelsknotenpunkt – 1845 besaß sie die größten Speicheranlagen im gesamten Deutschen Bund. Zum zweiten wurde sie ein Mittelpunkt der Rübenzuckerindustrie, deren «stürmische Entfaltung» in der Börde seit der Mitte der 30er Jahre dazu führte, daß allein zwanzig Fabriken und Raffinerien in der Stadt selber, mehr noch um sie herum, entstanden; ihnen folgten Maschinenbauanstalten, 1838 z.B. die Buckausche, die bereits 1847 als zweitgrößte deutsche Fabrik hinter Borsigs Berliner Unternehmen rangierte. Den Kern der Oberschicht von einem bis zwei Prozent der Bevölkerung bildeten auch im Vormärz 200 bis 300 Großhändler und Fabrikanten, dazu freiberufliche Akademiker und hohe Beamte, da Magdeburg auch preußischer Verwaltungssitz blieb. Die bürgerliche Mittelschicht von 10 % mit einem Jahreseinkommen von 500 bis 15000 T. – die große Mehrheit lag jedoch eindeutig zwischen 500 und 1500 T.! – tendierte im obersten Rang zum Anschluß an die städtischen Honoratioren; unten ging sie in das Kleinbürgertum der Handwerker, Kleinhändler und Subalternbeamten mit ihren 100 bis 400 T. Einkommen über (38 %), aus dem in Notzeiten zahlreiche Angehörige in die Unterschichten – 50 % verdienten stets nur bis zu 100 T. – absinken und deren Anteil auf 70 bis 80 % hochtreiben konnten.

In dem thüringischen Residenzstädtchen Weimar wurden 1820 unter den 8700 Einwohnern 2715 Erwerbstätige exakt erfaßt. Nur die 2 % mit mehr als 1000 T. Einkommen rechneten zur Oberschicht: 49 Minister, Räte, Hofleute, Beamte, zwei Unternehmer usw. 7 % mit 400 bis 1000 T. p.a.

gehörten der bürgerlichen Mittelschicht, 13 % mit 200 bis 400 T. dem Kleinbürgertum an. Die Unterschichten rekrutierten sich aus den unregelmäßig Erwerbstätigen (58 %) mit weniger als 100 T., oft auch noch aus den 20 % mit 100 bis 200 T., überstiegen also auch hier in der Regel zwei Drittel der Bevölkerung. Die von Handel und Schiffahrt lebende Ostseestadt Wismar besaß 1819, als sie rund 8300 Einwohner zählte, eine aus Kaufleuten, Händlern und Reedern bestehende relativ breite Oberschicht von 10 %, mittel- und kleinbürgerliche Schichten von insgesamt 21 % und Unterschichten in einem Umfang von 69 %. Diese Proportionen blieben bis zur Jahrhundertmitte, als 12400 Menschen in Wismar wohnten, in ungefähr derselben Größenordnung erhalten. Ähnliche Verhältnisse charakterisierten auch das Bielefelder Sozialgefüge. Von 1820, als 6100 Einwohner in der ostwestfälischen «Leinenstadt» lebten, bis 1852, als ihre Zahl bei 10650 lag, dehnte sich die Oberschicht der vermögenden Kaufleute, Verleger, Fabrikunternehmer und Akademiker von 6,6 auf 8,7 % aus. Rund 24 bis 29 % behielt die bürgerliche Mittelschicht der Handwerker, kleinen Kaufleute und Beamten, während die Unterschichten der Weber, Spinner, Fabrikarbeiter, Dienstboten und Tagelöhner rund 66 bis 69 % umfaßten.

Für einen Zeitraum kurz nach der Jahrhundertmitte ist der Vergleich mit dem früh industrialisierenden Barmen möglich, jenem Wuppertaler Musterbeispiel für den Zusammenhang von «protestantischer Ethik» und kapitalistischer Wirtschaft. 1861 nahmen dort unter 24300 Einwohnern die rund 1,4 % der herausragenden Textilunternehmer, Bankiers und Großhändler eine scharf abgehobene Spitzenposition ein; die Kaufleute, Angestellten und Handwerker der bürgerlichen Mittelschichten machten 9 % aus; das Kleinbürgertum von 11 % war mit zahlreichen proletaroiden Existenzen durchsetzt, so daß die Unterschichten der «handarbeitenden Klassen» von 78,5 % leicht auf mehr als 80 % anschwellen konnten.

Komplizierter lagen die Dinge in der wiederhergestellten Stadtrepublik Frankfurt mit ihren jahrhundertealten stadtbürgerlichen Traditionen. Die eigentliche Stadt zählte 1817 = 41458, 1848 = rund 58600 Einwohner, von denen aber nur 4856 bzw. rund 5700 zu den Vollbürgern im umfassenden rechtlichen Sinn gehörten. Im Stadtstaat lebten insgesamt 47850 bzw. rund 68600 Menschen, darunter 4309 bzw. 4740 (rund 10–7 %) Juden. Der genaue Umfang der Oberschichten ist nicht leicht zu bestimmen, da politische und finanzielle Macht keineswegs direkt deckungsgleich waren. Seit dem ausgehenden Mittelalter wurde die politische Kultur der Stadt vielmehr dadurch geprägt, daß die bürgerlichen Schwureinungen als Machtträger auch auf die Dauer erfolgreich bestrebt blieben, die auf Geldvermögen oder Grundbesitz beruhende Reichtumsmacht nicht umstandslos in politische Macht umschlagen zu lassen. Auf ihrer Verhinderungsstrategie beruhte seit dem 18. Jahrhundert auch der Aufstieg der öfters aus kleinen Verhältnissen kommenden bürgerlichen Juristen in die Entscheidungspositionen der Amtsmacht mit ihrem Vorsprung der politischen Zielformulierung. Zählt man daher die Mitglieder der obersten Verfassungsorgane und Gerichte zur «politischen» Oberschicht des Machtreichtums, kann man 1817 von nur rund 3 % der Stadtbürger ausgehen. Rechnet man die sozioökonomische Oberschicht im Sinne des Geldreichtums hinzu, kommen im selben Jahr noch einmal schätzungsweise 6–7 % hinzu. Diese Eliten umfaßten mithin nur 1 % der städtischen Einwohnerschaft. 1848 dürfte die Größe der politischen Oberschicht bei rund 2 %, die der sozioökonomischen Oberschicht bei rund 8 %, damit die Spitzenschicht noch immer bei 1 % der Stadtbevölkerung gelegen haben; rechnet man die vermögenden Juden hinzu, wären rund 0,5 bis 1,5 % zu addieren. Auch in Frankfurt hielt sich mithin im Zeitraum zwischen 1815 und 1848 ein Oberschichtenkartell im Umfang von maximal 10 % der Vollbürger. Der Umfang der stadtbürgerlichen Mittelschichten und des Kleinbürgertums entsprach diesen 10 % der städtischen Einwohnerschaft. Diese Beispiele mögen zur Illustration des Sachverhaltes genügen.[15]

Übersicht 36: Stadtbürgerliche Oberschichten, Mittelschichten und Kleinbürgertum 1815–1850[16]

Stadt	Einwohner	Oberschichten	Mittelschichten und Kleinbürgertum
1. Köln	1817 = 49300 1849 = 86000	1,6 %	5 % und 17 %
2. Bonn	1816 = 9300 1849 = 16200	3 %	10 % 15 %
3. Hamburg	1817 = 100000 1848 = 115900	6 % 8,7 %	18 %–25 %
4. Flensburg	1835 = 12450	1,07 %	9 %
5. Göttingen	1829 = 10250	5,5 %	16 % und 32 %
6. Magdeburg	1815 = 29300 1849 = 60000	1–2 %	10 %
7. Weimar	1820 = 8700	2 %	22 %
8. Wismar	1814 = 8250 1851 = 12400	10 %	21 %
9. Bielefeld	1820 = 6100 1852 = 10650	6,6–8,7 %	25 %
10. Barmen	1861 = 24300	1,4 %	9 %
11. Frankfurt	1817 = 41458 1848 = 58600	1 % 1 %	10 %

Auf den ersten Blick scheint sich sowohl an dem elitären Charakter der stadtbürgerlichen Oberschichten als auch an ihrer sozialen Zusammensetzung vom späten 18. Jahrhundert bis 1848 wenig geändert zu haben. Eine vergleichbare statische Konstanz könnte man ebenfalls im Hinblick auf die mittel- und kleinbürgerlichen Schichten vermuten. Dieser Eindruck erzwingt die Erörterung von drei Gesichtspunkten.

Tatsächlich kann man zuerst einmal gegenüber allen sagenhaften Vorstellungen, daß «das» Stadtbürgertum des 18. und 19. Jahrhunderts auch in Deutschland die klassische Trägerschicht des modernen Industriekapitalismus gewesen, daß besonders von ihm die neuartige Dynamik dieses ökonomischen Modernisierungsprozesses ausgegangen sei, gar nicht entschieden genug betonen, wie einflußreich, zählebig und verhaltensprägend seine traditionale Mentalität, seine traditionale Wirtschaftsaktivität, seine traditional orientierte Zukunftserwartung damals im allgemeinen noch geblieben sind. Zahlreiche städtische Kaufleute, Händler, Verleger, Reeder usw. hielten daher an den seit Jahrhunderten vertrauten Traditionen des Handelskapitalismus fest; die ohnehin geringe Anzahl der Bankiers blieb überwiegend auf Hoffinanzierung und Staatsanleihen fixiert. Sie alle scheuten vor dem riskanten Neuen: dem Übergang zur Gründung, Leitung und stetigen Finanzierung der modernen, maschinell ausgerüsteten Fabrik als kapitalistischer Dauerorganisation weit länger zurück, als jene bekannten Sozialtheoretiker und Wirtschaftshistoriker, welche die heroische Figur des Industriekapitalisten aus dem Kreis der Stadtbürger hervortreten sehen, uns glauben machen wollen.

Der Mehrheit der auch ökonomisch konservativ denkenden und handelnden städtischen Wirtschaftsbürger erschien in dieser Zeit das aufkommende Industriesystem mit seinen sozialen und politischen Konsequenzen nicht nur als ein fremdartiges Phänomen, sondern sie lehnte es als bedrohliche Gefahr so entschieden, bis hin zur offenen Feindseligkeit, ab, daß sie seine potentiellen Entwicklungschancen gar nicht erst wahrzunehmen versuchte. Jede eingehende sozialhistorische Beschäftigung mit dem höheren und «mittelständischen» Stadtbürgertum in Handelszentren wie Frankfurt und Magdeburg, in Hafenstädten wie Hamburg, Königsberg und Wismar, in mittelgroßen Provinzstädten wie Bonn, Göttingen und Konstanz, aber auch in rheinischen Städten wie Krefeld und Köln bestätigt, wie weit verbreitet dieses traditionsgeheiligte Beharren darauf blieb, die wirtschaftliche Tätigkeit in den gewohnten Bahnen zu verfolgen.

Trotzdem gibt es fast überall auch die nicht einmal seltenen Ausnahmen, denen es gelang, aus der Rolle des stadtbürgerlichen Handelskapitalisten, gewerblichen Unternehmers oder Handwerkers in die des modernen produktionskapitalistischen Fabrikanten oder Industriefinanziers hinüberzuwechseln, deren Berufe in keinem deutschen Staat mehr stigmatisiert wurden. Insofern läßt sich für eine sehr wichtige, jedoch sehr schmale stadtbürgerliche Minderheit in der Tat eine Kontinuitätslinie verfolgen, die aus den Honoratiorenfamilien von Großhändlern, Verlegern und Kaufleuten, öfters auch aus der mittelbürgerlichen Handwerkerschaft zum industriellen Unternehmer und Industriebankier hinüberführt. Allerdings kam es dabei nicht allzu oft vor, daß bereits erfolgreiche Stadtbürger, die etwa im Fernhandel oder im Verlagswesen ihr Vermögen erworben oder vermehrt hatten, selber den Schritt zur Fabrikgründung taten.

In der Regel sind es vielmehr ihre Söhne gewesen, die in diesem Sozialmilieu groß geworden waren, aber – häufig nach einem Orts- und Branchenwechsel – den Mut zum innovatorischen, risikoreichen industriellen Neuanfang aufbrachten, wobei ihnen dann freilich familieneigene Startkapitalien, Geschäftserfahrungen und Verwandtschaftsbeziehungen zugute kamen. Sie allein personifizierten den Übergang vom gemächlichen Handelskapitalismus und Handwerkerleben des Stadtbürgertums zur permanenten Dynamik des Industrialismus. In den kleinen und mittelgroßen Städten alter Gewerbelandschaften wie dem Bergischen und Märkischen, am Niederrhein und in Sachsen, aber auch in gewerbereichen größeren Städten wie Berlin, Magdeburg, Leipzig, Elberfeld, Barmen, Augsburg und Nürnberg läßt sich, wie unten gezeigt wird, dieser Übergang zum industriellen Unternehmertum an vielen Beispielen verdeutlichen. Gemessen an der zahlenmäßigen Stärke der stadtbürgerlichen Geschäftsleute und Gewerbetreibenden, die als Reservoir von Unternehmertalenten in Frage kamen, bleibt es aber wahr, daß diese Beispiele nur eine Minderheit repräsentieren, so unstreitig bedeutsam ihre neue Funktion und so hoch ihr Anteil an der ursprünglich sehr kleinen Schicht der frühen Industriellen auch gewesen ist.

An der besonders gut untersuchten Berliner und Kölner Unternehmerschaft in der Zeit der Frühindustrialisierung und Industriellen Revolution ist die Bedeutung der horizontalen Mobilität, mithin des Ortswechsels z. B. aus dem kleinstädtischen Ambiente einer brandenburgischen, schlesischen oder rheinischen Unternehmerfamilie in die chancenreiche Hauptstadt oder Provinzmetropole nachgewiesen worden. Dieser Befund läßt sich verallgemeinern. Diejenigen Bürgerlichen, die den sozialen Aufstieg zum erfolgreichen industriekapitalistischen Unternehmer anstrebten und sich, wenn sie ihr Ziel erreichten, als Klassenmitglieder der Bourgeoisie etablierten, mußten die Bereitschaft zur örtlichen und beruflichen Mobilität mitbringen – ob sie nun bereits Söhne von Unternehmern oder aber von Pfarrern, Lehrern, Offizieren, Ärzten, Beamten, Apothekern und Hofpächtern waren. Durchweg besaßen auch sie eine relativ gehobene und gesicherte Ausgangsposition, die ihnen ein Stück formaler Ausbildung, manchmal etwas zeitgemäße «Bildung», Sach- und Sprachenkenntnisse, einen Schuß Urbanität und Weltläufigkeit verschafft hatte.

Die häufig ungeprüft wiederholte Behauptung, daß der historischen Neuartigkeit des deutschen industriellen Wachstums auch eine ungewöhnliche

Offenheit der Aufstiegswege für Angehörige schlechthin aller sozialen Schichten und Klassen entsprochen habe, daß mithin sogar aus den städtischen und ländlichen Unterschichten sich fähige Selfmademen im Sinn der amerikanischen Bilderbuchkarriere «from rags to riches» hätten emporkämpfen können, gehört ins Reich der sozialromantischen Legenden. Anders gesagt: Diese frei fabulierte Behauptung ist sich der Härte der Strukturen sozialer Ungleichheit nicht einmal ansatzweise bewußt; sie beschönigt eben dort, wo eine realistische Analyse der kategorische Imperativ bleibt. Angehörigen der «unteren Klassen» ist der Aufstieg zum Unternehmer in aller Regel verschlossen geblieben. Völlig vereinzelte Ausnahmen, sofern sie denn empirisch nachgewiesen würden, könnten diese Regel nicht bestätigen – da Ausnahmen gerade dazu nie imstande sind –, sondern sie besäßen exotischen Seltenheitswert. In der gesellschaftlichen Wirklichkeit standen, wie noch zu zeigen ist, die Starrheit der privilegierenden oder diskriminierenden Positionen in der Sozialhierarchie jener Jahrzehnte aber von vornherein vermuten läßt, Leitern zum Emporklettern in die Unternehmerbourgeoisie keineswegs in jeder Schicht bereit.[17]

b) Die Bourgeoisie im Konstituierungsprozeß

Wie läßt sich nach diesen wenigen allgemeinen Vorüberlegungen die Konstituierung der jungen deutschen Bourgeoisie historisch-systematisch genauer bestimmen? Es empfiehlt sich aus Gründen der analytischen Tiefenschärfe, vier idealtypisch definierte Basisprozesse, die bei dieser Formierung wirksam waren, zuerst voneinander zu unterscheiden und die Ergebnisse miteinander zu verknüpfen. Erörtert werden der Reihe nach ökonomische, soziale, politische und kulturell-ideologische Konstituierungsvorgänge, welche die deutsche Bourgeoisie hervorgebracht und schließlich mit ihr eine soziale Klasse geprägt haben, der seither anstelle der alten stadtbürgerlichen Honoratiorenschicht die wirtschaftliche Zukunft gehören sollte.

1. Je klarer der Vorbildcharakter der Industriellen Revolution im Pionierland England in den deutschen Nachfolgestaaten erkannt wurde, je stärker der Nachahmungsdruck anwuchs, je umfassender sich auch im deutschsprachigen Mitteleuropa die moderne Marktwirtschaft, d.h. die Waren-, Kapital- und Leistungsverwertung auf lokalen, überregionalen und internationalen Märkten ausdehnte, desto deutlicher bildete sich in folgenreichen Differenzierungsprozessen die typisch marktbedingte Besitzklasse der deutschen Bourgeoisie heraus. Während sich parallel dazu die industrielle Lohnarbeiterschaft als eine der ebenso typischen marktbedingten neuen Erwerbsklassen formierte, wurden durch den Besitz an Produktionsmitteln, durch die Zentralfunktion an der Spitze moderner Betriebe – mit dem Recht, die strategischen Entscheidungen über Investition, Produktion, Absatz, Innovation, Arbeitsteilung und Herrschaftsorganisation zu treffen – und nicht zuletzt durch die Bewährung in der Arena der Märkte die Unternehmer der

neuen Fabriken, Bankhäuser, Verkehrs- und Versicherungsgesellschaften in einer eigenen Klasse zusammengeführt. Da die Frühindustrialisierung und die revolutionäre Durchsetzungsphase des deutschen Industriekapitalismus mehrere Jahrzehnte lang andauerten, handelte es sich auch bei der ökonomischen Konstituierung der neuen Bourgeoisie um einen zeitlich gedehnten Prozeß, der – wie es der Natur des ungleichmäßigen industriewirtschaftlichen Wachstums entsprach – sowohl in den Trendperioden der Hochkonjunktur als auch während der sozialökonomischen Krisenzeiten eine deutliche Beschleunigung erfuhr. Vor 1848 gab es jedoch nur wenige Regionen – wie etwa das Rheinland und Sachsen – und Städte – wie etwa Köln und Aachen, zum Teil auch Leipzig und Berlin –, wo die Bourgeoisie bereits eine tonangebende Rolle zu spielen vermochte; ihre Hegemonie stand damals erst bevor.

Im ökonomischen Bereich wurde jedenfalls durch Kapitalgüterbesitz, Finanzressourcen und Leitungsfunktionen, durch wirtschaftliche Leistungsfähigkeit und Marktmacht die Klassenlage der deutschen Bourgeoisie strukturiert. Mit dieser Klassenlage waren im Prinzip, unabhängig von Einsicht und Bewußtsein der Klassenmitglieder, spezifische latente Interessen und strukturelle Gegensätze vorgegeben, die sich durch Erfahrungen und Konflikte in manifeste, bewußt verfochtene Interessen und bewußt ausgetragene Konflikte verwandeln konnten. Dazu gehörten, sehr allgemein gesprochen, die Verteidigung unmittelbarer Unternehmerinteressen und die Ausweitung dieser Interessenfelder, die Vermehrung von Lebenschancen und die Verminderung von Lebensrisiken, die Minimierung von Fremdbestimmung und die Maximierung von Planungs- und Handlungsautomie im Unternehmen und im Alltag; dazu gehörten aber auch die Gegensätze, die im Verhältnis zur konträren Interessenlage industrieller Erwerbsklassen, in der Konkurrenz mit der Landwirtschaft, im Wettbewerb mit fremdnationalen Rivalen angelegt waren und zu gegebener Zeit aufbrachen.

2. Interessantere Probleme wirft der soziale Konstituierungsprozeß mit seinen verschiedenen Komponenten auf. Im Hinblick auf die Entstehung von Bourgeoisfamilien ist zuerst die Frage nach der sozialen Herkunft ihrer Gründer, so gut wie man das heute kann, zu klären. Neuere Untersuchungen bieten darauf eine in wesentlichen Punkten übereinstimmende Antwort an. Für den Zeitraum zwischen 1830 und 1870 ergibt sich z. B. für ein relativ großes Sample von 120 bis 150 Berliner Unternehmern die folgende Zuordnung aufgrund der Vaterberufe:

a) 78 % (96) stammten aus Familien von Fabrikanten (39), Kaufleuten (38) und Bankiers (19);
b) 12 % (15) von Pfarrern und Lehrern (10), Beamten und Offizieren (4) sowie von einem Gelehrten;
c) 10 % (12) von Handwerkern (5), Händlern (3), Gastwirten (2) und Gutspächtern (2).

Betrachtet man nur die eigentlichen Industriellen, entfallen von 77 auf die drei Herkunftsgruppen: 1. 80 % (61), 2. 8 % (6) und 3. 12 % (10). Diese Zahlen enthüllen ein außerordentlich hohes Maß an Selbstrekrutierung aus Unternehmerfamilien, was dadurch unterstrichen wird, daß zwischen 1830 und 1870 bereits jeder dritte Berliner Unternehmer das elterliche Geschäft erbte.

Die berufliche Ausbildung dieser Unternehmer bestätigt und ergänzt das Bild:
a) 50 % (80) waren als Kauf- und Bankleute (75/5);
b) 32 % (50) als Handwerker ausgebildet worden und
c) 12 % (19) hatten bereits – fraglos ein hoher Anteil! – eine Hoch- oder Fachhochschule absolviert; auch die restlichen 6 % wechselten aus einer Beamten- oder freiberuflichen Karriere in die Unternehmertätigkeit über. Bei der beruflichen Ausbildung der Industriellen verschieben sich die prozentualen Anteile ein wenig: 1. 47 % (59), 2. 40 % (50), 3. 9 % (12). Sowohl hinsichtlich der sozialen als auch der beruflichen Herkunft besaßen mithin Unternehmer, Kaufleute, Handwerker, Beamte (einschließlich der Wissenschaftler, Pfarrer und Lehrer) sowie freiberufliche Akademiker unzweideutig die absolute Vorherrschaft. Kein einziger Fall eines Aufstiegs aus den Unterschichten ist in Berlin – oder auch anderswo für diese Zeitspanne! – verzeichnet. Wohl aber spielte die Aufstiegsmobilität im Rekrutierungsfeld der Handwerker und Kleinkaufleute eine erhebliche Rolle. Die beiden wichtigsten der frühen Berliner Industriebranchen unterschieden sich in diesem Zusammenhang deutlich voneinander: Kaufleute (nach sozialer und beruflicher Herkunft) besaßen in der Textilindustrie, wo vor allem Marktkenntnisse zählten, eine herausragende Stellung, Handwerker (nach sozialer und beruflicher Herkunft) dagegen im Maschinenbau, wo insbesondere eigene technische Kenntnisse und Fertigkeiten zählten; so standen z. B. auch in den zwischen 1800 und 1850 gegründeten sächsischen Maschinenbauanstalten 69 Handwerker-Unternehmer 15 Kaufmann-Unternehmern gegenüber. Dieses Verteilungsprofil galt in der damaligen Zeit offenbar generell.

Durchaus ähnliche Ergebnisse haben zwei Zufallsstichproben zutage gefördert. Einmal entstammten 63 % der zwischen 1830 und 1850 erfaßten, zum Teil bis ins spätere Reich hinein tätigen Unternehmer aus Unternehmerfamilien; von diesen zwei Dritteln kam wiederum die Hälfte aus der vorindustriellen Gewerbewirtschaft, je ein Viertel stammte aus dem Großhandel bzw. dem Bank- und Detailhandelsgeschäft. 11,6 % hatten Beamte (einschließlich der Pfarrer und Lehrer) sowie freiberufliche Akademiker, 10,5 % Handwerker als Väter. Auch hier kam die «weit überwiegende» Mehrheit aus dem älteren «Besitzbürgertum»; ganz wie in Berlin bildeten Beamte und Akademiker sowie Handwerker die beiden nächsten, größenmäßig fast identischen Herkunftsgruppen.

Die zweite Analyse, die auf den biographischen Angaben zu 363 in den ersten acht Bänden der «Neuen Deutschen Biographie» enthaltenen, im 18.

und 19. Jahrhundert geborenen Gründern oder Mitgründern von Unternehmen beruht, hat mehr als 50% Unternehmer-, Kaufmanns- und Handwerkerfamilien, 25 % dem akademischen Bildungsbürgertum und überraschend hohe 10% Landwirten und Gutsbesitzerfamilien zugeordnet.

In den rheinischen und westfälischen Gewerberegionen tritt ein tendenziell vergleichbares Bild zutage. Einmal stammten fünf Sechstel von 300 in der Zeitspanne zwischen 1790 und 1870 erfaßten Unternehmern von wirtschaftlich selbständigen Geschäftsleuten ab; von 400 Betrieben im industriellen Ruhrgebiet wurden 266 zusammen von zwei Unternehmern, jeweils einem Kaufmann und einem Techniker, geleitet, 78 allein von Technikern, 56 nur von Kaufleuten. Eine «selten homogene» Gruppe bildeten die westfälischen Textilunternehmer, wobei für 85% der zwischen 1800 und 1913 ermittelten ermittelten 225 Industriellen die Herkunft aus Kaufmanns-, Verleger- und Fabrikantenfamilien festgestellt werden konnte; für die Zeit bis 1850 liegt die Zahl bei gut 70%; nur 8% hatten sich aus dem Handwerk hochgearbeitet. Ähnlich sah auch das vorwiegende Herkunftsmilieu der frühindustriellen märkischen, siegerländischen und Eifeler Unternehmer (Kaufleute, Verleger, Reidemeister), der bergischen Unternehmer (Kaufleute, Verleger, arrivierte Schmiedemeister), der niederrheinischen Unternehmer (Verleger und Kaufleute), der Wuppertaler Unternehmer (Großhändler, Verleger und Kaufleute), der Aachener, Dürener, Monschauer und Stolberger Unternehmer (Tuchproduzenten, Verleger, Messing- und Kupfermeister), der saarländischen Unternehmer (Händler, Fabrikanten, zum Teil Handwerker, Verleger), der sächsischen Unternehmer (Händler, Kaufleute, Handwerker) aus. Überall kommt ein Einschuß von Beamten und Akademikersöhnen hinzu; im Sonderfall des großbetrieblichen Leipziger Verlagswesens stammten zwei Drittel der Verlegerväter aus Buchhändler-, der Rest aus Akademiker- und Druckerfamilien.

Wohin man auch sieht, drängt sich mithin das gleiche Resultat auf: An der sozialen Herkunft der Bourgeoisie fällt die Dominanz der Selbstrekrutierung aus besitzbürgerlichen, insbesondere aus Unternehmerfamilien auf – ob die Väter nun Kaufleute, Händler, Verleger, Fabrikanten, Bergwerks- und Eisenhüttenbesitzer usw. waren. Dieses Faktum erhellt eindrucksvoll «die Langzeitdimension... gewerblich-kommerzieller Traditionen» in Deutschland, im Vergleich jedoch mit der sozialen Herkunft amerikanischer, englischer und französischer Unternehmer andrerseits eine recht stark ausgeprägte Immobilität. Den Söhnen aus diesen Berufsgruppen folgten gewöhnlich die Nachkommen von Handwerkern und Bildungsbürgern. Die Vorherrschaft von Herkunftsschichten variiert freilich mit branchentypischen Schwerpunkten, wie die Beispiele der Textilbetriebe, Maschinenbauanstalten und Buchverlage, aber auch der Eisen- und Stahlindustrie oder der Chemie zeigen, so daß manchmal z.B. Handwerker das Übergewicht gewinnen. Angesichts der völligen Heterogenität der Begrifflichkeit und

Methoden in den zugrundeliegenden Studien läßt sich leider noch nicht präzise differenzieren, bis zu welchem Anteil die Unternehmerbourgeoisie aus dem oberen und mittleren Stadtbürgertum, aus dem Bildungsbürgertum, aus den Kreisen der außerstädtischen bürgerlichen Unternehmer, Geschäftsleute und unzünftigen Handwerker oder bereits aus der Bourgeoisie selber stammte.[18]

Weitere Aspekte werden jedoch beleuchtet, wenn man die Frage nach der Bedeutung der horizontalen Mobilität mit einbezieht. Der ins Auge stechende Befund besteht hier aus einer unzweideutigen Alternative: Entweder trifft man bei der Unternehmerbourgeoisie – und dabei geht es vermutlich in den meisten Gewerberegionen um eine Mehrheit – auf die Nachfahren bodenständiger, ortsansässiger Familien mit teilweise in die Frühe Neuzeit oder sogar in das Mittelalter zurückreichenden Traditionen des Handels und Verlages, der Metall- und Textilproduktion. Diese Familien konnten städtische Vollbürger sein, konnten in Dörfern oder verstreut auf dem Lande leben. Neben ihnen nehmen Zugewanderte eine auffällige Stellung – vor allem in bestimmten Städten – ein, gleich ob es sich bei diesen homines novi um die Söhne von etablierten Unternehmern oder von Bildungsbürgern, von Angehörigen konfessioneller oder ethnischer Minderheiten handelte. Beispiele aus dem ziemlich schnell industrialisierenden Westdeutschland mit seinen vorindustriellen Gewerbebezirken und -städten vermögen diesen Sachverhalt zu illustrieren.

Im Bergischen, vor allem um Solingen und Remscheid, war über Jahrhunderte hinweg den Böker, Clarenbach, Halbach, Hasenclever, Henckel, Honsberg, Jagenberg, Jäger, Mannesmann, Schimmelbusch der Aufstieg vom Schmied und Schleifer zum Kaufmann und Verleger geglückt. In Lennep setzten sich die Familien Frowein, Hardt, Hölterhoff, Leverkus, Moll, Wülfing genauso als Kaufleute und Verleger durch. Das Textilgewerbe des Wuppertals konzentrierte sich seit dem 15. Jahrhundert um Elberfeld und Barmen, dessen Wohlstand die Familien Bredt, Carnap, Engels, Peill, Rittershaus, Teschenmacher, Schlieper, de Weerth und Wichelhaus demonstrierten. Im Märkischen vollzog sich die Entwicklung der Brüninghaus, Ebbinghaus, Elbers, Funcke, Harhorst, Oberhoff, Schniewind und Winkhaus zu Reidemeistern, Verlegern und Kaufleuten. Im zweiten Zentrum des westdeutschen Eisengewerbes, im Siegerland, stiegen seit dem 16. Jahrhundert zusammen mit ihren Erzbergwerken und Hütten die Achenbach, Dresler, Irle, Klein und Schleifenbaum auf; im Eifeler Eisenhüttengewerbe waren es seit derselben Zeit die Hoesch, Poensgen, Schoeller, Cramer, Pirath und Virmond. Aus der Tuchherstellung und Metallverarbeitung kamen im Aachener Raum die Pastor, Peltzer, Schleicher, v. Asten, Lynen, Prym, Beissel, Roemer und Fremerey. Unter dem Druck der Gegenreformation mußten zahlreiche Unternehmerfamilien Aachen verlassen und nahmen in Monschau, Düren, Burtscheid, Eupen und Vaals die Tuchproduktion wieder auf; ähnlich wichen protestantische Familien vor der Intoleranz aus Köln aus, z. B. die Andreaes nach Mülheim. Am Niederrhein, in Krefeld, Gladbach und Rheydt, entstand seit dem 17. Jahrhundert ein florierendes Textilgewerbe, in dem mennonitische Flüchtlinge aus Brabant, Jülich und Berg einen prominenten Rang einnahmen; in Krefeld repräsentierten die Namen von v. d. Leyen, Floh, de Greiff, ter Meer, Preyer, Heydweiler, Scheibler, v. Beckerath großbürgerliche Verleger- und Kaufmannsfamilien. Im späteren Ruhrrevier hielten sich als Großhändler und -kaufleute nur wenige Geschlechter über derart lange Zeiträume hinweg, in Essen aber z. B. die Krupps, Ascherfelds, Huyssens und Waldthausens seit dem 17. Jahrhundert, in Dortmund die Mallinckrodts, in Duisburg die Böningers. Seit dem 18. Jahrhundert wanderten in das Saargebiet jene Familien ein, die auch im Industriebezirk Rang und Namen behalten sollten: die de Wendel, Röchling, Stumm, Villeroy, Boch und andere; die Mehrzahl kam aus Handel und Gewerbe, einige waren Handwerker und Verleger.

Bis neue, attraktive Branchen und Standorte auf die Bereitschaft zur geographischen Mobilität hohe Erfolgsprämien aussetzten, erhielt sich die lokale Verwurzelung der kommerziell und gewerblich «gestandenen» Familien. Mit dieser Bodenständigkeit verbanden sich auch unübersehbare Vorteile: Zu den prägenden Sozialisationserfahrungen gehörte das Bewußtsein, einer angesehenen Familie anzugehören, die in einem vertrauten Umfeld in ein Netzwerk wertvoller verwandtschaftlicher und sozialer Beziehungen eingebunden blieb, von früh auf Geschäftserfahrungen vermittelte, konkrete Leitbilder der Unternehmertätigkeit ständig vor Augen hielt. Dank der finanziellen Reserven konnte den Söhnen eine lange, gediegene Ausbildung während der Volontärszeit bei Geschäftsfreunden und Verwandten oder im eigenen Betrieb vermittelt werden. Vermögen, Besitz, Einkommen, Kreditwürdigkeit, Qualifikation, Sachkenntnis, Organisationsfähigkeit, Rückhalt an der weiten Verwandtschaft, damit Kontakte und Informationen, die sonst gar nicht oder nur schwer zu gewinnen waren, verschafften den derart ausgezeichneten Söhnen solcher Familien eine günstige Startposition, wenn sie sich als Industriefabrikanten etablierten.

Diese Vorteile blieben ihnen zum guten Teil erhalten, wenn sie einen Ortswechsel vornahmen, auch wenn diese Bewegung mit dem schwierigen Übergang zur modernen produktionskapitalistischen Unternehmertätigkeit, dazu oft in einer neuen Branche, verbunden war. In der fremden Umgebung wurde jedoch der Existenzkampf gewöhnlich härter. Das traf in noch gesteigerter Form auf jene Zuwanderer zu, die als Söhne von Handwerkern, Pfarrern, Lehrern, Beamten, Offizieren, Gelehrten, Gutspächtern in eine fremde Stadt zogen, um dort als Unternehmer ihr Glück zu suchen. Neben den stadtbürgerlichen Honoratioren und alteingesessenen Unternehmerfamilien lebten sie für eine ungewisse Zeit als «Marginal Men», als soziale Außenseiter, die permanent unter Bewährungsdruck standen, bis sie eine respektheischende materielle Basis gewonnen hatten, und auch dann hielt der verinnerlichte Erfolgszwang weiter an. Zwei Beispiele müssen genügen. Köln erfuhr in der ersten Hälfte des 19. Jahrhunderts eine belebende Zuwanderung von sozial heterogenen (aus Beamten-, Pfarrer-, Lehrer-, Unternehmer- und Handwerkerfamilien stammenden) potentiellen Bourgeois-Unternehmern, denen dank der rheinischen Städteordnung kein unüberwindbares Zuzugsgeld, kein kompliziertes Heimatrecht, keine Diskriminierung als Schutzverwandte im Weg standen.

Die Camphausens kamen aus Rheydt, Mevissen aus Dülken, Brügelmann aus Kaiserswerth, Deichmann und Wendelstadt aus Hannover, Rautenstrauch aus Trier, Carstanjen und vom Rath aus Duisburg, Mallinckrodt aus Siegen, Joest, Schnitzler, Schimmelbusch, Guilleaume und Hölterhoff aus Solingen. Sie gründeten Banken, Handelshäuser, Zuckerraffinerien, Fabriken und exzellierten bald im Eisenbahn-, Versicherungs- und Ferntransportgeschäft. Ihre bestechenden Erfolge katapultierten sie in die Kölner Oberschicht. Gustav Mevissen z.B., Sohn eines Zwirnherstellers und gebildeter Autodidakt, wurde dank seines stupenden Organisationstalents, das er Banken, Schwerindustriefabriken, Eisenbahnen zuwandte, schon in jungen Jahren Millionär. In knapp vierzig Jahren verwandelte sich der Volksschullehrer J. J. Langen in einen Großindustriellen und den Präsidenten der angesehenen Kölner Handelskammer. Ähnliche Erfahrungen wie die Rheinmetropole machten Elberfeld, Barmen, Gladbach, Viersen, Rheydt, Düren, Eschweiler und Aachen, wo der Pastorensohn David Hansemann vom kleinen Händlerlehrling in einer geradezu klassischen Aufsteigerkarriere zum Großkapitalisten im Bank-, Versicherungs- und Eisenbahnwesen steil emporstieg. Ebenso auffallend ist die außergewöhnlich hohe Zuwanderungsrate (mehr als 60%) in Berlin. Dort trifft sie sowohl auf Zweige der Textilindustrie als auch besonders auf den neuartigen Maschinenbau zu. Egells, Borsig, Schwartzkopff, Wöhlert, Hummel, Freund, Heckmann, Hoppe, Fesca, Eckart, sie alle zogen von außerhalb herbei. Der Aufschwung Berlins als Industriestadt lockte dann auf dieselbe Weise Bankiers, die dem «Leitstern der Dividende» (F. List) folgten, in das lukrative Finanzierungsgeschäft, z.B. Hansemann, Delbrück, Warschauer, Bleichröder, Berend, Heymann, Wolff, Meyer Cohn und manchen anderen.

Der Erfolg der Alteingesessenen oder Zugewanderten als industrie- und finanzkapitalistische Unternehmer hing selbstredend von der eigenen Tüchtigkeit, der Gunst der Wirtschaftskonjunktur, den Chancen von Wachstumsindustrien und zahlreichen anderen Faktoren ab – immer aber auch von der Familien- und Heiratspolitik. Die Familienpolitik war durchweg auf die langfristig wirksame Steigerung aller Ressourcen der Familie als «Kollektividentität» hin ausgerichtet, ob sie nun aus «materiellem Kapital» wie Vermögen, Grundbesitz und Gebäuden oder aus Leistungswissen, Kenntnis von Produktionsverfahren und weitläufigen geschäftlichen Beziehungen, aus

Ansehen und Sicherheit, aus Honoratiorenämtern in der Stadt, dem Nimbus anhaltenden Erfolgs und finanzieller Seriosität bestanden – kurzum aus ebenso wichtigem und verwertbarem «sozialem Kapital». Diesen Zielen diente auch die geschäftsmäßig kalkulierte, gesellschaftliche und materielle Gleich- oder Höherrangigkeit sorgsam beachtende, von der patriarchalischen Autokratie des Familienoberhaupts durchgesetzte Heiratspolitik, deren Ziel bereits in den vorindustriellen Gewerberegionen und -städten die Gründung und Absicherung wahrer Unternehmerdynastien gewesen war. Unverändert wurde dieselbe Politik, die nicht etwa nur Adelsimitation, sondern auch ökonomisch funktional war, da sie das Unternehmen über die Lebensspanne des Gründers hinaus für die Familie zu erhalten strebte, im beginnenden Industriezeitalter fortgesetzt. Die Heiratskreise gewannen seit dem 18. Jahrhundert deshalb noch zusätzlich an Bedeutung, weil die Lockerung bzw. Auflösung der Gilden, Zünfte und Korporationen den Wert von Verwandtschaftsbeziehungen ganz so steigerte wie die Tatsache, daß es noch keine anonymen, glatt funktionierenden Institutionen des modernen Bank- und Versicherungswesens, des Waren- und Kapitalverkehrs mit Hilfe moderner Kommunikationsmittel gab. Auch die Kapitalbildung durch die Großfamilien blieb vor dem Aufstieg der großen Kapital- bzw. Aktiengesellschaften oft die einzige praktikable Methode. All dies: die Auflösung der ständischen Welt und die Abwesenheit leistungsfähiger ubiquitärer Geschäftsorganisationen erhöhte die funktionale Bedeutung des Familienverbandes, besonders des Vertrauens als einer Basis der wirtschaftlichen Aktivität. Denn Vertrauen konnte im Verwandtenkreis leichter gewährt und zuverlässiger vorausberechnet, der Vertrauensvorschuß strenger kontrolliert, ein Vergehen effektiver geahndet werden als im Verhältnis zu fremden Geschäftspartnern.

Daneben behielt natürlich die Politik der Ressourcenexpansion ihre alte Priorität, blieb die Verteidigung und Verbesserung des Lebensstandards von vitaler Bedeutung, hielt die Vermehrung der sozialen Ehre der Familie als ein ebenso unverrückbarer Fixpunkt wie für den Adel. Wie die Ehepartner wurden mit derselben kühlen Berechnung die Trauzeugen, die Paten der Kinder, die Spielgefährten, die Gäste des Hauses ausgewählt, so daß sich um den engsten Familienverband der weitere Kreis einer Klientel legte, die lauter nützliche und Kohäsion verbürgende Funktionen wahrnahm. Überall findet man daher große Heirats- und Sippenkreise, welche – in konzentrischen Kreisen von Klientelen umlagert – traditionsreiche Familien untereinander, aber eben auch mit erfolgreichen Bourgeoisiefamilien der neuen Zeit verbanden. Die v. d. Leyens etwa waren mit den Herstatts innerhalb von zwei Generationen durch fünf Ehen verwandt; die Monschauer Scheiblers mit Aachener Unternehmern, den Andreaes und Elbers in Mülheim; die Böckings mit Gleichgestellten im Saarrevier, wo sich auch die de Wendels, Stumms, Villeroy und Boch (1842 Villeroy & Boch) verbanden und über

Südwestdeutschland ausdehnten; die Deichmannsche Großfamilie erstreckte sich von Köln aus über Westdeutschland; ein Ruhr-Großunternehmer wie Franz Haniel war durch fünf Kinder mit den Cockerills, Böckings, de Greiffs und Liebrechts verbunden. Ähnliche Sippenkreise bestanden in Wuppertal, Düren, am Niederrhein, insgesamt waren die meisten westdeutschen Unternehmerfamilien miteinander, oft mehrfach, verschwägert. Dieselben Wirtschaftsclans lassen sich in Augsburg, Leipzig und Hamburg, in Schlesien wie im Ravensbergischen nachweisen – wahrscheinlich träfe die empirische Forschung auf ein allgegenwärtiges Phänomen.

Aufsteiger wie Hansemann achteten penibel darauf, hochzuheiraten. Heiraten «unter dem Stand» blieb dagegen verpönt und konnte die soziale Ächtung nach sich ziehen. Einheirat in den Adel galt häufig als Kennzeichen des arrivierten Kapitalisten. Ehen mit bildungsbürgerlichen Akademikern waren akzeptabel, ja begehrt, wenn es um höhere Beamte ging. Bei den bereits erwähnten Zufallsstichproben der zwischen 1830 und 1850 erfaßten Unternehmer heirateten rd. 57% in das ältere Besitzbürgertum, 27% in Industriellen- und 16% in Akademikerfamilien. In Westfalen konnte das Exklusivitätsdenken bis zu extremer Inzucht führen, wenn etwa 85 % aller Textilindustriellen ihre Ehepartner aus derselben schmalen sozialen Schicht nahmen. Und die soziale Welt der deutschen Bankiers scheint offensichtlich aus wenigen, und dann noch an vielen Stellen wieder miteinander verknüpften Verwandtschaftssystemen bestanden zu haben. Kurzum: Das besitzbürgerliche Konnubium unterlag strikter sozialer Kontrolle. Die erfolgreichen Bourgeois wurden in die etablierten Heiratskreise einbezogen, imitierten dieses Vorbild, vermehrten durch folgerichtige Ehepolitik ihr materielles und soziales Kapital, bildeten selber Sippen- und Klientelverbände und steigerten durch dieses hohe Maß an Handlungsrationalität die enge eigene soziale Verflechtung und Ressourcenakkumulation.[19]

Wie unternehmerische Erfolge auf die Dauer dazu verhalfen, eine gesellschaftliche Stellung zu befestigen, die der ökonomischen Macht entsprach, trugen Familienloyalität und Heiratsstrategie, Verkehrskreise und Sippenverbände nicht zuletzt durch die Wahrung kollektiver Interessen dazu bei, jene stabilen internen Gemeinschafts- und Solidaritätsbeziehungen, jene Kommunikationsdichte und Binnenhomogenität zu schaffen und zu erhalten, die allemal wichtige Voraussetzungen für das Zusammenwachsen der Bourgeoisie zu einer neuen sozialen Klasse darstellten.

In diesem Kontext von vertikaler und horizontaler Mobilität, von Familienloyalität und sozialer Verflechtung kann auch die exzeptionelle Rolle der religiösen und ethnischen Minderheiten sowie des Protestantismus für die Konstituierung der deutschen Bourgeoisie erörtert werden, obwohl es die in ihnen lebendigen spezifischen Motivationen auch erlauben würden, sie im Rahmen des kulturellen Formierungsprozesses zu diskutieren.

Jüdische Unternehmer und Bankiers haben einen weit überdurchschnittlich hohen Anteil der deutschen Bourgeoisie gestellt, wenn man als Vergleichsmaßstab den geringen prozentualen Anteil der jüdischen Minderheit an der Gesamtbevölkerung verwendet. In Berlin z. B. waren vor 1870 rund 50% aller Unternehmer, die hohe Mehrheit der Bankiers jüdischer Herkunft. Da Juden nur zwei bis drei Prozent der Stadtbevölkerung stellten, hat man von einem «völlig disproportionalen Übergewicht» gesprochen. In Frankfurt schränkte das neue stadtbürgerliche Regiment die Judenemanzipation der napoleonischen Ära unter antisemitischen Begleiterscheinungen wieder ein, aber die privatrechtlich den Vollbürgern gleichgestellten jüdischen Bank- und Handelshäuser erhöhten ihre ökonomische Potenz, und der Glanz des Rothschildschen Weltruhms fiel auch auf das ehemalige Frankfurter Getto. Unübersehbar war auch die Stellung, welche die Hamburger Juden im Bankwesen und Großhandel einnahmen – die Kaufmannselite der Sephardim, Bankiers wie Salomon Heine und die Warburgs besaßen einen weit über die Stadtgrenzen hinausreichenden Ruf. In Süddeutschland erlebten die jüdischen Bankiersfamilien in Augsburg, München, Karlsruhe und anderswo einen ebenso erfolgreichen Aufstieg. Traditionsgemäß dominierten die Juden im Bankwesen, teilweise im Handel, wechselten aber im Verlauf des industriellen Aufschwungs auch in Industrieunternehmerpositionen, mit der voranschreitenden Urbanisierung zum Aufbau von Großkaufhäusern über.

Unstreitig wurde den Juden, von denen ein hoher Anteil ohnehin den Unterschichten angehörte, seit langem ein harter Existenzkampf am Rande der Gesellschaft aufgenötigt, in dem sich jede Generation aufs neue zu behaupten hatte; unstreitig zehrten die Juden aber auch von den über Jahrhunderte hinweg in ehemals diskriminierten Berufen gesammelten Erfahrungen, von dem allmählich erworbenen kollektiven Sachverstand in Geschäftsfragen, vor allem aber von dem solidarischen Zusammenhalt sowohl der Großfamilien als auch der durch Diskriminierung und die rigorosen alttestamentarischen Gesetze zusammengehaltenen Minderheit überhaupt. Auf sie trifft das über den Vertrauensvorschuß Gesagte in ausgezeichnetem Maße zu: Ihn räumte man im risikoreichen Bankgeschäft und Fernhandel dem Glaubensgenossen eher ein als dem Fremden. Dank dieser kultur- und minoritätenspezifischen Voraussetzungen stellte eine Art von jüdischem Familienkartell, das durch zahlreiche Verwandtschaftsbeziehungen stabilisiert und zusammengekittet wurde, wenige hundert prominente Mitglieder der heranwachsenden deutschen Bourgeoisie.

An den jüdischen Erfolgsnimbus reichte die Leistung der über Deutschland verstreuten, insbesondere aber in Berlin konzentrierten, ehemals französischen Hugenotten, der Krefelder Mennoniten oder der von den Oraniern protegierten Siegerländer Calvinisten nicht heran. Auch ihnen kamen jedoch die besonderen Vorteile zugute, welche die Kohärenz und das gespeicherte Leistungswissen dieser Minoritäten ihren Mitgliedern boten.

Die Rolle der reformierten Freikirchen und evangelischen Sekten lenkt auf das bereits vielfach diskutierte Problem hin, welche Bedeutung der Protestantismus für die Durchsetzung nicht nur generell des Kapitalismus, sondern speziell auch des Industriekapitalismus, damit auch für die Zusammensetzung der deutschen Bourgeoisie besessen hat (und in der Bundesrepublik bemerkenswerter Weise noch immer besitzt). Die empirischen Resultate lassen an Eindeutigkeit nicht zu wünschen übrig: 75 % der in der Studie über die «Neue Deutsche Biographie» erfaßten Unternehmer waren Protestanten. Absolut überwiegend kamen auch die rheinisch-westfälischen Unternehmer aus evangelischen Familien; die meisten waren Lutheraner, zum Teil vom orthodoxen Pietismus geprägt, nicht wenige aber Reformierte oder Angehörige nonkonformistischer Freikirchen. Alle im Saargebiet eingewanderten deutschen Vorfahren bekannter Unternehmerfamilien gehörten der lutherischen Konfession an, obwohl drei Viertel der einheimischen Bevölkerung katholisch waren. Im Bergischen, Märkischen und Ravensbergischen, in Sachsen, Berlin und Augsburg dominierten die protestantischen Unternehmer. Überall begrenzte auch die konfessionelle Schranke maßgeblich den Spielraum der Heiratspolitik, so daß sie sich gegenüber Katholiken und Juden als zusätzliche Aufstiegshemmung auswirkte. Überall wurde ein Defizit spürbar, wenn Protestanten als spätes Ergebnis der militanten Gegenreformation z. B. aus Aachen und Köln vertrieben oder aus Bayern ferngehalten wurden. Insgesamt scheint sich sogar die Diskrepanz zwischen hohem protestantischen und geringem katholischen Unternehmeranteil vom 18. zum 19. Jahrhundert noch verschärft zu haben. Je nach der konfessionellen Zusammensetzung einer Region läßt sich auch für die Protestanten die Minderheitenargumentation ins Feld führen. Bildeten sie eine religiöse Minorität, waren ihnen wie den Juden die «traditionellen Wege zu Reichtum, Ansehen und Macht» nicht selten versperrt worden, so daß Energie und Leistungskraft kontinuierlich herausgefordert wurden, die Gruppenkohäsion zunahm und der Loyalitätskredit, der Gleichgläubigen eingeräumt wurde, den überregionalen Geschäftsverkehr erleichterte. Freilich trifft hier die Erklärung mit Hilfe des Theorems von der Bedeutung der Minderheitensituation alsbald auf Grenzen. In durchweg protestantischen Gebieten verliert das Argument seine Erklärungskraft, aber an protestantischen Unternehmern herrschte dort dennoch kein Mangel. Umgekehrt brachten katholische Minderheiten als Diaspora in einer evangelischen Umwelt keineswegs einen überdurchschnittlich hoch liegenden Unternehmeranteil hervor.

Man wird daher das durch komparative religionssoziologische Studien erhärtete Erklärungsangebot Max Webers, das in der auch ökonomisches Verhalten steuernden Wirkung religiöser Normensysteme den eigentlichen Schlüssel zur Problemlösung sieht, heranziehen müssen. (Vgl. bereits dazu Bd. I.) So hat etwa der Protestantismus, der schon selber von frühneuzeitlichen Modernisierungsprozessen, wie insbesondere einer weitreichenden Säkularisierung, und damit zusammenhängenden Mentalitätsveränderungen mitgeprägt worden war, gewisse Wertorientierungen und Verhaltensdispositionen kultiviert und tradiert, die ökonomischen Aufstieg begünstigen konnten. Die religiöse Legitimierung der «innerweltlichen Askese»; die auf dezidiertem Konsumverzicht und aufgeschobener Gratifikation beruhende «asketisch disziplinierte Weltarbeit», gesteigert bis zur «Werkheiligkeit»; das besonders aus der calvinistischen Prädestinationslehre hervorgehende – in abgeschwächter Form aber auch im lutheranischen Protestantismus angelegte – «rastlose Bewährungs- und Erfolgsstreben», dessen sichtbare Resultate im Berufsleben über die Auserwähltheit des Gläubigen Aufschluß gaben –, sie förderten Zielsetzungen und Verhaltensweisen, die unter strukturell vorteilhaften sozioökonomischen Bedingungen die Herausbildung des kapitalistischen Unternehmers unterstützten. Insbesondere in einer relativ frühen Phase der Industrialisierung scheint sich dieser Zusammenhang von «protestantischer Ethik» und «Geist des Kapitalismus» in den modernisierungsfähigen fürstlichen Staaten, weit weniger in den traditionserstarrten stadtbürgerlichen Hochburgen nachhaltig ausgewirkt zu haben.

Von zahlreichen industriekapitalistischen Unternehmern in allen industriellen Regionen und Städten ist der Rigorismus ihres protestantischen Arbeitsethos glaubwürdig überliefert. In dem anhaltend von calvinistischen, reformierten und nonkonformistischen Freikirchen, aber auch von pietistischen Zirkeln bestimmten Wuppertal galt den Fabrikherren die Arbeit als «Gottesdienst». Aus eigener Erfahrung hat Friedrich Engels die religiös inspirierte Arbeitsbesessenheit in seiner Barmer Umgebung charakterisiert: «Es ist ein schreckliches Leben, was diese Menschen führen», schrieb der lebenslustige Unternehmersohn, «den Tag über versenken sie sich in die Zahlen ihrer Konti, und das mit einer Wut, mit einem Interesse, das man es kaum glauben möchte... So geht es alle Tage ohne Veränderung, und wehe dem, der ihnen dazwischen kommt.» Das «Soli Deo Gloria» auf der ersten Seite der Geschäftsbücher solcher Fabrikanten symbolisierte eine Grundeinstellung. Auch scharfe Ideologiekritik könnte sie nicht als pure Heuchelei enthüllen, obwohl schon den Zeitgenossen die eigentümliche, wenn man so will: naive Fusion von Berufszielen und religiösen Glaubensinteressen auffiel. «Alles ist Kirche und Handel», urteilte 1836 der Bonner Theologe Karl J. Nitzsch über das Verhalten und Selbstverständnis rheinischer Unternehmer mit ätzender Ironie, «Mission und Eisenbahn, Bibel und Dampfmaschine.» Zur konfessionellen Gemeinschaft gehörte die geschäftliche und politische Kooperation als quasi natürliches Korrelat. In der exklusiv protestantischen Kölner Gesellschaft «Erholung», die zu Recht den Spitznamen «Evangelische Loge» trug, wurden nicht nur die Wahlen für die Kölner Handelskammer, sondern auch Fragen der Kommunalpolitik vorentschieden; in Krefeld nahm die von den mennonitischen Großbürgern beherrschte «Societät Nr. 5» ähnliche Aufgaben wahr, und nicht anders fungierte das Aachener und Leipziger Pendant lutheranischer Unternehmer.

War selbstgeregeltes industrielles Wachstum erst einmal institutionell und mental fest verankert, bedurfte es nicht mehr derselben motivationalen Schubkraft, obschon die nützlichen familialen, geschäftlichen und politischen Konnexionen noch lange Zeit darüber hinaus erhalten blieben.

Andrerseits ging aus dem Traditionalismus des vorwiegend ländlichen katholischen Sozialmilieus, aus den durch religiöse Dogmen und päpstliche Entscheidungen genährten Aversionen gegenüber Säkularisierung, Urbanisierung und Liberalismus eine anhaltende Skepsis, ja Animosität gegenüber der kapitalistischen Ökonomie, dem städtischen Wirtschaftsliberalismus und dem «Materialismus» des aufsteigenden Industriesystems hervor. Einmal in die Defensive gegenüber dieser modernen Welt gedrängt, entmutigte die katholische Normativkultur «das individuelle Aufstiegsstreben», die «Innovationsfreude» und die prinzipiell schrankenlose Dynamik des kapitalistischen Wirtschaftslebens.[20]

Vergegenwärtigt man sich solche Komplexfaktoren wie soziale und berufliche Herkunft, Familienpolitik und Sozialisationserfahrungen, Aufstiegs- und Wanderungsmobilität, konfessionelles Erbe und Minderheitentraditionen, gewinnt der Basisprozeß der sozialen Konstituierung der deutschen Bourgeoisie schärfere Konturen.

3. Klassen formieren sich immer auch im politischen Konflikt mit Gegenkräften. Diese Auseinandersetzung ist ebenso unverzichtbar für den Marxschen Übergang von der «Klasse an sich» zur «Klasse für sich» wie für Webers Verständnis der Klassenformation. In harten Auseinandersetzungen mußte sich auch die entstehende deutsche Bourgeoisie emporkämpfen, und ihre Identität wurde durch den politischen Konstituierungsprozeß auf charakteristische Weise mitgeprägt. Ursprünglich stritt sie gewissermaßen an vier Fronten: erstens gegen die stadtbürgerlichen Privilegienträger und Pfründenverwalter; zweitens gegen den geburtsständischen Superioritätsanspruch des Adels und seine zahlreichen provozierenden Vorrechte; drittens gegen das Bildungsbürgertum, das sich mühsam die Definitionsmacht erobert hatte, nicht ohne Dünkel selber darüber zu bestimmen, was wahrhaft «bürgerlich» sei (die landläufige Maxime «Bildung rangiert vor Besitz» spiegelte diesen Vorsprung wider); viertens sah sich die Bourgeoisie frühzeitig in einen Verteidigungskampf gegen die von unten nachdrängenden Schichten und Klassen verwickelt, hinter deren in Krisenzeiten artikulierten egalitär-demokratischen Ansprüchen aus besitzbürgerlicher Perspektive seit 1789 die «Pöbelherrschaft» heraufzuziehen schien. Es war daher nur konsequent, wenn das Abschottungsbestreben seit 1789 über 1830 und 1848/49 stetig zunahm.

Die Auseinandersetzung mit dem traditionalen Stadtbürgertum erfolgte nicht in offener Feldschlacht, sondern in unablässigem Konkurrenzkampf, im Ringen um gesellschaftliche Anerkennung, um zumindest gleichwertiges Ansehen, um politischen Einfluß vor allem in den Städten. Dort vollzog sich, wo es denn der Spielraum der politischen Verfassung zuließ, der Übergang vom hergebrachten Honoratiorenregiment zur neuen Kommunalpolitik. Hier interessierten sich Unternehmer für das Verkehrswesen, den Wohnungsbau, die Gasversorgung, auch für die Armen-, Kranken- und Bildungsanstalten. Eigene ökonomische und spekulative Interessen wurden dabei zielstrebig verfolgt, ging es doch um die Vergabe lukrativer städtischer Aufträge, um die Nähe des Bahnhofs oder der Eisenbahnlinie zum eigenen Werk. Die Mitwirkung im Bau- oder Finanzdezernat erbrachte Vertrautheit mit den Bebauungsplänen und dem Infrastrukturausbau, Kenntnisse, die sich alsbald in materielle Vorteile umsetzen ließen. Die vermögende Oligarchie der Elberfelder «Meistbeerbten» errichtete im Stadtrat eine wahre «Kommunaldespotie», die trotz des viel beschworenen christlichen Gewissens vor willkürlicher Steuereinschätzung nicht zurückschreckte. Im Solinger Stadtrat setzten die Fabrikanten durch, daß das Trucksystem bis 1848 beibehalten wurde. Wo Unternehmer Interesse an Kinderarbeit besaßen, wurde trotz der Schutzpflicht, wie sie Preußen 1825 eingeführt hatte, keine aktive Schutzpolitik betrieben; in Aachen z. B. gab es deshalb um 1840 rund 5250 Kinder, die überhaupt keine Schule besuchten, erst 1853 konnte die Verwaltung den Schulzwang durchsetzen. Kommunalpolitik erwies sich, wenn sie möglich war, als attraktives politisches Handlungsfeld zur Verfolgung direkter ökonomischer Interessen, aber auch als Chance, sich für die Wohlfahrt des städtischen Gemeinwesens einzusetzen. Wenn die Honoratiorenherrschaft noch funktionierte, wie in der Stadtrepublik Frankfurt, in süd- und mitteldeutschen Städten, trat dieser Trend hin zur modernen Kommunalpolitik erst mit jahrzehntelanger Verspätung auf.

Der Zusammenstoß der neuen Aufsteiger mit den alten Kräften wurde freilich durch die partielle soziale Amalgamation, durch die konfliktüberspannende Solidarität der Alteingesessene und Emporkömmlinge verschmelzenden Familienclans, auch durch gemeinsame Interessen gegenüber dem «Vierten Stand» abgemildert. Durch ihre eigene Wirtschaftsaktivität liefen die Bourgeois jedoch Sturm gegen den handelskapitalistischen Traditionalismus der Honoratioren, gegen die Enge im Betrieb des zünftigen Handwerkermeisters. Der stadtbürgerlichen Ethik der gesicherten, selbstgesetzte Grenzen respektierenden «Nahrung» setzten sie mit rasch wachsendem Selbstbewußtsein das neue Credo der keine Grenzen anerkennenden produktionskapitalistischen Dynamik und des industriellen Leistungsbeweises entgegen. Erschwert wurde ihr Kampf um gleichwertiges, möglichst überlegenes Prestige dadurch, daß die stadtbürgerlichen Oberschichten kraft alter Tradition noch statusprägend wirkten – Ansehen genoß der gediegene Kaufmann, Verleger, Reeder, Bankier. Neben ihnen mußte sich der statusbegehrende Industrielle erst einen Platz mit eigener sozialer Ehre erkämpfen. Während in der Polemik von «industriellen Krösussen», im Volksmund von der «Geldaristokratie» die Rede war, bezeichneten sich die neuen industriellen Unternehmer selber zunächst meistens als Fabrikherren, Fabrikanten, Arbeitgeber. Erst seit den 40er Jahren ging die rheinische Bourgeoisie mit der selbstbewußt gebrauchten Eigencharakterisierung «Industrielle» voran; seither auch sprachen Bourgeois-Unternehmer vom «Industrie- und Handelsstand». Zugleich wurden, gefördert durch die Klassenspannungen, die gegenüber der Industriearbeiterschaft zunahmen, Begriffe wie Industrieller und Fabrikant mit sozialantagonistischer Unterscheidungskraft weiter aufgeladen, in der Selbsteinschätzung zusehends positiv besetzt und unmißverständlich mit dem Geltungs- und Herrschaftsanspruch der Bourgeoisie verbunden. Erst in der zweiten Hälfte des 19. Jahrhunderts wurden diese ursprünglich diametral aufeinandertreffenden, strukturellen Gegensätze zwischen Stadtbürgertum und Bourgeoisie allmählich abgeschliffen.

Auf die Ambivalenz im Verhältnis der deutschen Bourgeoisie zum Adel wird gleich einzugehen sein, hier sind zuerst einige typische Reibungsflächen zu beschreiben. Nachdem die ersten Restaurationsjahre ins Land gegangen waren, wird unter realistisch urteilenden preußischen Bürgerlichen die spitzzüngige Kritik Varnhagens v. Ense vermutlich auf offenes oder doch geheimes Einverständnis gestoßen sein. «Jeder Einwohner, der nicht adlig ist», notierte sich 1825 dieser wohlinformierte, scharfsichtige Beobachter des gesellschaftlichen Lebens, «ist nur ein halber Preuße.» Daß in der Tat Adlige weiterhin Ansehen, politischen Einfluß und Vorrechte in einem Ausmaß genossen, das nach der Revolutions- und Reformära auf alle Formationen des Bürgertums, gleich wo sie lebten, besonders irritierend, ja anachronistisch wirken mußte, ist schlechterdings nicht zu bestreiten. Das empfand der vom adligen Landrat herumkommandierte Stadtbürger genau so wie der in seiner Karriere durch Blaublütige benachteiligte bildungsbürgerliche Beamte. Nirgendwo aber wurden adlige Ansprüche schärfer mißbilligt als dort, wo sich eine vermögende Bourgeoisie am frühesten und klarsten herausbildete: in den preußischen Westprovinzen also, welche zudem die ostelbische Adelsarroganz eine ganze Zeitlang als schwer erträgliche Allüre einer Besatzungsmacht empfanden, außerdem nach der Verbürgerlichungstendenz der zwanzigjährigen Franzosenzeit auch dem einheimischen Adel skeptischer denn je zuvor begegneten. Selbstbewußt wurde von den Unternehmern die Intensität des bürgerlichen Arbeitslebens mit dem adligen Müßiggang konfrontiert. Als Wegbereiter des Industriekapitalismus glaubten sie die Zukunft auf ihrer Seite, pochten sie auf eine ihrer Modernisierungsleistung entsprechende Stellung. «Die Industrie ist zur selbständigen Macht... erstarkt», erklärte etwa Mevissen 1840, und dank «dieser neuen sozialen Macht» in Deutschlands Innerem müsse es «unleugbar einer neuen Ära auch politisch entgegen» gehen – «denn wo die Industrie als Macht stark ist, da ist auch politische Kraft und Freiheit». Auf dem Rheinischen Provinzial-Landtag von 1843 wurde Hansemann noch deutlicher, als er konstatierte, daß die «Fabrikbesitzer» genau «so gut wie die Grundbesitzer» zu den «fähigsten, kräftigsten Staatsbürgern» gehörten, die «den Beruf zum Herrschen» besäßen. «Der Gegensatz zwischen den Ansichten der Rheinländer und... der Regierung», stieß er in einer Flugschrift nach, «ist in keinem Punkt stärker als über feudale Verhältnisse und Einrichtungen».

Durch die Auswirkungen der adligen Vormacht wurde bis 1848 unablässig Öl in dieses Feuer gegossen. Die Steuerbelastung der Westprovinzen lag z. B. unverhältnismäßig höher als in den Stammprovinzen, so daß der Westen insbesondere mit seinem Klassen-, Grund- und Gewerbesteueraufkommen eine Art erzwungene innerstaatliche Entwicklungshilfe für den Osten leistete, wie Hansemann in den 30er Jahren mit penibler Genauigkeit der Öffentlichkeit vorrechnete. Und was die Steuerverteilung in Rheinland und Westfalen anging, attackierte der Kölner Handelskammer-Präsident Merkens bereits 1827 den eingesessenen Adel, der, ohne «Vermögen, Geschichte und Popularität» des englischen Adels zu genießen, materielle Vorrechte so geschickt verteidige, daß Adlige nur 126000, Bürger und Landbewohner dagegen 8,4 Mill. T. bezahlten – ein Mißverhältnis, das sich im Vormärz, wie Hansemann und Mevissen nachwiesen, noch weit krasser verschärfte. Dank der politischen Privilegierung des Adels vertrete, ermittelte wiederum Mevissen 1847, ein adliger Abgeordneter im Provinzial-Landtag siebzehn Rittergutsbesitzer, ein städtischer Abgeordneter jedoch 25000 und ein Abgeordneter der Landgemeinden sogar 85000 Einwohner. Die rheinischen Adligen stellten 30 % aller Landtagsabgeordneten, besaßen aber nur 4 % der Grundfläche der Provinz und zahlten nur 3,85 % der Grundsteuer. Staatlicher Unterstützung gewiß, sperrten sie sich zusammen mit ihren westfälischen Genossen gegen das Eindringen großbürgerlicher Käufer in ihren Bodenmarkt, auf dem es um die prestigeträchtigen Rittergüter ging. Nach der Matrikel von 1831 waren von 472 rheinischen Rittergütern nur 130 (28 %), 1856 von 465 nur 148 (32 %) in bürgerlicher Hand, in Westfalen 1856 sogar nur 47 (11 %) von 425, während im Gesamtstaat der bürgerliche Anteil bereits bei 45 % lag.

Im Rechtsleben blieben die Gegensätze in kränkenden Unterschieden erhalten. In die neuen Adelsstatuten der 1830er Jahre wurde das Verbot industrieller Tätigkeit wiederholt aufgenommen, um die neofeudalistische Distanzierung vom Wirtschaftsbürgertum zu markieren. Als auch im rheinischen Statut von 1836 vor der Betätigung in Handel und Gewerbe wie «vor niedrigen und gemeinen Geschäften» gewarnt wurde, schlug die Empörung hohe Wellen. Der Adel müsse sich überhaupt erst einmal an ernsthafte Arbeit gewöhnen, hieß es gegen die neuen «Überbietungen des Aristokratismus». «Jede freie Arbeit ist freie Ehre», sprang Ernst Moritz Arndt von Bonn aus den Bürgerlichen auf seine altfränkische Art bei. Böses Blut gab es erneut, als 1843 der bereits endlos debattierte Entwurf eines preußischen

Strafgesetzbuches noch immer bei gewissen Verbrechen den Adelsverlust vorsah. Diese Strafe wurde vom Bürgertum einhellig abgelehnt, da es dann folgerichtig «zu einer Kolonie adliger Verbrecher» degradiert werden könne.

Unablässig rieben sich die rheinischen Bourgeois daran, wie der Beamten- und Militäradel ständische Sonderehren und -rechte betonte, wie selbst die Rittergutsbesitzer ihre Adelsuniform zur Schau trugen. Ludolf Camphausen gewann den erbitternden Eindruck, «daß der Bürger eben doch nur bürgerlich war und eine andere Kaste diesen Stand an Macht, Stellung, Einfluß und Ansehen überragte. Auch der am meisten angesehene Bürgerliche stand nur in der zweiten Reihe.» Eine pointiert zivilistische Ablehnung richtete sich inbesondere gegen das Auftreten der Offiziere, gegen das Militärwesen überhaupt. Wer von den Sprößlingen gar nichts tauge, hieß es in rheinischen Unternehmerfamilien, sei für den preußischen Barras immer noch gut genug. Zahlreiche Fabrikanten bemühten sich erfolgreich darum, ihre Söhne vom «Dienst bei den Preußen» durch Bestechung der Musterungsärzte freizukaufen. Als es den Behörden einmal gelang, diese Methode aufzudekken, wurden 150 junge Bürgerliche zum Nachdienen, zum Dienst in Arbeitskompanien und zu Haftstrafen verurteilt. Daraufhin hörte der rheinische Bourgeois mit noch mehr Wohlbehagen hin, wenn einem preußischen Offizier das Schimpfwort «Stink-Prüss» flugs nachgerufen wurde.

In diesem Dauerkonflikt mit dem Adel liegt eine der wesentlichen Ursachen für die entschiedene, unten zu erörternde Forderung der rheinisch-westfälischen Bourgeoisie nach einem liberalen Verfassungsstaat, in dem sie die «Erbteile der Feudalzeit», um Hansemanns ungeschminkte Kritik zu wiederholen, beseitigen konnte.[21]

Im Verhältnis zum Bildungsbürgertum gab es zwei besonders kritische Punkte, an denen sich immer wieder lang schwelender Streit entzündete. Einmal ging von der im Staatsdienst stehenden akademischen Intelligenz jener «Druck des Beamtenstaates» aus, den nach Mevissen gerade der privatkapitalistische Unternehmer «aufs härteste empfinden» mußte. Gegen die paternalistische Gängelung durch «die preußische Staatsmaschine», wie Camphausen sich ausdrückte, begehrte die auf freie Entfaltung der Kräfte gerichtete rheinische Bourgeoisie immer wieder auf. Mit beißender Schärfe geißelte Hansemann gegenüber dem Handelsamtspräsidenten v. Roenne die Art, wie «ein sich weise dünkendes» Beamtentum «eine allgemeine Bevormundung» ausübe, es «wird in den Geschäften unpraktisch erzogen, ist dadurch dem Leben entfremdet und von einem kleinlichen Sinn beherrscht». Gleichzeitig waren sich solche Repräsentanten des Wirtschaftsbürgertums aber bewußt, daß die bildungsbürgerliche Bürokratie nicht aus individueller Rankune handelte, sondern Herrschaftsinstrument eines Staates blieb, dessen politisches Institutionengefüge es zu liberalisieren galt, wenn sein Charakter im Sinne der eigenen politischen Vorstellungen verändert, damit auch der Machtanspruch der Verwaltung reduziert werden sollte.

Zum zweiten blieb das Bildungsbürgertum unentwegt auf soziale Distanz gegenüber dem neureichen Bourgeois, dem öfters parvenühaften Gehabe erfolgreicher Fabrikanten bedacht. Wahrhafte «Bildung» sei, blieb sein öffentlich zustimmungsfähiger Konsens, dem industriellen Leistungsnachweis zweifelsfrei überlegen. Daß eine beträchtliche Zahl von Unternehmern die Polytechnischen Fachhochschulen in Dresden, Karlsruhe, München oder Beuths Gewerbeinstitut in Berlin – mit tausend Absolventen bis 1850! – besucht hatte, mithin ihre eigenen Berechtigungsdiplome nachweisen konnte, änderte nichts an dem Überlegenheitsanspruch der Universitätsabsolventen und der praktisch-technischem Wissen feindlichen Vertreter neohumanistischer Bildungsideale. Als «Gebildete» ebenfalls respektierte Unternehmer, wie Mevissen, Camphausen, v. Beckerath, blieben vorerst eine Rarität.

Die Grundstimmung, von Adel, Staat und Bildungsbürgertum unterschätzt, verkannt und diskriminiert zu werden, war nach alledem weitverbreitet. Zur reichen Bourgeoisie gehörten die «ehrgeizigen Männer des wohlhabenden Bürgerstandes», urteilte Lorenz Hannibal Fischer unmittelbar nach der Jahrhundertmitte, «welche im Gefühl ihres Reichtums mit den Gleichheitsprinzipien der vorigen Klassen (d. h. der Kommunisten und Demokraten) nichts weniger als einverstanden sind, dagegen es sehr übel empfinden, daß die Fürsten und der Beamtenstand sie in den Rangstufen der äußeren Ehrerweisungen nicht auf die Stelle setzen, die der Maßstab des Reichtums ihnen anweisen würde».

Trotz des hochmütig betonten Abstandes standen andrerseits doch Bildungsbürger, ob in freien akademischen Berufen oder in der Bürokratie tätig, den aufstrebenden Unternehmern öfters relativ nah, wie deren eigene Herkunft, die Heiratskreise oder die Vereine für den geselligen Verkehr zeigen. Ständig wechselten auch Beamte insbesondere aus der staatlichen Bergwerks- und Hüttenverwaltung, aber ebenfalls aus dem allgemeinen Staatsdienst in die Privatwirtschaft über. Rechtsanwälte und Notare standen in engem geschäftlichen Kontakt mit Unternehmern; nicht selten wurden Juristen aus der Bürokratie oder der Advokatur hochgestellte Manager ohne Betriebseigentum und entsprachen dann der Funktionswahrnehmung nach dem Typus der Angestellten-Unternehmer. In all solchen Fällen blieben gesellschaftliche Beziehungen bis hin zum Konnubium nicht aus. Insgesamt aber konnte die verstaatlichte Intelligenz aufgrund ihrer Teilhabe an politischer Macht und des hohen Rangs von Bildungsattributen auch im innerbürgerlichen Konkurrenzkampf der sozialen Klassen ihre führende Position bis ins späte 19. Jahrhundert behaupten.

Ging es um die hermetische Abriegelung nach unten, setzte die Unternehmerbourgeoisie die angeblich natürliche soziale Hierarchie als Selbstverständlichkeit voraus. 1828 empörte sich der bergische Unternehmer Josuah Hasenclever über moderate Ansprüche der «unteren Klassen». Die soziale Ungleichheit unter den Menschen bleibe ewig bestehen, argumentierte

Hansemann 1840 in einer Denkschrift für den König, wie die Tatsache auch ein unverrückbares Naturgesetz sei, daß es stets Arme gebe. «Damit Vernunft und Fähigkeit vorherrschen», schloß er daraus, «muß der politische Einfluß der höheren und wohlhabenden Volksklassen stärker sein als der von den übrigen Volksklassen auszuübende.» Die Ursachen für den «Aufstand der geringeren Volksklassen» hatte er schon im Revolutionsjahr 1830 «in ihrem Hange zu einer besseren, nicht mit dem Verdienst im Verhältnis stehenden Lebensweise» erblickt. 1844 konnte Camphausen sich darüber empören, daß «den arbeitenden Klassen das Gefühl ihrer Rechte und der Gleichheit ihrer Stellung mit uns» von demokratischen Intellektuellen «beizubringen» versucht werde. Hinter solchen politischen Zielvorstellungen witterte der Fabrikant Johann Adolf Köttgen «die Rasereien des Republikanismus». Geradezu emotioneller Gemeinbesitz war die durch 1789 und 1830 genährte Furcht vor der «Pöbelherrschaft», gegen die mancher Bourgeois in den für «Ruhe und Ordnung» sorgenden städtischen Kommunalgarden von 1830/31 angetreten war. Seit dem Frühjahr 1848 sollten die besitzbürgerlichen Befürchtungen im Zeichen derselben Parole erneut emporschießen und in die Stützung einer sozialkonservativen Zähmungspolitik einmünden.[22]

Von diesen verschiedenen, dauerhaften Konfliktsituationen her läßt sich zwanglos die vorherrschende politische Grundeinstellung der Bourgeoisie charakterisieren. Durchweg wünschte sie den Übergang zum Verfassungsstaat nach belgischem, englischem, süddeutschem Vorbild überall dort, wo er, wie insbesondere in Preußen und Österreich, noch nicht vollzogen war. Liberal hieß das erstrebte politische System, weil es die «bürgerlichen Freiheiten» wie Presse-, Rede-, Vereins- und Versammlungsfreiheit verbürgen und eine freie Marktwirtschaft mit ungestörtem Waren- und Kapitalverkehr, mit freiem Organisationsrecht für die Gründung von Aktiengesellschaften für Verkehrsbetriebe, Banken und Fabriken einrichten sollte. «Freie Institutionen» bildeten – so Mevissen – «die Haupthebel der Industrie.» Freihändlerische und schutzzöllnerische Strömungen stritten über die dem wirtschaftlichen Entwicklungsstand angemessene Außenwirtschaftspolitik, aber der Konsens über das innere Rechts- und Strukturgefüge reichte sehr weit. «Nach innen vernünftige Freiheit», drückte das der Kölner Zeitungsverleger J. DuMont 1833 biedermeierlich-bieder aus, «nicht der Theorie zuliebe, sondern weil gesetzliche Freiheit allein Lebensbehaglichkeit und freie Tätigkeit sichert – Gewerbetätigkeit und Gewerbefreiheit, nach außen Politik des Friedens, Nichtintervention, Handelsfreiheit.» Maßvolle Reformen, keine radikalen Umsturzmethoden sollten die Zukunft gestalten helfen. Liberal sein hieß damals selbstredend auch, politische Rechte wie das aktive und passive Wahlrecht strikt an Einkommenshöhe, Vermögen, akademische Prüfungsdiplome zu binden, damit aber die Mehrheit der Staatsuntertanen von politischer Teilhabe auszuschließen oder ihr nur ein Minimum ohne praktische Bedeutung einzuräumen. Deshalb z. B. entsprach das mit der rheinischen Kommunalordnung von 1845 in den Gemeinden eingeführte Dreiklassenwahlrecht durchaus den Ideen der Unternehmer, da die Staffelung nach den Klassensteuersätzen die Besitzenden als politische Bürger privilegierte, und als gesamtstaatliches Wahlrecht erregte es nach 1849 bei ihnen genauso wenig Anstoß.

Für eine liberale Konstitution und gewählte Vertretungen einzutreten, hieß weiterhin, gegen die Übermacht des Adels endlich den eigenen Einfluß auf die Steuer-, Wirtschafts- und Rechtspolitik, das eigene wachsende soziopolitische Gewicht voll zur Geltung bringen zu können. Angemessene Mitspracherechte und Beteiligung an der Machtausübung, nicht aber etwa Erringung eines Herrschaftsmonopols, lautete das oft beschworene Ideal. Zugleich umschloß diese politische Zielformulierung eine entschiedene Wendung gegen jedweden sozialen und politischen Radikalismus, gegen zerstörerische Revolution und gleichmacherische Demokratie. «Der echte Bürger ist konservativ und legitim, weil er progressiv und liberal ist», formulierte der Philosoph Steffens in nuce einen nur an der Oberfläche paradox wirkenden Glaubenssatz des Besitzbürgertums.

Bereits aus den Ereignissen von 1830 hatte Hansemann die Konsequenz gezogen, daß die Krone sich auf die Teile der «Nation» stützen müsse, die «durch größere Bildung mehr Einsicht und durch Vermögen größeres Interesse» an einem starken Staat besäßen. Das Bündnis mit dem Besitz- und Bildungsbürgertum in einem konstitutionellen System gegen die «geringere Volksklasse» durchzusetzen, deren Sieg in «Pöbelherrschaft» münden müsse, sei die eigentliche Aufgabe der Regierung, stelle aber auch für die Liberalen «den Kampf der Zeit» dar. Mit Emphase verlangte 1845 mit dem mennonitischen Großbürger Hermann v. Beckerath ein anderer politischer Vertreter der Bourgeoisie auf dem Rheinischen Landtag eine gesamtstaatliche «Volksvertretung» in einer Zeit, die von gewaltigen Erschütterungen bedroht sei. Noch immer stehe die politische Institution solcher «Reichsstände» aus, welche die «Macht des demokratischen Elements» mäßigen könnten; v. Beckerath erklärte es für «die Pflicht der Stände, dem Durchbruch der öffentlichen Meinung (i. e. Revolution), vor dem die Vorsehung das Vaterland bewahren möge, vorzubeugen.» Zur politischen Liberalisierung gehörte nach Mevissen auch zwangsläufig die Entschärfung der gesellschaftlichen Konfliktsituation: die «Reform der sozialen Zustände.» Erst müßten die verfassungspolitischen Fragen «erledigt» sein, sprang ihnen der Redakteur Brüggemann von der «Kölnischen Zeitung» 1847 bei, damit «die sozialen Fragen», die an sich «weit wichtiger» seien, «mit Erfolg... angegriffen werden könnten.» Denn nur dank dieser Reihenfolge könne «die Gesellschaft durch eine energische, öffentliche, von den Institutionen des Selfgovernment getragene Regierung vor Anarchie und Barbarei... bewahrt werden.»

Im selben Jahr insistierte auch der aus dem Bildungs- und Besitzbürgertum stammende junge Historiker Heinrich v. Sybel, aus Marburg auf seine rheinische Heimat zurückblickend, auf dem Hansemannschen Koalitionspostulat. Der «große Gegensatz» zwischen «Kapitalisten» und «Nichtbesitzenden d.h. den Arbeitenden» habe jene gefährlichen «kommunistischen Tendenzen» hervorgebracht, denen nur «durch ein offenes, gründliches und praktisches Bündnis» des Staates mit der Bourgeoisie und der akademischen Intelligenz effektiv begegnet werden könne. Nur beiläufig sei erwähnt, daß zur selben Zeit der konservative Publizist Hermann Wagener schon das genaue Gegenteil: die feste Union zwischen einer «sozialen Monarchie» einerseits, den unteren und mittleren «Volksklassen» andrerseits, forderte, um eben diese politischen Ambitionen der liberalen bürgerlichen Oberschichten abzublocken. Das blieb einige Jahre nach Lorenz v. Stein noch die Stimme eines Einzelgängers, dessen Kontrahenten durchweg an ihr eigenes Machtkartell mit einem Schutz gewährenden Staat dachten.[23]

4. Lassen sich auf diese Weise, an der westdeutschen Entwicklung paradigmatisch verfolgt, wichtige politische Formierungserfahrungen der Bourgeoisie erfassen, trifft man im Bereich der kulturellen Konstituierung einschließlich der ideologischen Legitimationsbestrebungen auf ähnlich widersprüchliche, gleichwohl historisch wirkungsreiche Phänomene. Der Lebensstil vieler früher Bourgeoisiefamilien wurde durch eine frugale Haushaltsführung in einem bescheidenen Wohngebäude bestimmt, das häufig unmittelbar neben dem Betrieb oder in der Nachbarschaft des Werksgeländes lag. Gestattete der Vermögenszuwachs trotz der Reinvestierung eines hohen Einkommensanteils einen Neubau, zeichnete sich die in einem Garten gelegene bürgerliche Villa durch ihre geräumige, zweckdienliche Bauform, manchmal schon durch die Lage in einem attraktiven Wohnviertel aus. Arbeits- und Freizeitwelt traten jetzt, gewollt und allen sichtbar, auseinander. Im Betrieb wie im Wohnhaus herrschte derselbe Patriarchalismus. Unangefochten traf der Fabrikherr als Hausvater, auf die materielle Sicherheit und den guten Ruf, auf Vermögens- und Ansehensvermehrung bedacht, seine häufig mit männlichen Verwandten vorgeklärten Entscheidungen. Die Motive, den Ausbau des Unternehmens voranzutreiben, lassen sich gewiß zum großen Teil auf markt- und profitorientierte ökonomische Ziele zurückführen, fast immer aber nahm, wie oben erwähnt, auf der Prioritätenskala der Motivation auch der Wille, den Status der Familie zu sichern, ihn durch eine günstige Ertragslage und kluge Heiratspolitik zu verbessern, einen Hochwert ein. Insofern besaß die Familie für die Bourgeoisie einen Rang, der sich durchaus mit der anders begründeten zentralen Stellung der bildungsbürgerlichen familialen Intimsphäre vergleichen läßt.

Ließen es die Haushaltsmittel zu, wurde ein durch klassenspezifische Normen regulierter Aufwandskonsum betrieben, der sich, bürgerstolz, aber keineswegs exzessiv, gewöhnlich noch immer innerhalb relativ enger Grenzen bewegte. Daneben kam allmählich, begünstigt durch die konjunkturelle Entwicklung seit den 1830er und 40er Jahren, in großbürgerlichen Unternehmerfamilien im Rheinland und in Sachsen, in Augsburg, Berlin und anderswo ein Reichtum voraussetzender Lebensstil mit grandseigneuralen Zügen auf, welche die Imitation des überlegenen adelsständischen Vorbildes verrieten. Das bürgerliche Selbstbewußtsein, das dem Adelsdünkel einen genuinen Leistungsstolz, der arbeitsfreien Herrenexistenz ein verpflichtendes Arbeitsethos und rastlose Erfüllung im Berufsleben entgegensetzte, kapitulierte nicht etwa bedingungslos, indes gerade der anhaltende ökonomische Aufstieg trieb eine steigende Anzahl von Bourgeois an, die Gleichrangigkeit mit dem Adel nach außen hin zu demonstrieren. Das stimmt durchaus mit der gemeineuropäischen Erscheinung überein, daß erfolgreiches Bürgertum sich allenthalben an dem sozialnormativen Vorbild der traditionalen aristokratischen Herrenschicht orientiert hat.

An dieser Stelle tritt freilich die tiefe Ambivalenz im Verhältnis auch der deutschen Bourgeoisie zum Adel hervor. Die Kritik an den Anachronismen, den ungerechtfertigten Sonderrechten, dem Auftreten und der Mentalität des Adels setzte alldem zugleich den bürgerlichen Erfolg aus eigener Kraft, den verbindlichen Maßstab des Leistungsprinzips, die Siegesgewißheit, die Zukunft für sich zu gewinnen, entgegen. Aber in der sozialen Realität erwies sich, wie so oft, die Faszination durch eine auf jahrhundertealte Traditionen gestützte Elite als schier unwiderstehliche Kraft. Denn als neue Besitzklasse zu reüssieren war ein Triumph für sich, ständische Exklusivität hinzuzugewinnen aber ein zweiter Erfolgsbeweis. Das Rittergut wurde nunmehr zum Aufstiegssymbol auch der industriellen und finanziellen Bourgeoisie. Als Ersatz diente ein Landbesitz mit schloßähnlicher Villa im geräumigen Park. Titel und Orden wurden begehrte Attribute der sozialen Reputation – Zeichen symbolischer Gleichberechtigung mit dem Adel. Unverhohlen strebte mancher Unternehmer den persönlichen Verdienst- oder sogar den erblichen Geburtsadel an. Bereitwillig wurden Ehen mit Adligen unterstützt. Man adaptierte den feudalaristokratischen Ehren- und Verhaltenskodex, führte mit Reiten, Kutschenausfahrt, Jagdgesellschaften ein adelsähnliches Leben; der adelsfeindliche, selbstbewußte Bürgerstolz verlor spürbar an Motivationskraft. Nicht selten zog sich ein reicher Fabrikant sogar ganz aus dem aktiven Wirtschaftsleben als Rentier auf sein Landgut zurück.

Strukturell ähnliche Elemente in der Lebenswelt des Landadels und von Teilen der Bourgeoisie sind nicht zu übersehen. Sie wurden auch schon von den Zeitgenossen erkannt und betont. Unternehmerdynastien ahmten adlige Familienpolitik nach. Ein paternalistisches Regime wurde sowohl in der Fabrik als auch auf dem Adelssitz vom «Herrn im Haus» ausgeübt. Wie das Rittergut bedeutete die Fabrik eine Daueranlage, die der Mobilität von Produktionsfaktoren entgegenstand. Der Verwurzelung von Adelsfamilien in ihrer Region entsprach die «geschlechterlange Verbundenheit» von Unternehmern mit einem «schwerindustriellen Standortbezirk.» Sowohl mit dem

Landgut als auch mit der Fabrik konnten sich Monopolvorteile für den Arbeitgeber, den rechtsprechenden, Herrschaft ausübenden Besitzer ergeben. Zog der reiche Bourgeois aufs Land, suchte er bereits bewußt die «außerstädtische Lebensweise» des Adels möglichst getreu zu kopieren.

Daß dieser Prozeß einer Nachahmung des Adels in den obersten Rängen der Bourgeoisie vor der Jahrhundertmitte einsetzte – erst viel später sollte er im wilhelminischen Reich seinen Höhepunkt erreichen –, schloß aber, wie gesagt, Konflikt und Angriff keineswegs aus. «Der Fortschritt läßt sich», hieß es etwa trotzig, «von dem Veralteten keine Konkurrenz machen, er zerstört es.» Nach Friedrich Harkorts Urteil erkannte der Aktien- und Eisenbahngesellschaften bekämpfende Adel mit richtigem politischen Instinkt, «daß die Lokomotive der Leichenwagen ist, auf welchem Absolutismus und Feudalismus zum Kirchhof gefahren werden.» Unternehmer wie Hansemann und Mevissen, Camphausen und v. Beckerath wurden nicht müde, die Relikte des Feudalismus anzuprangern. Diese Adelskritik wurde von einem kräftigen Fortschrittsglauben genährt, der auch den liberalkonstitutionellen politischen Ansprüchen der Bourgeoisie zugrunde lag. Und solch eine Grundauffassung wurde dadurch bekräftigt, daß mit großbürgerlichem Vermögen eine quasiaristokratische Lebensführung möglich wurde, daß Geld, viel Geld Adelsprädikate verschaffte, den Eintritt in abgehobene Gesellschaftskreise öffnete. Manch einer wurde auch durch den Zukunftsoptimismus, wonach dem Industriekapitalismus mit seinen siegreichen Vertretern die Welt gehören werde, gar dazu gebracht, die Bourgeoisie als neue, den Feudaladel ablösende Wirtschaftsaristokratie zu verstehen. Wie dem auch sein mochte, zwiespältig blieb das Verhältnis der frühen Bourgeoisie zum Adel vorerst allemal, von Haß und Bewunderung, von dem Bedürfnis nach eigener Identitätsbildung und Imitation der traditionellen Spitzenschicht gleichermaßen geprägt. Und wegen der bedrohlichen gesellschaftlichen Kräftekonstellation erschien eine feste Allianz mit den alten Machteliten ohnehin vielen als Gebot der Stunde.

Mit dem erwirtschafteten Profit ließen sich immerhin Adelsähnlichkeit oder Nobilitierung erkaufen, ließ sich das Bedürfnis nach Anerkennung stillen. Das «kulturelle Kapital» der Bildung blieb dagegen ein vergleichsweise schwerer zu erwerbendes Gut. Gewiß, je nach Stadt und Region kam ein Zehntel bis ein Sechstel der Unternehmerbourgeoisie aus bildungsbürgerlichen Familien. Das Gymnasium hatten aber nur wenige bis zum Abitur besucht; ein Universitätsstudium blieb lange Zeit noch seltener; in Städten, wo es die neuen Technischen Fachhochschulen gab, konnte freilich der Anteil der Absolventen bis zu zehn Prozent der einheimischen Unternehmerschaft erreichen. Aufs Ganze gesehen wurde jedoch formale intellektuelle «Bildung» im neuhumanistischen Sinn von der einen harten Lebenskampf führenden Bourgeoisie nicht groß geschrieben. Die hohe Mehrheit hatte selber eine praktische kaufmännische oder handwerkliche Ausbildung erfahren, daran hielt sie auch für ihre Söhne bis in die letzten Jahrzehnte des 19. Jahrhunderts im allgemeinen fest.

Der Bourgeoisie ging daher, von wenigen Ausnahmen abgesehen, nicht nur das haltungsbestimmende Superioritätsgefühl des geistesaristokratischen Bildungsbürgertums ab, sondern sie wurde auch durch die sozialdistanzierende Wirkung seines kulturellen Arkanwissens häufig und schmerzhaft an schwer übersteigbare Schranken erinnert. Solchen Erfahrungen hatte sie den unleugbaren, das Selbstbewußtsein stabilisierenden ökonomischen Progress der eigenen Klasse und einen Fortschrittsglauben entgegenzusetzen, demzufolge das gesellschaftliche Schwergewicht über kurz oder lang zu ihr hinüberwandern werde. Hinzu trat eine Rechtfertigungsideologie, die das Geschäftsleben als Dienst an der Ausbreitung und Vervollkommnung der neuzeitlichen Zivilisation legitimierte. Stetig wuchs auch die Zahl derer, die den unschätzbaren Beitrag der Industrie zur Überwindung der relativen Rückständigkeit ihres Heimatstaates hervorhoben. Von da war es im Jahrhundert der europäischen Nationalstaaten nur ein kleiner Schritt zu der Ansicht, daß ökonomische Modernisierung eine nationale Aufgabe darstelle; Industrie und Verkehrswirtschaft konnten einen dichten Interessenverbund, einen eng verzahnten ökonomischen Komplex schaffen, dessen einheitsstiftende Kraft die Gründung des deutschen Nationalstaates beförderte, wenn nicht gar erzwang.

Daß der einzelne Bourgeois mit seinen wirtschaftlichen Schwierigkeiten, seinen Statusproblemen, seinen kommunalpolitischen Wünschen nicht allein blieb, dafür sorgten außer den Verwandtschaftskreisen insbesondere die Vereine: primär gesellige Vereinigungen mit Namen wie «Kasino», «Ressource», «Harmonie», dazu Freimaurerlogen, früher als man lange angenommen hat, bereits erste Wirtschaftsverbände und auch Handelskammern, wo es sie – wie etwa in den großen rheinischen Städten – als Organe kommerziell-industrieller Interessenvertretung schon gab und sie unter tatkräftigen Präsidenten wie Hansemann oder Camphausen als politische Plattform ausgebaut wurden. In solchen Vereinen konnte der Unternehmer die ihn bedrängenden ökonomischen Fragen besprechen, vorteilhafte Verbindungen pflegen, neue Kontakte anknüpfen, in seinem Identitätsgefühl durch Klassengleiche bestätigt werden, kollektive Interessen wahrnehmen, sozialen und politischen Einfluß konsolidieren. Im Vorfeld moderner Verbände und Parteien gab es für die Vereine keinen leicht erkennbaren, gleichwertigen Ersatz. Deshalb spielten diese multifunktionalen Einrichtungen, die keineswegs nur dem Geselligkeitstrieb, der Tanzlust, der Klatschsucht ihre ubiquitäre Existenz verdankten, eine so außerordentlich folgenreiche Rolle überall und immer dann, wenn sich Unternehmer zu einer einflußreichen Clique in ihnen zusammenfanden. Denn Vereine mit vorherrschender Bourgeois-Mitgliedschaft bildeten einen wichtigen institutionellen Rückhalt für die Stabilisierung von Gemeinschaftsbeziehungen und Interessenlagen. Sie stellten, so gesehen, vielfältige Aufgaben koordinierende, flexible soziokulturelle Förderungsorganisationen auf dem Wege zur Klassenformierung dar.[24]

Es bedarf keiner umständlichen Beweisführung, daß diese hier analytisch getrennt behandelten Aspekte, Erfahrungsbereiche und Bedingungen des Konstituierungsprozesses der deutschen Bourgeoisie in der gesellschaftlichen Wirklichkeit eine unauflösliche Einheit bildeten. Alle Einzelphänomene: soziale Herkunft, Familienerbe, Minderheitentradition, Konfessionsnormen, Unternehmensleitung, politische Überzeugungen und kulturelle Faktoren griffen ineinander, bedingten wechselseitig die Nachhaltigkeit ihrer Wirkungen. So entstanden klassenspezifische stabilisierende Strukturen, die klassenspezifische konsolidierende Prozesse ermöglichten; so wurden gemeinsame politische Fronten aufgebaut, gemeinsame Haltungen dauerhaft verinnerlicht, gemeinsame Dispositionen für klassenadäquates Handeln gefördert. Dank der Interaktion der ökonomischen, sozialen, politischen, kulturellen Prozesse wurde die Klassenformierung vorangetrieben, so daß sich schließlich – auf längere Sicht gesehen und bis zur Jahrhundertmitte alles andere als zu einem auch nur vorläufigen Abschluß gelangt – die Bourgeoisie als eindeutig neue und anwachsende soziale Klasse mit typischen Kennzeichen herausgebildet hatte. Von ihrer ökonomischen Lage, ihrer sozialen Stellung, ihrer politischen Position, ihren kulturellen Normen her ergab sich eine tendenzielle Übereinstimmung der kollektiven Interessen, Erwartungen und Ziele. Politische Kooperation gegenüber konkurrierenden Klassen und Schichten erhöhte die relative Homogenität ebenso wie das verbindende Wertesystem des bürgerlichen Arbeitsethos und Lebensstils, wie die integrierenden Familien- und Klientelverbände, wie die Aktionserfolge in der Publizistik und Kommunalpolitik, auf Landtagen und in Handelskammern. Im Ergebnis übertrafen diese vereinheitlichenden Auswirkungen überindividueller Formierungsprozesse und klasseneigener Erfahrungen die desintegrierenden Effekte der inneren Gegensätze und des individuellen Egoismus. Das bekräftigte dann auch die Revolution von 1848. Strukturelle Klassenspannungen wurden in offene Klassenkonflikte transformiert, als divergierende Interessen und konträre politische Kräfte offen aufeinanderprallten. Das Identitätsgefühl der Bourgeoisie gewann dadurch an erhöhter Verbindlichkeit, ihr soziopolitisches Klassenprofil an Schärfe.

In der sozialen Hierarchie nach oben früh zur Anpassung bereit, blieb die Bourgeoisie einerseits eine offene Klasse, die neuen, leistungsfähigen Unternehmern den Zugang keineswegs durch ständische Exklusivitätsriegel versperrte; andrerseits achtete sie gegenüber unteren Erwerbsklassen auf eine möglichst hermetische Abgeschlossenheit, die durch soziokulturelle Abschottung, Pönalisierung der Regelverletzer und sozialen Ostrazismus gegenüber abweichendem Verhalten aufrechterhalten wurde.

Dank der hohen Selbstrekrutierung zeichnete sich vor der Jahrhundertmitte bereits die Herausbildung einer kleinen erblichen Bourgeoisie ab, die sowohl als beständiger Klassenkern diente, als aber auch in besonderem Maße der Gefahr der Aristokratisierung und damit des Verlustes ihrer Klasseneigenschaften ausgesetzt war. Rein numerisch handelte es sich bis zu diesem Zeitpunkt bei der jungen deutschen Bourgeoisie noch um eine winzige, aber mächtige Minderheit in der Gesamtgesellschaft. Im Grunde haben vermutlich nur ein paar hundert Familien produktions- und finanzkapitalistischer Unternehmer die deutsche Frühindustrialisierung und Industrielle Revolution mit in Gang gesetzt und von ihren strategischen Entscheidungszentren aus mit in Gang gehalten.

c) Das Bildungsbürgertum in der Expansion

Die konstituierenden Basisprozesse, denen das deutsche Bildungsbürgertum seine Entstehung und Entfaltung zu verdanken hatte, waren bis 1815 weit vorangeschritten, ja teilweise bereits in eine Abschlußphase eingetreten. Zum einen war es auf der politischen Ebene aus den großen funktionalen Zusammenhängen von Staatsbildung, Kriegführung, Steuererhebung, Rechtsprechung und fürstenstaatlich-städtisch-ständischem Verwaltungsaufbau hervorgegangen. In den Expertenstäben der akademisch geschulten beamteten Intelligenz hatte es mit wachsender Durchsetzungsfähigkeit öffentliche Aufgaben auszuführen übernommen. Dabei hatte es sich zum Teil in zäh ausgefochtenen Konflikten gegen den Adel durchgesetzt und ihm die Anerkennung des bürgerlichen Leistungsprinzips allmählich aufgenötigt; zum Teil hatte es sich dem Adel durch Lebensführung und Konnubium amalgamiert. Zum andern bestand das Bildungsbürgertum aus jenen kleinen Funktionseliten, die mit zunehmender Komplexität der Gesellschaft entstanden waren, um die verschiedenartigsten Bedürfnisse durch eine hochwertige Kompetenz: die Anwendung spezialisierten Fachwissens, als Advokaten, Ärzte, Architekten, Apotheker usw. zu befriedigen. Lange Zeit hatte der Interessenschwerpunkt des Bildungsbürgertums auf der staatlich-öffentlichen Laufbahn: auf der Bürokratie, der Geistlichkeit, dem Medizinalwesen, den Universitäten und höheren Schulen gelegen. Hier stellte der gebildete höhere Beamte, wie ihn so viele Exponenten der «defensiven Modernisierung» in der Reformära verkörperten, einen geradezu klassischen Prototyp dar. Seit dem ersten Drittel des 19. Jahrhunderts drangen jedoch, wie unten zu zeigen ist, auch die sogenannten «freien» akademischen Berufe aus verschiedenen Gründen weiter vor.

Im Hinblick auf die materielle Sicherstellung hatte inzwischen die akademische Bürokratie in allen größeren deutschen Staaten ein bemerkenswertes Niveau regelmäßiger, hoher Alimentierung erreicht, die sie – im Gegensatz zur Legende vom spärlich besoldeten, in seinem Dienstethos Genüge findenden Beamten – vom Gros der Zeitgenossen vorteilhaft abhob. Gehälter und Pensionen, Witwen- und Waisenrenten boten ein gewisses Äquivalent zum Adelseinkommen aus Privatvermögen, erschwerten die Korruption und gestatteten es, den zugeschriebenen Lebensstandard eines höheren «Staatsdieners» einzuhalten. Mutatis mutandis galt das im allgemeinen auch für andere Akademikerberufe im öffentlichen Dienst. Auf die 1780/90er Jahre zurückblickend, notierte sich Ernst Brandes – der Göttinger Studienfreund Steins und Rehbergs, später ein hoher hannöverscher Beamter – als Selbstverständlichkeit: «Nach der Anstellung im Staatsdienste strebte fast alles in Deutschland, was auf Bildung Anspruch machte.» Auch die literarische Intelligenz bestand bis weit in die erste Hälfte des 19. Jahrhunderts hinein überwiegend aus Beamten oder jedenfalls nebenberuflichen Schriftstellern. Nur einer winzigen Zahl gelang es, die Existenz eines freien «Literaten» zu führen (s. Teil 3, V, 5 c).

Die ökonomische Konstituierung der «freien» Berufe war in einem fundamentalen Sinn mit der Ausbreitung kapitalistischer Marktbeziehungen verflochten, indirekt auch mit derjenigen der Staatsfunktionen, die sich in dialektischer Wechselwirkung mit der Marktwirtschaft und -gesellschaft ebenfalls ausdehnten. Das läßt sich unten bei der Diskussion der Professionalisierungsproblematik besser im Zusammenhang erörtern.

In sozialstruktureller Hinsicht bildeten sowohl die akademische Beamtenschaft als auch die «freien Berufe» offene Erwerbsklassen mit stark ausgeprägten ständischen Zügen. Der bürokratische Nachwuchs hatte es mit einem oligopolistisch strukturierten Arbeitsmarkt zu tun, auf dem öffentliche Herrschaftsorganisationen, insbesondere die tendenziell monopsonistischen Staatsverwaltungen, die Träger mehrfach überprüfter Leistungsqualifikationen zur Verwertung abriefen. Vertreter der «freien Berufe» bemühten sich zunehmend darum, den traditionellen Anspruch der deutschen Flächen- und Stadtstaaten, sowohl die Berufsqualifikation als auch die Arbeitsmarktsituation zu bestimmen, durch ein Kooperationsverhältnis zu ersetzen, das den «freien Berufen» auf zentralen Entscheidungsfeldern ausbaufähige Autonomierechte einräumte. Staatliche und freiberufliche Akademiker pflegten ständische Exklusivität. Die beamtete Intelligenz beeinflußte direkt die Zugangsschleusen der Gymnasial- und Universitätsausbildung, damit auch die Leistungskriterien der Universitätsprüfungen und späteren Ausbildungsexamina; nicht zuletzt auf diese Weise trug sie zu dem hohen Maß der von ihr kontrollierten Selbstrekrutierung bei. In eigentümlicher Mischung verbanden sich mithin die Charakteristika marktbedingter Berufsklassen, die freilich kraft ihrer Teilhabe an herrschaftlicher Definitionsmacht ihre Arbeitsmarktbedingungen schon selber festzulegen gelernt hatten oder im Begriffe waren, eben das zu tun, mit lebenslangen ständischen Sonderrechten, welche die Marktabhängigkeit der Klassenlage überformten, in der Selbst- und Fremdeinschätzung sogar gewöhnlich verdrängten.

Das Bewußtsein, mit vollem Recht einen Sonderstatus zu genießen, ist durch den kulturellen Formierungsprozeß im Zeichen des «Bildungs»-

Gedankens dauerhaft und kraftvoll unterstützt worden. Es ist bereits geschildert worden (vgl. Bd. I), mit welcher Durchsetzungsmacht die neuhumanistische Bildungsreligion als säkularisiertes Derivat christlicher und antiker Traditionselemente unter Bürgerlichen und Adligen, die dank der geistigen Atmosphäre ihrer Familie und ihrer formalen Erziehung in den Bannkreis dieser idealistischen Ideologie gerieten, vorgedrungen war. Wenn irgendwo, wird an diesem geballten Einfluß deutlich, daß man ohne die Berücksichtigung des kulturell-ideologischen Konstituierungsverlaufs und der Mentalitätsprägung die Genese dieser sozialen Klasse überhaupt nicht realitätsadäquat erfassen kann. Nicht nur aus der Mitwirkung an der Herrschaftsausübung, sondern vor allem auch aus der geistesaristokratischen Überlegenheit der «Gebildeten» leitete die akademische Beamtenschaft seit dem ausgehenden 18. Jahrhundert, immens verstärkt seit der Reformära als Zenit des bürokratischen Absolutismus, ihre Legitimation als staatstragende Führungselite her. Und auch der freiberufliche Notar, Hauslehrer, Schriftsteller oder gelehrte Arzt zehrte von dem Hochgefühl, überall der schmalen Honoratiorenschicht der wahrhaft «Gebildeten» anzugehören.

Numerisch waren die verstaatlichten und freiberuflichen Formationen des Bildungsbürgertums noch außerordentlich klein. In größeren Staaten wie Preußen kannten sich vermutlich noch die allermeisten höheren Beamten, in Kleinstaaten wie Baden wahrscheinlich noch alle akademischen Honoratioren. Aber die überschaubare Anzahl von einigen tausend höheren deutschen Beamten im Dienst der Staaten, Städte und ständischen Korporationen, die teils kleineren, teils größeren Berufsgruppen der Professoren, Dozenten, Geistlichen und Lehrer an Gymnasien und Höheren Bürgerschulen, der Advokaten, Mediziner, Journalisten und Architekten besaßen Zugang zu verschiedenartigen wertvollen Machtressourcen. So waren etwa die Bürokraten in der Verwaltungshierarchie imstande, die alltägliche Praxis öffentlicher Herrschaft mitzubestimmen, folgenschwere politische Entscheidungen vorzubereiten, zu treffen, auszuführen oder auch zu hintertreiben. Unaufhaltsam entwickelte sich die bürokratische Organisation zum institutionellen Kern «des» Staates schlechthin. Auch medizinisches, technisches, juristisches Sachwissen stellte unter anderem ein Machtpotential dar, das zur Steigerung von Prestige und Einkommen oder zur Beeinflussung von abhängigen Klienten genutzt werden konnte. Und zusammengenommen bildeten die beamtete und freiberufliche Intelligenz jene meinungsbildenden Eliten, welche Zeitschriften und Zeitungen, Literatur und Wissenschaft, Vereine und Akademien beherrschten. «Wer in Deutschland eine Geschichte der Literatur, Kunst, Philosophie und Wissenschaft schreibt», hat Gustav Freytag als scharf blickender Kenner der Materie geurteilt, «der behandelt in der Tat die Familiengeschichte des gebildeten Bürgertums.» Auch daher stammte der disproportional hohe Einfluß, den das Bildungsbürgertum ausübte – unangefochten im protestantischen Deutschland, mit erheblicher Einschränkung nur im katholischen Deutschland, wo der neuhumanistische Religionsersatz auf den hartnäckigen Widerstand des katholischen Traditionalismus traf, wo auch die Hochschulen, Verlage, Zeitschriften usw. im Zustand relativer Rückständigkeit der modernen Entwicklung nachhinkten.

Von der bis 1815 schon erreichten festen Basis aus hielt die Fortentwicklung des Bildungsbürgertums nicht nur weiter an, vielmehr ging sie während der folgenden Friedensjahrzehnte in eine zwar von großen Schwierigkeiten begleitete, aber à la longue dennoch andauernde Expansion über. Da alle deutschen Fürstenstaaten und Stadtrepubliken nach der Kriegsepoche unter dem Zwang zur finanziellen Konsolidierung standen, wuchs die Zahl der kostspieligen Planstellen für Berufsbeamte nur geringfügig. In Preußen wurde sie sogar rigoros reduziert und stagnierte dann wegen des seither praktizierten Stellenstops eine ganze Generation lang bis zur 48er Revolution. Aufgrund der Schwächung oder Zerstörung ständischer Institutionen schrumpfte die Nachfrage solcher Körperschaften ganz erheblich. Als aufnahmefähig erwies sich demgegenüber das Bildungswesen, da sowohl die Attraktivität der reformierten Universitäten als auch der Siegeszug des Gymnasiums und der Realschule anhielten. Vor allem aber die «liberalen Beschäftigungen» (J. G. Hoffmann), die freien Berufe, erlebten einen vergleichsweise auffallenden Entwicklungsschub. Industrie und Eisenbahnbau begannen dagegen erst seit den 40er Jahren als Abnehmer akademisch geschulter Arbeitskräfte vereinzelt aufzutreten; vor 1848 fiel diese Nachfrage noch nicht schwer ins Gewicht.

Für den von den Gymnasien und Universitäten nachdrängenden, zahlenmäßig rasch anwachsenden bildungsbürgerlichen Nachwuchs warf die desillusionierend ungleiche Verteilung privilegierter Berufschancen gravierende Probleme auf. Die Ursachen dieser scharf divergierenden Aufnahmefähigkeit verschiedener Arbeitsmärkte, die Folgen und die sich schließlich abzeichnenden Lösungen für den Problemstau verdienen eine genauere Betrachtung, die sich an den Verhältnissen in Preußen, der Hochburg des protestantischen Bildungsbürgertums katexochen, orientieren kann. (Die folgenden Zahlen werden wegen ihres Erklärungswerts für die innere Geschichte des Bildungsbürgertums verwendet, der allgemeinen Diskussion des Schul- und Universitätswesens sollen sie nicht vorgreifen; s. Teil 3, V 2–4).

Die preußische Bevölkerung wuchs, wie erinnerlich, von 1815 bis 1848 um rund 55 %, von 1820 bis 1840 um 32 %. Der Anstieg der Gymnasiasten hielt damit nicht nur Schritt, sondern übertraf diese Größenordnung zeitweilig beträchtlich. Wurden um 1820 an den 91 Gymnasien, die bis dahin den begehrten Namen zuerkannt bekommen hatten, gut 13 500 Schüler unterrichtet, nahm ihre Zahl im folgenden Jahrzehnt um mehr als 70 % auf 1831 = 23 500 zu; 1833/34 wurde ein erster Höhepunkt mit 24 173 erreicht. Mit Macht zogen die Eliteschulen des Landes die Söhne der karriere-, bildungs- und aufstiegsbewußten Familien an sich. Seither fiel jedoch die

Gymnasialfrequenz spürbar ab, sie pendelte sich bis 1842 bei 22700 Schülern an 116 Gymnasien – mehr als 25 waren in einem Vierteljahrhundert nicht hinzugekommen! – als Durchschnittswert ein. In den 1820er Jahren ging etwa jeder vierte Abiturient zur Universität, in den 1830er Jahren, als die jährliche Zugangsquote von rund 1320 auf rund 940 schrumpfte, nur mehr jeder fünfte.

Mit einer gewissen Phasenverschiebung folgte die Studentenzahl einem noch stärker ausgeprägten Fluktuationsmuster. Die Anzahl der preußischen Studenten an den sechs reformierten Universitäten Berlin, Bonn, Breslau, Greifswald, Halle und Königsberg sowie an der Akademie Münster (Theologische und Philosophische Fakultät) stieg von 1820 = 2450 innerhalb der folgenden zehn Jahre auf mehr als das Doppelte an: 1829/30 = 4949! Sie übertraf damit nicht nur das Wachstum der Gymnasiastenzahl um 30 %, sondern in dramatischem Ausmaß auch das der Gesamtbevölkerung, die in dieser Zeit «nur» um 17,5 % zunahm. Seit 1831/32 = 4582 begann sie jedoch, in zunehmend beschleunigtem Tempo zurückzugehen, bis sie 1839/40 = 3579 um 25 % abgenommen hatte und damit auf den Stand von 1823/24 = 3598 abgefallen war. Diese Abwärtsbewegung hielt seit 1840 an, der Tiefpunkt wurde erst 1853 erreicht. Seither nahm dann die Studentenzahl wieder spürbar zu, gelangte aber erst nach 1875, fast fünfzig Jahre später, wieder auf das Spitzenplateau von 1830/31.

Die Entwicklung verlief jedoch an den einzelnen Fakultäten völlig unterschiedlich. Wichtig ist hier zuerst einmal, daß sich an der Juristischen Fakultät, welche die erdrückende Mehrheit der künftigen Beamten in der Verwaltungs- und Justizbürokratie ausbildete, der allgemeine Rhythmus der Universitätsfrequenz genau widerspiegelte. Seit 1820 = 779 vermehrte sich die Zahl der preußischen Jurastudenten bereits in den folgenden fünf Jahren sprungartig um 78 %, bis 1829/30 sogar um mehr als 100 % auf 1451. In den 30er Jahren erfolgte ein jäher Einbruch, dann ein stetiger Rückgang bis 1839 = 804, womit die Ausgangsposition von 1820 ungefähr wieder erreicht wurde. Um die Mitte der 40er Jahre fiel die Frequenz auf die Hälfte des Wertes von 1830 (783), danach schwoll die Zahl wieder an (1848 = 1218), bis sich 1852 = 1425 nach mehr als dreißig Jahren die hohen Ziffern von 1828/29 wieder einstellten.

Noch steiler verliefen die Schwankungen in der Fakultät für Evangelische Theologie, die seit längerem Aufstiegswillige unterschiedlichster sozialer Herkunft in besonderem Maße anzog, da nach einem relativ billigen Studium Aussicht auf eine beamtete Pfarrstelle bestand. Innerhalb eines Jahrzehnts schwoll die Zahl von 1820 = 741 zu einer Hochflut von 1830/31 = 1791 (+ 140 %) Studenten an. Auch hier brach der Aufwärtstrend in den frühen 30er Jahren jäh ab, die Immatrikulation fiel auf 1839/40 = 958, sodann kontinuierlich weiter auf 1851 = 578 hinunter, mithin in zwei Dekaden auf ein Drittel des Wertes von 1830.[25]

Ehe auf die absolut gegenläufigen Tendenzen in der Medizinischen und der neuen Philosophischen Fakultät eingegangen werden kann, ist die Frage nach den Ursachen und Folgen der auffälligen Fluktuation in den Fakultäten der künftigen Beamten zu verfolgen. Einige Zeit nach dem Ende der Kriegsära und der Überwindung der nachfolgenden wirtschaftlichen Schwierigkeiten ging von der Tätigkeit im Staatsdienst eine magnetische Attraktivität aus. Eine Planstelle in der Verwaltungs- oder Justizbürokratie versprach relativ hohes Einkommen, Sicherheit, Ansehen und Machtchancen, auch ein Amt an einer Höheren Schule, einer Universität, einer Pfarrei bot noch einiges davon. Die Reformepoche hatte das Prestige der Beamtenschaft unstreitig gesteigert. Eine mit den hektischen politischen Ereignissen, den territorialen Veränderungen und dem Ausbau des Staatsapparats zusammenhängende Phase vermehrter Einstellungen und schneller Beförderungen schien weiterhin rasches Vorwärtskommen zu verheißen, eine hochgespannte Erwartung breitete sich aus. Die Fixierung auf eine Karriere im Staatsdienst war in den Studentengenerationen der 20er Jahre, die zudem eine etatistische Mentalität bereits sehr häufig von Haus aus mitbrachten, offenbar vorherrschend. «Im Grunde klammerte sich alles an den Staat», erinnerte sich der Schriftsteller Heinrich Laube an seine Hallenser und Breslauer Studentenzeit in den 20er Jahren. «Eine Anstellung, die mit dem Staate zusammenhing, wurde gesucht, nur eine solche; jede freie Tätigkeit, welche lediglich auf selbständige Kraft angewiesen blieb, galt für abenteuerlich, ja verdächtig.» Und aus derselben Zeit behielt auch Karl Gutzkow im Gedächtnis, daß nach seiner Erfahrung auf drei unabhängig gesinnte Studenten 97 gekommen seien, die Beamte oder Pfarrer werden wollten.

Die Vorbedingungen dafür zu schaffen, daß dieser Gipfel des Ehrgeizes erklommen werden konnte, war nicht so schwer, wie man heute denken mag. Denn dem Zugang zur entscheidenden Ausbildungsstätte, der Universität, standen keine hohen Hürden im Weg. Noch nahmen die Universitäten die Aufnahmeprüfungen selber vor – in aller Regel «außerordentlich lax», wie kompetente Zeitgenossen urteilten. Die Abiturnoten I bis II öffneten das Tor zur Alma Mater automatisch; viele passierten die Prüfung nach privater Vorbereitung; selbst mit der schlechtesten Abiturnote III wurde man noch aufgenommen und durfte das Maturitätsexamen irgendwann nachholen. Die Zahl der abiturlosen Studenten, der «Extranei», betrug 1820 durchschnittlich 38 %, auch zehn Jahre später noch 31,5 %, mancherorts sogar mehr als die Hälfte. Geraume Zeit bestätigten die Provinzialschulbehörden, daß der Anteil der Abiturienten mit Universitätsreife erheblich unter der Anzahl der ohne dieses Zeugnis auf Immatrikulation Geprüften lag. Im Vergleich mit England und Frankreich war das deutsche Universitätsstudium damals vergleichsweise billig, daher auch für viele arme Stipendiaten noch erschwinglich. Außerdem nahmen Universitäten, die während der Kriegszeit geschlossen worden waren, den Lehrbetrieb wieder auf, und neugegründete öffneten ihre Tore. Nicht zuletzt gewährte die Matrikelbescheinigung das Recht auf die einjährige Dienstzeit beim Militär, so daß sich angeblich manche jungen Kaufleute, Handwerker unter anderem eine kurze Spanne an der Universität aufhielten, um in den Genuß dieser Erleichterung zu kommen. All diese Faktoren wirkten als Ursachen des rasanten Anstiegs der Studentenzahlen in den 20er Jahren zusammen.

Währenddessen bahnte sich jedoch im Staatsdienst eine scharfe Zäsur an. Unter dem Imperativ der Schuldentilgung, ermutigt von bürokratiefeindlichen hochkonservativen Adelscliquen, reduzierte die preußische Staatsregierung bis 1825 die Planstellen um gut ein Fünftel! Wie sehr sich das politische Klima verändert hatte, zeigte die Konsequenz der Kürzungswelle: Elfmal soviel bürgerliche wie adlige Beamte verloren ihren Posten; erst in den 1840er Jahren gab es wieder eine leichte Zunahme, die aber vor der Revolution nicht mehr politisch ins Gewicht fiel. Die Zahl aller fest besoldeten Verwaltungsbeamten in der Ministerial- und Provinzialbürokratie wurde rund zwanzig Jahre lang auf 1657 eingefroren. Im Justizdienst, wo die Mehrzahl der examinierten Volljuristen eine Stelle suchte, blieben 5115 besoldete Beamte übrig (2573 an Staatsgerichten, 995 an Privatgerichten, 1547 Justizkommissare, d.h. staatliche Rechtsanwälte und Notare). Insgesamt gab es daher 1840 genau 6772 vollbesetzte Planstellen. Neben diesen Lebenszeitbeamten arbeiteten 2533 unbesoldete Anwärter mit einem Anspruch auf eine feste Stelle im Justizdienst (168 Richter, 1411 Referendare und 954 Auskultatoren), entsprechend weniger waren es in der Verwaltung; ihre Lage läßt sich mit der der unbezahlten Privatdozenten vergleichen. Das bedeutete, daß der Staat etwa 2500 bis 3000 Familien mit dem privaten Unterhalt seiner Beamten auf schwer absehbare Zeit belastete, die Gehaltskosten also rücksichtslos externalisierte. In den 20er und 30er Jahren meldeten sich jährlich rund 280 Juristen als Kandidaten für die praktische Ausbildung, aber von den rund 8400 Stellen, die bei rund dreißigjähriger Amtszeit für sie nötig gewesen wären, waren nur zwei Drittel vorhanden, und auf diese wartete eine zusehends längere Schlange von unbesoldeten, allein von ihren Privatmitteln zehrenden Anwärtern. Ganz ähnlich stagnierte auch die Zahl der ordinierten Predigerstellen bei rund 5790 (1840), und auch hier stand eine Menge von Theologen in Wartestellung. Zu den bisher angegebenen Zahlen über die preußischen Studenten kamen auch noch zahlreiche deutsche Studenten aus anderen Staaten hinzu, die nach dem Studium an den Universitäten Preußens häufig in diesem Land eine Stelle suchten.

Angesichts dieser Sachlage kann es weder überraschen, daß die Studentenflut, sobald sich die Aussichtslosigkeit der Hoffnungen auf eine Position im Staatsdienst Jahr für Jahr erneut bestätigte, drastisch abebbte, noch kann es verwundern, daß sich die Klagen über ein hohes Überangebot an Akademikern angesichts eng begrenzter Nachfrage seit den späten 20er Jahren häuften – das «geistige», das «gebildete Proletariat» wurde zum Problem öffentlicher Dauerkontroversen. In- und ausländische Beobachter – wie etwa Hansemann, Marmier, v. Wessenberg, Howitt – stimmten darin überein, daß die Schar der Bewerber um privilegierte Beamtenstellen stetig anwachse. Der abgewiesene Kandidat, der akademische Arbeitslose stelle, hieß es, eine böse Zeiterscheinung dar, wirke aber offenbar noch nicht abschreckend genug. 1835 kamen, schätzte ein so gut informierter englischer Kritiker wie Samuel Laing, 256 Juristen oder 262 Theologen auf 100 freie Stellen, obwohl der relative Prozentualanteil der preußischen Studentenpopulation unter dem schottischen liege. Der preußische Statistiker Dieterici bestätigte 1836 wie Hoffmann 1843 dieses Mißverhältnis, wobei sie die aus der Philosophischen Fakultät hinzustoßenden Kameralisten nicht einmal miteinberechnet hatten. Zuerst unterschwellig, dann immer deutlicher zutage tretend, sei deshalb, drückte der Literaturkritiker Hermann Marggraff 1839 ein weit verbreitetes Mißbehagen aus, die Unzufriedenheit der Studenten, erst recht der arbeitsuchenden Universitätsabsolventen wegen des Mangels an attraktiven Stellen angewachsen.

Seit dem Höhepunkt der Immatrikulationswelle, als zeitweilig rund 40 % aller Abiturienten Jura studieren wollten, hatten die Staatsbehörden immer wieder vor der Aufnahme des Studiums, speziell in der Jurisprudenz, gewarnt. Es blieb auch nicht allein bei dringenden Appellen. Im Dezember 1831/Februar 1832 wurde ein kleiner Numerus Clausus für den Eintritt in den juristischen Vorbereitungsdienst eingeführt. Zur ersten Prüfung wurde nur mehr zugelassen, wer die Abiturnoten I und II besaß; mit der Note III mußte man entweder innerhalb von 18 Monaten ein besseres Examen nachholen, oder aber man wurde vom Staatsdienst definitiv ausgeschlossen; diese Regelung wurde für den Zugang zu allen Beamtenstellen verbindlich gemacht.

Das neue Abiturreglement von 1834, wonach die Maturitätsprüfung nur mehr an Gymnasien und nicht mehr an den Universitäten abgelegt werden durfte, lag natürlich, seit langem intendiert, ganz auf der Linie des stetig ausgebauten Berechtigungswesens. Insofern stellte es eine sozialdefensive Maßnahme im Interesse der bildungsbürgerlichen Intelligenz dar. Zugleich bildete es aber auch eine Reaktion auf die aktuelle Notlage. Als zuverlässiger Filter sollte es der Überfüllung der Universitäten entgegenwirken. Obwohl noch einige Ausnahmemöglichkeiten erhalten blieben, ging seither von dem monopolartig aufgewerteten Abitur in der Tat ein «durchgreifender Einfluß» auf Gymnasien und Universitäten aus: Bereits bis 1840 sank z. B. die Zahl der «Extranei» auf rund ein Dreizehntel der Immatrikulierten ab.

Eindringlich mahnte der Justizminister 1836 die Schulkollegien, den Abiturienten vom Jurastudium abzuraten. Inzwischen hatte sich die Zahl der Assessorenprüfungen von 1820 (21) bis 1833 (139) versiebenfacht. 200 Assessoren waren bereits ohne Gehalt im höheren Justizdienst tätig; ein

Drittel der Geschäfte bei allen Landesjustizkollegien wurde von ihnen unentgeltlich erledigt. Der von den freiwerdenden Planstellen abhängige Bedarf wurde von der vierfachen Zahl von Anwärtern weit übertroffen. Im September 1839 verlangte selbst der König durchgreifende Maßnahmen. Justizminister Mühler verteidigte seine Ressortpolitik: Die Warnungen hätten bereits positive Steuerungswirkungen gezeigt; das Ausweichen hochqualifizierter Juristen an die Untergerichte sei als Entlastung ebenfalls zu begrüßen. Gleichzeitig schuf das Justizministerium jedoch mit einer Verfügung Mühlers vom 29. November 1839 die Voraussetzung dafür, daß die Durchfallquote bei den Examina durch verschärfte Anforderungen erhöht werden konnte. Zwar protestierte die Examinationskommission: Sie habe bereits in den 30er Jahren diese Quote kontinuierlich gesteigert, eine weitere Anhebung der Prüfungskriterien sei nicht vertretbar, zumal sie redlich zugab, daß ihre eigenen Mitglieder früher leichter examiniert worden seien.

Vergebens: Mühler bestand am 6. Mai 1840 gegenüber den Präsidenten der Obergerichte auf noch einmal verschärften Referendars- und Auskultatorprüfungen; vor der Zulassung zum Assessorexamen sollten z.B. fortab 24 schriftliche Arbeiten vorgelegt werden. Tatsächlich wurden die Examina nunmehr noch einmal rigoros verschärft. Hatte die Durchfallquote aller Kandidaten 1833 = 8,6% betragen, kletterte sie 1840 prompt auf 21,3 und bis 1849 auf 34,4%! In den 40er Jahren fiel mithin immer mehr als ein Viertel, zeitweilig ein Drittel aller Bewerber durch. Ein Protest dagegen war von vornherein mit großen Schwierigkeiten verbunden, da die Söhne des Bildungsbürgertums eine Verhärtung jenes Leistungsprinzips, mit dem sie als bürgerlicher Lebensnorm großgeworden waren, an sich selber erfuhren. Auch wenn dieser Filter schikanös verfeinert wurde, mußte es ihnen doch außerordentlich schwerfallen, die strengere Leistungsprüfung prinzipiell in Frage zu stellen.

Als ob diese Verengung des Nadelöhrs nicht genügte, wurden Ausbildung und Examina außerdem noch, und zwar seit der Revolution von 1830 in wachsendem Maße, mit «politischer Gesinnungskontrolle» bedenkenlos «verflochten». Konduitenlisten erfaßten seit 1840 auch das «moralische und sittliche Verhalten», über das regelmäßig an das Justizministerium berichtet werden mußte. Das Privatleben junger Juristen wurde ungeniert überprüft, in größeren Städten spannte man sogar die Polizei dafür ein. Jede bezahlte Nebentätigkeit wurde 1839 untersagt – auch den unentgeltlich tätigen Assessoren. 1843 zog Mühler die Zügel noch einmal an: Nicht nur hatten Beamte und Anwärter im höheren Justizdienst Schulden innerhalb eines Jahres zu bezahlen, wenn sie die Entlassung vermeiden wollten, sondern bei der ersten juristischen Prüfung mußte schon durch einen Vermögensnachweis demonstriert werden, daß eine standesgemäße Lebensführung während der unbestimmten Zeit des Wartens auf eine Feststelle möglich sei. Damit wurde eine neue Barriere geschaffen. Die Referendarszeit dehnte sich auf vier bis fünf, die Wartezeit der unbesoldeten Assessoren seit der Mitte der 30er Jahre auf zehn bis zwölf Jahre aus; sie verbesserte sich erst seit 1849, als die Zahl schon auf 2000 angeschwollen war.

In dem am meisten überlaufenden Fach, der Evangelischen Theologie, wanderten zahlreiche examinierte Theologen ohne Pfarrstelle in Ausweichberufe wie die vertraute Hauslehrerstelle ab; an den Gymnasien dagegen fanden sie wegen der neuerdings von den Lehrern verlangten spezifischen Examina und Kompetenzen kaum mehr Zugang. Trotz der kargen bis mittelmäßigen Dotierung, die sie als Geistliche zu erwarten hatten, blieben viele in irgendeiner Kümmerexistenz bereit, ihren Anspruch auf eine freiwerdende beamtete Pastorenstelle jederzeit geltend zu machen.

Dieses Überangebot von qualifizierten Akademikern angesichts einer eng begrenzten staatlichen Nachfrage führte zu folgenreichen soziopolitischen und sozialpsychischen Auswirkungen. Einerseits festigte sich unter denen, deren Karriere trotz der Stellenknappheit erfolgreich verlief, eine ohnehin angelegte elitäre Grundhaltung. Durch all die geschilderten Maßnahmen der 30er Jahre, die den Zugang zu einer besoldeten Planstelle erschwerten, wurde zugunsten der bereits arrivierten bildungsbürgerlichen und vermögenden Familien, welche die von ihren Söhnen zu durchmessende «Durststrecke» überstehen konnten und unbedingt überstehen wollten, im Effekt eine erneute Auslese erzwungen. Die soziale Aristokratisierung der Beamtenschaft wurde dadurch verstärkt. Auf dem Weg zur festbesoldeten Position in einer zunehmend wieder konservativ geprägten Herrschaftshierarchie konnte sich leicht eine Haltung autoritätsbeflissener «Deference» herausbilden, die dem spezifischen Geheimratsliberalismus den Boden entzog. Andrerseits trug die Situation aber auch dazu bei, das Sicherheitsbedürfnis zu steigern; führte es schließlich dazu, daß man in einem gering geachteten Ersatzberuf resignierte, blieb der stete Stachel der Unzufriedenheit zurück. Genauso schlug das typische Anspruchsdenken der Akademiker, wenn es immer wieder aufs neue enttäuscht wurde, bei vielen Benachteiligten in ein Frustrationsgefühl um, das die Staatsgläubigkeit schwächte, Zugangschancen zum politischen Liberalismus eröffnete, ja sich bis zu dem eigentümlichen theoretischen Radikalismus enttäuschter Intellektueller im späten Vormärz steigern konnte. «Der intelligentere Teil der Umsturz- und Fortschrittspartei besteht», analysierte der Kultusminister v. Eichhorn solche Folgelasten des Akademikerüberschusses, «aus den Zöglingen der Gymnasien und Universitäten, die nicht zu Staatsstellen kommen konnten.» Die Erfahrungen dieser «Relativen Deprivation» werden im Rahmen der Vorgeschichte der 48er Revolution noch eingehend diskutiert werden, wie auch die ambivalenten Folgen der innerbürokratischen Auseinandersetzung zwischen Bürgerlichen und erstarkendem Adel, die einige der hier verfolgten Entwicklungen überlagerten, im politikgeschichtlichen Überblick über das Herrschaftssystem noch darzustellen sind.

Vergegenwärtigt man sich die seit Ende der 20er Jahre radikal verschlechterte Arbeitsmarktlage für die Absolventen der beiden größten Fakultäten, werden drei Reaktionen verständlich:

1. Die Studentenzahl sank folgerichtig mit der Reduzierung der Chancen, die erstrebte Karriere im Staatsdienst überhaupt zu beginnen.

2. Das Ausweichen in weniger überlaufene Universitätsfächer gewann an Bedeutung, auch deshalb stieg die Frequenz in der Medizinischen und Philosophischen Fakultät während der 30er Jahre weiter steil an. Seit 1820 = 391 wuchs z. B. die Zahl der Medizinstudenten und erlebte in den folgenden beiden Jahrzehnten (1830 = 496, 1840 = 721) eine Vermehrung um 80 %. Noch auffallender veränderten sich die Größenverhältnisse an den Philosophischen Fakultäten. Von 1820 = 364 stieg die Immatrikulationszahl über 1830 = 600 auf 1840 = 730, also um rund 100 %, von 1826 bis 1846 sogar um fast 200 % an. Auch hier lag die Zahl der Absolventen über dem inländischen Bedarf (1840 = 594, also 134 zuviel). Aber einmal kletterte die Lehrerzahl an den Gymnasien von 1816 bis 1846 um 70 % höher – parallel zur Schülervermehrung um 73 %; weiterhin wuchs auch die Nachfrage anderer Höherer Schulen: der Städtischen Bürgerschulen, der Realschulen usw., deren Lehrerbedarf sich im selben Zeitraum insgesamt verdreifachte. Deshalb fanden manche Theologen als Lehrer und Rektoren eine Stelle. Hatte zudem die preußische Verwaltung ursprünglich Gymnasiallehrer aus anderen deutschen Ländern angeworben, half bald die Abwanderung tüchtiger Kräfte in diese Staaten, die ebenfalls ihr Höheres Schulwesen ausbauten, die Lage zu entspannen. Und schließlich schloß das Wachstum der Philosophischen Fakultät den Aufstieg der in ihr angesiedelten Naturwissenschaften ein, deren Studenten vor allem seit den 40er Jahren außerhalb der Lehrtätigkeit ebenfalls ein akzeptables Unterkommen finden konnten.

Schon rein quantitativ hätten freilich diese Ausweichbewegungen keine auch nur von ferne hinreichende Entlastung verschaffen können. Deshalb gewann die dritte Reaktionsweise den wichtigsten Rang.

3. Die Umstellung auf die nichtstaatlichen, «freien» Berufe mit juristischen, kameralistischen, medizinischen, naturwissenschaftlichen Kenntnissen wurde zum Gebot der Stunde. Tausende drängten daher seit den 30er Jahren in die «liberalen Beschäftigungen» hinein. Wenn diese nicht ohnehin ein Universitätsstudium voraussetzten und daher das hohe «psychische Einkommen» einer bildungsbürgerlichen Existenz verschafften, verstärkte sich jetzt der Akademisierungsdruck, wollte man sich auch außerhalb des staatlichen Laufbahnwesens annähernd äquivalente Vorteile sichern können.[26]

Diese Reaktion auf akute Arbeitsmarktbedingungen wurde durch einen gesellschaftlichen Evolutionsprozeß unterstützt, der seit langem im Gange war. Unabhängig von der besonderen Konstellation der 1820/30er Jahre arbeitete er auf die Ausweitung des Spektrums «freier» akademischer Berufe hin. Zur Debatte steht damit die für das deutsche Bildungsbürgertum im 19.

und erst recht im 20. Jahrhundert besonders folgenreiche und deshalb etwas ausführlicher zu umreißende Professionalisierungsproblematik. Die Bedingungen und Ursachen dieser «Professionalisierung» – vorläufig als Herausbildung und feste Etablierung freier akademischer Berufe verstanden und alsbald genauer zu bestimmen – lassen sich vor allem auf drei Faktorenbündel zurückführen.

Mit der seit dem 18. Jahrhundert beschleunigt zunehmenden Komplexität relativ großer Gesellschaften, deren Ausdifferenzierung aus den verschiedenen Modernisierungsprozessen – wie etwa der Entfaltung des Kapitalismus, der inneren Staatsbildung, der kulturellen Mobilisierung, der Bevölkerungszunahme usw. – resultierte, war auch im deutschsprachigen Mitteleuropa die Nachfrage nach bildungsqualifizierten Dienstleistungen, die das komplizierte Fachwissen von Experten voraussetzten, ständig angestiegen. Die expandierende kapitalistische Marktwirtschaft z. B. verlangte die Rechtssicherheit verbindlich geregelter Geschäftsbeziehungen und die Vorauskalkulierbarkeit der Vertragswirkungen. Dafür wurden juristische Fachleute immer wichtiger. Das friedliche Zusammenleben bzw. die Regelung von Konflikten in Staaten mit einer rasch wachsenden Millionenzahl von Einwohnern warf unablässig neue Probleme der Rechtswahrung auf. Ohne Spezialisten waren sie nicht zu lösen. Das Medizinalwesen bemühte sich um die Gesundheit einer beispiellos vermehrten Bevölkerung, deren Mehrheit in materiell und hygienisch gefährlicher Lage lebte. Auch hier konnten auf Dauer nur Experten helfen.

Mit der Ausweitung der Staatsfunktionen, wie sie vom Aufgeklärten Absolutismus, von der kameralistischen Wohlfahrtslehre und den Herrschaftstheorien der neueren Politischen Philosophie zugunsten der individuellen «Glückseligkeit» und des «Gemeinwohls» vorangetrieben wurden, nahm die Nachfrage der öffentlichen Verwaltung nach denselben Dienstleistungen zu, damit man spezifische Aufgaben des Rechtsschutzes, der Wirtschaftsförderung und -steuerung, der Überwachung des städtischen Massenwohnbaus, der «Gesundheitspolizey» wahrnehmen konnte. Für Gesellschaft und Staat lag der Wert angewandter hochgesteigerter Wissensqualifikation einmal in der «erhöhten Rationalität» bei der «Verfolgung pragmatischer Ziele»; zweitens in der Begrenzung der Interessen, der Autorität und der Verpflichtung auf eine überschaubare sachliche Zuständigkeit; drittens in einem gegenüber Klienten «ohne Ansehen der Person» gewahrten neutralen Verhalten.

Zunehmend wirkte sich aber auch die Interessenlage der Expertengruppen selber als Antriebskraft zugunsten von Veränderungen aus. Im Prinzip ging es ihnen immer deutlicher um vier Hauptziele:

1. um die Maximierung ihrer Autonomie gegenüber Laien und Konkurrenten mit diskriminierter Qualifikation wie Kurpfuschern und Winkeladvokaten;

2. um die Minimierung der Fremdkontrolle;

3. um die Steigerung ihrer Marktmacht bis hin zum Idealfall des Monopols auf spezifischen Arbeits- und Dienstleistungsmärkten und

4. sowohl um hohes Einkommen als auch hohes Ansehen.

Die optimale Realisierung dieser erstrebten Ziele konnte erreicht werden, wenn es den Experten gelang:

a) die Rekrutierungskriterien für den eigenen Nachwuchs selber zu formulieren und als alleingültig durchzusetzen;

b) diesen Maßstäben entsprechend die Kontrolle der Zulassungsquote, sodann der Ausbildung selber, ihrer Standardisierung und der Examensbedingungen kraft eigenen Normsetzungsrechts und unter zusätzlicher Berufung auf Imperative der Wissenschaftsentwicklung auszuüben;

c) die rechtliche Absicherung des Berufsmonopols durch ein «Monopol der Glaubwürdigkeit» (Ärzte contra Naturheilkundige) zu ergänzen;

d) die Anzahl der Hochqualifizierten trotz wachsender Nachfrage knapp zu halten, um eine dauerhaft hohe Honorierung ihrer Tätigkeit zu garantieren;

e) die Ausübung der standardisierten Dienstleistungen durch strenge Berufsnormen und Ehrenkodices möglichst selber zu regulieren und

f) im Falle der Regelverletzung die Autojurisdiktion auszuüben.

Wurden diese, selbstredend in idealtypischer Reinheit definierten Ziele tendenziell erreicht, standen jeder Profession enorme autonome Machtressourcen zur Verfügung. In der historischen Wirklichkeit jedoch ließen sich jeweils nur partielle Fortschritte in unterschiedlichen Bereichen zu verschiedenen Zeitpunkten erreichen.

Funktionalistisch gesehen bildete diese Professionalisierung eine Antwort auf dringende Bedürfnisse der Wirtschaft, der Gesellschaft und des Staates im okzidentalen Kulturkreis. Interessenpolitisch betrachtet bildete die Professionalisierung eine Antwort auf die Bedrohung der begehrten Exklusivstellung wissenschaftlich ausgebildeter Experten durch minderqualifizierte Rivalen, indem eine Maximalsicherung des Kompetenzmonopols energisch verfolgt wurde.

Mit der regelmäßigen Anwendung von Spezialwissen sind wegen des hohen Gefälles zwischen Experten und Laien gewöhnlich mehrere schwerwiegende Probleme verbunden. Für die Leistungsabnehmer stehen wichtige Interessen auf dem Spiel – Prozeßerfolg, Heilung, Wohnsicherheit. Durch die Tätigkeit der Professionen werden ständig zentrale gesellschaftliche Werte berührt: Gerechtigkeit, Gesundheit, Ordnung, die Funktionsfähigkeit von Märkten oder Rechtssicherungsinstanzen; auch die Legitimationsgrundlagen des politischen Regimes können durch diese Funktionstüchtigkeit oder -unfähigkeit mittelbar oder direkt beeinflußt werden. Das Vertrauen des Klienten auf die Kompetenz und Integrität des Fachmanns bildete eine notwendige Voraussetzung für dessen erfolgreiche Tätigkeit (Therapie).

Und die Basis dieses Vertrauens schafft ein soziokultureller Prozeß der Anerkennung wirksamen, verantwortungsbewußt genutzten Wissens durch die Leistungsabnehmer – einer Anerkennung, die durch öffentlich-rechtliche Privilegierung der Profession effektiv unterstützt werden kann.

Dieser Katalog verdeutlicht, daß das klassische Problem der Professionalisierung in der überzeugenden sozialen Kontrolle der Fachexperten zu lokalisieren ist. Deren komplexes Sachwissen vermögen Laien nicht zu überprüfen. Professionen ohne wirksame Kontrolle können daher im Extremfall zu «potentiell gemeingefährlichen Gruppen» werden. Sollen sie dennoch allein bestimmen, was gesellschaftlich wertvoll und moralisch wünschenswert ist? Ist der Wissenserwerb in langen Ausbildungsperioden sachlich notwendig oder eine künstliche Verknappung der Zugangschancen mit dem Ziel, Einkommen und soziale Ehre zu heben? Wie durchgreifend ist die Mißbrauchsahndung allein durch die Professionen, wenn die Korruptionsgefahr von den Fachgenossen selber ausgeht? Diese und weitere Bedenken müssen durch überzeugend funktionierende Kontrollmechanismen nach Möglichkeit entkräftet werden.

Die Nützlichkeit des Professionalisierungskonzepts für Historiker hängt nun in einem grundlegenden Sinne von der Einsicht ab, daß es seit jeher variable Lösungen für diese Kontrollaufgabe gegeben hat und weiterhin gibt. In England und den Vereinigten Staaten z. B. hat sich aufgrund bestimmter gesellschaftlicher Konstellationen ein hohes Maß an staatsferner Selbstkontrolle durch autonome Korporationen herausgebildet; im Idealfall regulieren die Professionen, ihre Dienstideale und Ehrengerichte die Praxis und eventuelle Konflikte selber. In Kontinentaleuropa dagegen, insbesondere auch in den deutschen Staaten, läßt sich frühzeitig ein anhaltender staatlicher Einfluß auf die professionelle akademische Ausbildung an staatlichen Institutionen, die mit staatlichen Mitteln finanziert werden, feststellen. Da die Hochschulen in erster Linie leistungsfähige Staatsdiener hervorbringen sollten, wurden entweder Berufe, die sich anderswo als freie Berufe entwickelten, verstaatlicht oder aber die Universitätsabsolventen, die in freie Berufe eintreten wollten, während der Ausbildung und danach einem strikten bürokratischen Reglement unterworfen. Mit andern Worten: Da der «Kern der Expertenautonomie» ein «nicht leicht reduzierbares Macht- und Einflußpotential» darstellt, wurde wegen der Möglichkeit des tendenziellen Wissens- und Machtmißbrauchs das Mißtrauen, das die staatlich-städtische Verwaltung gegenüber dem Gedanken der Selbstregulierung durch die aufkommenden Professionen hegte, in Examensvorschriften, Praxisordnungen und Aufsichtsbehörden institutionalisiert.

Das aber ist nur die eine Seite der Medaille. Die Kehrseite zeigt, daß diese Behörden in der Regel sowohl mit beamteten Experten gleicher Vorbildung besetzt wurden – die Medizinalkollegien für «gelehrte» Ärzte etwa oder die Examinationskommissionen für Juristen und künftige Anwälte – als auch in

Kooperation mit den freiberuflichen Experten, die in Beratungsgremien oder Gutachten ihre Gesichtspunkte vertreten konnten, die gestellten Aufgaben wahrnahmen. Zwar gab es in den kleinen «freien» Berufsgruppen im 18., erst recht im frühen 19. Jahrhundert ein spürbares Interesse an einer verbesserten Position auf ihren Dienstleistungsmärkten, an ausgeweiteten Entscheidungsrechten und verbrieften Einflußgarantien. Aber durch die schwache Verhandlungsposition und die enge Verbindung mit den beamteten Fachkollegen wurde das Autonomiestreben in engen Grenzen gehalten. Entscheidend blieb ohnehin, daß in den deutschen Ländern mit ihrer frühen Bindung der akademischen Ausbildung an den Staat, der Absolventen an den Staatsdienst, die Ausübung professionellen Sachwissens von einer Beamtenstelle aus, mithin unter steter staatlicher Kontrolle, als höchstes Berufsideal galt. Auch der Jurist, der nicht die Verwaltungs- oder Justizbürokratie im Visier hatte, wollte doch beamteter Justizkommissar (Rechtsanwalt) werden. Den promovierten Arzt zog es auf die Stelle des beamteten Kreisphysicus oder Militärarztes, den diplomierten Architekten auf den Posten des beamteten Baudirektors. Wer eben konnte, wechselte auch in fortgeschrittenem Lebensalter noch aus seinem freien Beruf in den Beamtenstatus über.[27]

Als sich seit den späten 20er Jahren die Aufnahmemöglichkeiten des Staatsdienstes als zu begrenzt erwiesen, schwoll bekanntlich der Zustrom in die bereits freien akademischen Berufe mit Vehemenz an; zum zweiten gewann die Forderung sprungartig an Nachdruck, daß bislang verstaatlichte Berufe, wie z. B. die preußische Rechtsanwaltschaft, freigegeben werden sollten. Dagegen sträubte sich aber die Verwaltung eine geraume Zeit lang, da sie – wie generell bürokratische Herrschaftssysteme – eine geringe Konflikttoleranz besaß, mithin zunächst einmal die Weisheit des bisher vorherrschenden, von beamteten Akademikern eingerichteten und kontrollierten Arrangements verteidigte. Auch fand sie es trotz des zäh behaupteten Wirtschaftsliberalismus schwer, sich auf die Politik einer konsequent liberalen Gewerbefreiheit auch für alle akademischen Berufe umzustellen. Echte oder vorgeschobene Sorge um das «Allgemeinwohl» verband sich mit unverhohlener Skepsis gegenüber einer vorhersehbaren Expertenautonomie, welche die Einflußsphäre bürokratischer Dominanz empfindlich schrumpfen ließ.

Tatsächlich schwoll aber die Zahl der Freiberuflichen stetig an; wohlbegründete Argumente wiesen auf unleugbare, noch längst nicht befriedigte Bedürfnisse von Wirtschaft und Gesellschaft hin; das Überangebot an Akademikern unterhöhlte den bürokratischen Widerstand; der Ruf nach Privatisierung staatlicher Tätigkeitsfelder wurde lauter und führte zu ersten Erfolgen. Sachkenner wie Dieterici und Hoffmann gaben zwischen 1836 und 1843 bereitwillig das Überangebot an Universitätsabsolventen zu; sie hielten auch die Sorgen unmittelbar nach dem Revolutionsjahr 1830 für berechtigt, inzwischen aber sei die Situation nicht mehr alarmierend, geschweige denn explosiv, da nicht nur die Studentenzahl sinke, sondern mit dem Wachstum der Bevölkerung und dem Anstieg des «Kulturniveaus» die Nachfrage nach praktisch verwertbarer Fachkompetenz ständig anwachse. Diese Beruhigung der Öffentlichkeit setzte sowohl die kontinuierliche Ausdehnung der freien Berufe als auch die wohltätige Wirkung dieses Vorgangs auf den Arbeitsmarkt, die innenpolitische Atmosphäre und den zivilisatorischen Fortschritt explizit voraus. Ganz ähnlich lenkte der Vorkämpfer des bayerischen Gymnasiums, Friedrich Thiersch, stellenlose Beamtenkandidaten auf andere akademische Berufe hin. Und der badische Minister Nebenius empfahl aus denselben Gründen eine technische Ausbildung, da nach dieser rege Nachfrage herrsche. Ingenieure, Techniker, Bergbaufachleute, Architekten usw. wurden mit dem industriellen Aufschwung und Eisenbahnbau wegen ihrer Seltenheit tatsächlich heftig umworbene Fachleute. Das spiegelte sich unter anderem seit den frühen 30er Jahren in den Immatrikulationsziffern der ersten Technischen Hochschulen wider.

Mit der spürbaren Aufwertung und Ausweitung all dieser durch Fachbildung ausgezeichneten Berufsgruppen regte sich auch das gestärkte Selbstbewußtsein ihrer Angehörigen. Wenn schon die universitäre Leistungsqualifikation nicht mehr zu einer vielfältig privilegierten Beamtenstelle mit Sicherheit, Prestige und Einfluß führte, sollte doch eine vergleichbar angesehene, hochdotierte Position mit möglichst weitgedehntem Handlungsspielraum und eigenen Machtchancen erstritten werden. Das aber bedeutete, gegen staatliche Bevormundung und bürokratische Besserwisserei die auch vom deutschen Idealismus geforderte Entscheidungsautonomie der freien Persönlichkeit, zugleich aber die Verhaltenskontrolle durch moralische Selbstdisziplin und durch Berufskammern Stück für Stück durchzusetzen. Auch in dieser Hinsicht erwies sich die «Bildungs»-Norm der ungehinderten, vielseitigen Entfaltung des Individuums noch einmal als vorzüglich geeignete Rechtfertigungsideologie für die Verfechtung spezifischer Kollektivinteressen. «Selbstregierung und Selbstverwaltung im Gegensatz zu Bürokratie und Ministerwillkür», brachte Rudolf Virchow diese deutsche Professionalisierungsmaxime auf eine einprägsame politische Formel.

Ihr zu folgen, hieß, zahlreiche Konflikte auszufechten. Aber einmal wurden die Freiberuflichen durch die Sonderstellung des deutschen Akademikers im Schichtungs- und Klassengefüge der Gesellschaft, die auch nichtbeamtete Universitätsabsolventen von dem «quasi charismatischen Prestige einer gehobenen Bildung» zehren ließ, im Verhältnis zu ihren Klienten von vornherein aufgewertet; auch ihre allgemeine Durchsetzungskraft war in diesen oberen Rängen der Sozialhierarchie fest verankert. Zum zweiten wurde mancher Auseinandersetzung dadurch die Spitze genommen, daß der Wechsel zwischen Staatsdienst, Privatpraxis und freier Wirtschaft immer häufiger stattfand. Als Ergebnis schälte sich schließlich eine Mischung von staatlichem Einfluß und professioneller Teilautonomie heraus. Die Verwaltung behielt ein Großteil ihrer Regulierungskompetenz im Hinblick auf Studienverlauf, Examina, Ausbildungsetappen, Zulassungsbedingungen usw. Die Professionen dagegen erwarben zunehmend Einfluß auf den Inhalt und die Durchführung des Studiums, die Zusammensetzung und Ansprüche der Prüfungsgremien, die Zulassung zur Praxis; sie überwachten den Verhaltens- und Ehrenkodex und gewannen Disziplinarrechte für berufsspezifische Kammern der Selbstverwaltung und Konfliktschlichtung. Obwohl sie sich häufig aus staatlichen Berufen emanzipiert hatten, blieb noch lange Zeit ein ambivalentes Verhältnis zur kapitalistischen Marktgesellschaft bestehen. Dem vielbeschworenen Auftrag, zivilisatorische Aufgaben in einer Gesellschaft mit steigendem kulturellen und materiellen Anspruchsniveau angemessen auszuführen, standen die unübersehbare Marktorientierung und egoistische Nutzung von Gewinnchancen gegenüber. Der angebliche Primat der Schutz- und Hilfeleistung für Klienten und Gesellschaft kontrastierte scharf mit dem anhaltenden Kampf um maximale Marktmacht und Exklusivrechte bis hin zum Dienstleistungsmonopol.

An zwei besonders profilierten freien Berufen, den Anwälten und Ärzten, sollen die Schwierigkeiten und Erfolge bis zur Jahrhundertmitte beispielhaft verfolgt werden.[28]

1. Die berufstypischen Charakteristika des deutschen Rechtsanwalts bestehen im wesentlichen aus drei Merkmalen: Er muß an der Universität und in der folgenden praktischen Ausbildung erworbene Fachkenntnisse über die gültigen Rechtsnormen und Rechtsverfahren besitzen und anwenden können, nachdem er von den zuständigen Organen zur Anwaltschaft zugelassen worden ist; er übernimmt gegen feste Gebühr oder Erfolgshonorar die parteiliche Beratung von Mandanten, und er vertritt sie nicht nur gegenüber anderen Parteien, sondern auch gegenüber öffentlichen Justizinstitutionen.

Bis zum Ende des 18. Jahrhunderts hatte sich der Unterschied zwischen frei zugelassenen Advokaten einerseits – wie es sie etwa in Sachsen, Hannover, Braunschweig, Mecklenburg, den Hansestädten, Württemberg und Baden gab – und staatlich angestellten, einem strikten Numerus clausus unterworfenen Anwälten andrerseits – das bildete längere Zeit vor allem die preußische Variante – scharf herausgebildet. Neben den akademisch examinierten Anwaltsjuristen gab es überdies stets eine schwankende Zahl mehr oder minder sachkundiger Winkeladvokaten, die fleißig frequentiert, vor Gericht jedoch nicht zugelassen wurden. In den Staaten und Stadtrepubliken mit freier Advokatur lief die Entwicklung im 19. Jahrhundert relativ gradlinig auf die professionalisierte Anwaltschaft zu. An der ursprünglich verstaatlichten preußischen Advokatur läßt sich dagegen die schwierige Umwandlung in eine freie Anwaltsprofession aufschlußreicher verfolgen, da hier unter dem Einfluß der beamtenstaatlichen Traditionen das Problem der beanspruchten öffentlichen Kontrolle spezialisierter Fachkompetenz besonders klar hervortritt.

Anstelle der bisher vorherrschenden freien Advokaten und der nach einem kurzlebigen Experiment aufgegebenen staatlichen «Assistenzräte» führten die preußischen Gerichtsreformen zwischen dem Dezember 1780 und dem Juli 1793 den sogenannten «Justizkommissar» als einzigen anerkannten Rechtsanwalt ein; das ALR drohte jedem mit sechs Monaten Zuchthaus, der sich seiner nicht bediente. Dieser Justizkommissar wurde von streitenden Parteien sowohl für die rechtskundige Beratung und Abfassung von Schriftsätzen als auch für die unbeschränkte Vertretung in allen Fragen vor Gericht als Interessenvertreter frei gewählt und nach festen Sporteltaxen bezahlt. Zugleich war er aufgrund des Allgemeinen Gerichtsordnungsgesetzes von 1793 (§ 426) Staatsbeamter auf einer Planstelle. Sein Tätigkeitsbereich war bei einem bestimmten Gericht lokalisiert, Aufsicht und Disziplinargewalt lagen bei den Obergerichten. Die eigentümliche Stellung des Justizkommissars wurde noch dadurch aufgewertet, daß sie gleichzeitig mit dem Notariat verkoppelt war. Unter Beachtung strenger Auswahlkriterien wurden diese Justizkommissare vom Justizminister in sehr beschränkter Anzahl ernannt. 1840 gab es z.B. im Gesamtstaat eine «ungemein sparsam» bemessene Anzahl von 1547 Justizkommissaren, d.h. auf jeden von ihnen entfielen durchschnittlich rund 8000 Einwohner; in den Städten stellte sich aber das Verhältnis ungleich günstiger als auf dem flachen Lande dar. Aufgrund der restriktiven Zulassungspolitik öffnete sich seither die Schere ständig noch weiter: Bis 1870 soll nach Rudolf v. Gneists sachkundiger Untersuchung das Verhältnis 1:12000 betragen haben. Damit war fraglos «das Publikum... unzureichend bedient.»

Diese preußischen Justizkommissare bildeten faktisch eine «Berufsgemeinschaft von Beamten», die schlechthin alle Anwalts- und Notariatsaufgaben wahrnahmen. In keinem anderen deutschen Land blieb der Beamtencharakter dieser Anwaltschaft so lange erhalten. Durch die gesetzliche Basis, durch die juristische Ausbildung (die seit 1802 dasselbe Universitätsstudium und dieselben Examina wie für Richter vorschrieb) und durch die häufige Ernennung aus der Richterschaft wurde ein hohes Maß an Homogenität und Sozialprestige erreicht, das die Justizkommissare mit der allgemeinen Justizbürokratie verband. Unbestritten blieb ihre hohe Fachkompetenz und die genaue Beachtung der Wertmaßstäbe des juristischen Berufsethos. Nach zehn- bis fünfzehnjähriger Tätigkeit konnte man zum «Justizrat», später sogar zum «Geheimen Justizrat» ernannt werden – ein begehrter Titel, der an vergleichbare hohe Ratsstellungen in der Verwaltung erinnern sollte.

Ohne Zweifel besaß der Justizkommissar eine angesehene Position, vor allem auch – nicht zuletzt dank den Notariatsgebühren – ein durchweg hohes, «oft glänzendes Einkommen», das bei 2000 T. begann, aber auf weit über 15000 T. ansteigen konnte. «Ein Justiz-Commissarius ist ein Mann», konnte deshalb ein erfahrener zeitgenössischer Jurist spotten, «der die Justiz in Kommission genommen hat, um Geld daran zu verdienen.» Aufgrund des Sekurität verschaffenden Einkommens besaß der Justizkommissar auch eine starke Stellung gegenüber Mandanten. An einer Lockerung der Zulassungsbedingungen war nach alledem den meisten nicht gelegen, und es dauerte geraume Zeit, bis der Gerechtigkeitssinn, der sich an dem zunehmend ungünstigeren Verhältnis von Anwalt und Abertausenden von potentiellen Klienten stieß und darin die Verweigerung einer Rechtsberatung und -vertretung für viele erkannte, das materielle Eigeninteresse auflockern konnte. Neben diesen vermögenden und beamteten Anwälten existierten weiterhin Tausende von «Winkelkonsulenten», bei denen der kleine Mann preiswert Rat suchte.

Wegen des verlockenden pekuniären Anreizes wechselten Richter mit Vorliebe auf Justizkommissarsstellen über. Diese galten auch geradezu als Belohnung für treue Staatsdiener, die darauf versetzt werden konnten. Insbesondere im späten Vormärz, als das politische Mißtrauen gegen jede liberale Regung der Staatsbeamten umging, wurden in erster Linie «bewährte» Karriererichter zu Justizkommissaren ernannt. Obwohl sich die Regierung Mühe gab, unter diesen vielfach privilegierten Rechtsanwälten einen Korpsgeist gar nicht erst aufkommen zu lassen, wurde die Forderung nach Anwaltskammern, wie es sie in anderen deutschen und europäischen Staaten bereits gab, immer häufiger erhoben. Das zwischen 1833 und 1846 in Preußen eingeführte mündliche Verfahren machte die Justizkommissare selbstbewußter und selbständiger, da es sie dem Einfluß, den der Richter beim ausschließlich schriftlichen Verfahren ausübte, deutlich entzog. Außerdem stieg die Nachfrage nach juristischen Dienstleistungen, wodurch im Effekt das Bedürfnis nach professionellem Zusammenschluß und überlokaler Organisation gefördert wurde. Im April 1847 wurde diesem Verlangen schließlich eine Konzession gemacht: Seither konnten sogenannte Ehrenräte eingerichtet werden, denen eine beschränkte Rechtsaufsicht zugebilligt wurde. Die penible Disziplinarüberwachung durch die Zentralbürokratie wurde aber beibehalten. Die neue Gerichtsordnung vom Januar 1849 (§ 30) taufte dann den Justizkommissar auf «Rechtsanwalt» um – ein längst geläufiger Begriff, der 1804 in Bayern erstmals amtlich eingeführt worden war, aber am Verfassungs- und Rechtsstatus änderte sich sonst nichts. Zwar ist auch in Preußen der Ruf nach einer freien Anwaltschaft seit 1848 nicht mehr verstummt. Es dauerte jedoch noch volle dreißig Jahre, bis sie 1878 durch ein Reichsgesetz allgemein eingeführt wurde.

Zwischen 1783 und 1879, fast hundert Jahre lang, hat Preußen mithin beamtete Rechtsanwälte besessen. Trotz aller Bemühungen seit den 40er Jahren ist die Bildung einer autonomen Profession jahrzehntelang gescheitert. Erst die liberale Gesetzgebung des großpreußischen Kaiserstaats gewährte sie gewissermaßen als Geschenk von außen. Zu den sozialen Konsequenzen dieser langwährenden Verstaatlichung der Advokatur gehörte unter anderem, daß wegen der rigorosen Beschränkung der Stellenzahl junge Juristen kaum in das Justizkommissariat ausweichen konnten. Dadurch wurde der Arbeitsplatzmangel empfindlich verschärft. Nur wenige wanderten in andere deutsche Staaten und Städte aus, da sie sich dort zunächst mit einem neuen Recht vertraut machen mußten. Erst die Industrielle Revolution und der Verwaltungsausbau seit der Mitte der 40er Jahre schafften eine neue Nachfrage für Rechtsexperten in der privaten und öffentlichen Bürokratie.

Einen Sonderfall bildeten übrigens die preußischen Rheinlande. Dort gab es seit der französischen Zeit eine einheitlich ausgebildete Advokatur, welche nach 1815 dieselben Examina wie der Justizkommissar nachweisen mußte. Freilich wurde nur eine begrenzte Anzahl vor Gericht zugelassen, die andern waren dazu nicht befugt, sondern auf Beratung und Schriftverkehr beschränkt. Die Grenze zwischen beiden Gruppen blieb jedoch durchlässig, so daß die reduzierte Advokatur häufig die Vorstufe zur gerichtsfähigen Anwaltsstelle bildete.

Noch strenger als Preußen regulierte die bayerische Verwaltung seit der Ära Montgelas das Anwaltswesen. 1813/14 wurde dem künftigen (auch so genannten) Rechtsanwalt ein fünfjähriges Universitätsstudium und eine mehrjährige praktische Ausbildung vorgeschrieben. Zeitweilig mußten die Anwälte sogar eine Uniform als Symbol ihrer Mitwirkung an der staatlichen Rechtsprechung tragen, Beamte wurden sie aber nicht. Die unnachgiebig praktizierte staatliche Zulassungskontrolle führte dazu, daß im Vormärz auf einen Rechtsanwalt 14235 Einwohner entfielen.

In den allermeisten deutschen Staaten gab es jedoch in der ersten Hälfte des 19. Jahrhunderts keine Numerus-clausus-Praxis gegenüber Anwälten mehr, wohl aber einen arbeitssichernden Anwaltszwang für streitende Parteien. Die Ernennung nach der überall üblichen akademischen und praktischen Ausbildung wurde großzügig gehandhabt, für alle praktischen Zwekke kam das einer «Freigabe der Advokatur» gleich, von der indes das Notariat durchweg dauerhaft getrennt blieb. In Mittel-, West- und Süddeutschland sowie in den Stadtrepubliken fing daher die Anwaltschaft zahlreiche junge Juristen auf, die aus Neigung dieser Berufswahl folgten oder in die überlaufene Verwaltung nicht mehr eintreten konnten, nicht selten auch wegen ihrer liberalen politischen Einstellung im Staatsdienst ohnehin keine Aussicht auf ein Fortkommen sahen. Ohne daß man von einer abträglichen Überfüllung des Berufs hätte sprechen können, schwankte wegen dieser raschen numerischen Vergrößerung außerhalb Bayerns und Preußens das Verhältnis der Anwälte zur Einwohnerzahl zwischen 1:1300 bis 5300.

Als Folge dieser Vermehrung drangen dort auch die Professionalisierungsbestrebungen schneller vor. Einige Anwaltsvereine, die sich der Berufspolitik widmeten, entstanden seit den 30er Jahren; seit 1844 erschien wöchentlich die «Anwalts-Zeitung», seit 1846 wurden die ersten jährlichen «Anwalts-Tage» abgehalten. Im allgemeinen wurde diese Aktivität von den Regierungen mit Mißtrauen verfolgt, da sie einen liberalen Einfluß auf das Rechtsleben befürchteten. Die überaus zahlreichen liberalen Juristen, die während der Revolution, vor allem auch in der Frankfurter und Berliner Nationalversammlung, eine bedeutende Rolle spielten, schienen diesen Sorgen recht zu geben. Während der Revolution konnte sich ein gesamtdeutscher «Anwalts-Verein» bilden, der mit typischen Professionalisierungsforderungen von sich reden machte: Er forderte Anwaltskammern als öffentlich-rechtliche Körperschaften zur Disziplinarkontrolle, die den staatlichen Organen oder Appellationsgerichten entzogen werden sollte; er forderte auch die allgemeine freie Zulassung zur Advokatur, obwohl die Opposition mit dem Hinweis auf ökonomisches Interesse und spezifische Standesehre die lukrative Exklusivität zu verteidigen suchte. Mit dem Scheitern der Revolution verschwand auch dieser «Anwalts-Verein». Die fortschreitende Professionalisierung der Rechtsanwaltschaft nach 1849 wird noch (in Band III) nachgezeichnet werden.[29]

2. Günstiger und früher vom Erfolg gekrönt verlief die Professionalisierungsentwicklung der «gelehrten», an den Universitäten ausgebildeten Ärzteschaft. Seit dem Ende des 18. und dem Beginn des 19. Jahrhunderts vollzog sich der Wandel vom «vormodernen Bildungsberuf» zum modernen, wissenschaftlich ausgebildeten, praktischen Arzt, begleitet von starken Tendenzen zur Professionalisierung und Emanzipation von der übermächtigen staatlichen Kontrolle. Auf lange Sicht wuchsen die verschiedenen Ärztegruppen unter absoluter Dominanz der akademischen Ärzte zu einer einheitlichen Profession in nuce zusammen, wobei die wissenschaftlich unqualifizierten Konkurrenten durch Diskriminierung und Verdrängung auf der Strecke blieben oder sich mit der Rolle eines abhängigen Hilfspersonals begnügen mußten. Die Verhältnisse in den einzelnen deutschen Ländern bieten ein buntscheckiges Bild; daher soll am Beispiel der preußischen Entwicklung, die wieder einmal am besten erforscht ist, die Verschränkung von staatlicher Lenkung und freier Professionsbildung verfolgt werden.

In dem Jahrhundert zwischen dem Medizinaledikt von 1725 und dem Reformgesetz von 1825 war ein «staatlich verordnetes Ausbildungs-, Funktions- und Rangstufensystem mit Prüfungen und Berechtigungen zunehmend institutionalisiert» worden. Dadurch hatten sich vier scharf geschiedene Hauptgruppen von Heilpersonen herausgebildet.

1. Eine kleine Minderheit bildeten die «promovierten Ärzte», die nach dem Studium nur für die innere Praxis zugelassen wurden. Eine stetig wachsende Zahl von ihnen lernte jedoch die sogenannte Iatrochirurgie dazu, welche zur inneren und äußeren Behandlung befähigte – 1824 besaß ein

knappes Drittel (708) der 1776 promovierten Ärzte das Recht zu dieser Kombination. Zu den Vorläufern des modernen akademischen Arztes gehörten, großzügig gerechnet, auch die Militärärzte, die auf eigenen Anstalten für die Versorgung des Heeres ausgebildet wurden. Eine Randgruppe bildeten dagegen die sogenannten ärztlichen Lizentiaten (1824 = 249), die zwar keinen Doktortitel besaßen, aber aufgrund ihrer Kenntnisse die innere und äußere Praxis ausüben durften. Das Approbationsrecht für gelehrte Ärzte lag seit 1725 bei einer staatlichen Instanz. Die Prüfungen, noch ohne Formalisierung und Standardisierung abgehalten, stellten nur geringe Anforderungen an die Kandidaten. Die Universitätsärzte als Kern dieser Spitzengruppe besaßen auch um die Jahrhundertwende in der Regel nur ein hochgradig spekulatives Wissen. Die vorherrschende Orientierung an Symptomen ließ, da die Kausaldiagnose noch ganz unterentwickelt war, den therapeutischen Erfolg als eher zufällig erscheinen. Die Fachkompetenz bewegte sich mithin auf niedrigem Niveau. Wenn der Sozialstatus dennoch relativ hoch lag, drückte sich darin keine Anerkennung wissenschaftlichen Expertentums aus, vielmehr werteten die überwiegend bildungsbürgerliche Herkunft, die gesellschaftlichen Beziehungen und eine zahlungsfähige Klientel aus den Angehörigen der städtischen Oberschichten den promovierten Arzt auf. Nicht selten stand er aber auch in einem Patronageverhältnis zu vermögenden Familien. Von einer unangefochtenen Vorherrschaft des Mediziners wie im späteren Arzt-Patienten-Verhältnis konnte damals noch keineswegs die Rede sein. Außerdem bewegten sich Gebühren und Medizinkosten oft schon für die Mittelschichten, erst recht für die Armen und die Landbevölkerung in unerschwinglicher Höhe; Naturalhonorare gehörten zum ärztlichen Alltag.

2. Eine ebenfalls verhältnismäßig kleine Gruppe bildeten die Stadtwundärzte (1824 = rund 560), die nach einer ziemlich fragwürdigen Prüfung durch die Ober-Examinations-Behörde in Berlin für Städte mit mehr als 6000 Einwohnern zugelassen wurden, zusammen mit den Landwundärzten (1824 = rund 1695), die nominell vom Provinzial-Medizinalkollegium, praktisch aber vom Kreisphysicus oberflächlich geprüft wurden und in Städten mit weniger als 6000 Einwohnern sowie auf dem flachen Lande tätig werden durften. Beiden Kategorien von Wundärzten wurde die innere Praxis gewöhnlich verweigert. Die Qualität ihrer Behandlung unterschied sich häufig kaum von den Methoden der sogenannten Pfuscher. Es wirft ein Schlaglicht auf ihre Fertigkeiten, daß sie bis zur Zünfteaufhebung von 1811 gewöhnlich den Barbier- oder Baderberuf gleichzeitig ausgeübt hatten.

3. Für die operative Heilkunde gab es noch eine dritte Gruppe geprüfter und konzessionierter Spezialisten. Zu diesen Handwerkern der Heilkunde gehörten Zahnreißer, Okulisten, Bruch- und Steinschneider, Tierärzte, Apotheker, auch die Hebammen, die ihr Vorrecht der Geburtshilfe erfolgreich verteidigten.

4. Die große Mehrheit der Heilpersonen stellten jedoch die bar jeder wissenschaftlichen und zunfthandwerklichen Ausbildung frei praktizierenden Chirurgen, Bader, «Wundärzte» usw., sowie «Heilkünstler mit Erfahrungswissen» wie Schäfer, weise Frauen, Operateure, Knocheneinrenker und Quacksalber. Wie der indianische Medizinmann oder der sibirische Schamane nutzten sie die über die Generationen hinweg weitergegebenen pragmatischen Kenntnisse der Heilwirkung von Kräutern und Bädern, von Aderlaß und Schwitzkur. Da promovierte Ärzte auf dem Lande eine Rarität darstellten, behandelten Barbiere oder Heilkünstler gewöhnlich alle auftretenden Krankheiten. Sie genossen, da sie wie die Hebammen aus der Landbevölkerung stammten, das Vertrauen ihrer Patienten und behielten es durch erschwingliche Preise und Naturalabgaben.

1818 machte die preußische Verwaltung auch auf diesem Gebiet mit der Gewerbefreiheit ernst. Die allgemeine Niederlassungsfreiheit für akademische Ärzte leitete eine Liberalisierung der Praxisgründung ein. Die meisten anderen deutschen Staaten beharrten dagegen weiter auf ihrem Status quo strikter obrigkeitlicher Regulierung, zumal die Klagen über den angeblich demoralisierenden Wettbewerb unverzüglich laut erklangen. Zum Teil als Folge der liberalen preußischen Entscheidung, die wegen der Bedeutung der Gesundheit im Grunde eine Art Qualitätsgarantie verlangte, zum Teil als Reaktion auf seit langem anstehende, vieldiskutierte Probleme, die der Lösung bedurften, schuf dann die Medizinalreform von 1825 eine neue Situation. Das doppelte Ziel vor Augen, sowohl den staatlichen Zugriff auf möglichst das gesamte Medizinalwesen auszudehnen als auch den Qualifikationsstandard des Medizinalpersonals durch eine einheitliche, wissenschaftlich-praktische Ausbildung und zusätzliche Spezialisierung zu verbessern, erhöhte sie die Eingangsschwelle zum Beruf durch formalisierte Bildungsqualifikationen und verschärfte demgemäß auch die detaillierten Studiums- und Prüfungsanforderungen. Entscheidend wurde jetzt das sogenannte Staatsexamen, das besonderen Wert auf Gerichtsmedizin legte. Hinter der Formalisierung und Anhebung des wissenschaftlichen Niveaus steckte aber auch das Kollektivinteresse der gelehrten Ärzte, die um die Aufwertung ihres Berufs und für die Abschirmung nach unten eintraten. Durch Herkunft und Ausbildung mit der staatlichen Medizinalbürokratie verbunden, übten sie nicht nur über die «Wissenschaftliche Deputation für das Medizinalwesen», sondern auch über die Provinzial-Medizinalkollegien kräftigen Einfluß auf die Entscheidungsgremien aus.

Die Reform ließ nur mehr drei Kategorien von Ärzten übrig, scheute aber noch vor dem radikalen Einschnitt zurück, allein akademische Ärzte zu approbieren, da pragmatische Rücksichtnahme auf die medizinische Versorgung der breiten Masse der Bevölkerung den Verzicht auf diese Extremlösung gebot. Den eindeutig privilegierten gelehrten Ärzten wurden vier statt drei Studienjahre, verschärfte Examina und eine mehrfache Überprüfung der

Sachkenntnisse während der Phase der praktischen Ausbildung vorgeschrieben. Die etwas höher qualifizierten Stadtwundärzte wurden zu Wundärzten 1. Klasse ernannt, die seither ein halbakademisches dreijähriges Studium an eigenen Lehranstalten in Münster, Magdeburg, Greifswald und Breslau absolvieren mußten. Als Eintrittsvoraussetzung wurde die Sekundareife des Gymnasiums festgelegt. Das führte zu einer Verschiebung der sozialen Herkunft und verstärkte die Abneigung dagegen, auf dem Lande zu praktizieren. 1837 wurde daher diesen Wundärzten die Niederlassung in Orten, wo bereits ein promovierter Arzt tätig war, verboten. Die schlechter qualifizierten Landwundärzte wurden als Wundärzte 2. Klasse abgestempelt, die nur auf dem Lande praktizieren durften, wo die Mehrheit der Bevölkerung auch in den folgenden Jahrzehnten unverändert medizinisch schlecht versorgt wurde. Im Ergebnis führte diese Regelung dazu, daß dort die «nicht approbierten Heilpersonen» eine größere Rolle als zuvor spielten. Aufgrund der Kompetenzbeschneidung wurden die Wundärzte 2. Klasse häufig zu Gehilfen der akademischen Ärzte und Wundärzte 1. Klasse degradiert. Übrigens wurde jetzt auch die Geburtshilfe medizinisch ausgebildeten Personen mit einer eigens abzulegenden Zusatzprüfung übertragen, was jedoch die Domäne der Hebammen vorerst nur geringfügig schmälerte.

Im ersten Jahr nach der Einführung der Reform ergaben sich für Preußen die folgenden Zahlenverhältnisse: 1906 promovierten Ärzten standen 363 Wundärzte 1. Klasse und 2102 Wundärzte 2. Klasse gegenüber (zusammen 4371). Die Ärztedichte, das Verhältnis von Ärzten zur Gesamtbevölkerung, betrug für die erste Kategorie 6375, für die zweite 33266, für die dritte 5744. Diese Durchschnittsziffern täuschen jedoch über das schroffe Stadt-Land-Gefälle hinweg. Hinsichtlich der akademischen Ärzte lag die Stadt Köln bereits 1817 mit einer Relation von 1:1116 vor Berlin mit 1:1309 (1826) an der Spitze, der ländliche Regierungsbezirk Gumbinnen bildete dagegen mit 1:27678 (alle drei Ärztegruppen zusammengenommen: 1:10229) das Schlußlicht. Dazwischen bewegten sich die anderen größeren Städte mit relativ günstigen, die ländlichen Gebiete mit deprimierend niedrigen Verhältnisziffern.

Der Anteil der akademischen Ärzte im Beamtenstatus machte 1827 genau 49% aus; zusammen mit den Militärärzten stand die Mehrheit der Ärzte mit gehobener Ausbildung im Staatsdienst; hinzu kamen noch 59% der Wundärzte 1. Klasse.

Außer dem staatlichen Kontrollinteresse und den Professionalisierungsambitionen übte auch die innerwissenschaftliche Entwicklung ihren Einfluß auf die Reform aus. Seit dem späten 18. Jahrhundert hatte sich die Chirurgie vom Handwerk allmählich in eine wissenschaftliche Disziplin verwandelt, die wachsende Bedeutung in der Universitätsausbildung gewann. Seit 1825 konnte deshalb auch eine Prüfung in Chirurgie abgelegt werden. Der künftige Arzt besaß die Wahl, sich allein als «reiner Mediker» auf die innere Praxis zu konzentrieren, oder die äußere Praxis als «Medikochirurg» hinzuzunehmen, womit er etwas höheren Anforderungen, als sie an Wundärzte 1. Klasse gestellt wurden, genügen mußte. Die umfassendere Ausbildung erwies sich bald als attraktiver: Bereits 1826 strebten von 254 Kandidaten 177 den Beruf des Medikochirurgen an. Durch diese Funktionsverlagerung wurde die Stellung des Wundarztes 1. Klasse weiter unterhöhlt.

Schließlich ging von den wachsenden Arbeits- und Dienstleistungsmärkten für Ärzte eine anhaltende Wirkung zugunsten des die innere und äußere Praxis verbindenden sogenannten allgemeinen praktischen Arztes aus. Deshalb vermehrte sich die Zahl der akademischen Ärzte seit 1825 in ununterbrochener Steigerung sogar erheblich schneller, als die Bevölkerung anwuchs. Von 1826 = 1906 stieg ihre Zahl bis 1843 um 60 % auf 3037 an; die Ärztedichte verbesserte sich auf 1 : 5027. Köln besaß (1842) noch immer die Spitzenposition mit 1 : 1041; Berlin mit 1/20 aller promovierten Ärzte folgte mit 1 : 1155 dichtauf. In den Westprovinzen schwankte die Ärztedichte immerhin schon zwischen 2100 und 5320 (z. B. Rb. Köln 1842 = 2150), in den Ostprovinzen jedoch zwischen 7000 und 18000 (z. B. Rb. Königsberg: 7805, Posen: 8249, Oppeln: 9152, Bromberg: 9975, Köslin: 10084, Gumbinnen: 18680). Wenn daher Anfang der 40er Jahre die kontinuierlich hochkletternde Zahl der Medizinstudenten um etwa 80 % über dem notwendigen Nachwuchs (400) bei statisch gehaltener Stellenzahl lag, entstand für diesen bildungsbürgerlichen Beruf dennoch kein Überfüllungsproblem, da die Nachfrage in Stadt und Land unvermindert anhielt; die Mehrheit ließ sich natürlich weiterhin in größeren Städten mit zahlungskräftigen Klienten nieder. Die Immatrikulationszahlen hielten sich daher auch, abgesehen von einem kurzen Rückgang 1847/49, auf einem hohen Stand. Die inzwischen ständig Ansehen verlierenden Wundärzte 1. Klasse hatten sich von 1826 = 363 auf nur 821 im Jahre 1843 vermehrt (Ärztedichte = 33166: 18509), die Zahl der vollends deklassierten Wundärzte 2. Klasse war von 1826 = 2102 auf 1843 = 1353 abgesunken (Ärztedichte = 5744: 11039); alle zusammen zählten nur 5211.

Wie rasch die freie Praxis des allgemeinen akademischen Arztes vordrang, enthüllt der Rückgang der beamteten Zivilärzte auf 1842 = 36 %. Dennoch war das noch ein beachtlicher Anteil von mehr als einem Drittel der Ärzte mit gehobener Ausbildung; er setzte sich aus den Amtsärzten der staatlichen Medizinalkollegien bis hinunter zum Kreisphysicus, aus den Militärärzten und den Armenärzten zusammen, die sich in großen «Distrikten» um die medizinische Versorgung der besonders im Vormärz gewaltig anwachsenden Armen kümmerten. Gerade unter den Armenärzten fand sich manche eindrucksvolle, idealistischen Berufszielen verpflichtete Persönlichkeit, die mit Wort und Tat unermüdlich für eine verbesserte Pflege der Volksgesundheit eintrat.

Auch die beamteten Ärzte (die Stadt- und Kreisphysici, Stadtwundärzte, 1843 = 52%, und Kreischirurgen, die Gerichts- und Armenärzte) sollten ihr Haupteinkommen aus der Zivilpraxis beziehen und erhielten aus staatlichen Mitteln nur einen geringen Sockelbetrag; sie besaßen überdies kein Pensionsrecht. Insofern übten sie ihre Funktion im formalen Sinn nebenamtlich aus, aber im Hinblick auf ihre Rechte und Pflichten wurden sie sonst wie «wirkliche Staatsdiener» behandelt. Und nicht nur sie unterlagen dem Disziplinarrecht, sondern alle, auch die privaten Medizinalfachkräfte waren in dieser Hinsicht den Beamten gleichgestellt. 1833 wurde die allgemeine staatliche Disziplinarbefugnis noch einmal bekräftigt, die als äußerstes Sanktionsmittel den Entzug der Approbation einsetzen durfte. Staatliche Ärzte übten diese Überwachung aus, die nicht nur das Selbstbewußtsein der Zivilärzte kränkte, sondern die Verbindlichkeit ihres Berufsethos in Frage stellte. Bis 1869 enthielt zudem der Berufseid des freien preußischen Arztes auch einen Schwur auf die Erfüllung der Treue- und Gehorsamspflicht gegenüber dem König – und seiner Verwaltung. Im Vergleich mit Großbritannien und Frankreich, erst recht mit den Vereinigten Staaten, blieb seine Bindung an den Staat ungleich länger stark ausgeprägt.

Gegen diese staatliche Kontrolle, aber auch gegen die andauernde Dreispaltung des Berufs wandte sich seit den frühen 40er Jahren die sogenannte «Medizinalreform»-Bewegung, die nicht zuletzt von den in den vergangenen Jahren entstandenen «Ärztevereinen» unterstützt wurde. Den Kern der Reformforderungen bildete das Postulat eines einheitlichen «Berufsstandes» freier akademischer Ärzte. Die Wundärzte sollten genauso wie die staatlichen Überwachungsrechte verschwinden, Standeskammern mit Selbstverwaltungs- und Disziplinarrechten eine autonome Kontrolle kompetenter Berufsausübung gewährleisten. Darüber hinaus wurde eine Reorganisation des gesamten Medizinalwesens verlangt, inbesondere das Armenarztsystem und die Sanitätspolizei sollten angesichts wachsender Großstädte effizienter ausgebaut werden. Öffentliche Gesundheitspflege wurde von den Exponenten der Reformbewegung zunehmend als politische Aufgabe dargestellt. Eine als «soziale Wissenschaft» (Virchow) verstandene Medizin trage zu der Verwirklichung der beiden Hauptwerte moderner Kulturstaaten: Gesundheit und Bildung, wesentlich bei. Mit innerer Konsequenz war dann 1848 von dem «Recht auf Gesundheit» als zeitgemäßem Anspruch aller erstmals die Rede. Die Reformdebatte blieb indes durch eine unübersehbare Ambivalenz gekennzeichnet: Einerseits artikulierte sie in bisher unbekannter Stärke die Professionalisierungsbestrebungen der akademischen Ärzteschaft, andrerseits verlangten ihre sozialpolitischen Ziele beamtete Bezirksärzte mit festem Einkommen. Die Opposition innerhalb der Ärzteschaft wünschte ohnehin den Staatsmediziner, da der Arzt dem Gemeinwohl verpflichtet sei und deshalb – so hatte schon Leibniz argumentiert – geradezu zum Beamten par excellence prädestiniert sei.

Seit 1846 machte sich in der Medizinalbürokratie unter dem Einfluß der Reformbewegung ein Umschwung bemerkbar: Sie unterstützte die Vereinheitlichung des Arztberufs ausschließlich zugunsten der akademischen Ärzte, denen abhängiges Hilfspersonal untergeordnet wurde. Die Wundarztausbildung wurde daher folgerichtig eingestellt, zwischen 1849 und 1852 mußten die vier Lehranstalten schließen. Durch das Gesetz vom 8. Oktober 1852 wurde schließlich eine wichtige Professionalisierungsphase abgeschlossen: Die mit einem staatlich garantierten Monopol ausgestattete Berufsgruppe der wissenschaftlich ausgebildeten akademischen Ärzte beherrschte nunmehr allein das Feld; alle anderen Heilpersonen einschließlich der Hebammen unterstanden ihrer Oberaufsicht und Anweisungsbefugnis; zu der jederzeit zu gewährenden Hilfeleistung mußten sie jedoch gegen ihr Widerstreben gesetzlich verpflichtet werden (StBG, § 200, 1851). Insgesamt fiel die Bilanz für Ärzte und Klienten, die zunehmend in den Genuß der Vorzüge der wissenschaftlichen Medizin kamen, günstig aus. Innerhalb von gut fünfundzwanzig Jahren hatten die Universitätsärzte die «klare Dominanz», ein hohes Maß an beruflicher Autonomie und das Ziel der kollektiven Aufstiegsmobilität erreicht. Gymnasium, Abitur, Universität und standardisierte praktische Ausbildung beschleunigten seit der Jahrhundertmitte ihre soziale Homogenisierung, und selbstverständlich zählte der promovierte Arzt zu den bildungsbürgerlichen Honoratioren seines Ortes. Immerhin: Der unbestreitbare Professionalisierungserfolg wurde nicht nur von den Ärzten aus eigener Kraft, sondern auch von der staatlichen Medizinalverwaltung mit initiiert, gelenkt und durch das gesetzliche Gütesiegel der Obrigkeit bestätigt.[30]

Die Rechtsanwälte und Ärzte müssen hier als Beispiele für die voranschreitende Professionalisierung und die Chancen genügen, die sich damit für das Bildungsbürgertum außerhalb der Karriere im Staatsdienst auftaten; an anderen freien Berufen ließe sich dieselbe expansive Tendenz wie bei den Ärzten aufzeigen; weitere Ausweichmöglichkeiten, wie sie die Technischen Hochschulen oder Journalistik und freie Schriftstellerei boten, werden noch erörtert. Im Verlauf des Vormärz verschob sich daher auch das Kräfteverhältnis der gebildeten Bürgerlichen zur beamteten Intelligenz. Unverändert gehörte diese strategisch postierte Minderheit zum Kern des Bildungsbürgertums. Warum jedoch allein sie das «Monopol politischer Einsicht», das die Bürokratie nicht nur in Preußen – dort aber verfassungspolitisch abgesichert – in Anspruch nahm, umstandslos weiterbesitzen sollte, wurde in diesen Jahrzehnten, in denen die Restaurationspolitik und autonome Evolutionsprozesse die Verwaltung um ihre Reformimpulse und Steuerungsfähigkeit brachten, den städtischen Wirtschaftsbürgern, der Bourgeoisie, den erfolgreichen freiberuflichen, erst recht den stellenlosen Akademikern immer fragwürdiger. Und zuletzt stellte die Revolution auch die Legitimität dieser bürokratischen Herrschaft, die jeder Kritik mit der Defensivideologie vom «beschränkten Untertanenverstand» begegnete, buchstäblich in Frage.

Bis 1848 hatte also das Bildungsbürgertum zu seiner festen Basis in der Verwaltungs- und Justizbürokratie, in den Universitäten, höheren Schulen und Pfarrämtern neue ökonomische Grundlagen in den freien Berufen hinzugewonnen. Und seit den 40er Jahren öffneten sich dank der Industrie- und Verkehrsrevolution weitere Tätigkeitsfelder in der freien Wirtschaft. Der sozioökonomische Modernisierungsprozeß und die Ausdifferenzierung der Gesellschaft kamen mithin nicht zuletzt dem Bildungsbürgertum zugute.

Hinsichtlich der sozialen Formierung blieb der Dualismus im Verhältnis zu Adel und Bourgeoisie erhalten. Teils wurden unsichtbare, aber unübersteigbare Scheidewände aufrechterhalten, teils wurde sowohl die Angleichung an die aristokratischen Machteliten als auch die Öffnung der Heirats- und Verkehrskreise gegenüber dem neuen Unternehmertum vollzogen. Insgesamt aber verminderte die vordringende bildungsbürgerliche Leistungsorientierung mit Erfolg die Geltung der traditionalen Rangordnung. Und die anhaltende Homogenisierung durch hohe Selbstrekrutierung, durch Gymnasium, Universität und Bildungsideologie wertete den Status des Akademikers weiter auf, überspielte die Divergenzen innerhalb der Honoratiorenzirkel und prägte das soziale Profil des Bildungsbürgertums noch schärfer aus.

Politisch schwankte es weiterhin zwischen zwei Polen: Einerseits öffneten sich ihm aufgrund seiner gesellschaftlichen Interessenlage und Normativkultur zusehends Zugangschancen zum politischen, ökonomischen und kulturellen Liberalismus; andrerseits konnten Berufswelt, tradierte Orientierungswerte und Bindung an den Staatsapparat ebensogut einen gemäßigten etatistischen Konservativismus bewahren.

Durch die kulturelle Prägekraft der Bildungsidee wurde der geistesaristokratische Grundzug des Bildungsbürgertums weiter verstärkt. Die fortwährende Selbstrekrutierung, der teure Ausbildungsgang, die «justiziablen» Bildungsqualifikationen, der spezifische Lebensstil des «Gebildeten» haben die soziokulturelle Abschottung unterstützt. Diese exklusive Binnenhomogenität wurde mit Verve in einer scharfen Außendifferenzierung verteidigt. Dennoch war dieses Bildungsbürgertum zur sozialen Integration keineswegs «unfähig». Für den, der sich dem Kanon seiner Ansprüche unterwarf und reüssierte, blieb es eine offene soziale Klasse, die zahlreiche Aufsteiger, inbesondere aus den unteren Mittelschichten, aufzunehmen verstand. In jenen Jahren konnte sie sich trotz aller Schwierigkeiten des Lebenskampfes der Vorstellung hingeben, daß die Zukunft auf ihrer Seite sei, daß das Ziel einer breiten gebildeten, politisch einflußreichen bürgerlichen Mittelklasse, der jeder Leistungsfähige willkommen sei, stetig näherrücke.[31]

Hinter der nur äußerlich statisch wirkenden bürgerlichen Sozialhierarchie wirkten sich, blickt man noch einmal auf die verschiedenen Formationen des Bürgertums zurück, dynamische Prozesse mit harten Konsequenzen aus.

Die Stadtbürger führten einen verbissenen Abwehrkampf. Die Bourgeoisie drang in die besitz- und bildungsbürgerlichen Oberschichten ein, vor allem tat sie auf dem Weg zur eigenen Klasse einen weiten Schritt voran. Die akademische Intelligenz expandierte über die Bürokratie hinaus in die weite Welt der freien Profession und der freien Wirtschaft. Kleinbürgerliche Handwerker stiegen in die Unternehmerschaft, ihre Söhne in das Bildungsbürgertum auf; massenhaft erlagen dagegen andere einer anhaltenden Verarmung, wie sich überhaupt das graue Heer der Pauperisierten auch durch abgestiegene kleine Selbständige, Kramladenbesitzer und andere prekäre kleinbürgerliche Existenzen vermehrte. Eine Epoche voller Widersprüche mithin, aufs Ganze aber bestimmt durch den erfolgreichen Aufstieg der neuen bürgerlichen Klassen: des Bildungsbürgertums und der Bourgeoisie.

d) Gemeinbürgerliche Integrationskräfte

«Bürgerliche Gesellschaft» – dieser Einheit suggerierende Begriff läßt sich mithin auf die verschiedenen, zum Teil tief zerklüfteten bürgerlichen Klassen und Schichten vor 1848 keineswegs umstandslos anwenden. Da machte es sich mancher Philosoph und Sozialtheoretiker zu leicht. Pointiert gesagt: Es gab keine bürgerliche Gesellschaft im Singular, vielmehr bestanden mehrere bürgerliche Gesellschaften mit spezifischer sozialer Zusammensetzung, eigenen Leitbildern der Lebensführung, unterschiedlichen Lebensstilen und Mentalitäten nebeneinander.

Fraglos aber gab es auch eine zunehmende Symbiose, Überlappung, ja Homogenisierung. Diese komplizierten und langwierigen Prozesse beruhten auf der tendenziell ähnlichen primären Sozialisation durch die bürgerliche Familie, danach auf der ähnlichen sekundären Sozialisation durch Bildungsinstitutionen. Immer häufiger besuchten junge Bürgerliche dieselben exklusiven Vorschulen, Gymnasien und Universitäten. Sie erlebten die Freundeskreise der «Penne», die Verbindungen und Burschenschaften als «Lebensbünde»; sie bewegten sich später in denselben Vereinen, Casinos und Verkehrskreisen; die ehemals tiefen Grenzen zwischen den Heiratskreisen begannen zu verfließen.

Mentalitätsgeschichtlich ging von genuin bürgerlichen Normen und Werten wie dem Leistungsprinzip, der Arbeitsethik, der innerweltlichen Pflichterfüllung, dem Aufgehen im «Beruf» – jener mit lutherischem Pathos erfüllten Tätigkeit, die für keinen echten Bürger je ein «Job» werden konnte –, ging von dem ganzen Kanon bürgerlicher Tugenden, Pflichten und Rechte auf längere Sicht eine vereinheitlichende Kraft aus. Auch wo diese holzschnittartige Charakterisierung nicht zuzutreffen scheint, gab es doch einen Sogeffekt: Der neureiche Unternehmer-Bourgeois spürte, zumindest für seine Kinder, die Faszination der bildungsbürgerlichen Lebensideale. In die oberen Schichten des alten Stadtbürgertums war der Neuhumanismus ohnehin durch Gelehrtenschulen, Lesegesellschaften und aktive Lektüre der alten und neuen Klassiker tief eingedrungen. Oder es gab einen Sickereffekt: Auch Kleinbürger absorbierten nach Kräften soviel Elemente der bildungsbürgerlichen Tradition wie möglich; ihre «Wirtschaftsgesinnung» war schon seit langem von einem strengen bürgerlichen Verhaltenskodex bestimmt, und in den Wettbewerb mit der erfolgreichen Bourgeoisie traten sie, dies Vorbild oft bereitwillig anerkennend, mit auffallender Zähigkeit ein.

Blickt man genauer hin, erkennt man, daß die heterogenen Klassen- und Schichtenlagen der verschiedenartigen bürgerlichen Sozialformationen insbesondere durch Ideologien von einer spezifischen Integrationskraft gewissermaßen überwölbt wurden, so daß der Fluchtpunkt einer inneren Einheit «des» Bürgertums – auch für die aufmerksamen zeitgenössischen Beobachter – sichtbar wurde. Dabei handelte es sich um drei, in ihren Funktionen eng miteinander zusammenhängende Integrationsideologien.

An erster Stelle stand wahrscheinlich die neuhumanistische Bildungsreligion, deren Inhalt hier nicht noch einmal expliziert zu werden braucht. Sieht man in erster Linie auf ihre sozialen Funktionen, wird deutlich, daß sich «Bildung» als Offensivideologie gegen alle geburtsständischen, vor der aufgeklärten Vernunft nicht zu rechtfertigenden Privilegien vor allem des Adels, aber auch der städtischen Patrizier und Honoratiorengeschlechter richtete. Jedermann, gleich welcher Herkunft, hatte sich dem revolutionären Leistungsprinzip zu unterwerfen. Nur bewiesene Leistungsfähigkeit sollte über Berufserfolg und Karriere, Prestige und Einfluß entscheiden. Als Defensivideologie diente «Bildung» ebenso gut gegen anmaßende Ansprüche der Aristokratie wie gegen den Druck der «Ungebildeten» von unten. Diese Bildungsideologie strahlte, wie gesagt, auch auf die Bourgeoisie, auf das traditionelle städtische Groß- und Kleinbürgertum aus – sie wirkte durch gemeinsame Ideen und Interessen auf bürgerliche Vereinheitlichung hin.

Frühzeitig verschwisterte sich mit ihr der Liberalismus als politische Ideologie und «Bewegung», auch allgemein als «Weltanschauung» (vgl. unten Teil 3, IV, 6). Erst von liberalen Gesellschaftstheoretikern, dann vom Beamtenliberalismus und schließlich auch vom konstitutionellen Liberalismus wurde der Entwurf einer künftigen «bürgerlichen Gesellschaft» entwikkelt und zeitgemäß umformuliert. Diese Zielutopie der «bürgerlichen Gesellschaft» ist bereits (in Bd. I) diskutiert worden, sie wird unten im Zusammenhang des vormärzlichen Liberalismus noch einmal erörtert. Deshalb in aller Kürze: In dieser programmatisch geforderten «bürgerlichen Gesellschaft» war die traditionale Ständehierarchie aufgehoben. Durch Besitz und Bildung qualifizierte Bürger wirkten als gleichberechtigte Staatsbürger in freien Assoziationen zusammen, ermittelten in öffentlicher Debatte die wahrhaft «vernünftigen» Volksinteressen, das gewählte Parlament goß sie in Gesetzesform. Der Staat selber wurde in gewisser Hinsicht als eine große bürgerliche Assoziation verstanden. Wo sich der Einfluß des ökonomischen Liberalismus stärker auswirkte, konnten die freien Wirtschaftssubjekte sowohl ihre egoistischen Eigeninteressen im Konkurrenzkampf befriedigen als auch gleichzeitig, wie in Mandevilles Fabel, zum Gemeinwohl beitragen. Der liberale Verfassungs- und Rechtsstaat hatte die möglichst ungehemmte Entfaltung der «bürgerlichen Gesellschaft» zu garantieren. Ihre Selbststeuerungsfähigkeit wurde primär durch das Privatrecht reguliert, die Konstitution schuf für diesen Optimalzustand die notwendigen Rahmenbedingungen.

Im Zeichen solcher liberalen Leitideen konnten bildungsbürgerliche Beamte, literarische Intelligenz, freiberufliche Akademiker, großbürgerliche Unternehmer, kleinbürgerliche Handwerker und Kaufleute bei der Verwirklichung dieser gemeinbürgerlichen liberalen Staats- und Gesellschaftsordnung zusammenstehen. Insofern ging von dem Ideenkonglomerat des freiheitlichen, konstitutionellen, rechtsstaatlichen, ökonomischen und weltanschaulichen Liberalismus gleichfalls eine vereinheitlichende Wirkung auf zahlreiche Mitglieder der unterschiedlichen bürgerlichen Klassen und Schichten aus.

Ähnlich läßt sich der Einfluß des liberalen Nationalismus deuten, dessen Entstehung und inhaltlicher Charakter bereits geschildert worden sind (vgl. Bd. I) und dessen Ausdehnung zu einer massenwirksamen politischen Religion unten (Teil 3, IV, 5) noch eingehend verfolgt wird. Dieser frühe Nationalismus war jahrzehntelang eine liberale Oppositions- und Emanzipationsideologie, welche die ständische Ungleichheit, die Vormacht des Adels, den deutschen Spätabsolutismus, den partikularstaatlichen Egoismus überwinden wollte. Deshalb wurde die Vision des nationalen, liberalen deutschen Einheitsstaats von den Konservativen jeder Couleur als Sprengsatz gegen ihre Welt bekämpft, von einer rasch und – wie es vielen schien – unaufhaltsam wachsenden Anzahl von Bürgerlichen jedoch als gemeinsame Zielvorstellung energisch verfochten. Trotz der Repressionsgesetze des Deutschen Bundes entwickelte sich der liberale Nationalismus seit den 1830er Jahren offensichtlich zu einer Massenbewegung, und ähnlich wie dem Bildungsprinzip und dem Liberalismus eignete diesem Nationalismus die Fähigkeit, über extrem heterogene Soziallagen hinweg durch das Fernziel der bürgerlichen Nation im eigenen liberalen Verfassungsstaat gemeinbürgerliche Einheit zu stiften.

Zwar tauchten frühzeitig expansionistische und fremdenfeindliche Elemente in diesem Nationalismus auf. Jahrzehntelang überwog jedoch ganz das Wunschbild einer harmonischen Koexistenz der europäischen Nationalstaaten, sofern erst alle Nationen diese Staatsform gewonnen und die kriegslüsternen Monarchen und Aristokraten gezähmt hatten. Diese Zukunftsvorstellung kam sowohl dem kosmopolitischen Denken des Bildungsbürgertums als auch den Hoffnungen des Wirtschaftsbürgertums auf einen friedlichen, grenzüberschreitenden Waren- und Kapitalverkehr, auf eine internationale bürgerliche Marktwirtschaft entgegen.

Im Zeichen dieser Dreierkonstellation von Bildungsideologie, Liberalismus und Nationalismus wurde eine gemeinbürgerliche Einheit der politischen, aber auch der gesellschaftlichen und ideellen Interessen, Ziele und Wertvorstellungen über alle konkreten sozialhistorischen Unterschiede hinweg immer stärker empfunden. Auf diesen Integrationseffekten gründete die weitverbreitete Auffassung, daß sich nicht nur eine bürgerliche Gesellschaft immer deutlicher herausbilde, sondern daß ihr als der Trägerin des materiellen, kulturellen und politischen Fortschritts die Zukunft gehöre. Diese Überzeugung von einer historischen Mission des allmählich zusammenwachsenden Bürgertums insgesamt förderte die Ausbildung einer gemeinbürgerlichen Identität, deren Siegeszug weithin als unwiderstehlich galt. Tatsächlich aber sollten sich Triumph und Rückschlag in schroffem Gegensatz ablösen.

5. Die Konstituierung der industriellen Arbeiterschaft und die städtischen Unterschichten

«Die Proletarisierung» von unzähligen Millionen Menschen bilde, hat Charles Tilly unlängst geurteilt, «die umfassendste gesellschaftliche Veränderung, die sich in den letzten 400 Jahren im Westen vollzogen hat und auf dem ganzen Erdball heute noch anhält.» In dem komplexen Gefüge dynamischen Wandels, «den wir Industrialisierung, wirtschaftliche Entwicklung oder Wachstum des Kapitalismus nennen», bedeute die «Proletarisierung den mächtigsten Prozeß» von all jenen, die den Übergang von der traditionalen zur modernen Welt charakterisieren. Das ist ein unmißverständlich pointiertes Urteil, und mancher mag gegenüber dem dramatisierenden Gestus auf Skepsis bestehen. Soviel aber ist, läßt man die Superlative beiseite, daran richtig: In universalgeschichtlicher Perspektive stellt sich der mit dem Vordringen des Kapitalismus unauflöslich verbundene Übergang zur Lohnarbeit, mithin zum Verkauf von menschlicher Arbeitskraft und Leistungsqualifikation als marktabhängiger Ware an Produktionsmittelbesitzer oder andere Arbeitgeber in der Tat als ein ungeheuer folgenreicher, alle Dimensionen des Lebens verändernder Transformationsprozeß dar. Er läßt sich in Europa seit dem Späten Mittelalter am Siegeszug des Handelskapitalismus – etwa im Verlagswesen mit seinen lohnabhängigen Textilarbeitern –, seit dem 18. Jahrhundert am Siegeszug des Agrarkapitalismus – mit seinen zunehmend lohnabhängigen Landarbeitern auf den Guts- und Bauernwirtschaften – und dann insbesondere seit dem frühen 19. Jahrhundert am Siegeszug des industriellen Produktionskapitalismus – mit seiner klassischen Figur des Fabrikarbeiters – als ein auf ständige Expansion gerichteter Evolutionsvorgang Schritt für Schritt verfolgen. Durch die Auseinandersetzungen über den neuen Sozialtypus des Industrieproletariers ist er ins allgemeine Bewußtsein gehoben worden.

Dieser Entwicklungsgang ist aufs engste mit der Ausbildung der modernen Marktgesellschaft, darin vor allem der Arbeitsmärkte, verflochten. Wer gemäß den formalen Rechtsfiguren des wirtschaftsliberalen Kontraktdenkens einen «Vertrag über den Tausch von Arbeitsleistung gegen Lohn» schloß, dessen Lebenschancen und -risiken als Lohnarbeiter wurden fortab «immer stärker von Märkten und deren Schwankungen bestimmt.» Bedenkt man den fundamentalen Einfluß, den Marktlage und Marktmacht auf die Klassenbildung ausüben, wird an der in vieler Hinsicht prinzipiell gleichartigen marktbedingten Klassenlage der industriellen Lohnarbeiter deutlich, daß sich damit auch bestimmte strukturelle (objektive, latente) Interessen verbanden, die unter historisch kontingenten Bedingungen, über kurz oder lang, auf bewußte Wahrnehmung, Artikulation und Verfechtung hindrängten. Zu diesen Triebkräften gehörte das Interesse an anhaltender Positionsverbesserung im Verteilungskonflikt mit all ihren materiellen und immateriellen Konsequenzen; zu ihnen gehörte auch das Interesse an erhöhter Selbstbestimmung gegenüber Herrschaftsabhängigkeit inner- und außerhalb des Betriebs, das Interesse am Schutz von Leib, Leben und Familie, mithin an einer Humanisierung der Arbeitswelt und einer Veränderung der Produktionsverhältnisse. Diese Bestrebungen waren jedoch zugleich, wie sich alsbald herausstellte, immer auch mit Fragen der politischen Durchsetzungsmacht, der politischen Organisation, der politischen Erringung gleichrangiger staatsbürgerlicher Rechte verknüpft. Über alle Probleme konnte letztlich nur der kräftemessende Konflikt mit den Kapitaleignern, mit den organisierten Kontrahenten, mit der Staatsgewalt entscheiden. Wen kann es da überraschen, daß gerade die klugen Zeitgenossen sich von den abgründigen Dimensionen dieser «sozialen Frage» – der Stellung der Industriearbeiterschaft in Wirtschaft, Gesellschaft und Politik – zutiefst betroffen zeigten, wenn sie mit Reformvorschlägen oder Revolutionsprognosen die unterschiedlichsten Antworten gaben?

Begriffe wie «Arbeiter» oder «arbeitende Klassen» – jahrzehntelang nur im Plural gebraucht! – meinten in den ersten drei Jahrzehnten des 19. Jahrhunderts keineswegs ausschließlich oder auch nur in erster Linie die in der großgewerblichen Produktion Beschäftigten. Vielmehr wurde, wer sich als Ungelernter mit einfacher manueller Arbeit – ob als Tagelöhner, Deputatarbeiter, Karrenschieber oder Manufakturarbeiter – sein Brot zu verdienen bemühte, gewöhnlich darunter verstanden; Handwerker dagegen trugen die zunftgeheiligten Namen – beanspruchten sie so selbstverständlich, wie die Umwelt sie gebrauchte. Seit den 1830er Jahren veränderten sich jedoch die Akzente: Erst hier und da, dann zunehmend häufiger wurde «Arbeiter» auch für qualifizierte Handwerksgesellen, arme Einzelmeister, gewerbliche Facharbeiter gebraucht; zusammenfassend sprach man alternativ vom «Arbeiterstand» oder, allmählich öfter, von den verschiedenen «Arbeiterklassen».

Als positiv besetzte Selbstbezeichnung wurde der Arbeiterbegriff vermutlich zuerst in den sogenannten Auslandsvereinen in Frankreich, Belgien, England und der Schweiz verwendet, wo sich in den 1830er und 40er Jahren deutsche Handwerker, Fabrikarbeiter und Intellektuelle in einer politischen und sozioökonomisch fortgeschritteneren Umgebung und im Zeichen zumeist frühsozialistischer Zeitkritik zusammenfanden. Im Kontext der voranschreitenden Industrialisierung und der Verelendungskrise des Pauperismus (vgl. unten Teil 3, III, 6) wurde die heiß debattierte «soziale Frage» bald auf die «Arbeiterfrage» und die mit ihr heraufziehenden bedrohlichen innergesellschaftlichen Auseinandersetzungen eingeengt. In der Revolutionszeit haben dann Handwerksgesellen und gewerbliche Arbeiter das Wort «Arbeiter» schon allenthalben als «trotzige» antiständische, «emphatische Selbstbezeichnung» gewählt und verteidigt – «Arbeiterverbrüderung» hieß der erste große Interessenverband von Arbeitern und Handwerksgesellen in jener Zeit. Unstreitig hatten Ausdrücke wie «Arbeiter», «Arbeiterklassen», «arbeitende Klassen» seit den 30er Jahren eine «Bedeutungsverschiebung» erfahren, in der sich die gewissermaßen vorantastende Wahrnehmung von modernen Klassenverhältnissen niederschlug. Durchlaufend behielt aber das Wort «Arbeiter» in jenen Jahrzehnten noch seine Doppelbedeutung von einfachem Handlanger und großgewerblichem Lohnarbeiter.

«Proletair» oder «Proletarier» dagegen wurde zwar seit dem Ende der 1820er Jahre von der sozialkritischen Publizistik aus dem Französischen aufgegriffen und zunächst unterschiedslos für alle eigentumslosen Pauperisierten verwendet. In die Arbeitersprache selber, die das pejorative Kunstwort keineswegs bereitwillig aufnahm, drang der fremdartige Begriff erst mehr als ein halbes Jahrhundert später ein. Dieser nicht nur begriffsgeschichtlich interessante Vorgang hing wahrscheinlich mit der geschichtsphilosophisch überhöhten Stellung des Proletariats als eine Art kollektiven Messias in der Marxschen Theorie und mit ihrer Ausbreitung in der organisierten Arbeiterschaft zusammen.[32]

Legt man der Analyse der Entwicklungsgeschichte der industriellen Arbeiterschaft wieder das Orientierungsschema der vier grundlegenden Konstituierungsprozesse von Klassen – ihrer ökonomischen, sozialen, politischen und kulturell-ideologischen Formierung – zugrunde, muß man sich zuerst vergegenwärtigen, daß es sich bei den Jahren vor 1848 nur um eine frühe Anfangsphase der Herausbildung der deutschen Fabrikarbeiterschaft im engeren Sinne handelt. Erst mit dem vollen Durchbruch der Industriellen Revolution in den zweieinhalb Jahrzehnten danach enthüllten diese Konstituierungsprozesse vollends ihren spezifischen Charakter und erreichten jetzt ein deutlich erkennbares fortgeschritteneres Stadium ihrer Entwicklung. Nur unter diesem Vorbehalt kann die Frühzeit ins Auge gefaßt werden.

Die erste Frage nach der Soziogenese dieser neuen Sozialformation lenkt auf die wirtschaftlichen Bedingungen und Kausalfaktoren hin. Den ökonomischen Ort für die Bildung der industriellen Arbeiterschaft stellte der «größere Gewerbebetrieb» mit «überlokalem Absatzradius» dar: Dabei konnte es sich, wie bereits (in Bd. I) erörtert, um die Mechanische Werkstatt eines unzünftigen oder ursprünglich auch zünftigen Handwerkers, eine Verlagszentrale, eine Manufaktur, eine Protofabrik oder schließlich um einen unmittelbar als Fabrik gegründeten Betrieb handeln. Diese Fabrik, wie man seit den 30er Jahren das großgewerbliche Unternehmen immer häufiger nannte, war in der Regel mit Kraft- und Arbeitsmaschinen noch recht sparsam ausgerüstet. Als Zentrum zentralisierter und tendenziell wachsender mechanisierter Produktion zog sie jedoch Lohnarbeiter in steigender Zahl unaufhaltsam an sich.

Für diese Belegschaft erschöpfte sich die Bedeutung der Fabrik keineswegs in ihrer Funktion als Produktionsstätte, sondern sie bildete zugleich einen Sozial- und Herrschaftsverband, der das Unternehmen zu einer Arena ökonomischer, sozialer und herrschaftlicher Konflikte, aber auch zu einem Bereich der Kooperation und Solidarität, der gemeinschaftlichen Arbeitserfahrungen und neuartigen Zeiteinteilung machte. Vorerst wurde allerdings die Fabrik auf diese Weise von vergleichsweise nur wenigen Berufstätigen erlebt. Bis 1848 soll es, einer Zusammenfassung der zeitgenössischen Statistik zufolge, im «zollvereinten Deutschland» maximal 170000 Fabrikarbeiter, die diese Bezeichnung wirklich verdienten, gegeben haben; ihre Zahl wurde damals noch von den Aberhunderttausenden von verlegten, protoindustriellen Arbeitern, natürlich auch von den Handwerksgesellen und Landarbeitern bei weitem übertroffen. Später bekannte Betriebe besaßen im Vormärz erst eine kleine Belegschaft: die GHH zählte 1834 z. B. 355, Krupp 1835 67, Egells gleichzeitig immerhin schon 500 und Borsig, der 1847 klar an der Spitze lag, auch noch nicht mehr als 1200 Arbeiter.[33]

In allen Fabriken fand sich dieselbe schlechterdings unübersehbare, vielstufige Rangleiter wieder, vom geringsten Laufburschen bis hinauf zur Spitze des Eigentümerunternehmers reichend, der sein «Etablissement» im Stil einer nichtkonstitutionellen Monarchie, mithin eines mehr oder weniger wohlwollenden und autokratischen Patriarchalismus leitete. Die innere Gliederung der Arbeiterschaft wurde in entscheidendem Ausmaß durch die Hierarchie der Qualifikationsgrade geprägt. Anfangs hat ständisches Denken, da z. B. die Herkunft aus einer ständischen Welt weiterwirkte und die Anerkennung der gelernten Arbeiter als «ehrbarer Stand» ein wichtiges Ziel bildete, noch eine beträchtliche Rolle gespielt; anfangs erwies sich auch der Rechtsstatus als von hoher Bedeutung, da das Gefälle zwischen stadtbürgerlichem Handwerkermeister, ungelerntem Tagelöhner-Hintersassen, Zuchthäusler und Waisenkind zählebig fortbestand; anfangs waren auch regionale Abstammung oder Konfession imstande, die Einheimischen von den Zugewanderten zu trennen. Bereits auf mittlere, erst recht auf längere Sicht traten jedoch derartige Unterschiede zurück. Die innerbetrieblichen Arbeitsfunktionen, die zu hohen Anforderungen führenden Differenzierungskräfte der arbeitsteiligen Fabrikproduktion erwiesen sich als die eigentlich konstitutiven Elemente. Was daher der Unternehmer in erster Linie brauchte, war hochwertiges «Humankapital»: waren Fachleute mit unbezweifelbarer Qualifikation, mit Spezialkenntnissen, mit zuverlässigen Expertenfähigkeiten. Nach Lage der Dinge mußten sie entweder überwiegend aus der Schule des Handwerks kommen oder zunächst aus den weiterentwickelten westlichen Pionierländern importiert werden. Auf den strategischen Wert der ausländischen Arbeitskräfte ist bereits hingewiesen worden, quantitativ gewann aber der deutschsprechende ehemalige Handwerker innerhalb kurzer Zeit eine absolut vorrangige Bedeutung.

Überall schoben sich diese Industriehandwerker «an die Spitze der Arbeits- und Lohnpyramide.» Generell wurde sowohl der hierarchische Aufbau der Arbeiterschaft als auch die entsprechend abgestufte Herrschafts- und Prestigeordnung des Betriebs durch den Schwierigkeitsgrad der Aufgaben und den Seltenheitswert der Arbeiter, die ihr gewachsen waren, bestimmt. Infolgedessen besaß jede Fabrik eine innere Rangordnung von mindestens drei «Klassen» – wie sich der «Chemnitzer Maschinenbauverein» 1847 ausdrückte –, eher aber noch von einem halben Dutzend oder mehr Typen von Arbeitern. Den ersten Platz nahm der auch in Notzeiten weiterbeschäftigte, faktisch Kündigungsschutz genießende Stamm der dank ihrer handwerklichen Ausbildung hochqualifizierten und -spezialisierten Facharbeiter ein: Schmiede und Schlosser als Maschinenbauarbeiter, Drechsler und Tischler als Formenhersteller, Setzer und Drucker, Eisengießer und Metallbearbeiter – alle «durch ihre Profession» schier unentbehrlich. An zweiter Stelle folgten die mittelmäßig geschickten ehemaligen Gesellen, solche mit abgebrochener Ausbildung, aber emsig und bestrebt, sich als angelernte «Gewerbegehilfen» mit spezifischen Fertigkeiten eine «ehrenwerte Existenz» aufzubauen. In dieser breiten Zone bewegte sich das Gros der frühen industriellen Arbeiter. Von ihnen wurden die Ungelernten scharf unterschieden: zuerst jene Hilfsarbeiter, die mit schriftlichem Vertrag und wöchentlichem Lohn immerhin einen allerersten Schritt nach vorn getan hatten; sodann die Tagelöhner, die ad hoc vertraglose Tagesarbeit außerhalb des Geltungsbereichs der Fabrikordnung leisteten. Zu diesen Facharbeitern, angelernten und ungelernten «Handarbeitern» konnten zahlreiche Zwischengruppen hinzutreten, wie jede größere Maschinenbauanstalt, Verlagsdruckerei oder Gußeisenfabrik bewies.

Nichts wäre deshalb verfehlter, als sich die frühe Fabrikarbeiterschaft als eine graue Masse provisorisch Angelernter, die aus der ominösen ländlichen «Reservearmee» stammten, vorzustellen. Jede Belegschaft bildete vielmehr eine nach ökonomischen Funktionen, Einkommen und Ansehen überaus differenzierte Arbeits- und Sozialorganisation, deren fein nuancierte Abstufungen sich in der Hierarchie der Löhne konsequent widerspiegelten; deren

Höhe außerdem abhing von Unterschieden zwischen den einzelnen Industrie- und Gewerbezweigen, von städtischen und regionalen Sonderbedingungen wie dem West-Ost- und Nord-Süd-Gefälle oder dem Abstand zwischen Groß- und Kleinstädten, nicht zuletzt aber auch von den Konjunktur- und Preisbewegungen. Ins Auge sticht dabei sogleich die enorme Schwankungsbreite. Der Abstand zwischen der Facharbeiterelite und den Handlangern konnte in ein und demselben Unternehmen 1 : 8, ja 1 : 12 betragen. Selbst wenn man die Extremwerte, die weit über oder unter dem Durchschnittssatz lagen, nicht berücksichtigt, verdiente die Spitzengruppe sehr häufig, fast durchgängig zwei- bis dreimal soviel wie die große Mittelschicht, ganz zu schweigen von den Hilfsarbeitern, Frauen und Kindern. Darüber hinaus genoß der Facharbeiterstamm dank seiner Dauerstellung ein regelmäßiges Einkommen, während Lohndruck durch Zuwandernde, Kurzarbeit und monatelange Arbeitslosigkeit die durchschnittliche jährliche Lohnsumme anderer Arbeitergruppen auf unberechenbare Weise immer wieder sinken ließen.

Wichtig für eine vergleichende Beurteilung des Verhältnisses zwischen Industrie und Handwerk ist die oft zu beobachtende Tatsache, daß Arbeiterlöhne frühzeitig über dem Einkommen von Handwerksgesellen und kleinen Einzelmeistern liegen konnten. Die Nachfrage regulierte hier durchaus den Preis der begehrten Ware: der für den Fabrikanten unentbehrlichen qualifizierten Arbeitskräfte. Schon 1840 übertraf z. B. das Jahreseinkommen von Nürnberger Industriearbeitern mit durchschnittlich 328 M. den örtlichen Gesellenlohn von 300 bis maximal 320 M. Wegen des zunehmenden Sogs des Maschinenbaus verstärkte sich die lohninduzierte Abwanderung von Gesellen in die Fabrik, und zehn Jahre später rangierte ihr Facharbeiterlohn bei der «Maschinenfabrik Augsburg-Nürnberg» (MAN) mit 497 M. p. a. rund 47 % höher als der Handwerkerlohn. Seit 1850 gewannen dann die privilegierten Arbeitergruppen schnell einen beträchtlichen Vorsprung von 40 bis zu 115 % vor vielen Gesellen und selbständigen kleinen Einzelmeistern.

Freilich muß man sich präsent halten, daß es bei den hochentlohnten Facharbeitern noch um eine außerordentlich schmale Schicht ging. Auch darf der Vergleich mit der miserablen Situation zahlreicher Handwerker bzw. an- und ungelernter Arbeiter nicht darüber hinwegtäuschen, daß steigende Nominallöhne noch nichts über den Wert der Reallöhne und damit über den Abstand vom Existenzminimum sagen. Empirisch geklärt ist immerhin, daß die Nominallöhne in der Gewerbewirtschaft, aber auch die Konsumgüterpreise in den 30er und 40er Jahren, mit der Ausnahme der Krisenzeit von 1846/47, im allgemeinen gleichläufig anstiegen. Die kleine Facharbeiterelite erreichte währenddessen eine Reallohnhöhe, die zweifellos stets erheblich oberhalb der Armutsgrenze lag, ja ihr eine einigermaßen gesicherte «kleinbürgerliche Lebensführung» erlaubte, obwohl die durchschnittlichen jährlichen Ausgaben, die einer fünfköpfigen preußischen Arbeiterfamilie für die wichtigsten Lebensmittel von 1821/25 bis 1846/50 erwuchsen, um 40 bis 50 %, die einer Münchener Arbeiterfamilie um mindestens 35 % hochkletterten.

Bereits die breite Schicht der gelernten Arbeiter unter dieser Elite der «Respektablen» bewegte sich jedoch mit ihrem Reallohnniveau ständig in unmittelbarer Nachbarschaft des Existenzminimums – hier in einer Kleinstadt bei guter Ernte etwas oberhalb, dort in einer teuren Großstadt etwas unterhalb dieser lebenswichtigen Scheidelinie. Ungelernte, Tagelöhner, Handlanger kamen eigentlich kaum über einen «Hungerlohn» hinaus. Die breite Mehrheit der Industriearbeiter konnte sich daher in dieser Zeit nur bei kontinuierlicher Arbeit und ungebrochener Gesundheit, vor allem aber dank der ebenfalls arbeitenden Frauen und – wenn eben möglich – auch der Kinder das bare Mindesteinkommen zur Fristung des kümmerlichen täglichen Daseins sichern. Wurden diese Familien von Krankheit, Teuerung, Arbeitslosigkeit heimgesucht, konnten viele das Existenzminimum nicht mehr sicherstellen. Mit der Mehrheit der Bevölkerung lebten sie andauernd «hart an der Hungergrenze».

Wie prekär die Arbeitersituation im allgemeinen war, zeigt selbst ein Blick auf die ständisch privilegierten Bergleute – im Gegensatz zu den freien «unständigen» Bergarbeitern und Tagelöhnern –, die soeben zum Kern der Facharbeiterschaft eines Führungssektors der deutschen Industriellen Revolution werden sollten. In den 40er Jahren konnten sie in den Gruben des entstehenden Ruhrreviers durchschnittlich 102 T., als Spitzenverdienst sogar 130 T. p.a. erarbeiten. Am Ende des Vormärz berechneten preußische Statistiker das Existenzminimum einer fünfköpfigen Landarbeiterfamilie auf jährlich 115 T., ein Sachkenner des OBA Dortmund jedoch den Mindestbedarf einer fünfköpfigen Bergmannsfamilie im Jahre 1849 auf 150, ihr Jahreseinkommen dagegen auf 115 T. Wahrscheinlich hatten die Hungerjahre von 1846/47 ihre materielle Lage unlängst verschlechtert, aber auch ohne diese Krise konnte die Schere zwischen Bedarf und Lohn in der Regel nur durch den allerdings typischen ländlichen Nebenerwerb auf eigenen Parzellen – oft mit eigenem Häuschen, so daß die Mietbelastung entfiel – geschlossen werden; er bewährte sich entweder als «notausgleichend», oder umgekehrt stützte der Bergbauberuf die bereits vorhandene Subsistenzsicherung.[34]

Ein solcher Überblick über die Einkommenslage bedarf unverzüglich einer folgenschweren Differenzierung, da die Fabrikarbeiterexistenz durch eine offenbar repräsentative Lebensverdienstkurve und einen damit verschränkten Familienzyklus charakterisiert war. Bei den drei idealtypischen Stadien des Lebenslaufs durchmaß der Industriearbeiter von der Jugend bzw. Lehrlingszeit bis zum 20./25. Lebensjahr zuerst eine Niedrigverdienstphase, in deren letzte acht oder nur fünf Jahre jedoch ein spürbarer Lohnanstieg und deshalb gegen Ende auch das Heiratsalter fiel. Die eigentliche Hochverdienstphase erstreckte sich danach vom 20./25. bis zum 40./45.

Lebensjahr. Während dieser Zeitspanne bemühte sich der Fabrikarbeiter, von seiner mitarbeitenden Frau unterstützt, um eine bescheidene Einrichtung seines Hausstands, nach Möglichkeit auch um Rücklagen für Krankheit und Alter; vor allem hoffte er, daß seine Kinder schon das Alter erreichten, in dem sie selber Geld verdienen konnten. Dieser Lebensabschnitt wurde mithin durch die Parallelität von Hochverdienst, der durch kräftezehrende Akkordarbeit noch um rund 20 % über den Durchschnittslohn hochgetrieben werden konnte, von Ehe und Kinderaufziehen bestimmt; in diesen (gewöhnlich) 15 bis (maximal) 25 Jahren erlebte er, wenn Arbeitsplatz und Gesundheit ihm erhalten blieben, die besten Jahre seines Erwachsenenlebens. Mit deprimierender Regelmäßigkeit setzte dann aber bereits zwischen dem 40. und 45., bei hochspezialisierten Fachkräften allerspätestens mit dem 45./50. Lebensjahr die Altersverarmungsphase ein, während der Arbeiter abrupt oder allmählich auf ein Tagelöhnereinkommen zurückgestuft wurde, bis er mit etwa 58 bis 68 Jahren ganz ausschied oder starb. Verschärft wurde dieser Einschnitt der dritten Phase durch berufsspezifische Krankheiten, frühzeitige Alterserscheinungen, sinkendes Ausstattungsniveau, Verbrauch der Ersparnisse, nicht selten auch durch den Umstand, daß die Kinder kein eigenes Einkommen mehr heimbrachten, da sie außer Haus selbständig lebten. Betriebliche oder berufliche Unterstützungs- und Krankenkassen mochten hier und da, das war nicht einmal so ungewöhnlich, sein Los zeitweilig etwas erleichtern. Durchweg aber machte der alte Arbeiter eine niederdrückende Abstiegserfahrung nach der anderen.

Vorhergegangen war ein Arbeitsleben unter Bedingungen, die durchaus neuartig waren, denn Arbeitsort, Arbeitszeit und Arbeitsdisziplin gewannen in der Maschinenfabrik eine veränderte Qualität. Gewiß besteht nicht der geringste Anlaß, die Arbeitsverhältnisse in der vorindustriellen Welt zu idealisieren. Handwerksgesellen, Heimgewerbetreibende, Landarbeiter – sie alle mußten lange und hart arbeiten, waren den Launen und Schikanen der Meister, des Faktors, des Aufsehers ausgesetzt, wurden strengen Regeln unterworfen, brutal bestraft, willkürlich entlassen. Aber es gab auch viele Festtage, Ventilsitten wie den «blauen Montag», schützende Normen; es gab die Solidarität der Gesellenbruderschaft oder der protoindustriellen Familie, notfalls die Flucht in die Abwanderung.

Der Fabrikarbeiter erfuhr demgegenüber die Zäsur der Industrialisierung zuerst an der scharfen prinzipiellen Trennung von Haushalt und Arbeitsplatz, wie sie bisher nur eine Minderheit von Manufakturarbeitern, Bergleuten und außerhalb des Meisterhaushalts lebenden Gesellen erlebt hatte. Das von der zentralisierten Fabrikproduktion erzwungene dauerhafte Auseinandertreten zweier bislang weithin deckungsgleicher Lebenssphären kann in seiner sozialgeschichtlichen Bedeutung kaum überschätzt werden. Praktisch führte diese Trennung unter anderem dazu, daß der Arbeiter mehr oder minder weite Wege, häufig einen mehrere Stunden währenden An- und

Abmarsch zur Fabrik zurückzulegen hatte. Gleichzeitig wuchs die geschätzte tägliche Arbeitszeit: von 10 bis 12 Stunden um 1800 und 12 bis 14 Stunden um 1820 auf 12 bis 17 Stunden zwischen 1830 und 1860; danach begann sie, wie sich herausstellen sollte, kontinuierlich abzusinken. Sonntags- und Nachtarbeit wurden unterdessen zur Regel; auch Frauen und Kinder wurden 10 bis 14 Stunden eingespannt. Ernst Abbé, der Mitbegründer der Zeiss-Werke in Jena, erinnerte sich daran, wie sein Vater, Spinnermeister in einer Eisenacher Fabrik, in den 40er und frühen 50er Jahren tagtäglich von vier Uhr in der früh bis acht Uhr abends – oder je nach Geschäftslage von fünf bis neunzehn Uhr – ohne jede Pause an seiner Maschine stand, während der Arbeit aß, todmüde für einen kurzen Schlaf zurückkehrte; mit 40 war er ein Greis. Diese extreme Belastung mag nicht uneingeschränkt typisch gewesen sein, aber tendenziell illustriert sie die Härte der frühen Fabrikarbeit.

Zu der strapaziösen Arbeitszeit kamen ohrenbetäubender Lärm, Staub, Hitze, mangelhafte Belüftung, Monotonie der Bewegung hinzu. Das alles war schon schwer zu ertragen. Noch größere Schwierigkeiten warfen aber neue, außergewöhnliche Anpassungsprobleme auf. Zum ersten mußten sich die allermeisten Arbeiter, die bisher dem Tag- und Nachtrhythmus der Natur, zur Sommerszeit anders als im Winter, mit ihrer Arbeitszeit gefolgt waren, auf die neue, regelmäßige, physikalisch-rationale Zeiteinteilung einstellen. Die von ihnen geforderte Pünktlichkeit auf die Minute, aber auch die kontinuierliche, dem Rhythmus der Maschine angepaßte, von minimalen Pausen unterbrochene Arbeit verlangten eine grundlegende Umstellung. Sie warf sowohl für die Arbeiter als auch für die Betriebsleitung komplizierte, langwierige Probleme der Gewöhnung und Disziplinierung auf. Durch die Bemessung des Lohns nach derart exakt bestimmten Zeiteinheiten wurde sie noch verschärft. Zwei konträre, jedoch supplementäre Methoden haben die Unternehmer und ihre Manager gleichzeitig verfolgt, um die Arbeiter dazu zu bewegen, die Diktatur der neuen Zeitmessung anzuerkennen, sie zu verinnerlichen. Nebeneinander wurden fast überall Ansporn- und Strafsysteme eingeführt, die entweder mit materiellen Anreizen (Prämien, Geschenken, Lohnerhöhung usw.) oder mit zum Teil sehr harten Sanktionen (Lohnkürzung, Überstunden, Ausschluß von Kassenleistungen und betriebseigenen Wohnungen, Entlassung) die Pünktlichkeit des Gehens und Kommens sowie die Stetigkeit des Arbeitsprozesses zu erreichen versuchten. Zunehmend wurden diese Lenkungsmethoden von der innerbetrieblichen Gesetzgebung, wie sie sich z. B. in den «Fabrikordnungen» ausdrückte, in einem langen Pflichtenkatalog, dem wenige Rechte gegenüberstanden, verbindlich gemacht. Scharfe Kontrollen und das unnachgiebig verhängte, rasch ansteigende Strafmaß bis hin zum Arbeitsplatzverlust sorgten dafür, daß die ungewohnten Normen allmählich durchgesetzt wurden.

Hinter der Disziplinierung der Fabrikarbeiterschaft, die – auf die Minute genau und quasi automatisch während der langen Betriebszeit gleich einer

Maschine funktionieren sollte – verbarg sich ein überaus schmerzhafter, häufig brutaler, lange Zeit erfordernder, andrerseits aber von der maschinellen Produktion des Industriebetriebs erzwungener Drill, dessen hohe «menschliche Kosten» schwer zu überschätzen sind. Zu der allgegenwärtigen Verletzungsmöglichkeit, der andauernden Gesundheitsgefährdung, der frühzeitigen Invalidität, der Altersverarmungsphase kam die endlose Abfolge kleiner, aber einschneidender Disziplinierungsakte hinzu. Ein unerfahrener junger Fabrikarbeiter brauchte – dieses Ergebnis haben bahnbrechende industriesoziologische Studien ergeben – auch im frühen 20. Jahrhundert noch rund sieben Jahre, bis er sich an den Arbeitsstil, an das Dauertempo der Industrie gewöhnt, die Phase der hohen physischen Gefährdung und psychischen Belastung durchlaufen hatte. Wird in der ersten Hälfte des 19. Jahrhunderts nicht eine mindestens ebenso lange Periode förmlicher Dressur nötig gewesen sein?[35]

Wendet man sich der sozialen Konstituierung des Industrieproletariats zu, wird man zuerst die Fragen der sozialen Herkunft und der von ihr mitbestimmten inneren Gliederung der Fabrikarbeiterschaft verfolgen und sich dann denjenigen Faktoren zuwenden, die trotz der anhaltenden Innendifferenzierung ein hohes Maß an Binnenhomogenisierung und Außenabgrenzung bis hin zur Klassenformierung herbeigeführt haben.

Vorzugsweise Handwerksgesellen, aber auch verarmte Meister bildeten den kleinen Facharbeiterstamm der frühen Fabrik – dieses Pauschalurteil wird, wie bereits unterstrichen, durch die Entwicklungsgeschichte der verschiedensten Industriezweige bestätigt. Je höher die Ansprüche an die Qualifikation der Arbeitskräfte waren, desto eindeutiger dominierten die «Gesellenarbeiter» die zentralen Produktionsprozesse. Auch unterhalb ihrer Gruppe scheint die Mehrheit der zwar weniger exponierten, aber fachlich mehr oder minder kompetenten Arbeiter vor allem aus dem großen Reservoir der Handwerksgesellen gekommen zu sein. Wurden diese «Gewerbegehilfen», wie sie in den Anfängen der Berufsstatistik öfters genannt wurden, angesichts der Überbesetzung, Kurzarbeit und Arbeitslosigkeit in vielen Handwerken des Vormärz vor die Wahl zwischen den überlieferten Normen der «Nahrung», der «Ehre» und des gerechten Lohns einerseits, einem Arbeitsplatz in der Industrie andrerseits gestellt, erwiesen sich Arbeitschance und Lohn meist als wichtiger als die traditionale Vorstellungswelt. Zu ihnen stießen Arbeiter aus den Manufakturen und zentralen Werkstätten von Verlagen. Diese Gruppen brachten ebenfalls berufsspezifische Kenntnisse, insbesondere auch eine gewisse Gewöhnung an zentralisierte Produktionsabläufe mit. In einigen, aber gerade in der Frühzeit der deutschen Industrialisierung wichtigen Branchen – in erster Linie der Textil-, teilweise der Eisenindustrie – wechselten auch Heimarbeiter aus dem protoindustriellen Textil- oder Kleineisengewerbe in die Fabrik über, wo ihnen einerseits ihre Vertrautheit mit der Herstellung bestimmter Erzeugnisse zustatten kam, sie sich andrerseits jedoch einem ungewohnten, fremdbestimmten und arbeitsteiligen Produktionsprozeß unterwerfen mußten. Für Führungssektoren wie den Maschinen-, vor allem den Eisenbahnbau, den Bergbau und die eigentliche Eisen- und Stahlherstellung besaßen die zahlreichen arbeitssuchenden Heimgewerbetreibenden jedoch keine Startvorteile.

Stellt man sich den Einzugsbereich der Industriearbeiterschaft als ein System konzentrischer Ringe vor, folgten auf diese – irgendwie mit gewerblicher Tätigkeit schon bekannten – Personenkreise die ungelernten «Handarbeiter» und Tagelöhner aus den städtischen Unterschichten, die durch eine Art «Training on the Job» in den notwendigen Handgriffen und Verhaltensvorschriften unterwiesen wurden, eventuell auch einmal bis in die Schicht der Angelernten vorstoßen konnten. Vor dem «großen Spurt» der deutschen Industrie seit der Jahrhundertmitte rangierten dagegen die ländlichen Unterschichten, einschließlich des Gesindes und der vagierenden Armen und Asozialen, an letzter Stelle, da ihnen die Einstellung auf die völlig fremde Fabrikarbeit besonders schwerfiel. Für simple, physische Kraft verlangende Leistung in der Eisenhütte oder im Bergwerk mochten sie, freilich zunächst nur als Tagelöhner, angestellt werden, ehe der Arbeitskräftebedarf, den die industrielle Hochkonjunktur seit den 1850er Jahren auslöste, auch ihre Chancen stetig vermehrte. Bis dahin waren sie in größerer Zahl allein für die Erdarbeiten bei der Trassierung der ersten Eisenbahnstrecken eingestellt worden.

Nur vereinzelt kam es im Vormärz, vor allem in traditionellen Gewerbestädten und -regionen, zu den ersten Anfängen eines geborenen Proletariats aus Arbeiterfamilien, deren Ehepartner bereits beide aus der Industriearbeiterschaft stammten und ihre Kinder in dieselbe wieder eintreten sahen. Diese Positionsvererbung und soziale Verflechtung wurde erst mit der Ausbreitung des Industriesystems zu einem klassentypischen Massenphänomen.

Die nach den funktionalen Bedürfnissen der Fabrikproduktion hierarchisch gestufte innere Gliederung der Arbeiterschaft bestand auch außerhalb des Betriebes im Privatleben weiter fort. Verfolgt man die Auswirkungen dieser Erscheinungsform sozialer Ungleichheit, ist es wichtig, sich klarzumachen, daß die entscheidende Trennungslinie nicht mehr, wie die ältere Fachliteratur lange behauptet hat, gradlinig zwischen zünftigen Handwerkern und Fabrikarbeitern verlief. Diese Grenze war vielmehr, wie die zentrale Rolle der Gesellenarbeiter zeigt, vielerorts schon sehr porös geworden. «Jedes Gewerbe» könne, urteilten C. F. W. Dieterici und J. G. Hoffmann übereinstimmend in den frühen 40er Jahren, «täglich aus dem Handwerk zur Industrie sich steigern.» Dementsprechend beginne auch «der Geselle, der heute bei einem Meister in Arbeit steht», konstatierte 1842 ein Bericht des Berliner Magistrats, «morgen bei einem Fabrikherrn zu arbeiten und umgekehrt.» In großen Gewerbestädten wie Berlin oder Leipzig mochte sich dieser Rollenwechsel früher, häufiger und reibungsloser vollziehen als in einer Kleinstadt oder einem ländlichen Gebiet mit einer einzigen Fabrik. Überliefert ist dieser Vorgang aber von vielen Unternehmen in unterschiedlichsten Milieus. Die Grenzen zwischen zünftiger und freier großgewerblicher Produktion, zwischen Handwerkern und Gesellenarbeitern begannen rasch zu verfließen. Daß die Betriebsformen krasse Unterschiede schufen und erhielten, wie noch im frühen 18. Jahrhundert, war tendenziell auf breiter Linie und unwiderruflich im Rückgang begriffen.

Bestehen blieb gleichwohl noch ein Spannungsverhältnis zwischen traditionsbewußten, erfolgreichen, innungsorientierten Meistern und jenen Gesellen, deren Aufstieg im Handwerk selber immer ungewisser wurde, so daß sie, dort resignierend, aufgrund des Lohnangebots für ihre fachlichen Fähigkeiten die anfängliche Hemmschwelle beim Eintritt in die Fabrik zusehends leichter überwanden. Offenbar haben Schlosser und Klempner in der Maschinenbauanstalt, Mechaniker in der Elektrowerkstatt, Färber im Chemiebetrieb, Weber in der Textilfabrik usw. diese Arbeit früher als oft angenommen nicht mehr auf Dauer als peinliche Degradierung empfunden. Bestehen blieb aber fraglos die tiefe Kluft zwischen allen Gelernten, ob in der Fabrikhalle oder in der Meisterwerkstatt auf der einen Seite und dem grauen Heer der ungelernten Handlanger und Tagelöhner auf der anderen Seite. In dieser Hinsicht wurde von allen Qualifizierten peinlich genau auf soziale Distanz geachtet. Hier blieb eine scharfe Segmentierung unübersehbar erhalten, die den Abstand zwischen Innungsmeister und Gesellenfacharbeiter bei weitem übertraf.

Die Elite dieser Gesellenarbeiter führte eine Sonderexistenz, der ihre speziellen Fertigkeiten, ihre wichtigen Funktionen im Betrieb und ihr Wert auf dem Arbeitsmarkt zugrunde lagen. Die Unternehmer honorierten solche Mitglieder ihres Facharbeiterstammes mit vergleichsweise sehr hohen Löhnen, gleichmäßiger Anstellung im Sinne einer Arbeitsplatzgarantie, besseren Arbeitsbedingungen und respektvoller Behandlung. Durch Exklusivität sollte die Loyalität dieser wertvollen Spitzengruppe sichergestellt werden. Ihr Einkommen und Prestige drückten sich in einem Lebensstil aus, der Statuskriterien genau beachtete. Sie kleideten sich mit einer gewissen Sorgfalt, konnten geräumigere Wohnungen mieten, hielten Abstand vom sozialen Verkehr mit den alten, in Verruf geratenen Gesellenherbergen. Als «eine Art Aristokratie» lebten diese Facharbeiter – wie Stephan Born, bald Führer der «Arbeiterverbrüderung» von 1848, seine eigenen Erfahrungen ausdrückte – eindeutig über dem Niveau der kleinen Handwerksmeister und öfters bereits am unteren Saum der bürgerlichen Mittelschicht: einen bescheidenen Wohlstand genießend, berufsstolz, ihres Wertes voll bewußt.

Die breite Schicht der weniger geschickten, der «gewöhnlichen» Gesellenarbeiter und erfolgreich Angelernten gehörte zu Einkommensklassen, deren Löhne um die Hälfte oder sogar zwei Drittel tiefer als die der «aristokratischen Elemente» lagen. Sie besaßen einen schriftlichen Arbeitsvertrag, unterstanden der Fabrikordnung, zahlten Beiträge zur betrieblichen Unterstützungskasse und wußten deren Beihilfe zu schätzen. Bei Auftragsmangel konnten sie aber kurzfristig entlassen werden, und solche Perioden der Arbeitslosigkeit dauerten jährlich nicht selten vier bis zwanzig Wochen an. Da ihre kleine Ein- oder Zweizimmerwohnung völlig überfüllt war – kamen doch zu den zahlreichen Familienangehörigen oft noch sogenannte «Schlafburschen» hinzu, deren Übernachtungsgeld das schwankende Bareinkommen aufbesserte –, gehörte es zu ihrem Lebensstil, daß sie einen gut Teil ihrer arbeitsfreien Zeit auf der Straße und in der Stammkneipe verbrachten, sie besaßen sozusagen eine «halboffene Familienstruktur». Da sie an der Grenze nach oben auch auf Hochmut und Vorurteile trafen, welche die Unterschiede ihnen gegenüber überscharf betonten, verwundert es nicht, daß manche mit offen zur Schau getragener Aversion, ja bitterer Animosität bis hin zu Prügeleien und physischen Gewaltakten reagierten. Die Abstufung der ökonomischen Funktionen im Unternehmen ließ mithin soziale Scheidelinien entstehen, die das außerbetriebliche Leben durchzogen.

Die unterste Randgruppe dieser Arbeiter war bereits zu arm, um Beiträge zu den Betriebskassen leisten zu können. Sie pendelten zwischen Fabrik- und Verlagsarbeit, «Pfuschertum» und Armenunterstützung hin und her. Als Unterkunft diente ihnen ein Kellergelaß oder ein Dachboden, allenfalls reichte es zu einem Zimmer in jenen Slums, welche seither als unvermeidbare Begleiterscheinung der Fabriken galten. Dort und im Wohnviertel berührten sie sich, so sehr sie auch auf ein Quentchen Überlegenheit bedacht blieben, mit den Ungelernten – mit den sogenannten Arbeitsleuten oder Handarbeitern. Diese wurden in den Fabriken meistens für eine Woche als Hilfsarbeiter eingestellt. Nur nach Bedarf wurde ihr Vertrag verlängert, so daß stete Ungewißheit ihr Leben beherrschte, zumal ihre Löhne rund ein Drittel noch unter denen der einfachen Gesellenarbeiter lagen und ihr Einkommen durch nahezu regelmäßige Phasen der Arbeitslosigkeit weiter gedrückt wurde. Im Glücksfall bewährten sie sich jedoch als Angelernte, und das bedeutete: Lohnerhöhung, verlängerte Vertragsdauer, verbesserte Nahrung.

Noch prekärer stellte sich die Lage der Tagelöhner dar, die gewöhnlich für einen Tag kontraktlos eingestellt und am niedrigsten von allen entlöhnt wurden. Da Fabrikarbeit für sie nur sporadisch möglich war, lag das Schwergewicht ihrer Subsistenzsicherung damals noch meist außerhalb der Industrie mit ihrer anfangs geringen Nachfrage: beim Haus-, Straßen- und Kanalbau, schließlich beim Eisenbahnbau. Wegen dieses Abstands zwischen den Gelernten einerseits, den «nicht gelernten Arbeitern, den bloßen Handlangern oder Tagelöhnern» andrerseits sprach Stefan Born sogar von einem «fünften Stand», der sich hinter dem vierten zeige; erst danach folge «das Lumpenproletariat» als der noch tiefer degradierte «sechste Stand».[36]

Handelte es sich bei diesen deutlich voneinander abgehobenen, häufig durch latente oder offene Antagonismen geschiedenen Teilgruppen der Industriearbeiterschaft bisher um Männer, darf doch der – je nach Branche und Zeitpunkt – hohe Anteil der Frauen und Kinder nicht übersehen werden. In manchen Fabriken, zuerst vor allem in den Textilbetrieben, erreichte der Frauenanteil bis zu 50 %, der Kinderanteil bis zu 15 %. Zwar blieb eine ungleich größere Anzahl von Frauen und Kindern im protoindustriellen Heimgewerbe tätig, aber wie bereits in zahlreichen Manufakturen eigneten sich auch in bestimmten Industriezweigen nicht wenige zerlegte und spezialisierte Arbeitsvorgänge dafür, von Frauen ausgeführt zu werden, die nach allen Regeln geschlechtsspezifischer Diskriminierung noch schlechter bezahlt wurden als die Männer in den Niedriglohngruppen. Dasselbe traf auf Kinder vom fünften bis siebten Lebensjahr ab aufwärts zu; sie erhielten ein Sechstel bis höchstens ein Fünftel des Lohns gewöhnlicher Arbeiter, verschafften daher dem Unternehmer erhebliche Kostenvorteile und außerdem den Genuß der verbreiteten Rechtfertigungsideologie, daß Kinder durch die Fabrikarbeit besonders effektiv zu Pünktlichkeit, Ordnung, Ausdauer, Geschicklichkeit und Arbeitsmoral – zum «Arbeitsfleiß», zur «Industrie» im alten Wortsinn erzogen würden, wie das auch die sogenannten «Industrieschulen» tun sollten.

Den Zeitgenossen des frühen 19. Jahrhunderts erschien Frauen- und Kinderarbeit im allgemeinen nicht als anstößig. Seit langen Jahrhunderten war man hart arbeitende Frauen und Kinder in der Landwirtschaft und im Heimgewerbe, also schlechthin überall, gewöhnt; unter Dienstboten und Gesindeleuten besaßen Frauen oft die Mehrheit, auch in der großgewerblichen Produktion fanden sie alsbald Stellen, und Kinder wurden frühzeitig für alle möglichen Dienstleistungen eingespannt. Es dauerte daher einige Zeit, bis das Neuartige, die extreme Beanspruchung, das Zerstörerische langer Fabrikarbeit von Frauen und Kindern erkannt und solange kritisiert wurde, bis durch staatliche Reformen Abhilfe geschaffen wurde.

Die Fabrikarbeit tendierte dahin, den Familienverband zu sprengen, da seine Mitglieder gewöhnlich an unterschiedlichen Arbeitsstellen, nur im Ausnahmefall in derselben Fabrik oder gar Werkhalle, tätig waren. Die Trennung von Haushalt und Arbeitsplatz wurde täglich erfahren. Bei Nachtarbeit und weiten Wegen reduzierte sich das Familienleben auf wenige Sonntagsstunden. Die körperliche und seelische Belastung einer zehn- bis vierzehnstündigen intensiven Arbeit, zumal in schlechter Luft und dunklen, lauten Gebäuden, die nervöse Überreizung, welche z. B. die einem störungsfreien Lauf der Webmaschine geltende, ununterbrochen angespannte Aufmerksamkeit erzeugte, die stets vorhandene Furcht vor der Entlassung, der kurze Schlaf und die ärmliche, kalorienarme Nahrung – das alles forderte einen hohen Preis. Die Gesundheit der Kinder wurde, wie kritische Beobachter übereinstimmten, bereits in jungem Alter irreparabel geschädigt; bei der Arbeit als Kohlenschlepper etwa im engen, feuchten, untersten

Schacht wurden ihre Kräfte vollends überfordert. Schulpflicht blieb den meisten ein Fremdwort. Junge Mädchen und Frauen wurden häufig zu Objekten sexueller Ausbeutung erniedrigt. Unstreitig wurden die verheirateten Frauen durch Berufsarbeit und Haushaltspflichten einer extremen Doppelbelastung ausgesetzt. An ebenso bitteren wie berechtigten Vorwürfen fehlte es den Kritikern keineswegs.

Andrerseits: Ohne die Mitarbeit der Frauen waren zahlreiche Familien, inbesondere die der Ungelernten, nicht existenzfähig. Da das Arbeitsplatzangebot mit dem Bevölkerungswachstum nicht Schritt hielt, wurde auch die schwere Fabrikarbeit bereitwillig übernommen, solange sie nur das Einkommen aufbessern half. An dieser harten Realität prallten die sozialreformerischen Klagen vorerst ab. Die gleiche Not erzwang auch die Kinderarbeit, zumal sie vorerst moralisch als akzeptabel galt. Entweder mußten alle Familienmitglieder einschließlich der Kinder jede angebotene Arbeit übernehmen, um überhaupt das Existenzminimum zu sichern, oder ein niedriger Lebensstandard konnte nur auf diese Weise ein wenig angehoben werden. Freilich gab es einen entscheidenden Unterschied zwischen Frauenarbeit und Kinderarbeit. Während Frauenarbeit in der Industrie eine Dauererscheinung blieb – zwar mit branchenspezifischen Schwerpunkten, auch Fluktuationen unterworfen, aber dem langfristigen Trend nach quantitativ ansteigend –, erwies sich Kinderarbeit in der Fabrik und im Bergwerk, im Gegensatz zum Heimgewerbe und zur Landwirtschaft, glücklicherweise als ein zeitlich relativ begrenztes Phänomen. Außerdem darf die berechtigte Kritik die geringen numerischen Ausmaße nicht übersehen: Zur Zeit der größten Ausdehnung der Kinderarbeit in den 40er Jahren machte in Preußen, das die meisten deutschen Fabrikanlagen besaß, der Anteil der in der Industrie tätigen Kinder 1,5 % der betroffenen Altersgruppe (9–14) aus. 1846 waren das 31064 Kinder, die 6,45 % aller – im damaligen weiten Sinn – industriell Beschäftigten stellten; bereits ein halbes Dutzend Jahre später war die absolute Zahl um ein Drittel auf 21945, d.h. auf 3,3 % gesunken.

Schon während der Phase der Frühindustrialisierung ist die Kinderarbeit hier und da kritisch kommentiert worden. Unmittelbar nach dem Ende der napoleonischen Kriege beschrieb z.B. ein sachkundiger Vertreter der höheren preußischen Schulverwaltung, der Direktor des öffentlichen Unterrichts am Niederrhein, jene Mißstände, die sich in Fabriken des hochentwickelten Textildistrikts allenthalben beobachten ließen. Als Referent für Gewerbesachen griff J. G. Hoffmann in Berlin derartige Einwände auf, als er für Hardenberg eine 1817 an die Oberpräsidenten gerichtete Umfrage entwarf, in der Vorschläge zur Bekämpfung der akuten Wirtschaftskrise, der Arbeitslosigkeit und der sozialen Folgelasten der anlaufenden Industrialisierung erbeten wurden. Wie könne verhindert werden, hieß es dort, «daß die Fabrikation, von welcher die Kultur und der Wohlstand der blühendsten Länder ausgeht, nicht eine zahlreiche Menschenklasse erzeugt, die in den besten Jahren dürftig» und in jeder Krisensituation «dem tiefsten Elende preisgegeben ist?» In diesem Zusammenhang wurde auch nach der Arbeit von Kindern gefragt, die offenbar zu früh an monotone Arbeit gewöhnt und als Lohndrücker ausgebeutet würden. In ihren Antwortschreiben betonten die Oberpräsidenten zu diesem Punkt, daß ein prinzipielles Verbot von Kinderarbeit nicht in Frage komme, da die Kinder der Armen schlechterdings auf jedwede Arbeit angewiesen seien; auch besitze selbst die Fabrikarbeit noch ihren erzieherischen Wert. Einschränkung sei geboten, wenn gesundheitliche Schäden aufträten; vor allem müsse der regelmäßige Schulbesuch bis zum neunten Jahr, der Religionsunterricht bis zur Konfirmation gewährleistet sein. Mit Hardenberg teilten die höchsten Provinzbeamten jedoch die wirtschaftsliberalen Skrupel, ob der Staat überhaupt auf diesem Gebiet aktiv eingreifen solle. Die Beratung blieb denn auch ohne gesetzliche Konsequenzen. Nicht anders erging es Kultusminister Altenstein, der 1824 erneut auf die bekannten Mißstände zu sprechen kam und aus allen Gewerbebezirken Berichte und Vorschläge anforderte. Daraufhin wurde z. B. vom Regierungspräsidenten in Düsseldorf ein Verbot der Industriearbeit von Kindern unter sechs Jahren (!) und die Kontrolle durch Fabrikinspektoren angeregt, aber in der Hauptstadt verliefen die Dinge wieder im Sande.

Als jedoch die Militärbehörden klagten, daß wahrscheinlich auch wegen der Kinderarbeit in den gewerbereichen Gegenden die Beschaffung hinreichender Ersatzkontingente für die Armee in Frage gestellt sei, forderte der König 1828 einen Bericht von Altenstein und Innenminister Schuckmann an, der nach vier Jahren endlich erstattet wurde, indes genauso folgenlos blieb wie die keineswegs unkritischen Bestandsaufnahmen vorher. Einiges internes Aufsehen erregte dann Anfang 1834 ein drastischer Bericht des Geheimen Regierungsrats Keller, der die rheinischen Textilfabriken eingehend inspiziert hatte. Zwölf- bis fünfzehnstündige Kinderarbeit von fünf Uhr morgens bis spät abends sei keine Seltenheit, der Schulunterricht falle durchweg aus, klagte der seit längerem mit solchen Exzessen vertraute Keller und beschrieb voll gerechter Empörung die kleinen Gestalten, die er als «wahre Gebilde des Jammers, hohläugig und bleich wie der Tod» in den Betrieben angetroffen hatte. Der rheinische Oberpräsident v. Bodelschwingh nahm einen Teil der Kritik auf, nämlich an den Schulversäumnissen, denen er 1835 mit dem Entwurf einer Verordnung zur Sicherung des Unterrichts begegnen wollte, während ihn die inhumanen Arbeitsverhältnisse weniger besorgt stimmten.

Altenstein zögerte erneut eine verbindliche Reaktion hinaus. Erst als im Juli 1837 die rheinischen Provinzialstände eine dringende Petition, in der das soziale Gewissen redlicher Delegierter eine eigentümliche Verbindung mit einer industriefeindlichen Grundsatzopposition einging, an den König richteten, wurde in Berlin eine Vorlage erarbeitet, aus der das vielgerühmte «Regulativ über die Beschäftigung jugendlicher Arbeiter in Fabriken» vom

9. März 1839 hervorging. Ihm zufolge war erst nach dem Minimalalter von neun Jahren Fabrikarbeit erlaubt; wenn die Kinder keine dreijährige Schulzeit oder anderswo erworbene Schreib- und Lesekenntnisse nachweisen konnten, durften sie erst mit dem 16. Lebensjahr in ein Industrieunternehmen eintreten, es sei denn, daß vorher eine Fabrikschule dieses Unterrichtspensum gesichert hatte. Neun- bis Sechzehnjährige sollten höchstens zehn Stunden lang arbeiten, vor- und nachmittags stand ihnen eine viertelstündige, mittags eine einstündige Pause, «Bewegung in freier Luft» sowie Zeit für Schul- und Konfirmationsunterricht zu. Arbeit vor fünf Uhr morgens und nach neun Uhr abends wurde ebenso wie Nacht-, Sonntags- und Feiertagsarbeit generell untersagt. Verstöße aber wurden mit nur geringen Geldbußen geahndet, auf Antrag konnte auch ein längeres tägliches Arbeitspensum wieder bewilligt werden.

Dieses preußische Regulativ bedeutete einen unbestreitbaren Fortschritt. Anfang 1840 folgten Bayern und Baden mit analogen Vorschriften, das industriereiche Sachsen jedoch erst zwei Jahrzehnte später, 1861. Seit 1839/40 stand in den reformbereiten Ländern die Staatsgewalt im Prinzip hinter diesem frühen Kinderschutz, und in Staaten mit derart ausgeprägter bürokratisch-etatistischer Tradition machte sich obrigkeitliche Sozialpolitik auf längere Sicht wirksam geltend, auch wenn sie noch geraume Zeit in der Realität des Betriebsalltags ständig mißachtet wurde und effektive Sanktionsorgane und -maßnahmen mehr als ein Dutzend Jahre lang ausblieben, bis nach dem Schock der Revolution, z. B. durch das preußische Gesetz vom 16. Mai 1853, mit verschärften Vorschriften allmählich Abhilfe geschaffen wurde.

Die Bedeutung dieser Gesetze von 1839/40 erkennt man, wenn die Frage nach den Entstehungsbedingungen und den Auswirkungen überprüft wird. Häufig wird etwa der Protest der preußischen Militärbehörden gegen physisch untaugliche Rekruten aus den Industrieregionen als der entscheidende Faktor hingestellt. Diese Behauptung überschätzt nicht nur die politische Durchsetzungsfähigkeit der Heeresverwaltung im biedermeierlichen Preußen, sondern sie ignoriert auch einen gegenläufigen empirischen Tatbestand. Zwar lag in den Gewerbebezirken die Zahl der Untauglichen etwas höher als die gesamtstaatliche Durchschnittsziffer, die zwischen 1831 und 1854 2,4 bis 3,8 % aller Gemusterten umfaßte. Am höchsten aber kletterte die Ausfallrate in den rein agrarischen Ostprovinzen. Tatsächlich stellten die industriell stärker entwickelten Gebiete nicht nur den relativ höchsten Aushebungsanteil, sondern sie nahmen auch mit der Zahl der faktisch eingezogenen Rekruten die Spitze ein.

Das Gewicht der Beschwerden, die aus der Schulpraxis und -verwaltung kamen, wird man auch nicht als allein ausschlaggebend veranschlagen dürfen. Daß um 1837 bereits 80 % aller schulpflichtigen preußischen Kinder Unterricht genossen, mag manchen eher stolz als empfänglich für Hinweise auf eklatant benachteiligte Randgruppen gestimmt haben. Wahrscheinlich haben daher verschiedene Ursachen zusammengewirkt, um die Verordnung zustande zu bringen. Mit zunehmendem Industrialisierungstempo nahm die quantitative Bedeutung der Kinderarbeitszeit zeitweilig zu; ihre erschrekkenden Ergebnisse konnten immer häufiger in konkreter Anschaulichkeit beobachtet werden; über viele Jahre hinweg machten sich schließlich die Klagen der Militärs, mochten sie sich auch als übertrieben erweisen, vermutlich ebenso geltend wie die der Schulverwaltung; das soziale Gewissen wurde durch den Pauperismus verletzt, die Probleme wurden von der Öffentlichkeit wahrgenommen, die Folgewirkungen der Kinderausbeutung traten ins Bewußtsein, und auch wirtschaftsliberale Beamte in Entscheidungspositionen verschlossen sich nicht mehr dem Argument eines begrenzten Schutzes der Jungen und Schwachen.

Gegen die Effektivität der Gesetze von 1839/40 ist ins Feld geführt worden, daß in Wirklichkeit der technische Fortschritt, nicht jedoch die angeblich folgenlose staatliche Vorschrift die industrielle Kinderarbeit schnell obsolet gemacht habe. Der Vergleich entkräftet diese Behauptung, da in industriell hochentwickelten Ländern mit einer auffallend hohen Rate technologischer Innovationen wie England und Sachsen der relative Anteil der Kinderarbeit als Folge des technischen Fortschritts keineswegs abfiel. Realitätsnäher ist daher die Annahme, daß die staatlichen Verbote doch abschreckend gewirkt und die Übernahme technisch fortgeschrittener Produktionsmethoden gefördert, vielleicht sachte erzwungen haben, deren Rentabilität ziemlich schnell selbst die billige Kinderarbeit übertraf. Zwanzig Jahre nach dem Regulativ von 1839 lag z.B. in Preußen die Zahl der industriell beschäftigten Kinder, die zunehmend aus der Textil-, Eisen- und Stahlindustrie sowie aus den Bergwerken verschwanden, mit rund 12500 bei einem Drittel der Höchstziffer des Vormärz; ihr relativer Anteil an der Beschäftigtenzahl war dort insgesamt «weit geringer» als in den meisten deutschen Staaten. Ein Ausblick nach vorn: 1875 besaß dieser Kinderanteil im gesamten Deutschen Reich mit 21158 sogar eine erheblich geringere Größe als 1852 in allen preußischen Fabriken. Daß Kinderarbeit in einigen Branchen durch legale, aber kümmerlich bezahlte Frauenarbeit kompensiert wurde, steht auf einem anderen Blatt, offenbar sind aber die sozialpolitischen Gesetze von 1839/40 keineswegs folgenlose Deklamationen geblieben.[37]

Auf die Zusammensetzung der industriellen Arbeiterschaft wirkten sich nach alledem nicht nur die sozialen und ökonomischen Unterschiede zwischen den männlichen Beschäftigten, sondern auch geschlechts- und altersspezifische Faktoren, wie sie unter anderem die Beispiele der Frauen- und Kinderarbeit, des Lohn- und Lebenszyklus verdeutlichen, nachhaltig aus. Überhaupt kann, um es zu wiederholen, die – von den Anfängen bis zur Gegenwart in wechselnden Formen anhaltende – starke Binnendifferenzierung insbesondere der frühen Industriearbeiterschaft kaum überschätzt werden. Ihr «nach vielfältigen Kriterien geschichteter Mikrokosmos» drückte sich in der Rangordnung der ökonomischen Funktionen im Betrieb, in den hohen Differentialen der Lohnskalen, in scharf divergierenden Unterschieden des Prestiges und Lebensstils aus. Gegensätze zwischen mitgeschleppten ständischen Traditionen wirkten ganz so weiter wie die Kluft zwischen Arbeitern aus der Stadt oder vom Land. Den rechtlichen Status des ehemaligen Meisters mit vollem Bürgerrecht trennte ein wahrer Abgrund von den Armenhäuslern, von Frauen und Kindern minderen Rechts. «Konfession und Intensität der Religiosität» verloren nur langsam ihr Gewicht, der verschiedenartige Entwicklungsstand der Industriebranchen und ihre weiteren Entwicklungschancen wurden immer wichtiger. Aufgrund ihres traditionalen Eigenrechts besaßen die Bergleute feste Löhne, Versorgungs- und Versicherungskassen, Kündigungsschutz, aber oft keine Freizügigkeit, während die wachsende Zahl der Bergarbeiter und -tagelöhner geringer entlohnt wurde, minimalen Versicherungsschutz, aber Freizügigkeit im Sinne hochgradiger Beschäftigungsunsicherheit genoß. Im frühen sächsischen Maschinenbau durften Gesellen nur mit einem Einweisungsschein der Zunft in der Fabrik arbeiten. Fehlte es dem Handwerk an Gesellen, wurde der Schein, damit auch die Freizügigkeit verweigert, während die unzünftigen Angelernten und Ungelernten sie auf der Arbeitsplatzsuche ausnutzen konnten. Wohin man auch blickt, sticht die mehrfach betonte Heterogenität der Verhältnisse in fast allen Dimensionen der Arbeiterexistenz ins Auge.

Dennoch ist es ein Fehlschluß, schlechterdings jede Gemeinsamkeit der Klassenlage abzustreiten und sich mit der These von der diffusen Vielfalt unterschiedlicher Eigenarten von Arbeitergruppen zufriedenzugeben. Vielmehr muß man demgegenüber auf die historische Wirkungsmacht zweier parallel verlaufender Evolutionsprozesse hinweisen: Einmal trieben die Erfahrungen der industriekapitalistischen Lohnarbeit und der außerbetrieblichen Lebenswelt sowie davon abhängige Mentalitätsveränderungen einen Prozeß der inneren Homogenisierung der Fabrikarbeiterschaft kraftvoll voran; damit war aufs engste verkoppelt eine zunehmend schärfere Außendifferenzierung – die Trennungslinien zwischen Proletariern auf der einen Seite, Unternehmern, Bildungsbürgern, Bauern auf der andern Seite verwandelten sich in Klassengrenzen.

Woraus bestand der Fundus grundlegender Erfahrungen, die trotz allen Unterschieden eine sich verdichtende soziale Kohäsion, ein proletarisches Gemeinschaftsgefühl und schließlich die Anfänge eines Klassenbewußtseins hervorbrachten? Fabrikarbeit auf lange Dauer bedeutete einen radikalen Bruch mit vertrauten älteren Arbeitsformen. Tag für Tag arbeiteten die verschiedenartigsten Qualifikations- und Berufsgruppen in einem Gebäudekomplex, zur selben Zeit, innerhalb desselben Systems der Anweisung und der Kontrolle arbeitsteiliger Produktionsvorgänge, die Anpassung an den

Rhythmus der Arbeits- und Kraftmaschinen verlangten, eng zusammen. Anders als im dezentralisierten Verlag wurden auch ständig mehr oder minder gravierende Herrschaftskonflikte im Verhältnis zum Vorarbeiter, zum Zwischenmeister, zum Betriebsleiter, zum Eigentümerunternehmer erlebt. Ständig wurde das Gefühl der Abhängigkeit wachgehalten, der Abhängigkeit auch von ungerechten, kränkenden, diffamierenden und dennoch irreversiblen Entscheidungen. Unaufhaltsam wuchs die soziale Distanz zwischen dem Gesellenarbeiter als Befehlsempfänger und dem Fabrikherrn als fernem Autokraten, während der Geselle im Handwerksbetrieb in engstem Kontakt mit dem Meister blieb und bis in den späten Vormärz auf eine überschaubare Wartezeit setzte, nach der er selber eine Meisterstelle zu erlangen hoffte.

Zur physischen und psychischen Belastung, zur Zwangsgewalt von Fabrikuhr und Vorgesetzten, zur anhaltenden Disziplinierung durch strafende und prämiierende Lenkungsmethoden gesellte die industrielle Lohnarbeit das Gefühl der Ausbeutung, dem sich längere Zeit nur die Facharbeiterelite entziehen konnte. Wenn jedoch die Mehrheit ihre Arbeitsanstrengung mit der Kaufkraft der Löhne verglich, konnte Bitterkeit nicht ausbleiben. Wer ringsum Unfälle, Invalidität, Berufskrankheit, Entlassung oder frühe Altersarmut hautnah erlebte, sah sich auf Dauer außerstande, die Augen vor dem hohen Preis zu verschließen, den diese Arbeit ihm und seinesgleichen abverlangte. «Fabrikarbeiter, die einem Fabrikanten Tausende eingebracht haben, werden von demselben, wenn sie nichts mehr vermögen», drückte 1841 eine Iserlohner «Denkschrift» ihre bittere Anklage plastisch aus, «wie ein untauglich gewordenes Werkzeug weggeworfen.»

Daß Arbeiter ihrer Ausbeutung, die wegen der marktförmigen Verteilung der Beschäftigungschancen offener als früher zutage trat, meist wehrlos gegenüberstanden, erzeugte sowohl ein Gefühl der Ohnmacht als auch eine latente Protestbereitschaft, die beide durch die Diskriminierung manueller Arbeit verstärkt wurden. Im größeren Betrieb gab es den Abstand, den die frühen Angestellten der Unternehmensverwaltung, die Betriebsleiter, Ingenieure und Manager kultivierten. Wenn der ehemalige Geselle als gewöhnlicher Fabrikarbeiter seine angebliche Inferiorität zu spüren bekam, wehrte sich sein ständischer Berufsstolz gegen die kränkende Behandlung. Hinnehmen mußte er sie dennoch, und vor allem in der arbeitsfreien Zeit konnten solche Arbeiter ringsum immer wieder zu spüren bekommen – ein Eindruck, der sich im Verlauf des Vormärz offenbar verfestigt hat –, mit welcher Herablassung, ja Verachtung auf Fabrikarbeit geblickt wurde. Diese Diskriminierung zu ertragen, fiel um so schwerer, als vielen zunehmend bewußt wurde, daß lebenslange industrielle Lohnarbeit ihr unentrinnbares Schicksal bleiben werde – und häufig auch das ihrer Frauen und Kinder. Bedenkt man die Härte der industriellen Arbeitsbedingungen, die Risiken und Reallöhne, das betriebliche Herrschaftssystem, kann man sich die Auswirkungen dieser

Zukunftsaussicht unschwer vergegenwärtigen. Gewiß, jeder noch so bescheidene Aufstieg in der Betriebshierarchie schwächte im individuellen Fall den negativen Charakter dieser Perspektive etwas ab. Die kollektive Erfahrung war jedoch die einer außerordentlich weitreichenden Blockierung des sozialen Aufstiegs von 80 bis 90% aller Fabrikarbeiter. Da nicht nur Ausbeutung und Diskriminierung erlebt wurden, sondern auch der ökonomische Modernisierungsprozeß neue Einkommens- und Vermögensdisparitäten vor aller Augen kraß hervortreten ließ, konnte diese Immobilität schwerlich verfehlen, einen prägenden Einfluß auszuüben. Dazu gehörte u.a. die Vorstellung, einer stets gegenwärtigen Ungerechtigkeit als Objekt ausgeliefert zu sein.

Dem erfolgreichen sozialen Aufstieg von Arbeitern standen in der Tat hohe, kaum überwindbare objektive Barrieren entgegen. In erster Linie fehlten die beiden wichtigsten Voraussetzungen: Kapital und Ausbildung. In Arbeiter- und Gesellenfamilien konnte das Lehrgeld für ein aussichtsreiches Handwerk nicht aufgebracht werden; eine gute dreijährige Lehre kostete z.B. in Berlin bis zu 300T.; erst recht fehlte Kapital für eine kleine selbständige Existenz. Real- und Gewerbeschulen blieben den Kindern der Armen gleichfalls verschlossen. Spezialisierte, hochwertige Fertigkeiten als abstrakte Alternative zu finanziellen Ressourcen hingen selber wieder von relativ teurer handwerklicher Ausbildung oder unerschwinglichem Schulbesuch ab – so schloß sich der Circulus vitiosus. In ihren Verhaltensnormen waren Arbeiter daher auch nur selten auf Aufstieg eingestellt. Resignation und fatalistische Hinnahme bildeten vielmehr die mentalen Folgen ihrer sozioökonomischen Lage, so daß es zuerst nur eine kleine Minderheit war, die dennoch die Kraft zum Protest gegen ein System behielt, das individuelle Positionsverbesserungen massiv verwehrte.

Ungleich häufiger als den seltenen Aufstieg konnten Arbeiter dagegen in allen Branchen einen unablässig anhaltenden Abstieg insbesondere aus den unteren bürgerlichen Schichten verfolgen: verarmte Handwerksmeister, kleine Gewerbetreibende, städtische Angestellte, staatliche Subalternbeamte, Krämer und Kaufleute mußten Industriearbeit übernehmen. Boten sich in dieser Epoche zahlreiche Chancen bürgerlichen Aufstiegs, gab es gleichzeitig doch auch, da Agrar- und Industriekapitalismus zusammen mit dem Bevölkerungsanstieg die soziale Polarisierung beschleunigten, eine «mächtige Abstiegsdynamik», deren Endstation oft genug die Fabrikhalle bildete. Auch auf diese Weise wuchs das Industrieproletariat weiter an. Und wenn die soziale Abwärtsmobilität schon von bitteren Empfindungen begleitet worden war, mußten die meisten Betroffenen sich über kurz oder lang der schmerzhaften Einsicht beugen, daß damit über den Rest ihres Lebens entschieden worden, ein Aufstieg kaum mehr möglich war.[38]

Zu dieser sozialen Immobilität nach oben trat bei vielen die horizontale, die geographische Immobilität hinzu. Zwar war auch die deutsche Industrialisierung mit Nahwanderungen, später auch Fernwanderungen großen Ausmaßes verbunden. Wer jedoch lange Zeit in Fabriken arbeitete oder auf eine Dauerstellung hoffte, hauste in der Regel in den Wohnquartieren der Unterschichten. Die Trennung von Arbeitsplatz und Haushalt bedeutete schon einen unerhört scharfen Einschnitt. Der ständige Aufenthalt in einem nahezu hermetisch abgeschlossenen, degradierenden Wohnmilieu stellte eine nicht minder tiefgreifende Beeinflussung der Lebensweise dar. Der rechtshegelianische Philosoph Karl Rosenkranz beobachtete in seiner Heimatstadt Magdeburg, wie die Arbeiter damals in «verwohnten Häusern mit bauchigen Mauern, mit zerbröckelnden moosgrünen Dächern, mit schlotternden Fenstern und Türen, mehrere Familien in einer Stube zusammengepreßt», lebten: «Schmale, schmutzige Treppen, aus den Fenstern auf Stangen trocknende Lumpen hängend», ein pestilenzartiger Gestank in den Gassen – «diese Baracken schienen mir... eine Art sozialer Hölle abzulagern.» Vergleichbare Wohnverhältnisse herrschten in Hamburg und Kiel, in Köln und Nürnberg, in allen Städten, wo sich die erdrückende Mehrheit der Fabrikarbeiter in Elendsquartiere verbannt sah. Auf die menschenunwürdigen Wohnverhältnisse «der arbeitenden Klassen» in Berlin warf 1843 Bettina v. Arnims aufsehenerregender Bericht, die Sozialreportage «Dies Buch gehört dem König», ein grelles Schlaglicht. Darin wurden unter anderem die Verhältnisse in den sogenannten Familienhäusern in der Rosenthaler Vorstadt enthüllt. In den 400 Stuben dieser fünf Mietskasernen lebten rund 2 500 Menschen, welche die höhere Miete innerhalb der Ringmauern nicht bezahlen konnten, unter Verhältnissen «von der allererbärmlichsten Art, vergiftete Quellen des Siechtums für Leib und Seele.» Zwar gab es innerhalb der Arbeiterviertel häufig Bewegung durch Neuankömmlinge oder durch Umzüge, die als Folge von Arbeitslosigkeit nötig oder dank einer kleinen Einkommensverbesserung möglich wurden. Insgesamt aber unterstützten die sozialpsychischen Folgen eines Lebens unter ähnlich bleibenden miserablen Wohnverhältnissen, die Dauerhaftigkeit dieser geographischen Immobilität und die korrespondierende Verweigerung beruflicher Aufstiegsmobilität die Ausbildung jener gemeinsamen Erfahrungen, welche den Nährboden für ein proletarisches Gemeinschaftsgefühl abgaben. Mit anderen Worten, die Kollektiverfahrung einer über lange Zeiträume hinweg scharf eingeschränkten vertikalen und horizontalen Mobilität bildete auch eine der entscheidenden Voraussetzungen für die Entstehung eines Klassenbewußtseins.

Das von der sozialökonomischen Lage erzwungene Zusammenleben auf engstem Raum sowohl in der Fabrik als auch im Wohnviertel legte zugleich auch den Radius des sozialen Verkehrs fest; es bestimmte den Personenkreis, in dem Arbeiter mit ihren Familien geselligen Umgang pflegten, aus dem immer häufiger, während die Abwendung vom Herkunftsmilieu erfolgte, die Paten der Kinder, ihre Heiratspartner und Trauzeugen stammten. Am eindrucksvollsten ist diese enge soziale Verflechtung bisher am Beispiel des Leipziger Proletariats während der Industriellen Revolution verfolgt worden. Es handelt sich dabei jedoch um einen allgemeinen Prozeß der Verkettung proletarischer Lebensläufe, der sich aller Wahrscheinlichkeit nach, und zwar ungeachtet des später anschwellenden Stroms der Binnenwanderung, in jedem industriellen Ballungszentrum empirisch verfolgen ließe, sofern die Quellenlage es gestattet.

Wenn auf diese Weise die Ausgrenzung der Berufs- und Lebenssphäre der Fabrikarbeiterschaft, die aufgezwungene soziale und räumliche Immobilität mit all ihren folgenschweren Konsequenzen betont wird, darf man zugleich doch nicht unterschätzen, wie sehr auf der anderen Seite auch gerade Instabilität und fremdbestimmte Bewegung eine Grunderfahrung ihrer Existenz darstellten. Ständig bedrohte sie die Schwankung zwischen Konjunktur und Krise, auch wenn dieser Zyklus sich eben erst einzuspielen begann. Ständig hing das Damoklesschwert der Kurzarbeit, der Entlassung, der Arbeitslosigkeit über ihnen, wenn man einmal die kleine Elite der Gesellenarbeiter außer acht läßt. Die langwierige Arbeitssuche, deshalb die Nahwanderung und schließlich, der Not gehorchend, die Fernwanderung verstärkten die äußere Unrast, hemmten die Kommunikation und schwächten die Verfestigung von «Solidarstrukturen», während die politische Entrechtung, die altersspezifische Einkommensarmut usw. die Labilität ihrer Lebensverhältnisse in anderen Bereichen erhöhten. In der MAN schwankten z. B. die Ein- und Austrittsquoten von 1844 bis 1850 in steilen Ausschlägen zwischen 122,5 und 25 %; zwischen 1844 und 1853 verließen rund 73 % aller neueingestellten Arbeiter wieder die beiden Betriebe; an anderen Stellen waren es ein bis zwei Drittel. Ablehnung der Industriearbeit, Unstetigkeit, Hoffnung auf bessere Löhne, Entlassung u. a. kamen zusammen, um diese Fluktuation zu erzeugen. Bei den ständigen Wechslern sprachen die Zeitgenossen von «flottierenden» Arbeitern, und dieser «Flugsand» der Industriebelegschaften vermehrte sich, während im allgemeinen die Verweildauer zunahm, im Verlauf der späteren Wanderungsbewegungen noch gewaltig. Es ist daher gerade das Mischungsverhältnis zwischen der deprimierenden, unüberwindlich wirkenden Verweigerung von vertikaler und horizontaler Mobilität einerseits, der von außen erzwungenen, von Existenzangst und Diskriminierung geprägten Unbeständigkeit des Alltagslebens andrerseits gewesen, welches die besonderen, die wechselhaften Belastungen des Arbeiterlebens ständig aufs neue erzeugt hat. Wie von zwei konkurrierenden Magnetfeldern hin- und hergerissen, fand sich der Proletarier einmal als Ungelernter an demselben Arbeitsplatz und mit seiner Familie an dasselbe Wohnghetto gefesselt, dann wieder monatelang arbeitssuchend dem freien Spiel von Angebot und Nachfrage, der Willkür der Armenbehörde, im Notfall der Saisonarbeit an einer weit entfernt liegenden Eisenbahnstrecke ausgeliefert.[39]

Obwohl die hierarchische Binnendifferenzierung unstreitig anhielt, machten sich doch auch die homogenisierenden Einflüsse in den verschiedensten Lebensbereichen mit allmählich wachsendem Nachdruck geltend. Schneller noch bildeten sich die Außengrenzen heraus. Einerseits wurden die inneren Unterschiede im allgemeinen durch die Gegensätze zu den Meistern, den Unternehmern, den Managern und zu der soziokulturellen und politischen Welt, in der sie lebten, bei weitem übertroffen. Ressentiment, ohnmächtige Kritik, manchmal aber auch gewaltsamer Protest richteten sich gegen «die da oben». Der soziale und geographische Abstand zu diesen Vorgesetzten und ihrer abgeschirmten privaten Lebenssphäre wuchs geschwind, bald wirkte er unüberbrückbar. Daran änderte auch der häufig überschätzte Patriarchalismus mancher Fabrikanten wenig, und selbst die Facharbeiterelite konnte ihre Sonderrolle in der Übergangszone zum Kleinbürgertum nicht beliebig lang spielen; ihr ökonomischer Status machte sie sogar gegenüber sozialer und politischer Diskriminierung, die umstandslos meistens alle Arbeiter traf, noch empfindlicher. Andrerseits wurde die Außendifferenzierung auch durch die schroffe Distanzierung der bürgerlichen Schichten und Klassen von den Industriearbeitern und ihrem Sozialmilieu als Klassengrenze eingeätzt. Zwischen der «reputierlichen» Welt der verschiedenen bürgerlichen Gruppierungen und den Sperrbezirken der Fabriken und Elendsquartiere tat sich nicht nur von selber eine kaum zu überwindende Kluft auf, sondern diese wurde mit Bedacht auch noch weiter vertieft.

Dadurch wurden nicht nur traditionale Rechtsvorstellungen der Gesellenarbeiter, sondern auch jene die individuelle Würde betonenden aufklärerischen Vorstellungen, die ihnen keineswegs fremd waren, verletzt. Beide Phänomene, durch die gleichzeitig diese Außengrenzen immer schärfer markiert wurden, führten unter den Arbeitern dazu, daß erstens das Gefühl und die Erfahrung des Ausgeschlossenseins eine feindselige Polarisierung nährten; die Gesellschaft wurde zunehmend als eine dichotomisch gespaltene wahrgenommen. Und zweitens kam erst ein vages, dann ein innerhalb von Jahrzehnten sich stetig vertiefendes Solidaritätsgefühl in den «arbeitenden Klassen» auf; die lebenslange Industriearbeit hat diese Identifikation mit der entstehenden «Arbeiterklasse» sicherlich erhöht.

Diese fortschreitende Homogenisierung und Außendifferenzierung der Industriearbeiterschaft stellte nicht zuletzt auch ein Ergebnis der politischen Diskriminierung dar. Da ihnen überall politische Rechte vorenthalten wurden, kann es nicht verwundern, daß die Industriearbeiter als Bürger zweiter oder gar dritter Klasse angesehen wurden und sich auch in der Selbsteinschätzung als solche empfinden mußten. Wo es in den deutschen Staaten und Stadtrepubliken ein konstitutionelles System oder ständische Vertretungen gab, wurden die Arbeiter durch das Wahlrecht vom aktiven, erst recht vom passiven Wahlrecht ausgeschlossen. Von der Kommunalpolitik hielt sie die unüberschreitbare Zensusschwelle fern, jenseits derer die Domäne der steuerzahlenden, wahlberechtigten Bürger begann. Die rigoros vorgehende Armenverwaltung ließ die hilfsbedürftigen Arbeiter die Abhängigkeit der Schwachen spüren. Die Polizei behandelte sie im Zweifelsfall wie potentielle Kriminelle, in Krisenzeiten wie schlecht verhüllte Revolutionäre. Und in der Schulpolitik setzte sich die Benachteiligung gegenüber den Kindern fort, da die Eltern das Schulgeld für bessere Anstalten als die Armenschulen nicht aufbringen konnten, den Kindern zudem die Muße und Anleitung zum Lernen fehlte. Wie weit sich das Gefühl der politischen Degradierung, der generellen Verweigerung jedweder Teilhabe am öffentlichen Leben, die Frustration durch das Verhalten der Verwaltungsorgane und die Behandlung im Bildungssystem bereits ausgedehnt hatten, sollte mit Beginn der Revolution schlagartig hervortreten.

Dennoch ist es verfehlt, die sozioökonomische Dimension der Klassenformierung herunterzuspielen und zu behaupten, daß der «Hauptkonflikt» im Zeitalter der «demokratischen Revolution» durchaus «politischer Natur» gewesen sei. Richtig ist dagegen, daß man Klassenbildung nicht auf wirtschaftliche und gesellschaftliche Ursachen reduzieren darf. Vielmehr hat die langjährige Verweigerung voller staatsbürgerlicher Rechte und der Kampf um ihre Erringung sowohl zur politischen Konstituierung der Arbeiterschaft als sozialer Klasse unauflöslich hinzugehört als auch die «Ausformung eines proletarischen Klassenbewußtseins» vorangetrieben. Auch auf die Entwicklung der deutschen Industriearbeiterschaft trifft zu, daß ihr erst in langwierigen, harten politischen Kämpfen die Identität kollektiver Interessen und Kampfziele voll bewußt gemacht worden ist. Ohne die erbitterten politischen Auseinandersetzungen wäre sie nicht aus einer sozialstatistisch-deskriptiv konstatierbaren Sozialgruppe, aus einer, mit Marx gesprochen, «Klasse an sich» zu einer «Klasse für sich», zu einem handlungsfähigen historischen Subjekt geworden.

Wie der Gegensatz zwischen Proletariern und nichtproletarischer Umwelt früh hervortrat, wie er alsbald mit der Vorstellung einer grundsätzlichen Bedrohung der bestehenden Gesellschafts- und Staatsordnung verbunden wurde und sich als ein fundamentaler Antagonismus darstellte, läßt sich anhand einiger symptomatischer Äußerungen unschwer skizzieren. Während die deutsche Frühindustrialisierung erst anlief, leitete der Freiherr vom Stein bereits aus der französischen Revolution von 1830 eine allgemeine Lehre auch für Deutschland ab: «Wir leben in einer Zeit», urteilte er Anfang 1831 wiederholt, «wo man weniger vom Despotismus der Fürsten als vom Despotismus der aufständischen Proletarier zu fürchten hat.» «Bildung der unteren Klassen und Verbesserungen ihres Zustandes» erschienen dem Reformkonservativen als «das sicherste Mittel, um Revolutionen zuvorzukommen.» Nur ein halbes Dutzend Jahre später diagnostizierte der pommersche Rittergutsbesitzer Karl Rodbertus-Jagetzow, ein an Politik, Ökonomie und Geschichte höchst interessierter Sonderling unter seinen Standesgenossen, daß «inmitten der heutigen Gesellschaft» mit dem Proletariat «ein zahlreiches Volk von Barbaren... an Geist und Seele» heranwachse. Dieser Zustand sei «unhaltbar», zumal die politischen Wünsche dieser «arbeitenden Klasse... unumgänglich zur Republik» tendierten. Die Rückkehr zur feudalgesellschaftlichen Disziplinierung durch eine neue «Dienstbarkeit» hielt er für «unmöglich», die «Bildung» aller scheitere am Geldmangel. Nach einer schroffen Wendung gegen den Wirtschaftsliberalismus mit seinem «allmächtigen Privatinteresse» und dem «Despotismus» des «rentierenden Eigentums» forderte Rodbertus daher einen Umbau der «rechtlichen und staatswirtschaftlichen Institutionen.» Wenn «Boden und Kapital» zum «Gemeingut der Gesellschaft» gemacht würden, könne ein «System der Staatsleitung» – anstelle des versagenden «Systems der Erwerbsfreiheit» – dank der Produktivitätsfortschritte den Verteilungskonflikt entschärfen.

Um 1840 standen sich verschiedene Grundsatzpositionen bereits klar gegenüber: Der vorherrschende smithianische Liberalismus der Beamten und Unternehmer wollte ohne politische Eingriffe den Marktmechanismen die Lösung der auch von ihnen gesehenen sozialen Probleme überlassen. Dagegen gingen einige wenige Reformliberale mit ihren Vorschlägen erstaunlich weit. Der industriefeindliche, intransigente Konservativismus beschwor ziemlich hilflos die dräuende Gefahr, während die paternalistische Reformbereitschaft einiger aufgeschlossener Konservativer frühzeitig in der Staatsintervention das einzige aussichtsreiche Gegenmittel sah, und als Außenseiter meldete sich ein Staatssozialismus avant le lettre zu Wort, der gemäß Rodbertus' Maxime: «die gesellschaftliche Organisation muß eine ganz andere werden», die Wirtschafts- und Eigentumsverfassung umstülpen wollte, damit der neue aufgeklärte Absolutismus staatlicher Wirtschaftsplanung die Polarisierung des industriellen Sozialkonflikts überwinden könne. Seither wiederholten sich die Kassandrarufe in immer dichterer Folge, aber trotz des Gefühls wachsender Dringlichkeit konnte keine Einigung über ein wirksames «Palliativmittel», geschweige denn eine effektive Politik erzielt werden. 1844 mahnte ein Mann des praktischen Lebens wie Friedrich Harkort, die «drohende wachsende Zahl der Proletarier» signalisiere, «daß der rechte Weg verfehlt wird.» Ähnlich konstatierte 1845 der Kölner Unternehmer Mevissen, «daß die Zahl der Proletarier in allen Staaten der Gegenwart in einer höchst beunruhigenden Progression steigt»: «Die drohende Woge der rächenden Zukunft» wälze sich «näher und näher auf das lebende Geschlecht.» Reformbereite Liberale wie er und Harkort, die unter den Repräsentanten der Bourgeoisie eine Sonderstellung einnahmen, plädierten in erster Linie für einen erleichterten Zugang zur allgemeinen «Bildung» durch ein frei zugängliches, verbessertes Schulsystem oder für eine solide handwerkliche Ausbildung, darüber hinaus aber selbst für staatliche Industrieförderung, Arbeitszeitverkürzung und Minimallöhne, ja auch für die Gewährung politischer Teilhaberechte. «Nur dann, wenn das fortschreitende Bedürfnis nach Gleichheit aller in den staatlichen und sozialen Formen angemessene Befriedigung findet», formulierte Mevissen sogar die demokratische Überzeugung eines aufgeklärten vormärzlichen Rheinländers, «ist eine friedliche Entwicklung der heutigen Gesellschaft... möglich.»

Weit häufiger aber ging die zeitgenössische Diagnose über erschreckte Warnungen und vage Abhilfepostulate nicht hinaus. Für streng konservative Kritiker stand der Schuldige mit dem von der liberalen Bürokratie geförderten privaten Produktionskapitalismus fest. «Die Fabriken bereichern den Einzelnen», drückte das Otto v. Bismarck 1848 aus, «erziehen uns aber eine Masse von schlechtgenährten, durch die Unsicherheit ihrer Existenz dem Staat gefährlichen Proletariern.» «Bei dem Proletarier nimmt der Herr das Wesentlichste des Leibes, die Kraft, für sich», faßte 1846 der konservative katholische Politiker Joseph Maria v. Radowitz seine Kapitalismuskritik analytisch schärfer, «und überläßt ihm in bitterer Ironie den Rest zu seiner Verfügung.» Diese Tatsache «zeigt schon genügend, daß der neue Freiheitsprozeß oft genug nur ein Übergang aus der Unterwerfung unter Personen in die Unterwerfung unter Sachen und Geld ist.» Aufgrund dieser neuen Knechtschaft stehe jetzt «das Proletariat» in seiner «riesengroßen Gestalt» da. «Wer wahrhaft restaurieren will, muß», beschwor v. Radowitz seine Leser, «die Sümpfe des Proletariats... austrocknen und urbar machen.» Für diese Aufgabe kam nach seiner Auffassung nur «der Staat» in Frage: er «wird dazu getrieben werden, der sozialen Aufgabe zu genügen, oder sie wird ihn über den Haufen werfen.» Denn «die nächste Revolution wird», prophezeite er hellsichtig, «keine politische, sie wird eine soziale sein.»

In dieser Prognose und in seinem Ruf nach einem reformbewußten «sozialen Königtum» stimmte er durchaus mit dem hegelianischen Sozial- und Staatswissenschaftler Lorenz v. Stein überein, der unlängst aus einer intensiven sozial- und politikgeschichtlichen Gegenwartsanalyse dieselben Konsequenzen gezogen hatte. Bei v. Stein, der sich vornehmlich an der französischen Zeitgeschichte orientierte, aber auch die deutschen Verhältnisse als Publizist aufmerksam verfolgte, spielten die neuen politischen Strömungen des Sozialismus und Kommunismus eine wesentliche Rolle. Die Auseinandersetzung mit ihnen gehörte schon in der Mitte der 40er Jahre zum Gemeingut auch der deutschen Krisendebatte, obwohl sie als reale Phänomene gerade erst aufzutauchen begonnen hatten. Beide Begriffe gingen damals noch fließend ineinander über; ihr Gebrauch außerhalb der kleinen frühsozialistischen Zirkel verband sich gewöhnlich mit dem Gefühl einer alarmierenden Bedrohung der modernen Zivilisation. Dringe die «sozialistische Bewegung», die «schon jetzt tiefe Spuren in unsere gesamten gesellschaftlichen Zustände eingedrückt» habe, weiter «in die unteren Klassen» ein, ohne durch eine gemeinsame, zielbewußte Reformpolitik des Staates und der bürgerlichen «Mittelklassen» entschärft zu werden, stehe, verkündete 1847 der Historiker und Journalist Karl Biedermann in seinen Vorlesungen über «Sozialismus und soziale Frage», der «gewaltsame Umsturz aller Verhältnisse», die «soziale Revolution» mit Sicherheit bevor. Ähnlich sah Heinrich v. Sybel im selben Jahr die Ausbreitung der «kommunistischen Tendenzen» andauern, da «der weltgeschichtliche Grund ihres Treibens, das furchtbare Elend des Proletariats..., in täglich wachsender Stärke» fortbestehe. Politisch rief er nach derselben reformbereiten Defensivallianz wie Mevissen, Biedermann, L. v. Stein, v. Radowitz, Markus Niebuhr und zahlreiche andere zeitgenössische Beobachter. Es gebe, faßte die vielgelesene gemäßigt liberale «Augsburger Allgemeine Zeitung» Ende 1847 einen weitverbreiteten Eindruck zusammen, eine «beinahe fieberhafte Angst mancher Stimmführer unserer Tage vor den unbestimmten Drohungen des Sozialismus und Kommunismus.»[40]

Gewiß wurde von der vormärzlichen Sozialkritik der Begriff des «Proletariats» noch häufig für durchaus verschiedenartige Erscheinungen des Massenpauperismus verwandt, zunehmend aber für die Industriearbeiterschaft und in wachsender Sorge vor ihrer Politisierung. Da den «Fabrikherren» nur «Fabrikhörige» gegenüberstünden, öffne sich, so das charakteristische Urteil der «Augsburger Allgemeinen Zeitung» 1844/45, nur zu leicht eine Einbruchstelle für die «Gewaltlehren des Kommunismus.» Wegen der angstverzerrten Wahrnehmung löste das Wachstum des Industrieproletariats zuerst einmal Furcht und noch einmal Furcht aus, die sich in scharfe Aversion, in anhaltende und neue Diskriminierung umsetzte. Das z.B. in der preußischen Gewerbeordnung von 1845 wiederholte Koalitions- und Streikverbot für Handwerksgesellen, das durch einen Bundesbeschluß 1835 ausgesprochen und 1841 bekräftigt worden war, wurde auch sogleich auf die Fabrikarbeiter ausgedehnt, um – wie im Staatsrat der Strafparagraph § 182 begründet wurde – «die als Herd kommunistischer Tendenzen gefährlichen Arbeiterverbindungen zu zerstören.» Dank einer Generalklausel konnten Polizei und Verwaltung gegen jede Vereinigung vorgehen, durch welche «die öffentliche Ruhe im In- und Ausland bedroht oder gestört werden könnte.» Das politische Argument besaß 1845 wie schon 1835/41 mehr Gewicht als das ökonomische Unternehmerinteresse im engen Sinn. Die Regierungen der Restaurationszeit übten sich durchweg in Reformabstinenz gegenüber den dringendsten Problemen der Arbeiterschaft. Freiwillige Hilfsaktionen wie die der Zweigverbände des gouvernementalen, sozialkonservativen «Zentralvereins für das Wohl der arbeitenden Klassen» und ähnlicher kurzlebiger Assoziationen verpufften, da die wenigen biederbescheidenen Maßnahmen der Dimension der prinzipiellen Interessengegensätze nicht von ferne gerecht werden konnten.[41]

Die Reaktion der Arbeiterschaft auf die Disparität der Lebensverhältnisse, auf die Diskriminierung in allen Bereichen des beruflichen, privaten und öffentlichen Lebens steigerte sich in einer charakteristischen Stufenfolge: Sie stieg vom unvorhersehbaren, spontan aufbegehrenden sozialen Protest über die kollektive Verteidigung in geplanten Streiks bis hin zur dauerhaften

Organisation in Vereinen und Geheimbünden an. Darin drückte sich eine zunehmende Politisierung im Verlauf der Klassenbildung und zugleich ein Teil dieses Prozesses selber aus.

Anfänglich hat sich der manifeste Protest von Fabrikarbeitern relativ schwach und unspezifisch geäußert. Sie nahmen an allgemeinen regelverletzenden Aktionen der Unterschichten teil, wobei sich freilich die Facharbeiterelite ganz zurückhielt. Gewöhnliche Arbeiter aber waren dabei zu finden, wenn es in Hunger- und Krisenzeiten zu Aufläufen, Demonstrationen und Krawallen, im Polizeijargon zu «Tumulten», «Zusammenrottungen» und «Exzessen» größerer Mengen kam, wenn Fensterscheiben eingeworfen, verbotene Feuerwerkskörper abgebrannt oder Katzenmusiken veranstaltet wurden.

Zur offenen Maschinenstürmerei ist es im deutschen Vormärz, anders als etwa bei den luddistischen Unruhen in England, offenbar sehr selten gekommen, sondern eher zu empörtem Widerspruch in anklagenden Resolutionen oder zu kurzlebigen Streiks gegen die Einführung von Maschinen. 1830 z. B. wandten sich Tucharbeiter in Aachen und Eupen, Kammgarnspinner und Buchdrucker in Leipzig gegen Maschinen; auch Berliner Kattundrucker wehrten sich mit einer entsprechenden Petition an den Innenminister: Sie bäten die Obrigkeit um Beistand, während anderswo die «Arbeiter-Klasse» bereits Throne stürze! Im Revolutionsjahr 1830 erreichte der gewaltsame kollektive Protest auch in einigen deutschen Ländern einen ersten Höhepunkt, ehe er von Militär, Gendarmerie und Bürgerwehren unterdrückt wurde. Seit der Mitte der krisenhaften 40er Jahre nahm er erneut zu, bis er seinen Gipfelpunkt während der Revolution erreichte.

Gleichzeitig wuchs aber seit der Mitte der 30er Jahre die Zahl der friedlich verlaufenden Streiks an. Damit trat neben die eruptive «Widersetzlichkeit» sowohl von kleinen Gruppen als auch von mehr oder minder großen Massen aus den Unterschichten eine andere Protestform: der bewußt aufgenommene, in wachsendem Maße geplante Streik männlicher Arbeiter. Für die Zeitspanne zwischen 1835 und 1847 sind bisher sechzehn Streiks ermittelt worden, 1848/49 schnellten sie auf 49 empor; vermutlich hat aber die Gesamtzahl in diesen fünfzehn Jahren erheblich höher gelegen; die empirische Forschung steht erst am Anfang. Zu den allgemeinen auslösenden Motiven gehörte die gemeinsame Erfahrung, daß Industriearbeit als hart, zwanghaft, monoton, fremdbestimmt, physisch und psychisch auslaugend erlebt wurde; der ungemilderte Disziplinierungsanspruch wirkte als Bedrohung und Deklassierung; die Konjunkturbewegungen verschärften die Abhängigkeit. Zu den spezifischen Motiven gehörten in erster Linie konkrete Forderungen nach Lohnerhöhung, Verkürzung der Arbeitszeit und Verbesserung der Arbeitsbedingungen.

Die «Fabrikemeute» oder der «Strike» – wie der frühzeitig aus dem Englischen eingedeutschte Kampfbegriff lautete – tendierte bald über eine spontane Reaktion hinaus zu vergleichsweise systematischen Organisationsformen, für welche die «Gesellen-Arbeiter» prädestiniert wirkten. Denn von den vermutlich Hunderten von Gesellenausständen seit dem letzten Drittel des 18. Jahrhunderts gab es fließende Übergänge zu den von Industriehandwerkern mitgetragenen Streiks. Vor 1848 blieben die meisten dieser durchweg lokal begrenzten Streiks erfolglos, 1848/49 aber gingen wegen des Ausnahmezustands rund 50 % bereits erfolgreich aus.

Die vormärzlichen Arbeitskämpfe besaßen trotz ihres isolierten Schauplatzes stets die Tendenz, sich zu politischen Konflikten auszuweiten. Da das gesetzliche Koalitionsverbot das Streikverbot implizierte, definierte die staatliche oder städtische Obrigkeit den Streik umstandslos als illegalen politischen Protest. Deshalb – und nicht als Agenten der Unternehmer – ließen die Behörden oft Streikende sogleich verhaften. Ein unbeabsichtigter Effekt dieser Politisierung der «Arbeitseinstellung» als Mittel kollektiver Selbstverteidigung bestand darin, innerhalb einer eigentlich verblüffend kurzen Zeit «klassenspezifischen überberuflichen Organisationen mit umfassenden Ideologien», welche die proletarische Interessenvertretung zu legitimieren beanspruchten, eine wachsende Resonanz zu verschaffen. Die überregionalen «Gewerksassoziationen» der Buchdrucker- und Setzerarbeiter, die sich selbstbewußt «den intelligentesten Teil der arbeitenden Klassen» nannten, danach der Zigarrenarbeiter machten mit einer «selbständig-gruppensolidarischen Interessenwahrnehmung» den Anfang. In kürzester Zeit organisierte darauf die gesamtdeutsche «Arbeiterverbrüderung» mindestens 18000 Mitglieder, deren Anführer, Stephan Born, die Arbeiter unverhohlen eine kampfbereite «Klasse der Gesellschaft» nannte und bei mangelndem Entgegenkommen die «schreckliche Alternative» ankündigte, «der Gesellschaft zu kündigen.»[42]

Wegen der extrem schweren Sanktionen – Entlassung und Gefängnis! – blieb die aktiv bekundete Streikbereitschaft vor 1848 aus verständlichen Gründen eine außerordentlich riskante Kampfmethode. Dennoch streikten Tuchweber, Kattundrucker, Zuckerfabrikarbeiter, Buchdrucker, Kammgarnspinner, Maschinenbauer und andere. In manchen Wirtschaftszweigen dagegen, die sich später durch besonders umfassende und erbitterte Streikaktionen auszeichneten, blieben die Arbeiter damals noch passiv, wie z. B. im preußischen Bergbau. Die ständerechtlich privilegierte Lage der Bergleute hatte dort eine «staatsloyale Disposition» erzeugt. Ihr ausgeprägtes «Standesbewußtsein», das vor allem auf der Gleichartigkeit der Arbeit, der Knappschaft als Versicherungsinstitution und Solidargemeinschaft, dem Einfluß staatlicher Behörden und Gesetze, der «Geschlossenheit der Gewerbelandschaft» und der ländlichen und religiösen Erfahrungswelt beruhte, unterschied sich noch grundsätzlich von einem dichotomischen Klassenbewußtsein. Auch die Dankbarkeit für die Daseinsvorsorge, der Kleinbesitz und die Hoffnung auf Aufstieg, nicht zuletzt die «relative Transparenz des behördlichen Dirigismus» begünstigten diese Staatsfrömmigkeit, die eine «Emeute» als unwürdige Aufsässigkeit ausschloß.

Andrerseits kam es in einem so überaus modernen Sektor wie dem Eisenbahnbau zwar zu Dutzenden von streikähnlichen Aktionen. Tatsächlich aber handelte es sich noch um traditionale Protestformen einer «flottierenden», bunt zusammengewürfelten Arbeiterschaft, die wegen ihrer hochgradigen Heterogenität, ihrer häufig wechselnden Zusammensetzung, ihrer Saisonabhängigkeit und geographischen Mobilität schlechthin außerstande war, bereits ein Gefühl der «Klassensolidarität» auszubilden. Die vieldiskutierten frühen Eisenbahnbauarbeiter geradezu als Vorhut eines selbstbewußten Proletariats zu stilisieren, verrät daher ein grobes Mißverständnis der realhistorischen Bedingungen. Um «große Arbeiterarmeen», die fast ausschließlich aus Tagelöhnern, Landarbeitern, Handlangern und Ungelernten bestanden, handelte es sich allerdings: 1841 wurden allein auf den Großbaustellen bereits 30000 Mann beschäftigt, 1846 – auf dem Höhepunkt der Bautätigkeit in den 40er Jahren – sogar 178000, die riesige Erdbewegungen, allein rund 60 Mill. cbm für zwanzig preußische Linien an insgesamt 147 Bahnen einschließlich aller Zweig- und Nebenstrecken, ausführten. Diese Arbeiter stammten aus der näheren und weiteren Umgebung der neuen Schienenwege, kampierten unter primitivsten Umständen an der Trasse und sahen sich, da sie meist von Familie und Gemeinde getrennt lebten, überall dem Vorwurf der «Demoralisation» ausgesetzt. Zwischen den Eisenbahngesellschaften, den Baubeamten und den Arbeitswilligen nahmen die sogenannten Schachtmeister eine die Verwaltungskosten minimierende Vermittlungsfunktion wahr, da sie als Subunternehmer Arbeitstrupps für reine Lohn- und Akkordarbeit zusammenstellten, die im Sommer 14 bis 15 Stunden dauerte, während im Winter der Streckenausbau je nach Witterung monatelang ruhte und die Arbeiter entlassen wurden.

In den 40er Jahren konnten täglich maximal 15 bis 17 Silbergroschen verdient werden, ein attraktiver Nominallohn, der jedoch nicht nur durch die hohen Lebenshaltungskosten der Wanderexistenz, sondern auch immer wieder durch Schachtmeister, die sich durch Unterschlagung und Erzwingung des Trucksystems bereicherten, scharf reduziert wurde. Lohnstreitigkeiten brachen – taktisch günstig meist in den ersten Sommermonaten, wenn unter Hochdruck gearbeitet werden sollte – in der Regel deshalb aus, weil Schachtgruppen gegen die willkürliche, unehrliche Bemessung ihrer Löhne durch ihren Schachtmeister aufbegehrten. Allein für die dreieinhalb Jahre zwischen dem Frühjahr 1844 und dem Herbst 1847 sind 33 solcher Protestaktionen bisher bekannt geworden. 50% dieser meist kurzen, nur wenige Stunden währenden Konflikte in Preußen, Sachsen und Hannover erfaßten Gruppen von bis zu 200 Teilnehmern, zweimal waren unter spektakulären Umständen mehr als 1000 Mann beteiligt: im Juli 1845 rund 2000 Arbeiter an dem unweit von Bielefeld entstehenden Schildescher Viadukt der Köln-

Mindener Eisenbahn, im November 1845 rund 1500 Arbeiter an der Niederschlesischen Zweigbahn. Hauptsächlich ging es um «ehrlichen» Lohn und «angemessene» Brotpreise. Diese Ziele, aber auch die personalisierten Protestobjekte: die unredlichen Schachtmeister – die Eisenbahngesellschaft selber galt als weit entrücktes Abstraktum –, bestimmten das Konfliktverhalten und enthüllten die durchaus traditionale Mentalität des «vorindustriellen Volksprotestes». Dazu gehörte auch das Vertrauen auf die ferne, aber «gerechte Obrigkeit»: Landräte und Beamte genossen einen davon abgeleiteten Respekt, sie wurden auch als Schlichter akzeptiert, wenn die streikenden Schachttrupps nicht bereits, was ihnen manchmal gelang, eine Lohnnachzahlung erreicht hatten. Weit häufiger kam es jedoch statt dessen zu fristloser Entlassung oder, da es an Polizei fehlte, zur militärischen «Machtdemonstration», um den Protest zu ersticken.

Immerhin war die Häufigkeit der betrügerischen Praktiken von Schachtmeistern in der preußischen Lokalverwaltung so bekannt, daß paritätische Schiedskommissionen unter dem Vorsitz eines entscheidungsberechtigten staatlichen Kommissars zur Konfliktregulierung vorgeschlagen wurden. Statt dessen entstand in der Berliner Ministerialbürokratie die Verordnung vom 21. Dezember 1846, welche «die Zusammenarbeit der Polizei mit den Unternehmern weit besser regelte» als daß sie die «bei dem Bau der Eisenbahnen beschäftigten Handarbeiter» vor den notorischen Schikanen schützte. Arbeitskarten wurden eingeführt, bei Einstellung und Entlassung arbeiteten seither die Unternehmen mit der Polizei, die selber das Arbeitsverhältnis aufkündigen durfte, eng zusammen. Zugleich «wurde – ständische Relikte belebend – dem Bauaufsichtspersonal ein polizeiliches Strafrecht delegiert.» Erst «in letzter Minute» konnte verhindert werden, daß Strafentlassung die Wiedereinstellung bei einer anderen Gesellschaft ausschloß, hätten doch die Eisenbahndirektionen außer polizeilichen Rechten damit sogar «richterliche Befugnis» erlangt! Aus Angst vor unkontrollierbaren Massenaktionen fielen die Sanktionsvorschriften der Verordnung aber ohnehin «drakonisch» genug aus. Im Vergleich damit schufen die zunächst wirkungslose Zwangskrankenkasse und das Vertretungsrecht, das zwei Arbeitern aus jeder Schachtgruppe in Lohnfragen eingeräumt wurde, ein viel zu geringes Gegengewicht. Parallel zu der rigorosen Reglementierung zeichnete sich tendenziell aber auch, das darf man nicht verkennen, eine Legalisierung des Lohnkonfliktes ab; mit der Disziplinierung der Eisenbahnarbeiter schwand die exklusive Spontaneität ihres Widerstandes; an die Stelle des Insistierens auf «gerechtem Lohn» trat die situationsabhängige Sicherung der materiellen Existenzgrundlage, und erst diese Entwicklungen wiesen seit der Jahrhundertmitte über die traditionalen Protestaktionen hinaus auf neue Konfliktformen hin.[43]

Besaß daher der Vormärz noch eine bunte Mischung von vergangenheitsorientierten traditionalen Protestformen und nach vorn gerichteten, modern organisierten Streiks mit allen möglichen Zwischen- und Übergangsstufen, ist doch die allmählich voranschreitende Politisierung als Resultat all dieser Widerstandserfahrungen unübersehbar. Noch deutlicher trat diese Tendenz in den Anfängen der organisierten Arbeiterbewegung zutage. Schon sprachgeschichtlich verrät es ihre Modernität, daß sie den seit den 1770/80er Jahren aufkommenden neuen sozialen und politischen «Bewegungs»-Begriff aufnahm, wie er in der französischen «parti du mouvement» oder in der von Metternich perhorreszierten antikonservativen «Partei der Bewegung» steckte. In den 1840er Jahren wurde das Wort sowohl von den frühen deutschen Sozialisten und Kommunisten als auch von sachkundigen Publizisten übernommen; vielfach wurde es im Plural gebraucht, und «Arbeiterbewegungen» meinte dann schlechterdings alle von Arbeitern, Handwerksgesellen und ihren intellektuellen Wortführern getragenen Bestrebungen zur Verbesserung der ökonomischen und sozialen, der politischen und kulturellen Lage. Diese mehr oder minder lockeren Zusammenschlüsse bildeten, wie gesagt, selber einen wichtigen Teil der Klassenformierung. Unter diesen Vereinigungen kann man fünf unterschiedliche Typen erkennen:

1. Vor der Revolution gab es bereits Hunderte von lokalen Unterstützungskassen und -verbänden, die zugleich als Diskussions- und Bildungsvereine dienten. Sie mußten haarscharf an der Grenze entlang lavieren, die durch das bundesweit geltende Koalitionsregulativ von 1834 markiert wurde.

2. Daneben entstand seit den 1830er Jahren eine wachsende Zahl von allgemeinen Handwerker- und Arbeiterbildungsvereinen, die – nicht selten von Vertretern des Bildungsbürgertums angeleitet – «Bildung» als Vehikel des Aufstiegs zum Ziel ihrer freien Assoziation, welche die ständische Zwangskorporation hinter sich ließ, gemacht hatten. Das entsprach durchaus liberalbürgerlichen Vorstellungen, und hier existierten bis in die 60er Jahre hinein die engsten Berührungspunkte zwischen liberaler Bewegung und Gesellen- bzw. Facharbeiterelite. Wenn es in diesen Bildungsvereinen auch ein breites politisches Spektrum gab, nahm doch in den 40er Jahren die Debatte über die politische «Emanzipation der arbeitenden Klassen» unübersehbar an Intensität zu.

3. In den vorn bereits erwähnten Auslandsvereinen schlossen sich seit den 30er Jahren deutsche Handwerksgesellen, Facharbeiter und Intellektuelle insbesondere in schweizerischen, französischen, belgischen und englischen Städten zu diskussionsfreudigen Verbindungen zusammen. Hier wurden die Ideen frühsozialistischer, christlich-utopischer, radikal-demokratischer Gesellschaftsreformen, nicht selten auch der revolutionären Erneuerung rezipiert und im Vorgriff auf eine in Deutschland erst heraufziehende Entwicklung leidenschaftlich erörtert, so daß dieser Argumentation ein theoretisch-abstrakter, spekulativ auf die Zukunft gerichteter Zug eigen blieb.

4. In diesem Ambiente entstanden auch aus denselben sozialen Gruppen jene Vereinigungen, die sich, um ihre liberalen, demokratischen oder sozialistisch-kommunistischen Ideen trotz des Vereinsverbots auch in Deutschland verfolgen zu können, als Geheimbünde organisierten. Zu ihnen gehörte der «Bund der Geächteten», von dem sich 1836/37 der «Bund der Gerechten» abspaltete. Die Neugründung kam nicht als das Ergebnis eines auf Klassengegensätzen und -ideologien beruhenden Konflikts, sondern eines Führungsstreits zustande, wie er in geheimbündlerischen Konventikeln besonders häufig auftritt. Diese junge Geheimorganisation emigrierter Intellektueller und Handwerker-Arbeiter bildete Sektionen in Paris, London und der Schweiz, sie proklamierte den internationalen Zusammenschluß aller Gleichgesinnten, stellte aber tatsächlich eine ausschließlich deutschsprachige Verbindung dar, die von Karl Schapper und Wilhelm Weitling, dessen «religiöser Sozialismus» bis 1843 «einheitliche Bundesdoktrin» blieb, nur im Schneckentempo ausgebaut werden konnte. Dem Londoner Ableger des «Bundes der Gerechten», der aus Schappers Arbeiterbildungsverein hervorgegangen war, traten nach längerem Zögern Karl Marx und Friedrich Engels im Februar 1847 bei. Sie zogen mühelos die geistige Führung an sich und setzten die politisch-ideelle Stoßrichtung ihrer eigenen Programmatik durch. Auf zwei Londoner Bundeskongressen vom Juni und September 1847 wurden die Statuten eines neuen «Bundes der Kommunisten» beraten und gebilligt, der im nächsten Halbjahr rund hundert Mitglieder, vor allem in London, Paris, Brüssel und Köln, gewann. Anzahl und Größe der deutschen «Gemeinden» des Kommunistenbundes blieben eine durchweg periphere Erscheinung. Im Februar 1848 wurde das von Engels und Marx verfaßte «Kommunistische Manifest» angenommen, das in der Revolutionszeit jedoch noch keine nennenswerte Rolle spielte.

Nach dem Ausbruch der Revolution in Paris wurde dort eine neue «Zentralbehörde» des «Bundes» gegründet. Marx, Engels, Schapper und Wilhelm Wolff gaben den Ton an, der auch die im März 1848 veröffentlichten «Forderungen der Kommunistischen Partei in Deutschland» bestimmte. Als die Revolution auf Deutschland übergriff, kehrten die prominenten Bundesmitglieder aus dem Ausland zurück und verfochten, zuerst vor allem publizistisch, auf dem linken Flügel der revolutionären Bewegung sowohl ihre Forderungen nach Gesellschaftsveränderung als auch das politische Ziel einer großen deutschen Einheitsrepublik. Anstatt den konspirativen «Bund der Kommunisten» zu der anvisierten «Partei der Kommunisten» auszubauen, gingen sie im Tageskampf auf. Die kleinen kommunistischen Zirkel wurden von der neuen Arbeiterbewegung, wie sie insbesondere die imponierend schnell anwachsende «Arbeiterverbrüderung» repräsentierte, absorbiert und wirkten dort, allenfalls in sehr lockerem Zusammenhang und ohne viel Erfolg, für ihre Vorstellung weiter. 1852 wurden die restlichen deutschen Ortsvereine von der politischen Polizei und in Strafprozessen zerschlagen. Das alles bliebe Episode einer winzigen politischen Sekte, wenn es nicht in universalgeschichtlicher Perspektive als Vorspiel einer Bewegung zu gelten hätte, die zwanzig, dreißig Jahre später zu ungeahnter politischer Bedeutung aufzusteigen begann.

5. Während es auf den ersten Blick so aussieht, als hätten die radikalen Bünde dank ihrer Organisation und Zielstrebigkeit im Vormärz und während der Revolution eine wichtige Rolle spielen können – und diese Legende wird von der kommunistischen Geschichtsschreibung nach Kräften genährt –, blieb ihre Mitgliederzahl in Wirklichkeit doch extrem klein, ihr Einfluß gering, die Reichweite ihrer Wirkung äußerst begrenzt. Einem Vergleich mit dem historischen Gewicht der «Arbeiterverbrüderung» ist auch und gerade der «Bund der Kommunisten» nicht gewachsen; nur seine Fernwirkung zählt.

Außer den Geheimorganisationen gab es aber auch noch lockere sozialistisch-kommunistische Gesinnungszirkel, deren politische Ausstrahlungskraft nicht unterschätzt werden sollte. So bildete sich etwa im ostwestfälischen Rheda um Dr. Otto Lüning und die Zeitschrift «Das Westphälische Dampfboot» ein Kreis von Frühsozialisten ganz unterschiedlicher ideeller Prägung: Linkshegelianer und Anhänger der Feuerbachschen Religionskritik fanden sich dort mit Verfechtern der verschiedenen französischen und englischen Spielarten des Sozialismus zusammen. In Köln sammelten sich um den zum Kommunistenbund gehörenden Armenarzt Dr. Andreas Gottschalk und um den Mediziner Karl Ludwig D'Ester Intellektuelle und Arbeiter in einer Runde, aus der schließlich der große Kölner Arbeiterverein hervorging, in ihn wirkten Marxsche Ideen verhältnismäßig kräftig hinein. Auch der «Kommunistenrabbi» Moses Heß, ein eindrucksvoller Autodidakt, 1842 Redakteur der liberalen «Rheinischen Zeitung» und 1845/46 Herausgeber der kritischen Zeitschrift «Gesellschaftsspiegel», zog Gesinnungsgenossen an sich, spann wie die vorn genannten Vertreter eines noch vagen, facettenreichen Sozialismus ein weitreichendes Netz von Korrespondenzverbindungen und verstärkte auf zahlreichen Reisen die politischen Impulse kleiner Sympathisantengruppen.

Solche Gruppen entstanden spontan, unter der Führung von Handwerkern, Arbeitern, sozialreformerischen Intellektuellen – keineswegs vom «Bund der Kommunisten» oder von Marx selber aus dem Londoner Exil ferngesteuert. Das Hauptgewicht lag auf «Bildung» und Information; gelegentlich wurden Petitionen verfaßt, Streiks besprochen, Hilfsfonds angesammelt. Das Ziel bildete noch ganz überwiegend eine systemimmanente Sozialreform. An solche lockeren Verbindungen, die stets im Schatten des illiberalen Vereinsrechts existierten und Tarnung suchten, konnten sich die Sozialisten und Kommunisten manchmal anschließen und ihre Ideen einschleusen. Der Berliner Handwerkerverein von 1844 z. B., der in knapp drei Jahren rund 3000 Mitglieder aus allen Gewerben gewann, wurde von zwei

Dutzend Aktivisten des «Bundes der Gerechten» unterwandert mit der Absicht, die Bildungsarbeit zu politisieren. 1847 nannten sich die Gesellenmitglieder bereits «Proletarier», die das «Los der Arbeiter» beklagten; sie forderten politische Demokratie, freie Schulen, Umverteilung des Nationalreichtums und staatliche Arbeitsbeschaffungsprojekte. Ähnliche Veränderungen des politischen Bewußtseins und der politischen Sprache lassen sich an derartigen Assoziationen auch in anderen Gewerbezentren beobachten. Die zur brennenden «Tagesfrage gewordene arbeitende Klasse» der Lohnabhängigen werfe, insistierte etwa die Zeitung der sächsischen Buchdruckergesellen Anfang 1847, für Staat und Gesellschaft das Problem einer tiefgreifenden Reform auf.

Offensichtlich vollzog sich im späten Vormärz ein gleitender Übergang von der aus antikapitalistischen, ständischen Motiven genährten Kritik am individuellen Fabrikanten, Verleger und Beamten über christlich-soziale Reformforderungen bis hin zu einer grundsätzlichen «sozialistischen Kapitalismuskritik.» Insgesamt hielt sich die politische Mobilisierung der Fabrikarbeiter noch in sehr engen Grenzen, unverkennbar aber gab es diese Mobilisierung in jenen Regionen und Städten, wo die Industrie sich entfaltete. Während die Arbeiter in steigender Zahl mit Worten und Resolutionen, mit Streiks und latenter politischer Aktivität ihre Kritik anmeldeten, wuchsen die Diskriminierung der «Heloten des Kapitals» – so der Konservative Riehl – und die Furcht vor dem «leicht zu mißbrauchenden Proletariat» als der «Vertretung der wahnsinnigen sogenannten sozialistischen Theorie» – so der Liberale Bassermann – in anderen gesellschaftlichen Schichten und Klassen so unwiderstehlich an, daß in dem typischen Prozeß des wechselseitigen Hochschaukelns von Angst und Haß, von Bitterkeit und Empörung auf beiden Seiten die Politisierung der «sozialen Frage» vorangetrieben und das Konfliktniveau bis dicht an die Schwelle zum offenen Zusammenstoß angehoben wurde. Während der Revolution wurde sie erstmals überschritten.[44]

Bei der ideologischen Prägung insbesondere der politisch interessierten vormärzlichen Fabrikarbeiter rivalisierten in erster Linie die zeitgenössischen liberalen und demokratischen Ideen miteinander, sodann die Einflüsse der verschiedenen westeuropäischen Frühsozialismen, der katholischen Soziallehre, des «religiösen Sozialismus» à la Weitling und des Kommunismus. Vorerst öffnete sich nur eine Minderheit dem radikalen Sozialismus oder Kommunismus, den sowohl die schneidende Kapitalismuskritik als auch die Verklärung der vorindustriellen Vergangenheit ohne «entfremdete» Arbeit gleichermaßen attraktiv machte. Daß das berufliche und gesellschaftliche Leben in rasch zunehmendem Maß in der Form von tiefreichenden, nicht wenigen schon als unüberbrückbar erscheinenden Gegensätzen erfahren wurde, verstärkte jedoch schon auf mittlere Sicht die Neigung, die soziale Realität als ein ziemlich starres dichotomisches Gefüge, beherrscht von einem Dauerkonflikt zwischen fundamental geschiedenen Kontrahenten, zu begreifen. Und mit wachsender Einsicht in die gesellschaftliche Polarisierung wuchs die Bereitschaft, von der Kritik am Status quo zu einem offensiven Konfliktverhalten überzugehen.

Die in einem weitgefaßten Sinn verstandene kulturelle Konstituierung der Industriearbeiterschaft besaß vorerst einen ambivalenten Charakter. Einige der auch auf diesen Prozeß einwirkenden Faktoren – die ökonomische Lage, die soziale Herkunft, die Binnenhomogenisierung und Außendifferenzierung, die Wohnsituation, die konfliktive Alltags- und Politikerfahrung usw. – sind bereits erörtert worden. Hinzuweisen ist noch einmal auf die zentrale Rolle der Familie. Die allermeisten Fabrikarbeiter heirateten während der erwähnten mittleren Phase ihres Lebens- und Einkommenszyklus. Die emotionelle Befriedigung und der materielle Schutz des Familienverbandes wurden durchweg der Familienlosigkeit vorgezogen. Bei Krankheit, Arbeitslosigkeit und Altersproblemen leistete die Familie Krisenhilfe; sie versuchte, die individuelle Noterfahrung abzufangen. Auch die Kinder stellten oft eine Art sozialpolitischer Investition gegen Einkommensschwankungen und Altersarmut dar. Zwar bildete die industrieproletarische Familie keine herkömmliche Produktionseinheit mehr, aber alle Mitglieder mußten nach Möglichkeit arbeiten. Der Vergleich mit der bürgerlichen und adligen Ehe zeigt, daß nicht nur die Freisetzung der Frauen und Kinder von der kontinuierlichen physischen Arbeit fehlte, sondern daß auch aufgrund der Wohnungsverhältnisse die private Intimsphäre wenn überhaupt, dann nur außerordentlich eingeschränkt existierte – hautenge Nachbarschaft, Schlafburschen, überfüllte Zimmer, Ausweichen in das Straßenleben ließen von der Intimsphäre der bürgerlichen Kleinfamilie meistens gar nichts mehr übrig. Trotz ihrer andersartigen Natur blieb auch die Arbeiterfamilie – vor der «Straße» und der Armenschule – die maßgebliche Institution der primären Sozialisation. Die überlieferten Normen des Gehorsams und Fleißes, der Ordnung und Anpassung an die vorgegebene Sozialhierarchie wurden, häufig mit strengen Erziehungsmethoden und harten Sanktionen, weitervermittelt und von den Kindern verinnerlicht; es dauerte noch Jahrzehnte, bis ihnen auch Werte wie Klassensolidarität und proletarisches Selbstbewußtsein mitgegeben wurden.

Daß die Familie in jedem System der sozialen Ungleichheit eine Schlüsselrolle spielt – «die Geburt ist die Tatsache», konstatierte damals schon Lorenz v. Stein, «welche die Familienmitglieder an die Klasse knüpft» –, gilt auch und gerade für die entstehende Klasse der Industriearbeiterschaft. Die Schutz- und Sozialisationsfunktionen zeigen das, vor allem aber entschied die Familie über die Berufschancen und damit über die Placierung in der gesellschaftlichen Rangordnung. Eher 90 als 80% der Arbeitersöhne wurden durch ihre Herkunft in der Lebenswelt der Lohnarbeiter festgehalten; 10 bis allerhöchstens 20% gelang ein kleiner Schritt nach oben – in die

Position eines Vorarbeiters oder Steigers, vielleicht sogar eines Fabrikmeisters oder Handwerkers, eines Angestellten oder Subalternbeamten. Und wie die soziale Aufstiegsmobilität eng begrenzt blieb, markierte die Klassengrenze ganz scharf eine kaum überwindbare Heiratsschranke, die, zumal auf längere Sicht, zur Homogenität des proletarischen Sozialmilieus beitrug.

Da stadt- oder bildungsbürgerliche Exklusivitätsansprüche die Fabrikarbeiter vom geselligen Leben in den zahlreichen freien bürgerlichen Assoziationen ausschlossen, entwickelten sie ihr eigenes Vereins- und Festwesen. Dort spielte sich alles in ungleich bescheideneren Verhältnissen ab als in der «Harmonie» oder im «Kasino», aber man konnte ungezwungen unter sich feiern, die Strapazen des Berufslebens wurden zeitweilig vergessen. Indem die Vereine der Arbeiterschaft hier an ältere Handwerksgesellen- oder auch Bergknappenverbände anknüpften, dort aber Neugründungen darstellten, verteidigten oder schufen sie wichtige institutionelle Grundlagen, auf welche sich die allmählich entstehende Subkultur der Industriearbeiterschaft stützen konnte.

Ob es frühzeitig eine weithin autonome, an ungebrochene Traditionen anknüpfende und eine eigenständige Entwicklung durchlaufende deutsche «Arbeiterkultur» gegeben hat, hängt von einer präzisen Definition des Begriffs ab, erscheint aber, wie weit oder wie eng man dabei auch vorgeht, im allgemeinen als sehr problematisch. Gerade die Lage der Industriearbeiter war dadurch gekennzeichnet, daß für viele die älteren Traditionen abgebrochen waren, neue Verhaltensweisen und Werte erst erworben werden mußten. Besonders über die Sozialisationserfahrungen in der frühproletarischen Familie oder in der Schule, über das Vereinswesen und die «Bildungs»-Arbeit flossen bürgerliche Wert- und Zielvorstellungen, Moralansprüche und Verhaltensanforderungen in einer Art von Sickerprozeß in die Alltagssphäre dieser Arbeiter ein. Sie wurden dort jahrzehntelang rezipiert, amalgamiert und schließlich mit wechselnder Intensität von der proletarischen Subkultur des Kaiserreichs aufgenommen, umgeformt und tradiert. Aber in der «sozial-chaotischen Epoche» der Frühindustrialisierung und anlaufenden Industriellen Revolution konnte die Fabrikarbeiterschaft noch nicht im Gehäuse einer ausgebildeten eigenen «Arbeiterkultur» eine stabilisierende Zufluchtsstätte finden.[45]

Auch in der ersten Hälfte des 19. Jahrhunderts blieben die Unterschichten die größte aller Einwohnergruppen in den deutschen Städten. Hatte in den Jahrzehnten vor 1800 ihr Anteil an der Stadtbevölkerung zwischen 50 und 70% geschwankt, stieg er in dem halben Jahrhundert danach sogar auf 60 bis 90%, mithin relativ und absolut weiter an. Es ist zwar richtig, daß die Urbanisierung in Deutschland auf breiter Front erst nach der Revolution von 1848/49 vordrang, aber manchmal gab es auch schon vorher ein bemerkenswertes, gelegentlich bereits ein dramatisches Wachstum der städtischen

Einwohnerschaft. Zwischen 1815 und 1849 stieg z. B. die Bevölkerung von Mannheim um 30%, von Frankfurt um 44%, von Köln und Bonn um 70%, von Bielefeld um 75%, von Magdeburg und Nürnberg um 100%, von Berlin um 115%, und der größte Teil dieser Expansion läßt sich auf die außergewöhnliche Vermehrung der städtischen Unterschichten zurückführen.

Übersicht 37: Städtische Unterschichten 1815–1850

1. Köln	1817/49	rd. 78 %
2. Bonn	1816/49	rd. 73–87 %
3. Hamburg	1817/48	rd. 75–80 %
4. Flensburg	1835	rd. 90 %
5. Göttingen	1829	rd. 65–70 %
6. Magdeburg	1815/49	rd. 70–80 %
7. Weimar	1820	rd. 68–78 %
8. Wismar	1814/51	rd. 69 %
9. Bielefeld	1820/52	rd. 67–69 %
10. Barmen	1861	rd. 90 %

(Vgl. dazu die ausführlicheren Angaben S. 182: Übersicht 36.)

Die Elite der Fabrikhandwerker und Facharbeiter darf wegen ihrer Annäherung an kleinbürgerliche Lebensverhältnisse nicht zu diesen Unterschichten gerechnet werden, wohl aber gehörten die gewöhnlichen Fabrikarbeiter dazu – es sei denn, daß kontinuierliche Arbeit und robuste Gesundheit einer ziemlich geringen Zahl in ihrer Hochverdienstphase ebenfalls eine zeitweilig abgehobene Stellung sicherten. Aber wie auch immer, unter diesen Unterschichten bildete die große Mehrheit der Industriearbeiter ohnehin nur eine kleine Minderheit. Nicht die Quantität, sondern die künftige Bedeutung rechtfertigt in der historischen Retrospektive ihre bevorzugte Behandlung.

An den städtischen Unterschichten, der «dürftigen Volksklasse», wie sie 1809 in Mannheim genannt wurde, fällt außer dem anhaltenden Wachstum die sozialgeschichtliche Kontinuität der Zusammensetzung und des Lebensstandards auf. Die große Masse dieser «untersten», «niedersten Klassen», wie man sie bis zur Revolution bezeichnete, bestand weiterhin aus Handlangern, Tagelöhnern, Fuhrleuten, Verlagsarbeitern, Handwerksgesellen, auch Landarbeitern und Knechten in Ackerbürgerstädten, aus allen Arten von Gelegenheits- und Heimarbeitern, verarmten Kleinbürgern, unterstützungsbedürftigen Armen, Krüppeln, Kranken und Arbeitsscheuen. Der bis zum Beginn des 19. Jahrhunderts vergleichsweise hohe Anteil des Gesindes und der Dienstboten – zwischen 14 und 22% – sank zwischen 1815 und 1850 der allgemeinen Tendenz nach erheblich ab und pendelte sich vielerorts zwischen 10 und 12% ein; die Residenzstadt München mit 20% in den 1820er Jahren stellte durchaus eine Ausnahme dar. Unverändert hielt sich der Anteil der männlichen Dienstboten bei rund einem Viertel der Gesamtzahl, die den zum Teil verschärften Gesindeordnungen unterworfen blieb. Zu den weiblichen Unterschichtenangehörigen rechneten die Frauen und Töchter der Männer dieser unterbürgerlichen Welt, aber auch zahlreiche alleinstehende Arbeiterinnen, Hausmädchen, Dienstboten, Mägde und Witwen, nicht zuletzt die Prostituierten.

Offenbar lebte weit mehr als die Hälfte der Unterschichten unterhalb der Armutsschwelle, wo nur noch öffentliche Hilfe, Bettel und Almosen das Weiterleben ermöglichten. Dieses Kümmerdasein trieb auf allen Altersstufen die Sterblichkeitsrate disproportional hoch. In Köln war 1848 ein Drittel der Bevölkerung in den Armenlisten erfaßt, weitere 40 % lebten in dem grauen Grenzbereich der Hungerexistenz. In Mannheim gehörten gleichzeitig von 22050 Einwohnern 9900 zu den Armen, wozu auch die Mehrzahl der 626 Fabrikarbeiter gehörte. Der Berliner Magistrat wandte 1847 rund 40 % des Stadthaushalts für das Armenwesen auf; 75 bis 80 % aller Handwerker blieben in den 40er Jahren wegen ihres Minimaleinkommens steuerfrei; 50 % der Steuerzahler entrichteten den niedrigsten Satz, und seit den 30er Jahren waren bereits 25 % aller Familien wegen Armut von der Mietsteuer befreit worden. Auch in Hamburg wurden nach 1820 80 % der Erwerbstätigen nicht von der Steuerpflicht erfaßt, da ihre Einkünfte unter dem Mindesteinkommen blieben, 1848 waren es noch immer 66 %. Insgesamt lebten dort während des Vormärz 60 % der Bevölkerung «in dürftigen Verhältnissen», weitere 20 % schier ununterscheidbar dicht daran, so daß die Unterschichten häufig 75 bis 80 % aller Einwohner der Hansestadt umfaßten.

Allgemein gilt die Regel, daß sich die städtischen Unterschichten ständig um das Existenzminimum herum bewegten. Ein jeder lebte von der Hand in den Mund. Bei Verdienstausfall oder Krankheit war der letzte Notgroschen eines jeden Familienmitgliedes sogleich verbraucht, und alle darbten, da es an jeder noch so geringfügigen Rücklage fehlte. Hilflos wandte man sich an die Armenanstalt, die mit ihren eng begrenzten Möglichkeiten keineswegs jedem weiterhelfen konnte. Hinzu kamen die unbeschreiblichen Wohnverhältnisse, der Schmutz, der Gestank, die ewige Krankheit in den Armengassen – ein Jammerleben von Hunderttausenden. Und trotz aller Zuzugserschwernisse der Städte, trotz ihrer ausgeklügelten sozialdefensiven Politik wuchsen und wuchsen die städtischen Unterschichten weiter an, ein Sprengsatz, wie viele Stadtbürger und Bürgerliche glaubten, innerhalb der städtischen Wälle und Mauern. Wie sollte man die Bürgerviertel schützen, wenn der Funke einer Erhebung, einer Revolution gar, diese pauperisierte Mehrheit der Stadtbewohner explosiv in Bewegung setze? Seit 1789 hing die Angst vor dem Aufbegehren der Unterschichten auch über den deutschen Städten, und ihre ununterbrochen anhaltende Vermehrung in sichtbarem Elend war nicht dazu angetan, die «besitzenden» und «gebildeten Klassen» zu beruhigen.

Im späten Vormärz drückte das liberale «Staatslexikon» diese offenen und geheimen Befürchtungen pointiert aus: «Die Sicherheit des Eigentums, somit die Ruhe, ja der Fortbestand der Gesellschaft, also auch das Lebensglück aller ihrer Mitglieder werden gefährdet durch das Vorhandensein einer großen Klasse von Armen», hieß es dort 1845 in Rottecks Worten. «Nicht nur Privatverbrechen..., sondern auch revolutionäre Bewegungen, Auflehnung gegen eine bestehende Ordnung der Dinge, völlige Zerrüttung oder Zerstörung eines Gemeinwesens können die Folgen einer weitverbreiteten Armut sein.» Ähnlich lautete der Tenor zahlreicher anderer Stimmen, und fast alle stimmten in dem Urteil überein, daß «das Interesse an der allgemeinen Sicherheit» auch eine neue, aktiv systemstabilisierende staatliche Armenpolitik verlange. Diese Furcht und Forderung wird verständlich vor dem Hintergrund des «Pauperismus» der 30er und 40er Jahre, einer heute kaum mehr vorstellbaren, in der Lage der zusammengeballten städtischen Unterschichten dramatisch zugespitzten Massenarmut, welche die deutschen Staaten schließlich in der Tat dazu nötigte, mit politischen Maßnahmen von aufschlußreicher Unterschiedlichkeit darauf zu reagieren. Damit stehen der Pauperismus und die von ihm ausgelöste öffentliche Armenpolitik als nächstes Problem zur Debatte.[46]

6. *Die Gesellschaftskrise des «Pauperismus» im Vormärz*

Pauperismus – das war eines der furchterregenden, grellen Reizworte, die in der schier unübersehbaren Diskussion über die gesellschaftliche Krise in den rund anderthalb Jahrzehnten vor der Revolution eine herausragende Rolle spielten. Mit ihm verband sich die Vorstellung von grauenhaftem Massenelend, ländlichem und städtischem Proletariat, politischer Radikalisierung, anwachsenden «kommunistischen Tendenzen», zunehmend dann die Furcht, daß all dies, wenn staatliche Reformpolitik nicht hilfreich eingreife und neue ökonomische Chancen sich nicht eröffneten, auch auf deutschem Boden eine Revolution auslösen, ja in die «soziale Revolution» einmünden werde. Der Gegenstand als solcher, die ausufernde Verarmung der rapide anschwellenden «unteren Klassen», wurde, zunächst unter wechselnden Bezeichnungen, bereits seit den 1820er Jahren debattiert. «Nicht zufällig» hat sich während der damals lang anhaltenden «Depressionsperiode» eine «neue, gegenstandsnähere und kritische Betrachtung der sozialen Verhältnisse im Rahmen einer breiten literarischen Diskussion angebahnt.»

Dafür gab es zwei entscheidende Gründe: An erster Stelle wirkte sich ein Komplex von realhistorischen Veränderungen, die gleich zu erörtern sind, mit wachsender Kraft aus und hielt mit der unwiderstehlichen Gewalt des Faktischen auch die öffentliche Kontroverse in Gang. Zum zweiten aber machte sich eine von Grund auf veränderte Perzeption sozialer und politischer Probleme geltend, denn seit der Französischen Revolution war diese

Wahrnehmung geschärft, bis zum Extrem hypernervöser Angst vor einer neuen Eruption sensibilisiert worden. Mit offenbar unvermeidbarer, gottgegebener Armut hatte man seit Jahrhunderten zu leben gelernt. Daß die ländlichen und städtischen Armen zu den Trägerschichten erfolgreicher Aufstände werden konnten, hatte sich erst seit der «Grande Peur» des Sommers 1789 und den Pariser Straßenkämpfen tief eingebrannt. Diese Erfahrung blieb auch den wachen Zeitgenossen der Restaurationsepoche jederzeit präsent, und nach einer kurzen Zeitspanne erneuerte die Revolution von 1830 die traumatischen Ängste.

Noch unter ihrem Einfluß beklagte der Freiherr vom Stein «das Verderbliche der Vervielfältigung der eigentumslosen, heimatlosen Klasse», den «Andrang von ursprungslosem und sittenlosem Gesindel»; Eigentum und Ordnung würden durch «die Gefahr» bedroht, «die aus dem Wachstum der Zahl und der Ansprüche der untersten Klassen» entstehe; in den Städten nähre der «eigentumslose Pöbel», auf dem Lande hegten Zwergbesitzer und Landarme «den Neid und die Habsucht», den «die verschiedenen Abstufungen in der bürgerlichen Gesellschaft» erzeugten. Ähnlich urteilte 1836 der Altkonservative v. d. Marwitz, daß in den vergangenen Jahrzehnten «sowohl unter den Landleuten als auch den Städtern eine ganz neue, bis dahin unbekannte Klasse entstanden» sei: «die der Heimatlosen – oder mit einem neumodischen, der Fremdheit wegen angenehmen Namen – die Proletarier.» In München leitete 1835 der katholische Philosophieprofessor Franz v. Baader aus dem «dermaligen Mißverhältnis der Vermögenslosen oder Proletairs zu den Vermögen besitzenden Klassen der Sozietät» die Forderung nach einem Umbau der Gesellschaft ab, da die karitative Hilfe dem Problem längst nicht mehr angemessen sei. Und 1837 warnte der Freiburger Professor Buß, Abgeordneter des badischen Landtags, als erster in einem deutschen Parlament vor dem «Pauperismus», mit dem der «Umsturz» eine «furchtbare, stets bereite Waffe» gewinne, wenn dem Elend der «Fabrikheloten» – der «Hörigkeit neuer Art, bei der der Arbeiter der Leibeigene» der Unternehmer sei –, wenn vor allem der «Desorganisation der stets anwachsenden Bevölkerungsmasse» der völlig Verarmten nicht alsbald Einhalt geboten werde.

In den 1830er Jahren setzte sich das sowohl aus dem Französischen als auch aus dem Englischen eindringende «neue Wort Pauperismus» in der deutschen Öffentlichkeit zur Charakterisierung der genannten Phänomene durch. Karl v. Rotteck und Robert v. Mohl war es 1835 in der ersten Auflage des «Staatslexikons» noch fremd. Die Ersch-Grubersche «Allgemeine Enzyklopädie der Wissenschaften und Künste» definierte es dann 1840 noch recht vage als «den Zustand der Armut ganz im Allgemeinen oder für einen Komplex von Menschen..., für einen Staat, ein Volk, ein Land, eine Stadt», zugleich auch als «die Theorie der Armut.» Der Grund für den Gegensatz zwischen den «unermeßlichen Fortschritten» von «Handel, Industrie und Ackerbau» einerseits, dem «im mächtigsten Steigen begriffenen» Pauperismus andrerseits sah der Verfasser in der ungleichen Wohlstandsverteilung, deren Abmilderung zahlreiche referierte Besserungsvorschläge galten. Ein halbes Dutzend Jahre später konnte sich die Brockhaussche «Real-Enzyklopädie für die gebildeten Stände» schon weit präziser äußern: «Pauperismus ist ein neu erfundener Ausdruck für eine höchst bedeutsame und unheilvolle Erscheinung, die man im Deutschen durch die Worte Massenarmut oder Armentum wiederzugeben versucht hat. Es handelt sich dabei nicht um die natürliche Armut, wie sie... immerfort einzelne befallen mag», sondern der «Pauperismus ist da vorhanden, wo eine zahlreiche Volksklasse sich durch die angestrengteste Arbeit höchstens das notdürftigste Auskommen verdienen kann, auch dessen nicht sicher ist, in der Regel schon von der Geburt an und auf Lebenszeit solcher Lage geopfert ist, keine Aussichten der Besserung hat, darüber immer tiefer in Stumpfsinn und Roheit versinkt, den Seuchen, der Branntweinpest und viehischen Lastern aller Art, den Armen-, Arbeits- und Zuchthäusern fortwährend eine immer steigende Zahl von Rekruten liefert und dabei immer noch sich in reißender Schnelligkeit ergänzt und vermehrt.» Mit dem «Pauperismus», stimmte v. Radowitz zu, «öffnet sich die blutende Wunde der Gegenwart.»[47]

Wie die rasch anschwellende vormärzliche Pauperismus-Literatur zeigt – an ihr läßt sich auch das Vordringen des Klassenbegriffs vorzüglich verfolgen –, herrschte unter der erdrückenden Mehrheit all jener Beamten, Pfarrer, Staatswissenschaftler, Schriftsteller, Nationalökonomen, Gutsbesitzer usw., die sich zu diesem Notstand unablässig äußerten, Einigkeit darüber, daß es sich um eine historisch neuartige Erscheinung der Massenarmut, nicht mehr um die traditionelle Armut handelte. Heftiger Streit aber entstand über die Ursachen, das Ausmaß, die Folgen und die Dauer des Pauperismus – ein Streit, der in der Form wissenschaftlicher Kontroversen bis in die unmittelbare Gegenwart anhält. Dabei haben sich vor allem zwei Positionen herausgebildet, die einander bisher diametral gegenüberstanden.

Thesenartig lassen sie sich knapp so charakterisieren, daß die erste Lehrmeinung den Pauperismus für eine notwendige Begleiterscheinung der anlaufenden Industrialisierung hält, Pauperismus wird zum Synonym für die Lage des jungen Industrieproletariats, Pauperismus ist Proletarisierung, das produktionskapitalistische Fabrikwesen ist der Verursacher – und gewissermaßen der historisch Schuldige – dieser Elendssituation. Den «locus classicus» dieser Auffassung bildet Friedrich Engels' Buch über «Die Lage der arbeitenden Klasse in England» von 1845, eine empirisch fundierte sozialkritische Analyse, die den 25jährigen Autor zu Recht berühmt gemacht hat. Seine Deutung wurde von der orthodox-marxistischen Historiographie übernommen, verallgemeinert und bis heute beibehalten; erst neuerdings ist sie empirisch aufgelockert und damit in Frage gestellt worden.

Dagegen hat die andere Schule im Pauperismus primär ein Ergebnis der zerfallenden spätfeudalen Agrargesellschaft, der unzureichenden «Tragfähigkeit» ihrer Landwirtschaft und des Arbeitsplatzmangels angesichts eines unerhörten Bevölkerungswachstums gesehen; für den Pauperismus als Krisenphänomen eines untergehenden Zeitalters bedeutet die Industrie keineswegs die Quelle aller Misere, sondern vielmehr die in erstaunlich kurzer Zeit erfolgende Rettung vor der Massenkatastrophe, Proletarisierung gilt als Durchgangsstadium auf dem Weg zur respektablen Industriearbeiterschaft mit steigenden Reallöhnen. Die erste Interpretation ist viel zu eng, in ihrer allgemeinen Form schlechterdings falsch; die zweite verkürzt die Problematik, sie ist sehr ergänzungsbedürftig.

Inzwischen läßt sich ein Erklärungsmodell entwickeln, das den wesentlichen Faktoren gerecht und empirisch zusehends abgesichert wird. Dabei ist von den realhistorischen Ursachen der neuen Massenarmut auszugehen. Das Fundamentalfaktum, mit dem jede Erörterung des Pauperismus zu beginnen hat, ist das vor der Mitte des 18. Jahrhunderts einsetzende und länger als ein Jahrhundert anhaltende vehemente Bevölkerungswachstum. Von dieser dritten Expansionswelle der europäischen «demographischen Revolution», deren Charakter und Auswirkungen in Mitteleuropa beschrieben worden sind, ging ein unaufhaltsam ansteigender Druck auf all jene Ressourcen aus, die den deutschen Gesellschaften im Rahmen ihrer soziopolitischen und ökonomischen Verfassung zur Verfügung standen, um den Menschen zu ermöglichen, ihr Leben zu fristen. Daß die Bevölkerungsvermehrung überhaupt in diesem Umfang derart lange anhalten konnte, setzte ein komplexes Ineinandergreifen mehrerer vorantreibender Kausalfaktoren, darunter insbesondere zwei ökonomische Bedingungen voraus: Der vordringende Agrarkapitalismus, die Modernisierung der Landwirtschaft und Ausdehnung der Bodenkultivierung schufen erstens einmal Arbeitsstellen auf den vergrößerten Gütern und in den bäuerlichen Betrieben, sie vermehrten die Zahl der Landarbeiter, aber auch der Kleinstellenbesitzer; zum zweiten halfen die wachsenden Erträge, die verbesserte Produktivität, die erhöhte Marktquote, dazu wiederum die in kurzer Zeit verdoppelte Menge kleiner Subsistenzwirtschaften, die anschwellende Bevölkerung, auch außerhalb der Agrargesellschaft, zu ernähren.

Gleichzeitig gab das protoindustrielle Verlagswesen, dessen dichtgewebtes Netz dezentralisierter Gewerbetätigkeit bis in die abgelegenste Kate des Landarmen, bis in die kleinste Stube der Landlosen und städtischen Unterschichten reichte, einer Vielzahl von Menschen Brot und Überlebenschancen, die sie ohne diesen florierenden Handelskapitalismus nicht besessen hätten. Die beschleunigte Entfaltung des Agrarkapitalismus und die letzte Blüte des protoindustriellen handelskapitalistischen Verlages hielten mithin das Bevölkerungswachstum in Gang, sie zusammen ermöglichten erst, daß eine Vielzahl von Menschen sich wenn auch oft kärglich ernähren und vermehren konnte, die ohne diese beiden frühen Formen des Kapitalismus keine hinreichenden Existenzmöglichkeiten gefunden hätten. Hier ist auch noch einmal an das evolutionstheoretische Argument zu erinnern, daß die Reformpolitik überall auch eine Reaktion auf lang angestaute Probleme bedeutete und die Entfaltung agrar- und gewerbskapitalistischen Wirtschaftens außerordentlich erleichtert hat. Unterbrochen von schmerzhaften Krisen und tiefen Einbrüchen hielten auch nach der Revolutionsepoche diese demographischen, landwirtschaftlichen und gewerblichen Prozesse einer unwiderstehlich wirkenden Dynamisierung der gesellschaftlichen Entwicklung an, bis – seit Jahrzehnten befürchtet und seit den 20er Jahren heftiger als zuvor diskutiert – in den 30er Jahren eine Art Sättigungsgrenze der Wirtschaft erreicht wurde. Die verschiedenen Wirtschaftszweige vermochten die Flut der Arbeitsuchenden immer weniger zu absorbieren. Das Wachstum der Bevölkerung und des Arbeitskräftepotentials eilte dem wirtschaftlichen Wachstum, das unter den gegebenen sozioökonomischen und politischen Bedingungen damals möglich war, voraus.

Diese Diagnose spiegelte sich in dem Konsens zahlreicher kritischer zeitgenössischer Beobachter wider, die innerhalb ihres Erfahrungshorizonts den deprimierenden Befund für unaufhebbar hielten. Darüber hinaus kann man diese Engpaßsituation dank der neueren wirtschafts- und sozialhistorischen Forschung sogar als eine durch objektive Bedingungen markierte kritische Schwelle verstehen, die der moderne gesellschaftsgeschichtliche Transformationsprozeß erreicht hatte.

Im Prinzip gab es fünf Möglichkeiten, um mit diesem nicht nur anhaltenden, sondern sich auch noch verschärfenden Problem einer wachsenden Bevölkerung und nachhinkender wirtschaftlicher Möglichkeiten – der malthusianischen «Falle» – auf die Dauer fertig zu werden.

1. Die auf ihrem Weg in den Agrarkapitalismus voranschreitende Landwirtschaft konnte weiterhin Menschen eine neue Existenz bieten – aber in den späten 30er Jahren hatten die Güter und Bauernwirtschaften offenbar mit einem scharf abfallenden Grenznutzenwert des Personalbestandes eine Wendemarke erreicht, wonach sich die Einstellung neuer Arbeitskräfte immer weniger lohnte; der Kleinstellenausbau ging ungleich langsamer als vorher weiter; die «ländliche Armut» wuchs sprungartig an.

2. Das Handwerk war bis zu diesem Zeitpunkt schon überfüllt, im folgenden Jahrzehnt völlig überlaufen. Das galt insbesondere auf dem Lande, aber auch in den Städten. An der geschilderten Verdoppelung der Handwerkerzahl innerhalb weniger Jahre läßt sich diese extreme Überbesetzung klar ablesen. Kurzarbeit, verringerte Kapazitätsausnutzung, mithin Unterbeschäftigung und sinkendes Einkommen, schließlich Arbeitslosigkeit waren die Folge – auch das Handwerk hatte das Ende seiner Aufnahmefähigkeit erreicht.

3. Das protoindustrielle Heimgewerbe trat gleichzeitig in seine tödliche Krise ein, da es der Substitutionskonkurrenz der englischen, zum Teil auch

schon der einheimischen Industrie nicht mehr gewachsen war. In den zahlreichen Regionen ausgedehnter «Hausindustrie» konnten selbst Tag- und Nachtarbeit das Existenzminimum immer seltener gewährleisten. Die Verleger wälzten sinkende Verkaufspreise mit Hilfe von Minimallöhnen auf die protoindustrielle Familienwirtschaft ab. Das gesamte System trat in eine Phase quälender Agonie ein, welche angesichts der Alternativenlosigkeit die Kümmerexistenz der ohnehin Armen zur Massenarmut verschärfte. Vermutlich hat der sich dahinschleppende Zusammenbruch der Protoindustrie, der zur Überfüllung von Landwirtschaft und Handwerk hinzutrat, die dramatische Wendung zum Tiefpunkt des Pauperismus wesentlich herbeigeführt.

4. Wenn die Heimat nicht mehr ausreichende Arbeitschancen bot, wurde selbst die Auswanderung ins Ungewisse attraktiv. Waren bereits in den 20er Jahren rund 21 500 Emigranten registriert worden, stieg ihre Zahl in den 30er Jahren auf rund 145 100, in den 40er Jahren sogar auf rund 418 800 an, so daß in dieser Zeit bereits mindestens 585 400 offiziell erfaßte Menschen Deutschland verlassen haben. Der Menschenexport wirkte wie ein Ventil zur Minderung der sozialen Spannungen, und es scheint für die Hauptzentren dieser Auswanderung zuzutreffen, daß das Ausmaß dieses von der Not erzwungenen Abzugs von Arbeitskräften ziemlich dicht an die dort fehlende Stellenzahl herankam, so daß die Auswanderung, etwa aus Südwestdeutschland, der sozialen Krise dort ihre äußerste Schärfe nahm. Verallgemeinern oder gar erzwingen ließ sich diese Abwanderungsreaktion aber nicht, und gerade den Pauperisierten fehlten ja die Mittel, um die Reise in die südosteuropäischen habsburgischen Kolonistendörfer, geschweige denn über See nach Nordamerika zu bezahlen.

5. Schließlich blieb der Ausbau der Industrie; er begann aber in den späten 30er und frühen 40er Jahren gerade in die Vorphase der Industriellen Revolution einzutreten und wirkte sich daher erst nach ihrem Durchbruch, weithin spürbar also erst in der Hochkonjunktur nach 1850 als Auffangbekken der Arbeitssuchenden aus. Die Industrialisierung, der mit ihr verbundene Ausbau des Verkehrssystems, der massenhafte Wohnungsbau im Zuge der Urbanisierung – kurzum: Das neuartige, von der Industrialisierung getragene wirtschaftliche Wachstum seit der Jahrhundertmitte hat dann das Pauperismusproblem gelöst.

Seine Erklärung läßt sich heute nach alledem knapp so leisten: Agrar- und Handelskapitalismus haben zusammengewirkt, um das neue Bevölkerungswachstum seit dem 18. Jahrhundert teils auszulösen, teils ihm eine zeitweilig tragfähige Basis zu geben. Als im Vormärz die vorhandene ökonomische Kapazität in Landwirtschaft und Gewerbe durch die Übervölkerung definitiv überfordert wurde, trat im Pauperismus eine säkulare Krisensituation zutage, die erst durch den erfolgreichen Industriekapitalismus – nicht Ursache, sondern Retter – bewältigt wurde. Abgesehen von der grandiosen

Überschätzung des kleinen deutschen Fabrikwesens und seines Proletariats ist es daher einerseits historisch irreführend und illegitim, den Pauperismus primär oder sogar allein auf das Vordringen des Industriekapitalismus zurückzuführen. Zugleich bedeutete es andrerseits eine unzulässige Verkürzung, wenn nicht gar Verfälschung, den Agrar- und den Handelskapitalismus aus der Genese des Pauperismus auszublenden und nur die mangelhafte «Tragfähigkeit» einer vom Bevölkerungswachstum gewissermaßen überwältigten «traditionalen» Agrargesellschaft im Übergang für das Elend haftbar zu machen. Ohne diese älteren Spielarten des Kapitalismus als maßgeblichen Kausalfaktoren ist der Pauperismus realitätsadäquat nicht zu erfassen, insofern auch behält eine kritische Kapitalismusanalyse ihr Recht.

Bis vor kurzem ist die neueste Diskussion wegen der mangelnden Differenzierung zwischen Agrar-, Handels- und Industriekapitalismus steckengeblieben. Inzwischen ist klar: Weder handelte es sich beim Pauperismus um die «sozialen Kosten» des frühen Industriekapitalismus noch um «vorindustrielle Umstände» im «ausklingenden agrarischen Zeitalter der abendländischen Geschichte.» Richtig bleibt jedoch, wie gesagt, daß der Aufstieg des Industriekapitalismus den einzigen historisch möglichen und angemessenen «Response» bildete, um bereits auf mittlere Sicht – bis in die 80er Jahre hinein – den Pauperismus als Massenphänomen effektiv zu entschärfen.[48]

Vor 1848 sahen aber nur wenige Weitblickende diese Chance, und aus der Perspektive der unmittelbar betroffenen vormärzlichen Pauperismus-Publizistik nahm sich das scheinbar nicht einzudämmende Massenelend als ein Krisenphänomen aus, das die Grundfesten von Gesellschaft und Staat zu untergraben im Begriff war. Die Zukunft blieb verhangen, die Ratlosigkeit war groß, die Furcht vor den unübersehbaren Konsequenzen des Pauperismus wuchs ständig weiter. Sie wuchs nahezu allerorten, denn der Pauperismus selber schien allgegenwärtig zu sein. Not und Hunger litten Hunderttausende von Landarbeitern, Tagelöhnern, Einliegern, Heuerlingen, Köttern, Brinksitzern, Häuslern, Gärtnern – und wie die Landarmen und Landlosen jeweils heißen mochten; den zahlreichen Zwergstellenbesitzern und Kleinbauern in den Realteilungsgebieten und Mittelgebirgen ging es oft nicht anders, und wer vom ländlichen und städtischen Heimgewerbe abhing, erlebte «die bitterste Armut... am Webstuhl und Spinnrad.»

In den Städten bewegte sich die große Masse der Handarbeiter, Tagelöhner und Handwerksgesellen unterhalb des statistischen Existenzminimums, aber auch die kleinen Angestellten, Kopisten und Aktenhelfer der städtisch-ständischen Institutionen, die Subalternbeamten der staatlichen Verwaltung erlebten «im Aktenstaub» der Behörden dieselbe Misere, die geeignet war, «den sittsamsten Philister in einen verzweifelten Demokraten und Kommunisten zu verwandeln.» Der Pauperismus erfaßte jedoch nicht nur die ohnehin Armen in Stadt und Land, die Kleinbesitzer und Bezieher niedriger Einkommen, die sogenannten kleinen Leute schlechthin, obwohl sie der

Härte des Arbeitsstellenmangels, dazu des agrarischen Konjunkturzyklus und der Mißernten besonders schutzlos preisgegeben waren, sondern er drang auch in die Kreise der reputierlichen Handwerksmeister tief ein: 1846 konnten z. B. 93 % der Berliner Seidenwirker und 68 % der Tischlermeister keine Gewerbesteuer mehr zahlen; in den 40er Jahren schwankte die Zahl aller steuerfreien Handwerker stetig zwischen 74,3 und 83,1 %. Die bildungsbürgerliche Welt blieb gleichfalls nicht verschont. Hier wuchs die Schar der «Proletarier der Geistesarbeit», wie Riehl sich ausdrückte, bedrohlich an; in der «weitesten Ausdehnung» rechnete er dazu «Beamtenproletariat, Schulmeisterproletariat, perennierende sächsische Predigtamtskandidaten, verhungernde akademische Privatdozenten, Literaten, Journalisten, Künstler aller Art.» Aus ihrer Mitte gingen die Anführer, zumindest die «Wortführer»: ging «die eigentliche ecclesia militans des Vierten Standes» hervor.

Auf dem Tiefpunkt des Massenelends, als 1845 bis 1847 die Überschneidung von Agrar- und Gewerbekrise die Lage der Pauperisierten noch einmal unerträglich verschärfte, als Mißernten, absurd hohe Verteuerung der Nahrungsmittel, Unterbeschäftigung und Einkommenseinbußen, Arbeitslosigkeit und Versagen der kommunalen, kirchlichen, staatlichen und privaten Fürsorge zusammentrafen, nahmen Bettelei, Diebstahl und Vagabundieren auffällig zu. Die Heiratsziffern fielen häufig parallel zur Krisenentwicklung, die Geburtenquote ging zurück, während die Sterbezahlen anstiegen. Massenkrankheiten wie Ruhr und Typhus rafften Tausende dahin. Völlig verschont vom Pauperismus blieb kein deutscher Staat, aber es gab Zentren besonders krassen Elends: z. B. die Armenquartiere der Städte, den Südwesten, Hessen, Teile von West- und Nordwestdeutschland, Ostpreußen, Oberschlesien, Minden-Ravensberg, wo die Handspinnerei, das schlesische Bergland, wo die Leinenweberei sich dem Untergang entgegenbewegten. «50 bis 60 %» der preußischen Bevölkerung lebten, urteilte 1846 der kompetente Berliner Statistiker Dieterici, in diesen «Krisenzeiten elend und gefährdet» am Rande der Hungergrenze; auf ein Zwanzigstel der deutschen Bevölkerung schätzte der «Brockhaus» allein die Zahl der registrierten Almosenempfänger.[49]

Die zeitgenössische Ursachendebatte über den Pauperismus erwog buchstäblich Hunderte von Gründen; sie auch nur unter Sachgesichtspunkten zu skizzieren, würde viel zu weit führen. Die besten analytischen Köpfe erkannten aber durchaus das strukturelle Mißverhältnis zwischen wachsender Bevölkerung und unzureichendem Arbeitsplatzangebot in Landwirtschaft und Gewerbe und rätselten über den besten Weg zur Abhilfe. Einige, wie z. B. Gustav Mevissen, Heinrich v. Sybel und Peter Reichensperger, sprachen unmißverständlich aus, daß nicht das häufig überschätzte kleine Fabrikproletariat, sondern schon rein numerisch und arbeitsmarktpolitisch das «Proletariat des Ackerbaus» das Hauptproblem darstelle. «In den Landschaften, die noch nicht von der modernen Industrie berührt sind», trete, beobachtete v. Sybel, «der Pauperismus nicht schwächer, sondern... härter auf als in den industriellen Gegenden.»

Von dieser Einsicht war es ein kurzer, aber nur von wenigen getaner Schritt zu der Position, daß in der Ausbreitung der Industrie das entscheidende «Palliativmittel» auf Dauer zu erblicken sei. Das meinte Friedrich List, als er 1839 den Fluch der Massenarmut mit der Entfaltung der «Nationalmanufakturkraft» bannen wollte. Der Chefredakteur der «Kölner Zeitung», K. H. Brüggemann, sah die einzige «Rettung der Proletarier» in der «Ausbildung der gesamten Industriekraft der Gesellschaft.» Mevissen, dem das Doppelproblem von ländlichem und städtischem Proletariat klar vor Augen stand, diagnostizierte 1845, daß «die Gesellschaft... zur Steuerung des Pauperismus tiefere Reformen» bedürfe; unstreitig aber könne nur eine schneller wachsende «Fabrikindustrie» verbunden mit staatlicher Industrieförderung jenen Wohlstand hervorbringen, der «dem Anschwellen des Proletariats nach Kräften» vorbeuge. «Die Krankheit liegt für Deutschland», stimmte ihm der Kölner Jurist und katholische Politiker Peter Reichensperger zu, «nicht in dem Maschinenwesen und in dem Übermaße der Fabrikindustrie überhaupt, sondern... gerade in dem Mangel derjenigen Maschinen und Fabriken, welche unsern Arbeitern... Arbeit und Verdienst schaffen sollen.»

In seiner Rezension des Engelsschen Englandbuchs hat dann Bruno Hildebrand, eins der drei ungekrönten Häupter der Älteren Historischen Schule der Nationalökonomie, diese mindestens zehn Jahre alte Prognose 1848 eindrucksvoll unterstützt. Er unterschätzte den Pauperismus in all seiner Abgründigkeit keineswegs, erkannte ihn jedoch als Erscheinung einer «Übergangsperiode». Die «weltgeschichtliche Bedeutung der Maschinen» der Industriefabriken bestand in Hildebrands Worten darin, nicht etwa die Katastrophe einer allgemeinen Proletarisierung einzuleiten, sondern einen wahrhaften Neubeginn zu ermöglichen. Denn die Ausbreitung der Industrie werde «den arbeitenden Klassen» nicht nur Arbeit und Brot geben, sondern reiße sie auch «aus der Trägheit und Ungewißheit, aus dem dumpfen und gedankenlosen Hinbrüten heraus» erzeuge in ihnen «das Streben nach einem menschlicheren und würdigeren Lose in der Geschichte» und verleihe ihnen damit «erst die geistigen und moralischen Eigenschaften..., ohne welche eine gründliche und dauernde Verbesserung ihrer sozialen Lage unmöglich ist.» In diesen Worten äußerte sich außer einem vorurteilsfreien Vorausblick ein fast euphorisches Vertrauen auf die ökonomischen und soziopolitischen Folgen industriellen Wachstums, das mit dem Pathos vergleichbar ist, mit dem der junge Marx die wohltätige Entfaltung der modernen Produktivkräfte und den Aufstieg des Proletariats vorhersagte. Und auf der entgegengesetzten Seite des politischen Spektrums vertraute auch Wilhelm Heinrich Riehl, dem außer der Fähigkeit zu plastisch formulierter Situationsanalyse ein scharfsichtiges Urteil ja nicht abgesprochen werden kann, trotz der «riesigen industriellen Krisis der modernen Maschinenerfindungen» darauf, daß «die Industrie... die Gegensätze in der Gesellschaft weit gründlicher» ausgleichen werde, «als es alle Sozialtheorien vermögen.»[50]

Bei diesen optimistischen Prognosen, daß allein die Industrie eine Hunger- und Übervölkerungskatastrophe irischen Ausmaßes verhindern könne, handelte es sich allerdings nur um vereinzelte Stimmen, die sich in meist schnell vergessenen Reden und Veröffentlichungen äußerten. Insgesamt überwog ein tiefer Pessimismus, der sich durch die Permanenz und Ausdehnung des Massenelends bestätigt fühlte. Als sich in den 40er Jahren der ländliche und städtische Pauperismus, die Agrar- und Gewerbekrisen, die Belastung durch die anlaufende Industrialisierung überschnitten, erreichte die sich seit Jahrzehnten aufstauende Gesellschaftskrise ihren Höhepunkt: Die gesellschaftliche und politische Polarisierung nahm stetig zu, überkommene Werte und Maßstäbe veränderten sich, die soziale Distanz zwischen den Schichten und Klassen dehnte sich aus, die zunehmende Ungleichheit der Einkommens- und Vermögensverteilung wurde kritischer wahrgenommen. Diese Disparität hatte der alte J. G. Hoffmann mit all seiner praktischen Erfahrung und Problemkenntnis im Auge, als er 1845 konstatierte: «Je riesiger Unternehmungen, je weit umfassender Geschäfte werden, bei denen Hunderte, Tausende vielleicht von Tagelöhnern jedes Alters und Geschlechts gemeinschaftlich wirken, desto weiter öffnet sich die Kluft zwischen einer Macht, der nichts mehr unerreichbar erscheint, und einer Dürftigkeit, deren Anblick schon das sittliche Gefühl verletzt.»

Unter den «besitzenden und gebildeten Klassen», die häufig zu einer moralischen Diskriminierung der Armut neigten, verdichtete sich die Furcht vor den sozialen Spannungen, vor dem Aufbegehren des vermeintlich amoralischen, sittenlosen «Pöbels», vor dem «roten Gespenst» des Proletariats zu einer angstverzerrten Vision vom heraufziehenden Umsturz. Entweder wurde er unmittelbar befürchtet, wie etwa 1841 von Jeremias Gotthelf, der einen Beweis, «daß die Armut gefährlicher geworden sei», für unnötig hielt, da «die Verhältnisse der sogenannten Proletarier zu den Besitzenden... so gespannt seien, daß sie einen Bruch drohen, der ganz Europa mit Blut und Brand bedecken würde»; ähnlich auch 1846 von Jacob Burckhardt, der bereits «die Vorboten des sozialen jüngsten Tages vor der Tür» sah. Oder aber die Sorgen drückten sich in leicht zu entschlüsselnden Formulierungen aus. Einen möglichen oder einen unmittelbar bevorstehenden Umsturz kündigten etwa die «Tendenzen der Kommunisten» oder die «Irrlehren des Sozialismus» an, so lauteten gängige Schlagworte, welche – beide Strömungen vermengend oder gleichsetzend – die Revolutionserwartung einfingen. Die «Verbesserung der Lage der unteren Volksklassen» verlange, erklärte 1846 die «Karlsruher Zeitung», «eine durchgreifende Tätigkeit», um es endlich «unmöglich zu machen, daß der Kommunismus den Bau der gesellschaftlichen Ordnung unterwühlt» und die «sozialistischen Bestrebungen» mit ihrem «Versuch, die bestehende Ordnung umzustürzen» Erfolg hätten. Die Nürnberger Hungerunruhen von 1847 sah ein städtischer Chronist nur «angeblich durch die Teuerung verursacht, in der Tat aber von einer nichtswürdigen Klasse arbeitsscheuer und plünderungssüchtiger, der kommunistischen Ideen frönender Individuen zur Durchführung ihrer ruchlosen Pläne angestiftet.» Auch auf dem Lande habe, übertrieb Graf Dohna junkerliche Sorgen, die «Not der arbeitenden Klassen» eine Voraussetzung dafür geschaffen, daß «das Gift des Kommunismus... mit leichter Mühe seinen Eingang» findet. Sogar König Ludwig von Bayern beklagte, indem er 1847 in einer für einen Monarchen bemerkenswerten Weise zwei neuartige Phänomene miteinander verband, daß «die Anzahl der Proletarier sich vergrößert» und damit «dem Kommunismus in die Hände gearbeitet wird.» Realitätsnäher und in typischer Verkoppelung der Begriffe hieß es dagegen im Manifest des Bamberger «Ausschusses zur vollständigen Verwirklichung der Volksrechte» Anfang März 1848, daß zwar die «finstere Gestalt des Pauperismus» näher rücke, da die wichtigsten Bedürfnisse und Forderungen des hinter ihm stehenden «Vierten Standes» noch nicht erfüllt seien; aber «noch ist der Kommunismus ein Phantom», obwohl «das Gespenst», wenn die Politik versage, bald «Seele und Leben» erhalten könne.[51]

Für die Nachgeborenen ist es leicht, die übertriebenen Befürchtungen von Zeitgenossen des späten Vormärz zu kritisieren, die Proportionen auf das rechte Maß zurechtzurücken. Aber bekanntlich orientieren die Menschen ihre Urteile und Handlungen zumeist daran, wie sie selber mit ihren Begriffen und Vorurteilen die soziale Umwelt wahrnehmen – wie verzerrt und einseitig das auch immer geschehen und wie wenig es auch vor einer später die «Realität» ermittelnden Wissenschaft standhalten mag. Es ist daher nicht verwunderlich, daß der allseits sichtbare, krebsartig weiterwuchernde Pauperismus die ohnehin wache Revolutionssorge nährte, und es kann auch nicht überraschen, daß immer häufiger vom Staat eine gesetzliche Neuregelung der Armenpolitik erwartet wurde, damit diese Gefahr nach Kräften entschärft wurde. Denn private Caritas, städtische und gemeindliche Fürsorge waren, das wurde schon frühzeitig deutlich, dem Ausmaß dieser Probleme längst nicht mehr gewachsen. Auch in dieser Hinsicht tut sich jedoch ein tiefer Unterschied zwischen dem sozialprotektionistischen Süddeutschland und dem wirtschaftsliberalen Preußen auf.

Südlich des Mains wurden, wie vorn im Zusammenhang mit der Defensivpolitik des Stadtbürgertums geschildert, das «Heimatrecht» der Städte und Gemeinden verengt, die Ehegesetzgebung verschärft, die Niederlassungs- und Gewerbefreiheit erschwert. Da nach der Gewährung des Heimatrechts die Gemeinden zu lebenslanger Unterstützung ihrer Mitglieder verpflichtet waren, prüften sie alle Aufnahmeanträge mit penibler Sorgfalt und hielten durch Zuzugsbeschränkung, notfalls durch Abschiebung die Armen so fern wie nur möglich. Alles war auf Verteidigung, Einschnürung, Kontrolle eingestellt.

Eine andere Reaktion setzte sich in Preußen durch. Sie soll vor allem deshalb verfolgt werden, weil sie auch für die spätere Reichsgesetzgebung maßgeblich geworden ist. Die gesetzliche Grundlage der Armenpolitik hatte zuletzt das ALR geschaffen. Zuständig für die Armen blieb primär ein System subsidiärer Unterstützungspflichten, das von der Alimentation der engen Verwandten über Zünfte, Gilden und Korporationen als «sichernden Gefahrengemeinschaften» bis zum Gutsherrn und dörflichen oder städtischen Kommunalverband reichte. Staatliche Fürsorge wurde erst für den Notfall in Aussicht gestellt (II. 19, § 1), daß Provinzialgesetze, Landtagsabschiede und Kommunalreglements nicht mehr griffen. Diese Zusage konstituierte keinen einklagbaren Rechtsanspruch der Armen an den Gesamtstaat, aber es galt seit 1794 als Verwaltungsmaxime, daß der Staat nach dem Versagen von Land- und Stadtgemeinden in die Lücke einzuspringen habe; er tat das in Gestalt der im Jahrzehnt bis 1804 geschaffenen Provinzialarmenverbände, welche Beihilfefonds, Arbeits-, Zucht- und Krankenhäuser verwalteten. In der Praxis blieb es vorwiegend bei der familialen und kommunalen oder gutsherrlichen Armenfürsorge, die nunmehr auf staatlicher Satzung beruhte und unter lascher staatlicher Aufsicht stand. Überdies mußten die Armen vor Beginn ihrer Notlage in die Gemeinde aufgenommen worden sein und Abgaben gezahlt haben, um überhaupt auf die kommunale Unterstützungspflicht und konkrete Hilfe als Gegenleistung zurückgreifen zu können. Für zugewanderte, formal noch nicht eingebürgerte Verarmende blieb die Herkunftsgemeinde jahrelang zuständig, ehe der Beistand in die Kompetenz der Provinzialverbände fiel. Indem diese Verbände die extreme Überlastung der Aufenthaltsgemeinden abfingen, trugen sie wesentlich dazu bei, allmählich jene Freizügigkeit faktisch durchzusetzen, die für die immer wichtiger werdenden überlokalen Arbeitsmärkte eine entscheidende Voraussetzung bildete.

Während das Grundproblem der zunehmenden Verarmung, der Aufprall des Bevölkerungswachstums auf die begrenzten ökonomischen Ressourcen, kontinuierlich in größere Dimensionen hineinwuchs, wirkten bestimmte Folgen der Reformpolitik auf längere Sicht auch noch elendsvergrößernd: Korporative Sicherungen entfielen, die Gemeinheitsteilungen schwächten die Dorfgemeinden, die Trennung von Gütern und Dörfern befreite die Ritter von der Fürsorge für die Dorfbewohner und verpflichtete sie nur noch dazu, dem Gutspersonal beizustehen; Freizügigkeit wurde formal geltendes Recht, Mobilität schwerer kontrollierbar. Immer häufiger auch wurden Arme oder Armutsverdächtige abgeschoben, solange sie noch keinen Wohnsitz rechtswirksam erworben hatten. Das führte zu einem Dauerkonflikt zwischen den Zuwanderungs- und den Herkunftsgemeinden – zumal ihnen eine Armensteuer zu erheben explizit untersagt blieb und ihre

Funktionstüchtigkeit nachließ –, sowie mit den provinziellen Armutsbehörden, die völlig überfordert waren, Hilfe daher möglichst lange verweigerten oder angesichts des Pauperismus gar nicht mehr leisten konnten. Der heillose Streit über die kommunale Zuständigkeit und die regionale Verteilung der Armenlasten konnte wegen der steigenden Armenzahl im Rahmen des geltenden Fürsorgesystems offenbar auch kein Ende nehmen.

Mancher Beamte erkannte das Dilemma, das durch den konsequenten Wirtschaftsliberalismus einerseits und die nach staatlicher Sozialpolitik rufende Massennot andrerseits aufgeworfen wurde. Eine der Spitzenfiguren aus dem «Büro des Staatskanzlers» wie Christian v. Rother mahnte 1817 im Staatsrat noch staatliche Fürsorge für entlassene Fabrikarbeiter an. Statt dessen gab die Verwaltung ihre als merkantilistische Gängelei verpönten Schutzfunktionen ganz auf. Die Fabrikkommissare z. B. wurden pensioniert, ein einziger blieb; die Kinderarbeit blieb jahrzehntelang eine schwärende Wunde; das Truckverbot ergebnislos. Je schärfer sich die soziale Frage stellte, «desto einseitiger reagierte der Staat zugunsten der Unternehmer» – wenn auch nicht immer gewollt, so doch im Effekt, da ein dogmatisierter Smithianismus zu einer Apathie verkam, die ganz auf Selbstheilung statt auf öffentliche Hilfe setzte. Der Pauperismus in Preußen wuchs sich auch deshalb so gravierend aus, weil die Bürokratie in wirtschaftsliberaler Gesinnung, grundsatztreu und prinzipienfest, selbst gegenüber der größten Not Abstinenz statt Sozialpolitik praktizierte.

Daß diese zugespitzte Charakterisierung die Grundeinstellung während der 20er und 30er Jahre trifft, erkennt man auch daran, daß die Entwürfe zu einem dennoch von vielen Seiten geforderten gesamtstaatlichen Armenfürsorgegesetz seit 1824 genau achtzehn Jahre lang von Beratung zu Beratung wanderten, ehe 1842/43 endlich ein Abschluß erreicht wurde. Bis dahin war der Problemdruck der Massenarmut so angewachsen, daß die Verwaltung einem Lösungsversuch nicht länger mehr ausweichen konnte. Zwar liegen die zuverlässigsten Zahlenangaben erst für das Revolutionsjahr vor, als sich die Massenarmut in den vergangenen sechs Jahren noch einmal erheblich verschlimmert hatte, aber wenn man gewisse Abstriche macht, illustrieren die Ergebnisse der preußischen Statistik zumindest tendenziell den Sachverhalt, dem sich die gesetzschreibende Bürokratie 1842 gegenübersah: In Rheinpreußen wurden 8,5 % der Bevölkerung von der öffentlichen Armenfürsorge unterstützt, in Brandenburg 5,8 %, in Schlesien 5,3 %, im Gesamtstaat immerhin 4,8 %; in den gewerbereichen größeren Städten lagen die Ziffern sogar zwischen der Hälfte und einem Fünftel der Einwohnerschaft (Breslau: 55,6; Köln: 31,1; Magdeburg: 25,8; Elberfeld: 25,2; Düsseldorf: 23 %), im Durchschnitt bei 18,3 %, in den Landkreisen dagegen bei nur 2,6 %.

Zwei Probleme müssen aus der Entstehungsgeschichte der preußischen Armengesetze herausgegriffen werden. Auf den höheren Rängen der Ministerial- und Provinzialverwaltung besaß gerade unter den wirtschaftsliberal geprägten Beamten, die den Problemen ihrer Gegenwart aufgeschlossen gegenüberstanden, anstatt in bequeme Lethargie zu verfallen, die Vorstellung tiefe Wurzeln, daß große anonyme Bewegungskräfte – wie das Bevölkerungswachstum, die Überflutung der Arbeitsmärkte, die Ausdehnung der Massenarmut – politisch außerordentlich schwer zu steuern, in ihrer Richtung kaum wirksam zu korrigieren seien. Das Vertrauen auf die Selbstregulierungskräfte der entstehenden Marktgesellschaft, die man so lange zu befördern gestrebt hatte, stand einer schnellen Rückkehr zur angeblich anachronistischen Staatsintervention entgegen. Die Wohltaten der entfesselten Marktwirtschaft werde, dachte man, die sozialen Kosten der erwünschten sozioökonomischen Transformation letztlich am besten wiedergutmachen. Es dauerte seine Zeit, bis sich die Einsicht Bahn brach, daß ein kritischer Punkt erreicht war, wo der staatliche Eingriff unvermeidbar wurde. In der Tat war einer so tiefen Umstellungs- oder sogenannten Reinigungskrise damals genau so wenig ohne Staatsintervention beizukommen wie immer danach!

Wenn diese Barriere einer ideologisierten Auffassung von der ungestörten Autonomie der freien Marktgesellschaft einmal ein gutes Stück überwunden war, stellte sich aber sogleich die jahrelang heftig diskutierte, eminent praktisch-politische Frage, ob der Zentralstaat überhaupt das Recht zur Normierung zentraler Bereiche des Gemeindelebens besitze. Mit anderen Worten: Es mußte eine Entscheidung darüber gefällt und durchgesetzt werden, wie weit mit wachsendem Abstand von der Sonderkonstellation der Reformära die Expansion des neuen Staatsrechts der Zentralgewalt gegen traditionale, von der Restauration unterstützte Zustände und Kräfte vorangetrieben werden konnte. Schließlich setzte sich – und das war ein weiterer wichtiger Schritt auf dem Weg der inneren Staatsbildung – die Auffassung durch, daß die Gemeinden wie die «Gutskomplexe» als «Unterabteilungen des Staatsgebiets» und deshalb folgerichtig als «Materie» des «inneren Staatsrechts» zu gelten hätten. Das Aufenthalts- und Ausschlußrecht der Kommunen dürfe mithin vom Staat definiert, die Staatsangehörigkeit der Gemeindeangehörigkeit übergeordnet werden. Diese Grundsatzentscheidung, die eine Kompetenzverlagerung auf die gesamtstaatliche Verwaltung implizierte, wurde 1842/43 in verschiedene Gesetzesvorschriften über Einwohnerrechte, Unterstützungspflichten und Freizügigkeit umgegossen. Die beiden Gesetze vom 31. Dezember 1842 über die «Verpflichtung zur Armenpflege» und die «Aufnahme neu anziehender Personen», die man aber mit dem Gesetz vom 6. Januar 1843 über die «Bestrafung der Landstreicher, Bettler und Arbeitsscheuen» zusammenfassen muß, enthielten die neuen, für den Gesamtstaat gültigen, vereinheitlichenden Rechtsnormen.

Die Fürsorgepflicht der gleichgestellten Dorfgemeinden, Gutsherren und Städte wurde gegenüber allen formal aufgenommenen Mitgliedern bekräftigt. Außerdem aber konnte seither jeder Großjährige durch einen dreijährigen Aufenthalt das Wohnsitzrecht selbständig erwerben – es fiel ihm nach dieser Frist automatisch zu, wie er es umgekehrt nach dreijähriger «Abwesenheit» in seiner Herkunftsgemeinde verlor. In Zweifelsfällen mußte an erster Stelle die Wohngemeinde helfen. Der provinzielle Landesarmenverband übernahm, wenn Ansprüche an die Familie oder Gemeinde nicht durchsetzbar waren, nur subsidiär Fürsorgelasten und konnte nach gerichtlicher Klärung Gemeindeausgaben zurückerstatten; für wohnsitzlose «Landarme» blieb er direkt zuständig. Allen erwachsenen Preußen mit Ausnahme der bereits verarmten und polizeilich überwachten wurde das Recht auf Freizügigkeit – und das hieß Niederlassungs-, Gewerbe- und Verehelichungsfreiheit – bestätigt. In dieser Hinsicht setzte sich der Beamtenliberalismus noch einmal dezidiert durch.

Die Implikationen der Gesetze waren außerordentlich folgenschwer: Die traditionelle politische Bürgergemeinde wurde endgültig gesprengt, die jahrhundertealten Unterschiede zwischen Bürgern, Schutzverwandten, Beisassen usw. entfielen, an die Stelle der «Heimat»-Gemeinde mit autonomen Zulassungs- und Beschränkungsrechten trat der «Unterstützungswohnsitz», wie die neue Einwohnergemeinde genannt wurde. Sie wurde als «neues Rechtssubjekt» in einen «Staatsverwaltungsbezirk» umorganisiert, gewissermaßen lokale «Beauftragte des Staates.» Die deklamatorische Verkündigung der Freizügigkeit zu Beginn der Reformen wurde durch ein gesetzlich verbrieftes Grundrecht auf volle Freizügigkeit aufgefüllt. Faktisch wurde von den neuen Gesetzen das herkömmliche Heimatrecht durch ein allgemeines preußisches Staatsbürgerrecht ersetzt. Einerseits wurde es durch die soziale Not erzwungen, «weil sie regional nicht mehr lösbar war, durch die Gemeinden, Kreise und Städte hindurchgriff»; insofern gründete in der Tat «die Einheit des Staates» auch in seinen gesellschaftlichen Problemen. Andrerseits nutzte die Bürokratie die Chance, die verbliebene Mediatisierung ländlicher und städtischer Untertanen endlich zu durchbrechen und den zentralstaatlichen Zugriff auf alle Einwohner Preußens als «Staatsbürger» auszudehnen. Und zugleich betrieb sie, teils der Intention, sonst jedenfalls der Wirkung nach, eine aktive liberale Arbeitsmarktpolitik, da der Produktionsfaktor «Arbeit» als käufliche Ware seither leichter verfügbar wurde und die Freizügigkeit im Sinne der Mobilisierung von Arbeitskräften zur Belebung und Konsolidierung der überregionalen, ja im Prinzip der gesamtstaatlichen Arbeitsmärkte maßgeblich beitrug. Auch das dritte Gesetz von 1843 sollte zwar dem Wortlaut nach den Gemeinden eine Abwehrwaffe gegen Bettler und Landstreicher in die Hand geben, zwang aber durch die Androhung seiner harten Sanktionen im Ergebnis Arbeitslose und Arbeitsscheue ebenfalls mit Nachdruck dazu, ihre Arbeitskraft auf dem Markt anzubieten.

Ohne lebhaften Widerspruch wurden die neuen Gesetze freilich nicht hingenommen. Der westfälische Landtag protestierte gegen die Freizügigkeit, da er nur die künftigen Armenlasten auf die Gemeinden zukommen sah. Die rheinische Provinzialversammlung wehrte sich gegen die kommunale Fürsorgepflicht mit dem Einwand, daß dadurch die Arbeitsmoral untergraben werde; auch den Vertretern der gewerbereichen Bezirke und Städte leuchteten die Arbeitsmarktvorteile nicht sogleich ein. Die ostelbischen Landtage erreichten, daß anstelle der ursprünglich vorgesehenen Einjahresfrist für die Erwerbung des Unterstützungswohnsitzes die dreijährige Wartezeit eingeführt wurde. Sie gab den Rittern die Möglichkeit, nach einer intensiven Ausbeutung die Arbeitskräfte abzuschieben, um der Versorgungspflicht zu entgehen; dagegen votierte der Landadel für die Freizügigkeit, um die Nachfrage von Stellensuchenden sicherzustellen und die Armenlast zu vermindern. Insgesamt setzte sich die Zentralbürokratie durch, die Kritik aber konnte sie nicht zum Schweigen bringen. Mit einer Mischung aus malthusianischen und antietatistisch-liberalen Einwänden wurde die Notwendigkeit staatlicher Fürsorge grundsätzlich bestritten: Diese Unterstützung lasse Fleiß und Sparsamkeit erlöschen, sie erzeuge daher selber jene Armut, welche sie zu lindern vorgebe. Peter Reichensperger prangerte die Staatshilfe geradezu als ein «Axiom» des «Kommunismus» an, und auch dem Konservativen Hermann Wagener galt sie als «entschieden sozialistisch.» Gegen solche Kritik gaben aber im Berliner Entscheidungszentrum die Gesichtspunkte den Ausschlag, daß die Wiedergewinnung gesellschaftlicher Stabilität diese Armenfürsorge und damit die politische Eindämmung eines gefährlichen Krisenherdes gebiete. Und mit der Pauperismusbekämpfung auf gesamtstaatlicher Ebene ließen sich außerdem noch sowohl ein allgemeines Staatsbürgerrecht als auch eine Liberalisierung der Arbeitsmarktpolitik durchsetzen. Auf diese Weise trieben Gesellschaftskrise und zielbewußtes Handeln der Bürokratie, trieben die intendierten und unerwarteten Folgen der «Armenpolitik» die innere Staatsbildung und die Ausbildung genuin kapitalistischer Arbeitsmärkte voran.[52]

Die erhoffte Entspannung stellte sich jedoch keineswegs schnell ein. Die Krisenperiode von 1845/48 vergrößerte vielmehr die Belastung – wie die soeben genannten offiziellen Zahlen der Unterstützungsempfänger zeigen. Und die Enttäuschung über die ausbleibende Verbesserung der Lebensverhältnisse breiter Bevölkerungskreise gehört unmittelbar zur Vorgeschichte der 1848er Revolution.

IV.
Strukturbedingungen und Entwicklungsprozesse Politischer Herrschaft

Die «wirkliche Verfassung» eines Staates finde man, diagnostizierte Ferdinand Lassalle 1862 auf dem Höhepunkt des preußischen Verfassungskonflikts, «nur in den reellen tatsächlichen Machtverhältnissen, die in einem Lande bestehen.»[1] In der Tat deckt sich dieses «reelle» Machtgefüge häufig keineswegs mit der geläufigen Selbstbezeichnung eines Staats oder mit der formalen staatsrechtlichen Definition seines Herrschaftssystems – eben darauf beruht der gute Sinn jener Unterscheidung, wie die realhistorische Analyse nachweisen kann. Wenn die beiden größten, zugleich verfassungslosen deutschen Staaten nach 1815 sich weiterhin Königreich Preußen und Kaiserreich Österreich nannten, bezeichnete die angebliche fürstliche Monokratie doch nur einen Machtfaktor neben anderen. Ebenso besagte die Charakterisierung als «konstitutionelle Monarchie», die den unlängst mit einer Verfassung ausgestatteten ehemaligen größeren Rheinbund-Staaten zugebilligt wurde, noch wenig über die politische Durchsetzungsfähigkeit des gewählten Landtags oder über die Geltungskraft der angeblich die Machtstruktur regulierenden schriftlichen «Konstitution».

Daher ist zunächst nach der Natur und Hierarchie der politischen Machtaggregate nach 1815 zu fragen, nach ihrem Verhältnis zueinander, nach ihren Allianzen und ihren Konflikten. Auf den ersten Blick scheinen in dieser Hinsicht die Unterschiede z.B. zwischen dem verfassungslosen Preußen einerseits, dem konstitutionellen Bayern, Baden und Württemberg andrerseits von tiefgreifender Bedeutung gewesen zu sein. Bei näherem Hinsehen werden die Differenzen jedoch deutlich relativiert.

1. Die kurze Vorherrschaft des «bürokratischen Absolutismus» und das monarchisch-adlig-bürokratische Kondominat

Den Ausgangspunkt bildet in jedem Fall die Reformära. Unter dem Anprall der napoleonischen Revolution hatte sich das absolutistische Regime in den größeren deutschen Fürstenstaaten – ob nun mehr oder minder «aufgeklärt» oder mehr oder minder traditional geprägt – meistens nicht länger halten können. Der befürchteten Revolution von unten wurde jedoch durch eine defensive Modernisierung von oben erfolgreich begegnet. Das war die große Stunde der Reformbürokratie, und daß sie den Umbau der politischen, sozialen und wirtschaftlichen Verfassung ihrer Staaten energisch einleiten und teilweise weit vorantreiben konnte, enthüllt das Leistungspotential dieser kleinen Machtelite, die zeitweilige Schwäche der starken Gegenkräfte, im Prinzip aber auch die Reformfähigkeit dieser Staaten unter extremen Umständen. Sieht man von der Ausnahme Württembergs ab, wo der autokratische «Zar» Friedrich den neuen Kurs selber steuerte, wurde der Elan der reformwilligen Aktionsgruppen in der Administration gewöhnlich durch einen ihrer führenden Exponenten verkörpert.

In den entscheidenden zwanzig Jahren zwischen 1799 und 1819 waren das in vorderster Linie Montgelas in Bayern, Hardenberg in Preußen, Reitzenstein in Baden, die über eine längere Zeitspanne hinweg die Quasi-Hegemonie eines «Prinzipalministers» neben ihrem fürstlichen Dienstherrn gewinnen, auf dem Höhepunkt ihres Einflusses mit ihrem Beraterstab sogar das eigentliche Entscheidungszentrum bilden konnten. Aus dieser Sondersituation während überwiegend turbulenter Zeitläufte haben manche Historiker den Schluß gezogen, daß auf die Epoche des monarchischen Absolutismus im 18. Jahrhundert die des «bürokratischen Absolutismus» in der ersten Hälfte des 19. Jahrhunderts gefolgt sei; die «absolute Monarchie» wurde jetzt vermeintlich «durch die absolute Bürokratie ersetzt». Selbständig führte etwa Montgelas mit der Oberbeamtenschaft in seinen besten Jahren das Ruder in der Münchener Regierung. Unter der nur noch formal dominierenden «monarchischen Staatsspitze», faktisch aber unter Hardenberg, habe auch die preußische Bürokratie in Gestalt «eines breiten, republikanischen, wie moderne Parlamentsfraktionen durch Kooptation sich ergänzenden Regentenkollegiums» ihre «Diktatur» ausgeübt. Der König sei «seitdem tatsächlich nicht viel mehr als der erbliche Ehrenpräsident einer herrschenden hierarchischen... Beamtenrepublik» gewesen; damit ging der «dynastische Alptraum... in Erfüllung, daß die Diener mächtiger als die Herren wurden.» Das sind pointierte Formulierungen, die scheinbar durch die aristokratisch-royalistisch gefärbte Bürokratiekritik des späten Vormärz bestätigt werden. Der König von Gottes Gnaden sei, behauptete Ernst v. Bülow-Cummerow 1842 auf dieser Linie, nur mehr der «Souveränitätsrepräsentant» als «Chef der Verwaltung», diese aber fungiere als «eigentlicher Souverän» des Staates.[2]

Tatsächlich paßt das Etikett des «bürokratischen Absolutismus» oder des «bürokratisch organisierten Ministerialabsolutismus» im Grunde nur auf relativ wenige Jahre der Vorherrschaft einer selbstbewußten Verwaltung unter der Leitung außergewöhnlich befähigter Politiker. Am längsten dauerte noch das «System Montgelas» von 1799 bis 1817, kürzer schon das Staatskanzlerregime Hardenbergs von 1810 bis 1819, maximal bis 1822. In den Schlußjahren der Regierung dieser Premier-Minister veränderte sich jedoch die sie bislang stützende Konstellation bereits so nachhaltig, daß ihre Exklusivstellung unzweideutig verlorenging. Anfang der 1820er Jahre hatte sich überall ein neues Kräfteverhältnis eingespielt, das von den Beteiligten für hochgradig labil gehalten und mit hellwachem Mißtrauen beobachtet wurde. Auf die Dauer erwies es sich jedoch als außerordentlich stabil – jedenfalls als fest geschlossen nach außen, dagegen voller Streit und Spannung nach innen.

Einerseits erneuerten die Monarchen die Allianz mit dem Adel, dem die Reformen hart zugesetzt und manchen bitteren Privilegienverlust zugemutet hatten. Von seinem traditionalen Vorrang aber hatte er letztlich nicht wenig behauptet – trotz der antifeudalen Politik Montgelas', trotz der preußischen Agrarreformen, deren adelsbegünstigende Züge den meisten Rittern alsbald, wenn auch nicht von einem Tag zum anderen, klar wurden. Ein festes Bündnis mit dem Fürsten, vor allem gegen die Vorherrschaft der Verwaltung gerichtet, versprach in dieser Situation am ehesten sowohl eine effektive Verteidigung kollektiver Adelsinteressen als auch den Primat der Dynastie. Andrerseits konnte die Bürokratie von dem wiederentstehenden Machtkartell nicht ausgeschlossen werden. Einmal hatte sie in der Reformzeit nicht nur ihren Mitherrschaftsanspruch und wichtige Modernisierungsziele durchgesetzt, sondern geradezu das Überleben des Staats und eine aussichtsreiche Zukunft gesichert. Zum zweiten konnte, und zwar in fortab unaufhaltsam zunehmendem Maße, wegen der stetigen Ausdehnung der Staatsfunktionen, wegen der steigenden Komplexität der Politikfelder und wegen der wachsenden Verrechtlichung öffentlicher und privater Lebensbereiche, die auf dem Gesetzes- und Verordnungswege Rechtsnormen unterworfen und im Konfliktfall rechtlich befriedet wurden, immer weniger auf die Sachkunde akademisch und praktisch geschulter bürokratischer Experten verzichtet werden. Ungeachtet aller aristokratischen Aversionen wurden sie durch anonyme Entwicklungstrends und die tendenziell wachsenden, auch vom Vorbild der französischen Zentralbehörden unmittelbar inspirierten Anforderungen an effizientes Verwaltungshandeln aufgewertet. Gegen sie konnte das Rad der Entwicklung nicht mehr zurückgedreht werden. Die Bürokratie blieb mithin, schlechterdings unumgänglich, der Dritte im Bunde, aber sie drückte ihm keineswegs ausschließlich ihren Stempel auf.

Diese Trias der Machtfaktoren kann man als ein monarchisch-adligbürokratisches Kondominat bezeichnen, das die rivalitätenreiche innenpolitische Grundstruktur der drei Jahrzehnte bis zur 48er Revolution bildete.

Königsherrschaft, kraftvoll oder verhalten ausgeübt, blieb ein unleugbarer, gleichwohl oft unterschätzter Bestandteil der politischen Realität. Da darf man sich durch das enervierende Phlegma Friedrich Wilhelms III. oder den beschränkten Verstand Kaiser Ferdinands den Blick nicht trüben lassen. Der Monarch mit seinem Hof, von formellen Gremien oder einer informellen Beratergruppe einflußreicher Persönlichkeiten unterstützt, überstand nicht nur die hektischen anderthalb Jahrzehnte bis 1815 als ein Kraftzentrum der Politik, sondern er wurde durch die anschließende Restaurationsphase auch neu aufgewertet. Das sogenannte «monarchische Prinzip», das in der Nachkriegsdebatte bald eine prominente Rolle spielte, stellte doch weit mehr als ein reines Lippenbekenntnis zur überlieferten Staatsordnung dar. Weithin blieb auch die royalistische Ideologie noch intakt, so daß traditionale Legitimationsprinzipien die Stellung der Dynastie wirkungsvoll abstützten. Ihre Repräsentanten hatten trotz der Konkurrenz mächtiger Staatsdiener entscheidende Kompetenzrechte behalten oder bald wiedergewonnen. Bei der Auswahl, Ernennung und Amtsdauer von Ministern vermochte der Fürst das maßgebliche Gewicht in die Waagschale zu werfen. Sagte ihm die Zusammensetzung des Staatsministeriums oder der Kurs einzelner Minister nicht zu, konnte er vom Entlassungsrecht Gebrauch machen oder auch mit Hilfe einer «Hofpartei» oder «Kamarilla» ministerielle Absichten konterkarieren.

Mochte die Realität auch manchen Kompromiß erfordern, der Monarch blieb, formal gesehen, imstande, die drei Stützpfeiler absolutistischer Herrschaftspraxis zu kontrollieren. Ihm unterstand das Militär, in gewisser Hinsicht behielt er das Monopol der physischen Zwangsgewalt; überall blieb zudem die erdrückende Mehrheit des Offizierskorps durchaus königstreu. Die Außenpolitik stellte zwar nicht mehr, wie um die Mitte des 18. Jahrhunderts, eine Domäne fürstlicher Entscheidungen dar. Auch nach 1815 behielten jedoch die deutschen Monarchen einen nachhaltigen Einfluß, im Konfliktfall eine Vetomacht. Gegen ihren Willen ließ sich wenig unternehmen, ihrer Zustimmung mußte sich vielmehr auch ein starker Außenminister vergewissern. Und schließlich blieb der Monarch der Herr der auf ihn vereidigten Verwaltung. Gewiß hatten große Rechtskodifikationen wie das ARL und grundlegende Beamtengesetze wie die bayerische Dienstpragmatik zusammen mit der Politik der Reformbürokratie eine Art Halbautonomie der Staatsdienerschaft stabilisiert; ihre privilegierte Rechtsstellung war jetzt gesetzlich sicher verankert, ihr Prestige fraglos steil emporgeschnellt. Im Fall einer ernsthaften Auseinandersetzung konnte der Monarch jedoch beweisen, daß die Bürokratie primär die Funktion eines Herrschaftsinstruments ausübte. Es ist unstrittig, daß je nach Willenskraft, Charakterstärke und Interessenpriorität des Fürsten geschickte Militärs, Außenminister und Behördenchefs einen erheblichen Spielraum ausnutzten, ein hohes Maß an Eigenständigkeit gewinnen konnten. Schlug jedoch die Stunde der Wahrheit, wurde in den deutschen Staaten der Monarch in Friedenszeiten keineswegs entfernt, wohl aber der opponierende General oder Minister entlassen.

Die adligen Machteliten erlebten trotz aller politischen und ökonomischen Konjunkturschwankungen einen neuen Aufschwung. Als lokale Herrschaftsträger in den ostdeutschen Gutsbezirken konnten sie ihre Stellung schnell konsolidieren. Die südwestdeutschen Standesherren oder die altbayerischen Hochadligen – sie umgab weiterhin der Nimbus traditionsreicher Adelsherrschaft, zumal die Agrarreformen an den Grenzen ihrer Grundherrschaften stecken blieben. Als Inhaber strategischer Schlüsselpositionen auf den oberen Rängen der Verwaltung, der Hofgesellschaft und des

Militärs behaupteten Adlige ihre Prävalenz. Nicht zuletzt aber nutzten sie auch ihr Übergewicht in den preußischen Provinzständen und Kreistagen in der Regel ganz so zielstrebig aus wie in den süddeutschen Ersten Kammern. In diesen Institutionen hatten sie entweder völlig das Sagen oder doch eine Einspruchsgewalt, vor deren Ausübung sie selten zurückschreckten. Die Ersten Kammern waren nach dem Vorbild des englischen «House of Lords» ohnehin als konservatives Gegengewicht zu den liberalismusverdächtigen Zweiten Kammern gedacht, in der Realität wurden sie oft zum Bollwerk der Adelsinteressen.

Auch die preußischen Provinzialständegesetze, jener schäbige Ersatz für die vorenthaltene Staatsverfassung, hatten das Übergewicht der Junker ganz ungeniert sichergestellt. Auf den ersten Provinziallandtagen der frühen 20er Jahre stellte der Adel in: Preußen 47,3 %, Brandenburg 50 %, Pommern 50 %, Schlesien 50 %, Posen 50 %, Sachsen 48,6 %, Westfalen 43,6 % und sogar in der adelsarmen Rheinprovinz 36,7 %; in absoluten Zahlen waren das 264 von 564 Abgeordneten, rund 47 %. Dieses Zahlen- und Kräfteverhältnis blieb mehr als zwanzig Jahre lang bis 1847 erhalten (Stände der Fürsten, Prälaten, Grafen und Herren sowie der Ritterschaft: 241 von 579 Abgeordneten, insgesamt rund 46 %). Auf dem sogenannten Vereinigten Landtag von 1847 waren die Ritter in der «Versammlung der Abgeordneten» mit 231 Repräsentanten (von 537, rund 43 %) vertreten; in der rein aristokratischen «Herrenkurie» trafen sich 72 Edelleute. Wegen der Beeinflußbarkeit der Vertreter des «Standes der Landgemeinden», oft auch der städtischen Abgeordneten konnte der Adel mit sicheren Mehrheiten, schlimmstenfalls, wie im Rheinland, mit einer effektiven Sperrminorität rechnen.

Adelsmacht blieb daher überall ins politische Kalkül zu stellen, nicht nur in den beiden fossilienhaften mecklenburgischen Patrimonialstaaten. Überdies stellte das dichtgewebte Netz der adligen Familienverbindungen, der Beziehungen zu Monarch, Hof und Ministerium, der Konnexionen mit den Edelleuten in Diplomatie, Verwaltung und Heer einen jedermann bewußten Einflußfaktor von beträchtlicher, oft entscheidender Bedeutung dar, auch wenn davon in Verfassungen und Gesetzen nicht die Rede war.[3]

In verfassungsgeschichtlicher und vergleichender Perspektive wirft die Entwicklung der Bürokratie nach 1815, insbesondere auf lange Sicht, die interessantesten, aber heftig umstrittenen Probleme auf. Die höhere Beamtenschaft konnte nicht selten – obwohl nirgendwo kontinuierlich – ihre Stellung als relativ selbständiger Herrschaftsträger immer wieder einmal demonstrieren. Das beweist die Tätigkeit der bayerischen Oberbeamten, der preußischen Oberpräsidenten und mancher Regierungspräsidenten, der Stuttgarter, Karlsruher, Berliner, Dresdner Ministerialbürokratie in den obersten Etagen. Im Zeichen der Adelsrestauration und der erneuten Stärkung der Fürstenmacht verlor sie jedoch im allgemeinen das temporäre Übergewicht, das sie in den Reformjahren errungen hatte; sie wurde in erster Linie wieder Herrschaftsinstrument – unentbehrlich, daher mächtig, aber weisungsgebunden. Nicht nur dieses unauflösliche Spannungsverhältnis durchzieht zusammen mit der politischen Polarisierung in liberale und konservative «Fraktionen» der Beamtenschaft die Jahrzehnte bis 1848. Dazu kommt die tiefe Spannung zwischen einer außerordentlichen Hochschätzung als «Aristokratie der Kapazitäten» einerseits und einer schneidenden Bürokratiekritik an den ein Drohnendasein führenden, schikanierenden, reglementierenden «Staatshämorrhoidariern» andrerseits.

Das zeitgenössische Lob galt der Bürokratie als Modernisierungskraft, die zur Beseitigung der anachronistischen Bestandteile der Sozial-, Wirtschafts- und Staatsverfassung ganz unentbehrlich sei; es verband sich mit der Einsicht, daß die Leistungsfähigkeit eines wahrhaft modernen Staats vor allem im Hinblick auf die wirtschaftliche Wohlfahrt und die Rechtssicherheit seiner Bürger, aber auch auf die Behauptung im internationalen Konkurrenzkampf in hohem Maße von der Kompetenz seiner bürokratischen Fachleute abhänge. Diese Hochschätzung stammte vorwiegend aus den Kreisen der akademischen Intelligenz selber, von Professoren zumal und höheren Beamten, nicht selten aber auch von adligen Spitzenpolitikern, die das Ressentiment ihrer Standesgenossen nicht teilten. Als Ideal und zu erstrebender Normalzustand schwebte dem positiven Urteil durchweg die Hochzeit des initiativereichen, kompetenten, entschlußfreudigen Reformbeamtentums vor. Unmittelbar danach, 1823, glaubte Karl Friedrich v. Eichhorn, der in seiner berühmten «Rechtsgeschichte» nicht zum Superlativ neigte, daß «die Bedeutung des Beamtenstandes... jetzt ihre höchste Stufe» erreicht habe. Ähnlich dachte auch Hegel, der u.a. deshalb nach Berlin gekommen war, weil er Preußen für den deutschen Reformstaat per excellence hielt. «Die Regierung ruht», hieß es bei ihm lapidar, «in der Beamtenwelt.» Die «gebildete Intelligenz» der «Staatsbeamten» diene in einer Sphäre oberhalb des Streits der partikularen, egoistischen Interessen ausschließlich dem Gemeinwohl. Deshalb bilde sie «den allgemeinen», «dem Dienst der Regierung sich widmenden Stand», dessen ureigene «Bestimmung» daher auch «unmittelbar» darin liege, «das Allgemeine zum Zwecke seiner wesentlichen Tätigkeit zu haben.» Die Durchsetzung «des allgemeinen Staatsinteresses» werde tatsächlich, nahm Hegel in Worten überschwenglicher Idealisierung, aber nicht ohne hintersinnige Anzweiflung des monarchisch-adligen Superioritätsanspruchs an, durch «die exekutiven Staatsbeamten und die höheren beratenden, insofern kollegialisch konstituierten Behörden» gewährleistet, und zwar nach so intensiver Vorentscheidung durch die Verwaltung, daß diese «zu einem Monarch nur einen Menschen» brauche, «der ‹Ja› sagt und der den Punkt auf das ‹I› setzt» – ein Zusatz, zu dessen Aufnahme in die erste gedruckte Version der «Rechtsphilosophie» (1821) die Zivilcourage des Verfassers nach der Verschärfung des Reaktionskurses dann doch nicht ausreichte.

Wie ein Echo der Hegelschen Dithyrambe klang fünfzehn Jahre später Rankes Verklärung jener «Auswahl der Geschicktesten aus der ganzen Nation», welche «die schwere Kunst» des Regierens mühsam erworben hätten; diese fordere «zugleich die tiefste Einsicht in das Vorhandene und eine vollkommene Freiheit des Geistes, um das noch nicht Vorhandene in das Leben zu führen.» Glücklicherweise sorge die Monarchie dafür, daß «der rechte Mann an die rechte Stelle kommt.» Vorbehaltloser konnte der von Berliner Ministern protegierte, streng etatistisch-gouvernemental gesinnte Historiker kaum den vormärzlichen Staatsapparat preisen. Indes, auch auf der linken Seite des politischen Spektrums erkannte Karl-Heinrich Brüggemann, dessen Habilitation der Kultusminister Friedrich v. Eichhorn unlängst verhindert hatte, in seinem neuen Metier als Publizist 1843 das Leistungsvermögen der preußischen Bürokratie an. Für einen Liberalen wie ihn lag es offenbar noch immer nahe, auf die Karte der von reformwilligen Beamten betriebenen und deshalb auf längere Sicht wirksamen Veränderungen von Staat und Gesellschaft zu setzen. So könnten sich etwa «die privilegierten alten Stände», welche die Gesetzgebung der 20er Jahre «zu einem Scheinleben aus ihren Gräbern aufgerufen» habe, nicht länger verhehlen, daß «ihre Macht gebrochen ist und bleibt», weil «das Beamtentum mit seinem Zauberstab... immerfort still und allmählich alles, was sie erhalten möchten, weiter abträgt und fortebnet.» Dieses Urteil verriet zwar einen erstaunlichen Optimismus, aber es traf einen richtigen Punkt. Und der von Brüggemann geteilten Forderung, dem Staat endlich die versprochene Verfassung zu geben, setzten selbstbewußte Verfechter bürokratischer Macht das von Niebuhr, Vincke und v. Beyme früh formulierte Credo der Verwaltung entgegen, «daß der Sinn aller Klassen... ungleich mehr auf administrative Verbesserungen als auf Verfassungsfragen gerichtet» sei.[4]

Nicht minder entschieden machte freilich die aus verschiedenen Quellen gespeiste Bürokratiekritik ihre Einwände geltend. Da gab es einmal in weiten Kreisen des Adels eine bittere Animosität, die sich durch das 18. und 19. Jahrhundert wie ein roter Faden kontinuierlich hindurchzieht. In der Fundamentalkritik eines v. d. Marwitz erreichte sie einen bekannten Höhepunkt, aber in zahllosen Variationen desselben Themas drückte sich die empörte Opposition gegen den einschnürenden Zugriff der Zentralbehörden, gegen den schmerzhaften Autonomieverlust, gegen den inneren Staatsbildungsprozeß aus. Durchaus prototypisch ist der Groll des Freiherrn vom Stein, den er, durch seine Intimkenntnisse darin bestärkt, immer wieder geäußert hat. 1821 z.B. brach der Haß auf die «geistlosen Regierungsmaschinen» der «Buralisten» wieder aus ihm hervor: Sie seien «besoldet, also Streben nach Erhaltung und Vermehrung der Besoldung; buchgelehrt, also lebend in der Buchstabenwelt und nicht in der wirklichen; interesselos, denn sie stehen mit keiner den Staat ausmachenden Bürgerklasse in Verbindung; sie sind eine Kaste für sich», folgerte Stein mit ätzender Schärfe, «die

Schreiberkaste; eigentumslos, also alle Bewegungen des Eigentums treffen sie nicht, es regne oder scheine die Sonne, die Abgaben steigen oder fallen, man zerstöre alte hergebrachte Rechte oder lasse sie bestehen, man theoretisiere alle Bauern zu Tagelöhnern und substituiere an die Stelle der Hörigkeit an die Gutsherren die Hörigkeit an die Juden und an die Wucherer, alles das kümmert sie nicht, sie erheben ihr Gehalt aus der Staatskasse und schreiben, schreiben...» Für eine antibürokratische Petition in diesen Worten hätte der umstrittene Mann wahrscheinlich zahlreiche Adelsunterschriften gewonnen. Was Preußen allein der Reformbeamtenschaft verdankte, wurde durch Enttäuschung und Altersstarrsinn offenbar verdrängt.

Eine andere Hauptstoßrichtung besaß die Kritik von Unternehmern und Geschäftsleuten an der hochmütigen Gängelung durch eine Allwissenheit prätendierende, alles und jedes perfektionistisch regelnde Bürokratie. Gegen ihren «Geist, bis in's Detail hinein zu administrieren und zu bevormunden», haben sich z. B. Exponenten der westdeutschen Großbourgeoisie wie Hansemann und Camphausen immer wieder gewandt. Jede freie, selbstverantwortliche Unternehmertätigkeit werde dadurch in das Prokrustesbett zahlloser Vorschriften gezwungen, jede Innovationsbereitschaft unerträglich eingeschnürt, ja oft genug erstickt. Auf einer anderen Ebene lag Hansemanns politische Anklage, daß das preußische Regierungssystem «in den meisten Beziehungen Beamtenherrschaft» und daher in der Tat «der Stand der Beamten der einzige von politischer Wichtigkeit» sei. «Längst» hätten jedoch einsichtige Männer erkannt, daß diese Beamtenherrschaft «kein eigentliches Lebensprinzip des Staates sein» könne; vielmehr müsse eine Verfassung die maßgebliche Mitwirkung von bürgerlichen Vertretern der «Nation» gewährleisten, da «der Beamtenstand dieselbe unmöglich repräsentieren kann.» Das war eine im konstitutionellen Frühliberalismus weit verbreitete allgemeine Überzeugung. Unverhüllten Interessenegoismus verriet dagegen der Vorwurf, daß die Bürokratie, die das rein plutokratische rheinische Städtewahlrecht durch die Berücksichtigung von Bildungsqualifikationen zugunsten von ihresgleichen ein wenig ausweiten wollte, offensichtlich «demokratisch gesinnt» sei. Das war eine giftige Attacke, die angesichts der häufig gerügten elitären Stellung der Beamten ohnehin unglaubwürdig blieb, 1834 aber geradezu als Denunziation wirken mußte.

Eine im Lauf der Jahre gleichfalls zunehmende Kritik kam von selbstkritischen, liberalen Beamten und anderen Angehörigen der akademischen Intelligenz. Delbrück fiel im späten Vormärz das überzogene «Selbstgefühl» vieler Kollegen auf, die gemäß ihrer «Lehre vom beschränkten Untertanenverstand» jeden Widerspruch «von unberechtigter Seite» als Anmaßung empfanden. Anhaltende Reibung erzeugte auch die rechtliche und politische Privilegierung der eximierten Beamten, so daß der Staatsrechtler Clemens T. Perthes so weit ging zu behaupten, «der Unterschied zwischen Beamten und nicht Beamten» trete inzwischen weitaus «schärfer hervor, als der zwischen

Adel und nicht Adel.» Auch Theodor v. Schön, eine der bedeutenden Figuren des Reformbeamtentums, hieb in dieselbe Kerbe. Die Verwaltung sei so weit vom Volk entfernt wie katholische Priester, die als Heilsverwalter auf Abstand vom gewöhnlichen Gläubigen achteten; der Kampf um die «Aufrechterhaltung ihres vormundschaftlichen Verhältnisses» habe die «Schreiberkaste» inzwischen «immer mehr mit Angst und Besorgnis erfüllt.» Wen könne es daher wundern, fragte er 1844, daß «schon seit länger als zwanzig Jahren... der Widerwille gegen die Bürokratie in unserem Lande immer «weiter angestiegen sei.»[5]

Kein Zweifel, von der Parteien Haß und Gunst verzerrt schwankte das Urteil über die Bürokratie zwischen extrem weit auseinanderliegenden Polen hin und her. Das reflektiert die Zwiespältigkeit der realhistorischen Situation, in die sich die Bürokratie eingespannt fand. Wie aber sah diese reale Lage des dritten Teilhabers am politischen Kondominat während der Restaurationszeit und des Vormärz aus? Läßt sich an den süddeutschen Bürokratiereformen seit Beginn des 19. Jahrhunderts die typische Verschränkung von gesteigerter Privilegierung und gestraffter Disziplinierung besonders klar verfolgen (vgl. Bd. I), eignet sich die preußische Beamtenschaft als ein gutes Beispiel, an dem spezifische Entwicklungsprobleme zwischen Kriegsende und Revolutionsausbruch aufgewiesen werden können.

Auffällig ist zuerst einmal, wie klein die staatliche Bürokratie in dieser Zeit blieb, während der sich die preußische Bevölkerung um 55 % (von 10,4 auf 16,2 Mill.) vermehrte. Nicht nur ist der Beamtenschaft eine entsprechende Expansion verwehrt worden, vielmehr wurde ihre Zahl durch die Sparmaßnahmen von 1825 sogar noch um rund ein Fünftel gekürzt. Seither zählte die gesamte Ministerial- und Provinzialverwaltung mehr als zwanzig Jahre lang rund 1657 Mann; hinzu kamen rund 5115 Beamte in der Justiz – einschließlich der staatlichen Rechtsanwälte, der Justizkommissare –, so daß rund 6772 Planstellen nicht überschritten wurden. Die Besoldung wurde in dieser Zeitspanne ebenfalls konstant gehalten, Sachkenner sprachen deshalb von der billigsten europäischen Verwaltung. (Zum Vergleich: In Bayern soll es bereits 1819, als seine Bevölkerung nur 3,8 Mill. zählte, nach der Meinung eines so guten Sachkenners wie des niederbayerischen Regierungspräsidenten und Staatsrats Ignaz v. Rudhart rund 8800 Zivilbeamte und Hofbedienstete gegeben haben.) Die acht preußischen Provinzen wurden, sieht man zunächst von den rund 317 Landräten ab, seit 1825 statt von knapp 600 nur mehr von weniger als 500 Regierungsbeamten verwaltet; einschließlich der Landräte schwankten die Zahlen zwischen 1820 = 915, 1830 = 970, 1840 = 793 und 1848 = 835.

Diese Politik des konsequenten Einfrierens von festbesoldeten Stellen und Gehältern warf insbesondere für den Nachwuchs gravierende Probleme auf. Nach dem vorn geschilderten Anstieg der Studentenzahlen in den 1820er Jahren wirkte sich daher der Stau der Universitätsabsolventen seit den 30er

Jahren um so nachteiliger aus. Genaue Beobachter wie Laing, Dieterici, Hoffmann und andre urteilten zwischen 1835 und 1840 übereinstimmend, daß auf 100 freie Stellen 220 bis 260 Bewerber kämen; der Bonner Juraprofessor Perthes meinte 1838 auf dem Gipfel des Andrangs, in allen Zweigen der Verwaltung und Justiz sei inzwischen der Druck auf Stellen so groß, daß sich oft zehn bis zwanzig Bewerber um dieselbe Position bemühten. Das Justizministerium warnte mehrfach eindringlich vor einem Studium mit dem Ziel, auf eine Beamtenstelle zu gelangen. Die Anforderungen der beiden Examina wurden hart verschärft: 1841 fiel ein Fünftel, 1848/49 jedoch ein Drittel bei der Assessorprüfung durch. Gleichzeitig dehnten sich die Wartezeiten bis zur Übernahme auf eine Planstelle immer weiter aus. Justizreferendare wurden in den 20er Jahren nach durchschnittlich 2,5 Jahren Beamte, in den 40er Jahren nach zehn bis zwölf Jahren. Auch in der Verwaltung wuchs die Wartezeit der Referendare auf vier bis fünf Jahre, die der Assessoren von 6,6 Jahren in den 30er Jahren auf 10,4 Jahre um 1850. Parallel dazu verlangsamte sich auch das Beförderungstempo. In der Justiz etwa erhielt man in den 30er Jahren eine verantwortliche Position nach 24, in den 40er Jahren nach 27 Dienstjahren, so daß man erst mit 50 bis 60 Jahren auf eine höhere Stelle rückte. Daß es noch keine Zwangspensionierung nach dem Erreichen einer bestimmten Altersgrenze gab, die Lebenserwartung aber anstieg, verschlimmerte die Situation für die Jüngeren. Das Wort vom «gebildeten Proletariat» machte erstmals die Runde.

Aus dieser Notlage zog die preußische Staatsregierung, kühl rechnend, erheblichen Gewinn. Sie nahm die Dienste der auf eine festbesoldete Stelle gespannt wartenden examinierten Juristen, gewissermaßen einen Beweis ihres Wohlverhaltens und vorweggenommene Loyalität verlangend, ohne Bezahlung in Anspruch. Seit 1840 arbeiteten rund 2000 bis 2500 unbezahlte Volljuristen mit dem Anspruch auf eine Planstelle im Justizdienst, rund 2000 weitere Anwärter in anderen Staatsbehörden. Auf Kosten der Familien beutete dieser Staat – streng, aber gerecht, wie es in der borussischen Legende heißt – mindestens 4000, manchmal bis 4500 Stellenanwärter jahrelang ohne jedes Entgelt aus. Daher standen ihm statt 6770 realiter mindestens 10700 geschulte Arbeitskräfte in seiner Bürokratie zur Verfügung.

Diese Situation führte zu schwer erträglichen innerbürokratischen Spannungen, die durch eine ganze Reihe von Umständen wachgehalten, ja zusehends verschärft wurden. In den Nachkriegsjahren waren die Regierungs- und Oberpräsidien noch eine Domäne der bürgerlichen Beamten gewesen: 1820 stellten sie rund drei Viertel, vor der Revolution aber nur mehr zwei Drittel. Bezieht man die Landräte mit ein – unter deren 72 % Adligen 89 % dem Altadel, nur 11 % dem Neuadel entstammten, während der bürgerliche Anteil von 28 % eigentümlicherweise fast kontinuierlich erhalten blieb –, ging in der gesamten Provinzialverwaltung der Prozentsatz von 1820 = 542 (59 %) auf 1845 = 413 (52 %) Bürgerliche hinunter. Das bedeutete angesichts der ohnehin geringen Planstellenzahl eine schmerzhafte Einbuße, wie sie die vorherrschend bürgerliche Justizbürokratie in dieser Form nie zu spüren bekam.

Dieser Verdrängungsdruck bildete ein Ergebnis der adelsfreundlichen Politik, die sich seit Beginn der 20er Jahre erneut durchsetzte. Bereits bei der Ausführung der Sparreduktion von 1825 hatten in der gesamten Staatsverwaltung elfmal mehr bürgerliche als adlige Beamte über die Klinge springen müssen. Seither drängten arme Landadlige vermehrt in den sicheren Staatsdienst. Die «konservative Wende» wirkte sich aber nicht nur auf die Einstellungskriterien weiter aus, sondern auch in der auffällig sparsamen Nobilitierung. Das Privileg des begehrten Amtsadels war von 1790 bis 1806 an 212 Bürgerliche vergeben worden, darunter befanden sich 68 Beamte, 10 Rittergutsbesitzer und 15 Kaufleute; den Löwenanteil stellten 89 Offiziere. In der doppelt so langen Zeit von 1807 bis 1839 wurden indes nur 174 Personen geadelt; hinter 83 Offizieren rangierten 55 Beamte, 8 Rittergutsbesitzer und 7 Kaufleute. Überblickt man den gesamten Zeitraum von 1807 bis 1848, erfolgten 241 Nobilitierungen, aber im Verhältnis zu der knappen Spanne von 1790 bis 1806 waren es nur 14 Beamte und 10 Offiziere mehr; bei den Rittergutsbesitzern verfünffachte sich die Zahl auf 50, bei den Kaufleuten ging sie dagegen um ein Drittel auf 10 zurück. Diese «sinkende Kurve der Adelsverleihungen» ist sicher ein «Indiz für die soziale Stabilisierung des Adels.» Wie sehr sich seine Stellung seit den 20er Jahren wieder festigte, zeigt auch die rasch wachsende Anzahl der adligen Standeserhöhungen und Adelserneuerungen. Hatte es sich zwischen 1790 und 1806 um 63 und 99 Fälle gehandelt, waren es von 1807 bis 1848 145 und 305 – alles gezielte Maßnahmen zur Konsolidierung der alten Machtelite. Zu dieser scharf differenzierenden politischen Strategie der Standesverbesserung paßten die nur 50 neuadligen Rittergutsbesitzer, die vergleichsweise wenigen Beamten (34 %), erst recht aber die eine «Dichotomie zwischen Hofstaat und Wirtschaftsleben» enthüllende Tatsache, daß in den vierzig Jahren vor der Revolution – also in der Zeit der großen Staatsanleihen, der Frühindustrialisierung, des erfolgreichen Zollvereins, der anhebenden Industriellen Revolution – ganze zehn Fabrikanten, Kaufleute und Bankiers geadelt wurden. Hatte die Nobilitierung vor 1806 einer staatlich erwünschten traditionalen soziopolitischen Hierarchie gedient, vertiefte sie seit Kriegsschluß vor allem «den Graben zwischen Bürgertum und Adel.»

Unter höheren bürgerlichen Beamten, die sich Hoffnungen auf den Amtsadel machen durften, löste die aristokratische Sperrpolitik unterschiedliche Reaktionen aus. Hier verstärkte sie die beflissene Anpassung an das adlige Vorbild bis hin zur Ausübung des Duells. Dort nährte sie echten Bürgerstolz, insbesondere die Verteidigung der von allen Kandidaten gleich welcher Herkunft zu überwindenden «Examensschwellen», die den Sieg des bürgerlichen Leistungs- und Bildungsprinzips symbolisierten. Ähnlich tendierten jüngere Beamte, zumal nach langer Wartezeit, zur Adelsimitation sobald wie irgend möglich; andere unter ihnen reagierten mit der Option für den politischen Liberalismus oder sogar den vormärzlichen Radikalismus. Bei alledem darf man nicht aus dem Auge verlieren, daß Regierung und Adel weder imstande noch willens waren, einen rücksichtslos-brutalen Verdrängungskurs zugunsten adliger Beamter kontinuierlich durchzuhalten. Unstreitig erhielten sie massive Unterstützung bei der Einstellung, bei der Beförderung, bei der Besetzung von Schlüsselpositionen. Als Friedrich Wilhelm IV. 1840 sein Amt jedoch mit der Maxime antrat, die «bürokratische Verwaltung» einzudämmen, die «bis dahin» die Monarchie repräsentiert habe, und auch zu diesem Zweck den landsässigen Adel bewußt einseitig protegieren wollte, traten ihm zwei seiner Minister entschieden entgegen.

Der erst 1832 geadelte Justizminister Heinrich G. v. Mühler wies in einem Votum für das Staatsministerium darauf hin, daß ein Großteil des preußischen Adels seine Stellung den hervorragenden Leistungen, die seine Vorfahren in der Verwaltung und im Militärdienst vollbracht hätten, zu verdanken habe; selbst ein außerordentlich tüchtiger Beamter könne gewöhnlich kein Rittergut erwerben und werde, wenn fortab die Nobilitierung unerreichbar sei, vom verdienten Aufstieg in den Adel ausgeschlossen. Auch der ultrakonservative, jeder Aufweichungstendenz unverdächtige Minister für Gesetzesrevision, Karl A. C. H. v. Kamptz, mahnte seinen Souverän, daß Preußens Größe auf Intelligenz und Charakter beruhe, es dürfe nicht als erster und einziger Staat diese Eigenschaften nur adligen Landbesitzern unterstellen; vielmehr müsse Auszeichnung im Staatsdienst weiterhin mit Landbesitz und Adelstitel belohnt werden, um die Integrität und Sicherheit der wichtigsten Säule der Monarchie, des «Dienstadels», zu erhalten. Beachtet hat der starrsinnige Monarch solche dringenden Ratschläge nicht. Abgesehen von der Nobilitierungsschwemme bei seinem Amtsantritt, als er sich nach der langen Zurückhaltung Friedrich Wilhelms III. mit 43 Adelserhebungen (darunter aber 29 Rittergutsbesitzer und nur 21 Beamte) beliebt machen wollte, nahm er bis zur Revolution nur mehr sechs Beamte und acht Offiziere in den Neuadel auf.[6]

War die Begünstigung des Adels ein sichtbarer Ausdruck der restaurativen Innenpolitik, mußte der jahrelange Stellenstop genau so wirken, da jedermann natürlich die Abhängigkeit der Finanzpolitik von der Verweigerung einer gesamtstaatlichen Repräsentation, wie sie die Verfassungszusagen mit Gesetzeskraft bis 1820 versprochen hatten, präsent blieb. Angesichts der hohen Selbstrekrutierungsrate – in den 20/30er Jahren stammten noch 60–65 % des Beamtennachwuchses aus Beamten- und anderen Akademikerfamilien – traf die staatliche praktizierte Kostenabwälzung durch Gehaltsverweigerung in erster Linie die Staatsdienerschaft selber.

Hinzu kam ein Bündel von Maßnahmen, die alle die Homogenität und Fügsamkeit der Bürokratie als Herrschaftsorganisation eines konservativen Regimes gewährleisten sollten. Konduitenlisten hielten das Urteil des Vorgesetzten über inner- und außerdienstliches Verhalten fest. Die Gesinnungskontrolle wurde nach dem Schock von 1830 verschärft, schließlich durfte sogar die Polizei die Referendare mit überwachen helfen. Anwärter, die einmal der Burschenschaft angehört hatten, wurden vom Staatsdienst ausgeschlossen. Selbst in der Freizeit durfte keine volkstümliche Kleidung getragen werden, um den korrekt angezogenen Staatsdiener abzuheben und jede sympathisierende Erinnerung an die Aufmachung von Jahns Turnern auszuschließen. Den Assessoren wurde das herkömmliche Stimmrecht in den Kollegien entzogen, vorgeblich um eine eventuelle Mehrheit von Nicht-Beamten auszuschließen, tatsächlich regierte die Furcht vor der vagen Möglichkeit unkonventionell-liberaler Meinungen. Private Schulden wurden als besonders gravierendes Manko bezeichnet und konnten den Verlust der Anwartschaft auf eine besoldete Stelle nach sich ziehen, obwohl bekannt war, daß die lange Ausbildungs- und Wartezeit eine Verschuldung häufig unvermeidbar machte. Darüber hinaus wurde, auch unbezahlten Anwärtern, jedes Nebeneinkommen verboten und schließlich ein Vermögensnachweis der Eltern verlangt, der standesgemäßes Leben ohne Staatsgehalt gewährleisten sollte.

Im März 1844 trat dann ein neues Disziplinarrecht in Kraft, das, genau besehen, im wesentlichen den Status quo formalisierte, jedoch wegen der Bündelung aller erbitternden Maßregeln und der Einbeziehung der unabhängigen Richterschaft als provozierende Verschärfung empfunden wurde. Der leidenschaftliche Protest des Breslauer Stadtgerichtsrats Heinrich Simon führte, begleitet von einem «Entrüstungssturm» im Lande, zu einem Prozeß, der in eine allgemeine Debatte über staatsbürgerliche Rechte und Verfassungsreformen einmündete. Trotz des überzeugungstreuen Rücktritts von Simon – «ich trete ab als Beamter, um Bürger bleiben zu können» – endete der Rechtsstreit mit einer eklatanten moralischen Niederlage des Klägers. Im selben Jahr wurde den Justizkommissaren die Teilnahme an einer deutschen Rechtsanwaltstagung vom Ministerium verboten, das die Äußerung nationaler Aspirationen befürchtete. Als lebhafter Widerspruch einsetzte, dehnte es das starrsinnig bekräftigte Verbot auch auf alle Richter und Juraprofessoren aus. Kritik an diesem Kurs wurde, ehe sie in die Öffentlichkeit gelangte, meist von der Zensur abgefangen, intern mit Disziplinarmaßnahmen beantwortet. Nur wenige mutige Einzelgänger ließen ihre Kritik im deutschsprachigen Ausland drucken.

Dieses ganze mißtrauische, engherzige, verknöcherte, ängstliche System verschärfte auch die soziale Ungleichheit innerhalb der Bürokratie; es unterminierte die Kooperation ganz so wie Solidarität; es ließ die Integrität der Vorgesetzten als dubios erscheinen; auf längere Sicht stellte es selbst bei einer wachsenden Zahl von Staatsbeamten die Legitimation des politischen Regimes in Frage. Unter diesen Bedingungen gewannen der Generationenkonflikt und der Nahkampf politischer Fraktionen innerhalb der Beamtenschaft unübersehbar an Bedeutung. Beides konnte sich an einem Element der Organisationsstruktur entzünden.

In der preußischen Staatsverwaltung herrschte eine komplizierte Mischung von Präsidial- und Kollegialsystem. Die Kollegien waren ein Erbe der ständischen Korporativverfassung: Sie sollten einerseits vor tyrannischer Willkür, einsamer Entscheidung und erleichterter Korruption schützen, andrerseits Zwang zum Konsens ausüben, «esprit de corps» erzeugen und Handlungssolidarität gewährleisten. Die preußischen Kabinettsminister bildeten für kurze Zeit ein Kollegium, bis Hardenberg 1810 das Kollegialprinzip formell abschaffte und in einem Quasi-Staatsstreich seine Präsidialstellung als Staatskanzler durchsetzte. Von 1822 bis 1918 kehrte das Staatsministerium jedoch zur Kollegialstruktur zurück. Von ihm über die Oberpräsidenten der Provinzen und die 25 Regierungskollegien bis zu den 317 Landräten lösten sich beide Organisationsformen von oben nach unten ab; auch im Justizdienst gab es dieselbe Verbindung von Präsidenten und Richterkollegien. Ältere Beamte mit einer häufig paternalistischen Einstellung erfuhren durch die Kollegien eine Aufwertung, die durch das Senioritätsprinzip bei Beförderungen noch nachdrücklich verstärkt wurde. Sie beriefen sich nach langjähriger Tätigkeit auf ihre praktischen Erfahrungen, auf ihre bewährte Fähigkeit zu einem gerechten, fairen Urteil. Sie besaßen Rang, Titel und Orden, ein höheres Einkommen, vielleicht die Hoffähigkeit und den Amtsadel – das alles ließ sich als Kompetenzbeweis ausspielen. Jüngere Beamte oder Anwärter bestanden dagegen entschiedener auf dem Leistungsprinzip und betonten den Wert theoretischer Kenntnisse, da sie sich als Absolventen der Reformuniversität in dieser Hinsicht besser qualifiziert fühlten. Da fehlte es dann nicht an harten Reibungen, zumal die Minderheit der Jüngeren zwar sehr spärlich, aber regelmäßig ergänzt wurde.

Dem Altersunterschied entsprach ein steiles Einkommensgefälle. Minister erhielten 10000 T., auch Regierungspräsidenten noch 3500 T., darunter mußte jedoch, wenn ein Privatvermögen fehlte, im eventuell kinderreichen Haushalt eines Rats oder Richters penibel genau gerechnet werden. Daß die Gehälter seit 1825 stagnierten, blieb dank der ungefähr gleichbleibenden Kaufkraft des Talers solange einigermaßen erträglich, bis der inflationäre Preisauftrieb seit Beginn der 40er Jahre die Lebenshaltung verteuerte, Mieten, Heizungs- und Kleidungskosten in die Höhe jagte. Die älteren Beamten mit höherem Einkommen, Dienstwohnung und Reisespesen konnten dieser Verschlechterung der Lebensbedingungen weit besser begegnen als die jüngeren, zu deren materiellen Sorgen auch noch die Status- und Karriereangst um den amtlich kontrollierten standesgemäßen Lebensstandard hinzukam. Blickten sie auf andere bürgerliche Referenzgruppen: die Akademiker in den neuen florierenden freien Berufen, die städtischen Wirtschaftsbürger, die Unternehmer der Bourgeoisie, mußten sie erkennen, daß alle gerade jetzt besser als zuvor verdienten. Diese Tatsache wirkte wie ein Stachel, den der stete Vergleich mit dieser Umwelt spitz hielt. Die Kritik des bildungsbürgerlichen Beamten am Materialismus des «gemeinen Philisters» klang jetzt nicht mehr nur überlegen-arrogant, sondern auch etwas neidisch-mißgünstig, und mancher Jurist tat seither den Sprung ins besser honorierte freie Berufsleben.

Im Amtsbetrieb führte diese Erfahrung vertiefter Trennungslinien leicht zu einer Erosion der Grundlagen kollegialer Zusammenarbeit. Die hohe Assimilationskraft, welche die preußische Bürokratie bisher dadurch bewiesen hatte, daß sie «die Aufgenommenen zu einem neuen Stande» verschmolz, «welcher allen übrigen Ständen gegenübersteht», ließ spürbar nach. Berlin reagierte auf diese Belastungsprobe, indem es die Zügel der erwähnten Disziplinierungsmaßregeln immer stärker anzog, außerdem aber auch mit einer Abwertung des Kollegialprinzips eine korrespondierende Aufwertung der präsidialen Elemente der Behördenorganisation verband. Administrativer Zentralismus sollte die unleugbaren zentrifugalen Kräfte auffangen helfen. Der schlesische Regierungsrat Hans Viktor v. Unruh, ein vorzügliches Verwaltungstalent, das 1844 in den privaten Eisenbahnbau und eine vielseitige Unternehmertätigkeit zielbewußt überwechselte, urteilte aus eigener Erfahrung als jüngerer Beamter mit ausgesprochen liberalen Ansichten, daß seit 1840 «die tatsächliche Umwandlung der verhältnismäßig selbständigen Regierungen in Präfekturen ... der bedenklichsten Art» begonnen habe. «Die seitdem oft aus Landräten, sogar aus Gutsbesitzern hervorgehenden Präsidenten und Oberpräsidenten wurden immer mächtiger, ja nach unten allmächtig, deckten aber ihre persönliche Verantwortlichkeit gegenüber dem Publikum mit dem Schilde der Kollegialfirma.» Kritiker, wie etwa T. v. Schön, wurden geschaßt oder kaltgestellt. Anstatt die Aufbegehrenden effektiv zu zähmen, vermehrte der zentralistische Führungsstil die Unzufriedenheit.

Auf der anderen Seite zogen die höheren Beamten gleich welcher Couleur und gleich welchen Alters am selben Strick, wenn es um die Abschottung von den unteren Beamten ging. Nachdem es bis Kriegsende immer noch eine relativ niedrig, jedenfalls nicht unüberwindbare Barriere gegeben hatte, die ein nicht studierter, aber praktisch tüchtiger Verwaltungsmann nach einer längeren Lehrlingszeit hatte überspringen können, schuf das preußische Rangreglement von 1817 in durchaus konsequenter Fortsetzung jener Maßnahmen, die alle eine strikt separierte akademisch geschulte höhere Bürokratie konstituieren sollten, eine «Scheidewand», die seither die Subalternbeamten von den oberen Rängen ausschloß. Die Kabinettsorders von 1820, 1825 und 1827, also von der höheren Verwaltung selber ausgearbeitete Landesgesetze, machten diese Wand fugendicht. Da inzwischen für den höheren Dienst in allen Staatsbehörden ein abgeschlossenes Studium die Voraussetzung bildete, gehörte der Erlaß, der 1834 das Gymnasialabitur für den Eintritt in die Universität vorschrieb, ebenfalls noch zu diesen Abdichtungsmaßnahmen, hatten doch bisher zahlreiche Studenten ohne Reifeprüfung das Studium aufgenommen. Nur mit Hilfe eines Stipendiums, eines vermögenden Gönners oder kraft eigener Arbeit konnten Söhne von Subalternbeamten danach noch die lange Gymnasial- und Universitätszeit durchstehen, und die Wartezeit als unbesoldete Anwärter setzte gerade sie einer extrem schwierigen Lage aus. In die miserabel bezahlte Subalternbeamtenschaft fraß sich in den 40er Jahren der Pauperismus tief hinein. Rudolf v. Gneist beobachtete ihr Abgleiten ins «Proletariat», und K.-H. Brüggemann notierte, ähnlich wie Riehl und mancher andere Beobachter, daß diese unteren Beamten «zu einer Koalition mit der Presse und den ‹Proletariern›» neigten. Das mochte trotz des weiten Abstands, der die «Subalternen» von der Rechtslage und dem Lebensstandard der bildungsbürgerlichen Beamten trennte, wie eine furchtsame Übertreibung erscheinen, fünf Jahre später jedoch wurde die Richtigkeit der Prognose nicht selten bestätigt.[7]

Kreuz und quer verliefen die Spannungen durch die Beamtenschaft: zwischen dem anspruchsvollen sozialen Kollektivegoismus der Bürokratie als ständisch verbrämter Berufsklasse und ihrer unleugbar nachlassenden Assimilationsfähigkeit, zwischen den adligen und bürgerlichen Namensträgern, zwischen den verschiedenen natürlichen und politischen Generationen, zwischen gutsituierten Regierungsräten und unbesoldeten Assessoren im mehrjährigen Wartestand – um nur an einige Auseinandersetzungen zu erinnern. All diese offenen oder latenten Konflikte warfen an sich schon gravierende Probleme auf. Sie wurden außerdem noch von einer tiefgreifenden Politisierung überlagert – oft sogar genuin geprägt oder verschärft, zumindest zeitweilig beeinflußt –, die zur Vorherrschaft unterschiedlicher Gruppen innerhalb der Verwaltung und Justizbürokratie, mithin zu polarisierten Konstellationen führte, die wegen der changierenden Interessenlage und wechselnden Fernziele mit dem hochgehaltenen Anspruch, als «allgemeiner Stand» das Gemeinwohl jederzeit funktionsfähig verwirklichen zu können, immer tiefer in Widerspruch gerieten. Die allgemeine Vertrauenskrise, welche auch deshalb vor der Beamtenschaft nicht haltmachte, gehört zum vorrevolutionären Spannungsverhältnis des späten Vormärz.

Diese Vorstellung von relativ klar umgrenzten, miteinander ringenden politischen Lagern innerhalb der Beamtenschaft widerspricht der landläufigen Annahme, daß sich die Frühformen der deutschen politischen Parteien erst in den 40er Jahren als Ausfluß der Querelen philosophischer und theologischer Schulen, dann unabweisbar als Ergebnis der Revolution gebildet hätten. Bis auf wenige Ausnahmen ist dabei übersehen worden, wie früh sich in einer wichtigen Herrschaftsorganisation wie der Bürokratie zwar keine klar definierbaren, dauerhaft organisierten Parteien, wohl aber langlebige politische «Fraktionen» ausgeformt haben, vor deren Existenz freilich der Schleier der Ideologie des interessenneutralen Dienstes für das «gemeine Beste» gezogen wurde. Überraschen kann diese Politisierung aber eigentlich nicht. Durch die Herausforderung der Aufklärung, der Französischen Revolution, der tiefen Modernisierungskrisen im ausgehenden 18. und frühen 19. Jahrhundert wurde der Beamtenschaft eine politische Stellungnahme geradezu aufgezwungen; in dieselbe Richtung drängten intellektuell prägende Einflüsse während des Studiums, die Teilnahme am Diskurs der bildungsbürgerlich-aufgeklärten Öffentlichkeit, vor allem aber nicht nur das Selbstbewußtsein, sondern auch die Wirkungsmöglichkeit, als höherer Beamter zumal, den Gang der Dinge mitzubestimmen. Strukturell war ja auch mit der Expansion der Staatsfunktionen eine anschwellende Flut von Gesetzen und Verordnungen, Kabinettsorders und Erlassen verbunden, da die zentralen Regelungskompetenzen ständig ausgedehnt, daher immer neue Materien rechtlich normiert oder veraltete Regelungen revidiert werden mußten. Bei der Diagnose von Problemen und der Vorbereitung von Problemlösungen durch Gesetze traten innerhalb der Bürokratie natürlich Divergenzen, damit der Zwang zur Mehrheitswerbung für spezifische Entscheidungen und auch ganz unvermeidbar ein Politisierungseffekt auf. Vor der Einführung des konstitutionellen Systems mit einer gewählten Legislative fielen der Verwaltung weithin die gesetzgeberischen Aufgaben zu, und es kann nicht verwundern, daß angesichts der fundamentalen Kontroversen, die im Kontext der Umbruchserfahrungen dicht aufeinander folgten, eine kryptoparlamentarische Fraktionsbildung erfolgte. Waren die Beratungs- und Entscheidungsprozesse bereits so formalisiert wie z. B. in Preußen, gab es eine Art innerbürokratischer Vorform der späteren verfassungsmäßigen Gesetzgebung. Neutral bleiben konnte man jedenfalls kaum, und gewöhnlich wollte man es auch gar nicht. Nur wenige besaßen zudem eine solche «Abkömmlichkeit» für das politische Geschäft wie die Beamten.

Im Hinblick auf die modernen politischen Strömungen des 19. Jahrhunderts tauchte der Beamtenliberalismus als klar profilierte Erscheinung zuerst auf, der Beamtenkonservativismus stellte – wie das bewußt konservative, nicht nur traditionale Denken überhaupt – eine Reaktion dar. Eine solche frühliberale Fraktion betrieb z. B. die Formulierung des preußischen «Allgemeinen Gesetzbuchs», sie rettete dann gegen konservativen Widerstand so viel wie möglich in das ALR. Eine andere liberale Gruppe stützte Steins kurzlebige Reforminitiativen, aber die praktische Reformpolitik unter Hardenberg bildete die eigentliche Erfolgsära des frühen Beamten- oder Geheimratsliberalismus. Das Zentrum der «Fraktion Hardenberg» – und der Amtsantritt von 1810 wurde durchaus als eine liberale Machtübernahme empfunden – lag im «Büro des Staatskanzlers», wo nicht nur ökonomisch-smithianisch, sondern auch politisch-konstitutionell denkende Liberale die Richtlinien ausarbeiteten; darum befanden sich wie in konzentrischen Kreisen die reformwilligen Beamten in den Ministerien, in der Provinzialverwaltung und Justiz. Gegen sie opponierten konservative Gruppen, darunter auch Reformkonservative, die keineswegs nur simple Restauration und nackte Junkerinteressen im Auge hatten. Jedenfalls ließ der Entscheidungsdruck, für oder gegen bestimmte Reformgesetze Hardenbergs und der ihn umgebenden «strategischen Clique» optieren zu müssen, die sich heftig befehdenden Fraktionen zu einer Dauererscheinung werden. Fraglos schwächten die «Befreiungskriege» und ihre Ergebnisse die Position des liberalen Modernisierungslagers, und zwar teilweise so nachhaltig, daß bestimmte Entwicklungschancen ihm fortab versperrt waren. Hardenbergs Intimus Scharnweber argwöhnte 1813 sogar, daß auch deshalb der Krieg von der Gegenseite zu diesem Zeitpunkt gefordert werde!

Seit 1814/15 gewannen mithin konservative Gruppen aus ihrer Verteidigungsstellung heraus schnell wieder an Boden. Gerade weil Hardenberg mit seinen Anhängern so effektiv, zielstrebig, notfalls rücksichtslos vorging, fiel auch der Gegenstoß so hart, voller Ranküne und gar nicht im feinen Stil neutraler Gemeinwohldiener aus. Die Deklaration von 1816 z.B. verriet, wie die Agrarreformen auf der Linie der im Justiz- und Innenministerium verschanzten Opposition und ihrer ritterlichen Allierten verwässert wurden. Im selben Jahr zeigte das Verbot politischer Vereine, das sich primär gegen liberale Zirkel wie den «Tugendbund» und den «Hoffmannschen Bund» richtete, die Durchsetzungsfähigkeit der Kanzlergegner. Der 1817 als vorläufiger Ersatz für die fehlende gesamtstaatliche Repräsentation endlich eingerichtete Staatsrat sollte wie ein «inneradministratives Parlament» fungieren, dann nach der Einführung einer Verfassung in ein Oberhaus verwandelt werden. Der konservativen Fraktion gelang es jedoch, den Besetzungsmodus zu ihren Gunsten zu verändern, so daß der Staatsrat, ohne dessen Votum seit 1817 kein Gesetz Gültigkeit erlangen konnte, in ein Bollwerk des Antikonstitutionalismus umgewandelt wurde. Die erfolgreiche konservative Fraktion beherrschte daher seit 1817, vollends seit 1822 mit diesem «Quasiparlament» bis 1848 ein «zentrales Gesetzgebungsorgan», das zugleich die bürokratische Teilhabe am preußischen Machtkondominat unübersehbar enthüllte. Die Karlsbader Beschlüsse gegen die politische Unruhe im Deutschen Bund (vgl. unten Teil 3, IV, 2) dienten seit 1819 zugleich als Mittel, der liberalen Fraktion neue hohe Hindernisse in den Weg zu rücken. Mancher Schachzug und innere Zwist dieser Liberalen wiederum, auch die Gegner und Freunde verblüffende Geschmeidigkeit Hardenbergs lassen sich nur hinreichend erklären, wenn man den zähen Kampf um Kompromisse, die der stetig erstarkenden konservativen Fraktion abgerungen werden mußten, in seinem Charakter klar erkennt. Seit der fatalen Schwächung der Reformer im Jahre 1819, vollends dann seit Hardenbergs Tod wurde die liberale Fraktion zügig isoliert, dezimiert, wo immer möglich entmachtet. Seit 1822 stellte die triumphierende konservative Fraktion eine Regierungspartei in der Verwaltung dar.

Mit dem Übergewicht des «royalen Liberalismus» oder «liberalen Royalismus», der nach dem aus derselben Zeit stammenden Urteil Wilhelm Traugott Krugs im Reformstaat emporgekommen sei, war es erst einmal vorbei – wie sich herausstellen sollte: auch auf lange Sicht. Freilich leitete der Machtwechsel keinen totalen Siegeszug des Beamtenkonservativismus ein. Die heftig umstrittenen Agrarreformen etwa konnten innerhalb von drei Jahrzehnten zum allergrößten Teil durchgeführt werden. Die angefeindete gewerbefreiheitliche Wirtschaftspolitik wurde im Prinzip weiter verteidigt und de facto in wichtigen Bereichen, z. B. in der Zollvereinspolitik, ausgeführt. An den Universitäten und im Heer wurden die Reformen auch nicht rückgängig gemacht, obwohl es folgenreiche Einbrüche gab. In der Verfassungspolitik allerdings wich die von konservativer Bürokratie, Hof und traditionalem Adel gebildete Allianz, die Preußen als «vormundschaftlichen Staat» (E. Gans) eine Generationsspanne lang leitete, keinen Millimeter zurück. Sie wollte weder Konstitution noch Parlament, da sie mit guten Gründen damit eine Aufwertung und Verstärkung der liberalen Gegner verband.

Es ist nach alledem nicht so, daß die Impulse «der» Reformbeamten allmählich erschlafften oder daß mit der Rückkehr zur «Normalität» der Friedenszeit das Modernisierungsprogramm seine Dringlichkeit verlor. Vielmehr zogen die Konservativen mit ihren starken Verbündeten in den königlichen und ritterlichen Schlössern in einem lang hingezogenen klassischen Duell um die politische Suprematie die Macht schließlich wieder an sich. Die Liberalen wurden entlassen, von den Kommandohöhen verdrängt, mundtot gemacht. Im Amt zu bleiben, hieß fortab, im Dienst des konservativen Kondominats zu stehen und als Beamter zu gehorchen. Das Ansehen der liberalen Reformbeamtenschaft schwand nicht dahin, weil ihr Modernisierungserfolg zu schnell aufgezehrt worden wäre, sondern die neuen Machthaber vollzogen nach dem Regierungswechsel personell und programmatisch einen Bruch und bemühten sich – teils mit vollen Kräften, teils innerlich uneinig und daher halbherzig –, die Folgen der defensiven Modernisierung einzudämmen. Dabei wurden die Dämme durchaus unterschiedlich hoch aufgeworfen, und es blieben, wie gesagt, beträchtliche Spielräume für die Liberalen erhalten, die sie in ihrem Wirkungsbereich mit wechselndem Erfolg bis 1848 ausnutzen konnten.

Widerwillig mußte das konservative Kartell seinen beamtenrechtlich geschützten Widersachern einen gewissen Einfluß weiter belassen. Manche von ihnen erlagen jedoch auch dem schleichenden Vordringen der neukonservativen Mentalität, die zu quietistischer Anpassung führte. Friedrich August v. Staegemann etwa, einer der prominenten Beamtenliberalen, hatte nach den Karlsruher Beschlüssen noch voller Bitterkeit «eine blutige Zukunft» prophezeit, «denn dahin muß es kommen, wenn man der Zeit den Weg versperrt», vorher aber brächten die Verfolgungsmaßnahmen die Verwaltung «um den letzten Rest des Vertrauens in der öffentlichen Meinung». Ein Dutzend Jahre später hatte er seinen Frieden mit den Umständen geschlossen, als er ohne Ironie gestand: «Wir leben in der glücklichen Ruhe des Absolutismus zum großen Ärger der Konstitutionellen.» Resignation und Opportunismus schwächten den älteren Beamtenliberalismus, Personalpolitik und Gesinnungskontrolle taten das ihre dazu. Daher bleibt es beachtlich, wie viele Beamte dennoch weiterhin wirtschaftsliberal dachten und handelten; selbst der konstitutionelle, auf den Verfassungsstaat drängende Liberalismus behielt seine mutigen Verfechter, denen in den 40er Jahren aus dem Kreis der Jüngeren neue Unterstützung zuwuchs.

Auf der anderen Seite muß erstens beachtet werden, daß sich der Beamtenkonservativismus weder der sozialen Herkunft noch der Programmatik nach mit der altständischen Opposition schlichtweg deckte. Wollte diese Preußen als Provinzföderation mit starken adelsständischen Institutionen und minimaler Staatsbürokratie, bestand jene auf Staatsintegration – erst recht angesichts eines seit 1815 verdoppelten Gebietsumfangs! –, beharrte auf Reorganisation und Effektivität der Zentralverwaltung und widersetzte sich zunächst den landständischen Projekten der Altständischen. Die gemeinsame Sorge vor den soziopolitischen Folgen der Emanzipations- und Reformgesetze verband die konservativen Beamten jedoch bald mit den zur Privilegienverteidigung entschlossenen Junkern in einem Zweckbündnis, das sich als dauerhaft erwies. Mit den Altständischen wurde in Gestalt der Provinziallandtage ein labiler, jedoch tragfähiger verfassungspolitischer Kompromiß gefunden, der ebenfalls die Kooperation in der Folgezeit einleitete. Zum zweiten bestanden kaum Zusammenhänge zwischen dem Konservativismus in der Verwaltung und den konservativen Theoretikern der sogenannten «Politischen Romantik» wie Adam Müller, Schlegel, Jarcke, Görres und anderen, die der sozialen Prägung nach dem Bildungsbürgertum durchaus näher standen als dem Land- und Hofadel. Mit altkonservativen Rittern und neukonservativen Ideologen stemmten sich jedoch die Beamtenkonservativen dezidiert gegen Konstitution und Repräsentation. Die Bürokratie leiste, das blieb Jahr für Jahr ihr Glaubenssatz, funktionell nicht nur dasselbe wie ein verfassungsmäßig verankertes Parlament, sondern bleibe ihm sogar überlegen, da Liberalisierung und Durchsetzung von Partikularinteressen vermieden würden. So konnten sich die Träger des innenpolitischen Kondominats trotz mancher Divergenzen immer wieder arrangieren. Dennoch darf man gewisse Berührungspunkte und parallel gelagerte Interessen nicht übersehen, die konservative und liberale Beamte innerhalb ein und derselben Funktionselite zeitweilig auch zusammenführen konnten.[8]

Die konservative Vorherrschaft in der Verwaltung wurde aber nicht zuletzt deshalb für die liberalen Kontrahenten abgemildert, weil den Konservativen eine eigene Rechtfertigungsideologie geliefert wurde, die sie vom

Makel der Zugehörigkeit zur Junkerpartei und gleichgestimmter Kollaboration mit den Altständischen befreite. Das war die Leistung Friedrich Karl v. Savignys, der mit seiner 1814 erschienenen Schrift über den «Beruf unserer Zeit für Gesetzgebung und Rechtswissenschaft» ein wahres «Manifest des Beamtenkonservativismus» veröffentlichte. Die Hauptstoßrichtung dieses polemischen Traktats, der die Heiligkeit des vom «Volksgeist» hervorgebrachten, historisch-organisch gewachsenen Rechts gegen den Anspruch auf zeitgemäße, rational entworfene Rechtsentwicklung verteidigte, richtete sich vordergründig gegen den Heidelberger Juraprofessor Anton Friedrich Thibaut, der als profilierter Vertreter des Vernunfts- und Naturrechts bekanntgeworden war. Im Prinzip aber wendete sich Savignys vehemente Attacke gegen jede planvolle Weiterentwicklung des zeitgenössischen Rechts, gegen die Rechtsgleichheit, die bürgerlichen Freiheitsrechte, die Menschenrechte – kurzum: gegen alle Errungenschaften der Aufklärung, der Amerikanischen und Französischen Revolution. Die von ihm mit Eichhorn 1815 begründete «Zeitschrift für historische Rechtswissenschaft» wurde nicht nur das führende Organ der sogenannten «Historischen Schule» der deutschen Jurisprudenz, der dort ein einseitiger Historismus mit großer prägender Wirkung nahegebracht wurde, sondern ein maßgebliches «Forum konservativer Kritik» an allen liberalen Modernisierungsbestrebungen überhaupt. Als Savigny, der erste Berliner Professor des Römischen Rechts und Organisator der neuen Juristischen Fakultät, 1816 zum Geheimen Justizrat und 1817 zum Mitglied der Justizabteilung des soeben geschaffenen Staatsrats ernannt wurde, ging er noch im selben Jahr zu einem zweiten Generalangriff auf die Reformer und ihre Gesetze über. Er verhöhnte die Rheinbundreformen, schimpfte den Code Napoleon ein Krebsgeschwür, verwarf die abstrakte Doktrin der Aufklärung, die Auswirkungen der napoleonischen Revolution auf Deutschland, die Liberalisierung der preußischen Gesellschaftsverfassung, gewählte Kammern nach süddeutschem Vorbild, aber auch die Judenemanzipation und sogar in altmodischem Starrsinn den Hypothekarkredit, da er den adligen Landbesitz unterwühle.

Savignys «Historische Rechtsschule» und sein leidenschaftlicher Kampf gegen die feindliche Hydra wirkte sich seit den frühen 20er Jahren als nachhaltige Unterstützung des politischen Status quo, damit aber auch als ideologischer Unterbau des Beamtenkonservativismus aus, dessen Mitglieder seither immer häufiger durch das Denken der «Historischen Rechtsschule», die Savigny durch eine unverdrossen einseitige Berufungspolitik absicherte, beeinflußt wurden. Seine paradigmatisch angelegte Polemik gegen Thibaut oder gegen aufgeklärte bayerische Juristen wie Nikolaus Thaddäus v. Gönner und Anselm v. Feuerbach, die im «System Montgelas» mitgewirkt hatten, konnte trotz aller gelehrten Drapierung die pointierte parteipolitische Stellungnahme gegen liberale, rationalistische Gegner nicht verhüllen. Sein Ton wurde noch schriller, als er – wie viele ähnlich reagierende

Zeitgenossen, gerade auch an der Berliner Universität – nach der Revolution von 1830 den «Untergang aller Verhältnisse, die uns erfreulich sind und Sicherheit gewähren», befürchtete.

Savignys politischer Einfluß nahm noch einmal zu, als er 1826 zum Mitglied der Gesetzesrevisionskommission ernannt wurde, wo er seine orthodoxen Ansichten gegen eine einheitliche Kodifikation so erfolgreich verfechten konnte, daß er 1842 sogar sechs Jahre lang die Leitung des Ministeriums für Gesetzesrevision übertragen bekam und seine Blockadepolitik vollenden konnte. Zu Recht griff das liberale Rotteck-Welckersche «Staats-Lexikon» Savignys «Historische Schule» nach dreißigjährigem Wirken als «gefährlichste Pflanzstätte konservativer Beamter» an. Im innerbürokratischen Streit und wissenschaftlich-öffentlichen Disput hatte sich mit Savigny und seiner Rechtsideologie eine weithin prägende konservative Theorie durchgesetzt. Da sie zur bald nicht mehr reflektierten Überzeugung einer Mehrheit wurde, geriet ihre Herkunft als eindeutig politische Parteilehre in Vergessenheit. Ihr eminent politischer Einfluß sollte aber während der 48er Revolution unter den Mitgliedern der Frankfurter Nationalversammlung wieder klar hervortreten.[9]

Vergegenwärtigt man sich das beschleunigte Tempo der realhistorischen Veränderungsprozesse in Wirtschaft und Gesellschaft, zugleich den Stau aufgeschobener politischer Probleme und veralteter Regelungen, wird deutlich, welche enormen Spannungen der beharrliche Konservativismus des Kondominats ständig zusätzlich erzeugte. In den 40er Jahren spitzten sich die Widersprüche auch innerhalb der Verwaltung noch einmal unverkennbar zu, und sie selber trug dazu bei, die tiefreichende Vertrauenskrise, in welche das politische Regime schließlich insgesamt geriet, zu verschärfen. Eine neue Aktivität alt- und jungliberaler Beamter machte sich bemerkbar, als 1840 mit dem Thronwechsel eine Epoche zu enden schien. Während der kurzfristigen Aufhebung der Zensur steuerte eine bemerkenswerte Zahl von Staatsdienern Beiträge zu Zeitungen, Zeitschriften, Flugschriften – zur allgemeinen Publizistik bei. Zur selben Zeit nahm die Teilnahme am aufblühenden Vereinswesen zu. Beamte wirkten nicht nur in kulturellen und geselligen Vereinen mit, sondern sie taten auch einen Schritt weiter, indem sie sich in tendenziell politischen Vereinigungen betätigten. Darum ging es nämlich, wenn sie in den jungen Interessenverbänden, die für Freihandel oder Protektionismus stritten, Stellung bezogen.

Darum ging es letztlich aber auch, wenn sie in dem gouvernementalen «Verein für das Wohl der arbeitenden Klassen» oder in den Bildungsvereinen mit ihren latenten politischen Impulsen eine aktive Rolle spielten. Durchweg handelte es sich um legal zugelassene, sozial und politisch akzeptable kleine Vereinigungen (auf die vergleichsweise winzigen radikalen Zirkel wird unten, Teil 3, IV, 6, eingegangen). Aber argwöhnische Konservative hatten so Unrecht nicht, wenn sie als Ergebnis dieser Partizipation eine Kryptopolitisierung ins Werk gesetzt sahen. Deshalb wurden in übertriebener Abwehrreaktion städtische Bildungs- und Lesevereine überwacht, harmlose Vereine verboten und Beamte mit der Drohung des Beförderungsausschlusses ferngehalten. Ganz offensichtlich reichte schon ein kleiner Anlaß zu einer großen Irritation von Vorgesetzten und Regierung aus.

Mit dieser Öffnung zu einem staatsbürgerlich aktiven Leben hin kontrastierte die weitverbreitete Isolierung vom gesellschaftlichen Leben, die nicht selten durch diese Öffnung bewußt unterbrochen werden sollte. Die durchweg in Städten lebenden Verwaltungs- und Justizbeamten wurden durch die verschiedenen Städteordnungen von einer Teilnahme an der Selbstverwaltung ausgeschlossen, sie besaßen weder das aktive noch das passive Wahlrecht. Von den Lokalsteuern blieben sie befreit; als Eximierte traten sie gegebenenfalls vor ein eigenes Gerichtsforum; in den langen Dienststunden, oft auch in der Freizeit, blieben sie unter sich. Dafür, daß Beamte nicht in die Provinziallandtage gewählt werden konnten, hatte das konservative Machtkartell aus begründeter Furcht vor liberalen Auffassungen und solider Sachkunde Sorge getragen, indem es das Wahlrecht an Besitz und lange Wohnzeit in der Provinz band. So lautete etwa in der Provinz Preußen 1837 das Verhältnis: 9 Beamte zu 86 nichtbeamteten Vertretern; 1841 in Posen 2:48, 1834 in Pommern 6:43, 1836 in Brandenburg 11:60, 1841 in Schlesien 14:77, in Sachsen 9:64, in Westfalen 4:66 und 1843 im Rheinland 5:75. Im Vereinigten Landtag von 1847 stellten 82 meist ältere Beamte nur 15 % der 543 Mitglieder. Ausgerechnet vier Landräte gehörten dann zu den liberalen Oppositionsführern, deren Streit mit König und Regierung eine cause célèbre des vormärzlichen Preußen wurde.

Während einerseits Beamten die politische Mitwirkung in den Provinzialständen weitgehend verwehrt wurde und der moderate Widerspruch im Vereinigten Landtag reichlich spät kam, wuchs andrerseits die Mißstimmung gegen die Bürokratie ständig weiter an. Alsbald wurde ihr auch angekreidet, daß sie die Gottesgnadentum-Allüren Friedrich Wilhelms IV. und seinen romantisch-mittelalterlichen Anspruch auf monarchische Autokratie, den das hochkonservative «Schattenkabinett» unterstützte, nicht einzuhegen verstand. Wirtschaftsbürger, Bourgeois-Unternehmer und freiberufliche Akademiker stimmten nicht nur in ihrer Ablehnung der antiquierten Bevormundung, sondern auch in dem bohrenden Zweifel überein, warum 1600 Verwaltungsbeamte allein ein Exklusivrecht auf politische Einsicht besitzen sollten. Der Beamtenkonservativismus reagierte mit Selbstimmunisierung gegen Polemik von außen, erst recht von innen. In seiner «Volksferne», welche die «soziale Aristokratisierung der Beamtenschaft» in den vergangenen Jahrzehnten geschaffen hatte, galt ihm jeder Hauch von Kritik bereits als «eine Verletzung des Staates.» Die Verwaltung hat danach nicht die politische Initiative verloren, das war schon mit dem Machtwechsel von 1822 passiert, sondern die vorherrschende konservative Fraktion verbohrte sich gegenüber der neuen Bewegung in Gesellschaft, Publizistik und Verfassungsdiskussion immer tiefer in Immobilität und feindselige Abwehr. Die Regierung «ist keineswegs indifferent», drohte Kultusminister v. Eichhorn öffentlich mit aller Offenheit, «sondern vielmehr parteiisch, ganz parteiisch.» Damit sprach er nur verblüffend unverblümt das Credo der damals seit mehr als zwanzig Jahren tonangebenden Herrschaftskoalition aus.

Die in dieser Zeit zurückgedrängte Reformbürokratie hatte zwar auch in ihren Glanzjahren die «moderne bürgerliche Gesellschaft» nicht geschaffen – ein derart hymnisches Urteil übersieht eine seit langem wirkende autonome Dynamik –, aber sie hatte doch ganz wesentlich dazu beigetragen, den Aufstieg dieser Gesellschaft durch die Reformgesetze und ihre beharrliche Ausführung zu erleichtern, zu beschleunigen, rechtskräftig zu unterstützen. Nachdem dieser Evolutionsschub in Gang gesetzt war, drängten sich jedoch die Machtausübung und bürokratische Gängelung der konservativen Alliierten alsbald wieder in den Vordergrund des politischen und wirtschaftlichen Lebens. Von Jahr zu Jahr prägte sich das dem öffentlichen Bewußtsein immer tiefer ein und nährte, wie die Kritik daran zeigt, auch offenen Widerspruch und den Geist der Opposition. Dabei fallen einige regionale Schwerpunkte der Bürokratiekritik auf: In Ostpreußen etwa hielt die Unterstützung der Reformbeamten, begünstigt durch einen regionalspezifischen «Gutsbesitzerliberalismus», bemerkenswert lange an; beides schuf auch mit den Nährboden für die liberale, ja demokratische Kritik, die im späten Vormärz eine populäre Resonanz und in Johann Jacoby keineswegs den einzigen mutigen Verfechter fand. In den Rheinlanden hielt sich eine tiefverwurzelte Aversion gegen den fremdartigen Charakter des neuen Staats, dem sie seit 1815 angehörten; das konnte sich bis zu einem unverhüllten Preußenhaß steigern, der sich vornehmlich an Militär und Bürokratie entzündete. Den neuen preußischen Einrichtungen hielt man im Rheinland die «rheinischen Institutionen» stolz entgegen, vom Code Napoleon bis zur eigenen Städteordnung. Der barsche Ton ostelbischer Staatsdiener kränkte die selbstbewußten Bürger.

Zugleich aber gab sich die Regierung aus wohlverstandenem Eigeninteresse an einer erfolgreichen Eingliederung im Grunde viel Mühe, einheimische Beamte in den Verwaltungsapparat bevorzugt aufzunehmen, so daß sie um 1840 sogar numerisch dominierten. Einheimisch hieß bei einem katholischen Bevölkerungsanteil von rund 76 % vor allem auch, katholische Beamte in die durch und durch protestantische Bürokratie aufzunehmen. 1840 bekannten sich z. B. im Regierungsbezirk Trier bereits 45 % aller höheren Beamten, 60 % der Assessoren und Referendare zum katholischen Glauben; in der Justizverwaltung lag diese Zahl bei gut 30 %. Seit 1850 besaßen die Katholiken unter den höheren Beamten im Rheinland sogar die Mehrheit. Ganz ähnlich bemühte sich die Berliner Regierung, auch in Westfalen Beamte aus früherer Zeit zu übernehmen und den widerspenstigen katholischen Nachwuchs doch für die Verwaltung zu gewinnen. Dieser Kurs einer eher behutsamen, provinzielle Eigenarten weithin respektierenden Integration wurde im Bereich der Bürokratie auf lange Sicht durchaus mit Erfolg betrieben. Jahrzehntelang aber sträubten sich trotz des unleugbaren Entgegenkommens viele junge Westdeutsche, in den Staatsdienst zu treten, und der deplacierte Obrigkeitsstil eines schroff vorgehenden altpreußischen Beamten konnte im Nu das alte Ressentiment wieder beleben. Rheinisches Traditionsbewußtsein und neuer Bürgerstolz, wie ihn die erfolgreiche Bourgeoisie fraglos besaß, gaben hier der Bürokratiekritik immer neue Nahrung. Schreibgewandte Federn sorgten für ihre Verbreitung, und sogleich übersprang die rheinische oder ostpreußische Kritik die provinziellen Grenzen und kam im Gesamtstaat zur Geltung. Die konservativen Beamten reagierten empört wie immer, die Reformwilligen fühlten sich zwischen ihren Neigungen zum Liberalismus und der Loyalität gegenüber dem Dienstherrn hin- und hergerissen.

Die Bemühung, den rigoros beschnittenen politisch-liberalen Einfluß in der Verwaltung auf dem Weg über beamtete Vertreter in den Landtagen und Kreisständen wieder etwas auszuweiten, wurde, wie erwähnt, aufs Ganze gesehen, von dem konservativen Kondominat zielbewußt unterbunden. Zwar teilten auch stramm konservative Beamte die Auffassung, Verwaltungsfachleute seien wegen ihrer «Brauchbarkeit und Tüchtigkeit für die Staatsgeschäfte» derart überlegen, «daß man auch bei einer etwas weitergehenden Entwicklung des konstitutionellen Lebens des Mittels nicht würde entbehren können, vorzüglich Staatsdiener zum Wohl des gesellschaftlichen Zustandes in den Ständevertretungen zuzulassen.» Das deckte sich völlig mit dem Urteil, das gleichzeitig der moderat liberale Historiker F. C. Dahlmann in seiner Einführung in die «Politik» fällte, daß nämlich Beamte wegen ihrer «Geschäftserfahrungen» und Abkömmlichkeit in jeder deutschen Repräsentativversammlung schlechterdings unentbehrlich seien. Aber die relativ wenigen älteren Beamten, denen es gelang, die verschiedenen Hürden des preußischen Wahlrechts zu überwinden, konnten weder eine starke Position noch ein effektives liberales Gegengewicht bilden, geschweige denn etwas von dem Schwung der Reformbürokratie in die Provinzial- und Kreisversammlungen hineintragen.

Nicht selten blickten daher liberale preußische Beamte beim Vergleich mit den süddeutschen Verhältnissen nicht nur voller Stolz auf die eigenen wirtschaftspolitischen und ökonomischen Leistungen, sondern auch mit einem gewissen Neid auf die Rolle ihrer süddeutschen Berufskollegen in den Landtagen, die Treitschke von einem vormärzlichen «Beamtenparlamentarismus» sprechen ließ. In Hessen-Darmstadt stellten 1845 die Beamten 42 von 50 Abgeordneten, in Bayern, Baden und Württemberg blieben es durchweg 50 % der Zweiten Kammer. Natürlich war bekannt, daß ein Teil davon eine Art Regierungspartei und damit die «Gefahr der Gouvernementalisierung» verkörperte. Aber auf längere Sicht wichtiger waren doch die aufrechten liberalen Beamtenabgeordneten, welche die partielle Entliberalisierung der Verwaltung und Regierung in gewisser Hinsicht durch ihre Landtagspolitik kompensierten. Reitzenstein wußte schon, weshalb er aufgebracht stöhnte: «Besser eine schlechtere Kammer als eine mit solchen Beamtenintelligenzen!» Es gehört zu der harschen Verkrustung des vormärzlichen Preußen, daß das konservative Machtkartell den belebenden Zustrom liberaler Beamter in die Ständeversammlungen rigoros einengte, während die Vertreter der Reformbürokratie in ohnmächtiger Passivität verharrten und eine parlamentarische Gegenmacht nach süddeutschem Vorbild nicht aufbauen konnten.

Angemessen auf die politischen Anforderungen der Zeit und auf lebhafte gesellschaftliche Impulse zu reagieren, fiel der Bürokratie, allen dringenden Ratschlägen zum Trotz, immer schwerer, wie gerade ihre liberalen Vertreter bitter beobachteten. Die unübersehbare Konsequenz war: jahre-, ja jahrzehntelange Beratung wichtiger Gesetzesvorlagen, wachsende öffentliche und latente Kritik an dem sich verschleißenden ehemaligen «Herrschaftsstand», immer längere Stagnation und tiefere Resignation, unterbrochen von heftigen internen Reibungen mit den Beamtenliberalen oder auch gelegentlichen Erfolgen wie z. B. dem Eisenbahn- oder AG-Gesetz. «Parteisucht, Widerspruch, Auflösung» charakterisierten den Zustand der Bürokratie in den 40er Jahren, zog Varnhagen v. Ense ein kritisches Resümee, das den Nagel auf den Kopf traf. In dieser Verfassung trieb die Beamtenschaft in die vorrevolutionäre Krise hinein.[10]

2. *Der Deutsche Bund als System innenpolitischer Illiberalität: Konservative «Restauration» und liberale Gegenkräfte*

Bildete das fürstlich-adlig-bürokratische Kondominat die Grundstruktur des inneren Herrschaftssystems in den meisten deutschen Staaten während der dreißig Jahre vor der Revolution, wobei dem zeitweilig zu berücksichtigenden Mitwirkungsanspruch eines vierten Machtkonkurrenten: der neuständischen Landtage im konstitutionellen Süddeutschland, an passender Stelle noch Rechnung zu tragen ist, wurde mit dem Deutschen Bund von 1815 nicht nur ein neues völker- und staatsrechtliches Gehäuse für den Staatenpluralismus im deutschsprachigen Mitteleuropa, sondern zugleich auch ein neues Mitglied des europäischen Staatensystems geschaffen. Im Verband dieser ein halbes Jahrhundert lang bestehenden Staatenföderation, die erst 1866 durch den preußisch-österreichischen Krieg gewaltsam gesprengt wurde, spielte sich ein gut Teil des deutschen politischen Lebens ab. Die prägenden Wirkungen, die von ihr, insbesondere auf die Mitgliedstaaten, aber auch auf die europäische Politik ausgingen, werfen die Fragen nach der Rechtsnatur und dem politischen Ordnungsgefüge, den tragenden und oppositionellen Kräften, den Entwicklungsphasen und allgemeinen Rahmenbedingungen auf, welche die Geschichte dieses Bundes bis 1848 charakterisieren.

Als sich die führenden europäischen Staatsmänner mit ihren Beraterdelegationen 1814/15 auf dem Wiener Friedenskongreß trafen, um die nach 25 Jahren Revolution und Krieg aus den Fugen geratene Staatenwelt neu zu ordnen, ihre Politik und Gesellschaftsverfassung endlich wieder zu stabilisieren, gab es für sie während der langen Sitzungsmonate, in denen die «deutsche Frage» zur Debatte stand, fünf hypothetische Optionen mit extrem unterschiedlichen Realisierungschancen.

1. Da «Restauration» alsbald zur Signatur der neuen Epoche erklärt wurde, hätte eine Wiederherstellung des alten deutschen Kaiserreichs erörtert werden können. Aus Gründen, die (in Bd. I) bereits genannt worden sind, blieb das ein abstrakter Wunschtraum in wenigen Köpfen. Die rechtswidrig vollzogene Auflösung des Reiches von 1806 wurde in allgemeiner Übereinstimmung als ein irreversibler Einschnitt vorausgesetzt. Die normative Kraft des Faktischen – die Vernichtung des Reiches und von 1750 Herrschaftseinheiten, die Vergrößerung der führenden Rheinbundstaaten auf Kosten anderer, die Ergebnisse der napoleonischen Revolution in Deutschland, die formal uneingeschränkte Souveränität der überlebenden Staaten – wurde nicht einmal zehn Jahre nach dem Untergang des 900-jährigen Heiligen Römischen Reichs stillschweigend respektiert. Nur wenige Gebiete galten als Verfügungsmasse zur Befriedigung von Ansprüchen der siegreichen Mächte. Nirgendwo fand sich ein kraftvolles Interessenpotential zur Wiederbelebung des unrühmlich dahingeschiedenen traditionsreichen Imperiums zusammen. Kurzum: Seine Resurrektion stand nie auf der Tagesordnung, auch die Vorkämpfer einer konservativen Restauration wollten in dieser Hinsicht das Rad der Geschichte nicht in die vorrevolutionäre Zeit zurückdrehen. Im Gegenteil, die Ergebnisse der «großen Flurbereinigung» wurden nicht angetastet, so daß die neuen deutschen Mittelstaaten konsolidiert wurden. Österreich gab seine Besitzungen in West- und Süddeutschland auf und wandte sich fortab Oberitalien und Südosteuropa zu. Preußen überließ Rußland einen Großteil seiner polnischen Teilungsgebiete und wurde durch zwei Drittel von Kursachsen, durch Westfalen, das Rheinland und Saargebiet großzügig entschädigt, so daß der Staat fast den doppelten Gebietsumfang gewann, vor allem aber auch einer folgenschweren Gewichtsverlagerung seiner Interessen nach Westen Rechnung tragen mußte. Auch die territorialen Entscheidungen des Wiener Kongresses orientierten sich mithin nirgendwo an der Struktur des alten Reiches.

2. Nicht minder utopisch waren die Pläne, die sich auf die Gründung eines gesamtdeutschen Nationalstaats richteten. Zwar nahmen sich einige Politiker und Intellektuelle, die als Verfechter des jungen deutschen Nationalismus die Gunst der Stunde glaubten nutzen zu können, der Sache an.

Indes, die tragenden Voraussetzungen für eine derart kühne Neukonstruktion nach westeuropäisch-nordamerikanischem Vorbild waren noch längst nicht gegeben. Alle Staaten besaßen vielmehr ein tiefverwurzeltes Eigeninteresse am Fortbestand des jüngst erreichten oder behaupteten Zustands. Die Kleinstaaten klammerten sich an ihre über die Wirren der Zeit gerettete Existenz. Die süddeutschen Mittelstaaten waren aufgewertet und vergrößert worden, mit gestärktem Selbstbewußtsein richteten sie ihre Anstrengungen ganz auf die Integration der Neuschöpfungen. Preußen war zertrümmert worden, dann wiedererstarkt und hatte die Last der letzten Feldzüge gegen Napoleon zu einem erheblichen Teil mitgetragen. Kein Zweifel, seine verantwortlichen Politiker arbeiteten für ein Hauptziel: den Wiederaufstieg zur europäischen Großmacht. Und wenn auch gerade aus den Reihen der preußischen Reformer der Ruf nach nationaler Einheit gelegentlich laut wurde, blieb doch dem nüchternen Urteil der diplomatischen Vertreter in Wien nicht nur der unüberwindbare Widerstand dagegen stets präsent, sondern sie dachten selber nicht im Ernst daran, Preußen in einem nebulosen Nationalstaat aufgehen zu lassen. Daran änderte auch der realitätsferne, beschwörende nationale Appell – z. B. eines offiziellen Diplomaten wie Wilhelm v. Humboldt oder eines unbeauftragt und resultatlos agierenden Freiherrn vom Stein – nicht das mindeste.

Noch weniger konnte nationale Einheit plötzlich zur Intention der Machtelite des frisch gestärkten multinationalen Habsburger Reichs werden. Ihr führender Repräsentant, Fürst Metternich, faßte die österreichische, aber auch die allgemeine Fundamentalopposition gegen eine Verschmelzung der bestehenden Staaten zu einem Nationalstaat in der Formulierung des denkbar schärfsten Widerspruchs zusammen, indem er derartige Absichten als eine neue «Revolution in legislativer Form» kategorisch ablehnte. Wie immer auch ein Nationalreich der Deutschen als Schöpfung des Wiener Kongresses einige Zeitgenossen und spätere Historiker fasziniert haben mag, eine Aussicht auf Verwirklichung besaß es nicht. Wer anderes behauptet hat, ist illusionären Hoffnungen erlegen. Der gedankliche Entwurf galt bereits als Zumutung, und mit Zumutungen ließ sich auch in Wien keine zustimmungsfähige Politik betreiben.

3. Die diametral entgegengesetzte Möglichkeit wurde jedoch auch nicht ernsthaft erwogen: Sie hätte bedeutet, inmitten des europäischen Staatensystems knapp vierzig deutsche Staaten und Stadtrepubliken in Gestalt einer eigenen kleinen Welt unablässig miteinander konkurrierender Mächte unverbunden fortbestehen zu lassen. Diese Option hätte nach aller Erfahrung einen weiten Raum für endlose Konflikte und Interventionsverführungen im Zentrum Europas geschaffen, daher nolens volens die ruhebedürftigen Nachbarmächte in den Strudel neuer «querelles allemandes» ständig hineingezogen. Eine derart brisante Gefahrenzone auch noch freiwillig vor der eigenen Tür abzustecken, konnte nicht im Interesse auch nur eines einzigen

Verhandlungspartners liegen. Sie tauchte als seriöser Beratungsgegenstand auch nie auf.

4. Die realistische Frage spitzte sich vielmehr auf die Abwägung zu, wie man einer dreifachen Funktion der politischen Neuordnung des deutschen Staatensystems am ehesten gerecht werden könne: der friedensverbürgenden «staatlichen Zusammenfassung Mitteleuropas», zugleich jedoch der Vermeidung einer gefährlichen Machtzusammenballung sowie schließlich der Garantie des unleugbar zählebigen und zäh verteidigten deutschen Föderalismus. Damit stand im Grunde nur die Alternative von Bundesstaat und Staatenbund zur Debatte.

Ein deutscher Bundesstaat mit einer starken Zentralgewalt und streng begrenzten Autonomie der Mitglieder – nach dem Vorbild etwa der 1787 nahezu staatsstreichartig umgegründeten Vereinigten Staaten – widersprach in erster Linie dem Eigeninteresse der deutschen Staaten, die weder eine souveräne, entscheidungsfähige Bundesspitze anzuerkennen, noch ihre einzelstaatliche Souveränität gegen den unattraktiven Status eines in wesentlichen Handlungsbereichen eingeschränkten Gliedstaates einzutauschen bereit waren. Ein deutscher Bundesstaat, der das Potential für den Aufstieg zu einer hegemonialen deutschen Großmacht besaß, widersprach weiterhin auch dem vitalen Interesse der europäischen Mächte daran, die Gefahr einer derartigen unkalkulierbaren Machtkonzentration auf deutschem Boden nach Kräften zu vermeiden. Diese Kongruenz der Interessen bedeutete für alle bundesstaatlichen Überlegungen eine kaum zu überwindende Barriere.

5. Die ungeschriebenen Spielregeln des europäischen Staatensystems, die Interessenlagen sowohl der deutschen Einzelstaaten als auch der außerdeutschen Großmächte, nicht zuletzt aber die jahrhundertealten Traditionen einer lockeren, international garantierten Föderation der deutschen Staaten und Herrschaftsverbände bestimmten den Erfahrungshorizont der politisch handelnden Akteure. Insofern setzte sich mit innerer, interessenadäquater Konsequenz die staatenbündische Lösung durch. In veränderter Form knüpfte der neugegründete Bund an Kooperationsformen des alten Reichs und des Rheinbunds an, obwohl es in die Irre führt, in ihm nur eine Ausweitung und Verlängerung der Rheinbundverfassung in die neue Zeit hinein zu sehen. Der Heterogenität der Bundesmitglieder, zu denen Großmächte und Zwergstaaten, konstitutionelle Monarchien und Stadtrepubliken gehörten, entsprach der Staatenbund als allgemein akzeptable, zweckmäßige Verfassungsform. Sie wurde auch dem Stabilitätsprinzip und Sicherheitsbedürfnis der postrevolutionären deutschen und europäischen Staatengemeinschaft am ehesten gerecht, da diese Lösung der deutschen Frage – wie seit 1648 – unter die Garantie der umliegenden Staaten gestellt und damit ein potentieller Krisenherd entschärft wurde. Mit der Neuordnung der deutschen Staatenwelt konnte darum ein entscheidender Schritt zur Neuordnung Europas getan werden. Wien bot der Bund die handfeste Möglichkeit einer

hegemonialen «Dominanz der Präsidialmacht», Berlin aber ließ er als Junior-Konkurrent die Chance offen, selber einmal den Vorrang in der Bundespolitik zu erringen. Den herrschenden Gewalten insgesamt konnte er als «eine Art fürstlicher Versicherungsverein auf Gegenseitigkeit zur Erhaltung des politischen und gesellschaftlichen Status quo» erscheinen.

Aus all diesen Gründen wirkten sich unter harten restriktiven Bedingungen die stärksten Antriebskräfte zugunsten einer lockeren Staatenföderation mit vorsichtig definierten Rechten und Pflichten aus. Dieser «beständige», d. h. unkündbare und unauflösliche Bund, wie es in Art. 1 seiner Satzung hieß, bot seinen aus 36 Fürstenstaaten und vier Freien Städten bestehenden Mitgliedern einen weiten Spielraum und ließ die Fortentwicklung in einer modernen, tendenziell sogar in einer bundesstaatlichen Richtung zunächst noch offen; er versprach auch dem europäischen Mächtekonzert unübersehbare Vorteile, da die Verfassung, die Deutsche Bundesakte (DBA) vom 8. Juni 1815, am folgenden Tag in die Schlußakte des Wiener Kongresses inkorporiert wurde, so daß die Existenz, der territoriale Besitzstand aller Einzelstaaten und das Vereinsstatut eine völkerrechtliche Garantie gewannen. Deutscher Bund und europäisches Staatensystem waren fortab erneut durch die Vertragskraft des Jus Gentium eng miteinander verflochten. Dem Bedürfnis nach einer dauerhaften Befriedung Mitteleuropas entsprach außerdem das erste Axiom des Bundes, der seinen Hauptzweck in einem effektiven Schutz gegen Angriffe auf die «äußere und innere Sicherheit Deutschlands» sah, jeden Angriffskrieg dagegen sinngemäß ausschloß (Art. 2 u. 11). Dieser vordringlichen Aufgabe der Friedenswahrung in Mitteleuropa ist der Bund in der Tat ein halbes Jahrhundert gerecht geworden. Das ist nicht nur in vergleichender historischer Perspektive eine respektheischende Leistung, sondern auch – zumal wenn man das alte Reich und den Rheinbund mit einbezieht – ein starkes historisches Argument für die Sachangemessenheit einer föderativen Koexistenz deutscher Staaten. Wie es Georg Gottfried Gervinus in der Sprache der Zeit ausdrückte: «Der Grundriß des deutschen Staatsbaus war von jeher föderalistisch und nicht einheitlich; und wer für die Gesetze, die der Griffel der Geschichte schrieb, nur einigen Verstand und einige Ehrfurcht hat, der nennt es nicht Zufall, daß alle größeren germanischen Staatsverbände... einen Einheitsstaat nie und nirgends... ertragen haben.»

Das oberste Beratungs- und Legislativorgan des Bundes bildete die seit dem November 1816 in Frankfurt tagende Bundesversammlung aus 17 weisungsgebundenen Delegierten, die elf Einzel- und sechs Gesamtstimmen (z. B. eine für die vier Städte) führten; sie fungierte unter dem Vorsitz des österreichischen Präsidiums. Für Verfassungsänderungen wurde ein von allen Mitgliedern beschicktes «Plenum» für zuständig erklärt; ihr unterschiedliches Gewicht sollte durch bescheidene Stimmenkumulierung ausgedrückt werden (Preußen erhielt z. B. vier Stimmen, Bremen eine!). Das reale

Machtgefälle wurde offensichtlich weder durch die Stimmenverteilung in der «Versammlung» noch im «Plenum» wiedergegeben. Die Bundespolitik hing vielmehr von Anfang an von der vorgelagerten zwischenstaatlichen Verständigung oder von der einzelstaatlichen Durchsetzungsfähigkeit ab. Außerdem fehlte dem Bund nicht nur die für eine eigene konstruktive Politik unabdingbare starke Exekutive, sondern auch eine im Konfliktfall unverzichtbare Letztentscheidungsinstanz wie ein oberstes Bundesgericht. Der Defensivstellung im Staatensystem entsprach das passive Gesandtschaftsrecht der Akkreditierung ausländischer Vertreter, während dem Bund als schwachem Dachverband das aktive Gesandtschaftsrecht als Ausdruck selbständiger Handlungsfreiheit von den größeren deutschen Staaten wohlweislich nicht eingeräumt worden war, wie er auch keine eigene Staatssymbolik entfalten durfte. Dieses mit Absicht so konzipierte Regelwerk ließ den Groß- und Mittelstaaten hinreichend Bewegungsfreiheit, erzwang Interessenklärung und Vorabsprachen im Vorfeld der Bundestagsbeschlüsse, eröffnete aber auch bei mangelndem Einigungswillen formell schwer regulierbaren Konflikten ein unüberschaubares Feld. Solchen Schwachpunkten stand andrerseits die Entscheidung gegenüber, daß Bundesrecht vor Landrecht Vorrang hatte und sogar ohne Ratifizierung durch die Gliedstaaten allein aufgrund der obligatorischen Publikation in verbindliches Staatsrecht verwandelt wurde. Die Bundesakte stellte auch nur einen geradezu asketisch formulierten «knappen Rahmenvertrag» dar, der nicht allein auf der Linie explizit genannter Verfassungsaufträge ausgefüllt werden sollte, sondern überhaupt in vielfacher Hinsicht je nach Machtgewicht und Interessenkonsens vorerst ausgestaltungsfähig blieb – das bildete eine Chance und Gefahr zugleich!

Dieser Doppelcharakter der Bundesakte läßt sich in der ersten, von 1815 bis 1820 währenden Periode der Bundesgeschichte am klarsten erkennen. Einerseits wurde z. B. der Auftrag, eine eigene Militärverfassung zu entwikkeln, wegen der im Gedächtnis haftenden Kriegserfahrungen schon bis 1817/21 erfüllt; das Rückgrat bildeten seither drei Bundesarmeekorps und einige Bundesfestungen vor allem als Bollwerk gegen Frankreich. Dem weiteren Auftrag, eine eigene Schiedsgerichtsbarkeit aufzubauen, kam die Bundesversammlung bis 1817/20 nach. Über drei Instanzen hinweg bis hinauf zu den 22 über den Bund verstreuten Obergerichten konnte eine justizförmige Konfliktentscheidung gesucht werden; tatsächlich wurden bis 1848 zwanzig sogenannte Austrägalverfahren abgeschlossen. Andrerseits wurde aber die wichtige Verfassungsaufgabe, den «Handel und Verkehr» zu regeln, nie durch Bundesrecht gelöst – in den Hohlraum stießen die verschiedenen Zollunionen, schließlich der von Preußen dominierte «Deutsche Zollverein» hinein. Auch die in der Bundesakte aufgetragene Fortsetzung der Judenemanzipation und die Verankerung der Pressefreiheit wurden, obwohl sie fraglos dringend regelungsbedürftige Materien blieben, in Frankfurt nie vorangetrieben (Art. 10, 11, 19, 16, 18 DBA).[11]

Zum eigentlichen Dreh- und Angelpunkt eines entscheidenden Machtkampfes, bei dem es um grundsätzlich widerstreitende Legitimationsprinzipien staatlicher Herrschaft, letztlich auch um einen folgenschweren Umbau der Bundesverfassung ging, wurde jedoch die Auseinandersetzung um die Interpretation des vielzitierten Art. 13 DBA, wonach in «allen Bundesstaaten... eine landständische Verfassung» eingeführt werden sollte. Der Ausgang des Konflikts, die Erhebung der sogenannten Karlsbader Beschlüsse zu gültigem Bundesrecht, nahm 1820 der Bundesakte ihre potentielle Offenheit für eine zeitgemäße inhaltliche Ausgestaltung, zerstörte die letzten eher bundesstaatlichen Hoffnungen und zwängte die Verfassung 28 Jahre lang in einen starren Rahmen mit repressivem, illiberalem Charakter hinein. Den Kern des Streits bildete eine schlichte, jedem politisch Interessierten verständliche Alternative: Sollte unter «landständisch» eine nach westeuropäischem Vorbild geschriebene, die Gewaltenteilung anvisierende, auf der Mitwirkung der vom Wahlrecht zugelassenen Bürger beruhende gesamtstaatliche Konstitution verstanden und damit auch für alle anderen Staaten ein bundesverfassungskonformes Nahziel verbindlich vorgeschrieben werden? Oder sollten als «landständisch» primär oder gar ausschließlich die alten herrschaftsständischen Beratungsgremien aus der Zeit vor dem großen revolutionären Einschnitt gelten, so daß etwa fortbestehende oder neu zu berufende Provinzialstände hinreichten, im Extremfall sogar eine moderne Konstitution aufgehoben werden konnte? Hier öffnete sich in der Tat ein unüberbrückbarer Gegensatz. Der Formelkompromiß mit dem vieldeutig schillernden Schlüsselwort «landständisch» konnte den realpolitischen Antagonismus nicht einmal kurze Zeit bändigen. Er brach in den ersten Friedensjahren jäh auf und wurde, wie alle vitalen Verfassungsfragen, durch eine Machtprobe entschieden, aus welcher der Metternichsche Staatskonservativismus für drei Jahrzehnte als Sieger hervorging.

Angesichts des doppeldeutigen, Drohung und Verheißung umschließenden Wortlauts von Art. 13 zerfielen die Bundesmitglieder sogleich in drei Lager.

Die geringe Zahl der konstitutionellen Staaten und derjenigen Länder, die bereits dicht vor der Schwelle zum Verfassungsstaat standen, wartete keine Bundesvorschriften ab, durch die der Art. 13 eventuell gegen sie ausgelegt werden konnte. Sie gaben sich vielmehr aus eigener neuer Staatssouveränität nach mehr oder minder langen inneren Auseinandersetzungen eine Verfassung, die manchmal an Vorläufer oder Vorüberlegungen aus der Rheinbundzeit anknüpfte.

Bayern, das auf dem Wiener Kongreß die Selbständigkeit der Mittelstaaten am entschiedensten gegen eine Souveränitätsgefährdung durch den neuen Bund verteidigte, tat wiederum den ersten Schritt. Noch vor dem Abschluß der Wiener Verhandlungen wurde in München die Arbeit an der Revision der Verfassung von 1808 beendet (15. Februar 1815); die neue

Urkunde wurde vom König jedoch nicht in Kraft gesetzt, da die bayerische Position in Wien erfolgreich vertreten wurde. Erst als sich 1817/18 die altständische Uminterpretation von Art. 13 DBA abzeichnete, wurde die Vorlage von 1815 unter Berücksichtigung der Charte Ludwigs XVIII. erneut überarbeitet und erhielt am 26. Mai 1818 als zweite Verfassung, zusammen mit zehn ergänzenden Edikten, Gesetzeskraft.

Die bayerische Konstitution führte keine neue Herrschaftsbegründung, etwa durch Berufung auf die Volkssouveränität, ein. Vielmehr ging die Herrschaftsgewalt des Königs der Verfassung voran und blieb im Kern erhalten, obwohl sie im Vergleich mit dem früheren absolutistischen Regime stark eingeschränkt wurde. Da die Verfassung dem Interesse an der Systemerhaltung unter veränderten Bedingungen entsprang, enthielt sie sogar eine Bestandsgarantie für die Fürstenherrschaft. Nach dem englischen Vorbild wurde ein Landtag mit zwei Kammern eingeführt. Das Oberhaus, der «Reichsrat», sollte ein konservatives Gegengewicht zum Abgeordnetenhaus und zugleich einen hervorgehobenen Wirkungskreis für die mediatisierten Adelsgeschlechter bilden. Außer diesen Standesherren gehörten ihm unter anderem die königlichen Prinzen, die Erzbischöfe und die vom König ernannten Reichsräte an. In das Unterhaus wurden in einem indirekten Verfahren für sechs Jahre neuständisch untergliederte Vertreter gewählt: Die Hälfte bestand aus Grundbesitzern (ohne Gerichtsbarkeit) einschließlich bäuerlicher Grundholden, sofern sie den Zensus erfüllten; ein Viertel wurde von Städtevertretern gestellt, ein Achtel aus dem Kreis der adligen Grundbesitzer mit dem Recht der Gerichtsbarkeit, ein Achtel von katholischen und evangelischen Geistlichen. Ihr Verfassungseid verpflichtete sie, «ohne Rücksicht auf besondere Stände oder Klassen» allein dem Gemeinwohl zu dienen. Altständische Stimmenblöcke und imperatives Mandat wurden dadurch ausgeschlossen.

In der Zusammensetzung und den Wirkungsmöglichkeiten der Abgeordnetenkammer ging die Verfassung weit über 1808 und den Entwurf von 1815 hinaus. Das aktive und passive Wahlrecht wurden zwar an einen Zensus gebunden, wie das die gemeineuropäische Regel war, aber die Abgeordneten besaßen das Recht der Steuerbewilligung und der Mitwirkung an der Gesetzgebung – diese Mitwirkung war notwendig, aber nicht hinreichend; erst durch die fürstliche Sanktion erhielt eine verabschiedete Vorlage Gesetzeskraft. Die gesamte Staatsschuld wurde unter die «Gewährleistung» des Landtags gestellt. Das kam praktisch einer verpflichtenden Solidarhaftung gleich, zumal der Landtag selber an der Schuldenverwaltung mitwirkte, und sollte – bewußt auf Wirkung in der Öffentlichkeit kalkuliert – das Zutrauen zu den Staatspapieren erhöhen. Die Kammern erhielten überdies das Recht zur Bewilligung oder Verweigerung von Anleihen. Zusammengenommen bedeutete das den «eigentlichen Durchbruch zur konstitutionalisierten Schuldenwirtschaft» und Finanzpolitik im Verfassungsstaat. Beiden Kammern, deren Abgeordnete Immunitäts-, Petitions- und Beschwerderecht genossen, stand das Recht auf Verfassungsklage zu; sie überwachten auch die Ministerverantwortlichkeit, besaßen jedoch kein Recht auf Regierungsbildung.

Daß diese zweite bayerische Verfassung unter den Umständen von 1818 manchem Vergleich standhalten konnte, unterstrich auch ihr Grundrechtekatalog. Gewissens-, Meinungs- und Pressefreiheit, gleicher Zugang zu staatlichen Ämtern, Gleichheit vor dem Gesetz, der Wehr- und Steuerpflicht wurden garantiert. Der Landtag mußte «aus allen Klassen der im Staate ansässigen Staatsbürger» gewählt werden – diese Vorschrift unterstrich noch einmal den modernen Charakter der Repräsentativverfassung, die außerdem gegen willkürliche Eingriffe geschützt wurde. Freiheit der Person und des Eigentums, Unparteilichkeit der Rechtspflege, ein ordentlicher Staatshaushalt und der Schutz des Staatskredits wurden ebenfalls grundrechtlich verbrieft. Während das Recht auf Auswanderung eingeräumt wurde, war von der Gewerbefreiheit nirgendwo die Rede.

In den folgenden drei Jahrzehnten blieben zwar noch einige Sonderrechte des hohen Adels erhalten, welche die neuen Gleichheitsgrundsätze verletzten, aber insgesamt ist nur zu verständlich, warum diese bayerische Verfassung den anderen süddeutschen Staaten als Modell diente. Die badische Regierung ließ aus denselben Motiven, welche die Münchener 1818 endgültig zum Konstitutionalismus geführt hatte, eine Verfassung ausarbeiten, deren Grundzüge dem bayerischen Vorbild folgten. Der württembergische König hatte – ähnlich wie Montgelas – bereits unter dem Einfluß des Wiener Kongresses eine Verfassung entwerfen lassen, die er kraft fürstlicher Entscheidungsgewalt am 13. März 1815 verkündete, aber nachträglich trotzdem einer eigens dafür einberufenen Ständeversammlung zur Billigung vorlegte. Wider Erwarten lehnte eine große Mehrheit die Konstitution als neumodische Zumutung ab und bestand auf dem «guten, alten Recht» der württembergischen Ständetradition. Daraufhin entbrannte ein gut vierjähriger Kampf, der öfters zugunsten der altständischen Partei beschönigend dargestellt worden ist, während doch tatsächlich reaktionäre Positionen gegenüber dem modernen Verfassungsstaat verteidigt wurden. Erst 1819 kam ein Kompromiß mit erheblichen altständischen Relikten zustande. Die württembergische Verfassung vom 24. September 1819 beruhte daher auf einem Verfassungsvertrag, sie schuf damals das einzige paktierte konstitutionelle Repräsentativsystem.

Auf diesen drei Verfassungen von 1818/19 beruhte seither der Entwicklungsvorsprung der süddeutschen konstitutionellen Staaten. Wenn die Großmächte auf dem Wiener Kongreß mit der Verfassungsfrage in den Mitgliedstaaten auch die Hoffnung verbunden hatten, daß sich der erwünschte Konflikt zwischen den Fürsten, den Konstitutionalisten und den altständischen Kräften in langwierigen, aufreibenden Kämpfen als «innenpolitischer Sprengsatz» auswirkte, wurde diese Erwartung durch die Verfassungsgebung der Mittelstaaten zunichte gemacht. Ihr politisches Leben spielte sich vielmehr seither in dem neugeschaffenen konstitutionellen Rahmen ab.

Andere Staaten änderten an ihrer traditionellen Verfassung überhaupt nichts oder kehrten sogar im Verlauf einer wortwörtlich verstandenen Restauration zu altständischen Gremien zurück: 1821 besaßen 24 monarchische Staaten und vier patrizisch regierte Städte eine solche «landständische Verfassung.» Das mecklenburgische Adelsregime z. B. blieb ungeschmälert erhalten. In Kursachsen bestand der «aristokratische Privilegienstaat» aus der Zeit des Alten Reichs bis 1832 weiter fort. In Hannover wurde nach dem Zerfall des Satellitenstaats «Westfalen» eine strenge Restauration vorexerziert, ehe das Land von der in England lebenden Dynastie erneut dem «ständisch-feudalen Adelsregiment» ausgeliefert wurde. Ähnlich wurde die Uhr in Braunschweig und Kurhessen zurückgeschraubt. In Österreich hatten sich die Reformimpulse nach einem vehementen Aufbruch unter Joseph II. zum Teil erschöpft, zum Teil wurden sie seither mit harter Hand unterdrückt. Jedenfalls drangen sie nicht mehr bestimmend in die Reichspolitik ein. Nach 1815 bestanden die meisten überkommenen altständischen Versammlungen weiter fort und galten als Ausweis «landständischer» Verfassungen im Sinne von Art. 13. Von einer Verfassung für die habsburgische Staatenunion durfte öffentlich keine Rede sein. Das «System Metternich» verkörperte geradezu die bedingungslose Todfeindschaft gegenüber dem Konstitutionalismus. Zwar mußte Wien das leicht durchschaubare Vorpreschen der süddeutschen Verfassungsstaaten mangels plausibler Interventionsgründe und effektiver Repressionsmittel hinnehmen, aber die anachronistische Rückkehr zum Alten, die der Stillstandsmaxime der Hofburg entgegenkam, wurde wohlwollend begrüßt.

Die wahrhaft entscheidende Frage spitzte sich jedoch darauf zu, ob es die österreichische Verhinderungsstrategie erreichen konnte, in erster Linie die verfassungslose Großmacht Preußen – und in seinem Gefolge vielleicht noch andere größere Staaten – von der Einführung einer gesamtstaatlichen Konstitution abzuhalten. Gelang das, wurde die Expansion des Konstitutionalismus eingedämmt, ließen sich seine bisherigen Erfolge vielleicht sogar wieder annullieren. Schwenkte dagegen Preußen in das Lager der Verfassungsstaaten ein, mußte eine kaum korrigierbare Kräfteverlagerung folgen, die den Handlungsspielraum der Präsidialmacht des Deutschen Bundes einschneidend eingeengt hätte. Diese Gefahr wurde von Metternich keineswegs in übertreibender Verzerrung wahrgenommen, sondern deshalb richtig beurteilt, weil sein preußischer Antipode Hardenberg in wiederholten Anstrengungen an seiner Verfassungspolitik in der Sache zäh, wenn auch biegsam in der Form festhielt. Hinter der Fassade einer äußerlich freundschaftlichen Kooperation während der ersten drei Nachkriegsjahre führte Metternich aus diesem Grunde einen unnachgiebigen Kampf gegen Hardenbergs Pläne, wobei er sich auch auf die erstarkende konservative Hofpartei um den Kronprinzen und Wittgenstein sowie auf hochgestellte Vertreter des Beamtenkonservativismus stützen konnte. Auf diese Weise trug auch der österreichische Staatskanzler dazu bei, durch seine konspirative Zusammenarbeit mit preußischen Konservativen die Stellung Hardenbergs zu untergraben. Da sich Metternich jedoch einem Kontrahenten gegenüber fand, dessen politisch-intellektuelles Kaliber und diplomatische Finassierkunst ihm an keiner Stelle nachstanden, gab sich die offizielle Berliner Politik zunächst keine Blöße, die es gestattet hätte, die Blockadebemühungen durch einen Sieg zu krönen.

Der erwünschte Anlaß zur Frontalattacke wurde dann jedoch durch burschenschaftliche Studenten und die Ermordung des Schriftstellers August v. Kotzebue in den anderthalb Jahren zwischen dem Oktober 1817 und dem März 1819 geschaffen, und Metternich zögerte nicht, zwei Ereignisse von drittrangiger Bedeutung mit allem ihm eigenen Geschick zu einem Fundamentalkonflikt zu stilisieren. Daß innenpolitische Faktoren Metternich eine willkommene Chance zur entschlossenen Reaktion boten, die schließlich eine politische Großaktion mit doppelter Stoßrichtung: sowohl gegen die inneren Zustände in einigen Bundesstaaten, vor allem in Preußen, als aber auch gegen die Verfassungsstruktur des Deutschen Bundes insgesamt, auslöste, lenkt auf eine seiner Grundüberzeugungen hin, der mit unleugbarer Folgerichtigkeit sein praktisches Vorgehen entsprang.

Aus der Französischen Revolution und der ihr folgenden Kriegsepoche hatte Metternich die Lehre gezogen, daß die außenpolitische Ruhelage, zu der Europa endlich dauerhaft, und das hieß: durch das Staatensystem institutionell abgesichert, zurückkehren mußte, ihr Pendant in einer sozialkonservativen, gleichfalls rechtlich verankerten innenpolitischen Ruhelage besitzen mußte. Oder umgekehrt: Wenn die Gesellschaft und binnenstaatliche Politik im Sinne seiner konservativen Ordnungsprinzipien nicht stabilisiert, notfalls auch durch Gewaltmaßnahmen konserviert wurden, konnte die soziopolitische Unruhe auf das internationale Gefüge jederzeit mit unabsehbaren Folgen durchschlagen und seine sorgsam austarierte Balance gefährden.

Die Vorstellung von einem solchen System kommunizierender Röhren stellte auch damals keine einsame Überlegung dar. Friedrich v. Gentz als Sprachrohr des Staatskanzlers war beileibe nicht der einzige publizistische Vertreter. Aber Metternich tat sich durch die ruchlose Konsequenz hervor, mit der er der «Bewegungspartei» innen wie außen entgegentrat, um sein «Grand Design» zu verteidigen. Ihm stand der Widerstreit der beiden Rechtfertigungsprinzipien der Fürstenherrschaft von Gottes Gnaden einerseits, der zur Volkssouveränität tendierenden Verfassungsstaaten andrerseits klar vor Augen, wie eng auch immer das wahlberechtigte «Volk» zunächst noch definiert worden war. Dieser Dualismus zog vor allem die verfassungslosen Staaten in Mitleidenschaft und rechtfertigte in Metternichs Augen ihren rücksichtslosen Verteidigungskampf gegen die Konstitution, das Parlament und eine letztlich revolutionäre Legitimationsbasis. Seine revolutionspessimistische Grundhaltung führte nicht zur Passivität, sondern nährte unablässig eine wache Kampfbereitschaft.

Die Einsicht in die Interdependenz von Außen- und Innenpolitik verbindet Metternich mit Bismarck, der nach der Reichsgründung eine strukturell ähnliche Defensivstrategie in der äußeren und inneren Politik verfolgte, da er dieselbe unterminierende Wechselwirkung zwischen den beiden Bereichen fürchtete. Es ist aber kaum bestreitbar, daß es sich schon bei Metternich um eine rückwärtsgewandte Utopie handelte, die an der Bewegungsdynamik der beschleunigten Modernisierungsprozesse scheitern mußte, wie er es insgeheim selber eingestand. Immerhin blieb er diesem Leitstern fast vierzig Jahre lang mit unbestreitbaren Erfolgen treu, deren hoher Preis allerdings frühzeitig sichtbar wurde.

Aus all diesen Gründen nutzte Metternich einige Symptome der inneren Unruhe zielbewußt für einen neuen Anlauf aus, um die einzelstaatliche Innenpolitik und die staatenbündische Verfassungsstruktur so nachhaltig zu beeinflussen, daß am Ende tatsächlich ein Verfassungsverzicht und eine pseudolegale Bundesverfassungsrevision standen. Die auslösenden Momente dieser großen Krise vor dem «Wendepunkt» von 1819/1820 sind genau zu lokalisieren.

Bald nach Kriegsende hatten sich an verschiedenen deutschen Universitäten neue studentische Vereinigungen gebildet, die «Burschenschaften», die in Jena, Gießen und Heidelberg ihre ersten Schwerpunkte besaßen. Die Burschenschaften wollten unter anderem an die «Verbrüderungsstimmung» der «Befreiungskriege» anknüpfen. Sie fühlten sich mit sympathisierenden Professoren, die wie Luden und Fries in Jena, Schleiermacher in Berlin, die Gebrüder Welcker in Gießen auch den Kampf gegen die Fremdherrschaft öffentlich unterstützt hatten, eng verbunden. Sie bildeten eine Art Jugendorganisation der frühliberalen «Deutschen Gesellschaften» – des Tugendbunds, des Hoffmannschen Bunds, des Deutschen Bunds –, und auch zur Turnerschaft Jahns gab es zahlreiche Querverbindungen. Die Burschenschafter können deswegen nicht als Repräsentanten eines konventionellen Generationskonflikts angesehen werden, sie verstanden sich vielmehr als aktiver Bestandteil einer frühliberalen Bewegung, die nicht nur den Nationalismus als Emanzipationsideologie bereitwillig aufnahm, sondern sie befähigte, in Grundzügen ein «erstaunlich konkretes, liberales, demokratisches politisches Programm» zu entwickeln. Von Revolution war bei alledem zunächst keine Rede, man fühlte sich von einem elementaren Reformschwung getragen, dem die Zukunft gehören werde. Weder neigten die beratenden Professoren zu einer «revolutionären Kampfentschlossenheit» – sie setzten weiterhin durchweg auf die Erneuerungskraft des Reformstaats –, noch schwante Metternich selber wegen eines neuen Unruheherdes Böses – ein paar Dutzend Studenten in weit auseinanderliegenden Städten fühlte er sich allemal gewachsen.

Zwischen den lokalen Burschenschaften brachen freilich zunehmend beträchtliche Unterschiede auf. Die 1816 in Jena gegründete «Urburschenschaft» besaß den Charakter einer apokryphen kleinen Parteiorganisation, die sich – ohne revolutionäre Absichten, von Luden ständig mäßigend beeinflußt – zu dem Ziel eines bürgerlich geprägten deutschen Nationalstaats bekannte. Vielleicht kann man ihre Leitsätze tatsächlich das «erste deutsche Parteiprogramm» nennen. Ohne schroff postulierte Ziele war es ganz auf eine «vermittelnde Konzeption» hin angelegt, nicht einmal «maßvolle» Forderungen wurden akzeptiert, da die Mehrheit aus Sorge vor beruflichen Nachteilen nachgab.

Ganz anders der radikale Duktus des Programms in Gießen. Hier entwarfen Burschenschafter die «Grundzüge für eine künftige Reichsverfassung», die sichtbar dem französischen Modell folgte, allen Gleichgesinnten ein demokratisches, nationalrepublikanisches Ziel setzte und zu dessen Verwirklichung vor einer Revolution nicht zurückscheuen wollte. Inspirator, Mitbegründer und Führungsfigur der Gießener «Unbedingten» oder «Schwarzen» war der junge Dr. jur. Karl Follen, studentischer Kriegsfreiwilliger und Turnerfreund, Fichte- und Schillerverehrer, bald auch Privatdozent mit neuen Wirkungsmöglichkeiten – ein leidenschaftlicher Gesinnungsethiker von starker persönlicher Ausstrahlungskraft. Sein hochfliegender Idealismus riß diesen Republikaner zu einer Kampfrhetorik hin, die auch Terrorakte zuließ, um das Volk aus seiner Apathie aufzurütteln; wenn sich die Fürsten dem Willen der Nation nicht beugten, dürfe auch der Tyrannenmord nicht ausgeschlossen bleiben: «überall, wo eine sittliche Notwendigkeit» vorliege, seien, so sein gefährlicher Appell, für den von seiner Sache Überzeugten «alle Mittel erlaubt.» Innerhalb der Burschenschaftsbewegung, die zeitweilig maximal ein Zehntel aller Studenten an den außerösterreichischen deutschen Universitäten erfaßte – österreichischen Studenten war ein Studium außerhalb des Habsburger Reichs damals verboten –, bildete Follens Anhängerschar in Gießen, dann in Jena eine winzige Minderheit (6–8!). Ihr schwärmerisches Engagement konnte irgendwann einmal schlimme Folgen zeitigen, ihre Gefährlichkeit wurde von der politischen Polizei jedoch maßlos übertrieben, und typisch für die Gesamtburschenschaft war ihre aktivistische Mentalität ohnehin nicht.

Nach dem Vorbild der französischen revolutionären Volksfeste und dem Turnertreffen der Jünger Jahns riefen die Burschenschaften zu einem gemeinsamen «Nationalfest» am 18. Oktober 1817 auf der thüringischen Wartburg auf, um sowohl der religiösen Befreiung durch die Tat Luthers als auch der Abschüttlung der Fremdherrschaft durch die «Völkerschlacht» bei

Leipzig zu gedenken. Unter den etwa 500 Teilnehmern von dreizehn Universitäten dominierte die junge bildungsbürgerliche Intelligenz: zwei Drittel studierten für eine Stelle im Staats- und Kirchendienst; 50 % stammten aus Beamtenfamilien. Juden wurden nicht generell ausgeschlossen, aber ein zutiefst illiberaler religiöser Antisemitismus hielt aktiv praktizierende Anhänger des mosaischen Glaubens von der christlich-teutonisch verbrämten Feier fern. Sie verlief ruhig und geordnet, die vage Mischung von protestantischen und liberalen Freiheitsideen fand begeisterte Zustimmung, die Reden verrieten einen emotionalen «Protest ohne Programm». Abends jedoch kam es zu einem fatalen Eklat: zu einer gegen den Willen der Festleitung von Turnern organisierten Verbrennung der Makulaturbögen von «undeutschen» Büchern, die Kritik an der Turnerei übten oder (wie der Code Napoleon) ihre bornierte Deutschtümelei kränkten, den Absolutismus und politischen Status quo verherrlichten. Ein hessischer Militärzopf, ein preußischer Ulanenschnürleib, ein österreichischer Korporalsstock flogen als Symbole verhaßter Knechtung mit in die Flammen. An dem Exzeß dieses Rituals ist nichts zu beschönigen. Wahrscheinlich war Jahn der «geistige Vater» jener wirren Mischung aus antikonservativem Protest, Germanenkult, Frankophobie und Judenhaß. Der geschwätzige Prophet des neudeutschen Nationalismus übte mit seinen politischen Ideen und lebenspraktischen Postulaten, vor allem aber mit seinem Redeschwall – Clemens Brentano spottete boshaft, daß Jahn «an einer rhetorischen Diarrhoe» leide – einen verführenden Einfluß aus. Seine Anhänger trugen die Verantwortung für den «barbarischen Akt» einer «öffentlichen Diffamierung» von Autoren unterschiedlicher politischer Couleur, für den verhängnisvollen Appell an böse Gefühle statt an kühle Vernunft. Als politische Aktion gehörte die Verbrennung in den «Bereich des individuellen Terrors», enthüllte zugleich aber auch das abgrundtiefe «politische Analphabetentum» der irregeleiteten Turner.

Zwei relativierende Einschränkungen sind notwendig. Zum ersten stellten diese Turner nicht, wie der neokonservative Adam Müller denunziatorisch tönte, die «Pioniere des Jakobinismus in Deutschland.» Auch Metternichs drastische Warnung vor dieser «Brutstätte des Jakobinismus» rückte die jugendlichen Wirrköpfe, vermutlich bewußt, auf die falsche Seite des politischen Spektrums. Für die allermeisten Studenten auf der Wartburg gewann das Fest ohnehin nur die Funktion, als Ventil ihrer politischen Enttäuschung zu dienen. Zum zweiten stellte damals eine derartige öffentliche Verbrennung nichts Außergewöhnliches dar. Das ALR sah sie als «zweckmäßige Strafe» vor. Einer der verhaßten Protagonisten der preußischen Reaktion, Karl v. Kamptz, gnadenloser Inquisitor während der bald einsetzenden politischen Verfolgung, empfahl 1817 noch selber, sie gegen oppositionelle Professoren einzusetzen! Neu und beunruhigend war an dem Wartburger Spiel mit dem Feuer, daß es als Spontanaktion von unten erfolgte und nicht etwa von der Obrigkeit angeordnet war. Es wirkte doppelt irritierend, weil das privat organisierte Studentenfest angesichts des staatlichen Handlungsmonopols und der Exklusivität staatlicher Feiern als offen riskierte Regelverletzung einen «eminent verfassungspolitischen Charakter» gewann. Der spektakuläre Abschluß verschaffte ihm eine öffentlichkeitswirksame Brisanz. Die Reaktionen zeigten es sofort.

Kamptz wetterte unverzüglich bei Karl August von Weimar gegen den «Haufen verluderter Professoren und verführter Studenten»; dem Unwesen in Jena, jenem «Asyl für Staatsverbrecher», müsse unverzüglich der Garaus gemacht werden. Daß sein hochfahrend despektierlicher Ton gegenüber dem Fürsten die königliche Unterstützung genoß, verriet Friedrich Wilhelms III. abstruse Behauptung in einer Kabinettsordre an den Kultusminister, daß das Wartburgfest zum «Aufstand» aufrufe. Studentische Verbindungen sollten daher verboten, Angehörige mit Relegation und Ausschluß vom Staatsdienst bestraft, ja Universitäten, auf denen «der Geist der Zügellosigkeit nicht zu tilgen ist», aufgehoben werden. Während Altenstein noch redlich abzuwiegeln versuchte, stellte sich heraus, daß Hardenberg bei diesem gesamten Entscheidungsvorgang absichtlich umgangen worden war. Der König verletzte damit die Gesetzesnorm, wonach der Kanzler die politische Verantwortung trug, und kehrte zur absolutistischen Kabinettsregierung zurück. Natürlich erkannte Hardenberg das Gefahrensignal des Affronts und fürchtete zu Recht die diskreditierenden Auswirkungen dieses kaum noch verschleierten Flankenstoßes gegen seine Reform- und Verfassungspläne. Im Zuge eines Entlastungsangriffs unterstützte er im Dezember 1817 das Verbot der Burschenschaften an allen preußischen Universitäten, ließ auch strenge Untersuchungen einleiten, versuchte aber, sie geheimzuhalten, um die politische Öffentlichkeit nicht noch mehr zu beunruhigen. Durch zeitweilige Anpassung bemühte er sich, der Reaktion die neue Angriffsfläche durch reaktionäre Mittel zu rauben. Währenddessen sammelten Kamptz und Wittgenstein neues Belastungsmaterial, bauten ihr Spitzelnetz im Bundesgebiet aus und kooperierten eng mit Metternich, der trotz realistischer Berichte über den Charakter des Fests es als herbeigewünschten Vorwand nutzte, um liberale Gesinnung, zumal in Berlin, zu bekämpfen und dem Umbau des Bundes näherzukommen.

Auf dem internationalen Aachener Kongreß im Herbst 1818 konnte Österreich seine Vormachtstellung vor allem gegenüber den deutschen Mittel- und Kleinstaaten verstärken. Hardenberg agierte mit geschlossenem Visier. Die Restaurationsziele der Großmächte wurden bekräftigt. Die Zusammenarbeit zwischen Metternich und der Berliner Hofpartei wurde intensiviert. Die billigende Zurückhaltung Rußlands bei einem verschärften konservativen Kurs galt als sicher. Die Vorbedingungen für einen energischen Vorstoß gegen die preußischen Verfassungspläne, die Bundesstruktur und die Trägergruppen jedweder Opposition wurden verbessert. Ungehört verklang Steins Warnung, daß «der Hauptgrund der Gärung in Deutschland in dem Betragen unserer Fürsten und Regierungen zu suchen» sei. «Sie sind die wahren Jakobiner, sie... reizen und erhalten Unwillen und Verbitterung, sie stören die Entwicklung und den Fortschritt..., und sie bereiten den Anarchisten den Weg zum allgemeinen Untergang.»[12]

Die unerwartete Initialzündung für Metternichs Übergang zur offenen Kraftprobe wurde freilich erst durch die Ermordung Kotzebues ausgelöst. Der Jenaer Theologiestudent Karl Ludwig Sand erdolchte ihn am 23. März. Sand, ein Intimus Follens, hatte die «Überzeugungsmetaphysik» seiner Mentoren mit dem Willen zum aufsehenerregenden politischen Mord und narzißtischen Märtyrerträumen verschmolzen. Sein makabrer Erfolg in Gestalt von Kotzebues Tod wurde mit gemischten Gefühlen, keineswegs indes mit einhelliger Empörung aufgenommen. Die Agententätigkeit des Schriftstellers für die Petersburger Autokratie war bekannt, seine Verklärung der Nachkriegsordnung heftig umstritten – selbst Goethe hatte die Verbrennung seiner Bücher auf der Wartburg ausdrücklich gebilligt! Häufig begegne man, schrieb Joseph Görres treffend, einer «Mißbilligung der Handlung bei Billigung der Motive.» Diese Motive in ihrer Mischung von romantischen, idealistischen, politischen Elementen, die durch die Berufung auf den arg strapazierten Begriff des freien protestantischen Gewissens als letzter Verantwortungsinstanz gerechtfertigt wurden, veranlaßten z. B. auch die Berliner Theologen de Wette und Schleiermacher, Kants Nachfolger Herbart, Görres, Follen und viele andere Vertreter des Bildungsbürgertums zu sehr verständnisvollen Kommentaren, obwohl der politische Mord von allen unzweideutig verworfen wurde. Die tiefere Ursache sah mancher im wachsenden Druck des «bestehenden Despotismus.» Unstreitig bilde der Mord an Kotzebue, urteilte Stein, ähnlich wie Görres, in einer dafür typischen Wendung, «ein ominöses Warnzeichen des um sich greifenden Gärungsstoffes, den die Mißgriffe der Regierungen und die verrückte und bei manchen verruchte Tendenz der Demokraten befördern und verbreitern.» Wie immer auch das Urteil ausfiel, der politische Effekt wurde nunmehr zur Hauptsache. Denn Sands Mordtat schuf eine von Grund auf veränderte Situation. Jede echte oder geschickt manipulierte Revolutionsfurcht war auf einmal wieder begründet. Damit tat sich ein neuer Handlungsspielraum für den österreichischen Staatskanzler auf. In den folgenden Monaten spielte er das ganze Repertoire seiner macchiavellistischen Künste nach allen Seiten hin und auf verschiedenen Ebenen aus. Dabei kann man drei Stufen der machttechnisch meisterhaften Ausführung seiner Politik unterscheiden.

Anfang August 1819 traf sich Metternich mit Hardenberg und Friedrich Wilhelm III. im schlesischen Teplitz, um durch eine österreichisch-preußische Absprache den Inhalt von Maßnahmen gegen die oppositionellen Regungen im gesamten Bundesgebiet vorzuklären. Gleichzeitig unterhöhlte er die ohnehin prekäre Position Hardenbergs als des entscheidenden Befürworters einer preußischen Verfassung. Zuerst stieß Gentz, Metternichs publizistisch und rechtlich versierter Vertrauter, mit einer ersten Denkschrift über den «Unterschied zwischen landständischer und Repräsentivverfassung», dem heute allgemein unbekannten Vorläufer des berühmten Karlsbader Memorandums, energisch vor. Sie enthüllte eins der Hauptziele Metternichs: die Vereitelung einer preußischen Konstitution. Eine Nationalrepräsentation, wie sie Hardenberg unverdrossen anstrebte, bedeutete in Gentz' schroffen Worten «das verwegenste Experiment, das man je unternommen hätte» – es mache den «Krieg mit der rechtmäßigen Gewalt», deren genaue Definition klüglich unklar gelassen, aber ausschließlich als neoabsolutistische Monarchie verstanden wurde, «unvermeidlich». Die allein legitime Lesart von Art. 13 DBA bestehe darin, unter «landständischer Verfassung» die altständischen Korporationen zu verstehen. Mit dieser einseitigen staatsrechtlichen Interpretation lag der Fehdehandschuh, den der «Sekretär Europas» nur als verlängerter Arm Metternichs geschleudert hatte, im Ring.

Gleichzeitig erhob Metternich selber im vertraulichen Gespräch und Briefwechsel perfide Vorwürfe gegen den preußischen Staatskanzler. «Ohne Übertreibung» könne man über dessen «Büro» behaupten, giftete er, «daß ihn nicht ein Mann umgibt, der nicht entweder im Sinne der reinsten Demokratie wäre oder bereits ein aktiver Teilnehmer an der Verschwörung gegen den eigenen preußischen Thron stünde.» Überhaupt seien in der preußischen Verwaltung «die meisten und eben die wichtigsten Stellen sowohl im Zentrum der Regierung, als in der Provinz... mit reinen Revolutionären besetzt.» Deshalb sei auch «nicht zu wundern, wenn man Preußen als zur Revolution ganz reif betrachten kann.» Selten sind die loyalen, monarchietreuen Reformbeamten bösartiger angegriffen worden, und obwohl Hardenberg die schlankweg erfundenen Verdächtigungen damals nicht erfuhr, schwenkte er doch äußerst vorsichtig auf die Linie des gemeinsamen Zielkatalogs ein.

Den süddeutschen Verfassungsstaaten solle geholfen werden, sah die Teplitzer Punktation schönfärberisch vor, zu «einem dem Bund mehr angemessenen Verhältnis» zurückzukehren. Dahinter verbarg sich die noch immer nicht ganz aufgegebene Opposition gegen gesamtstaatliche Konstitutionen. Eine repressive Pressepolitik sollte durch Maßnahmen gegen Universitäten und Schulen ergänzt, die notwendige «Reform» durch eine Kommission ausgearbeitet werden. Auf jeden Fall sollten Professoren mit schlechter Gesinnung entfernt und von keinem «anderen deutschen Staat» wieder berufen werden. Das war trotz aller verbalen Härte noch kein extremes Verfolgungsprogramm. Die Absichten Metternichs schienen jedoch klar durch die Vereinbarung hindurch: Er baute auf die Eigengesetzlichkeit einmal eingeleiteter Unterdrückungsmaßnahmen, auf die durchdringende Wirkung eines Klimas der Verfolgung, auf die Erstickung von Verfassungsplänen und erleichterte Intervention in der Bundespolitik. «Von der Zusammenkunft geht», munterte er triumphierend-theatralisch den zum Polizeiminister arrivierten Wittgenstein nach dem Beratungsende auf, «vielleicht die Rettung von Deutschland aus.» Dazu war es nach Meinung der Ultrakonservativen, in deren Köpfen sich die wirre Wahnvorstellung von einem unmittelbar bevorstehenden Debakel mit kaltschnäuzigem Interessenkalkül mischte, allerhöchste Zeit. Kamptz, als Leitender Direktor des Polizeidepartments eine «entscheidende Figur» der anlaufenden «Demagogenverfolgung», gab mit dem symptomatischen, sachlich völlig unbegründeten Verschwörungsvorwurf den Ton an, als er jene vorgeblich entdeckten Vereinigungen zum Angriffsziel erhob, die «den klar und besonnen ausgesprochenen Zweck verfolgen, mittels Vernichtung der bestehenden Regierung durch Verführung der Jugend und des Volkes, wenn nötig durch Blut und Gewalt Deutschland in eine Republik zu verwandeln.» Das war ein Ausdruck der Panikatmosphäre, die Metternich so eilfertig auszudehnen verstand. Selbst der gewöhnlich ruhig urteilende Verleger Perthes fürchtete, daß «der Boden, auf dem wir stehen, ... bis zur obersten Rinde voll Feuers» sei, «wer scharfe Sinne hat, wittert den Dampf und sieht die Funken sprühen.» Wie viele andere erlag auch er, wie der preußische Reformbeamte Theodor v. Hippel treffend diagnostizierte, «der epidemischen Reizbarkeit jener Jahre.»[13]

Unter der Druckglocke solcher Ängste und Zukunftssorgen, aber auch einer klassischen Interessenpolitik trafen sich unmittelbar nach Teplitz auf Metternichs Einladung hin Minister der zehn größten Bundesstaaten zu einer vom 6. bis 31. August 1819 währenden Geheimkonferenz in Karlsbad. Auf 23 langen Arbeitssitzungen einigten sie sich auf ein in der Punktation vorgezeichnetes Bündel von Bundesgesetzvorlagen, die Repressionsmaßnahmen gegen die Universitäten, die Burschenschaften, die Pressefreiheit legalisieren sollten. Zur Ausführung wurde eine neue Untersuchungs- und Verfolgungsbehörde mit bundesweitem Operationsradius geplant. Vehement kämpften Metternich und Gentz, der in seiner zweiten, nachmals vielzitierten Denkschrift erneut für eine traditionalistisch-altständische Auslegung von Art. 13 DBA plädierte, für eine verfassungspolitische «Gleichschaltung» aller Bundesstaaten. Ein Durchsetzungserfolg hätte sowohl die neuen süddeutschen Verfassungen in Frage gestellt als auch allen preußischen Verfassungsplänen einen Riegel vorgeschoben.

Das Spiel um diesen hohen Einsatz scheiterte in erster Linie an dem unüberwindbaren bayerischen und württembergischen Widerstand. Empört berichtete der bayerische Minister v. Lerchenfeld, die Karlsbader Konferenz enthülle «deutlicher als alles, von welcher Seite revolutionäre Umtriebe zu besorgen seien, wer die bestehende Ordnung der Verhältnisse umstürzen wolle.» Hinter den Regierungsvorlagen verberge sich nur der «krasse Egoismus» der um die Bewahrung ihrer «alten Verhältnisse» kämpfenden «Kaste» der «Aristokratie.» Mußte der Konferenzleiter vorerst an diesem Punkt zurückstecken, leitete er doch die anderen konsensfähigen Beschlüsse in

Windeseile der Frankfurter Bundesversammlung zur Verabschiedung zu. In einer verfassungsrechtlich äußerst fragwürdigen Weise, ja geradezu in der Form eines «Bundes-Staatsstreichs» wurden sie bereits nach dreitägiger Beratung am 20. September zu geltendem Bundesrecht erklärt. Keine der übergangenen Regierungen riskierte einen förmlichen Einspruch gegen die «Verschwörung von Karlsbad.» Die Regel, eine vierzehntägige Beratungsfrist für jeden Antrag einzuräumen, wurde verletzt, sie galt formell auch nicht als obligatorisch. Die vorgeschriebene Instruktion der Delegierten konnte während der drei Diskussionstage oft nicht eingeholt werden.

Dennoch war nicht die Bundestagsabstimmung am 20. September die entscheidende Statutenverletzung, sondern der «Rechtsbruch» lag, erstens, darin, daß auf dem Karlsbader Geheimtreffen Gesetzesvorlagen außerhalb des Bundestags, den Art. 4 DBA als alleinkompetentes Gremium vorschrieb, erarbeitet worden waren; er lag, zweitens, in der ungleichen Behandlung formalrechtlich gleichgestellter Bundesmitglieder. Und dennoch: Nach der Verabschiedung konnte kein Zweifel an der faktisch vollzogenen Ergänzung und konservativen Uminterpretation der Bundesverfassung bestehen. Die neugeschaffene Bundeskompetenz zur Unterdrückung der systemkritischen Opposition fügte ihr auch ein stärker bundesstaatliches Element hinzu. Was den Liberalen als Kennzeichen verdichteter nationaler Einheit vorschwebte, bestand jetzt nur in der Gemeinsamkeit der Verfolgung. Der Bund gewann «die Funktion eines bevormundenden Polizeistaats.» «Ruhe und Ordnung» – das wurde seine erste Maxime.

Das Universitätsgesetz schuf die Grundlage zur Entlassung mißliebiger kritischer Professoren. Die Burschenschaften wurden überall verboten. Staatskommissare hatten an jeder Universität für die Überwachung des Lehrbetriebs und der Professoren zu sorgen. Das Pressegesetz führte im Gegensatz zu Art. 18 DBA für alle Zeitungen, Zeitschriften und Bücher mit weniger als zwanzig Bogen (320 Seiten) die Vorzensur, für alle übrigen Veröffentlichungen die Nachzensur ein. Sie gab dem Zensor weitreichende Genehmigungsvollmachten und gravierende Eingriffsrechte. An jeder kritischen Stelle durfte er von Rechts wegen als «Gedankenmörder» fungieren. Durch diese «Kommunikationsunterbindung» sollte jede liberale Opposition gegen das Bestehende zum Schweigen gebracht, durch die Kriminalisierung sogar des Gedankenaustauschs jeder Zusammenhalt zerstört werden. Das Untersuchungsgesetz rief – Reflex konservativer Verschwörungstheorie – eine siebenköpfige «Zentraluntersuchungskommission» mit dem Sitz in Mainz ins Leben, die als wiederbelebte «Inquisitionsbehörde» mit großer Machtfülle Weisungsbefugnisse gegenüber der einzelstaatlichen Verwaltung besaß, Haft- und Durchsuchungsbefehle durch deren Polizei ausführen lassen konnte. Mit ihr entstand zum Zweck der Radikalverfolgung eine begrenzte, rein negative «Exekutivgewalt des Bundes», die neun Jahre lang dem «Verfassungsschutz» diente. Ihre mageren Ergebnisse standen in einem lächerlichen Mißverhältnis zu dem großen Aufwand. 1824 wurden die Beschlüsse auf unbestimmte Zeit verlängert, das Presse- und Universitätsgesetz blieb bis 1848 kontinuierlich gültig. Seit 1823 waren außerdem Bücher über Rechtscharakter und Politik des Bundes verboten, um insbesondere einer staatsrechtlichen Verfassungskritik vorzubeugen.

Aktiv setzten die meisten Mitgliedstaaten die von ihnen auszuführenden Bundesgesetze in Verordnungen und Gesetze um. Bayern, Württemberg und Sachsen-Weimar leisteten jedoch erheblichen oder sachten Widerstand, sie bremsten nach Kräften und erklärten ihr Verfassungsrecht für übergeordnet; sie bewiesen damit, daß auch dieses Verhalten möglich war. Nicht nur Baden und Nassau taten sich durch Übereifer hervor, sondern auch Preußen ging durch Verschärfung des Zensur- und Universitätsedikts über die Bundesnormen noch hinaus. Das war teils dem Drängen der Scharfmacher um Wittgenstein und Kamptz zu verdanken, teils aber auch Hardenbergs notgedrungen taktische Konzession, mit den Wölfen zu heulen, um das noch immer vorrangige Ziel einer Staatsverfassung abzuschirmen, sei's auch mit noch so dubiosen Mitteln, die ihm dieser Zweck zu rechtfertigen schien.

Die Wirkung der Repressionsgesetze, schon allein ihr «Einschüchterungscharakter», reichte weit, ihre beflissene Verwirklichung war verhängnisvoll. Zur Zufriedenheit von Metternich und Gentz setzten «Demagogenverfolgung» und Schikanierung mit Wucht ein. «Das Denunziantentum hatte goldene Tage.» Die Professoren Fries und Oken in Jena, de Wette in Berlin, Arndt in Bonn, die Welckers in Gießen wurden umstandslos entlassen, weitere folgten. Stein, Niebuhr, Boyen, Gneisenau, Grolmann, Görres und zahlreiche andere Unverdächtige wurden angeschwärzt. Der untadelige ehemalige preußische Polizeipräsident Justus Gruner starb kurz nach der Vernehmung als «Jakobiner». Jahn und Arndt wurden verhaftet, Schleiermachers Predigten von Spitzeln mitgeschrieben und anschließend von der politischen Polizei geprüft. Hegel hielt es jetzt für opportun, in der Vorrede zur «Rechtsphilosophie» die Treibjagd auf «Demagogen» als angemessene Staatsverteidigung zu rechtfertigen. Seine Staatsmetaphysik entfaltete sich voll erst seither. Selbst Hardenberg sah sich als Beschützer und Förderer der «Demagogen» an den Pranger gestellt. Nur wenige Jahre nach der hochgemuten Stimmung der Reformära erlebten freidenkende, liberale Männer mit makelloser Vergangenheit eine beschämende Erniedrigung nach der andern. Die Universitäten wurden unter Kuratel gestellt, Burschenschafter wanderten in das Gefängnis oder auf die Festung. Die öffentliche Meinung wurde geknebelt.

Trotzdem wurde, aller Risiken ungeachtet, auch schärfste Kritik geübt. Prinz Paul von Württemberg brandmarkte öffentlich die «despotischsten Beschlüsse, die jemals gefaßt wurden.» Dahlmann, Schelling, Stein – die «Inquisition, die unbedingte Zensur und die Hinwegsophistizierung des 13. Art. – der Unwille ist tief, allgemein» – begehrten ebenso auf wie Humboldt, der zwar gerade noch nach einer sicheren «Stütze gegen den Demokratismus» gerufen hatte, jetzt aber die Folgen von Karlsbad – «schändlich, unnational, ein denkendes Volk aufregend» – ungeschminkt beim Namen nannte. Mancher bedächtiger urteilende Kritiker fürchtete vor allem die Fernfolgen. Seit diesen Beschlüssen werde er, schrieb der rheinische Liberale Benzenberg, «das Gefühl nicht los, daß wir eine Revolution haben werden. Dieses ist eine rückwärts gewandte Bewegung gegen die Ideen der Zeit, und das führt zu einer Katastrophe, weil die Dinge dadurch in einen immer größeren Schwung geraten. Hierdurch entstehen eigentlich die Revolutionen... durch Mißgriffe von oben und von unten», so daß man die Dämme schließlich nicht mehr «zu halten imstande ist.»

Sowohl den kritischen zeitgenössischen Beobachtern als auch den verantwortlichen Akteuren stand die Stufenfolge der Ereignisse und ihre Bedeutung klar vor Augen. Kotzebues Tod, urteilte Ludwig Börne, «ist der Kristallisationspunkt, um den die neue Geschichte der Deutschen sich ansetzt.» Denn dieser Schock erwies sich als Vorbedingung für Karlsbad, wo Metternich mit Gentz' hymnischen Worten «die größte retrograde Bewegung» gelang, «die seit dreißig Jahren in Europa stattgefunden hat.» Mit diesem erfolgreichen «Akt der Konterrevolution» habe der Staatskanzler den «glänzendsten Moment in seiner Laufbahn» erlebt. Metternich selber teilte diese Auffassung: Den Kurswechsel von Karlsbad rechne er sich als «eine große Tat» an – «eine der wichtigsten meines Lebens.» Das alles klang etwas zu stolz und selbstbewußt, traf aber einen richtigen Kern.[14]

Vollendet wurde dieser entschlossene Schachzug der Metternischen Politik jedoch erst auf den Wiener Ministerialkonferenzen, die, bald nach den Bundesbeschlüssen, am 25. November 1819 begannen und bis zum 20. Mai 1820 dauerten. Sie sollten die günstige Gelegenheit im Sinne Wiens dazu nutzen, die offen formulierten Teile der Bundesakte durch eine präventive Verfassungsausgestaltung in rechtlich unanfechtbarer Form zu schließen. Das Bundesstatut sollte endlich seine den Konservativen genehme verbindliche Schlußfassung erhalten. Die Ergebnisse der immerhin sechsmonatigen, zähflüssigen Beratungen wurden in der Wiener «Bundes-Supplementar-Akte» vom 15. Mai 1820 zusammengefaßt, die durch ein einstimmiges Votum des zuständigen Frankfurter «Plenums» am 8. Juli zu einem «Grundvertrag» des Deutschen Bundes erhoben wurde. Mit anderen Worten: Die Bundesakte von 1815 wurde durch ein staatsrechtlich gleichgestelltes zweites «Bundesgrundgesetz» verbindlich interpretiert. Nachdem Metternich in Teplitz, Karlsbad und Frankfurt dreimal hintereinander seine enge Auslegung von Art. 13 DBA nicht hatte durchsetzen können, gelang es ihm jetzt doch noch, seine potentielle Sprengkraft für geraume Zeit zu entschärfen.

Zwar erkannte der Art. 56 dieser neuen Wiener Schlußakte den Grundsatz an, daß bereits bestehende Landesverfassungen nur «auf verfassungsmäßigem Wege» wieder abgeändert werden konnten. Das bedeutete eine Bestandsgarantie für die süddeutschen Verfassungen und eine bundesrechtliche Sanktionierung der konstitutionellen Monarchie.

Zugleich führte jedoch der Art. 57 als neues sakrosanktes Verfassungsaxiom das sogenannte «monarchische Prinzip» ein. Da «die gesamte Staatsgewalt in dem Oberhaupte des Staates vereinigt» bleibe, könne der Souverän, wurde hier eine heftig umkämpfte Streitfrage abschließend entschieden, auch im Rahmen einer landständischen Verfassung «nur in der Ausübung bestimmter Rechte an die Mitwirkung der Stände gebunden werden.» Daß der derart weit definierte Vorrang des «monarchischen Prinzips» als «Souveränitätsvorbehalt» generell erhalten und auch bei der konkreten Ausübung der bewußt vage und unverbindlich-leerformelartig erwähnten «bestimmten Rechte» gewahrt blieb, wurde seither durch den Bund, angeführt durch seine Präsidialmacht, argwöhnisch überwacht. Metternich ist es mithin doch noch gelungen, ein materiell höherwertiges, unmittelbar aus der fürstlichen Souveränität alten Stils entspringendes Legitimationsprinzip in der erweiterten Bundesverfassung zu verankern. Es konnte seither nicht nur gegen alle neuen Verfassungswünsche ins Feld geführt, sondern auch zu einer möglichst restriktiven Definition «landständischer» Mitwirkungsrechte ausgenutzt werden, denn seinem innersten Anspruch nach stellte das «monarchische Prinzip» ein gegen Herrschaftskonkurrenten gerichtetes Exklusionsprinzip dar.

Man kann die historische Bedeutung der säkularen Entscheidungen von 1819/1820 kaum überschätzen. Sie tritt besonders prägnant hervor, wenn man die Karlsbader Beschlüsse und die Bundesrepressionsgesetze mit dem zweiten Wiener Grundvertrag zusammen sieht. Metternich und den von ihm repräsentierten traditionalen Dynastien und Machteliten ist es damit gelungen, eine «epochale fürstlich-autokratische Weichenstellung» durchzusetzen, die – wie sich herausstellen sollte – durch die Festlegung auf das «monarchische Prinzip» und den antiparlamentarischen Kurs den politischen Primat des Fürsten und seiner «Kabinettssouveränität» stabilisierte, die Liberalen aber, auch in weiter Zukunft, trotz wiederholten Aufbegehrens und einzelstaatlicher Erfolge zur Anpassung an diese Machtkonstellation zwang. Nach dem vorläufigen Kompromiß von 1814/1815 war es erst diese Grenzsituation von 1819/1820, in welcher der Streit zwischen liberaler Verfassungsbewegung und Fürstenherrschaft für lange Zeit entschieden wurde. Vielleicht kann man die «Fanalwirkung» noch am ehesten mit Bismarcks Sieg im preußischen Verfassungskonflikt vergleichen, wie auch die skrupellose Methode, mit der Metternich die Ermordung Kotzebues und die burschenschaftliche Opposition für die Karlsbader Beschlüsse ausnützte, an das Durchpeitschen des Sozialistengesetzes von 1878 nach den Attentaten auf Wilhelm I. erinnert – oder sogar, wenn man auf das 20. Jahrhundert blickt, an die bedenkenlose Manipulation des Reichstagbrands durch das NS-Regime.

Der Triumph Metternichs wurde dadurch vollendet, daß mit den Wegmarken von Karlsbad über Frankfurt nach Wien auch eine fatale Einschnürung der Hardenbergschen Verfassungspolitik verbunden war. Trotz aller Hindernisse befand sich Preußen vor Karlsbad noch «auf dem Wege, ein Verfassungsstaat nach der Art der süddeutschen zu werden». Im Mai 1819 hatte Hardenberg erneut mit Nachdruck bekräftigt, daß aufgrund der «Begebenheiten der letzten fünfzig Jahre» der «Drang nach repräsentativen Verfassungen» vom «allgemeinen Zeitgeist» getragen werde. Noch einmal erwirkte Hardenberg ein neues Verfassungsversprechen. Es kann trotz aller entgegenstehenden Behauptungen kein Zweifel daran herrschen, daß der Staatskanzler, hätte er seine Pläne nur verwirklichen können, Preußen zum Verfassungsstaat gemacht hätte. Dem Einwand, Hardenberg selber habe eine Verfassung letztlich nicht gewollt, weil eine konservative Mehrheit der Repräsentation sein Reformwerk in ihrem Sinne revidiert hätte, steht nicht nur die begründete Überzeugung Hardenbergs und seiner engsten Mitarbeiter gegenüber, daß eine hinreichend liberale, reformfreundliche Mehrheit zustandegebracht werden könne, sondern ihn entkräftet auch die Furcht der Konservativen, die ebenfalls eine sachkundige «Hochrechnung» mit dem Ergebnis betrieben, daß mit eben dieser liberalen Majorität gerechnet werden müsse. Gewiß, die Kompetenz der Zentralrepräsentation blieb auch für Hardenberg weiterhin eine nicht abschließend geklärte Materie, aber noch im Staatsschuldengesetz von 1820 sorgte er eigenmächtig für eine neue Verfassungszusage.

Nach dem Abschluß der Verwaltungs- und Finanzreformen nahte seit dem Oktober 1820 der Entscheidungsmoment heran. Die von den Konservativen geforderte und beherrschte Verfassungskommission – die wegen des verfassungsfeindlichen, sinistren Einflusses des Kronprinzen so genannte «Kronprinzenkommission» – lehnte Hardenbergs Vorschlag, der auch eine allgemeine Repräsentativverfassung vorsah, unzweideutig ab. Hardenberg verzichtete mithin nicht aus Sorge vor einem konservativen Gegengewicht auf sein Verfassungsprojekt, sondern er wurde von der inzwischen überlegenen konservativen Gegenmacht daran gehindert, es weiter zu verfolgen. Die Kompetenz zur Fortsetzung seiner Verfassungspolitik wurde ihm mit einem demütigenden Bescheid sogar «ausdrücklich und förmlich entzogen.» Seine Ausschaltung beendete den ersten preußischen Verfassungskampf. Ohne die nachhaltige Aufwertung der Konservativen durch Karlsbad und Wien, ohne die permanente Unterstützung durch Metternich, ohne Friedrich Wilhelms III. Überwechseln ins Lager der Reaktion, ohne die Spaltung der Reformer und des Beamtenliberalismus durch Karlsbad und Hardenbergs umstrittene, nicht leicht nachvollziehbare taktische Konzessionen, die das strategische Ziel retten wollten – kurz: ohne Metternichs unnachgiebigen Gegeneinfluß und ohne die auch von außen her erfolgende immer stärkere Einschnürung des Handlungsspielraums wäre Hardenberg am innerpreußischen Widerstand allein vermutlich nicht gescheitert.

Im Winter 1820 hatte Metternich jedoch auch sein Ziel vollständig erreicht, eine preußische Verfassung nach süddeutschem Vorbild zu verhindern. Darüber hinaus wurde das frühliberale politische Leben weithin erstickt. Die Entwicklung des deutschen Parteiwesens wurde um Jahrzehnte verzögert. Die Verfassungsordnung des Deutschen Bundes war grundlegend umgebaut worden, so daß er seither bei allen aufrechten Liberalen gründlich in Mißkredit stand. Die letzte Chance politischer Identitätsstiftung durch den Bund war endgültig vertan. Im Grunde waren selbst die im Namen des «monarchischen Prinzips» aufgewerteten Souveränitätsrechte der Fürsten durch die übergestülpte konservative Grundstruktur des Bundes eingeengt worden. Binnen weniger Jahre – und überhaupt in der ganzen zweiten Phase des Bundes von 1820 bis 1830 – herrschte das «System Metternich» so unangefochten, daß selbst der außergewöhnlich revolutionsskeptische Niebuhr 1825 gestand: «Wenn die Fürsten und Minister wüßten, wie philisterhaft man durchgehend wieder ist, so würden sie es zulassen, daß wir uns wieder belebten.» Seine Diagnose traf damals ins Schwarze. Bereits fünf Jahre später wurde sie jedoch radikal in Frage gestellt, als mit der französischen Revolution von 1830 auch die dritte Periode der Geschichte des Deutschen Bundes begann.[15]

Die zweite revolutionäre Explosion in Frankreich, dem politischen Experimentierlabor der neueren europäischen Geschichte, hat die Politik und öffentliche Meinung des Westens jäh in tiefste Unruhe versetzt. Blitzlichtartig wurde vielen klar, daß auch vierzig Jahre nach der Großen Revolution der Vulkan immer noch einer neuen Eruption fähig geblieben war und vielleicht – wie sich quälendes Mißtrauen tief eingrub – auch in Zukunft bleiben werde. Andere, ein Teil der Liberalen oder die schon demokratischen Kräfte, schöpften dagegen aus der Erschütterung des Restaurationsregimes neue Hoffnungen, verspürten neue Energie und neuen Auftrieb. Karlsbad schien zu verblassen.

Die Julirevoluton von 1830 besitzt nicht von fern die historische Qualität der Zäsur von 1789, obwohl sich erst jetzt, in ihrem Gefolge, eine tiefgreifende sozialstrukturelle und ökonomische Modernisierung Frankreichs zu vollziehen begann. Aber den klugen Zeitgenossen war seither bewußt, daß 1789 nicht mehr als einmaliges Ereignis in der Vergangenheit dastand, sondern daß damals ein Zeitalter der Revolutionen begonnen hatte, dessen Ende völlig im Ungewissen lag. Von Tocqueville bis Hegel, von Heine bis Görres fiel diese Diagnose ganz ähnlich aus. Durch ganz Europa wehe wieder der «Geist der Revolution und des Republikanismus», beobachtete auch Gneisenau, und bekanntlich hätten «Revolutionen eine ansteckende Natur.» Prinz Wilhelm von Preußen plädierte, aus derselben Diagnose praktische Konsequenzen ziehend, in «kriegerischer» Stimmung bedenkenlos für eine konterrevolutionäre militärische Intervention und bedauerte die politisch kluge Zurückhaltung der Regierungen, denn die «Lehren, die man durch Erhaltung des Friedens in den Augen der Menge sanktioniert, dürften leichter verderblich für die Völker werden als ein Krieg zur Bekämpfung derselben.» Die Erfahrungen mit dem Interventionsdebakel nach 1792 schienen den Berliner Militärliebhaber nicht zu schrecken.

«Das wichtige Jahr 1830», notierte sich der Leipziger Verleger Brockhaus in seinem Tagebuch, «wird Epoche in der Weltgeschichte machen, und in späteren Zeiten wird man die Saat der Jahre aufgehen sehen.» Diesen Eindruck von einer neuen Wendemarke gewann auch Ranke, als er die «revolutionären Sympathien... sich jeden Augenblick weiter» ausbreiten sah: «Dies war die Signatur der Epoche, die mit dem Jahre 1830 eintraf»; «daß uns Handwerksburschen und Gassenbuben gouvernieren wollen», fand er insgeheim schlechthin nicht «erträglich». Und Metternich, der das Werk von anderthalb Jahrzehnten abrupt in Frage gestellt, ja in melancholischen Stunden sich auf den Nullpunkt 1789 zurückgeworfen fand, hielt seither «immer... die Revolution von 1830» für den «Punkt, aus dem das Übel seine Stärke zog... und die nur zunehmen kann.» Heinrich Heine dagegen rühmte «jene Juliusrevolution», die «unsere Zeit... in zwei Hälften auseinandersprengte!»

Dem «Bürgerkönigtum» Louis Philippes gelang es zwar im Machtkartell mit der neuen Großbourgeoisie im Grunde erstaunlich schnell, die Lage in Frankreich zu stabilisieren. Die symbolische Bedeutung der neuen Eruption übertraf jedoch bei weitem ihre realhistorischen Folgen, zu denen u. a. die gemeineuropäische Ausstrahlungskraft gehörte. Seither wurde auch im Deutschen Bund «ein neuartiges Spannungsfeld» aufgebaut. Die relative Ruhelage der «halkyonischen Tage» während des staats- und sozialkonservativen Restaurationsjahrzehnts wurde durch den «Vormärz», eine «klassische Inkubationsperiode», abgelöst – fraglos eine «Zeit des Übergangs» mit stetig anwachsenden Spannungen zwischen alten Strukturen und neuen Kräften, «eine Schwelle zur Moderne» schließlich, die in das Vorfeld der politischen Revolution von 1848, aber auch der deutschen Industriellen Revolution hineinführt.

Dieser Charakterisierung entspricht auch der sprachgeschichtliche Befund, daß unter sensiblen Köpfen gleich welcher politischen Orientierung, insbesondere aber im Grundgefühl der literarisch-politischen Avantgarde und ganz im Gegensatz zur vermeintlich vorwaltenden Stillstandsidylle des privatistischen Biedermeier, die Vorstellung von einer zeitlichen Beschleunigung des historischen Prozesses vordrang. Die Geschichte schien durch 1789, dann durch die zweite europäische Revolution von 1830, und jetzt erst unwiderruflich, in einen neuen Aggregatzustand überführt worden zu sein, der sich in zahlreichen Äußerungen diagnostischer und prognostischer Natur im Topos des forciert davoneilenden Wandels niederschlug – in der Revolutionsgewißheit der beiden weltberühmten Linkshegelianer ist er wahrscheinlich am bekanntesten geworden. Diese Beschleunigungserfahrung wurde mithin nicht nur von älteren oder konservativen Zeitgenossen gemacht, denen der Vergleich mit der vorrevolutionären Welt den selbstverständlichen Maßstab lieferte, sondern um 1830 trat auch «eine neue politische Generation in die Arena, die das alte Europa nicht mehr gekannt hat.» Sie begrüßte oft, eher zustimmend-unbefangen, den neuen Pulsschlag des historischen Fortschritts als zeitgemäße Lebendigkeit – als «modern» in einem durchaus positiven Sinn, keineswegs mehr im herkömmlichen Stil einer abschätzigen Abwertung, zu der das rasch vordringende Modewort bisher oft gedient hatte.[16]

Die deutsche Reaktion auf die neue französische Revolution, die wiederum in weiten Teilen Europas als Initialzündung von einzelstaatlichen, regionalen und städtischen Aufständen, Revolten und Bürgerkriegen wirkte, zeichnete sich durch extreme Unterschiede aus. Die beiden verfassungslosen Großmächte blieben auf eine bemerkenswerte Weise von ernsthaften Unruhen fast unberührt. Preußen zehrte trotz aller Enttäuschung der Konstitutionellen von dem entlastenden Bonus, den ihm die Reformgesetze verschafft hatten. Gneisenau verglich sie plastisch mit «dem Entladen einer Mine, die unter unseren Füßen angelegt», aus der jedoch durch die Revolution von oben «nach und nach das Pulver herausgeschafft» worden war. Immerhin kam es in einigen Städten zum Zusammenstoß von Protestgruppen und Ordnungskräften. Der habsburgische Vielvölkerstaat befand sich fest im Griff des «Systems Metternich». In den Mittel- und Kleinstaaten jedoch reichte die Kettenreaktion nach dem Juli 1830 vom offenen Aufruhr bis hin zu verschärften, zum Teil existentiellen Verfassungskämpfen. Deutschland «befindet sich», konstatierte Metternich betroffen, «in einer erstaunlichen Unordnung... Es wird nicht leicht sein, die Schlacht zu gewinnen, aber sie muß es, denn sonst ist Deutschland verloren.»

Den dramatischsten Einschnitt erlebte das Herzogtum Braunschweig. Hier hatte Herzog Karl II. seit der Mitte der 20er Jahre einen schroff neoabsolutistischen Kurs eingeschlagen, der im Mai 1827 in der nur notdürftig verhüllten staatsstreichartigen Nichtanerkennung der ständischen Verfassung, der sogenannten Landschaftsordnung von 1820, vorerst kulminierte. Als erster Landesherr der Restaurationsära riskierte Karl damit den Verfassungsbruch. Von der durch sein Verhalten gekränkten verwandten hannoverschen Dynastie vor dem Bundestag verklagt, wurde er durch Bundesbeschluß angewiesen, das Patent von 1827 zurückzunehmen. Als er sich weigerte, wurde im März 1830 erstmals eine Bundesexekution zur Durchsetzung des Frankfurter Votums beschlossen und die verfahrensrechtlich gebotene letzte Aufforderung zur Unterwerfung unter das Bundesrecht ausgesprochen. Innerhalb der gesetzten Frist gab der Herzog jetzt nach, zumal er inzwischen auch im offenen Streit mit den Ständen lag, die gleichfalls den Bundestag um Beistand angerufen hatten. Während dieser innenpolitischen Auseinandersetzung verneinte Karl im Mai 1829 noch einmal, und zwar nunmehr in aller Form, die Gültigkeit der Landschaftsordnung. Die Bundesversammlung erwies sich diesmal wegen der österreichischen Politik, die einen Ständeerfolg partout vermeiden wollte, als handlungsunfähig. Daraufhin spitzte sich die Lage im Herzogtum zu. Unter den Ständevertretern griff die Neigung, zur Selbsthilfe zu schreiten, um sich, hatten doch die Pariser Vorgänge soeben demonstriert, wie sich das Widerstandsrecht praktizieren lasse. Als der Herzog von einer Reise, auf der er die französische und belgische Revolution zufällig miterlebt hatte, wieder nach Braunschweig zurückkehrte, traf er auf die Empörung verratende Forderung, die Landstände unverzüglich einzuberufen. Seine durch die jüngste Erfahrung bestärkte kompromißlose Ablehnung löste am 6. September erste Tumulte in der Hauptstadt aus, wo am 7. September das Schloß gestürmt, geplündert und in Brand gesteckt wurde. Die Truppen erschossen zuerst einige teilnehmende Handwerksgesellen und Tagelöhner, versagten aber dann. Karl floh am selben Tag in unrühmlichem Incognito. Ein den alten Schützengilden nachgebildeter Freiwilligenverband, die Bürgergarde, stellte die öffentliche Ordnung wieder her.

Entgegen dem äußeren Anschein handelte es sich noch nicht um einen modernen sozialrevolutionären Aufstand. Vielmehr kam es einerseits zu altständisch wie auch liberal motivierten politischen Widerstandsaktionen. Um ihr gutes altes Recht zu verteidigen und neue konstitutionelle Rechte hinzuzugewinnen, gingen Bürger und Adlige gegen den Landesherrn vor. Ihr gewaltloses Aufbegehren verband sich jedoch andrerseits mit einem auflodernden, diffusen sozialen Protest aus Not, Elend und Empörung gegen die ansteigenden Lebensmittelpreise nach der Mißernte von 1830, aber auch gegen den ungerechten Fürsten, dessen Autoritätsverlust ausgenutzt wurde. Der Stadtdirektor als zeitweiliger Machtträger bemühte sich, dieser sozialen Krise sogleich mit öffentlicher Arbeitsbeschaffung für Pauperisierte und Arbeitslose zu begegnen, und ohne diese symbolische Konzession wäre die Bürgergarde vermutlich nicht so leicht Herr der Lage geblieben.

Innerhalb von zwei Tagen hatte jedenfalls die erste revolutionäre Erhebung in einem Gliedstaat des Deutschen Bundes zu einem schnellen, gleichwohl erst vorläufigen Erfolg geführt. Eigenmächtig trat der Große Ausschuß des Landtags zusammen und bat den jüngeren Bruder des verstorbenen Herzogs, Wilhelm, die Regierungsgeschäfte zu übernehmen. Anfang September vergewisserte dieser sich der preußischen Unterstützung, vermied dadurch die wegen des Aufruhrs bereits beantragte Bundesintervention und übernahm, von den Ständen heftig umworben und mit Hinweisen auf die drohenden «Exzesse des Pöbels» gedrängt, am 28. September die provisorische Regentschaft. Eine Petition der Stände hatte vorher in diametralem Gegensatz zum «monarchischen Prinzip» das Absetzungsrecht wegen der vermeintlichen «Regierungsunfähigkeit», faktisch aber wegen der «Regierungsunwürdigkeit» Karls für die Landschaft in Anspruch genommen und

Wilhelm damit einen strittigen Rechtstitel auf die Statthalterschaft gegeben. Ihn verteidigte er in einem wochenlangen Konflikt mit seinem Bruder, der sich – nach staatsrechtlichem Verständnis immer noch legitimer Landesherr – gegen die «Usurpation der Regierungsgewalt» nicht durchsetzen konnte.

In der Grenzsituation des bewaffneten Zusammenstoßes mit Anhängern Karls entschied letztlich die Armee, als sie sich den Widerstandskreisen anschloß, den Verfassungskonflikt zugunsten des Regenten und der aktiven Repräsentanten der Landschaft. Braunschweig wurde damit im 19. Jahrhundert, wie sich herausstellen sollte, der einzige deutsche Staat, in dem es einer informellen Allianz von altständischen Traditionalisten, liberalen Bürgerlichen, spontan teilnehmenden Angehörigen einer Volksbewegung und eidbrechendem Militär gelang, den Herzog nicht nur gewaltsam zu vertreiben, sondern auch in einer schließlich rechtsverbindlichen Form abzusetzen. Dehnt man den Begriff etwas aus, anstatt ihn im modernen Sinne der Rechtfertigungsideen der Amerikanischen und Französischen Revolution präzis zu fassen, wurde in Braunschweig durch «einen Akt der Volkssouveränität» das bundesweit geltende Legitimitätsprinzip zweifelsfrei gebrochen und zu Metternichs Entsetzen unter Berufung auf vorabsolutistisches Ständerecht ein neuer Fürst inthronisiert.

Da die bundesrechtliche Anerkennung Wilhelms zunächst ausblieb, trat er vor dem geplanten Huldigungseid der Stände, der wie eine quasidemokratische Initiative gewirkt hätte, durch ein Patent vom 20. April 1831 «aus eigenem Recht» die selbständige Herzogsherrschaft an; Militär, Beamtentum und Landschaft leisteten ihm in den folgenden Tagen den Loyalitätseid. Erst im Juli 1832 fand sich der Bundestag dazu bereit, die normative Kraft des Faktischen zu respektieren. Das verfassungspolitische «Hauptergebnis» der braunschweigischen Erhebung bildete jedoch die neue Verfassung, die am 12. Oktober 1832 zwischen dem Herzog und den bestehenden Ständen als Kompromiß vereinbart wurde. Sie setzte sich scharf vom «altständischen System» ab, als Repräsentativverfassung mit einem bemerkenswert umfassenden liberalen Grundrechtekatalog lehnte sie sich unübersehbar an den süddeutschen Frühkonstitutionalismus an. Sie sah freilich nur eine Kammer vor, deren Mitglieder – von den Steuerpflichtigen gewählt – die «Gesamtheit der Landeseinwohner» zu repräsentieren beanspruchten; sie besaßen das Gesetzgebungs-, Steuer- und Budgetrecht, dazu das Recht auf Ministeranklage. Unstreitig reihte sich Braunschweig damit in das Lager der konstitutionellen deutschen Staaten ein. Metternichs Politik des «monarchischen Prinzips» erlitt eine empfindliche Schlappe.

Die Lage in Kurhessen ist insofern mit Braunschweig vergleichbar, als beide Länder dem reformaktiven Satellitenstaat Westfalen angehört hatten und der zurückkehrende Kurfürst Wilhelm I. nach der Aufhebung aller Reformen eine starrsinnige Restaurationspolitik verfolgt hatte; sogar die alte Ständeverfassung wurde dem Lande verweigert. Hohe Steuern und Brotpreise sowie der Wirtschaftskrieg mit Preußen, das seinen «Zollverein» gegen den Widersacher durchsetzen wollte, vermehrten den Zündstoff auch unter dem etwas moderateren Regime Wilhelms II. Politische und sozialökonomische Probleme der bescheidenen Gewerbe- und der kleinbäuerlichen Agrarwirtschaft hatten bereits eine gefährliche Brisanz gewonnen, als die Nachrichten über die Julirevolution die Unruhe offensichtlich vermehrten. Am 15. September forderte der Kasseler Stadtrat den Kurfürsten auf, endlich die Landstände zu berufen, da auch in Deutschland, wie sich der Bürgermeister ausdrückte, «ein allgemeiner Krieg der Armen gegen die Vermögenden auszubrechen» drohe. Widerwillig stimmte Wilhelm in dem von einer Volksmenge umlagerten Schloß zu; die vorsorglich gebildeten Bürgermilizen erkannte er gesetzlich an, um dem offenen städtischen Aufruhr vorzubeugen. Auf dem Lande aber ließ sich eine Bauernrevolte nicht mehr verhindern. Die Schlösser großer Grundherrn wurden gestürmt, die Zehntregister als Wahrzeichen feudalrechtlicher Abhängigkeit verbrannt. In der Regel erschöpfte sich darin der Aktivitätsdrang, doch war das für die Zeitgenossen nicht sofort zu durchschauen. Hier und da wurden Zollstationen angegriffen; in Hanau zerstörte eine «Menge» das Mauthaus mitsamt den Zollakten und -einnahmen.

Erheblich massiver noch als in Braunschweig haben in Kurhessen die Unterprivilegierten ihre ökonomischen und sozialen Interessen in direkter Aktion verfolgt. Auch spielten popularisierte liberale und demokratische Ideen bei der Normverletzung bereits eine erhebliche Rolle, in welch simplifizierter Form sie auch immer die empörten Bauern, die Handwerksgesellen und städtischen Unterschichten erreicht haben mochten. Insofern besaß die kurhessische Bewegung einen tendenziell moderneren Charakter. Kanalisiert wurde jedoch auch sie durch politisch vorwärtsdrängende Vertreter des Bildungs- und Besitzbürgertums, sowie durch die auf Beseitigung der Mißwirtschaft hinwirkenden Beamten, Offiziere und Adligen. Zur Schlüsselfigur der Opposition stieg der Marburger Staatsrechtler Sylvester Jordan auf, der als Abgeordneter der Universität während der Auseinandersetzungen um eine Konstitution die Frühliberalen im verfassungsgebenden Landtag anführte.

Die aus einer Vereinbarung zwischen Ständen und Kurfürst hervorgehende Verfassung vom 5. Januar 1831 stellte die «freizügigste Konstitution» im Deutschen Bund dar. Sie beruhte gleichfalls auf dem Einkammersystem, das Wahlrecht sicherte den Bürgerlichen die Mehrheit. Sie wachte über die besonders weit und sorgfältig definierten, verfassungsrechtlich verankerten Grundrechte. Der Landtag besaß nicht nur die Gesetzgebungs-, Steuerbewilligungs- und Budgetkompetenz, dazu das Recht der Ministeranklage, sondern als Novum sogar auch die Gesetzesinitiative. Die Regierung des Fürsten wurde an die Zustimmung des Ministeriums gebunden, worin Metternich, von seiner Position aus zu Recht, eine neue flagrante Verletzung des «monarchischen Prinzips» sah. Durch die Verfassung wurde der Rechtsstaat zielstrebig ausgebaut, die allgemeine Wehrpflicht eingeführt, die Verwaltung reformiert.

Die Neuwahlen im April 1831 verschafften den Liberalen eine sichere Majorität, die alsbald mit dem seine Mätressenwirtschaft fortführenden und mit Hilfe einer Nebenregierung herrschenden Kurfürsten aneinander geriet. Dieser Machtkampf löste die Drohung aus, daß der Landesherr, sofern er nicht von sich aus auf den Thron verzichte, der gewaltsamen Absetzung entgegen sehen müsse. Für den Konfliktfall bedeutete das in nuce die Ankündigung einer Verfassungsrevolution. Diese Situation bewog den Kurfürsten zum Verzicht, dem Kurprinzen Friedrich Wilhelm fiel die «volle Regierungsgewalt» bereits im Herbst 1831 zu.

Die Erfolgsbilanz der kurhessischen Erhebung ist mit der braunschweigischen durchaus vergleichbar: Eine zeitgemäße Verfassung und das Auswechseln des Landesherrn besiegelten die Durchsetzung eines neuen Rechts anstelle alter Legitimationsprinzipien. Freilich geriet Kurhessen unter dem neuen Regime vom Regen in die Traufe. Die offen reaktionäre Politik Friedrich Wilhelms strebte danach, die Verfassung zu unterlaufen und trotz heftigen Widerstands das konstitutionelle Leben zu ersticken. Erst nach erbitterten Auseinandersetzungen mit dem Landtag, die zum Rücktritt des hochkonservativen Ministers Hassenpflug führten, flauten die kurhessischen Verfassungskämpfe im Sommer 1837 ab.

Auch im benachbarten Großherzogtum Hessen-Darmstadt, das bereits seit 1820 zu den Verfassungsstaaten gehörte, entstand eine heikle Krisensituation, als 1830 der Übergang der Regierung auf Ludwig II. zu harten Reibungen mit dem Landtag führte. Hinzu kam der Protest gegen den schmerzhaften Preisanstieg und gegen die preußische Zollpolitik, von Kurhessen sprang der Funke über, und plötzlich brach in dem von der Mißernte besonders betroffenen Oberhessen die offene Empörung aus. Große Bauernzüge, manchmal mit mehreren tausend Teilnehmern, zogen durchs Land, zerstörten die Rent- und Steuerämter mitsamt den Akten. Ihr Vorgehen wirkte so bedrohlich, daß die Armee mobilisiert wurde und mit rücksichtslosem Truppeneinsatz den Aufruhr schnell erstickte. Das autoritäre System des ultrakonservativen Ministeriums du Thil überstand die Gefahr. Der Widerstand der Opposition, die von dem zahmen Landtag enttäuscht war, wanderte in den Untergrund geheimer Zirkel und kritischer Flugschriften ab, zu denen bald Büchners bauernrevolutionärer «Hessischer Landbote» stoßen sollte.

Härter noch als durch die Vorgänge in Braunschweig und in den hessischen Staaten wurde Metternichs Restaurationspolitik durch den Umbruch in dem zwischen Österreich und Preußen gelegenen, 1815 radikal amputierten Königreich Sachsen getroffen, das seit der Rheinbundzeit als zuverlässiger Hort eines starren Traditionalismus galt. Unter dieser Oberfläche hatten sich jedoch, vielleicht so scharf wie nirgends sonst, gefährliche Spannungen zwischen sozioökonomischen Entwicklungskräften und politischer Verfassung ausgebildet. Das gewerbereichste Land des Bundes besaß große Verlagsunternehmen mit Tausenden von protoindustriellen Hausarbeitern, dazu expandierende Protofabriken und Bergwerke, einen florierenden Fernhandel, das Messe- und Buchverlagszentrum Leipzig, ein selbstbewußtes Bildungs- und Stadtbürgertum, eine erfolgreiche kleine Bourgeoisie. Der Drang nach bürgerlicher Teilhabe an der Landespolitik stieg um so stärker an, je deutlicher Sachsen auf dem Weg zum «Industrie- und Handelsstaat» voranschritt. Die relativ freie Presse riskierte kritische Artikel; sie souffliere «dem gemeinen Mann» und sogar dem «Fabrikarbeiter», klagte der österreichische Konsul im September 1830, daß er «in die Zügel der Regierung greifen müßte, weil er schlecht regiert werde».

Auf der bauernreichen Landwirtschaft lasteten überholte Feudalrechte und eine erstarrte Adelsherrschaft, die es in den 20er Jahren sogar fertig brachte, ihre anachronistischen Züge noch zu vermehren. Ein neues Gesetz machte nämlich die Landtagsfähigkeit der Ritter von einer Ahnenprobe abhängig, die auf dem Nachweis acht adliger Ahnherrn in ununterbrochener Reihenfolge bestand. Nur ein Viertel der Ritterschaft überwand diese hohe Exklusivitätsschwelle. Im Kreis Leipzig z. B., wo sich reiche Städter in die Gutsherrschaften eingekauft hatten, blieben nur 14 von 214 Rittergütern landtagsfähig. Der unverändert altständische Landtag verlor daher viele adlige Vertreter; die städtischen Repräsentanten wurden weiterhin in willkürlichem Nepotismus von den patrizischen Stadträten ernannt. Der König regierte in antiquiert absolutistischem Stil mit Hilfe seines Geheimen Kabinetts – die Zeit schien stillzustehen. Gegen diese politische Stagnation regte sich ein bildungs- und besitzbürgerlicher Liberalismus, der Verbündete unter aufgeklärten konstitutionellen Edelleuten fand. Sozialer Sprengstoff sammelte sich im Heimgewerbe, im frühen Proletariat, unter pauperisierten Handwerkern, aber auch in der Landbevölkerung an.

Schon vor der französischen Revolution war es in Dresden und Leipzig zu tumultartigem Protest gekommen, als der tölpelhafte katholische Hof das im protestantischen Sachsen hochgeschätzte Erinnerungsfest zur 300-Jahr-Feier der «Confessio Augustana» von 1530 zu behindern wagte. Vom 2. bis 5. September wiederholten sich, jetzt von den Pariser Ereignissen beflügelt, die städtischen Großkundgebungen, welche seither in Leipzig, Dresden, Chemnitz, Freiberg in die ansatzweise bereits sozialrevolutionäre Empörung von Handwerksgesellen und Fabrikarbeitern, verbunden mit Ausschreitungen gegen die katholische Minderheit, übergingen. Die Villen reicher Bürger wurden zerstört. Einen Maschinensturm, der sich gegen die Brockhausschen Schnellpressen richtete, ließ sich «der Pöbel» vom Bruder des Verlegers ausreden; dieselbe «ernstliche Unruhe» gegen eine modern ausgerüstete Kammgarnspinnerei wurde halbherzig abgebrochen. Da sich die Leipziger

Polizei auflöste, übernahm eine bürgerliche «Kommunalgarde» zusammen mit einer «Akademischen Legion» die Aufgabe, in der traditionell garnisonsfreien Stadt die Ordnung wiederherzustellen. Das war bereits gelungen, noch ehe die vom Magistrat angeforderten tausend Soldaten am 7. September einrückten. In der Hauptstadt Dresden wurden die Rathausakten vernichtet, das Polizeigebäude zerstört. Der König wagte nicht, die Garnison einzusetzen, aber auch hier schuf eine Bürgermiliz wieder Ruhe. Währenddessen griff der Aufruhr auf Chemnitz, Reichenberg und Dutzende von Kleinstädten und Dörfern über. In der Lausitz, im Erzgebirge und Vogtland brach unter den verarmten Webern eine aufstandsähnliche Bewegung durch. Unversehens befand sich Sachsen in einer tiefen Staatskrise. Prinz Johann drängte Ende September mit Nachdruck darauf, daß der Staat selber die Initiative ergreife, um die Ausartung «in Glücklichmachereien und Revolutionieren» noch zu verhindern. Ehe sich die Machtdeflation der alten Eliten weiter verschlimmern konnte, wurde sie jedoch von reformbereiten oberen Verwaltungsbeamten aufgefangen. Der liberale Rat v. Lindenau übernahm die Regierung, eine Verfassung, eine neue Städteordnung und Agrarreformen wurden versprochen, um den Innovationsdruck zu entschärfen. Der Rücktritt des Königs und die Übernahme der Regierungsgewalt durch seinen populären Neffen Friedrich August besiegelten die Bereitschaft zu einem Neubeginn im Stil einer Reformpolitik von oben. Metternichs Vorhaben, zur Verteidigung des «monarchischen Prinzips» zu intervenieren, wurde von Preußen mit dem Hinweis auf die Erfolgschancen der obrigkeitlichen Machtträger vereitelt.

Ehe die rasch gebildete Reformkommission erste Ergebnisse vorlegen konnte, traten die heterogenen sächsischen Protestbewegungen in eine zweite Phase der Radikalisierung ein. Eloquente Redner forderten die Volkssouveränität, die Abschaffung des Adels und des stehenden Heeres. Die Kommunalgarden, inzwischen in den sächsischen Städten auf 50000 Mitglieder unter dem Oberbefehl des Prinzen Johann angeschwollen, begannen mancherorts zu schwanken: 6000 Mann in Dresden drohten, mitten im Einsatz die Fronten wechselnd, die Volksbewaffnung an. Mit Hilfe der Regierung wurden die radikaloppositionellen Elemente jedoch eliminiert, die bürgerliche Mehrheit blieb gouvernemental gesinnt. Trotzdem brach in Dresden im April 1831 noch einmal ein kurzlebiger Aufstand aus, den reguläre Truppen niederwerfen mußten. In Leipzig meuterte im August ein Teil der Kommunalgarde, das Militär ging erneut gegen die Menge vor, Tote blieben zurück. Diese blutige Niederlage bedeutete jedoch den Schlußstrich unter die sächsische Krisenperiode.

Die Verfassung vom 4. September 1831 eröffnete die neue konstitutionelle Ära, denn die Königsherrschaft wurde an eine Kabinettsregierung gebunden. Die beiden Kammern imitierten das süddeutsche Modell, allerdings bewahrte die Zusammensetzung der Abgeordneten dem ritterschaftlichen

Adel «seine politische Schlüsselstellung». Steuer- und Budgetrecht entsprachen wie das Recht auf Ministeranklage, die Immunität der Volksvertreter und die Grundrechte für jeden sächsischen «Untertanen» den liberalen Forderungen. 1832 vollzog die allgemeine Städteordnung einen entscheidenden Schritt hin zur bürgerlichen Kommunalpolitik, indem sie gewählte Stadtversammlungen, Ratskollegien und Stadtgerichte einführte. Eine ungewöhnlich bauernfreundliche, großzügig abgewickelte Agrarreform, deren Grundzüge vorn bereits geschildert sind, entschärfte die Situation auf dem flachen Land. Wie sehr Metternich sich auch gesträubt hatte, unwiderruflich war auch Sachsen in die Front der Verfassungsstaaten eingeschwenkt. In die 1819/1820 mit soviel Mühe errichtete konservative Schutzmauer der legitimistischen Ordnung wurde eine weitere tiefe Bresche geschlagen.[17]

Selbstverständlich hätten bereits die Erschütterungen in diesen vier Staaten genügt, um den österreichischen Staatskanzler, der nicht zum passiven Duldertum neigte, zu entschiedenen Korrekturversuchen anzuregen. Hinzu traten jedoch noch städtische Revolten – außer in den schon genannten Städten z. B. in Köln, Elberfeld, Jülich, Frankfurt, München, Wien, Prag usw. –, dazu Zusammenstöße zwischen Landtag und Regierung in den süddeutschen Staaten. Vier städtische Unruhen sollen hier herausgegriffen werden.

Aufsehen erregte weithin der Göttinger Aufruhr, der mit der schwelenden Unruhe in der hannoverschen Verfassungspolitik zusammenhing, gleichzeitig aber auch die Tatsache illustriert, daß in 50 % aller deutschen Universitätsstädte Studentenunruhen ausbrachen. Seitdem dem Kurfürsten von Hannover 1714 die englische Krone zugefallen war, wurde das Land von der in England residierenden Dynastie einem feudalaristokratischen Adelsregime als «Nebenland» überlassen. Daran änderte sich auch nach 1815 nichts. Unter dem Grafen Münster als «Vizekönig» blieb das altständische System, 1819 nur unwesentlich abgemildert, effektiv erhalten. Während sich die Kritik der Opposition gegen Münster als repräsentative Symbolfigur des fortbestehenden Ançien Régime richtete, erhoffte sie von dem fernen neuen König, Wilhelm IV., der kurz vor der Julirevolution sein Amt angetreten hatte, den Übergang zu liberalen Reformen, wie sie in England im Auftrag dieses Monarchen bereits ausgearbeitet wurden. In dieser Atmosphäre der Erwartung, die natürlich von dem Pariser Umsturz nicht unberührt blieb, entwickelte sich in Göttingen aus einem fakultätsinternen Streit um drei liberal gesinnte, für parlamentarische Repräsentation eintretende Privatdozenten am 8. Januar 1831 ein Stadtputsch, als Studenten und Bürger unter der Führung der drei umstrittenen Hochschullehrer das Rathaus stürmten; die Stadtverwaltung wurde von einem frei gewählten Rat übernommen. Das Militär zog kläglich ab, eine aus 2500 Mann bestehende Kommunalgarde, der sich ein Großteil der Studenten anschloß, hatte danach die «tatsächliche Gewalt» inne. Eine Deputation verhandelte vergeblich in Hannover. Die

Regierung erklärte die Universität am 11. Januar für geschlossen. Eine Woche später gewannen 8000 Soldaten, die Hälfte der gesamten Armee, die Stadt ohne Blutvergießen zurück; den Leitern des Putsches gelang die Flucht.

Trotz seines auf den ersten Blick lokalen Charakters besaß der «Göttinger Aufstand» auch generelle Bedeutung. Zum erstenmal, seitdem die Burschenschaften 1819 aufgelöst worden waren, gingen radikale Studenten wieder zur direkten Aktion über. Daß dies an der bisher von «Landsmannschaften» beherrschten Reformuniversität in so brisantem Maße der Fall war, verriet die fortgeschrittene Bewußtseinsbildung im Sinn des politischen Frühliberalismus. Freilich spielte auch der Kodex ständischer Sonderehren für die studentische Mobilisierung eine beträchtliche Rolle. Darüber hinaus wirkte Göttingen als ein Signal des Autoritätsverlusts der etablierten Mächte. Nicht zuletzt deshalb wurde Münster im Februar 1831 entlassen, sein gemäßigt konservativer Nachfolger v. Ompteda brachte mit Wilhelm IV. und liberalkonservativen Landtagsabgeordneten im September 1833 einen Verfassungskompromiß zustande. Die altständisch-korporative Züge mit liberalen Elementen vereinigende Konstitution ließ Hannover für einige Jahre, bis zum Staatsstreich von 1837, ebenfalls in das Lager der Verfassungsstaaten einrükken.

Im Vergleich mit den Göttinger Ereignissen besitzt die sogenannte Berliner «Schneiderrevolution» vom September 1830 periphere Bedeutung, lenkt aber auch wieder auf ein Grundproblem hin, daß sich der politische Protest von Unterschichtenangehörigen mangels legalisierter Kanäle für die Interessenartikulation gewöhnlich in die Sanktionen auslösende Illegalität abgedrängt fand. Als am 16. September ein angetrunkener Schneidergeselle in einem volkstümlichen Lokal nach einer angeblich revolutionsfreundlichen Rede verhaftet wurde, kam es zu einem spontanen Handwerkerprotest gegen die polizeiliche Unterdrückung, bis eine Armee-Einheit die Menge auflöste. Am 17. und 19. September folgten neue Protestkundgebungen, gegen die schließlich die Gardedragoner eingesetzt wurden. Die große Mehrheit der 208 Verhafteten stellten unzufriedene Gesellen. Politisch blieb der Ausbruch des Unmuts gegen obrigkeitliche Gängelung folgenlos.

Hatten sich nach der Agrarkrise von 1816 bis 1818 an verschiedenen Orten vor allem 1819 antijüdische Ausschreitungen ereignet, wiederholten sich diese bösartigen Exzesse im Herbst 1830, u. a. auch in Frankfurt und Hamburg, das nach der Revolution zum Schauplatz mehrerer unzusammenhängender Unruhen wurde. Not und Mißmut hatten sich nach einem steilen Brotpreisanstieg und dem Zusammenbruch der Baukonjunktur insbesondere unter kleinbürgerlichen Gewerbetreibenden und in der weiten Armutszone der Unterschichten ausgebreitet. Wie 1819 wurde jüdischen Geschäftsleuten vorgeworfen, daß sie, anstatt auf auskömmliche «Nahrung» und «korporative Privilegien» zu setzen, nur mehr «Konkurrenz, Geld und Profit» als «ökonomische Regelungsmechanismen» anerkannten. Handwerker und Tagelöhner grollten gegen Wucher und Ausbeutung. Am letzten Augusttag setzten tätliche Angriffe gegen jüdische Gäste in Lokalen ein, bis die Polizei eingriff. Am 1. September wurden mit den üblichen Hep-Hep-Rufen die Fenster jüdischer Geschäfte eingeworfen. Ulanen lösten die Menge auf und führten Arrestanten ab, worauf neue große «Volkshaufen» auftauchten, so daß der Senat schließlich 10000 Männer, etwa 10% der Bevölkerung, als Ordnungsmacht aufbot. Bei den Zusammenstößen kam es, als die Kavallerie hart vorging, zu mehreren Toten und zahlreichen Verletzten. Der Umschlag in ein Pogrom scheint nicht gedroht zu haben. Trotz gelegentlicher Berufung auf die Pariser Vorgänge blieb auch ein nennenswerter «verfassungspolitischer Reformdruck» aus. Nach der kurzlebigen Jagd auf vermeintliche Sündenböcke verpuffte der kollektive Protest ohne nennenswerte politische Folgen.

Dasselbe Ergebnis stand am Ende des Aachener Aufruhrs, der die preußischen Behörden zeitweilig in helle Aufregung versetzte. Am 28. August war Arbeitern einer Tuchfabrik wegen fehlerhafter Stücke der Lohn gekürzt worden. Anstatt die übliche Strafmaßnahme hinzunehmen, beriefen die Bestraften diesmal, beflügelt von Gerüchten über die Erfolge belgischer Weber im nahen Veviers und die Flucht von Unternehmern, eine Arbeiterversammlung auf den 30. August, auf der die Rücknahme der Sanktion und Erstattung der Abzüge, auch bessere Arbeitsbedingungen gefordert wurden; erst am Ende folgte die Drohung, bei Unnachgiebigkeit Maschinen zu zerstören. Teile der zusammengeströmten großen Menge setzten sich – ohne die betroffenen Arbeiter! – in Bewegung, die Ordnungskräfte ergriffen das Hasenpanier, der Ruf «Auf nach Cockerill» erscholl, und in einem Akt des symbolischen Vandalismus wurden in der erstürmten Villa des reichen Unternehmers Wertsachen und Interieurs zerstört. Anschließend wurde das Gefängnis erobert mit dem Ziel, vor allem die Gefangenen aus der «ärmeren Volksklasse» zu befreien. Die Autorität der Stadtverwaltung löste sich in nichts auf. Eine rasch gebildete Bürgerwehr von rund 230 Kaufleuten, Handwerksmeistern, Fabrikanten, staatlichen und städtischen Beamten ging jedoch sofort bewaffnet gegen die führungslose Menge vor. Im «Pelotonfeuer» brach der Aufruhr zusammen, sieben Tote, viele Verletzte und 150 Verhaftete waren das Ergebnis. Dem «ersten tollen Unternehmen dieser Art auf preußischem Grund und Boden» begegnete der Kommandierende General der Rheinlande, indem er so schnell wie möglich, am 4. September, eine Truppeneinheit von 2650 Mann einschließlich Kavallerie und Artillerie in die Stadt warf; Kamptz kündigte bereits am selben Tag eine erbarmungslose Ahndung der «in unserem Staat unerhörten Handlungen» an. Nach einem aufwendigen Prozeß wurden von 74 Angeklagten in der Tat 54 zu zum Teil schweren Strafen verurteilt.

Eine nähere Prüfung der Ursachen und sozioökonomischen Bedingungen der Aachener Stadtrevolte ergibt, daß es sich keineswegs um den kollektiven Protest der relativ wenigen Fabrikarbeiter, sondern um den gewalttätig zugespitzten Ausdruck typischer Übergangsphänomene in einer gewerbereichen Stadt handelte. Als Folge der preußischen Besitznahme und des Drucks der englischen Konkurrenz hatte sich die Geschäftssituation des bekannten traditionalen Tuch-Verlagsgewerbes, aber auch der Nadelherstellung innerhalb weniger Jahre rapide verschlechtert. Wollten sich die Unternehmer behaupten, führte der Modernisierungszwang zur Maschinenfabrik, die sich jedoch – wie so häufig in dieser Zeit – nur zögernd durchsetzte. 1829 z. B. kombinierten von 51 «Tuchfabriken» nur 14 alle Produktionsstufen mit Hilfe von Maschinen. Die Lage der Fabrikarbeiter war fraglos hart, aber vergleichsweise sicher, während die Verlagsarbeiter eine progressive Verschlechterung mit Lohnsenkung, Erhöhung der Arbeitszeit und weitverbreitete Unterbeschäftigung hinnehmen mußten. Als nun noch im Gefolge der Mißernte der Roggenbrotpreis im August um ein Drittel anstieg, entstand latent ein «explosives Gemisch» aus den sozialen Folgelasten des Strukturwandels, den unerschwinglichen Lebenshaltungskosten und den Demonstrationseffekten der revolutionären Ereignisse in Frankreich und Belgien.

Der erste geringfügige Anlaß führte zur Eruption. Aktiv beteiligten sich, während rund 4000 Menschen – ein Achtel der Bevölkerung – zuschauten, höchstens 80 bis 100 jüngere Männer und Frauen, ausnahmslos arbeitslose Verlagsarbeiter, Tagelöhner und Handwerksgesellen. Ihr Zerstörungsritual, die exemplarische Bestrafung des Reichen, enthüllte die Hilfslosigkeit ihres Protestes gegen den sinkenden Lebensstandard und Arbeitsmangel als Folge einer schwer durchschaubaren Strukturkrise der traditionalen Arbeits- und Lebenswelt. Gleichzeitig trat in der Anerkennung des Gerichts, daß ihre Beschwerden im Prinzip verständlich seien, ein rationaler Kern des Protestes hervor, wie es ja auch keinen blindwütigen Maschinensturm gegeben hatte. Die Fabrikarbeiter standen ohnehin bei dem Zusammenstoß auf seiten der «Ordnung» und hätten vermutlich auch die Ausrüstung ihrer begehrten Arbeitsplätze verteidigt. Letztlich blieb daher der Aachener Aufruhr ein Symbol der Spannungen einer Krisenzeit und des Mangels an politischen Möglichkeiten für die Benachteiligten, ihre Interessen auf anerkannte Weise zu vertreten. Und wie erschrocken die etablierten Mächte auf die Stadtunruhen auch immer reagierten, wie sehr «Ruhe und Ordnung» gefährdet zu sein schienen, wie niederdrückend auch der Blutzoll der Protestgruppen wirken mochte – mit der explosionsartigen Gewalt einer wahren Stadtrevolution wie der zu Lyon im Jahr 1834 ließ sich keine der deutschen städtischen Erhebungen von 1830 vergleichen.[18]

Trotz aller Unterschiede im einzelnen gibt es bei den deutschen revolutionären, aufständischen, aufrührerischen Ereignissen von 1830/31 doch auch gewisse gemeinsame Grundzüge. Fast überall entlud sich nach der französischen Initialzündung ein aufgestauter politischer Druck gegen das Restaurationsregime. Der Drang nach einer konstitutionellen Neuregelung der politischen Verfassung machte sich in den besonders betroffenen verfassungslosen Staaten geltend. Die Kooperation frühliberaler bildungs-, besitz- bzw. stadtbürgerlicher Kräfte mit aufgeklärten Adligen führte in der Regel jedoch erst dann zum Erreichen einiger Ziele, wenn sich die Schubkraft des sozialen Protestes der Unterschichten auswirkte. Diese reaktiven kollektiven Aktionen verfolgten eigene, ganz konkrete sozioökonomische Interessen, verfassungspolitische Postulate blieben ihnen meistens fremd. Zu den schichten- und klassenspezifischen Belastungen etwa für die hart angeschlagenen Handwerksgesellen, die städtischen Verlagsarbeiter und die ländlichen protoindustriellen Weber und Spinner kam nach der Mißernte von 1830 ein niederdrückender Anstieg insbesondere der Brotpreise hinzu (vgl. Übersicht 21). Die Nachrichten über die französische Revolution und ihre Fortpflanzung nach verschiedenen europäischen Ländern wirkten dann über kurz oder lang als auslösendes Moment mit. Der aufbrechende Protest blieb in Gesellschaften, die zwar privilegierten alt- und neuständischen Schichten im Rahmen konstitutioneller oder landständischer Verfassungen eine begrenzte Interessenartikulation und Mitwirkung an politischen Entscheidungen einräumten, jedoch den Unter-, oft auch den Mittelschichten jede legale politische Organisation und Interessenvertretung noch verweigerten, das einzige Mittel, um durch vertraute traditionale, autonome und – wie sie glaubten – legitime Gegengewalt auf ihre Misere aufmerksam zu machen und Abhilfe zu erzwingen. Daher mündete der soziale Protest stets notwendig in Regelverletzung, Illegalität und Kriminalisierung, zumal er besonders zwischen 1815 und 1848 mit der entschiedenen Durchsetzung des staatlichen Gewaltmonopols hart kollidierte. Die Reaktion der jeweiligen «Obrigkeit» wurde nicht nur durch die Angst vor der «tumultuösen Menge», sondern vor allem auch durch den Mangel an sofort verwendungsfähigen Ordnungskräften verschärft – ein Dauerproblem, das den Handlungsspielraum von vornherein einschnürte. Wegen der wenigen Polizisten und Gendarmen wurde gewöhnlich frühzeitig das Militär eingesetzt.

In Preußen z.B. gab es 1820 rund 1340 Gendarmen – d.h. auf 7200 Einwohner je einen –, dazu rund 300 Gendarmen für die Zoll- und Steuerkontrolle. Im westlichen Regierungsbezirk Trier entfielen 63 auf 400000, im östlichen Regierungsbezirk Gumbinnen 57 auf 500000 Bewohner; bei den Eisenbahnarbeiterstreiks von 1845/46 standen im Regierungsbezirk Minden 46 Gendarmen zur Verfügung. In den Städten blieb die Polizeidichte durchweg erstaunlich gering. Auf 150000 Berliner entfielen 1814 genau 127 Polizisten, auf gut 400000 im Jahre 1848 nur 204! Reviere mit 12000 und mehr Bürgern waren daher keine Seltenheit. In den Garnisonen lagen dagegen gewöhnlich 126000 Soldaten, hinzu kam überall die Landwehr. Beide wurden bei unheilverheißenden Auseinandersetzungen oder auch bereits im Moment drohender Gefahr schnell mobilisiert und gingen, einmal in Aktion gesetzt, rücksichtslos vor. Dadurch wurde frühzeitig das Konfliktniveau angehoben, und erst durch die rüde Härte dieser Repression wurde die Intensität des Zusammenstoßes gewöhnlich bis zum Extrem verschärft. Außer Polizei und Armee trugen auch die ad hoc formierten Bürgerwehren zur Intensivierung der Gewaltsamkeit bei, da sich in ihnen Verfechter des Ordnungsprinzips gegenüber den unruhigen «unteren Klassen» zusammenfanden. Manchmal freilich erlebten diese Kommunalgarden auch einen Funktionswandel von der defensiven Selbsthilfe gegenüber dem «Pöbel» zur offensiven Unterstützung liberal-bürgerlicher Forderungen. In Sachsen und Kurhessen verwandelten sie sich zeitweilig in entschlossene Vorkämpfer bürgerlicher Mitspracherechte in der Landes- und Stadtpolitik.

Als politische Konfiguration wichtig ist die öfters feststellbare kurzlebige Parallelität – zu einer Fusion kam es nicht – von politischen Forderungen der über Reformen in Staat, Wirtschaft und Gesellschaft diskutierenden Frühliberalen und der Aktivität von städtischen und ländlichen «Protestparteien», deren Gewalttätigkeit gegenüber den Verfechtern des Status quo als Druckmittel zur Realisierung konstitutionell-liberaler Ziele ausgenutzt werden konnte. Erst der gewaltsame Protest, nicht die bürgerliche Verfassungsforderung an sich, erschütterte das vorherrschende politische Regime und ermöglichte es in der «Phase amtlicher Ratlosigkeit», wichtige programmatische Forderungen durchzusetzen. Wie es ein sächsischer Beobachter ausdrückte: «Das gemeine Volk rebelliert aktiv, der Bürger passiv.» Zwar beklagte die moderat liberale Augsburger «Allgemeine Zeitung» Ende 1830, daß das Bürgertum in jenem vergangenen «September voll Drohung, Empörung, Raub, Brand und Plünderung» seine Lage zwischen «Despotie» und «Pöbel» als besonders gefährlich empfunden habe, aber was es dem «Despotismus» abrang, verdankte es weithin der Schubkraft der perhorreszierten «Anarchie». Obwohl dem sozialen Protest jede proliberale Intention fremd war, kam seine objektive Wirkung den Konstitutionellen zugute, die freilich dem Bedürfnis, die bedrohte bürgerliche Ordnung mit Selbsthilfeorganisationen wiederherzustellen, sobald wie möglich Rechnung trugen. «Der politische Teil der Revolution ist es», urteilte v. Radowitz rückblickend, «bei dem die Mittelstände alleine interessiert sind, der soziale würde sich gegen sie kehren.»

Man kann sich auch an der strukturellen Konstellation von 1830/31 vergegenwärtigen, daß die Erfolge gewaltloser Interessenvertretung in den mitteleuropäischen Parlamenten – wie vorher und seither übrigens auch in den westeuropäischen! – zum guten Teil der Dynamik des traditionalen kollektiven Protests und der Sorge vor seinen Folgen zu verdanken sind – insofern besaß er, gewissermaßen wider Willen, eine eminent politische Funktion als Modernisierungsfaktor. Modernere Protestformen waren vor den 40er Jahren in den deutschen Staaten noch nicht tragfähig entwickelt.

Erst im späten Vormärz und während der Revolution entstanden anerkannte Interessenverbände und politische Parteien, die durch institutionalisierte Konfliktaustragung und Konsensbildung zur regelkonformen Einhegung politischer Gegensätze und zur Ausdehnung der Rechtsstaatlichkeit beitrugen.[19]

Auch in den konstitutionellen Mittelstaaten, wo die neuständischen Landtage bereits eine Gelegenheit boten, mit einem auf etwas breiteren politischen Partizipationsrechten basierenden Interessenausgleich zu experimentieren, kam es nach der Julirevolution unübersehbar zu einer verschärften Konfrontation, obwohl sich dank der Kanalisierungsmöglichkeiten die Spannungen nicht so explosiv entluden wie in den verfassungslosen Staaten. Als die liberalen Ideen auch südlich des Mains neu belebt wurden, ging nicht nur die Kammeropposition zu einem aggressiveren Verhalten über, sondern auch der Ton der «Bewegungs»-Publizistik, zahlreiche Petitionen, polemische Flugschriften und Protestversammlungen – oft als Honoratiorenbankette getarnt – sowie politisch motivierte Volksfeste verrieten, wie breit sich die Kritik an den bestehenden Verhältnissen auffächerte. Der politische Rang der Landtage, das Berufungsrecht und das Druckmittel ihrer Budgetkompetenz, die gesetzliche Ausdehnung liberaler Freiheitsrechte, die Durchführung neuer Agrar- und Gewerbeformen, die Rolle der aufgewerteten Zoll- und Handelspolitik, die Verbesserung des Bildungswesens, selbst der Umbau des Deutschen Bundes – all das stand, erneut, zur Debatte.

In Baden z. B., wo der Frühliberalismus feste Wurzeln geschlagen hatte, bildete sich nach erheblichen Friktionen mit der Regierung zeitweilig ein eher kooperatives Verhältnis zwischen dem Landtag und dem neuen, 1830 ins Amt gelangten Großherzog Leopold heraus, der sogleich das wienhörige konservative Ministerium v. Berstett durch ein liberales Kabinett unter der Leitung einer der großen Persönlichkeiten der Reformära, des Freiherrn v. Reitzenstein, ersetzte und das Schlüsselressort des Innenministeriums dem offenkundig liberalen Staatsrat Winter übertrug. Das bedeutete eine liberale Wende, die allseits auch so empfunden wurde. Die Neuwahlen blieben frei von gouvernementaler Manipulation und ergaben eine entschieden liberale, zu mehr als 50 % aus Beamten bestehende Mehrheit für die zweite Kammer. In diesem seit dem März 1831 tagenden Reformlandtag führten so profilierte Vertreter des südwestdeutschen Liberalismus das Wort wie etwa der scharfsinnige Adam v. Itzstein oder die beiden Freiburger Professoren Karl v. Rotteck und Karl Theodor Welcker, die Herausgeber des seit 1834 erscheinenden monumentalen «Staats-Lexikons», jener ebenso aufschluß- wie einflußreichen frühliberalen «Enzyklopädie der Staatswissenschaften». Sowohl der Stil der offenherzigen Debatten als auch der Charakter der Gesetzgebung wurden als weithin wirkende Symbole für die entschlossene Nutzung politischer Chancen im konstitutionellen System verstanden. Damals festigte sich die Vorstellung von Baden als einem Modell liberaler Landespolitik.

Die Ablösung der ländlichen Feudallasten wurde energisch vorangetrieben, eine liberale Gemeindeordnung verabschiedet; aufgrund einer Initiative Welckers, der schon vorher mit einer Petition die Pressefreiheit für den Deutschen Bund verlangt hatte, hob ein neues Pressegesetz die Zensur von Berichten über die öffentliche Debatte innenpolitischer Streitfragen auf, so daß eine lebhafte publizistische Erörterung ermöglicht und eine bundesweite Resonanz ausgelöst wurde. Diese freiheitliche Regelung verstieß freilich gegen geltendes Bundesrecht, das erst von der Frankfurter Versammlung, schließlich auch von Leopold wieder durchgesetzt wurde. Die Aufhebung der vielgerühmten Presseakte löste unter anderem einen energischen Protest in Freiburg aus, worauf Rotteck und Welcker zwangsweise in den Ruhestand versetzt wurden.

Vorher hatte Welcker noch im Landtag die Diskussion eines Antrags durchgesetzt, wonach eine «organische Entwicklung» der Bundesinstitutionen dergestalt vorangetrieben werden sollte, daß eine gewählte Volksvertretung als zweite Kammer neben die Bundesversammlung trat. Das stellte im Prinzip die erste parlamentarische Forderung nach einer Nationalrepräsentation dar, und die Intensität der Debatte enthüllte, welchen Widerhall die Idee fand. Als aber die Regierung gegen diese Einmischung des Landtags in «auswärtige Angelegenheiten» und gegen die Verletzung sakrosankter Prinzipien der Metternichschen Legitimitätspolitik protestierte, wurde der Antrag an eine Kommission verwiesen und damit ohne weitere Folgen stillschweigend begraben.

Im benachbarten Württemberg prallten die Gegensätze heftiger aufeinander. Da der Landtag im Frühjahr 1830 nach dem Ablauf der Session geschlossen worden war, fehlte der liberalen Opposition im Sommer ein öffentliches Forum, auf dem sie ihre Ziele vereinigt verfechten konnte. Die Forderung, eine außerordentliche Tagung einzuberufen, wurde von König Wilhelm mit dem verfassungsrechtlich zutreffenden Argument, daß die nächste Repräsentation erst nach drei Jahren einberufen werden müsse, kompromißlos abgelehnt. Vorbeugend wurden Presse und Vereinswesen einer scharfen administrativen Kontrolle unterworfen. Erst im Dezember 1831 gab die Regierung die Wahlen zur zweiten Kammer frei. Die aufgestaute politische Bewegung wurde erstmals in einen organisierten Wahlkampf umgesetzt. Überall bildeten sich Wahlvereine und schlugen liberale Honoratioren als Kandidaten vor, die daraufhin von der sympathisierenden Presse unterstützt wurden. Erschreckt verbot die Regierung im Februar 1832 nicht nur alle politischen Vereine, sondern übte auch mit ihrer eigenen, auf der Verwaltung basierenden «Quasi-Parteiorganisation» eine unverhohlen direkt praktizierte Wahlbeeinflussung aus. Dennoch siegten die Liberalen, deren Abgeordnete auch hier zu mehr als 50% von Beamten gestellt wurden. Sofort konterte der König mit der Erklärung, daß er den Landtag trotzdem erst 1833 einberufen werde. Im Sommer 1832 trafen sich die Abgeordneten, um auf dem Beginn der Session zu bestehen, prallten aber erneut am Veto des auf seinem Berufungsrecht beharrenden Monarchen ab. Schließlich löste er sogar den Landtag wegen seiner radikalliberalen Oppositionshaltung im März 1833 auf, ohne jedoch verhindern zu können, daß die entschiedenen Kontrahenten nach den Neuwahlen im Mai 1833 keineswegs schwächer in die Kammer zurückkehrten. In den politischen Scharmützeln der Folgezeit zogen sie allerdings den Kürzeren, so daß die politische Aufbruchstimmung seit 1830 wieder versandete.

Auch im Königreich Bayern hatten die Neuwahlen zum Landtag im Dezember 1830 den Liberalen Erfolge eingebracht, die sie zum guten Teil dem Widerstand gegen das reaktionäre Regime des Ministers v. Schenk, des Exponenten eines starr konservativen und orthodoxen Katholizismus, verdankten. Die Begeisterung über das Wahlergebnis schlug unter den Münchener Studenten in öffentliche Unruhe um, worauf Ludwig I. die Universität schließen, Verdächtige blindlings verhaften und die Pressezensur verschärfen ließ. Diesem autoritären Zugriff widersetzte sich der Landtag beharrlich, die umstrittene Presseverordnung mußte aufgehoben werden. Kürzungen des Budgets zeigten an, wie die Abgeordneten weiter die Kraftprobe suchten. Schließlich kündigten sie v. Schenk wegen evidenten Verfassungsbruchs eine Ministeranklage an. Daraufhin wich Ludwig im Mai 1831 soweit zurück, daß er v. Schenk entließ.

Dieser Erfolg, den die Liberalen dank der Drohung mit der schweren Waffe einer Gerichtsprozedur zu erringen vermochten, hätte einen «Wendepunkt» in der deutschen parlamentarischen Entwicklung bedeuten können, da auf diese Weise, wie ein vergleichender Blick auf die europäische Parlamentsgeschichte zeigt, oft das politische Gewicht der Abgeordnetenkammer erhöht und die Kräftekonstellation dauerhaft zu ihren Gunsten verändert worden ist. Der eklatante Schwächezustand der Regierung wurde jedoch nicht zielbewußt ausgenutzt, damit auch der potentiell mögliche Weg hin zu einem parlamentarischen System nicht eingeschlagen. Die Konfliktbereitschaft dieser gemäßigten Liberalen reichte zu einem solch riskanten Vorstoß noch längst nicht aus – schon der hypothetische Anspruch bedeutet offensichtlich eine Überschätzung ihres unterentwickelten Machtinstinkts. Anstatt weiter um die Aufwertung des Landtags zu kämpfen, ließen sie den kurzlebigen Erfolg im Tagesstreit um die Beurlaubung beamteter Abgeordneter und die Grenzen des Budgetrechts zerbröseln. Bereits im Dezember 1831 konnte der König es wagen, den «stürmischen Landtag» kurzerhand aufzulösen und eine neue Regierung unter dem ultrakonservativen Feldmarschall v. Wrede zu bilden. Als Schlüsselfigur entpuppte sich aber der aufgeklärt-etatistische Innenminister Fürst Öttingen-Wallerstein, der bemüht blieb, das politische Terrain für einen Ausgleich zwischen dem konservativ-katholischen Lager einschließlich des Hofs und den liberalen Kräften zu ebnen.

Deutlicher noch als mancher Zusammenstoß zwischen Landtag und Regierung zeigte das Hambacher Fest vom Mai 1832, wie schnell nach dem Ende der erzwungenen Passivität des Restaurationsjahrzehnts die politische Mobilisierung um sich greifen und in eine unverhüllte Systemkritik übergehen konnte. Wie kam es zu diesem Aufsehen erregenden «Nationalfest der Deutschen?» Warum wurde es in der bayerischen Pfalz gefeiert? Worum ging es bei der Veranstaltung und worin lag ihre überregionale Bedeutung?

Während der französischen Besatzungszeit hatte die Rheinpfalz die Vorzüge des Code Civil ebenso schätzen gelernt wie eine effektive Verwaltung. Als sie 1815 definitiv bei Bayern blieb, beharrten ihre Vertreter auf einer Sonderstellung, die ihr als eine Art «Nebenstaat» des Königreichs eingeräumt wurde. Die Münchener Zentrale vergalt das dem neuen Landesteil, indem sie die Steuerlasten zwei- bis viermal so hoch wie in Altbayern ansetzte. Das schaffte eine gereizte Grundstimmung, die durch mehrere Mißernten seit 1829 verschärft wurde. Große Teile der Bevölkerung darbten, vor allem die auf den Export angewiesenen pfälzischen Weinbauern. Hinzu kamen die Wirkungen des 1829 zwischen der preußisch-hessischen und der bayerisch-württembergischen Zollunion abgeschlossenen Vertrags, der zwar ein wichtiger Meilenstein auf dem Weg zum Deutschen Zollverein von 1834 bildete, die Pfälzer aber mit einem neuen hohen Außenzoll und der Störung alter Handelsbeziehungen zusätzlich belastete. Als 1831 erneut eine Mißernte zu einer extremen Verteuerung der Grundnahrungsmittel, mancherorts sogar zu offener Hungersnot führte, spitzte sich die Krisensituation weiter zu.

Die Mißstände wurden von mutigen Landespolitikern, wie den Advokaten Schüler, Savoye und Geib, die zur liberalen Kammermehrheit gehörten, in unverblümter Sprache angeprangert. Neben ihnen griffen liberal-demokratische Publizisten, wie der von der Regierung gemaßregelte ehemalige Beamte Philipp Jakob Siebenpfeiffer in seiner Zeitschrift «Bote aus dem Westen» und der Rechtsanwalt Johann Georg Wirth in seiner mehrfach verbotenen «Deutschen Tribüne» die strittigen Probleme auf, forderten aber auch, schnell darüber hinausgehend, politische Reformen wie den Übergang zur parlamentarischen Monarchie oder gar zur demokratischen Republik. Nachdem der Landtag aufgelöst und Fürst Wrede Regierungschef geworden war, verloren die Liberalen ihren Handlungsort in München, und wegen der labilen Situation wanderte das Gravitationszentrum der Opposition in die Rheinpfalz, die zu dieser Zeit zu einem «Zufluchtsort für liberale Intellektuelle» und Demokraten vom Schlage Wirths und Siebenpfeiffers geworden war – sie alle wollten die Vorzüge des rheinischen Rechts und einer liberalen Justiz genießen. Auf diese Weise gewann die sich abzeichnende rheinpfälzische Protestbewegung schreib- und wortgewandte Anführer, welche die öffentliche Kritik effektiv artikulieren konnten. In erstaunlich kurzer Zeit wurde eine breitenwirksame politische Mobilisierung erreicht, die sich insbesondere in drei den Zeitumständen und der Rechtslage angepaßten Protestformen äußerte.

Politische Festessen mit Aberhunderten von Teilnehmern wurden als geschlossene Veranstaltungen organisiert, da das Vereinsrecht die öffentliche Versammlung von mehr als zwanzig Personen verbot. Bei dieser Gelegenheit wurden nicht nur die Prominenten gefeiert und unverhüllt politische Reden gehalten, sondern auch erhebliche Solidarisierungseffekte erzielt. Gleichzeitig wurden zahlreiche Petitionen von einer wachsenden Zahl von Sympathisanten unterzeichnet und dann in den oppositionellen Zeitungen oder als Flugschriften gedruckt. Daß man mit öffentlicher Namensnennung für liberale und demokratische Forderungen eintrat, bewies Zivilcourage, aber auch den inzwischen erreichten hohen Politisierungsgrad. Außerdem entstanden politische Vereine. Der mit großem Abstand wichtigste von allen wurde der am 29. Januar 1832 gegründete «Deutsche Vaterlandsverein zur Unterstützung der freien Presse», der die allgemeine Pressefreiheit forderte, um für die demokratisch-republikanische Verfassung eines künftigen gesamtdeutschen Nationalstaats offen eintreten zu können. Seine eindeutig politischen Ziele verliehen ihm den Charakter einer Kryptopartei, er kann als «erstes Beispiel eines verfassungsmäßig organisierten Zusammenschlusses oppositioneller Untertanen» gelten. Ins Leben gerufen wurde er von Journalisten, Landtagsabgeordneten und Vertretern des Zweibrücker Bürgertums, und in der typisch bürgerlichen Aktionsform von Zweigvereinen gewann er bald 5 000 Mitglieder, die einen monatlichen Beitrag von rund 1 750 fl. aufbrachten, so daß liberale Schriften gedruckt und verbreitet, Protestresolutionen versandt, angebliche Feste zu großen überregionalen Treffen umfunktioniert werden konnten. Seine geographische Ausdehnung ist nur mit derjenigen der Burschenschaften vergleichbar: Dank systematischer Werbung brachte er es z. B. binnen Jahresfrist auf 116 Filialen, deren Schwerpunkte in der Pfalz, Baden, Hessen-Darmstadt, Hessen-Kassel lagen. Hartnäckig bemühte er sich, die «kleinstaatliche Enge» zu durchbrechen, um seinem «gesamtnationalen Anspruch» gerecht zu werden. Seine soziale Reichweite erstreckte sich von Vertretern des Bildungs- und Wirtschaftsbürgertums über die Mehrheit der kleinbürgerlichen Handwerker und Krämer bis zu einfachen Weinbauern. Flexibel von unten nach oben organisiert räumte er den Mitgliedern «gleiche Mitwirkungsrechte» ohne Ansehen des sozialen Status ein, obwohl den lokalen Honoratioren, die gewöhnlich die Leitungsfunktionen übernahmen, eine starke Autoritätsposition bereitwillig konzediert wurde. Im Vordergrund standen verfassungspolitische Ziele, erst danach sozioökonomische Forderungen, und insgesamt wurden die Vereinspostulate so allgemein gehalten, daß eine hohe Integrations- und Konsensfähigkeit erreicht werden konnte. Resonanz, Ausbreitungsgeschwindigkeit, Mitgliederstärke und Programmatik beweisen, welche Möglichkeiten sich für eine energische Opposition, die liberale Ideen bereits mit demokratischen Ansprüchen kombinierte, damals auftaten.

Als Wirth, der wie der Abgeordnete Schüler die außerparlamentarische «unbedingte Opposition» vertrat, wegen «umstürzlerischer» Tätigkeit angeklagt, aber vom liberalen Zweibrücker Apellationsgericht freigesprochen wurde, half der «Vaterlandsverein», das Ergebnis sogleich auf 60000 Flugblättern der Öffentlichkeit mitzuteilen. Auf den politischen Festessen ging es jetzt hoch her. Dort tauchte der Ruf nach einem großen «Eintrachtsfest» auf, wo sich die liberalen und demokratischen Kräfte zu ihren Zielen öffentlich bekennen sollten. Schließlich wurde es als Gegenveranstaltung zu den offiziellen Gedächtnisfeiern zu Ehren der bayerischen Verfassungsgebung konzipiert. Die Führungskräfte des «Vaterlandsvereins» – Siebenpfeiffer tat sich maßgeblich hervor – luden zu einem allgemeinen «Nationalfest» ein, das am 27. Mai 1832 in der Ruine des Hambacher Schlosses am Haardtrand bei Neustadt abgehalten werden sollte. Empört verbot die Regierung das nicht einmal notdürftig getarnte Oppositionsfest, darüber hinaus untersagte sie allen Fremden den Aufenthalt in der gesamten Region. Eine Welle des Protests, vom «Vaterlandsverein» geschickt ausgelöst und verstärkt, erhob sich, und erstaunlicherweise gab München dem öffentlichen Druck nach. Mit 20000 bis 30000 Teilnehmern, wie zeitgenössische Beobachter schätzten, konnte daraufhin am vorgesehenen Tag das Hambacher Fest, «die erste politische Volksversammlung der neueren deutschen Geschichte» (Th. Heuss), feierlich begangen werden. Vor Tausenden von pfälzischen Bürgern, Handwerkern und Bauern, vor Hunderten von Studenten, vor Abgesandten aus anderen süddeutschen Staaten und Delegationen aus Frankfurt, Mainz, Mannheim, Rheinpreußen und dem Elsaß wurden unentwegt Reden gehalten, in denen ein freiheitlicher deutscher Einheitsstaat, Republik und Demokratie unter schroffer Ablehnung der Fürstenherrschaft und Adelswirtschaft gefordert wurden. Wirth verlangte sogar die Anklage der Monarchen wegen Hochverrats an der Menschheit, Siebenpfeiffer stritt für ein Gesamtdeutschland ohne Schlagbäume und «Konstitutiönchen», die man dem Volk nur als Spielzeug gegeben habe. Die Reform der deutschen politischen Zustände bilde die Voraussetzung für eine liberale Reorganisation ganz Europas, hieß es, und nichts konnte in den Ohren Metternichs und aller anderen Restaurationspolitiker bedrohlicher klingen als diese Attacke auf das gesamte konservative System, zumal in manchen Reden sozialrevolutionäre Töne unüberhörbar angeklungen waren.

Die Resonanz verstärkte die Bedenken, denn in der liberalen Öffentlichkeit rief das Hambacher Fest ein weit hallendes Echo hervor. Versammlungen ahmten es nach, zustimmende Artikel und Flugschriften häuften sich. Ein preußischer Hochkonservativer im Zivilkabinett des Königs dramatisierte die Befürchtungen, die unter seinesgleichen im Schwange waren, als er über das Fest urteilte, es sei «seinem Prinzip nach für Deutschland das, was die Julirevolution für Frankreich war. Es würde auch dieselben augenblicklichen Folgen für Deutschland gehabt haben, welche jene für Frankreich hatte, wenn Deutschland ein einziges Reich wäre, das eine gemeinschaftliche Hauptstadt wie... Paris hat». Zugleich erkannte er eine wesentliche Schwäche der Protestbewegung darin, daß sich alle «im Umsturz des Bestehenden» einig seien, keineswegs jedoch «über die Mittel zur Erreichung des Zwecks» von «Deutschlands künftiger Konstituierung». Währenddessen wurde der Belagerungszustand über die Pfalz verhängt, jeder politische Protest unterdrückt, der Kreis der Initiatoren verhaftet. Der Prozeß jedoch, der vor dem Landauer Schwurgericht im Frühsommer 1833 gegen sie geführt wurde, endete – weithin sichtbarer Triumph des freien rheinischen Rechts und des unabhängigen Urteils der Geschworenen – mit einem Freispruch, den die liberale Opposition noch einmal stürmisch feierte. Die leidenschaftlichen Verteidigungsreden Wirths und Siebenpfeiffers wurden als Flugschriften erneut zu Tausenden verbreitet. In dem sich anschließenden Verfahren vor einem sogenannten Zuchtpolizeigericht wurden die Angeklagten dann aber doch noch verurteilt.

Aufgeschreckt durch die offenbar anhaltenden Auswirkungen der französischen Revolution, durch die wiederbelebte Energie der Liberalen und die provozierenden Erfolge der antikonservativen Opposition begann der Bundestag, eine Reihe von harten Repressionsmaßnahmen zu verabschieden, welche die Karlsbader Beschlüsse noch verschärften. Von den am 21. Oktober 1830 gebilligten «Maßregeln» zur «Erhaltung der Ruhe» zog sich über die am 28. Juni 1832 verabschiedeten «6 Artikel» zur «Aufrechterhaltung der gesetzlichen Ordnung» und die auf das Hambacher Fest reagierenden «10 Artikel» vom 5. Juli 1832 bis hin zu der am 30. Juni 1833 eingesetzten «Bundes-Zentralbehörde» zur Verfolgung der politischen Opposition ein und dieselbe durchlaufende Linie, die erst in den Geheimbeschlüssen der Wiener Ministerialkonferenzen vom 12. Juni 1834 kulminierte. Im Sommer 1832 wurden das Petitions- und Budgetrecht, die Rede- und Berichtsfreiheit der landständischen Versammlungen beschränkt, dazu eine Bundeskommission zur Überwachung der Landtage eingerichtet. Das konstitutionelle Leben stand fortab unter Kuratel. «Alle Vereine, welche politische Zwecke haben», Volksversammlungen und öffentliche Reden «politischen Inhalts» wurden ebenso untersagt wie das Tragen politischer Abzeichen und Fahnen sowie «das Errichten von Freiheitsbäumen und dergleichen Aufruhrzeichen». Straffe Polizeikontrollen wurden eingeführt, die Zensurrechte verschärft. Oppositionsgruppen wie der «Vaterlandsverein» konnten jetzt überall verboten und zerschlagen werden. Als der Frankfurter Wachensturm, eine schlecht vorbereitete, nur Stunden währende Attacke einiger idealistisch-radikaler Brauseköpfe, am 3. April 1833 mißglückte, lieferte dieses Intermezzo den Anlaß, die neue Inquisitionsbehörde, mit umfassenden Vollmachten als Gerichtsorgan versehen, auf die Spur eines jeden Verdächtigen anzusetzen. Bis zu ihrer Auflösung im Jahr 1842 strengte sie, wie ihr «schwarzes Buch» ausweist, gegen mehr als 2000 Personen

Ermittlungen und Verfahren an – insgesamt mit schlechterdings kläglichen Ergebnissen.

Über diese strengen Bundesmaßnahmen hinausgehend, unternahm Metternich einen weiteren Anlauf, die konstitutionelle Entwicklung durch Vereinbarungen zwischen den Regierungen einzuengen und möglichst jede liberale Regung im Keim zu ersticken, sah er doch in Hambach und Frankfurt wieder die «allgemeine Umwälzungspartei Europas» am Werk, jene «verruchte Verbrüderung», die «seit einem halben Jahrhundert» an dem «Umsturze der bestehenden und selbst aller möglichen gesetzlichen Ordnung und aller Throne» arbeite. Zu diesem Zweck arbeiteten die Bevollmächtigten der im Engeren Rat des Bundestags vertretenen Staaten vom Januar bis Juli 1834 in Wien die infamen sechzig Artikel eines Schlußprotokolls aus, das aus Sorge vor Protest bis 1843 geheimgehalten und nur durch Indiskretion bekannt wurde. Auch die Vertreter der Verfassungsstaaten beschränkten sich auf zahme Einwände hinter verschlossenen Türen, da die Revolutionsangst sie gegenüber Metternichs Härte nachgiebig machte. Einige Artikel wurden im Oktober/November 1834 zu Bundesgesetzen erhoben, an alle anderen erklärten sich aber die Regierungen für «ebenso... gebunden», als ob es sich um «förmliche Bundesbeschlüsse» handele. Der Charakter des Bundes als einer «allgemeinen Polizei- und Versicherungsanstalt gegen die eigenen Völker» – so der Liberale H. V. v. Unruh – wurde durch diese Geheimgesetze weiter verstärkt. Noch einmal wurden die landständischen Rechte und der Spielraum der einzelstaatlichen Gerichtsbarkeit eingeengt, die Überwachung der Landtage und die Zensur verschärft, Oppositionsführer aus dem Staatsdienst entlassen, zu Freiheitsstrafen verurteilt oder in die Emigration getrieben. Insbesondere die wiederum als Unruheherde betrachteten Universitäten wurden einem penibel ausgearbeiteten Repressionssystem unterworfen (Art. 42–56), das mancherorts eine noch bösartigere «Demagogenverfolgung» als nach 1819/20 auslöste.

In Preußen z. B. machte sich eine bereits am 23. Juni 1833 gebildete neue Ministerialkommission unter Leitung von Kamptz auf die Jagd und überstellte jeden Verdächtigen dem Berliner Kammergericht, das als politischer Staatsgerichtshof fungieren mußte. 1836 wurden in Mammutprozessen, die alles andere als ein Ruhmesblatt preußischer Rechtsstaatlichkeit darstellen, 204 Studenten schwer bestraft, 39 davon mit dem Todesurteil, das eine menschenfreundliche Obrigkeit in dreißigjährige Festungshaft verwandelte. Der spätere Schriftsteller Fritz Reuter gehörte zu denen, die 1833 verhaftet und nach dreijähriger Untersuchungshaft zum Tod, dann zu dreißig Jahren Festung verurteilt wurden. Dem in Halle studierenden jüngeren Bruder des seinerzeit bekannten Autors Adolf Stahr wurde von der Kamptz-Kommission die Zugehörigkeit zu einem Lesekränzchen politisch interessierter Studenten und der Gewinn eines Fakultäts-Preisausschreibens über die Politik des Aristoteles vorgeworfen, und das Gericht hielt fünf Jahre Gefängnis sowie ein Anstellungsverbot für angemessen. Nach einjähriger Kerkerhaft konnte die Familie dank persönlicher Beziehungen zu Kamptz die Begnadigung, später auch Examen und Beamtenposition erwirken.

Allgemein wird man sagen können, daß die verhängten Strafzeiten weder im Stil eines totalitären Regimes unnachgiebig eingehalten wurden, noch zur Dauerächtung führten. Eine 1840 erlassene Amnestie setzte die politischen Gefangenen frei. Und wer, wie Arnold Ruge, während der ersten Demagogenhatz verhaftet und 1824 zu fünfzehn Jahren Gefängnis verurteilt worden war, konnte nach fünf harten Jahren auf der Festung Kolberg 1830 begnadigt werden und bereits 1831 als habilitierter Dozent in Halle zu lehren beginnen. Wenn man auch auf diese widersprüchliche Fusion von Brutalität und Liberalität hinweisen muß, bleibt doch bestehen, daß Hunderten von jungen Menschen und ihren Angehörigen wegen einer politisch für opportun gehaltenen Abschreckungspraxis bitteres Unrecht geschah, und die Kerkerjahre haben im Lebenslauf von manchen aktiven Revolutionsteilnehmern eine prägende Rolle gespielt.

Die Oppositionsbekämpfung seit 1832/1834 war nicht nur rigoros, sondern auch ziemlich effektiv. «Von 1834 bis 1840 starb in Deutschland jede öffentliche Bewegung aus», lautete 1846 das Fazit des jungen Friedrich Engels, «die Regierungen handelten in allen Stücken nach ihrem Gutdünken.» Ludwig I. von Bayern etwa dünkte es 1836 gut, die Regierung anzuweisen, daß der Begriff «Staatsbürger» wieder durch den des «Untertans» ersetzt werden solle, denn Staatsbürger sei – wie der König nicht ohne Gespür für den programmatischen Anspruch dieses Schlüsselworts der Reformer meinte – ein Ausdruck, «der zum Dünkel führt.» Trotz aller Bemühungen gelang es Metternich und seinen Anhängern jedoch nicht, das politische Leben völlig einzufrieren. In den Landtagen wurde weiterhin manches offene Wort riskiert. Im Ausland gedruckte kritische politische Literatur wurde in hohen Auflagen eingeschmuggelt. Ungelöste politische und ökonomische Probleme, der politisierende Streit philosophischer Schulen und religiöser Strömungen beförderten die latente politische Polarisierung und die tendenzielle Ausbildung von parteiähnlichen Lagern. Und als die Hoffnungen auf ein Ende der Stillstandspolitik nach dem Thronwechsel in Berlin, wo Friedrich Wilhelm IV. 1840 sein Amt antrat, ebenso schnell enttäuscht wurden wie nach dem Thronwechsel in Wien, wo 1835 auf den starrköpfigen Reformgegner Franz I. sogar ein buchstäblich schwachsinniger Monarch wie Ferdinand I. gefolgt war, gewann ein Radikalisierungsschub an Durchsetzungskraft, der (Teil 3, IV, 6) im Zusammenhang der politischen Zuspitzung während der 1840er Jahre genauer zu verfolgen ist.[20]

Bis dahin war jede Aussicht auf Reformierbarkeit der Bundespolitik zunichte geworden. Als die von den liberalen und demokratischen Kräften verachtete Inkarnation der Illiberalität und Unterdrückung trat der Deutsche Bund im späten Vormärz in eine Phase krisenhaft beschleunigten gesellschaftlichen Wandels ein, dessen Herausforderung sich die Verfechter des Status quo nur mit unnachgiebig starrer Defensive gegenüber der gefürchteten «Bewegung» gewachsen glaubten.

3. *Staatsfinanzen und Steuerpolitik*

In der ersten Hälfte des 19. Jahrhunderts vollzog sich überall in den deutschen Territorial- und Stadtstaaten ein schwieriger Übergang von der Nutzung einer buntscheckigen Vielfalt autonomer Einkommensquellen für die fürstliche, ständische, gemeindliche, städtische Finanzwirtschaft zur Vorherrschaft des relativ einheitlichen Staatshaushalts, der zunehmend auf der Basis des staatlichen Steuerwesens beruhte. Die Kriege und Krisen seit 1789 hatten auch im Bereich der Finanzpolitik grundlegende Veränderungen beschleunigt, sich überhaupt als eine der großen Bewährungsproben für die Budgetgestaltung der politischen Herrschaftssysteme erwiesen. In den deutschen Staaten, die den Strudel der beiden Jahrzehnte vor 1815 überlebt hatten, behielt die öffentliche Finanzwirtschaft zwar durchaus noch für geraume Zeit einige vertraute traditionale Elemente bei – etwa die Domänen- und Regalieneinkünfte –, aber der Trend hin zur modernen Steuerwirtschaft war schon damals schlechterdings unübersehbar.

Die Hauptantriebskraft ging von dem gewaltig angewachsenen und weiterhin hochkletternden Staatsbedarf aus. Nach der Kriegsepoche mußten die öffentlichen Schulden konsolidiert und sowohl die Kosten der Kriegsfolgen als auch der eingeleiteten Modernisierungsmaßnahmen bewältigt werden. Das erforderte eine Neuordnung des Staatshaushalts im Hinblick auf alte Aufgaben wie Verwaltung und Militärwesen, aber auch auf neue Aufgaben, wie sie die Agrarreformen und die Gemeindeordnung, der Ausbau des Bildungswesens und der Infrastruktur, nicht zuletzt auch die Integrationskosten der vergrößerten Staaten aufwarfen. Von dieser Ausweitung der Staatsfunktionen, von der Sachkenner das später berühmte «Gesetz der wachsenden Staatsausgaben» ableiteten, ging ein unwiderstehlicher Zugzwang zum Aufbau tragfähiger Steuersysteme aus. Denn solange der Konkurrenzkampf im postrevolutionären Staatensystem die Bürde der Militärausgaben erhielt, die Ausdifferenzierung staatlicher Verwaltungsausgaben nicht zum Stillstand kam, dem Staat die Sozialkapitalbildung im Verkehrs- und Ausbildungswesen irreversibel zuwuchs usw., versprach ein vorauskalkulierbares, verstetigtes und steigerbares Einkommen aus unterschiedlichen öffentlichen Steuerquellen am ehesten die Befriedigung des wachsenden Bedarfs. Dahinter traten die herkömmlichen Einkünfte aus fürstlichem Grundbesitz oder die Staatsanleihen zur Mobilisierung von Mitteln für außerordentliche Zwecke zusehends zurück, obwohl sie in schwierigen politischen Situationen ein unentbehrliches Hilfsmittel blieben.

Der Deutsche Bund kam über eine «kümmerliche Finanzwirtschaft» für seinen schmalen Eigenbedarf nicht hinaus. In die «Bundeskanzleikasse» zahlten die siebzehn stimmberechtigten Staaten des Engeren Rats Beiträge, die für die Deckung der Unkosten eines bescheidenen bürokratischen Betriebs ausreichten. Daneben gab es die «Bundesmatrikularkasse», an welche die Mitgliedstaaten je nach der Bevölkerungsgröße gestaffelte Umlagen entrichteten, ohne Einfluß auf die Betragsbewilligung und die Prüfung des Ausgabenbedarfs zu besitzen; aus dieser Kasse wurden Bundestruppen und -festungen eher notdürftig unterhalten. Der Bund selber besaß kein rententragendes Vermögen oder irgendein autonomes Einkommen, er war weit davon entfernt, auf die einzelstaatliche Budgetgestaltung durch eine Spielart des gegenwärtigen «Finanzausgleichs» einwirken zu können. Da andrerseits der Zollverein seit 1834 beträchtliche Einnahmen zu verteilen hatte, verwundert es kaum, daß die Zollvereinskonferenzen für die Mitgliedstaaten zu einem wichtigeren Ereignis als die meisten Bundestagssitzungen wurden.

Trotz der fehlenden Finanzkraft übte der Bund seit 1820 einen anhaltenden politischen und rechtlichen Einfluß auf die einzelstaatliche Haushaltspolitik aus. Seitdem das «monarchische Prinzip» in das zweite Bundesgrundgesetz als Verfassungsnorm aufgenommen und die «Mitwirkung der Stände» an der Formulierung der Staatspolitik tendenziell abgewertet worden war (Art. 57, 58 WSA 1820), diente dieses interpretationsfähige Bundesrecht den Regierungen häufig dazu, die von den Landtagen nicht anerkannten Ausgabenposten dennoch zu rechtfertigen und im Etat beizubehalten. Der vorn erwähnte Bundesbeschluß vom 16. August 1824 ermahnte die Regierungen erneut, das «monarchische Prinzip» auch bei allen Fragen des Budget- und Steuerrechts zu beachten. Durch die Repressionsgesetze zu Beginn der 30er Jahre wurde die Fürstensouveränität auf diesem Gebiet noch härter verteidigt. In den «sechs Artikeln» vom 28. August 1832 wurde es den Landtagen untersagt, die beantragten Mittel einem «Deutschen Souverän» zu verweigern. Eine Verletzung dieser Vorschrift galt als «Aufruhr», gegen den die Bundeshilfe in Anspruch genommen werden konnte. Auf den Wiener Ministerialkonferenzen von 1834 bildeten die Staatsfinanzen einen zentralen Verhandlungsgegenstand. Alle Delegierten optierten für Globalmittel ohne Spezifizierung nach Ressortzwecken, und alle bestritten den ständischen Gremien das Recht, über die Etatgestaltung Einfluß auf die Staatspolitik und -organisation zu nehmen. Das geheime Schlußprotokoll verpflichtete die Regierungen darauf, die «ständischen Befugnisse» nicht zu erweitern. Das Steuerbewilligungsrecht schließe keineswegs die Regelung des Ausgabenetats ein, und auch über die Rechtmäßigkeit der Ausgaben könnten Landtage nicht entscheiden. Im Konfliktfall sollte fortab ein Schiedsgericht entscheiden, dem nur von den Regierungen ernannte Richter angehörten. Dieser Teil des Protokolls wurde zwar nicht in ein Bundesgesetz verwandelt, als Bestandteil eines völkerrechtlichen Vertrags band er gleichwohl die Signatarmächte an ihre Vereinbarung.

Durch die Beschlüsse von 1832 und 1834 wurde das «landständische Budgetrecht in seinem Kern» getroffen. Die entscheidende Kontroverse drehte sich um das Verhältnis des «monarchischen Prinzips» zur Machtstellung der Landtage. Das «monarchische Prinzip» verkörperte seinem Wesen nach einen «Gewaltenmonismus», und seine Verteidigung entwickelte sich konsequent zu einer wahren «Gegenlehre gegen das Gewaltenteilungsprinzip». Aus dieser Sicht stellte sich das Parlament nur als ein «Hilfsorgan der Staatsgewalt» dar, die es im Fall von Widerspenstigkeit entweder vor ein pseudoneutrales Schiedsgericht ziehen oder mit der Bundesintervention bedrohen konnte. Kein Wunder, daß die Landtage angesichts der prinzipiellen Infragestellung ihrer – je nach Verfassung variierenden – Mitwirkungsrechte bei der Steuer- und Etatbewilligung hartnäckigen Widerstand gegen die Zumutung leisteten, sich mit bereitwilliger Akklamation zufriedenzugeben.

Den prominenten Vertretern des Kammerliberalismus stand die Machtfrage klar vor Augen: Das «eminent politische Recht» der Kontrolle über das Budget bedeutete «materiell eine weitgehende Kontrolle über sämtliche Regierungsfunktionen». Wie der württembergische Minister Schlayer unverschnörkelt einräumte, sei «das Geldausgeben nichts anderes als das Regieren». Infolgedessen prallten die gegensätzlichen Interessen ungemildert aufeinander, und seit 1832/34 wurde die Abwehrfront der Regierungen gegenüber dem Bewilligungsrecht der Landtage erst recht noch härter verteidigt. Gegen diese feindliche Einschnürungstaktik machten rechtlich sachkundige Abgeordnete immer wieder geltend, daß es höchst strittig bleibe, ob die Beschlüsse von 1832/34 mit den Bundesgrundgesetzen überhaupt vereinbar seien und ob im Namen des «monarchischen Prinzips» die landständischen Verfassungsrechte derart tiefgreifend eingeschränkt werden könnten. Unleugbar trat jedoch auch eine starke Verunsicherung auf, zumal es an Hinweisen auf das Damoklesschwert der Bundesintervention nicht fehlte.

In der politischen Praxis zog sich daher durch den ganzen Vormärz eine permanente Auseinandersetzung um drei Konfliktpunkte: Einmal ging es um das Maß der Mitwirkung an den Staatsausgaben, das «Ausgaben-Bewilligungsrecht». Die Landtage legten es als ein Recht auf politische Mitbestimmung aus, das ihnen die Regierungen, insbesondere nach der Julirevolution, nach Kräften zu verweigern trachteten. Zweitens wandten sich die liberalen Abgeordneten gegen die postulierte «Bewilligungspflicht», aus der die Regierungen den Schluß zogen, daß deshalb den Parlamenten auch kein Einfluß auf die staatliche Organisationsgewalt – etwa bei einer Erhöhung der Beamtengehälter – einzuräumen sei. Und schließlich hielt der Streit um die «Bindungswirkung» der Etats an, mithin um den Ausschluß nichtetatisierter Ausgaben. Je nach den Verfassungsregeln und Machtkonstellationen der Einzelstaaten nahmen diese Konflikte einen unterschiedlichen Ausgang. Fraglos aber wirkten die formelle und die informelle, auf Geheimabsprachen beruhende Bundespolitik unter dem Banner des «monarchischen Prinzips» auch auf die einzelstaatliche Finanzpolitik: auf die Ausgabengestaltung und auf die Beteiligung der Landtage, in einem retardierenden, antiliberalen, gouvernementalen Sinn ständig ein. Darüber herrschte unter den Landtagsabgeordneten kein Zweifel, und da sich seit den frühen 30er Jahren die Waagschale häufig zugunsten der Regierungen senkte, wurden die Liberalen, die bei der Machtprobe immer wieder auf den hemmenden, präjudizierenden Einfluß dieser Bundespolitik trafen, in ihrer Aversion gegen die Illiberalität des deutschen Staatenbundes bestärkt.

Wie weit auch die realen Effekte der antiparlamentarischen Einwirkungen der Bundespolitik reichen mochten, die eigentlichen Entscheidungen der Finanz- und Steuerpolitik wurden doch in den Einzelstaaten gefällt. Hier waren sich die maßgeblichen Politiker der Regierungen und der Abgeordnetenkammern darin einig, daß die «Verfügung über die Staatsfinanzen... eine entscheidende Stelle im System der innerstaatlichen Machtverteilung» einnimmt. «Sie bildet ein Mittel zur Lenkung der gesamten Staatstätigkeit, das zumindest gleichwertig neben dem Recht der Gesetzgebung steht.» Die verfassungslosen Staaten regelten die Finanzwirtschaft nach dem Maßstab ihrer politischen Prioritäten auf administrativem Wege, von Fall zu Fall auch in Verbindung mit Bankiers oder Bankenkonsortien, die Staatsanleihen unterbrachten. Die Verfassungsstaaten dagegen, deren Zahl trotz Metternichs Legitimitätspolitik anwuchs, mußten sich mit den verschiedenartigen Mitwirkungsrechten ihrer Landtage auseinandersetzen. Im Gegensatz zur älteren Literatur, die nur das Steuerbewilligungsrecht, nicht aber das Budgetrecht der Landtage kannte, hat die neueste Verfassungsgeschichte empirisch unwiderlegbar herausgearbeitet, daß relativ frühzeitig beide Rechte einer ganzen Reihe von landständischen Verfassungsorganen eingeräumt worden sind. Ein Mitwirkungsrecht im Sinne der Steuerbewilligungskompetenz kannten z.B. frühzeitig das Herzogtum Sachsen-Coburg (16. 3. 1816), das Fürstentum Waldeck (19. 4. 1816) und das Großherzogtum Sachsen-Weimar (5. 5. 1816). Die Festlegung der gesamten Staatsausgaben auf der Linie des vollen Budgetrechts wurde zwischen 1818 und 1833 in 9 Mitgliedsstaaten des Bundes verfassungsrechtlich verankert. Es galt im Herzogtum Sachsen-Hildburghausen (19. 3. 1818), im Königreich Württemberg (25. 9. 1819) und im Herzogtum Sachsen-Coburg, wo die Verfassung vom 8. August 1821 insofern einen «Meilenstein» in der Geschichte der Staatsfinanzen bedeutete, als nicht nur sämtliche Staatsausgaben zustimmungsabhängig wurden, sondern der Etat auch als Gesetz verkündet werden mußte. Diese Haushaltsplanung in Gesetzesform gab es damals in keiner europäischen Verfassung. Das Budgetrecht besaßen auch die Landesrepräsentationen der Herzogtümer Sachsen-Meiningen (23. 8. 1829), Sachsen-Altenburg (29. 4. 1831) und Braunschweig (12. 10. 1832), des Königreichs Hannover (26. 9. 1832, bis zum Staatsstreich von 1837) und schließlich des Fürstentums Hohenzollern-Sigmaringen und des Großherzogtums Luxemburg.

Bis auf Württemberg kannten freilich die größeren Verfassungsstaaten wie Bayern, Baden und Sachsen sowie außer den bereits genannten noch mehrere kleinere wie Hessen-Darmstadt, Kurhessen, Nassau, Lippe, Schaumburg-Lippe, Schwarzburg-Sonderhausen nur das Steuerbewilligungsrecht. Politisch offen blieb dort jedoch die Situation im Hinblick sowohl auf den rechtlichen Charakter der Etatprüfung, wie sie die Landtage – immer wieder über die reine Mittelbewilligung hinausstoßend – beanspruchten, als auch auf den Ausgang des Konflikts, in den eine solche Kraftprobe in Etatfragen schnell einmünden konnte. Auch wo es zeitweilig zu einem informellen Prüfungsrecht der Landtage kam, handelte es sich nur um einen «dilatorischen Formelkompromiß», der bis zur konstitutionellen Garantie des umfassenden Budgetrechts und des jährlichen Etatgesetzes den noch nicht definitiv entschiedenen Gegensatz zwischen Regierung und Landtag provisorisch überbrückte.

Angesichts der Tatsache, daß kurz nach 1830 in 21 Staaten des Bundes das Steuerbewilligungsrecht und bei rund einem Viertel der Mitglieder das Budgetrecht den Rang einer Verfassungsnorm gewonnen hatten, wird verständlich, warum Metternich mit gleichgesinnten Restaurationspolitikern diese Entwicklung, die dem Souveränitätsmonopol des «monarchischen Prinzips» kraß widersprach, für so bedrohlich hielt, daß 1832/34 die Zügel mit aller Kraft angezogen wurden. In Baden, in Bayern, im Großherzogtum Hessen – überall wurde die ohne Rechtsgrundlage praktizierte oder jetzt im Namen des «monarchischen Prinzips» verweigerte Haushaltsbewilligung zu einem Streitpunkt, bei dem die Regierungen nicht mehr nachgaben. Und selbst in Württemberg, wo die Verfassung die Mitwirkung der Kammer am Etat vorschrieb, konnte sich der Landtag seit 1833 praktisch nicht mehr durchsetzen. In einer ganz zentralen Arena der politischen Auseinandersetzung stagnierte seither die liberale Politik auf dem Weg, über die Kontrolle der Staatsfinanzen die konstitutionelle Monarchie allmählich in ihrem Charakter zu verändern.

Woher stammten die Mittel, mit denen die Verfassungsstaaten ihren Haushalt bestritten? Im Zug des inneren Staatsbildungsprozesses wurde im «konstitutionellen Deutschland» auch die staatliche Steuerhoheit gegen konkurrierende Abgabenansprüche durchgesetzt und z. B. die Steuerautonomie der Gemeinden radikal eingeengt. In Bayern gab es 1808 noch 607 direkte Steuern, darunter 114 Grundsteuern. Dem bereiteten die Reformedikte zugunsten der ungeschmälerten Staatssouveränität bald ein Ende. Die in Süddeutschland ohnehin vorherrschenden Ertragssteuern wurden von den neuen Zentralbehörden seit der Rheinbundzeit zu einem überschaubaren System direkter Abgaben von dem Grund-, Gebäude-, Gewerbe-, Kapital- und Arbeitsertrag ausgebaut. Die Grund- und Gefällsteuern machten in Bayern 68 %, die Gewerbesteuern 8–9 % der direkten Steuern aus; hinzu kam von 1814 bis 1848 eine sogenannte Familiensteuer. Württemberg entwickelte frühzeitig ein rationelles Schema von Grund-, Gebäude- und Gewerbesteuern, das durch Kapital-, Renten-, Dienst- und Berufseinkommenssteuern ergänzt wurde. Baden legte das Schwergewicht auf die Grund-, Häuser- und Gewerbesteuern und führte außerdem eine Arbeitsertragssteuer der Lohn- und Besoldungsempfänger ein. Diese direkten Steuern überschritten jedoch bis 1848/50 selten mehr als einen Anteil von 20% der Staatseinnahmen. Ungleich günstiger schlugen dagegen die indirekten Verbrauchssteuern zu Buche, die auch damals wegen der mittelbaren Belastung des einzelnen bevorzugt wurden. In diesem Bereich gab es den stärksten prozentualen Anstieg, z.B. in Bayern von 1819 = 29% auf 1850 = 46,5%, in Baden von 1820 = 30,5% auf 1850 = 46,1%. Von den indirekten Steuern wiederum erwiesen sich die Zölle als die ergiebigsten Posten. Als Folge der Zollunionseinkünfte stiegen sie zwischen 1819 und 1850 in Bayern um 114%, in Baden um 190%.

Insgesamt enthüllt die Struktur der stetig, einschließlich der Anleihen steil anwachsenden Staatseinnahmen bis zur Jahrhundertmitte zwei unmißverständliche Trends. Der Anteil der Einkünfte aus den traditionellen Quellen der Domänen, Forsten, Regalien und Staatsbetriebe ging in Bayern von 1819 = 38,3% auf 1850 = 32,7%, in Baden von 1820 = 33,7% auf 1850 = 24,5% eindeutig auf ein Drittel bzw. ein Viertel zurück. Dagegen stieg die Quote der Steuereinkünfte, die wegen des starken Zentralisierungseffekts der Reformen ohnehin schon frühzeitig vergleichsweise hoch lagen, in Bayern von 1819 = 57,4% auf 1850 = 65,8%, in Baden von 1819 = 66,3% auf 1850 = 74,6%. Den Löwenanteil machte dabei der Anstieg der indirekten Steuern aus: in Bayern betrug er 61,8%, in Baden sogar 111,4%; in beiden Fällen war dabei der Zuwachs der Zölle um 113,6% bzw. 189,8% entscheidend. Um 1850 stammten zwei Drittel bzw. drei Viertel der Roheinnahmen dieser Länder aus indirekten und direkten Steuern, womit der Vorrang der staatlichen Steuerwirtschaft eindeutig etabliert war.

Die Struktur der veröffentlichten Staatsausgaben während dieser Zeitspanne enthüllt keine dramatischen Veränderungen in der Höhe der Hauptpositionen. Dem Anstieg der badischen Einnahmen um rund 25% entsprach ein ebenso hohes Ausgabenwachstum, das insbesondere dem Ausbau der Verwaltung und Infrastruktur zugute kam. (Vgl. Übersicht 38, S. 375!)

Allerdings vermitteln die publizierten und bewilligten Staatseinnahmen und -ausgaben noch kein vollständiges Bild der staatlichen Finanzwirtschaft. Die Staatsschulden, für welche die Rheinbundländer früh eine Schuldenverwaltung mit staatlich garantiertem Tilgungs- und Zinsendienst eingerichtet hatten, müssen ebenfalls berücksichtigt werden, zumal sie aufgrund von geheimen Anleihen und außeretatmäßigen Posten stetig anwuchsen. In Bayern vermehrten sie sich um fast 80% von 1811 = 118,2 Mill. fl. (35,81 p.c.) auf 1850 = 214,5 Mill. fl. (47,09 p.c.) und in Baden sogar um 200% von 1820 = 20,2 Mill. fl. (19,23 p.c.) auf 1850 = 61 Mill. fl. (44, 80 p.c.) Am

Ende der ersten Hälfte des 19. Jahrhunderts betrug mithin die bayerische Verschuldung rund das Siebenfache, die badische rund das Sechsfache des Jahresetats. Das stellten auch im europäischen Vergleich keineswegs auffallend hohe Schuldquoten dar, aber der Blick auf die preußischen Verhältnisse lenkt doch auf bemerkenswerte Unterschiede hin.[21]

Eine verfassungslose Monarchie wie Preußen hing bis 1848 nicht von der Mitwirkung eines gesamtstaatlichen Parlaments ab, das kraft seines Steuerbewilligungsrechts oder gar seiner Budgetkompetenz die Haushaltsgestaltung hätte beeinflussen können. Diese ergab sich vielmehr einmal als Folge allgemeiner Präferenzentscheidungen, die von den außenpolitischen Ansprüchen einer europäischen Großmacht und den innenpolitischen Erfordernissen der staatlich initiierten oder autonom voranschreitenden Modernisierung primär bestimmt wurden, zum zweiten als Resultat inneradministrativer Ressort- und Machtkämpfe. Einnahmen- und Ausgabenpolitik mußten

Übersicht 38: Staatseinnahmen (Mill. fl.) in Bayern und Baden 1819–1850

	Bayern		Baden	
	1819/%	1849/%	1820/%	1850/%
1. Domänen/ Forsten	8,5/27,4	7,5/22,0	1,7/24,5	1,3/12,5
2. Regalien/ Staatsbetriebe	3,4/10,9	3,7/10,7	0,7/ 9,2	1,2/12,0
3. Direkte Steuern	8,3/28,4	7,7/22,8	2,3/35,8	2,8/28,5
4. Indirekte Steuern Zölle	9,0/29,0 2,5/ 8,1	14,6/43,0 5,4/15,8	2,2/30,5 0,7/ 9,4	4,6/46,1 1,9/19,6
5. Verschiedenes	1,3/ 4,3	0,5/ 1,5	–	–
6. Gesamteinkünfte	31,13	33,95	7,12	9,94

Staatsausgaben (Mill. fl.) in Bayern und Baden 1819–1850

	Bayern		Baden	
	1819/25/%	1843/49/%	1820/%	1850/%
1. Hof	2,7/ 8,8	3,2/10,3	1,2/16,2	0,9/ 9,4
2. Militär	8,2/26,6	7,3/23,6	1,6/21,9	2,1/22,4
3. Schulden	7,4/23,8	8,8/28,2	1,0/13,9	1,2/12,3
4. Ziviletat	12,7/40,8	11,8/37,9	3,5/48,0	5,4/55,9
5. Gesamtausgaben	31,02	31,05	7,4	9,6

zudem ständig die Staatsschuld berücksichtigen, die nach zeitgenössischen Maßstäben als hoch galt und Sparsamkeit als geboten erscheinen ließ. Jede weitere öffentliche Schuldenerhöhung war durch das Verfassungsversprechen von 1820 an die Zustimmung einer «reichsständischen Versammlung» gebunden, die dem Land bekanntlich bis 1848 verweigert wurde. Diese restriktive Bedingung des Staatsschuldengesetzes wurde jedoch öfters heimlich umgangen.

Nach der abschließenden Regelung der Schuldenfrage wurde erstmals 1821 der Etat publiziert, und dieses Verfahren wurde 1829, 1832, 1835, 1838, 1841 und 1847 wiederholt. Daneben gab es jedoch bis 1847 ständig geheime Etats, die wegen der Höhe der gesetzwidrigen Anleihen «nicht unbeträchtlich» von den öffentlichen abwichen – schätzungsweise überstiegen sie diese in der Regel um mindestens 12 bis 13 %; in manchen Jahren aber wurden deshalb die tatsächlichen Einkünfte um 60 % untertrieben! An der prozentualen Veränderung der veröffentlichten Einnahmen zwischen 1819 und 1850 ist die Abnahme der Einkünfte aus den Domänen und Forsten um 11,6 % weniger bemerkenswert – da dieser Staatsbesitz in

Übersicht 39: Preußische Staatseinnahmen 1821–1850 (Mill. T.)

	1821/%	1829/%	1841/%	1850/%
1. Domänen/ Forsten	9,2/17,5	8,1/15,2	7,6/12,3	8,1/11,9
2. Regalien/ Staatsbetriebe	5,7/10,8	7,6/14,2	9,2/14,9	8,6/12,6
3. Direkte Steuern	17,2/32,8	19,3/36,2	18,8/30,3	19,5/28,6
4. Indirekte Steuern	18,6/35,4	17,8/33,3	22,5/36,4	25,2/37,0
Zölle	–	–	11,0/17,8	11,8/17,3
5. Verschiedenes	1,9/ 3,5	0,6/ 1,1	3,8/ 6,1	6,8/ 9,9
6. Gesamteinkünfte	52,57/100	53,37/100	61,95/100	68,16/100

Preußische Staatsausgaben 1821–1847 (Mill. T.)

	1821/%	1832/%	1841/%	1847/%
1. Hof	2,6/ 4,9	2,6/ 4,8	2,6/ 4,3	2,6/ 4,0
2. Militär	22,8/43,4	22,8/42,3	23,7/39,9	25,8/40,2
3. Schulden	11,3/21,5	10,9/20,2	8,7/14,6	7,3/11,4
4. Ziviletat	15,9/30,2	17,6/32,7	24,5/41,2	28,4/44,4
5. Gesamtausgaben	52,6/100	53,4/100	59,4/100	64,1/100

erheblichem Umfang zur Schuldentilgung verkauft wurde – als die Zunahme des Einkommens aus Regalien und Staatsbetrieben – wie dem Salzmonopol, der Post und der «Seehandlung» mit ihren Unternehmen – um immerhin 51,5 %. Die direkten Steuern stiegen während dieser drei Jahrzehnte nur um 12,8 %, auch die indirekten nur um 35,4 % an. Der Vergleich mit dem liberalen Musterländle Baden, wo diese Ziffern 25,6 % und 111,4 % erreichten, macht den relativ maßvollen Zuwachs deutlich. Fraglos fügte sich Preußen frühzeitig in den generellen Trend ein, der das Übergewicht der staatlichen Steuerwirtschaft etablierte, denn das gesamte Steueraufkommen betrug von Anfang an mehr als zwei Drittel des öffentlichen Haushalts und hielt sich auf diesem Niveau bis zur neuen Finanzpolitik im Verfassungsstaat.

Wie im Zusammenhang der preußischen Reformen bereits geschildert (vgl. Bd. I), hatte die Steuerreform von 1820 die antiquierte Trennung zwischen Stadt und Land beibehalten. In den 132 größeren Städten mit rund einem Siebtel der Bevölkerung wurde weiterhin als verschleierte Akzise eine Verbrauchssteuer in Gestalt der Mahl- und Schlachtsteuer erhoben. Sechs Siebtel der Bevölkerung, die auf dem Land und in Kleinstädten lebten, mußten dagegen eine direkte Personalsteuer, d. h. die auf der individuellen Steuerpflicht beruhende Klassensteuer entrichten. Ihre Grundzüge hatte 1817 ein Gutachten von J. G. Hoffmann bestimmt. Danach sollte weder «das wirkliche noch das vermutete Einkommen der Steuerpflichtigen, sondern nur ihre Stellung im äußeren Leben... die Grundlage zur Verteilung der neuen Steuern bilden.» Ausschließlich Statuskriterien wie «Lebensweise, Ton und Benehmen im Umgang» sollten als Orientierungspunkte dienen, um eine Zuordnung zu den einzelnen Steuerklassen zu ermöglichen. Dieses im Kern ständische Veranlagungsprinzip galt bereits bei den sachkundigen Zeitgenossen zu Recht als anachronistisch. So hatte etwa C. J. Kraus längst vorher gefordert, daß eine moderne Steuer eher «nach den Vermögens- als den Standesverhältnissen der Steuerpflichtigen angepaßt werden müsse». Hoffmanns Gesichtspunkte setzten sich jedoch durch. Daraufhin wurden jeweils vier Klassen mit je drei Stufen auf dem Land (1. Guts- und Grundherren; 2. höhere Landwirte; 3. mittlere Landwirte; 4. Tagelöhner und Gesinde) und in den Kleinstädten gebildet (1. Kapitalisten und Bankiers; 2. höherer Bürgerstand, z. B. Akademiker, Kaufleute, Unternehmer; 3. niederer Bürgerstand, z. B. Handwerker und Subalternbeamte; 4. Arbeiter und Gesinde). Je nach der Klassenzugehörigkeit mußten 1,5 bis 144 T. für jede mindestens vierzehnjährige (seit 1828: sechzehnjährige) Person bezahlt werden; in der untersten Klasse endete die Steuerpflicht mit dem sechzigsten Lebensjahr; höchstens drei Personen durften in einem Haushalt erfaßt werden. Nach 1820 wurde die Klassensteuer mehrfach untergliedert und den tatsächlichen Einkommens- und Vermögensverhältnissen statt «Ton und Benehmen» etwas enger angepaßt. All das änderte aber nichts an der entwürdigenden monatlichen Eintreibungspraxis zumal in der untersten Klasse, wo 46% der Steuerpflichtigen individuell erfaßt wurden, noch an dem prinzipiellen Defekt, daß einer außerordentlich schweren Belastung der armen Bevölkerungsschichten und «unteren Klassen» eine viel zu niedrige Veranlagung «der wohlhabenden, vollends der reicheren Klassen» gegenüberstand.

Außer der Klassensteuer gab es eine direkte Ertragssteuer auf Haus- und Grundbesitz, wobei eine einigermaßen gerechte Grundsteuer – ganz abgesehen von der Steuerfreiheit der Ritter! – schon deshalb unmöglich war, weil ein exakter Kataster noch fehlte. Das Einkommen aus der allgemeinen Gewerbesteuer machte gerade ein Fünftel der aus dem staatlichen Salzmonopol stammenden Einnahmen aus, die ebenso wie die indirekten Steuern, insbesondere die Verbrauchssteuern auf verbreitete Genußmittel wie Branntwein, Bier und Tabak, sowie die Zölle den einfachen Konsumenten ständig drückten. Mit ihrer Bürde kontrastierte scharf das Fehlen einer jeden Kapitalrentensteuer. Auch auf den Ausbau von Ertragssteuern zu Lasten der Bessergestellten wurde verzichtet, Erwerbsgesellschaften blieben steuerfrei, und die Empfänger hoher Einkommen zahlten bis zur Reform von 1873 nur einen sogenannten Steuerpachtsatz von gewöhnlich nicht mehr als 600 T. im Jahr. Es spricht vieles dafür, daß durch die schlechthin unübersehbare Schonung von Vermögen und hohen Einkommen auch die überraschend reichhaltigen Investitionsfonds für den Eisenbahnbau, die Aktiengesellschaften in der Industrie und im Bankwesen, mithin die Finanzierung der Industriellen Revolution, gefördert wurden. Dafür mußte jedoch ein hoher Preis entrichtet werden. Die allgemeine Steuerpflicht und Steuergerechtigkeit blieben «auf der Strecke». Die Hierarchie der entstehenden Klassengesellschaft spiegelte sich im preußischen Steuersystem exakt wider.

An der Zusammensetzung der veröffentlichten Staatsausgaben sticht zunächst ins Auge, daß der Militäretat mit durchschnittlich mehr als 40% die Spitze hielt. Immerhin sank er bis zur Revolution leicht ab, und es wird im folgenden Abschnitt zu erörtern sein, was dieser starre Finanzierungsrahmen für das preußische Heer und die Rüstungspolitik bedeutete. Im Vergleich mit anderen deutschen Staaten lagen die Heereskosten freilich hoch: In Sachsen erreichten sie 30%, in Bayern, Baden und Württemberg nur 20 bis 25%. Das Ansteigen des Ziviletats um rund 50% enthüllt die Ausweitung der staatlichen Aufgaben. Dank der Sparmaßnahmen kostete die gesamte Zentralverwaltung nur ein Viertel des Heeresbudgets, aber die Verkehrsausgaben erreichten bis 1850 denselben prozentualen Anteil, und die Ausgaben für die Rechtspflege und öffentliche Sicherheit sogar fast das Doppelte.

Ein Dauerproblem der preußischen Staatsfinanzen blieben die öffentlichen Schulden. 1820 betrugen sie 232 Mill. T. (19,9 T. p. c. statt 5 vor 1806). Bis 1847 wurden sie um rund 73,5 Mill. T. auf 158,5 T. vermutlich gesenkt, die pro-Kopf-Verschuldung auf die Hälfte (9,8 T.) gedrückt. Um 1840 lag Preußen im europäischen Vergleich bereits mit 11 T. p.c. weit hinter Holland mit 266, England mit 222, Frankreich mit 54 und Österreich mit 31 T. p.c. Die erwünschte Konsequenz bildete eine Steigerung des Ansehens als pünktlicher Schuldenzahler und der internationalen Kreditwürdigkeit des preußischen Staates. Wie ist der Berliner Regierung diese bemerkenswerte Tilgungsleistung und die Bewältigung der hohen Zinszahlungen gelungen?

Die veröffentlichten Etats geben darüber nur unvollkommen Auskunft, obwohl 1821 ein Schuldendienst von einem Fünftel des Haushalts eingeräumt wurde, während er 1847 nur mehr bei gut 11 % gelegen haben soll. Jährlich wurden danach zuerst rund 11,5 Mill. T. für den Zinsen- und Tilgungsdienst eingesetzt, in den 40er Jahren sollen es nur mehr rund 7,3 Mill. T. gewesen sein. Insgesamt wurden von 1820 bis 1848 aus dem Verkauf von Domänen und Staatsforsten sowie aus Ablösungsgeldern der Agrarreformen rund 44,5 Mill. T. für die Tilgung verwandt. Die Zinsen wurden vornehmlich aus Überschüssen des Staatsvermögens bezahlt, wobei sich mit anhaltender Tilgung erhebliche Zinsersparnisse ergaben. Mindestens 4,5 Mill. T. wurden aus Steuereinkünften abgezweigt. Außerdem gelang der Regierung 1830 eine Konvertierung der Staatsschuldscheine von 5 auf 4 %, 1845 sogar auf 3,5 %, so daß die Zinsbelastung spürbar nachließ. Die konsequent beibehaltene Politik der kontinuierlichen Tilgung und pünktlichen Zinszahlung führte «dem Berliner Kapitalmarkt bedeutende Kapitalien» zu, die zuerst hauptsächlich in sicheren ausländischen Staatsobligationen angelegt wurden. 1842 erklärte Finanzminister v. Rother vertraulich, die Schulden seien bisher um 68 Mill. T. vermindert worden. Diese beharrliche Tilgungspolitik sei jedoch vor allem deshalb fragwürdig, weil alle Nachbarstaaten «nicht aufhörten, ihre Schulden ins Unendliche zu vermehren», und die preußischen «Kapitalisten werden ihnen, wie dies schon jetzt geschieht, das Geld in vollem Maße zuführen», so daß es der einheimischen Wirtschaft verlorengehe. In eben dieser Zeit, seit den späten 30er Jahren, begann jedoch das mobile Kapital, in zunehmendem Maße in den gewinnträchtigen, hochspekulativ betriebenen Eisenbahnbau zu fließen, dann auch mit mehrjähriger Verzögerung in andere strategische Führungssektoren der deutschen Industriellen Revolution.

Die regulären Einkünfte reichten jedoch weder immer für den aufwendigen Tilgungs- und Zinsendienst, noch für andere reale, wenn auch nicht öffentlich ausgewiesene Haushaltsausgaben aus. Die preußische Regierung hat daher mehrfach neue Kredite bei ausländischen Bankiers aufgenommen und ist in flagranter Verletzung des Schuldengesetzes von 1820 eine aller Wahrscheinlichkeit nach beträchtliche Neuverschuldung eingegangen. Wie bei den bereits erwähnten drei Rothschild-Anleihen bis 1822, die den drohenden Staatsbankrott vermeiden halfen, wurden die Kredite bei international renommierten Privatbankiers wie den Rothschilds von der «Seehandlung» oder von Rother selber beschafft. Die Unterbringung warf keine Probleme auf, da die preußischen Staatspapiere als hochkarätig galten und wegen des minimalen Risikos sofort bei wenigen kapitalkräftigen Geschäftsfreunden unterzubringen waren. Durch eine doppelte Haushaltsführung wurde der wahre Stand der preußischen Staatsfinanzen systematisch verdunkelt. Die neuen Schulden wurden als «Passiva der Generalstaatskasse» oder als Sonderposten der Ressortetats nur verwaltungsintern geführt. Höhe und Modus der Tilgung sind bis heute unbekannt. Zeitgenössische Experten wie der Statistiker v. Reden glaubten aber wegen dieses verheimlichten Zuflusses beträchtlicher Mittel annehmen zu können, daß die offiziellen jährlichen Einnahmen manchmal um 60 % untertrieben wurden.

Die Motive der preußischen Schuldenpolitik vor 1847 sind unschwer zu erkennen. Das Ausmaß der Verschuldung galt als anomal. Durch eine möglichst schnelle Abtragung sollte finanzieller und politischer Handlungsspielraum zurückgewonnen, durch solides Schuldnerverhalten die Kreditfähigkeit und finanzielle Seriosität der preußischen Staatsregierung verteidigt werden. Die Abhängigkeit von den Finanziers sollten pünktliche Zinszahlung und Tilgung möglichst gering halten. Indem der liquide preußische Kapitalmarkt für Anleihen umgangen wurde, konnten auch politische Konditionen vermieden werden. Vor allem mußte das Geheimnis der Neuverschuldung gewahrt werden, da sie durch das Staatsschuldengesetz von 1820 staatsrechtlich bindend an die Zustimmung einer gesamtstaatlichen Repräsentation gebunden war, diesem Zwang zur Verfassungsgebung nach der Reformära jedoch nicht nachgegeben wurde. Ohne die gut getarnten Anleihen aus dem Ausland wäre diese Vermeidungsstrategie schwerlich geglückt. In den 40er Jahren wurde jedoch eine neue Grenze erreicht, da ein angemessener Ausbau der Infrastruktur, insbesondere des kostspieligen Eisenbahnwesens, die Finanzkapazität des verfassungslosen Staates überforderte. Von der sogenannten Ostbahn, deren Bau der Staat in Angriff nehmen wollte, ging daher zugunsten des Konstitutionalismus ein Zugzwang aus, der unmittelbar in die Verfassungskämpfe von 1847/48 einmündete.[22]

4. *Das Militär im Abseits bis zum Bürgerkrieg*

Krieg und Militär hatten in dem Vierteljahrhundert vor 1815 eine spektakuläre Bedeutung besessen. Danach rückten die Streitkräfte in allen deutschen Staaten 33 Jahre lang an den Rand der Entwicklung. Erst als es 1848/49 zu einer dritten Revolution innerhalb der Zeitspanne von zwei Generationen kam, gingen sie aus der schweren Belastungsprobe des Bürgerkriegs neu gestärkt hervor.

Hier kann nicht die Militärgeschichte in allen Mitgliedstaaten des Deutschen Bundes verfolgt werden. Vielmehr wird die preußische Entwicklung, da sie mit weitem Abstand am folgenreichsten verlief, paradigmatisch analysiert. Dabei drängen sich vor allem zwei Leitfragen auf. Erstens: Wenn Preußen immer wieder als der geradezu klassische deutsche, ja europäische Militärstaat des 18. und 19. Jahrhunderts charakterisiert worden ist, wie konnte es dann zu der «erstaunlichen militärischen und militärpolitischen Erstarrung» während der drei Jahrzehnte nach dem erfolgreichen Wendepunkt von 1814/15 kommen? Und zweitens: Welche Nah- und Fernwirkungen gingen in dieser Zeit vom Militär, obwohl es sich in einem ungewohnten Abseits befand, trotzdem aus, da der historische Rückblick ergibt, daß es sich um eine wichtige formative Periode insbesondere der Sozial- und Mentalitätsgeschichte der Armee gehandelt hat?

In den acht Jahren zwischen 1807 und 1815 hatten die Reformer grundlegende Veränderungen nicht nur in Gesetzesformen fixiert, sondern teilweise auch tatkräftig durchzusetzen begonnen. «In ganz wesentlichen Punkten» ließen sich jedoch, wie nur zu schnell deutlich wurde, die überkommenen Strukturen der Armee keineswegs in dem geplanten Sinn von Grund auf verändern. Unzweifelhaft blieb es bei einer dauerhaften Reorganisation, aber Kernelemente der Reformen wurden nur stückweise realisiert, verbogen oder sogar zunichte gemacht. Von der zeitgemäß reformierten, auf der allgemeinen Wehrpflicht und dem Leistungsprinzip beruhenden «intendierten Nationalarmee» schwang das Pendel zurück zur «Armee des Königs».[23]

Der institutionelle Gesamtrahmen, den die Reformer, neue Ideen mit lebensfähigen Traditionen verschmelzend, bis zum Ende des ersten Friedensjahres geschaffen hatten, blieb, von einigen eklatanten Ausnahmen abgesehen, erhalten. Innerhalb der einzelnen Heereseinrichtungen wurden jedoch die Weichen mit reformfeindlicher Absicht neu gestellt. Als besonders folgenschwer erwies sich die Entscheidung, die in der Militärmonarchie par excellence selbst nach 1806/07 unumgänglich gewesen war, dem König als Oberstem Kriegsherrn die Kommandogewalt über das gesamte Heerwesen zu belassen; nicht zuletzt deshalb behielt er im trialistischen Herrschaftssystem der Epoche eine zentrale Stellung. Seine formellen militärpolitischen Berater stammten nicht mehr aus der inzwischen aufgelösten Generaladjutantur, sondern aus dem «Militärkabinett», das seit dem Juni 1814 zehn Jahre lang als 3. Department zum Kriegsministerium gehörte, dann aber seit dem Februar 1825 als Abteilung für Personalangelegenheiten eine weithin selbständige Sonderposition gewann. Da ihr Leiter von 1817 bis 1834, General v. Witzleben, bereits 1818 als neuer Generaladjutant des Königs das Recht des Immediatvortrags erhalten hatte, wuchs dank dieser Personalunion auch dem Militärkabinett eine quasi-autonome Machtstellung zu. Von ihr aus wurde zunehmend ein traditionalistischer Einfluß auf den Monarchen und auf die Militärpolitik ausgeübt.

Zur selben Zeit (1821/25) erkämpfte auch der bisher als 2. Department in das Kriegsministerium eingegliederte Generalstab unter General v. Müffling die Herauslösung als selbständige Behörde. Trotz des Nimbus, der den preußischen Generalstab lange umgeben hat, handelte es sich in der Epoche der Restauration und des Vormärz um eine bescheidene, eher hausbackenbiedere Organisation. Immerhin wurde der kleine Kreis der höheren Stabsoffiziere an Planungsaufgaben geschult; der Wechsel zwischen Truppe und Stab dehnte ihren Einfluß aus; auch die beschränkte Routinearbeit schuf Kontinuität, und die institutionellen Grundlagen sollten sich dereinst als ausbaufähig erweisen. Freilich: Erst 1864 konnte Moltke die begehrte Immediatstellung gegenüber dem König gewinnen.

Das Kriegsministerium, dessen Machtkompetenz durch die Ausgliederung einflußreicher Ämter naturgemäß litt, blieb als zentraler militärischer Verwaltungsapparat erhalten. Zur Präsidialleitung gehörte das Recht zum Immediatvortrag, mithin zur ständigen direkten Einflußnahme auf den König, der indes trotz allen Phlegmas seine oberste Kommandogewalt eifersüchtig verteidigte. Auch traf der Kriegsminister nicht selten auf rivalisierende Ratgeber, die – wie die höheren Truppenführer, die Inspekteure, der Chef des Militärkabinetts, später die Militärattachés – dasselbe Immediatverhältnis besaßen, ganz zu schweigen von Prinz Wilhelm, einem leidenschaftlichen Berufssoldaten, der jahrzehntelang aus nächster Nähe als «konkurrierender Kriegsminister» (Meinecke) fungierte.

Das neugeschaffene Heer beruhte seit dem abschließenden Wehrgesetz von 1814 auf drei Säulen. Die erste bestand aus den Berufssoldaten der Linie: den Offizieren, den Unteroffizieren und den freiwillig längerdienenden Soldaten, den sogenannten Kapitulanten, die bis zu 20% eines Bataillons stellten. Die zweite setzte sich aus dem Heer der Dienstpflichtigen zusammen, die aufgrund der allgemeinen Wehrpflicht mit zwanzig Jahren drei, seit 1837 zwei Jahre zur Armee eingezogen wurden und anschließend noch zwei, drei Jahre zur aktiven Reserve gehörten. Die dritte wurde von der Landwehr gebildet, deren erstes Aufgebot die sieben Jahrgänge der 25- bis 32jährigen umfaßte; sie sollten im Konfliktfall das Heer von seiner Friedenspräsenzstärke auf die Kriegsstärke bringen. Von der Landwehr zweiten Aufgebots wurden ebenfalls sieben Jahrgänge, die 32- bis 39jährigen, erfaßt, denen der Etappen- und Besatzungsdienst zugedacht war, so daß die Wehrpflicht, mit abgestufter Beanspruchung, im Prinzip neunzehn Jahre umspannte. Schließlich gab es auch noch eine vierte Einheit, den «Landsturm» der 40- bis 50jährigen, den man trotz des martialischen Namens nicht mehr als Säule, sondern nur als Krücke bezeichnen kann.

Mit jedem der drei Pfeiler der Streitkräfte waren spezifische Probleme verbunden, die unter den Sachgesichtspunkten des Scheiterns der allgemeinen Wehrpflicht, der Deformation der Landwehr und der konservativen Konsolidierung der Linientruppe erörtert werden.

Das Wehrgesetz vom 3. September 1814 hatte keine exakt bezifferte Friedenspräsenzstärke festgelegt, sondern die Entscheidung darüber dem König «nach den jedesmaligen Staatsverhältnissen» (§ 3) überlassen. Die zuerst intern anvisierte Zielgröße, 1,5 % der Bevölkerung (damals 144000 Mann) unter Waffen zu halten, ist bis zur Jahrhundertmitte nie auch nur von fern erreicht worden. (Friedrich II. dagegen hatte es bei 6 Mill. Einwohnern auf 200000 Soldaten gebracht.) Von Anfang an tat sich vielmehr eine Schere zwischen dem Bevölkerungswachstum und der rasch ansteigenden Zahl dienstpflichtiger, potentieller Rekruten einerseits, der relativ geringen Menge faktisch Eingezogener andrerseits auf – und der Öffnungswinkel wurde im Vormärz immer weiter.

Die entscheidende Ursache lag in den restriktiven Bedingungen der preußischen Finanzpolitik, die angesichts der hohen öffentlichen Verschuldung die Ziele der Schuldentilgung und der damit verknüpften Stabilisierung des Staatskredits sowie der Erweiterung des politischen Handlungsspielraums durch einen geradezu rigoros durchgehaltenen Sparzwang zu erreichen suchte. Die Kontinuität dieser Haushaltspolitik verrät einiges über die Prioritätenskala der Berliner Politik und die Hartnäckigkeit, mit der sie über einen langen Zeitraum hinweg konsensfähig gehalten wurde. Das Hauptproblem der Militärführung bestand infolgedessen jahrzehntelang darin, daß selbst gegenüber ihren traditionell privilegierten Forderungen der enge finanzpolitische Rahmen verteidigt wurde. Mit andern Worten: Das Durchsetzungsvermögen der Finanzminister, generell der politischen Staatsleitung, blieb kontinuierlich stärker als das aller militärischen Instanzen zusammengenommen. Im Effekt bedeutete das, daß der Heeresetat dreißig Jahre lang zwar immer noch den Hauptposten des Budgets bildete, in absoluten Zahlen jedoch nur minimal anstieg (1820 = 22,8; 1840 = 23,6; 1847 = 25,8 Mill. T.), während sein prozentualer Anteil sogar eindeutig absank (in dreißig Jahren um 7,8 %: 1820 = 45,6; 1840 = 39,9; 1850 = 37,8 %).

Die bittere Kritik eines Militärexperten wie Prinz Wilhelm, daß zwischen Kriegsende und Revolution die Heeresausgaben jährlich nicht 25 Mill. T. überschritten hätten, traf daher von seiner Position aus ins Schwarze. Der Widerspruch zwischen dem staatlichen Sparkurs und dem unstreitig vorhandenen Wunschziel einer großen, schlagkräftigen Armee blieb ungelöst. Konkret hieß das, daß von Anbeginn an auch die allgemeine Wehrpflicht an der unüberwindbaren Barriere der Berliner Finanzpolitik scheiterte. Daher erwies sich selbst die tendenzielle Anpassung der Friedenspräsenzstärke an die hochsteigende Bevölkerungszahl als unmöglich, wie die folgenden Größenverhältnisse enthüllen.

Nach der Demobilmachung war die Heeresstärke bis 1817 sogar auf 121500 Mann hinabgesunken. Im Jahr seiner Entlassung hatte sie Kriegsminister v. Boyen mit einem Kraftakt auf rund 127000 steigern können, aber bis zur Julirevolution stagnierte sie dann ständig um 130000 Mann. Auch diese Zahl gibt jedoch nur die Papierform wider. Angesichts der leeren Kassen wurde durch weitherzige Auslegung des Winterurlaubs und eine halbjährige Ver-

Übersicht 40.1: Die preußische Heeresstärke 1815–1848

	Bevölkerung/ Mill.	Heeresstärke
1815	10,3	130000
1819	10,9	126850
1830	12,9	130000
1835	13,6	134000
1840	14,8	135000
1848	16,2	135000

schiebung des Einzugstermins der Präsenzstand auf knapp 100000 gehalten. Die Dienstzeit überschritt deshalb nicht mehr als zwei Jahre. Waren 1820 aber immerhin noch fast 50% der Dienstpflichtigen einberufen worden, hatte das Mißverhältnis zwischen Wehrpflichtanspruch und wirklicher Rekrutenzahl zehn Jahre später krasse Formen angenommen, die sich zudem bis 1848 fortschreitend verschärften.

Übersicht 40.2: Verhältnis von wehrpflichtigen und eingezogenen Rekruten 1831–1846

	20jährige Dienst-pflichtige	Davon eximiert gemäß Instr. 1817	Nicht gezogene Taugliche	Gezogene Taugliche
1831	134627	55482	29878	49267
1840	141594	56151	48035	37408
1846	169172	92419	36370	40383

Während die Zahl der gemusterten Dienstpflichtigen innerhalb von fünfzehn Jahren um gut 25 % anstieg, kletterte die Summe der aufgrund der Ersatzinstruktion vom 30. Juni 1817 schlichtweg ausgenommenen jungen Männern – die Vielzahl der dort fixierten Ausnahmen erreichte fast wieder den Umfang der altpreußischen Exemtionen! – um nahezu 70% nach oben. Nicht nur darin bestand eine eklatante Wehrungerechtigkeit, sondern auch in der durch Losziehen erfolgenden Freistellung von 30000 bis 48000 tauglichen Rekruten, die von der Armee aus finanziellen Gründen nicht aufgenommen werden konnten. Zur Ableistung des Wehrdienstes wurde mithin schon um 1830 nur mehr gut ein Drittel der Dienstpflichtigen jährlich eingezogen, in den 40er Jahren war es sogar weniger als ein Viertel! Kein Wunder, daß die zeitgenössische Militärkritik diese allgemeine Wehrpflicht «nur eine Redensart» nannte. In der Tat, sie «verdiente ihren Namen nicht». Darüber gab es unter führenden Militärs auch keinen Zweifel.

Da der ständig hart bekräftigte Primat der Finanzpolitik die Friedenspräsenzstärke gering hielt, wurden mehrfach Alternativen erörtert. Vertreter der «aristokratischen Militärpartei», mit dem ultrakonservativen Herzog Karl von Mecklenburg, von 1816 bis 1838 dem Chef der prestigeträchtigen Garde, an der Spitze, bekämpften die neumodische, jakobinische Wehrpflicht überhaupt. Sie wollten eine traditionelle Berufstruppe unter einem adligen Offizierskorps wieder einführen. Diese «entsetzliche Dummheit eines Prätorianerheers» scheiterte jedoch nicht nur an den abermillionen Mehrkosten, die ein Aufbau der Linie verschlungen hätte, sondern auch an der politischen Einsicht einflußreicher Persönlichkeiten, daß im nachrevolutionären Zeitalter der Massenheere die gültige Wehrverfassung ungleich bessere Chancen für die Massenmobilisierung bot. Trotz aller herben Einwände hielt daher etwa Prinz Wilhelm gegenüber dieser reaktionären Fraktion an den Vorzügen der allgemeinen Wehrpflicht fest. Clausewitz konstatierte kühl, daß «das Feudalsystem ... sich bei uns wie anderswo ausgelebt» habe; die allgemeine Dienstpflicht bilde heutzutage eine Notwendigkeit und verbiete es, «dem Wunsch des Adels» nach Wiedergewinn seiner Monopolstellung «nachzukommen.» Und Boyen, Gneisenau, Grolmann und Müffling argumentierten keinen Deut anders. Als aber sämtliche sieben Oberpräsidenten 1817 Hardenberg aufforderten, das Heer als Volksmiliz neu zu organisieren, unterstrich zwar dieser Vorschlag sowohl die Attraktivität der Vorstellung, die umstrittene Linie durch eine allgemeine Landwehr zu ersetzen, als auch die Stärke der liberalen Reformideen in der hohen Verwaltung, er scheiterte jedoch an eben seinem Postulat, durch eine Nationalmiliz die Berufstruppe zu ersetzen, wozu weder der König noch Boyen bereit waren.

Da sich derartige Gegenkonzeptionen als nicht realisierbar erwiesen, blieb es bei dem Kompromiß, den Heeresetat als vorgegebene fixe Größe zu akzeptieren, mit einer relativ kleinen Friedenspräsenzstärke zu leben und auf das Potential von Reserve und Landwehr zu vertrauen.

Dem äußeren Anschein nach wurde die Belastbarkeit dieses Arrangements in der Krisenperiode nach der Julirevolution bestätigt. Im Dezember 1830 hielt Preußen schon 190500 Mann unter Waffen, im Oktober 1831 sogar 210500 und im Mai 1832 noch 155500, ehe im Mai 1833 mit 130700 der Normalzustand wieder erreicht wurde. Allerdings mußten für die Jahre 1830 bis 1832 außer dem ordentlichen Jahreshaushalt von 23,3 bis 25,2 Mill. T. außerordentliche Ausgaben in Höhe von 35,2 Mill. T. aufgebracht werden. Wie erhofft, schien es die Wehrverfassung zu erlauben, die effektive Stärke durch die Aktivierung der Reserve und Landwehr zu verdoppeln; am grünen Tisch wurde eine potentielle Kriegsstärke von 464500 Mann errechnet. Tatsächlich erwies sich die Reserve jedoch als ganz unzulänglich ausgebildet, die Verbände der Landwehr erster Ordnung reichten nicht aus, um die projektierte Kriegsstärke zu erreichen, und abgesehen von dem Umstand, daß die Mobilmachung der Landwehr quälend langsam verlief, galt intern die halbe Armee als nicht schlagfertig. Mochte in der Öffentlichkeit auch ein günstigerer Eindruck von der preußischen Einsatzfähigkeit vorherrschen, waren doch für die Experten die gravierenden Mängel des Systems gerade in der ersten Periode anhaltender internationaler Spannungen seit 1815 schlechterdings unübersehbar. Trotzdem vereitelte die Finanzpolitik auch nach 1830/32 alle Korrekturversuche.

Sparsamkeit wurde nach den Mehrausgaben der Krise erst recht groß geschrieben. Deshalb kam es seit 1834, endgültig im August 1837 zu einer als vorübergehende Notmaßnahme eingeführten Kürzung der Dienstzeit in der Linieninfanterie auf zwei Jahre; Kavallerie und Garde blieben ausgenommen. Vorher hatten alle Generalkommandos dafür plädiert, daß eine 18monatige Ausbildungszeit ausreiche; Grolmann urteilte sogar, man könne Rekruten in sechzehn Monaten «felddienstfähig» machen. Vergeblich insistierte Prinz Wilhelm auf generell drei Jahren im Heer. Erst dann, nach der Verinnerlichung der militärischen Disziplin und der Gewährleistung intensiver politischer Indoktrination, seien die Rekruten «zu Soldaten geworden und nicht bloß zu exerzierten Menschen». Auch er mußte schließlich nachgeben. Nicht die Maxime, sich der allgemeinen Wehrpflicht durch verkürzte Dienstzeit stärker anzunähern, gab den Ausschlag, sondern der Imperativ des Sparzwangs, wie außer Prinz Wilhelm auch der Kronprinz, Kriegsminister v. Rauch und Generalstabschef v. Krauseneck schließlich konzedierten. Dieses Kürzungsprovisorium sollte zu einem 25jährigen Dauerzustand werden.

Boyen versuchte während seiner zweiten Amtszeit als Kriegsminister noch einmal, das Dilemma, daß wegen der schmalen finanziellen Ressourcen weder die Wehrpflicht realisiert noch die Friedenspräsenzstärke angehoben werden konnte, durch eine Stärkung der Landwehr zu überwinden. Seine Absicht entsprang nicht der Liebe zu einer von ihm mitgeschaffenen Institution, erst recht nicht einem milizfreundlichen Dogmatismus, sondern der nüchternen Überlegung, mit öffentlicher Zustimmung und vergleichsweise geringen Mitteln den Zustand der Landwehr als gesetzlich vorgesehener Ergänzungstruppe der Linie zu verbessern. Als Prinz Wilhelm, seit 1838 auch Gardekommandeur, das Vorhaben unnachgiebig an eine parallel verlaufende «Augmentation der Etatstärke der Linie» band und damit zielbewußt blockierte, mußte Boyen erneut resignierend aufgeben. Bis zur Revolution hielt die Stagnation im Heerwesen weiter an.

Das gesamtpolitische Resultat dieser Konstellation ist deutlich zu erkennen: Die Finanzpolitik zwang die Armee zum Verzicht auf die Erfüllung der Gesetzesnorm, die allgemeine Wehrpflicht zu verwirklichen. Nicht nur wurde jede ehrgeizige Militärpolitik durch den Zustand des Heeres ausgeschlossen, sondern auch der außenpolitische Spielraum eng begrenzt. Als z.B. französische Truppen im November 1832 trotz der Berliner Drohung mit militärischen Gegenmaßnahmen in das neugegründete Belgien einmarschierten, wurde das fait accompli keineswegs mit dem Einrücken preußischer Verbände, sondern wohlweislich mit einer Politik vorsichtiger Zurückhaltung beantwortet. Es gibt viele Gründe, weshalb Preußen trotz des Siegs von 1814/15 und trotz der Verdoppelung seines Staatsgebiets bis zur Jahrhundertmitte keine wahre Großmachtpolitik betrieben hat. Eine der entscheidenden Ursachen lag in dem Paradoxon, daß der reformierte Militärstaat den Imperativ der Finanzpolitik gegen den Gesetzesauftrag der allgemeinen Wehrpflicht und alle Projekte, die Friedens- und Kriegsstärke des Heeres zu erhöhen, durchzusetzen imstande blieb.[24]

Daß sich in Preußen eine derartige Diskrepanz zwischen den zweifellos bestehenden militärpolitischen Fernzielen und der realiter bescheidenen Rolle des Heeres erhalten konnte, lag ganz wesentlich auch daran, daß die ursprüngliche Konzeption einer schlagkräftigen Landwehr Schiffbruch erlitt. Diese milizartige Formation, die auf der gesetzlichen Grundlage der Landwehrordnung vom 3. November 1815 beruhte, war von den Reformern als ein Kernstück ihres Werks gedacht: Sie sollte die Nation in Waffen, den Bürger in Uniform verkörpern; sie sollte in Boyens Worten zu einem «Stück bürgerlichen Lebens» werden und den feindseligen Gegensatz zwischen Linientruppe und bürgerlicher Welt überwinden helfen. Die Landwehr stand für einen hochgepriesenen Vorzug der neuen preußischen Wehrverfassung: für die elastische Expansionsfähigkeit dieses Systems, das im Falle der Mobilmachung die Verdreifachung der Friedenspräsenzstärke, damit ein großes, fast eine halbe Million Soldaten zählendes, gut ausgebildetes Heer in Aussicht stellte. Die Wirklichkeit blieb jedoch wegen der Finanzlage und der ganz unzulänglichen Ausbildung der Landwehr von diesem Wunschbild nur zu bald weit entfernt.

Zunächst zehrte die Landwehr von dem guten Ruf, daß sich ihre 209 Bataillone und 174 Schwadronen im Krieg voll bewährt hatten. Beflügelt vom Erfolg hielten die Einheiten ihre Übungen regelmäßig ab. Die wählbaren Offiziere stammten aus dem Kreis der ortsansässigen Honoratioren, insbesondere der größeren Grundeigentümer, Besitzbürger und akademischen Beamten. Sie bildeten, wie das der ursprünglichen Vorstellung von dieser «ständischen Auslese» entsprach, ein Scharnier zwischen zivilem Leben und milizartigem Militär. Die 28 selbständigen Landwehr-Inspekteure übten die Aufsicht und Qualitätskontrolle aus; sie verkörperten die Eigenständigkeit der Landwehr im militärischen Instanzenzug. Jahr für Jahr wurde aber die Kritik der konservativen Berufsoffiziere, denen die Landwehr seit jeher ein Dorn im Auge gewesen war, immer heftiger. Mit der Landwehr sei, verstieg sich 1818 Herzog Karl von Mecklenburg aus Furcht vor dem eigenen Volk zu einem abstrusen Vorwurf, im voraus «die Revolution gegen Staat und Königtum bewaffnet» worden. Clausewitz kanzelte das mit schneidender Schärfe als «Gespensterglauben» ab. Überhaupt verteidigten Boyen, Gneisenau, Clausewitz, Grolmann und Müffling in der heftig entbrennenden prinzipiellen Debatte über Abschaffung oder Beibehaltung der Landwehr den ihres Erachtens entscheidenden Vorzug der neuen Wehrverfassung, die nur dank der Landwehr eine «unerschöpfliche Quelle» für die künftigen Massenheere erschließe. Ihnen gelang nur ein Teilerfolg, der jedoch im Zeichen der voll einsetzenden Restauration keineswegs gering zu schätzen ist: Die Landwehr blieb erhalten, aber ihr institutioneller Charakter wurde umdefiniert.

Als sich mit den Karlsbader Beschlüssen und der «Demagogenverfolgung» das illiberale innenpolitische Klima ausbreitete, gab der König dem Drängen der Militärkamarilla, die von Prinz Wilhelm mit einer gehässigen Denkschrift unterstützt wurde, schließlich nach, indem er den Kriegsminister Anfang Dezember 1819 anwies, die «Egalisierung» von Landwehr und Linie, d. h. die Aufhebung der Autonomie der Milizverbände, in die Wege zu leiten. In einer Kabinettsorder vom 22. Dezember 1819, inmitten der Krise um Boyens und Grolmanns Rücktritt, ließ er den Auftrag verbindlich präzisieren. Als selbständige Formation wurde die Landwehr liquidiert, die Landwehrinspekteure wurden entfernt, 34 Landwehrregimenter aufgelöst, Größe und Organisation der Landwehr dem Linienheer schon in Friedenszeiten angepaßt. Die neue Einteilung sah vor, daß in 16 Landwehrbrigaden insgesamt 36 Regimenter zu je 3000 Mann zusammengefaßt wurden. Jede Brigade wurde jeweils einer Linieninfanterie- und einer Kavalleriebrigade zugeordnet, um mit ihnen zusammen eine Division des Kriegsheeres zu bilden. Die Landwehrbrigadiers unterstanden seither dem Befehl der Divisionskommandeure, adligen Berufsoffizieren mithin, die in der Regel der Landwehr ablehnend gegenüberstanden, gehörten sie doch zu jenen «vornehmen Klassen unseres Landes», wie Clausewitz bitter urteilte, denen «diese Institution... immer noch eine Art Greuel» war. Fraglos bildete die Kabinettsorder vom 22. Dezember eine «wichtige Zäsur» zugunsten der «restaurativ-aristokratischen Militärfraktion». Indes: Trotz aller hämischen Kritik konnte sie nur einen sozusagen halbierten Triumph feiern. Die Landwehr wurde der Linie unterworfen, daran, daß sie ein «abhängiges Nebeninstitut der Linie» geworden war, gab es nichts zu deuteln. Eine Alternative zu ihr war aber rebus sic stantibus nicht realisierbar, wie auch Prinz Wilhelm mit seinesgleichen einräumte. Folglich blieb sie bestehen, da nur die langjährige, kostensparende Landwehrverpflichtung «die rasche Mobilisierung großer Massen im Kriegsfall» zu garantieren versprach.

Die Erfüllung dieser Erwartung hing allerdings wie eh und je vom Ausbildungsstand der Landwehr ab. Und in dieser Hinsicht blieb ein mit den vorgegebenen Finanzmitteln nicht lösbares Dauerproblem bestehen: Die große Mehrheit der Landwehrmänner wurde miserabel ausgebildet, eine ständig ansteigende Zahl sogar überhaupt nicht. Da der Anteil der eingezogenen Wehrpflichtigen sank, wuchs dementsprechend die Menge der ohne Dienst im Linienheer direkt zur Landwehr überstellten Rekruten sprungartig an. Bereits 1831 waren z.B. von 174500 Landwehrangehörigen nur 80500 regulär ausgebildet worden; 75000 hatten vier- bis sechswöchige Übungen hinter sich; 18900 fehlte jede militärische Schulung. Seit 1833 wurden Landwehrrekruten überhaupt nicht mehr fachgemäß ausgebildet. Von den mehrwöchigen Manövern waren 1836 aus Geldknappheit noch ganze zwei eintägige Übungen im Frühjahr und Herbst übriggeblieben. Seither sank das militärische Niveau der Landwehr noch einmal drastisch ab. Ihre Kampftüchtigkeit, wie sie liberale Miliztheoretiker beschworen, wurde unter diesen Umständen zur Farce. Es ist daher eins, die Furcht vor der «Volksbewaffnung» und die konservative Aversion gegen die Landwehr zu kritisieren. Unleugbar gehört aber zum anderen auch zu einem gerechten Urteil über den Zustand der Landwehr in den Jahrzehnten vor 1848 hinzu, daß wegen der schweren Mängel der Ausbildung die sachliche Kritik an der Einsatzfähigkeit dieses Ersatzheers vollauf berechtigt war. Die Vorkämpfer der Roonschen Heeresreform zu Beginn der 1860er Jahre konnten deshalb mühelos auf ein mehr als vierzig Jahre altes Arsenal von begründeten Einwänden zurückgreifen.

Einerseits blieb also die Landwehr als Reformtorso unter Bedingungen bestehen, die vom Standpunkt militärischer Effizienz aus extrem fragwürdig waren. Andrerseits wurden die unteren Offiziersstellen zu einer Domäne der bildungs- und besitzbürgerlichen Einjährig-Freiwilligen, und wer im vormärzlichen Preußen den Militärdienst nur in der Landwehr kennenlernte, wie das Hunderttausende taten, konnte sich mit dieser wahrhaft biedermeierlichen Beanspruchung wohl befreunden. Insofern hing die Popularität der Landwehr unübersehbar mit ihrer Ineffektivität, ihrer Minimalverpflichtung, ihrer Befreiung vom preußischen Drill zusammen.

An diesem Zustand konnte auch das erfolgreiche Eindringen konservativer Linienoffiziere wenig ändern. Alle höheren Ränge wurden, nachdem 1819 die lokale Offizierswahl zerstört worden war, ohnehin von ihnen besetzt. Sie übernahmen aber auch zunehmend die mittleren Kommandostellen, zumal der finanzielle Engpaß sich vorzüglich zur Verdrängung bürgerlicher Amateuroffiziere eignete. 1841 z.B. gehörten von 416 Kompaniechefs nur mehr 240 der Landwehr, 176 aber der Linie an; von 104 Schwadronenchefs stellten die Berufsoffiziere bereits 96. Mit unausgebildeten Rekruten ließ sich jedoch an zwei Übungstagen im Jahr nichts anfangen. Alle Forderungen nach einer verbesserten Grundausbildung der Landwehr prallten an den monoton wiederholten finanzpolitischen Gegenargumenten ab. Erst die Revolution und vollends die strukturelle Veränderung des internationalen Mächtesystems durch den Krimkrieg entzogen ihnen allmählich den Boden.[25]

Sieht das preußische Militärwesen zwischen 1815/19 und 1848 bei näherem Hinsehen auch nicht sonderlich eindrucksvoll aus, darf man doch einige auf lange Sicht konsequenzenreiche Entwicklungen nicht übersehen. So wurden etwa aufgrund der neuen Wehrverfassung mindestens zwölf Jahrgänge, d.h. zwischen 360000 und 480000 Männer, durch die Linie, die Reserve und die Landwehr ständig, wenn auch mit wechselnder Intensität, militärisch erfaßt und beeinflußt. Für viele Rekruten waren mit der Zeit bei der Armee ein erster willkommener Ortswechsel, z.B. aus einem hinterpommerschen Dorf in eine rheinische Garnison, die Erfahrung städtischen Lebens, neue Erlebnisse mit Gleichaltrigen, im nachhinein verklärte Erinnerungen verbunden. Auch hinterließ der lasche Landwehrdienst keine tiefen seelischen Wunden, und das militärische Strafrecht wurde bis zum neuen Strafgesetzbuch von 1845 schrittweise etwas liberalisiert. Dadurch wurde die aus dem 18. Jahrhundert überkommene innere Ablehnung des Militärs allmählich abgebaut, es wurde ein «gesellschaftlich akzeptiertes Institut», wie ja überhaupt ohne die allgemeine Wehrpflicht – wie unvollkommen sie auch ausgeführt wurde – der Geist der Armee nicht so tief in die Gesellschaft hätte hineinwirken können. Gerade dieser Penetrationserfolg war es, der ein gut Teil der heftigen frühliberalen Militärkritik auslöste. Selbst in den 220 Garnisonsstädten, in denen bis in die dreißiger Jahre hinein die Hälfte des Heeres in Bürgerquartieren untergebracht war, wurde die Belastung nach Meinung vieler durch ein erheblich vergrößertes Einkommen wettgemacht. Erst die allgemeine Wehrpflicht schuf zusätzlich zu den vorn beschriebenen altpreußischen Grundlagen neue, wesentliche «Vorbedingungen der sozialen Militarisierung», die immer breitere Bevölkerungsschichten erfaßte.

Dieser Prozeß hing in hohem Ausmaß vom Einfluß des Offizierskorps ab. Seine Vorstellung, daß es einen privilegierten Führungsstand außerhalb der zivilen Gesellschaft bilde, hatte es trotz der Turbulenzen zwischen 1806 und 1815 keineswegs aufgegeben. Die Homogenität des adligen Offizierskorps schien freilich 1815 gefährdet, als es aufgrund der Kriegsverhältnisse zu fast einem Drittel aus bürgerlichen Landwehr- und Jägeroffizieren bestand, von denen rund 1540 als sogenannte «aggregierte» Offiziere auf Planstellen drängten. 1300 wurden 1816 der Linie zugeteilt, bei damals 5600 aktiven Offizieren war das ein relativ hoher Prozentsatz. Bereits 1819 standen davon nur mehr 1040 im Dienst. Nach Boyens Rücktritt setzte dann ein vehementer Verdrängungskonflikt ein, bis das Offizierskorps vor der Revolution dank seiner «Selbstreinigung» wieder zu zwei Dritteln aus Adligen bestand. Das von den Reformern anvisierte Bündnis von Armee und Nation existierte spätestens seit 1819 ohnehin nicht mehr. Vielmehr verstanden sich die Berufsoffiziere als «wichtigste Potenz bei der monarchischen Stabilisierung der Armee der allgemeinen Wehrpflicht», darüber hinaus als Widerlager gegen alle Liberalisierungstendenzen in ihrer engeren und weiteren Umwelt.

Die Reformen wurden allenfalls als «dünnschichtiger Firnis» hingenommen. Das Bildungsprinzip wurde nicht, wie seit 1808 vorgeschrieben, der Offiziersausbildung und -beförderung zugrundegelegt, da dann bis zum Obersten hinauf ein bildungsbürgerlich geprägtes, vielleicht sogar liberal angehauchtes Offizierkorps vermutlich entstanden wäre. Statt dessen wurden unverhohlen weiter Adlige, insbesondere die Söhne des armen Militär- und Landadels, bevorzugt, und «Bildung» sank zur korrekten politischen Gesinnung hinab. Die ideologische Gesinnungskontrolle wurde durch regelmäßig geführte Konduitenlisten wie auch durch die politische Erziehung, Überwachung und Bewertung des Nachwuchses durch die älteren Kommandeure ausgeübt. Die seit 1816 eingerichteten Offizierskasinos bildeten dafür einen wichtigen Ort. Überhaupt behielten die Offizierskollegien der Regimenter das Kooptationsrecht und prüften penetrant, ob nach ihren Vorstellungen ein Fähnrich «würdig» sei, als Offizier «in ihre Mitte zu treten».

Da sich, je länger, desto unzweideutiger, die Assimilierungskraft und der Anpassungsdruck gegenüber den bürgerlichen Offizieren weiterhin als außerordentlich stark erwiesen, gewann das Offizierskorps eine exklusive Homogenität als «Korporation von Königspaladinen». Ihr Standesdünkel wurde regelrecht hochgezüchtet. Die Herkunft sicherte meistens die Grundlagen. Ein traditional-neofeudaler Ehrenkodex regulierte das Verhalten. Ehrengerichte spielten den «Wächter über den Standesgeist». Jede vermeintliche Verletzung wurde geahndet. Das anachronistische, formell verbotene Duell wurde offen oder insgeheim als Mittel gebilligt, um in extremer Form die «gemeinsame Ehre der Genossenschaft» der Offiziere zu wahren. Wurde eine Bestrafung unvermeidbar, galt sie nicht als Makel. Allein von 1817 bis 1829 wurden 39 schwere Fälle abgeurteilt, aber der ohnehin bequemen Festungshaft folgte sogleich die Begnadigung auf dem Fuße.

Noch im späten Vormärz blieb die «wunderbare Macht und Lebenskraft» der Duellunsitte unter Boyen erhalten, der ja nicht selten in antiquierten, ständisch-romantisierenden Kategorien dachte, auch als er seit 1840 auf einer nachdrücklichen Festigung des «Standesbewußtseins» insistierte. Zwei Verordnungen vom Juli 1843 und Mai 1844 fixierten einerseits ein verbindliches Normensystem, andrerseits einen korrespondierenden Mängelkatalog und unterwarfen nicht nur die aktiven, sondern auch die pensionierten und Landwehroffiziere einer rigorosen Kontrolle durch die Ehrengerichte. Militärische Verhaltensansprüche griffen damit weit in das Privatleben und die Gesellschaft hinein. Bei den verbotenen, gleichwohl unentwegt erwarteten und ausgetragenen Duellen fungierten die Ehrenräte sogar als Kampfgericht, ehe sie nach einer nominellen Bestrafung für die übliche Begnadigung sorgten. Dieses Offiziersleben erschöpfte sich auch keineswegs in selbstlosem Dienst für den Kriegsherrn und die Truppe, sondern erfreute sich einer materiellen Sicherstellung, die mit dem Pensionsreglement von 1825, einem «Höchstmaß an staatlicher Fürsorge», über die Versorgung der Beamten noch beträchtlich hinausging.

Wie bei allen zur Abkapselung und arroganten Selbstüberschätzung tendierenden Funktionseliten wurde die Nachwuchsrekrutierung nicht allein der freien Entscheidung überlassen, sondern wo eben möglich der institutionellen Regulierung unterworfen. Dazu dienten außer den genannten Mechanismen der sozialen Kontrolle vor allem die Kadettenanstalten, die durch eine Kabinettsorder vom Februar 1816 wiederbelebt wurden. Damit konnte eine ständisch-aristokratisch geprägte, «anachronistische Einrichtung» ihre Tätigkeit erneut aufnehmen, die primär «zur Züchtung exklusiven Standesdenkens» und erst in zweiter Linie zu einer eng begrenzten fachlichen Wissensvermittlung diente. Die unentgeltliche Ausbildung blieb – mehrfach offiziell bekräftigt – armen Adligen und Offizierssöhnen vorbehalten. Von den Zehn- bis Vierzehnjährigen wurden in die Potsdamer und Culmer Voranstalten je 120 aufgenommen. Auf der Berliner Hauptanstalt mußten 240 geeignete Vierzehn- bis Siebzehnjährige einen dreijährigen Kurs absolvieren. Maximal 80 Fähnriche konnten jährlich in die Armee entlassen werden, wo sie nach der Pensionierung der aggregierten Offiziere zielstrebig zur Anhebung des Adelsanteils eingesetzt wurden. 1838/40 kamen zwei neue Anstalten im schlesischen Wahlstatt und im rheinischen Bensberg hinzu, so daß rund 940 Militärschüler dem Kadettenkorps angehörten. Unstreitig wurde mit ihm ein «wichtiger Ansatzpunkt altpreußischer Opposition gegen die modernen Züge der Armeeverfassung» ausgebaut. Der Kenntnisstand blieb jedoch so deplorabel, daß Boyen im Februar 1844 den Unterricht des Realgymnasiums zum verbindlichen Maßstab erklärte und die Primarreife als Voraussetzung für die Fähnrichsprüfung durchsetzte.

Die Mehrheit der Offiziere durchlief allerdings nur eine der achtzehn Brigade- oder Divisionsschulen. Dort aber fehlte es durchweg an qualifizierten Lehrern. Einen verbindlichen Studienplan und eine allgemeingültige Prüfungsordnung gab es nicht, wohl aber wurden auch hier (VO 22. 4. 1824) Offizierssöhne und arme Adlige ohne Vorbildung bevorzugt aufgenommen. Kombiniert mit dem Auswahlrecht der Regimenter konnte so die bürgerliche Konkurrenz weithin ausgeschlossen werden. Der Kritik an dem niedrigen Leistungsniveau dieser Kriegsschulen vermochte sich selbst Prinz Wilhelm nicht zu verschließen, so daß in den 30er Jahren die Zügel angezogen wurden. Auch hier konnte aber erst Boyens Verordnung vom Februar 1844 die Fähnrichsprüfung an das Äquivalent der Primarreife binden. Studenten wurden freigestellt, sie konnten sich sofort zur Offiziersprüfung melden. Davon machten jedoch nicht allzu viele Gebrauch. Wohl aber wurde die Möglichkeit, sich mit Tertiareife zum Einjährig-Freiwilligendienst zu melden, um den Offiziersrang schnell zu erreichen, in wachsendem Maße genutzt; auch Studenten und junge Beamte in der Referendarzeit planten dieses Militärjahr häufig mit ein. Im Grunde blieb hier ein ständisches Privileg für die ehemals Eximierten erhalten. In gewisser Hinsicht stellte es die preußische Reaktion auf ein Problem dar, welches das französische und süddeutsche Konskriptionssystem jahrzehntelang durch Stellvertretung und Loskauf löste. Auch auf diesem Wege machte die Gewöhnung an das Militär im Bildungs- und Besitzbürgertum erhebliche Fortschritte.

Scharf abgegrenzt von den Offizieren führte das Unteroffizierskorps seine eigene Existenz als eine Zwischenschicht, die vom jungen Leutnant ab herablassend behandelt, von den Rekruten aber als Inkarnation des preußischen Barras teils offen gefürchtet, teils mit erzwungenem Respekt behandelt wurde. In der «dumpfen» Gruppenmentalität der Unteroffiziere schlug sich die Zwiespältigkeit ihrer Situation nieder: Einerseits blieben sie vom Aufstieg in den Offiziersrang ausgeschlossen, andrerseits aber übten sie die Befehlsgewalt über junge Männer in der Kaserne und auf dem Exerzierfeld in tagtäglichem Kontakt über Jahre hinweg aus. Die wichtige Scharnierfunktion, welche die Unteroffiziere zwischen Offizieren und Mannschaften wahrnahmen, wurde auch allmählich von der Armeeführung erkannt. Seit den 30er Jahren unterstützte sie auf verschiedenen Wegen die Stabilisierung eines eigenen Identitätsgefühls: z. B. durch die Einrichtung eigener Speise- und Kasinoräume, durch eine erste Zeitschrift für Unteroffiziere, den «Soldatenfreund», durch das «Zivilversorgungswesen» nach Dienstende, das ihnen Subalternbeamtenstellen – 1840 schon 1 800 – reservierte. Auf diese Weise wurde den Unteroffizieren das Gefühl vermittelt, ein unentbehrlicher Stützpfeiler der Linientruppe zu sein. Vorbehaltlos übernahmen sie die ihnen zugewiesene Aufgabe, während der Ausbildung auch die «Liebe zu König und Vaterland» unter den Rekruten wachzuhalten, und das hieß selbstredend, sie gegen liberale und demokratische Ideen zu immunisieren. Gerade dem Unteroffizier obliege es, argumentierte General v. Decker 1842, eine Haltung zu befestigen, die «vor jeder Verirrung schützt, wie auch immer... die Wahnbegriffe von Freiheit und Gleichheit, kurz das ganze wilde Heer des politischen Fanatismus jenseits unserer Grenzen locken und aufreizen mögen.»

Diese krude Art von «politischer Bildung» wurde in einem aufnahmebereiten Lebensalter der jungen Soldaten praktiziert. Ihr Erfolg hing nach dem Urteil der Hochkonservativen maßgeblich von der Dauer der Beeinflussung ab. Deshalb behielt die dreijährige Dienstzeit für sie einen so hohen Stellenwert, weil die psychischen Auswirkungen des langen militärischen Drills den Effekt der gleichzeitig anhaltenden Indoktrination verstärkten, ja geradezu erst die Grundlage für dieselbe legten. «Die Tendenz der revolutionären oder liberalen Partei in Europa ist es», insistierte 1832 Prinz Wilhelm, «nach und nach alle Stützen» der Monarchie einzureißen; sie richte sich daher auch gegen die «vornehmlichste dieser Stützen», die Armee. Je mehr diese aber «ein wahrer militärischer Geist» beseele, desto «schwerer» sei ihr «beizukommen». Dieser «Geist» beruhe primär auf «Disziplin» und «blindem Gehorsam», beides seien «Dinge, die nur durch lange Gewohnheit erzeugt werden und Bestand haben.» «Dieser blinde Gehorsam ist es aber gerade, was den Revolutionären am störendsten entgegentritt», folglich auch im Zivilleben den ehemaligen Soldaten vor Anfechtung schützte. Eine dreijährige Dienstzeit bleibe unabdingbar, bekräftigte er 1840, «um den

Menschen zum Soldaten zu erziehen, was aber nur durch Gewohnheit erlangt wird.» «Entweder man will eine dressierte Truppe haben», die ihre Tugenden im Privatleben beibehalte, «oder eine Rotte ungehobelter Menschen», die zudem keine Gewähr für einen zuverlässigen Royalismus böten. Das «Geheimnis» der angeblichen «Notwendigkeit der mehrjährigen Dienstzeit» lag auch nach der Meinung des ehemaligen preußischen Offiziers und sachkundigen Militärkritikers Wilhelm Rüstow darin, in der «sozialen Sonderung», die «zu einer Kaste» tendiere, Indoktrination und Kadavergehorsam sicherzustellen.

Kurzum, die Armee nutzte, als sie seit den 30er Jahren den Kampf gegen Liberalismus und Konstitutionalismus offensiv zu führen begann, die Wehrpflicht «zur ideologischen Domestizierung der männlichen Jugend.» Das Bild der Reformer vom «Bürgersoldaten» war völlig verblaßt. Mitdenkender, freiwilliger Nachvollzug der Anordnungen war nicht mehr gefragt. Der «deliberierende Soldat ist», urteilte der schreibfreudige Offizier Blesson über das Militär als «besonderen Stand», «eigentlich kein Soldat mehr, sondern ein Meuterer.» Als «Stabilisator der Monarchie» und innenpolitischer Hüter des monarchischen Prinzips sollte das Heer die Soldaten nicht nur «revolutionsfest» machen, sondern auf den Status quo blindlings einschwören. Insofern wurde das Reformziel, die Armee als Schule der Nation einzurichten, binnen kurzem zu dem Auftrag pervertiert, als «Anstalt des unmündigen Staatsbürgers» zur Fortpflanzung des «innenpolitischen Konservativismus» zu dienen, mithin eine «Schule gegen die Nation» zu bilden, wenn man darunter das Ziel der liberalen verfassungsstaatlichen Emanzipationsbewegung versteht.

Mit dieser konservativen militärischen Sozialisation ließ sich sehr wohl die Aufgabe verbinden, das Heer auch als Waffe nach innen einsetzen zu können, wie das z. B. bereits 1826 mit Genehmigung des Königs im «Handbuch der preußischen Militärrechts» ausgeführt und auch in späteren militärischen Veröffentlichungen immer wieder postuliert wurde. Wenn Kavallerie- oder Infanterieeinheiten zur Verstärkung der Polizei eingesetzt wurden, was seit 1830 nahezu regelmäßig vorkam, stand ihre Zuverlässigkeit nie in Frage. Das brutale Vorgehen löste erregte Antipathie aus, es nährte auch die liberale Kritik am stehenden Heer, aber es gab zugleich einen Vorgeschmack vom Verhalten der Truppe, wenn es mit der von den Konservativen aller Schattierungen vielbeschworenen neuen Revolution auch in Deutschland ernst werden sollte.[26]

5. Die zweite Entwicklungsphase des deutschen Nationalismus

Die junge politische Religion des deutschen Nationalismus war in ihrer ersten Phase von den 1790er Jahren bis rd. 1815 im wesentlichen ein Phänomen elitärer Intellektuellenzirkel geblieben. Auch als sie sich in der

Turner- und Burschenschaftsbewegung rasch ausbreitete, ehe die Repressionspolitik spätestens 1820 dem äußerlich ein Ende bereitete, erfaßte sie nur einige Tausend weit verstreut lebende junge Leute. Dennoch hatte sie ein breiteres Fundament bereits insofern gewonnen, als sich im letzten Drittel des 18. Jahrhunderts in der literarischen, künstlerischen, philosophischen Welt noch vage Vorstellungen von einer deutschen «Nationalkultur», die es von der drückenden französischen Hegemonie zu befreien galt, ausgebreitet hatten. An die Schlagworte von der «National-Literatur», dem «National-Theater», der «National-Sprache» kristallisierten sich frühnationale politische Ideen und Wunschziele an. Vor allem aber traten auch schon in dieser ersten Periode die wichtigsten Funktionen klar hervor, die der deutsche Nationalismus zu erfüllen versprach.

In einer Epoche politischer, sozialer, kultureller Erschütterungen verhieß der Nationalismus eine neue tragfähige Legitimationsbasis für die Ausübung politischer Herrschaft; er unterstützte sowohl die Integration disparater Elemente zu einem festen nationalen Verband als auch die Penetrationsbemühungen des bürokratischen Anstaltsstaats; er stellte das Ziel einer neuen, einer nationalen Identität in Aussicht und verband das mit einem säkularisierten Sendungsbewußtsein sowie mit dem Mythos der nationalen Regeneration; er enthüllte seinen Charakter als liberaloppositionelle Emanzipationsideologie, die gleichberechtigten Staatsbürgern nicht nur ein freieres Leben im nationalen Verfassungsstaat, sondern auch im harmonischen Konzert der europäischen Nationalstaaten ausmalte; er verriet indes auch potentiell gefährliche Phobien und Feindbilder, wie den Franzosenhaß, die Dämonisierung Napoleons als Universaldespot, die teutomanische Verachtung «undeutschen» Wesens.

Die vier Jahre zwischen 1815 und 1819 markierten eine scharfe Zäsur, da zu der Enttäuschung über die «institutionalisierte Blockade» eines nationalen Bundesstaats durch den Wiener Kongreß alsbald die von den Karlsbader Beschlüssen gedeckte rücksichtslose Unterdrückung jedweden Zweifels am postrevolutionären Zustand, darunter auch der in den nationalen Ideen steckenden Kritik hinzu kam. Selbstredend kann das Vorgehen der politischen Polizei, der Zensurbehörde, der Gerichte mit der brutalen Ausmerzung politischer Gegner durch die totalitären Systeme des 20. Jahrhunderts nicht verglichen werden, aber den rigorosen Verfolgungsmethoden des Restaurationsjahrzehnts fehlte es keineswegs an Effektivität. Zwar: Die Gedanken blieben frei, für nationale Ziele öffentlich zu plädieren oder gar zu agitieren blieb jedoch bis zum Wendejahr 1830 – und oft noch darüber hinaus – ein riskantes Unternehmen. Die gesamtdeutsch orientierte kleine Nationalgemeinde wurde zu Beginn ihrer zweiten Entwicklungsphase zuerst einmal gewaltsam aus der politischen Öffentlichkeit verdrängt, zugleich schwächten die Friedensjahre Frankophobie, Germanenkult und Reichsmythos ab. In den bürgerlichen Vereinen, in den Logen, an den Universitäten, gelegentlich und versteckt auch in der Publizistik wurde die Debatte freilich fortgeführt – die gemeineuropäische Neigung, das Vorbild der revolutionären Nationalstaatsschöpfungen in Frankreich und Nordamerika mit Sympathie zu erörtern, konnte auch vom Deutschen Bund schlechterdings nicht völlig ferngehalten werden. Unter der Druckglocke der Restauration gewannen liberale nationaldeutsche Vorstellungen insgeheim eher noch weiter an Attraktivität, trat jedoch auch ihre Problematik schärfer konturiert hervor.

Das Loyalitätspostulat des gesamtdeutschen Nationalismus etwa traf nicht nur auf die straffe einzelstaatliche Integrationspolitik nach 1815, sondern auch auf den ohnehin revitalisierten und zudem aktiv unterstützten Landespatriotismus, damit aber auf unnachgiebig verfochtene Gegenansprüche, welche die politische Macht für sich hatten. Ihnen erschien, wie es der Göttinger Historiker Heeren ausdrückte, der Deutsche Bund mit dem lockeren Zusammenschluß seiner Mitglieder als ein «Friedensstaat», in dem verfassungslose Monarchien, konstitutionelle Staaten und Stadtrepubliken jeweils in ihrer Eigenart koexistieren konnten. Die «zu gefährliche» Utopie eines nationalen «Zentralstaats» dagegen entband Sprengkräfte, die auf jeden Fall die politische Existenz, vielleicht auch die gesellschaftliche Hierarchie der Gliedstaaten prinzipiell in Frage stellten, sie auf längere Sicht zu zerstören oder doch von Grund auf zu verwandeln drohten. Aus dieser Einsicht in eine existentielle Gefährdung rührte der erbitterte Widerstand aller Kräfte her, die mit dem Status quo verbunden waren, ihn trugen, aus ihm Macht und Gewinn zogen. Angesichts des Staatenpluralismus im deutschsprachigen Mitteleuropa konnte andrerseits kein einzelner Staat von sich aus der Hoffnung auf einen gesamtdeutschen Nationalstaat gerecht werden. Der Umsturz der bestehenden Verhältnisse, sei's durch einen mächtigen politischen Zwang zum friedlichen Zusammenschluß oder sei's durch kriegerische Expansion, schien, wenn man an dem übergeordneten Ziel festhielt, ganz unvermeidbar, wie sich im Verlauf der nationalpolitischen Diskussion immer klarer herausschälte. Als einzigem Bundesmitglied gelang übrigens Österreich die Mutation zu einer neuartigen Staatsnation. Soweit es diesen Prozeß selber aktiv betrieb, erkaufte es ihn mit Selbstabkapselung, mit der Unterbindung zahlreicher belebender Beziehungen mit den anderen deutschen Staaten, letztlich mit dem Preis relativer wirtschaftlicher Rückständigkeit und geschwächter Wettbewerbsfähigkeit im Staatensystem. Daß es diesen Weg aber nicht zielbewußt und freiwillig zu Ende ging, beweist seine Politik bis in die 60er Jahre, beweist Königgrätz als letzte Kraftprobe.

Auch die Forderung, eine nationaldeutsche Identität auszubilden, begegnete der vorerst unversöhnlichen Konkurrenz partikularstaatlicher Erwartungen: Vorbehaltlos hatte der Staatsuntertan, wie er noch oft hieß, Bayer, Mecklenburger, Sachse, Preuße zu sein, sein Heimatland als seine «Nation» zu betrachten. Eine Doppelidentität, die darin bestand, daß er sich daneben auch noch bewußt als «Deutscher» fühlte und verhielt, galt zumindest als unerwünscht, wenn nicht gar als Schritt in die Grauzone der Illoyalität. Auch hier konnte sich die beamtete Intelligenz, und die «Gebildeten» blieben für die Verheißungen des Nationalismus besonders empfänglich, in einen schweren Konflikt zwischen bürokratischem Dienstethos und nationaler Hoffnung verstricken.

Und was die liberalen, konstitutionellen Komponenten des Nationalismus anging, traf der Wunschtraum, einen gesamtdeutschen Nationalstaat als modernen Verfassungsstaat einzurichten, ohnehin auf die kompromißlose Selbstverteidigung der Restaurationsregimes. Nationalismus und Liberalismus gehörten, das muß man sich stets präsent halten, in jener Zeit wie ein Paar zusammen.

An der trotz allem Widerstand voranschreitenden Ausdehnung des deutschen Nationalismus interessieren hier vor allem zwei Phänomene: Einmal sind es Beschleunigungserfahrungen und Krisenerlebnisse, die ihm neue Schubkraft zuführten; zum zweiten sind es die stetig anwachsenden Trägergruppen des «organisierten gesellschaftlichen Nationalismus», die dieser neuen Totalideologie einen breiten sozialen Sockel verschafft, sie schließlich zu einem Massenphänomen gemacht haben.[27]

Der Aufstieg des modernen Nationalismus im 19. Jahrhundert ist eine gemeineuropäische – und gleichzeitig natürlich auch eine amerikanische – Erscheinung gewesen. Die Verfechter des deutschen Nationalismus sahen sich daher auch von Anbeginn an als Teil einer die Staatengrenzen übergreifenden Bewegung. Von daher lag es wiederum nahe, daß auch außerdeutsche nationale Fragen direkt oder vermittelt einen mehr oder minder starken Einfluß auf sie ausübten. Der sogenannte Philhellenismus gehörte zu diesen kryptopolitischen Ausstrahlungskräften. Er entzündete sich an den Aufständen der Griechen gegen die verhaßte türkische Besatzungsmacht. Überall in Europa wurden sie als nationaler Freiheitskampf gefeiert, durch Geldsammlungen und Freiwillige unterstützt. Auch in den deutschen Staaten, wo der Philhellenismus 1821/23 und noch einmal 1826/27 an den gräzisierenden Neuhumanismus geradezu bruchlos anknüpfen konnte, erschienen Aufrufe, zirkulierten Petitionen und Flugschriften, griff die Presse in leidenschaftlicher Parteinahme das Thema auf, entstanden «Griechenvereine», die materiellen und publizistischen Beistand organisierten. Alle Sympathie für die Nationsbildung, die zu Hause verwehrt blieb, wandte sich, schien es, dem griechischen Unabhängigkeitskrieg zu. Der schließlich mit Hilfe der intervenierenden europäischen Großmächte mühsam erkämpfte Erfolg wurde mit Enthusiasmus gefeiert.

Unmittelbar danach wechselte der Schauplatz, das Engagement blieb, wandte sich aber seit dem polnischen Adelsaufstand, der 1830 gegen die russische Fremdherrschaft ausbrach, diesem neuen Kampf um nationale Autonomie zu. Sie sollte zumindest im russischen «Kongreßpolen» errungen werden, während seine Wiedervereinigung mit dem preußischen und österreichischen Teilungsgebiet in eigentümlicher politischer Schizophrenie keineswegs konsequent gefordert wurde. Dennoch: Die deutsche Polenbegeisterung schlug zeitweilig hohe Wellen. Polenkomitees schossen aus dem Boden. Flüchtende Aufständische wurden wie Volkshelden gefeiert, mit Mitteln für die Emigration – gewöhnlich nach Paris – ausgestattet; ihre Erfolglosigkeit löste wortreiches Bedauern aus; bis 1833 hatte sich jedoch der letzte «Polenverein» aufgelöst. Erneut, wie vorher bei der griechischen Insurrektion gegen das Osmanenreich, empfand die deutsche liberal-nationale Strömung die polnische Erhebung als eine Art Stellvertreter-Kampf für das allen progressiven Kräften gemeinsame Prinzip der nationalstaatlichen Unabhängigkeit.

Ungleich folgenreicher verlief die deutsch-französische Rheinkrise von 1840. Noch während der Julirevolution und in ihrem Gefolge hatte sich das nationaldeutsche Sentiment nur selten gerührt. Wer liberal dachte, sympathisierte oft mit dem neuen politischen System des Nachbarlands. Unter den Konservativen machte sich erneut schwarzer Revolutionspessimismus breit, wie ihn Prinz Wilhelm von Preußen prototypisch mit der Sorge ausdrückte, daß dieser Umsturz auch in Deutschland als «Panier» wirken könne, das «die Massen in Bewegung setzen wird.» Clausewitz' national gefärbter Argwohn, daß sogar die staatliche deutsche «Gesamtexistenz» gefährdet sei, da die Franzosen «ihren Fuß wieder auf den Nacken Europas setzen» wollten, blieb eher eine vereinzelte Äußerung.

Zehn Jahre später hatte sich die Stimmungslage grundlegend verändert, als aus unvorhersehbaren Gründen eine Konfliktsituation entstand. Frankreich hatte sich in den Morast der «orientalischen Frage», d. h. in jene komplizierten Probleme hineinziehen lassen, die mit dem quälend langsamen Siechtum der Türkenherrschaft im Nahen Osten verknüpft waren. Als die rivalisierenden Mächte es aus dem Ringen um Einfluß abrupt ausschalteten, wurde diese außenpolitische Niederlage als eine so verletzende Demütigung empfunden, daß der Ruf nach einer «Kompensation» anschwoll. Und plötzlich richtete sich – schwer zu erklären bleibt es – ein annexionistischer Chauvinismus auf das linke Rheinufer, das als «natürliche» französische Ostgrenze die Wiedergutmachung bedeuten sollte. Gegen die französischen Ansprüche, welche die Erinnerung an den napoleonischen Expansionismus schlagartig wiederbelebten, brach daraufhin eine spontane Gegenbewegung aus, die sich als «nationale Stimmungskampagne» quer durch die Schichten und Klassen der Bevölkerung ausbreitete und auf verblüffende Weise die Integrationskraft der Nationalideologie bewies. Zwar war «die Besorgnis über den Ausbruch eines Kriegs» weitverbreitet, sie wurde jedoch bei weitem durch ein «patriotisches Selbstgefühl» übertroffen, «wie es sich bei keiner früheren Gelegenheit kundgegeben hat». So urteilten die Regierungspräsidenten im Rheinland, wo die Preußen nach 1815 als «Litauer» verhöhnt worden waren, es jetzt aber «zur Sitte» wurde, das in gemeinsamer Solidarität erfahrene «Deutschtum ... überall hier hervortreten zu lassen».

Im September veröffentlichte Nikolas Becker sein Rheinlied («Sie sollen ihn nicht haben, den freien deutschen Rhein»), das in wenigen Wochen einen wahren Siegeszug durch ganz Deutschland erzielte und angeblich rund 200 Vertonungen erfuhr. Diese Popularität wurde von Max Schneckenburgers viel gesungener «Wacht am Rhein» und zahlreichen anderen Liedern nicht erreicht. Unter dem Eindruck der Bedrohung Westdeutschlands dichtete Hoffmann v. Fallersleben das «Deutschlandlied», den Text der späteren Nationalhymne, und in Bonn nahm Ernst Moritz Arndt sein altes Metier, die Kriegspropaganda, wieder auf: «Zum Rhein! Übern Rhein! All-Deutschland in Frankreich hinein!» Fraglos enthüllte diese nationale Aufwallung im Herbst 1840 über verständliche Grenz- und Sicherheitssorgen hinaus wieder Züge eines «bornierten Franzosenhasses», der, wie der prominente liberale Publizist Robert Prutz betroffen konstatierte, «schon überall die Gemüter zu verwirren anfing». Auch tauchte der Gedanke, daß ein offener Konflikt von den gravierenden innenpolitischen Spannungen des Vormärz ablenken könne, mancherorts auf. «Vielleicht käme jetzt ein Krieg», vertraute Magnus v. Brünneck dem späteren preußischen Innenminister Alfred v. Auerswald an, «gerade zur rechten Zeit.»

Aufs Ganze gesehen lag aber die Bedeutung der Rheinkrise, der nach kurzer Zeit von der französischen Regierung der Boden entzogen wurde, primär in dem Durchbruch des modernen deutschen Nationalismus als Massenphänomen. Die Solidarisierungserfahrung vom Herbst 1840 bildete einen «Markstein der gesamten nationalen Bewußtseinsbildung.» Wie unübersehbar der Nationalismus plötzlich zu einer gesellschaftlichen Kraft geworden war, wird auch daran ersichtlich, daß das überbordende antifranzösische emotionale Pathos erstmals von Regierungen und Fürsten als Appell an die «Nationalgesinnung» gebilligt, mithin die nationale Dynamik quasi-offiziell anerkannt wurde. «Wir besitzen jetzt Nationalgefühl», zog der Schriftsteller Adolph Stahr eine Bilanz, «wenn wir auch noch keine Nation sind. Aber dieses Nationalgefühl ... ist die Knospe, deren Dasein uns das Werden der Blüte und Frucht verheißt.»

Mit ähnlicher Vehemenz strömten die nationalen Impulse, die wegen der Blockierung nationalstaatlicher Politik im Deutschen Bund gewissermaßen frei vagabundierend nach einem Engagement suchten, in den Verteidigungskampf der beiden Herzogtümer Schleswig und Holstein gegen die Dänisierungs- und Einschmelzungspolitik der dänischen Monarchie, in deren dynastischen Staatsverband sie durch Personalunion seit langem eingebunden waren. Holstein gehörte, wie vordem zum alten Reich, seit 1815 zum Bund, während Schleswig außerhalb geblieben war. Gegen die spätabsolutistische Zentralisierungstendenz der Kopenhagener Politik wehrte sich die Ritterschaft im Zeichen ihres adligen Landespatriotismus, unterstützt von Kieler

Professoren wie Dahlmann, Welcker und Falck: Die herkömmliche Sonderstellung und Einheit der eng verbundenen Herzogtümer sollte erhalten bleiben. In den 20er Jahren blieb der Opposition jeder Erfolg versagt, ein Protest beim Bundestag wurde 1823 verworfen. Als jedoch 1834 zwei Ständeversammlungen von den zwei bis drei Prozent Wahlberechtigten in der Bevölkerung gewählt wurden, gingen die Abgeordneten zu einer aktiveren Autonomiepolitik über, die sich zunehmend mit nationaldeutschen Motiven auflud.

Dem entsprach auf der Gegenseite die Nationalisierung der dänischen Politik. Ein Sprachenreskript vom Mai 1840, das die dänische Verwaltungs- und Gerichtssprache in Gebieten mit dänischer Schul- und Kirchensprache anordnete, goß Öl in das glimmende Feuer. Der Antrag dänischer Ständevertreter, ihre Muttersprache als zweite Verhandlungssprache zuzulassen, stürzte die Adligen und Honoratioren in helle Empörung. Der öffentliche Streit um den nationalen Charakter der Herzogtümer drang binnem kurzem über ihre Grenzen hinaus. Innerhalb von drei, vier Jahren schob er sich in den Vordergrund der öffentlichen Diskussion in allen deutschen Staaten und entfaltete eine tiefreichende, Emotionen mobilisierende Wirkung. Damit tauchte ein heikles national- und außenpolitisches Problem auf, daß dreißig Jahre lang nicht nur die deutsche und dänische, sondern auch die europäische Politik beschäftigen sollte.

Der ursprünglich ultrakonservative, dann aus taktischen Gründen sich liberal gebärdende schleswigsche Herzog von Augustenburg förderte, seinen Erbanspruch auf beide Staaten im Auge behaltend, die inzwischen für die Autonomie und Einheit der Herzogtümer fechtende «Landespartei». Erneut machten Kieler Professoren, allen voran seit 1840 der junge Historiker Johann Gustav Droysen, dazu Beseler, Samwer und Lorenz v. Stein den Kampf zu ihrer Sache. Nicht nur in der leidenschaftlichen Rhetorik und Publizistik dieser akademischen Lehrer, sondern auch in zahlreichen Vereinen, auf Volksfesten und Umzügen gewannen nationaldeutsche Ideen die Oberhand. Auf einem großen schleswig-holsteinischen Sängerfest, das im Juli 1844 rund 12000 Teilnehmer anzog, wurde erstmals die mit den Rheinliedern von 1840 vergleichbare Kampfhymne «Schleswig-Holstein meerumschlungen» gesungen. In dieser Zeit breitete sich auch erst das Schlagwort «Up ewig ungedeelt» als antidänische Parole aus. Darüber hinaus hieß die Losung sogar immer häufiger: Vereinigung der beiden deutschen Länder mit dem Deutschen Bund. Schrittweise erfolgte eine Transformation altständischer Autonomiewünsche in ein national begründetes Anschlußprogramm und eine national motivierte Verteidigung zweier in der Tat eng verbundener deutsche Staaten gegen die drohende Absorbierung durch das dänische Königreich.

Weiterhin parallel zu dieser Entwicklung verlief der Aufschwung des dänischen Nationalismus, der einerseits den 1815 erlittenen Verlust Norwegens an Schweden durch die Einschmelzung der Herzogtümer wettmachen, andrerseits aber auch die dänische Suprematie dort durchsetzen wollte. Die aktive Danisierungspolitik richtete sich natürlich zuerst auf Schleswig, das im Norden eine bäuerlich-kleinbürgerliche dänische Minderheit besaß. Aus ihr erhielt die nationalaktivistische «eiderdänische» Bewegung – so genannt nach dem Kampfruf: Dänemark bis zur Eider! – dank ihrer intensiven Werbung ständig Zulauf, sie prellte mit der Forderung nach Anschluß und Trennung von Schleswig und Holstein der offiziellen Politik voraus. So schaukelten sich die beiden Nationalismen wechselseitig hoch. Um 1844/45 war aus dem traditionellen Beharren auf der überlieferten Rechtslage der Herzogtümer ein nationales Problem nicht nur dort, sondern überall in Deutschland geworden.

Dieser neuartige Antagonismus wurde außerdem noch durch ein altertümliches Rechtsproblem verschärft. König Friedrich VI. starb 1839 kinderlos; sein Vetter und Nachfolger Christian VIII. besaß einen kinderlosen Sohn, so daß der Mannesstamm des oldenburgischen Hauses in Dänemark auszusterben drohte. Sein dynastisches Recht ließ in diesem Fall die weibliche Erbfolge zu. Holstein jedoch war auf einen männlichen Herrscher festgelegt; in Schleswig war die Frage strittig. Der Anspruch des Herzogs von Augustenburg auf beide Herzogtümer wurde durch diesen herannahenden Erbzwist politisch aufgewertet, da nur er die selbständige Union zweier deutscher Staaten, auf längere Sicht sogar ihren Anschluß an den Deutschen Bund zu gewährleisten schien. Deshalb erhob die liberale Öffentlichkeit und nationale Agitation «den Augustenburger» zur Symbolfigur ihres Kampfes um das «deutsche Grenzland».

In dieser ohnehin gespannten Atmosphäre erschien, nachdem alle Verhandlungen mit dem Herzog von Augustenburg gescheitert waren, im Juli 1846 Christians VIII. «Offener Brief», in dem er die weibliche Erbfolge im Gesamtstaat für verbindlich erklärte. In Schleswig und Holstein entlud sich die Erregung auf großen Kundgebungen, deren Echo aus dem Süden zurückklang. Sogar der Bundestag legte gegen die drohende Einschränkung deutscher Rechte Verwahrung ein. Unverzüglich bemühte sich der König, in einem zweiten Brief vom September 1846 zu versichern, er habe weder historische Rechte schmälern, noch Schleswig und Holstein trennen wollen. Vergebens, im Dezember 1846 forderten die schleswigschen Stände sowohl eine gemeinsame liberale Verfassung für beide Herzogtümer als auch die Aufnahme Schleswigs in den Deutschen Bund. Ritterschaft und Universität Kiel unterstützten den Kollisionskurs. Fortab standen sich die Kontrahenten erst recht unversöhnlich gegenüber. Petitionen und Demonstrationen, Resolutionen von Vereinen, Universitäten und Landtagen hielten die schleswigholsteinische Frage wach. Da starb Christian VIII. im Januar 1848; sein politisch unfähiger Sohn Friedrich VII. kündigte noch im selben Monat eine liberale Gesamtstaatsverfassung unter gleichberechtigter Behandlung der

Herzogtümer als dänischer Territorien an. Für kurze Zeit sah es so aus, als ob die konstitutionelle Frage von der nationalen Problematik ablenken könne. Noch im März kam es jedoch schon während der ersten Phase der Revolution zu einer nationaldeutschen Erhebung, schließlich zum Krieg. Längst vorher hatte sich, das sahen auch die Zeitgenossen ganz klar, der als deutsch-dänischer Grundsatzkonflikt wahrgenommene Streit um die Zukunft Schleswigs und Holsteins als kraftvolle Antriebskraft für den massenwirksamen deutschen Nationalismus erwiesen, wie überhaupt sein «programmatisch-politisches Profil» durch die verschiedenen von außen einwirkenden Mobilisierungseffekte immer schärfere Züge erhalten hatte.[28]

Die innergesellschaftlichen Voraussetzungen dafür waren in den vorangegangenen anderthalb Jahrzehnten auf verschiedene Weise geschaffen worden: Lebensfähige, expandierende Organisationen propagierten einen volkstümlichen Nationalismus, seine Trägerschichten wuchsen scheinbar unaufhaltsam an, und in bestimmten Medien der öffentlichen Meinung eroberten sich nationale Zielvorstellungen einen prominenten Rang.

Die erste Phase des deutschen Nationalismus war mit den Siegesfeiern nach den «Befreiungskriegen», mit dem ersten Aufschwung der Burschenschaften, mit dem Höhepunkt des Wartburgfests ausgeklungen. Denn durch die Repressionspolitik nach den Karlsbader Beschlüssen wurden nicht nur die nationaldenkenden Intellektuellen mundtot gemacht, sondern auch die wenigen institutionellen Stützen nationaler Gesinnung zerstört. Mit der Jahnschen Turnbewegung, die bis zum Verbot im Januar 1820 nach eigenen Angaben 12000 Turner in 150 «Turngemeinden» zusammengebracht hatte, wurde der seit 1813/14 «wichtigste Schrittmacher» eines organisierten Nationalismus ausgeschaltet; Jahn selber wurde bis 1825 sechs Jahre lang in Haft gehalten. Die vier Jahre nach dem Turnverein gegründeten studentischen Burschenschaften brachten es in der kurzen Zeit ihres Bestehens auf einige hundert Mitglieder. Ehe auch sie das staatliche Verbot traf, bildeten sie die neben der Turnbewegung bedeutendste «organisatorische Erscheinungsform» des deutschen Frühnationalismus. In den 20er Jahren erstickte dann die bleierne Ruhe des eigentlichen Restaurationsjahrzehnts jede politische Aktivität der Studenten und Schüler, die das Gros dieser Vereinigungen gestellt hatten.

Da die preußische Innenpolitik in konservativer Erstarrung gefangen blieb, verlagerte sich der Schwerpunkt der vormärzlichen nationalen Bewegung für mehr als ein Jahrzehnt nach Süd- und Mitteldeutschland, wo in den konstitutionellen Staaten freiere öffentliche Verhältnisse herrschten. Das läßt sich dort an den um die Mitte der 20er Jahre aufkommenden Männergesangsvereinen verfolgen, die bereits bis Anfang der 30er Jahre von Württemberg bis hinauf zum jüngst liberalisierten Sachsen eine erstaunlich starke Expansion durchmachten. Als 1832/34 das befürchtete Verbot unterblieb, hielt ihr Wachstum an. Bis 1848 zählten die 1100 Vereine etwa 100000

Mitglieder. In diesen Sängervereinen gewannen populäre patriotische Lieder mit nationalisierender Tendenz einen festen Platz. Arndts «Was ist des Deutschen Vaterland» wurde faktisch bei jedem Treffen gesungen. Zum festen Repertoire gehörten sowohl die Lieder von Theodor Körner und Max v. Schenkendorf als auch von zeitgenössischen Dichtern, die aufgrund ihrer politischen Kritik verfolgt wurden. So sang man etwa regelmäßig das «Deutschlandlied» von Hoffmann v. Fallersleben, der 1842 wegen des nationalen Pathos seiner Gedichte den Breslauer Germanistik-Lehrstuhl verlor. Und ebenso häufig erklang «Das freie Wort» von Georg Herwegh, dessen offenherzige Kritik ihm 1842 die Ausweisung aus Preußen eintrug. Auf die Dauer konnte der wöchentliche Gesangsabend für die politische Mentalität der Sänger nicht folgenlos bleiben. Auf großen regionalen Sängerfesten mit Hunderten von Teilnehmern und mehreren tausend Zuhörern bestätigten sie sich zudem wechselseitig ihre nationalen Hoffnungen. 1845 eröffnete das erste «Deutsche Sängerfest» in Würzburg eine lange Reihe jährlich wiederholter Veranstaltungen. Zum zweiten gesamtdeutschen Vereinstreffen 1846 in Köln kamen dank günstiger Eisenbahn- und Dampfschiffverbindungen schon mehr als 2000 aktive Teilnehmer. 1847 wurde das Fest, nicht zuletzt wegen der schleswig-holsteinischen Frage, nach Lübeck gelegt. Vor Revolutionsausbruch bildete die Sängerbewegung die «an Mitgliederzahl größte» und auch «territorial am weitesten verbreitete» Organisation mit unüberhörbar nationalpolitischem Anspruch.

Dicht hinter ihr folgte die Turnbewegung, die seit den frühen 40er Jahren einen rasanten zweiten Aufschwung erlebt hatte. 1842 setzte die Gründungswelle ein, zuerst in Preußen, das in diesem Jahr den Gymnastikunterricht an den höheren Schulen eingeführt und damit das Turnen wieder legalisiert hatte, fast gleichzeitig aber auch in Süd- und Mitteldeutschland, wo sich in Sachsen ein neues Zentrum herausbildete: Seit dem Februar 1844 wurden hier innerhalb von vier Jahren rund 100 Vereine gegründet. Anfang 1848 zählten die deutschen Turnvereine maximal 90000 Mitglieder. Die soziale Zusammensetzung wies ein eindeutiges Übergewicht berufstätiger, 20- bis 30jähriger Männer kleinbürgerlicher Herkunft auf; die typische Mehrheit bildeten Handwerksgesellen, während Schüler und Studenten, im Gegensatz zu 1813/20, überall in der Minderheit blieben. Die Zeit, da die Turnerei eine Form der Jugendbewegung darstellte, war definitiv vorbei. Durchweg behielten die Turnvereine, Jahns Intentionen gemäß, ihren schichten- und klassenübergreifenden Anspruch bei und realisierten ihn auch trotz der Dominanz bürgerlicher Mitglieder im Kreis der Turnbrüder, wo Leistung vor Stand galt. Überall wurde das Vereinsleben durch Statuten geregelt, die auf dem demokratischen «Grundsatz einer vollkommenen Gleichberechtigung aller Mitglieder» beruhten; anstelle des früheren patriarchalischen Führungsstils wurde die Leitung durch gewählte Gremien sichergestellt.

Ähnlich wie die Sänger trafen sich die Turner auf großen überregionalen

Festen, und auch die Rituale dieser Gemeinschaftserlebnisse unterschieden sich nicht. Zu den Gestaltungselementen gehörten Aufmärsche, Fackelzüge und Festmähler mit anfeuernden Reden, patriotische Lieder und Deklamationen, während die Städte des Treffens mit «deutschem» Eichenlaub, zunehmend auch mit schwarz-rot-goldenen Fahnen geschmückt wurden. Über die verbindenden Turn- und Festerfahrungen mit ihrer nationalen Komponente hinaus wurden die Turnvereine durch eine eigene Publizistik verbunden, seitdem 1846/47 die ersten Zeitschriften erschienen, deren «national-freiheitliche Tendenz» trotz der Zensur erkennbar war. Auf dem Heidelberger Turnfest von 1847 wurde die monarchische Regierungsform scharf kritisiert und mit «radikaldemokratisch-revolutionärer» Verve die deutsche Republik gefordert. Folgerichtig ordnete der preußische Innenminister v. Bodelschwingh seit dem Juli 1847 eine strenge polizeiliche Überwachung der Turner an. Die Ergebnisse schlugen sich in einer Zirkularnote an die preußischen Vertreter bei den Bundesstaaten nieder. Darin wurde es als der eigentliche Zweck des Turnens hingestellt, «die deutsche Jugend für die Sache des Radikalismus zu gewinnen und dieselbe... als eine waffenfähige und waffengeübte Masse für einen revolutionären Kampf vorzubereiten». Einige Regierungen kamen der Aufforderung zum Verbot lakaienhaft nach, während sich in Berlin selber die hochkonservative Skepsis nicht durchsetzen konnte. Ähnlich wie das Sängerwesen verkörperte die Turnbewegung des späten Vormärz den Entwicklungsschub, durch den der Nationalismus zu einer breitenwirksamen Offensivideologie herangewachsen war.

Ungeachtet ihrer Herkunft aus vielen deutschen Staaten sollten die Studenten, diese politische Utopie hatte Ernst Moritz Arndt 1815 entworfen, einen «deutschen Studentenstaat» aufbauen, der einem gesamtdeutschen Nationalstaat als Vorbild und Ansporn dienen konnte. Das Verbot der Burschenschaften, in denen solche Vorreitergedanken Widerhall fanden, hatte die organisatorischen Voraussetzungen für diesen Akademikernationalismus vorerst zerstört. Richtig war an Arndts bizarrer Idee die Einsicht, daß die künftigen Angehörigen der staatlichen Funktionseliten dank ihrer strategischen Position Multiplikatoreffekte im Nationsbildungsprozeß auslösen konnten. Vorerst aber wurde ihnen das offene Bekenntnis zu nationalen Zielvorstellungen erschwert. Regierungskommissare überwachten die Universitäten und prüften den Immatrikulationsrevers mit dem Versprechen, keiner verbotenen Verbindung beizutreten. Dennoch konnte die «Demagogenverfolgung» die Politisierung nicht völlig rückgängig machen. Hier und da blieb eine kleine Gruppe zusammen, manchmal gab es sogar überregionale Burschentage. Der radikale «Jünglingsbund», ein auf «Umsturz der bestehenden Verfassungen» gerichteter Geheimverein engagierter Burschenschafter, gab 1823 den Anlaß zur Zerschlagung der restlichen weiterbestehenden Assoziationen, wobei die Mainzer Zentraluntersuchungskommission die Strafprozesse in den Einzelstaaten koordinierte.

Bereits 1826 tauchten jedoch die ersten Neugründungen, z. B. in Würzburg, auf, und schon im folgenden Jahr legte sich der Bamberger Burschentag auf die Zielformulierung fest, «zur Herbeiführung eines freien und gerecht geordneten und in Volksfreiheit gesicherten Staatslebens im deutschen Volke» beizutragen. Da war es wieder: das kaum verklausulierte Wunschbild eines liberalen Nationalstaats. Das Revolutionsjahr 1830 gab diesen Studentenzirkeln neuen Auftrieb, der Frankfurter Burschentag von 1831 bekräftigte die «praktisch-politische Tendenz», und die Stuttgarter Versammlung von 1832 postulierte sogar, daß «der Weg der Revolution als der einzige für jetzt dazu verfolgt werde». Das waren starke Worte und riskante dazu. Nachdem der Frankfurter Wachensturm im April 1833, der für die radikale Richtung den Auftakt zur Eroberung der Bundeshauptstadt bilden sollte, kläglich gescheitert war, griff die neue «Zentralbehörde» ungleich rigoroser als die frühere Untersuchungskommission zu: Immerhin 1 200 Studenten wurden wegen Hochverrats angeklagt, Hunderte verurteilt. Auch der zweite Anlauf, eine national-liberale Studentenbewegung aufzubauen, brach an der weit überlegenen Gegenmacht zusammen. Nur wenige sorgfältig getarnte Vereinigungen hielten «einen Schatten von Kontinuität aufrecht».

Es ist ein Beweis der Vitalität der burschenschaftlichen Ideen, daß seit 1837, z. B. in Tübingen, diese Vereinigungen erneut aktiv wurden, ja im Zeichen der typischen Politisierung des späten Vormärz in den 40er Jahren häufig in die sogenannte Progreß-Bewegung übergingen. «Der Progreß», wie man sagte, war ein Resultat der damals wachsenden Hoffnungen auf politischen Wandel. Da die harte Verfolgung noch in aller Gedächtnis lebte, organisierte er sich nur locker in Vereinen mit «demokratischer Binnenstruktur» und postulierte die Verwirklichung der «Vernunft» erst im akademischen, dann im politischen Leben. Hinter diesem modischen Tarnwort der Intellektuellendebatten jener Jahre erkannten die überwachenden Beamten zutreffend den vertrauten «Zweck... der früheren Burschenschaften», nämlich die «Feindschaft gegen das bestehende Regierungssystem» und die «Propaganda für eine allgemeine deutsche Verfassung». Trotzdem konnte sich der Progreß weiter ausbreiten, unter der Heidelberger Studentenschaft wurde er zeitweilig mehrheitsfähig, in eigenen Lesevereinen schuf er sich einen Zugang zur liberalen Presse und kritischen zeitgenössischen Literatur; deshalb ging der preußische Kultusminister Eichhorn mit einem Schließungsbefehl gegen sie vor, da aus «der politischen Debatte» leicht der «Anstoß zu illegalen Handlungen» kommen könne.

Anstatt zu resignieren brachte der Progreß seine eigenen Zeitschriften zustande: Vom Mai 1844 bis zum August 1845 erschien die «Zeitschrift für Deutschlands Hochschulen», die eins der Häupter des demokratischen Republikanismus, der Mannheimer Jurist Gustav v. Struve, herausgab und die vom November 1845 bis März 1846 von Friedrich Baader als «Akademische Zeitschrift» weiter redigiert wurde. Unterstützt von jüngeren Dozenten wie Nauwerck in Berlin und Kinkel in Bonn bekämpfte der Progreß sowohl die «Pest» der duellierenden Corps als auch die Spaltung der Gesellschaft in «zwei Klassen»: «eine gebildete und eine ungebildete», ohne den Vorrang seiner nationalen und liberalen verfassungspolitischen Ziele zu verheimlichen. Fast wäre es auf einem Kyffhäuserfest 1846 zur Gründung eines gesamtdeutschen Verbands des Progreß gekommen, doch warnende Stimmen und politische Klugheit opponierten, um den Anlaß zu einem Gegenschlag der politischen Polizei zu vermeiden. Wohl aber wuchs der Einfluß dieser Strömung auf die Burschenschaften, die sich seit den späten 30er Jahren an vielen Universitäten wieder gebildet hatten. Als die Revolution ausbrach, trat auch unter diesen politisch engagierten Studenten zutage, welchen fortgeschrittenen Stand die nationale Bewußtseinsbildung erreicht hatte. Wo immer man die Zusammensetzung der Aktivistenkreise genauer untersucht – ob in den Nationalversammlungen, im politischen Vereinswesen, bei den Aufstandsbewegungen –, stößt man auf den Befund, daß viele sich aus ihrer Burschenschaftszeit her kannten. Gewiß: An Zahl konnten sie es mit den Turnern und Sängern nicht aufnehmen, aber wegen ihrer Einflußchancen besaß diese vergleichsweise kleine jungakademische Trägergruppe des Nationalismus eine erhebliche Bedeutung.[29]

Auch an den Universitätsabsolventen und Professoren interessiert hier nicht die häufig beobachtbare nationale Prägung der individuellen Mentalität, sondern der institutionelle Rückhalt, den der Nationalismus an dauerhaften Organisationen fand. Die zeitliche Priorität gehörte dem 1822 gegründeten «Verein deutscher Naturforscher und Ärzte», den Lorenz Oken, ein Gelehrter mit so vielseitigen naturwissenschaftlichen und medizinischen Talenten, daß Goethe ihn mit Alexander v. Humboldt verglich, nach schweizerischem Vorbild ins Leben gerufen hatte. Mitglieder mußten sich nach der Dissertation durch eine weitere wissenschaftliche Arbeit ausgewiesen haben, mit den Satzungsprinzipien der demokratischen Mehrheitsentscheidungen und der öffentlichen, freien Diskussion aller kontroversen Themen einverstanden sein. Oken hatte von Anfang an auf Jahrestreffen mit jeweils wechselndem Tagungsort bestanden, da die Wissenschaftler auf diese Weise, wie die bezeichnende Begründung lautete, als «geistiges Symbol der Einheit des deutschen Volkes» wirken konnten. Auf 25 Konferenzen, meist in Universitäts- oder Residenzstädten des Deutschen Bundes abgehalten, versammelten sie bis 1847 schließlich mehr als 650 Mitglieder und demonstrierten den gesamtdeutschen Zusammenhang des naturwissenschaftlichen Diskurses. Seit 1837 ahmte die «Versammlung Deutscher Land- und Forstwirte» die Naturforschervereinigung nach. Auch auf ihren Konferenzen bildete das Zukunftsziel des «vereinigten Vaterlands» ein Dauerthema. 1838 folgte der «Verein Deutscher Philologen und Schulmänner», der bis zur Revolution noch zehn Jahrestagungen abhielt. Da sich ihm zahlreiche

Gymnasiallehrer anschlossen, traf dort eine meinungsbildende, durch gemeinsame nationalpolitische Vorstellungen verbundene Gruppe von nicht zu unterschätzendem Einfluß regelmäßig zusammen.

Mehr Aufsehen erregten die erst 1846 einsetzenden Kongresse der «Germanisten», worunter man damals all jene Wissenschaftler verstand, die sich mit deutschem Recht, deutscher Geschichte und Sprache beschäftigten. Der erste Germanistentag ging auf die Initiative des Tübinger Juraprofessors Reyscher zurück, dem es gelang, außer seinen Kollegen Beseler und Mittermaier Literaturwissenschaftler wie die Gebrüder Grimm und Gervinus, den Philologen Lachmann, die Historiker Ranke, Dahlmann und Pertz sowie Ernst Moritz Arndt und Ludwig Uhland zu einer gemeinsamen Einladung nach Frankfurt zu bewegen. In freier Rede und offenem Gedankenaustausch wollte man sich allen Aspekten der deutschen Kultur, welche die verschiedenen Wissenschaften erforschten, widmen, zugleich aber auch ein bewußtes nationalpolitisches Engagement pflegen. Eben deshalb verhielten sich dann staatskonservative Historiker wie Ranke denkbar zurückhaltend, und eben deshalb wurden Römisch-Rechtler und Romanistikprofessoren, kurz: die «Romanisten», rigoros ausgeschlossen. In Frankfurt und 1847 – wegen der schleswig-holsteinischen Frage – in Lübeck taten die Germanisten dann das, was sie sich vorgenommen hatten: Sie diskutierten nicht nur wissenschaftliche Fragen ihrer Fächer, sondern betonten auch den notwendig gesamtdeutschen Zusammenhang ihrer Probleme und die nationalpolitischen Aufgaben der Gelehrtenwelt. Ihre nächste Tagung verhinderte die Revolution, aber sowohl der liberale Schriftsteller Gutzkow als auch der konservative Kulturhistoriker Riehl stimmten in dem Urteil überein, daß die Germanisten als «Vorboten» dem «Parlament in der Paulskirche» den Weg bereitet hätten.

Unter aktiver Teilnahme angesehener Persönlichkeiten aus allen Bereichen des öffentlichen Lebens wurde in den 40er Jahren auch eine Reihe von großen, mehrtägigen Festen mit Tausenden von Besuchern aus vielen deutschen Staaten abgehalten. 1840 traf man sich zum Gutenberg-Fest, 1843 wurde der Vertrag von Verdun vor tausend Jahren als Grundstein der selbständigen ostfränkischen Reichsbildung gefeiert, 1846 jährte sich Luthers 300. Todesjahr, 1842 zog die Gründung des Gustav-Adolf-Vereins die Aufmerksamkeit des protestantischen Deutschland auf sich, 1845 gab es ein erstes deutsches Schriftstellertreffen in Leipzig. Über den speziellen Anlaß hinaus wurde bei diesen Gelegenheiten auch einem deutschen Kulturnationalismus eloquent das Wort geredet, dessen Abgrenzung von nationalstaatlichen Forderungen zusehends verschwamm. Seit 1825 traf sich der «Börsenverein deutscher Buchhändler», deren Aufmerksamkeit dem gesamten deutschsprachigen Absatzmarkt galt.

Abertausende von Mitgliedern und Unterstützungswilligen wurden von den ersten großen Wirtschaftsverbänden erreicht. Auch hier griff die Konfrontation von Protektionismus und Freihandel über die Staatengrenzen hinweg. Diese frühen «Pressure Groups» beschworen gemeindeutsche Interessen, plädierten von konträren Positionen aus für eine «national-ökonomische» Politik und bemühten sich, der Öffentlichkeit einzuprägen, daß trotz des Zollvereins ein gesamtdeutscher Markt erst noch zu schaffen sei. Verkehrstechnische Notwendigkeiten führten 1847 zur Bildung des «Vereins deutscher Eisenbahnverwaltungen», der die Koordinierung des rapide anwachsenden Eisenbahnverkehrs übernahm; er führte auch erstmals im Januar 1848 die «Berliner Normalzeit» für das außerösterreichische Deutschland ein. Von allen Seiten trugen organisierte gesellschaftliche Interessen dazu bei, die nationale Frage wachzuhalten.

Auf eine andere Weise tat das in der spezifischen Öffentlichkeit der Kirchengemeinde auch eine Vielzahl protestantischer Pfarrer. Seitdem sich evangelische Theologen, der wortgewaltige Schleiermacher an der Spitze, mit Vehemenz an der antinapoleonischen Agitation und der propagandistischen Unterstützung der «Befreiungskriege» beteiligt hatten, waren nationale Aspirationen in ihre Predigten eingeflossen, aus denen sie in den Jahrzehnten nach 1815 nicht wieder verschwanden. Es ist richtig, daß auch der partikularstaatliche Landespatriotismus von den beamteten Geistlichen pflichtgemäß oder überzeugungstreu gefördert wurde, aber als konkurrierender Loyalitätspol traten nationale Einigungswünsche nie völlig zurück. Freilich ist es unübersehbar, wie die genaue Analyse eines hinreichend großen Samples von Predigten ergeben hat, daß unter «Nation» vor allem oder ausschließlich das protestantische Deutschland verstanden wurde. Insofern wurde hier oft schon der kleindeutschen Lösung der nationalen Frage, ob unverblümt oder subtil formuliert, das Wort geredet. Auf die nationalen Elemente der «Deutschkatholiken», die wahrscheinlich «die drittgrößte nationale ‹Teilbewegung› der 40er Jahre» bildeten, ist unten noch einzugehen.

Nicht zu übersehen ist schließlich, daß sich sowohl sozialkritische Reflexion als auch nationalpolitisches Engagement in der Literatur der Restaurations- und Vormärzjahrzehnte einen festen Platz erstritten. Die Politisierung durchdrang Romane und Novellen, Reiseschilderungen und historische Dramen, Essays und Lyrik. Deshalb lebten Schriftsteller und Verlage in einem ständigen Kampf mit den Zensurbehörden des Bundes und der Einzelstaaten. Dank der «relativen Wirkungslosigkeit» dieser Gängelung blieben dem findigen Leser jedoch kaum Publikationen vorenthalten. Das liberal-nationale Pathos, das in den Schriften des «Jungen Deutschland», bei Gutzkow, Laube, Mundt, Lewald und anderen, neben anderen Tendenzen ebenfalls auftauchte, führte im Dezember 1835 zu ihrem Verbot durch die Bundesversammlung. Daraufhin trat der eine den Rückzug in die unpolitische Prosa an, der andere nutzte die Möglichkeiten der Schweizer Emigrantenverlage. Allein Julius Fröbels «Literarisches Comptoir» in Zürich lieferte von 1840 bis 1845 mehr als hundert inkriminierte Titel aus und sorgte für den Schmuggel über die Grenze. Je schärfer die Literaturinquisition durchgriff – 1844 verurteilte z. B. allein das Berliner Oberzensurgericht 55 Titel –, desto pointierter fiel das Plädoyer für nationalpolitische Ziele aus, bis hin zur entschlossenen «Wendung zur nationalen Demokratie.» Insbesondere die prominenten Vertreter der «engagierten politischen Lyrik» der 40er Jahre, wie Hoffmann v. Fallersleben, Herwegh, Freiligrath, Weerth, deren Wirkung durch den hämischen Vorwurf des «Tendenzpoeten» nicht aufgehoben wurde, fanden eine erstaunliche Resonanz. Und im letzten, 1842 erscheinenden Band seiner vielgelesenen und einflußreichen «Geschichte der poetischen National-Literatur der Deutschen» bekannte sich Gervinus zu der Maxime, daß es jetzt auf politisches Handeln im Geist fortschrittlicher Ideen ankomme. Kein Zweifel, daß jeder freisinnig denkende Leser auch die nationale Einheit zu den fortschrittlichen Ideen zählte.[30]

Im Vergleich mit der breitenwirksamen Durchsetzungskraft, die der organisierte Nationalismus der Turner und Sänger, der Burschenschaftler und Gelehrten im Verlauf des Vormärz allmählich gewonnen hat, muß heutzutage eine Komponente der neuen Integrationsideologie entschieden relativiert werden. Das ist die sogenannte Politische Romantik, ein typisches Intellektuellenphänomen, dessen Wirkung von der geistesgeschichtlich fixierten Forschung lange Zeit außerordentlich überschätzt worden ist. Zuerst einmal muß man festhalten, daß «Romantik» für die Geschichtswissenschaft kein sinnvoller, tragfähiger Epochenbegriff ist, wie er das für die Literatur- und Kunstwissenschaft sein mag. Einen lohnenden Gegenstand bilden vielmehr die «Romantiker» als eine schmale Schriftstellergruppe, die zwischen den 1790er und 1830er Jahren von einer bestimmten Zeitströmung getragen wurde, diese aber auch mit beeinflußt hat. Die Interpretation ihrer Schriften wird einmal erschwert durch die «bewußte Vieldeutigkeit» der verfließenden Begriffe, sodann durch den Umstand, daß nicht wenige Romantiker in ihren jungen Jahren ganz so emphatisch auf der Seite der Revolution standen, wie sie später die Sache der Restauration unterstützten, und schließlich durch die Tatsache, daß einige Schlüsselfiguren zum Katholizismus konvertiert sind, dessen Einfluß in der Folgezeit eine erhebliche Rolle gespielt hat. In einer historisch-ideologiekritischen Perspektive bleibt die Hauptsache die Wirkungsgeschichte: Wie und von wem ist die Staats- und Gesellschaftslehre der Politischen Romantik rezipiert worden? Was haben ihre Ideen zur inhaltlichen Ausfüllung des deutschen Nationalismus beigetragen?

Gemeinsam ist den Repräsentanten der Politischen Romantik – Adam Müller, Friedrich und August Wilhelm Schlegel, Johann Ludwig Tieck, Achim v. Arnim, Clemens Brentano, Novalis, Franz v. Baader, um nur einige typische Figuren zu nennen –, daß sie die «Kritik der Gegenwart als rückwärts gewandte Utopie» entfalteten. Ihre Kritik – sie richtete sich gegen die Aufklärung, gegen das Naturrecht, gegen den neuzeitlichen Rationalismus überhaupt, vor allem aber gegen den Moloch der Revolution. Um endlich ein unüberwindliches Verteidigungsbollwerk gegen diese dämonisierten Kräfte aufzubauen, vollzogen sie alle die Wendung zur Geschichte. In einer hochgradig selektiven, stilisierten, idealisierten Form wurden historische Traditionen, Sitten und Gebräuche, historische Herrschafts- und Gesellschaftsformen als normative Modelle der Gegenwart vorgehalten. Zu ihnen sollte sie zurückkehren oder sie wiederbeleben. Dem «aktivistischen Geist der Revolution» wurde die Überlegenheit des «langsamen geschichtlichen Wachstums» entgegengesetzt.

«Die Welt ist kein System», belehrte Friedrich Schlegel die Verfechter einer rational planenden Vernunft, «sondern Geschichte.» Geschichte aber hieß konkret: paternalistische Königsherrschaft anstelle der konstitutionellen Monarchie oder gar der perhorreszierten demokratischen Republik, hieß adlige Autonomie anstelle der bürokratischen Zentralverwaltung, hieß ständische Hierarchie anstelle der egalitären Staatsbürgergesellschaft – dieser «Chimäre eines souveränen Volkes», wie Müller höhnte. Historisches Denken verlangte nach der Überzeugung der Politischen Romantiker, die spätabsolutistische oder reformbürokratische «Staatsmaschine» durch einen gewachsenen staatlichen «Organismus», den naturrechtlich konzipierten Sozialkontrakt durch «eine Allianz der vorangegangenen mit den nachfolgenden Generationen» zu ersetzen. Ihre Grundeinstellung hielt dazu an, Phantasie, Lebensgefühl, Imagination, Irrationalem, Religion, Mythos, Individualität den Vorrang vor der generalisierenden, sezierenden Verstandeskälte des aufklärerischen Rationalismus einzuräumen.

Historisch gewachsenes Recht und organisch gewachsene politische Institutionen galten den Politischen Romantikern wie die Märchen und Sagen der Gebrüder Grimm (1812–1818) oder die Poesie in «Des Knaben Wunderhorn» von Brentano und Arnim (1806–1810) gleichermaßen als bewunderswürdige Emanationen des «Volksgeistes». Diese Zentralidee stieg nicht nur in der Hegelschen Philosophie und danach im Rechtshegelianismus zu einer fundamentalen Kategorie auf, sondern sie wurde auch eine der Grundlagen der Historischen Rechtsschule. Dank deren Einfluß übte sie eine tiefe Wirkung auf die Lehre von Recht und Gesetzgebung zumindest in der ersten Hälfte des 19. Jahrhunderts aus. Denn das Recht als ein Ausdruck des «Volksgeistes» mußte für die mächtige Schule um Savigny und Eichhorn im geschichtlichen Leben aufgesucht und, seiner inneren Kohärenz entsprechend, von sachkundigen Gelehrten zusammengefügt werden, ehe es der Gegenwart erneut als Normengefüge dienen konnte. Konsequent führte das zu einer leidenschaftlichen Ablehnung der rational vereinheitlichenden Kodifikationen aus dem «Geist» der französischen Revolution, wobei die politische Grundentscheidung als überlegene wissenschaftliche Einsicht kaschiert werden konnte.

Demselben germanisch-deutschen «Volksgeist» entsprach auch die Auffassung vom Staat als Organismus in der vermeintlich natürlichen Form der

Monarchie, entsprach eine Gesellschaftsordnung in der vermeintlich natürlichen Form der altständischen Hierarchie. Von hier aus ergab sich primär eine innere Affinität zum katholisch geprägten Konservativismus in Süddeutschland und Österreich. Zugleich eröffneten diese Denkfiguren jedoch auch Zugangschancen für das altständisch-konservative Lager in Preußen. Die Mitglieder der «Christlich-deutschen Tischgesellschaft» von 1811 etwa, später die Gebrüder Ernst Ludwig und Leopold v. Gerlach, Friedrich v. Ancillon, Joseph Maria v. Radowitz und andere, mithin ein Flügel der konservativen Prominenz des Vormärz, griff diese Ideen eklektisch auf, zumal sich die religiöse Orthodoxie der eifernden Konvertiten und der pietistischen Fundamentalisten, auch im Ruf nach einem «christlichen Staat», eng berührte.

Auf solchen verschlungenen Pfaden gewannen die Politischen Romantiker eine gewisse Resonanz in einigen nennenswerten politischen Zirkeln. Für den dominierenden pragmatischen Staatskonservativismus der Restaurationsregimes lieferten sie jedoch nur einen dann und wann willkommenen ideologischen Firnis. Da sie wie Hegel an den Primat des Geistes auch in der Politik glaubten, bot ihre «Weltanschauung» – wie das damals aufkommende Modewort lautete – den Praktikern keine erfolgversprechenden Rezepte an. Auch wenn der eine oder andere mit Müllers exotischen Ideen einer konservativen Gegenrevolution sympathisieren mochte, kam trotz des immer wieder postulierten konkret-historischen Denkens nirgendwo eine politische Theorie zustande, die als erfolgverheißende Handlungsanweisung hätte fungieren können. Metternich etwa, dem dank aufklärerischer Bildungseinflüsse der Glaube an «die Macht der ordnenden Vernunft» keineswegs fremd war, hegte da nicht die geringsten Illusionen, und wenn er auch Müllers Feder bezahlte, erreichten dessen beflissene Elaborate doch nie von fern die Qualität der Denkschriften oder Aufsätze eines Gentz.

Dem über den Menschen schwebenden, mystifizierten Staat blieb freilich, da stimmten die Politischen Romantiker überein, das vom «Volksgeist» und Sprache geprägte Volk vorgegeben. Der Begriff selber wurde aufgewertet: Das Volk wurde nicht mehr im herkömmlichen Sinn als die Masse der Unterschichten, sondern als die gesamte Bevölkerung verstanden. Von diesem «Volkstum» der Politischen Romantiker war es nur ein kleiner Schritt bis hin zum zeitgenössischen Verständnis von Kulturnation. Schrittweise drangen denn auch ihre Vorstellungen vom ewigen deutschen Volkstum, auch schon in der Form einer ethnisch-völkischen Verengung, in den Nationalismus ein, obwohl sie zunächst nur eine Komponente – und keineswegs die dominierende – neben anderen bildeten. Indes: Wie die Politischen Romantiker der Kunst die Aura religiöser Erfahrung vermittelt hatten, konnte auch von ihrem «Volksgeist» und «Volk» eine Brücke zum Religionsersatz des Nationalismus geschlagen werden. Zu dieser Überhöhung des Nationalvolkes trug auch, wissenssoziologisch gesehen, die soziale

Lage der Politischen Romantiker bei. Fast alle gehörten zur «freischwebenden Intelligenz» (Alfred Weber), ohne die Sekurität des Beamtendaseins, ökonomisch oft ungesichert, ganz auf Wirkung in der – doch so modernen – «Öffentlichkeit» angewiesen und wegen der Isolierung als Einzelne oder kleine Gruppe voller Sehnsucht nach «Gemeinschaft» und Einbindung in eine überindividuell vorgegebene Ordnung, wie sie das verklärte Mittelalter angeblich besessen hatte.

Unstreitig sickerten Ideen der Politischen Romantik hier und da in den Nationalismus ein, übten unter den dafür empfänglichen Intellektuellen eine Art Verstärkereffekt aus. Zu den machtvollsten Antriebskräften des deutschen Nationalismus in seiner zweiten Phase aber haben sie nicht gehört.[31]

Vor der Revolution war dieser Nationalismus zu einer öffentlich agierenden Bewegung geworden. Turner, Sänger, Studenten, Deutschkatholiken, Polen- und Pressvereine wirkten unübersehbar mit Erfolg auf die politische Öffentlichkeit ein. Vermutlich rund 250000 Männer waren bis dahin in Vereinen formal organisiert, die auch Wert auf national-deutsche Gesinnung legten; zum Teil hatten sie sich schon in großen Regionalverbänden zusammengeschlossen. Ihre territoriale Ausbreitung hatte alle deutschsprachigen Staaten erreicht. Organisatorische Schwerpunkte hatten sich vor allem in Süddeutschland, Mitteldeutschland und Preußen herausgebildet. Die Kommunikation wurde durch Feste, Tagungen, Presse und Briefwechsel, durch die Mobilität der Handwerker, Studenten und Bildungsbürger nicht nur aufrecht erhalten, sondern auch dank der anlaufenden «Verkehrsrevolution» sogar verdichtet. Auf Feiern, bei Umzügen, mit Liedern und Fahnen wurden emotional verbindende nationale Rituale ausgebildet. Der sozialen Struktur nach war aus den kleinen frühnationalen, primär bildungsbürgerlichen Kreisen eine breite Bewegung geworden, in der zwar immer noch die Gebildeten einen Vorrang als Fürsprecher des Nationalismus behielten, numerisch jedoch berufstätige Angehörige der bürgerlichen Mittelklassen und des Kleinbürgertums die große Mehrheit besaßen.

Politisch hatten sich zwei konkurrierende Strömungen herausgebildet: die Vielzahl der liberal-konstitutionell Gesinnten und die Minderheit der demokratischen Republikaner. Beide verband noch das Wunschbild eines bürgerlich geprägten Nationalstaates, und die Unfähigkeit der deutschen Einzelstaaten, mit den drängenden ökonomischen, sozialen, aber auch verfassungspolitischen Fragen des späten Vormärz fertig zu werden, unterstützte das Selbstverständnis der Nationalbewegung als liberaler Modernisierungspartei, daß sie durch politische und soziale Reformen die anstehenden Probleme zu lösen imstande sei. Insofern war der Nationalismus weiterhin eine Reaktion auf die Modernisierungskrisen und die relative Rückständigkeit der deutschen Staaten geblieben – nur daß er jetzt von ungleich breiterer Basis aus und mit gesteigertem Selbstbewußtsein auf die Verwirklichung seiner Lösungsstrategie hindrängte.

6. Deutscher Liberalismus, vormärzlicher Radikalismus und politischer Konservativismus

«Der Liberalismus will nichts als die Zukunft der Geschichte», verkündete 1834 in hochfliegender Stimmung Theodor Mundt, damals eine der prominenten Figuren des «Jungen Deutschland.» Nicht minder emphatisch trumpfte wenige Jahre später der jungliberale Hallenser Student Rudolf Haym während eines Streits um den Liberalismus auf: «Wir eben sind die Zeit!» Um welches Phänomen ging es bei diesem Liberalismus, der seinen Anhängern die Überzeugung vermittelte, daß sie nicht nur die Grundtendenz des Zeitalters repräsentierten, sondern daß ihnen auch erst recht die Zukunft als unaufhaltsamer Fortschritt zu Vernunft und Freiheit gehöre?

Liberalismus – das meint eine der stärksten gemeineuropäischen Bewegungsmächte, seit dem ausgehenden 18. Jahrhundert in kraftvollem Vordringen begriffen, eine breitgefächerte, verwirrend facettenreiche Strömung, mit zahlreichen scharf ausgeprägten Varianten, deren Erscheinungsform und Durchsetzungsfähigkeit von Land zu Land wechselten. So schwierig daher eine generalisierende Charakterisierung ist, lassen sich doch in Kontinentaleuropa in der Regel vier Hauptkomponenten, die keineswegs überall eine Fusion eingingen, ausmachen. Der Liberalismus war einmal politische Verfassungsbewegung, deren Primärziel die Durchsetzung «eines auf Mitwirkung und Mitverantwortung seiner Mitglieder beruhenden repräsentativen Verfassungsstaats» mit «klar umrissenen, in einem Grundrechtskatalog negativ fixierten Eingriffsrechten» bildete. Zugleich strebte der Liberalismus als soziale Modernisierungsbewegung die Beseitigung der feudalen Privilegienordnung, positiv den Umbau der Gesellschaft im Sinne seiner – unten noch einmal zu präzisierenden – bürgerlichen Leitvorstellungen an. Dem Wirtschaftsliberalismus schwebte die Schaffung einer besitzindividualistischen Eigentümergesellschaft im Rahmen einer freien Verkehrs- und Konkurrenzwirtschaft vor, die durch die selbsttätig regulierende Kraft des Markts zum Wohle aller gesteuert wurde. Wegen des Primats dieser Institution kann man seine Zielutopie in der selbstgeregelten Marktgesellschaft erkennen. Und schließlich stand der Liberalismus für eine umfassende Weltdeutung, ein «Weltbild», eine «Weltanschauung», welche die Emanzipation von allen traditionalen Fesseln, die sich auf dem Forum der Vernunft nicht mehr rechtfertigen ließen, verlangte. Das autonome, geistig und materiell selbständige und selbstverantwortlich handelnde Individuum wurde als normatives Ideal anvisiert, für das es in schlechthin allen Lebenssphären die Bedingungen der Möglichkeit einer freien Entfaltung aktiv zu schaffen galt.[32]

Hier geht es an erster Stelle um den deutschen politischen Liberalismus, ohne daß seine gesellschaftlichen und wirtschaftlichen Veränderungsimpulse ausgeblendet werden sollen oder können. Dieser deutsche Liberalismus entfaltete sich unter eigentümlichen historischen Bedingungen, die sich in vielerlei Hinsicht als schwere Hypotheken und langlebige Belastungen ausgewirkt haben.

Die Grundvoraussetzung bildete erneut der Zustand relativer sozioökonomischer Rückständigkeit, in dem sich die deutschen Staaten im Vergleich mit jenen westeuropäischen Ländern noch immer befanden, aus denen die einflußreichsten liberalen Theorien stammten. Daher rührte die widersprüchliche Mischung von Postulaten und Orientierungswerten, die sich teils auf die vertraute agrarisch-stadtbürgerliche, teils auf die von fern heraufziehende moderne Welt bezogen. Und von daher kann man auch die sich wandelnde Zusammensetzung der sozialen Trägerschichten verstehen, mithin den Weg von einer kleinen Elite aus der bildungsbürgerlich-beamteten Intelligenz zu einer durchaus heterogenen Bewegung, die sich überwiegend aus den verschiedenen Formationen des Bürgertums rekrutierte.

Jahrzehntelang herrschte im Frühliberalismus das Vertrauen auf den Reformstaat vor. Ob es sich um die ersten Anläufe des aufgeklärten Absolutismus oder um das Werk der Bürokratie in der klassischen Reformära handelte, nur mit dem erneuerungsfähigen Staat, nicht aber gegen ihn, konnten endlich – das blieb Konsens – die veralteten Strukturen mit ihrem bleiernen Gewicht aufgebrochen werden. Diese staatsloyale Haltung zehrte von der Kraft einer festverwurzelten Tradition, denn seit dem Umbruch des Reformationszeitalters galt der Staat als Garantiemacht «teutscher Libertät.» Dem etatistischen Optimismus entsprach die bedingungslose Ablehnung der Revolution, zumal nach dem Schrecken des jakobinischen Terreur und ihrem Umschlag in die napoleonische Despotie. Aufgrund dieser Erfahrungen betonte der Frühliberalismus um so nachdrücklicher die Kontinuität, die vom aufgeklärten Absolutismus über die Reformbürokratie zu seiner eigenen Programmatik führte, die oft weithin, immer aber partiell mit wichtigen staatlichen Modernisierungszielen übereinstimmte. Dieses Selbstverständnis verlieh dem Liberalismus einen unübersehbaren Kompromißcharakter, der besonders dann politisch verstärkt wurde, wenn sich die Liberalen – wie etwa in Württemberg, Schleswig und Holstein – zum Bündnis mit altständischen Kräften genötigt fühlten.

In einem wohl noch prinzipielleren Sinn wurde das staatsfreundliche Kompromißdenken des Liberalismus durch den Einfluß der deutschen Aufklärung geprägt, die auf die Versöhnung von europäischem Vernunftrecht, aufgeklärter Fürstenherrschaft und antizipierter bürgerlicher Gesellschaft zielte. Mehrere politische Generationen haben in dieser Hinsicht die Begründung des Ausgleichs durch die Kantsche Philosophie als ein geistiges Grunderlebnis erfahren. Und gab die Reformära ihnen nicht recht? Schien sie nicht trotz ihrer Kurzlebigkeit die Hoffnungen auf gemeinsame, zeitgemäße Anpassung an die Erfordernisse der Moderne zu bestätigen? Ließen sich nicht bei einem hohen Maß an geistlich-geistiger Unabhängigkeit die weiterhin bestehenden Bande weltlich-politischer Abhängigkeit noch einmal hinnehmen, zumal es einem Axiom sowohl der deutschen Spätaufklärung als auch des deutschen Idealismus entsprach, daß die Macht der Gedanken sich auf lange Sicht die Wirklichkeit unwiderstehlich unterwerfen werde? Man mag das eine zählebige protestantisch-aufklärerische Illusion nennen, historisch wirksam war sie allemal – und Marx, Lenin, Mao sollten diese Überzeugung für alles andere als illusionär halten.

Liberaler Kosmopolitismus und liberaler Nationalismus als Emanzipationsideologie waren ursprünglich aufs engste verschwistert. Zwischen Kriegsende und Revolutionsbeginn drängte sich jedoch der Eindruck unabweisbar auf, daß es statt dessen auch zu einem Konkurrenzverhältnis zwischen weltbürgerlichem und staatsnationalem Liberalismus kommen konnte. Der Soziologe T. H. Marshall hat für die englische Geschichte eine chronologische Sequenz der Erkämpfung von liberalen Freiheitsrechten, dann von politischen und schließlich von sozialen Gleichheitsrechten zu einem nützlichen Idealtypus stilisiert. Wendet man ihn auf die deutschen Verhältnisse an, tritt sofort zutage, daß ein Großteil der Problematik deutscher Politik seit dem Vormärz aus der gleichzeitigen Überlappung all dieser Konfliktfelder bestand. Und die ohnehin komplizierte Konstellation wurde außerdem noch durch den machtvollen Wunsch nach Nationalstaatsbildung überlagert. Der Liberalismus als Partei der Bewegung, des politischen, sozialen, kulturellen, aber eben auch des nationalen Fortschritts bekam die Komplexität dieser Auseinandersetzungen besonders spannungsreich und hemmend zu spüren. Da es ihm ohnehin noch an einer Theorie für die aufsteigende pluralistische Marktklassengesellschaft fehlte, wurde aufgrund der anschwellenden Kraft des massenwirksamen Nationalismus die Hinwendung zur «nationalen Gemeinschaftsideologie» erleichtert, der Glanz der weltbürgerlich-internationalen Ideale begann zu verblassen. Wie weit der Weg zum machtbewußten Staatsnationalismus für den Liberalismus schon geebnet worden war, wurde freilich erst 1848/49 vollends klar.

Der Fragmentierung des deutschsprachigen Mitteleuropa entsprachen tiefreichende regionale Unterschiede in der politischen und sozialen Natur des Liberalismus. Wo zwischen 1800 und 1815 alte Loyalitätsbande zerstört und Oppositionsneigungen gefördert worden waren, dehnte sich der Liberalismus – wie im Rheinland, in Baden, in der bayerischen Pfalz, in Teilen von Württemberg und Hannover – auffallend schnell aus. Die unlängst erlebten Veränderungen demonstrierten, wie rasch Institutionen radikal umgeformt werden konnten, und diese grundlegende politische Erfahrung und Einsicht ging dort so schnell nicht wieder verloren. In Sachsen und Ostpreußen dagegen entwickelte sich ein aristokratischer Liberalismus mit flexiblen Verfassungsvorstellungen und interessengebundener Wirtschaftspolitik. Hier gab es ein deutsches Pendant zu den englischen «Whigs». In

Preußen und in den Verwaltungszentren der Rheinbundbürokratie hielt sich der Beamtenliberalismus der akademischen Honoratioren länger als anderswo. In Leipzig, Köln, Aachen tauchte ein großbürgerlicher Liberalismus auf, der frühzeitig seinen Anspruch auf gesamtstaatliche Verantwortung machtbewußt anmeldete. Bei näherem Hinsehen zerfällt also der deutsche Liberalismus in durchaus verschiedenartige Strömungen, die von den wechselreichen Erfahrungen der Partikularstaaten und historischen Landschaften geprägt wurden, jedenfalls alles andere als leicht zu einer relativ homogenen liberalen Bewegung vereinheitlicht werden konnten.

Schließlich hat nach einem ersten liberalen Aufschwung das Restaurationssystem in seiner Hochzeit von 1819 bis 1830, aber auch noch bis tief in den Vormärz hinein den Aufstieg des Liberalismus nach Kräften gebremst, seine evolutionäre Entwicklung bis hin zu funktionsfähigen liberalen Parteien verhindert und die kostbare Lernzeit für liberale politische Praxis verkürzt.

Die Folgen dieses Bedingungsgeflechts, das dem deutschen Liberalismus einen schwierigen Wachstumspfad vorzeichnete, wirkten sich zunächst, bis 1848, dahin aus, daß dieser Liberalismus nicht zu einer Staat und Gesellschaft umprägenden, beherrschenden Macht aufsteigen konnte. Er mußte seinen Einfluß hier durch Verwaltungsakte, dort durch Kammergesetze, hier durch ökonomische Erfolge, dort durch langwierige Mentalitätsveränderungen, immer aber in kleinen Schüben und mit partiellen Modernisierungserfolgen ausdehnen. Trotzdem verlor er nicht das hochgemute Selbstbewußtsein, daß ihm die Zukunft gewiß sei. Er blieb ungeachtet aller schmerzhaften Rückschläge eine emanzipatorische Bewegung, eine offensive Kraft, zu Recht nannte er sich selber «die Bewegungspartei.»

Will man vor der buntscheckigen Vielfalt der deutschen Liberalismen nicht in individualisierender Deskription kapitulieren, bedarf es einer straffen Typologie. Werden chronologische und inhaltliche Kriterien kombiniert, kann die Analyse einem Grundmuster von drei Typen des Liberalismus folgen, da bürokratischer Liberalismus, konstitutioneller Liberalismus und politischer Radikalismus sich relativ klar abgrenzen lassen.

Der bürokratische Liberalismus, der Beamten- oder Geheimratsliberalismus erlebte nach der intellektuellen Vorbereitung und ersten praktischen Aktivität im ausgehenden 18. Jahrhundert seine große Zeit zwischen 1800 und 1820; aber auch seit den 20er Jahren ließ sein Einfluß keineswegs überall abrupt nach. Er bildete unter den deutschen Verhältnissen ein eigenständiges Phänomen zwischen dem späten aufgeklärten Absolutismus und dem politische Mitwirkung beanspruchenden konstitutionellen Liberalismus. Priorität unter seinen Zielen besaß die Herbeiführung einer modernen Staatsbürgergesellschaft, deren Rückgrat eine möglichst große Zahl gleichberechtigter, politisch aktiver, bürgerlicher und bäuerlicher Eigentümer bilden sollte. Damit verband sich die Förderung einer auf dem Wettbewerb der Individuen beruhenden, von hemmenden korporativen Fesseln befreiten Marktwirtschaft. Und das gesellschaftliche, wirtschaftliche und politische Leben sollte im weitläufigen Gehäuse eines sorgfältig ausgebauten Rechtsstaats endlich Sicherheit, Vorausberechenbarkeit, Freiheit von persönlicher Willkür und Schutz durch allgemeine Gesetzesnormen genießen.

Als Mitinitiator der neuen, dem westlichen Vorbild folgenden Gesellschaft betrieb der bürokratische Liberalismus eine Art Entwicklungspolitik. Die enthusiastische Smith-Rezeption in Preußen hat (wie in Bd. I gezeigt) den allgemeinen Vorsatz nachhaltig verstärkt, durch staatliche Intervention Hindernisse aus dem Weg zu räumen, vorteilhafte rechtliche Rahmenbedingungen zu schaffen und die autonome sozioökonomische Dynamik zu unterstützen oder manchmal sogar Neues erst in Gang zu setzen. Das führte fraglos oft zu einer paternalistischen Planungskonzeption, die in einem unleugbaren Spannungsverhältnis zu dem allgemeinen liberalen Postulat einer möglichst autonomen individuellen und gesellschaftlichen Entwicklung stand. Unter den besten Köpfen der liberalen Reformbürokratie gab es aber auch ein Selbstverständnis, daß man als Machtträger jetzt den Modernisierungsprozeß hin zur Staatsbürger- und Marktgesellschaft voranzutreiben, gerade nach erfolgreicher Transformation jedoch auch mit einem Funktions- und Bedeutungswandel der Verwaltung zu rechnen habe.

Schneller als vom bürokratischen Liberalismus selber erwartet, wurde seine Vorreiterrolle schroff in Frage gestellt. Die Rheinbundreformen zeigten, daß wirtschaftliche und soziale Reformen mit einem geringen Maß an politischer Emanzipation verknüpft werden konnten. In Preußen kamen die Reformen, zum Teil entgegen den Absichten ihrer dezidierten Befürworter, der Stabilisierung der alten Ordnung zugute, und liberale Verfassungshoffnungen wurden schnöde ignoriert. Nach dem Umschwung von 1819/20 lehrte die Erfahrung, daß auch die modernisierungswilligen Staaten sich in das Restaurationssystem einfügten. Im Ergebnis raubte das dem bürokratischen Liberalismus beim verfassungsstaatlich orientierten Liberalismus viel von seiner Glaubwürdigkeit, stellte den Mythos der überlegenen Effektivität bürokratischer Modernisierung in Frage und ließ – konsequent war dieser Schluß in der Tat – die politische Emanzipation als absolut vorrangig erscheinen.

Dennoch war damit noch keineswegs die Sterbestunde des bürokratischen Liberalismus gekommen. Gewiß, exponierte Verfechter – wie Ludwig Harscher v. Almendingen, Heinrich v. Gagern, Karl Friedrich Ibell, Anselm v. Feuerbach, Hardenbergs brillante Mitarbeiter – wurden aus dem Staatsdienst gedrängt oder kaltgestellt. Nach der Wende von 1819/20 zogen sich auf der mittleren Ebene der Verwaltung nicht wenige in eine ängstlich-passive «innere Emigration» zurück. Andrerseits konnte in einer Zitadelle des politischen Hochkonservativismus wie Preußen das riesige Projekt der Agrarreformen relativ zügig weitergeführt, die wirtschaftsliberale Politik beibehalten, der Zollverein aufgebaut werden. Unbestritten gab es einerseits einen Ansehensverlust der Verwaltung, ein wachsendes Mißtrauen gegen das administrative «Werkzeug der Reaktion», das einer allmählich verschärften liberalen Bürokratiekritik Auftrieb gab. Andrerseits riß, wie gesagt, die Kontinuität des bürokratischen Liberalismus gerade in seiner preußischen Heimstätte in der praktischen Politik keineswegs ab, und wo die süddeutsche Verwaltung konservativ gegängelt wurde, konnten liberale Beamte auf einem anderen Aktionsfeld als Landtagsabgeordnete für ihre Ideen weiterstreiten. Sie riskierten Urlaubsverweigerungen und Disziplinarstrafen, betrieben aber dennoch nach Kräften liberale Politik und nutzten ihre überlegene Sachkenntnis und «Abkömmlichkeit» für diese Tätigkeit aus. Der sogenannte Kammerliberalismus in den konstitutionellen Staaten stützte sich durchweg auf eine Mehrheit liberaler Beamter. Insofern stellte der bürokratische Liberalismus keine kurzlebige «Übergangserscheinung», ein schmales Scharnier zwischen aufgeklärt-absolutistischem Wohlfahrtsstaat und dem eigentlichen, dem konstitutionellen bürgerlichen Liberalismus dar, sondern er spielte sowohl in den Landtagen als auch in der Verwaltung allen Schwierigkeiten zum Trotz bis 1848 weiterhin eine aktive, nicht zu unterschätzende Rolle.

Der konstitutionelle Liberalismus weitete sich aus bescheidenen Anfängen in kleinen Gesinnungszirkeln zu Beginn des Jahrhunderts insbesondere in den beiden Jahrzehnten vor der Revolution zu einer breit verzweigten, zunehmend an politischer Schubkraft gewinnenden Bewegung aus. Sie wurde durch die erwähnten einzelstaatlichen Bedingungen und historischen Traditionen fragmentiert, sie mußte sich auch unablässig gegen die harte konservative Übermacht behaupten. Sie gewann jedoch, trotz des Widerstands, den Metternich mit seinen Alliierten leistete, Staat für Staat an Boden und bildete auch trotz aller Heterogenität einen gemeinsamen Prioritätenkatalog aus. Überall galt es demzufolge, die überkommene Fürstenherrschaft in eine konstitutionelle Monarchie mit juristischer, wenn auch noch nicht politisch-parlamentarischer Ministerverantwortlichkeit zu verwandeln. Bildungs- und besitzbürgerliche Abgeordnete sollten das «Volk» in den Kammern repräsentieren. Mit Hilfe eines restriktiven Wahlrechts wurde die durch Eigentum und Ausbildungsdiplome qualifizierte Wählerschaft allerdings klein gehalten.

Insofern wurde die liberale Politik als Eliten-, als Honoratiorenherrschaft, keineswegs als demokratisches System der Mitwirkung aller verstanden. Insofern auch ging es bei dem bis 1848 – und darüber hinaus – anhaltenden innerliberalen Streit um die Ausdehnung des Wahlrechts nicht nur um rechtstechnische Quisquilien, sondern um die Grundsatzentscheidung, wer dieses Nadelöhr passieren und die als politisch mündig anerkannte, entscheidungsfähige Aktivbürgerschaft vergrößern durfte. Vom Parlament mußte gegen fürstliche und bürokratische Willkür der Rechtsstaat weiter ausgebaut, die Gewaltenteilung definitiv sichergestellt werden, wobei mit wachsender Bürokratiekritik und geschärfter Einsicht in die Tatsache, daß Politik im Alltag sehr oft Verwaltungshandeln bedeutet, die effektive Kontrolle der Verwaltung einen hohen Rang gewann. Altständische Privilegien waren als anachronistische Relikte abzubauen, liberale Freiheitsrechte dagegen sicher, mithin gesetzlich zu verankern. Insbesondere das Recht auf ungehinderte öffentliche Meinungsäußerung, ob gesprochen oder gedruckt, stand dabei im Vordergrund, da die Liberalen als aufgeklärte Männer darauf vertrauten, daß sich eine sachangemessene, den wahren «Volksinteressen» entsprechende, «richtige» politische Entscheidung aus dem uneingeschränkten Diskurs der Aktivbürger, vor allem ihrer Abgeordneten, ergebe. Aber auch die Rechte auf freie Vereinsbildung und freie Religionsausübung, auf Sicherheit von Person und Eigentum, auf Freizügigkeit und gleichen Ämterzugang, auf bürgerliche Gleichberechtigung und Versammlungsfreiheit, auf freie Berufswahl und Niederlassungsfreiheit gehörten meist zur Summe jener Grundrechte, die als naturrechtlich begründete Ansprüche eines jeden einzelnen durch die staatliche Gesetzgebung endlich verbrieft und geschützt werden sollten.

Aufs Ganze gesehen blieben die Liberalen überwiegend einer dualistischen Verfassungskonzeption verpflichtet, die ihnen die zeitgemäße, reformerische Veränderung zu gewährleisten schien. Sie folgten damit über weite Strecken der liberalen Parteilehre Benjamin Constants, die auch östlich des Rheins den Charakter eines überzeugenden Vorbilds gewann. In dem seit 1776 und 1789 anhaltenden Streit um die Legitimationsquellen staatlicher Herrschaft – hier Fürstensouveränität kraft Tradition und Gottesgnadentum, dort Volkssouveränität aufgrund demokratischer Gleichberechtigung aller Bürger – ließen die meisten Liberalen die Erbmonarchie als Souveränitätsträger prinzipiell unangefochten bestehen. «Die moralische Macht und Autorität des Königtums» bleibe, beeilte sich noch 1845 das «Hausbuch des deutschen Liberalismus», das «Staatslexikon», zu versichern, als ein Eckpfeiler des politischen Systems anerkannt; nur wenn er intakt dastand, gab es einen verläßlichen Rückhalt gegen Anarchie und Pöbel, gegen sozialrevolutionäres Chaos. Der Volkssouveränität der amerikanischen und französischen Republik begegneten deshalb diese Liberalen mit ebenso grundsätzlicher Abneigung, voll mißtrauischer Skepsis gegenüber dem besitzlosen, ungebildeten «Volk». Wie in einer Ellipse gehörte freilich zu einer Monarchie mit Notwendigkeit der zweite Brennpunkt: die an Politik und Verwaltung mitwirkende, aufgeklärte, durch Besitz und Bildung ausgewiesene liberale Bürgerschaft. Sie half in öffentlicher Diskussion, eine nach allen Seiten maßvolle, eine «vernünftige» Politik zu ermitteln und in Gesetzesform oder kooperativer Verständigung mit der Exekutive durchzusetzen. Im Konfliktfall konnte sie jedoch nicht auf ein ausgefeiltes Widerstandsrecht zurückgreifen, sondern nur mit Hilfe umstrittener ad-hoc-Maßnahmen –

wie der Etatablehnung, Steuerverweigerung, Ministeranklage – eine Entscheidung zu ihren Gunsten zu erzwingen suchen. Auch eine renitente Monokratie komme indes letztlich, drückte Dahlmann eine gemeinsame Überzeugung aus, um die politische Teilhabe liberaler Staatsbürger nicht herum – «wie sehr man auch an den Verhältnissen künstle». Dieses unabdingbare Partizipationsrecht wurde gleichwohl meist dahin verstanden, daß man «mitgesetzgebend, nicht mitregierend» zu gemeinsam vertretbaren Entscheidungskompromissen beitragen wollte.[33]

Vorwärtsgehen sollte es dabei aber in der Tat, und so moderat auch die meisten argumentierten und agierten, genügte den Liberalen z. B. die Wahrung des Status quo im konstitutionellen Süddeutschland genausowenig wie der zähflüssige Fortschritt, geschweige denn die Stagnation auf ihrem mittel- und norddeutschen Betätigungsfeld. Wenn man sich mit dieser Grobskizze der Vorstellungen, welche die meisten Liberalen vom monarchischen Verfassungsstaat besaßen, begnügt, wie sollte dann die soziale und ökonomische Zukunft der Gesellschaft aussehen, die dieser Staat mit heraufführen und der er hinter dem rechtsstaatlichen Schutzwall eine Entwicklungsgarantie gewährleisten sollte? Welche gesellschaftspolitischen Leitbilder schwebten den Liberalen als so verbindlich vor, daß ihr politisches Räsonieren und ihr konkretes Handeln in eine bestimmte Richtung gelenkt wurden?

Offenbar wäre es völlig verfehlt, den deutschen Liberalismus zwischen 1815 und 1848 als einen kampflustigen, zielbewußten, unnachgiebigen Verfechter der eindeutigen Vorherrschaft des Parlaments und des parlamentarischen Regierungssystems zu präsentieren. Man verfehlte ebenso die Realität jener Jahrzehnte, wenn man behauptete, daß die Liberalen – oder auch nur eine klare Mehrheit von ihnen – für den modernen Industriekapitalismus vorbehaltlos eingetreten seien: für die Dominanz eines Wirtschaftssystems mit großbetrieblicher maschineller Produktion, uneingeschränktem Wettbewerb, wortwörtlich freier Marktwirtschaft und womöglich noch allgemeinem Freihandel. Ebensowenig kämpften sie für das soziale Pendant einer Marktklassengesellschaft, deren Spitzenränge vermögende und gebildete Bürgerklassen einnahmen, in schroffer Dichotomie von einem eigentumslosen Proletariat geschieden und bestenfalls durch ihr wohlverstandenes Eigeninteresse bestimmt, den naturgegebenen Dauerantagonismus durch gelegentliche Konzessionen und Entspannungsmaßnahmen abzumildern. Zugegeben, es gab Liberale, die frühzeitig, vom Vorbild der englischen Entwicklung überzeugt, auf diese Karte setzten. Im allgemeinen aber waren die Zielvorstellungen weit weniger modern, vielmehr eng an der eigenen soziopolitischen Umwelt orientiert, überhaupt auffallend ambivalent in der Beurteilung der westlichen Pionierländer. Auf jeden Fall gab es ein Nebeneinander sehr verschiedenartiger Postulate und Entwicklungshoffnungen, keine einheitliche Vision der Liberalen von ihrer «schönen, neuen Welt.»

Um die Grundzüge der mehrheitsfähigen Konzeption zu verstehen, muß man sich einige Prämissen vergegenwärtigen. Auch der deutsche Liberalismus baute auf der Grundannahme auf, daß die notwendigen Veränderungen einschließlich der politischen Emanzipation aus der Gesellschaft heraus, mit Hilfe ihrer eigenen Kräfte und reformwilligen Mitglieder unter Ausnutzung der bereits in ihr angelegten und vorantreibenden Entwicklungstendenzen bewirkt werden müßten. Eben darin bestand «eine gemeinsame programmatische Basis des gesamten kontinentaleuropäischen Frühliberalismus». Von daher ergab sich bei den deutschen Liberalen mit innerer Folgerichtigkeit die Neigung, die historisch gewachsene Ordnung in einem hohen Maße zu akzeptieren, so daß auch unter den liberalen Neuerern eine starke Bindung an die vorgegebene Gesellschaft erhalten blieb. Wer auf ihre autonome Entwicklungskapazität vertraute, verließ sich gern auf die Annahme, daß ein ohnehin voranschreitender, von den Liberalen zu beschleunigender evolutionärer Fortschritt das bewährte, gesunde, vernünftige Bestehende in sich «aufheben» werde. Dem lag die naturrechtlich gefärbte Überzeugung zugrunde, daß die Gesellschaft aufgrund ihrer inneren Bewegungsmechanik zu einer «harmonisch prästabilierten», «natürlichen» Ordnung hin tendiere. Diese Ordnung wurde zwar durch die monokratische Fürstenherrschaft, den absolutistischen Staatsapparat, die egoistischen Interessen von Adel, Klerus und Großkapital verformt, konnte aber, wenn nur die Liberalen ihre historische Mission erfolgreich ausführten, in ihrer eigentlichen Gestalt hergestellt, von ihren Schlacken befreit, gewissermaßen in ihren Optimalzustand überführt werden. Darunter verstanden viele Liberale eine verbesserte Verallgemeinerung ihrer eigenen sozialen Lebenswelt: Das Zentrum ihres Zukunftsentwurfs bildete eine berufsständisch gegliederte Gesellschaft «mittlerer bürgerlicher Existenzen», dank Eigentum und Bildung zu materieller und geistiger Selbständigkeit imstande, als Aktivbürger die zeitgemäße Politik des Gemeinwesens bestimmend.

Um das zu erreichen, waren die feudalständischen Privilegienträger konsequent zu «entprivilegisieren» und in die bürgerliche Gesellschaft des «Dritten Standes» einzuschmelzen. Emanzipation der bisher Benachteiligten andrerseits bedeutete, so gesehen, nicht nur Befreiung von degradierenden Bindungen und Auflösung anachronistischer Verhältnisse, sondern zugleich auch stets Freisetzung zur Begründung einer unabhängigen, menschenwürdigen bürgerlichen Existenz. Hier wie auch ganz allgemein hat sich die unbestrittene «Vorbildfunktion» des mittleren Bürgertums der Kaufleute, Händler, Handwerker und anderen kleingewerblichen Produzenten, dazu natürlich auch der akademischen Berufe ausgewirkt; dieser Soziallage entsprach auf dem Land das selbständige Bauerntum auf lebensfähigen, mittelgroßen Höfen. Ein solcher städtisch-agrarischer «Mittelstand» sollte den «moralisch-politischen Mittelpunkt» der liberalen Gesellschaft bilden. Deshalb war seine numerische Stärke und Unabhängigkeit so wichtig, denn erst auf der Grundlage materieller Sicherheit, humanistischer Bildung, geistiger

Autonomie und freier Meinungsbildung konnte er seine «vernünftigen Interessen» zugunsten des Gemeinwohls verwirklichen. Das qualifizierte Wahlrecht drängte sich, wie erwähnt, den Liberalen aus diesen Gründen geradezu als Selbstverständlichkeit auf. Der Mittelstand stelle doch, behauptete Dahlmann 1835 in einer typischen, aber zu euphorischen Formulierung, bereits den «Kern der Bevölkerung», «in ihm ruht gegenwärtig der Schwerpunkt des Staates, der ganze Körper folgt seiner Bewegung», darauf müsse jede Regierung achten. Zur gleichen Zeit bildete auch für den preußischen Geheimrat Wehnert «der möglich zahlreichste, gebildete Mittelstand... die Hauptstütze des Staates»; mit ihm entstehe überdies «eine Nation im politischen Sinne des Wortes». Noch nachdrücklicher lobte Johann Gottfried Hoffmann 1844 vor der Berliner Akademie das echt «konservative Prinzip» dieser Schichten, ehe er die Unterstützung «eines zahlreichsten, selbständigen und wohlhabenden niederen Mittelstandes» als bestes Vorbeugemittel gegen die Revolution forderte. Auch das «Staatslexikon» verlangte für die durch «Tüchtigkeit und Zuverlässigkeit» ausgezeichneten «Mittelklassen» die «Oberhand», da sie «zu Organen eines vernünftigen Gemeinwillens» weit eher tauglich seien als «Egoismus und Anmaßung» der «höheren» oder «Roheit und Unwissenheit» der «untersten Klassen».

Angesichts solcher Vorzüge, aber auch der Distanz, welche die Gegenwart – wie die realgesellschaftlichen Verhältnisse lehrten – noch von der liberalen Zukunft trennte, behielt die weithin akzeptierte «Zielutopie» einer klassenlosen «Mittelstandsgesellschaft auf patriarchalischer Grundlage» ihre Anziehungskraft. Der Zugang zu ihr sollte jedem selbständigen Bürger und jedem städtischen und ländlichen Eigentümer mit maßvoll begrenztem Besitz und Einkommen, jedem akademisch ausgebildeten Bürgerlichen freistehen. Das Zulassungskriterium orientierte sich offensichtlich an der herkömmlichen Gemeinschaft der «Hausväter» des «Ganzen Hauses», die als politisches und sozialmoralisches Vorbild für den «Bürger» fortlebte. Die Erweiterung dieses «bürgerlichen Vereins» war nicht eng gedacht: Durchaus sollte etwa der Geselle, nachdem er zum Meister, der Lehrling, nachdem er zum Ladenbesitzer, der Stipendiat, nachdem er zum Gymnasiallehrer arriviert war, als ausgewiesener Bürger aufsteigen können. Insofern verstanden diese Liberalen ihre Gesellschaft, da Erbe und Herkunft, aber genausogut Leistung und Talent die Eingangshürden überwinden konnten, als eine offene Gesellschaft. In ihr sollte ebenfalls, auf mittelhohem Niveau eingependelt, eine möglichst lückenlose Egalität unter den Mitgliedern herrschen.

Eine demokratisch-egalitäre Verfassung war damit nicht gemeint, vielmehr knüpfte diese Bürgergleichheit an das Ideal der gleichen, auskömmlichen «Nahrung» und sozialen Gleichberechtigung der stadtbürgerlichen Korporationen an. Überhaupt blieb die berufsständische Ordnung ein selbstverständlicher Bezugspunkt. Ständische Verbände wurden nicht als mittelalterliche Relikte geächtet, sondern galten weiter als Bauelemente auch der liberal-bürgerlichen Gesellschaft, die nach politischen und sozialen Ständen, nach Familien und Zünften in sich gegliedert, vom hausväterlichen Moralkodex beherrscht bleiben sollte. Die Auflösung korporativer Bindungen hat das zähe Festhalten an den Traditionen noch verstärkt. Ganz unverkennbar sozialkonservativ, reflektierten diese liberalen Wunschbilder großenteils noch die traditional geprägte Umwelt der kleinstädtisch-kleingewerblich-agrarischen deutschen Verhältnisse, unter denen nicht nur die Mehrheit der Bevölkerung, sondern auch der Liberalen lebte. Fabriken, Banken, Großhandel blieben hier bis in die 40er Jahre hinein isolierte Erscheinungen. Sie wurden häufig eher als Fremdkörper, als «Störfaktor» denn als willkommenes Symbol einer neuen Zeit empfunden. Man bekämpfte nicht die adlige Sonderstellung, um sie gegen die Monopolposition eines Großkapitalisten einzutauschen. Diese Liberalen wollten weder die politische Revolution noch die Industrielle Revolution, beidemale fürchteten sie die unheimlichen Entartungstendenzen. Daher blieb ihnen auch, anders als den smithianischen Beamtenliberalen, der englische Wirtschaftsliberalismus fremd, in Lehre und Praxis unerwünscht. Weit eher als das industrielle England erschien ihnen die Schweiz mit ihrem Übergewicht mittelständischer Existenzen, die für eine ausgewogene Sozialverfassung sorgten, als nachahmenswertes «Orientierungsmodell.»

Diese zeitgebundenen, sozialkonservativen Grundzüge des liberalen Denkens, das weit bis in die radikalen, republikanischen Gruppierungen hineinreichte, erklären zum guten Teil sowohl die Attraktivität als auch die Heterogenität der liberalen Strömungen. Nicht nur Advokaten, Kaufleute, beamtete Bildungsbürger fühlten sich zu ihnen hingezogen, sondern auch Krämer, Einzelmeister, Landwirte, kleine gewerbliche Unternehmer, Gastwirte, städtische Angestellte usw. vermochten sich mit diesen vertrauten, realitätsnahen und zudem noch progressiven, ihren Hoffnungen entsprechenden Zielen zu identifizieren; der Blick auf die sozialen Trägerschichten wird das unten noch verdeutlichen.

Freilich konnte sich mit diesen Erwartungen leicht eine Idealisierung der vorindustriellen Verhältnisse in einer Zeit verbinden, in der sich eine fundamentale sozialökonomische Zäsur anbahnte. Im Rückblick ist die vorschnelle Zufriedenheit mit einer möglichst vielen zugute kommenden, behäbig-biederen Spitzweg-Idylle kaum zu übersehen. Andrerseits: Weder war der Sieg des Industrialismus in der Mehrheit der deutschen Länder schon so klar zu erkennen, noch bereits als so sicher auszumachen, wie es später erscheinen konnte. Und keineswegs darf die Unterschätzung der industriellen Dynamik, selbst die tief pessimistische Ablehnung von Großbetrieb, Großunternehmer und Großkapitalist als allgemeine Kapitalismusfeindschaft mißverstanden werden. Wieder einmal muß man den revolutionär neuartigen Industriekapitalismus, der in der Tat weithin auf Ablehnung, zumindest auf besorgtes Mißtrauen stieß, von den älteren, längst selbstverständlich gewordenen Formen des Kapitalismus klar unterscheiden. Ein kleingewerblicher Produktionskapitalismus, ein überschaubarer Handelskapitalismus, ein bescheidener Agrarkapitalismus – sie alle gehörten zu den festen wirtschaftspolitischen Ordnungsideen derjenigen Liberalen, von denen hier die Rede ist; dort lagen ihre wirtschaftlichen Lebenskreise, dieser Kapitalismus gehörte zu ihrem ökonomischen Alltag, der keine prinzipielle Aversion auslöste.

Unstreitig ist das mittelständische, honoratiorenpolitische «Erwartungsmodell» der liberalen Mehrheit mit dem Durchbruch der Industriellen Revolution seit den 40er Jahren und der neuen Hierarchie der Marktklassengesellschaft gescheitert. An dieser übermächtigen Realität zerbrach die liberale Utopie, in die viel pragmatische Realitätsnähe, aber zu wenig diagnostische Kraft eingeflossen war. Die ersten Risse tauchten im späten Vormärz auf. Während der Revolution konnte kein Sachkundiger sie mehr übersehen. Mit der anhaltenden industriellen Hochkonjunktur und den sozialen Strukturveränderungen nach dem Einschnitt von 1848/49 wurde ihre Verteidigung zur Illusion, zur mittelständischen Ideologie. Ohne die Überzeugungskraft und dann den Zerfall dieser Leitkonzeption kann man jedoch, soviel ist gewiß, einem Großteil liberaler Politik und Mentalität, innerliberalen Streits und liberaler Anpassungsschwierigkeiten angesichts der unerwarteten neuen Wirklichkeit sowohl vor 1848, als auch, erst recht, danach nicht gerecht werden. Vor allem ihr Verhalten während der Revolution, ihre anhaltende interne Differenzierung und schließlich ihre Zerrissenheit in der Konfrontation mit neuen Gegnern und alten Gefahren wird erst im Lichte dieser Vorgeschichte verständlich.[34]

Neben dem konstitutionellen Mehrheitsliberalismus, der den charakterisierten Zielprojektionen und Überzeugungen anhing, gab es jedoch auch eine Minderheit, welche die moderne kapitalistische Wirtschaft und Sozialstruktur bejahte, selbstbewußt an der Machtausübung im Staat direkt beteiligt werden wollte, ja sich selber das Regieren zutraute. Es ist selbstredend kein Zufall, daß diese Spielart des konstitutionellen Liberalismus in den sozioökonomisch hochentwickelten deutschen Regionen und Städten ihre Heimat besaß. Von solchen Pioniergebieten, die noch wie Inseln in einer überwiegend traditional geprägten Umwelt wirkten, ging sowohl die Ausstrahlungskraft des Modernen als auch die abschreckende Wirkung einer Umwälzung der Verhältnisse aus. Von hier aus ergaben sich auch oft mehr Berührungspunkte mit dem innovationsbereiten norddeutschen Beamtenliberalismus als mit dem süddeutschen Kammerliberalismus. Zentren dieses tendenziell großbürgerlichen Liberalismus, der sich eng am belgischen, englischen, französischen Vorbild orientierte, bildeten sich z. B. in den rheinischen Metropolen, im entstehenden Ruhrrevier, in Leipzig heraus. Ihm erschien der Weg in die neue Welt der Großunternehmen in Industrie und Verkehrswesen, im Banken- und Versicherungsgeschäft als progressiver

Aufstieg auf ein Entwicklungsniveau, das beispiellose Möglichkeiten bot. Aus der ökonomischen Macht wurde als gleichsam natürliches Korrelat der Anspruch auf politische Macht abgeleitet, die im gesamtstaatlichen Parlament einer konstitutionellen Monarchie, für manche sogar erst im parlamentarischen Regierungssystem angemessen ausgeübt werden sollte. Durch diese Fraktion der Liberalen, die auf Industrialisierung als unaufhaltsamen Fortschritt setzten und aus der Bewährung an weitläufigen Aufgaben ein erfahrungsgesättigtes Selbstbewußtsein gewonnen hatten, verlief freilich eine scharf markierte Trennungslinie.

Eine Minorität hielt die englischen und belgischen Industriereviere, die Geschäftigkeit der Londoner City, die soziale und politische Suprematie der französischen Großbourgeoisie für das Bild der eigenen Zukunft. Sie setzte auf die Chancen, die dieser bewunderte Progress auch in Deutschland eröffnen mußte und nahm dafür die Schattenseiten des Systems: «die so grell dissonierenden sozialen Ungleichheiten», Proletarisierung und alltägliches Massenelend, als unvermeidbaren Preis in Kauf. Die staatliche Ordnungsmacht mußte bereitstehen, um ihn in festen Grenzen zu halten. Wirtschaftspolitisch hatte die Regierung dafür zu sorgen, daß die privilegierten Agrarinteressen nicht länger mehr dem siegreichen Vordringen der Industrie im Wege standen; in der Außenwirtschaft sollte sobald wie möglich der Anschluß an das englische Freihandelssystem gewagt werden.

Die Gegenseite teilte vollauf den optimistischen Glauben, daß der zeitgenössische Fortschritt an dem Stand der Industrialisierung und den mit ihr verflochtenen Konnexinstituten der Banken, Versicherungs-, Eisenbahn- und Dampfschiffahrtsgesellschaften abzulesen sei. Als Teilhaber an diesem Fortschritt stand sie in ihrem politischen Selbstgefühl keinem nach: «Wo die Industrie als Macht stark ist», proklamierte Mevissen 1840, «da ist auch politische Kraft und Freiheit.» Aber die englische Wirtschafts- und Sozialgeschichte der letzten Jahrzehnte diente ihr zugleich als eindringliches Lehrstück, als Appell, die schlechterdings unübersehbaren und – wie mancher von ihnen urteilte – unerträglichen Mißstände mit aller Kraft zu vermeiden. Da man Zeuge eines weit fortgeschrittenen großen gesellschaftlichen Experiments sei, genieße man den Vorzug, hieß es oft, aus dessen Fehlern lernen zu können, um die eigenen Kosten so gering wie möglich zu halten.

Diese Liberalen machten sich daher für politische Korrekturmaßnahmen stark: für staatliche Sozialpolitik, für kostenlose öffentliche Schulen zur Ausbildung aller Kinder, für Mittelstandspolitik zugunsten von Handwerkern und Bauern, für freie Assoziationen, sprich: Gewerkschaften der Arbeiter, damit sie für ihre legitimen Interessen offen eintreten konnten, für staatliche Arbeitsbeschaffung in ökonomischen Krisenzeiten, für die Einbeziehung der Arbeiter in den Staatsbürgerverband, mithin für ihre demokratische Mitwirkung und die Gewährung moderner Gleichheitsrechte. Als Exponent dieses aufgeklärten Sozialliberalismus ging der Kölner Großunternehmer Gustav Mevissen, der auch wie nur wenige seiner Klassengenossen eine geschmeidige deutsche Prosa beherrschte, mit seinen programmatischen Forderungen fraglos erstaunlich weit. Indes: Er stand keineswegs allein da, obwohl die Unterschiede teilweise so stark ausgeprägt waren, daß sie bei dem Wuppertaler Unternehmer Schuchard geradezu Kassandrarufe gegen die Folgen eines zu schnellen industriellen Wachstums auslösten.

Beiden Fraktionen des großbürgerlichen Liberalismus diente, darin bestand ein verbindender Konsens, sowohl die konstitutionelle Monarchie als auch das sozialreformerische Programm immer auch als «Präventivmaßnahme» gegen die «drohende soziale Revolution», wie überhaupt der furchterregende «Proletarier» ohne «Besitz- und Selbständigkeit» das negative Gegenbild zur sozialmoralischen Figur des ehrbaren, tüchtigen Angehörigen des Mittelstands bildete. Angesichts des langen Schlagschattens der Julirevolution und der wachsenden soziopolitischen Spannungen des deutschen Vormärz ist die Absicht der «Revolutionsprophylaxe» nicht verwunderlich. Um keinen Zweifel aufkommen zu lassen: Verfassungsstaat und humanitäre, staatsbürgerfreundliche Gesetzgebung bildeten jeweils Ziele an sich, die aus fest begründeter Überzeugung und nach zum Teil scharfsinniger Analyse der Gegenwart verfochten wurden. Zugleich verband sich mit ihnen jedoch der politisch legitime Zweck, auf diese Weise besser und effizienter, als das dem autokratischen oder bürokratischen Staat möglich schien, die herandrängenden Probleme, die im Aufstand des Proletariats, in der Anarchie des «Pöbels» gipfeln konnten, zu entschärfen. Dennoch waren sich auch diese Liberalen – Mevissen verkörperte da eine der wenigen Ausnahmen – in aller Regel darin einig, das Wählerreservoir entschlossen einzuschränken. In diesem Punkt gingen die allermeisten mit den sozialkonservativen Mehrheitsliberalen durchaus konform. Spannungsminderung durch Ausdehnung staatsbürgerlicher Teilhaberechte – dieses erfolgversprechende Rezept wurde aufgrund der politischen Theorie und des begrenzten Interessenhorizonts liberaler Honoratioren im allgemeinen abgelehnt.

Daß in Rheinpreußen die profiliertesten Verfechter sowohl eines englischen Industrialisierungswegs als auch eines weitsichtigen Sozialliberalismus auftraten, hängt mit dem sozioökonomischen Entwicklungsstand, der geographischen Nähe zu Pionierländern wie Belgien und Holland, Frankreich und England, der engen Verflechtung mit dem schneller pulsierenden wirtschaftlichen und politischen Leben dieser Nachbarn – aber mindestens ebenso sehr mit den Vorzügen der französischen Besatzungszeit zusammen. In den zwanzig Jahren von 1795 bis zum Anschluß an Preußen, den der Kölner Bankier Abraham Schaaffhausen enttäuscht als Heirat «in eine arme Familie» kommentierte, war das neue französische Recht auf breiter Front eingeführt worden. Gleichheit vor dem Gesetz, öffentliche und mündliche Gerichtsverfahren, Geschworenengerichte in Strafsachen, Trennung sowohl von Justiz und Verwaltung als auch von Staat und Kirche, Steuergleichheit,

Gewerbefreiheit, gleiche Stadt- und Landgemeindeverfassung – so begann ein Katalog folgenreicher Neuerungen, deren Summe von den Rheinländern als Verfassungsersatz verstanden und erfolgreich verteidigt wurde. Im verfassungslosen Preußen waren das konservative Machtkartell und die Bürokratie vor Ort immerhin politisch klug genug, dem rheinischen Liberalismus «das französische Recht» als Quasi-Konstitution zu belassen und auf die Integrationskraft dieser Großzügigkeit zu bauen. Stolz auf den Besitz dieses Vorsprungs, vom ökonomischen Erfolg beflügelt, mit hellwachem, analytischem politischen Verstand begabt, verfolgten die führenden Repräsentanten des rheinpreußischen Liberalismus machtbewußt nicht nur provinzielle, sondern zunehmend gesamtstaatliche, ja nationalpolitische Herrschaftsziele. Seit dem März 1848 trat ihre Sonderstellung, insbesondere ihre politische Führungsqualität endgültig in das helle Rampenlicht der Öffentlichkeit, aber ihre eigentliche Stunde schlug doch erst seit dem vollen Durchbruch der Industriellen Revolution nach dem Scheitern der politischen Revolution.[35]

Wie sowohl der Beamtenliberalismus als auch der Beamtenkonservativismus politische «Fraktionen» im Verwaltungsapparat bildeten, besaßen auch die verschiedenen Spielarten des konstitutionellen Liberalismus vor 1848 keineswegs nur die amorphe Natur lockerer Gesinnungsgemeinschaften, die allenfalls im Medium einer mehr oder minder hart zensierten Öffentlichkeit einen prekären, jederzeit gefährdeten Kommunikationszusammenhang aufrecht zu erhalten versuchten. Das Organisationsproblem darf freilich auch nicht allein auf die Frage nach dem Auftauchen embryonaler moderner Parteien verengt werden. Einmal schloß das Vereinsrecht der Einzelstaaten, dazu auch die Repressionsgesetzgebung des Bundes die öffentliche Bildung erklärtermaßen politischer Parteien aus. Es gab jedoch auch eine starke innerliberale Aversion gegen die Formierung von Parteien, die als Verselbständigung von egoistischen Partikularinteressen verketzert wurden. Noch wurde ja nicht einmal der politische Pluralismus von konkurrierenden liberalen Interessen anerkannt. Das Parlament wurde daher auch nicht als freier Markt verstanden, auf dem Ideen und Argumente ausgetauscht, Interessen miteinander vermittelt wurden und je nach Überzeugung und Durchsetzungskraft der Sieg in Gestalt von Mehrheitsentscheidungen zuungunsten der Minderheit dem größten politischen Marktmachtbesitzer zufiel. Aufgeklärte Liberale ermittelten vielmehr im öffentlichen Diskurs angeblich «die vernünftige Volksmeinung», «das wahre» Interesse schlechthin – wie der süddeutsche National-Liberale Paul Pfizer sich unmißverständlich ausdrückte: Liberale Ziele seien eben das, was «die Gesamtheit in ihrem vernünftigen Interesse will oder wollen muß».

Von dieser Position aus erschien nicht nur der formelle Zusammenschluß als überflüssig oder gar gefährlich, sondern die Legitimität einer liberalen Opposition gegen die liberale Mehrheit wurde mit Entschiedenheit negiert, sie galt als selbstzerstörerisches, undiszipliniertes Ausscheren «politischer

Sekten» (Dahlmann) aus dem Kreis derer, die doch die politische Vernunft besaßen oder jedenfalls ermitteln konnten. Die Fiktion des einheitlichen politischen Interesses und Willens wurde erst allmählich als «verschleierter Herrschaftsanspruch» dekuvriert. Ein quälender Anpassungsprozeß war erst nötig, bis die Artikulationsberechtigung und Koexistenz rivalisierender liberaler Parteifraktionen anerkannt wurde. Obwohl Hegel, der dem Staat als Ordnungshüter «die absolute Macht gegen alles Einzelne» zugebilligt und Parteien, die wegen ihres Sonderinteresses aus der chaotischen Gesellschaft heraus zur Herrschaft über das ganze politische System strebten, mit schneidender Verachtung verdammt hatte, waren es dann die Rechts- und Linkshegelianer, die erste, alsbald rezipierte parteitheoretische Entwürfe entwickelten, welche liberalen Politikern den Weg zur Parteibildung ideell glätteten.

Trotz der rechtlichen Barrieren und internen Hemmschwellen wurde der Kammerliberalismus zu einer frühen Form der Fraktionsbildung und -bindung gedrängt, die sich im späten Vormärz klar herausbildete, dann 1848 schnell verfestigen ließ. Außerdem traten andere Organisationsstrukturen hervor, die ein Produkt vormärzlicher Erfahrungen und Handlungsspielräume darstellten. Das weit aufgefächerte Vereinswesen, das in der «Assoziation» eine traditionale korporative Sozialform mit modernem Individualismus auf attraktive Weise verband, bot zahlreiche Möglichkeiten des regelmäßigen Gedankenaustauschs und der praktischen Kooperation. Manchmal verlangten auch die Vereinsstatute ein parteiähnliches Verhalten. Insbesondere die frühen Interessenvereinigungen eigneten sich als Schulungsfeld für politische Tätigkeit, da Handeln in einem geschlossenen Verband mit klaren Zielvorgaben und formalisierten Entscheidungsprozessen verlangt wurde. Weit ausstrahlende öffentliche politische Feste – wie z. B. 1832 das Hambacher Fest, 1842 das Kölner Dombaufest und schier zahllose lokale Feiern – trugen ebenso zur politischen Mobilisierung und Kohäsion bei wie Demonstrationen und Petitionen. Auch das evangelische Gemeindeleben konnte sich «als Erfahrungsraum für liberale Politik» öffnen, wenn Gemeinden und Synoden als «Forum zur Durchsetzung konstitutioneller Rechte des Bürgers gegenüber dem landeskirchlichen Regiment» dienten. Der heftige Zusammenstoß zwischen theologischem Rationalismus und protestantischer Orthodoxie, der unten noch verfolgt wird (Teil 3, V, 1), besaß zudem nicht wenige Kennzeichen eines kryptopolitischen Konflikts, bei dem theologische Argumente die Unterstützung oder Blockierung der soziopolitischen Modernisierung notdürftig kaschierten. «Der Liberalismus», brachte Heinrich Laube diesen Streit auf den Punkt, «wurde mir die angewandte Theologie.»

Diese politisierende Auseinandersetzung blieb freilich lange Zeit auf die protestantischen Gebiete beschränkt, denn mit der Bulle «Mirari Vos» hatte Papst Gregor XVI. 1832 den Liberalismus geächtet, bevor er das Restaurationsbündnis von Thron und Altar erneut beschwor. Erst mit der Bewegung der «Deutschkatholiken» griff die politische Liberalisierung auf das Lager des Katholizismus über, dann jedoch mit der spezifischen Vehemenz aufgestauter Bewegungen. Über alle tendenziell politischen Kontroversen berichtete eine aufmerksame, durch unzensierte Auslandspublikationen unterstützte Publizistik, welche aus der Enge lokaler Borniertheit in einen weiten, übergreifenden Kommunikationszusammenhang hineinführte.

Vor allem aber wurden die Anhänger des konstitutionellen Liberalismus durch das Netzwerk der eng miteinander verflochtenen kleinen politischen Elite zusammengehalten. Diese regional verwurzelten, jedoch auch immer häufiger «national» denkenden Personenkreise klärten programmatische Äußerungen, bereiteten Entscheidungen informell vor, formulierten Ziele, sicherten insbesondere eine gewisse sachliche, fraglos die personelle Kontinuität liberaler Politik. Sie trafen sich privat auf den Landgütern des badischen Abgeordneten Adam v. Itzstein oder des Hessen Heinrich v. Gagern, bei dem Mannheimer Verleger Bassermann oder im «Hallgarten-Kreis». 1847 schließlich wurden zwei parteiähnliche Konferenzen abgehalten. Einmal fand sich in Heppenheim vor allem süddeutsche und rheinische liberale Prominenz erstmals zahlreich zusammen, die ausnahmslos an der konstitutionellen Monarchie, zum Teil an dem Fernziel eines gesamtnationalen Arrangements mit den Fürsten, an der mehrheitsliberalen Politik einer Aufwertung der Landtage, an der antiaristokratischen und zugleich antiproletarischen Spitze energischer als zuvor festhielt. Zum zweiten berieten in Offenburg die Repräsentanten des linksliberalen, nationaldemokratisch gesinnten Flügels, der auf Volks- und Parlamentssouveränität pochte, ja auf die Republik und auf einen zur Lösung der «sozialen Frage» fähigen Volksstaat setzte. Seine radikalen Exponenten wollten sogar die revolutionäre Realisierung des bürgerlichen Nationalstaats nicht ausschließen. Der «irreparable Bruch» zwischen diesen beiden «Fraktionen» konnte seither nicht mehr überbrückt werden.

Daß sich im unmittelbaren Vorfeld der Revolution, als der Liberalismus endlich eine «gesamtdeutsche Dimension erreicht hatte», die inneren Bruchlinien nicht länger mehr verhüllen ließen, lag primär nicht an dem offensichtlichen Mangel an formaler Parteidisziplin. So wenig sich dieses Defizit bestreiten läßt, bietet doch auch eine harte Parteiorganisation bei vitalen Interessengegensätzen keine sichere Gewähr gegen ein Schisma. Auch im späten Vormärz stieß gewissermaßen die Heterogenität der sozialen Basis durch die Decke liberaler Gemeinsamkeiten hindurch.

Der deutsche Liberalismus kann, um es noch einmal zu unterstreichen, weder auf den Beamtenliberalismus in der Verwaltung und in den Kammern, noch auf eine globale «bürgerliche» Bewegung reduziert werden. Gewiß, die beamtete Intelligenz wurde im allgemeinen in den Führungsgremien anerkannt: Sie besaß das hohe Prestige der Universitätsabsolventen, unentbehrliche Sachkunde dank gediegener Berufserfahrung, überregionale Verbindungen aufgrund von Studium und Amtsgeschäft, nicht zuletzt Abkömmlichkeit und dazu wenig Konkurrenz, etwa von Rechtsanwälten und freien Publizisten, während Unternehmer damals ihre zeitaufwendige Tätigkeit im Betrieb nur äußerst selten mit regelmäßigem politischen Engagement zu verbinden vermochten. Man kann sich daher vorschnell durch die prominente Rolle bildungsbürgerlicher Beamter zu einem falschen Urteil verleiten lassen.

Schon neben den mehrfach erwähnten liberalen Beamten in den Kammern fand sich eine bunte Vielfalt von Mandatsträgern ganz unterschiedlicher Herkunft. Im badischen Landtag von 1831 z. B., der als aufrecht liberal galt, stammten neben den rund 60 % «Gebildeten» rund 40 % aus Handel, Industrie und Landwirtschaft, wie etwa die acht Handwerker, die vier «Fabrikanten», d. h. kleingewerblichen Unternehmer, und die beiden Gastwirte. Auch im hessisch-darmstädtischen Landtag von 1826/27 gehörten schon zu den 18 Liberalen (von 48 Abgeordneten) die Vertreter aller möglichen Berufe: Die acht lokalen Amtsträger gingen zugleich der Landwirtschaft nach, außerdem gab es drei Bauern, zwei «Fabrikanten», je einen Einzelhändler, Notar, Beamten, Krankenhausverwalter und Schultheiß. Auf der Ebene der städtischen Kommunalpolitik wird die ungleichartige Zusammensetzung noch deutlicher. Im Berliner Stadtrat von 1848 rekrutierte sich die Mehrheit aus Handel und Gewerbe; in Frankfurt agierten neben den wichtigen Anwälten vor allem kleinere Geschäftsleute, Angestellte und Gastwirte; bis 1848 besaß der Essener Rat eine kleinbürgerliche Majorität; in Bochum lag der Schwerpunkt bei kleinen Geschäftsleuten; in Barmen kamen die meisten Liberalen aus dem «Mittelstand» der zweiten und dritten Klasse des Dreiklassenwahlrechts. Die von den Behörden registrierten Pfälzer Teilnehmer am Hambacher Fest bestanden zwar einerseits aus 57 Studenten und 29 Akademikern, andrerseits aber aus 101 Männern aus dem Wirtschaftsleben, z. B. 36 Kaufleuten und 34 Handwerkern; insgesamt stellten Handwerker rund 40 % aller Besucher. Die Breslauer Protestpetition von 1843 zugunsten der protestantischen «Lichtfreunde» wurde von 1704 Studenten und Akademikern, jedoch von 3080 Handwerkern (40 %), Kaufleuten und Bauern unterzeichnet. Zur selben Zeit war die Zusammensetzung der 700 bis 800 Mitglieder von Johann Jacobys umstrittener Königsberger «Bürgergesellschaft» von 1841 nicht weniger sozial gemischt.

Auf ihren regionalen und städtischen Aktionsfeldern bildeten die Liberalen mithin eine quer durch viele Schichten und Klassen auffällig breit gestreute und diffuse Opposition, deren Komplexität wegen der Fixierung auf die wort- und schreibgewandten Honoratiorenelite oft übersehen worden ist. Diese Mischung verschiedenartigster Elemente – die in der Rheinpfalz kleine Weinbauern, in Sachsen, Schlesien und Ostpreußen Gutsritter, in den süddeutschen Kammern kleine Ladenbesitzer und Landwirte, in den preußischen Stadträten Schankwirte und Bankiers umfaßte – stellte offenbar ein allgemeines sozialstrukturelles Charakteristikum vor allem unterhalb der eigentlichen Führungsebene dar. Erfahrene zeitgenössische Beobachter stimmten mit diesem Urteil überein. So diagnostizierte etwa Stephan Born ganz so wie Hans Victor v. Unruh, daß um 1840 der «kleinbürgerliche Mittelstand... durchweg liberal» geworden sei und in seiner «liberalen Gesinnung sich den sogenannten Honoratioren, Kaufleuten und Beamten» angeschlossen habe. Kurz: Außer den bekannten Vertretern des beamteten Bildungsbürgertums und der Großbourgeoisie rekrutierten sich die Anhänger der liberalen Bewegung aus einem weiten «Spektrum der deutschen Gesellschaft» – freilich blieb nach liberalem Politikverständnis die Mehrheit der unselbständigen Arbeiter, der landarmen und landlosen Bevölkerung ausgeschlossen. Statt bei den Unternehmern, deren bevorzugte Ideologie der Liberalismus gewesen sein soll, lag sein reales «Gravitationszentrum» im allgemeinen eher bei den kleinen gewerblichen Produzenten und Kaufleuten – bei der «vernünftigen Mittelklasse.»[36]

Angesichts der politischen Konstellation des Vormärz, der sozialen Heterogenität des konstitutionellen Liberalismus und der damit unvermeidbar verknüpften Interessendivergenzen ist die Ausdifferenzierung eines linken Flügels, überhaupt des politischen Radikalismus bis hin zu den verschiedenen Strömungen des Sozialismus und Kommunismus keineswegs so überraschend, wie sie damals auf die meisten Liberalen wirkte. Den tiefen Gegensätzen, die wegen der konträren politischen Auffassungen und den aus der Gegenwartsanalyse gezogenen Konsequenzen aufbrachen, entsprach mit innerer Folgerichtigkeit das allmählich erfolgende Wegdriften vom Mehrheitsliberalismus, schließlich die Trennung und organisatorische Unabhängigkeit. Für die Verfechter einer mit äußerster Schärfe zugespitzten Staats- und Gesellschaftkritik, der Emanzipation aller in die traditionale Welt Eingebundenen, der Volkssouveränität, der demokratischen Mehrheitsherrschaft im republikanischen Volksstaat oder gar der Diktatur einer zur Herrschaft prädestinierten Minderheit war in der Tat in dem auf Kompromiß und Versöhnung bauenden «Mainstream»-Liberalismus kein Platz mehr. Andrerseits läßt die historische Genese keinen Zweifel daran, daß die vormärzliche Linke aus dem Liberalismus herauswuchs, als sein legitimer Sprößling betrachtet werden muß, bis sie sich radikalisierte und in eine Vielzahl konkurrierender Bewegungen überging.

Der konstitutionelle Mehrheitsliberalismus hat das Aufkommen des politischen Radikalismus seit den 30er Jahren zunächst, wie von «partieller Blindheit» geschlagen, nicht angemessen wahr oder ernst genommen. Das lag einmal daran, daß diese Strömung außerhalb der Kammerdebatten und der liberalen Publizistik in eigenen Zirkeln, Zeitschriften und Demonstrationen, nicht zuletzt auch im Exil, verborgen hochkam. Zum andern erzeugten die gemeinsam erfahrenen Repressionsmaßnahmen, besonders ihre Verschärfung zwischen 1832 und 1836, einen Solidarisierungseffekt, der selbst gravierende Differenzen eine Zeitlang durchaus zu überbrücken imstande war. Unter der Decke aber vereinigten sich allmählich Impulse sehr verschiedenartiger Natur zu einer potentiell brisanten Mischung. Da gab es einmal das Erbe der radikalen Burschenschafter, die erbitternde Erfahrung der anhaltenden Restaurationspolitik, die Einsicht in die Folgenlosigkeit noch so beschwörender Argumente, eine zunehmende Kritik an der enttäuschenden Schwunglosigkeit des konstitutionellen Liberalismus, ein intensiveres Ernstnehmen demokratischer Ideen. Seit der Julirevolution regte auch erneut die westeuropäische Entwicklung, direkt oder vermittelt, zur Nachahmung, zum Einholen der Pionierländer an. Die Kritik am deutschen Idealismus verwandelte sich in den Streit philosophischer Schulen mit zugespitzten politischen Implikationen, die Kritik an der Amtskirche führte ebenso in beiden großen Konfessionen zu theologischen Auseinandersetzungen, die politische Fronten verstärkten. Die ökonomische Entwicklung mit ihren Krisen, die spürbare Transformation der Gesellschaft in vielen Regionen nährte eine neuartige Kritik sowohl an wirtschaftlichen und sozialen Mißständen, manchmal auch nur an fremdartigen Veränderungen, als auch an der Immobilität und mangelhaften Steuerungsfähigkeit des politischen Systems. Schließlich wirkten sich die Resonanz, welche die kritischen Überlegungen fanden, und die politische Mobilisierung, die eines Tages nicht mehr zu übersehen war, als ermutigende Erfolgserlebnisse aus: Die Richtigkeit der aus vielen Quellen gespeisten Kritik schien bestätigt, und jeder neue Erfolg verstärkte ihre dynamische Schwungkraft.

Um die Orientierung zu erleichtern, kann man zwischen zwei Erscheinungsformen des vormärzlichen Radikalismus idealtypisch unterscheiden, obwohl in der historischen Realität die Strömungen häufig weit näher beieinander lagen, als die begriffliche Distinktion suggeriert. In erster Linie in Süd- und Mitteldeutschland gab es einen «populistischen Radikalismus», dessen breitenwirksame Volkstümlichkeit durch populäre Anführer wie Gustav v. Struve, Friedrich Hecker, Lorenz Brentano im Südwesten, durch Robert Blum in Leipzig gesteigert wurde; er fehlte jedoch auch nicht im Breslau Heinrich Simons, im Berlin Adolf Glasbrenners und Friedrich Wilhelm Helds, im Königsberg Johann Jacobys. Auf dem Hambacher Fest hatte er sich unüberhörbar öffentlich geregt. Im Kampf für Volkssouveränität, Parlamentsherrschaft, soziale Republik gewann er schärfere Konturen. In der Forderung nach demokratischen Teilhabe- und Gleichheitsrechten, der Garantie unveräußerlicher Grundrechte kulminierte er vorerst. «Sociale Demokratie» tauchte jetzt als neuer Leitbegriff auf. Gestandene Mehrheitsliberale wie v. Gagern, v. Itzstein, v. Rotteck und Bassermann lehnten die «vulgäre» Konkurrenz empört ab. Auf sie wirkten die Radikalen genauso gefährlich wie die Reaktionäre, da beide behutsame Reformen mit Augenmaß – wegen oder trotz des Schneckentempos! – verwarfen.

Vorwiegend in Norddeutschland, vor allem in Preußen, gab es daneben einen «intellektuellen Radikalismus», wie er vor allem unter den Linkshegelianern gedieh, die mit schwer überbietbarer Arroganz auf die naiven pragmatischen Volksfreunde südlich des Mainz hinabblickten. In diesen Intellektuellenzirkeln wurde das von Hegel in der Rechts- und Religionsphilosophie entfaltete Negationsprinzip entschlossen politisiert, seine dialektische Argumentation übernommen und virtuos gehandhabt. Allmählich wurden mit ihrer Hilfe nicht nur die Bewegungen der Ideen, sondern realhistorische Strukturen und Tendenzen zum Gegenstand leidenschaftlicher Erörterungen gemacht, so daß eine radikale, und das hieß nach Marx: die Dinge an der Wurzel fassende Kritik wie eine messerscharfe Sonde die unheilbaren Mängel des Status quo bloßlegen konnte. Junghegelianer wie die Gebrüder Bruno und Edgar Bauer, Arnold Ruge, Theodor Echtermeyer, Friedrich Koeppen, Karl Marx, Friedrich Engels und ähnlich Gesinnte unter der akademischen und freien Intelligenz wie Max Stirner, Ludwig Feuerbach, David Friedrich Strauss, Moses Hess, Otto Lüning, Eduard Meyen, Ludwig Buhl, Karl Nauwerck, Georg Weerth und andere verstanden sich als «Vortrupp der weltbezwingenden Kritik». In einem stürmischen Aufbruch machte ihr rigoroser Rationalismus vor keinem politischen Tabu, keiner gefährlichen Grenze, keiner respektheischenden Tradition halt. Alles hatte sich vor ihrem aufgeklärten Verstand zu legitimieren, nur wenig überlebte diese Bewährungsprobe.

In seiner «Selbstkritik des Liberalismus» sprach Ruge bereits 1843 unmißverständlich vom «Terrorismus der Vernunft», der inzwischen den anerkannten Maßstab zur Beurteilung von Staat und Gesellschaft zu diskreditieren begonnen hatte. Dieser intellektuelle Radikalismus richtete sich gegen eklatante politische und soziale Schwachstellen, die längst diesen Angriff verdient hatten. Ihm haftete jedoch auch etwas von der spielerischen, bohèmehaften, unverantwortlichen Lust am spitzfindigen Wortgefecht an. Anstatt daß eine fundierte Sachkritik glaubwürdig vorgetragen wurde, feierte oft genug blutleere Begriffsrabulistik einen Triumph nach dem andern. Kein Wunder, daß der junge Dr. Marx bald den sterilen «theoretischen Aktivismus» der ersten Gesinnungsfreunde verspottete. Jedoch: Auf dem Forum der «Hallischen» und der «Deutschen Jahrbücher», in Rezensionen und Pamphleten, in wissenschaftlichen Abhandlungen und zeitweilig in der «Rheinischen Zeitung» konnten die junghegelianischen Kritiker – insbesondere während der kurzlebigen Aufhebung bzw. Milderung der preußischen Zensur von 1841 bis 1843 – von einer Attacke zur andern jagen. Entsetzt wandte sich Jacob Burckhardt 1846 von den Revolutionsträumen seiner Berliner Studienfreunde ab, «ehe die bösen Tage kommen.» Und dann mit der ganzen Skepsis des konservativen Basler Patriziersohns: «Ihr alle wißt noch nicht, was Volk ist, und wie leicht das Volk in barbarischen Pöbel umschlägt.»

Viel wurde in der Tat kritisiert, ohne an die möglichen Konsequenzen oder an konkrete Ziele zu denken – «kritische Kritik» an sich war Trumpf. Das hing nicht nur mit der Lust an abstrakter philosophischer Polemik, sondern auch mit einer doppelten, nicht leicht zu verarbeitenden Enttäuschung dieser vormärzlichen Intellektuellen zusammen.

Jahrelang hatten die meisten von ihnen noch auf die Kraft der reformstaatlichen Tradition gebaut. Trotz der Stagnation auf vielen Gebieten, wie sie in der Endphase Friedrich Wilhelms III. vorherrschte, hielten sie die Erneuerungsfähigkeit Preußens für ungebrochen. Als der konservative Historiker Heinrich Leo der «junghegelianischen Rotte» 1838 den Vorwurf entgegenschleuderte, sie wolle die Revolution auslösen, trat ihm Ruge in seinen «Hallischen Jahrbüchern» mit einem geradezu hymnischen Bekenntnis zum preußischen Reformstaat entgegen. Besitze «der Staat das reformierende Prinzip wie Preußen», existiere «nicht einmal die Möglichkeit einer Revolution». Die Reformgesetze seit 1807 hätten «die innere Energie des Staates» bewiesen; er «gab das erste Beispiel in der Geschichte, daß ein Volk die verlorene welthistorische Geltung aus seiner inneren Regeneration heraus wieder erobert. Das geistige, das wahrhaft berechtigte Prinzip war nicht das napoleonische Frankreich, sondern Deutschland in Preußen!» Aufgrund dieser Leistung und des fortwirkenden Zusammenspiels von aufgeklärtem Recht, Reformbeamtentum, Wissenschaft und protestantischem «Prinzip der freien Entwicklung», könne Preußen auch seine Gegenwartsprobleme bewältigen. Als die hochgespannten Erwartungen, welche die Regierungsübernahme Friedrich Wilhelms IV. begleiteten, innerhalb von drei Jahren durch seine hochkonservative, rückwärtsblickende Politik rüde enttäuscht wurden, löste dieser Verrat am «Vernunftstaat», dieser, wie es jetzt schien, endgültige Zerfall der Allianz von Staat und Emanzipation eine ebenso leidenschaftlich artikulierte Abwendung aus. Sie gab der radikalen Theorie einen machtvollen Auftrieb. Seither erschienen Reform und Emanzipation nicht mehr mit, sondern nur noch gegen den Staat möglich.

Die tiefe Desillusionierung wurde durch eine sowohl individual- als auch sozialpsychisch wirkende Erfahrung der radikalen Intelligenz nachhaltig verstärkt, manchmal schuf sie vermutlich auch erst die Voraussetzung dafür, daß der feste Boden unter allen Zukunftsplänen einbrach. Das Problem, um das es hier geht, ist das Erlebnis der Status-Inkonsistenz: einer schmerzhaften Diskrepanz zwischen lang gehegten Erwartungen und realer sozialer Lage. Durchweg hatten diese jungen Intellektuellen studiert – imponierende Autodidakten wie Engels und Hess gehörten zu den wenigen Ausnahmen –, sie hatten meist glänzende Examina abgelegt und sich auf die vertraute Karriere im Staatsdienst mit ihrem Ansehen, Einfluß und Sicherheit gewährenden Festgehalt eingestellt. Wegen der seit den 30er Jahren anhaltenden Akademikerschwemme fanden jedoch die wenigsten von ihnen eine Stelle, zumal der Filter der Gesinnungskontrolle seither ständig verfeinert wurde.

Wer dennoch als Privatdozent die ersten Sprossen in der Universitätslaufbahn erklommen hatte – wie Bruno Bauer, Arnold Ruge, Karl Nauwerck etwa –, erfuhr, wie schnell er nach oppositionellen Regungen geschaßt werden konnte. Wer die akademische Lehre hoffnungsvoll anstrebte – wie Karl Marx, Karl Heinrich Brüggemann, David Friedrich Strauss –, hatte sich früh das durch die staatliche Intervention ausgelöste Scheitern einzugestehen. Als freie Schriftsteller, Hauslehrer, Dauerrezensenten, auch von den Eltern weiter unterstützt, schlugen sich die meisten durch. Voller Unzufriedenheit mußten sie registrieren, wie trotz unbestreitbarer Intelligenz, glänzender Promotion, aufsehenerregender Bücher der angestrebte Status verweigert wurde.

Zwischen der extrem bescheidenen Lebensführung und den auf Leistung gegründeten optimistischen Erwartungen tat sich ein schmerzhafter Kontrast, schließlich eine demütigende Distanz auf. Bitterkeit und Empörung bildeten die Folge, und da es sich um eine kollektive Erfahrung im vertrauten Umfeld der Gesinnungsfreunde handelte, fiel es dem analytischen Verstand der Kritiker nicht schwer, die tieferen Ursachen der eigenen Misere in einer fundamentalen Fehlentwicklung der Gesellschaft, im Versagen, in der Passivität, in der konservativen Erstarrung des Staats dingfest zu machen. Auf diese Weise verstärkte die generationsspezifische Verweigerung begehrter Lebenschancen die Unerbittlichkeit der Kritik an einem ohnehin fragwürdigen System, das einem nun auch noch ein Schicksal weit unterhalb des Ziels aller Träume zumutete. Man darf den Schock der Status-Inkonsistenz, das Gefühl der Versagung selbstverständlichen Aufstiegs, die Frustration der wegen «subversiver Theorien» Deklassierten nicht monokausal zur einzigen Antriebskraft der radikalen Intelligenz erklären. Ringsum boten Gesellschaft und Politik, Kultur und Wirtschaft überreichlich Anlaß zu ätzender Kritik. Andrerseits hat die gemeinsame Erfahrung relativer Deprivation diese Kritik noch einmal lebensgeschichtlich bestätigt und verstärkt.

Der intellektuelle Radikalismus blieb freilich vor 1848 eine Speerspitze ohne Schaft – lauter Führer ohne Anhang. Weder Studenten noch Jahrbuchleser, weder «Lichtfreunde» noch «Deutschkatholiken», geschweige denn das Proletariat ließen sich als Massengefolgschaft gewinnen. Auch die von Marx redigierte kurzlebige «Rheinische Zeitung» – eine Art rheinisches Äquivalent zum dezidierten badischen Liberalismus etwa von Gervinus' «Deutscher Zeitung» – konnte trotz aller kühnen Polemik nicht als Organisationszentrum wirken – und sie wollte es auch gar nicht. In ihrer theoretischen Brillanz war die preußische «neue Linke» der 40er Jahre unschlagbar, Tausende aufzubieten aber verstand der volkstümliche Radikalismus. Von der Überlegenheit der Linkshegelianer durchdrungen hat Engels 1842 dennoch das Verhältnis zwischen «nord- und süddeutschem Liberalismus» kraß verzeichnet. Nach seinem anfänglichen Vorsprung sei der Süden jetzt «eingeschlummert», während der Norden – «im Kern» auf «die neuere deutsche

Philosophie gestützt» – «einen Fonds von gediegener politischer Gesinnung, von charakterfester, lebendiger Energie, von Talent und publizistischer Tätigkeit», dazu einen «höheren Grad von Durchbildung und Allseitigkeit, eine festere historische wie nationale Basis» gewonnen habe, so daß ihm «die Herrschaft über Deutschland nicht mehr abzustreiten ist». Die Differenz zwischen dem süd- und mitteldeutschen Radikalismus einerseits, dem norddeutschen Radikalismus andrerseits darf jedoch weder im Stil der Berliner «Freien» noch im Bann der idealtypischen Schwerpunkte übertrieben werden. Zugegeben, der intellektuelle Radikalismus wurde im Südwesten und in Sachsen vergleichsweise selten verfochten, besaß aber einige auflagenstarke Exponenten. Der populistische Radikalismus dagegen blieb nicht etwa auf Baden, auf die bayerische Pfalz, auf Sachsen beschränkt. Auch in Köln, Berlin, Königsberg, Breslau gelang ihm zum Leidwesen der politischen Polizei eine erhebliche Mobilisierung. Der Revolutionsverlauf und das allgegenwärtige Vereinswesen könnten ohne diese Streuung nicht verstanden werden.[37]

Innerhalb des intellektuellen Radikalismus gewann – nach dem vorn bereits geschilderten Vorspiel in den Auslandsvereinen – der sozialistische und kommunistische Radikalismus, beide Begriffe verflossen damals bekanntlich noch ineinander, in den 40er Jahren eine Sonderstellung. Zum Teil wurde er in Westeuropa vor allem von Handwerkern rezipiert und in den Deutschen Bund importiert, wie das mit dem zeitweilig erstaunlich einflußreichen «christlichen Sozialismus» des Schneidergesellen Wilhelm Weitling der Fall war. Zum Teil wurde er aus den unterschiedlichen Elementen des französischen Frühsozialismus, des jüdischen Erlösungsglaubens und einer realistischen Beobachtung der Lebensverhältnisse in eklektischem Stil zusammengefügt, wie das der «Kommunistenrabbi» Moses Hess tat. Eher pragmatische, auch vom französischen Sozialismus inspirierte Sozialreform verfocht mutig Dr. Otto Lüning in Rheda mit dem Mitarbeiterkreis seines «Westphälischen Dampfboots». Vielfältige Varianten des frühen Sozialismus, häufig ein eher verwirrendes Konglomerat von Ideen, welche jedoch – wie z. B. die kommunistisch-christliche Religionslehre in Weitlings «Garantien der Harmonie und Freiheit» – die Nöte und Sehnsüchte ihrer Anhänger verrieten, fanden ihre kleinen Gemeinden. «Sozialist» oder «Kommunist» sein – das hieß im späten Vormärz noch vorwiegend, entschiedener als die konstitutionellen Liberalen oder die zeitgenössische Sozialkritik von Beamten, Pfarrern und Publizisten auf durchgreifende Reformen zugunsten der Arbeiterklassen zu drängen, die umfassende Bekämpfung des Massenpauperismus, auch mit staatlicher Hilfe, zu fordern, die «soziale Demokratie» mit menschenwürdigen Lebensverhältnissen im republikanischen Volksstaat zu propagieren. Häufig wurde dieses Plädoyer mit dem Anspruch verknüpft, vom Boden wissenschaftlicher Erkenntnis aus zu operieren und daher gesicherte Ergebnisse und Prognosen anbieten zu können.

Von einer programmatischen Einheit waren die sozialistischen und kommunistischen Gesellschaftskritiker freilich noch weit entfernt. Auch gaben oft das verletzte Gerechtigkeitsgefühl, die humanitäre Hilfsbereitschaft, der ungetrübte Blick für das Elend ringsum mindestens so stark den Ausschlag für ihr Engagement wie das Aufgreifen frühsozialistischer Ideen – durchweg theoretischer Fragmente der unterschiedlichsten Herkunft – und die «socialwissenschaftliche» Analyse der politisch-sozialen Deformationen im eigenen Land. Über alle Unterschiede hinweg verband sie jedoch der Wille zur schnellen, aktiven Veränderung, die vage, gleichwohl noble Utopie einer gerechten, freien Gesellschaft aller Bürger. «Für jetzt sei... nur soviel» gesagt, gelang dem radikalen jungen westfälischen Juristen Friedrich Kapp eine verständliche Charakterisierung, welche die typische diffuse Mischung der vorherrschenden Motive einprägsam verdeutlicht, «daß Sozialismus und Kommunismus die Lehre derjenigen Wissenschaft sind, welche es sich zum Ziele gesetzt hat, das Elend und die Knechtschaft der jetzt leidenden Menschheit aufzuheben und nicht allein die Pfaffen, sondern auch alle anderen Betrüger und Schandbuben für immer unschädlich zu machen. Überall» erblicke man «die Unterdrückung alles Menschlichen, die Verdumpfung der ursprünglichen Kraft. Das Volk ist durch die Pfaffen und die Besitzenden ruiniert.» Deshalb sei es keineswegs «etwas Zufälliges, daß jetzt auf einmal so vielfache Bestrebungen für das Wohl des Volkes auftauchen und daß die Wissenschaft mit diesen gleichen Schritt hält. Das Losungswort der neuen Zeit ist: ‹Wir wollen Menschen sein!› Das heißt Anerkennung unserer Rechte und gleiche Behandlung vor dem Gesetze, die freie Entwicklung unserer Fähigkeiten und Anlagen haben. Es wird freilich noch mancher den Launen der Pfaffen und Geld- und Geburtdespoten geopfert werden, aber diese Forderung macht sich mit der ganzen Zentnerschwere ihres Gehaltes täglich mehr geltend und hat, ich leugne es nicht, den gewaltsamen Umsturz alles Bestehenden zur Folge, da die Herrschenden zu blind sind, als daß sie die Winke der Zeit erkennen könnten... wir stehen vor großen Ereignissen. Das Mittelalter soll aufhören.»

Kapps Lieblingsautor war damals Ludwig Feuerbach, dessen «Wesen des Christentums» seit 1841 in der bildungsbürgerlichen Öffentlichkeit Furore machte. Mit dieser Verehrung stand er nicht allein da, und das lenkt auf die beiden geistigen Grunderlebnisse dieser Generation der radikalen Intelligenz hin. Einmal wurde sie, wie gesagt, dadurch fasziniert, wie Prinzipien und Denkfiguren der Hegelschen Philosophie, die sich mit konservativer Staatsmetaphysik und defensiver Verklärung der Ständegesellschaft amalgamiert hatte, entgegen den Intentionen des Autors in Instrumente einer Kritik von links verwandelt werden konnten. Die äußerste Konsequenz zog dann Marx, als er Hegel «vom Kopf auf die Füße» stellte, mithin nicht mehr in der Bewegung der Ideen oder im Ringen der Volksgeister, sondern in der sozialökonomischen Dynamik die entscheidende Triebkraft erblickte.

Eine kaum zu überschätzende Bedeutung gewann jedoch auch die fulminante Religionskritik, die mit den Namen ihrer bekanntesten Verfechter, mit Strauss und Feuerbach, verbunden ist. Strauss, Zögling und Tutor des Tübinger Stifts, veröffentlichte 1835 mit seinem «Leben Jesu» eine unerbittlich säkularisierte Bibelkritik, in der die Evangelien als Sagen, als Mythen des israelitischen Volksgeistes demaskiert wurden, die vermeintliche Offenbarung als Katalog historischer Normen und Sittengesetze einer Humanitätsreligion erschien. Namentlich unter jungen Intellektuellen löste Strauss' Buch spontane Zustimmung aus. «Wenn Ihr den Strauss widerlegen könnt», triumphierte der «Straussianer» Engels 1839 gegenüber einem frömmelnden Barmer Freund, «eh bien, dann werde ich wieder Pietist.»

Die öffentliche Kontroverse, die zwischen enthusiastischem Beifall und kompromißloser Ablehnung dieses Affronts hin- und herschwankte, war keineswegs abgeklungen, als Feuerbach – nach dem Verzicht auf die Erlangener Dozentur als freier Schriftsteller zu einem der Häupter des Junghegelianismus aufgestiegen – in seinem philosophisch drapierten Entwurf einer materialistischen Religions- und Wissenssoziologie die Anthropologisierung religiöser Vorstellungen noch folgenreicher zuspitzte. Gott – das war die aus dem irdischen Jammertal ins Jenseits projizierte Wunschidee menschlicher Vollkommenheit. Nicht Gott hatte den Menschen, vielmehr der Mensch sich Gott als transzendentes Ziel geschaffen, als Traumbild einer Existenz, die ihm hienieden versagt blieb. Von daher war es nur ein letzter Schritt bis hin zu der Anklage, daß die Religion als Rechtfertigungsideologie der jeweiligen gesellschaftlichen Verhältnisse mit einem fiktiven paradiesischen Jenseits von den wahren Problemen dieser Welt ablenke. Die ernste, strenge Folgerichtigkeit, mit der Feuerbach seine Gedanken, die ohnehin auf einen aufnahmewilligen Boden fielen, vortrug, hat bei vielen seiner Leser eine Art umgekehrtes Erweckungserlebnis ausgelöst. Zeitweilig galt Feuerbachs Religionskritik als das Non-plus-ultra realistischer Einsicht in das wahre Verhältnis der Menschen, insbesondere der Christen, zu ihrem religiösen Weltbild.

Von diesen radikalen Intellektuellen, die sich ihren endlosen Kontroversen in Wort und Schrift mit Passion hingaben, ist Karl Marx zusammen mit seinem Freund Friedrich Engels Jahrzehnte später zu welthistorischer Bedeutung aufgestiegen. Marx war es unter allen Linkshegelianern, der sich zum entschiedensten Antipoden des Berliner Philosophen entwickelte, obwohl er zeitlebens in den Kategorien einer jetzt ganz auf gesellschaftliche Transformation bezogenen Dialektik weiterdachte. Feuerbachs Religionsphilosophie hat auch für ihn ein befreiendes Schlüsselerlebnis bedeutet, ihn zugleich aber in bereits weit vorangetriebenen eigenen ideologiekritischen Überlegungen bestätigt, die ihn nach kurzer Zeit über Feuerbach hinausführten. Den Resten des idealistischen Individualismus, den er von Feuerbach noch nicht völlig überwunden glaubte, stellte Marx die diametral entgegengesetzte

These gegenüber, daß der einzelne nur «das Ensemble der gesellschaftlichen Verhältnisse» verkörpere. Und der Selbstgenügsamkeit seiner philosophierenden Freunde, die sich mit dem kritischen Räsonieren begnügen wollten, setzte er in ungestümem Aktivismus den Willen zur Umgestaltung dieser Verhältnisse entgegen. «Die Philosophen haben die Welt nur verschieden interpretiert, es kömmt darauf an, sie zu verändern.» Aus dem Willen zur Veränderung machte Marx' Geschichtsphilosophie eine unausweichliche historische Notwendigkeit. In einer permanenten Auseinandersetzung mit den dominierenden Köpfen der deutschen Philosophie der 30er und 40er Jahre, jedoch auch mit den ehemaligen junghegelianischen Gefährten von sehr unterschiedlichem Kaliber hat Marx die Grundlagen dieser Geschichtstheorie gelegt, deren tragende Konstruktion schon fertig konzipiert vorlag, ehe die empirischen Beweisstücke später hinzugefügt wurden. Auch das meinte Engels Wort von der Vorläuferfunktion der deutschen «philosophischen Revolution», die der politischen den Boden bereiten werde.

Im praktischen Leben mit den Bonner Universitätsplänen gescheitert, als Chefredakteur der «Rheinischen Zeitung» kurzerhand entlassen, erst ins Pariser, dann ins Brüsseler Exil abgedrängt, hat Marx mit ungebrochenem Selbstbewußtsein weitergearbeitet, bis 1845 in der «Deutschen Ideologie» bereits – wie Engels später konstatierte – «seine materialistische Geschichtsauffassung in den Hauptzügen fertig heraus entwickelt war». Noch zwanzig Jahre sollte es jedoch dauern, bis er 1867 im «Kapital» sich der gigantischen Aufgabe gewachsen glaubte, «das ökonomische Bewegungsgesetz der modernen Gesellschaft zu enthüllen». Im Vormärz zunächst verschaffte ihm erst das Exil die konkrete Begegnung mit Industriefabriken, mit lebendigen Proletariern, mit den westeuropäischen Sozialismustheorien und der schottisch-englischen Politischen Ökonomie. Jetzt erst öffnete sich der Erfahrungsraum der heraufziehenden modernen industriellen Welt. Der Historische Materialismus vergewisserte sich des Fortschritts zum Industriekapitalismus und seiner innersten Bewegungsgesetze. Die Anschaulichkeit von Progreß und Misere nährte zugleich die chiliastischen Erwartungen, die zur Motorik dieses Denkens gehörten. Schritt für Schritt wurde Marx' eschatologische Erlösungshoffnung, daß das Proletariat als der exemplarisch leidende Teil der Menschheit zur Gründung des «neuen Zions» einer kommunistischen Gesellschaft berufen sei, mit realitätsnäheren Eindrücken und apodiktischen Argumenten angereichert.

Endlich ließ er sich auch auf die politische Praxis ein, spielte in Arbeitervereinen seine ganze Brillanz aus, gab auch der manchem Beobachter auffallenden Herrschsucht nach, bis er dominierte – über eine Heerschar so groß, wie der Blick in den Hinterzimmern der Pariser und Brüsseler, endlich der Londoner Gastwirtschaften reichte. Ruge, der Freund der gemeinsam edierten Pariser «Deutsch-Französischen Jahrbücher», wandte sich aufgebracht ab. «Der Kommunismus ist eine ökonomische Demagogie», grollte er, «die Kommunisten sind jetzt schon so weit, daß sie sich einen neuen Messias prophezeien», die «Hauptthelden streiten um die Stelle des ersten Propheten. So Marx und Weitling.» Noch war Marx nur einer von mehreren bekannten Exponenten der verschiedenen sozialistischen und kommunistischen Strömungen. Gewiß: Der Ruhm des genialisch-exzentrischen Radikalen umgab ihn; die überragende Fähigkeit, von der scharfsinnigen Analyse zur theoretischen Systembildung vorzudringen, wurde auch von seinen Feinden eingeräumt, von seinem größten Bewunderer, Engels, beharrlich an der Empirie geschult. Und dennoch: Nur wenige Sachkenner der vormärzlichen «linken Szene» verbanden eine genauere Vorstellung mit seinem Namen, ein paar Dutzend Anhänger dazu, deren Zahl sein rechthaberisches Wesen und die Arroganz der allein seligmachenden Einsicht häufig reduzierte, und natürlich die Biedermänner der politischen Polizei, die keine Ahnung davon besaßen, mit welchem intellektuellen Dynamit sie es zu tun hatten.

Immerhin: Im kleinen, elitären, geheimen «Bund der Kommunisten» gewannen Marx und Engels unstreitig die führende Stellung. Hier erhielten sie den Auftrag, in einem programmatischen Aufriß die Ziele gegenwärtiger Politik und die Leitbilder zukünftigen Gesellschaftsumbaus für die «Kommunistische Partei» zusammenzufassen. Auf diese Weise entstand im Dezember 1847/Januar 1848 das «Kommunistische Manifest» – eine der klassischen politischen Streitschriften des Westens, in einem fulminanten Stil geschrieben, von leidenschaftlichem Pathos durchdrungen, in einen weiten universalhistorisch-geschichtsphilosophischen Rahmen eingespannt, doch auch pragmatisch abwägend im Katalog der tagespolitischen Postulate. Kurz vor Ausbruch der Märzrevolution erschien die äußerlich unscheinbare Broschüre in London. Für den Verlauf der deutschen Revolution blieb sie völlig folgenlos. Das Jahrhundert nach 1848 bewies jedoch, welche ungeheure Sprengkraft die Ideen dieser schmalen Flugschrift freisetzen konnten.[38]

Der politische Konservativismus vor 1848 stellte die Antwort von mehr oder minder prominenten Verteidigern des gesellschaftlichen und politischen Status quo auf die Herausforderung dar, welche die liberale «Bewegungspartei» und erst recht der demokratische Radikalismus repräsentierten. Dieser moderne Konservativismus, den man als reflektierte, bewußt artikulierte Gegenideologie vom begriffslosen, schieren Traditionalismus scharf unterscheiden muß, kann zunächst als «Gesamtheit jener Denkansätze, Weltanschauungen, Ideologien, Organisationen, Gruppen und Sozialmilieus» definiert werden, «denen die gesamtpolitische Grundhaltung gemeinsam ist, daß die Bewahrung des Gewordenen und Bestehenden wichtiger sei als dessen Veränderung». Der moderne Konservativismus ist nicht erst als Produkt des Widerstands gegen die Französische Revolution aufgekommen – wie es eine weitverbreitete Auffassung noch immer wahrhaben will –, sondern er hatte sich bereits vorher gegen die Auswirkungen von Aufklärung und Rationalismus, gegen das Vordringen des bürokratisierten Anstaltsstaats, gegen den intervenierenden Reformabsolutismus zu formieren begonnen, wie das (Bd. I) mehrfach betont worden ist. Die Französische Revolution, die als konsequente Folge begriffenen Phasen des Terreurs und der Despotie, der Zusammenbruch des Alten Reichs und die oft schmerzhaften Maßnahmen der defensiven Modernisierung im Rheinbund und in Preußen, das Weiterlaufen mancher Reformen und der Fortbestand wichtiger Reformergebnisse in den Jahren der Restauration und des Vormärz, die schleichende, aber offenbar unaufhaltsame Veränderung in jenen Jahrzehnten – all diese einschneidenden Vorgänge trafen daher auf schon vorhandene, frühzeitig ausgebildete konservative Denkmuster und politische Forderungen, die natürlich im Laufe der Zeit weiter differenziert, zugleich aber auch dogmatisiert wurden. Der rationalen Planung von Politik nach dem Maßstab aufgeklärter Vernunft, der Fixierung von Menschenrechten und politischen Orientierungswerten in einer geschriebenen Verfassung, dem steuernden, reglementierenden Zugriff der Bürokratie setzten die Konservativen im allgemeinen die Überlegenheit historisch gewachsener Ordnungen, die Heiligkeit überlieferter Sitten und Werte, die Kontinuität organischen Wachstums entgegen. Im Besonderen verteidigten sie Fürstenherrschaft und Ständerecht, die Ehe von Thron und Altar, ein Höchstmaß an Adelsautonomie, das jede lokale Miniaturherrschaft und regionale Korporation genießen sollte.

Es ist schwer zu entscheiden und letztlich auch eine müßige Frage, ob die Konservativen das Blendwerk der politisch praktizierten Aufklärung mehr haßten als die sie selber einschnürenden Folgen der modernen inneren Staatsbildung, mehr die Konstitution und den Liberalismus als die Expansion des zentralstaatlichen Rechts, die Attraktivität «aufklärerischer Sozialutopien» und das Vordringen des bürgerlichen Leistungsprinzips. Vor allem anderen war ihnen «die Revolution» Anathema. In ihrer Vorstellung hatten sie jedoch unentwegt gegen eine Welt voller Feinde anzukämpfen – trotz der Niederwerfung der Revolution und Napoleons, trotz der «retour de la noblesse», trotz der Stabilisierungserfolge Metternichs. Forderten die Liberalen unverdrossen den Verfassungsstaat, insistierten die Konservativen auf der Unantastbarkeit tradierter Privilegien. Der perhorreszierten «Chimäre des souveränen Volkes», diesem wahrhaft demokratischen Sprengstoff der Amerikanischen und Französischen Revolution, setzten sie die Staatstheologie ihres Herrschertums von Gottes Gnaden beschwörend entgegen. Und gegen das staatsbürgerliche Gleichheitspostulat wurde die gewachsene, standesgemäße Sonderrechte für den Adel verbürgende «Hierarchie in der Gesellschaft» konzessionslos verteidigt, denn «die wahre Freiheit ist» – wie der Topos längst vor Tocqueville lautete – mit der Gleichheit «unvereinbar».

Der reaktive politische Konservativismus ist seit dem letzten Drittel des 18. Jahrhunderts ganz so als ein gemeineuropäisches Phänomen aufgestiegen wie seine säkularen Kontrahenten: wie Aufklärung, Revolution, Bürokratie, Liberalismus, Demokratie. Die Behauptung, daß in den deutschen Staaten auch diese «große Antimodernisierungsideologie zum erstenmal» aufgekommen sei, verrät eine verblüffende Naivität, die durch den Vergleich mit dem englischen und französischen Konservativismus, von den amerikanischen Loyalisten und Konservativen ganz zu schweigen, im Nu zerstört wird. Der englische Konservativismus ist erheblich früher als der deutsche zum Bewußtsein seiner selbst und zu klassischen Positionsbestimmungen gelangt, dem französischen Konservativismus ist, z. B. mit Louis de Bonalds und Joseph de Maistres Schriften, eine Systematisierung mit grenzübergreifender Ausstrahlung gelungen, welche die deutsche konservative Ideologie vermutlich nie erreicht hat. Andrerseits besaß sie durchaus ihre Eigentümlichkeiten, denn dem englischen Konservativismus etwa fehlte die Staatsbürokratie als Erzfeind, und der französische Konservativismus erlebte hautnah die Revolution von unten, die eine qualitativ andere Erfahrungsgrundlage als die modernisierende Reform von oben geschaffen hat.[39]

Wiederum empfiehlt es sich, den diffusen Allgemeinbegriff des deutschen Konservativismus in einige idealtypische Varianten zu zerlegen. Ziemlich trennscharf kann man den Beamtenkonservativismus von einem altständisch-patrimonialen, einem legitimistisch-neuständischen und einem pragmatischen Staatskonservativismus sowie schließlich von einem Reformkonservativismus unterscheiden.

Der in einer informellen «Fraktion» innerhalb der Staatsbehörden kooperierende Beamtenkonservativismus ist im Zusammenhang des trialistischen Kondominats während der Nachkriegsära vorn schon erörtert worden. Im Machtkampf mit der liberalen «Fraktion» hatte er in der Regel zu Beginn der 1820er Jahre als eine Art Regierungspartei im Verwaltungsapparat gesiegt. Durch zielstrebige Personalpolitik wurde die Überlegenheit abgesichert. Die Allianz mit anderen konservativen Kräften bestand schon seit jenen Jahren, in denen sowohl der Beamtenliberalismus als auch der politische Konservativismus aufgetaucht waren. Im Restaurationssystem existierte diese Koalition in noch engerer, gelegentlich freilich auch in lockerer Form weiter. Sie bildete schon deshalb nicht kontinuierlich einen homogenen Block, weil die Beamtenkonservativen mit den Altständischen weder sozial noch programmatisch schlichtweg identisch waren. Gegenüber dem Ideal der aristokratischen Autonomie und des dezentralisierten, föderalistischen Staatsaufbaus bestanden auch hochkonservative Bürokraten auf effizienter Zentralverwaltung und beschleunigter Staatsintegration. Dafür handelten sie sich den altständischen Vorwurf ein, sie hätten die «Eierschalen der Aufklärung» noch immer nicht abgeworfen. Andrerseits verband sie über solche gravierenden Unterschiede hinweg sehr wohl ein Interessenbündnis gegen die Folgen der Reformgesetzgebung, gegen den atomistischen Individualismus, gegen den politischen Liberalismus, gegen die Hydra einer neuen Revolution. Ideologisch durch Savignys Historische Rechtsschule als eine der «regierenden Klassen» (Treitschke) aufgewertet, behauptete die konservative Beamtenschaft im Machtkartell der drei Jahrzehnte vor 1848 nicht nur eine unübersehbar starke, sondern öfters auch eine eigenständige Position, die nicht selten fließende Übergänge zum pragmatischen und reformistischen Konservativismus besaß.

Nicht nur altertümliche Ziele, sondern das eitle Bemühen, das Rad der Geschichte zurückzudrehen, kennzeichneten den altständisch-patrimonialen Konservativismus, der überwiegend ein Adelsphänomen geblieben ist. In Preußen etwa verband er sich mit den ökonomischen und herrschaftsständischen Interessen zeitweilig einflußreicher Aristokratenzirkel, deren Defensivideologie Friedrich Ludwig v.d. Marwitz früh mit aller Klarheit verfochten hat. Der ersten Welle der Reformgesetze setzte er 1811 in einer Denkschrift an Hardenberg das Credo der Altständischen entgegen. Das Hauptziel «in der Umgebung revolutionärer Staaten» müsse bleiben, «das Werk unserer Väter» zu verteidigen, Preußen als «alteuropäischen Staat» nicht «in die Reihe der neugeschnitzten, form- und bodenlosen Staaten, die nur Armee, Polizei und Gegenwart, aber keine Vorzeit und Zukunft haben», hinuntersinken zu lassen. «Der König, der alte Stamm des Adels und Besitzes», die «großen Grundkontrakte dieses Staates» seien noch vorhanden, behauptete er, und wenn unter dem Zwang der Umstände dem Staat eine «lebendigere Grundlage» gegeben werden müsse, liege «die große Wahrheit» darin, daß «den Preußischen Staat reorganisieren nichts anderes heiße, als den Adel reorganisieren und die Gesetzgebung des Grundeigentums reformieren». Das klang auf den ersten Blick nach Reformwilligkeit.

Dann jedoch beschrieb v.d. Marwitz, wie das jetzt zu gründende «Reich der Gerechtigkeit» tatsächlich aussehen solle. Erstens forderte er das traditionale politische Mitbestimmungsrecht der adelsständischen Korporationen in einer nur oberflächlich den neuen Verhältnissen angepaßten Form zurück. «Alljährlich» müßten in einer «ständischen... zentralen Ratsversammlung», die «teils aus den Hauptklassen des Volkes» gewählt werden, «teils durch die Geburt berufene» Mitglieder, aufgrund dieser Kriterien also eine erdrückende Adelsmehrheit besitzen solle, «die großen inneren Angelegenheiten des Reiches... beraten und begutachtet» werden. Jenen «Teil der gesetzgebenden Gewalt», die «dem König unumschränkt zusteht», begehre der Adel keineswegs, wohl aber, wurde implizit argumentiert, bestehe er auf jenem anderen Teil, der ihm seit alters her zustehe. Das war das Postulat einer Rückkehr zum monarchisch-herrschaftsständischen Dualismus grundsätzlich gleichberechtigter Machtträger. Zweitens negierte v.d. Marwitz die Existenzberechtigung des staatlichen Steuermonopols. Statt dessen verlangte er «das echtadelige Recht» zurück, das Steueropfer nur «mit Freiheit, als Bewilligung und in Folge einer ehrenvollen Negotiation» zwischen «unserem Herrn» und «seinen freien Vasallen» darzubringen, «nicht aber als einen erzwungenen Tribut». Das war das Postulat einer Rückkehr zum Tauziehen zwischen Fürst und Feudaladel um die Höhe unregelmäßiger Abgaben anstelle staatlich fixierter und regelmäßig abgeführter Steuern. Drittens focht v. d. Marwitz für die Anerkennung des allgemeinen Imperativs, «daß in allen Zweifelsfällen der vorhandene Zustand als der durch Jahrhunderte erprüfte, den Vorrang» behalten müsse, damit «die Beibehaltung... des alteuropäischen Geistes unserer Verfassung» gewährleistet sei. Das war nichts weniger als das Postulat einer vollständigen Reformblockade, da Modernisierungsmaßnahmen unvermeidlich immer den «Zweifelsfall» der tabuisierten Veränderung heraufbeschworen.

Die Spezifizierung dieser Handlungsmaxime bewies das Ideal des Rückschritts mit aller wünschenswerten Deutlichkeit. Für die Provinzen, die preußischen Staaten, wurde ein Maximum an Autonomie gefordert, als deren Hüter die alten adligen Ständeversammlungen wieder einzusetzen waren. Das bedeutete eine Absage an jede zentralisierte Staatseinheit und effektive Zentralverwaltung. Für die Rittergüter ging es um «die Erhaltung des hergebrachten Verbandes» und um die Bindung «der bisherigen Grundeigentümer» an ihre Besitzungen; davon hänge nicht weniger als «die Rettung des Staats» ab, da es «nur eine Art der radikalen Revolutionierung» gebe: «das Zerschneiden der Bande», die den Edelmann mit der Gutsherrschaft verknüpften. Das war das Postulat der Aufhebung des freien Grundstücksmarktes und der Wiedereinführung eines ständischen Bodenrechts. Und was das Leben auf den Rittergütern anging, blieb v. d. Marwitz derselben ungeschminkten Selbstsucht treu. «Alle Dienst- und Untertänigkeitsverhältnisse, die Patrimonialgerichtsbarkeit», auch «die verrufenen Gemeinsamkeiten» müßten als «der eigentümliche, auf vaterländischem Boden gewachsene Rechtszustand» erhalten bleiben, um die «innersten und heiligsten Bande, also den Staat selbst, zu befestigen». Das war das Postulat einer uneingeschränkt autokratischen Ritterherrschaft über schollenpflichtige, erbuntertänige Adelsbauern, mithin der Widerrufung aller Agrarreformen seit dem Oktoberedikt.

Selbst- und zielbewußt hatte damit v. d. Marwitz die Sache der Altständischen auf die entscheidenden Punkte gebracht. So oder ganz ähnlich, meistens nur weniger eloquent als er, haben auch andere Gesinnungsgenossen dieser Richtung in den folgenden zwanzig Jahren weiter argumentiert. Das alles spiegelte einen die kleinste unumgängliche Veränderung so feindselig-starrköpfig ablehnenden Adelsegoismus wider, daß angesichts des Fortdauerns der Reformen und der Einsicht in die Irreversibilität der Grundentscheidungen eine ziemlich schnelle Erosion dieser bornierten Opposition wahrscheinlich gewesen wäre. Nicht nur geriet sie in die Isolation gegenüber den flexibleren Junkern, welche die handfesten Vorteile der neuen Lage erkannten, sondern im Schwanken zwischen Ideologie und Alltagspraxis traten Widersprüche und Ambivalenzen auf, durch die jene starre Position unterhöhlt wurde. Vehement polemisierte etwa v.d. Marwitz einerseits gegen das Vordringen des Agrarkapitalismus und der liberalen Wettbewerbswirtschaft, das die Reformen in der Tat beschleunigt hatten. Adelsgüter dürften nicht «in förmliche Zirkulation, wie Geldstücke, gebracht», geschweige denn «um den Pfennigvorteil» wie «Privatwirtschaften» betrieben werden. Andrerseits führten manche Wortführer der Altständischen, wie auch v.d. Marwitz selber, ihren Gutsbetrieb durchaus wie landwirtschaftliche Großunternehmer, die sich auf der Höhe des agrarkapitalistischen Fortschritts bewegten, in einer gleichzeitig gespielten Rolle jedoch auf den ungeschmälerten herrschaftsständischen Attributen des Adels und der Verklärung seiner Vergangenheit insistierten.

Vielleicht wäre der altständische Konservativismus bald in die Bedeutungslosigkeit sektiererischer Einzelgänger abgesunken, wenn sein anachronistischer Spätfeudalismus nicht durch die außerordentlich wirksame Schützenhilfe, die ihm das Werk Karl Ludwig v. Hallers leistete, nachhaltig unterstützt und mit der Aura eines wissenschaftlich-theoretischen Fundaments umgeben worden wäre. Haller hatte sich als Berner Patrizier in der Verwaltungsoligarchie betätigt, ehe er den Triumph der Französischen Revolution als traumatischen Schock erfuhr und sich schwor, sein Leben fortab der «Ausrottung» der Revolution zu widmen. 1806 übernahm der 38jährige eine Professur für Staatsrecht und Geschichte an der Akademie seiner Heimatstadt, 1816 begann sein fünfbändiger Traktat «Die Restauration der Staatswissenschaft» zu erscheinen. Darin wurden Staat und Staatsgewalt zum Privateigentum des Fürsten erklärt, der seinen Herrschaftsbereich wie eine Hauswirtschaft großen Stils – im Sinne des «Ganzen Hauses» – uneingeschränkt, nur an Verträge und göttliches Recht gebunden, zu leiten hatte. Unter ihm bestand eine Vielzahl analog strukturierter hierarchischer Unterverbände privatrechtlichen Charakters, die dem Staatsbesitzer personalistische Vasallenloyalität schuldeten. Sein Hausrecht, sein Privatrecht bildeten die einzig zulässige «Verfassung»; den Vasallen Beratungsrechte einzuräumen oder zu verweigern, stand allein in seiner Kompetenz. Diese Patrimonialherrschaft diente ausschließlich der Systemerhaltung, sie besaß keinen darüber hinausweisenden Staatszweck: Ihr Ideal war die Utopie des verewigten Status quo. Hallers «Patrimonialstaat» auf religiöser Basis repräsentierte das Urgestein der göttlichen Weltordnung – als Folge von Hallers Konversion zum Katholizismus (1820) wurde dieser Dogmatismus noch verschärft –, daher durfte der Monarch der nachrevolutionären Zeit die vollständige Restauration sowohl seiner Privatherrschaft als auch der Ständeordnung erzwingen. Nur im ständisch gegliederten Patrimonium des fürstlichen Hausvaters konnte die echte Freiheit als Freiheit der Vorrechte gedeihen, die Autorität eines «gottgewollten Organismus» endlich die rationalistische, demokratische Gleichmacherei vernichten.

Daß Haller mit seiner ganz rational konstruierten Feudalordnung hinter den Absolutismus, ja hinter den Ständestaat zurückwollte, verriet den «fossilen Charakter des Grundentwurfs». Folgerichtig überschlug er sich in der Polemik gegen die naturrechtliche Lehre vom Gesellschaftsvertrag, der Beherrschte wie Herrschende an übergeordnete Normen band. Für ihn galt in purem Machtfetischismus in erster Linie das Recht des Stärkeren, dem die Herren seines Patrimonialfeudalismus – Sozialdarwinismus avant le lettre – ihren Spitzenplatz verdankten; weit abgeschlagen kamen erst danach Kontraktbindungen und göttliches Recht zur Geltung. Einer so abenteuerlich reaktionären «Theorie des natürlich-gesellschaftlichen Zustands» – so der Untertitel – fehlte freilich selbst nach 1815 entgegen den hochgespannten Erwartungen des Verfassers eine wesentliche Eigenschaft: die direkte politische Verwertbarkeit. Als ideologischer Verputz extrem konservativer Interessen erwies sie sich jedoch als vorzüglich geeignet. Die altständischen Adligen, der hochkonservative Kreis um die Gebrüder v. Gerlach, v. Ancillon, v. Kamptz und Schmalz, Vertreter der Politischen Romantik und jenes politischen Katholizismus, der de Bonald und de Maistre glücklich ergänzt fand, griffen Hallers Pseudotheorie begierig auf. Seine «Restauration» galt hier nahezu zwei Jahrzehnte lang als politische Bibel. Als der fünfte Band 1834 sehr verspätet erschien, hatte freilich bereits der Niedergang ihres Einflusses unaufhaltsam eingesetzt. Endgültig überwunden wurde er jedoch erst durch Friedrich Julius Stahl, und selbst dann lebte in der krausen Gedankenwelt Friedrich Wilhelms IV. so manches von dem einst vielgeliebten Sammelsurium Hallerscher Extravaganzen fort.

Anfangs nicht selten mit den Altständischen liiert, schließlich aber anderen Herren dienend, haben profilierte Vertreter der Politischen Romantik, wie etwa Adam Müller, der auch für v.d. Marwitz die Feder führte, Friedrich Schlegel, Achim v. Arnim, Franz v. Baader und andere, ein konservatives Argumentationsrepertoir, einen Bestand eingängiger konservativer Topoi, einen konservativen Denkstil herausgebildet, der keineswegs nur den altständisch-patrimonialen «Diehards» zustatten kam, sondern auch den sehr unterschiedlichen anderen konservativen Richtungen eine weitgefaßte Rechtfertigungsideologie anbot, von der sich je nach politischem Bedürfnis und Interessenlage zumindest einige Elemente verwerten ließen. Diese bürgerlichen Schriftsteller oder schriftstellernden Adligen folgten ihrem Vorbild Edmund Burke in der Verklärung des Mittelalters und des Adels; sie verwarfen das Naturrecht und die Lehre vom Gesellschaftsvertrag; sie stemmten sich der Entwicklung zum neuzeitlichen Verfassungsstaat, zum politischen Liberalismus mit derselben apodiktischen Verdammung entgegen wie der Ausbreitung der kapitalistischen Wirtschaft. Letztlich entdeckten sie in der katholischen Kirche den unerschütterlichen Hort der Stabilität und Stützpfeiler der Restauration. Je nach Neigung endeten sie bei einer «restaurativen Apologie» der antikonstitutionellen Monarchie oder bei einem «romantisch überhöhten Ständestaat».

Das Wesen des Staates muß total verfehlt werden, polemisierte Adam Müller seit 1809 gegen die vernunftrechtliche Schule der zeitgenössischen politischen Philosophie und den Utilitarismus der kameralistischen Herrschaftstheorie, wenn er nur als «eine nützliche Erfindung, eine bloße Anstalt des gemeinsamen Besten», «eine gegenseitige Sicherheits-Versicherung» verstanden wird. Weder «Assekuranzanstalt» noch «merkantile Sozietät», bildet der Staat vielmehr die «innige Verbindung des gesamten physischen und geistigen Reichtums einer Nation»; er ist ein «organisches Naturprodukt», die «Totalität der menschlichen Angelegenheiten, ihre Verbindung zu einem lebenden Ganzen». «Jeder Staatsbürger» bleibt daher als «vorübergehender Nießbraucher» von «allen Seiten in den Staat verflochten», er hat «hinter sich eine Vergangenheit, die respektiert, vor sich eine ebenso große Zukunft, für die gesorgt werden» muß. Als organische Glieder dieser Generationen übergreifenden gottgewollten Ordnung gehören die Menschen zugleich immer unterschiedlichen Ständen an. Die unaufhebbare Ungleichheit im Ständesystem ist naturgegeben, sie allein garantiert eine standesgemäße Freiheit, die allen egalitären Menschenrechten, dem verachtenswürdigen politischen Selbstbestimmungs- und Teilhaberechten des autonomen Individuums rundum überlegen ist. «Nichts kann der Freiheit mehr widersprechen als der Begriff einer äußeren Gleichheit.» Zudem: Die Ständeordnung ist nicht nur eine historisch erfolgreiche Sozialhierarchie gewesen, sondern bleibt auch «für alle Zukunft gültig». Überwölbt wird sie durch die Monarchie von Gottes Gnaden, welche, sofern diese zuverlässige innere Basis wiederhergestellt ist, die Folgen der «äußeren», der Französischen Revolution überwinden kann.

Als schwieriger freilich mußte sich die Aufgabe erweisen, die «geheime, verderbliche»: «die innere Revolution», die vom römischen Recht, vom Smithschen «Privatnutzen» und von der «Privatreligion» der Reformation in Gang gebracht worden war, gleichfalls zu überwinden. Das Erfolgsrezept Müllers lautete: Die «Einheit der Kirche und des Staates» zusammen mit der «großen einfachen» Ständeordnung, ein theokratisch-ständisches System mithin, bildet «das ewige Schema aller wahren Staatsverfassung, die Garantie der Dauer und der Macht». Der Funktionsfähigkeit einer solchen Staatsverfassung unter den Bedingungen der postrevolutionären Epoche wurde allerdings nie eine ernsthafte Anstrengung des Gedankens gewidmet. Zu einer halbwegs brauchbaren, durchdachten politischen Institutionenlehre hat es daher kein einziger Politischer Romantiker gebracht. Auch Müller z. B. lehnte demokratieverdächtige Mehrheitsbeschlüsse natürlich strikt ab, setzte ihnen aber nur einen aus der nebulosen Wechselwirkung der gesellschaftlichen «Hauptklassen» – wie es 1817 erstaunlich modern hieß – vermeintlich naturwüchsig hervorgehenden «Nationalwillen» entgegen, der dem Fürsten zur Handlungsorientierung dienen kann, ohne ihn verbindlich festzulegen.

Von dieser Position aus ließen sich der «zersetzende» personale Individualismus wie jede liberalismusverdächtige Regung in Acht und Bann tun. Ganz auf der Linie des mystifizierenden organologischen Denkens lag dann auch die romantische Kritik am zerstörerischen Kapitalismus und der verhaßten Smithschen Wirtschaftstheorie, die das Eigeninteresse der Einzeleigentümer anstelle der korporativen Solidarität als die ausschlaggebende Triebkraft anerkannte. Die schärfste Empörung erregte das durch die Reform erleichterte Vordringen des Agrarkapitalismus in die idyllisierte ländliche Welt. Denn dadurch wurde auf längere Sicht auch die Landwirtschaft «in eine Universalfabrik» verwandelt, die «blind ihr Gesetz vom Markt empfängt». Der Boden dürfe aber nicht wie eine Ware behandelt und mit «fabrikmäßiger Präzipitation» von agrarischen «Manufaktur-Entrepreneuren» ausgebeutet werden. Dadurch werde nicht nur jede altehrwürdige Bodenkultur vernichtet, sondern die sozialen Beziehungen zwischen dem paternalistischen Grundherren- und Bauernuntertan würden aus einem «festen, ehrbaren Verhältnis» in ein «krämerisches, jüdisches (!)» zwischen einem profithungrigen Gutsunternehmer und Landarbeiter verwandelt.

Angesichts der Grundtendenzen des 19. Jahrhunderts lief all diese Kritik, so scharfsinnig sie auch manche Schwachpunkte entdeckte, auf einen quichottischen Kampf gegen Windmühlen hinaus, und die beabsichtigte Politikberatung mündete in den Appell, eine rückwärtsgewandte, romantisierte Utopie zum Maßstab praktischen Handelns zu machen. Wenn dennoch manche Überlegungen der Politischen Romantiker aufgegriffen wurden, dann deshalb, weil sie eine dumpfe Aversion zu einer tiefsinnigen politischen Einsicht zu stilisieren, die nackte Interessenpolitik als Vollzug historischer Gesetzmäßigkeit zu drapieren verstanden, nicht zuletzt aber auch, weil sie prägnante Faustregeln sprachgewandt formulieren konnten, die Konservativen unterschiedlicher Couleur unmittelbar einleuchteten und als Handlungslegitimierung dienten. «Die Monarchie beruht auf der Hierarchie», konstatierte etwa 1828 Friedrich Schlegel in epigrammatischer Kürze, «wo diese zerfällt oder zerrüttet wird, da entsteht die Anarchie, und Revolution ist Anarchie.» Das konnte sich jeder altständische, jeder legitimistische, jeder revolutionspessimistische Konservative zu eigen machen.

Als im Laufe der Zeit fast alle ursprünglich evangelischen Ideologen der Politischen Romantik ihre Zuflucht im Schoß der allein seligmachenden Kirche suchten, da diese nicht nur das individuelle Bedürfnis solcher «sozial freischwebenden» Intellektuellen, an einer überindividuellen Heilsanstalt Halt zu finden, befriedigte, sondern auch als traditionsmächtigster Stabilisierungsfaktor für Staat und Gesellschaft die ersehnte Ruhelage versprach, schwächte die Kritik am Konfessionswechsel die Wirkung der Propagandaschriften im protestantischen Norden spürbar ab. Als Goethe von Schlegels Renegateneifer erfuhr, spottete er boshaft:

«Sonst buhlt er mit Lucindchen, Jetzt möcht er mit Marien sünd'gen.»

Nicht jeder Enttäuschte besaß die Fähigkeit, sich so respektlos zu mokieren, aber der Rückgang an Überzeugungskraft war eine allgemeine, auch durch den österreichisch-preußischen Dualismus vertiefte Erscheinung, die andrerseits durch eine erhöhte Anerkennung der Konvertiten im katholischen Süddeutschland und Österreich kompensiert wurde. Folgerichtig fanden sich die bekannten Köpfe im Wiener Romantikerkreis oder sonstwo in Metternichs Diensten wieder. Trotz der Verschiebung der Einflußsphären behielten jedoch manche romantisch-konservativen Begründungsmuster und Denkfiguren, die inzwischen als ideelle Stereotypen frei kursierten, ihre Attraktivität für Konservative, da sie einige ihrer vorn skizzierten Grundüberzeugungen anschaulich ausdrückten.

Der legitimistisch-neuständische Konservativismus griff z. B. dann und wann einmal eine ihm genehme Metapher oder ein gerade passendes quasihistorisches Argument der Politischen Romantiker auf, aber da er sich um ein tragfähiges neues Kräftearrangement zugunsten der Monarchie und der konservativen Herrschaftseliten bemühte, trennte ihn seine flexiblere, realistischere, ja in gewissen Grenzen anpassungsbereite Haltung sowohl von der altständischen Versteinerung als auch von den romantischen Luftschlössern. Auch er bestand auf Gehorsam gegenüber der gottgewollten Obrigkeit, auf dem Gottesgnadentum des Fürsten, auf dem Kitt der christlichen Religion, auf dem Pakt zwischen Thron und Kirche. Aber diese Strömung erkannte immerhin an, daß die patriarchalische Königsherrschaft und die Sonderstellung des Adels rebus sic stantibus durch eine neuständische Repräsentation ergänzt werden mußten. Diese Einsicht war zu einem nicht geringen Teil eine Furcht der Julirevolution samt ihrer Folgen in den deutschen Staaten. Als Verfechter eines solchen aufgeschlosseneren «monarchisch-neuständischen Legitimismus» taten sich vor allem Karl Ernst Jarcke, Karl Vollgraff, die Grafen Solms-Lich und Türckheim und andere hervor.

Jarcke, die interessanteste Figur, hatte sich 1823 an der Bonner Jurafakultät habilitiert und 1825, gerade 24jährig, einen Ruf an die Berliner Universität erhalten, wo er als brillanter jungkonservativer Beobachter der Zeitgeschichte auffiel, ehe er 1830 vollends in «den Sog der Politik geriet». Im Herbst 1831 übernahm er die Redaktion des von den Gerlachs und Radowitz neugegründeten Berliner «Wochenblatts», das er einige Zeit zum bedeutendsten konservativen Organ machte. Jarcke wollte als Initiator eines aktiven, nicht nur reagierenden politischen Konservativismus wirken. Dafür setzte er sich in geschliffenen Essays ein, nach seinen umfangreichen juristischen Veröffentlichungen war der langatmige, Wissenschaft prätendierende Systementwurf à la Haller oder Müller seine Sache nicht mehr. Bereits der zahme zeitgenössische Liberalismus wurde – diese Grenzlinie zog er unerbittlich – als «Herd der Revolution» stigmatisiert. Man dürfe ihm jedoch nicht die Institution der Volksvertretung kampflos überlassen, sondern müsse im wohlverstandenen Eigeninteresse ein neuständisches Parlament der Monarchie einfügen. Mit Hilfe der Zugangskriterien galt es sicherzustellen, daß die liberale Intelligenz dort nicht das befürchtete «Einflußmonopol» gewinne und als Folge davon ein «despotisches Regiment» aufrichte, wohl aber daß die wichtigen «Klassen der Landeseinwohner» ihre «verschiedenen... Interessen» vor der höchsten Gewalt angemessen vertreten könnten. Der Vorrang des Adels blieb dadurch zwar ungefährdet, aber das Projekt bedeutete eine Absage an den altständischen Dualismus von Fürst und aristokratischer Oligarchie. Jarcke plädierte statt dessen für eine «korporativ-staatliche» Monarchie, die ihm als zeitgemäße Ordnung am ehesten der Hauptaufgabe, der Prävention der Revolution, gewachsen zu sein schien.

Auch Jarcke war insgeheim bereits 1824 konvertiert, er pflegte auch den Kontakt mit den Wiener Romantikern, erst 1837 kam es jedoch mit dem Berliner Förderkreis zum Bruch. Metternich holte ihn als Nachfolger von Gentz und neuen Pressechef nach Wien, wo Jarcke, von Baader und Görres ermutigt, einen Schwenk zur doktrinären Verherrlichung des katholisch-theokratischen Ständestaats vollzog. Die Bedeutung des legitimistischen Konservativismus, wie ihn Jarcke zeitweilig am eindringlichsten vertreten hat, lag einmal in seiner Abwendung von der altständischen und romantischen Orthodoxie; er verschaffte manchen Konservativen einen etwas freieren Blick auf ihre Gegenwart. Zum zweiten bereitete er den Brückenschlag vor, den wenig später der Reformkonservativismus zum Konstitutionalismus vollziehen sollte.

Fast möchte man sagen: Wie unberührt von den diversen ideologischen Strömungen des Konservativismus existierte in den gut drei Jahrzehnten nach 1815 auch ein pragmatisch-machiavellistischer Staats- und Sozialkonservativismus. In reiner Form wurde er von den «politischen Dioskuren» Metternich und Gentz, aber auch von einigen preußischen und süddeutschen Ministern und Spitzenbeamten verkörpert. Nach dem Revolutionstrauma ging es ihnen, den «Bürgerkrieg der Gesinnungen vor Augen», um das «Retardieren des gesellschaftlichen und institutionellen Wandels», um das «Einfrieren politischer Veränderungen», um die unverdrossen-zähe Verteidigung der monarchischen Prärogative. Metternich und erst recht Gentz waren keine ideologischen Konservativen, aber ihr «politischer Gott war der Status quo». Der Arkanbereich politischer Entscheidungen mußte partout von liberalen Einflüssen, mit allen Mitteln von der «Herrschaft des Pöbels, der falschen Gelehrten, der Studenten» freigehalten werden. Die Sorge vor einem neuen «Aufstand der unteren Volksklassen» konnte nur durch das mit aller Kraft zu verteidigende «Übergewicht» der «organisierten Gewalt» des monarchischen Staats in Grenzen gehalten werden. In ihren melancholischen Augenblicken wußten auch diese pragmatischen Konservativen, daß sie sich auf «künstlich befriedetem... inneren Grunde» bewegten, ja sich nur einer letztlich übermächtigen Welle entgegenstemmten. Die Kosten des

Stillstands wuchsen zudem unaufhaltsam an: die Petrifizierung überholter Verhältnisse, der Problemstau unter der scheinbar ruhigen Oberfläche, im Vormärz ein schwüles Gewitterklima, das die Entladung von 1848 ankündigte.

Dem absoluten Vorrang der konservativen Defensivpolitik in den internationalen Beziehungen entsprach mit einer gewissen Folgerichtigkeit der sozialkonservative Charakter der Innenpolitik, denn der Dammbau gegen die Revolution im Bereich der Außenpolitik setzte die «soziale Ruhelage» im Inneren voraus. Hier besteht, wie gesagt, eine strukturelle Analogie zu Bismarcks Politik ein halbes Jahrhundert später. Der pragmatische Konservativismus war, streng genommen, nicht nur konterrevolutionär, sondern wollte das exakte «Gegenteil von Revolution»: Erhaltung des Bestehenden, «Narkotisierung», notfalls Repression von Konflikten, des Liberalismus, aller Freiheitsbewegungen um nahezu jeden Preis. Dazu bedienten sich seine Vertreter auch der konservativen Ideologen: die Müller, Schlegel, Jarcke endeten alle als käufliche Publizisten, deren Fähigkeiten Metternich virtuos nutzte, um die öffentliche Meinung, diesen unumgehbaren neuen Machtfaktor, zu beeinflussen. Dennoch behielt er wie die anderen pragmatischen Konservativen ein primär machttechnisch-instrumentelles Verhältnis zu den angeforderten ideologischen Versatzstücken – solange sie politisch nutzten, waren sie ihr Geld wert. An der Stelle konservativer Glaubensüberzeugung stand jedoch der Wille zur Macht- und Systemerhaltung.

Dieser Pragmatismus, der sich zeitgemäßer Mittel skrupellos bediente, hatte im späten Vormärz auch unter den preußischen Konservativen an Boden gewonnen. Im Vereinigten Landtag fand sich z. B. im Juli 1847 eine Reihe konservativer Abgeordneter zusammen, zu denen als treibende Kraft bereits Bismarck gehörte. Dieser Kreis wollte durch eine eigene Zeitung, die bewußt ein Gegengewicht zu Gervinus' «Deutscher Zeitung» bilden sollte, den Kampf um die öffentliche Meinung «in praktischer Richtung» aufnehmen. Selbstredend verteidigte er die «Unabhängigkeit des Königtums», verlangte aber eine Ausweitung der ständischen Mitwirkungsrechte hinsichtlich der «Beratung aller Gesetzesvorlagen» einschließlich «der Zustimmung zu Schulden und neuen Steuern» – ein Ständeparlament sollte mithin unter dem Primat des Adels stillschweigend als die seit 1815/20 versprochene gesamtstaatliche Reichsrepräsentation fungieren. Überhaupt sollten dieser Versammlung verschiedene Rechte der Landtage in den konstitutionellen Staaten eingeräumt werden. Der Plan wurde freilich erst ein Jahr später mit der «Neuen Preußischen Zeitung», der sogenannten «Kreuz-Zeitung», realisiert, und zu dieser Zeit trat in verschiedenen konservativen Verbänden dieselbe konkrete, notdürftig ideologisch verbrämte Interessenpolitik zutage. Der pragmatische Konservativismus – er bildete einen je nach Staat und vordringlichen Aufgaben variierenden eigenständigen Typus im konservativen Gesamtspektrum.[40]

Die Grenzlinie, die ihn vom Reformkonservativismus trennte, war nicht überall tief eingezeichnet. Im Gegenteil, im Hinblick auf Programm und Personal verschwammen öfters die klar unterscheidenden Konturen. Dennoch repräsentierte der Reformkonservativismus eine Spielart, die sich durch spezifische Eigenarten auszeichnete. Er besaß nämlich eine doppelte Stoßrichtung: nicht nur die bekannte politische Tendenz der Versöhnung mit dem modernen Verfassungsstaat, sondern auch die weniger beachtete Intention, sich der sozialen Frage zu stellen, um sie mit Hilfe der politischen Intervention zu entschärfen.

Der berühmte Exponent des politischen Reformkonservativismus, sein Vordenker, ist Friedrich Julius Stahl gewesen. Sein Verdienst bestand darin, daß er seinen «Brückenschlag» zwischen monarchisch-ständischer und konstitutioneller Ordnung den Konservativen schließlich akzeptabel machte, sie damit auf den Boden des zeitgenössischen Verfassungsdenkens führte und die Hinnahme des Verfassungsstaats seit 1848/49 maßgeblich vorbereitete. Einen «ersten, vorsichtigen Vermittlungsversuch», der «Krone und Konstitution» einander annähern wollte, hatte Ernst v. Bülow-Cummerow 1842/43 in seinem Preußen-Buch unternommen, ohne jedoch mit seinem Ruf nach einer preußischen Verfassung, nach Pressefreiheit und Bürokratiereform die feindselige Ablehnung der Hochkonservativen einschließlich der obstinaten Clique um Friedrich Wilhelm IV. auflockern zu können. Ihrer prinzipiellen Aversion hatte Bülows eigenartige Mischung von «dilettantisch-unklaren» Anregungen mit «rationalistisch-fortschrittlichen» Gedanken eher neue Nahrung gegeben.

Nur drei Jahre später leitete Stahl jedoch eine «substantielle Veränderung» der verhärteten konservativen Position ein. Aus einer orthodoxen jüdischen Familie stammend, war er 17jährig unter dem Einfluß des neuhumanistischen Gymnasiums zum Protestantismus übergetreten, wurde als aktiver Burschenschafter zwei Jahre relegiert, aber trotzdem 1827 in München Privatdozent; seit 1834 lehrte er als Professor in Erlangen, wo er zum strenggläubigen Lutheraner mutierte. Zwischen 1830 und 1837 entstand, zum Teil unter dem Einfluß Schellings, die «Philosophie des Rechts nach geschichtlicher Absicht», sein rechtsphilosophisch-staatsrechtliches Hauptwerk. Sowohl dem natürlich-organologischen Staat der Romantiker als auch dem naturrechtlich fundierten Vernunftstaat der Liberalen setzte Stahl den auf göttlichem Recht beruhenden «christlichen Staat» entgegen, der das Reich Gottes im Diesseits zu verwirklichen hatte und deshalb als «sittliches Gemeinwesen», als «eine göttliche Institution» metaphysisch überhöht wurde. Das Legitimationsprinzip der Volkssouveränität lehnte er als revolutionären Bazillus ebenso kompromißlos ab wie den Einfluß der Bürokratie, die nicht nur als reformverdächtig galt, sondern die Herrschaftsvollmacht von Fürst und Adel einschränkte. Im Inneren des Staats unterschied Stahl, der auf der Notwendigkeit einer ständischen Gliederung der Gesellschaft insistierte, zwischen Produktivständen, den «Berufsklassen», und politischen Ständen, für die sich vorrangig Grundbesitzer qualifizierten. Dem Adel, dem seine politischen Vorrechte ungeschmälert zustanden, wurde außerdem eine Mittlerrolle zwischen Monarch und Eigentümergesellschaft zugedacht. Mit diesem «Opus Magnum des deutschen Konservativismus» empfahl sich Stahl auch König Friedrich Wilhelm IV., der die Affinität zu seiner Lieblingsidee einer «christlich-germanischen Monarchie» spürte und Stahl daher 1840, noch ehe Schelling 1841 als «Vernichter» der hegelianischen «Drachensaat» geholt wurde, gegen das Votum des Kultusministeriums an die Berliner Universität berief.

Zwischen 1840 und 1846, als Stahls aufsehenerregende Flugschrift «Über das monarchische Prinzip» erschien, traten jedoch einige seiner häufig übersehenen Argumente klarer hervor. Stahl lehnte das altständische Ideenkonglomerat als schlechthin «reaktionäre Theorie» ab. Ständisch heiße keineswegs altständisch, eine Repräsentation sei nicht gleichbedeutend mit Volksherrschaft. Vielmehr plädierte Stahl dafür, daß das nüchterne politische Kalkül gebiete, gesamtstaatliche Landstände als «öffentlich-rechtliche Institution» anzuerkennen. Wenn die Deputierten auch noch nicht ihre Wähler, sondern sachliche Interessen, vor allem des Grundbesitzes, vertreten sollten, wurde mit dieser Forderung doch die konservative Theorie «auf ein zeitgenössisches Niveau» angehoben. Ziemlich unbefangen verfocht Stahl außerdem zwei wichtige Grundsätze der modernen politischen Repräsentation: Abgeordnete sollten nicht weisungsgebunden sein, überdies stets das ganze Volk vertreten. Auch für verbürgte Grundrechte war Stahl zu haben, wenn sie – in staatliches Recht umgesetzt – nicht vorstaatlichem Naturrecht, sondern «der Staatsgewähr» entsprängen. Überhaupt bildeten einmal zugesicherte Rechte «eine rechtliche Schranke gegen die Regierung» – das kam dem liberalen Verfassungsverständnis schon sehr nahe.

Damit wurde die konservative Ideologie wieder ein Stück weiter aus der Sackgasse ihrer engherzigen, dem imperativen Mandat unterworfenen Verfechtung adelsständischer Interessen herausgeführt. Der Weg zu einer konstitutionellen Monarchie innerhalb der Schranken dieses ständischen Systems und der traditionalen fürstlich-aristokratischen Privilegien wurde von dem einflußreichen, politisierenden Rechtslehrer, der mit seinem Ansehen zu wuchern verstand, noch kurz vor der Revolution ideell geebnet; die Schwenkung wurde vom Stigma der Kapitulation vor den Liberalen befreit, den Konservativen allgemein anempfohlen, für die Weitsichtigen unter ihnen, zumal die durchweg konservative soziopolitische Gesamtstruktur erkennbar erhalten bleiben sollte, sogar attraktiv gemacht. Selbst ein bisher unversöhnlich strenggläubiger Altkonservativer wie Ludwig v. Gerlach hielt unter Stahls Einfluß 1847 auf 1848 den Erlaß einer preußischen Konstitution für unumgänglich!

Ungefähr gleichzeitig mit der vielgelesenen Neuauflage von Stahls Rechtsphilosophie (1846) wandten sich einige bekannte Konservative nach einem auch bisher schon durch Furcht und Sorge bestimmten, aber vorwiegend publizistischen Interesse der neuen sozialen Frage des Proletariats und Pauperismus aktiver zu. Genauer gesagt: Sie entdeckten Sozialreform als genuinen konservativen Politikbereich mit sprungartig anwachsendem Handlungsbedarf. Zugleich erkannten sie – ähnlich wie damals auch Lorenz v. Stein – die politischen Chancen eines sozialen Königtums, wenn es die materiellen Bedürfnisse der Massen angemessen befriedigte und ihren religiösen Traditionalismus gegen den Rationalismus und modernisierungsfreudigen Liberalismus verteidigte; im Effekt konnte dadurch ein enormes Reservoir bisher unterschätzter Kräfte gewonnen und die Loyalitätsbasis der Monarchie immens verbreitert werden. «Nichts ist konservativer als das Prinzip der Reform», gab der Staatsrechtler Gerber den neuen Ton an, «und nichts leistet revolutionären Bestrebungen mehr Vorschub als das blinde Festhalten am Alten.»

Entschlossene Behebung der gesellschaftlichen Zerfallserscheinungen verlangte auch Victor Aimé Huber, 1843 als ein weiterer Protegé Friedrich Wilhelms IV. nach Berlin berufen. Nach dem Streit um Ruge und Nauwerck wurde der neue Literaturwissenschaftler von den Studenten geschnitten, 1844 fand sich kein Hörer in seinem Kolleg ein, auch später blieb er ohne Resonanz. Das ließ ihm Zeit, in seiner 1845 gegründeten Zeitschrift «Janus», die ein Gegengewicht zu Ruges «Jahrbüchern» bilden sollte, eine weitgefächerte staatliche Sozialpolitik zu begründen, aber auch in wohlwollend geförderten «Assoziationen», d. h. im Genossenschaftswesen, die Rettung durch Selbsthilfe zu propagieren. Obwohl der König diese «Jahrbücher deutscher Gesinnung, Bildung und Tat» subventionierte, gingen sie nach drei Jahren ein. Und obwohl Huber bereits 1841 in einer Schrift «Über die Elemente, die Möglichkeit oder Notwendigkeit einer konservativen Partei in Deutschland» als entschiedener Fürsprecher einer solchen Partei aufgetreten war, ja ihr erstes Programm entworfen hatte, fanden seine christlich begründeten, sozialkorporativen Reformvorstellungen unter seinen konservativen Gesinnungsfreunden vorerst wenig Anklang.

Auch der junge Hermann Wagener, bald Chefredakteur der «Kreuz-Zeitung» und Herausgeber des antiliberalen «Staats- und Gesellschafts-Lexikons», operierte zumeist auf eigene Faust, wenn er im Glauben an den Konservativismus des «gemeinen Mannes» königstreue kleine «Volksvereine» aus Handwerkern und Arbeitern ins Leben rief. Mochten ihn arrogante Aristokraten belächeln, Wagener hatte damit einen Weg entdeckt, der politische Zukunft besaß, wenn sie auch 1847 noch nicht begonnen hatte. Unmittelbaren Zugang zu Entscheidungszentren besaß im Vergleich mit ihm schon Joseph Maria v. Radowitz, katholischer Neupreuße und eine der eigenwilligen Persönlichkeiten des norddeutschen Konservativismus, als

Außenseiter ein Mann mit Gespür für Probleme, da sein Blick nicht sofort durch Standeskonventionen getrübt wurde.

Schon 1845 hatte er in seinen «Gesprächen aus der Gegenwart» die Konservativen ermahnt: «Das Konservieren, Beharren ist weder an sich gut, noch das... Fortbewegen an sich schlecht. Beharren im Guten ist Pflicht, Beharren in dem, was nur da ist, Unrecht oder Unweisheit. Fortschreiten zum Besseren auf berechtigtem Wege ist löblich.» Derartige Sentenzen gewannen ihm, den der Ruch des schillernd-exzentrischen Zugewanderten umgab, unter den Hochkonservativen der Hofpartei keine neuen Freunde. Als vollends extravagant empfanden sie seinen beschwörenden Appell an den König, daß die Monarchie im Sinne einer vorurteilsfreien, politisch klarsichtigen sozialen Königsherrschaft das Proletariat fest an sich binden solle. «Das Proletariat ist, an sich genommen, keineswegs republikanisch», begründete Radowitz seinen ungewöhnlichen Vorschlag. «Dies ist ein weitverbreiteter Irrtum. Jede Regierung, die kühn und weise dessen Interessen in die Hand nähme, das Progressivsteuersystem, das Gesamtarmenwesen, die Regulierung des Gegensatzes zwischen Kapital und Arbeit voranstellte, hätte den gemeinen Mann für sich und hiermit eine ungeheure Macht.» Das war in der Tat ein kühner Reformkonservativismus, der sich hier äußerte – im vormärzlichen und revolutionären Preußen blieb er noch ohne Aussicht auf erfolgreiche Umsetzung in praktische Politik. In der Sozialpolitik der frühen 50er Jahre jedoch, im konservativen Vereinswesen «für König und Vaterland», im sozialen Königtum der «Kathedersozialisten» und in der Bismarckschen Versicherungsgesetzgebung kamen indirekt eben solche Ratschläge zur Geltung.

Schließlich kann man auch in den sozial aufgeschlossenen konservativen Beamten, die seit dem Oktober 1844 im «Zentralverein für das Wohl der arbeitenden Klassen» die gesellschaftliche Krise des Vormärz durch eine paternalistisch-gouvernementale, aber sachkundig propagierte Sozialpolitik bewältigen wollten, einen problembewußten Flügel des Reformkonservativismus, insbesondere des reformistischen Beamtenkonservativismus, erkennen. Ihre Vorschläge verrieten allerdings eine grandiose Unterschätzung der zunehmenden Härte der gesellschaftlichen Antagonismen und der Problemdimensionen überhaupt. Auch für diesen Flügel gilt daher die historische Bilanz, die sich für die reformkonservativen Strömungen insgesamt ziehen läßt, daß sie trotz aller politischen Einsicht, trotz aller internen Debatten und organisatorischen Bemühungen über die anregende gedankliche Vorarbeit bis zur Revolution nicht hinausgelangt sind. Dennoch wäre es nicht nur ungerecht, wenn man den im Grunde von wenigen einzelnen inmitten der Vielzahl von Konservativen repräsentierten vormärzlichen Reformkonservativismus überginge, sondern man übersähe dann auch die Vorläufer einer in der späteren deutschen Geschichte außerordentlich folgenreichen konservativen Politik.

Schließlich kann der Frage nicht ausgewichen werden, ob Hegel wirklich, wie eine unausrottbare Legende weismachen will, eine «progressive Theorie der konstitutionellen Monarchie» entwickelt und sich dadurch auf die Seite des Reformkonservativismus geschlagen hat. Tatsächlich ist Hegel, spätestens seit der konservativen Wende nach den Karlsbader Beschlüssen, nicht nur ein Feind der Volkssouveränität als Antipode der Staatssouveränität gewesen, denn diesem «verworrenen Gedanken» liege «die wüste Vorstellung des Volkes» zugrunde, das eine «formlose Masse», aber «kein Staat mehr ist». Hegel war nicht nur ein Gegner einer liberalen Verfassung, der Gewaltenteilung, von freien Wahlen, der Meinungs- und Pressefreiheit – jener «ganz ungebildeten Roheit», wie er höhnte, die zur «Verleumdung, Schmähung, Verächtlichmachung der Regierung, ihrer Behörden und Beamten, der Person des Fürsten», zur «Aufforderung zum Aufruhr und Verbrechen» führe. Hegel blieb vielmehr der apodiktische Protagonist eines streng «hierarchisch gestuften und strikt monarchisch geführten Gemeinwesens». Monarch und Verwaltung dürften als «Staatsautorität» auf keinen Fall irgendwie beeinträchtigt werden, verkörperten sie doch den vergöttlichten Staat: «Es ist der Gang Gottes in der Welt, daß der Staat ist, sein Grund ist die Gewalt der sich als Wille verwirklichenden Vernunft.»

Für die praktische Regierungstätigkeit war dank ihrer «tieferen und umfassenderen Einsicht» die höhere Beamtenschaft am besten geeignet und Ständevertretern weit überlegen. Immerhin billigte Hegel den Abgeordneten streng neu- und sozialständischer Provenienz eine nützliche Scharnierfunktion zwischen Staat und Gesellschaft zu, da sie «Information nach ‹oben› und Propaganda nach ‹unten›» vermitteln, die Bevölkerung in den ständischen Staatsorganismus integrieren helfen konnten. Eine Politisierung der Gesellschaft freier Individuen – und sei's auch nur im Sinne der kleinen Aktivbürgerschaft des Liberalismus – lehnte er als unkalkulierbares Risiko mit kaustischer Schärfe ab. Gott und der Weltgeist, in ihrem Dienst König und Bürokratie an der Spitze des Leviathans schienen ihm als politische Gestaltungskräfte zweifelsfrei überlegen. Selbst die maßvolle englische Reformbill von 1831 traf auf seine erbitterte antiliberale Kritik, und für Parteien, «die Gewalt weniger», die Organisation «zufälliger» Partikularinteressen, die «gerade neutralisiert werden» sollten, blieb in dem das «Ganze» verkörpernden, über der Gesellschaft schwebenden, autoritären Staat erst recht kein Raum. Von einigen zukunftsträchtigen Hinweisen, geschweige denn einer Theorie der liberalisierten, konstitutionellen Monarchie läßt sich in diesem Gedankengebäude keine Spur entdecken. Im Vergleich mit späteren Zeiten fehlte es dem Konservativismus damals nicht an einer engagierten Intelligenz, aber zu den Reformkonservativen zählte Hegel gewiß nicht.

Hegels Animosität gegenüber Parteien blieb auch für den gesamten Konservativismus bis 1848 charakteristisch. In den konstitutionellen Staaten operierten die Konservativen in lockeren Gesinnungszirkeln, die Regierung bildete aus Teilen der Beamtenschaft und der Abgeordneten eine Art Regierungspartei. In Preußen erwiesen sich die Provinzialstände überhaupt nicht als geeignet, wenigstens zuerst einmal «ständesprengende Fraktionen» zu fördern. Obwohl vom Vorsprung der Liberalen, allerspätestens seit 1847, trotz des widrigen Vereinsrechts Impulse hätten ausgehen können, entstand kein starker Zugzwang: Politisch und materiell waren die Konservativen noch zu saturiert, ihre ideologischen Skrupel gegenüber Parteien als Kennzeichen der Republik, als «Krankheit des Staates» – so 1847 Theodor Mundt in Hegelscher Manier – überwogen durchaus. Huber und Rosenkranz bildeten isolierte Ausnahmen. Informell operierende kleine einflußreiche Cliquen blieben daher die Regel.

Erst im Vereinigten Landtag von 1847 begann das Denken in Majorität und Minorität, in Gesinnungs- und Interessenrückhalt auf eine konservative Parteibildung hinzuwirken und die Ausschließlichkeit ständischer Kategorien in Frage zu stellen. Nicht zuletzt wirkte die starke, ständeübergreifende Opposition auf eine konservative Alternative hin. Obwohl der König sich dem entgegenstemmte, entstanden jetzt mehrere konservative Gruppen. Ihnen fehlte jedoch nicht nur ein festerer Zusammenhalt, sondern auch das politische Kaliber und Bildungswissen für die Debatten. «Nullität und politische Inkapazität kennzeichneten», urteilte aus eigener Erfahrung der sächsische Legationssekretär Vitzthum v. Eckstädt ganz ungeniert, «die meisten Mitglieder des Herrenstandes.» Auch und gerade deshalb fiel ein politisches Naturtalent wie Otto v. Bismarck unter diesen Standesgenossen sofort auf. Zu einem größeren Zusammenschluß der konservativen Gruppen ist es vor der Revolution nicht mehr gekommen. Insofern befand sich die «Bewegungspartei» im März 1848 auf einer höheren politischen Entwicklungsstufe. Erst über die Zwischenetappe ökonomisch-politischer Interessenverbände haben Konservative der verschiedenen Richtungen schließlich den Weg zu einer Parteiformation gefunden.[41]

V.
Soziopolitische Strukturbedingungen und Entwicklungsprozesse der Kultur

Dasselbe Spannungsverhältnis zwischen den Kräften der Beharrung und Tradition einerseits, den vorwärtstreibenden Modernisierungsschüben andrerseits, das Agrar- und Gewerbewirtschaft, das Gefüge der sozialen Hierarchie und die Struktur des politischen Herrschaftssystems in den Jahrzehnten zwischen Friedensschluß und Revolution bestimmt hat, scheint auch auf den ersten Blick die hier weiter verfolgten Phänomene zu kennzeichnen, die aus dem weiten Umfeld des kulturellen Lebens unter spezifischen Gesichtspunkten herausgegriffen werden. Unter der manchmal heftig bewegten Oberfläche gab es, ob in den Kirchen oder Elementarschulen, öfters eine zählebige Kontinuität, die man nicht unterschätzen darf. Insgesamt überwiegt aber der Eindruck beschleunigter Wandlungen, sprungartiger Veränderungen, einschneidender Innovationen. Die längst in Gang gesetzten und vorandrängenden Modernisierungsprozesse griffen wie Zahnräder ineinander und verstärkten sich wechselseitig in ihrer Dynamik. Dieser Eindruck wird bestätigt, wohin man auch blickt. In den christlichen Kirchen feierte die Orthodoxie ihre Siege, aber der innerkirchliche Liberalismus gab sich nicht geschlagen, und die Säkularisierung erwies sich à la longue als unüberwindbare Gegenmacht. Mit dem Alphabetisierungsgrad ihrer Bevölkerung stießen die protestantischen deutschen Staaten auch im internationalen Vergleich in diesen Jahrzehnten an die Spitze. Das Gymnasium bewährte sich als sozial offene Schule für die Leistungsfähigen. Die reformierten Universitäten entwickelten sich auf den Höhepunkt ihrer Weltgeltung in der zweiten Hälfte des 19. Jahrhunderts hin, wie schwerfällig auch manche Fakultät den neuen Ansprüchen folgen mochte. Grundlegende Veränderungen vollzogen sich in der humanwissenschaftlichen Forschung und im naturwissenschaftlichen Laborbetrieb, aber auch außerhalb der akademischen Welt in der Oppositionswissenschaft, wie sie z. B. Marx im Britischen Museum begründete. Schneller noch als bereits im 18. Jahrhundert verdichtete sich das Netz der öffentlichen Kommunikation: Die Buchproduktion schnellte in ungeahnte Höhen, Tageszeitungen wurden ebenso selbstverständlich wie die Zeitschriften fürs Wochenende. Mit der Expansion des literarisch-publizistischen Marktes wuchsen marktabhängige Berufsklassen von Journalisten und Schriftstellern heran, bauten erfolgreiche Verleger ihr Imperium aus. Mit der Analyse von Macht und Ohnmacht der öffentlichen Meinung schließt dieser Überblick über die kulturellen Bewegungen, die das vormärzliche Deutschland an die Schwelle zu einer neuen Epoche mit heranführen halfen.

1. Die Christlichen Kirchen

Auch in der ersten Hälfte des neuen Jahrhunderts blieben die christlichen Kirchen weiterhin Mächte des öffentlichen und privaten Lebens, obwohl ihnen in wachsendem Maße Zweifel und Abwendung bis hin zum radikalen Atheismus begegneten. Aber wie so oft im Gefolge einer tiefreichenden Erschütterung gab es auch nach 1815 zuerst einmal ein intensiviertes Glaubensleben und eine neue Hochschätzung transzendenter Kräfte. Revolution und Kriegsjahrzehnte waren sowohl von der Amtskirche als auch von den Gläubigen als eine Epoche schwerer Prüfungen verstanden worden. In der Niederlage der Revolution, in der Rückkehr des europäischen Friedens zeigte sich ihnen endlich der versöhnende Eingriff Gottes in die Weltgeschichte.

Der katholischen Kirche gelang in den deutschen Staaten nach der dramatischen Zäsur von 1803 eine erstaunlich schnelle Konsolidierung. Sie erlebte Impulse einer spirituellen Erneuerung, vor allem aber den machtvollen Vorstoß der päpstlichen Autokratie. Die protestantischen Kirchen erreichten eine neue Stufe des Landeskirchentums. Sie rangen mit ihren inneren Verfassungsfragen und mußten sich den Ansprüchen der «Erweckungsbewegung» und eines innerkirchlichen Liberalismus stellen. Alle Kirchen versagten, wie sich herausstellte, vor dem Massenpauperismus, der neuen sozialen Frage der heraufziehenden Klassengesellschaft, der Entfremdung gegenüber dem religiösen Leben, wie sie in proletarischen, aber auch in bürgerlichen Schichten und Klassen um sich griff. Beiden Konfessionen und Kirchen stellten sich mithin gemeinsame, auch gemeineuropäische Probleme. An wichtigen Punkten sahen sie sich jedoch diametral unterschiedenen Entwicklungsbelastungen gegenüber.[1]

a) Der Protestantismus zwischen Orthodoxie und Rationalismus

Im Vordergrund der Verfassungsgeschichte beider evangelischer Konfessionen stand der Ausbau des Staatskirchentums, nachdem die Länderverschiebung auf dem Wiener Kongreß besiegelt worden war. Keineswegs bahnte sich wie in den Vereinigten Staaten, zeitweilig auch in Frankreich, eine Trennung von Staat und Kirche an, sondern die lutherische und die reformierte Kirche blieben vom Staat mitorganisierte und reglementierte «Religionsgesellschaften.» In ihnen prallte alsbald die neupietistisch gefärbte Erweckungsbewegung mit voller Wucht gegen die Bastion des theologischen Rationalismus. Allmählich verwandelte sich dieser Konflikt in den Dauerstreit zwischen konservativer Orthodoxie und innerkirchlichem Liberalismus, der von den «Lichtfreunden» der 40er Jahre besonders pointiert verfochten wurde. In dem Getöse der theologisch-politischen Auseinandersetzungen wurde von den meisten nicht wahrgenommen, daß die Kirche gleichzeitig gegenüber den unübersehbaren sozialen Folgen des gesamtgesellschaftlichen Transformationsprozesses wie blind blieb, so daß sie in einem entscheidenden Augenblick an der auch und gerade ihr gestellten Aufgabe, sich um das Riesenheer der pauperisierten Unterschichten zu kümmern, eklatant scheiterte.

Im Zuge des inneren Staatsbildungsprozesses, der durch das Vorbild des durchorganisierten französischen Zentralstaats, die Reformära und die Integrationsziele der neuen Territorialstaaten kraftvoll beschleunigt worden war, hielt auch der Trend zur Verstaatlichung der evangelischen Kirchen nicht nur an, sondern erreichte sogar eine neue Qualität. Zwar traf er zuerst eher zaghaft, dann entschiedener auf Widerstand unter Berufung auf gemeindliche Selbstbestimmung und synodale Selbstverwaltung, noch jedoch blieb diese liberale Gegenwehr zu schwach.

In Preußen als dem größten protestantischen Staat hatte es von 1808 bis 1815/16 ein kurzlebiges Zwischenspiel gegeben. Die Reformbürokratie löste damals die Konsistorien auf und unterstellte die Geistliche Deputation direkt der neuen Kultus-Abteilung im Innenministerium. Langgehegte staatskirchliche Ziele wurden damit durchgesetzt. Der strenggläubige, pietistenfreundliche Nicolovius übernahm 1810 die neue Abteilung und behielt, als 1817 im Zuge der Ressorttrennung ein eigenes Kultusministerium gebildet wurde, die Kirchensachen bis 1839 in seiner Hand.

1815/16 wurde im neugebildeten Staat die Chance genutzt, erstmals eine einheitliche Verwaltungsorganisation für den gesamten preußischen Protestantismus zu schaffen. Daraus ging ein etatistisches, straff hierarchisiertes System hervor. Der Landesherr als Summepiscopus setzte für jede Kirchenprovinz einen Generalsuperintendenten ein – ein Amt, das seit 1632 geruht hatte. Er wurde von der Regierung angestellt, unterstand dem Oberpräsidenten und leitete die wiedereingeführten Konsistorien, mit denen zusammen er einen Teil der Provinzialverwaltung bildete. Schleiermacher, der energisch für repräsentative Selbstverwaltung und größere Selbständigkeit der Kirche gekämpft hatte, nannte die Generalsuperintendenten sarkastisch die «kirchlichen Präfekten der Regierung». Besonders dynastietreue und bei Hof wohlgelittene Amtsträger erhielten sogar den Bischofstitel verliehen. Auf der Kreisebene folgten ihnen die Superintendenten, die das kirchliche Leben vor Ort kontrollierten; sie sorgten aber auch dafür, daß gemäß der Verordnung von 1826 ein wahrhaft dogmentreuer Religionsunterricht an den Schulen gewährleistet und mit der Verschärfung konservativer Politik seit Anfang der 30er Jahre Religion auch als Fach im Abitur geprüft wurde; bis 1834 hatten die liberalen Beamten die Reifeprüfung davon freigehalten.

Bischöfe, Generalsuperintendenten, Superintendenten und Konsistorialräte besaßen den Rechtsstatus «geistlicher Beamter» mit eigener Amtskleidung und einem alles andere als kargen Gehalt. Beamtenpositionen erhielten auch die Stadt- und Landpfarrer, die durch das Berliner Ministerium ernannt wurden. Die kirchliche Ordination bedeutete nur eine Art Anhang an ihre wissenschaftlichen Examina, deren Bestehen ihnen das primäre Anrecht auf eine Planstelle gab. Die einzige Ausnahme bildeten die neuen westdeutschen «Kirchenrepubliken», wo 1815 von 789 Pfarrern nur 47 nicht von den Presbyterkollegien gewählt worden waren – ein steter Stachel für die staatsgläubigen Berliner Kirchenbürokraten, ein unverzichtbarer Bestandteil jedoch des fortschrittlichen «rheinischen Rechts» für die Einheimischen.

Um 1820 hatte sich die Zahl der preußischen Pfarrer bei 5714 eingependelt. Wegen des Stellenstops von 1825 vermehrte sie sich bis 1848 nur mehr geringfügig auf 5783, während die Bevölkerung von 10 auf 16, die Kirchenmitgliedschaft von 6 auf 10 Millionen anstieg. Entsprechend sprungartig wuchs die Größe der meisten Pfarrsprengel, die Überforderung der Geistlichen an. Dennoch blieb der Pastorenberuf unverändert attraktiv. Abgesehen von genuin religiösen Gründen bot er vielen die Chance sozialen Aufstiegs, versprach wirtschaftliche Sicherheit, angesehenen Status, öffentlichen Einfluß. Von daher erklärt sich die weiterlaufende hohe Selbstrekrutierung, insbesondere aber auch der Zustrom aus dem Kleinbürgertum und der Staatsbeamtenschaft. In Wittenberg z.B., einem Zentrum preußischer Theologenausbildung, stammten zwischen 1815 und 1848 33 % der Studenten aus Pfarrhäusern, 20 % aus Handwerker-, 15 % aus Lehrer- und weitere 20 % aus Zivilbeamten-, Offiziers- und Gutsbesitzerfamilien. Das Bemerkenswerte ist natürlich das gute Drittel kleinbürgerlicher Aufsteiger, deren Mehrheit auf diese Weise, obschon oft nach mühseliger Wartezeit, den Sprung in die Akademiker- und Beamtenwelt tat. Von 740 Theologiestudenten im Jahr 1820 kletterte die Zahl auf den Gipfelpunkt von 1790 = 1830/31 und sank dann wegen der abschreckenden Karriereschwierigkeiten um mehr als 60 % auf knapp 700 vor der Revolution ab.

Ihr Studium hatten sie an den Theologischen Fakultäten der Universitäten Halle-Wittenberg, Berlin, Königsberg und Bonn zu absolvieren, wo insgesamt 30–32 ordentliche Professoren, 10–15 außerordentliche Professoren und je nach Fakultät noch bis zu 5 Privatdozenten lehrten. Nicht alle Professoren erhielten nach 1815 jene ominösen 1500 Taler, die Humboldt als ein standesgemäßes Gehalt bezeichnet hatte, aber prominente Persönlichkeiten wie Schleiermacher, Tholuck, Hengstenberg, Nitzsch und andere empfingen über 2000 Taler. Sie gehörten zu jener kleinen Elite von Theologieprofessoren, die «dank Position, Funktion und Prestige... eine wichtige Rolle im öffentlichen Leben spielten», zumal ihre konfessionspolitische Gutachtertätigkeit und öffentliche Parteinahme angesichts der steigenden Intensität der innerkirchlichen Auseinandersetzungen an Bedeutung gewannen. Kein anderer freilich erreichte bis 1834 die Sonderstellung Schleiermachers, dem es gelang, die evangelische Theologie in das lebendige geistige Leben der Zeit zurückzuführen. Gewiß vertrat dieser bedeutendste deutsche protestantische Theologe des 19. Jahrhunderts eine in der bildungsbürgerlichen Welt beheimatete «Kulturtheologie». Die Vielzahl von Anstößen und bleibenden Impulsen jedoch, die sowohl von seinem riesigen schriftlichen Werk als auch von seiner Tätigkeit als begnadeter Prediger ausgingen, ließen Karl Barth noch nach der Mitte des 20. Jahrhunderts urteilen, daß derjenige «Mann, der Schleiermacher nicht nur kritisieren, sondern sich mit ihm messen könnte, ... noch nicht auf dem Plan» sei.

Schleiermacher hatte sich auch mit aller Kraft an der Vorbereitung der «Union»: der Verbindung der lutherischen und der calvinistisch-reformierten Kirchen, beteiligt. Auf diesen Zusammenschluß wirkten seit längerer Zeit starke Einflüsse hin: Der Pietismus bemühte sich, die institutionellen Fronten durch gemeinsame evangelische Innerlichkeit zu überwinden; die Aufklärung minderte die dogmatischen Gegensätze ab; die jahrhundertelange Gewöhnung aneinander war nicht folgenlos geblieben; die liberalen Befürworter hofften, die Staatskirche durch eine Synodalverfassung auflokkern zu können, und daß der König als oberster Landesbischof aus persönlichen Motiven selber auf die Vereinigung drängte, erwies sich auch als wichtige Triebkraft. Nachdem die Materie seit dem Herbst 1814 in Kommissionen vorgeklärt worden war, forderte Friedrich Wilhelm III. zum herannahenden 300jährigen Reformationsfest (31. 10. 1817) in einem öffentlichen «Aufruf» am 27. September 1817 die beiden protestantischen Kirchen zur Union auf. Rechtlich handelte es sich um einen «Hoheitsakt der obersten staatskirchlichen Gewalt», dem die Leitungsgremien Folge leisteten. Die liberalen Reformer hatten freilich vorher auf die synodale Selbstverwaltung, die den Orthodoxen als «kirchliche Demokratie» galt, verzichten müssen.

Zunächst machte die Fusion die erhofften Fortschritte, bis der Streit um eine neue Agende und Gewalt gegen Widerstrebende zu schweren Konflikten führten. 1822 wurde eine gemeinsame Agende vorgelegt, welche die «Einheit des Kultus» liturgisch besiegeln, aber auch als politisches Druckmittel zur Vereinheitlichung dienen sollte. Für diese 1829 in ganz Preußen verbindlich erlassene Agende beanspruchte Friedrich Wilhelm III. das «Jus Liturgicum». Damit machte er sich zwar einen höchst umstrittenen Rechtsstandpunkt zu eigen, aber dem schlichten Verstand des Königs stellte sich der Sachverhalt so dar, daß er der Kirche genau so wie dem Heer im Stil der Obersten Kommandogewalt Befehle erteilen könne. Gegen diese Rückkehr zum alten absolutistischen Kirchenregiment wehrten sich insbesondere die der Union zäh widerstrebenden sogenannten «Altlutheraner». Die Staatsbehörden konterten mit der Absetzung von Pfarrern, mit Ausweisung, mit Gefängnisstrafen; gegen die «bösen Rebellen» einer schlesischen Gemeinde wurde sogar die Auflösung durch bewaffnete Truppen exekutiert. Der Toleranzstaat, der die vertriebenen Hugenotten und Salzburger, eben noch die Zillertaler großzügig aufgenommen hatte, praktizierte nun selber statt der gebotenen Geduld eine abstoßende Intoleranz, die indes der einflußreiche Hofbischof Eylert – dieser «Himmelreichsbürokrat», wie der Kronprinz spottete – mit der Aura rechtgläubigen Handelns zu umgeben verstand. Auch dieser bittere konfessionelle Streit hinterließ in der Öffentlichkeit und bei zahlreichen einzelnen, die sich in ihrer Gewissensfreiheit schier unerträglich beeinträchtigt fühlten, tiefe Narben und verschärfte die innere Unruhe in der vormärzlichen Gesellschaft.

Mit großer Anstrengung gelang es erst im März 1835 den rheinischen und westfälischen Gemeinden, ihre Synodalverfassung zu verteidigen; auch hier bestand der König jedoch auf der Einsetzung des Generalsuperintendenten. Seither dienten die westdeutschen Presbyter- und Synodalkollegien als Modell innerkirchlicher Mitbestimmung, die auf der ersten preußischen Generalsynode von 1846 eine klare Mehrheit fand, obwohl der König aufgrund der individuellen Berufung ein konservatives Übergewicht für unstrittig gehalten hatte. Die Orthodoxen diskreditierten den Synodalismus als «kirchlichen Zwillingsbruder» des Parlamentarismus; ihr Wortführer Hengstenberg tönte, daß Gott durch den Staat, nicht aber durch demokratische Körperschaften wirke. Angesichts der inneren Blockade löste der König, dem ohnehin eine straff gegliederte Bischofskirche nach anglikanischem Vorbild vorschwebte, die Versammlung auf. Isoliert von anderen Reformkräften – etwa auf dem Vereinigten Landtag, bei den politischen Liberalen oder den «Lichtfreunden» – blieb das Bemühen der veränderungswilligen Geistlichen folgenlos. Es erhielt sich aber eine resignativ-gereizte Grundstimmung, die durch die preußische Konfessionspolitik wachgehalten wurde.

Mit unvorhersehbarer Dynamik brach während der Verfassungskämpfe die «Erweckungsbewegung» in die evangelischen Kirchen ein. Es handelte sich um das gemeinprotestantische Phänomen einer «elementaren Bußbewegung» und kirchlichen Erneuerungsanstrengung nach den Umbruchserfahrungen der vergangenen Jahrzehnte. Verglichen mit dem anderen historischen Konstellationen entspringenden englisch-schottischen und nordamerikanischen «Revivalism» folgte die kontinentaleuropäische «Erweckung» sogar mit einer achtzig- bis hundertjährigen Phasenverschiebung. In manchen deutschen Regionen konnte sie an den älteren Pietismus unmittelbar anknüpfen; die romantische oder idealistische Stimmungslage wirkte häufig begünstigend.

Ihren strukturellen Antriebskräften nach verkörperte diese Bewegung einen fundamentalistischen Protest gegen das «Aufklärungschristentum» des theologischen Rationalismus innerhalb der Kirche, gegen die weltnahe «Kulturtheologie», gegen die aufkommende wissenschaftliche Bibelkritik. Allgemeiner noch äußerte sich in ihr eine vehemente Reaktion gegen Revolution, Kriegs- und Notzeit, gegen Aufklärung und Rationalismus überhaupt als Werk des Satans. Der Sieg von 1815 symbolisierte sowohl die Niederlage all seiner Machenschaften als auch ein Zeichen göttlichen Wohlgefallens, das es bußfertig zu erhalten galt. Als religiöser Hauptgegner wurde in den Friedensjahren der verbreitete theologische Rationalismus bekämpft, dessen emotionaler Dürre und Verstandesgläubigkeit die Erweckten ihre «Gemütsfrömmigkeit» entgegensetzen. Sie konnten an zahlreiche Kleinkreise, meist pietistischer Herkunft, anknüpfen, wenn sie vor allem am Niederrhein, in Westfalen, im Siegerland, in Württemberg, in Schlesien, in Hamburg, Berlin und Hannover die «Stillen im Lande» sammelten. In den 20er Jahren dehnte sich die Erweckungsbewegung in allen protestantischen Gebieten rapide aus, in den 30er Jahren verhärtete sie sich zusehends und ging ein fatales Bündnis sowohl mit dem orthodoxen Luthertum als auch mit dem politischen Konservativismus ein. Währenddessen bildete sie drei typische Varianten aus: eine biblizistische insbesondere in Württemberg, eine primär emotionale im Umkreis der großen Bekehrungsprediger, eine durch die Unionskämpfe geförderte konfessionalistische. Häufig trat natürlich ein Mischungsverhältnis aller drei Komponenten auf.

Das Wittenberger Theologische Seminar entwickelte sich frühzeitig zum Zentrum neupietistischer Patronage. Von hier aus wurden, mit Nicolovius' Hilfe, die jungen «erweckten» Pfarrkandidaten auf offene Stellen gehievt. Die wichtige Funktion der Theologieprofessoren wurde, als die politisch einflußreichen Erwecktenzirkel die Lehrstühle mit Männern ihrer Klientel besetzten, noch einmal unterstrichen. August Tholucks Predigerleidenschaft z. B. beeinflußte Generationen von Wittenberger Studenten. Zur Schlüsselfigur der neupietistischen Strömung stieg jedoch sein Fakultätskollege Ernst Wilhelm Hengstenberg auf. Die von ihm machtbewußt geleitete «Fraktion Hengstenberg» bildete seit den späten 20er Jahren die aktivste, gouvernementale Theologenelite. 42 Jahre lang übte Hengstenberg einen «wahren Terror» aus «gegen alles, was ihm als Rationalismus verdächtig schien». Dazu bediente er sich vor allem der 1829 gegründeten und von ihm effektiv redigierten «Evangelischen Kirchen-Zeitung», die neben dem Berliner «Wochenblatt», später der «Kreuzzeitung» das bedeutendste konservative Organ in Norddeutschland blieb. Mit seinem weitverzweigten Anhängerkreis stieß Hengstenberg nicht nur zur «hochkirchlichen und reaktionären Partei», die in Berlin das Sagen hatte, sondern schmiedete daraus im engeren Kreis noch eine Defensivallianz, die eine strategisch vorteilhaft postierte, einflußreiche «militante Gruppe geistlicher und adliger Konservativer» im Gefühl einer gottgewollten Opposition gegen jede kirchliche und politische Liberalisierung miteinander verband. Sie hielt sich für die «Speerspitze» einer Kryptopartei der Gerechten, die Gott durch das Bekehrungserlebnis in den Kreis der auserwählten Gläubigen aufgenommen hatte.

Ihr gelang ein folgenreicher Durchbruch, als die Erweckungsbewegung im ostelbischen Adel prominente Mitglieder hinzugewann. Ein Schwerpunkt bildete sich etwa in Pommern heraus, wo Adolf v. Thadden-Trieglaff, Senfft v. Pilsach, die v. Belows und v. Gerlachs Gleichgesinnte um sich versammelten; seit 1829 trafen sich auf den Trieglaffer «Konferenzen» an die hundert Teilnehmer. In dieser Runde verschmolzen neue Glaubensaktivität und starrer Konservativismus unauflöslich zu einer Grundhaltung, welcher die kompromißlose Verteidigung des soziopolitischen Status quo, frei von jeglichen Zweifels Anfechtung, als Auftrag der vom Herrn «Erweckten» erschien. «Seinem Nächsten in wahrer Liebe dienen», brachte das v. Thadden mit unübertrefflicher Prägnanz auf eine arrogant-naive Maxime, verlange zuallererst einmal, daß «man sich in der siegreichen Gewohnheit des Herrschens behauptet».

Anders als der alte Pietismus glaubten die Neuerweckten nicht an das Toleranzgebot, sondern stritten mit einer selbstgerechen Rücksichtslosigkeit, die sie zugleich in ihrer «royalistischen Ergebenheit» und biblizistischen Orthodoxie bestärkte. Die Vertreter des theologischen Rationalismus und der Liberalgesinnten besaßen weder einen solchen Fanatismus noch eine derartige institutionelle Kohäsion und Stoßkraft, so daß sie vielfach in die Defensive gedrängt oder gar aus Beruf und Amt vertrieben wurden.

Auf längere Sicht wurde die Erweckungsbewegung verkirchlicht. In der Amtskirche verstärkte oder restaurierte sie die Orthodoxie, oder sie begründete zusammen mit dem Kofessionalismus der Neulutheraner eine impertinente Strenggläubigkeit, die sich auch in den freikirchlichen Gemeinden, wo die Erweckten öfters ihre Selbständigkeit wahrten, bis ins 20. Jahrhundert durchhielt.[2]

Die unverhüllt konservative Ambition und Praxis der «Fraktion Hengstenberg» samt ihren Sympathisanten unter Theologen, Spitzenbeamten und Junkern stellten nicht nur jede liberale Regung unter den Verdacht der Staats- und Glaubensfeindschaft, sondern sie provozierten auch eine Opposition, die sich neben dem älteren theologischen Rationalismus – oder in engster Verbindung mit ihm – als kirchlicher Liberalismus herausbildete. Dieses Phänomen ist so verblüffend nicht, wie es angesichts der evangelischen Obrigkeitsmentalität auf den ersten Blick scheinen mag. Allgemein wurzelt ja der westliche Liberalismus durchaus in protestantischen Traditionen, wie nicht nur Ernst Troeltsch und Max Weber längst gezeigt haben. Der Protestantismus hat von vornherein «der profanen Welt... ein größeres Eigenrecht», «eben ihre Weltlichkeit», zugebilligt, er hat spezifische Freiheitsideen entfaltet und begünstigt, die sich als liberale Freiheitsansprüche säkularisieren ließen. Die innere Affinität zwischen der Freiheit eines evangelischen Christenmenschen und aufklärerisch-frühliberalen Postulaten war auch in Deutschland im letzten Drittel des 18. Jahrhunderts zutage getreten.

Der theologische Rationalismus zehrte von diesem gemeinsamen Fundus, und von ihm gefördert regte sich im Gegenzug zur vordringenden Restauration ein innerkirchlicher Liberalismus. Karl Gottlieb Bretschneider wollte bereits 1820 «liberal» als Programmbegriff für eine vernunftgemäße, aufgeklärte Theologie in Anspruch nehmen; darüber hinaus betonte er nachdrücklich die Konvergenz von religiösem und politischem Liberalismus.

Auch Wilhelm Traugott Krug bekräftigte 1823, daß der Protestantismus «seinem Wesen nach ein religiöser und kirchlicher Liberalismus» sei, der heutzutage in einen Zusammenhang mit dem politischen Liberalismus gehöre. Nach dieser Auffassung verband die beiden eng verschwisterten Spielarten des Liberalismus ein gemeinsamer Zielkatalog: das Eintreten für einen individuellen Freiheitsraum, die Abwehr staatlicher Gängelung, die Aufhebung obsoleter ständischer Schranken. Für Hengstenberg und seinesgleichen handelte es sich dabei um freche Revolutionsforderungen. Gegen die mächtige konservative Zeitströmung ließen sich solche Ideen auch noch nicht durchsetzen. Der berüchtigte Hallesche Theologenstreit unmittelbar vor dem Hambacher Fest enthüllte vielmehr die anhaltende Stärkung konservativer Positionen. Als der Konflikt jedoch die Abschirmung von der Öffentlichkeit durchbrach, ließ es sich nicht mehr vermeiden, daß anstelle der fehlenden Parlamente und Parteien vorerst Universitätsfakultäten und kirchliche Amtsstuben als Ersatzschlachtfelder der ideologischen Auseinandersetzungen dienten. Seither wurde, urteilte Haym aus eigener Erfahrung, «der kirchliche Liberalismus... die Übungsschule für den politischen». Und Ludwig Feuerbach stimmte ihm zu: «Die Theologie ist für Deutschland das einzige produktive und erfolgreiche Vehikel der Politik – wenigstens zunächst».

Im Juni 1841 kam es aus Protest gegen den Druck der Orthodoxen zu einem Zusammenschluß liberaler Pfarrer, die sich – von der Stimmung ihrer Gemeinden getragen – öffentlich für Gewissensfreiheit, religiöse Selbstbestimmung, eine vernünftige Moral der Mitmenschlichkeit aussprachen. Als dieser Appell sogleich weite Resonanz fand, die führenden Persönlichkeiten wie Uhlich, Wislicenus, Rupp bei ihren Vorträgen sogar einen Massenzulauf erlebten, entwickelte sich daraus die kurzlebige Bewegung der evangelischen «Lichtfreunde», die als Vorkämpfer des innerkirchlichen Liberalismus in der protestantischen Amtskirche, aber auch allgemeinpolitischer, liberaler, ja demokratischer Emanzipationsideen Aufsehen erregten. Schneller als selbst von den Pessimisten erwartet wurden die «Lichtfreunde» aus der Kirche verdrängt, so daß sie sich in ihren «Freien Gemeinden» isoliert fanden. Dennoch lösten sie beachtenswerte Wirkungen aus.

In ihren Zentren in Mitteldeutschland, vor allem in Sachsen und Anhalt, in Schlesien, in verschiedenen preußischen Städten trug ihre Kampagne zur Politisierung insbesondere der bürgerlichen Mittelschichten bei. Wie die Protestresolutionen gegen die Verfolgung bekunden, reichte das Engagement jedoch quer durch das soziale Spektrum der Regionen und Städte, wo sich manchmal sogar Magistrate und Bürgermeister auf ihre Seite stellten. Die Unruhe unter den freisinnigen Intellektuellen wurde auf diese Weise in bisher eher politisch passive Gruppen hineingetragen. Die zahlreichen Resolutionen enthüllten, wie hier ein politisches Verhalten eingeübt wurde, dem öffentlicher Druck auf Kirche und Regierung zur Interessenverfechtung nötig erschien, und die namentliche Unterschrift bekundete eine Zivilcourage und Risikobereitschaft, die nicht nur die politische Polizei irritierte. Zwar wuchsen die «Lichtfreunde» nicht zu einer Massenbewegung heran, wie das gleichzeitig der (unten zu behandelnde) «Deutschkatholizismus» tat, sie verstärkten jedoch die politische Unrast, und als ihre Versammlungen 1845 als Treffen einer «politischen Opposition» verboten wurden, belehrte das auch den letzten aufmerksamen Zeitgenossen über den Nexus zwischen kirchlichem und politischem Liberalismus.

«Theologie», erfaßte 1846 der liberale Schriftsteller Robert Prutz mit treffsicherem Sarkasmus die politische Natur der religiösen Querelen, «siehe da, die wahre große Angelegenheit des Tages! Das Zentrum des deutschen Lebens! Die Losung der Parteien! Was England und Frankreich? Wir haben Uhlich und Hengstenberg!... Was spanische Heirat und englischen Zolltarif? Wir haben Lichtfreunde und Deutschkatholiken! Deutsche Verfassungsfrage? Wir besuchen die Synode! Handelskongresse? Wir gehen nach Köthen! [Einem Treffpunkt der Lichtfreunde]. Interessen der Kunst und der Literatur? Wir disputieren über die Dreieinigkeit, erörtern die Glaubhaftigkeit des Evangelisten Lukas und schreiben dicke Bücher darüber, ob der Weg in den Himmel links geht oder rechts... Da haben wir in Summe die Nationalinteressen des deutschen Volkes von Anno 40 bis 46! Der rote Faden, der sich durch das Gewirr dieser Jahre hinzieht, er ist aus geistlicher Wolle gezupft, die Dogmatik ist unser Contrat social, Geistliche sind unsere Volkshelden, theologische Streitfragen... die Fragen der Nation.» Prutz zog daraus den naheliegenden Schluß, daß «diese vermeintliche religiöse Bewegung der Gegenwart... gar keine religiöse» sei, «sie ist eine politische Bewegung», und die Regierungen hätten das längst erkannt. «Machen wir dieser Maskerade... ein Ende!», forderte er ohne Umschweife, «kommen muß der Tag doch einmal, wo Abrechnung gehalten wird... Praktische Motive sind es nun einmal, welche diesem Kampf zugrunde liegen... warum ihn nicht auch praktisch führen? Politisch streiten wir, auch indem wir lichtfreundliche und pietistische und deutschkatholische Versammlungen halten: Warum nicht auch die Politik treiben als Politik?»

Das war eine klare Analyse, aus der Prutz mutig die Konsequenzen zog. Bei den Hochkonservativen in Regierung und Kirche konnten solche Argumente nicht verfangen. Die Verordnung vom März 1847 über «neue Religionsgesellschaften» wurde zwar als Toleranzedikt gerühmt, welches das Sezessionsrecht freier Gemeinden anerkannte. Faktisch verbrämte es jedoch die Austreibung aufsässiger Elemente aus der Staatskirche. Und von Konzessionen an den politischen Liberalismus blieb das Berliner Machtkartell ebenfalls weit entfernt. Es waren diese Erfahrungen in den 40er Jahren, welche die führenden Köpfe der «Lichtfreunde», aber auch ihre «Freien Gemeinden» zu besonders aktiven Vorkämpfern der liberalen und demokratischen Bewegung im Revolutionsjahr 1848 werden ließen.

Selbstredend beschränkte sich der politische Protestantismus nicht auf die Polarität von Erweckungsorthodoxie und liberalen «Lichtfreunden.» Gemäßigt liberal denkende Männer wie der Theologe Carl Bernhard Hundeshagen z. B. suchten angesichts der bedrohlichen Zuspitzung der Gegensätze einen akzeptablen Mittelweg zwischen der «rigiden Enge» der Hochkirchlichen einerseits und radikalisierten Strömungen andrerseits, die sie zum Atheismus überschwenken sahen. Auch Hundeshagen optierte jedoch für ein zeitgemäßes Bündnis des fortschrittlichen reformatorischen Christentums mit dem politischen Liberalismus, dem allein die unaufschiebbaren «allgemeinen politisch-sozialen Reformen» gelingen könne. Angesichts der Verhärtung der Fronten blieb auch sein Appel trotz des lauten Echos praktisch folgenlos. Das lag, von allen spezifisch politischen Bedingungen abgesehen, ganz wesentlich an der Natur der protestantischen Amtskirche, die aus der deutschen «religiösen Revolution» hervorgegangen war und als verstaatlichte Heilsanstalt unter königlichem Summepiscopat eine liberale politische Kultur und politische Emanzipationswünsche mit prinzipieller Skepsis ablehnte.

Wie sich die Kirche gegenüber dem drängenden Problem der politischen Modernisierung auf eine versteinerte Status quo-Verteidigung zurückzog, versagte sie auch vor der sozialen Frage: vor dem Massenpauperismus, vor der nicht nur materiellen, sondern auch spirituellen Verelendung der endlos anwachsenden ländlichen und städtischen Unterschichten. In gewisser Hinsicht wurde die Kirche durch das Ausmaß des Bevölkerungswachstums und seine sozialmoralischen Konsequenzen vermutlich ebenso überrascht wie etwa die Staatsverwaltung. Selbst als die erstaunliche Flut der Pauperismusliteratur zusammen mit der intensiven Erörterung in Tagespresse und Zeitschriften die furchterregenden Dimensionen der sozialen Frage längst ins öffentliche Bewußtsein gehoben hatte, blieb die Kirche als Institution weiter stumm, obwohl nicht zuletzt sachkundige Pfarrer, die Notlage unmittelbar vor Augen, immer wieder auf Abhilfe drängten. Ihrem ureigensten Anspruch nach hatte die Kirche als Beistand der Entrechteten und Erniedrigten, der Elenden und Bedrückten zu wirken. Dennoch brachte sie jahrzehntelang kein Verständnis für das Leben im Abgrund der eigenen Gesellschaft auf, vielmehr teilte sie die feindselige Gegnerschaft der bessergestellten Schichten und Klassen.

Sozialpflegerische Impulse machten sich jedoch mit der neuen Erwekkungsbewegung geltend, in der die pietistische Tradition der tatkräftigen Armenhilfe und Nächstenfürsorge weiterlebte. Theodor Fliedners Diakonissenwerk, das seit 1836 in Kaiserswerth entstand, und Johannes Wicherns «Rauhes Haus», das seit 1833 in Hamburg verwahrloste Jugendliche auffing, entstammten diesem Umfeld. Wichern warb in den «Fliegenden Blättern» für die Nachahmung seines Vorbilds, solchen Kindern in Heimen die christliche Familie zu ersetzen, mit dem Beistand von Laienhelfern dem

Ideal der volksnahen Kirchen nachzueifern. Schließlich wurde er zu einem der Gründungsväter der «Inneren Mission.» Wichern hatte das Vordringen sozialistisch-kommunistischer Ideen sorgfältig beobachtet. Er machte daher auch kein Hehl daraus, daß für ihn christliche Sozialfürsorge zugleich effektive Sozialismusbekämpfung bedeutete. 1848 auf dem Wittenberger Kirchentag verfocht er die kirchliche Gegenrevolution und empfahl die «Innere Mission» als militante Tochter der Kirche zur Verteidigung der gesellschaftlichen Stabilität. Soziale Ideen mit Zukunft wurden auch von ihm mit einer restaurativen Staatsideologie verknüpft, die den Konservativen mit ihrem Gespinst eines «christlichen Staats» zugute kam, während sein Paternalismus die Emanzipation der Arbeiterschaft kompromißlos ausschloß.

Unter dem Druck der sozialen Frage wurde die protestantische Kirche – einseitiger als je zuvor, früher in der Stadt als auf dem Lande – die Kirche der Besitzenden und Gebildeten, sofern sie nach Schleiermachers Appell nicht mehr zu den «Verächtern» der Religion gehörten. Zu ihrem eigenen Verderben setzte sie eine zeitbedingte konservative «Geschichts- und Gesellschaftsideologie» mit dem «Geist des Evangeliums» gleich. Daran vermochte auch die noch so couragierte Minderheit sozial aufgeschlossener Theologen und kirchlicher Liberaler, ehe sie ins Abseits gedrängt wurden, nichts zu ändern.[3]

b) Die Katholische Kirche zwischen päpstlichem Absolutismus und Volksfrömmigkeit

In dem Jahrzehnt nach 1803 hatte die katholische Kirche im deutschsprachigen Mitteleuropa den tiefsten Einschnitt seit der Reformation erlebt: Die Säkularisation brachte die Zerstörung der theokratischen Geistlichen Staaten, die Enteignung des Kirchenbesitzes, der Stiftungen und Schulen, vor allem aber auch das Ende der traditionellen Adelsdominanz auf den oberen Klerikerrängen. Diese Zäsur erzwang einen Neuaufbau der Kirche und ihrer Beziehungen zur Umwelt, der ihr – vergegenwärtigt man sich den Schock der turbulenten Ereignisse – in verblüffend kurzer Zeit gelang. Da jetzt kein katholisches «Reichsstaatskirchenrecht» mehr galt, mußte sie ein neues Arrangement suchen. Als ein Konkordat mit dem Deutschen Bund nicht zustande kam, sah sich die Kirche auf bilaterale Verhandlungen angewiesen, um in Einzelkonkordaten das Verhältnis zwischen den Mitgliedsstaaten und der Kirche, die hierbei von den Diplomaten des Heiligen Stuhls vertreten wurde, neu zu regeln. Dabei trafen durchweg zwei konkurrierende Ansprüche aufeinander: der «römische Jurisdiktionsprimat» und die «staatliche Kirchenhoheit». Einzelstaatliche, relativ kleine Landeskirchen entsprachen aber sowohl den kurialen als auch den staatlichen Wünschen, und je nach dem Kräfteverhältnis wurden die Entscheidungsrechte in Vertragsform gegossen. Da es keine Zwischeninstanzen zwischen Regierung und Kirchenführung mehr gab, ging es immer auch direkt um das Ausmaß des päpstlichen Einflusses.

In Bayern z.B. unternahm die Kirche nach Montgelas' Sturz energisch den «Versuch, noch einmal so zu tun, als ob ein rein katholisches Staatswesen möglich sei». Das Ergebnis der Verhandlungen mit all den Privilegien, welche die Münchener Delegation konzediert hatte, wurde nach heftigem Protest von der Regierung jedoch desavouiert, indem sie den Vertrag nur als Anhang zum Religionsedikt in Verbindung mit der Verfassung vom Mai 1818 drucken ließ. Dadurch wurde das bayerische Staatskirchentum praktisch erneuert und wenigstens die bürgerlich-politische Gleichheit beiden Konfessionen zugesichert. In dieser Form blieb das bayerische Konkordat bis 1918 in Kraft. Auf dem Gipfel der katholischen Restauration folgte das Ministerium v. Abel (1837–1847) jedoch willfährig den Wünschen der Kurie und scheute in nostalgischer Erinnerung an die Gegenreformation vor einer schikanösen Unterdrückung der bayerischen Protestanten nicht zurück.

Die südwestdeutschen Staaten sträubten sich am heftigsten gegen die Souveränitätseinbuße, die ein Konkordat bedeutete; sie bestanden auf ihrer «absolutistischen Kirchenhoheit», um sie als Integrationsinstrument in den Neustaaten einsetzen zu können. Selbständig schuf daraufhin Pius VII. die neue oberrheinische Kirchenprovinz mit einem Erzbischof in Freiburg. Allmählich gewann die Kurie bis zum Ende der 20er Jahre an Einfluß, mußte sich aber mit einem hohen Maß an staatskirchlicher Lenkung weiter abfinden.

Am großzügigsten fiel die Vereinbarung mit Preußen aus, in dem sich seit 1815 fast 40 % seiner Einwohner zum katholischen Glauben bekannten. Das Ergebnis der von Niebuhr geschickt betriebenen Verhandlungen wurde 1821 in einer päpstlichen Bulle fixiert und in Berlin zugleich als Staatsgesetz verkündet, das bis 1929 seine Geltungskraft behielt.

Während die Kirche ihr Verhältnis zu den deutschen Staaten vertraglich neu gestaltete, betrieb sie im Inneren forciert den personellen Aufbau der Amtsorganisation, der wesentlich auf der Rekrutierung einer Vielzahl neuer Kleriker bäuerlich-kleinbürgerlicher Herkunft beruhte. Binnen kurzem rückte auch anstelle der alten adligen Würdenträger ein jüngerer Episkopat nach vorn, der diese Aufstiegserfahrung gemacht hatte und sich vorbehaltlos im Dienst für die Kirche verzehrte. Die Verbesserung der theologischen Ausbildung trug dazu bei, das Selbstgefühl dieser neuen Kirchenfunktionäre zu stärken. Bis zum Beginn des Vormärz war der Kirche im allgemeinen ihre organisatorische Konsolidierung gelungen.

Das stellte fraglos eine bedeutende Leistung dar, aber in universalgeschichtlicher Perspektive ungleich bedeutender ist doch der Ausbau, die Befestigung und die Dogmatisierung des päpstlichen Absolutismus gewesen, der 1830 in eine entscheidende Entwicklungsphase eintrat. Während der Absolutismus der politischen Regime, der gemeineuropäischen Tendenz nach, trotz allen Widerstandes durch Verfassungen zunehmend eingeschränkt und sukzessive liberalisiert wurde, nahm das päpstliche Kirchenregime eine immer absolutistischere Natur an. Jetzt erst entfaltete sich voll die zentralistische Monokratie des Heiligen Stuhls bis hin zu einer Papstdiktatur, welche die monströsen Lehrsätze und Dogmen der Jahrzehnte nach 1848: den «Syllabus Errorum», das Mariendogma, das Unfehlbarkeitsdogma, die reaktionären Beschlüsse des Ersten Vaticanums, erst möglich machte. Diese Umwandlung der römischen Bischofsherrschaft in eine weltweit befehlende Autokratie stellt den folgenschwersten Prozeß in der Kirchengeschichte des Katholizismus im 19. Jahrhundert dar.

Früher hatte das absolutistische Staatskirchentum – in seiner schärfsten Ausprägung im französischen Gallikanismus und österreichischen Josephinismus – den römischen Einfluß streng kanalisiert oder ganz unterbunden. Seit den Revolutions- und Kriegsjahrzehnten fehlte der auf ein hohes Maß von Autonomie bedachten Kirche und ihrem Klerus in vielen Staaten der feste Rückhalt, und in eben dieses Vakuum stieß die päpstliche Politik mit wachsendem Selbstbewußtsein hinein. Sie erzwang in jahrelanger Auseinandersetzung die Abhängigkeit von der kurialen Entscheidung, die «römische Normierung der Frömmigkeit und Theologie», die Führungsrolle des Heiligen Stuhls. Diese erzwungene Umorientierung auf Rom wurde nördlich der Alpen als Ultramontanismus bezeichnet. Als seine Exponenten hatten bereits Papst Leo XII. (1813–1829) und Pius VIII. (1829–1830) den Anspruch auf die geistliche Leitung der gesamten Menschheit erneut erhoben. Mit fanatischer Energie wurde der Papstabsolutismus jedoch erst von Gregor XVI. (1830–1846), der während der Julirevolution als scharfer Reaktionär und unduldsamer Dogmatiker die Regierung übernommen hatte, einen «entscheidenden Schritt» planvoll vorangebracht, ehe unter dem Pontifikat Pius' IX. (1846–1878) die Diktatur des Heiligen Vaters ihre triumphale Vollendung erlebte.

Die deutsche Ausgabe von Gregors «Triumph des Heiligen Stuhls» (1833) galt als Manifest des ultramontanen Machtanspruchs, der eine tiefe Bresche in den deutschen Antikurialismus hineintrieb. An Widerstand gegen die völlige Abhängigkeit von der päpstlichen Suprematie fehlte es nämlich keineswegs. Als Generalvikar von Konstanz hatte etwa Ignaz v. Wessenberg das Ziel einer weithin autonomen «Nationalkirche» unter einem deutschen Primas weiterverfolgt, war damit 1815 endgültig gescheitert, trotz des päpstlichen Einspruchs aber im Amt geblieben, bis er 1827 nach langjähriger Unterstützung durch den badischen Großherzog resigniert aufgab und ins Privatleben auswich. Ähnlich hartnäckig wurde die Opposition aufgeklärter Theologieprofessoren wie Georg Hermes' in Bonn und Anton Günthers in Wien mit allen macchiavellistischen Mitteln, die der Kurienpolitik zu Gebote standen, niedergekämpft. Vergebens empörte sich 1838 ein strenggläubiger Katholik wie Franz v. Baader, die beanspruchte «Geisteigenheit» sei genauso schlimm wie die überwundene Leibeigenschaft; die «autokratischen Infallibilitätsgelüste» mündeten offensichtlich in die «römische Diktatur», obwohl dem Katholizismus nur als «freie Weltkorporation» die Zukunft gehöre. Treffende Diagnose und fataler Irrtum lagen hier eng beieinander.

Wie die Postulate einer nationalkirchlichen Autonomie und eines theologischen Rationalismus kompromißlos abgelehnt wurden, traf der päpstliche Bannstrahl auch den politischen und ökonomischen Liberalismus, den frühen Sozialismus und selbstredend das Urprinzip alles Bösen: die Revolution. Gregor XVI. und Pius IX. setzten ihr dezidiert, von Metternich nachdrücklich unterstützt, den heiligen Bund von Thron und Altar entgegen. Am gemeinsamen Bollwerk, das politische Restauration und katholische Diktatur errichteten, sollte fortab jeder Umsturzversuch scheitern.

Dem römischen Absolutheitsanspruch und der dadurch gestärkten Arroganz des Macht- und Traditionsbewußtseins entsprangen zwei Aufsehen erregende Konflikte des späten Vormärz: sowohl der Kampf um die Mischehe in Preußen als auch die Oppositionsbewegung des «Deutschkatholizismus». Mischehen galten der katholischen Orthodoxie als Konkubinat. Ein Breve Benedikts XIV. hatte 1750 jedoch eine gemischte Ehe als rechtsgültige Ausnahme zugelassen, wenn die Kinder katholisch erzogen würden. 1803 erreichte die preußische Regierung sogar die Konzession, daß die Kinder der Konfession des Vaters folgen durften. Das Problem der Glaubenserziehung tauchte nach 1815 in den Westprovinzen mit ihrer katholischen Bevölkerungsmehrheit erneut auf, als protestantische Zuwanderer, insbesondere Beamte, dort einzuheiraten begannen. Daraufhin schärfte 1825 eine Kabinettsordre noch einmal den Grundsatz ein, die Kinder in der Religion des Vaters großzuziehen. Die Amtskirche reagierte argwöhnisch, obwohl ihr die interne Begründung des Ministeriums, «eine wirksame Maßregel gegen das Proselytenmachen der Katholischen» zu verteidigen, noch nicht einmal bekannt war. Ohne das Erziehungsgelöbnis wurde seither die Einsegnung gemischter Ehen abgelehnt. Im Grunde begann jetzt der Klerus mit jener «scharfen katholischen Mischehenpraxis, die bis heute das Zusammenleben der Konfessionen erschwert», ganz zu schweigen davon, daß sie dem Geist der christlichen Ökumene schlechthin Hohn spottet. In den Dogmatisierungstrend des päpstlichen Absolutismus fügte sich diese starre Haltung jedoch fugenlos ein.

Trotzdem gelang es Berlin noch einmal, mit dem aufgeklärt-weltoffenen Kölner Erzbischof v. Spiegel im Juni 1834 eine günstige Geheimabsprache zu treffen, worin die aktive Assistenz des Priesters bei der Einsegnung zugestanden, das Bekenntnis der Kinder aber offengelassen wurde. Als er bereits ein Jahr später starb, wurde mit Clemens August v. Droste-Vischering ein rigoroser Verfechter der strengsten Doktrin und des gregorianischen Kurialismus 1836 sein Nachfolger, der unerbittlich auf den katholischen Heiratsbedingungen bestand, die Konvention mit v. Spiegel als Prinzipienverrat verwarf. Als v. Droste unnachgiebig die Kraftprobe suchte, konterte die Verwaltung mit einer törichten spätabsolutistischen Machtdemonstration, indem sie den Erzbischof im November 1837 in seinem Palais verhaften und auf die Festung Minden schaffen ließ. Der gleichgesinnte Erzbischof von Posen-Gnesen, Dunin, wurde aufgrund eines OLG-Urteils, das den Anschein der Rechtsstaatlichkeit zu wahren suchte, in der Festung Kolberg interniert.

Die Reaktion in der Öffentlichkeit rechtfertigt es, von einem ersten preußischen «Kulturkampf» zu sprechen. Gregor XVI. protestierte feierlich gegen den Gewaltakt. Im Januar 1838 erschien bereits Görres' eminent wirkungsvolles Pamphlet «Athanasius», in dem v. Droste als moderner Märtyrer der verfolgten Kirche glorifiziert wurde. 300 polemische Flugschriften folgten. Im selben Jahr noch wurden in München die «Historisch-Politischen Blätter» gegründet, die unter Görres und Jarcke einen militanten Katholizismus verfochten. «Die Kölner Geschichte», urteilte Metternich, «gleicht einer Rakete, die zwischen Heu und Pulvermagazin geflogen ist.» Unter den preußischen Katholiken breitete sich eine erregte, vom Klerus geschürte Stimmung aus: Man wähnte im protestantischen Staat dem Unrecht der Ketzer wehrlos ausgeliefert zu sein. Das schuf die Voraussetzungen dafür, daß die «erste mit modernen publizistischen Mitteln geführte Massenbewegung für die Kirchenfreiheit» initiiert werden konnte. Die konfessionellen Fronten verhärteten sich; die «christlich-konservative Solidarität» begann sich aufzulösen; der Weg zu einer katholischen Partei zeichnete sich ab.

Der Zufall des Berliner Thronwechsels entschärfte die gespannte Situation, denn der kirchenfreundliche Friedrich Wilhelm IV. steuerte sofort einen Kompromiß an. Tatsächlich setzte sich die Kurie aber in allen wesentlichen Punkten durch: Der preußische Staat verzichtete auf jede Intervention in der Mischehenfrage, Roms Grundsatzposition wurde anerkannt; im Kultusministerium wurde eine eigene Abteilung für katholische Angelegenheiten geschaffen. Die einzige Gegenleistung war die Ersetzung des starrköpfigen v. Droste durch den geschmeidigen neuen Erzbischof Geissel. Mit gestärktem Selbstbewußtsein gingen preußischer Katholizismus und Gregors Prinzipienpolitik aus den «Kölner Wirren» hervor.

Diesem Triumphgefühl und dem politischen Kalkül, die konservative Gemeinsamkeit mit dem Staat gerade jetzt zu unterstreichen, entsprang die Entscheidung des Trierer Bischofs Arnoldi, den tiefverwurzelten heidnischen Wunderglauben, den sich die katholische Kirche geschickt assimiliert hatte, zu einem neuen Kraftbeweis zu mobilisieren, indem er für den Spätsommer 1844 zu einer Wallfahrt zum sogenannten «Heiligen Rock» nach Trier einlud. Dieser Stoffrest war als Kleidungsstück Christi anerkannt worden und als Reliquie zuletzt 1810 das Ziel von Pilgerfahrten gewesen. Innerhalb von knapp 50 Tagen (18. 8. bis 6. 10. 1844) gelang es jetzt der Kirche, rund 500000 Gläubige, primär aus dem Bistum Trier, aber auch aus regional weitgefächerten Herkunftsgebieten, in einer groß angelegten Verehrungstour durch Trier zu schleusen. Das war eine riesige, allseits bestaunte Wallfahrt, die als eine vom Klerus vorzüglich organisierte, keineswegs spontan-freiwillige Massenbewegung im Vormärz alles andere als eine «alltägliche Erscheinung», vielmehr durchaus ein gesellschaftliches Unikum darstellte. Der sozialen Zusammensetzung nach dominierten die «unteren Gesellschaftsschichten», die für den geforderten «naiven Wunderglauben» und den magischen Devotionalienkult besonders anfällig waren, während im katholischen Bürgertum kritische Zurückhaltung überwog, die häufig in offene Opposition überging. Sie änderte freilich nichts daran, daß Arnoldi und die Amtskirche ihre strategischen Ziele erreichten.

Bereits im Herbst 1842 hatte Arnoldi mit Metternich die «Aktivierung des Trierer Reliquienkults» beraten und sogleich nach seiner Bischofsernennung die Wallfahrt – wie das früher in aller Regel auch das Motiv gewesen war – zielstrebig «zur Sammlung der Kirchengläubigen und zur Demonstration wiedergewonnener Stärke», erst recht nach der Kölner Krise, benutzt. Gegen die Skepsis der Bürokratie, daß die «unkontrollierte Bewegung» der «niederen Volksmassen» die Staatssicherheit gefährden könne, führte Arnoldi das gemeinsame Interesse an der sozialen und politischen Stabilität, die durch die «staatserhaltende Wirkung der Wallfahrt» befestigt werde, ins Feld. Mit «ausgesprochen agitatorischer Begabung» verfocht er in seinen Pilgerpredigten gegen das «greuliche Gespenst Revolution», gegen die «hohlen Phrasen von Volksglück und Freiheit» einen entschieden «konservativ-traditionalistischen Standpunkt». Katholische Kritiker der Wallfahrt kanzelte er als «Handlanger des Unglaubens und der Revolution» ab. Aber mit dem Blick auf die mißtrauische Verwaltung warb er: «Die heilige Autorität der Kirche ist das große Bollwerk für den Thron des Fürsten.»

Nach der erfolgreich inszenierten Massenverehrung für den «Heiligen Rock» stellte sich ein doppelter Effekt ein: Der rheinische Ultramontanismus fühlte sich in seinem Eigenständigkeitsbewußtsein gegenüber dem protestantischen Staat gestärkt; mit der Bürokratie aber traf sich der hohe Klerus durchaus in einem «antirevolutionären Sicherheitsdenken, das in der Zukunft die Grundlage für eine langfristige Verständigung von katholischer Kirche und preußisch-deutschem Staat auf konservativer Grundlage bilden sollte». Trier enthüllte sowohl die Mobilisierungsfähigkeit als auch den konservativen Einfluß der Kirchenführung und wies insofern auf die Ereignisse vier Jahre später hin. Woran der politische Liberalismus und die Arbeiterbewegung jahrzehntelang scheiterten, das «schaffte die katholische Kirche auf Anhieb»: mit Hilfe von Wunderglauben, magischem Ritual und effizientem Klerus «eine breite Massenbasis» als politisches Potential zu schaffen.[4]

Gleichzeitig löste das Trierer Spektakel jedoch einen vehementen Protest aus, der einen solchen Widerhall fand, daß daraus die Bewegung des

«Deutschkatholizismus» hervorging. Der schlesische Kaplan Johannes Ronge, der bereits wegen seiner Kritik an der letzten Breslauer Bischofswahl vom Amt suspendiert worden und als Privatlehrer tätig war, entlarvte in einem Offenen Brief an Arnoldi den Trierer Mummenschanz mit einer Mischung von pathetischer Anklage und beißender Schärfe, die ungleich stärkere Wirkungen auslöste als die damals ebenfalls kursierende wissenschaftliche Kritik z.B. Heinrich v. Sybels. Am 15. Oktober 1844 war das Schreiben in den liberalen «Sächsischen Vaterländischen Blättern» gedruckt worden, die Vergeltung der Amtskirche folgte auf dem Fuß: Bereits am 4. Dezember wurde Ronge exkommuniziert. Daraufhin rief er am 12. Januar 1845 zur Gründung einer autonomen «romfreien Kirche» auf; ein erstes «Konzil» Gleichgesinnter traf sich in Leipzig und registrierte erstaunlich weitverbreitete Zustimmung; die entstehenden Gemeinden nannten sich seit Ende März 1845 «Deutschkatholische Kirche». Diese verband mit dem Anspruch, «eine neue Reformation der Christenheit» einzuleiten, das Ziel, auch die konfessionelle Zwietracht zu überwinden. Ihre ideelle Nähe zum protestantischen Rationalismus und zu den «Lichtfreunden», zu denen es häufig enge Querverbindungen gab, rückte sie in den Umkreis der Aufklärungstheologie und unübersehbarer Affinität zu liberalen und demokratischen Ideen. Der Heidelberger Historiker Gervinus sah daher im «Deutschkatholizismus» vornehmlich eine politische Bewegung der gebildeten katholischen Mittelklassen. Ronge sei deshalb, urteilte Bruno Bauer, der «Held des Bürgertums» gewesen, da er das «Entsetzen» über Trier gemeinverständlich artikuliert habe.

Programmatisch traten die «Deutschkatholiken», die innerhalb von zwei Jahren immerhin 259 Gemeinden mit mehr als 80000 Mitgliedern vor allem in Sachsen und Schlesien aufbauten, für die Freiheit und Selbstbestimmung des religiösen Subjekts, für die Abkehr von antiquierten Dogmen zugunsten einer praktischen Ethik, für eine von Rom unabhängige katholische Nationalkirche ein. Am Katholizismus kritisierten sie die erstarrte Engherzigkeit und die restaurativen Züge seiner Lehrsätze, die hierarchische Kirchenverfassung unter päpstlichem Primat, den Mangel an Mitspracherechten für die Laien, das Zölibat, die lateinische Messe – kurz: An der Frontalattacke war kein Zweifel möglich. In ihren eigenen Kreisen verwirklichten die «Deutschkatholiken» eine Gemeindeverfassung von demokratischem Zuschnitt. Mit 21 Jahren gewann man alle Rechte eines Gemeindemitglieds, wählte unter anderem den Ältestenrat, der wiederum den Vorstand aus seiner Mitte wählte; ihm gehörte zwar der Geistliche an, ohne jedoch als Leiter zu fungieren. Seit 1847 gab es einen «Zentralvorstand» aller Gemeinden mit wechselndem Sitz; die Beschlüsse des jährlich tagenden Kirchenparlaments, des «Konzils», besaßen nur den Charakter von Vorschlägen, die in jeder Gemeinde beraten wurden und eine Mehrheit finden mußten. Diese demokratische Mitbestimmung förderte das Gefühl aktiver Teilhabe, die dem Ideal zunftgenössischer Gleichberechtigung unter der kleinbürgerlich-mittelständischen Majorität entsprach. Auch deshalb verstieg sich Metternich 1845 über die deutsch-katholische Bewegung zu der denunziatorischen Behauptung: «Sie ist auf moralischem Gebiete das, was der Kommunismus auf dem bürgerlichen Feld ist.»

Ganz ähnlich wie bei den «Lichtfreunden» verschlangen sich religiöse und politische Motive, so daß man die «Deutschkatholiken» auch als eine verschleierte konfessionell-bürgerliche Partei ansehen kann. Ronge wurde als Kämpfer gegen die «klerikale Reaktion» und für die «Gemeindedemokratie» gefeiert. Robert Blum, der Leipziger Buchhändler, war ein populärer Laienprediger und zugleich ein Exponent der sächsischen demokratischen Bewegung; eine ähnliche Rolle spielte der Stenografielehrer Franz Wigard.

Freilich geriet die Expansion der «Deutschkatholiken» bald ins Stocken. Die Amtskirche trat der häretischen Konkurrenz mit «bedingungsloser Feindschaft» entgegen, und die staatlichen Behörden überboten sich in Schikanen, da der «christliche Staat» des Vormärz eine Bewegung nicht stillschweigend hinnehmen konnte, die konservative Prinzipien so wirksam in Frage stellte. Vor einem Verbot scheuten die Regierungen wegen der brisanten Stimmung jedoch zurück. Angesichts ihrer Erfahrungen kann es nicht überraschen, daß die «Deutschkatholiken» und ihre Anführer 1848 eine ähnlich prominente politische Bedeutung errangen wie die mit ihnen in der religiösen und politischen Tendenz so eng verwandten «Lichtfreunde».

Vom ultramontanen Absolutismus, dem anachronistischen Reliquienkult, der intoleranten Minderheitenverfolgung heben sich die Erneuerungsströmungen im Katholizismus positiv ab. Auch sie wurden jedoch nicht von der Amtskirche ausgelöst, sondern gingen von kleinen Zentren von Privatleuten, Theologen und Schriftstellern aus. Sie traten, ähnlich wie die neupietistische Erweckungsbewegung, nach einer schroffen Wendung gegen Aufklärung und Rationalismus für eine katholische Version der Gemütsfrömmigkeit ein, forderten die Belebung eines wahrhaft katholischen Geistes im Inneren der Kirche und ihrer Mitglieder, lehnten jede staatliche Bevormundung ab, bekämpften Theologen, die wie Hermes, Günther und Möhler mit ihrem Glauben an die Versöhnung von Vernunft und Bibel vom schmalen Pfad dogmatischer Tugend abwichen. Darin ähnelten sich die im einzelnen differierenden Zentren, die als Protagonisten eines konsequent ultramontanen Reformkatholizismus eine rastlose Aktivität entfalteten: der Kreis um die Fürstin Gallitzin in Münster, um Hofbauer und Schlegel in Wien, um Sailer in Landshut, um Colmar und Liebermann in Mainz, nach dem kurzlebigen «Eos-Kreis» ein neuer Zirkel um Görres, v. Döllinger, v. Baader in München – alle wurden in einem klassischen Coup klerikaler Berufungspolitik an die 1826 nach München verlegte Landesuniversität geholt. Auch die Renegaten der Politischen Romantik – Jarcke, Müller, Schlegel und andere – brachten ihre Ideen in diesem dicht vernetzten System von Freundeskreisen wirkungsvoll zur Geltung.

Mit eigenen Zeitschriften, vom Katheder, im Landtag, auf allen Wegen der informellen Einflußgewinnung setzten sie sich für ihre Vorstellungen von einem erneuerten Katholizismus ein. Die Wirkungen besaßen eine ambivalente Natur: Einerseits wurde der deutsche Katholizismus durch das vorbehaltlose Eintreten für Dogmenstrenge und ultramontanen Absolutismus auch von den «Erneuerern» weiter in die konfessionalistische Enge hineingetrieben; die damit nicht selten verbundene Gettomentalität stärkte den Widerstand gegen staatliche Übergriffe und unterstützte die straffe Hierarchisierung vom Episkopat über den Niederklerus bis zu den folgsamen Laien. Andrerseits kam der Appell an Gemüt und Glaubensstärke, kam die Verteidigung von sakrosankten Traditionsbeständen und populären Ritualen innerkirchlichen Aberglaubens einer Vertiefung der Volksfrömmigkeit zugute. Sie trat nicht nur während der Kölner Wirren und der Wallfahrt zum «Heiligen Rock» eindrucksvoll zutage, sondern äußerte sich auch im Aufblühen des katholischen Vereinswesens, in der Ausstrahlungskraft von Publikationsorganen wie dem Mainzer «Katholik», den Münchener «Historisch-Politischen Blättern» und des vor 1848 bereits weitentwickelten innerkatholischen Pressewesens, in den schier zahllosen Prozessionen und kleinen Wallfahrten. Die traditionellen Bruderschaften und Schützenvereine fanden neuen Zulauf, aber auch der 1844 gegründete Borromäus-Verein, die neuen Kongregationen und Vereine für Alte, Schwache, Kranke und Kinder, die von Adolph Kolping seit 1849 für Handwerksgesellen ins Leben gerufenen «Familien», die Kolpings-Vereine. Damit entstanden zugleich, bald noch durch Kirchentage und Parteien ergänzt, die auf Laienengagement beruhenden, vom Klerus aber nachhaltig geförderten «ultramontanen Formationen», die der politisierte Katholizismus seit 1848 zu mobilisieren verstand.

Ein Vergleich mit dem Protestantismus zeigt, daß sich der deutsche Katholizismus der sozialen Frage ungefähr gleichzeitig und ebenso sporadisch geöffnet hat. Nicht nur begründeten seit den 30er Jahren Männer wie v. Baader, v. Buß, v. Radowitz die Tradition eines Sozialkatholizismus, der nicht nur auf privaten und kirchlich-karitativen, sondern früh auch auf staatlichen Hilfsmaßnahmen insistierte, vielmehr lag den eben genannten Unterstützungs- und Pflegevereinen derselbe Impuls zugrunde, den durch Armut, Krankheit und Alter Benachteiligten tatkräftig beizuspringen. Freilich kam diese neue Aktivität erst seit der Mitte der 40er Jahre allmählich zur Geltung – wie das bei Wichern, Fliedner und Huber auch der Fall war –, und insofern versagte die katholische Amtskirche in langen Elendsjahren nicht weniger als die protestantische Landeskirche. Breitere Aufgeschlossenheit für eine wirksam angelegte Sozialpolitik – das war in beiden Kirchen erst ein Phänomen der zweiten Jahrhunderthälfte.[5]

2. Der Ausbau des Schulsystems

a) Die Elementarschulen

Geht man von dem höchstentwickelten Stand des deutschen Elementarschulwesens zu Beginn des 19. Jahrhunderts aus, mithin von den Verhältnissen im protestantischen Preußen, war es auch dort trotz der 1763 erneut postulierten allgemeinen Schulpflicht nur gelungen, allerhöchstens bis zu 50% der schulpflichtigen Kinder in unregelmäßigen Abständen zu unterrichten. Das ist ebenso geschildert worden wie die Stagnation während der Reformära (vgl. Bd. I). Als Süverns großzügig gedachter Schulgesetzentwurf, in dessen dreistufigem System die allgemeine Grundschule einen festen Platz besaß, 1819 scheiterte, schien ein Schlußpunkt hinter alle Anstrengungen der vergangenen Jahre gesetzt. Dennoch gingen der Ausbau der Elementarschulen und die Gründung von Lehrerseminaren, die Verbesserung des Unterrichts und die Einbeziehung einer stetig anwachsenden Schülerzahl ohne dramatische Reformgesetze, aber Schritt für Schritt, von der Staatsverwaltung beharrlich in Gang gehalten, weiter voran. Bis 1848 wurde in Preußen auf diese Weise eine effektive Schulbesuchsquote von rund 82% erreicht. Damit lag es neben Teilen von Schottland und Neuengland international an der Spitze.

Der Vergleich lenkt auf interessante Fragen hin: Warum z.B. hat England mit seiner liberalen politischen Kultur bis zur Jahrhundertmitte (und noch länger darüber hinaus) nur ein relativ undemokratisches, im Grundschulbereich häufig unterentwickeltes Schulsystem zustande gebracht, das konservativ-autoritäre Preußen dagegen relativ früh ein demokratisches, offenes und durchgreifendes Schulwesen, dessen Vorsprung von zahlreichen zeitgenössischen amerikanischen, englischen, französischen Beobachtern – darunter so sachkundigen Männern wie Horace Mann, Matthew Arnold und Victor Cousin – offen bewundert wurde? Dieser vergleichsweise hohe Alphabetisierungsgrad verweist auf erklärungsbedürftige Probleme, die wiederum die Frage nach einer angemessenen Interpretation aufdrängen.

Seit längerer Zeit herrscht eine Konkurrenz von Ansätzen vor, die jeweils mit einem solchen Ausschließlichkeitsanspruch vertreten werden, daß sie guten Argumenten der Gegenseite schlechthin jedes Gehör verweigern. Da gibt es einerseits jene Lehrmeinung, welche der sozialen Kontrolle, auch und gerade der heranwachsenden Bevölkerung, durch die autoritäre Monarchie das größte Gewicht zumißt – Sozialdisziplinierung, ideologische Indoktrination und Integration in das vorgegebene System der sozialen Ungleichheit und politischen Herrschaft, das sind ihre Schlüsselbegriffe. Demgegenüber wird von einer diametral entgegengesetzten Position aus die Modernisierungsleistung auch der Volksschulen hervorgehoben – liberale Freisetzung latenter Energien, Ausbildungsfertigkeiten als Zugewinn an Lebenschancen, soziale Öffnung und damit Unterminierung der ständischen Ungleichheit, das sind hier die Kernpunkte. Beide Interpretationen erfassen unstreitig wichtige Aspekte der Schulgeschichte, aber jeweils doch nur Teilwahrheiten. Will man sich mit dem schlichten Gegensatz von Beharrung und Veränderung nicht vorschnell begnügen, ist ein komplexeres Erklärungsmodell notwendig, das drei Faktorenbündel kombinieren muß.

Auszugehen ist von der politisch prinzipiell und dauerhaft ambivalenten, keineswegs unilinearen Struktur der Elementarschulpolitik. Von der Obrigkeit – ob Staat, Stadtmagistrat oder Adelspatron – wurde die Schulausbildung – selbstverständlich, möchte man sagen, verknüpft mit dem ganz massiven Interesse an sozialer Kontrolle. Vom Unterricht und Inhalt der Fächer sollte eine disziplinierende Wirkung ausgehen: die Bejahung von Autorität und gottgewollter Herrschaft, die Verinnerlichung angeblich natürlicher sozialer Ungleichheit, die Einübung von «standesgemäßen» Arbeitsrollen. Widerspruchslose Fügsamkeit, konservative Gesinnung, schlichte Religiosität galten hier als Fixpunkte der Elementarschulen.

Die rivalisierende Gesinnungsgemeinschaft von aufgeklärten Pädagogen und Pfarrern, von Reformbeamten und anderen Modernisierungsverfechtern besaß ihre Anhänger im Erziehungswesen selber, in der Öffentlichkeit der Gebildeten, vor allem aber in der Verwaltung und Kirche. Ihr ging es um die bestmögliche Förderung eines jeden jungen Menschen durch formale Ausbildung in den wichtigsten Kulturtechniken, als Folge davon auf lange Sicht um die Überwindung sozialer Barrieren, um die Mobilisierung vielfältiger Energien. Elementare Bildung galt ihr als eine der wesentlichen Voraussetzungen der gesellschaftlichen und politischen Modernisierung, die an sich und im Konkurrenzkampf des Staatensystems als unumgänglich erschien, ohne daß etwa der Status quo in jeder Hinsicht radikal gesprengt werden sollte.

Als Grundprobleme dieser grundsätzlichen Ambivalenz stellten sich unabweisbar heikle Fragen: Wie veränderte sich z. B. das Verhältnis von Tradition und Wandel, wenn Bewahrung durch partielle Modernisierung gewährleistet werden sollte? Wie konnte Modernisierung durch allgemeine Schulausbildung mit der Sicherung der soziopolitischen Herrschaftsordnung vereinbart werden? Der Streit um die Antworten begleitete die Schulpolitik in den drei Jahrzehnten vor 1848. Da aber am Ende unstreitig eine Erfolgsbilanz des Elementarschulwesens konstatiert werden kann, muß man sich, erstens, die Zielvorstellungen der Reformer noch genauer vergegenwärtigen und sich dann, zweitens, den Leitbildern der Konservativen zuwenden, ehe zu prüfen ist, warum in der schulpolitischen Praxis keine wechselseitige Blockade vorherrschte, sondern eine Fortentwicklung aus durchaus unterschiedlichen Motiven zustande kam.[6]

Einen weiten Horizont hatte die Diskussion der Aufklärungspädagogik aufgerissen: Die Zukunft, auch der zu erziehenden Kinder, galt nicht mehr als Fortsetzung des stetig Gleichen, sondern erschien als gewaltige Planungsaufgabe, deren Lösung eine grundlegende Verbesserung der Lebensumstände versprach. Damit verband sich eine Konzeption der Persönlichkeit, die im Erziehungsprozeß bewußt geformt werden sollte; auch dem Neuhumanismus erschien die Jugend als Frühphase eines langwierigen Bildungsvorgangs, für den rechtzeitig die Weichen gestellt werden sollten.

Der theologische Rationalismus unterstützte auf seine Weise den Vernunftglauben, förderte die Lese- und Schreibfertigkeit, damit der Christenmensch nicht nur Bibel und Gesangbuch lesen, sondern auch der modernen Kontroverse um die Auslegung der Heiligen Schrift folgen konnte. Als Schulinspektoren bildeten die Dorf- und Stadtpfarrer, erst recht die Konsistorialräte dieser Strömung ein vorwärtstreibendes Element.

Auf die Krisensituation, die seit dem ausgehenden 18. Jahrhundert durch das Bevölkerungswachstum, den sozialstrukturellen Wandel, die ökonomischen Probleme der Arbeitsplatzbeschaffung bestimmt, dann aber noch durch die katastrophale Niederlage von 1806/07 verschärft wurde, reagierten die Reformer auch mit der Forderung nach einer formellen Ausbildung für alle, da sich mit geschultem «Humankapital» diesen Herausforderungen auf lange Sicht am besten begegnen ließ. Nur durch allgemeine Schulbildung vermochte man ein vielseitig verwendungsfähiges, zudem ständig wachsendes Potential an tüchtigen Arbeitskräften zu gewinnen, die dem Gemeinwesen zu gesicherter Wohlfahrt verhalfen. Auch die Leistungsfähigkeit, die Effizienz des politischen Systems konnte durch schulgebildete Untertanen nur gesteigert werden. Vor allem aber werde mit ihrer zunehmenden Einsicht, das war ganz kantisch gedacht, der Gehorsam gegenüber den Gesetzen des Landes wachsen. Auch die Schulbildung als Bestandteil eines von oben gesteuerten sozialen Wandels helfe mithin, die Revolution zu vermeiden, sie sei geradezu Bedingung der Möglichkeit einer geordneten evolutionären Entwicklung. Diese Überzeugung teilten so verschiedenartige prominente Köpfe wie Schleiermacher, Diesterweg, Harkort und Mevissen mit zahlreichen Reformfreunden in gleich welcher Stellung. Wenn aber erst einmal ein alle erfassendes Schulwesen durchgesetzt sei, gehe von diesem Volksbildungssystem – so der Fluchtpunkt ihrer Hoffnungen – ein letztlich unwiderstehlicher, durch die aufgeklärte Öffentlichkeit vermittelter Druck aus, eine vernunft- und zeitgemäße Gesellschafts- und Staatsverfassung einzurichten, die wiederum die beste Gewähr für eine gewaltlose Entwicklung, eine steigende Prosperität und ein lebendiges Geistesleben biete. Auch diese Hoffnung wurde vom Konsens der Reformer getragen.

Solche kühnen, weithin jedoch auch zukunftsträchtigen Erwartungen trafen auf die Realkonkurrenz der konservativen Gegenvorstellungen. Darin spielten die Vorzüge einer – freilich wortwörtlich nur elementaren – Schulbildung durchaus eine wichtige Rolle. Für die politische Integration der Bevölkerung, für die Erhaltung und Erzeugung einer «zuverlässigen» Gesinnung, für eine «standesgemäße» Ausbildung, bildete auch nach ihrer Ansicht die Grundschule unter den Bedingungen der nachrevolutionären Epoche eine nicht länger mehr zu vernachlässigende Institution. Wo konnte schon, außerhalb der Familie, die Mehrheit der Kinder so kontinuierlich für den Royalismus und ein «positives Christentum», gegen die «künstliche Gleichheit» und verführerische Revolutionserwartung beeinflußt werden? Unter solchen Gesichtspunkten legte der konservative Beckedorff, der in den zwanziger Jahren als maßgeblicher Referent für die evangelischen Elementarschulen im Berliner Kultusministerium fungierte, ganz so viel Gewicht auf funktionsfähige Volksschulen wie seine liberalen Antipoden. Und im Hinblick auf die staatliche Effizienzsteigerung hegten die Konservativen – rein formal gesehen – ähnliche Hoffnungen wie diese.

Vor allem aber erkannten die klugen Gegner der «Bewegungspartei», daß nach der Zerstörung unreflektierter Traditionen durch die Dynamik zwischen 1789 und 1815 die Elementarschule vorzüglich dazu geeignet war, einen neuen Grundbestand an gemeinsamen Werten und Normen, Überzeugungen und Wissensbeständen zu schaffen. An erster Stelle in Gesinnungsfächern wie Religion, Geschichte und auch Deutsch konnte eine «nützliche Sozialmythologie», deren Integrationskraft die Kulturanthropologen analysiert haben, vermittelt werden. Diese Aufgabe wertete die Schule auch unter den Konservativen nachdrücklich auf und wirkte ihrer «Bildungsangst» entgegen. Erneut ist eine enge formale Berührung mit den Reformern, die liberal-emanzipatorische Ideen weitergeben wollten, während die Konservativen entschieden auf traditionale Orientierung und «Immunisierung der Jugend gegen die Modernität» setzten, nicht zu übersehen.

So gesehen hing für die Verfechter der Restauration alles von der Auswahl verläßlicher Lehrer und eines wünschenswerten Lehrstoffs, von der effektiven Kontrolle der Lernvorgänge und der engen Begrenzung der Elementarbildung ab, damit aus der Schule loyale, zufriedene, lebenstüchtige Untertanen, keineswegs aber, wie ein Zirkular-Reskript des Ministeriums 1822 allen Bezirksregierungen einschärfte, «aus dem gemeinen Mann verbildete Halbwisser, ganz ihrer künftigen Bestimmung entgegen, hervorgingen». Insgesamt bedeutete das keine prinzipielle Ablehnung des unteren Schulwesens. Der entscheidende Punkt blieb der beständige Einfluß auf die politische Natur und den Inhalt des Lernens, durch den man die Ergebnisse im Sinne der eigenen Interessen maximierte.

Außer der ambivalenten Natur der Volksschulpolitik muß die häufig unterschätzte Eigendynamik auch des unteren Bildungssystems gebührend berücksichtigt werden. Nachdem die institutionellen Grundlagen einmal geschaffen waren und im Zuge der nach 1815 generell forcierten inneren Staatsbildung die Schulpflicht härter denn je zuvor durchgesetzt wurde, gab es ein Eigeninteresse der zuständigen Verwaltungsbürokratie – der Referate für evangelische und katholische Elementarschulen im Kultusministerium, der Schulabteilungen bei den Regierungen, der Konsistorien –, an der Ausdehnung und Verbesserung des Schulwesens weiterzuarbeiten. Diese

Tendenz wurde dadurch verstärkt, daß häufig besonders schulfreundliche Beamte in die Schlüsselstellungen dieser Behörden gelangten, ohne daß sie dann von politischen Gegnern mühelos entfernt werden konnten. Unter dem westfälischen Oberpräsidenten v. Vincke genoß etwa der Schul- und Konsistorialrat Ludwig Natorp ganz so wie unter dem ostpreußischen Oberpräsidenten v. Schön der Schul- und Konsistorialrat Gustav Dinter einen weiten Handlungsspielraum, der es ihnen gestattete, sowohl den Lehrbetrieb an den Seminaren ihrer Provinz als auch die Arbeit der Schulinspektoren und Lehrer mit Hilfe liberaler Richtlinien jahrzehntelang zu prägen. Gedeckt von ihren präsidialen «Vizekönigen» waren diese beiden Schüler des Reformpädagogen Niemeyer auch durch Beckedorffs Instruktionen nicht so leicht wirksam an die Kandare zu nehmen.

Eigeninteressen verfolgten häufig auch die Direktoren der Lehrerseminare – schließlich gut vierzig Pädagogen, die von der Bedeutung ihrer Aufgabe durchdrungen waren. Obwohl es ihnen an profilierten Köpfen – wie etwa Harnisch und Zerrenner – nicht fehlte, ragte doch Adolph Diesterweg unter ihnen hervor. Von 1820 bis 1832 Leiter des Seminars im rheinischen Moers, von 1832 bis 1847 sogar des exponierten Stadtschullehrerseminars in Berlin, setzte er mit Temperament und Überzeugungskraft alles daran, seine Schüler mit dem Bewußtsein einer großen Kulturmission zu durchdringen, ihnen auch ein quasi akademisches Selbstverständnis für den Beruf zu vermitteln. Furchtlos stritt er seit 1827 in seiner Zeitschrift, den «Rheinischen Blättern für Erziehung und Unterricht», in tagespolitischen Aufsätzen und Büchern für eine weltliche, von jeder geistlichen Bevormundung befreite, demokratische Grundschule. «Alles Hierarchische, Bevormundende, Despotische, Vernunftwidrige, Stabile usw. ist der Gegensatz des modernen Unterrichtsprinzips», schrieb er mit offenem Visier 1844 während eines Tiefpunkts reaktionärer Kulturpolitik unter dem Minister Eichhorn. «Dagegen fraternisiert und sympathisiert es mit Allem, was sich bewegt, sich entwickelt, verändert, fortbildet, lebt. Es ist das Prinzip des Fortschritts. Wir können es das... europäische oder amerikanische, das Gegenteil (die dogmatische Methode) das asiatische Prinzip nennen.» Daß Diesterweg von seinen Seminaristen und liberalen «Schulmännern» glühend verehrt wurde, daß seine zahlreichen, didaktisch kompetenten Lehrbücher bis zu 26 Auflagen erlebten, ist nicht verwunderlich. Aber daß dieser Mann in einflußreichen Amtsstellungen 27 Jahre lang eine ganz außerordentliche Ausstrahlungskraft entfalten konnte – bis er von Eichhorn geschaßt, wenn auch nicht mundtot gemacht wurde – wirft ein bezeichnendes Licht auf die bildungspolitische Kräftekonstellation!

Schließlich entwickelten, wenn auch eher zögernd, dann aber allen entmutigenden Hindernissen zum Trotz, die Lehrer ihre wohlverstandenen Eigeninteressen. Während der Seminarzeit wurden oft die Grundlagen für ein missionarisches Engagement in ihren Beruf gelegt. Fortschrittsbewußt, von der Wichtigkeit der «Volksbildung» überzeugt, erhofften sie dann auch seine Anerkennung als eine primär intellektuelle Tätigkeit, die sie den gymnasialen Oberlehrern annäherte. Angesichts der Alltagsmisere in einer abgelegenen Landschule setzten die Bemühungen um eine verbesserte materielle Lage und einen höheren sozialen Status ein – eine wahre Sisyphusarbeit, wie jeder über kurz oder lang zu spüren bekam. Andrerseits begannen erfahrene Lehrer, selber Schulbücher, sogar für den Religionsunterricht, zu verfassen; sie schrieben für die langsam anwachsende Zahl der Lehrerzeitschriften, sie artikulierten ihre Interessen in Lehrervereinen. Eine standardisierte Berufsausbildung, öffentliche Anerkennung und die bescheidene Sicherheit wenigstens eines unteren Beamten, das waren die ersten Ziele, die seit den 40er Jahren mit gefestigtem Selbstbewußtsein angestrebt wurden.

Wie immer sich die selbständigen Interessen von Schulverwaltung, Seminaren und Lehrern auswirken mochten – die der Eltern und Schüler spielten noch eine denkbar geringe Rolle –, ein Kernpunkt der Eigendynamik auch und gerade des unteren Bildungssystems schälte sich im Lauf der Zeit immer deutlicher heraus. Lehrer und Schule traten als neue Autorität der Weltdeutung, als Vorbild für Verhaltensweisen, als Anreger von Lebenszielen neben die etablierten Mächte von Vater und Familie, Pastor und Kirche. Dadurch wurden seit alters her geltende Traditionen durch Reflexion tendenziell, gar nicht so selten auch aktuell in Frage gestellt. Auf dieses Aufsprengen der überlieferten Mentalität, die einem liberalen Fortschritt im Wege stand, setzten Pädagogen wie Diesterweg, wenn sie der Langzeitwirkung des Schulsystems optimistisch vertrauten. Schwerer noch «als Felsen zu verrükken», sei es, hieß es etwa 1827 in den «Rheinischen Blättern», «ein ganzes Volk in langsame Bewegung zum Fortschreiten zu bringen. Aber wenn dies einmal gelungen ist, dann kämpfen einzelne vergebens gegen den Strom.» Diese Wahrheit gelte «auch vom Schullehrerstand und von der Entwicklung des Schulwesens». «Darum bemühe sich jeder im kleinen Kreise, zu der allgemeinen Bewegung einiges beizutragen, und keiner wage es, der entwicklung des Schulwesens Hindernisse in den Weg zu schieben!»

Wenn es in der Tat für die Konservativen alles andere als mühelos möglich war, die einmal in Gang gesetzte Motorik des Bildungswesens nach ihrem Willen zu steuern, lag das schließlich auch an der regionalen und lokalen Machtfragmentierung. Hinter der geschlossenen Fassade der autoritären Monarchie hielt sich ein hohes Maß von provinzieller, gutsherrlicher, teilweise auch städtischer Autonomie. Trotz des Mythos vom Maschinenstaat und einer allmächtigen Bürokratie gab es oft eine wenig effektive Kontrolle, wie exakt die Entscheidung der Zentralbehörden denn nun wirklich ausgeführt wurde. Dieser Zustand ermöglichte es liberalen Schulbeamten, Pfarrern und Lehrern, konservative Anweisungen auf die lange Bank zu schieben oder ganz zu ignorieren, wie das umgekehrt die Konservativen mit liberalen Vorschriften ebenfalls tun konnten. Die Flut an ministeriellen Verordnungen, Instruktionen, Reskripten mit dem Ziel, endlich Gehorsam und Gefügigkeit durchzusetzen, verweist auf eine lange Vorgeschichte des Scheiterns solcher Anstrengungen. Die Art, wie Natorp, Dinter und Küpper im Rheinland ihre Provinzen schulpolitisch dominierten, wie Diesterweg, Harnisch, Zerrenner und andere ihre Seminare selbstbewußt regierten und mit ihrem Geist erfüllten, enthüllt gewissermaßen die Hohlräume eines noch immer weithin dezentralisierten politischen Systems. Damit soll die demütigende Abhängigkeit des Landlehrers von seinem ritterlichen Schulpatron, seinem dörflichen Schulvorstand nicht verharmlost werden. Andrerseits besaßen die Städte ein relativ autonomes Schulwesen, das auf reformfreudige Lehrer besonders attraktiv wirkte. Kurz, was Beckedorff anordnete oder in seinen «Jahrbüchern des preußischen Volksschulwesens» mit beschwörender Eindringlichkeit – übrigens auch keineswegs immer dogmatisch – empfahl, wurde noch längst nicht die Schulrealität in Ostpreußen oder Sachsen, geschweige denn im Rheinland oder in Westfalen.

Mit Hilfe dieses Dreifaktoren-Modells lassen sich wichtige Fragen beantworten. Warum blieb z. B. das Schulsystem nach der kurzen Reformära in den Jahrzehnten bis 1848 (und darüber hinaus) trotz des Restaurationsregimes pluralistisch, wurde nicht eindeutig konservativ, sondern behielt vielerorts seine liberal-rationalistischen Züge? Den Konservativen selber widerstrebten Zentralisierung, Bürokratisierung, gesamtstaatliche Gesetzgebung, deren sie für eine schulpolitische Wende bedurft hätten. Sie neigten vielmehr zur Dezentralisierung, korporativen Selbstverwaltung, Respektierung der Provinzialgesetze. Beckedorff selber verkörperte geradezu diese politische Grundhaltung. Daher blieben regionale und lokale Spielräume, verkoppelt mit der folgenreichen Einflußfragmentierung, weiter erhalten, die der erwünschten straffen Durchsetzung konservativer Prinzipien entgegenwirkten. Außerdem wurde das politische Establishment nicht uniform konservativ. Liberale Reformer blieben in der Verwaltung und den Seminaren, auch in den Konsistorien, wo sie ihren Einfluß gegen orthodoxe und neupietistische Konservative verteidigten. Zum Teil genossen sie geradezu Autonomie, zum Teil verhielten sie sich widerspenstig gegenüber einer reaktionären Anordnung. Daß auch der Kultusminister Altenstein mit seinem vorsichtig lavierenden, aber manche liberale Position deckenden Kurs mehr als zwanzig Jahre dazu beitrug, ein stärkeres Ausschlagen des Ruders nach rechts zu verhindern, darf nicht übersehen werden. Das Urteil Diesterwegs, der sich nach seinen langjährigen Konflikten mit der Verwaltung im inneren politischen Getriebe auskannte, wiegt um so schwerer, da er es 1855 als freier Publizist aussprach: Altenstein lobte er als den Minister, «dem die preußische Schule ihren staatlichen Aufschwung verdankt». Es gab keinen monolithischen konservativen Block, genauso wenig wie eine konsistente Modernisierungspartei. Aus unterschiedlichen Motiven war der Schulbildungsprozeß in Gang gesetzt worden, aber auch das Restaurationsregiment erwies sich nicht als fähig, sowohl die Kontrahenten als auch die institutionalisierte Eigendynamik unter seine Kontrolle zu bringen. Im Effekt wurde Preußen dadurch zum Spitzenreiter einer schulischen Modernisierung, die einflußreiche Reformer vorantrieben, während die Konservativen sie weder vollständig blockieren konnten noch wollten.[7]

In diesem Rahmen läßt sich die Entwicklung der Schulen und Schülerzahlen, der Ausbildung und Lage der Lehrer einordnen. Zu Beginn der Friedenszeit (1816) ermittelte die preußische Statistik 20345 Elementarschulen mit 21766 Lehrern; von 2,2 Mill. Schulpflichtigen wurden dort 1,167 Mill. Schüler, knapp 60 %, unterrichtet. Regional variierte das Bild allerdings beträchtlich: In der Provinz Sachsen wurden bereits 80 %, im Rheinland soeben 50 %, im Posenschen nur 20 % erfaßt. Überhaupt entfielen auf die 40 % Katholiken nur 25 % der konfessionell strikt getrennten Grundschulen.

Innerhalb der Spanne von einer Generation, bis 1846, stiegen diese Zahlen auf 24044 Schulen, 27770 Lehrer und 2,433 Mill. Schüler; das bedeutete eine prozentuale Steigerung von 18 %, 40 % und 108 %. Um die regionalen Unterschiede noch einmal zu verdeutlichen: In Sachsen gingen jetzt 94 %, im Rheinland 86 %, in der Provinz Posen 69 % der schulpflichtigen Kinder regelmäßig zum Unterricht. Allein in den zwanzig Jahren zwischen 1820 und 1840 nahm der Schulbesuch um 40 % zu, während die Bevölkerung um 30 % anwuchs, also beträchtlich hinter der Einschulungsrate der Volksschule zurückblieb. Da jedoch die Anstellung und Ausbildung von Lehrern damit nicht Schritt hielt, verschlechterte sich trotz der unübersehbaren Ausbauleistung das numerische Verhältnis von Lehrern zu Schülern. Betrug diese Relation 1820 = 1 : 68, 1830 = 1 : 84 und 1840 = 1 : 86, war sie 1848 bei 1 : 90 angelangt. Diese Durchschnittsziffern wurden in den großen Städten noch erheblich übertroffen. In Königsberg entfielen auf jeden Lehrer 170 Schüler, in Berlin 180. «Wen Gott züchtigen wollte», empörte sich ein zeitgenössischer Kritiker, der 120 Kinder in einem Klassenzimmer erlebt hatte, «dem gab er eine Lehrerstelle.»

Bis 1840 hatte der Realbesuch 75 % im allgemeinen überschritten, 1848 lag er bei 82 %. Noch immer hieß das bei näherem Hinsehen: 94,1 % im Regierungsbezirk Merseburg, aber nur 53,8 % im Regierungsbezirk Bromberg; in den Städten etwa 78 % in Breslau, 77 % in Köln, 68 % in Königsberg, 60 % in Berlin, 49 % in Posen. Den schroffen regionalen Divergenzen korrespondierten ziemlich genau auch die Analphabetenzahlen. 1841 betrugen sie in Sachsen nur 1,2 %, in Westfalen 2,1 %, in Brandenburg 2,5 %, im Rheinland 7,1 %, in Schlesien 9,2 %, in Ost- und Westpreußen sowie in Pommern 15,3 %, in Posen sogar 41 %. Um 1848 mögen immerhin noch 20 % der Bevölkerung über zehn Jahre Analphabeten gewesen sein. Als ein Ergebnis der hochgetriebenen Schulbesuchsquote sank jedoch der Anteil der Analphabeten, die bei der jährlichen Musterung für das Heer festgestellt wurden, in den späten 40er Jahren auf 10 bis maximal 15 % ab, während sie zu dieser Zeit in England und Frankreich noch regelmäßig 40 bis 45 % erreichten.

1825 hatte eine Kabinettsorder die allgemeine Schulpflicht erneut allen zuständigen Behörden eindringlich eingeschärft, und in den 20er, 30er und 40er Jahren scheint sich nicht nur der Druck der staatlichen, städtischen und adligen Schulpatrone, sondern auch der Zugriff der Polizei verschärft zu haben. Umgekehrt wuchs allmählich der Anteil der städtischen und ländlichen Bevölkerung, der sich von den Vorzügen eines gewöhnlich sechs- bis maximal achtjährigen Schulbesuchs der Kinder überzeugen ließ. Nicht zuletzt verbesserte sich auch graduell die Qualität des Unterrichts. Das wiederum hing entscheidend mit der Ausbildung der Lehrer zusammen. Da sich Liberale wie Konservative der Schlüsselstellung eines beruflich gut vorbereiteten Lehrers im gesamten schulischen Sozialisationsprozeß vollauf bewußt waren, wurde die Lehrerausbildung zu einem «Kampffeld» der konkurrierenden politischen Fraktionen. Das erste positive Ergebnis war jedoch ein von allen unterstützter, zügiger Ausbau der Lehrerseminare mit dem Ziel, durch ihre Absolventen die kunterbunte Mischung von Küstern, Militärinvaliden, Handwerkern, Schulhaltern usw. zu ersetzen, die bis zum Beginn des Jahrhunderts eine denkbar ungeeignete Mehrheit unter den Volksschullehrern gestellt hatten.

1806 gab es erst elf Seminare, an denen, oft nach einer Art Lehrlingszeit bei einem «Schulmeister», eine ungeregelte, allenfalls Minimalanforderungen genügende zwei- bis dreijährige Ausbildung stattfand. Attraktiv wurde sie vor allem deshalb, weil die Seminaristen für eine Stelle an den königlichen Patronatsschulen bevorzugt wurden. Erst von Reformbeamten wie Süvern und Schulze, dann von Konservativen wie Beckedorff, Dreist und ihren Nachfolgern gefördert, wurde ein neues Seminar nach dem andern gegründet. 1825 waren es schon 25 mit jeweils 30 bis 90, insgesamt 1380 Seminaristen, von denen rund zwei Fünftel den dreijährigen, die anderen den zweijährigen Kurs gewählt hatten. Als Altenstein 1840 abtrat, existierten 38 Seminare mit rund 2500 Studenten. Unter Eichhorn, der gegen die «planlose und verderbliche Vielleserei» der Lehrer giftete, kamen nur mehr wenige hinzu, so daß 1848 42 dieser Anstalten mit rund 2200 Seminaristen bestanden.

In den mehr als zwanzig neuen Seminaren kann man die eigentliche «schulpolitische Leistung» der Restaurationszeit sehen. Seit den 20er Jahren betrug die jährliche Absolventenzahl etwa 750, von denen 30 bis 50 % durch staatliche Stipendien unterstützt worden waren. Einen «Markstein» in der Geschichte des Seminarwesens setzte im Juni 1826 die von Beckedorff normierte Abschlußprüfung. Wer sie bestanden hatte, mußte allen anderen Bewerbern vorgezogen werden. Drei Jahre lang hatte er freilich jede angebotene Position zu akzeptieren, und das hieß in 85 % aller Fälle: in einer

Dorfschule. Nach dreijähriger Berufspraxis galt es außerdem seither, eine zweite Prüfung abzulegen, ehe auf die Probezeit eine feste Anstellung folgte. Sie hing jedoch auch von einem positiven Votum des Schulinspektors darüber ab, ob es dem jungen Lehrer gelungen sei, wie ein Reskript vom Juli 1824 insistierte, «in den Zöglingen Gesinnungen der Anhänglichkeit, der Treue und des Gehorsams am Landesherrn und am Staate zu erwecken und zu befestigen». Die Karlsbader Beschlüsse klangen in solchen Forderungen nach. Zu Beginn der 30er Jahre sollen die seit 1826 gesetzlich privilegierten Seminaristen 50% der Lehrer gestellt haben; von den rund 28000 Lehrern im Jahre 1848 werden es nach realistischer Schätzung bereits 21000 bis 22000, mithin rund 77%, gewesen sein. Innerhalb von vierzig Jahren hatten die von den Seminaren kommenden Grundschullehrer eindeutig die Majorität gewonnen. Die vom Staat regulierte Berufsausbildung hatte sich durchgesetzt, als Außenseiter hatten seither nur mehr ehemalige Berufssoldaten wie die Unteroffiziere die Möglichkeit, in die Volksschullehrerschaft einzudringen.

Trotz dieses positiven Trends blieb die ökonomische Lage dieser Lehrer weiterhin durch schlechterdings miserable Verhältnisse gekennzeichnet.

Übersicht 41: Das Einkommen preußischer Grundschullehrer um 1820, Taler p. a.

3745 Lehrer an Stadtschulen	18146 Lehrer an Landschulen
Bis 50 – 3%	Bis 20 – 6,5%
50 – 100 – 13%	20 – 40 – 12,6%
100 – 150 – 28%	40 – 60 – 15,6%
150 – 200 – 18%	60 – 80 – 16,3%
200 – 250 – 15%	80 – 100 – 15,5%
250 – 300 – 11%	100 – 130 – 15,1%
300 – 350 – 7%	130 – 150 – 5,8%
	150 – 180 – 5,4%

Unter einem Jahreseinkommen von 100T. verharrten in den Städten noch ein Sechstel, auf dem Lande sogar zwei Drittel aller Lehrer; dort wurden durchschnittlich 86T., in der Stadt 213T. in einer Zeit verdient, für die das Existenzminimum einer fünfköpfigen Familie auf 250T. geschätzt worden ist; auf dem Land mag es um 150T. gelegen haben. Nur knapp 20% der städtischen Lehrer bewegten sich oberhalb dieses Minimums, auf den Dörfern waren es etwa 5 bis 10%. Anderswo war die Situation nicht besser: Noch 1842 wiesen Dresdener Lehrer, die 150T. verdienten, darauf hin, daß selbst ein Polizist 216, ein berittener Gendarm 264, ein Lampenaufseher bereits 400T. erhalte! Die Besoldung oblag den städtischen und ländlichen Gemeinden, die mit dem Bargeld so knauserig umgingen, daß sich bis 1848 kaum etwas an den Gehaltsrelationen änderte. Ohne das zusätzliche Recht auf Landnutzung, auf Heizmaterial und Lebensmittelabgaben, die indes oft förmlich erbettelt werden mußten, hätten die Lehrerfamilien überhaupt nicht überleben können. Selbst dann blieb durchweg ein deprimierender Zwang bestehen, irgendwelche Nebeneinkünfte zu gewinnen. Als Küster, Organist, Kantor, Dorfmusiker, Handwerksgehilfe versuchte der Lehrer, das Nötigste hinzuzuverdienen. Aus den langen Listen der von den Schulbehörden wiederholt verbotenen Tätigkeiten tritt diese Schattenseite des Lehrerdaseins zutage.

Die soziale Lage, die aufs engste mit der wirtschaftlichen Misere verknüpft war, fügte der Not weitere Belastungen hinzu. Die familiäre Herkunft bedeutete in der Regel alles andere als eine günstige Ausgangsposition. Ihrer sozialen Zusammensetzung nach stammten die Seminaristen überwiegend aus den Familien von Handwerkern, Lehrern, Subalternbeamten und Bauern. Im ländlichen Seminar Neuzell z. B. hatten zwischen 1819 und 1849 je 30% der Schüler einen Handwerker oder Lehrer, 23% einen Kleinbauern zum Vater. Im Berliner Stadtlehrerseminar war die Mischung verständlicherweise bunter. Hier kamen zwischen 1830 und 1850 von 958 Seminaristen 420 aus Handwerker-, 245 aus Lehrer-, 114 aus Subalternbeamtenfamilien, 52 hatten einen Bauern, 38 einen Arbeiter, 27 einen Soldaten, 16 einen Pfarrer als Vater. Diese Rekrutierung ist mit dem Sozialprofil der Seminarangehörigen in andern deutschen Staaten, etwa in Sachsen und Württemberg, durchaus vergleichbar.

Zuerst galt das Seminar als ungewohnte Lehre für einen verachteten Beruf. Erst seit den 30er und 40er Jahren setzte allmählich eine Neubewertung ein, die den Lehrerberuf als Zwischenstation des sozialen Aufstiegs attraktiver machte. Das hing vor allem damit zusammen, daß hier eine neue, unter der «paternalistischen Patenschaft» des Staats systematisch geschaffene Berufsklasse entstand, die aber trotz ihrer funktionellen Bedeutung noch jahrzehntelang in der Sozialhierarchie denkbar niedrig placiert blieb und um den Karriereweg nach oben hart kämpfen mußte.

Außer materieller Besserstellung und höherem Sozialprestige war dabei eins der obersten Ziele die Angleichung an den Status der unteren Beamtenschaft; erst in der zweiten Hälfte des 19. Jahrhunderts sind die mittleren Beamten zur Referenzgruppe geworden. Die quälend langsam verlaufende «Verberuflichung» der traditionell nicht genau definierten Tätigkeit des Lehrers sollte man auch nicht, wie das öfters geschieht, als «Professionalisierung» bezeichnen. Das ist eine irreführende Begriffsinflation, denn alle wesentlichen Kriterien des Professionalisierungsprozesses, wie er vorn (Teil 3, 4, c) skizziert worden ist – die Kontrolle der Rekrutierungsmaßstäbe, der Ausbildung, des Kanons der Lehrmaterialien, der Examina, des Berufsverhaltens, der Jurisdiktion bei der Verletzung der Eigennormen usw. –, spielten in der Lehrergeschichte des 19. Jahrhunderts keine Rolle. Hier ging es nicht um die möglichst autonome Beherrschung und Nutzung des Machtpotentials einer Expertenkorporation, sondern um die Entstehung einer vom Staat ausgebildeten und ganz von ihm abhängigen neuen Berufsgruppe, die in das System der etablierten Funktionsstände und neuen Erwerbsklassen noch nicht eingegliedert war und daher unter schmerzhaften Anpassungsschwierigkeiten litt. Ihre Entwicklungsgeschichte und ihre Aufstiegserwartungen enthüllen, daß sie sich völlig auf das Ziel orientierte, auf den Status von Staatsbeamten im Schuldienst angehoben zu werden. Darauf ließ man die Lehrer jedoch lange warten, und bis dahin spürten sie ihre unsichere Rechtsstellung, die Gefährdung in Not- und Krankheitszeiten, die Isolierung im Dorf als arme Schlucker ohne Ansehen, aber auch die drükkende Kontrolle durch die Ortsgeistlichen, denen die dienstliche und private Aufsicht oblag. Daß der Pfarrer oft noch als Arbeitgeber auftrat, der über ein Nebeneinkommen etwa für die Küsteraufgabe entschied, erhöhte die emotionalen Spannungen und verschärfte das politische Problem der geistlichen Inspektion, die auch zu Diesterwegs bevorzugten Angriffszielen gehörte.

Die Arbeitszeit war natürlich noch ungeregelt, bei 26 bis 30 Wochenstunden scheint der Durchschnitt gelegen zu haben. Auf dem Lande blieb die einklassige Dorfschule (bis ins 20. Jahrhundert) unverändert erhalten. Die Stadtschulen – seien es die Armenschulen, die in Berlin um 1830 von 30% der Kinder besucht wurden, oder schließlich die von der Gemeinde zu 75% und durch einen geringen Beitrag der Eltern finanzierten Volksschulen – besaßen gewöhnlich drei Klassen, so daß eine wohltätige Unterteilung nach Altersstufen und Kenntnisstand möglich wurde. In jedem Fall mußten tagtäglich 80 bis 180 Kinder gebändigt werden.

Gemessen an den Hoffnungen, die während der Seminarjahre in vielen geweckt worden waren, konnte die Realität des Alltags in der ländlichen oder städtischen Schule und im Privatleben nicht anders als niederdrückend, ja entmutigend wirken. Trotzdem ließ diese «enorme Diskrepanz zwischen Selbstverständnis und sozioökonomischer Position» extrem verschiedenartige Reaktionen der Lehrer zu: Hier siegte die lähmende Resignation, die erschöpfte Anpassung, die verbitterte Frustration voller Selbstmitleid; die etwas Bessergestellten zogen sich in eine bescheidene Biedermeieridylle zurück. Dort gab es ungebrochenen Fortschrittsglauben, energischen Veränderungswillen, endlich den aktiven Kampf für die eigenen Interessen.

Diese politische Reaktion mündete, ganz auf der Linie des freien Assoziationswesens, in die Gründung von Lehrervereinen, die seit den 30er Jahren zu einer aufsehenerregenden Bewegung anschwollen. Gemeinsame Ziele bildeten die Aufwertung der Lehrertätigkeit als Intelligenzberuf – aus den alten «Schulmeistern» sei doch inzwischen, konstatierte Diesterweg 1827 etwas euphorisch, ein «freier Stand, aus dem Handwerk ein geistiges Geschäft... geistig gebildeter» Männer geworden –, die Erhöhung der Gehälter, die beamtengleiche Sicherstellung, die Anhebung der Ausbildungsqualität, die Lockerung oder gar Aufhebung der Schulinspektion durch Geistliche. Von den in dieser Zeit ebenfalls aufkommenden Lehrerzeitschriften wurden solche Postulate mehr oder minder offen, wie es die Zensur zuließ, unterstützt. Diesterwegs «Rheinische Blätter» beweisen, eine wie scharfe Klinge ein leidenschaftlicher Protagonist solcher Ziele schlagen konnte. Im hochkonservativen Bayern wurden die Lehrervereine bereits 1832 verboten, immerhin erst 1842 folgte Eichhorn in Preußen nach. In verkappter Form wuchsen die Vereine aber trotz oder wegen der Behinderung in den 40er Jahren weiter, denn alle Wünsche nach Einkommensanhebung, Pensionsrecht und einem höheren Maß an Berufsautonomie wurden unnachgiebig abgelehnt. Obwohl vor 1848 allein «standespolitische» Verbesserungen gefordert wurden, bildete sich wegen des permanenten Widerstands, auf den diese Lehrer trafen, auch eine latente allgemeinpolitische Reformsympathie heraus. Das sollte sich 1848 erweisen, obwohl das Ausmaß der Lehreraktivität meist grandios überschätzt worden ist.

In den Grundzügen ist die Entwicklung des Elementarschulwesens in den anderen deutschen Staaten ähnlich verlaufen. Um nur noch zwei Beispiele herauszugreifen: In Württemberg ist im 19. Jahrhundert «die Volksschulreform wahrscheinlich am konsequentesten» durchgeführt worden. Die 1649 eingeführte Schulpflicht wurde seit der Rheinbundzeit relativ zügig verwirklicht, als der staatliche Einfluß sich auch in diesem Bereich ausdehnte. Und 1807 wurden sämtliche Schulen dem «Ministerium des Kirchen- und Schulwesens» unterstellt; Kirchenbeamte behielten das Recht der Mitverwaltung. Das Volksschulgesetz von 1836 – bis zum Ende des Kaiserreichs ist ein solches Gesetz in Preußen nicht zustande gekommen! – ordnete die Rechtsmaterie in übersichtlicher Form. Seither wurde der Schulbesuch von der Polizei notfalls erzwungen. Die Lehrer sollten möglichst auf den beiden Seminaren in Esslingen und Gmünd in zwei- bis dreijährigen Kursen ausgebildet werden. Zu Beginn der 40er Jahre konnten diese Anstalten aber nur knapp 50% des Bedarfs decken, so daß 1843 in Nürtingen ein drittes Seminar eröffnet wurde. Um die Jahrhundertmitte waren an 2204 württembergischen Schulen mit 266258 Schülern 5289 Lehrer tätig, so daß dort nur 50 Schüler auf einen Lehrer entfielen.

In Bayern wurde die Schulpflicht faktisch erst seit 1802 von Montgelas schrittweise durchgesetzt. Anstelle des «Geistlichen Rates» wurde eine staatliche Schulverwaltung aufgebaut, über die Montgelas als Innenminister selber die Dienstaufsicht führte. Die Schulen blieben gemischte staatlich-konfessionelle Anstalten, aber der antiklerikale Einfluß der Reformer um Niethammer und Zentner ist unübersehbar. 1803 wurde in München das erste staatliche Lehrerseminar gegründet, fünf weitere Anstalten folgten bis 1809; in diesem Jahr wurde auch durch ein Regulativ eine einheitliche Ausbildung für alle Seminaristen vorgeschrieben. Bereits 1823 machte es ein Gesetz zur Pflicht, daß jeder Volksschullehrer ein Seminarstudium absolvierte; 1826 folgte übrigens in dieser Hinsicht Baden, 1835 Sachsen.

Der reaktionäre politische Kurs unter Ludwig I. wirkte sich zugunsten eines verstärkten katholischen Einflusses auf die Grundschulen aus. Zeitweilig wurde die Reduzierung der Seminarausbildung erwogen, statt dessen aber eine scharfe Gesinnungskontrolle und rigorose Reglementierung der Lehrer insbesondere unter dem Minister Abel eingeführt, der die Volksschulen für «eine der gefährlichsten Einbruchstellen des Zeitgeistes» hielt und daher aus dem Ziel ihrer neuen «Verkirchlichung» kein Hehl machte. Jede ökonomische und soziale Verbesserung der Lage der Lehrer wurde konzessionslos abgelehnt, so daß vor 1848 die Spannungen im Schulwesen eher noch stärker als in Norddeutschland ausgeprägt waren. Die von der «rationalistischen Beamtenherrschaft» der Ära Montgelas durchgesetzte Pflichtvolksschule und die qualifizierte Lehrerschaft hatten jedoch bis zu diesem Zeitpunkt jene vorn beschriebene Eigendynamik der Interessen und Autoritätskonkurrenz entwickelt, welche selbst die Schulpolitik der katholischen Kirche nicht mehr ersticken konnte.

Die Durchsetzung der allgemeinen Schulpflicht ist in allen deutschen Staaten im Grunde mit eng begrenzten sozialen Kosten verbunden gewesen. Zahlreiche Familien von Bauern, Landarbeitern, Handwerkern und Krämern, erst recht der ungelernten, besitzlosen Unterschichten, wollten nicht sechs oder gar acht Jahre lang auf einen gut Teil der Arbeitskraft ihrer Kinder verzichten. Es gab Protest und eine zählebige Verweigerungshaltung. Dorfschulzen und Polizisten mußten oft hart durchgreifen, Strafen waren unvermeidbar. Eine sozialromantische Verklärung dieses Widerstands der «kleinen Leute» gegen die «Staatsgewalt» ist jedoch völlig verfehlt. Erst die Verallgemeinerung der Schulbildung hat Millionen von jungen Menschen befähigt, sonst unzugängliche Lebenschancen in der heraufziehenden modernen Gesellschaft wahrzunehmen.[8]

b) Die Gymnasien – Andere Höhere Schulen

Während sich der Ausbau der Elementarschulen in zahlreichen eher unscheinbaren kleinen Schritten vollzog, aber bis zur Jahrhundertmitte trotzdem eine erstaunliche Leistungsbilanz aufzuweisen hatte, behielt das preußische neuhumanistische Gymnasium, dessen Spitzenstellung während der Reformzeit untermauert worden war, seinen Vorrang: gewissermaßen als Flaggschiff des höheren Schulwesens. Seine Entwicklung bis zur Revolution setzte die verblüffende Erfolgsgeschichte der Entstehungsjahrzehnte, im wesentlichen unangefochten, weiter fort.

1818, am Ende des ersten Auslese- und Organisationsprozesses, gab es in der gesamten Monarchie 91 Knabengymnasien; Mädchen konnten auch im folgenden Zeitraum diese Schule noch nicht besuchen. Wegen der scharfen Selektionskriterien stieg die Zahl bis 1830 nicht höher als auf 110, in den nächsten zwanzig Jahren bis 1850 sogar nur auf 118 an.

Bekanntlich bildete das Gymnasium keineswegs den einzigen höheren

Schultyp. Daneben gab es das um die Primastufe gekappte Progymnasium und andere verkürzte höhere Stadt-, Bürger- und Realschulen sowie die mittleren Schulen. Will man sich die Größenverhältnisse im Vergleich vergegenwärtigen, helfen die folgenden Zahlen weiter:

Übersicht 42: Schüler an Höheren Schulen in Preußen 1822–1846

	Gymnasien	Pro-gymnasien	Andere höhere Schulen	Höhere Schulen insgesamt
1822	13767	1059	6354	21180
1837	20917	1656	9682	32255
1846	24968	1848	12811	39627

Die Zahl der Gymnasiasten, auch der Progymnasiasten, stieg in rund 25 Jahren um 75% – die Zahl ihrer Lehrer um 70%, so daß eine günstige Relation von 1 zu knapp 20 Schülern erhalten blieb –, während der Zuwachs an allen höheren Schulen fast 90% betrug. Die große Mehrheit der höheren Schüler – ohne die Mittelschulen machten sie durchschnittlich 1,7 bis 2,6% der Schulpflichtigen aus – besuchte jedoch das neuhumanistisch-altsprachliche Gymnasium: Über drei Jahrzehnte hinweg waren es gewöhnlich zwei Drittel der Gesamtzahl. Der Akademisierungssog hielt sowohl die Hauptklientel aus dem Bildungsbürgertum als auch die hohe Quote der Aufstiegswilligen aus dem kleinbürgerlichen Milieu ziemlich stabil. In der Regel werden die Söhne der beamteten und freiberuflichen Intelligenz, zunehmend ergänzt durch Jungen aus wirtschaftsbürgerlichen Familien und dem landwirtschaftlichen Großgrundbesitz, rund 60 bis 80% der Gymnasiasten gestellt haben. Mindestens 20% stammten jedoch aus dem Kleinbürgertum der Handwerker, Krämer, Subalternbeamten, Lehrer usw., dazu aus Familien größerer Bauern, unterer militärischer Chargen und von Militärbeamten. Eine exakte Analyse der sozialen Zusammensetzung der Schülerschaft an sechs westfälischen und rheinischen Gymnasien zwischen 1815 und 1849 (Hamm, Minden, Recklinghausen, Coesfeld, Düsseldorf und Trier) hat statt dieser 20% sogar rund 42% ergeben. Ob dieser geradezu verblüffende Befund aus den Westprovinzen durch vergleichbare Untersuchungen über die altpreußischen Gebiete so bestätigt würde wie durch den inzwischen möglichen Vergleich mit Baden, muß zur Zeit offenbleiben. Auf jeden Fall waren die englischen «Public Schools», die amerikanischen «Boys Schools» und «Academies», die französischen «Lycées» damals meilenweit davon entfernt, ihre Schülerschaft zu 20 bis 40% aus sozialen Aufsteigern zu rekrutieren. Manche Indizien sprechen weiterhin dafür, den Nimbus des Gymnasiums während Restauration und Vormärz zum guten Teil daraus zu erklären, daß es als «sozialaristokratische Eliteschule par excellence» fungierte. Dank seiner sozialen Offenheit besaß es aber auch die Attraktivität einer «demokratischen Leistungsschule». Insofern sind wahrscheinlich die Intentionen der Reformer für geraume Zeit durchaus verwirklicht worden.

Die Spitzenposition des Gymnasiums hing, wie bereits (in Bd. I) erörtert, mit dem unaufhaltsamen Bedeutungsanstieg des Berechtigungswesens zusammen. Dadurch wurde auch die klare institutionelle Trennung zwischen voll ausgebauten, in neun Jahren bis zum Abitur führenden Gymnasien und anderen verkürzten höheren Schulen beschleunigt. Eine entscheidende rechtliche Weichenstellung hatte bereits das Abiturreglement von 1812 bedeutet, welches das Vorrecht «der Entlassung auf die Universität» an das Reifezeugnis gebunden hatte. Dieser Leistungsnachweis besaß aber noch drei Qualitätsstufen; auch wer nur die Stufe III erreicht hatte, durfte sich immatrikulieren lassen, mußte jedoch an der Universität eine Aufnahmeprüfung nachholen. Da diese häufig als lasches Gefälligkeitsritual praktiziert wurde, band die neue verschärfte Abiturordnung von 1834 den Zugang zur Universität an das ohne Einschränkung bestandene Maturitätsexamen. Zugleich wurde jede Konkurrenz ausgeschlossen: Nur mehr das Abitur berechtigte seither zur Immatrikulation. Die um 1830 noch rund 30% der Studenten zählenden «Extranei», die sich ohne Abitur auf die nachlässige Aufnahmeprüfung ihrer Alma Mater verließen, wurden binnen kurzem weithin vom Studium ausgeschlossen. Diese Verengung des Nadelöhrs lag zwar ganz auf der Linie der Bekämpfung der damaligen «Akademikerschwemme», sie bildete indes auch die folgerichtige Konsequenz der Privilegierung des neuhumanistischen Gymnasiums und der nachhaltig geförderten Eigeninteressen seiner Lehrer, der Schüler und ihrer Eltern.

Für die künftigen Gymnasiallehrer hatte die Examensordnung von 1810 die Zugangsbedingungen verschärft. Von den gut 900 Lehrern des Jahres 1816 genügte jedoch die Mehrheit diesen Kriterien noch nicht; erst allmählich wurde durch den rigorosen Prüfungsstil der seit 1816 in sechs Städten amtierenden Wissenschaftlichen Prüfungskommissionen die intellektuelle Homogenität der akademisch ausgebildeten Lehrerkollegien hergestellt. Streng wurde seither darauf gesehen, daß nur von ihnen geprüfte Lehramtskandidaten eingestellt wurden. Ob sie tatsächlich das Ideal der von Humboldt anvisierten «pädagogischen Genossenschaft» verwirklichten, ist fraglich. Daß sie jedoch zu dem gewünschten «geschlossenen Kreis» der neuen Berufsklasse selbstbewußter Gymnasiallehrer zusammenwuchsen, steht außer Zweifel. Das galt erst recht, nachdem 1831 der Schwierigkeitsgrad der Examina durch eine neue Prüfungsordnung erheblich verschärft worden war. Gegenüber zu engem Spezialistentum wurde die «Allgemeinbildung» aufgewertet: Jeder Lehrer sollte imstande sein, zusätzlich zu seiner speziellen Fächerkompetenz die alten Sprachen und Deutsch, Mathematik und Naturwissenschaften, Geschichte und Geographie in den beiden Primen zu unterrichten. Immerhin lag auch an altsprachlichen Gymnasien das Französische, das dort seit demselben Jahr fünf Jahre lang unterrichtet werden mußte, als zweite Fremdsprache mit Abstand vor dem Griechischen. Nur die Sprache der ersten Industrienation und einzigen wahren Weltmacht des 19. Jahrhunderts, Englands, verstanden die wenigsten Gymnasiasten mühelos zu lesen, geschweige denn flüssig zu sprechen und zu schreiben!

In den drei Jahrzehnten nach 1831 legten jährlich etwa 100 Lehrerkandidaten ihre Prüfung unter den neuen Bedingungen ab. Etwa ein Drittel wurde stets von den Altphilologen gestellt, deren numerisches Übergewicht in den Kollegien so stark wurde, daß «Philologe» lange Zeit zum Synonym für einen Gymnasiallehrer wurde. Alle Kandidaten hatten ein mindestens sechssemestriges Studium hinter sich, wobei an der Universität keinerlei Unterschied zwischen ihrer Ausbildung und derjenigen zukünftiger Wissenschaftler gemacht wurde. Eine gewisse pädagogische Einübung in den Beruf fehlte jahrzehntelang ganz. Wer die Wissenschaft beherrscht, blieb die Maxime, kann auch lehren. 1826 wurde an den Gymnasien ein pädagogisches Probejahr eingeführt, das gewöhnlich zu allen möglichen Aushilfsarbeiten, vor allem zur Ausbeutung unbezahlter, aber voll eingespannter junger Lehrer mißbraucht wurde.

Nicht zuletzt eröffnete es auch, wie der Referendarsdienst der Juristen, eine neue Chance zur Gesinnungskontrolle. Bereits seit den Karlsbader Beschlüssen sollte der Grundsatz beachtet werden, keine Lehrer anzustellen, «welche der Jugend... verderbliche Grundsätze einflößen», etwa dadurch, wie ein Reskript an einem keineswegs veralteten Beispiel ausführte, daß ein Lehrer «durch künstlich herbeigeführte Vergleichungen mit der unmittelbar nächsten Gegenwart» dem Geschichtsunterricht «einen unzeitigen Reiz zu geben» suche und seine Schüler zu der «dünkelhaften Anmaßung» verführe, «als stehe ihr schon ein eigenes Urteil über die Zeitereignisse... oder gar eine erträumte bessere Ordnung der Dinge herbeizuführen» zu. Im Zusammenhang mit den Repressionsgesetzen von 1832/34 wurde 1833 erneut jeder Lehrer von einer festen Stelle ausgeschlossen, der durch das «Lehren der politischen Schwärmerei auf das Gemüt und die Gesinnung seiner Schüler verderblich einwirken» könne. Das Probejahr biete die erwünschte Möglichkeit, die Kandidaten im Hinblick auf ihre «sittlich-religiöse Denk- und Handlungsweise und insbesondere ihre politischen Grundsätze genauer kennenzulernen».

Solche Verordnungen erwecken den Eindruck, daß insbesondere die jungen Lehrer scharf an die antiliberale Leine genommen wurden. Das wird sicher öfters so gewesen sein. Aber auch für die Gymnasien gilt die vorn erörterte strukturelle Ambivalenz der Schulpolitik ganz so wie die lokalregionale Einflußfragmentierung. Im Kultusministerium hat Johannes Schulze, der 1818 mit 32 Jahren das Referat für die evangelischen Gymnasien übernommen hatte und bis 1842 behielt, nicht nur als bedeutendes Organisationstalent für die Durchsetzung und Vereinheitlichung der neuhumanistischen Gymnasien als staatlich beaufsichtigter Schulen der Leistungselite gesorgt, sondern auch in der praktischen Verwaltungs- und Personalpolitik, von Altenstein protegiert, einen moderaten liberalen Kurs durchgehalten. Sozusagen ein Stockwerk tiefer wurden die Provinzial-Schulkollegien im Dezember 1825 von den Konsistorien abgetrennt; sie blieben weiterhin den Oberpräsidenten unterstellt, genossen aber faktisch ein hohes Maß an Selbständigkeit, zumal unter den acht Oberpräsidenten der Beamtenliberalismus manchen selbstbewußt-knorrigen Repräsentanten behielt. Und schließlich fand sich unter den Gymnasialdirektoren keine geringe Zahl imponierender frühliberaler Persönlichkeiten, die staatsloyal, doch nicht engstirnig ihr kleines Reich regierten. Aus all diesen Gründen ist es darum nicht mehr so verwunderlich, daß trotz aller Gesinnungsschnüffelei der Ministerialerlasse so mancher Linkshegelianer und jahrelang arrestierte Burschenschaftler als respektierter Gymnasiallehrer wirken konnte.

Das hochgeschraubte Selbstbewußtsein dieser neuhumanistischen Akademiker, die zunehmend bereits das Gymnasium absolviert hatten, ehe sie wieder an ihm lehrten, führte im Verein mit ihrem hohen Sozialprestige zu einer anhaltenden Homogenisierung als staatlich privilegierter Berufsklasse. Diesem Vorgang entsprach eine scharfe Außendifferenzierung, die über das irritierende, ja kränkende Binnengefälle hinweghalf. Wer nach dem Probejahr die Anstellungsfähigkeit bescheinigt erhielt, war zuerst als «wissenschaftlicher Hilfslehrer» tätig, ehe er als «ordentlicher Lehrer» Klassen der Unter- und Mittelstufe übernahm. Avancierte er zum «Oberlehrer», durfte er als Klassenlehrer in der Oberstufe fungieren, eventuell den Titel «Professor», seit 1843 auch den Status eines Rates 5. Klasse in der Hofrangliste genießen. Damit gehörte er zu den «höheren Staatsdienern».

Die Pensionsregelung für Beamte aus dem Jahr 1825 schloß aber noch alle Gymnasiallehrer aus, erst 1846 wurden die Oberlehrer einbezogen. Obwohl die ungeregelte Arbeitszeit für alle Lehrer zwischen 20 und 24 Wochenstunden lag, blieb vor den ministeriellen Richtwerten von 1852 das Jahresgehalt eine Ermessensfrage von Staat und Gemeinden, die sich beide gegen erhöhte Schulhaushaltsmittel sträubten, so daß durch das Schulgeld der Eltern 50% der Gymnasiumskosten gedeckt werden mußten. Am Gymnasium Eisleben z. B. erhielten der Direktor 1055, der Konrektor 537, der 4. Oberlehrer 527 Taler; am Herforder Gymnasium dagegen bezog der Direktor nur 674, der 4. Oberlehrer 338 Taler.

Einerseits wurde diese Diskrepanz zwischen Einkommen und Status durch die verbindende Kollektivmentalität einer exklusiven Lehrerschaft an Eliteschulen kompensiert – 1846 gab es nur 1655 Lehrer an den Gymnasien und Progymnasien! Andrerseits trug zur psychosozialen Stabilisierung die prononcierte Abgrenzung von verwandten Berufsgruppen bei. Dazu gehörten vornehmlich die Lehrer an den verschiedenen Stadt- und Bürgerschulen, insbesondere an den Realschulen, jenen «Nützlichkeitsanstalten», welche die modernen Fremdsprachen und Naturwissenschaften bevorzugten. Symptomatisch für diese Distanzierungshaltung war z. B. die maßlose Verachtung, mit der sich Friedrich Thiersch, der große Förderer des bayerischen neuhumanistischen Gymnasiums und Münchener Philologieprofessor, über sie ausdrückte: «ein gebildeter Mensch, der... eine höhere idealistische Geistesrichtung nimmt und über das Nützlichkeitsprinzip hinausdenkt, wird nie aus ihnen hervorgehen können; wohl aber zieht man heran wahre Kinder der Zeit, Umwälzungsmenschen, die alles bessern wollen, nur nicht sich selbst». Schufen Exklusivitätsdenken und Außengrenzen soziale Distanz «nach unten», erwies es sich als weitaus schwieriger, den Abstand zur insgeheim beneideten oberen Referenzgruppe, den Richtern mit höherem Gehalt und Pensionsrecht, einzuholen. Das gelang schrittweise erst zwischen 1846 und 1909!

Vermutlich hing die geringe Durchsetzungsfähigkeit in der Interessenverfechtung sowohl mit der politischen Überwachung einer leicht überschaubaren, exponierten Lehrergruppe als auch mit ihrer Organisationsschwäche zusammen. Erst 1837 entstand die «Versammlung deutscher Philologen und Schulmänner», die jedoch von vornherein durch den Streit zwischen den Verfechtern eines Monopols für das altsprachliche Gymnasium und den Vorkämpfern für neusprachlich-naturwissenschaftliche höhere Schulen so nachhaltig belastet wurde, daß 1843 der «Verein deutscher Realschulmänner» als selbständiger Verband ausscherte. Unter der Ägide Eichhorns und seines Intimus, des hochkonservativen Vortragenden Rats Gerd Eilers, wurde außerdem jede jährliche Konferenz der «Philologen» mit Argusaugen verfolgt. Auch unter den Gymnasiallehrern gab es daher in den 40er Jahren eine verbreitete latente Veränderungsstimmung, die sich teils auf «standespolitische» Interessen, teils auf eine Liberalisierung der Staatspolitik richtete.

Bis 1848 ist die Bedeutung des Gymnasiums als Distributionszentrum für hochbegehrte Lebenschancen im Grunde ständig weiter gestiegen. Freilich wurde auch durch das Gymnasium, nicht nur durch die Universität, der Graben zwischen den «gebildeten» und «ungebildeten Klassen», wie man immer häufiger sagte, vertieft; das hat unheilvolle Auswirkungen bis 1933 gehabt. Die ursprünglich leidenschaftliche Orientierung am Ideal der griechischen Kultur blieb zwar noch weiter bestehen, unübersehbar verblaßte jedoch die neuhumanistische Utopie bis hin zur reinen Bekenntnisrhetorik. Die schrumpfenden Griechischklassen und der steile Aufstieg des Französischen sprechen da eine nüchterne Sprache. Tausende von Gymnasiasten, fast alle Mitglieder der staatlichen und gesellschaftlichen Funktionseliten, wurden dennoch von der literarisch-historischen Kultur der Gymnasien zeitlebens geprägt. Das hieß die Ausbildung einer intellektuell geschulten, innengeleiteten Persönlichkeit, die selbständig auf veränderte Lebensverhältnisse reagieren konnte. Das hieß aber auch nur zu oft eine arrogante Aversion gegen schnöden Geschäftssinn, gegen inhumane Technik, gegen geistfeindlichen Kapitalismus – gegen alles, was als philisterhafter Materialismus abqualifiziert werden konnte, aber die Zukunft für sich hatte.

Andrerseits ist das Gymnasium der Jahrzehnte zwischen Staatenkrieg und Bürgerkrieg eine zukunftsweisende Schule gewesen. Es hat, zum Schrecken der Konservativen, regionale, ständische, sogar konfessionelle Unterschiede eingeebnet, die allgemeinen Maßstäbe seiner Bildungsreligion und seiner Erziehungsideale weithin durchgesetzt und damit eine gesamtstaatliche Integrationskraft entfaltet. Daß diese Schulen für die Beamtenelite einer Monarchie ihre Zöglinge neun Jahre lang in einer uneingeschränkten Verherrlichung des freiheitlichen griechischen Republikanismus großziehen durften, gehört zu den Seltsamkeiten des autoritären Staates, und wie sich seit 1848 zeigen sollte, hat nicht jeder Abiturient diese Mitgift so radikal verworfen, wie das nach seiner Berliner Gymnasiumszeit Bismarck getan hat.

Im allgemeinen ist in den außerösterreichischen deutschen Staaten das preußische Gymnasium als nachzuahmendes Modell akzeptiert worden. Größere Unterschiede gab es vor allem in Bayern und Württemberg. Auffällig ist hier einmal die Tatsache, daß in Bayern das neuhumanistische Gymnasium mit mindestens zwanzig- bis dreißigjähriger Verzögerung – und auch dann nur dank der rastlosen Aktivität von Befürwortern wie Niethammer, der seit 1808 dafür stritt, und von Thiersch, dem erst 1829 die feste Etablierung gelang – das Spitzeninstitut der höheren Schulen wurde. Zwar war der Würgegriff, in dem diese von den Jesuiten gehalten worden waren, schon im ausgehenden 18. Jahrhundert gelöst worden, und Montgelas hatte 1809, noch vor Preußen, eine allgemeine Prüfungsordnung eingeführt. Die entscheidende Trennung von Lehrerberuf und geistlichem Amt, die dem Gymnasiallehrer im Prinzip erst die Freiheit zu undogmatischer Tätigkeit an einer weltlichen Schule eröffnete, vollzog sich jedoch viel langsamer als in Nord- und Mitteldeutschland. Gerade als die Verselbständigung der Lehrer stärker in Gang gekommen war, unternahm es die in Bayern besonders heftig einsetzende, katholisch geprägte Restauration, diese «Verdrängung» der Geistlichen durch die neuen Schul- und Prüfungsordnungen zwischen 1829 und 1834 energisch aufzuhalten. Das Ministerium Abel ging in seinem bornierten Konfessionalismus unter anderem sogar so weit, für protestantische und katholische Schüler einen getrennten, inhaltlich verschiedenartigen Geschichtsunterricht vorzuschreiben. Geistliche wurden wieder bevorzugt eingestellt; auf die 1829 eingeführten zwei Probejahre wurde bei ihnen nicht geachtet; selbst die Prüfungen wurden ihnen erleichtert. Empört trat daraufhin Thiersch aus der Zentralen Prüfungskommission aus. Erst nach der Jahrhundertmitte hat die bayerische Schulpolitik aus dieser Sackgasse herausgefunden.

In Württemberg wurden die alten Gelehrtenschulen bis zur Jahrhundertmitte nicht reformiert. Hier hielt sich auch die Personalunion von Pfarrer und Lehrer am längsten, so daß die Kirchen ihren direkten Einfluß auf die Lateinschulen mit Staatshilfe weiter ausüben konnten. Noch 1853 wurde ein Theologiestudium für künftige Lehrer zur Regel erklärt, nur zögernd seither das Gymnasium eingeführt. Kein Wunder, daß die preußischen, sächsischen, hannoverschen Philologen vom hohen Podest ihrer neuhumanistischen Bildungsstätten auf die süd- und südwestdeutsche Rückständigkeit abschätzig hinabblickten.

Im Ansehen weit unterhalb der Gymnasien stehend, gab es, wie erwähnt, eine bunte Vielfalt Höherer, dazu auch noch «Mittlerer» öffentlicher oder privater Schulen. Daß sie nicht nur gegenüber dem Anpassungsdruck des Gymnasiums ihre Stellung behielten, sondern daß bestimmte Typen sich weiter ausdehnten, entsprang primär den differenzierten Bedürfnissen einer zunehmend arbeitsteiligen Gesellschaft sowie der veränderten Zusammensetzung der städtischen Bevölkerung. Gewiß, nicht wenige Söhne von Kaufleuten und Handwerkern besuchten ein Gymnasium oder Progymnasium bis zum Tertiaabschluß, um in den begehrten Genuß der Einjährigen-Zeit beim Militär zu kommen; alles weitere lernten sie in den praktischen Ausbildungsjahren. Wer jedoch solide Kenntnisse in den modernen Fremdsprachen, in Mathematik und den Naturwissenschaften erwerben wollte, ging einige Jahre auf eine Stadt- oder Bürgerschule, immer häufiger dann auf eine Realschule, mit der ein prinzipieller, eben diese Schwerpunkte pflegender Konkurrent des Gymnasiums heranwuchs. Zwischen 1822 und 1846 verdoppelte sich z. B. die Anzahl der preußischen Realschüler von 6354 auf 12811 Jungen, während an den öffentlichen Mittelschulen die Schülerzahl von 47598 auf 43315 absank. Hinter dem anhaltenden Aufstieg der Realschulen standen nicht nur die Interessen der städtischen Kaufleute und Gewerbetreibenden, sondern auch die berufspolitischen Ambitionen der Lehrer, die unverdrossen sowohl um ihre Gleichberechtigung mit den Oberlehrern als auch um die Gleichstellung der Realschulen mit dem altsprachlichen Gymnasium kämpften. Diese Motive standen als wichtige Antriebskraft hinter der Ausdehnung des Realschulwesens und dem erbitterten Streit um Prüfungsrechte; erst im späten 19. Jahrhundert sollte sich jedoch der Erfolg einstellen.

Auf der Schattenseite dieser insgesamt lebhaften und vielseitigen Entwicklung der höheren Schulen fanden sich auch hier die Mädchen. An den Elementarschulen stellten sie rund die Hälfte der Realbesuchszahl (1822 = 683838, 1846 = 1197885), danach blieben ihnen Gymnasium, Progymnasium und andere höhere Jungenschulen verschlossen. Süverns Gesetzentwurf von 1819 hatte – ein weiterer Beweis der Aufgeschlossenheit der aufgeklärten Reformbeamten – die gesamte zweite Stufe, die der bürgerlichen Stadtschulen, den Mädchen zugänglich machen wollen. Es blieb jedoch bei dieser papierenen Intention. Immerhin wurden, als streng separierter Bereich, öffentliche höhere Mädchenschulen, infolge der wachsenden Nachfrage auch private Schulen, aufgebaut. Um 1830 soll es in Preußen rund 340 kleine Schulen dieser Art gegeben haben, an denen neben 538 Lehrern immerhin schon 289 Lehrerinnen unterrichteten. Außer diesen Höheren Mädchenschulen, deren Schülerinnenzahl offenbar schwer zu ermitteln ist, gab es noch die privaten «Töchterschulen» oder «Mädchenpensionate», an denen außer dem reduzierten Unterrichtsstoff etwa einer neusprachlichen Realschule soziale Fertigkeiten wie Klavierspielen, Sticken, Haushaltsführung usw. vermittelt wurden. Fähigkeiten auf diesem Gebiet entsprachen der im Bildungsbürgertum, allmählich dann auch im gehobenen Wirtschaftsbürgertum vorherrschenden Definition der Frauenrolle. Aus diesen beiden bürgerlichen Formationen stammten offenbar die «höheren Töchter» an diesen keineswegs billigen Anstalten, deren Exklusivität ein ungleich höheres Prestige als der Besuch einer öffentlichen Höheren Mädchenschule verlieh. Ein jahrzehntelanger Kampf stand um die Jahrhundertmitte noch bevor, bis Mädchen an einer dem Gymnasium gleichwertigen Schule wie dem Lyzeum unterrichtet werden konnten.[9]

3. Die Anfänge der «Technischen Hochschulen»: Die Polytechnischen Institute

In der Historiographie des deutschen Bildungswesens ist man, von rühmlichen Ausnahmen abgesehen, gewöhnlich von den neuhumanistischen Gymnasien zur abschließenden akademischen Ausbildung an den Universitäten umstandslos übergegangen. Dabei wird nicht nur die «reformierte», die «Humboldtsche» Universität in aller Regel idealisiert und historisch gründlich mißverstanden, sondern auch ihre Durchsetzungsfähigkeit in den ersten Jahrzehnten nach 1810 erstaunlich überschätzt; das ist gleich zu erörtern. Vor allem aber wird übersehen, daß auf lange Sicht mindestens ebenso interessant wie die quälend langsame Reform der Universitäten die Entstehungsphase jener höheren Fachschulen ist, die überall als Vorläufer der «Technischen Hochschulen», in die sie während der zweiten Hälfte des 19. Jahrhunderts umgewandelt wurden, zu betrachten sind. Unter verschiedenen Namen – Polytechnisches Institut, Technische Bildungsanstalt, Höhere Gewerbeschule usw. – entstanden im Verlauf einer wahren Gründungswelle in den Hauptstädten fast aller größeren deutschen Staaten die wichtigsten Institutionen dieses Typs. Sie besaßen ihre Vorläufer in den höheren Spezialschulen, wie sie vor allem unter dem aufgeklärten Absolutismus im ausgehenden 18. Jahrhundert eingerichtet oder auf ein anspruchsvolleres Niveau angehoben worden waren: in den Berg- und Bauakademien, in den Veterinärkollegs, den Ingenieurschulen. Manchmal führten auch ihre Wurzeln auf Naturwissenschaftliche Gesellschaften oder die technologischen Fächer in den Staatswirtschaftlichen Fakultäten zurück.

Als das unmittelbare Vorbild der neugegründeten Fachschulen gilt, einer zählebigen Legende zufolge, die Pariser «École Polytechnique» von 1794, eine jener berühmten Spezialhochschulen, die in Frankreich damals aufgebaut wurden und seither in der Hierarchie der akademischen Ausbildung dieses Landes über den Universitäten rangieren. Auf der Grundlage einer ebenso umfassenden wie strengen Schulung in der Mathematik und den Naturwissenschaften wurden an dieser «École» künftige staatliche Baubeamte, Ingenieure, Pionieroffiziere, Architekten u. a. funktionstüchtig gemacht – Alexander v. Humboldt und Justus Liebig zeigten sich von der neuen Technischen Universität fasziniert.

Tatsächlich stellte jedoch, als seit der Mitte der 20er Jahre die erwähnte deutsche Gründungsperiode begann, das «Polytechnische Institut» in Wien das allseits bewunderte Modell dar. Seit 1804 geplant, im November 1815 eröffnet, bildete das neue Institut, während die Donaumonarchie sich gegen jede Art von defensiver Modernisierung im allgemeinen längst sträubte, einen späten Ausläufer der josephinischen Reformpolitik. Nichts verrät den Willen, eine hochkarätige technische Fachschule zu schaffen, deutlicher als die korporationsrechtliche Gleichstellung der Lehrkräfte mit den Professoren der Philosophischen Fakultät, der Schüler mit den Studenten der Wiener Universität. Dazu gab es in ganz Europa kein Pendant. Da mit dem Direktor, Joseph Prechtl, sowohl ein sachkundiger Fachmann als auch ein tatkräftiger Organisator gewonnen worden war, erlebte das Institut einen steilen Aufstieg. 1843 hatte die Mehrheit der 1200 Studenten ein Gymnasium oder eine ähnliche Schule absolviert, um die Jahrhundertmitte gab es in dem großen Neubau fast 1400 Immatrikulierte. Auch die Wiener Gründung, faktisch die erste und jahrzehntelang die beste deutsche Technische Hochschule, stellte keine direkte Imitation der Pariser «École», sondern eher eine Reaktion auf den Erfolg der 1806 gegründeten Prager «Polytechnischen Anstalt» dar, die von der aufgeschlossenen Ständeversammlung des gewerbereichen Böhmen zur Unterstützung der frühindustriellen Entwicklung ins Leben gerufen worden war. Das Prager Institut blieb eine angesehene Einrichtung – 1850 besaß sie 1500 Studenten –, erreichte aber bis dahin nicht den Rang der Wiener Hochschule, die deshalb, was ihre Bedeutung angeht, die Priorität im deutschsprachigen Mitteleuropa behält.

Alle technischen Fachschulen, die seit 1825 entstanden, haben sich mehr oder weniger eindeutig und schnell an der Wiener Pionierleistung orientiert. Zum ersten hieß das, daß das entscheidende Motiv der Hochschulgründung: durch intellektuelle Anstrengung, Wissenschaft und praxisnahe Ausbildung die relative ökonomische Rückständigkeit des Landes zu vermindern, überall als die wesentliche Antriebskraft anerkannt wurde. Das bedeutete auch die institutionelle Selbständigkeit anstelle der Angliederung an eine Universität, wenn es diese bereits gab. Als selbst der realienfeindliche Thiersch 1836 für die Aufnahme der Polytechniker in die Münchener Universität plädierte, fand er keinen Widerhall. Das bedeutete aber vor allem die schrittweise, nirgendwo sofort vollzogene Annäherung an das Ideal der Wissenschaftlichkeit der neuen Techniklehre, der Differenzierung und dennoch der Einheit der Fächer, der Lehr- und Lernfreiheit, der autonom fixierten Anforderungen an die Vorbildung, der Verfügung über eigene Werkstätten, Forschungsinstitute und Labors.

Unter solchen Aspekten gewann die erste Neugründung im außerösterreichischen Deutschland, die badische «Polytechnische Schule» in Karlsruhe, ihren für längere Zeit «einzigartigen Charakter». Sie entstand 1825 aus der seit 1808 erwogenen Fusion der Bauschule Weinbrenners mit der Ingenieurschule Tullas, dessen Ruhm auf der Regulierung des gesamten Oberrheins beruhen sollte. Nach Anfangsschwierigkeiten wurde die Schule von einem so herausragenden Vertreter des süddeutschen Reformbeamtentums wie Carl Friedrich Nebenius reorganisiert, wobei die staatliche Forstschule noch mitangegliedert wurde. Seither gab es am Polytechnikum eine Vorschule mit zwei jeweils einjährigen Klassen, in welche die Schüler mit 13 Jahren eintraten; danach folgten der Besuch von zwei allgemeinen mathematischen Klassen und schließlich, mit 17 Jahren, der Eintritt in eine der fünf fakultätsähnlichen Fachschulen: die Ingenieur-, Bau-, Forst-, Gewerbe- und Handelsschule. Unter ihrem ersten Direktor, Georg Friedrich Wucherer, wurde die Kärrnerarbeit der Aufbaujahre geleistet, in denen die Ingenieur- und Bauschulen bereits einen guten Ruf gewannen. 1841 übernahm mit Ferdinand Redtenbacher ein nachmals berühmter Absolvent des Wiener Instituts die Leitung, der wissenschaftliche und technisch-praktische Ausbildung zu vereinigen verstand. «Wir sind... gezwungen», umschrieb er in aller Offenherzigkeit noch einmal eine Grundintention seiner Institution, «durch intelligente Kraft und wissenschaftliche Einsicht das mangelnde Geld und die eingeschränkte Erfahrung zu ersetzen.»

Im vermeintlich zentralistischen Preußen blieb die dezentralisierte höhere technische Ausbildung ungleich länger erhalten. Humboldt und seine Mitarbeiter hatten argumentiert, daß technische Fächer in die neuen Universitäten nicht einbezogen werden sollten. Statt dessen befürworteten sie so viele «Spezialschulen», daß schließlich «kein bedeutendes Gewerbe des bürgerlichen Lebens eine entbehre». Zu den bereits bestehenden Akademien trat erst 1821 die «Gewerbeschule» hinzu, die von zwei technisch interessierten höheren Beamten, Peter Christian Beuth und Gottlob Johann Kunth, initiiert wurde; sie stand ganz im Dienst der staatlichen Gewerbeförderung mit dem Zweck, den westeuropäischen Vorsprung aufzuholen. Bescheiden wurde mit nicht mehr als dreizehn, in zwei Klassen eingeteilten 12- bis 16jährigen Schülern begonnen, seit 1824 gab es für alle Staatsstipendien. 1827 wurde die Schule unter Beuths Direktorium in ein anspruchsvolleres «Gewerbe-Institut» mit dreijähriger Ausbildung umgewandelt. Die Absolventen sollten sich nach Möglichkeit als Leiter gewerblicher Unternehmen bewähren, wie das z. B. Egells und Borsig gelang. Die gleichzeitig eingerichteten rund zwanzig Provinzial-Gewerbeschulen übernahmen die zweijährige praktische Ausbildung von kleinen Gewerbetreibenden, außerdem dienten sie zur Auslese der besten Schüler für das Berliner Institut, das 1845, als Beuth nach 25jährigem Wirken zurücktrat, 101 angehende «Techniker» besaß.

Dieses Institut bildete den wesentlichen Vorläufer der späteren Berliner Technischen Hochschule, deshalb gehört es in diesen Zusammenhang. Die zweite institutionelle Grundlage bestand seit 1799 in der Bauakademie, die Land- und Wasserbaumeister, Geometer und Bauhandwerker ausbildete. 1823 wurde die Sekundareife zur Aufnahmebedingung erklärt, die Weichen wurden auf ein akademisches Studium hin gestellt. Als Beuth von 1830 bis 1845 die Bauschule ebenfalls leitete, wurden unverzüglich fachspezifische Prüfungen eingeführt, deren Bestehen Anstellungssicherheit vermittelte. Andrerseits pendelte wegen der Ansprüche und des staatlichen Stellenstops die Schülerzahl nur zwischen 20 und 160. Beide Fachschulen zusammengenommen erreichten vor 1848 noch nicht die Leistungsfähigkeit von Wien oder Karlsruhe; erst 1879 entstand aus ihnen die Technische Hochschule.

Auch in München wurde 1827 ein kurzlebiger Anlauf mit einem höheren «Polytechnischen Zentralinstitut» unternommen, der jedoch bereits 1833 aufgegeben werden mußte. Es dauerte bis 1868, ehe mit der TH ein neuer Anfang gemacht wurde. Immerhin zeigt das Experiment von 1827, daß selbst die konservative Münchener Politik dem gewerbewirtschaftlich rückständigen Land weiterhelfen wollte.

Als lebenskräftig erwies sich dagegen die 1826 in Dresden gegründete «Technische Bildungsanstalt». In dem Staat mit den industriell am weitesten fortgeschrittenen Regionen des Deutschen Bundes wurde der Druck der technologisch weit überlegenen englischen Konkurrenz besonders schmerzhaft empfunden, der Nachholbedarf an Wissen und Erfahrung öffentlich diskutiert. Der sächsische Adelsliberalismus forderte bereits 1824 eine technische Fachschule, um den Rückstand wettzumachen. Dem Berliner und Wiener Vorbild nachgebildet, setzte die Dresdener Anstalt mit einer zweijährigen Vorbereitungsstufe ein, die eine Sonntagsschule zur Verbesserung der Lese-, Schreib- und Rechenfertigkeiten der jungen Handwerker einschloß. Das Hauptgewicht lag dann, der sächsischen Führungsrolle auf diesem Gebiet entsprechend, auf einem vierjährigen Studium des Maschinenbaus, wobei zuerst ganz konkret der Nachbau englischer Maschinen im Vordergrund stand; erst unter J. A. Schubert wurde die originäre Eigenkonstruktion verbessert. Nach einiger Zeit spürte die Dresdener Anstalt den frischen Wind im Gefolge der Reformen seit den frühen 30er Jahren: Großzügige Stipendien und Reisebeihilfen wurden gewährt; neben die Vorbereitungsklasse, die gleichzeitig die Aufgaben einer Gewerbeschule übernehmen mußte, und neben die Mechanisch-mathematische Abteilung trat aufgrund des Organisationsplanes von 1838 noch eine Chemische

Abteilung. In den 40er Jahren wurde das florierende Institut dank vielfältiger Verbindungen mit der sächsischen Industrie seiner Aufgabe weithin gerecht.

«Zur Beförderung der vaterländischen Industrie» wurde, den anderen Neugründungen seit 1825 nacheifernd, 1829 auch in Stuttgart eine «Vereinigte Real- und Gewerbeschule» eingerichtet. Aufgrund der unklaren Zielvorstellungen kam sie nicht recht voran, so daß 1832 die korrekte Konsequenz gezogen wurde, die Gewerbeschule abzutrennen. Dadurch wurde der Weg zur «Polytechnischen Schule», wie sie seit 1839 hieß, und damit zur «Entwicklung einer höheren Lehranstalt» freigemacht. Bis 1843 hatten sich bereits 395 Schüler eingeschrieben, und seit einer Reform Anfang 1847 konnte diese württembergische Fachschule mit vergrößertem Lehrerkollegium eine abgerundete fünfjährige Ausbildung anbieten.

Schneller voran kam seit 1831 das Institut in Hannover, da es gelungen war, mit Karl Karmarsch einen hochqualifizierten Absolventen der Wiener Hochschule zu gewinnen, der innerhalb von 45 Amtsjahren das Fundament für die spätere Technische Hochschule legte. Vor der Revolution wurden an der «Polytechnischen Schule» rund 230 Schüler, die in etwa schon Wiener Leistungsansprüchen gerecht werden mußten, unterrichtet. Das Lehrangebot war frühzeitig den Anforderungen der Staatsprüfungen für technische Beamte im Königreich Hannover angepaßt worden, so daß die Schule fast ein Monopol für die Ausbildung solcher Staatsdiener gewann. Zugleich trug sie damit zur Akademisierung des Ingenieurberufs bei, dessen Definition in erheblichem Maß auf die Impulse zurückzuführen ist, die von der Staatsbürokratie ausgingen.

Mit einer schleppenden Entwicklung hatten dagegen die beiden letzten Institute dieser Gründungsphase zu kämpfen. In Braunschweig wurde dem 1835 neu errichteten «Collegium Carolinum» eine technische Abteilung mit dem vertrauten Auftrag angegliedert, zur «Hebung der Industrie» beizutragen. Diese Abteilung bewegte sich jedoch im Vormärz im Umkreis einer kleinen Gewerbeschule. Das trifft nicht ganz auf die «Höhere Gewerbeschule» von 1836 in Darmstadt zu, die zuerst primär Gewerbetreibende praktisch ausbildete, dann jedoch auch mit Hilfe einer mathematisch-naturwissenschaftlich ausgerichteten Vorschule Schüler auf einen Fachschulunterricht mit Lernfreiheit hinlenkte, obwohl sie erst 1869 zu einer höheren polytechnischen Schule aufgewertet wurde.

Zwanzig Jahre nach der Gründung des Wiener Instituts waren in den meisten größeren Bundesstaaten die technischen Fachschulen fest etabliert. Der bewußt aufgenommene Kampf gegen die technologisch-ökonomische Rückständigkeit bildete das gemeinsame Ziel dieser Polytechnika. Sie hatten dabei schon längst verblüffende Fortschritte gemacht, ehe rund fünfzig Jahre nach der Gründungsphase die aus diesen Anstalten hervorgehenden Technischen Hochschulen in ungleich größerem Stil den Konkurrenzkampf der deutschen Industrie auf dem Weltmarkt mit solchem Erfolg unterstützten, daß sie zeitweilig zu einem Mekka der technik-wissenschaftlichen Ausbildung aufstiegen.[10]

4. Die reformierten Universitäten

Der tiefverwurzelte Mythos von der institutionellen Neuschöpfung der «Humboldtschen Universität» ist bereits (in Bd. I) mehrfach in Frage gestellt worden. Die folgenreiche Entscheidung zugunsten des Vertrauens auf die Leistungsfähigkeit einer reformierten deutschen Universität war schon im 18. Jahrhundert in Göttingen gefallen. Dort waren das Verhältnis von Staatsverwaltung und teilautonomer Universitätskorporation neu geordnet, Lehr- und Lernfreiheit gewährt, ein neuer wissenschaftlicher Arbeitsstil in Seminaren eingeführt worden. Daß die Professoren kontinuierlich zu wissenschaftlicher Forschung und zur Veröffentlichung der Resultate verpflichtet seien, um sie auf dem internationalen Forum der Gelehrtenrepublik kritisch würdigen zu lassen, wurde zunehmend als ein Element des Berufsethos akzeptiert. Der Neuhumanismus hatte festen Fuß gefaßt, seine Faszinationskraft lockte junge Wissenschaftler und Studenten nach Göttingen und setzte sie der Prägewirkung dieser mächtigen Denkströmung aus. Herausragende Reformer des preußischen Bildungswesens, wie etwa auch Wilhelm v. Humboldt selber, hatten dort studiert und bleibende Eindrücke von der neuen Intensität des geistigen akademischen Lebens empfangen. Das Vorbild einer erneuerten, innovationsfähigen Universität war mithin gerade der Generation der preußischen Reformpolitiker und -beamten durchaus präsent. Angesichts der vieldiskutierten zeitgenössischen Alternative zwischen spezialisierten Fachhochschulen – wie sie seit den 1790er Jahren mit den neuen französischen Grandes Écoles entstanden – oder neugeordneten Universitäten, bedeutete daher die – durch eigene Studienjahre präjudizierte – Option zugunsten solcher Universitäten keineswegs eine derart extraordinäre Entscheidung, wie man oft behauptet hat.

Diese Entscheidung wurde außerdem auch durch das allgemeine Bildungsideal des Neuhumanismus begünstigt, dem Universitäten ein ungleich vorteilhafteres intellektuelles Ambiente als Spezialhochschulen versprachen. Auch diese Erfahrung hatten die Reformer selber gemacht, bevor sie sich den praktischen Aufgaben der Bildungspolitik gegenübersahen. Schließlich muß noch einmal die überdimensionierte Rolle, die Wilhelm v. Humboldt als einem wahren Halbgott der Bildungsreform nicht selten zugeschrieben worden ist, auf die sehr viel bescheidenere, wenn auch selbstredend wichtige Funktion eines Initiators im rechten Augenblick reduziert werden. Nicht einmal ein Jahr lang hatte Humboldt Zeit und Amt, um Bildungspolitik verantwortlich zu betreiben. Nach einer derart extrem kurzen Phase operativer Planung übernahmen es hohe Verwaltungsbeamte wie vor allem Johannes Schulze – drei Jahrzehnte lang – und Johann Wilhelm Süvern – genau zwanzig Jahre lang –, aber auch der häufig unterschätzte Kultusminister v. Altenstein in seiner 23jährigen Amtszeit, die ohnehin von ihnen mit entwickelten Reformvorstellungen soweit wie möglich zu verwirklichen. Nicht von fern ist Humboldts Einfluß auf das, was besonders auf diesem Gebiet zählt: die Kontinuität der Politik als Verwaltungshandeln, mit der Wirkung zu vergleichen, die etwa Münchhausen auf Göttingen ausgeübt hat!

Und dennoch: Humboldt bleibt das Verdienst, daß dank seiner Initiative, seiner Argumentationsstärke, seines diplomatischen Geschicks die (in Bd. I) bereits geschilderte Berliner Neugründung im Zeichen äußerst anspruchsvoller programmatischer Ziele zustande kam. Der Ruhm, der sich daran geheftet hat, ist maßlos übertrieben worden, mehr als «bloße Episode» bleibt diese Tat aber trotzdem. Eine zehnjährige Debatte war damit an ihr Ende gekommen, während der auch der Geheime Kabinettsrat Beyme, der 1802 einen ersten klaren Plan für eine neue «Höhere Lehranstalt» in der Hauptstadt vorlegte, den Modellcharakter der Göttinger Universität geradezu als Selbstverständlichkeit akzeptiert hatte. Wo imitierte die Berliner Universität von 1810 dieses Vorbild? Wo ging sie über es hinaus?

Wie in Göttingen stand die verbesserte Ausbildung von Staatsdienern im Vordergrund, aber die Berliner Gründungskonzeption entwickelte dafür außerdem noch ein neuartiges – gleich zu erörterndes – Leitbild, das sich im Anspruch radikal von den Aufgaben unterschied, die achtzig Jahre zuvor Göttingen zugewiesen worden waren. Zuerst also der Vorrang des staatsutilitaristischen Zwecks einer zeitgemäßen Beamtenschulung – die Reformer selber ließen keinen Zweifel daran aufkommen. «Die Universität steht immer in enger Beziehung auf ... die Bedürfnisse des Staates», konstatierte Humboldt unzweideutig, «da sie sich immer praktischen Geschäften für ihn unterzieht.» Deshalb versprach er z. B. auch die besondere Förderung einer modernen Kameralistik, und mit J. G. Hoffmanns Berufung wurde klar, daß nur die Smithsche Ökonomie als wahrhaft modern galt. Als im Eröffnungsmonat, dem November 1810, Schuckmann der Nachfolger Humboldts als Chef der Kultussektion wurde, schärfte er der Universität unverzüglich «Nutzen für das praktische Leben» als Ziel ein, fest gegründet auf «Vertrauen und Folgsamkeit gegen die Regierung». Und in den Statuten, welche die Universität im April 1817 endlich erhielt, rangierte die Ausbildung für den Staats- und Kirchendienst an erster Stelle. Zugleich wurde das Ernennungs- und Aufsichtsrecht des Staats nachdrücklich bekräftigt.

Das bedeutete nun keineswegs eine schlimme Verwässerung der ursprünglichen Pläne, sondern lag ganz auf der Linie der meisten Reformgesetze: Durchweg dehnten sie den Staatseinfluß auf Kosten der traditionalen Kräfte und alten Verhältnisse aus, wobei stillschweigend unterstellt wurde, daß eine modernisierungswillige Bürokratie fortab das Ruder führen werde. Die neugegründeten und die bereits bestehenden Universitäten wurden deshalb gerade in der Folge der Reform durch und durch staatliche Institutionen. Gewiß, staatliche Einrichtungen waren die deutschen Landesuniversitäten seit der Reformationsepoche gewesen. Jetzt aber wurden sie es ganz und gar, von der korporativen Autonomie blieben nur mehr Spuren übrig. Die neue Universität bildete, pointiert gesagt, genau das Gegenteil von Schleiermachers Utopie eines «freien wissenschaftlichen Vereins», der die Lehre und das Zusammenleben, die Prüfungen und die Berufungen selbständig regelte. Erst recht hatte sie mit Schellings und Fichtes bizarren Ideen, die Universität als einen Ort der idealen Einheit der Wissenschaften, nur um ihrer selbst willen und ohne jede pragmatische Absicht, zu unterhalten, nichts gemein. Sie wurde ein Erfolg nicht dank der Verwirklichung, sondern wegen der Ablehnung einer solchen Fata Morgana.

Nicht nur an den vom Staat gestellten Aufgaben ließ sich der Charakter der höheren staatlichen Bildungsanstalt ablesen, sondern auch und erst recht an zwei empfindlichen Punkten einer jeden Universität. Die Finanzierung wurde sofort oder binnen kurzem ganz aus Mitteln des Staatshaushalts übernommen; das Einkommen aus Studiengebühren, Stiftungen und Liegenschaften machte nur mehr einen schnell schrumpfenden Anteil aus. Der Gesamtetat der Universität Berlin kletterte im ersten Jahrzehnt langsam auf 1820 = rund 80000 T. und bis zur Jahrhundertmitte um fast 65 % auf 1850 = 171300 T. An der 1811 gegründeten Universität Breslau stieg er von 1812/1813 = rund 61000 T. in derselben Zeit um fast 50% auf 1851 = rund 90000 T. an. An der Universität Halle, die 1814 neu beginnen mußte, wuchs er von 1814 = 37000 T. bereits in 25 Jahren auf das Doppelte: auf 74000 T. im Jahre 1840 an. Im Vergleich mit den Militärkosten handelte es sich um winzige Summen (s. o. *Übersicht 39*: 1821 = 22,8 von 52,6; 1847 = 25,8 von 64,1 Mill. T. Gesamtausgaben), die der «Kulturstaat» für seine sechs Universitäten in der ersten Jahrhunderthälfte aufbrachte. Hier geht es jedoch weder um eine Kritik der Verteilungspräferenzen noch um eine Spezifizierung des Universitätsetats, sondern nur um die Grundtatsache, daß die öffentlichen Mittel den Haushalt jeder Universität absolut vorrangig bestimmten. Auf dem Weg über das Finanzvolumen konnte der staatliche Einfluß jederzeit spürbar, fördernd oder hemmend, geltend gemacht werden.

Das wissenschaftliche Niveau einer Universität hängt maßgeblich von der Berufungspolitik ihrer Fakultäten ab. Gegen das unabhängige Kooptationsrecht der alten Gelehrtenkorporationen – mit all ihrem Nepotismus und anderen Entartungserscheinungen – hatte bereits die hannoversche Regierung für Göttingen das staatliche Entscheidungsrecht durchgesetzt. Vorschläge durften eingereicht werden, das Ministerium behielt jedoch das letzte Wort. An dieser letztinstanzlichen Entscheidungsmacht des Staates, und das hieß in der Regel: seiner Kultusbürokratie, ließen die Reformbeamten erst recht nicht rütteln, am allerwenigsten Humboldt: Ein ministerielles

Berufungsmonopol erschien ihnen vielmehr als optimal. Spezielle Berufungskommissionen der Kultusabteilung beriefen infolgedessen jahrelang die Berliner Professoren. Schleiermacher und Schulze entschieden viel in informellen Absprachen, immer wieder regelte Schulze auch alles im Alleingang. Gegen den Willen der Fakultäten wurden auf diese Weise Hegel, Savigny und Ranke, die Mediziner Johannes Müller, Purkinje und Schönlein berufen. Ebensooft führte dieses Verfahren allerdings, wie sich nach dem fait accompli herausstellen sollte, zu eklatanten Mißgriffen, die z. B. mit dem ersten Berliner Historiker, F. C. Rühs, mit A. W. Schlegel und dem Sohn des Ministeriumskollegen Nicolovius in Bonn, mit anfangs überschätzten Mediokritäten in Königsberg und Halle getan wurden.

In Bonn, dem neuen Außenposten zur «geistigen Gewinnung» der Westprovinzen, besaß der Kurator als mächtiger Staatsvertreter ein freies Vorschlagsrecht; Senat und Fakultäten konnten nur durch seine geneigte Vermittlung ihre Wünsche in Berlin geltend machen. Überall vermochte aber das Kultusministerium in die Fakultäten direkt hineinzuregieren. Erst allmählich bildete sich als regelmäßig geübtes Verfahren heraus, daß für die Besetzung einer Stelle eine Dreierliste der Fakultät dem Ministerium vorgelegt wurde, das sich an die Reihenfolge der Kandidaten hielt oder aber nach eigenem Gutdünken eine Auswahl traf, die immer noch auf einen nicht aufgeführten, unerwünschten Gelehrten fallen konnte. Unter Altenstein wurden z. B. 50 Juraprofessuren besetzt: 34 entsprachen dem Listenvorschlag, 11 suchte das Ministerium selber aus, 5 wurden gegen den Protest der Fakultät oktroyiert. Kurzum: In Berufungsfragen wurden die reformierten Universitäten ungleich straffer denn zuvor an der kurzen Leine gehalten.

Entsprachen staatliche Finanzierung und staatliche Berufungspolitik einem nüchternen Nützlichkeitskalkül zur Förderung von Beamtenhochschulen, bedeutete die Verpflichtung der Universität auf das neuhumanistische Bildungsideal eine Innovation, die gewaltige geistige Energien freisetzen sollte. Wie unvollkommen auch immer dieses Ideal verwirklicht wurde, es führte dazu, daß die damals sich erst breit entfaltenden modernen Wissenschaften, das wissenschaftliche Studium, die wissenschaftlichen Publikationen, vor allem aber auch der Status des Wissenschaftlers selber und der Beruf des Universitätsgelehrten beispiellos aufgewertet wurden. Ohne Übertreibung wird man sagen können, daß die Macht der neuhumanistischen Ideen eine quasireligiöse Wissenschaftsgläubigkeit nährte.

Die institutionelle Weisheit dieses Reformauftrags lag darin, innerhalb des vom Staat materiell garantierten und reglementierten Gehäuses der Forschung und Reflexion einen Freiraum einzurichten, in dem sie – um Humboldts berühmte Formulierung aufzugreifen – «Einsicht in die reine Wissenschaft» gewinnen könne; dafür sei «notwendig Freiheit und hilfreich Einsamkeit» im Sinne der bewußten Isolierung vom Getriebe des Alltags – von den «Elendigkeiten des bürgerlichen Lebens», wie sein Bruder Alexander

v. Humboldt sich ausdrückte. Vom Staat wurde außer der finanziellen und institutionellen Absicherung dieses Wunschzustandes ein Vertrauensvorschuß gegeben, daß sich auf diese Weise am ehesten, erstens, der Fortschritt der Wissenschaft als unaufhaltsamer Erkenntnisprozeß stetig in Gang halten ließ und daß, zweitens, infolge der postulierten Einheit von wissenschaftlicher Forschung, akademischer Lehre und forschendem Lernen – in beides sollten die neuen Forschungsergebnisse so früh wie möglich einfließen – der individuelle Bildungsprozeß am nachhaltigsten gefördert wurde. Ihm wurde nicht eine klösterlich-weltferne Gelehrsamkeit als Ziel gesteckt, sondern die umfassend gebildete, souverän handlungsfähige Persönlichkeit, welche ihre Kompetenz in der strengen Schule zweckfreier wissenschaftlicher Arbeit erworben hatte. «Bildung durch Wissenschaft», lautete Humboldts kühne These, verleihe auf längere Sicht auch die beste Befähigung für «die praktischen Geschäfte des Lebens».

Dieser Behauptung lag freilich die Vorstellung von einer Ausbildung in mehreren Stufen zugrunde. Das Gymnasium hatte die Grundlage gelegt, die intellektuellen Fähigkeiten geschult. Durch die «allgemeine Bildung» an der Universität sollten dann «die Kräfte, d. h. der Mensch selbst gestärkt, geläutert und geregelt werden». Erst danach sollte er durch die «spezielle» Ausbildung «nur Fertigkeiten zur Anwendung erhalten». «Wird beides vermischt, so wird die Bildung unrein, und man erhält weder vollständige Menschen noch vollständige Bürger einzelner Klassen.» Bekanntlich ist diese rigorose Trennung zwischen allgemeinem wissenschaftlichem Bildungsstudium und berufsbezogener Spezialistenschulung nirgendwo verwirklicht worden. Aber in der hingebungsvollen, intensiven wissenschaftlichen Arbeit, die z. B. in den Seminaren der großen Philologen, Historiker und Juristen, in den Übungen der bedeutenden Mathematiker, in den Labors der berühmten Naturwissenschaftler jahrelang betrieben wurde, hat diese anspruchsvolle neuhumanistische Bildungsidee ganz fraglos ihre formende Kraft geltend gemacht. Wie aus dem brillanten jungen Philologen ein tüchtiger Gymnasiallehrer wurde, blieb dagegen der Schulpraxis überlassen; wie der mit seinen germanischen Rechtsquellen lebende denkscharfe Jurist ein tüchtiger Verwaltungsmann wurde, blieb das Problem der Referendars- und Assessorenjahre.

Es wäre ein Unding zu leugnen, daß auch die reformierte Universität dem durchschnittlichen Studenten eine spezialisierte Ausbildung für die arbeitsteilige Berufsgesellschaft vermittelt hat. Dennoch ist das nur eine Teilwahrheit: Sie brachte auch in nicht geringer Zahl den gebildeten «Generalisten» hervor, wie er den Reformern einst vorgeschwebt hatte. Man darf ihn nicht zum Normaltypus des Universitätsabsolventen hochstilisieren. Andrerseits war jedoch der allgemein gebildete Akademiker dem reinen Fachexperten keineswegs von vornherein unterlegen. Die Gründe dafür leuchten nach einigen Vorüberlegungen unschwer ein.

Man hat öfters die tiefreichende Prägung des höheren Bildungswesens durch den Neuhumanismus im Jahrhundert der industriellen Revolution und der Technik, der Bürokratisierung und Demokratisierung zu Recht «zu den großen Merkwürdigkeiten» jener Epoche gerechnet. Er kultivierte sprachliche und historische Kenntnisse, vertiefte sich in Kultur, Religion und Politik der Antike, vermittelte Vertrautheit mit den Meisterschöpfungen der klassischen Kunst, insistierte auf Textinterpretation als wahrem Zauberschlüssel zur Vergangenheit, vertraute auf die formale Denkschulung durch Grammatik und flüssige Übersetzung aus alten Sprachen oder in dieselben. Eine eigentümliche Grundorientierung aus der Perspektive des damaligen und heutigen Fachmenschen. Das Ziel all dieser Anstrengungen bildete jedoch nicht enzyklopädisches Wissen über das Altertum, sondern die strenge intellektuelle und charakterliche Schulung am vorbildlichen Beispiel des Altertums, bildete die Einübung eines selbständigen Urteils, der Bereitschaft zur persönlichen Verantwortung, zur zeitlich unbegrenzten Fortbildung der Persönlichkeit, zur ständigen Erweiterung und Differenzierung des individuellen geistigen Kosmos.

In einer Zeit beschleunigten gesellschaftlichen Wandels schuf, wenn dieses Ziel annähernd erreicht wurde, eine solche «allgemeine» Bildung einen Komplex von Verstandes- und Verhaltensdispositionen, die sich für die Lagebeurteilung und das Entscheidungshandeln von Eliten unterschiedlicher Natur als hochgradig funktional erwiesen. Angesichts der sich rasch ändernden Konstellationen waren diese an abstraktes Denken, schnelle Meinungsbildung und personale Verantwortung gewöhnten Funktionseliten im Staatsdienst, in den freien Berufen, in der Privatwirtschaft dem engstirnigen Spezialisten, der sich das überlieferte, mundgerecht standardisierte, aber gerade jetzt rasch veraltende Wissen eingepaukt hatte, überlegen, zumal sie gewöhnlich solide Berufskenntnisse beim Aufstieg in ihre Spitzenstellung miterworben hatten. Da der gebildete «Generalist» in unterschiedlichen Positionen eingesetzt werden konnte, da er sich dank seiner geistigen Selbständigkeit und Fähigkeit zur kritischen Analyse und Beurteilung wechselnden Bewährungsproben gewachsen zeigte, gewann er häufig einen Vorsprung. Der Charakter der Bürokratie für Wirtschaftspolitik z.B., der Ausbau der frühen Leistungsverwaltung, die Anfänge des Sozial- und Interventionsstaats sind durch diesen Beamtentyp geprägt worden.

Daß der Modernisierungsprozeß auch im Deutschland des 19. Jahrhunderts flexible, allgemein gebildete, nicht nur hochspezialisierte Funktionseliten verlangte, hatten die vom Neuhumanismus faszinierten Bildungsreformer so klar nicht vorhergesehen. Aber es gab unter ihnen manchmal doch eine verblüffende prognostische Einsicht, manchmal eher Hoffnungen, die durch die Realität oft bestätigt und erfüllt wurden. Tatsächlich erwiesen sich von den Absolventen ihrer Lieblingsinstitutionen, des altsprachlichen Gymnasiums und der reformierten Universität, die allgemein «Gebildeten» als besonders funktionstüchtig, wenn es um die Bewältigung neuer Situationen, die Durchdringung komplexer Zusammenhänge, den Entwurf einer Handlungsorientierung ging. Auch diese Leistung der Bildungsbürger muß man anerkennen, wenn man den Nimbus der neuhumanistischen Bildung verstehen will, ehe sie in der zweiten Hälfte des 19. Jahrhunderts verwässert, ja weithin auf den Nachweis von Berechtigungsdiplomen reduziert wurde.

Die erfolgreiche Aktivität neuhumanistischer Funktionseliten ist übrigens auch keineswegs ein einzigartig deutsches Phänomen gewesen: Die Griechisch- und Lateinkenner von Oxford und Cambridge bewährten sich im Londoner Zentrum des Welthandels ganz so wie in Westminster oder bei der Verwaltung des britischen Empire; die Absolventen des Harvard oder Princeton College standen als Anwälte und Bundespolitiker genauso ihren Mann wie in den Direktionsetagen der Eisenbahngesellschaften und Exportfirmen. Der gängige Vorwurf, daß lebensfremde Altertumsverehrer an den besten Hochschulen des Landes herangezogen worden seien, wird der erstaunlichen Funktionalität dieser Ausbildung für eine Umbruchsphase der heraufziehenden modernen Welt nicht einmal gewahr, geschweige denn gerecht.

Nachdem all das gesagt ist, darf man trotzdem die Realisierung der Reformansprüche nicht überschätzen oder vorschnell verallgemeinern. Die Spitzenreiter brauchten gut zwei Jahrzehnte, an manchen Universitäten ging es allenfalls im Schneckentempo vorwärts, an anderen gab es kaum Veränderungen, an einigen erst nach der Jahrhundertmitte. Trotz der krassen Unterschiede wirkten sich jedoch – modo paulatim, modo saltatim – einige überindividuelle Bedingungen zugunsten der innovatorischen Impulse aus. Da gab es in Preußen, Bayern, Baden Gesetze und Reformmaßnahmen, die allmählich Folgen zeitigten. Politische und sozioökonomische Bedürfnisse der deutschen Gesellschaften und Staaten im Modernisierungsprozeß stärkten auf längere Sicht die Schlüsselstellung der Universität im höheren Bildungswesen. Der Treibsatz der neuhumanistischen Bildungsideen wirkte sich an ihnen trotz allem Pessimismus, der wegen ihres angeblichen Erschlaffens aufkam, weiter aus. Mit den Tausenden von bildungsbürgerlichen oder jedenfalls wissenschaftsgläubigen und aufstiegswilligen Studenten stand ein unvergleichlich großes soziales Reservoir für eine wissenschaftliche Ausbildung oder den Gelehrtenberuf selber den Hochschulen zur Verfügung. Die institutionelle Differenzierung in Gestalt von Seminaren, Instituten, Labors, Kliniken begünstigte den Aufschwung der wissenschaftlichen Forschung und eines auf wissenschaftliche Kompetenz hin orientierten Studiums in außerordentlichem Maße.

Der Wettbewerb in dem dezentralisierten System der zwanzig Universitäten von Königsberg bis Bonn, von Wien bis Greifswald förderte die belebende Konkurrenz zwischen den Gelehrten, erhöhte die Prämien auf den Gewinn neuen Wissens, sorgte für die Ausbreitung von Innovationen durch den Zwang zur Imitation oder durch die Berufung von Koryphäen. Das waren Vorzüge der vielgeschmähten deutschen Vielstaaterei! Die Erfolge, welche dieses System zustande brachte, stellten zum Teil ein absichtlich geplantes Ergebnis dar, da die ersten Reformer und nach ihnen die bedeutenden Figuren der Verwaltung, mit dem Innenleben der Universität vertraut, vorteilhafte Entwicklungsmöglichkeiten unterstützten oder sogar selber schufen, zum Teil aber handelte es sich bei den Erfolgen um durchaus ungeplante Ergebnisse dieses stimulierenden Konkurrenzsystems, das – ähnlich wie das Staatensystem oder der privatwirtschaftliche Unternehmenswettbewerb – ständig neue Energien freisetzte und einen ungeahnten Fortschritt der Wissenschaften stimulierte. So gewiß es auch zutrifft, daß die Kultusministerien in diesen Wettbewerb miteinbezogen wurden und darin oft einen ehrgeizigen eigenen Part spielten – welche Universität, in München oder in Berlin oder in Heidelberg, konnte sich weltbekannter Gelehrter rühmen? –, darf ihre Aktivität doch nicht als ausschließlich wohltätige «Kulturstaatsverwaltung» verklärt werden.

Unübersehbar gab es gegenläufige Tendenzen, welche die positive Bildungspolitik durchkreuzten. Zwar war es noch verständlich, daß die Behörden, als sich die Studentenzahl von Kriegsende bis etwa 1830 auf mehr als 15 000 fast verdreifachte, aus Sorge vor einem beschäftigungslosen «gebildeten Proletariat» vor dem riskanten Studium warnten und die Examensbedingungen verschärften. Getroffen aber wurden vor allem die unbemittelten, aber aufstiegswilligen jungen Leute aus kleinbürgerlich-bäuerlichen Verhältnissen, obwohl die Reformer auch ihnen das höhere Bildungswesen öffnen wollten. Böse Folgen hatte die Bekämpfung des politischen «Radikalismus» an den Universitäten im Gefolge der Karlsbader Beschlüsse und der Repressionsgesetze der 30er Jahre. Berühmte Gelehrte wurden verfolgt, ihres Amts enthoben, zur Abwanderung gezwungen, Fakultäten für lange Zeit auf ein inferiores Niveau gedrückt. Intellektuell aufgeweckte Studenten, die sich politisch engagierten, wurden relegiert, zu jahrelanger Festungshaft verurteilt, nicht selten für ihr Leben gebrochen. Die politisch vollständig gezähmte Universität gehorsamer Untertanen blieb glücklicherweise nur ein Wunschtraum der Metternichschen Restauration. Allein schon die begrenzte Staatsintervention hatte für die freie Wissenschaft fatale Konsequenzen. Und schließlich wurden die staatlichen Haushaltsmittel für die Universität so knauserig bemessen, daß ein großzügiger Ausbau lange verhindert wurde. Jährlich 150000 T. waren der Berliner Universität 1810 versprochen worden – 25 Jahre später hatte ihr Etat noch nicht einmal 100000 T. erreicht! Um jeden Taler oder Gulden mußten die Kuratoren und Rektoren feilschen; jahrzehntelang stagnierte die Höhe der «Zuschüsse» völlig. Der «Kulturstaat» rechnete bei seinen Universitäten mit minimalen Beträgen: Ganze 0,5 % des preußischen Staatshaushalts von 1834 flossen z. B. in die Universitäten. Von beengten Verhältnissen zu sprechen, ist da noch ein Euphemismus, und man wird um so mehr die Leistungen bewundern, mit denen deutsche Gelehrte die Grundlage für den Weltruhm ihrer Universitäten in der zweiten Jahrhunderthälfte gelegt haben.[11]

In den drei Jahrzehnten zwischen der Berliner Gründung und dem Ende des Ministeriums Altenstein wurden die Universitäten in Berlin, Breslau, Bonn, Halle und Königsberg langsam den Reformvorstellungen angeglichen. Man kann sich das nicht mühsam und schleppend genug vorstellen. Auch wurden die Verbesserungen, hinter denen als der gute Geist des Ministeriums häufig Johannes Schulze stand, alles andere als gleichmäßig in allen Fakultäten erreicht. In Berlin gelang es bei den Philologen, den Philosophen, den Historikern, den Juristen; in Königsberg in der Mathematik; in Halle bei den Theologen. Ganz im Schatten der neuen Entwicklung blieb dagegen vorerst die mit Schwedisch-Neuvorpommern erworbene Universität Greifswald, an der sich 1815 33 und selbst 1830 nur 85 Studenten einschrieben.

Nicht minder schläfrig dämmerte abseits die mecklenburgische Universität Rostock dahin; erst 1829 trat die Stadt ihre «Kompatronatsrechte» an den Herzog ab, doch die Verstaatlichung brachte der Zwerguniversität bis 1840, als sie knapp 100 Studenten zählte, nur einen Jahresetat von 36000T. ein. Nicht ganz solch ein Schattendasein, aber ein Leben in provinzieller Enge, unberührt vom Schwung der Universitätsreformen in anderen Staaten, führten die Universitäten Marburg, Kiel und Gießen bis in die 1840er Jahre. Mit 150T. mußte z.B. das Marburger Chemische Institut jährlich auskommen; in Kiel zählten nur Dahlmann und Droysen; Gießen hatte auf den sensationellen Aufstieg Liebigs zu warten. Selbst eine große Landesuniversität wie Leipzig, die seit 1825 hinter Berlin und München die am drittstärksten besuchte deutsche Hochschule wurde, bewegte sich erst seit den Staatsreformen der 30er Jahre schrittweise auf den Typus einer modernen Universität zu.

Seit 1803 wirkten sich auch in Heidelberg und Erlangen Reformansätze aus, die von Reitzenstein und Montgelas selber unterstützt wurden und eigentlich auf eine Art Neugründung hinausliefen. Da es überall um besser ausgebildete Beamte ging, wurde in Heidelberg die Staatswirtschaft besonders gefördert, seit 1822 durch Karl Heinrich Rau weit ausstrahlend vertreten. In Tübingen wurde kurz nach Kriegsende gleich eine ganze Staatswirtschaftliche Fakultät gegründet, welche der württembergischen Bürokratie endlich das Übergewicht über die «Schreiberkaste» verschaffen sollte. Da aber Friedrich List als Professor für «Staats-Verwaltungs-Praxis» frühzeitig scheiterte, gewann diese Fakultät erst durch Robert v. Mohl und andere in den späten 30er und 40er Jahren ihr bundesweites Ansehen. Im übrigen behielt Tübingen charakteristische Züge einer bemoosten Universität. Die Professorenschaft rekrutierte sich zum großen Teil aus Praktikern, aus Juristen, Pfarrern, Ärzten – und aus Professorensöhnen, so daß der Senat bis ins 19. Jahrhundert hinein eine «Familienoligarchie» verkörperte. Nichtwürttemberger gab es so gut wie gar nicht; die Promotion galt als ausreichende Qualifikation; 1823 tauchte der erste habilitierte Privatdozent auf, aber noch 1844 war die Habilitation als zusätzliche Qualifikation heftig umstritten. Lange Zeit blieb der Lehrkörper «nicht durch Leistungskriterien», sondern durch Nepotismus, Konnexion und eine «exklusive Standesordnung bestimmt». Erst seit der Mitte der 30er Jahre verkörperten Vischer, Fallati, Reyscher eine neue Wissenschaftlergeneration.

Engherzige Selbstrekrutierung stellte indes kein spezifisch Tübinger Problem dar – auch in Jena z. B. waren 1843/44 mindestens 20 von 56 Universitätslehrern die Söhne oder Angehörigen von Professoren. München dagegen litt unter einem anderen Übel. Nach einer kurzen Phase großzügig konzipierter Kulturpolitik, während der auch angesehene norddeutsche protestantische Gelehrte – wie z. B. Heeren, Ranke, Luden, F. v. Raumer – an die Landesuniversität geholt werden sollten, aber nur selten den Ruf annahmen, setzte eine konfessionalistische Verengung ein. Der Publizist Görres wurde als Historiker berufen – in seinem Vorlesungszyklus brauchte er gewöhnlich ein Semester bis zur Sintflut. Rektor Ringseis, Sailer und Döllinger als Hauptexponenten der klerikalen Partei triumphierten, da sie gezielt der «katholischen Richtung» das Übergewicht verschaffen wollten. Als der Minister Abel 1838 anstelle der Lehrfreiheit die anachronistische Zwangslehrordnung zum Zwecke der Abschreckung wieder einführte, da wegen der Attraktion der Universität die Lyzeen – diese «Kleinodien» der Priesterausbildung – verödet seien, stieß die Verschulung gerade die produktiven Köpfe ab, und der Pluralismus des föderalistischen Konkurrenzsystems eröffnete ihnen anderswo sogleich Berufschancen.

Die Frequenz einer Universität hing damals nur für eine Minderheit primär vom wissenschaftlichen Niveau ab, für die Mehrheit eher von der Nähe einer Landesuniversität, deren Besuch Vorteile für den Staatsdienst bot. An zwölf Universitäten waren 80% aller Studenten eingeschrieben; die fünf bestbesuchten zogen 50% an. Diese Spitzengruppe wurde von Berlin, Leipzig, München, Halle und Breslau gebildet. Wie groß war nun die Studentenpopulation, die seit 1815 in so ungleicher Dichte die Universitäten bevölkerte? Um 1800 hatte sie mit rund 5500 Studenten einen absoluten und relativen Tiefpunkt erreicht gehabt, wie es ihn nur während des Dreißigjährigen Kriegs und der Reformationsepoche gegeben hatte. Zwischen 1796 und 1815 wurde die Anzahl der Universitäten um zwanzig aufgelöste und geschlossene Institutionen auf die Hälfte reduziert. Innerhalb weniger Jahre kletterte an den zwanzig überlebenden oder neugegründeten Universitäten die Studentenzahl bis 1819 auf 8277, bis 1825 schon um 50% auf 12480 und erreichte 1830 ein Maximum mit fast 16000 (15836) – innerhalb von 25 Jahren hatte sie sich fast verdreifacht, vor allem innerhalb der letzten zehn Jahre verdoppelt!

Die Gründe für diesen spektakulären Anstieg sind vorn, als es um die Analyse der Expansion des Bildungsbürgertums ging, bereits erörtert worden (Teil 3, III, 4c). Der Nachholbedarf in der Staatsverwaltung, im Bildungswesen und im Kirchendienst, generell die Attraktivität einer Beamtenstelle, aber auch die Nachfrage nach Ärzten und Anwälten, die begrenzte Aufnahmefähigkeit der Wirtschaft, das Prestige der neuhumanistischen Bildung – all diese Faktoren trieben die Studentenzahl auf eine Höhe, die erst 1880 übertroffen werden sollte. Seit Beginn der 30er Jahre setzte jedoch ein drastischer Rückgang der Einschreibungen ein, als sich die relative Sättigung der vertrauten Arbeitsmärkte für Akademiker, scharfe Einschnitte wie der preußische Stellenstop im Zuge der Sparpolitik, die offiziellen Warnungen vor einem Studium, die Angst vor einem arbeitslosen Akademikerproletariat an allen Universitäten gleichartig als Abschreckung auswirkten. Innerhalb von fünf Jahren, bis 1835, sackte die Immatrikulationsziffer auf 11899 und erreichte 1850 nach anhaltendem geringem Rückgang einen Tiefpunkt mit 11169; erst seit den 60er Jahren ging sie in einen neuen Anstieg über. Restauration und Vormärz erlebten mithin eine der heftigsten Schwankungen der Studentenfrequenz in der deutschen Universitätsgeschichte überhaupt!

Wohin man auch blickt, sind die Aufschwung- und die Abschwungphase scharf voneinander abgehoben: Berlin stieg von 1810 = 250 auf 1830/31 = 2175; Bonn von 1819 = 47 auf 1829 =1000; Königsberg von 1819 = 211 auf 1830 = 454 Studenten. Aber nach dem Knick im Aufwärtstrend fielen bis 1848 Berlin auf 1518, Bonn auf 720, Königsberg auf 312; Halle von 1829 = 1330 allein bis 1840 auf 686 (1848 = 681), Leipzig von 1830 = 1360 auf 1848 = 894, München von 1830 = 1915 auf 1848 = 1523, Göttingen von 1830/31 = 1123 sogar auf 1848 = 612 Studenten ab.

Hinsichtlich der Verteilung auf die Fakultäten behielt die Jurisprudenz trotz der heftigen Frequenzveränderung stets ihre Spitzenstellung, gefolgt zuerst von Theologie und Medizin, bis sich seit der Mitte der 30er Jahre die mächtig emporsteigende Philosophische Fakultät auf den zweiten Platz schob – zwanzig Jahre später besaß sie den ersten. Ursprünglich sollte sie den Reformern, etwa im Sinne der Fichteschen «Wissenschaftslehre», die ideelle Einheit der Universität garantieren. Tatsächlich vereinigte sie aber außer den Philosophen, den philologischen und historischen Disziplinen alle Naturwissenschaften und die Mathematik unter ihrem weiten Dach. Zunehmend wurde sie zur Ausbildungsstätte der künftigen Gymnasiallehrer.

Unter dem Druck des Immatrikulationsrückgangs veränderten sich generell die prozentualen Größenverhältnisse zwischen den Fakultäten: Wegen des Juristenmonopols der Verwaltung, der Ausdehnung der Justizbürokratie und des Anwaltswesens stieg der Anteil der Rechtswissenschaft von 1830/31 = 28,3 % auf 1846/51 = 33,6 % sogar noch weiter an. Die Medizin hielt den hohen Stand von 1830/31 = 15,8 % wegen gleichbleibender Nachfrage bis

1846/51 = 15,2%. Die Evangelische Theologie stürzte von 1830/31 = 26,8% auf 1846/51 = 15,9%; in Halle z. B. sank die Zahl der Theologiestudenten in dem Jahrzehnt zwischen 1829 = 944 um nahezu 60% auf 1840 = 402. Der bevorzugte Plattformberuf für Aufsteiger bekam den Rückgang der 30er Jahre am stärksten zu spüren. Dagegen wuchs die Philosophische Fakultät in den zwanzig Jahren seit 1831 = 17,7% auf 1851 = 25,7%, mithin auf ein Viertel aller Studenten, an. Bemerkenswert ist an diesem Vorgang außerdem, wie sich innerhalb der Fakultät die Naturwissenschaften seit den 40er Jahren ausdehnten: Machte ihr Anteil um 1840 erst rund 13% aus, erreichte er bis 1850 bereits 20%.

Das Studium war frei, ungebunden, ohne Curricula. Jeder blieb sich selber, seinen geistigen Interessen, seinem Bildungshunger oder seiner Vergnügungslust überlassen. Wer der Anziehungskraft einer Wissenschaft erlag, konnte sich ihr ganz und gar hingeben. Wer den Paukboden mit seinen spätfeudalen Kampfritualen bevorzugte, konnte jahrelang Zeit vergeuden. Die Ausfallquote ist unbekannt, muß aber erheblich gewesen sein. Zu dem Leben an den Colleges und Écoles bildete diese Studentenzeit genau das Gegenteil. Da Wissenschaft und Berufsausbildung nicht immer den ganzen Menschen in Anspruch nahmen, füllten Landsmannschaften, Verbindungen und Burschenschaften mit ihrer sozialen Aktivität eine Art Hohlraum aus. Im Glücksfall erfuhr man Anregungen, schloß Freundschaften fürs Leben. Die Kehrseite bildeten die Renommiersucht, das arrogante Gehabe der exklusiven Studentenverbände. Beruflich und politisch erwies sich die Zugehörigkeit oft als vorteilhaft, da das System der «Beziehungen», welche die «alten Herren» verschafften, die Leistungsnachweise unterlaufen oder wettmachen konnten.

Der Großteil der Studenten mußte die Studienkosten von jährlich 250 bis 350 T. privat aufbringen. Für die Familien bedeutet das häufig eine schwere Belastung, denn ein bescheidener bürgerlicher Jahreshaushalt – immerhin etwa eines gestandenen «Oberlehrers» – umfaßte nur 700 bis 800 T. Stipendien waren keine Seltenheit, lagen jedoch gewöhnlich zwischen 10 und 50 T., im Optimalfall bei 100 T. Der abrupte Rückgang der Studentenfrequenz seit dem Beginn der 30er Jahre hing daher häufig von dem negativen Ausgang der Überlegungen ab, ob sich angesichts der tristen Aussichten für Akademiker eine so hohe, mühsam aufzubringende Investition noch lohne.

So gut wie unberührt von solchen Zweifeln blieb, das enthüllt die inzwischen in klaren Umrissen erkennbare soziale Zusammensetzung der Studentenschaft, die Entscheidung für das Studium in den Bildungsbürgerfamilien. Ob in Berlin, Tübingen, Göttingen, Halle, Erlangen oder Heidelberg – überall bewegte sich in diesen Jahrzehnten der bildungsbürgerliche Anteil im Durchschnitt zwischen 50 und 66%. Anfangs lag er öfters noch etwas höher, um 1848 aber durchweg immer noch über der Hälfte aller Studenten, obwohl die Familien der beamteten und freiberuflichen Intelligenz nur rund 2 % der Bevölkerung ausmachten. Da das Bildungsbürgertum auch und gerade die neuhumanistische Universität für «seine» Hochschule hielt, ist diese Konstanz der Karrierevorbereitung, häufig der Berufsvererbung im Grunde jedoch weniger verblüffend als der Aufstiegswille, der in dem kleinbürgerlichen Studentensegment zutage trat. In Berlin umfaßte es in den Anfangsjahren bis zu 28 %, seit 1840 rund 20 %; an den gerade genannten fünf nichtpreußischen Universitäten durchschnittlich 22 %, in Halle sogar 36 %. Daß immer mehr als ein Fünftel, manchmal mancherorts sogar ein Drittel, der Studenten aus diesem Sozialmilieu stammten, beweist trotz allen dramatischen Frequenzschwankungen, mit denen natürlich ein absoluter Rückgang dieser Gruppe verbunden war, sowohl eine erstaunlich weitverbreitete Bereitschaft, die Kosten und Entbehrungen sozialer Mobilität weiterhin auf sich zu nehmen, als aber auch die anhaltende Rekrutierungsoffenheit der deutschen Universitäten zu einer Zeit, in der Oxbridge und die Hautes Écoles ein Maximum an elitärer Exklusivität pflegten.

Mit der sozialen Zusammensetzung hing die konfessionelle Zusammensetzung aufs engste in einer Weise zusammen, die angesichts der religions- und sozialgeschichtlichen Traditionen in den klassischen Ländern der Reformation nicht sonderlich überrascht. Bis zur Jahrhundertmitte waren rund 70 % der Studenten evangelisch, obwohl in den außerösterreichischen Gebieten des Bundes der protestantische Bevölkerungsanteil höchstens 60 bis 65 % erreichte. Diese höhere Studierwilligkeit hing nicht nur mit der Dominanz des ganz überwiegend protestantischen Bildungsbürgertums, sondern eben auch mit der typischen Bewunderung der Schrift- und Lesekultur, der Bildungsgläubigkeit, der Mobilitätszielstrebigkeit im protestantischen Kleinbürgertum zusammen. Katholisch waren demgegenüber nur rund 20 % der Studenten, obwohl die Katholiken 35 bis 40 % der Bevölkerung stellten. Bereits verblüffend hoch lag die jüdische Studentenquote von rund 10 %, denn der prozentuale Anteil der Bevölkerung mosaischen Glaubens erreichte nicht mehr als rund 1,3 %. Die jüdischen Studenten konzentrierten sich, da trotz der Emanzipationsgesetze der Staatsdienst ihnen im allgemeinen verschlossen blieb, vor allem in der Juristischen und Medizinischen Fakultät, da beide den Weg in freie akademische Berufe eröffneten.

Muß man wegen der zyklischen Frequenzschwankung, der Turbulenz der Fakultätenentwicklung, der Nöte der «Akademikerschwemme» und der mehrfach ausgeübten brutalen politischen Repression hinter das Klischee von der biedermeierlichen «alten Studentenherrlichkeit» ein großes Fragezeichen setzen, überwiegen in der Geschichte der Professorenschaft trotz unleugbarer Schwierigkeiten die positiven Züge. Zunächst ein Blick auf die Größe des Lehrkörpers: 1796 wurden an 39 Universitäten 619 ordentliche Professoren, 141 außerordentliche Professoren und 86 Privatdozenten gezählt. 1840 lauteten an nur mehr 20 Universitäten diese Zahlen: 633, 253 und 325 (zusammen 578 Nichtordinarien), 1864: 723, 277 und 364 (zusammen

641 Nichtordinarien). Im Durchschnitt betrug das Verhältnis zwischen den beiden Statusgruppen der Ordinarien und der Nichtordinarien zu diesen drei Zeitpunkten 100:37, 100:91 und 100:88.

Auffällig ist daran zuerst einmal die Zurückhaltung bei der Einrichtung von Stellen für ordentliche Professoren. Immerhin handelte es sich um eine Zeitspanne von mehr als zwei Generationen, in der tiefgreifende Wandlungen an allen Universitäten stattfanden. In den 44 Jahren bis 1840 gab es bei den Ordinarien einen Zuwachs von 2%, erst nach der Jahrhundertmitte kam in den Hochkonjunkturjahren ein Zuwachs um 15% hinzu. Es war auch keineswegs so, daß ihr Gehalt exorbitante Summen verschlang. Die Jahreseinkommen schwankten in den Jahrzehnten vor 1848 zwischen 400 und 3000 T. Tübingen z.B. zahlte beharrlich 700 T. als Höchstbetrag, Marburg zunächst 850 T., Bonn 1000 T. Allmählich pendelten sich die Gehälter zwischen 1200 und 1600 T. ein, die nicht nur in Berlin und Halle, sondern auch in Rostock und Jena gezahlt wurden. Gelehrte in Spitzenstellung erreichten freilich 3000 T. Hinzu kamen noch die Vorlesungsgebühren, die je nach Fachbedeutung, geistigem Rang, rhetorischem Talent, Faszination und Modeströmung ein kraß gestaffeltes Nebeneinkommen ergaben – im Berlin der 30er Jahre immerhin durchschnittlich 746, in Königsberg dagegen nur 117 T. Ein preußischer ordentlicher Professor wurde mit der Ernennung automatisch Rat 4. Klasse, das entsprach der Stellung eines Regierungsrats; in den anderen Staaten besaß er eine äquivalente Position auf der Rangliste. Für unterschiedliche Verdienste konnte er überdies den begehrten Titel eines Geheimrats erhalten. Im allgemeinen erreichte die kleine Funktionselite der Professoren nicht nur materielle Sicherheit und einen angesehenen Sozialstatus, sondern häufiger als zuvor auch politischen Einfluß und in Gestalt berühmter Gelehrter internationales Prestige. Der politische, der liberal und national gesinnte Professor bildete im Vormärz eine vertraute und respektierte Sozialfigur. Privatdozenten neigten, ihrer beruflich-ökonomischen Lage entsprechend, nicht selten zur «Demokratie», sie trugen den spezifisch vormärzlichen Radikalismus wesentlich mit.

Die Tendenz, daß die anerkannte wissenschaftliche Leistung immer wichtiger wurde als der Lehrerfolg, nahm an Bedeutung zu. Immer häufiger entschied das wissenschaftliche Potential über Berufung, Ausstattung, Stipendien, Gehaltserhöhung und Ordensverleihung. Der Imperativ origineller Forschung und der Akkumulation neuen Wissens verdrängte den Einfluß der landsmannschaftlichen Herkunft, der Familienbeziehungen, selbst der Konfessionsunterschiede. Dieser Trend wurde dadurch unterstützt, daß sich seit den frühen 20er Jahren das Habilitationsverfahren mit seiner ansteigenden Leistungserwartung und spezialisierten Venia Legendi als Modus der Nachwuchsrekrutierung allgemein durchsetzte, schließlich durch Gesetzeskraft, wie erstmals 1816 in den Statuten der Berliner Universität, zu einem in der Regel unumgänglichen Bestandteil der akademischen Karriere wurde.

Infolge der Beherzigung des Leistungsprinzips in den eigenen Reihen stieg das Qualifikationsniveau der Hochschullehrerschaft unstreitig ständig an. Übrigens bestätigt auch hier der internationale Vergleich wiederum diese Sondererscheinung.

Vor allem wurde durch den formalisierten Anspruch, daß nach der Promotion eine zweite, bahnbrechende Forschungsleistung als Habilitationsarbeit erbracht werden mußte, die den Weg aufs Katheder frei machte, ein eminent effektiver Mechanismus ausgebildet, um wissenschaftliche Innovationen zu prämiieren, ja die Gewinnung neuen Wissens institutionell auf Dauer zu stellen. Daß insbesondere die neuhumanistische Universität ihre wachsenden wissenschaftlichen Ansprüche mit dem Gelehrtentypus des Privatdozenten verband, gehört – wie (Bd. I) geschildert – zu den Geheimnissen ihrer bewunderten Leistungsfähigkeit. Es ist richtig, daß die Kultusverwaltung mit den Privatdozenten in einer Zeit, die vergleichsweise hohe Studentenzahlen, eine neuartige Fächerspezialisierung und Forschungsdiversifizierung erlebte, denkbar billige Hochschullehrer und Forscher gewann, denn da die Privatdozenten ohne Festgehalt arbeiteten und nur ein Anrecht auf die gewöhnlich geringen Vorlesungsgebühren besaßen, wurden die Unterhaltskosten ganz so auf die Familien abgewälzt, wie das bei den jungen Verwaltungsbeamten in Erwartung einer freiwerdenden Planstelle der Fall war. Gelegentlich halfen Stipendien weiter oder ein Nebenberuf an einem Gymnasium, karge Jahre, ja «Hungerjahre», nahmen aber nicht wenige auf sich. Nicht allein deshalb förderten jedoch die Kultusbehörden die hohen Leistungsnormen der Habilitation. Vielmehr erkannten kluge Verwaltungsbeamte wie Johannes Schulze durchaus, welche geistige Energie das Verfahren stimulierte, die den wissenschaftlichen Fortschritt, da es an ehrgeizigem Nachwuchs nicht fehlte, ständig in Gang hielt. Deshalb förderte er konsequent junge, durch Forschungsleidenschaft motivierte Gelehrte, und auch deshalb lag in Preußen die Zahl der Privatdozenten weit an der Spitze vor der in allen andern Bundesstaaten; allein an der «Zentraluniversität» Berlin stieg sie von 1810 = 14 auf 1843 = 56.

Das sprungartige Wachstum der Privatdozenten lenkt auf das zweite auffällige Phänomen bei der erwähnten Erweiterung des Lehrkörpers zurück. Diese Expansion vollzog sich nämlich so gut wie ausschließlich durch die Verdreifachung der Extraordinarien und die Versechsfachung der Privatdozenten. Auf diese Weise konnte die Kultusverwaltung das Bedürfnis, neue Forschungsfelder durch einen spezialisierten Fachexperten vertreten zu sehen, ebenso berücksichtigen wie die erforderliche Erhöhung des Lehrangebots, ohne sofort Ordinariate, die Etatmittel fest banden, einrichten zu müssen. Jeder außerordentliche Professor genoß zwar das Recht zur Titelführung, aber er betrachtete die Zeit in dieser Position ausschließlich als eine Übergangsspanne, zumal die materielle Situation ihn unablässig daran erinnerte, daß er in der Tat nur eine Zwischenstufe in der akademischen

Hierarchie erklommen hatte. Zwanzig Jahre nach Kriegsende stellten die Extraordinarien im allgemeinen bereits ein Drittel der Professorenschaft, empfingen jedoch durchschnittlich nicht mehr als 300 bis 430 T.: Berlin, wo ihre Zahl von 1810 = 8 auf 1843 = 47 angestiegen war, bezahlte seinen außerordentlichen Professoren 368, Halle nur 295 T. Dieses Einkommen entsprach exakt den Jahresausgaben eines Studenten. Je nach den Lebenshaltungskosten in einer Universitätsstadt lag es nur ein wenig über dem Existenzminimum einer fünfköpfigen Handarbeiterfamilie. Mit weniger Aufwand ließ sich der Kreis der Hochschullehrer kaum vermehren. 1860 machten daher die Extraordinarien bereits mehr als 43 % der Professorenschaft aus. Indes: Dem ersehnten Lehrstuhl so nahegekommen zu sein, verschaffte auch ein kompensatorisches «seelisches Einkommen»; vor allem blieb die starke Aufstiegsorientierung lange erhalten, so daß nach neuen wissenschaftlichen Leistungen das Extraordinariat für viele tatsächlich eine Zwischenstation blieb. Im Effekt förderte die harte Konkurrenz den Entschluß, in Neuland vorzustoßen, möglichst durch eine Innovation aufzufallen und zu reüssieren. Die Hoffnung darauf war es, die das hierarchische Gefälle im Mikrokosmos der gelehrten Welt ein wenig abmilderte.

Parallel zur internen Differenzierung der Universitätslehrerschaft verlief auch eine institutionelle Differenzierung der Forschungs- und Lehrstätten. Sie läßt sich am Wachstum der Seminare, Institute, Labors und Kliniken sowie an dem kräftig zunehmenden Finanzvolumen ablesen, das ihrem Ausbau zugute kam. Das vielimitierte Modell für die Seminare gaben die ersten Arbeitsgruppen von Studenten um die großen Philologen und Altertumswissenschaftler ab: um Heyne in Göttingen, Wolf in Halle, Herrmann in Leipzig. Dieses gemeinsame forschende Lernen bei der Textinterpretation bewährte sich derart, daß Philosophen, Historiker, Theologen, Juristen es überall nachzuahmen begannen. Ein ähnlicher Vorgang läßt sich in derselben Zeit mit der Einrichtung von naturwissenschaftlichen Labors und mit der Ausgliederung von Spezialkliniken aus einem allgemeinen Krankenhauskomplex beobachten. Berlin besaß 1820 bereits fünf Seminare und sieben Kliniken, bis 1850 kamen noch zwei bzw. drei hinzu; die Etatmittel dafür wuchsen in dieser Zeitspanne von 37500 auf 60000 T. Auch Heidelberg hatte dank Reitzensteins Reformeifer bis 1820 acht Seminare und drei Kliniken eingerichtet, Tübingen bis dahin nur sieben insgesamt, die es aber bis 1849 auf dreizehn vermehrte. Oft begannen die Seminare als private Gesellschaften, die nach längerer Bewährungszeit als Universitätsinstitutionen anerkannt und in ihrem Arbeitsbetrieb formalisiert wurden. Ranke versammelte z. B. seit den späten 20er Jahren regelmäßig sein Seminar um sich, ein Vorbild für viele Historiker, das aber erst 1882 von der Universität formell inkorporiert wurde.

In den Seminaren arbeiteten fortgeschrittene Studenten mit einem Professor in einem ausgeprägten Lehrer-Schüler-Verhältnis zusammen, das viele

Züge des zünftigen Handwerks trug. Textauslegung, methodisches Arbeiten, Austausch von Argumenten wurden dort eingeübt. In einem prinzipiell ähnlichen engen Kooperationsverhältnis vollzog sich die Laborarbeit der experimentellen Naturwissenschaftler oder der Lernprozeß in den Kliniken. Die Krönung der intensiven wissenschaftlichen Beschäftigung mit Forschungsproblemen wurde immer häufiger die im Seminar angeregte und betreute Dissertation. In Berlin, der deutschen Forschungsuniversität par excellence, kletterte die Zahl der Promotionen von 1820 bis 1829 bereits auf 851, von 1830 bis 1839 auf 1260 und von 1840 bis 1849 auf 1347 – das war allein in den beiden vormärzlichen Jahrzehnten ein Zuwachs von 60%. Allgemein trifft zu, daß die Mediziner mit 80% den größten Anteil stellten, doch auch die Doktorarbeiten in den vielen Disziplinen der Philosophischen Fakultät, in der Jurisprudenz und Theologie nahmen stetig zu. Manchmal wurden die Seminare sogar zum Nährboden neuer Wissenschaften. Aus den mathematisch-naturwissenschaftlichen Seminaren, die z.B. in Königsberg (1835), Halle (1839) und Göttingen (1850) eingerichtet wurden, ging schließlich auch die moderne Experimentalphysik hervor. Liebigs chemisches Labor in Gießen bewies in den 27 Jahren nach 1825, welche vielfältigen Impulse von einem einzigen Forschungsinstitut ausgehen konnten.

In der gemeinsamen Hochschätzung von Wissenschaft und Forschung, in der Bereitschaft, ein langes Gelehrtenleben in asketischer Disziplin ganz in den Dienst der Gewinnung neuen Wissens, verbesserter Problemlösungen, überzeugender Paradigmata zu stellen, lag ein Moment, das die Professoren, Dozenten und fortgeschrittenen Studenten aller Universitäten verband. Die Enge der herkömmlichen Landesuniversität, die lebenstüchtige Staatsdiener hervorbringen sollte, wurde auch dadurch überwunden. Die Universitäten waren in gewisser Hinsicht bereits staatenübergreifende, gesamtdeutsche Institutionen, die deshalb nicht nur Heimstätten des nationalen Denkens wurden, sondern dank der Mobilität der Professoren und Studenten, der akademischen Öffentlichkeit und des mehrjährigen Zusammenlebens aktiv «nationalisierend» wirkten. Sie besaßen eine integrierende: den intellektuellen Habitus, den Lebensstil des Akademikers, die politische Mentalität prägende Kraft. Insofern gehörten die Universitäten zu den großen Bewegungszentren des deutschsprachigen Mitteleuropa in den Zwischenkriegsjahrzehnten von 1815 bis 1848.[12]

5. Die Ausdehnung des literarisch-publizistischen Marktes und die Verdichtung der öffentlichen Kommunikation

Einer der Basisprozesse der heraufziehenden modernen Welt: der Prozeß der kulturellen Mobilisierung unter stetig zunehmenden marktförmigen Bedingungen, hatte bereits bis zum Ende des 18. Jahrhunderts eine häufig unterschätzte Schwungkraft erreicht. Die Auswirkungen der Aufklärung und die beispiellosen Erschütterungen der revolutionären Epoche hatten die früher begonnene Sprengung traditionaler Schranken fortgesetzt. Der Horizont des Denkens, des Interesses an den Zeitereignissen war ständig ausgeweitet worden. Bildungseifer und Informationsdurst hatten zugenommen. Die zeitgenössischen Medien der Zeitungen und Zeitschriften, der Bücher und Flugschriften hatten eine immense Ausdehnung erfahren und zur Verdichtung der öffentlichen Kommunikation maßgeblich beigetragen. Rund die Hälfte der erwachsenen männlichen Bevölkerung gehörte vermutlich schon zu der Millionenzahl der Leser von Zeitungen und Zeitschriften. Die Tagespresse erreichte mit einer Gesamtauflage von 300000 Exemplaren rund drei Mill., das Zeitschriftenwesen rund 500000 Leser; 330000 Druckschriften erschienen allein im letzten Drittel des 18. Jahrhunderts. Schriftsteller und Journalisten übten ihre Tätigkeit noch fast ausschließlich nebenberuflich aus. Die unaufhaltsame Kommerzialisierung der Medien eröffnete jedoch allmählich den ersten Wagemutigen eine Chance, von Prosa, Poesie und Publizistik leben zu können – mehr schlecht als recht, aber die «Verberuflichung» des Schriftstellers und Journalisten begann sich abzuzeichnen. Und mit den bedeutenden Verlegern der Zeit standen vielseitige Unternehmer bereit, welche die Funktion der Vermittlung zwischen literarischer und publizistischer Produktion einerseits, den Bedürfnissen des literarischen Markts und Publikums andrerseits erfolgreich wahrzunehmen verstanden.

Von welchen strukturellen Bedingungen hing der im neuen Jahrhundert rasant beschleunigte Aufschwung dieses Mobilisierungsprozesses ab? Fünf wichtige sollen hier knapp skizziert werden.

Die Rate der Analphabeten sank zwischen 1800 und 1848 kontinuierlich ab, bis sie vielerorts nur mehr 20% der älteren Bevölkerung umfaßte. Wegen der konfessions- und mentalitätsgeschichtlichen Tradition verwundert es nicht, daß bei dieser Ausbreitung einer grundlegenden Kulturtechnik die protestantischen Regionen und Staaten weit vorn an der Spitze lagen. Der gemeineuropäische Vergleich bestätigt diesen Befund: Neben den Erziehungsimpulsen der Aufklärung spielte der protestantische Imperativ, zumindest die Heilige Schrift lesen zu können, spielte die spezifisch evangelische Schriftkultur noch immer eine ausschlaggebende Rolle. In manchen streng katholischen ländlichen Gebieten Österreichs dagegen stagnierte die Analphabetenquote bei rund 40 bis 45%. Die Ausdehnung der Lese- und Schreibfähigkeit läßt sich eben nicht auf die Motive eines platten Sozialutilitarismus reduzieren, dem an der verbesserten ökonomischen Nützlichkeit der Untertanen lag. Die entscheidende Verringerung des Analphabetentums gelang überdies vor dem Durchbruch der deutschen industriellen Revolution und weithin unabhängig von ihr. Anders gesagt: Die relativ früh durchgesetzte elementare Beherrschung von Lesen, Schreiben und Rechnen tat mehr für die «Modernisierung der Wirtschaft als umgekehrt die Modernisierung der Wirtschaft für den Rückgang des Analphabetentums».

Mit dem Wachstum der Lesefähigkeit veränderte sich einmal der Charakter des Lesens. Es wurde aus einem ursprünglich privaten, ständisch eingegrenzten Privileg zu einer allgemeinen, öffentlichen Angelegenheit. Zum zweiten wandelten sich die Lesegewohnheiten. Von der wiederholten intensiven Lektüre erfolgte der Übergang zur extensiven neuen Lektüre, getragen von einem prinzipiell unendlich großen Lesebedürfnis. Im frühen Vormärz las mehr als ein Viertel der erwachsenen Bevölkerung, mehr als die Hälfte des männlichen Anteils, regelmäßig politische Zeitungen, Lokalblätter, Zeitschriften.

Dem Lesehunger, der sich auf die unterschiedlichsten Gegenstände und Themen richtete, trugen die verbesserten Lesemöglichkeiten zügig Rechnung. Die Expansion der Lesegesellschaften ist vorn charakterisiert worden; nach 1815 lösten sich allerdings die meisten von ihnen auf und verwandelten sich in gesellige Vereine. An ihre Stelle traten Lesekabinette, öffentliche Lesehallen, dann die Volksbüchereien – sie alle lebten von der steigenden Frequentierung, die durch geringe Gebühren erleichtert wurde. Privater Bücherbesitz, der nur eine kostspielige Liebhaberei darstellte, rangierte an letzter Stelle. Am wichtigsten wurden dagegen, je später, desto eindeutiger, die kommerziellen Leihbibliotheken, die im Verlauf eines wahren Gründungsfiebers wie Pilze aus dem Boden schossen. Mindestens 1500, maximal 2000 haben sich im Vormärz fest etabliert. Preußen zählte 1846 656, allein Berlin 60; Sachsen 117, davon Leipzig 44; Hannover 106, Bayern aber nur 66 und Wien wegen der rigorosen Zulassungsbeschränkung nur zwei. Diese Leihbüchereien sollen etwa drei Viertel der gesamten veröffentlichten Belletristik aufgenommen haben, die im Umfeld des Ausleihers noch unter weit mehr Lesern zirkulierte. Außerdem richteten sie immer häufiger unmittelbar angegliederte «Journal-Leseinstitute» ein, die dem Leser die freie Wahl, häufig auch unter unzensierten ausländischen Zeitungen, eröffneten. Die Schmidtsche Leihbibliothek in Dresden führte z. B. bereits 1819 109 politische und gelehrte Periodika, dazu 146 Almanache, Kalender und Taschenbücher.

Solche Presseabteilungen schufen nicht nur einen Ausgleich für die schrumpfende Zahl der Lesegesellschaften, sondern sie zogen, ebenso wie die Leihbibliotheken selber, ein Publikum von fast allen Rängen der Sozialhierarchie an. Auf diese Weise trugen sie nachdrücklich dazu bei, heterogene Schichten kulturell zu assimilieren. Romane und Klassikerreihen, Räubergeschichten und Unterhaltungsjournale, alle auf hochdeutsch geschrieben, unterstützten schon auf mittlere Sicht die Ausdehnung eines gemeindeutschen Sprachschatzes, die Vertrautheit mit bestimmten kulturellen Symbolen und Identifikationsmöglichkeiten – die kulturelle Integration. In diesem Sinne wirkten sich auch die verblüffend rasch erweiterten Lesemöglichkeiten «nationalisierend» aus.

Dank der Nachfrage nach Druckschriften vermehrte sich ebenfalls die Anzahl der Buchhandlungen. Rund 500 soll es um 1800 in den deutschsprachigen Ländern gegeben haben, 1832 waren es erst 729, 1841 aber schon 1321 in 341 Städten des Bundes. Von 1820 bis 1840 betrug die Zuwachsrate 150%, allein von 1832 bis 1842 mehr als 80%. An der Spitze lagen 1844 Leipzig mit 130 (1831: 79), Berlin mit 127 (1831: 80), Wien mit 48 (1834: 43) – überhaupt gab es ganze 107 in 20 österreichischen Städten –, Stuttgart mit 36, Frankfurt mit 33, München mit nur 20. Auch der Kommissionsbuch- und der Sortimentshandel hatten sich durchgesetzt. Von seinen Magazinen oder vom Verlagslager aus erreichte jedes gewünsche Buch in der Zeit, welche die Frachtkutschen, seit den 40er Jahren die ersten Eisenbahnen brauchten, auch den kleinstädtischen Buchhändler.

Für die Verbreitung von Buch- und Presseerzeugnissen aller Art waren damals die «Kolporteure», unentwegt reisende Hausierhändler, wahrscheinlich noch wichtiger. Kalender, Volksbücher, Groschenhefte, Streitschriften, Flugblätter, Liedersammlungen, aber auch Romane und Konversationslexika – alles wurde über den Kolportagehandel an den Leser gebracht. Seine Vertreter sammelten Subskriptionen und Abonnements vor allem auf Fortsetzungslieferungen, Klassikerausgaben, Zeitschriften; sie sorgten dafür, daß sowohl die Hintertreppenliteratur der sogenannten Kolportageromane als auch der «Brockhaus» in das abgelegenste Dorf gelangten, sie erreichten schlechterdings alle Schichten, den getarnten Arbeiterbildungsverein und die soeben neu gegründete Leihbibliothek. Innerhalb von drei Jahrzehnten vertausendfachten sich daher die immer bequemeren Lesemöglichkeiten dank der Leihbüchereien und Buchhandlungen, der Kolportagehändler und Zeitungshallen auf eine bisher völlig unbekannte Weise.

Trotz des neuartigen Nachfragesogs konnte das Angebot deshalb mit ihm Schritt halten, weil technische Innovationen das ermöglichten. Die mit Druckzylinder und Dampfmaschine ausgestattete Schnellpresse, die in einer Stunde 1200, ja schließlich bis zu 1800 Bogen auf beiden Seiten, d.h. fabulöse 57600 Buchseiten druckte, setzte sich trotz der Investitionskosten seit den 20er Jahren rasch durch. Gab es 1820 in Preußen erst 516, waren es 1830 = 709, 1840 = 1109 und 1848 schon 1275 dieser Druckmaschinen, ein gut 150%iger Anstieg in knapp dreißig Jahren. Dabei war jede neue Maschinengeneration ungleich leistungsfähiger als die vorhergehende. Außerdem stieg allein in diesem Land die Anzahl der Druckereien von 1801 = 180 auf 1849 = 672, die der Buchbindereien in derselben Zeit von 1129 auf 3250 Betriebe an. Das Stereotypie-Verfahren beschleunigte die Herstellung, Lithographie und Stahlstich lockerten den Text anschaulich auf. Seit 1806 wurde die Masseleimung des Papiers verbessert, seit 1818 liefen die ersten Papiermaschinen, seit 1844 konnte mit dem Holzschliff die Massenproduktion erleichtert werden. Keine Frage: Auf die Impulse des expandierenden Markts für Druckerzeugnisse reagierten Erfindungsgeist und Technik, sie garantierten der anhaltenden Marktdynamik ein tragfähiges Fundament.

Schließlich förderten ökonomische Bedingungen, die von den bisher genannten Faktoren abhingen, die Aufschwungbewegung. Als Folge der Rationalisierung des Produktionsablaufs und der harten Konkurrenz wurden die Bücherpreise gesenkt. Billige Klassikerausgaben und kitschige Fortsetzungsromane überschwemmten gleichermaßen Buchläden und Kolportagehandlungen. Zunehmend wurden umfangreiche Sammelwerke, darunter auch die besten Lexika der Zeit, heftweise zu einem geringen Preis abgegeben. Der Mengenverkauf von Büchern und Journalen an Leihbibliotheken erfolgte zu attraktiven Sondertarifen. Zeitungen und Zeitschriften konnten die Anzeigeneinnahmen konstant steigern, den Umfang vergrößern und den Abonnementspreis dennoch attraktiv halten. Und schließlich: Der seit den späten 30er Jahren spürbar ansteigende Lebensstandard erhöhte die Aufnahmefähigkeit der Käuferschichten, erleichterte die Kostenkalkulation, ermutigte zu Massenauflagen, machte das Risiko der Preissenkung erträglich. Kurzum: Wesentliche strukturelle Bedingungen für eine permanente Ausweitung des literarisch-publizistischen Marktes verbanden sich zu einer außerordentlich günstigen, stimulierenden Konstellation.[13]

a) Die Buchproduktion

Das klassische Medium dieses Markts, das Buch, erlebte in der ersten Jahrhunderthälfte einen denkwürdigen Aufstieg. Die seit 1770 anhaltende Wachstumsphase erreichte 1805 einen ersten Höhepunkt mit einer Jahresproduktion von 4181 Titeln. Während der letzten Kriege Napoleons erfolgte ein situationsbedingter Trendeinbruch, der 1813 zu einem Tiefpunkt von 2323 Titeln führte. Ein halbes Dutzend Jahre nach dem Wiener Kongreß wurde die Gipfelmarke von 1805 mit 1821 = 4505 Büchern übertroffen, 1826 erstmals die Traumgrenze des 18. Jahrhunderts – 5000 Titel im Jahr – überschritten (5168). Überhaupt sahen die 20er, 30er und frühen 40er Jahre eine erstaunliche quantitative Steigerung, so daß bereits 1837 nach einer Verdoppelung in zehn Jahren erstmals die 10000er Grenze (10118), 1843 mit 14039 Büchern der absolute Spitzenwert vor 1879 erreicht wurde. Nach dem langjährigen Boom folgte jedoch während der ökonomischen Krise der 40er Jahre ein schmerzhafter Einbruch. Schon 1846 lag die Jahresziffer bei nur mehr 10118, 1848 bei 9942, und seither blieb die Tendenz rückläufig, so daß zwanzig Jahre lang der «Ausstoß» unter 10000 Exemplaren p. a. lag. In absoluten Zahlen ausgedrückt: Zwischen 1801 und 1830 kamen 121548, zwischen 1831 und 1845 aber 160981, in der halben Zeit also rund 33% mehr, insgesamt rund 282500 bzw. wegen einer zusätzlichen Dunkelziffer wohl rund 286000 Titel auf den Markt. Allein zwischen 1815 und 1845 nahm die Druckproduktion um rund 330% zu.

An der Aufteilung nach Sachgruppen fällt, wenn man sich den gewaltigen absoluten Zuwachs vergegenwärtigt, besonders auf, daß die Theologie ihren relativen Anteil von 1801/05 = 7,7% wegen der leidenschaftlichen konfessionellen Kontroversen um Erweckungsbewegung und Erneuerung, «Deutschkatholiken» und «Lichtfreunde» auf 1841/45 = 9,7% sogar noch steigern konnte. Auch die wirtschaftlichen Sachbücher kletterten in derselben Zeitspanne von 9,3 auf 9,8%, während die schöngeistige Literatur von 29,4% auf 17,7% scharf abfiel; vor allem die Romane nahmen zwar, absolut gerechnet, zu, gingen aber relativ von 1801 = 10,7% auf 1848 = 3,5% drastisch zurück. Immerhin behielt die Kategorie «Schöne Künste und Wissenschaft» (1801/05 = 21,4, 1841/45 = 17,9%) trotz des Rückgangs um mehr als ein Drittel bis 1845 den ersten Platz.

Das Paradebeispiel für den Erfolg gediegener Sachliteratur ist das Brockhaussche Konversations-Lexikon. Die erste Auflage erschien 1806 in sechs Bänden und 6000 Exemplaren. Innerhalb von fünfzehn Jahren machte diese «Real-Enzyklopädie», allen schwierigen Zeitläufen zum Trotz, geradezu Furore. 1818/1820 wurde bereits die zehnbändige fünfte Auflage mit zuerst 12000 Exemplaren verkauft; der Leipziger Großverleger mußte seither acht Druckereien mit vierzig Pressen beschäftigen, um die Nachfrage mit Neudrucken befriedigen zu können. 1820/1821 wurden je 10000 Bände nachgedruckt, 1823 war das Lexikon bereits 32000mal zu einem Ladenpreis von 12 T. verkauft worden. Die zwölf Bände der siebten Ausgabe von 1827/29 begannen mit einer Startauflage von 12000, 1829/30 mußten 14000 nachgedruckt werden, und von der ebenfalls zwölfbändigen achten Auflage von 1837/42 wurden in kürzester Zeit 32000 Exemplare verkauft. Hinzu kamen zahlreiche Raubdrucke, auch fünf Übersetzungen, unter anderem ins Englische und Französische. «Der Brockhaus» war ein «verlegerisches und buchhändlerisches Ereignis ersten Ranges», ein Indiz für den spektakulären Erfolg sowohl riskanter «Spekulation mit Massenproduktionen» als auch einer maßvoll formulierten liberalen Grundanschauung, die sich zumal in den Vormärz-Auflagen deutlich herausschälte. Der Verlegerfamilie gestattete diese Goldmine nicht nur Ausbau und Diversifikation des Verlags, sondern die Ausstattung ihrer Druckerei mit modernsten Schnellpressen. Joseph Meyers 52bändiges «Konversationslexikon» ahmte seit 1840 den Bestseller nach, und auch Verleger wie Cotta und Göschen setzten in der Belletristik mit ihren Massenauflagen billiger Klassikerwerke, die von nur zwei Groschen ab aufwärts angeboten wurden, auf denselben Trend.

Als die mit Abstand bedeutendsten deutschen Verlagszentren behaupteten sich weiterhin Leipzig und Berlin: Mit mehr als einem Viertel aller Titel (1846: 46,1%) verteidigten sie den größten Marktanteil. Das Eldorado des deutschen Buchhandels blieb zweifellos Leipzig: Drei Viertel des gesamten Buchverkehrs zwischen Verlegern, Sortimentern, Kommissionsbuchhandlungen, Kolporteuren, Buchhandlungs- und Leihbibliotheksbesitzern wurde hier abgewickelt. Die Leipziger Messe vereinigte alles, was in dieser florierenden «Kulturindustrie» Rang und Namen hatte.

b) Zeitungen und Zeitschriften

Noch zu Beginn des 19. Jahrhunderts war die Mehrzahl der deutschen Zeitungen auf Leser zugeschnitten, die es bereits gewohnt waren, Zeit für die Lektüre von Büchern und Zeitschriften zu finden: auf die Ober- und Mittelschichten mithin; nicht selten wandten sie sich bewußt an die kleine bildungsbürgerliche Aufklärungsgesellschaft. Immerhin: Längst waren auch Zeitungen über Lesezirkel, Abonnementskreise und Vorleser selbst in abgeschiedene ländliche Bezirke eingedrungen. Die Kolporteure dehnten den Kreis der dörflichen Leser beharrlich weiter aus. Der «lesende Landmann» – das war keine Fiktion mehr, sondern eine Realität wie der lesende Städter. Diese Ausdehnung des früher völlig unterschätzten Zeitungspublikums und die Vielfalt des Angebots sind bereits (in Bd. I) geschildert worden.

Zu einer eindrucksvollen allgemeinen «Bildungsmacht» stieg die Tagespresse jedoch erst im 19. Jahrhundert auf, genauer gesagt: nach dem Beginn der langjährigen Friedensperiode. Auch danach dominierte noch mehr als zwei Jahrzehnte lang sowohl ein gemächliches Tempo als auch die obrigkeitlich gegängelte Information. Die «bescheidenen Anfänge einer Meinungspresse» fallen, von wenigen Ausnahmen abgesehen, erst in die späte vormärzliche Zeit. Zu den von der napoleonischen Kriegszeit angeregten Ausnahmen gehörten noch nicht Kleists «Berliner Abendblätter», die zu früh scheiterten, wohl aber hat Joseph Görres wenig später mit dem genau zwei Jahre existierenden «Rheinischen Merkur» (23. Januar 1814 bis 3. März 1816) die erste deutsche «Gesinnungszeitung von wahrhaft großem Ausmaß geschaffen» – ein frühliberales, von der publizistischen Leidenschaft seines Herausgebers lebendes Blatt, das auch vor offenherziger Kritik an der preußischen Innenpolitik nicht zurückschreckte und deshalb Anfang 1816 durch eine eigene Kabinettsorder verboten wurde. Genaugenommen hat sich erst 25 Jahre später die «Rheinische Zeitung» unter ihrem Chefredakteur Karl Marx mit einer solchen Passion wieder engagiert und eine derart scharfe journalistische Klinge geschlagen.

Beherrscht wurde das Zeitungsspektrum durch eine frühe Form des zensierten «Generalanzeigers», wie man im 20. Jahrhundert sagen sollte. Als jedoch nach der eigentlichen Restaurationsperiode der Eingriff der Staatsorgane in den 30er und 40er Jahren zwischen Unterdrückung und lockerer Aufsicht schwankte, zeitweilig Unsicherheit verriet, während seit 1830 die «Politisierung des geselligen Lebens» anhielt, differenzierte sich das Pressewesen zusehends. Ein vorzüglich informierter, zeitgenössischer liberaler Kenner sah sich 1842 imstande, mit Hilfe einer fein nuancierten Typologie die verschiedenen Strömungen zu charakterisieren. Von unten nach oben, von Verachtung zu Bewunderung fortschreitend, begann er mit den «absolut servilen» obrigkeitsgläubigen Blättern, wie der «Elberfelder Zeitung», nannte die ultramontanen, «deren Qualm aus Bayern aufsteigt», völlig «bedeutungslos» und fügte als nächstes die Zeitungen hinzu, die, sichtbar korrumpiert, die Interessen ausländischer Regierungen in deutschen Staaten vertraten, wie etwa der «Courier» diejenigen von Paris und das «Journal de Francfort» die von St. Petersburg. Die Hofzeitungen verrieten noch unverhohlener die direkte Abhängigkeit, ein wenig höher rangierten die «unfreien» Gazetten, die – wie der «Hamburgische Correspondent» und die «Leipziger Allgemeine» – z. B. von Preußen direkt beeinflußt wurden. Amtliche Organe wie der österreichische «Staatsmann» und die «Preußische Staatszeitung» vertraten ausschließlich den Regierungsstandpunkt. Bezirks-, Amts- und Verordnungsblätter teilten primär Verlautbarungen der Verwaltung mit.

Unmittelbar an diese niederen Kategorien schloß sich die «allparteiliche» Zeitung an, als deren Prototyp die große Augsburger «Allgemeine Zeitung» hingestellt wurde, die gewöhnlich den Standpunkt «einer bewußten Charakterlosigkeit» einnehme, manchmal aber auch ungeschminkt proösterreichisch urteile. Das ständige taktische Lavieren, das es jedermann recht machen wolle, grassiere unter vielen anderen Zeitungen mit dem Anspruch der Überparteilichkeit. Sie unterschieden sich im Effekt oft kaum von den Vertretern einer «zahmen Furchtsamkeit» oder eines ängstlichen Konservativismus – wie ihn die «Berlinischen Nachrichten» (die «Spenersche Zeitung»), das «Hamburger Fremdenblatt» und die «Leipziger Zeitung» pflegten. Allenfalls wurde dort der Status quo noch betulicher verklärt, während der starrsinnige Konservativismus des «Berliner Wochenblatts» das militant tat. «Schwach liberal» umschrieb den Standort einiger rheinischer Zeitungen, aber auch der «Berlinischen privilegierten Zeitung» (der «Vossischen Zeitung») in den 40er Jahren. «Offen liberal» argumentierten demgegenüber die «Sächsischen Vaterlandsblätter» Robert Blums und die «Hamburger Neue Zeitung», die «Magdeburger Zeitung», öfters auch unter Brüggemanns Leitung die «Kölnische Zeitung» und die Breslauer «Schlesische Zeitung» mit Mitarbeitern wie Hoffmann v. Fallersleben und Gustav Freytag. Die Spitzenposition wurde freilich allein dem «entschieden freisinnigen Standpunkt» zugebilligt. «Hier erst gelangen wir auf die Höhe der Zeit, auf das Niveau der modernen politischen Bildung.» Und wer bewegte sich darauf? Nur die Königsberger «Hartungsche Zeitung», deren liberale Leitartikel zeitweilig als die besten der deutschen Tagespresse galten, bis die einzige Konkurrenz, die Kölner «Rheinische Zeitung», ihr diesen Rang kurze Zeit, vom Januar 1842 bis zum März 1843, entschieden streitig machte.

Ob gerecht oder schief beurteilt, von einem eintönigen Panorama der deutschen Presse konnte zumindest in den 40er Jahren keine Rede mehr sein, zumal exponiert liberale, aber kurzlebige Zeitungen wie z. B. Wirths «Deutsche Tribüne» und Siebenpfeiffers «Bote aus dem Westen», ehe sie verboten oder ins Exil verdrängt wurden, als bunte Tupfer hinzugehören. Von einem vielfältigen, materiell und rechtlich dauerhaft abgesicherten

Meinungsspektrum kann man jedoch auch noch nicht sprechen, wobei das gravierende Zensurproblem unten für sich erörtert wird.

Um 1845 soll es im Deutschen Bund nicht mehr als rund 100 politische Zeitungen, jedoch fast die zehnfache Zahl von Anzeigen- und Amtsblättern gegeben haben. Davon entfielen in jenem Jahr auf Preußen, wo neben Sachsen der Schwerpunkt der Tagespublizistik lag, rund 455 Zeitungen, von denen jedoch nur 42 als politische galten; ihnen standen allein 104 Verordnungs- und 150 Unterhaltungsblätter gegenüber. Der aufgrund der Zeitungssteuer ermittelte tägliche Mindestabsatz der preußischen Zeitungen lag 1823 bei 35 500, 1830 bei 41 050 und 1847 bei 76 420. Immerhin hatte er allein in den letzten fünf Jahren um 20 000 Exemplare, seit 1830 um 90% zugenommen, blieb aber absolut noch immer auffallend gering. In England existierten zu dieser Zeit bereits 373 politische Zeitungen – die schiere Anzahl, ihre vergleichsweise riesige Auflagenhöhe, erst recht der freie, kritische Stil verweisen auf einen grundlegenden Unterschied in der Natur der veröffentlichten Meinung. In einer großen Hauptstadt wie Berlin erschienen ganze drei politische Zeitungen: die «Vossische», die «Spenersche», die «Staatszeitung»; selbst Stockholm mit weniger als einem Fünftel (80 000) der Berliner Einwohnerzahl besaß deren sechs.

Von den überregionalen, politischen, privaten Zeitungen nahm Cottas 1798 gegründete, seit 1810 in Augsburg erscheinende «Allgemeine Zeitung» unstreitig den Spitzenplatz ein. Sie galt im Vormärz als eine «literarisch-politische Großmacht in Deutschland», die indes zwischen beanspruchter Unparteilichkeit, moderat liberalem Anflug und – unter Pression – österreichfreundlichen Kommentaren lavierend ihren Weg suchen mußte. Die Berichterstattung vermittelte ein recht umfassendes Bild; die politischen, gesellschaftlichen, kulturellen Verhältnisse des Vormärz wurden durch eine süddeutsch-bürgerliche Brille beobachtet. Wurde ein Roman von dem Kritikerpapst Wolfgang Menzel im «Literaturblatt» abgekanzelt oder gelobt, konnte das für seine Rezeption die Weichen stellen. Aus dem ebenfalls beigefügten «Kunstblatt» ging die erste deutsche Kunstzeitschrift hervor. Die Zahl der Abonnenten kletterte von 1815 = 2720, 1823 = 4090 und 1845 = 9170 auf ihr Maximum von 11 155 im Jahre 1848.

Der «Hamburgische Correspondent» dagegen,.das auflagenstärkste Blatt des späten 18. Jahrhunderts, fiel von 1813 = 10000 auf 1847 = 4000 Abonnenten ab; er erwies sich im neuen Jahrhundert als nicht mehr voll konkurrenzfähig. Wohl aber gelang es der ursprünglich gegängelten und eher gouvernementalen «Vossischen Zeitung», die von 1814 = 4500 bis 1840 = 9820 ihre Abonnentenzahl verdoppeln konnte, sich in den 40er Jahren gewissermaßen freizuschwimmen, zur Verfechterin von Verfassung und Meinungsfreiheit aufzuschwingen und deshalb 1848 mit 24 000 Exemplaren die höchste Auflage einer deutschen Tageszeitung zu erzielen. Andere frühliberale Blätter wie die «Schlesische Zeitung» (1848 = 3535), die «Hartungsche Zeitung» (1841 = 2200, 1852 = 4000), die «Kölnische Zeitung» (1848 = 7400) blieben im späten Vormärz weit abgeschlagen zurück. Offen konservative Organe wie die «Leipziger Zeitung» (1848 = 5880) und die «Spenersche Zeitung» (1845 = 9000) hatten keine Mühe, mit diesen Rivalen mitzuhalten; auch die «Neue Preußische (Kreuz-)Zeitung» kam 1848 sofort auf 3850 Exemplare.

Farblose Lokalzeitungen erreichten mit ein paar hundert Abonnenten selbst in größeren Städten, wie das «Dresdener Journal» (1849 = 1200) oder die «Kölnische Volkszeitung» (1848 = 2200) zeigen, nur einen schmalen Leserkreis. Erst wenn sie, wie das «Frankfurter Journal», eine überregionale Ausstrahlung gewannen, gelang ihnen (1819 = 200, 1847 = 10000!) der Sprung nach vorn. Andrerseits konnte auch die linksliberale «Rheinische Zeitung», dieses gehätschelte, exotische Lieblingskind der deutschen Pressegeschichte, in den wenigen Monaten, als Marx ihr Chefredakteur war, eine Auflage von 3400 Exemplaren erzielen. Fraglos wäre bei einer längeren Lebensdauer das Potential kritischer Abonnenten noch ungleich größer gewesen. Aus der wunderlichen Kooperation von potenten rheinischen Großbourgeois, bürgerlichen Liberalen und radikalen Intellektuellen, von hohen preußischen Beamten kurz als Experiment geduldet, ging immerhin ein Jahr lang das «wichtigste Oppositionsblatt» des deutschen Vormärz hervor.

Bekanntlich war der Übergang zwischen Zeitung und Zeitschriften im 18. Jahrhundert häufig fließend geblieben. Wöchentlich oder unregelmäßig erscheinende «Zeitungen» waren von Monatszeitschriften nicht säuberlich zu unterscheiden. Im ersten Drittel des 19. Jahrhunderts setzte sich eine schärfere Differenzierung im Hinblick auf den Titel, den monatlichen oder vierteljährlichen Erscheinungsrhythmus, die Aufmachung und den Inhalt durch. Freilich gab es auch weiterhin Zeitschriften, die sich «Zeitungen» nannten, ja «Jahrbücher», die, solange die Beiträge der Redaktionsreserve reichten, täglich erschienen. Der Gründungsboom im Zeitschriftenwesen, der sowohl durch die Unterstützung als auch durch die Bekämpfung von Aufklärung und Französischer Revolution ausgelöst worden war und zu Beginn der 1790er Jahre insgesamt 1225 neu erscheinende, meist äußerst kurz existierende Zeitschriften hervorgebracht hatte, erwies sich als einmaliges Phänomen. Während der Kriegsjahre hielt das große Sterben der «Magazine» an.

Bis 1826 hatte sich aber die Anzahl der deutschsprachigen Zeitschriften bei 371 stabilisiert. Innerhalb von 22 Jahren vermehrten sie sich um fast 100%: 1848 zählte man 688. Die Hauptverlagsorte blieben bis dahin Berlin (117), Leipzig (77) und Stuttgart (18); in der österreichischen Hauptstadt wurden nur 22 herausgegeben. Um 1840 erreichten 30% eine Auflage bis hinauf zu 500 Stück, 41% von 500 bis 1000, 20% von 1000 bis 2500 und nur 9% von 2500 und mehr Exemplaren (4% lagen über 5000). Bei mehr als zwei Dritteln handelte es sich mithin um ökonomisch höchst anfällige Periodika; 10 bis allenfalls 30% besaßen, je nach der Stabilität des Abonnentenstammes, ein tragfähiges Fundament. Gewöhnlich übten nur die Spitzenorgane oder Gesinnungsmagazine über längere Zeit hinweg einen nachweisbaren Einfluß auf die öffentliche Meinungsbildung aus.

Eine klare Mehrheit besaßen die belletristischen «Journale». Gerade unter ihnen häuften sich Neugründungen und Mißerfolge, aber trotz der heftigen Fluktuation boten sie manchem Schriftsteller eine prekäre Existenzgrundlage. Jahrzehntelang genossen einige weitverbreitete Zeitschriften dieses Genres die Gunst des Lesepublikums. Die Leipziger «Zeitung für die elegante Welt» z.B. erschien von 1801 bis 1859 und riskierte sogar, als Heinrich Laube zweimal die Redaktionsgeschäfte führte (1833/34, 1843/45) eine freimütig liberale Tonart. Der allgegenwärtige Cotta gab von 1806 bis 1865 das «Morgenblatt für die gebildeten Stände« heraus, dessen Redaktionsmaximen denen seiner «Allgemeinen Zeitung» ähnelten. Neue literarische Zeitschriften, die, wie August Lewalds «Europa» (1835–1858) und Karl Gutzkows «Telegraph für Deutschland» (1838–1848), im Vormärz gegründet wurden, riskierten eine liberal-konstitutionelle Redaktionspolitik, mit der sie Resonanz bei einer breiteren Leserschaft fanden.

Der Typus der gelehrten, teils gemeinverständlichen Rezensionszeitschrift hielt sich weiterhin als regelmäßig konsultierte Informationsquelle. Die beiden bekanntesten Periodika, die Hallesche «Allgemeine Literaturzeitung» (1784–1849) und die «Jenaische Allgemeine Literaturzeitung» (1804–1841/48) vermochten trotz lebhaften Wettbewerbs nebeneinander zu bestehen. Die «Göttingischen Gelehrten Anzeigen» konzentrierten sich weiterhin auf wissenschaftliche Werke. Tausende von Büchern wurden alljährlich in diesen Zeitschriften mehr oder minder kritisch dem Leser vorgestellt.

In eine Kategorie für sich fielen die politischen Zeitschriften. Ihnen galt die besondere Aufmerksamkeit der Zensurbehörden, sogar der Staatsregierungen. Wurden sie von amtlichem Wohlwollen getragen, ist Skepsis geboten. So griff z.B. der preußische Außenminister v. Bernstorff eine Anregung von Perthes auf, dem verderblichen Einfluß der Revolution von 1830 auch mit einer neuen Zeitschrift entgegenzuwirken. Savigny schlug Ranke als Herausgeber vor, und tatsächlich übernahm der Berliner Historiker – beflissen, obrigkeitstreu, voll konservativer Gesinnung, nicht ohne den politischen Ehrgeiz, meinungsbildend zu wirken – die «Historisch-Politische Zeitschrift», deren erster Band, explizit von der Zensur ausgenommen, 1832 erschien. Der leicht durchschaubare gouvernementale Charakter der Beiträge, die unprofessionelle Schwerfälligkeit der Redaktion, der fehlende journalistische «Biß» – wie ihn die altständischen Publizisten Gentz und Müller fraglos besessen hatten –, diese Nachteile verurteilten das Unternehmen zum Scheitern. Für die Hefte des zweiten Bandes brauchte Ranke ganze vier Jahre, dann verstummte, kaum bemerkt, dies Sprachrohr des Berliner Staatskonservativismus.

Der Cotta-Verlag versuchte auch auf diesem Gebiet sein Glück. Seit 1839 erschien die «Deutsche Vierteljahrsschrift» in Stuttgart: unverkennbar liberal, tüchtig redigiert, offen für realistisch-sachkundige Berichte über heikle Gegenwartsprobleme – ob Pauperismus, Streiks oder Pressefreiheit –, von jener vielbeschworenen «Vernünftigkeit» geprägt, die – teils Sympathie auslösend, teils betulich, allzu pragmatisch wirkend – die intellektuellen Wortführer insbesondere des südwestdeutschen Liberalismus kennzeichnete. Den diametralen Gegensatz zu dieser Liberalität verkörperten die seit 1838 in München erscheinenden, scharf ultramontanen «Historisch-Politischen Blätter für das katholische Deutschland». Verglichen mit Rankes blassen Traktaten verfochten dort jedoch Görres, Jarcke und später Jörg einen hochqualifizierten, wenn auch einäugigen Gesinnungsjournalismus.

Ein Mittelding zwischen wissenschaftlicher, wissenschaftspolitischer und tagespolitischer Zeitschrift stellten die «Kritischen Jahrbücher» dar. Brockhaus' «Hermes» (1819–1831) bildete ein frühes Beispiel. Schlagartig bekannt wurden aber erst die von Hegel 1827 gegründeten, von seinem Nimbus zehrenden Berliner «Jahrbücher für wissenschaftliche Kritik», die nach des Meisters Tod bis 1846 als Organ der Hegelschen Rechten fungierten. Bewußt als Widerpart wurden die von den Hallenser Dozenten Arnold Ruge und Theodor Echtermeyer seit Januar 1838 herausgegebenen «Hallischen Jahrbücher für Wissenschaft und Kunst» konzipiert, die der Oppositionsverleger Wigand in Leipzig druckte. Mit ihnen gewannen die Linkshegelianer einen ersten publizistischen Kristallisationspunkt. Hier konnten Strauß, Feuerbach, Bruno Bauer, Ruge mit aller Offenheit, häufig in brillantem Stil und mit Lust polemisieren. Über eine Auflage von 500 Exemplaren kam dieses möglichst sechsmal wöchentlich erscheinende geistsprühende Intellektuellenblatt dennoch nie hinaus. Wegen der Offenherzigkeit der Kritik mußte die Redaktion ihre Zeitschrift 1840 nach Dresden verlegen, wo sie unter dem Titel «Deutsche Jahrbücher» weiter erschien. Dann setzte Eichhorn ein Auslieferungsverbot für Preußen durch, die sächsische Zensur schloß sich kleinmütig an, im Januar 1843 wurde Ruge die Konzession entzogen. Wie sehr damals die Macht des kritischen Wortes gefürchtet wurde, beweist das Verhalten der Frankfurter Bundesversammlung, die obendrein noch ein Wiedererscheinen der «Jahrbücher» im gesamten Bundesgebiet verbot. Ruge zog nach Paris weiter, wo er mit Marx zusammen die «Deutsch-Französischen Jahrbücher» gründete. Nach der ersten und einzigen Doppellieferung im Februar 1844 mit nachmals berühmten, fulminanten Beiträgen von Marx und Engels zerbrach das Projekt sofort wieder an den krassen Meinungsverschiedenheiten der Herausgeber.

Andere Organe des vormärzlichen Radikalismus wie Hermann Püttmanns «Rheinische Jahrbücher für gesellschaftliche Reform», sein «Deutsches Bürgerbuch», Hess' «Gesellschaftsspiegel», Lünings «Westphälisches Dampfboot» und andere konnten eben- und bestenfalls einige Jahre lang erscheinen, bis sie durch amtliches Verbot oder Geldknappheit abgewürgt wurden.

Schließlich tauchten im Vormärz auch die auf einer hohen Auflage basierenden populären Unterhaltungszeitschriften auf – Vorläufer sowohl des späteren «Reader's Digest» als auch der «Illustrierten». So wurde etwa 1833 nach dem Vorbild des englischen «Penny Magazine» das erste deutsche «Pfennigmagazin für Unterhaltung und Belehrung» mit wöchentlich sechzehn Seiten gegründet. Der spottbillige Preis verschaffte ihm bereits im ersten Jahr einen Absatz von 35000 Heften. Daraufhin griff Brockhaus zu und trieb die Auflage schnell auf fabulöse 100000 hinauf. Mit einem bunten Potpourri aus Neuigkeiten, moralischen Sentenzen, Sachberichten, Kurzgeschichten, Rätseln, Bildern usw. hielt das Pfennigmagazin eine ganz unpolitische Linie ein, getreu seinem rührselig-bigotten Motto: «Aufklärung, Tugend und Religion.» Der Erfolg reizte zur Nachahmung an, bald konnte der Käufer zwischen mehreren Heller- oder Pfennigmagazinen wählen.

Die erste «Illustrierte Zeitung», die dank der neuen technischen Verfahren diesen Namen verdiente, brachte 1843 der geschäftserfahrene J.J. Weber in Leipzig heraus; sie erreichte im Nu eine Auflage von 7500, 1846 von 9700 Heften. Als kaum weniger erfolgreich erwiesen sich seit 1845 die Münchener «Fliegenden Blätter». Diese ganz auf optische Suggestion durch Lithographien, Stahlstiche, Karikaturen setzenden Illustrierten kamen offensichtlich einem verbreiteten Bedürfnis entgegen. Die Leipziger «Lokomotive» brachte es 1842 sogleich auf 12000 Exemplare, wurde aber wegen der kritischen politischen Untertöne, die ihr Redakteur Friedrich Wilhelm Held, eine der schillernden Figuren des vormärzlichen Journalismus, anzuschlagen riskierte, schon 1843 verboten. Der «Herold» konnte 22000 Hefte absetzen, Meyers «Universum» zeitweilig sogar 80000 Exemplare in zwölf Sprachen. Das waren mit Geschick, auch Gespür für Marktlücken ausgenutzte Ausnahmeerfolge. Im allgemeinen überstieg die bis 1848 anwachsende Zahl der Unterhaltungszeitschriften nicht die Obergrenze von 10000 Heften. Unstreitig kündigte sich damit jedoch ein neuer Trend im Leserinteresse und -verhalten an. Bald sollte die «Gartenlaube» beweisen, wie man, ihn virtuos ausnutzend, eine Auflage von mehr als 300000 erreichen konnte.[14]

c) Schriftsteller, Journalisten, Verleger

Von der Schriftstellerei, erst recht von der Journalistik, im Hauptberuf auf die Dauer leben zu können, das blieb auch noch in der ersten Hälfte des 19. Jahrhunderts eine bewunderte Seltenheit. Für die erdrückende Mehrheit der «Literaten» galt, daß der eigentliche Beruf als Beamter, Professor, Pfarrer, Oberlehrer seinen Mann und die Familie ernähren mußte. Die hauptberufliche Tätigkeit des Schreibens behielt den Charakter eines Vabanquespiels, bei dem die meisten materiell scheiterten. Auch die wenigen, die wie Heine, Börne, Gutzkow, Laube, dabei endlich reüssierten, mußten ihren Erfolg hart erkämpfen, von bitteren Rückschlägen blieben auch sie nicht verschont. In der Regel führten Schriftsteller einen schweren Existenzkampf. Der Wunsch nach einem Mäzen ging fast nie in Erfüllung. Sorgenfrei sich dem eigenen Werk widmen zu können, erwies sich als eine Chimäre. Es war daher nur konsequent, daß der zeitgenössische Oberbegriff des Literaten darunter einen vielseitigen Mann verstand, der Romane, Theaterstücke, Gedichte, Lexikonartikel schrieb, Artikel und Rezensionen für Zeitungen und Zeitschriften verfaßte, aber auch fremdsprachige Texte übersetzte und Druckfahnen korrigierte – mithin buchstäblich jede Tätigkeit ausübte, die sich für ihn im literarisch-publizistischen Geschäft auftat. Man braucht nur den Lebenslauf der Schriftsteller des «Jungen Deutschland» zu verfolgen, um gewahr zu werden, welche Entbehrungen und Risiken ihnen zugemutet, welche Flexibilität und Wendigkeit ihnen abverlangt wurden, wenn sie ihren Weg weitergehen wollten. Gelang jemand, trotz aller Belastungen, ein erster Erfolg, begann die Abhängigkeit vom Verleger oder Redakteur. Unverzüglich setzte der Anpassungsdruck ein, der vom literarischen Markt, vom vorherrschenden Geschmack, von absatzversprechenden Themen ausging. Derart die Kommerzialisierung jeder schriftstellerischen Aktivität ganz unmittelbar zu erfahren, verschärfte die Spannung zwischen dem Selbstverständnis als «Dichter» und dem desillusionierend kargen Leben als «Brotschriftsteller» bis hin zur Unerträglichkeit.

Dennoch zog in den Ländern des Bildungsbürgertums mit seinen Abertausenden von literarisch und publizistisch interessierten Akademikern die Faszination eines Erfolgs als «Dichterfürst» – zumal im Zeichen des romantischen Geniekults – oder der Ehrgeiz, auf die öffentliche Meinung prägend einzuwirken, oder der Widerwille, auf eine Beamtenstelle lange zu warten, die akademische Ochsentour bis zu einer Professur einzuschlagen, Jahr für Jahr eine unabsehbare Zahl junger Leute in seinen Bann. «In keinem anderen Lande Europas», spottete Laube im Rückblick auf die 20er, 30er Jahre, «ist die allgemeine literarische Wehrpflicht so im Schwange wie bei uns.» Und da unter den Möchtegern-Dichtern und der «jungen Rezensentenbrut» die Universitätsabsolventen vorherrschten, wurde in Leipzig, diesem Nabelpunkt der literarischen und verlegerischen Welt, ein jeder, der sich als «Schriftsteller» ausgab, auch gleich «Dr. genannt». Wie viele von ihnen ruhmlos aufgaben, ist ungewiß; gewiß ist dagegen nur, daß es ein äußerst eng begrenzter Kreis war, der sich schließlich durchsetzte.

Auch wenn ein Schriftsteller endlich zum festen Begriff, wenn er der Öffentlichkeit vertraut geworden war, erreichten die Honorare – erst recht im Vergleich mit Pariser und Londoner Usancen – meistens nur eine deprimierend geringe Höhe. Selbst wer als «Bestseller»-Autor galt, wurde noch bescheiden entlohnt. Der weithin bekannte Literaturkritiker Menzel erhielt für seine vielgelesene «Deutsche Literatur» von 1827 ganze 600 T. Ein großzügiger Verleger wie Campe überwies Heine für dessen «Sämtliche Werke» 20000 Frs. Und Cotta, dessen gelegentlich fürstliche Honorare das Traumziel junger Autoren bildeten, zahlte für alle acht Auflagen von Ludwig Uhlands ungemein populären Gedichten 5800 fl. Solche Spitzensätze, wie bescheiden sie sich auch insgesamt ausnehmen mögen, konnten die meisten Schriftsteller nicht einmal von fern erreichen.

Der Schluß, daß eine gemeinsame Interessenorganisation die individuelle Schwäche im Zeichen einer Situation, die in der Sprache der ökonomischen Theorie als klassischer Fall eines «unbegrenzten Arbeitskräfteangebots» gelten kann, überwinden oder abmildern könne, wurde ziemlich spät gezogen. Im Frühjahr 1845 traf sich die erste deutsche Schriftstellerversammlung in Leipzig, wo Karl Biedermann, Professor und freier Publizist, als Wortführer der Mehrheit postulierte, daß die Literaten einen eigenen Berufsstand bilden müßten, der gegenüber Verlegern und staatlichen Behörden endlich seine Eigeninteressen zu verteidigen imstande sei. Biedermann schilderte nüchtern die Marktabhängigkeit der Schriftsteller. Erst ein starker Verband versprach hier hilfreichen Rückhalt. Dem im selben Jahr gegründeten Leipziger Schriftstellerverein gelang es jedoch nur, eine kleine Minderheit der Literaten für eine kollektive Interessenvertretung zu gewinnen. 1846 erreichte er mit 184 Mitgliedern, darunter nur 52 auswärtigen, seinen Höchststand, und selbst dann gehörten ihm außer einigen bekannten Autoren wie Laube auch Professoren wie Biedermann, Bülau und Wuttke, Verleger wie Brockhaus und Wigand an. Von einer homogenen Organisation des neuen «Standes» war auch dieser Verein noch weit entfernt. Wo sonst fanden sich auch so viele Vertreter eines bis zu narzißtischer Eitelkeit und bizarrer Egozentrik hochstilisierten Individualismus, der jeder Unterordnung unter eine Verbandsräson widerstrebte, wie gerade in diesem Gewerbe? 140 Jahre später war die Organisations- und Durchsetzungsfähigkeit deutscher Schriftsteller und ihrer Verbände noch immer ein heiß umstrittenes Thema.

Wenn auch das Tätigkeitsbild des Schriftstellers denkbar vielseitig blieb und eigentlich jeder, bereitwillig oder notgedrungen, für Zeitungen und Periodika schrieb, bildete sich doch auch allmählich die Sozialfigur des Journalisten heraus, der letztlich allein für die Presse arbeitete und auf extravagante Ausflüge in den Musenhain der Romanciers und Dramatiker verzichtete. Während der Epoche der Revolutions- und Hegemonialkriege, in der ja auch erstmals um den ausschlaggebenden Einfluß auf die öffentliche Meinung – zugunsten der revolutionären Errungenschaften oder der vertrauten Tradition – gerungen wurde, tauchte als Vorform der Typus des politischen Tagesschriftstellers auf, der sich auf pointierte Artikel für die Gazetten, auf fesselnde Flugschriften und polemische Pamphlete, auch auf geschickte Redaktionsarbeit, verstand. Gentz und Görres sind die bekanntesten Repräsentanten, aber auch Adam Müller, Pilat, Buchholz, Posselt, Kotzebue, Luden, Oken, Jarcke gehörten dazu.

Als die Julirevolution die Stickluft der Restauration durchbrach, ließ sich eine neue Politisierung der Literatur und Presse schwer aufhalten, ja wegen der Repression fand sich politische Kritik oft genötigt, literarisch-publizistische Formen anzunehmen. Von diesem neuen Schub getragen, suchte die junge Garde der Börne, Heine, Wirth, Siebenpfeiffer, Prutz, Ruge, Marx, Heß, Wolff, Püttmann, Glasbrenner, Held, Weerth, Dronke durch Tageszeitungen und Zeitschriften die öffentliche Meinung zu beeinflussen. Auch jetzt überwog freilich noch die nebenberufliche Tätigkeit: Privatdozenten, Lehrer, Beamte, Anwälte, Professoren, Pfarrer, Bibliothekare stellten vorerst weiter die Mehrheit, die jedoch im späten Vormärz deutlich schrumpfte. Solange wurde journalistische Arbeit oft noch als Durchgangsstation verstanden, auf der sich wenig Geld und Prestige gewinnen ließ. Oder eine blockierte Laufbahn endete im Redaktionszimmer: Der junge Wissenschaftler mit verweigerter Habilitation oder entzogener Lehrbefugnis – wie Marx, Brüggemann, Ruge, Nauwerck – war dort eine «hervorstechende Gestalt». Gerade wer eine kritische Feder schrieb, hatte vorher öfters aufgrund seiner persönlich-beruflichen Erfahrung Zugangschancen zum politischen Liberalismus gewonnen; mancher verstand seine Aufgabe auch primär als Volkserzieher und wechselte daher leicht in die Politik über. Parallel zu der Expansion des Zeitungswesens und des publizistischen Marktes trat jedenfalls, zumal auch eine Aufwertung der damit verknüpften Berufsrollen folgte, an die Stelle des nebenher schriftstellernden Akademikers Schritt für Schritt die neue funktionale Intelligenzschicht der hauptberuflichen Journalisten.

Das verdeutlicht das einzige bisher vorliegende, zuverlässig erarbeitete Sample aus der Zeit bis 1848. Es umfaßt 90 Redakteure, von denen immerhin schon 38 (40%) ihre Tätigkeit hauptberuflich ausübten; 17 taten es nur vorübergehend, 25 im Nebenberuf, 10 waren gleichzeitig Verleger, daher sogenannte Verlegerredakteure. Noch dominierten völlig die Akademiker: 90% besaßen eine Universitätsausbildung; am häufigsten fanden sich Juristen und Philologen, dann Theologen und Philosophen. 43 trugen den Doktor-, 14 den Professorentitel; ganze vier waren autodidaktische «Selfmademen». Nur 16 hatten von Anfang an ausschließlich als Journalisten ihr Brot verdient. Der sozialen Herkunft nach besaßen die Angehörigen des Bildungsbürgertums, der mittel- und kleinbürgerlichen Klassen einen klaren Vorrang. 43% stammten aus Beamten-, besonders aus Pfarrer- und Lehrerfamilien; 28% aus den Häusern kleiner Kaufleute und Unternehmer; je 10% aus dem Handwerk bzw. aus dem stadtbürgerlichen Honoratiorentum und Adel.

Das gut ausgewählte Sample kann als repräsentativer Querschnitt gelten. Daß diese Redakteure normalerweise Akademiker waren, wird angesichts der Zusammensetzung der deutschen Intelligenz niemand überraschen. Bemerkenswert ist eher die Tatsache, daß seit den 40er Jahren der sich fest etablierende, zunehmend attraktive Journalistenberuf Anerkennung fand. Er entwickelte seine eigenen Qualitätskriterien, blieb sozial offen, diente aber nicht mehr so häufig als Auffangbecken für literarisch oder wissenschaftlich ehrgeizige Männer, denen anderswo eine Karriere mißglückt war.

Im Hinblick auf ihre wirtschaftliche Lage bestand unter diesen frühen Journalisten ein krasses Gefälle. Cottas «Allgemeine Zeitung» konnte vor allem deshalb als einzige deutschsprachige Zeitung manchmal mit der Londoner «Times» verglichen werden, weil der Verleger mit großzügigen Gehältern vorzügliche Könner des Metiers fest an sein Blatt band. Auf dieselbe Weise löste er das Problem, vielseitige und zuverlässige Informationen in einer Zeit zu beschaffen, in der es noch keine Nachrichtenagenturen gab. Fortlaufende seriöse Korrespondenzen wurden hoch honoriert, so daß sich die Redaktion schließlich auf ein Netz agiler, erfahrener Berichterstatter verlassen konnte. Weitaus häufiger wurde jedoch ein bescheidenes Gehalt, nicht selten auch nur ein Zeilenhonorar, gezahlt, das den Redakteur zwang, als Vielschreiber seine Zeitung zu füllen.

Vergegenwärtigt man sich die vielfach ungesicherte materielle Situation, das Damoklesschwert der Zensur, das Mißtrauen der Behörden gegenüber diesen «Agitatoren», die immense Schwierigkeit, im Nachrichtenteil Niveau zu halten und in den Kommentaren nach Möglichkeit so etwas wie Öffentlichkeit zu schaffen, wird man den frühen Journalisten Respekt und Sympathie nicht versagen. Riehls beißende Kritik, für die deutschen Verhältnisse komme dieser Journalismus verfrüht, er sei «ein soziales Siebenmonatskind», eine «halbreife Zangengeburt», ein Sammelbecken der «Proletarier der Geistesarbeit», verfehlte in ihrer konservativen Borniertheit ganz und gar die zentrale Funktion, die eine von Fachleuten formulierte öffentliche Meinung für eine moderne liberale Gesellschaft besitzt, und in ihrer auf die eigenen stilistischen Effekte bauenden Bosheit verfehlte sie nicht minder die handwerkliche und geistige Qualität der führenden Journalisten der 40er Jahre.

Schriftsteller und Journalisten hingen nicht nur von den anonymen fluktuierenden Bedingungen des Marktes und den konkreten einschnürenden Auflagen der Politik, sondern auch von ihren Verlegern ab. Damals wie heute spielte die persönliche Begabung des Verlagsunternehmers für Erfolg oder Mißerfolg seiner Projekte eine maßgebliche Rolle. Er mußte nicht nur ein geschickter Geschäftsmann sein, mit dem technischen Fortschritt im Druckwesen vertraut bleiben und sich auf dem risikoreichen, rechtlich lange noch ungesicherten Terrain des literarischen Marktes sicher bewegen können, sondern er mußte auch das kapriziöse Völkchen seiner Literaten zu nehmen wissen, «Instinkt» für den Wert von Manuskripten besitzen, Talente fördern und politische Standfestigkeit beweisen. Diese unterschiedlichen

Funktionen verlangten einen ganzen Mann mit vielseitigen Fähigkeiten. Die Zwischenkriegszeit vor 1848 ist an solchen herausragenden Persönlichkeiten nicht arm gewesen; einige Beispiele müssen hier genügen.

Julius Campe etwa baute seit 1823 den Familienbetrieb in Hamburg zu einer renommierten Verlagsbuchhandlung aus. Börne, Heine, Hebbel gehörten zu seinen prominentesten Autoren, zeitweilig auch Gutzkow, Laube, Hoffmann v. Fallersleben, Mundt – eigentlich die ganze Gruppe des «Jungen Deutschland». Campes Verlag bildete eines der geistigen Zentren des deutschen Vormärz. Wegen seiner kühnen Mißachtung der Zensur ein in Amtsstuben vielgehaßter Mann, überwand er mit List, Klugheit und finanzieller Fortüne alle Hindernisse, auch als 1841/42 seine gesamte Produktion in Preußen verboten wurde. Weniger bedeutend, aber ein wackerer Oppositionsverleger, druckte Otto Wigand in Leipzig Heinrich Laube, als er am umstrittensten war, auch die «Hallischen Jahrbücher» ungeachtet des sie begleitenden, furiosen Streits. Kommerziell überlebte er unter anderem dank der vielgelesenen «Jahrbücher für Medizin» und eines bunten Belletristikangebots. Ebenfalls in Leipzig spezialisierte sich Philipp Reclam frühzeitig auf Billigausgaben. 1828 kaufte er eine große Lesehalle, das «Literarische Museum», zusammen mit einer Leihbibliothek, die nicht nur ein Treffpunkt der Liberalgesinnten wurde, sondern dem Verleger auch neue Kontakte mit Autoren und Leserwünschen vermittelte.

Am selben Ort hatte Friedrich Arnold Brockhaus bis 1823 seinen Verlag mit einer Großdruckerei fest etabliert. Die Konversationslexika bildeten eine zuverlässige Grundlage, die es ihm und seit 1823 dem Nachfolger, seinem Sohn Heinrich, gestatteten, auch philosophische Außenseiter wie Arthur Schopenhauer, Ärgernis erregende Autoren wie Fanny Lewald und Levin Schücking, Jahrbücher wie den «Hermes» und die Leipziger «Allgemeine Zeitung» zu verlegen. Der internationale Ruhm des Unternehmens und sein Geschäftserfolg blieben freilich unentwegt an die zahlreichen Auflagen des Lexikons gebunden.

Auf lange Sicht sollte das auch auf Joseph Meyer zutreffen, zuerst jedoch beruhte der Erfolg des jungen Aufsteigers seit 1826 darauf, daß er das Buch konsequent zur preiswert erschwinglichen Massenware machte. Für zwei Groschen wurde jeder Band seiner «Miniaturbibliothek deutscher Klassiker» verkauft. 1830 schon gehörte er zu dem halben Dutzend der umsatzstärksten, größten deutschen Verleger. Die Zivilcourage, mit der er die Zusammenarbeit mit linksliberalen Publizisten wie Siebenpfeiffer aufrechterhielt, löste ein Bundesverbot aller in seinem Verlag erscheinenden Zeitschriften und Zeitungen aus. Nicht erfaßt davon wurde sein erst 1833 gegründetes, erfolgreichstes Periodikum, das «Universum», das zeitweilig eine Auflage von 100000 Exemplaren zu erreichen schien. Erst 1840 nahm er den Konkurrenzkampf mit Brockhaus zielstrebig auf, indem er eine neue Enzyklopädie mit mehr als dem dreifachen Umfang inaugurierte, deren 52

Bände bis 1852 in seinem Hildburghausener «Bibliographischen Institut» erschienen; sie stieg seither zum härtesten Rivalen des Brockhausschen Lexikons auf. Unbeschadet ihrer Unterschiede wurden beide zu einer einflußreichen Quelle liberaler politischer Bildung.

Als ungekrönter König des Verlagswesens galt jedoch bis 1832 Johann Friedrich v. Cotta. Er hatte durch frühe Verbindungen mit den großen Figuren der deutschen Klassik einen Stamm von Autoren gewonnen, der den Stuttgarter Verlag jahrzehntelang zu dem Klassikerverlag schlechthin machte. Cotta brachte in immer neuen Auflagen die Werke von Schiller, Goethe, Wieland, Herder, Hölderlin heraus, gewann von den Jüngeren Jean Paul, Hebel, Immermann, Mörike, Lenau, Freiligrath, Annette v. Droste-Hülshoff, von den wissenschaftlichen Koryphäen Alexander v. Humboldt, Hegel, Schelling, Ranke, v. Stein, aber auch List, Gregorovius und Riehl; er lancierte Pestalozzis gesammelte Schriften auf den deutschen Markt. Außerdem florierten seine «Allgemeine Zeitung», sein «Morgenblatt für die gebildeten Stände» und zahlreiche gewerbliche Unternehmen, an denen er sich beteiligte. Über die Höhe seines Honorarfonds kursierten in jedem Literatenzirkel phantastische Gerüchte. Tatsächlich zahlte Cotta großzügig aus dem lebensklugen Kalkül, daß nichts so sicher wie ein außergewöhnliches Honorar die Manuskripte begehrter Autoren gewinnt; er war jedoch auch davon überzeugt, daß geistige Arbeit einen angemessenen Preis verdiene. Mit einer riesigen, eigenhändig geführten Korrespondenz hielt er sein Imperium zusammen, warb hier neue Autoren, führte dort selber die Zeitungsredaktion, ein imponierender, selbst hochgebildeter Allround-Unternehmer. «Das war ein Mann», urteilte Heine, frei nach Goethe, über ihn, «der hatte die Hand über die ganze Welt.«

Sein Sohn Johann Georg führte nach 1832 diesen frühen Medienkonzern weiter, ergänzte die Palette durch die «Deutsche Vierteljahresschrift», rundete ihn 1838 durch den Aufkauf des Göschen-Verlags, des härtesten Konkurrenten in Klassikerausgaben, ab und setzte daraufhin die bewährte Programmpolitik mit der «Volksbibliothek deutscher Klassiker» sowie neuen Ausgaben der «Sämtlichen Werke» von Goethe und Schiller fort.

Damit sind noch längst nicht alle bedeutenden Verleger genannt: Da gab es Friedrich Perthes, der nach dem durchschlagenden Erfolg als Sortimenter seit 1821 in Gotha auch noch einen Verlag aufbaute, in dem unter anderem Heerens «Geschichte der europäischen Staaten» als populärwissenschaftliches Bildungsbuch erschien. Da gab es DuMont in Köln, Ruprecht in Göttingen, Metzler in Stuttgart, von der noch nicht genannten illustren Schar anderer Leipziger Verlegerhonoratioren zu schweigen.

Alle aber sahen sich einem Kernproblem ihres Geschäftslebens gegenüber, wie unterschiedlich auch sonst ihre Interessen und Bilanzen aussehen mochten. Das war die eklatante Rechtsunsicherheit, die sowohl durch das rudimentäre Urheberrecht als auch den fehlenden Schutz gegen unlizensierte

Nachdrucke geschaffen wurde. Bekanntlich hatte das ALR als erster und einziger deutscher Kodex das Verfügungsrecht des Autors über sein Arbeitsprodukt anerkannt, folgerichtig auch den unberechtigten Nachdruck verboten. Den schier zahllosen Piratendrucken in anderen Staaten und der daraus resultierenden Schleuderkonkurrenz konnte es jedoch auch nicht effektiv begegnen. Der Verlegerlobby in Wien war es dann gelungen, in den Art. 18 DBA einen Verfassungsauftrag hineinzuformulieren, wodurch die «Sicherstellung der Rechte der Schriftsteller und Verleger gegen den Nachdruck» im Bund in Aussicht gestellt wurde. In der Tat wurde die Materie von der Bundesversammlung beraten; ein Ausschuß erarbeitete bis 1819 einen Entwurf, der eine zehnjährige Schutzfrist, aber auch die Preisbindung vorsah. Beides wurde von den Buchhändlern, unter denen Perthes am entschiedensten für ein dreißig Jahre gültiges Copyright eintrat, rundum abgelehnt.

Die Präsidialmacht, ohnehin ein Hort feindseliger Ablehnung der modernen Literatur und des Pressewesens, ließ die Dinge nur zu bereitwillig schleifen. Preußen schloß jedoch eine Reihe von bilateralen Verträgen über Nachdruckverbote, so daß Österreich schließlich nachgab. Die berüchtigten Wiener Konferenzen vom Juni 1834 ergaben auch einen Beschluß, demzufolge Raubdrucke im Bund verboten werden sollten. Der Bundestag erhob die Geheimentscheidung am 2. April 1835 zum Gesetz, konnte sich jedoch weiterhin über die Länge der Schutzfrist nicht einigen. Da tat Berlin erneut den entscheidenden Schritt, als es am 11. Juli 1837 eine dreißigjährige Schutzzeit gesetzlich verankerte, andere Staaten folgten. Seit dem 19. Juni 1845 galt diese vorbildliche Regelung endlich auch im ganzen Bund. Für Schriftsteller und Verleger begann damit eine Zahl bisher unbekannter Rechtssicherheit, die eine von Grund auf veränderte Art der Kosten- und Honorarkalkulation ermöglichte. Übrigens stellte die neue Schutzgarantie das erste «gesamtdeutsche» Gesetz auf privatrechtlichem Gebiet dar – ein Ausdruck des Regulierungszwangs, der von der Macht des grenzübergreifenden literarisch-publizistischen Markts ausging.

Da sich die berufsspezifischen Interessen der Verleger seit dem 18. Jahrhundert klar herausgebildet hatten, gelang bereits 1825 ein Zusammenschluß im «Börsenverein der deutschen Buchhändler», der mit nur 108 Mitgliedern begann, bis 1845 jedoch gut 50% aller Verleger und Buchhändler gewonnen hatte. Seit 1834, als die bisher aus Konkurrenzangst in einem eigenen Verein vereinigten, wegen ihrer Schlüsselposition unentbehrlichen Leipziger hinzustießen, erschien auch als Verbandsorgan das «Börsenblatt für den deutschen Buchhandel». Der «Börsenverein» bot den über das Bundesgebiet zerstreut lebenden Mitgliedern eine gemeinsame Interessenorganisation, die gegen Raubdrucke kämpfte, Sanktionen gegen die «unsittlichen» Schriften der zeitgenössischen Pornographie, vor allem aber ein einheitliches Urheberschutz- und Nachdruckrecht forderte. Insofern konnte der «Börsenverein» nach zwanzig Jahren einen glänzenden Erfolg für sich mitbeanspruchen.

Nicht zuletzt wirkte er auf einen Ehrenkodex der neuen Berufsklasse hin und sorgte durch Jahreskongresse sowie die eigene Zeitschrift für einen regelmäßigen Informationsaustausch. Hier formierte sich mit beträchtlicher Effektivität eine Machtelite des literarisch-publizistischen, überhaupt des geistigen Lebens, deren Einfluß und ökonomische Potenz seit dem Vormärz nicht mehr übersehen werden konnte.[15]

6. *Die frühliberale Öffentlichkeit*

Als der Idealtypus der frühliberalen bürgerlichen «Öffentlichkeit eines Publikums räsonierender Privatleute», die nach mühseligen Prozessen der Selbstverständigung zu politischer Kritik und der Forderung nach öffentlicher politischer Kontrolle der Herrschaftsentscheidungen vorstießen, auch auf deutschem Boden nach der Anlaufphase im späten 18. Jahrhundert die schärferen Konturen eines Realtypus gewann, wurde dieser Vorgang bis 1848 durch einen Dauerkonflikt geprägt. Es handelte sich um den unversöhnlichen Antagonismus zwischen dem Postulat der vollen Meinungs- und Pressefreiheit einerseits, der Verteidigung von staatlicher Zensur und Knebelung der Öffentlichkeit andrerseits. Zu den frühliberalen Axiomen gehörte der ungehinderte Austausch von kontroversen Meinungen auf dem freien Markt der Ideen und Überzeugungen, damit im vernünftigen Diskurs der politisch mündigen Bürger eine problemadäquate, konsensfähige Entscheidung ermittelt werden konnte. Insofern kann die politisierte Öffentlichkeit als eine «epochaltypische Kategorie» gelten, denn an dem Vordringen einer ungefesselten öffentlichen Meinung läßt sich die graduelle Durchsetzung einer liberalen Politik- und Gesellschaftsordnung, an der Rigidität ihrer Einschränkung die Härte des Widerstands gegen sie ablesen.

Für die politisch engagierten Zeitgenossen jeder Couleur verliefen die Fronten mit eben dieser Eindeutigkeit. Streng gefilterte, knapp dosierte, obrigkeitlich gesteuerte Informationspolitik im Dienst der Staatsräson, das war die Maxime der Konservativen – daher Kampf der «Pressfrechheit», wie Friedrich Wilhelm III. sich echauffierte, Kampf der Bedrohung, wie Gentz höhnte, durch solch «halsbrechende Theorie und ansteckenden Wahn». Beharrlich und risikobereit für eine wahrhaft freie öffentliche Meinung und das offene Forum einer unzensierten Publizistik und Literatur zu streiten, das war der Imperativ der Liberalen.

Wie mächtig am Ende der ersten Revolutionsepoche die Kraft liberaler Ideen geworden war, enthüllte der Art. 18 DBA, in dem die Verwirklichung der Pressefreiheit im gesamten Deutschen Bund als Verfassungsauftrag niedergelegt wurde. Selbst die konservativen Meinungsführer des Wiener Kongresses hielten diese Konzession an den vielzitierten «Geist der Zeit» für unumgänglich. Eine Bestandsaufnahme für den Bundestag ergab 1818, daß in einem Drittel der Gliedstaaten schon Zensurfreiheit herrschte, z.B. in

Württemberg und im Großherzogtum Hessen, sogar in den beiden Mecklenburgs. Einer verbindlichen Rahmengesetzgebung, die diesem Prinzip überall die grundgesetzkonforme Geltung verschafft hätte, widersetzte sich jedoch vor allem die unnachgiebige Wiener Regierung, bis das «System Metternich» mit den Karlsbader Beschlüssen auch auf diesem Gebiet einen vollen Triumph feiern konnte. Überall wurde die Vorzensur für Druckerzeugnisse bis zu zwanzig Bogen, bei umfangreicheren Werken, denen eine geringere Wirkungsreichweite unterstellt wurde, die Nachzensur als bundesrechtlich verbindliche Kontrollmaßnahme der Staatsbehörden durch das «provisorische Pressgesetz» vom September 1819 vorgeschrieben. Das genaue Gegenteil des freiheitlichen Verfassungsauftrags wurde 1819 verwirklicht.

Die verhaßte Zensur statt der versprochenen Pressefreiheit sollte seither – auf unbestimmte Zeit verlängert, nur hier und da kurz unterbrochen – rund dreißig Jahre lang in Kraft bleiben. Die Starrheit, mit der diese Zensur praktiziert wurde, wird nicht nur daran deutlich, daß jede freimütige Kritik bereits im Vorfeld erstickt wurde, sondern daß selbst die Gründung einer Zeitung, wie seit 1819 auch in Preußen, von der Genehmigung durch die Zensurbehörden abhing. Infolgedessen «bezog der Deutsche zu jener Zeit seine tägliche politische Nahrung systematisch verwässert durch die Vorsorge der Regierungszensoren». Die kritischen Attacken, wie sie bereits Jahrzehnte zuvor Schlözer, Nicolai, Moser in ihren Magazinen geritten hatten, konnten bis zum Ende der Restaurationsperiode gar nicht mehr in die Öffentlichkeit gelangen.

Auf die neue liberale Publizistik seit 1830, die sich über die Zensurvorschriften mutig hinwegsetzte, und auf die unübersehbaren politischen Tendenzen der jüngsten Literatur, wie sie in erster Linie die Autorengruppe des «Jungen Deutschland» verkörperte, reagierte der Bund im gewohnten Repressionsstil mit neuen Unterdrückungsgesetzen. Die strikte Durchführung der Zensur wurde erneut allen Mitgliedern eingeschärft, der Import von Schriften unter zwanzig Bogen von einer Bundeskonzession abhängig gemacht. Darüber hinaus wurden durch die Wiener Beschlüsse die Regierungen – «von den Nachteilen einer übermäßigen Anzahl politischer Tagesblätter überzeugt» – «auf eine allmählich herbeizuführende Verminderung solcher Blätter» eingeschworen. Das war nichts weniger als ein Frontalangriff auf den wichtigsten Träger der öffentlichen Meinung. Es blieb auch keineswegs bei einem inhaltsleeren Appell. Noch 1837 schärfte z. B. die Berliner Regierung in einem Reskript gegen die «schädliche Vermehrung» der Presseorgane den Behörden ein, für die «Verminderung der periodischen Blätter zu sorgen». Zumindest als latenter Druck wirkte sich die Anweisung gegen Zeitungsneugründungen aus. Überhaupt nährte das Zensurwesen gerade deshalb ständig Angst und Unsicherheit, weil eine materielle Präzisierung der rechtswidrigen Delikte wohlweislich ausblieb. Daher floß ein hohes

Maß an Willkür in die Entscheidung darüber, was zu löschen sei oder auf ein Verbot treffe, gewöhnlich mit ein. Andrerseits wirkte die Zensur ihrer Natur nach kontraproduktiv, da – wie sich ein Liberaler mokierte – «auch das verdienteste Lob aus einer zensierten Zeitung wie Speichelleckerei klingt».

Mit der Pressebekämpfung gab sich der Bund noch nicht zufrieden. Am 10. Dezember 1835 verbot die Frankfurter Versammlung sämtliche Schriften des «Jungen Deutschland». Alle literarischen und publizistischen Werke von Heine, Börne, Laube, Gutzkow, Lewald, Mundt, Wienbarg verfielen der Beschlagnahme. Seither wachten Polizei und Zensoren gemeinsam darüber, daß sie nicht wieder öffentlich verkauft wurden. «Die Zensurnot dauert immerfort und ist», grämte sich Varnhagen v. Ense, «eine wahre Schande für unseren Staat.» Der Bannstrahl gegen das «Junge Deutschland» bildete keineswegs den Schlußpunkt dieser Politik. Im August 1846 untersagte der Bundestag die Verbreitung aller sozialistischen und kommunistischen Schriften. Weil diese politischen Strömungen selber noch diffus waren, stellte das an den Sachverstand der Zensoren Ansprüche, die ein herkömmlicher Verwaltungsjurist nicht ohne weiteres besaß. Die Folge war erneut eine verunsichernde Beliebigkeit des Urteils. Zwar unterlief der Bücherschmuggel aus dem liberaleren Ausland manche argwöhnische Kontrolle. Mit harten Maßnahmen würgte der Bund seit 1845 daraufhin auch noch die wichtigsten Exilverlage ab.

Dennoch stellt sich die Frage nach der Effizienz der mit soviel administrativem Aufwand betriebenen Zensur. Unstreitig hatte dieses System politischer Illiberalität böse Folgen. Der Verwirklichung eines Grundwertes der projektierten liberalen Bürgergesellschaft wurden jahrzehntelang immer neue Hindernisse entgegengestellt. Öffentliche Kritik wurde unterdrückt. Gegen den Verbotsspruch anonymer Zensoren gab es keine glaubwürdige Appellationsinstanz. Politische Pressekommentare wurden kastriert, lesenswerte Romane dem Leser vorenthalten. Die Strafen ruinierten manche private Existenz, trieben Intellektuelle in die Emigration, schüchterten Verleger ein. Schlimm war nicht zuletzt die niederträchtige Art, wie die Zivilcourage untergraben wurde, denn der Gedanke an die gravierenden Folgen der Zensur ließ sich nicht vertreiben.

Der Obrigkeitsstaat verbuchte schäbige Erfolge, der erhoffte Sieg blieb ihm jedoch versagt, denn Journalisten und Verleger lernten die Listen der Tarnung. Es gab wahre Künstler einer äußerlich meisterhaften Mimikry. In dieser verschleierten Form wurde weiterhin Kritik geübt. Man mußte nur zwischen den Zeilen lesen können. In neutral klingenden Zeitungsberichten und in Romanen, im Theater und auf Kongressen, «in fiktiven oder realistischen Reiseschilderungen», in Essays und Rezensionen, «im Feuilleton der großen Zeitungen» wurden «alle Aspekte der politischen und gesellschaftlichen Emanzipation» dem Leser irgendwie nahegebracht. Gewiß, es gab den resignierten Rückzug in die apolitische Literatur, auf den übervorsichtigen

Redaktionsstil. Wie zum Ausgleich entfaltete sich jedoch die «engagierte politische Lyrik» eines Herwegh, Freiligrath, Weerth, Hoffmann v. Fallersleben. Die zeitkritische Dichtung und Schriftstellerei ließ sich schlechterdings nicht effektiv unterdrücken. Fraglos spiegelte die Durchlöcherung der Zensur die Unvollkommenheit des Kontrollapparates wider. Die Staaten des Deutschen Bundes besaßen nun einmal kein totalitäres Regime. Die Zensoren waren oft überfordert, dumm, träge. Die wenigen Zollbeamten konnten den kleinen Grenzverkehr mit verbotenen Büchern und Zeitschriften nicht verhindern. In den Lesehallen und Leihbibliotheken waren unzensierte Blätter vielen Interessierten zugänglich. Weder die Politisierung des öffentlichen Lebens noch die ideologische und parteipolitische Differenzierung ließen sich durch die Zensur wirklich aufhalten. Nur bremsen, verzögern, Haß erzeugen – das gelang ihr.

Wie bei nur wenigen anderen Themen konnten sich aufrechte Liberale für scharfe öffentliche Polemik erwärmen, wenn sie, voller Empörung über ihre politische Ohnmacht, die Zensur geißelten, den «heiligen Rechtsanspruch» auf Meinungsfreiheit gegen den «Despotismus» des Gottesgnadentums verfochten. Weil «unsere Hofzensoren und Mandarine» sich «täglich mehr dem Muster von Peking», dem Tiefpunkt asiatischer Tyrannei, näherten, führten sie – so Welcker weiter im «Staatslexikon» – nicht nur der liberalen Opposition stetig neue Anhänger zu, sondern brächten sogar auch «radikale Systeme» als notwendige Folge hervor, solange die öffentliche Meinung weiter «verfälscht und unterdrückt» werde. In der Tat könnten «Höflings- und Maitressenregierungen und napoleonischer Sultanismus, Usurpatoren, eigensüchtige aristokratische Faktionen, schwache oder dem Ausland dienstbare Ministerien» nichts anderes tun, als «die Pressfreiheit fürchten, welche die Interessen der Nation siegreich zur Sprache bringt». Diese unverschnörkelte Polemik und den pathetischen Zorn des Gerechten konnte auch die Zensur nicht zum Schweigen bringen. Mit der Verbitterung, die sie zunehmend auslöste, hat sie weit eher zur Destabilisierung der Fürstenherrschaft beigetragen als die Hoffnungen erfüllt, die Metternich und seine politischen Konsorten mit ihr verbanden.

Wegen der wohlbekannten politischen Kosten, welche die Meinungsgängelung verursachte, stellte die Berliner Regierung in der Atmosphäre des Aufbruchs nach dem Amtsantritt Friedrich Wilhelms IV. ein kurzes Experiment mit der Lockerung der Zensur an. Die Instruktion vom 24. Dezember 1841 sprach sich für eine «unabhängige Presse» aus, die einer – contradictio in adjectum – wohlwollenden Zensur sicher sein könne. Tatsächlich hielten sich die Zensoren vorerst zurück. Ein fulminanter Ausbruch von kritischen Artikeln und freimütigen Kommentaren war die Folge; die «kritische Kritik» der Junghegelianer erlebte ihre goldenen Monate. Zeitungen und Zeitschriften wähnten sich im Besitz der Pressefreiheit. Der Charakter der gedruckten öffentlichen Meinung veränderte sich mit Windeseile. Am

28. Mai 1842 gab eine Zirkularverfügung des Innenministers auch den Druck von Lithographien und Kupferstichen frei, worauf sich eine «Flut von Karikaturen» den Weg in die Presse bahnte. Verstört ob des ungewohnten Tons und Stils, der sich offenbar unaufhaltsam ausbreitete und all jene Befürchtungen zu bestätigen schien, daß die Presse nur als «Feind» der Regierung agieren wolle, zog das Staatsministerium alsbald die Bremse wieder an. Die Oberpräsidenten wurden am 20. Oktober 1842 angewiesen, auf die Blätter in ihrer Provinz zügelnd einzuwirken; am 3. Feburar 1843 wurde die Karikaturfreiheit widerrufen, am 23. Februar eine neue Organisation der Zensurbehörden geschaffen.

Das Jahr der Meinungsfreiheit endete ebenso plötzlich, wie es begonnen hatte. Die seit 1819 bestehenden Zensurkollegien wurden aufgelöst, und statt dessen wurden überall Lokalzensoren, bei den Regierungspräsidien Bezirkszensoren eingesetzt. Für strittige Fälle war seit dem Juli 1843 ein Oberzensurgericht zuständig. Wie erwartet, brauchten die neuen Kontrollorgane nur wenig Zeit, um sich einzuarbeiten: Allein 1844 wurden schon wieder 55 Presseverbote verhängt; von 1831 bis 1840 waren es 312, jährlich rund 30, gewesen. Der Traum, daß Berlins Vorreiterrolle beim Urheber- und Nachdruckrecht sowie jetzt bei der Einführung der Pressefreiheit auch im geistigen Leben beweise, «wie sehr Preußen zur Hegemonie in Deutschland berufen» sei, war nach knapp einem Jahr ausgeträumt. Die Regierung kehrte zu der vertrauten Praxis zurück, wie das englische «Foreign Quarterly» spottete, den Inhalt von politischen Nachrichten ganz so als «königliches Monopol» zu behandeln, wie das mit dem «Tabakverkauf in Frankreich» der Fall sei. Enttäuschte Journalisten wie Held griffen mutig die neue verfeinerte Zensur als «Guerilla im Kampf der Geister», als «Filtriermaschine der Literatur», als «Arsenik der Wissenschaft» an. Vergebens, sie wurden mundtot gemacht.

Bis zum März 1848 behielt der Deutsche Bund mit seinen Einzelstaaten die Zensur bei. Auch wenn einmal ein Mitglied wie Baden mit einem liberalisierten Pressegesetz gegen den Stachel löckte, sorgte die unerbittliche bundespolitische Intervention dafür, daß dieser Schritt rückgängig gemacht und die «willkürliche Zensurverstümmelung» wieder eingeführt werden mußte. Auch wegen dieser Unterdrückung des «wichtigsten der ... Bürgerrechte» staute sich unter den Liberalen und Radikalen die Verachtung des Bundes als eines Symbols der Unfreiheit weiter an.

Nahezu dreißig Jahre erschwerte auf diese Weise die staatliche Zensur- und Repressionspolitik die Entfaltung der frühliberalen Öffentlichkeit, die deshalb einer ihrer wesentlichen Aufgaben: Regierungspolitik, Verwaltungshandeln und Gesetzgebung transparent zu machen und dem öffentlichen Urteil auszusetzen, um eventuell Veränderungen zu ermöglichen, nicht wahrnehmen konnte, wenn man von der punktuellen, kurzfristigen Auflokkerung in einigen Staaten absieht. Auf der anderen Seite erkannten auch die konservativen Regierungen mit ihren Beratern frühzeitig die Macht der öffentlichen Meinung, soweit sie sich nur öffentlich äußern konnte. Sie bemühten sich daher nicht nur darum, diese Macht durch Knebelung stumm, gewissermaßen künstlich im Zustand der Latenz zu halten, sondern der frühliberal-kritischen eine konservative Gegenöffentlichkeit entgegenzusetzen. Regierungsblätter wie die «Preußische Staatszeitung» und der mit 200 Exemplaren dahinvegetierende Wiener «Staatsmann» sollten diese Aufgabe ursprünglich ebenso erfüllen wie etwa Rankes Zeitschrift. Auf längere Sicht sind all diese leicht durchschaubaren Manipulationsversuche gescheitert. Sie verraten jedoch einen selbst von den Zensurstaaten widerwillig gezollten Respekt vor der öffentlichen Meinung, die mit untauglichen Mitteln zum Alliierten gewonnen werden sollte.

Blieb die Zensur ein auffälliger, schmerzhafter Akt, setzte sich gleichzeitig ein eher anonymer Entwicklungsprozeß, der erst relativ spät kritisch kommentiert wurde, kraftvoll weiter durch: die Unterwerfung des literarisch-publizistischen Lebens unter die Funktionsmechanismen des Marktes. Biedermann analysierte die Lage der Schriftsteller 1845 ganz realistisch: Unvermeidbar müßten sie «die Erzeugnisse dieser geistigen Produktion wie eine Ware auf den Markt bringen, zum Verkauf anbieten und um den Preis feilschen». In der Tat belieferten inzwischen alle freien Literaten einen Markt, auf dem sich in der Regel die Nachfrage über die Natur, ja die Qualität des Angebots aufschwang. Nur der außergewöhnlich begabte und erfolgreiche Schriftsteller konnte mit seinem Angebot eine spezifische Nachfrage auslösen und prägen, ja einen Einfluß sui generis auf die Marktabläufe gewinnen.

Auch der Verlegerberuf veränderte sich in dieser Zeit. Waren es häufig zuerst Buchhändler gewesen, die Bücher selber zu verlegen begannen, waren die Verleger neuen Stils – wie die Cottas und Brockhaus', wie Meyer und Campe – kapitalistische Großunternehmer mit weitfliegenden Projekten, hohem Kapitaleinsatz und geschmeidiger Marktorientierung. Seit den 40er Jahren drangen die Klagen von Autoren und anderen Kritikern der beschleunigten Kommerzialisierung und Marktförmigkeit des literarischen Lebens immer häufiger an die Öffentlichkeit. Prutz und Dronke sprachen fast gleichzeitig von der «Literaturfabrik», in welcher der Schriftsteller direkt für den Verlagsunternehmer, indirekt für die schwankenden Modeströmungen seines Marktes arbeiten müsse.

Auch die Journalisten bekamen die Marktabhängigkeit ihres Berufs immer härter zu spüren. Der Meinungsmarkt mußte erkundet, von Korrespondenten möglichst überall erforscht und dann – je nach der Präferenz für «überparteiliche», liberale oder konservative Publizistikkonsumenten – mit Nachrichten und Kommentaren beliefert werden. Noch nachhaltiger wirkte sich das Vordringen marktförmiger Strukturen im lukrativen Anzeigenwesen aus. Schon im Vormärz hingen der Preis und die Abonnentenzahl von

Zeitungen weithin vom Annoncenaufkommen, damit aber auch von dem Urteil ab, daß sich die großen Anzeigenkunden über den Nutzen dieser Werbekosten, über den vermuteten Reklameeffekt und selbstredend auch über die politische Tendenz des Blattes bildeten. Der Kampf um die Marktanteile wurde daher weder allein durch die Vielfalt des Angebots in einer Zeitung, noch allein durch ihre klare liberale oder konservative Linie entschieden, sondern auch durch die Abschätzung der Werbewirksamkeit des Anzeigenteils bestimmt. Dieses ökonomische Kalkül hatten Verleger und Chefredakteure in wachsendem Maße zu berücksichtigen. Damit tauchte ein Dauerproblem der modernen Presse: die Rücksichtnahme auf den finanzkräftigen Anzeigenkunden, im Grenzfall die Abhängigkeit von seinen Interessen, unübersehbar auf.

Handelte es sich hier um Gefahren der Kommerzialisierung und Marktbildung, ist doch auch nicht zu übersehen, daß ein von politischer Gängelung befreiter literarisch-publizistischer Markt ein Potential erschließen half, das für ganz konträre: für konservative, liberale, konfessionelle, radikale Zwecke mobilisiert werden konnte. Insofern bot dieser neue Massenmarkt ungeahnte politische Chancen. Es mußte sich erst noch herausstellen, ob die optimistische Leitvorstellung der Liberalen zutraf, die aufgeklärte Vernunft werde sich in der öffentlichen Diskussion letztlich so unwiderstehlich durchsetzen, daß auch der zunächst Widerstrebende dem anschwellenden liberalen Meinungsdruck zum Wohl des Gemeinwesens nachzugeben hatte.[16]

VI.
Deutschland im späten Vormärz
An der Schwelle zweier Revolutionen

Selbst die neubefestigte Fürstenherrschaft könne, prognostizierte 1821 der amerikanische Geschäftsträger am niederländischen Hof, Alexander H. Everett, die künftige «Lage der europäischen Hauptmächte», wegen «derselben allgemeinen Ursachen», welche die Französische Revolution ausgelöst hätten, die moderne bürgerliche Entwicklung «nicht aufhalten». Für ihn stand außer Zweifel, «daß die Revolution ... nach und nach durch die Veränderungen, welche in dem Zustande der Gesellschaft vorgegangen sind und die eine Wirkung des Fortschreitens der Industrie, des Wohlstandes und der Wissenschaft oder, mit einem Wort, der Zivilisation waren, hervorgebracht ist. In dieser Veränderung des Zustandes der Gesellschaft besteht die wahre Revolution!» Da diese Veränderung nach 1815 weiterhin andauerte, behielt für Everett auch das bevorstehende Zeitalter die Charakteristika einer fortschreitenden, tiefgreifenden, unwiderstehlichen, wahrhaft revolutionären Umwälzung, die auch imstande blieb, erneut in eine politische Eruption überzugehen. Wie mancher andere kluge Zeitgenosse erkannte Everett, daß diese sozialökonomische und soziokulturelle Modernisierung durch die politischen Barrieren der Restaurationsregimes nicht dauerhaft zurückgedämmt werden konnte, daß überhaupt die gesellschaftliche Evolution eine stärkere Durchsetzungskraft als die politische Status-Quo-Verteidigung gewonnen hatte. Hellsichtige Analytiker wie Tocqueville und Burckhardt stimmten ihm später zu, nur beurteilten sie das, was der fortschrittsgläubige amerikanische Republikaner begrüßte, mit abgrundtiefer Skepsis. Wie auch immer die Akzente gesetzt werden mochten, unstreitig haben die Revolutions- und Reformjahre den Rang eines «Terminus a quo» gewonnen, «von dem aus man nur noch nach vorne denken kann, und das ist immer die Signatur eines echten geschichtlichen Wandels».[1]

Solche Zeitdiagnosen stehen in krassem Gegensatz zu zahlreichen älteren historischen Darstellungen, welche die Epoche zwischen 1815 und 1848 als farblose Übergangsperiode, als ereignisarme Zwischenkriegszeit, als undramatisches Vorspiel für bedeutendere Begebenheiten abgewertet, damit aber um ihren genuinen Rang als eine spannungsreiche Umbruchperiode gebracht haben. Die zählebige Neigung, diese Zeit mit biedermeierlicher Behäbigkeit zu verbinden, der Spitzweg-Idylle zuviel Realitätsnähe zuzutrauen, die vermeintliche Rückkehr neuer «halkyonischer Tage» festzustellen, hat dieses ohnehin verzerrte Bild bis hin zur Unkenntlichkeit entstellt.

Solchen Tendenzen ist vorn eine dezidiert andersartige Analyse und

Interpretation entgegengesetzt worden, die dem beschleunigten, krisenreichen Transformationsprozeß in verschiedenen Realitätsbereichen nicht nur ausführlicher und genauer als oft üblich herausgearbeitet, sondern auch als besonders folgenreiche Phase der okzidentalen Modernisierung auf deutschem Boden gedeutet hat. Diese Phase endete mit innerer Folgerichtigkeit mit einer fundamentalen Zäsur: dem Abschluß des seit längerem ausklingenden Feudalzeitalters durch die Revolution von 1848/49 einerseits, dem Durchbruch der industriellen Revolution im Verfassungsstaat andrerseits. Schon wegen der schlechthin nicht bestreitbaren Bedeutung dieses säkularen Einschnitts ist das Argument unwiderlegbar, daß die vorhergehenden Jahrzehnte eine herausragende Wichtigkeit als unmittelbare «Vorgeschichte» eines derartigen Umbruchs besitzen. Dementsprechend müssen sie gewürdigt werden.

Trotz der Wirkungen der Reformen, die in die Ära der «Defensiven Modernisierung» unter Hochdruck initiiert worden waren, hatten sich demographische, ökonomische, soziale und politische Probleme weiter aufgestaut. Das seit 1830 auftauchende neue Spannungsfeld des «Vormärz» hat sie mit wachsender Kraft komprimiert, bis schließlich eine vorrevolutionäre Konstellation entstand. (Sie wird im einzelnen noch in Teil 4 analysiert.) Da sie sich in allen deutschen Staaten und Stadtrepubliken aufgrund derselben – oder aufs engste verwandter – Ursachen durchsetzte, erklärt sich von daher auch die Gleichzeitigkeit der Märzrevolutionen. Ausgelöst wurde sie freilich durch den Funken, der von Paris herübersprang.

Um zu verstehen, wie trotz der extremen Heterogenität der Regionen, Städte und Staaten im Deutschen Bund eine in den Grundzügen übereinstimmende Modernisierung und darum auch eine gemeinsame Krisensituation in erster Linie nicht von beschränkten Fürsten und ihren kurzsichtigen Regierungen, sondern von überindividuellen Entwicklungsprozessen und Strukturbedingungen geschaffen wurden, sind diese Antriebskräfte und Hemmungsfaktoren im Rahmen der Zeit auf ihre epochaltypische Bedeutung hin detailliert untersucht worden. Wichtige historische Abläufe und Gesichtspunkte der Interpretation sollen noch einmal in der nach jedem Teil notwendigen Zwischenbilanz hervorgehoben werden, bevor die deutsche «Doppelrevolution» der 1840er Jahre endgültig in das Zentrum der Darstellung rückt.

Ein Grundriß der Gesellschaftsgeschichte ist wohlberaten, von der Bevölkerungsentwicklung als einem Basisprozeß des sozialen Wandels auszugehen. Die dritte Expansionswelle des europäischen Bevölkerungswachstums in dem Jahrhundert zwischen den 1740er und den 1840er Jahren hat auch in vielen deutschen Ländern zu einer Vermehrung der Einwohner um 80 bis 120% geführt. In wachstumsintensiven Regionen lagen die Ziffern zum Teil noch erheblich höher, manchmal sogar doppelt so hoch. Dank der zunehmend differenzierten Landwirtschaft, die mancherorts im Zeichen des

Agrarkapitalismus ihre Leistungsfähigkeit auffällig steigern konnte, dank dem protoindustriellen Heimgewerbe und der internationalen Hochkonjunktur, die nicht einmal durch die Kriege der Revolution und die Feldzüge Napoleons überall unterbrochen wurde, erwies sich die Aufnahmekapazität der deutschen Gesellschaften bis in die 1830er Jahre hinein soeben noch als ausreichend, zumal die sozialnormative Einschränkung der Fertilitätsphase durch hohes Heiratsalter, obrigkeitlichen Ehekonsens und herrschaftlichen Zwang weiterhin anhielt. Dennoch lag in dieser ersten Phase des «demographischen Übergangs» die Fertilitätsrate außerordentlich hoch. Ihr wirkte eine ebenfalls hohe Mortalitätsrate abschwächend entgegen, die jedoch insgesamt das explosive generative Wachstum keineswegs dauerhaft abzufangen vermochte.

Zwischen 1815 und 1848 blieb in nur sechs von 38 Staaten des Bundes der Bevölkerungszuwachs unter 50%, in 32 jedoch eindeutig darüber, in sechs sogar über 80%. Aggregierte staatliche Statistiken verwischen freilich die riesigen regionalen Unterschiede: In manchen preußischen Ostprovinzen betrug der Anstieg allein in diesen drei Dekaden bis zu 120%, in großen Gebieten Bayerns und Württembergs dagegen nur zwischen 20 und 30%. Allgemeintypisch ist der sprungartige ländliche Zuwachs, der vor allem die Schichten der Landarmen und Landlosen gewaltig vermehrte. Noch spielten Urbanisierung und Städtewachstum keine beträchtliche Rolle. Nur die Auswanderung nach Übersee verschaffte einigen übervölkerten Landschaften eine gewisse Entlastung.

Mit der Verhärtung der bevölkerungspolitischen Sperrmaßnahmen, die sich – begleitet von furchterfüllten Kassandrarufen – gegen das unübersehbare Anwachsen der Unterschichten richteten, stieg zeitweilig die Illegitimitätsrate steil an. Darin drückte sich weder ein emanzipatorischer Protest im Sexualverhalten noch ein amoralischer Sittenverfall, sondern vielmehr eine Ventilsitte aus, mit der viele Arme die obrigkeitlichen Versuche, generative Prozesse durch harte Sanktionen und Bindung an die traditionelle «Nahrungsstelle» zu steuern, so lange unterliefen, bis Rechtslage und Politik das unnötig machten.

Gegen die Jahrhundertmitte hin wirkte sich die etwas absinkende Mortalität nachhaltiger als die gleichbleibende Fertilität auf die Bevölkerungsvermehrung aus. Das bildete noch nicht ein Ergebnis verbesserter medizinischer Versorgung und verbesserter kalorienhaltiger Ernährung, sondern trotz anhaltender hoher Säuglings- und Kindersterblichkeit wahrscheinlich am ehesten ein Ergebnis leicht abfallender Mortalität in denjenigen Altersgruppen, welche die gefährlichsten frühen Jahre überlebt hatten. Bis dahin hatte sich der riesige Zuwachs als angsterregendes Problem ausgewirkt, das alle Bänder und Gelenke, welche die Gesellschaft zusammenhielten, über kurz oder lang zu zerreißen drohte. Trotz aller gutgemeinten Ratschläge herrschte im Grunde völlige Hilflosigkeit und tiefe Sorge vor den anschwellenden Massen des «Pöbels». Während der Pauperismuskrise der 40er Jahre wirkte die Übervölkerung für viele als ein kaum mehr lösbares existentielles Problem. Wirkte es sich dennoch indirekt und auf längere Sicht positiv aus?

Der historisch beispiellose Bevölkerungsanstieg, der während der dritten europäischen Expansionswelle auch in den meisten deutschen Staaten über jede bekannte Marke hinausschnellte, löste die Ausbreitung des Agrarkapitalismus und den Aufstieg des Industriekapitalismus nicht aus. Mit einer mächtigen anonymen Schubkraft trieb er jedoch deren Wachstum voran, vergrößerte das Arbeitskräftepotential und den Binnenmarkt. Er bildete nicht die entscheidende Ursache für den Siegeszug dieser beiden verschwisterten Spielarten des Kapitalismus, wohl aber in Gestalt eines allgegenwärtigen Problemdrucks eine maßgebliche, vielleicht sogar eine notwendige Bedingung der Möglichkeit ihres Erfolgs.

In der Wirtschaft ist das entscheidende Phänomen das Vorrücken der kapitalistischen Marktwirtschaft in allen Sektoren. Erst am Ende der Epoche beginnt jedoch der «Take-off» des industriellen Produktionskapitalismus. Dieses Vordringen zeigte sich zuerst an dem nach Umfang, Produktion, Beschäftigtenzahl bedeutendsten Sektor: an der Landwirtschaft. Zuerst wurde sie nach 1815 von mehreren Agrarkrisen durchaus unterschiedlicher Natur heimgesucht. 1816 gab es die schlimmste Mißernte, 1817 infolgedessen die höchsten Preise des 19. Jahrhunderts. Umgekehrt hielt wegen guter Ernten von 1823 bis 1826 ein rasanter Preissturz an, der den Konsumenten zugute kam. 1825 lag der Weizenpreis bei einem Viertel des Preises von 1817. Diese Preisdeflation schwächte nicht nur die Großgrundbesitzer – der Gütermarkt brach zeitweilig zusammen –, sondern auch die von der Reform erfaßten ablösungspflichtigen Bauern. Mit dem Aufschwung seit 1826 setzten jedoch, wie im Rückblick deutlich wird, die fünfzig «goldenen Jahre» der deutschen Landwirtschaft ein, bis nach 1876 der europäische Agrarmarkt unter dem Anprall der überseeischen Konkurrenz zusammenbrach. Diese lange Prosperitätsperiode wurde allerdings 1845/47 noch einmal durch die letzte Agrarkrise «alten Typs» unterbrochen, als zwei Mißernten die Preise auf Rekordhöhe trieben und weitverbreitet Hunger und Elend auslösten. Die Konsequenzen gehören bereits zur Vorgeschichte der 48er Revolution.

Die tiefen strukturellen Disparitäten zwischen den kontrastreichen deutschen Agrarregionen blieben weiterhin bestehen. Bekanntlich griffen auch die Agrarreformen auf ganz unterschiedliche Weise in die traditionale Ordnung ein. Trotz aller Mängel und der offensichtlichen Privilegierung der Rittergüter bildete die preußische «Bauernbefreiung» doch die imponierendste Leistung. In den dreißig Jahren bis 1848 wurde bereits die große Mehrheit der eingeleiteten Verfahren beendet, und die krasse Bevorzugung der Adelsherren mit ihrem riesigen Landgewinn darf den Blick nicht verstellen, daß aus dem großen Reformwerk lebensfähige Besitzklassen von Mittel-

und Großbauern hervorgingen, die sich auf dem Markt zu behaupten wußten. Zusammen mit den Kleinstellenbesitzern, deren Zahl sich sogar fast verdreifachte, gelang ihnen auch eine eindrucksvolle Ausdehnung des Kulturlandes.

Bis 1848 wurden nicht weniger als 35,18 Mill. Mo. Land von den Reformbehörden separiert. Hinter den dürren Ziffern verbirgt sich eine wahre Umwälzung der Bodenbesitz- und Rechtsverhältnisse. Diese «Zahlen können in ihrer Bedeutung für die Durchsetzung der rationellen Landwirtschaft kaum überschätzt werden. Dahinter steht eine ungeheure und bewundernswerte Arbeitsleistung. In Verbindung mit der Schaffung eines kapitalistischen Bodeneigentums der Bauern sind die zügigen Fortschritte der Separation, Hütungsablösungen und Gemeinheitsteilungen die Grundlage für die sehr beachtliche Steigerung der landwirtschaftlichen Produktion.» Bekanntlich sahen sich die Generalkommissionen in Zehntausenden von Verfahren extremen Schwierigkeiten gegenüber. «Die Sanierung des Adels ... und die gleichzeitige Befreiung der Bauern von feudaler Ausbeutung mit der sich daraus ergebenden Möglichkeit zu einer wesentlichen Verbesserung ihrer ökonomischen und sozialen Verhältnisse war eine sehr komplizierte Aufgabe, die aber mit bemerkenswertem Erfolg bewältigt worden ist», urteilt der derzeit beste Kenner der Materie. «Die Durchführung der Agrarreform ... hat zu einer sehr bedeutenden Steigerung der Agrarproduktion geführt.» Im historischen Vergleich, z. B. mit Frankreich und Rußland, kann man gerade auch wegen «der Steigerung von Produktivität und Produktion ... die Agrarreform nur als erstaunlich erfolgreich bezeichnen». Andrerseits«: Abertausende, deren Namen keiner mehr kennt, blieben auf der Strecke, sie endeten meist als arme Landarbeiter – in einer Abhängigkeit, die mindestens so drückend war wie in ihrer Zeit als Adelsbauern.[2]

Nicht minder gesichert in Besitzrecht und Leistungsfähigkeit wie die freien preußischen Bauern gingen die größeren bayerischen Staatsbauern, 76% aller Landwirte, die sächsischen Bauern nach den Reformen der 30er Jahre, die nordwestdeutschen und zahlreiche westdeutsche Bauern aus dem grundlegenden Umbau der Agrarverfassung und der Rechtsverhältnisse hervor. Überall wurde dadurch auch – in Ostelbien am klarsten erkennbar – der Entwicklungspfad für den vorwärtsdringenden Agrarkapitalismus geebnet.

Das zeigt sich auch an der Erfolgsbilanz der deutschen Landwirtschaft. Die Produktionsmenge wurde bis zur Jahrhundertmitte verdoppelt, die Arbeitsproduktivität stieg um rund 65 %, die Fleisch-, Milch- und Wollproduktion um 100%. Zwar ist es ganz irreführend, der Landwirtschaft für die Zeit um 1800 noch «mittelalterliche Zustände» pauschal vorzuwerfen, aber trotz aller ökonomischen Fortschritte bis dahin führte der Entwicklungsschub seit den Reformen auf jeden Fall zu erstaunlichen Fortschritten.

Kann man sie daher «die deutsche Agrarrevolution» nennen? Prüft man vier geläufige Kriterien dieser angeblichen Vorbedingung einer erfolgreichen industriellen Revolution, stellt sich heraus, daß der Agrarsektor kaum Kapital für gewerbliche Anlagen erwirtschaftete, jedoch auch nicht in einem harten Wettbewerb um die von der Industrie angeforderten Investitionen eintrat. Die Konsumfähigkeit für gewerbliche Güter blieb noch sehr eng begrenzt; die Aussicht auf den Massentransport agrarischer Produkte beeinflußte jedoch den Eisenbahnbau. Die Hauptleistung der Landwirtschaft bestand darin, wenn man von den Krisenjahren absieht, eine immens wachsende Bevölkerung zu versorgen, ja darüber hinaus ein erhebliches Exportvolumen bereitzustellen. Zahlreiche neue Arbeitskräfte absorbierte der Agrarsektor selber. Zusammen mit der Protoindustrie ermöglichte er Hunderttausenden, ihr Existenzminimum zu erreichen. Erst seit dem Pauperismus der 40er Jahre trat die Übersättigung der landwirtschaftlichen und heimgewerblichen Arbeitsmärkte scharf hervor. Gemessen an Malthus' düsterer Prognose war bis dahin – und außer 1845/47 auch danach – der Vermeidungserfolg angesichts einer möglichen Hungerkatastrophe von irischem Ausmaß das eigentlich auffällige Verdienst.

Unter dem Strich kann man von einem «revolutionären» Modernisierungsprozeß der Agrarwirtschaft vor den 1850er Jahren noch nicht sprechen, dann aber war die deutsche Industrielle Revolution unzweifelhaft in vollem Gang. Richtig bleibt, daß eine ungewöhnliche agrarische Produktions- und Produktivitätssteigerung dem «Take-off» vorherging und ihn seither auch weiter begleitete. Dank der Agrarreformen und der verbesserten Bewirtschaftung der Höfe konnte die Landwirtschaft mit verdoppelter Leistungsfähigkeit eine der günstigen Voraussetzungen für den Durchbruch des deutschen Industriekapitalismus sowohl schaffen als auch in der kritischen Phase der Institutionalisierung selbstgeregelten Wachstums erhalten.

In der Gewerbewirtschaft besaß das Handwerk noch immer eine dominierende Position. Zwischen 1800 und 1846 behielt die Handwerksbevölkerung ihren prozentualen Anteil von etwa 17%. Freilich überwog der bescheiden lebende Einzelmeister, nur jeder dritte Meister konnte sich einen Gesellen oder mehr Hilfskräfte leisten. Insgesamt wuchs in den Bundesstaaten die Zahl der Meister um 30%, die der Gesellen um das Vierfache: um 127%. In einem gewerblich rasch voranschreitenden Land wie Preußen vermehrten sich jedoch allein von 1816 bis 1846 die Meister um 75%, die Gesellen sogar um 165%; im Durchschnitt waren das 135%, während die Bevölkerung um 80% anstieg. Vor allem seit dem Ende der 30er Jahre vollzog sich eine starke Expansion, auf die allein 40% des Zuwachses entfielen.

Auch das Wachstum der handwerklichen Produktion übertraf erheblich den «Output» des Großgewerbes der Manufakturen und Fabriken. Zugleich gingen jedoch seit den 30er Jahren wegen der verschärften Konkurrenz die Realeinkommen – bis 1850 um ein volles Viertel – einschneidend zurück.

Zahlreiche Meisterhaushalte bewegten sich, unfähig zu jeder Steuerzahlung, um das bare Existenzminimum herum. Immer mehr Gesellen verloren die Aussicht auf eine Meisterstelle mit sicherer «Nahrung».

Daraus resultierte die von vielen Zeitgenossen erhobene und seither ständig wiederholte Klage einer fatalen Krise des Handwerks, die durch Aufhebung der Gewerbefreiheit und Wiedereinführung autonomer Zunftkontrollen beendet werden sollte. Die verbreitete Unzufriedenheit löste 1848 die seit langem angebahnte politische Mobilisierung insbesondere der Gesellen aus. Die pessimistische Lagebeurteilung kann eine niederdrückende Überfüllungssituation geltend machen, die sich jedoch als zeitgebunden erwies und keineswegs in die prophezeite allgemeine Proletarisierung der Handwerker mündete. Die optimistische Interpretation erkennt diese Übergangskrise an, besteht jedoch zu Recht darauf, daß sich das Handwerk bereits mittelfristig wieder konsolidierte und die junge Industrie zahlreiche Fachkräfte aufsog. An die differenzierten neuen Bedürfnisse einer komplexen Gesellschaft konnte sich das Handwerk eigentlich erstaunlich schnell anpassen. Trotz krisenhafter Einbrüche hält seit der zweiten Hälfte des 19. Jahrhunderts seine Erfolgsgeschichte an. Im späten Vormärz dagegen schien die Grenze der zumutbaren Belastung für viele erreicht zu sein.

Als sich im Verlauf der Frühindustrialisierung der beschwerliche Aufstieg des deutschen Industriekapitalismus vollzog, geschah das keineswegs in «Entwicklungsländern». Die hochentwickelten deutschen Gewerberegionen lagen vielmehr dichtauf hinter England: Im ausgehenden 18. Jahrhundert hatten sie häufig nahezu synchron gleichgezogen, bis sie durch die Kriegsjahrzehnte meistens weit abgeschlagen wurden. Als sie sich nach 1815 daran machten, die «relative Rückständigkeit» im Verhältnis zur «Werkstatt der Welt» aufzuholen, brachten sie essentielle Voraussetzungen dafür mit: Unternehmer, Mechaniker, Facharbeiter, Kapital, Rohstoffe, Erfahrungen, Innovationsbereitschaft. Außerdem konnten sie den Vorteil des Nachzüglers ausnutzen, der die fortgeschrittene Technologie des Pionierlandes zu importieren oder zu imitieren vermag. Auch die vielgeschmähte englische Konkurrenz wirkte nur zum Teil erdrückend, zum Teil aber stimulierend und neuerungsfördernd.

Unstreitig trafen die endogenen und exogenen Antriebskräfte aber auch auf schwierige Hemmnisse: Die natürlichen und menschlichen Ressourcen waren weithin noch nicht erschlossen, die Produktionstechniken veraltet, Kreditinstitute dünn gesät. Ein funktionstüchtiges Verkehrsnetz fehlte. Die Vielstaaterei mit ihren zahllosen Grenzen und Zöllen zerschnitt weiträumige Märkte. Dennoch entwickelten einige Regionen, die später Zentren der Industrie werden sollten, ein bemerkenswertes Wachstumstempo. Es beruhte z. B. im «Ruhrgebiet», im Saarrevier und in Oberschlesien auf der Grundlage von Bergbau und Metallurgie, am Niederrhein wiederum und in zahlreichen anderen Gegenden auf Textilbetrieben, die auch als erste maschinell umgerüstet wurden. Trotzdem wurde nicht, wie in England, die Textilindustrie der erste Leitsektor der deutschen Industrialisierung, vielmehr übernahmen diese Führung Schwerindustrie, Montanwesen, Maschinen- und Eisenbahnbau. Parallel zum Aufstieg der Maschinenfabrik erlebte das protoindustrielle Heimgewerbe seine tödliche Krise. Im Zeichen einer historischen Alternative siegten die Arbeitskraftmaschinen über das Massenheer der Verlagsarbeiterfamilien, die nur noch bei extremen Niedriglöhnen eine Zeitlang, aber mit stetig sinkender Tendenz, partiell konkurrenzfähig blieben.

Mit einem vielerörterten Problem hatte sich die frühe deutsche Industrie kaum auseinanderzusetzen: mit Kapitalarmut. Die ökonomisch entwickelten deutschen Regionen und Staaten besaßen vielmehr große Kapitalfonds. Allerdings tendierten die Investoren beharrlich dazu, ihr Geld in vertraute Kanäle zu leiten, durch die es z. B. die Landwirtschaft und das Verlagswesen oder aber den Markt für sichere Staatspapiere erreichte. An das risikoreiche Investitionsfeld der Industrie mußten sie sich erst gewöhnen. Die Statistik der Kapitalformation weist daher bis in die 40er Jahre hinein einen im Vergleich mit der Bau- oder vor allem der Verkehrswirtschaft niedrigen industriellen Anteil aus. Dabei muß man sich freilich vergegenwärtigen, daß bis dahin das Betriebs-, erst recht das Startkapital der allermeisten Industriefabriken nur eine geringfügige Summe ausmachte.

Als mit den zeitgenössischen Großunternehmen, insbesondere mit dem investitionshungrigen Eisenbahnbau, die Nachfrage nach mobilem Kapital sprungartig anstieg, erwies sich die moderne Aktiengesellschaft als ingeniöse Erfindung. Dank ihrer «Pumpwirkung» saugte sie zahllose kleine Beträge zu großen Fonds zusammen, die zunehmend von Großbanken akkumuliert und in die rasch wachsende Industrie- und Verkehrswirtschaft geleitet wurden. Im richtigen Augenblick sprangen daher dem Industriekapitalismus funktional außerordentlich günstige «rechtliche Konnexinstitute» wie die Aktiengesellschaft und die Investitionsbank zur Seite.

Die bisher dominierenden Privatbanken, insbesondere die erfolgreichen in jüdischer Hand, hatten sich seit jeher auf die lukrativen Staatsanleihen konzentriert. Viele blieben auch dabei, aber einige Institute begannen allmählich, mit Industriebetrieben, insbesondere dann mit den Aktiengesellschaften enger zusammenzuarbeiten. Sie beschafften immer häufiger Gründungskredite, besorgten die Aktienausgabe, übernahmen Anteile, standen für Neuemissionen und Expansionskredite zur Verfügung. Im Vergleich damit traten die angeblich einflußreichen staatlichen und halbstaatlichen Banken ganz zurück, nur die «Preußische Seehandlung» finanzierte und organisierte ihr eigenes Wirtschaftsimperium, das bis 1846 von keinem Privatkonzern an Umfang und Wert übertroffen wurde.

Lange Zeit unterschätzt worden sind demgegenüber die sich schnell ausbreitenden Sparkassen. Sie wurden gewöhnlich von städtischen oder staatlichen Instanzen gegründet, so daß schließlich die kommunale Sparkasse zum Normaltyp wurde. Frühzeitig beteiligten sie sich neben der Depositenverwaltung an der Kreditgewährung auch für die gewerbliche Wirtschaft. Da ihre Ausbreitung, ihre Kapitalbildung und ihr Gewinnanstieg anhielten, waren am Ende des Vormärz fast alle im Kreditgeschäft involviert. Sie wurden aber auch nicht zuletzt deshalb gefördert, weil sie als Palliativ gegen den Pauperismus und revolutionäre Neigung wirken, die «ärmeren Volksmassen» durch Eigenhilfe unterstützen sollten.

Mit der Belebung der Gewerbewirtschaft und des Kapitalmarkts bildete sich auch die moderne Börse sowohl als Prüfstand wie auch als Umschlagplatz für Obligationen und Aktien erst voll heraus. Als große Plätze wie Berlin seit den späten 30er Jahren ihre Funktionsfähigkeit bewiesen, griffen konservative Regierungskreise aus der Sorge heraus bremsend ein, daß der Großlandwirtschaft ebenso Kapital weiter entzogen werde, wie den ritterlichen «Landschaften», deren Pfandbriefkurse abgesunken waren. Außerdem verlören die abgewerteten Staatspapiere weiter an Attraktivität. Dennoch erlebte die Börse wegen des Spekulationsbooms mit Eisenbahnaktien eine neue Hausse, bis die Regierung im April 1844 erneut intervenierte, ja ihre Gängelung 1846/47 so verschärfte, daß das freie Geschäft bis 1850 stockte. Diese engstirnige, einseitige Interessenpolitik vertiefte in weiten Kreisen des finanziell engagierten Bürgertums die ohnehin schwelende Vertrauenskrise; sie entstand aus der Meinung, daß die Bürokratie des alten Regimes der Förderung der kapitalistischen Marktwirtschaft nicht gewachsen sei oder sogar borniert entgegensteuere.

Ein weiteres Konnexinstitut erlebte gleichzeitig einen mächtigen Aufschwung: die Versicherungsgesellschaft. Mit der unablässigen Ausbreitung des Waren- und Zahlungsverkehrs drängte sich die Entlastung vom individuellen Schadensrisiko auf. Private Feuerversicherungen ersetzten die ältere öffentliche Sozietät. Bis 1840 hatte Hansemann die größte deutsche Feuerversicherung aufgebaut. Je mehr Policen abgeschlossen wurden, desto niedriger fielen die Prämien, desto höher die Leistungen aus. Die Transportversicherung eröffnete gleichfalls ein lukratives Geschäft, in dem Mevissen seine «Agrippina AG» an die Spitze führte. Die als äußerst riskant geltende Lebensversicherung wurde nach dem Modell von Arnoldis Gothaer Versicherung ein akzeptierter Geschäftszweig. Bereits seit den 30er Jahren sammelten die Versicherungsgesellschaften ein gewaltiges Finanzvolumen, das sicher angelegt werden mußte. Bald erkannten gewiefte Bankiers ihre Chance, beteiligten sich und schufen eine enge Verbindung zwischen Versicherungs- und Bankwesen. Indirekt konnten daher die Versicherungen seit den 40er Jahren als potente Kreditgeber auftreten.

Empfindlich machten sich dagegen noch eine geraume Zeitlang die Mängel des Verkehrs- und Nachrichtensystems bemerkbar. Immerhin wuchs aber das Netz fester Straßen in den dreißig Jahren nach 1820 um 350% auf rund 53000 km, das System der Wasserwege nur um 100% auf rund 2400 km an, wobei jeweils der Staat als der wichtigste Sozialkapitalträger fungierte. Mit dem – unten zu schildernden – qualitativen Sprung in die neue Welt der Eisenbahn taten sich freilich binnen kurzem völlig neue Dimensionen auf, wie sich das auch mit dem Dampferverkehr auf den großen Flüssen, wo endlich die freie Schiffahrt eingeführt worden war, bereits vorher abzeichnete. Mit dem Außenhandelsanstieg entfaltete sich auch der Hochseetransport, der noch ganz von Segelschiffen beherrscht wurde.

Die Bedeutung eines zuverlässigen Nachrichtenwesens wuchs mit der Ausdehnung der kapitalistischen Marktwirtschaft, der Verkehrsdichte, der finanziellen Transaktionen, überdies auch mit den militärischen Bedürfnissen bei einer eventuellen Massenmobilmachung. Die Privatposten wurden im allgemeinen durch staatliche Monopolbetriebe verdrängt. Mit den hohen Beförderungskosten konnte die Staatspost effektiv ausgebaut werden und warf außerdem noch eine unter fiskalischen Gesichtspunkten willkommene hohe Gewinnspanne ab. Auf den optischen Telegraph folgten seit 1847 die ersten elektrischen telegraphischen Verbindungen, die dank der Koinzidenz mit dem Bahnbau oft den Eisenbahnstrecken folgen konnten.

Einen manchmal überschätzten, insgesamt aber nicht zu leugnenden tiefgreifenden Strukturwandel begünstigte in diesen Jahrzehnten die Zollunionspolitik innerhalb des Deutschen Bundes, an erster Stelle die des preußischen Staates. In seiner Politik verschlangen sich mehrere Motivstränge. Unschwer ist das Ziel großpreußischer Expansion mit Hilfe ökonomischer Mittel zu erkennen. Eine engere Verbindung mit dem neu erweiterten Westteil des Staats lag seit 1815 gewissermaßen in der Luft. Mit einem zielstrebigen Hinarbeiten auf den späteren kleindeutschen Nationalstaat hatten diese Intentionen jedoch nichts zu tun. Dagegen war die Hoffnung auf wirksame handelspolitische Erleichterungen nicht zu übersehen, Wachstumsimpulse für Gewerbe und Industrie standen zu erwarten. Dem öffentlichen Finanzbedarf sollte durch verbesserte Außenzölle Rechnung getragen werden. Dadurch ließ sich nicht zuletzt ein gesamtpreußisches Parlament weiter hinausschieben, das man sonst für die Bewilligung von Neuverschuldung hätte einberufen müssen. Für die in das preußische Zollunionssystem Schritt für Schritt eingebundenen Partnerstaaten überwogen bei ihrer Kosten-Nutzen-Abwägung die Vorzüge des neuen Arrangements. Sie gewannen beträchtliche, von jeder Landtagskontrolle freie Einkünfte, deren Höhe sogar die kühnsten Erwartungen rasch übertreffen sollte. Dadurch wurde die von den Landständen unabhängige Fürstenherrschaft materiell gestärkt. Währenddessen konnten die gemeinsamen Verwaltungskosten drastisch gesenkt werden, so daß auch deshalb noch einmal das Nettoeinkommen stieg. Der politische Preis bestand in informeller Abhängigkeit von Berlin, die aber selbst durch das Zollparlament nicht nachteilig formalisiert werden konnte. Die Tatsache, daß Preußen 25 Jahre nach der Gründung des Deutschen

Zollvereins auch gegen mehrere Mitglieder den Krieg von 1866 führte, unterstreicht den Spielraum, der ihnen selbst im Grenzfall erhalten blieb.

Obwohl der Zollverein ein halbes Dutzend Etappenstrecken bis zu seiner Verwirklichung durchlief, fand die Wiener Politik trotz der dürren Alternative, der sie gegenüberstand, wegen der Kräftekonstellation im Habsburger Reich zu keiner klaren Entscheidung. Sie konnte Österreich nur in den Zollverein hineinzuführen und Einfluß von innen zu gewinnen versuchen, oder aber sie mußte die folgenschweren Nachteile des Ausschlusses auf lange Sicht auf sich nehmen. Metternich standen die Schwierigkeiten des ersten, die Gefahren des zweiten Wegs klar vor Augen, aber er konnte weder die betroffenen Interessenten noch die Hofburg zum Verzicht auf Passivität, damit auf politische Stagnation und strategischen Rückschlag bewegen.

Im Zollverein erfüllten sich als erstes die Finanzerwartungen durch die steigenden Nettogewinne. Das Ausmaß der allgemeinen ökonomischen Wohlfahrtseffekte ist schwieriger zu bestimmen. Der vielbeschworene Schutz gegenüber dem britischen Export war offenbar von geringer Bedeutung. Dieser Export wuchs zwar weiter an, dennoch behielt der Zollverein selber einen Exportüberschuß im Außenhandel mit England! Man darf auch nicht vergessen, daß der Zollverein zuerst nur für den freien Warenhandel sorgte, während freier Kapitalverkehr und freie Dienstleistungen erst erheblich später folgten. Insgesamt aber regte der neue Großmarkt, der zudem nach innen und nach außen stetig weiter expandierte, nicht nur den Handel, sondern die Investitionen und den Kapazitätsausbau an, und auch auf die «Wirtschaftsgesinnung» übte er einen anregenden Einfluß aus. Die Veränderung von Angebot und Nachfrage löste alte Marktstrukturen und -differentiale nach und nach auf; sie begünstigte auch den Eisenbahnbau, der auf die Zukunftsgröße eines vermehrten Verkehrsvolumens setzte. Die fraglos verbesserten allgemeinen Wachstumsbedingungen zählen realhistorisch weit mehr als regionale Sondergewinne oder -verluste. Der Deutsche Zollverein von 1834 bis 1848 – das ist eine Erfolgsgeschichte in preußischen Siegesfarben.

Auch der Außenhandel der meisten deutschen Staaten wurde bald durch einen Aufschwung und eine positive Arbeitsteilung im Verhältnis zur überlegenen englischen Wirtschaftsmacht geprägt. Dem kräftigen deutschen Export von Rohstoffen und Getreide – der seit 1827 immerhin ziemlich kontinuierlich einen Ausfuhrüberschuß erbrachte – entsprach der Import insbesondere von Halbfertigprodukten und Investitionsgütern, die zum Verdrängungswettbewerb anregten. Gleichzeitig dehnte sich auch der Verkehr in einem vertrauten außenwirtschaftlichen Dreieck aus: Nordostdeutsches Getreide wurde nach Großbritannien exportiert, englische Gewerbeprodukte wurden zum Teil zur Weiterverarbeitung nach Westdeutschland importiert und von dort nach Ostdeutschland weitergeleitet. In gewisser Hinsicht fungierte England zeitweilig als Ersatz für den noch fehlenden gesamtdeutschen Markt. Auf die vom englischen Vorsprung ausgelösten Stimuli gab es zwei prinzipielle Reaktionen: Entweder mußte das Überangebot billigster protoindustrieller Arbeitskräfte so lange wie irgend möglich ausgenutzt oder aber der Übergang zur maschinellen Fabrikproduktion forciert vorangetrieben werden. Das englische Erfolgsbeispiel regte nachhaltig dazu an, den riskanten, aber zukunftsträchtigen zweiten Weg einzuschlagen.

Der ökonomische Aufschwung in den deutschen Gewerberegionen wurde schon während der 20er und 30er Jahre ganz wesentlich von der Außenwirtschaft getragen. Auch das verstärkte die Neigung der betroffenen Regierung, mit Hilfe des Zollvereins ihre Außenhandelsbasis zu verbreitern. Im Zollverein hielt dann der Aufstieg der Außenwirtschaft nicht nur an, sondern gewann sogar noch an Geschwindigkeit und Umfang. Alle nicht angeschlossenen Bundesmitglieder fielen zum Teil drastisch zurück. Durch diesen Boom wurden zudem Arbeitsteilung und Differenzierung der Leistungsfunktionen in den «zollvereinten Staaten» begünstigt, Organisationserfahrungen und Geschäftsbeziehungen dehnten sich aus, und die Kapitalbildung wurde kräftig beschleunigt. Auch von diesem Sockel aus konnte die industrielle Revolution seit den 40er Jahren ihre schnellen Fortschritte machen.

Die demographische, die agrar- und gewerbewirtschaftliche Entwicklung, die Zollunion und der Außenhandel – all das sind relativ unstrittige, vertraute Themen, deren Bedeutung nur noch selten grundsätzlich in Frage gestellt wird. Zwar sind manche neuen Ergebnisse und Perspektiven vorn eingearbeitet worden, insgesamt aber trifft die Bedeutung des Aufstiegs der modernen Marktwirtschaft auf immer weniger Vorbehalte, so sehr die ewig Gestrigen auch das unvermeidbare Adjektiv «kapitalistisch» irritieren wird. Ungleich schwerer haben sich die deutsche Geschichtsschreibung und ihr Publikum mit der Anerkennung des Zusammenhangs getan, daß der «Fortschritt» zu einer aus «marktbedingten Klassen» bestehenden Gesellschaft als derjenige soziale Basisprozeß anerkannt werden muß, der ein direktes Korrelat zur Entfaltung der kapitalistischen Marktwirtschaft bildet. Eben weil es sich um einen mit soviel unverhohlener Aversion, soviel politischer Verketzerung des Klassenbegriffs verbundenen, noch heute kontrovers diskutierten Prozeß handelt, ist er in diesem Versuch einer gesellschaftsgeschichtlichen Synthese mehrfach ausführlich analysiert worden (in Bd. I: Teil 1, III u. VI; hier: Teil 3, III). Wenn der Marktwirtschaft die Evolutionsfähigkeit innewohnt, eine Marktgesellschaft herbeizuführen, gehört dazu eben auch die Formierung marktbedingter, später auch sozialer Klassen. Sie mögen noch eine ganze Zeitlang ständisch verbrämt bleiben oder in der häufigen Legierung mit der «ständischen Lage» existieren. Das Wesen der gesellschaftlichen Umwälzung darf man sich dadurch jedoch nicht entgehen lassen, wie Marx, Stein und Weber immer wieder angemahnt haben.

Die politische Sprache der klugen zeitgenössischen Beobachter hat in Deutschland ziemlich früh, wie vorn nachgewiesen wurde, den Klassenbegriff aufgenommen, um die neuartigen sozialen Funktionsmechanismen auch mit einer eigenen Terminologie angemessen beschreiben zu können. An dem Klassenvokabular fällt auf, daß der pejorative Beiklang, den es zuerst öfters besaß, im Grunde erstaunlich schnell zurücktrat – wenn er auch, je nach dem Kontext, bis heute nie ganz verlorenging. Klassenbegriffe wurden zur allgemein gängigen Münze, die auf den unterschiedlichsten Rängen der Sozialhierarchie wie selbstverständlich verwendet wurde. Einige prägnante Beispiele, die aus einem umfangreichen Material buchstäblich mit spitzen Fingern herausgezogen worden sind, sollen diesen Eindruck unterstützen.

Staatskanzler Hardenberg z. B. wollte seine geplanten Besteuerungsausschüsse mit Vertretern aus «jeder Klasse des Volkes» besetzen. Gleichzeitig forderte Friedrich Cramer, daß die geplante Repräsentation «aus allen Volksklassen gleichmäßig» zusammengesetzt werde, und Fürst Hatzfeld glaubte, daß die Diskussion darüber «in allen Klassen der Einwohner» längst im Schwange sei. Der agile Bülow-Cummerow sah 1814 die «verderblichsten» Wirkungen der Kriegszeit unter der «Klasse der Grundbesitzer», während der Fürst zu Putbus bereits 1817 die optimistische Auffassung vertrat, daß sich nach «der Freilassung der Dienstklasse» durch die Reformgesetze inzwischen «die neuen Verhältnisse zwischen Herren und Knechten» eingespielt hätten. Bald sprach Hegel in der «Rechtsphilosophie» von den an die «Arbeit gebundenen Klassen»; er ging überhaupt ganz unbefangen mit dem Begriff, in freilich unterschiedlicher Bedeutung, um. Auch der eher zur Ständeromantik neigende Freiherr vom Stein bestand 1821 nüchtern darauf, daß erst moderne «Bürgerklassen» den Staat ausmachten.

Selbst Chefideologen der Gegenrevolution wie Adam Müller, der den gesellschaftlichen «Hauptklassen» die Bildung des «Nationalwillens» zusprach, und Karl Jarcke, der bereitwillig «Klassen von Landeseinwohnern mit verschiedenen Interessen» anerkannte, gebrauchten den Ausdruck. Ähnlich hielt es der Polyhistor Vollgraff für erwiesen, daß «Klassen» die Bevölkerung zertrennten und diese einzelnen «Bürger-Klassen» gesonderte Aufmerksamkeit verdienten. Einen Glaubenssatz der Bürokratie sprach der preußische Geheimrat Wehnert aus, als er behauptete, daß der «Sinn aller Klassen» weit mehr auf bessere Verwaltung als auf eine Verfassung gerichtet sei.

Häufiger noch als in seiner allgemeinen Bedeutung, die zur Kennzeichnung neuer Sozialformationen und Stratifikationsstrukturen dienten, wurde der Klassenbegriff wegen der augenfälligen Expansion der abhängigen Erwerbsklassen auf die «niederen», die «unteren», die «armen Volksklassen» angewandt. Teils geschah das mit einem sozialreformerischen Impuls, teils – wie bei Savigny – mit unverhohlener Verachtung. Früh (1834) spitzte der Leipziger Nationalökonom Friedrich Bülau den Begriff auf die Fabrikarbeiter als eine «Klasse von Proletariern» zu, die zwar nicht die «unglücklichste», jedoch die «gefahrdrohendste» sei. Von den «handarbeitenden Klassen» ist dann in der Pauperismusliteratur zahllose Male, teils deskriptiv, häufiger haßerfüllt, die Rede. 1837 definierte der «Brockhaus» immerhin schon die «besonderen Klassen der bürgerlichen Gesellschaft» vor allem durch ihre «jeweilige Tätigkeit». Klasse sei daher zum «Gattungsbegriff für besondere Beschäftigungsklassen» geworden, obwohl das Lexikon selber das neue Schlüsselwort unscharf auch mit «Stand» gleichsetzte. Diese Begriffsvermischung reflektierte die Gemengelage, in der auch im späten Vormärz Klassenlage und ständische Lage im realhistorischen Verbund auftraten. «Gesellschaftsklassen» und Stände könne man, beurteilte Lorenz v. Stein seine Umwelt, in den 40er Jahren noch überall «gleichzeitig» sehen, obwohl sein Hauptaugenmerk den «Ober-, Mittel- und Unterklassen» galt. Auf seine Weise drückte Friedrich Engels denselben Befund aus, als er 1847 konstatierte, daß «alle Stände und Klassen», die je in der deutschen Geschichte «aufgetaucht sind», noch immer «nebeneinander existieren». Daher sei, so in etwas abgewandelter Form wenig später, «die Zusammensetzung der verschiedenen Klassen des Volkes ... komplizierter als in irgend einem anderen Land». In der Tat blieb das System der sozialen Ungleichheit noch weithin buntscheckig, die stärksten Antriebskräfte aber äußerten sich in der Klassenformierung.[3]

In dieses Spannungsfeld zwischen aufsteigenden Klassen und fortlebenden Ständen fanden sich die großen sozialen Formationen durchweg eingebunden. Auch ein Großteil des Adels wurde zwischen der anscheinend erfolgreichen restaurativen «retour de la noblesse» einerseits, den agrarkapitalistischen Unternehmerfunktionen oder den Anforderungen anderer Besitz- oder Berufsklassen hin- und hergezerrt. Ob Standes- oder Klassenunterschiede – beides wurde vom Adel begrüßt, denn nicht einmal die staatsbürgerliche Gleichheit gehörte zu seinen sozialen Idealen. Vielmehr bekannte er sich weiter zu der Maxime: «Die Natur liebt die Ungleichheit, noch mehr, alles in der Natur ist auf Ungleichheit gegründet.» Sie «ist ebenso unvermeidlich als nützlich und zweckmäßig. Weit entfernt, sie ausrotten zu können», stemmte er sich mit Ancillon der revolutionären Egalité entgegen, «muß man es nicht einmal wollen und wünschen. Je mehr die Arbeit und die Kultur zunehmen, um so mehr wachsen ... all diese Ungleichheiten!» Trotz solcher deklamatorischen Bekenntnisse zugunsten seiner Privilegien führte der Adel spätestens seit dem ausgehenden 18. Jahrhundert, erst recht seit der Reformära, einen Defensivkampf, da seine traditionelle Sonderstellung immer obsoleter wirkte. «Für die Gegenwart steht er da wie ein historisch gewaltsam aufbewahrtes Unrecht», urteilte der Verleger Perthes sarkastisch. «Wird er nicht nach dem Geiste und nach den Bedürfnissen der Zeit gestaltet, so bleibt nicht einmal eine Ruine von ihm übrig.» Diese Umgestaltung werde, erkannten hellsichtige Aristokraten, in einer Anpassung an die siegreichen Leistungs- und Marktprinzipien liegen: Insofern, prophezeite Achim v. Arnim, «muß der Adel Bürger werden».[4]

Betrachtet man vor der Jahrhundertmitte die großen agrarkapitalistischen, exportorientierten, liberalen ostpreußischen Rittergutsbesitzer auf ihren weitflächigen Herrschaften oder die akademisch geschulten, gebildeten adligen Verwaltungsjuristen, war bereits ein Teil der Prognose durchaus in Erfüllung gegangen. Anderswo bestand jedoch die alteuropäische Adelswelt weiter fort. Überhaupt blieb ein schroffes Gefälle zwischen den verschiedenen Adelsschichten, die durch weite, penibel formalisierte soziale Distanzen getrennt wurden, erhalten. Die dynastiefähige Hocharistokratie bewegte sich in ihrem engen Zirkel in der dünnen Luft ihrer Spitzenposition fort. Fast neben, aber doch fein gradiert unter ihr entstand mit den Standesherren ein hochprivilegiertes Adelskorps mit eigenen «Unterlandesherrschaften», an deren Grenzen die Agrarreformen zugunsten der Bauern haltmachen mußten. Der Beamten- und Militäradel wurde im Verlauf der intensivierten inneren Staatsbildung Zug um Zug in eine berufsständische Funktionselite umgeschmolzen. Der Niederadel erlebte seit der ominösen Jahrhundertwende eine von Staat zu Staat divergierende Entwicklung. In Bayern z. B. war die antifeudalistische Adelspolitik auf die Spitze getrieben worden. Wer die von Montgelas' Beamtenabsolutismus verordneten Kontrollfilter im Landesheroldamt passiert hatte, war im Prinzip kein Aristokrat aus autochthonem Eigenrecht mehr, sondern ein Adelskonzessionär von Staates Gnaden. Das blieb ein imponierender Extremfall der Gesellschaftsreform, aber in Baden und Württemberg – mit seiner kleinen Schar von Edelleuten – wurde der Adel ebenfalls ungewohnt hart an die staatliche Kandare genommen. Zugleich wurde er durch die großzügig praktizierte Nobilitierung von unten aufgeschwemmt.

In Preußen dagegen, von den mecklenburgischen Staaten ganz zu schweigen, bewies er über alle Brüche hinweg eine erstaunenswerte Stabilität, welche durch die nackte Interessenpolitik der Restaurationszeit befestigt wurde. Gleichzeitig unterlag der Junkeradel jedoch einem tiefreichenden sozioökonomischen Wandel, der ihn beschleunigt in eine relativ offene Besitzklasse mit herrschaftsständischen Attributen umformte. Seine Assimilationskraft gegenüber dem Neuadel, seine elastische Heiratspraxis, sein ungeschmälerter Machtinstinkt stärkten seine soziale Behauptungs- und politische Leistungsfähigkeit ganz so, wie die Agrarkonjunktur seit den 30er Jahren und der freie Zugang zum «Korridor der Macht». Trotz dem Widerstand der verschiedenen politischen Adelsfraktionen rückte jedoch der bürokratische Staat als sozialgestaltende Kraft im Verein mit dem Agrar- und Industriekapitalismus unaufhaltsam vor. Die politische Verteidigung adliger Vorrechte wurde immer mehr zu einem starren, aber gerade in Nordostdeutschland zählebigen Auftrumpfen mit schlechthin allen verbliebenen Mitteln.

Über die Bauern und Unterschichten Ostelbiens hatten die Agrarreformen als Teil des staatlich gesteuerten Modernisierungsprozesses wie eine stumme Masse verfügt. Im Langzeiteffekt ist dadurch der Vormarsch des Agrarkapitalismus enorm erleichtert worden, wobei die unter ihm schärfer ausgeprägten Konjunkturen und Krisen die Führung landwirtschaftlicher Betriebe entweder erheblich erleichterten oder aber extrem erschwerten. Die erdrückende Mehrheit der großen und mittleren Bauern erwies sich der neuen Lage gewachsen. Ihre Differenzierung in fein abgestufte Besitzklassen trat, ungeachtet ihres ständischen Selbstverständnisses, zusehends markanter hervor. Unter der Landbevölkerung bildeten sie freilich, wie schon seit langem, eine bevorrechtigte Minderheit von einem Fünftel bis maximal einem Viertel der Einwohner, während die Kleinbauern, die Landarmen und Landlosen überall die große Majorität stellten.

Vergleicht man die historischen Landschaften, drängen sich die krassen Unterschiede auf. In Preußen wurden bis 1848 rund 84% der Verfahren der spannfähigen Ablösungs- und Regulierungsbauern abgewickelt. Die Kleinstellenbesitzer verdreifachten nahezu ihre Zahl. Das alles vermehrte die formal freien Wirtschaftssubjekte im Agrarsektor. Fortbestehende Unfreiheit schmerzte jetzt um so schärfer. In streng ausgeprägter Abhängigkeit verharrte dagegen das Gros der Landbewohner: die Masse der landarmen oder landlosen Tagelöhner, der Gutsinsten, des Gesindes. Die meisten benötigten – bis hinauf in den Rang der bäuerlichen Mittelklasse – das protoindustrielle Heimgewerbe zum Überleben. In Mecklenburg dagegen wurden 75% der Bauern «gelegt», hier regierte der uneingeschränkte Adelsegoismus. In Sachsen wiederum blieb die gesamte Bauernschaft, dank der späten, jedoch bauernfreundlichen Reformen im Besitz von 77% des Kulturlandes, erhalten.

In Süddeutschland genossen die Bauern seit längerem eine bessere Rechtsstellung. Die 76% landesherrlicher Bauern in Bayern waren faktisch freie Landbesitzer; nur die 24% Adels- und Kirchenbauern blieben bis 1848 unverändert unfrei. Selbst in Bayern erreichte aber der bäuerliche Groß- und Mittelbesitz nur 20%; 80% der Landbewohner blieben auf Tagelöhnerei und hausindustriellen Nebenerwerb angewiesen. Württemberg gelang mit Verspätung eine ähnlich günstige Reform wie in Sachsen. In Baden schleppte sich die Arbeit an den Agraredikten noch länger hin. Hier im Südwesten wurde auch der Kontrast zwischen den zahlreichen unfreien standesherrlichen Bauern und den befreiten staatsuntertänigen Bauern ganz ungemildert als bohrendes Unrecht empfunden. Hier stauten sich daher Konflikte auf, die – wie sich 1848 zeigen sollte – an die lebendigen Traditionen des ländlichen Protestes in diesen Landschaften anknüpfen konnten. Aber auch wo die Agrarreformen die Lage der Bauern grundlegend verändert hatten, schuf der erhöhte Zwang zum strenger marktförmigen Wirtschaften, zur Anpassung an Kommerzialisierung und Agrarkapitalismus gravierende Probleme. Im Gegensatz zur romantischen Verklärung durch die neuen stadtfeindlichen Bauernromane verkörperte das ländliche Leben alles andere als eine spannungsfreie Idylle.

In einer von Grund auf anderen Welt bewegten sich die verschiedenen Sozialformationen des Bürgertums, die noch längst nicht zu einer einzigen «bürgerlichen Gesellschaft» zusammengewachsen waren. Das traditionsreiche Stadtbürgertum verteidigte verbissen seine Sonderrechte. Wo immer möglich, wurde das Heimat- und Armenrecht als Abwehrmaßnahme verfeinert, das Zugangsgeld erhöht, das Wahlrecht rund zwei Dritteln der Einwohner vorenthalten. Das Honoratiorentum, das 1 bis 6% der Stadtbevölkerung, rund 10% der Vollbürgerschaft ausmachte, behielt noch viel von seiner Exklusivität, geriet aber ebenso wie das Mittel- und Kleinbürgertum, das weiter 10 bis 25% der Stadtbewohner stellte, unter den steigenden Druck sowohl anderer bürgerlicher Konkurrenz als auch der staatlich-bürokratischen Nivellierungspolitik mit dem Ziel, die Rechtsfigur des «Staatsbürgers» allgemein durchzusetzen. Von der Unterschichtenmehrheit, 70 bis 90%, lebte das Stadtbürgertum strikt getrennt, obwohl sich im kleinbürgerlichen Ambiente eine breite Grauzone des Übergangs nach unten erhielt.

Als neue expandierende Besitzklasse arbeitete sich ein Rivale der alten stadtbürgerlichen Oberschicht: die Bourgeoisie der freien Unternehmer im Gewerbe-, Verkehrs- und Bankwesen, zügig nach oben. Vergegenwärtigt man sich die vier grundlegenden Prozesse der Klassenkonstituierung, bildete diese Besitzklasse ein typisches Produkt der sich ausbreitenden kapitalistischen Marktwirtschaft mit ihren hoch prämiierten Erfolgschancen. An der sozialen Herkunft fällt die hohe Rate der Selbstrekrutierung aus erfahrenen Unternehmerfamilien auf; erst nach dieser Mehrheit folgten Handwerker und homines novi. Innovationswillige Unternehmersöhne, die in die neuen Wirtschaftsbranchen überwechselten, genossen alle Vorteile, die ihnen das «soziale Kapital» ihrer Familien bei der Ressourcennutzung verschaffte – bis hin zur Heiratspolitik, die in der Gründung wahrer Unternehmerdynastien gipfelte. Die Außenseiter dagegen standen unter einem permanenten Bewährungsdruck, der starke Motivationskräfte freisetzte und im Erfolgsfall zur Aufnahme in die altbürgerlichen Clans und Verkehrskreise führte. Politisch mußte sich die Bourgeoisie gegen das hochmütige Stadtbürgertum, gegen den arroganten Adel, gegen das selbstbewußte Bildungsbürgertum insbesondere der bürokratischen Intelligenz und gegen den gefürchteten «Druck von unten» behaupten, seine eigene Interessenbastion, Identität und Binnenhomogenität erst erkämpfen. All das diente auch der Außenabgrenzung, die durch Wohnlage und Lebensstil unterstrichen wurde.

Bei diesen Auseinandersetzungen zeigte sich eine auffällige Ambivalenz des Verhaltens und der Mentalität. Teils wurde der Adel als Anachronismus verworfen, teils durch klassenspezifischen Aufwandskonsum, Villenbau und

Güterkauf imitiert. Die Nobilitierung galt gewöhnlich als Triumph, als nächstbester Ersatz der Kommerzienratstitel. Auch die ideologische Reaktion blieb zwiespältig. Hier empfanden sich die ihres Eigenwerts bewußten Bourgeois, wie im Rheinland, als Speerspitze des ökonomischen und politischen Forschritts, dort waren sie zur ängstlichen Anpassung an den Konservativismus bereit. Vor 1848 umfaßte die junge Bourgeoisie vermutlich nur ein paar hundert erfolgreiche Familien. Ein vereinheitlichendes Klassenbewußtsein auf der Grundlage gemeinsamer Interessen und Politikziele bildete sich erst punktuell heraus. Und dennoch: Eine vielfach positiv privilegierte Besitzklasse agierte seither auf der historischen Bühne.

Ungleich schneller expandierte dank seiner langen Vorgeschichte das Bildungsbürgertum. Das galt einmal für die verstaatlichte Intelligenz in der Verwaltungs- und Justizbürokratie, im Schul- und Universitätswesen, in den Pfarrhäusern und anderen Akademikerfamilien. Wegen des steilen Anstiegs der Studentenzahlen in den ersten fünfzehn Nachkriegsjahren ergab sich danach eine Überfüllung der spezifischen Arbeitsmärkte, von denen Universitätsabsolventen in erster Linie durch den «öffentlichen Dienst» der Staaten und Städte abberufen wurden. Das Schlagwort vom «gebildeten Proletariat» machte die Runde. In Preußen wurde die prekäre Situation durch den Stellenstop als Folge der konsequenten Sparpolitik noch verschärft. Aufgrund dieser «Akademikerschwemme» und der sich ausdifferenzierenden zivilisatorischen Bedürfnisse erhielten die «freien Berufe» einen kraftvollen Auftrieb. Die akademischen Ärzte z. B. konnten sich bis zur Jahrhundertmitte im allgemeinen die Konkurrenz der anderen «Heilpersonen» unterwerfen, mithin die monopolistische Überlegenheit der Fachmediziner tendenziell durchsetzen. Die Rechtsanwälte hatten es schwerer, in Preußen blieben sie bis 1878 Beamte, in den meisten anderen Staaten aber wurde die freie Advokatur zugelassen. Auf jeden Fall aber versuchten die «freien Berufe», ihre Professionalisierungsziele zu erreichen: die Beherrschung von kompliziertem Spezialwissen durch akademische Expertenkorporationen, welche ihre Fachkenntnisse als Machtressource möglichst autonom nutzen, die Nachwuchsrekrutierung, die Verhaltensstandards, die Ehrenkodices, möglichst durch berufsständische Autojurisdiktion im Streitfall, kontrollieren wollten. Schließlich öffneten sich auch in der Industrie, im Verkehrs- und Bankwesen neue Karrierechancen.

Das Bildungsbürgertum, dieses in komparativer Perspektive einmalige Ensemble von Funktionseliten im deutschsprachigen Mitteleuropa, blieb auch der hervorstechende Träger von Integrationsideologien, die im Prinzip eine einheitliche, gemeinbürgerliche Gesellschaft anvisierten. Es verfocht die Zielutopie der «bürgerlichen Gesellschaft», wie sie seit dem 18. Jahrhundert entworfen worden war. Es lebte im Banne der neuhumanistischen Bildungsreligion, die seine Kollektivmentalität und Interessenartikulation weithin geprägt hatte; ihre «sprachpolitischen» Folgen bestanden auch in der beharrlichen Ausdehnung des Geltungsbereichs einer Hoch- und Kultursprache, welche die gemeinbürgerliche Einheit förderte und alle «Ungebildeten» dazu zwang, diese «soziale Barriere» erst einmal zu überwinden. In dieser «Definitionsmacht» über die hochdeutsche Sprache lag ein nicht zu unterschätzendes Herrschaftspotential der «Gebildeten». Außerdem formulierten sie sowohl die Ziele und Leitwerte des bürgerlichen Liberalismus als auch des Nationalismus als einer frühliberalen Emanzipations- und Oppositionsideologie. Für Angriff (gegen geburtsständische Adelsprivilegien) wie Verteidigung (gegen den «rohen Pöbel») gleichermaßen geeignet, ging von diesen vier Integrationskräften eine tendenziell vereinheitlichende Wirkung zugunsten «eines» Bürgertums aus.[5]

Wiederum in einer scharf segmentierten Welt für sich lebten die Menschen auf den unteren Rängen der Sozialhierarchie. Die Proletarisierung der Arbeitskraft erreichte im Verlauf der voranschreitenden kapitalistischen Marktwirtschaft während des 19. Jahrhunderts einen neuen Höhepunkt. Freilich blieb «Arbeiter» in den ersten vierzig Jahren ein ganz allgemeiner Begriff, der schlichtweg jede unselbständige, manuelle Tätigkeit bezeichnen konnte. Erst seit den späten 30er Jahren wurde er immer häufiger auf die gewerblich-industriellen Arbeiter bezogen, deren Zahl aber durch die Verlagsarbeiter noch lange bei weitem übertroffen werden sollte. Das ökonomische Umfeld, in dem die Klassenformierung voranschritt, bildete der gewerbliche Betrieb, die Protofabrik, schließlich die Maschinenfabrik selber – sie alle wurden zugleich als Arbeits- und als Herrschaftsverband erfahren. An der sozialen Zusammensetzung dieser frühindustriellen Arbeiterschaft fällt der Vorrang der «Handwerker-Arbeiter» oder «Gesellen-Arbeiter» auf, die durchweg den kleinen Facharbeiterstamm stellten. Darunter gab es eine fein differenzierte Hierarchie von unterschiedlichen Arbeiterkategorien, die von den Gelernten und Angelernten über Ungelernte bis zu Frauen und Kindern reichte. Durch hohe Lohndifferentiale wurden Kompetenzgefälle und sozialer Abstand unterstrichen. Die Segmentierung setzte sich im Privatleben in Kleidung und Nahrung, in den Wohnvierteln und Verkehrskreisen weiter fort. Durch religiöse, landsmannschaftliche, ständische Unterschiede wurde die Heterogenität noch verstärkt.

Ihr wirkte jedoch die homogenisierende Erfahrung des Fabriklebens einschließlich der säkularen Zäsur entgegen, welche die Trennung von Arbeits- und Wohnplatz bedeutete. Die relativ geringe Aufstiegsmobilität, die mit der allenthalben sichtbaren Abstiegsmobilität kontrastierte, band die Arbeiterfamilien an ihr Sozialmilieu. Diese Immobilität förderte die Klassenbildung, schloß aber eine starke Fluktuation jüngerer Arbeitskräfte und Arbeitsuchender nicht aus. Die Außendifferenzierung wurde durch den Gegensatz sowohl zur bürgerlichen Welt als auch zu den pauperisierten Unterschichten verschärft. Die vielfältige politische Diskriminierung vertiefte die Grenzgräben. Die zunächst latenten strukturellen Gegensätze suchten gewissermaßen noch nach angemessenen, effektiven Konfliktformen. Sie äußerten sich in spontanem sozialen Protest, bald auch in Streiks, die wegen des Koalitionsverbots sofort politisiert wurden, schließlich in verschiedenartigen Organisationen, die – wie die Hilfskassen, Bildungsvereine, Gesinnungszirkel und Geheimbünde – kollektive Interessen verfechten, öffentlich artikulieren, allgemein bewußt machen wollten. Erst die Revolution hat jedoch das Tor zur freien Gründung großer politischer Verbände aufgestoßen. Bis dahin konkurrierten auch die unterschiedlichsten Spielarten des Frühsozialismus, des liberalen Selbsthilfeappells, der katholischen Solidaritätsdoktrin, der konservativen Genossenschaftslehre um den ausschlaggebenden ideologischen Einfluß. Am Ende des Vormärz hatten aber die deutschen Varianten des Sozialismus oder Kommunismus als «Weltanschauung», Handlungsanleitung und Verheißungsideologie einen ersten Vorsprung gewonnen.

Gewerbliche Arbeiter und Arbeiterinnen mit fester Stelle bildeten unter den städtischen Unterschichten, die 60 bis 90% der Bevölkerung stellten, eine in der Selbst- und Fremdeinschätzung begünstigte Minderheit, aus der sie indes jederzeit in das graue Heer der unstet Beschäftigten absacken konnten. Mehr als die Hälfte dieser Unterschichten lebte ständig an der Grenze des Hungers und eines kümmerlichen Existenzminimums, häufig genug auch darunter. Kein Wunder, daß sich mit diesem anschwellenden «Pöbel» die Furcht vor einem aus Not und Verzweiflung geborenen offenen Aufstand verband.

Diese Sozialangst wurde durch die Pauperismuskrise in der zweiten Hälfte des Vormärz Jahr für Jahr vertieft. Aufmerksamen zeitgenössischen Beobachtern wurde schnell klar, daß es sich nicht mehr um die traditionellen «Pauperes» handelte, deren Not durch private und kirchliche Caritas gelindert werden konnte, sondern daß eine neuartige Massenarmut um sich griff, die mit einem durch die beiden Revolutionen hochgradig sensibilisierten Wahrnehmungsvermögen sorgenvoll verfolgt wurde. Das Grundproblem lag darin, daß das rasante Bevölkerungswachstum – keineswegs ein Produkt «der» traditionalen Gesellschaft, sondern vielmehr weithin der mobilisierenden Wirkung von Handel- und Agrarkapitalismus! – ein Arbeitskräftepotential schuf, das die Aufnahmekapazität aller Wirtschaftszweige schließlich überforderte. Gegenüber dieser «Menschenflut» besaßen die deutschen Gesellschaften im Prinzip fünf Reaktionsmöglichkeiten.

Zuerst mußte die Landwirtschaft als Auffangbecken dienen. Das tat sie auch dank Kommerzialisierung, Agrarkapitalismus und Reformerfolgen bis zur Mitte der 30er Jahre. Dann fiel der Grenznutzenwert neuer Arbeitskräfte steil ab, die Sättigung des Nachfragebedarfs war erreicht. Ähnlich trieb das Handwerk gleichzeitig einer Überfüllung entgegen, die abschreckend wirkte und Abwehrmaßnahmen auslöste. Die ubiquitäre Protoindustrie, die zahllose individuelle Notsituationen zu überbrücken geholfen hatte, erlebte ebenfalls in einer Region und Branche nach der anderen ihre tödliche Krise. Die Auswanderung konnte, so sehr sie auch in den 40er Jahren anstieg, nur eine eng begrenzte Entlastung verschaffen; die älteren Formen des Massensterbens als Folge von Kriegen, Epidemien und Naturkatastrophen blieben glücklicherweise aus. Als einziges Sicherheitsventil blieb daher die Industrie übrig. Daß sie in den 30er/40er Jahren noch so jung und unentwickelt war, spitzte die Pauperismusnot derart zu, wie der Tiefpunkt um 1845/48 demonstrierte; deshalb führt die Behauptung in die Irre, daß die Industrie vorher bereits ein numerisch großes Proletariat gebildet habe. Nach dem Durchbruch der Industriellen Revolution seit den 50er Jahren sollte sie die Lösung des Problems in relativ kurzer Zeit herbeiführen.

Vor 1848 aber hat die Massenarmut zur Entstehung einer vorrevolutionären Situation beigetragen. Mit geringem Erfolg rang die Verwaltung mit der Elendshydra. In Süddeutschland wurden alle sozialprotektionistischen Maßnahmen verschärft. In Preußen dagegen ging die zentralstaatliche Bürokratie zur Offensive über. Mit Hilfe neuer Rechtsnormen wurde die ständische Bürgergemeinde in die staatsbürgerliche Einwohnergemeinde verwandelt. Die Armenversorgung beruhte nicht mehr auf dem überlieferten Heimatrecht, sondern auf einer gewissen Anwesenheitszeit eines jeden Stadtbewohners. Gleichzeitig wurde die Freizügigkeit rechtlich erleichtert, ja für Arbeitsuchende erzwungen, damit aber, gut smithianisch, die Funktionsfähigkeit der Arbeitsmärkte gefördert. So trieben Pauperismus und Bürokratie die innere Staatsbildung sowie die Konsolidierung liberaler Arbeitsmärkte voran, ohne daß man doch der Verelendung vor 1848 Herr wurde. Und dieses Versagen dehnte den Legitimationsverlust der vormärzlichen Politik unaufhaltsam aus.

Um die Konkurrenz von Legitimationsprinzipien und die Appropriation von Herrschaftsrechten ging es auch nach 1815, als das innere politische System neu austariert werden mußte. Nach der kurzen Vorherrschaft des «bürokratischen Absolutismus», der mit der Ära der «Defensiven Modernisierung» identisch ist, bildete sich in den deutschen Staaten eine trialistische Konstellation heraus: das monarchisch-adlig-bürokratische Kondominat mit durchaus wechselnden Schwerpunkten. Hof und Dynastie wurden wieder ein Machtzentrum. Die Machtelite des Adels erholte sich. Die Bürokratie blieb Herrschaftsinstrument und Herrschaftsträger mit starkem, umstrittenem Eigengewicht. In den konstitutionellen Staaten rangen außerdem die neuständischen Landtage darum, ihre schmal bemessene Einflußsphäre auszudehnen – mit durchaus wechselhaften Erfolgen und Rückschlägen.

Durch diese Grundstruktur der inneren Verfassung wurde die äußere Verfassung der deutschen Staaten, die den Hexenkessel der napoleonischen Revolution überlebt hatten, nicht eindeutig präjudiziert. Der 1815 in Wien geschaffene Deutsche Bund basierte auf Interessenlagen, die eine Rückkehr zum Alten Reich ebenso ausschlossen wie einen gesamtdeutschen Nationalstaat und welche die fast vierzig unverbunden nebeneinander existierenden Staaten ebenso für eine Gefahrenquelle hielten wie einen zentralistischen Bundesstaat. Der lockere Staatenbund kam dagegen vitalen Interessen sowohl der deutschen Staaten als auch des europäischen Staatensystems eindeutig entgegen. Deshalb wurde er gegründet und völkerrechtlich garantiert. Sein erstes Grundgesetz, die Deutsche Bundesakte, enthielt nicht nur liberale Verfassungsaufträge, sondern ließ auch die liberale Ausgestaltung des Bundes zuerst noch offen.

Die Metternichsche Politik, die sich dem Trend zum Verfassungsstaat entgegenstemmte, zerstörte diese Entwicklungsfähigkeit. Gemäß der Maxime, daß nach der Revolutionsepoche die innere Stabilität im Wiener Sinn Voraussetzung der äußeren Ruhelage war, nutzte Metternich das Wartburgfest, den verbalen Burschenschaftsradikalismus und Kotzebues Ermordung virtuos aus, um durch die repressiven Karlsbader Beschlüsse, die der Frankfurter Bundestag sogleich als geltendes Bundesrecht bestätigte, eine pseudolegale Verfassungsrevision einzuleiten. Dieser «Bundes-Staatsstreich» wurde auf den Wiener Konferenzen 1819/20 vollendet. Die neue «Bundes-Ergänzungsakte» stellte faktisch ein zweites Grundgesetz dar, welches das erste teilweise verdrängte oder überlagerte. Das antiparlamentarische «monarchische Prinzip» wurde seither zur vorrangigen Legitimationsideologie mit exklusivem Charakter erhoben. An Metternichs Sieg knüpfte sich der zweite Erfolg, daß die von Hardenberg noch immer angestrebte preußische Verfassung verhindert wurde. Jetzt erst entschied sich, daß auch die norddeutsche der beiden Vormächte des Bundes dreißig Jahre lang verfassungslos blieb.

Im Zeichen dieser Entscheidung herrschte die Restaurationspolitik bis 1830, als die Julirevolution auch eine weitere Phase der Bundesgeschichte, den «Vormärz», einleitete. Die Kontinuität des «Revolutionszeitalters» wurde bestätigt, ein neues politisches Magnetfeld entstand und dehnte sich seither aus. Braunschweig, Kurhessen, Hessen-Darmstadt und vor allem Sachsen wurden durch das Zusammenspiel von spontanem, kollektivem, gegen Hunger und Not gerichteten Protest mit liberal-bürgerlichen Reformkräften in Verfassungsstaaten mit zum Teil außerordentlich fortschrittlichen Konstitutionen verwandelt. Auch zahlreiche Stadtrevolten enthüllten, wie tief die Gärung reichte. 1832 bewiesen das Hambacher Fest und seine Initiatoren, wie weit die politische Mobilisierung fortgeschritten war.

Eine zweite Welle von Repressionsgesetzen des Bundes verriet erneut, wie ernst Metternich den Kampf gegen seine Hauptgegner nahm: gegen den parlamentarischen Verfassungsstaat, die bürgerliche Gesellschaft, den liberalen Nationalismus. Die bundesstaatliche Handlungsfähigkeit äußerte sich wieder in brutaler Unterdrückung, welche die Föderation um den letzten Rest an Kredit bei allen progressiv und nationaldenkenden Liberalen brachte. Endgültig erwies sich der Bund als bevormundender Polizeistaat, als fürstliche «Versicherungsanstalt» gegen jede politische Veränderung.

Wo es neuständische und landständische Verfassungen gab, spielte sich häufig ein harter Konflikt um die Verteilung der Staatsfinanzen ab. Das kann schon deshalb nicht verwundern, weil der Etat die Machtkonstellation eines Landes bis in die einzelnen Positionen hinein exakt widerspiegelt. Sowohl aus ständiger Finanznot als auch wegen der Ausdehnung der Staatsfunktionen waren alle deutschen Staaten zu einer zentral verwalteten Steuerpolitik, die allein ein zumindest in groben Zügen vorauskalkulierbares Staatseinkommen gewährleistete, übergegangen. In Süddeutschland wurden Ertragssteuern und indirekte Steuern, in Preußen Personalsteuern in Form der Klassensteuer für sechs Siebtel der Bevölkerung sowie ebenfalls indirekte Steuern bevorzugt. Vermögen und Kapitalgesellschaften wurden geschont, so daß um den hohen Preis extremer Steuerungerechtigkeit große Investitionsfonds gebildet werden konnten. Überall jedoch reichten die Steuereinnahmen nicht aus, um die Staatsschulden zu decken. Im konstitutionellen Süddeutschland stiegen sie um 80 bis 200%. In Preußen wurde die 1820 anerkannte Schuldsumme zwar durch Sparmaßnahmen erheblich gesenkt; gleichzeitig wurden jedoch hohe Sonderausgaben durch Anleihen gedeckt und über Geheimetats abgewickelt, um die Gesetzesverpflichtung, eine Neuverschuldung nur mit Zustimmung eines gesamtstaatlichen Parlaments zu übernehmen, zu umgehen. Bewährte Konsortien großer Privatbanken, die Rothschilds weit vorn an der Spitze, haben durch ihre Anleihevermittlung auf dem Kapitalmarkt für Staatspapiere den Restaurationsregimes immer wieder das finanzielle Rückgrat gestärkt und damit erst die Fortsetzung ihrer Politik ermöglicht.

In den Landtagen hielt nämlich das Tauziehen um die Staatsfinanzen, da den Abgeordneten die Bedeutung dieses «Nervus Rerum» neuzeitlicher Politik vollauf bewußt war, weiter an. Umstritten blieben das Ausgaben-Bewilligungsrecht, die zugemutete Bewilligungspflicht und schließlich die Bindungswirkung des Etats. Während in einer Mehrheit der Bundesstaaten das Steuerbewilligungsrecht schließlich anerkannt wurde, konnte das Budgetrecht nur in einer Minderheit erkämpft werden, und die Etatprüfung wurde von den Regierungen ebenso verweigert, wie die Budgetpolitik der Landtage im Zuge des konservativen Gegenschlags nach 1830/32 überhaupt nach Kräften beschnitten wurde. Bis 1848 hat sich kein einziges neuständisches Parlament zum finanzpolitischen Souverän aufschwingen können. Liberal-bürgerlicher Kampf um Parlamentsgründung oder Parlamentsrechte hieß auch immer, endlich die Finanz- und Steuerpolitik maßgeblich beeinflussen zu können.

In mancher Hinsicht blieben die Staatsfinanzen ein Bereich der fürstlichen Arkanpolitik. Eine weitere unangefochtene Säule des politischen Systems bildete das Militär. In den Jahrzehnten zwischen revolutionärem Staatenkrieg und Bürgerkrieg stand es in allen deutschen Staaten im Abseits der Entwicklung. Entgegen seinem eigentlichen Zweck wurde es während der

Aufstände von 1830/31 im Innern zwar einmal kurz eingesetzt, verschlang aber in einem «Militärstaat» wie Preußen durch seine schiere Existenz immer rund 40% aller Staatseinnahmen. Dort hatten die Reformen zu tiefgreifenden Veränderungen geführt, die jedoch bald wieder von den konservativen adligen Berufsmilitärs eingeschränkt oder sogar rückgängig gemacht wurden. Der König gerierte sich weiter als «Oberster Kriegsherr», das Militärkabinett gewann 1825 ebenso die Autonomie einer selbständigen Behörde wie der Generalstab, und außer diesen Rivalen des Kriegsministeriums fungierte Prinz Wilhelm am Hof als «heimlicher» Kriegsminister, der mit seinen Anhängern die drei Pfeiler des Heeres, die Linie der Berufssoldaten, die Dienstpflichtigentruppe und die Landwehr, nach eigenen Vorstellungen umzuprägen bemüht blieb.

Trotz aller Anstrengungen dieser reaktionären Militärkamarilla scheiterte die Realisierung der allgemeinen Wehrpflicht an den restriktiven finanzpolitischen Bedingungen, von denen die Staatsleitung selbst das Heer nicht befreite. Um 1830 wurde nur ein Drittel, um 1840 ein Viertel aller Tauglichen eingezogen. Das schuf eine eklatante Wehrungerechtigkeit, zumal von den alten Exemtionen manche unter neuem Namen fortlebten. Die Landwehr, das reformerische Paradebeispiel der «Nation in Waffen», wurde 1819 ihrer institutionellen Selbständigkeit beraubt und der Linie unterstellt. Um jedoch eine Massenmobilisierung im Krisenfall überhaupt zu ermöglichen, blieb sie, wenn auch denkbar ineffizient ausgebildet, weiter erhalten. Unstreitig gelang den Reformfeinden die konservative Konsolidierung der Linie, vor allem des Offizierskorps, aus dem die bürgerlichen Aufsteiger rigoros verdrängt wurden, so daß vor 1848 der Adelsanteil wieder gut zwei Drittel ausmachte. Die gesetzlich geforderte Berücksichtigung des Leistungs- und Bildungsprinzips wurde mißachtet. Statt dessen sorgten die strenge Rekrutierung des Nachwuchses – insbesondere aus den wiederbelebten Kadettenanstalten –, das Kooptationsrecht der Regimenter und die tagtäglich geübte Verhaltensprüfung für die Kontrolle konservativer Homogenität. Überdies öffnete die Einjährig-Freiwilligenzeit dem Assimilationssog der Armee auch unter Bürgern die Tore. Um die dreijährige Dienstzeit kämpften die Hochkonservativen in erster Linie, um royalistische Gesinnung und blinden Gehorsam zu erzwingen. Da das Militär in allen seinen Formationen gewöhnlich bis zu 450000 Männer beeinflussen konnte, wurde es – im Gegensatz zum alten Barras vor 1806 – dank der, gleich wie unvollkommen durchgesetzten, allgemeinen Wehrpflicht allmählich gesellschaftlich akzeptiert und trug eben deshalb dazu bei, die Kontinuität des sozialen Militarismus nicht abreißen zu lassen. Anstatt zu einer «Schule der Nation» im Sinne des Reformideals vom Bürger als kampfbereitem Patrioten zu werden, wurde die Armee zu einer Anstalt für unmündige, königstreue Untertanen. Unter der Oberfläche scheinbarer Erstarrung bahnten sich daher folgenschwere Auswirkungen der drei «ruhigen» Jahrzehnte an.

In anderen deutschen Staaten gewann das Heer nicht eine solche Schlüsselstellung, wie es sie in Preußen behielt. Indes: In historischer Perspektive zählt primär die preußische Entwicklung, wie bereits zwischen 1849 und 1871 überscharf deutlich werden sollte.

Die Loyalität der Armee blieb auf die Einzelstaaten fixiert. Den Primat der nationalen Loyalität forderte dagegen der deutsche Nationalismus. Aus dem esoterischen Phänomen des Elitennationalismus kleiner Intellektuellengruppen wurde in der Zwischenkriegszeit allmählich die volkstümliche Ideologie einer Massenbewegung. Trotz aller Unterdrückungsmaßnahmen der konservativen Regierungen, die den nationalen Anspruch auf Einschmelzung der Partikularstaaten in ein gesamtdeutsches Reich in kompromißloser Selbstverteidigung bekämpften, wirkten sich Erfahrungen, die eine Art Ersatzbefriedigung für die fehlenden eigenen nationalstaatlichen Erfolge verschafften, als Beschleunigungsfaktoren aus: der Philhellenismus der 20er Jahre z. B., die Polenbegeisterung nach 1830, die Rheinkrise von 1840, danach insbesondere das Schleswig-Holstein-Problem.

Schritt für Schritt erweiterte sich auch die innergesellschaftliche Basis des Nationalismus in seiner zweiten Phase. Zwar waren Trägergruppen wie die Burschenschaften und Turner zeitweilig verboten, jedoch mit der Legalisierung des Turnwesens tauchten auch die nationalen Ziele wieder auf, die ebenso von den zahlreichen Männergesangsvereinen geteilt wurden. Von den rund 150000 Sängern und Turnern gingen im Alltag, im Vereinsleben, auf großen überregionalen Festen erhebliche Wirkungen aus. Das traf seit den 30er Jahren auch wieder auf engagierte Studenten zu, die aufgrund von Interessen und Mobilität als intellektuelle Multiplikatoren im Prozeß der Nationsbildung fungierten. Viele ihrer Professoren bildeten gesamtdeutsche Vereine – für Naturwissenschaftler, Ärzte, Germanisten, Historiker, alle mit grenzübergreifender Intention und nationalisierendem Effekt. Ein vergleichbarer Einfluß ging vom «Börsenverein deutscher Buchhändler», vom Schriftstellerverein, von den frühen protektionistischen oder freihändlerischen Wirtschaftsverbänden aus. Nicht zuletzt erwiesen große nationale Feste und Nationaldenkmäler ihre symbolische, öffentlichkeitswirksame Kraft. Beharrlich machte sich der nationale Tenor zahlreicher Predigten und Reden, Bücher und Zeitschriftenaufsätze geltend. Von allen Seiten wirkten starke Einflüsse zugunsten der nationalen Integrationsideologie. Fraglos ist der Einfluß der «Politischen Romantik» auf das entstehende Nationalbewußtsein oft überschätzt worden. Alle ihre Verfechter polemisierten gegen die Revolution – und der moderne Nationalismus bildete eine in der Revolution geborene politische Religion. Alle stritten für die altständische Gesellschaft, für die Monarchie, aber gegen die souveräne Nation. Andrerseits wurde der Volksbegriff aufgewertet, das historische Interesse vertiefte den Mythos einer glorreichen Vergangenheit, und von dort ließen sich doch Brücken zur Nation und zum erhofften Nationalstaat schlagen.

Bis 1848 hatte die Nationalbewegung auf vielfältige Weise sich organisiert und durch ein dichtes Kommunikationsnetz für enge Kontakte gesorgt. Unter den Trägerschichten spielten Bildungsbürger noch immer die prominente Rolle, aber in den kleinbürgerlichen Mittelklassen, in der Bourgeoisie, ja auch unter Bauern wurde immer häufiger national gedacht. Noch immer verkörperte der frühe Nationalismus eine liberale Emanzipations- und antipartikularistische Oppositionsbewegung, obwohl die Entartungsgefahren dieser neuartigen politischen Ideologie keineswegs verschwanden. Insgesamt hieß damals jedoch national sein, für eine liberale Modernisierungspartei eintreten.

Trotz der Affinität zwischen Liberalismus und nationalem Verfassungsstaat galt dieses enge Verhältnis nicht überall, dafür blieb der deutsche Liberalismus vorerst zu heterogen. Versteht man ihn hier als politische Verfassungsbewegung, zu deren Programmatik auch soziale und ökonomische Reformziele notwendig hinzugehörten, mußte er sich unter Sonderbedingungen durchsetzen, die ihn nachhaltig geprägt haben. Die «relative Rückständigkeit» der deutschen Verhältnisse im Vergleich mit Westeuropa band ihn an die überkommene traditionale Welt, verlieh aber auch seinen Zukunftsvorstellungen ihre Dringlichkeit. Im Vertrauen auf den Reformstaat, der in der Tat auch frühliberale Ziele verwirklicht hatte, neigte der Liberalismus zum Kompromiß mit der Regierungsgewalt, zumal staatliche Modernisierungsvorhaben teilweise auch immer den liberalen entsprachen. Die auf den Liberalismus stark einwirkende deutsche Spätaufklärung unterstützte diese Tendenz, da sie Fürstenherrschaft und bürgerliche Gesellschaft versöhnen wollte, auch hier schienen Reformabsolutismus und «Defensive Modernisierung» die Vernünftigkeit dieser Absicht zu bestätigen. Der aufklärerische Kosmopolitismus geriet freilich in Widerstreit mit dem liberalen Fernziel eines deutschen Nationalstaats. Hier kündigten sich Spannungen an. Einer einheitlichen nationalpolitischen Stoßkraft des Liberalismus stand jedoch insbesondere die tiefe regionale Fragmentierung entgegen, und nicht zuletzt bremste die Restaurationspolitik den politischen Lernproß des Liberalismus auf dem Feld der praktischen Politik.

Zu einer die Geister beherrschenden, Staat und Gesellschaft umformenden Macht stieg der Liberalismus aufgrund alledessen so schnell nicht auf. Dennoch wurde er allmählich zu einer Kraft des öffentlichen Lebens, die seine Gegner zu hartem Widerstand zwang, wenn sie das Gesetz des politischen Handelns nicht verlieren wollten.

Eine erste idealtypische Spielart des Liberalismus, der bürokratische Liberalismus, erlebte seine Hochzeit in der Reformära, spielte aber auch seither trotz des konservativen Widerstands in den größeren deutschen Staaten, insbesondere in Preußen, eine aktive Rolle. Das läßt sich an der Durchführung der Agrarreformen, der Gewerbepolitik, dem Zollverein, dem Bildungswesen ablesen. Zu dem Selbstverständnis der liberalen Beamten gehörte es sogar auch, daß sie in einem verfassungslosen Staat mit ihren offen deliberierenden Gremien und den auf wohlerwogener Abstimmung beruhenden Kollegialentscheidungen «bis auf einen gewissen Punkt die Repräsentation» verträten; «sie ersetzten», wie Hardenbergs Mitarbeiter v. Raumer behauptete, «die Verfassung selbst». Und 1843 bestätigte Droysen diese Auffassung mit dem anerkennenden Urteil, daß es der Verwaltung gelungen sei, «statt einer Verfassung zu fungieren». Inzwischen war jedoch aus einer hochgemuten Funktionsbestimmung, die in frühkonstitutioneller Zeit zudem von einem Befürworter der preußischen Verfassung getroffen worden war, überwiegend eine Machterhaltungsideologie geworden, die auf ein Parlament als starken Rivalen nur zu bereitwillig verzichtete. Auf den erwähnten Politikfeldern, überhaupt in der «Politik als Verwaltung», gelangen dem bürokratischen Liberalismus trotzdem beachtliche Erfolge, die in der Wirtschaftspolitik am auffälligsten hervorstachen. «Was die neuere Zeit politische Freiheit nennt», kommentierte ein süddeutscher Beobachter die preußischen Zustände im Vormärz, «ist den Untertanen dieses Staates nicht gar reichlich zugemessen, dagegen genießen sie der bürgerlichen Selbständigkeit in höchstem Maße.»[6]

Als sich in allen deutschen Staaten herausstellte, wie sich die bürokratische Reform mit konservativer Staatspolitik vertrug, ja sie stabilisieren half, wurde politische Emanzipation das vorrangige Ziel des konstitutionellen Liberalismus, der sich in den 30er/40er Jahren rasch ausbreitete. Er wollte im Verfassungsstaat durch das Parlament die Entscheidungen mitformulieren, von dort aus die gewünschten Veränderungen initiieren. Deshalb forderte er eine zeitgemäß-fortschrittliche Konstitution, ein Zweikammersystem, klare Gewaltenteilung, die gesetzliche Verankerung aller liberalen Freiheitsrechte, möglichst einen Grundrechtekatalog, den zügigen Ausbau des Rechtsstaats. Sein Verfassungsdenken blieb dualistisch: Es erkannte die – durch eine Verfassung eingehegte – Fürstenherrschaft als den einen Pol an, die liberale Staatsbürgerschaft als den anderen; auf der absoluten Vorherrschaft des liberalen Citoyen bestanden nur wenige. Trotz dieser Kompromißbereitschaft genügte der vormärzliche Status quo, auch in den konstitutionellen Staaten, dem Liberalismus keineswegs. Er blieb eine vorwärtstreibende Bewegung, die ihre Zielvision, die «bürgerliche Gesellschaft» im ausgebauten Verfassungsstaat, verwirklichen wollte. Im freien Diskurs der durch Besitz und Bildung qualifizierten Bürgergesellschaft, die für Aufsteiger kraft Leistung und Talent jederzeit offenblieb, sollte «vernünftige» Politik im Sinne des Gemeinwohls ermittelt werden. Da die Fiktion von einem einzigen wahrhaft vernünftigen Volksinteresse vorherrschte, taten sich die Liberalen mit der Anerkennung des Interessenpluralismus, damit auch von Parteien, schwer; ziemlich spät tauchten links- und rechtshegelianische Parteitheorien auf, die ihn anerkannten. Die anvisierte Politik trug, der realhistorischen Situation des Liberalismus entsprechend, sowohl sozialkonservative als auch progressive Züge. Über viele Divergenzen hinweg war sich jedoch die überregionale politische Elite des konstitutionellen Liberalismus in ihren Hauptzielen einig.

Vom linken Flügel des Liberalismus driftete offenbar unaufhaltsam der vormärzliche Radikalismus ab. Die sozioökonomische Verwandlung der Gesellschaft, der politische Auftrieb nach 1830 nährten nicht nur seine Kritik, sondern bestärkten ihn in seinen Zielen: der Volkssouveränität, der sozialen Demokratie, dem freien Volksstaat, der nationalen Republik. Während sich in Süd- und Mitteldeutschland ein eher populistischer Radikalismus ausdehnte, herrschte in Norddeutschland ein eher intellektueller Radikalismus vor, in dem die Linkshegelianer den Ton angaben. Unter diesen jüngeren Intellektuellen wuchs in den 40er Jahren die politische Enttäuschung darüber an, daß im zeitgenössischen Preußen die Potenz des idealisierten Reformstaats nicht mehr zu entdecken war. Außerdem litten sie unter ihrer Statusdiskrepanz zwischen hochgespannter Karriereerwartung und der frustrierenden Erfahrung einer Randexistenz ohne erkennbare Aussicht auf Besserung. Dennoch haftete ihrer scharfzüngigen Kritik viel von bohèmehafter Unverbindlichkeit an. Und ein kluger Kopf wie Ruge versicherte emphatisch: «Revolutionen werden von Einzelnen weder gemacht, noch gehindert, und gerade am wenigsten von den Beteiligten vorhergesehen.»

Die diametral entgegengesetzte Ansicht entwickelten im späteren Vormärz die sozialistischen und kommunistischen Bünde, die wegen des aussichtslosen Wartens auf tiefgreifende ökonomische und politische Reformen die Revolution als radikale Problemlösung bewußt anvisierten. In ihrer Ideenwelt mischten sich auf eklektische Weise Einflüsse des französischen und englischen Frühsozialismus, der Straußschen und Feuerbachschen Religionskritik, einer realitätsnahen Sozialanalyse und eines verletzten Gerechtigkeitsgefühls mit chiliastischen Hoffnungen aus der christlich-jüdischen Tradition und der Utopie einer gerechten Gesellschaft. Erst Marx und Engels verbanden darüber hinaus die bestechende Stringenz der in den Historischen Materialismus verwandelten Hegelschen Geschichtsphilosophie mit der Kritik der klassischen Politischen Ökonomie, ehe sie ihren «wissenschaftlichen Sozialismus» mit dem Energien und Leidenschaften mobilisierenden Zukunftsentwurf eines kommunistischen «Zion» krönten, in dem die Geschichte antagonistischer Klassenkämpfe in eine idyllische Ruhelage überging. Noch war Marx nur einer von vielen Außenseitern, die den Umsturz insgeheim planten, doch genialer Intellekt und herrische Arroganz hoben ihn bereits öfters aus diesem Kreis hervor. Moses Heß, dem es an kritischer Beobachtungsgabe eigentlich nicht fehlte, rühmte ihn 1841 seinem Freund Auerbach mit geradezu rührendem Enthusiasmus als «den größten, vielleicht den einzigen jetzt lebenden eigentlichen Philosophen ... er verbindet mit dem tiefsten philosophischen Ernst den schneidendsten Witz; denk

Dir Rousseau, Voltaire, Holbach, Lessing, Heine und Hegel in einer Person vereinigt... so hast Du Dr. Marx». Dagegen erschien er 1846 dem Russen Annenkow als «die Verkörperung eines demokratischen Diktators», während Ruge, seit dem Bruch tief verletzt, 1844 haßerfüllt prophezeite, daß Marx «zähnefletschend und grinsend... alle schlachten» werde, «die ihm, dem neuen Babeuf, den Weg vertreten». Aus der Anonymität des Londoner Exils heraus sollte dieser umstrittene Mann 1848 als Verfasser des «Kommunistischen Manifests» und als aktiver Politiker erstmals in das volle Licht der Öffentlichkeit treten.[7]

Der politische Konservativismus, der sich als der entschiedenste Gegner von Liberalismus und Radikalismus herausbildete, ist schon vor dem großen Einschnitt der Französischen Revolution aus der Opposition gegen die Aufklärung und den bürokratisch-absolutistischen Staat hervorgegangen. Aber durch die Revolution, die ihm als Einbruch des Bösen schlechthin Anathema war, dann durch ihre Folgen wurde er immer stärker gezwungen, seine Traditionen und Werte zielbewußt, reflektiert, dezidiert zu verteidigen. Als erster entwickelte der Beamtenkonservativismus im Staatsapparat eine eigenständige Position als eine Art «Regierungspartei», die vor allem nach der Reformepoche, seit den 20er Jahren kontinuierlich einen Beachtung heischenden Einfluß ausübte. Sie stand in mancher Hinsicht dem pragmatischen Staatskonservativismus nahe, wie er virtuos von Metternich, aber auch von kleineren Leuchten des Restaurationsregimes, praktiziert wurde.

Eine hochideologisierte Variante verkörperte daneben der altständisch-patrimoniale Konservativismus, der das Rad der Geschichte am liebsten zurückgedreht hätte. Wie ihn v. d. Marwitz als prototypischer Verfechter vertrat, verhüllte er notdürftig den puren Adelsegoismus. Aber da er auch von Repräsentanten der «Politischen Romantik» wie Adam Müller wortgewandt verteidigt wurde, gewann der politische Konservativismus insgesamt ein Repertoire von allgemein verwertbaren Topoi. Zeitweilig galt Hallers Lehre vom Patrimonialstaat als Katechismus der Altständischen. Indes: Die politische Verwertbarkeit fehlte dieser anachronistischen Dogmensammlung, und zu Beginn des Vormärz hatte sie ihre Attraktivität bereits verloren. Flexibler verhielt sich demgegenüber der legitimistisch-neuständische Konservativismus, der eine begrenzte parlamentarische Willensbildung so weit hinnahm, daß er der Anerkennung der konstitutionellen Monarchie den Boden bereitete.

Diesen letzten Schritt tat der Reformkonservativismus. In politischer Hinsicht war es in erster Linie Stahl, der die konservative Ideologie im Prinzip mit dem Verfassungsstaat versöhnte, sie damit auch endlich auf das Plateau der herrschenden Strömungen jener Zeit hob. In sozialpolitischer Hinsicht erkannten Männer wie Huber, Radowitz, Wagener und die Engagierten des «Zentralvereins» die Notwendigkeit staatlicher Intervention gegen den Massenpauperismus. Zugleich sahen sie darin auch die Chance eines Loyalitätsgewinns für die Monarchie als «soziales Königtum», das sich mit Reformprojekten auch des Proletariats, überhaupt der Unterschichten, annehmen und in breiten Volksschichten seine Legitimationsbasis stärken sollte. Im Gegensatz zum konstitutionellen Liberalismus und Linksliberalismus brachten es die Konservativen vor 1848 noch nicht zu parteiähnlichen Verbänden. Erst auf dem Weg über ihre Interessenorganisationen taten sie diesen schweren Schritt, mit dem sie sich als ein Mitbewerber um Macht und Einfluß neben andern anmeldeten.

Blickt man schließlich auf einige wesentliche soziopolitische Strukturbedingungen und Entwicklungsprozesse, die sich im weiten Bereich der Kultur ausgewirkt haben, stößt man hinter dem äußeren Anschein von Tradition und Kontinuität auf folgenschwere Veränderungen. In den protestantischen Kirchen blieb das Staatskirchentum nicht nur weiter bestehen, sondern die Verstaatlichung des religiösen Lebens nahm an Intensität noch weiter zu, wie sich das an der Bürokratisierung der preußischen Kirche und der Unionspolitik ablesen läßt. Gegen die «Drachensaat» des theologischen Rationalismus erhob sich die neupietistische Erweckungsbewegung, die einen fundamentalistischen Protest gegen all jene Einflüsse verkörperte, die vom Aufklärungschristentum, der Kulturtheologie, der Bibelkritik ausgingen. Seit den 30er Jahren stand sie im Bündnis mit der lutheranischen Orthodoxie, und politisch wurden ihre manchmal einflußreichen Zirkel zu Alliierten der Hochkonservativen.

Gegen die Frontalattacke, welche die «Fraktion Hengstenberg» mit pseudotheologischer Propaganda unterstützte, wehrte sich der kirchliche Liberalismus, der seit 1841 mit den Freien Gemeinden der «Lichtfreunde» eine Sezessionsbewegung erlebte, der durchaus politische Kontroversen zugrunde lagen. Wegen des Mobilisierungsvorlaufs verwundert es nicht, daß prominente Persönlichkeiten, ja ganze Gemeinden zur aktiven 48er Bewegung gehörten. Obwohl die Amtskirche die Stabilität einer staatlichen Institution besaß, trat der Protestantismus, innerlich in die sich befehdenden Lager der «Erweckten», der Orthodoxen, der rationalistischen Liberalen und «Lichtfreunde» tief gespalten, in die Krise des späten Vormärz ein.

Der Katholizismus hat nach der Säkularisationszäsur von 1803 mit ihren schwerwiegenden Konsequenzen im Grunde überraschend schnell zu einem neuen Aufschwung gefunden. Da es kein «Reichskirchenrecht» mehr gab, regelte die Kurie die anstehenden Probleme möglichst in bilateralen Konkordaten mit den Bundesstaaten. Mit Hilfe einer neuen Klerikergeneration wurden das Funktionärskorps und die Amtsorganisation neu aufgebaut, wurde die Volksreligiosität nach Kräften neu genährt. Das universalhistorisch wichtigste Phänomen bildete jedoch der Ausbau der päpstlichen Diktatur als einer urbi et orbi befehlenden Monokratie. Vor allem Gregor XVI. und Pius IX. haben den theokratischen Absolutismus befestigt, dem die Ehe von Thron und Altar als gottgefällige Politik erschien. Als es in den «Kölner Wirren» zum Streit um die menschenfeindliche Mischehenpraxis der katholischen Kirche kam, erwies sich in diesem ersten preußischen «Kulturkampf», wie hart ihr «ultramontaner» Neodogmatismus verfochten wurde. Mit der Trierer Wallfahrtsbewegung, die durch heidnischen Wunderglauben und magisches Ritual eine halbe Million Menschen in Bewegung setzte, bewies die Kirche sowohl ihre staunenerregende Organisationsfähigkeit als auch die Gemeinsamkeit der Interessen, die sie mit der konservativen Staatsmacht teilte. Aus dem verbreiteten innerkatholischen Protest gegen den Trierer Mummenschanz ging 1845 die Sonderkirche der «Deutschkatholiken» hervor, die ähnlich wie die «Lichtfreunde» eine kryptopolitische Liberalisierungsbewegung vertraten und 1848 als geschulte Opposition fungierten.

Beide Amtskirchen versagten vor der sozialen Frage der Zeit: vor dem Massenpauperismus, vor dem Elend des ländlichen und städtischen Proletariats. Zwar bemühten sich einzelne aktive Männer wie Wichern und Fliedner, Kolping und Buß, bemühten sich Vereine und Laienorden um karitative Hilfe. Aber die christlichen Großorganisationen verkannten den Ernst der Probleme, und Geistliche mit schärferem Blick forderten die tätige Liebe nicht nur, um das Los der Armen und Gefährdeten zu lindern, sondern auch, um die Gesellschaft gegen die Fundamentalkritik und säkularisierte Verheißung der sozialistisch-kommunistischen Sekten zu immunisieren. Zwar galten die Kirchen der Mehrheit noch wie selbstverständlich als Garanten der Heilsvermittlung, als Mächte des öffentlichen und privaten Lebens, aber Säkularisierung und Entchristianisierung hatten bereits tiefe Schneisen in die amtskirchliche Domäne geschlagen.

Einen langlebigen Aufschwung erlebte dagegen das gesamte Bildungssystem. In den Elementarschulen der protestantischen Staaten wurden Ende der 40er Jahre mehr als 80% der Schulpflichtigen unterrichtet. Demgemäß sank die Analphabetenrate, so daß diese Staaten auch im internationalen Vergleich mit Schottland und Neuengland zusammen weit vorn lagen; viele katholische Gebiete blieben dagegen weit abgeschlagen zurück. Die eigenartige schulpolitische Mischung von Erfolgsbilanz und Bremsversuchen läßt sich im wesentlichen aus drei einflußreichen Konstellationen erklären. Da Liberale und Konservative mit unterschiedlichen Zielvorstellungen den Schulausbau weiter betrieben, behielt dieser seinen ambivalenten Charakter. Die Reformer setzten darauf, daß gut ausgebildete Staatsbürger wirtschaftliche Wohlfahrt, gesetzestreue Politik und auf längere Sicht einen Meinungsdruck gewährleisteten, der den notwendigen Umbau von Staat und Gesellschaft vorantreibe. Die Konservativen, formell seit 1819 dreißig Jahre lang am Zuge, wünschten sich auch tüchtige Untertanen: aber mit standesgemäß begrenzten Kenntnissen, gegen die Gleichheits- und Freiheitsideale indoktriniert und durch die «Sozialmythologie» ihres Tugendspiegels fest an König,

Ordnung und Ständeungleichheit gebunden. Im Effekt kamen aber alle Intentionen dem Ausbau der Volksschulen zugute.

Unübersehbar gab es auch eine Eigendynamik des Bildungswesens. In manchen Provinzen und Städten wurde ihre Entfaltung unterstützt, Seminardirektoren verteidigten ihren Einflußbereich, Lehrer verfochten zunehmend ihre Eigeninteressen. Schule und Lehrer traten überhaupt als eine neue Autorität auf, die traditionale Lebensmächte der kritischen Reflexion aussetzte. Schließlich begünstigte die regionale und lokale Machtfragmentierung eine Situation, die Handlungsspielräume für konträre schulpolitische Fraktionen erhielt, so daß weder Restauration noch Modernisierung sich vollständig durchsetzen konnten. Aufs Ganze gesehen wurden immer mehr Schüler von besser ausgebildeten Lehrern unterrichtet. Allein in Preußen stieg die Zahl der Seminare in den vier Jahrzehnten vor 1848 von 11 auf 48, der Prozentsatz ihrer Absolventen unter der Lehrerschaft auf rund 77%. Gerade diese Lehrer führten einen zähen Kampf gegen ihren miserablen Lebensstandard, gegen die Abhängigkeit vom Schulpatron und Geistlichen Inspektor. Erste Lehrervereine und Zeitschriften nahmen sich ihrer Interessen an. Eine latente Politisierung wirkte sich daher in der zweiten Hälfte des Vormärz auch im Elementarschulsektor aus.

Unter den Höheren Jungenschulen setzte das neuhumanistische Gymnasium seinen Siegeszug fort. 75% aller höheren Schüler besuchten diese Eliteschule, die durch das verfeinerte Berechtigungswesen der Leistungsdiplome fast ein Monopol als Aufstiegsschleuse in die Akademikerwelt gewann, trotz dieser wichtigen Funktion aber für 20 bis 40% Aufsteiger, die nicht aus dem Bildungsbürgertum stammten, sozial offen blieb. Die Gymnasiallehrer, verschärften Eignungsprüfungen unterworfen, bildeten eine selbstbewußte neue Berufsklasse, die 1836 ihren eigenen Interessenverband gründete. Sie lebte in dem Spannungsverhältnis zwischen politischer Gesinnungskontrolle und ungehinderter Verklärung von Kultur und Politik in der griechischen Republik inmitten der deutschen Fürstenstaaten. Neben ihnen gewannen die städtischen Realschulen zusehends an Attraktivität, während Mädchen nach der Elementarschule nur Zugang zu dem segmentierten System von Mädchenschulen und Töchteranstalten besaßen.

Einen nicht selten unterschätzten Schritt in die neue Welt des technischen Studiums taten damals die Polytechnischen Institute, die nach dem Vorbild der Wiener Technischen Hochschule im Verlauf einer kurzen Gründungsphase zwischen 1825 und 1836 in acht Landeshauptstädten entstanden. Ihr gemeinsames Ziel lag darin, die relative ökonomische Rückständigkeit durch gezielte intellektuelle Anstrengung, verbesserte praktische Ausbildung und wissenschaftliche Techniklehre zu überwinden. Damit sind sie trotz aller Anfangsschwierigkeiten und Rückschläge weit gekommen, so daß die späteren Technischen Hochschulen aus vielfach bewährten Vorläuferinstitutionen hervorgingen.

Berühmter ist natürlich die legendenumwobene «Humboldtsche Universität». Tatsächlich spielte Humboldt keine entscheidende Gründerrolle. Was zu ihren genuinen Innovationen gezählt wird, bestand durchweg aus einer geschickten Imitation von einleuchtenden Errungenschaften der bedeutendsten Reformuniversität des 18. Jahrhunderts, der allen Reformern vertrauten Georgia Augusta in Göttingen. Neu war auch nicht der pragmatische Auftrag, Staatsdiener besser auszubilden, sondern neu war vor allem zweierlei: Das neuhumanistische Bildungsideal setzte wie ein explosiver Treibsatz gewaltige geistige Energien frei, die nicht nur individuellen Bildungswünschen, sondern Wissenschaft und Forschung zugute kamen. Und der beispiellose Vorteil, auf das große bildungsbürgerliche Reservoir von Studenten und Wissenschaftsadepten zurückgreifen zu können, garantierte der reformierten Universität einen steten Zufluß an Talent, Forschungsleidenschaft, Wissenschaftsgläubigkeit. Im besten Fall gingen die Hoffnungen der Reformer in Erfüllung, daß der allgemein gebildete, nicht allein fachspezifisch geschulte Absolvent zu schneller Analyse, begriffsscharfem Denken, persönlicher Verantwortungsübernahme befähigt wurde, die ihn nicht nur als Mitglied der Funktionseliten qualifizierten, sondern ihn gerade als vielseitigen «Generalisten» auf Probleme raschen sozialen Wandels funktional adäquat reagieren ließen.

Im allgemeinen setzte sich die Reformuniversität freilich viel langsamer durch, als oft unterstellt wird, obwohl die Vorzüge des dezentralisierten, pluralistischen, auf ständiger Konkurrenz beruhenden deutschen Hochschulsystems schließlich zugunsten des überlegenen Vorbilds wirkten. Seine Frequenz erlebte eine der heftigsten Schwankungen überhaupt. Zwischen 1800 und 1830 verdreifachte sich die Studentenzahl nahezu auf rund 16000 und erreichte damit das Maximum vor 1880, sank aber seither wieder steil ab, ohne daß eine «Akademikerschwemme» vermieden werden konnte. Erhalten blieb die eindeutige protestantisch-bildungsbürgerliche Mehrheit, aber auch die vergleichsweise verblüffende soziale Offenheit, die 20 bis 30% Aufsteiger in die akademische Welt vordringen ließ; darunter befanden sich bereits auffällig viel jüdische Studenten. Die Anzahl der Professoren blieb von der Fluktuation so gut wie unberührt, sie stagnierte fast, während die Extraordinarien um 300%, die Privatdozenten sogar um 600% anstiegen. Mit der Habilitation setzte sich endgültig eine Leistungsförderung durch, die wissenschaftliche Innovation hoch prämiierte. Zugleich trugen Privatdozenten und außerordentliche Professoren durch ihre Spezialisierung der unablässigen Auffächerung der Wissenschaftsdisziplinen auf eine für den Staat preiswerte Weise Rechnung. Durch die gleichzeitig verlaufende institutionelle Differenzierung: den Ausbau der Seminare, Institute, Labors und Spezialkliniken wurden weitere günstige Bedingungen für die Verstetigung des wissenschaftlichen Fortschritts geschaffen. Aus dem Zusammenwirken all dieser Faktoren entstand die Grundlage für den weltweit wirkenden

Aufstieg der deutschen Universitäten in der zweiten Hälfte des 19. Jahrhunderts.

Vom Nimbus der Bildung und wissenschaftlichen Leistung zehrend, spielte der «politische Professor», insbesondere im vormärzlichen Liberalismus, eine prominente Rolle. Die Fakultäten besaßen manchen verschrobenen Kauz und privatistischen Spezialisten, aber das politische Engagement von Aberdutzenden von Professoren und Dozenten unter den widrigen Umständen der Gesinnungsschnüffelei und Reglementierung zeichnete die Universität ebenso aus wie die staatenübergreifende «Community of Scholars» einschließlich der Studenten. Aufgrund der Bildungsziele, der geographischen Mobilität, der politischen Aktivität ging von den Universitäten auch ein gesamtdeutscher, ein nationalisierender Integrationseffekt aus, der partikularstaatliche und landsmannschaftliche Loyalität zu überwinden imstande war. Wer sich von den Akademikern als politischer «Meinungsführer» exponierte, argumentierte überwiegend liberal und national.

Mit den Modernisierungsschüben im Bildungssystem war auch die anhaltende Dynamik der kulturellen Mobilisierung aufs engste verknüpft. Während die Analphabetenrate absank, veränderten sich die Lesegewohnheiten hin zur Lektüre des ständig Neuen, dehnten Lesehallen, Volksbibliotheken, Kolporteure und Buchhandlungen die Lesemöglichkeiten aus, schufen technische Innovationen die Grundlage der Massenproduktion, die wiederum die Preissenkung gestattete und den Käuferkreis ausdehnte. Die Bücherproduktion erreichte 1843 mit einer Jahreszahl von gut 14000 ihren Spitzenwert vor 1879. Auffällig ist daran u. a. die Expansion der Sachliteratur; die großen enzyklopädischen Lexika wurden zu Bestsellern. Ob «Brockhaus», «Rotteck-Welcker» oder «Meyer» – sie unterstützten zugleich einen moderaten Liberalismus in breiten Leserschichten. Langsam, aber unaufhaltsam stieg die Presse zu einer allgemeinen Bildungsmacht auf, obwohl sie nach Görres' «Rheinischem Merkur» als einsamem Vorläufer politische Meinungszeitungen erst spät, in den 40er Jahren, hervorbrachte. Vor der Revolution gab es im Deutschen Bund etwa 100 politisch profilierte Zeitungen, dagegen zehnmal soviel Unterhaltungs- und Verordnungsblätter. Im Zeitschriftenwesen konsolidierte sich nach einem Gründungsfieber, das Aufklärungseifer und Revolutionszeit ausgelöst hatten, die Anzahl der Magazine um 370 und verdoppelte sich fast bis 1848 auf rund 690. Belletristische Journale dominierten, neue populäre Unterhaltungsmagazine erzielten erstaunliche Auflagen. Im Gegensatz zu ihrem keimfrei neutralen Stil wurde in den politischen Jahrbüchern und Zeitschriften eine scharfe Klinge geschlagen. Hier wurden die polarisierenden politischen Kontroversen ausgetragen, bis die Zensur als «Gedankenmörder» eingriff.

Schriftsteller übten ihre Tätigkeit überwiegend nebenberuflich aus. Nur wenige riskierten die ungesicherte Existenz eines freien Literaten, die meisten lebten von einer Beamtenstelle. Daran vermochte auch der 1845 gegründete Schriftstellerverband noch nichts zu ändern. Aus dem Typus des politischen Tagesschriftstellers ging allmählich der hauptberufliche Journalist hervor, der mit dem Aufschwung der Publizistik seit den 30er Jahren feste Positionen fand, die ganz überwiegend von Akademikern bildungsbürgerlicher Herkunft besetzt wurden. Zwischen den Schriftstellern und Journalisten einerseits, dem literarisch-publizistischen Markt andrerseits nahmen die Verleger eine unentbehrliche Vermittlungsfunktion wahr. Die Zeit verlangte innovationsfreudige, risikobereite Unternehmer, und die ungekrönten Häupter dieses Gewerbes – die Cotta, Campe, Brockhaus, Meyer und andere – wurden solchen Anforderungen vollauf gerecht. Die Vorauskalkulation der Marktchancen wurde enorm erleichtert, als 1845 der Unsicherheit im Urheberrecht, insbesondere den Raubdrucken, durch eine dreißigjährige Copyright-Schutzfrist ein Ende bereitet wurde.

Die frühliberale Öffentlichkeit, die sich auch in den deutschen Staaten des Vormärz herausbildete, bewegte sich in einer Konfliktzone, wo die postulierte liberale Meinungsfreiheit einerseits, die staatliche Knebelung durch Zensur, Konzession, Verbot andrerseits aufeinandertrafen. Nicht nur wurde der Verfassungsauftrag der Bundesakte, die Pressefreiheit zu realisieren, zunichte gemacht, vielmehr wurde auch mehrfach durch bundesrechtliche Sanktion die Gängelung weiter verschärft. Diese autoritäre Meinungsbeeinflussung hatte böse Folgen, aber eine dauerhaft effektive Unterdrückung gelang nicht, vielmehr wurde die liberale Opposition gestärkt und die Staatspolitik durch ihre eigenen Mißgriffe destabilisiert, wie das kurzlebige Berliner Experiment mit der Aufhebung der Zensur demonstriert. Indirekt erkannten die Konservativen die Macht der öffentlichen Meinung auch an, indem sie, mit denkbar geringem Erfolg, eine antiliberale Gegenöffentlichkeit zu schaffen versuchten.

Zu der politischen Unterdrückung trat der stumme Zwang der Marktmechanismen hinzu, denen sich Schriftsteller, Journalisten und Verleger beugen mußten. Verkaufserfolg, Modeströmungen, Abhängigkeit von Annoncenkunden stellten auf dem literarisch-publizistischen Markt die Weichen. Zunehmend unterlag diese spezifische geistige Produktion unentrinnbar marktförmigen Bedingungen. Während sie sich durchsetzten, wurde das Potential eines künftigen publizistischen Massenmarkts mit polyvalenten politischen Chancen sichtbar. Erst die Zukunft konnte entscheiden, ob die «öffentliche Meinung» den Liberalismus, wie dieser fest annahm, als ihren Präzeptor anerkannte.

Entgegen der betulichen Vorstellung vom Biedermeier oder der konservativen Verklärung Metternichscher Ruhe und Ordnung enthüllt die genauere Analyse der Zeit von 1815 bis 1848 eine Fülle offenbar unwiderstehlich wachsender Spannungen und Konflikte in nahezu allen Realitätsbereichen. Die vordringenden Modernisierungsprozesse dynamisierten Agrar- und Gewerbewirtschaft, das System der sozialen Ungleichheit, das Verhältnis von liberaler Bewegung und Obrigkeitsstaat, das Bildungswesen, den literarisch-publizistischen Markt. Dieser «Challenge» der unaufhaltsam heraufziehenden neuen Zeit erzeugte einen Problemstau, dem mit den herkömmlichen Antworten immer weniger zu begegnen war. Tiefe sozialökonomische und politische Antagonismen fraßen sich in das Gefüge der deutschen Gesellschaften und Staaten, in die Mentalität aller Schichten und Klassen ein. Das genaue Gegenteil der von Metternich erstrebten Kongruenz von innerer und äußerer Ruhelage stellte sich ein. Deshalb griff im späten Vormärz das Krisengefühl, die Ahnung, einem unheilverheißenden «Knotenpunkt» der Geschichte entgegenzugehen, so weit um sich.

«Reges, treues Aufstreben zu etwas Neuem und Besserem ist also», hatte ein evangelischer Pastor in der Neujahrspredigt 1800 vorhergesagt, «der unverkennbare Charakter unserer Zeit.» Statt dessen kamen Kriegsjahre, Revolutionen, Klassenspannungen, kamen Bevölkerungsexplosion, Pauperismus, der Kampf um die «bürgerliche Gesellschaft». Durch die Aufforderung eines klugen konservativen Außenseiters wie Lavergne-Peguilhens, der dem Staat zuwies, das ganze «Gesellschaftsgebäude neu zu konstruieren», wurde der Staat der Restaurationspolitik und der vormärzlichen Defensive völlig überfordert. «Mittelalter, Liberalismus, Kirchlichkeit, Aufsichtsstrenge und Pressefreiheit, Adelsvorliebe und Bürgerlichkeit, alles läuft nebeneinander her», konstatierte Varnhagen v. Ense 1842 realistisch im angeblich straff geleiteten preußischen Staat, «und Maß und Ziel fehlen in allem». «Sie werden es erleben», eröffnete Alexander v. Humboldt im folgenden Jahr Julius Fröbel in unerwartet-ungeschminkter Direktheit zu dessen Überraschung, «daß diese ganze hiesige Wirtschaft ein schmähliches Ende nimmt.» Schlimme Sorgen verspürte auch der Hamburger Syndikus Sieveking: «Der Himmel ist trübe, die Luft ist schwül», schrieb er 1845 dem Bremer Bürgermeister Smidt, in den Unterschichten sehe man geradezu «einen elektrischen Konflikt» heranwachsen. «Die Auflösung wirft schon ihre Schatten voraus.» Ähnlich urteilte Karl Biedermann in Leipzig: «In Deutschland herrschte eine dumpfe Schwüle, wie vor dem Gewitter.» Die Krise «kam keineswegs ... gleich einem Dieb in der Nacht», vielmehr hatte sie ihren «Schatten schon lange weit vor sich her geworfen». «Allgemein war die Überzeugung», stimmte der sächsische Ministerialbeamte Richard v. Friesen zu, «daß es so nicht fortgehen könne.» An schwarzem Pessimismus ließ sich Jacob Burckhardt von keinem übertreffen. Die «bevorstehende Bewegung ... wird sich», prophezeite er 1846, «so gut wie die französische Revolution in Gestalt eines Naturereignisses entwickeln und alles an sich ziehen, was die menschliche Natur Höllisches an sich hat». Unverkennbar stünden bereits die «Vorboten des sozialen jüngsten Tages vor der Tür», denn nicht nur einer politischen, sondern der «sozialen Revolution» treibe Deutschland entgegen.[8]

Das stellte weit weniger die Einsicht eines brillanten Einzelgängers als vielmehr den Konsens dar, in den die kritische Analyse nicht weniger sensibler, gescheiter Zeitgenossen mündete. Daß die sozialökonomische Modernisierung, die politische Hochspannung, die kulturelle Mobilisierung sich zu einer neuen großen Eruption vereinigen könnten, bildete einen festen Topos ihrer Diskussion im späten Vormärz. Tatsächlich aber stand Deutschland an der Schwelle zweier Revolutionen: der erfolgreichen Industriellen Revolution und der scheiternden politischen Revolution mit dennoch irreversiblen positiven Konsequenzen. Diese «Doppelrevolution» trieb den gesamtgesellschaftlichen Transformationsprozeß in eine neue Phase der modernen deutschen Geschichte hinein.

Vierter Teil

Die «Deutsche Doppelrevolution» Erfolgreiche Industrielle Revolution und gescheiterte politische Revolution 1845–1848/49

Seitdem Jacob Burckhardt (1868) und Friedrich Engels (1878) völlig unabhängig voneinander in den parallel verlaufenden Auswirkungen der französischen politischen Revolution und der englischen industriellen Revolution die Zwillingsdynamik der modernen Welt identifiziert hatten, bedurfte es nur noch der griffigen Kurzformel der «Doppelrevolution», um diesen neuen machtvollen Schub des westlichen Modernisierungsprozesses auf einen ebenso plastischen wie einleuchtenden Begriff zu bringen. Inzwischen hat er in modernen Darstellungen zur europäischen Geschichte des 18. und 19. Jahrhunderts einen festen Platz gewonnen. Im Hinblick auf die deutsche Geschichte des 19. Jahrhunderts ist dagegen die herkömmliche Trennung von Politik- und Wirtschaftsgeschichte im allgemeinen noch beibehalten worden. Einerseits wird daher die Revolution von 1848/49 als ein fatales politisches Drama behandelt, so daß eine angeblich «bürgerliche Revolution» insgesamt als gescheitert dasteht. Andrerseits wird die Phase der beschleunigten Industrialisierung – ob nun in den 30er oder in den 40er Jahren beginnend – von der neueren Forschung in das Vorfeld der Revolutionsjahre verlegt; obwohl der einsetzende «Take-off» zwischen 1847 und 1850 noch einmal kurz unterbrochen wurde, gilt der erste zyklische Aufschwung zu Recht als Auftakt einer eminent erfolgreichen Industriellen Revolution.

Die Grenzen zwischen den Fachdisziplinen haben auf diese Weise zur Aufspaltung eines Problemkomplexes geführt, der wegen seiner inneren Verschränkung, vor allem aber wegen seiner ineinander verflochtenen Folgewirkungen am besten in einem gemeinsamen weiten Zusammenhang erörtert werden sollte. Denn das Faszinierende an der deutschen Geschichte seit dem späten Vormärz und der Eruption von 1848 ist die Überschneidung von Industrieller und politischer Revolution. Während in Westeuropa diese beiden Revolutionen ihr ursprüngliches Zentrum in je einem eigenen Land besaßen, vollzog sich die «deutsche Doppelrevolution» in ein und demselben Staatenbund in derselben Zeitspanne. Dieses Urteil setzt, erstens, voraus, daß man überzeugende Gründe für die Abgrenzung der deutschen industriellen Revolution von etwa 1845 bis 1873 geltend machen kann; es verlangt, zweitens, die Anerkennung der grundlegend wichtigen direkten und indirekten Erfolge der politischen Revolution, der gewöhnlich allzu pauschal ihr «Scheitern» attestiert wird; und es fordert, drittens, dazu auf, die in der militärischen Phase der «Revolution von oben» vollzogene neue Staatsbildung zwischen 1866 und 1871 als den eigentlichen Endpunkt der politischen Revolution miteinzubeziehen. Auf diese Weise läßt sich die «deutsche Doppelrevolution» im weiten Sinn als die Epoche zwischen 1845/1848 und 1871/73 bestimmen.

Mit andern Worten: Verficht man die Interpretation, daß in Deutschland erst in der zweiten Hälfte der 40er Jahre das tausendjährige Feudalzeitalter in seinen letzten Ausläufern endgültig zu Ende ging und die Ära des Industriekapitalismus im modernen Verfassungsstaat allgemein begann, muß man den Einschnitt, Wandel und Bruch sowohl in den sozialökonomischen Prozessen und Strukturen als auch im politischen Ordnungsgefüge zusammen sehen. Das kann nicht in dem simplifizierenden Sinn geschehen, als ob die Industrialisierung und ihre Klassenantagonismen bereits die entscheidenden kausalen Triebkräfte der 48er Revolution gebildet hätten. Die noch näher zu prüfenden Beziehungen zwischen den beiden Phänomenen sind komplizierter und stehen in einer anderen Wechselwirkung, als oft angenommen wird. Richtig ist aber, daß die anlaufende industrielle Revolution und die politische Revolution zusammengenommen eine Fundamentalzäsur in der neueren deutschen Geschichte geschaffen haben. Als der Übergang zu einem selbsttragenden industriellen Wachstum begann, als trotz der Niederlage der Revolution fast überall der Verfassungsstaat mit neuen Rahmenbedingungen und Entwicklungschancen für die politische, insbesondere aber auch für die ökonomische Modernisierung fest etabliert war, entstand eine neue Konstellation von säkulärer Bedeutung.

Deshalb setzt mit dem Beginn dieser deutschen Doppelrevolution ein so außerordentlich konsequenzenreicher Prozeß mit einer durchaus neuartigen Dynamik ein. Deshalb auch bildet das Ende seiner ersten Phase einen gerade unter gesellschaftsgeschichtlichen Gesichtspunkten gerechtfertigten Abschluß dieses Bandes.[1]

Der jetzt folgende Teil IV kreist die skizzierte Problematik von verschiedenen Seiten her ein: Nach einem knappen Rückblick auf wesentliche Charakteristika der kapitalistischen Entwicklung bis hin zum Industriekapitalismus werden zunächst die deutsche industrielle Revolution und ihr Herzstück, die Verkehrsrevolution, in ihren wesentlichen Grundzügen analysiert. Die folgenschweren Agrar- und Gewerbekrisen von 1845/48, die danach ebenso dargestellt werden wie die Industrie- und Bankenkrisen von 1847/48, leiten zur unmittelbaren Vorgeschichte der Revolution und der ausschlaggebenden politischen Legitimationskrise der vormärzlichen Regime über. Ursachen und Handlungsebenen, Hauptphasen und Schwerpunkte, Niederlagen und Erfolge der Revolution, vor allem auch ihre politischen Ergebnisse, rücken dann in den Mittelpunkt, ehe am Ende einer Epoche Bilanz gezogen und ein Blick auf künftige Entwicklungsprobleme in einer neuen Welt geworfen wird.

I.
Die Fundamentalzäsur: Industrielle Revolution und Verkehrsrevolution

Bevor auf die deutsche Industrielle Revolution genauer eingegangen wird, sollen noch einmal weite Perspektiven zur Geltung kommen, um der Bedeutung des neuen Säkulums gerecht zu werden. «Es gibt in der Geschichte der Menschheit sehr selten stufenartige Großereignisse irreversibler Natur, welche die gesamte Menschheitsgeschichte sozusagen auf ein noch nicht dagewesenes Niveau stellen.» Im historischen Rückblick erscheint die Industrielle Revolution als eine dieser wenigen «Kulturschwellen», da «der Übergang zur Industriekultur... ein neues Kapitel in der Geschichte» aufschlug. In diesem prinzipiellen Sinn läßt sich die Revolution des Industriekapitalismus, hat Arnold Gehlen wie mancher andere argumentiert, wahrscheinlich «nur mit der des Neolithikums vergleichen» – als der Übergang zu Ackerbau, Seßhaftigkeit und Großsiedlung erfolgte –, da beide Male «kein Sektor der Kultur und kein Nerv im Menschen... von dieser Transformation unergriffen» geblieben ist. Diese «Kulturschwelle» wurde in den deutschen Industrieregionen seit den 40er Jahren definitiv überschritten. Damit wird die lange Vorgeschichte dieses qualitativen Entwicklungssprungs keineswegs bestritten, vielmehr soll die universalhistorische Einordnung den einzigartigen Charakter der Zäsur noch einmal nachdrücklich unterstreichen.[1]

1. Rückblick auf die Entwicklung des Kapitalismus als Vorgeschichte des Industriekapitalismus

Die prägnante Vorstellung von der zweiten «Kulturschwelle» bezieht sich geraume Zeit nur auf den Kernbereich des Okzidents, ehe sie unwiderruflich eine globale Bedeutung gewinnt. Diese Tatsache lenkt erneut auf die bereits (in Bd. I) ausführlicher erörterte Frage zurück, warum sich auf der kleinen europäischen Halbinsel – und nur dort – die Bedingungen für den Siegeszug des modernen Kapitalismus herausbildeten. Im Vergleich mit den andern, nicht von Europäern besiedelten Teilen der Welt besaß der okzidentale Kulturkreis ein Bündel von singulären Gemeinsamkeiten – und diese Eigenarten fanden sich in hinreichendem Maße auch in den deutschen Ländern –, die von der auf nationale Unterschiede ausgerichteten Historiographie des 19. und 20. Jahrhunderts oft übersehen oder unterschätzt, jedoch von den großen historischen Sozialwissenschaftlern wie Marx und Weber, von bedeutenden Historikern wie Hintze und Sombart trotz unterschiedlicher

Akzentuierung klar herausgearbeitet worden sind. In aller gebotenen Kürze sind hier noch einmal wichtige Sonderbedingungen, die das Überqueren der industrieepochalen «Kulturschwelle» ermöglichten, ins Gedächtnis zu rufen.

Der europäische Lehnsfeudalismus bildete kein in Stagnation erstarrendes, sondern im Gegenteil ein expansions- und entwicklungsfähiges sozialökonomisches und politisches System. Unter dem Einfluß eines gemäßigten Klimas, begünstigt durch eine vorteilhafte Ressourcenausstattung und eine förderliche Rechtsordnung konnte sich ein weiträumiger, vom Fernhandel erschlossener Binnenmarkt entwickeln, dessen Kaufkraft mit dem Wachstum der Bevölkerung, das sich in drei großen Wellen vollzog, auf lange Sicht erstaunlich anwuchs. Da die sozialnormativ-herrschaftliche Steuerung des generativen Verhaltens mit dem Ergebnis eines ungewöhnlichen hohen Heiratsalters auch im Gefolge des demographischen Wachstums tendenziell gelang, wurde die Fertilitätsphase entscheidend verkürzt und die malthusianische Extremsituation sich stets wiederholender Übervölkerungs- und Hungerkatastrophen vermieden.

Inmitten der von adliger Grundherrschaft und bäuerlicher Eigenwirtschaft geprägten Feudalwelt wuchsen aber auch die einzigartigen okzidentalen Städte mit dem dominierenden Sozialtypus des freien Bürgers empor. Sie bildeten nicht nur das Zentrum des Gewerbe- und Handelskapitalismus, sondern in ihrem Gehäuse stiegen auch erstmals Kaufleute und Handwerker zu Machteliten auf, die ihre Angelegenheiten in autonomen sozioökonomischen und politischen Selbstverwaltungskörperschaften regelten. In den Städten fand eine eigene Kultur, fanden Wissenschaft und Universität einen geschützten, attraktiven Ort.

Seit etwa 1500 erlebte der Handels- und Gewerbekapitalismus einen mächtigen Aufschwung. Die Ausplünderung der seither riesenhaft anwachsenden überseeischen Kolonialreiche bildete keineswegs die notwendige Voraussetzung dafür, da Europa zu diesem Zeitpunkt bereits auf allen wesentlichen Gebieten einen Modernisierungsvorsprung gewonnen hatte. Wohl aber trieben der erbeutete Reichtum und der Gewinn auf schier endlosen Außenmärkten die Schwungräder der westlichen Evolution kraftvoll voran.

Auch in der Landwirtschaft setzte sich in besonders entwicklungsfähigen Regionen ein Kommerzialisierungsprozeß durch, der dort gleitend in den Agrarkapitalismus überging. Überall dehnten sich seit der Frühen Neuzeit Marktbeziehungen unaufhaltsam aus. Der Markt, zunächst in Gestalt des Waren-, Boden- und Kapitalmarkts, erwies sich als ingeniöse soziale Innovation mit einer auf lange Sicht offenbar extrem hohen Durchsetzungskraft. Der Markt stieg daher erst zur zentralen wirtschaftlichen Institution auf, so daß die neue ökonomische Ordnung zu Recht den Namen Marktwirtschaft erhalten hat. Allmählich entfaltete er jedoch auch gegenüber anderen Realitätsbereichen seine strukturprägende Kraft, indem er z. B. die soziale Hierarchie von Grund auf zu verändern begann, im politischen und kulturellen Leben marktförmige Beziehungen und Einrichtungen erzwang.

Die aufkommende kapitalistische Marktwirtschaft wurde durch die spezifische Rationalität des europäischen Rechts unterstützt. Sie verbürgte nicht nur private Eigentumsrechte an den verschiedenartigsten Gütern, Ressourcen und Transaktionen, sondern schuf auch Rechtssicherheit für die Vertragserfüllung und die unentbehrliche Vorauskalkulation ökonomischer Chancen. Diese Rechtstradition verband sich mit einer rationalen Wirtschaftsgesinnung, einer «Geschäftsphilosophie», die auf der individualistischen Grundeinstellung gegenüber Eigentum und Produktion, im weiteren Sinn auf universalistischen, leistungsorientierten Normen beruhte. Ihr Vordringen setzte die «Entzauberung» der Welt, die Auflösung magisch-animistisch fundierter «Weltbilder», die Rationalisierung des soziokulturellen und materiellen Milieus voraus oder ging doch mit ihrer Veränderung einher.

Hierbei erwies sich der Protestantismus als mächtige Antriebskraft, da er selber bereits einen Modernisierungsschub mit einem neuartigen positiven Verhältnis zur «Weltlichkeit» verkörperte. Dadurch wurden ungeahnte Energien von doktrinären Fesseln befreit, wurde die alttestamentarische Maxime, daß die Menschen sich die Welt untertan machen sollten, mit neuem Leben erfüllt, wurden im Bereich der calvinistischen Kirchen durch Prädestinationslehre und innerweltliche Askese anspruchsvolle Bewährungsfelder geschaffen. Die militante katholische Gegenreformation hat dann mit selbstzerstörerischer Unnachgiebigkeit dazu geführt, daß insbesondere die dem neuzeitlichen Wirtschaftsleben bereits aufgeschlossen gegenüberstehenden religiösen und ethnischen Minderheiten in die toleranteren protestantischen Staaten flüchten mußten, wo sie als begehrte «Entwicklungshelfer» das Modernisierungspotential wirkungsvoll vergrößerten.

Auch rationale Wissenschaft und Technik, in die seit der «wissenschaftlichen Revolution» des 17. Jahrhunderts immer mehr ökonomisch prämiierte wissenschaftliche Erfindungen eingingen, kamen in langsamem aber stetig wachsendem Maße der Entfaltung der kapitalistischen Wirtschaft zugute. Gerade in diesem Bereich ging vom Protestantismus mit seiner gesteigerten Vernunftgläubigkeit und Beseitigung von dogmatischen Denkbarrieren eine magnetische Anziehungskraft aus, die binnen kurzem den Universitäten der evangelischen Staaten einen weiten Vorsprung verschaffte.

Vor allem aber hing der Siegeszug des Kapitalismus von der Ausdehnung der erwerbswirtschaftlichen Dauerorganisation mit genauer Kapitalrechnung ab. Diese Unternehmensform gab der neuen Wirtschaftsverfassung eine zuverlässige, belastbare institutionelle Basis, sie verlieh Stetigkeit und generationenübergreifende Kontinuität, sie erwies sich für die Institutionenbildung überdies als unendlich wichtiger, als die «Windfall Profits» des überseeischen Beutekapitalismus es je waren. Im kapitalistischen Betrieb, der in der Regel auf privaten Eigentumsrechten beruhte, übte der Unternehmer die strategischen Funktionen aus: Er besorgte die Kapitalausstattung, wählte den Produktionszweig, beschaffte die technische Ausrüstung, warb Facharbeiter an und übernahm die zentralen ökonomischen und herrschaftlichen Leitungsaufgaben, erkundete die Marktchancen, sicherte den Absatz; ihm fiel der Gewinn für Reinvestition und Familienkonsum zu. Wegen seiner Schlüsselrolle hing viel davon ab, daß Unternehmertätigkeit nicht diskriminiert, sondern gesellschaftlich hochgeschätzt wurde, daß die Aufstiegskanäle für neue Talente, für innovationslustige Risikoträger relativ offenblieben. Und schließlich erwies sich der formal freie Lohnarbeiter, dessen Leistungskraft auf Arbeitsmärkten gekauft werden konnte, als optimaler «Produktionsfaktor». Erst als diese menschliche Arbeitskraft zu Warenpreisen fest kalkuliert werden konnte, schloß sich vollends der Kreis der innerbetrieblichen Kapitalrechnung. Und erst mit der Ausbildung differenzierter Arbeitsmärkte entstand der vierte: der komplizierteste und gesellschaftsgeschichtlich folgenreichste Markttypus der heraufziehenden kapitalistischen Marktwirtschaft.

Sie bewies nicht nur auf lange Sicht eine beispiellose allgemeine Kraft, sich die unterschiedlichsten Bereiche des gesellschaftlichen Lebens zu unterwerfen oder sie so zu verwandeln, daß man in der Tat von einer modernen Marktgesellschaft sprechen kann, sondern sie besaß vor allem die spezielle Fähigkeit, eine der härtesten gesellschaftlichen Konfigurationen überhaupt: das System der sozialen Ungleichheit von Grund auf zu verändern. Die ausschlaggebende Dynamik ging von der Basisinstitution des Marktes, insbesondere des Arbeitsmarktes, aus. An die Stelle von Ständen mit traditional zugeschriebenem Status traten in einem längerwährenden Prozeß marktbedingte Klassen: Besitz-, Erwerbs-, Berufsklassen, die auf der Verwertung von Besitz und Leistungsqualifikationen auf Arbeits- und Kapitalmärkten, auf dauerhaft unterschiedlichen Marktlagen, auf dem Gewinn oder Ausschluß von Marktmacht beruhten. Wer «Ja» zur Marktwirtschaft sagt, muß auch der strukturtypischen Folge dieser Wirtschaftsverfassung, der Transformation der Gesellschaft in ein Ensemble marktbedingter Klassen ohne Berührungsängste vor umstrittenen Begriffen gerecht werden. Da sich die okzidentalen Gesellschaften durch ein außerordentlich hohes Maß an «offenen» statt «geschlossenen» Sozialbeziehungen auszeichnen, war auch die ungewöhnlich hohe soziale und geographische Mobilität möglich, die eine Bedingung der neuartigen Klassenformierung bildete.

Handels-, Gewerbe- und Agrarkapitalismus hatten bereits ein hohes Entwicklungsniveau erreicht und nach der Auffassung aller Experten essentielle Vorbedingungen geschaffen, als jener Spätling unter allen Spielarten des Kapitalismus, der Industriekapitalismus, mit ungeheurer Wucht seinen Siegeszug antrat. Trotz der immensen sozialen Kosten, die damit verknüpft waren und sind, begann nunmehr doch eine beispiellose Erfolgsgeschichte, die nicht nur zu einem fundamentalen Strukturwandel der von ihm eroberten Gesellschaften führte, sondern völlig neue Dimensionen der Conditio humana eröffnete.

Der Aufstieg des Kapitalismus bis hin zur industriellen Maschinenproduktion ist aber nicht zuletzt schlichtweg undenkbar ohne die stützende, helfende, absichernde Intervention politischer Herrschaftsträger, später des neuzeitlichen Staates. Einen dauerhaft herrschafts- oder staatsfreien Kapitalismus hat es nirgendwo gegeben. Wohl aber sind Staatsbildung und Kapitalismusformierung aufs engste miteinander verschränkt. Auch und gerade der Industriekapitalismus hing in einem durchaus prinzipiellen Sinn von der staatlichen Garantie vorteilhafter Rahmenbedingungen, von der staatlichen Rechtssicherheit, von der staatlichen Hilfe beim Aufbau des Arbeitskräftepotentials ab. Eine «freie Marktwirtschaft» im Sinne der liberalen Ideologie hat selbst der mächtige Industriekapitalismus nie erreicht. Vielmehr verließ gerade er sich auf die staatliche Protektion begehrter Freiräume, auf die Dienste der staatlichen Verwaltung und Justiz, auf die staatliche Ausgestaltung des Binnenmarkts und auf den staatlichen Beistand in der Außenwirtschaft.

Kein okzidentaler Staat, in dem der Kapitalismus bis hin zum Industriekapitalismus die Vorherrschaft gewann, existierte als isolierte Einheit, sondern er gehörte immer als Mitglied des Staatensystems jenem einzigartigen Verband ständig rivalisierender, auf der Trennung von geistlicher und weltlich-politischer Sphäre insistierender, die Hegemonie einer einzelnen Großmacht abschüttelnder Staaten an, die deshalb nicht in der Monotonie und Stagnation eines einzigen Großreichs, wie sie in anderen Kulturkreisen vorherrschten, auf immer versanken. Die vorgegebene und sich durchhaltende strukturelle Differenzierung, der endlose Konkurrenzkampf in dieser Staatengesellschaft haben zweifellos eine Dynamik in Gang gehalten, von der die nachhaltigsten Impulse für die kapitalistische Entwicklung ausgegangen sind. Wer die Finanzmittel, die Anleihen, das Steueraufkommen nicht besaß, um seit der Frühen Neuzeit in diesem Wettbewerb mitzuhalten, riskierte die Niederlage, ja den Untergang. Schon deshalb gab es, ungeachtet aller fürstlich-aristokratischen Vorurteile gegen die Welt der Wirtschaft eine wenn schon nicht intentional, so doch strukturell kapitalismusfreundliche Politik.

Sie wurde zudem in pointierter Form durch ein Dauerproblem des europäischen Staatensystems erzwungen, das aus dem Spannungsverhältnis zwischen höherentwickelten «Pioniergesellschaften» und relativ rückständigen Nachfolgeländern hervorging. Ob diese Pionierrolle den oberitalienischen Stadtstaaten, den Niederlanden oder schließlich England zufiel – immer nötigte der Entwicklungsvorsprung der Modellstaaten die Nachzügler zur Imitation oder schöpferischen Innovation, um den Abstand zu verringern, wenn möglich ganz wettzumachen. Wurde die Distanz zu groß, drohte die Deklassierung in der eisigen Kälte der Staatenkonkurrenz. Daher konnten sich die Nachzügler dem Anpassungssog nicht entziehen, und je ungünstiger die sozioökonomischen und -kulturellen Voraussetzungen für ein schnelles Aufholen waren, desto intensiver, umfassender, planvoller fiel gewöhnlich die staatliche Intervention aus.[2]

Eine Vielzahl okzidentaler Eigenarten wirkte mithin zusammen, um den Industriekapitalismus als relativ späte Spitzenleistung zu ermöglichen. Seitdem England als klassischer Pionier der Industriellen Revolution zwischen den 1780er und 1830er Jahren die Führungsposition in jenem Evolutionsprozeß gewann, der über die zweite «Kulturschwelle» hinwegführte, hat die Diskussion über die entscheidenen Triebkräfte und Ursachen eingesetzt, und sie hält bis heute weiterhin an. An monokausalen Erklärungsversuchen oder an der Überschätzung einzelner Faktoren herrscht dabei kein Mangel. Da bezeichnet z. B. ein italienischer Wirtschaftshistoriker die Industrielle Revolution «im wesentlichen» als den Prozeß, «der es den Menschen ermöglichte, neue Energiequellen nutzbar zu machen», also Holz vornehmlich durch Kohle, später durch Öl und Atomkraft zu ersetzen. Ein amerikanischer Fachmann dagegen hält für ihr «Kernstück» eine «miteinander verzahnte Folge technologischer Umwandlungen»: «mechanische Anlagen» traten «an die Stelle menschlicher Fertigkeiten», «die unbeseelte Kraft» ersetzte «die menschliche und tierische Kraft», die «Verfahren der Erzeugung und Verarbeitung der Rohstoffe» wurden «wesentlich verbessert». Andere betonen die Neuartigkeit des Großbetriebs, obwohl er als Verlag, Manufaktur und Werft oder im Bergbau- und Salinenwesen eine vertraute Einrichtung war. Maschinen gab es ebenfalls seit langem, zum Teil waren wichtige Erfindungen schon lange bekannt, wurden aber erst wegen des neuen Nachfragesogs und der «Bottleneck»-Situation des späten 18. Jahrhunderts in technologische Innovationen übersetzt. Die Unternehmerschaft konnte auf eine jahrhundertelange Tradition zurückblicken. Die heroische Figur des freien Lohnarbeiters war so neu nicht, wie mancher glaubt, die Stammbelegschaft früher Industriefabriken außerdem ziemlich klein, bis erst in der Hochindustrialisierung die Massenheere der Lohnarbeiter in die Großunternehmen zogen. Radikale Veränderungen im Recht oder in den sozialen Normen und Wertvorstellungen fallen eher in eine frühere oder spätere Zeit.

Unentschieden wogt der Streit, ob es die gesteigerte Aufnahmefähigkeit des Binnenmarkts oder das Stimulans riesiger überseeischer Märkte war, wodurch das wirtschaftliche Wachstum entscheidend gefördert wurde. Die allgegenwärtige Hilfestellung des Staates wird zunehmend anerkannt, der direkte Effekt einzelner staatlicher Maßnahmen zur Wirtschaftsförderung dagegen oft eher skeptisch beurteilt. Krieg und Luxus, die Sombart noch als Haupttriebkräfte favorisierte, sind auf einen angemessenen mittleren Stellenwert zurückgestuft worden. Der Mythos, daß der Aufstieg des europäischen «Zentrums» in erster Linie oder sogar ausschließlich auf der ununterbrochenen Ausplünderung der «Peripherie», insbesondere der überseeischen Kontinente, beruhe, ist von der undogmatischen Forschung längst zerstört worden. Neuere Adepten dieser weithin auf dem Mangel an umfassenden komparativen Kenntnissen beruhenden Lehre haben ihre Ignoranz, die sich jetzt in die Chimäre eines ausbeuterischen «Weltsystems» kleidet, auch nicht durch bessere Argumente ersetzt. Mehr Belesenheit schützt auch hier vor angeblichen Neuentdeckungen.

Die mit dieser heiß umkämpften Problematik eng zusammenhängende These von der zentralen Bedeutung der Kapitalbeschaffung und Kapitalbildung ist ebenfalls auf eine relativ bescheidene Bedeutung reduziert worden. Für den begehrten Kapitalbedarf in der Industriellen Revolution gab es allemal genügende Kapitalfonds, und für den unersättlichen Kapitalhunger der Folgezeit wurde durch funktionstüchtige Rechtsinstitute wie die Aktiengesellschaft und durch die Großbanken eine hinreichende Kapitalmobilisierung gewährleistet.

Auf diese Weise ließe sich ein noch sehr viel längerer Katalog von angeblich für die Industrielle Revolution entscheidenden Ursachen verfolgen, die alle als nicht relevant bezeichnet oder relativiert werden können. Als überlegen erweist sich demgegenüber die Erklärungskraft einer Konstellationsanalyse, welche den Einfluß und inneren Zusammenhang der wesentlichen Elemente der okzidentalen Modernisierung im Rahmen jener weit ausgreifenden «Säkulartheorie», wie sie Max Weber entwickelt hat, herausarbeitet; ihre Hauptelemente sind (Bd. I) mehrfach hervorgehoben worden. Dieser große Transformationsprozeß, dessen entscheidende Antriebskräfte ganz und gar auf der Kombination eigentümlicher Besonderheiten des okzidentalen Kulturkreises beruhen, der keineswegs aber auf partikelhafte Einzelfaktoren zurückgeführt werden kann, führte schließlich zu einer kumulativen Häufung von vorteilhaften Bedingungen, die den extremen Entwicklungssprung der Industriellen Revolution ermöglichten. Wie Sozialstruktur und Wirtschaftspotential, materielle Ressourcen und «Humankapital», Christentum und Rechtsordnung, Marktwirtschaft und Staatensystem zusammenwirkten – dieses spezifische, immer aber multidimensionale Interdependenzgefüge muß jeweils am historischen Einzelfall analysiert werden.

Das berühmteste Paradebeispiel ist wegen ihres Erstgeburtsrechts die englische Industrielle Revolution. Der englische «Sonderweg», der zu diesem Wendepunkt der neueren Geschichte geführt hat, verweist auf ein Geflecht von kausalen und funktionalen Zusammenhängen, das hier im einzelnen nicht verfolgt zu werden braucht. Diese Aufgabe stellt ein überaus kompliziertes Problem für sich dar. Wie England die niederländische Pioniergesellschaft durch Nachahmung, verblüffende Innovation und Kriegsgewalt schließlich überflügelte, wie die puritanische Revolution, insbesondere das calvinistische Freikirchenwesen, neue Orientierungswerte setzte, wie die frühzeitig aufgelockerte, mobilitätsfördernde Sozialstruktur sich auswirkte, wie ein im Inneren schwacher Zentralstaat Freiräume für individuelle und korporative Interessen und Eigentumsrechte ließ, wie sich das Bevölkerungswachstum ökonomisch geltend machte, wie der wachsende Binnenmarkt Nachfrageimpulse auslöste, die durch die Erschließung riesiger Kolonialgebiete und Außenmärkte verstärkt wurden, wie Seeherrschaft und Insellage sich ergänzten, wie Rohstoffvorkommen, ein hochentwickeltes Verkehrssystem und eine frühe Modernisierung der Landwirtschaft und noch andere Faktoren, deren Aufzählung zu weit führen würde, sich zu jenem Treibsatz verbanden, der die erste Industrielle Revolution auslöste – das alles kann der Diskussion und den Darstellungen der Sachkenner überlassen bleiben.

Nachdem aber diese revolutionäre Beschleunigung des Industriekapitalismus einmal eingetreten war, ergab sich das irreversible Grundfaktum, daß seither die anderen europäischen Länder – und auch die Vereinigten Staaten – durch den Industriepionier zeitweilig in den Status von Nachfolgeländern versetzt wurden: Das vertraute Entwicklungsgefälle wiederholte sich in einer neuartigen, sogar extrem zugespitzten Form. Freilich ist das nur die eine Seite der Medaille. Ihre Kehrseite besteht darin, daß verschiedene entwicklungsfähige europäische – und auch amerikanische – Gewerberegionen ungefähr gleichzeitig wie die englischen Industriebezirke vor der letzten Schwelle zur Industriellen Revolution angelangt waren. In Sachsen, in Böhmen und im Bergischen, in Flandern, Südbelgien und Nordfrankreich, im Elsaß, in Südwestdeutschland und in der Nordschweiz gab es im ausgehenden 18. und frühen 19. Jahrhundert solche Regionen, die tendenziell vermutlich imstande gewesen wären, auch bald in die neue industrielle Welt hinüberzutreten. Das ist, zugegeben, hypothetische Geschichte. Aber einmal bedeutete für alle diese Regionen ein Vierteljahrhundert Revolution und Krieg ein fatales Handikap, und man kann nur spekulieren, wohin sie eine ungestörte Fortentwicklung geführt hätte. Zum zweiten konnten sie aber nur dank ihres relativ hohen Entwicklungsniveaus im Grunde so verblüffend schnell auf vielen Gebieten zum englischen Vorreiter aufschließen. Ohne dieses hochentwickelte Potential an moderner Entwicklungskapazität hätte das sonst jedenfalls in so wenigen Jahrzehnten überhaupt nicht gelingen können.[3]

Einzelne Etappen dieses Aufholprozesses, wie er sich in den frühindustriellen deutschen Regionen vollzog, sind vorn bis etwa 1840 geschildert worden, als das unmittelbare Vorstadium der deutschen Industriellen Revolution erreicht wurde. Ehe ihr Durchbruch zur Debatte steht, lenkt sie zunächst noch einmal auf einige allgemeine Probleme hin.

2. Struktur und Periodisierung industriekapitalistischen Wachstums: Stufenlehren – «Lange Wellen der Konjunktur» – Trendperioden

Ausdrücke wie «Frühindustrialisierung», «Vorstadium», «Durchbruchphase», «Take-off» verweisen alle auf eine Hauptfrage, die zuallererst geklärt werden muß: auf eine realitätsangemessene Periodisierung. Das ist keineswegs ein neues, sondern vielmehr ein altes Problem, das man lange Zeit mit der Lehre von gewöhnlich drei bis fünf aufeinander folgenden Stufen der wirtschaftlichen Entwicklung zu lösen versucht hat. Häufig beanspruchten diese Stufenschemata sogar, gesamtgesellschaftliche Evolutionsperioden zu erfassen. Beiden Intentionen versuchten z. B. nach vielen Vorgängern die Stufenmodelle von Friedrich List, Karl Bücher, Gustav Schmoller, Werner Sombart und anderen gerecht zu werden. Allen gemeinsam war jedoch die faktisch unüberwundene Schwierigkeit, zumindest punktuell befriedigend ein Zentralproblem: nämlich den Aufstieg auf das nächsthöhere Entwicklungsniveau, kausal-funktional zu erklären. Wie gegenwärtig «wirtschaftliches Wachstum» oft als Umschreibung für jenen deus ex machina dient, der die gesellschaftliche Evolution vorantreibt – ohne daß in der Regel das komplizierte Bedingungsgeflecht für diesen einen Faktor der vieldimensionalen modernen Entwicklungsdynamik auch nur von ferne geklärt wird –, haben sich die Vertreter der älteren Historischen Schule der Nationalökonomie mit ähnlich allgemeinen Begriffen zufrieden gegeben, um die Gründe der Anstiegsbewegung pauschal zu benennen. Wilhelm Roscher etwa glaubte an eine anhaltende organische Entwicklung zum Höheren, Karl Knies an den Fortschritt der menschlichen Kultur, Bruno Hildebrand an die stetige Verbesserung der ökonomischen Leistungsfähigkeit.

Von prominenten Repräsentanten der Jüngeren Historischen Schule der Nationalökonomie, wie etwa Schmoller und Bücher, wurde zudem – auch unter dem Einfluß der neuen deutschen Staatsgründung und der inneren Staatsbildung in Europa überhaupt – der gestaltenden Kraft politischer Herrschaftsträger: der städtischen Obrigkeit, des Territorial- und Nationalstaats, ein besonders hoher Einfluß zugewiesen. Das von allen geteilte optimistische Fortschrittsdenken – und während der Lebensspanne dieser Männer ließ sich ja in der Tat ein ins Auge stechender ökonomischer Fortschritt beobachten – galt offenbar bei ihrem Versuch, die geschichtliche Entwicklung in Stufen zu untergliedern, als unausgesprochene Selbstverständlichkeit, so daß keine intensive analytische Anstrengung darauf verwandt wurde, den Ursachenkomplex oder doch die wichtigsten Bedingungen der Möglichkeit des Aufstiegs auf das nächste Kulturplateau begriffsscharf anzugeben. Erst Weber, unter anderem auch der bedeutendste Kopf der Jüngeren Historischen Schule, hat mit seiner Konzeption eines einmaligen okzidentalen Modernisierungsprozesses, seiner Präzisierung der Antriebskräfte und Richtungskriterien ein kategorisches Instrumentarium zur

Verfügung gestellt, das es gestattet, im Kontext einer vielseitigen Konstellationsanalyse die Geschichte des westlichen Kapitalismus einschließlich der Durchsetzung des Industriekapitalismus wirklichkeitsnah zu erfassen; selbstverständlich bedarf Webers Konzeption der Ergänzung und Bereicherung durch die zahlreichen neueren Forschungsergebnisse in den vergangenen sechzig Jahren.

Die folgenreichste Ausnahme unter den älteren Stufentheoretikern bildete bekanntlich Marx, der sich der Erklärungsbedürftigkeit des komplizierten Hauptproblems bewußt war; das später dogmatisierte Stufenschema des Marxismus-Leninismus in seiner kruden Form (Urgesellschaft, Sklavenhaltergesellschaft, Feudalismus, Kapitalismus, Kommunismus) hat er ohnehin nicht selber als universelle gesetzmäßige Abfolge stilisiert. Marx bemühte sich, die entscheidenden ökonomischen, politischen, rechtlichen, institutionellen Ursachen der Vorwärtsbewegung westlicher Gesellschaften auf den voll entwickelten Kapitalismus hin herauszuarbeiten – hier besteht über eine weite Strecke hinweg eine auffällige Kongruenz mit den Vorstellungen Webers. Die geheimnisvolle Motorik, welche – wie Marx hauptsächlich am englischen Paradigma demonstrierte – nur im Westen den Triumph des Kapitalismus ermöglichte, versuchte er, durch die Verbindung mehrerer Erklärungsansätze rational zu erfassen. Er entwarf in groben Zügen eine Theorie des sozialen Wandels, der aus Klassenkonflikten hervorging. Obwohl die Klassentheorie nirgendwo ausführlicher entfaltet wurde, kann man als ihre wichtigste Grundannahme ermitteln, daß die strukturell divergierenden Interessen von Machtbesitzern und Machtlosen, von Kapitaleignern und Arbeitskraftverkäufern einen dauerhaften Antagonismus nähren, der sich schließlich in offenen Auseinandersetzungen bis hin zur Revolution entlädt und danach zu einer neuen Kräftekonstellation führt. Den Klassenkampf verknüpfte Marx mit einer weiteren allgemeinen Argumentationsfigur zur Spannungserzeugung und Spannungslösung. Die inhärente Dynamik der «Produktivkräfte», auf deren schier unbegrenztes Potential und wohltätige Entfesselung er in seinem «geheimen Positivismus» vertraute, prallte immer wieder gegen die relativ starren «Produktionsverhältnisse» – die gesamten institutionell fixierten, politischen, rechtlichen Rahmenbedingungen einer Gesellschaft – an, sprengte sie oder veränderte sie doch so effektiv, daß neue Produktionsverhältnisse, ein neues institutionelles Ordnungsgefüge dem höheren Entwicklungsstand der Produktivkräfte entsprachen.

Marx verstand dabei unter «Produktivkräften» keineswegs nur die klassischen Produktionsfaktoren, sondern z.B. auch Facharbeiterexpertise, Erfindertätigkeit, Maschinenausrüstung, unternehmerische Innovationen, ja die Leistungsfähigkeit einer ganzen Klasse. Der Begriff ist mithin eher zu weit, nicht spezifisch genug gefaßt und daher sowohl im einzelnen als auch als Ensemble von Elementen kaum streng überprüfbar. Jedenfalls trifft der Vorwurf der ökonomistischen Verengung die von Marx anerkannte Vielfalt der dynamischen Faktoren keineswegs, so wichtig dann auch für ihn die sogenannte «erweiterte Reproduktion» und die sich verändernde sogenannte «organische Zusammensetzung» des Kapitals (in erster Linie die Zunahme des fixen Kapitals im Verhältnis zum variablen Kapital) für die Analyse der kapitalistischen Wirtschaft sind. Im Prinzip konnte daher Marx zur Erklärung des «Fortschritts» zu immer höheren Formen des Kapitalismus ein dynamisches Modell entwickeln, das Kapitalbildung, Investitionshöhe, den Einsatz freier Lohnarbeiter, die von Fixkapital und technologischen Neuerungen abhängige Produktivitätssteigerung, aber auch die Spannung zwischen dem Evolutionsdruck neuer Produktivkräfte und der soziopolitisch-rechtlichen Verfassung, zwischen technologischen Möglichkeiten und ihrer Einschränkung durch das egoistische Interesse von Privateigentümern verknüpfte, ehe es mit der Schubkraft der Klassenkonflikte kombiniert wurde.

Marx' wissenschaftliche Leistung besteht darin, daß er zu einem relativ frühen Zeitpunkt weite Bereiche der inneren Entwicklungsgeschichte des Kapitalismus bis hin zum Industriekapitalismus genauer beschrieben hat als seine Vorgänger und wesentliche Probleme, zumindest tendenziell, historisch-systematisch zu erklären versuchte, bei denen anderen Stufentheoretikern die Metaphysik des allgemeinen Kulturfortschritts genügte. Dank seiner historisch-ökonomischen Sachkenntnis hat Marx auch einige sich damals erst abzeichnende dominante Trends in der Geschichte des modernen Kapitalismus in Prognosen seiner Zukunft umformuliert und dabei – wie z. B. W. Leontief, der immerhin mit dem Nobelpreis für Wirtschaftswissenschaften ausgezeichnet wurde, anerkannte – öfters eine erstaunliche Weitsicht bewiesen. Mit Prognosen über die Sozial- und Staatsverfassung auf der künftigen Endstufe der kommunistischen Gesellschaft ist Marx dagegen äußerst sparsam umgegangen, wenn man von vereinzelten Stellen absieht, wo er im schwärmerischen Ton eines Jünglings aus dem neuhumanistischen Bildungsbürgertum das idealisierte Leben der antiken Polis-Elite als Normalzustand in seinem Utopia anvisierte.

Die analytische Kraft der Marxschen Theorie zur Erklärung des kapitalistischen Fortschritts, auf deren Einsichten und Beobachtungen man immer noch zurückgreifen kann, wurde jedoch durch seine Geschichtsphilosophie fatal geschwächt. Indem Klassen, in der Abwandlung von Hegels Lehre, zum Träger weltgeschichtlicher historischer Mission erhoben wurden und, unentrinnbaren historischen Gesetzen folgend, wie die Volksgeister Hegels um die Suprematie rangen, indem das Industrieproletariat als der alle Schattenseiten des Kapitalismus exemplarisch erleidende Teil der Menschheit zum säkularisierten Erlöser, zum zweiten «auserwählten Volk» auf dem Wege zu seinem «Neuen Zion» der konfliktfreien, wider alle historische Erfahrung ruhiggestellten, gerechten kommunistischen Zukunftsordnung erhoben wurde, konnte Marx zwar auf lange Sicht ungeheuere politische und psychische Energien freisetzen, die sachgerechte historische Analyse wurde dadurch jedoch von Dogmatikern in eine Sackgasse nach der andern geführt. Die «Säkulartheorie», die Weber, der «bürgerliche Marx», über die okzidentale Modernisierung entwickelte, hat sich wissenschaftlich im Verein mit der undogmatischen modernen Wirtschafts- und Sozialgeschichte als weit überlegen erwiesen.

Ehe das auch durch die Weber-Renaissance der letzten Jahrzehnte allgemein demonstriert wurde, hat der amerikanische Wirtschaftshistoriker Walt W. Rostow – nachdem die Stufentheorien mehr als fünfzig Jahre vorher mit guten Gründen ad acta gelegt worden waren – noch einmal mit bestrickender Naivität auf das alte Stufenschema zurückgegriffen; er gewann mit seiner Konzeption von den fünf «Stadien des wirtschaftlichen Wachstums» seit 1960 eine Zeitlang einen bemerkenswerten Einfluß. Auf eine denkbar vage «traditionale» Gesellschaft ließ Rostow eine Phase folgen, in der sich die notwendigen «Vorbedingungen» für die dritte Stufe herausbildeten, auf der dann die Industrielle Revolution erfolgte, die gleichsam wie das Abhebmoment eines Flugkörpers einprägsam als «Take-off» neu umschrieben wurde. Das damit initiierte selbstgeregelte Wachstum führte in das Stadium der «reifen» Hochindustrialisierung und schließlich in die Glückseligkeit des «Massenkonsums», den Rostows «antikommunistisches Manifest» ganz so als begehrenswerten Endzustand verhieß wie Marx seine klassenlose kommunistische Gesellschaft. Von aktuellen Impulsen der Entwicklungspolitik bewegt, sprach Rostow seinem «pentametrischen Rhythmus» eine weltweit gültige Notwendigkeit zu, wenn denn ein Staat in das gelobte Land des anhaltenden, sich selbst tragenden Wirtschaftswachstums mit paradiesischem Massenkonsum eintreten wollte. Das Rostow in seiner Bedeutung natürlich voll bewußte Problem, jeweils den Übergang zum nächsten Stadium zu erklären, suchte er mit Hilfe einer knappen Handvoll wichtiger, insgesamt aber unzureichender ökonomischer Faktoren im Sinne der neoklassischen Theorie zu lösen. Von der Weite der Weberschen und Marxschen Perspektiven war da nichts mehr zu spüren.

Sowohl die internationale Kritik als auch der von der Zeitgeschichte seit 1960 erteilte schmerzhafte Anschauungsunterricht haben von Rostows Gesamtkonstruktion nicht viel übrig gelassen. Wegen der allzu offensichtlichen Schwächen seines Versuchs, die Stufentheorie wiederzubeleben, ist die Kritik jedoch häufig über das Ziel hinausgeschossen. Rostow, der sich in seinen fachwissenschaftlichen Arbeiten als ein ungewöhnlich sachkundiger und vielseitiger Kenner der modernen westlichen Industrialisierungs- und Konjunkturgeschichte erweist, hat nämlich im Hinblick auf einige unverändert wichtige Fragen: insbesondere auf die Voraussetzung für einen erfolgreichen «Take-off», auf die inneren Bewegungsmechanismen der durchbrechenden Industriellen Revolution, aber auch auf die mit ihrem Sieg unabwendbar verknüpften und seither klar ausgeprägten Konjunkturschwankungen aus älteren konjunkturtheoretischen Überlegungen einige Erklärungsangebote und das Interpretationsmodell der Leitsektorenanalyse entwickelt, auf die man mit Gewinn zurückgreifen kann.[4]

Mit den Stufentheorien gleich welcher Provenienz läßt sich heutzutage, soviel ist gewiß, kein überzeugendes Periodisierungsraster gewinnen. Welche überlegenen Alternativen bieten sich dann jedoch an? Wenn industriekapitalistisches Wachstum als ein sich selbst tragender Prozeß einmal eingesetzt hat, unterliegt es unstreitig konjunkturellen Schwankungen. Man könnte daher zuerst von einer Periode der Frühindustrialisierung ausgehen, dann die Phase der industriellen Revolution ausmachen und anschließend versuchen, den Industrialisierungsverlauf nach dem nunmehr ausgeprägten Konjunkturrhythmus zu untergliedern. Aus dem Bedürfnis, der inneren Gesetzmäßigkeit angeblich streng zyklischer, sich wiederholender Auf- und Abschwünge des industriekapitalistischen Wachstums auf die Spur zu kommen, ist die Konzeption der sogenannten «Langen Wellen» dieser Konjunkturbewegung entstanden. Es ist kein Zufall, daß marxistische Wirtschaftswissenschaftler im Bann der Marxschen Behauptung: das «Bewegungsgesetz» des Kapitalismus erfaßt zu haben, ihre Aufmerksamkeit frühzeitig dem strengen Regelwerk der Prosperitäts- und Depressionsperioden zugewandt haben. Ökonomen ganz anderer politischer Coleur und anderer wissenschaftlicher Herkunft haben sich jedoch aufgrund des unübersehbaren empirischen Befunds solcher Schwankungen an derselben Suche beteiligt.

In erster Linie ist die Theorie der «Langen Wellen» mit dem Namen des russischen Wirtschaftswissenschaftlers N. D. Kondratieff verbunden, der – vor allem auf lange Zeitreihen zur englischen Preis-, aber auch zur Zins- und Lohnstatistik gestützt – innerhalb der 140 Jahre seit etwa 1780 in Europa und Nordamerika zweieinhalb «Lange Wellen» von rund 50 bis 60 Jahren mit jeweils einer eindeutigen Aufschwung- und Abschwungphase unterschieden hat (1926): 1. 1780/90–1810/17 // 1810/17–1844/51; 2. 1844/51–1870/75 // 1870/75–1890/96; 3. 1890/96–1914/20 // 1914/20–?. Mit diesen zyklischen «Langen Wellen» versuchte Kondratieff, auf dessen Namen sie sogar bald getauft wurden, nicht nur den Einfluß von Erfindungen und technischen Neuerungen, sondern auch die Expansion des Weltmarkts, Revolutionen und Kriege als Ursachen oder Folgen dieser Wellen zu verknüpfen. Durch seinen großzügig konzipierten Interpretationsversuch wurde eine langwährende Debatte ausgelöst.

Gewissermaßen auf einer Ebene unterhalb dieser langlebigen Schwingungen sind vielfach sieben- bis zwölfjährige Zyklen beobachtet worden, die häufig nach dem französischen Ökonomen C. Juglar (1860) benannt werden, aber z. B. auch einen bevorzugten Gegenstand der Konjunktur- und Krisenanalyse von Marx und Engels bildeten. Noch kürzer sind die von dem Amerikaner J. Kitchin (1923) festgestellten drei- bis vierjährigen Zyklen. Joseph A. Schumpeter, einer der anregendsten Wirtschafts- und Sozialwissenschaftler des 20. Jahrhunderts, hat dann am Ende der 1930er Jahre in seiner weitangelegten historischen und systematischen Theorie der «Konjunkturzyklen» die «Kondratieffs» mit den «Juglars» und «Kitchins» zu einem feingerasterten Strukturschema zu kombinieren versucht, das den modernen westlichen Konjunkturverlauf historisch untergliedern und zugleich auch systematisch erklären sollte. Die Überlappung der Aufschwungphase eines «Kondratieffs» mit der Prosperitätsperiode eines «Juglars» und vielleicht sogar noch von «Kitchins» ergab danach besonders kraftvolle Wachstumsschübe, während umgekehrt die Überschneidung der Abschwungphase eines «Kondratieffs» mit der «Talfahrt» eines «Juglars» und von «Kitchins» zu besonders schmerzhaften Depressionen führte. Für die ausschlaggebende Initialzündung des Aufschwungs hielt Schumpeter jeweils ein Bündel von Innovationen, das positive Kettenreaktionen in der Gesamtwirtschaft und dadurch die Prosperitätsdynamik auslöste. Erschlaffte ihre belebende Energie, setzten Krise und Depression ein, bis der Abschwung durch eine neue Innovationsballung beendet, der Konjunkturverlauf wieder aufwärts getrieben wurde.

Trotz aller Anstrengungen, die von der Theorie der «Langen Wellen», auch von Schumpeters eindrucksvoller Architektonik, ausgegangen sind, hat die wirtschaftshistorische und ökonomische Forschung insbesondere in den letzten zwanzig Jahren zu dem kaum noch bestreitbaren Ergebnis geführt, daß die «Kondratieffs» in ihrer ursprünglich behaupteten Form ein unhaltbares Konstrukt darstellen. Von den zahlreichen Einwänden besitzen vor allem fünf eine hohe Überzeugungskraft. Die ursprünglichen «Langen Wellen» Kondratieffs beruhen primär auf der Statistik der inflationären oder deflationären Preisentwicklung; hier scheint es noch am ehesten in einigen Ländern und einigen Sektoren langlebige, konsistente Bewegungen zu geben. Das ungleich wichtigere gesamtwirtschaftliche, mengenmäßige Wachstum läßt sich dagegen mit dem beanspruchten Wellenverlauf nicht zur Deckung bringen. Die zum Teil erstaunlich hohen Wachstumsraten des Bruttosozialprodukts, insbesondere des industriell-verkehrswirtschaftlichen Sektors z.B. in der zweiten Hälfte der Abschwungphase des ersten und zweiten «Kondratieffs» lassen sich mit der Vorstellung von einer langlebigen, ja jahrzehntelangen Wachstumsermattung nicht vereinbaren. Auch die unterstellte regelmäßige Zyklizität hat sich nicht nachweisen lassen. An die Stelle der suggerierten symmetrischen Auf- und Abschwünge sind vielmehr unregelmäßige Schwingungen des Konjunkturverlaufs getreten. Außerdem ist der Versuch – der das Konzept der «Langen Wellen» für Historiker mit ganz unterschiedlichen Interessen zeitweilig attraktiv gemacht hat – insgesamt gescheitert, einen engen kausalen Nexus mit Agrarkrisen und Goldfunden, Imperialismus und Außenhandelsexpansion, Kriegen und Revolutionen herzustellen. Und nicht zuletzt sind hieb- und stichfeste Antworten auf die essentielle Frage nach den Ursachen, nach den auslösenden, antreibenden, nachlassenden Kräften der «Langen Wellen» bisher nicht gegeben worden. Angesichts dieses Forschungsstandes können die «Langen Wellen» Kondratieffs weder als Periodisierungsschema die hier zur Debatte stehende Industrialisierungsgeschichte strukturieren noch Erklärungshypothesen für wichtige konjunkturgeschichtliche Probleme spenden.

Die von dem amerikanischen Ökonomen Simon Kuznets, aber auch von anderen Wirtschaftswissenschaftlern und -historikern empirisch vielfach erhärteten und zur Zeit am ehesten akzeptabel wirkenden mittelfristigen Zyklen von rund 15 bis 25 Jahren Dauer sind bisher in erster Linie aus dem Wirtschaftsverlauf der Vereinigten Staaten herauspräpariert worden. Es ist noch eine offene Frage, ob sie im deutschen industriewirtschaftlichen Wachstumsprozeß in vergleichbarer Form mit einer ähnlich prägenden Kraft aufgetreten sind, obwohl manche Ergebnisse dafür sprechen. Wegen dieser Ungewißheit können vorerst auch die «Kuznets-Zyklen» für die deutsche industrielle Konjunktur noch keine verläßliche Periodisierungs- und Interpretationsbasis bilden.[5]

Am ehesten bewegt man sich dagegen auf sicherem Boden, wenn man von den folgenden Grundannahmen und Kategorien ausgeht. Der Konjunkturverlauf einer industrialisierenden Wirtschaft setzt sich aus «unterschiedlich langen Phasen beschleunigten und wieder verlangsamten Wachstums» zusammen. Diese Schwankungen sind ein «genuines Merkmal industriewirtschaftlichen Wachstums im privatkapitalistisch geprägten Kontext». Sein Trend, d.h. «die langfristige Entwicklung des Produktionspotentials unter Vernachlässigung der tatsächlichen Produktionsschwankungen», besitzt – da die «vorherrschende Entwicklungstendenz» über große Zeiträume hinweg und ihr sich nur langsam veränderndes Tempo im Vordergrund stehen – die Gestalt einer insgesamt aufwärtsstrebenden Kurve, die nur von starken, neuen Wachstumsschüben, langjährigen Depressionen und Weltkriegen sichtbar beeinflußt wird. Gibt man aber diese Vogelperspektive auf und faßt, indem man auch die faktischen Oszillationen der Konjunkturbewegung zur Geltung kommen läßt, anstatt sie statistisch kunstvoll zu eliminieren, mittlere Zeitabschnitte ins Auge, findet man klar differenzierbare Trendperioden vor, mit anderen Worten: Sequenzen von unterschiedlich langen Wachstumsphasen, «die durch wechselnde Trendrate und -richtung charakterisiert» sind. Sie unterscheiden sich mithin durch ausgeprägte Wachstumskraft oder aber -verlangsamung, Stagnation, zum Teil sogar Schrumpfung des Wachstums – im modischen Jargon gesprochen: durch «Nullwachstum». Eine eindeutige Periodizität, geschweige denn eine strenge Zyklizität, läßt sich nicht feststellen. Der zeitliche Fluktuationsrhythmus wirkt unregelmäßig und kann allenfalls mit Hilfe relativ kurzlebiger Zyklen, z.B. der «Juglars», plausibel unterteilt werden.

Die industriellen Wachstumsfluktuationen, welche den verschiedenen Trendperioden ihren Stempel aufprägen, ermöglichen zuerst einmal eine Periodisierung, um die wirtschaftliche Entwicklung nach mehr oder minder langen Phasen der Hochkonjunktur, der Retardierung oder Stagnation des Wachstums usw. zu gliedern. Die Feinanalyse kann außerdem die Wendepunkte dieser Entwicklung präzisieren: die Krise als Konjunktureinbruch, die folgende Stockung, den Übergang zur Rezession oder Depression, den beginnenden Anstieg aus der «Talsohle», die Überhitzung der Hochkonjunktur.

Zum zweiten lenkt der unterschiedliche Charakter der Trendperioden auf die Frage nach allgemeinen, vorwiegend ökonomischen Determinanten des Wachstums hin. Hier muß man an das Ausmaß und die Durchsetzung der industriellen Produktionsformen denken, an die Breite und Intensität der Kapitalakkumulation im sekundären (industriell-gewerblichen) Sektor, an die Verbreitung und das Tempo des sogenannten technischen Fortschritts, an die markanten Verschiebungen der sektoralen Beschäftigten-, Kapitalbildungs- und Wertschöpfungsanteile, an die Leistungsfähigkeit des Finanz- und Verkehrssystems, auch an den Grad der Urbanisierung, die Aufnahmekraft des Binnenmarkts, den Anstieg der Reallöhne.

Besonders aber beruhen die Wachstumsaufschwünge auf dem Entwicklungspotential von Führungssektoren, deren Dynamik so stark ist, daß sie gewissermaßen voranpreschen und dank ihrer – noch zu erörternden – Verkoppelungseffekte die Gesamtwirtschaft in eine konjunkturelle Aufwärtsbewegung hinaufreißen. Erschlafft ihre Mobilisierungskraft, folgt gewöhnlich ein Abschwung, bis neue Führungssektoren denselben stimulierenden Effekt auslösen. In England z. B. ist die Textilindustrie ein solcher Leitsektor seiner Industriellen Revolution gewesen. In Deutschland waren es der Eisenbahnbau sowie – von ihm nachhaltig angeregt – die Stahl- und Eisenindustrie, der Kohlenbergbau und der Maschinenbau. Diese Vorstellung vom «Sectoral Overshooting» aufgrund der Zugkraftkapazität der Führungssektoren bedeutet im Prinzip nur eine präzisere Neuformulierung derjenigen Funktionen, die früher bereits Schumpeter seinen «Innovationsfeldern» und Kuznets seinem «Zyklusanführer» zugeschrieben hatten. Kurzum: Hat der industriewirtschaftliche Wachstumsprozeß einmal nachweislich eingesetzt, kann er mit Hilfe von Trendperioden unterschiedlichen Charakters sowohl in großen Zügen als auch ziemlich feinmaschig differenziert werden.[6]

3. Sechs allgemeine Charakteristika des Industriekapitalismus

Da mit den unregelmäßigen Fluktuationen des Konjunkturverlaufs eine Vielzahl von politischen, sozialen, psychischen Prozessen kausal und funktional verknüpft ist, können diese nur unter Berücksichtigung der ökonomischen Schwingungen angemessen analysiert und erklärt werden. Dabei ist es wichtig, sich sechs allgemeine Kennzeichen des Industriekapitalismus jetzt zu vergegenwärtigen und später als Hintergrundwissen präsent zu haben, wenn die deutsche Industrielle Revolution und Industrialisierungsgeschichte in den Brennpunkt rücken.

1. Die Marktwirtschaft und Marktgesellschaft. Die Marktwirtschaft, die sich über Jahrhunderte hinweg im Rhythmus der «longue durée» ausgedehnt hatte, wird vom Industriekapitalismus vergleichsweise explosionsartig als dominantes Organisationsprinzip durchgesetzt. Zu dem klassischen Dreiergespann der Märkte für Waren, Boden und Kapital treten endlich voll ausgebildete Arbeitsmärkte. Damit werden alle Produktionsfaktoren und Produkte als Ware verfügbar, kalkulierbar, kaufbar. Blieb die Welt der Arbeit bisher – obwohl seit längerem bereits mit abnehmender Kraft – in das sozialkulturelle Leben der Gesellschaft eingebunden, differenziert sich mit der Ausbreitung der modernen Marktwirtschaft das kapitalistische Wirtschaftssystem immer schärfer aus dieser Einbettung heraus. Es beansprucht nicht nur weitreichende Autonomie, sondern sogar die Dominanz gegenüber allen anderen Realitätsbereichen. Seitdem die bedeutenden Repräsentanten der klassischen schottisch-englischen Politischen Ökonomie im Banne des Newtonschen Gesetzesbegriffs die Durchsetzung und die Funktionsmechanik dieser Marktwirtschaft als Resultat von ebenso heilsamen wie unaufhaltsamen Naturgesetzen stilisiert haben, betont die herrschende liberale Wirtschaftsdoktrin immer wieder die Selbstregulierungsfähigkeit des Marktes. Sie neigt dazu, den überaus aktiven Beistand politischer Herrschaftsinstanzen, vor allem der staatlichen und städtischen Verwaltung, zu minimieren, schließlich als störenden Eingriff in das sich angeblich vollständig selber regelnde kapitalistische Marktsystem zu diskriminieren. Rezessionen und Depressionen werden als unumgängliche «Reinigungskrisen» verharmlost. Je deutlicher aber der moderne Kapitalismus zu einer schließlich omnipräsent wirkenden «Alltagsmacht» (Weber) aufsteigt, desto nachdrücklicher paukt die Realität die Erfahrung ein, daß diese Wirtschaftsordnung keineswegs die Utopie der vollständigen Selbstregulierung als Dauerlösung zu realisieren imstande ist, sondern trotz aller Eigenanstrengungen in wachsendem Maß der politischen Intervention, Unterstützung und Mitsteuerung bedarf.

Sind kapitalistische Märkte aber einmal voll institutionalisiert, besitzen sie trotz ihrer unleugbaren Mängel ebenso unübersehbare, bisher nicht ersetzbare Vorzüge, die der Marktwirtschaft auch immer wieder eine neue Legitimationszufuhr verschaffen. Funktionstüchtige Märkte begünstigen z. B., daß die Produktionsfaktoren die vorteilhaftesten Kombinationen eingehen, daß das Angebot auf die Nachfrage schnell und elastisch reagiert, daß Unternehmer mit mobilen Besitzern begehrter Leistungsqualifikationen optimal versorgt werden. Auf die Leistungsfähigkeit der Marktwirtschaft ist eine beispiellose Wohlfahrtssteigerung zurückzuführen. Nicht zuletzt wegen dieser Erfolge, die der hochdifferenzierte kapitalistische Markt als Organisationsform nachweisen kann, geht von der Marktwirtschaft in der Tat für lange Zeit die von ihren Verfechtern prognostizierte und postulierte allgemeine strukturprägende Wirkung auf die gesamte gesellschaftliche Verfassung aus, so daß man vom Epochaltypus der Marktgesellschaft sprechen kann. Die Umwandlung der überkommenen traditionellen Sozialhierarchie, die sich durch eine jahrhundertelang gehärtete Resistenz gegenüber Wandlungseinflüssen auszeichnet, in ein neues Stratifikationsgefüge, in dem marktbedingte Klassen die dominanten Sozialformationen bilden, beweist – um an dieses eine Beispiel noch einmal zu erinnern – die ungeheuere Prägekraft, die von der kapitalistischen, insbesondere der industriekapitalistischen Marktwirtschaft ausgeht. Der Triumph der Marktwirtschaft und Marktgesellschaft im Industriekapitalismus bedeutet eine strukturelle Transformation von Wirtschaft und Gesellschaft in einem Ausmaß, für das historische Vergleichsmöglichkeiten im Grunde genommen fehlen. Für Politik und Kultur, Normen und Ideologien eröffnen sich infolgedessen ebenfalls neue Dimensionen und Chancen, zeichnen sich neue Belastungen und Grenzen ab.

2. *Expansion als Prinzip.* Innerhalb der institutionellen Ordnung der industriellen Marktwirtschaft und Marktgesellschaft kann die Tendenz zur prinzipiell unbegrenzten Expansion des Kapitalismus endlich voll zur Geltung kommen. Damit bahnt sich eine tiefe Zäsur an, denn «in universalgeschichtlicher Perspektive gesehen bedeutet die langfristige ‹Entwicklung› der industrialisierten Volkswirtschaft den revolutionären Bruch mit der vorindustriellen Vergangenheit. Modernes Wachstum hat säkularen Charakter in einem ganz spezifischen Sinn. Seinem Wesen nach ist es nicht bloß eine in der Richtung beharrliche Grund-, sondern zugleich auch eine auf ‹historische Ewigkeit› ausgerichtete und noch dazu kumulative Dauerbewegung. Die ‹Entwicklung› der industrialisierten, also technologisch, institutionell und sozial revolutionierten Wirtschaft ist eine permanent gewordene Normalbewegung.» Die gewaltige Expansionsfähigkeit des Industriekapitalismus neigt jedoch ihrer innersten Natur nach zu einer «ziellosen, blindwütigen Dynamik», da sie eine Einschränkung gleich welcher Art, z. B. durch kulturelle Traditionen, regionale Eigenarten, nationale Grenzen, internationale Einflußsphären, nicht hinzunehmen bereit ist. Außerdem verlockt die fehlende Transparenz des Marktes zu immer neuen Vorstößen in eine Gewinn versprechende Terra incognita. Diese Dynamik unterläuft, sobald sie einmal entfesselt ist, auf die Dauer nicht nur das Wunschbild der sich selbst regulierenden Marktwirtschaft, sondern sie ist auch eine entscheidende Ursache der Ungleichmäßigkeit der wirtschaftlichen Entwicklung und der unvermeidbaren Notwendigkeit, durch gezielte Intervention den ungerichteten, ungleichgewichtigen Wachstumsprozeß mit seinen weitverzweigten, gravierenden Konsequenzen in ein besser kontrolliertes Flußbett zu lenken.

3. *Ungleichmäßigkeit der Entwicklung.* Entgegen allen theoretischen Konstruktionen, die von einer ökonomischen Gleichgewichtslage, von ei-

nem ausbalancierten wirtschaftlichen Wachstum ausgehen, gehört Ungleichmäßigkeit in vielfältigen Formen untrennbar zur Signatur des industriekapitalistischen Wachstums. Das gilt für die ungleichmäßige Entwicklung von Sektoren, Branchen und Industriezweigen; das gilt auch für die ungleichmäßige Entwicklung von Innovationszentren, Regionen und Staaten bis hin zum globalen Nord-Süd-Gefälle. Von der ästhetischen Schönheit einer gleichmäßig ansteigenden Trendkurve, die auf hochaggregierten Daten über die gesamtstaatliche Volkswirtschaft beruht, darf man sich nicht blenden lassen. So unbestreitbar wichtig auch der säkulare Trend des Wachstums – oft gemessen als Bruttosozialprodukt pro Kopf – bleibt, muß man sich doch der schroff verschiedenartigen Trendperioden, der zahlreichen mittel- und kurzlebigen Oszillationen, der krassen Disparitäten des sektoralen Wachstums, der ungleichmäßigen Konjunkturbewegungen in Gewerbestädten, Industrierevieren und Agrarprovinzen gerade in Hochkonjunkturzeiten illusionslos bewußt bleiben. Die Auswirkungen dieses seiner historischen Natur nach permanent ungleichmäßigen Evolutionsprozesses werfen eben deshalb unablässig gesellschaftliche und politische Probleme auf, die jeweils unter den wechselnden Bedingungen der Zeit in komplizierten Entscheidungsprozessen «bearbeitet» werden müssen. Zu diesen Effekten gehört die Tatsache, daß das industriekapitalistische Wachstum auch als ein anhaltender Prozeß «schöpferischer Zerstörung» verstanden werden muß, da von den Konjunkturschwankungen und Innovationsschüben ständig alte Strukturen zerstört und neue geschaffen werden. Betrachtet man diese offenbar nur schwer vermeidbaren, für Menschen, Institutionen und Umwelt aber gewaltigen Kosten des Wachstums, ist die Entfesselung des industriellen Prometheus durchaus mit der Büchse der Pandora dialektisch verbunden.

Ein zentrales Problem, daß durch das ungleichmäßige Wachstum aufgeworfen wird, ist die Suche nach einer befriedigenden Erklärung der konjunkturellen Fluktuationen, wie sie insbesondere in mittellangen wachstumsintensiven oder -schwachen Trendperioden zutage treten. Alle exogenen Theorien, die den angeblich ausschlaggebenden Einfluß von Kriegen und Naturkatastrophen oder sogar Sonnenflecken behaupten, sind ebenso wenig überzeugend wie diejenigen Theorien, die Goldfunde, Kapitalschwemme oder Kapitalmangel in den Mittelpunkt stellen. Man muß vielmehr von der endogenen Labilität des Wachstumsprozesses ausgehen und kann dann das folgende typische Verlaufsmuster skizzieren. In der Konjunkturphase ziehen besonders florierende Industriezweige Investoren an, die gemäß dem Informationsstand ihrer Zeit auch die künftige Entwicklung positiv beurteilen, mithin nach durchaus rationalem Kalkül der Gewinnchancen ihre Investitionen in konzentrierter Form vornehmen; erfolgreiche Führungssektoren wirken zu diesem Zeitpunkt am attraktivsten. Erst im nachhinein stellt sich heraus, daß die mangelhafte Transparenz des Marktes und der Konjunkturbewegung zu einer Überschätzung der Gewinnchancen und daß die unkoordinierten Investitionsentscheidungen zu einer Verfehlung des Optimums geführt haben. Ehe diese Erkenntnis möglich ist, sind die Folgen des Investitionsverhaltens in Gestalt von Überinvestitionen, die vor allem in Industrien mit langer Ausreifungsphase zu großen Wirkungen führen, längst eingetreten, zumal die diversen Ausbreitungseffekte, vor allem die Rückkoppelungseffekte, für eine rasche Fortpflanzung der Wachstumsimpulse sorgen. Der konsequente nächste Schritt ist der Ausbau von Überkapazitäten, die – gemessen an den realen Aufnahmemöglichkeiten des Marktes – zur Überproduktion, zum Überangebot und endlich zum Preisverfall von Schlüsselprodukten führen. Der Augenblick der Krise: des Konjunktureinbruchs, ist gekommen. Jetzt erschweren sowohl die Immobilität des fixen Kapitals (Fabrikanlagen, spezialisierte Maschinenausrüstung, Standortvorteile) als auch seine ständig wachsende Höhe die von der liberalen Theorie geforderte zügige und elastische Umdisposition.

Zugleich zeigen Krise und einsetzender Abschwung, daß die stimulierende Kraft der Innovationen, die den Sektor auf seine Erfolgsbahn geführt hatten, erschlafft ist. Rezession oder Depression breiten sich aus, da schließlich die Motorik des gesamten industriewirtschaftlichen Aufschwungs nachläßt. Erst wenn neue Industrien mit neueingeführten Innovationen neue Gewinnchancen signalisieren, setzt der geschilderte Mechanismus ebenfalls wieder aufs neue ein. Begrenztes Entscheidungswissen im Erfahrungshorizont einer Illusionen nährenden Zeit, die Funktion zeitweilig dynamischer Führungssektoren und Innovationsschübe, die nicht genau prognostizierbare Lebensdauer dieser Expansionskräfte, die Beharrungs- und Bremskraft des Fixkapitals in Umbruchperioden, die stets mangelhafte Transparenz der Märkte, die individual- und sozialpsychische Bedeutung von Unternehmer- und Investorenentscheidungen – all diese essentiellen Faktoren können im Rahmen jenes Erklärungsmodells realistisch berücksichtigt werden, um die endogene Labilität des ungleichgewichtigen Wachstums realitätsnah zu erfassen.

4. *Innovationen als Treibstoff.* Modernes industriekapitalistisches Wachstum hängt, wie gesagt, in einem fundamentalen Sinn davon ab, daß immer wieder neue Innovationen eingeführt werden. Sie bilden den Treibstoff, der den Motor der Industrialisierung in Gang hält. Damit an die Stelle der «Traditionsheiligkeit» einer Wirtschaftsverfassung sowohl der Glaube an den «technischen Fortschritt» als auch das Handeln nach seinen Imperativen treten, müssen zahlreiche soziale, normative, technologische, finanzielle, organisatorische Voraussetzungen bestehen oder geschaffen werden. Auch wenn diese Grundlage besteht, herrscht oft noch lange Zeit das pragmatische Austüfteln von Neuerungen durch Männer der Praxis vor, deren Prototyp der englische «Mechanic» oder der sächsische «Mechaniker» ist. Je später, desto deutlicher steigt jedoch die Wissenschaft zur ersten Produktivkraft

auf: Der planmäßig auf lange Sicht vorbereitete, kontinuierliche Zufluß wissenschaftlicher Innovationen soll die Funktionstüchtigkeit des Industriekapitalismus garantieren. Zu diesen Innovationen gehört nicht nur die in der Massenproduktion verwertbare Erfindung, sondern dazu gehören alsbald auch die Methoden des «wissenschaftlichen Managements», die mit wissenschaftlicher Exaktheit vorbereiteten Investitionsentscheidungen, schließlich die auf hochspezialisierter wissenschaftlicher Arbeit beruhenden Computer in der Unternehmensverwaltung und Steuerung des Produktionsablaufs.

Da Innovationen jedoch bis weit in das 20. Jahrhundert hinein noch keineswegs regelmäßig in die Betriebe eingeschleust werden können, da zudem ihre Folgen außerordentlich schwer genau abzuschätzen sind, entstehen auch deshalb immer wieder jene Stockungsphasen, in denen die Wachstumsraten reduziert werden, bis von neuen Innovationen die Wirkung eines beliebigen Elixiers ausgeht. Unbestritten spielt die wechselnde Aufnahmefähigkeit von Binnen- und Außenmärkten, die an das Lohnniveau gebundene Massenkaufkraft, das unternehmerische Kalkül im Hinblick auf Konsolidierung oder Kapazitätsausbau usw. eine große Rolle für den Konjunkturverlauf – ein Kernbereich des industriekapitalistischen Wachstums bleibt jedoch von der Innovationsfähigkeit des sozioökonomischen Systems abhängig. Deshalb gilt es, die zeitspezifisch entscheidenden Innovationen in der historischen Analyse herauszuarbeiten.

5. Führungssektoren und Führungsregionen. Mit dieser hochkomplexen Innovationskapazität ist das Problem der Führungssektoren und Führungsregionen unmittelbar verbunden. Begriffe wie «die englische» oder «die deutsche» Industrialisierung können leicht einen falschen Eindruck erzeugen, weil sie suggerieren, daß die Industrie im ganzen Staat mit Hilfe von Globaldaten aus den nationalen Statistikbüros als einheitliche, kompakte Größe behandelt werden könne. Diese irreführende Vorstellung ist vorn schon mehrfach korrigiert worden. Tatsächlich übernehmen immer Führungsregionen, die dank ihres höheren Entwicklungsniveaus über das Umland hinausragen, eine Vorreiterfunktion. Von ihnen strahlen die aktivierenden Impulse aus, die schließlich zu einer breiten Vorwärtsbewegung im gesamten sekundären Sektor führen können.

Innerhalb der Industriewirtschaft wiederum kann man ganz analog die schon mehrfach erwähnten Führungssektoren ausmachen, in denen sich auf der Grundlage von Innovationen eine dynamische Wachstumskraft zusammenballt, welche die Kapazität und Produktivität auffällig zu steigern vermag. Von diesen Leitsektoren gehen im Rahmen eines ungleichgewichtigen Wachstums nicht nur die zur Imitation anregenden allgemeinen Demonstrationseffekte der ökonomischen Überlegenheit und der Attraktivität eines erfolgreichen Vorbilds, sondern auch spezifische Ausbreitungseffekte aus, die nach drei Richtungen hin differenziert werden können.

1. Die Rückwärtskoppelungseffekte regen die Nachfrage nach Investitions-

gütern, Energieträgern, Rohstoffen, Facharbeitern, Erfindungen an; vor allem die Zubringerindustrien eines Führungssektors geraten in den Sog seiner beschleunigten Entwicklung.

2. Die Begleiteffekte unterstützen die Entwicklung eines Umfelds, das für die Industrialisierung zunehmend günstigere Bedingungen schafft; dazu gehören etwa Urbanisierung, vergrößertes Handelsvolumen, effektivere Finanzinstitutionen, aber auch Disziplinierung der Fabrikarbeiterschaft, vereinheitlichtes Wirtschaftsrecht, Interessenvertretung durch Verbände und Handelskammern.
3. Die Vorwärtskoppelungseffekte lösen Anreize aus, sich mit neuen Produkten oder Leistungen in das vom Führungssektor markierte Gelände hineinzubewegen, die Erschließung neuer profitverheißender Märkte zu betreiben, für die Überwindung von Engpässen, die durch das Wachstumstempo des Leitsektors geschaffen werden, Unernehmerenergie und Erfindergeist zu mobilisieren.

Führungssektoren müssen einerseits, um als Wachstumsmotoren außergewöhnlichen Einfluß auf die gesamte Industriewirtschaft ausüben zu können, ein beträchtliches Eigengewicht besitzen, das sich z. B. an der Beschäftigtenzahl oder am Wertschöpfungsanteil ablesen läßt. Die Ausbreitungs- und Demonstrationseffekte müssen außerdem, um die Bewegungskräfte in Gang zu setzen und zu halten, eine geraume Zeitlang von ihnen ausgehen können. Auf der andern Seite können Führungssektoren in der Regel nur für eine mittellange Zeitspanne ihre Spitzenposition behaupten, bis sie von neu aufsteigenden konkurrierenden Sektoren allmählich oder abrupt abgelöst werden. Unter diesem Aspekt trägt auch die Führungssektorenanalyse dazu bei, ungleichmäßiges industriekapitalistisches Wachstum genauer zu erklären.

6. Der Interventionsstaat. Die heftigen Konjunkturschwankungen dieses Wachstumsprozesses führen zu ökonomischen Disparitäten mit schmerzhaften Folgen, aber auch zu sozialen und politischen Belastungen, die alle zusammen wegen ihrer massenwirksamen Konsequenzen den krisenhaften Charakter des Modernisierungsprozesses verschärfen. Sie lösen ein wachsendes Bedürfnis nach gesellschaftlich-politischer Kontrolle der ökonomischen Entwicklung aus, das von einer pragmatischen Konjunkturpolitik der Vermeidung allzu heftiger Wachstumsschwankungen bis hin zu einer umfassend konzipierten Globalsteuerung der wirtschaftlichen Basisprozesse reicht. Diesem von der Brisanz der Probleme ausgeübten Zugzwang, in das freie Spiel der Marktkräfte einzugreifen, wird auf verschiedenen Ebenen Rechnung getragen. Die Betriebsleitungen selber bemühen sich um eine rationale Organisation, um eine Verstetigung von Produktion und Absatz; Unternehmen, die Rohstoffgewinnung und Verarbeitung in einem möglichst diversifizierten Konzern vereinigen, verkörpern nicht nur Resultate des Konzentrationsprozesses, der Rationalisierung, der «Economies of Scale», sondern sind auch ein Ausdruck des Bemühens, die eigene Einflußsphäre weit auszudehnen, um möglichst störungsfrei operieren zu können. Derselben Funktion dienen Kartelle und Interessenverbände.

Unabweisbar aber drängt sich bald auch die Frage auf, wann, in welchem Ausmaß und wie lange das politische Herrschaftssystem wegen der Komplikationen und Gefahren des ungleichmäßigen Wachstums eingreifen muß. Setzen seine Steuerungsversuche erst einmal ein, werden die Anfänge des modernen Interventionsstaats sichtbar. Die nun folgende atemberaubende Ausdehnung der Staatsfunktionen entspricht sowohl dem beschleunigten Tempo und den wachsenden Disparitäten der wirtschaftlichen Entwicklung als auch der dadurch gesteigerten, steuerungsbedürftigen Komplexität der Gesellschaft. Diese moderne Interventionspolitik muß systematisch von der älteren staatlichen Wirtschaftspolitik des Merkantilismus, Colbertismus, Kameralismus scharf unterschieden werden, da es früher um die mühselige Initiierung wirtschaftlichen Wachstums, seit dem 19. Jahrhundert jedoch primär um die Beherrschung der zahlreichen gravierenden Folgen der Industrialisierung geht. Antizyklische Wachstumspolitik ist selbstverständlich ein wichtiger Teilbereich, in dem sich der Interventionsstaat betätigt, keineswegs aber der einzige, oft nicht einmal der vorrangige.

Von grundlegender Bedeutung ist in diesem Zusammenhang die Einsicht, daß der moderne Interventionsstaat nichts Fremdes, der freien Marktwirtschaft von außen Aufgezwungenes ist. Auf die mit immensen Risiken verbundenen Wachstumsprobleme der industriellen Marktwirtschaft bildet vielmehr die Expansion der Staatsfunktionen zusammen mit der Vielfalt der Interventionsmaßnahmen eine Antwort, die eine angemessene Problembewältigungskapazität schaffen soll. Der Interventionismus ist mithin nicht «systemfremd aufgepfropft, sondern systemimmanent, Inbegriff von Selbstverteidigung, nichts könnte den Begriff von Dialektik schlagender erläutern». Mit andern Worten: Der Ausbau des Interventionsstaats ist das Resultat eines schwierigen Lernprozesses, der sowohl «die Resistenzkraft des Systems» und seine oft bezweifelte Lernfähigkeit eindringlich demonstriert, als aber auch seine fatale Krisenanfälligkeit bestätigt. Je komplexer der Industriekapitalismus wird, je folgenschwerer sich seine konjunkturellen Pendelschläge auswirkten, desto eher tendiert er – solange er nur ganz sich selber überlassen bleibt – ohne effektive Intervention zu einer selbstzerstörerischen Ohnmacht, im Grenzfall zum Zusammenbruch. Der Interventionsstaat repräsentiert, so gesehen, die von der inhärenten Labilität des Industriekapitalismus verlangte Anstrengung, dem modernen wirtschaftlichen Wachstum als «einem Prozeß kontrollierter Revolution» die Fortdauer zu garantieren. Deshalb verdient er in den westlichen Ländern eine rundum positive Bejahung anstelle der ganz ahistorischen, verständnislosen Kritik der Steinzeit-Liberalen. Strittig können und müssen jedoch die Zielkriterien, die Leitvorstellungen, die Effektivitätserfolge des Interventionsstaats bleiben und mit ihnen das Grundproblem der politischen Kontrolle und Verantwortung seiner Entscheidungen.

Diese Problematik taucht in dem hier behandelten Zeitraum nur in allerersten Umrissen auf, aber schon im letzten Drittel des 19. Jahrhunderts wird sie zu einer dringenden, später immer mehr an Bedeutung gewinnenden Frage. Da es sich um ein typisches allgemeines Charakteristikum des Industriekapitalismus handelt, muß schon jetzt auf es aufmerksam gemacht werden, obwohl es zunächst einmal um die siegreiche Durchsetzung der liberalkapitalistischen Industrie- und Verkehrswirtschaft geht.[7]

Mit dieser Durchsetzung verknüpft sich eine noch andauernde Kontroverse. Auf der einen Seite behaupten Ökonomen und Wirtschaftshistoriker, die vornehmlich der Trend des industriewirtschaftlichen Wachstums über größere Zeitspannen hinweg interessiert, daß sich auch die deutsche Industrialisierung als langwieriger, ziemlich gleichmäßiger Anstieg ohne dramatische Beschleunigungsphase vollzogen hat, bis das Stadium des sich selbst tragenden Wachstums einer hochentwickelten Industriewirtschaft erreicht wurde. Auf der andern Seite argumentieren kompetente Sachkenner, daß die Fixierung auf den Säkulartrend die tiefen qualitativen Unterschiede zwischen den einzelnen Trendperioden verwischt. Eine genauere Analyse ergibt zunächst eine verhaltene Anlaufphase der Industrialisierung, dann aber erstmals eine von zyklischen Schwingungen geprägte wachstumsintensive Trendperiode mit einer drastischen Expansion des Industriekapitalismus, die fast drei Jahrzehnte lang über mehrere Trendperioden hinweg mit derart spektakulären Ergebnissen anhält, daß man durchaus von einer deutschen Industriellen Revolution im Sinn eines klar abgrenzbaren, komprimierten Beschleunigungsprozesses sprechen kann.

Sein Hauptergebnis ist die feste institutionelle Verankerung selbstgeregelten industriellen Wachstums, das zwar dem Rhythmus von Konjunktur, Krise und Depression unterliegt, insgesamt aber einen Verlust der Wachstumskapazität fortab ausschließt und in der Tat einen stetig aufsteigenden Trend besitzt. Die besseren empirisch-konjunkturhistorischen Argumente sprechen für diese zweite Position. Zum zweiten ist der Historiker im allgemeinen an kürzeren Zeitabschnitten mit ihren einschneidenden ökonomischen Fluktuationen interessiert, während der von Schwankungen bereinigte Trend viel seltener für eine globale Interpretation eine wichtige Rolle spielt. Daher wird in diesem Zusammenhang an dem Periodisierungsraster: Frühindustrialisierung, Industrielle Revolution und Hochindustrialisierung für das 19. Jahrhundert festgehalten, wobei die einzelnen Phasen seit der Industriellen Revolution nach den verschiedenen Konjunkturbewegungen natürlich noch einmal untergliedert werden. Weitere spezifische Perioden der Industrialisierungsgeschichte müssen erst für das 20. Jahrhundert eingeführt werden.

Der beschwerliche Aufstieg des deutschen Industriekapitalismus in den Jahrzehnten der Frühindustrialisierung bis etwa 1840 ist vorn ausführlich geschildert worden (Teil 3, II, 2b; II, 3–6). Umstritten ist seit langer Zeit der möglichst exakt zu bestimmende Wendepunkt, an dem das forcierte Wachstum des ersten industriellen Zyklus – sozusagen der wuchtige Auftakt der Industriellen Revolution – einsetzte. Die Meinungen schwankten zwischen der Mitte der 30er und dem Beginn der 40er Jahre. Politisch und wissenschaftlich so unterschiedliche Gelehrte wie Walther G. Hoffmann und Hans Mottek z. B. optierten für eine um die Mitte der 30er Jahre anhebende Anlaufphase der Industriellen Revolution, die aber mit dem angeblichen industriellen Boom von 1843 bzw. 1842 erst voll in Gang gekommen sei. Ältere Koryphäen der Konjunkturforschung wie Arthur Spiethoff und Schumpeter ließen den ersten Industriezyklus 1843/44 und die Hochkonjunkturperiode der Industriellen Revolution mit eben diesem Einschnitt beginnen.

Die genauesten zur Zeit verfügbaren Ergebnisse der Industrialisierungsgeschichte korrigieren diese Daten, eröffnen jedoch zugleich eine Alternative zu den bisherigen Annahmen, zu welchem Zeitpunkt man die deutsche Industrielle Revolution einsetzen lassen kann. Gestützt auf 18 aussagekräftige Indikatoren für verschiedene sozioökonomische Teilbereiche hat Reinhard Spree ermittelt, daß nach dem Vorlauf massiver verkehrs- und industriewirtschaftlicher Investitionen auf die gebremste Entwicklung von 1840 bis 1844 mit dem Tiefpunkt von 1843/44 der erste volle Aufschwung seit 1845 folgte. Nach dem Höhepunkt im kritischen Jahr 1847 schwächten sich die Wachstumskräfte jedoch bereits wieder ab, und dann unterbrachen ohnehin die Revolution und die nachrevolutionäre Rezession den Boom für rund drei Jahre. Nach ersten Signalen einer 1851 zurückkehrenden Prosperität setzte 1852 ein neuer zyklischer Aufschwung definitiv wieder ein und leitete zu den von kurzlebigen Abschwüngen unterbrochenen hochkonjunkturellen Trendperioden bis zur Zäsur der Weltwirtschaftskrise von 1873 samt der ihr bis 1879 folgenden Depression über.

Deshalb hat man die Wahl, mit den Aufschwungsjahren 1845 oder 1852 die Industrielle Revolution beginnen zu lassen. Eine völlig eindeutige Periodisierung ist nicht möglich, und in historischer Perspektive ist die Schwelle zwischen 1845 und 1852 bereits außerordentlich schmal! Für die Anfangsdatierung eines so komplizierten Prozesses wie der Industriellen Revolution reicht die Einengung auf eine so kurze Zeitspanne für viele Zwecke völlig aus. Entscheidet man sich für den Beginn des «Take-off» zu Beginn der 50er Jahre, befindet man sich auf sicherem Boden, von dem aus das rasante Wachstumstempo des folgenden Vierteljahrhunderts verfolgt werden kann.

Andrerseits gibt es keinen wirklich durchschlagenden Grund, den ersten, dazu ungewöhnlich explosiven Boom seit 1845 zu übergehen. Er umschließt vielmehr die früheste, auf dem revolutionären Eisenbahnbau mit seinen zahlreichen Ausbreitungseffekten beruhende, keineswegs ja erst 1852 beginnende industriewirtschaftliche Hochkonjunkturphase; die Trends in fast allen Indikatorbereichen weisen auf Aufschwung hin, und klar konstatierbares Wachstum bleibt nun einmal «die wichtigste Voraussetzung für weiteres Wachstum». Dagegen spricht kein triftiges Argument dafür, diesen Boom stillschweigend zu ignorieren oder noch zur Spätzeit der Frühindustrialisierung hinzuzurechnen. Daher wird hier für den Durchbruch der Industriellen Revolution seit 1845 optiert. Beweiskräftige Indizien, die den Umbruch in den 40er Jahren aufzeigen, werden im Folgenden noch angeführt. Auf jeden Fall unterstützen die Konjunkturbewegungen mit ihren charakteristischen «Kinks in the Curve» die Vorstellung von einem unübersehbaren «Großen Spurt» (Gerschenkron) zwischen 1845/52 und 1873.[8]

4. *Führungssektoren der deutschen Industriellen Revolution*

Diese augenfällig beschleunigte Industrialisierung resultierte aus der Dynamik, die ihr eigentlicher «Wachstumskern» freizusetzen imstande war. Er bestand aus dem engen Verbund von vier Leitsektoren: aus dem Eisenbahnbau, der Eisen- und Stahlindustrie, dem Kohlenbergbau und dem Maschinenbau. Von ihnen nahm als unbestreitbar wichtigster Führungssektor der Eisenbahnbau die Spitzenposition des «Tempomachers» ein. Zwischen 1840 und 1880 blieb er jedem anderen Wachstumssektor überlegen. Sein Vorstoß nach vorn beruhte auf dem Investitionsboom bis zur Mitte der 40er Jahre. Die Zunahmeraten von 1841 bis 1847 sind erst wieder von 1862 bis 1868 erreicht worden. Zwischen 1840 und 1847 übertraf die relative Wachstumsgeschwindigkeit des deutschen Eisenbahnbaus sogar diejenige aller anderen Industrienationen: Die Vereinigten Staaten und Belgien wurden um das Dreifache, England und Frankreich noch um das Doppelte überboten. Auch in absoluten Zahlen hielt der deutsche Bahnbau mit den beiden führenden Staaten: Amerika und England in den 40er Jahren durchaus mit und gewann bereits den dritten Platz vor Frankreich. Diese Leistung läßt sich an der Länge des Streckennetzes ablesen: Bis 1850 machte die deutsche Streckenlänge von 5875 km mehr als ein Drittel der amerikanischen (14518 km) und mehr als die Hälfte der englischen (10653 km) aus; der französischen (3083 km) war sie schon um fast das Doppelte vorangeeilt. (Vgl. hierzu *Übersicht 43*.)

Sieben Jahre nach Beginn der Eisenbahnära in Deutschland übertraf die Zahl der 1842 beim Bahnbau direkt Beschäftigten mit 45900 bereits die Beschäftigtenzahl des gesamten deutschen Steinkohlenbergbaus von rund 30500 um 50%. Nur vier Jahre später (1846) entlohnte der Bahnbau sogar noch einmal rund 385% Arbeitskräfte mehr: rund 178500 Männer – eine Zahl, die erst 1859 und dann wieder seit 1865 überboten wurde. Währenddessen stieg die Größe des ständig beschäftigten Personals aller Eisenbahngesellschaften von 1840 = 1648 allein bis 1847 um gut 1000% auf 17059 und bis 1850 noch einmal um rund 550% auf 26084 an.

Übersicht 43: Erfolgszahlen des frühen deutschen Eisenbahnbaus bis 1850

		1840	1841	1842	1843	1844	1845	1846	1847	1848	1849	1850
1	DtBd	461	677	922	1310	1758	2151	3291	4317	5002	5458	5875
	Preußen	185	395	588	815	924	1106	1972	2424	2718	2880	2967
2	ad hoc	–	30000	45900	56000	78300	157800	178500	137500	120000	83200	78700
	ständig	1648	2776	4114	5719	8475	9541	12501	17059	20910	23345	26084
3	p/km	62,3	97,2	145,3	185,0	255,1	308,5	427,8	546,7	614,9	664,3	782,7
	t/km	3,2	8,1	14,5	25,6	33,2	50,8	81,9	159,7	168,4	233,8	302,7
4	Kapital-stock	58,8	81,3	108,6	159,4	197,9	281,5	459,1	615,3	732,0	850,5	891,4
5	Netto-investitionen	–	22,5	27,3	50,8	38,5	83,6	177,6	156,2	116,7	118,5	40,9
6	Verzinsung des Anlage-kapitals	5,1	4,9	5,0	5,7	5,0	4,6	4,8	4,3	3,3	4,1	4,3
7	Verzinsung der preuß. Staatsanleihen	3,9	3,8	3,9	3,9	3,5	3,6	3,7	3,8	4,4	4,0	4,3
8	Verzinsung der Privat-eisenbahn	5,1	5,6	5,0	6,2	5,0	5,5	5,4	5,1	3,2	3,7	4,4

1. Streckenlänge der Eisenbahnen im Deutschen Bund und in Preußen/km.
2. Arbeitskräfte (ad hoc und ständig) deutscher Eisenbahngesellschaften.
3. Personen- und Güterverkehr in Mill. pkm, tkm.
4. Kapitalstock zu Anschaffungspreisen/Mill. M.
5. Nettoinvestitionen in laufenden Preisen/Mill. M.
6. Verzinsung des Anlagekapitals eröffneter deutscher Eisenbahnen.
7. Verzinsung der preußischen Staatsanleihen.
8. Verzinsung der preußischen Privateisenbahnen (Durchschnittsdividende).

Ähnlich dramatisch nahmen sich die Zuwachsraten des Kapitalstocks, des verwendeten Anlagekapitals, aus. Rechnet man die zeitgenössischen Taler- und Guldenbeträge in die Goldmark des Kaiserreichs um, schnellten die Summen von 1840 = 58,8 auf 1845 = 281,5, 1846 = 459,1 und 1847 = 615,3 Mill. M. – sie erlebten also bis zum Gipfel des Booms einen Anstieg von 1000%; sie wuchsen auch seither bis 1850 auf 891,4 Mill. M. weiter an – das waren in diesem Jahr immerhin schon 25,1% des gesamten deutschen gewerblichen Kapitalstocks. Ähnlich kletterten die Nettoinvestitionen von 1841 = 22,5 auf 1845 = 83,6, 1846 = 177,6 und 1847 = 156,2 Mill. M. Sie erreichten bereits 1846 eine Höhe, die erst 1859/60 und seit 1866 übertroffen wurde. In den gesamten 40er Jahren lag die jährliche Nettoinvestitionsrate des Eisenbahnbaus bereits höher (rund 61 Mill. M. in Preisen von 1913) als die der traditionell privilegierten Landwirtschaft (60 Mill. M.). Überhaupt besaß der Eisenbahnbau die höchste sektorale Kapitalakkumulation, die er gegenüber anderen Wachstumssektoren bis 1875/79 verteidigen konnte. Wenn sich die Wertschöpfung der Eisenbahnen zwischen 1840 und 1850 von 2,29 auf 48,18 Mill. M. um das Sechzehnfache vermehrte, setzte auch dieser steile Anstieg die große Massierung von Investitionen im Eisenbahnbau vor allem zwischen 1842 und 1849 voraus.

Die Kapitalbewegung in das neue Verkehrssystem hinein wurde durch die Erwartung hoher Gewinne in Gang gehalten. Die Durchschnittsdividenden der preußischen Privateisenbahngesellschaften (1850 gehörten von 2967 km nur 88 km dem Staat!) lagen von 1840 bis 1847 zwischen 5 und 6,2%; sie übertrafen damit die Dividenden der großen Baumwollfabriken gewöhnlich um das Doppelte oder sogar das Dreifache. Vergleicht man zwischen 1840 und 1850 die Verzinsung des Anlagekapitals der eröffneten deutschen Eisenbahnen mit derjenigen der preußischen Staatsanleihen, lag das Einkommen aus Eisenbahnaktien in zehn von elf Jahren ständig und zum Teil erheblich über dem Gewinn aus den staatlichen Schuldscheinen. Die hohe Profitabilität unterstreicht noch einmal – wie die Übersicht 43 zeigt – die anhaltende Attraktivität der neuen, auch zur Börsenspekulation vorzüglich geeigneten Eisenbahnpapiere.[9]

Von Anfang an reagierte der deutsche Eisenbahnbau auf die Anziehungskraft von fünf Faktoren: Die Investoren erhofften eine außergewöhnlich lohnende Kapitalverzinsung, die über der Rendite der vertrauten Staatsobligationen oder Pfandbriefe der «Landschaften», der ersten industriellen Aktiengesellschaften lag. Darüber hinaus verbanden sie ihre Anlage sehr häufig mit einer hochgestimmten spekulativen Gewinnerwartung, die sich allgemein für den Kapitalmarkt, speziell für die Funktionsfähigkeit der Börse als wichtig erweisen sollte. Offensichtlich kam der Eisenbahnbau auch stark ausgeprägten Handelsbedürfnissen entgegen, denn ein gut Teil der regionalen Konzentration hatte sich bereits vor 1840 vollzogen, so daß die Eisenbahnen eine weitere Verdichtung der Marktbeziehungen und die intensivere Markterschließung nach englischem und amerikanischem Vorbild versprachen. Binnen kurzer Zeit haben sie auch die auf sie gesetzten Hoffnungen erfüllt. Nicht zuletzt wurden die Eisenbahnen in der Antizipation künftig steigender Nachfrage sowohl nach verbilligten Transportleistungen als auch nach begehrten Produkten gebaut. Die oft unterstellten militärischen Interessen spielten für die erste Generation der Eisenbahnunternehmer so gut wie gar keine Rolle. Dagegen sind diese durch die Faszination, die von diesem neuen Verkehrsmittel in den westlichen Pionierländern ausging, um so nachhaltiger beeinflußt worden. Im Grunde wurden daher auch wegen dieser günstigen allgemeinen Rahmenbedingungen die kühnen Planungsprojekte, die entschiedene Protagonisten des deutschen

Eisenbahnbaus wie Friedrich List entworfen hatten, entgegen der Legende, daß des weitsichtigen Mannes Vorschläge verkannt und wirkungslos geblieben seien, schon frühzeitig verwirklicht.

Als am 7. Dezember 1835 die seit 1833 im Schneckentempo erbaute, 6 km lange erste deutsche Eisenbahnlinie zwischen Nürnberg und Fürth mit einer englischen Lokomotive, die von einem Engländer gesteuert werden mußte, ihren Betrieb aufnahm, begann auch im Deutschen Bund «das Jahrhundert der Kommunikationsrevolution».

Denn «die Eisenbahnen sind das revolutionärste Mittel gewesen», das auch in der deutschen Wirtschaftsgeschichte des 19. Jahrhunderts aufgetaucht ist. Buchstäblich aus dem Nichts entstand innerhalb weniger Jahre der klassische Führungssektor der deutschen Industriellen Revolution. Die mit 177000 fl. ausgestattete Nürnberg-Fürther AG erlebte, daß ihre Aktien nach sechs Wochen auf 200 fl. stiegen, so daß sie 1838 bereits 16% Dividende ausschütten konnte – ein unerhörte Rendite, von der eine elektrisierende Wirkung ausging. Im selben Jahr wurden die erste preußische Bahn zwischen Berlin und Potsdam, die erste rheinische zwischen Düsseldorf und Erkrath, die erste nordwestdeutsche Linie zwischen Braunschweig und Wolfenbüttel eröffnet. Von 1837 bis 1839 entstand die erste längere und kompliziertere, von List initiierte Strecke zwischen Leipzig und Dresden (115 km). 1840 folgten Verbindungen zwischen München und Augsburg, Mannheim und Heidelberg, Frankfurt und Wiesbaden. Diese frühen Linien mit nicht mehr als 460 Streckenkilometern am Ende des Jahres 1840 bedeuteten, da sich mit ihnen die aufregende Aktienkurs- und Dividendensteigerung wiederholte, die Initialzündung für die zahlreichen nachfolgenden Bauprojekte, die in kürzester Zeit ein wahres Eisenbahnfieber hervorriefen.

Seit den 40er Jahren übernahm der preußische Eisenbahnbau, der in jeder Hinsicht mindestens oder mehr als die Hälfte aller im Deutschen Bund mit den Eisenbahnen verbundenen Bau- und Finanzierungsleistungen erbrachte, unangefochten die Führung. Das war der Fähigkeit bedeutender Privatunternehmer im Verein mit der Kapitalkraft des Landes zu verdanken. Da das Staatsschuldengesetz von 1820 staatliche Anleihen an die Zustimmung der immer noch verweigerten reichsständischen Versammlung band, wurde die neue Aufgabe im Gegensatz zu allen andern Bundesstaaten, wo sich die Regierungen nachhaltig engagierten, eine Domäne großer Aktiengesellschaften. Bis 1850 bauten sie mit 2967 km mehr als die Hälfte des deutschen Netzes. Seit 1843 lag ihr Kapitalstock stets erheblich über der Hälfte des gesamten deutschen Anlagekapitals (z. B. 1846 = 271,3:459,1; 1847 = 356,2:615,3 Mill. M.) und behielt diesen Vorrang bis 1850 (457,3:891,4 Mill. M.). Bei den Nettoinvestitionen fluktuierte der Anteil, machte aber z. B. auf dem Gipfel des Baubooms 1846 = 118,8:177,6 und 1847 = 84,9:156,2 Mill. M. aus. Gerade in Preußen zog der Eisenbahnbau als Führungssektor der Industriewirtschaft auf den vordersten Platz im Deutschen Bund.

Der Auftakt des Eisenbahnzeitalters in Bayern ist ein historischer Zufall gewesen. Seit 1831/33 hatte z. B. Ludolf Camphausen eine Bahn von Köln nach Antwerpen geplant, für die jedoch erst im September 1835 die «Rheinische Eisenbahngesellschaft» gegründet wurde. Innerhalb weniger Tage wurde eine Mill. T. für sie gezeichnet. Als ihr aktiver Promotor Hansemann entdeckte, daß die Strecke an seinem Geschäftssitz Aachen vorbeigeführt werden sollte, gründete er aus Protest im März 1836 seine eigene Aachener Gesellschaft, die vor Ablauf einer Woche für 850000 T. Aktien einbrachte. Seither stieg Hansemann zeitweilig zum führenden rheinischen Eisenbahnunternehmer auf, der 1841 auch die bereits 1833 von Harkort geforderte Köln–Mindener Linie – also den Beginn einer preußischen West-Ost-Verbindung! – durchsetzte. Ebenfalls Anfang 1836 wurde die Strecke von Magdeburg nach Leipzig genehmigt; statt der erforderlichen 2,3 Mill. T. Gründungskapital wurden innerhalb von zwei Tagen 5,2 Mill. T. gezeichnet. Für die Linie von Frankfurt an der Oder nach Breslau dauerte es 1837 nur einen Tag, bis 7 Mill. T. aufgebracht waren. Diese und andere Beispiele einer verblüffend schnellen Mobilisierung von gewaltigen Geldfonds, die Konzentration von Kapital und ökonomischer Macht, die Konkurrenz für Staatsschuldscheine und Pfandbriefe, Post und Straßenverkehr erzeugten einen Handlungsdruck, dem die Berliner Regierung mit dem Eisenbahngesetz vom 24. November 1838 mit der vertrauten Mischung von Smithianismus und Etatismus entsprach.[10]

Trotz der verbohrten Opposition des Generalpostmeisters Nagler, der aus Ressortegoismus «möglichst wenig Konflikte für die Post» wünschte und mit den Traditionalisten im Staatsministerium die Entscheidung «auf Jahre hinausgezögert» hatte, gab das Eisenbahngesetz nicht nur den Privatbau auf der Grundlage einer staatlichen Konzession und im Rahmen einer gewissen öffentlichen Aufsicht frei, sondern gewährte den Gesellschaften nach der Überprüfung, ob durch eine Strecke das «Gemeinwohl» gefördert werde, das Bodenexpropriationsrecht. Die Frage eines Staatsbahnsystems wurde noch nicht verbindlich entschieden, wohl aber die Möglichkeit einer künftigen Verstaatlichung offengehalten. Das Gesetz sollte weder als «eines der letzten denkwürdigen Werke des alten Beamtenstaats» idealisiert noch als Exzeß bürokratischer Gängelung in Grund und Boden kritisiert werden. Zuerst einmal schuf es nach längerer Unklarheit eine sichere Rechtsgrundlage. Der Bevormundungshabitus der Verwaltung löste Irritation aus, vermochte aber das freie Unternehmertum nicht ernsthaft zu hemmen. Vielmehr setzte sich die staatliche Mitwirkung in eine «Art Vertrauensgarantie» um. Aufs Ganze gesehen erwies sich das Gesetz, durch Verordnungen jeweils elastisch ergänzt, als so brauchbar, daß es in das Reichseisenbahngesetz von 1878 umgewandelt werden konnte.

Dank der Rechtssicherheit und der nunmehr energisch ausgeführten Baupläne wuchs die preußische Streckenlänge von Ende 1838 = 34 km bis

1842 auf insgesamt 588 km – immerhin zwei Drittel aller Linien im Deutschen Bund (922 km) – relativ zügig, aber noch nicht rapide an. Auch der Handel mit Eisenbahnaktien an der Berliner Börse blieb ziemlich ruhig, zumal bei den Neubauten nirgendwo Kapitalmangel auftrat. Inzwischen war es jedoch sowohl dem neuen Verkehrsmittel selber als auch den aktiven Promotoren des Eisenbahnbaus gelungen, in der Öffentlichkeit und in politischen Gremien eine zunehmende Resonanz auszulösen, wobei das staatliche Engagement außerhalb Preußens oft als vorbildlich stilisiert, die begehrte Kostenexternalisierung wohlweislich heruntergespielt wurde. Preußen dürfe, postulierte 1842 der agile v. Bülow-Cummerow mit dem Blick auf den westlichen Entwicklungsvorsprung, in dem modernen «Industrie-Krieg» in Europa «nicht zurückbleiben»; der Staat selber könne gerade jetzt nicht «alle Vorteile aufgeben, die ein Netz von Eisenbahnen für das Land» bringen werde. Da Bülows Kritik – hierin symptomatisch für zahlreiche andere Stimmen – den nervus rerum zu Recht in der hartnäckig umgangenen verfassungsrechtlichen Pflicht zur Bewilligung neuer Staatsschulden durch ein noch immer nicht existierendes gesamtstaatliches Parlament lokalisierte, mündeten seine Forderungen, ganz so wie die der liberalen Protagonisten des Eisenbahnbaus, in den Appell ein, die Verfassungsversprechen endlich auszuführen. Das antikonstitutionelle System Preußens stand einer kraftvollen ökonomischen Expansion des Staates im Wege, während der Konkurrenzkampf im Staatensystem – so die politische Pointe – die fördernde Intervention des Staats, damit aber auch Konstitution und «Reichstag» dringender als zuvor verlangte.

In dieser Situation reagierte die Berliner Politik, entgegen der sorgfältig gepflegten Legende von der Geschlossenheit straffer monarchischer Staatsleitung, durchaus widersprüchlich. Die von Friedrich Wilhelm IV. aus den neuständischen Landtagen einberufenen «Vereinigten Ausschüsse» beschlossen im Herbst 1842 in Kollaboration mit Regierungsvertretern, daß der Staat, um die Investitionsneigung gegenüber Konjunkturschwankungen unempfindlicher zu machen, den Eisenbahngesellschaften eine Mindestverzinsung ihres Kapitals in Höhe von 3,5 % garantieren, gegebenenfalls einen Kapitalvorschuß oder eine Beteiligung bis zu einem Viertel des Kapitals sowie die Befreiung von der Grund- und Gewerbesteuer gewähren solle. Zinsgarantie und Steuerbefreiung wurden sofort in rechtskräftige Kabinettsordres übersetzt, die sich indirekt ermutigend auswirkten. Unterstützt wurde die aufkommende Hausse-Stimmung durch Erfolgsmeldungen über die Eröffnung neuer Bahnverbindungen: Leipzig–Magdeburg, Berlin–Anhalt, Dresden–Leipzig; neue Aktien für die Strecken Düsseldorf–Elberfeld, Köln–Aachen, Berlin–Frankfurt an der Oder wurden ausgegeben. Bis zu dieser Zeit war der Zinsfuß der landschaftlichen Pfandbriefe von 1836 = 4 % auf 3,5 % gesunken. Obendrein erfolgte jetzt noch eine Konvertierung der preußischen Staatsschuldscheine, die seit 1842 statt 4 nur mehr 3,5 % Zins einbrachten. Daß sich bei den beiden bisher begehrten Anlagepapieren der Renditenrückgang überschnitt, während die Durchschnittsdividende der preußischen Eisenbahnen nicht nur weit darüber lag (1840 = 5,1, 1841 = 5,6, 1842 = 5%), sondern sich dem doppelten Gewinn zu nähern schien (1843 = 6,2%), bestimmte viele enttäuschte Investoren dazu, ihre Pfandbriefe und Obligationen zu verkaufen, um ihr disponibles Kapital in Eisenbahnaktien anzulegen. Als z.B. im November 1843 die Schlesisch-Sächsische Bahn, die 6 Mill. T. suchte, die Zeichnung eröffnete, wurde sofort mehr als das Neunfache (56 Mill. T.) aufgebracht. Zu alledem wurden auch noch im Dezember 1843 Aktien in Preußen als mündel- und depositensicher erklärt, wodurch ihre Attraktivität noch einmal aufgewertet wurde. Jetzt brach die Spekulationswelle vollends los: An der Berliner Börse, die seither zum unbestrittenen «Hauptmarkt für Eisenbahnwerte» aufstieg, waren 1842 erst sechs Papiere notiert worden, 1844 enthielt der Kurszettel dann 29 (1846 bereits 50). Die Notierungen schossen hoch: für die Berlin-Anhalter auf 153, die Berlin-Potsdamer auf 170, die Magdeburg-Leipziger Bahn auf 192%. Selbst Camphausen notierte Anfang 1844: «Das Eisenbahnfieber ist stärker als jemals, es grenzt an Wahnsinn.» Rother grollte gegen «die zur Epidemie gewordene Spekulationswut, unterstützt durch die Operation leichtsinniger Bankiers und Geldwechsler», welche die Industrie und den Hypothekenmarkt, die beide das Geld nötiger hätten, schädigten. Und der hochkonservative Markus Niebuhr giftete gegen den «gegenwärtigen Paroxysmus» der Eisenbahnhausse.

Keine Frage, die Aktien des neuen Kommunikationsmittels dominierten die Börse und die Phantasie der Kapitalbesitzer. Investitionen ließen sich in ungeahnter Schnelligkeit mobilisieren. Als die Köln-Krefelder Bahn im April 2,4 Mill. T. benötigte, wurden sofort 53 Mill. T. gezeichnet; als die Thüringische Bahn gleichzeitig Aktien für 16 Mill. T. auflegte, erreichte die Nachfrage im Nu sogar 167 Mill. T. Dieser von der Spekulationsstimmung beflügelte Sog des Eisenbahnaktienmarkts zog, wie es konservative Politiker und Finanziers längst befürchtet hatten, die Staatsschuldscheine und Pfandbriefe weiter in Mitleidenschaft. Erstmals seit 1834 fielen die frisch konvertierten Staatspapiere unter 100, und der Kursverfall fast aller Pfandbriefe hielt sogar noch weiter an, bis sie 1848 bei 82, 72, ja 65% notierten! Noch im April 1844 warnte daher Finanzminister v. Bodelschwingh öffentlich vor den vermeintlichen Schäden des Kapitalabflusses, neue Baugenehmigungen seien in den nächsten Jahren nicht zu erwarten, allenfalls im Ausnahmefall des «allgemeinen Interesses» möglich.

Da bis zu diesem Zeitpunkt für 56 neue Projekte die Konzessionsanträge liefen, wurden Spekulation und Aktienemission nur weiter angeheizt. Auf Drängen des konservativen Establishments innerhalb und außerhalb der Regierung – insbesondere auch Rothers, Savignys und Eichhorns, welche die Staatspapiere und den ritterschaftlichen Kredit zu stützen forderten –, intervenierte die bereits (in Bd. I) diskutierte Börsenverordnung vom 25. April 1844 wie eine antikapitalistische Strafexpedition. Die Zeichnung von Eisenbahnaktien wurde von einer Ausnahmegenehmigung des Finanzministeriums abhängig gemacht, alle Zeitgeschäfte in preußischen Aktien und schlichtweg alle Geschäfte mit ausländischen Aktien wurden verboten, den vereidigten Maklern und spekulierenden Beamten hohe disziplinarische Strafen angekündigt. Der gewünschte Effekt trat in der Tat ein: Die Spekulation brach zusammen. Berlin erlebte seine erste moderne Börsenpanik. Da im Herbst 1844 der Zins für Diskont- und Lombardgeschäfte erhöht und im Frühjahr 1845 im Zusammenhang mit der Zulassung von AG die Ausgabe von Inhaberaktien strikt eingeschränkt wurde, stagnierte das Börsengeschäft bis zur Erholung nach der Revolution.

Trotz der dramatischen Kurswertverluste und der empfindlichen Störung eines ingeniösen Mechanismus zur Kapitalbeschaffung wäre es ganz irreführend, daraus voreilig auf eine gravierende Hemmung des preußischen – geschweige denn des außerpreußischen, weithin staatlich finanzierten – Eisenbahnbaus zu schließen. Hatte 1842 vor der Hausse das preußische Eisenbahnkapital erst 28,6 Mill. T. betragen, schnellte es trotz des staatlichen Störmanövers bis Ende 1845 auf mehr als das Dreifache: auf 94,4 Mill. T. hoch und nahm bis 1848 noch einmal um mehr als die Hälfte auf 157,6 Mill. T. zu, die sich auf 26 Gesellschaften verteilten. Innerhalb der letzten zehn Jahre war es um 150 Mill. T. angewachsen, damit übertraf es das gesamte in Pfandbriefen angelegte Kapital von 1848 = 103 Mill. T. um 50%. Allein in den knapp vier Jahren zwischen Börsenkrach und Revolutionsausbruch absorbierte der preußische Eisenbahnbau eine Summe von durchschnittlich einem Drittel des gesamten Staatseinkommens. Dieser Investitionsboom trat natürlich mit einer gewissen Zeitverzögerung auch in der Länge des Streckennetzes zutage: 1845 wurden mit 1 106 km bereits die französischen Linien übertroffen; allein in den folgenden drei Jahren kamen noch einmal 1 612 km (1848 = 2718 km) hinzu! Bereits 1846 schlossen sich alle preußischen Eisenbahndirektionen zum koordinierenden «Verband preußischer Eisenbahnverwaltungen» zusammen, der im Januar 1848 für alle Streckenfahrpläne die Umstellung auf die Berliner Normalzeit durchsetzte.

Während dieser entscheidenden Expansionsphase übernahm der preußische Staat bis 1850 nur für 6,7 Mill. T. Aktien, legte 5,6 Mill. T. in Staatsbahnen an und brachte rund 9% des gesamten Baukapitals auf; bis zum selben Zeitpunkt sprach er für 31,7 Mill. T. eine Zinsgarantie von 3,5% aus – insgesamt eine recht bescheidene Hilfe, deren symbolischer Wert den materiellen bei weitem übertraf (und selbst diese Zahlen verzerren die Realität der staatlichen Abstinenz bis 1848, da sie die seit der Verfassung von 1848 mögliche und etwas verstärkte Unterstützung miteinbeziehen). Insgesamt hat die Staatsleitung, vor allem bis 1849, durchaus eher hemmend gewirkt (1838, 1844!), als den fördernden Initiator gespielt, wie es die borussische Verklärung bis heute weismachen will. Die Profitabilität des Bahnbaus erwies sich als so hoch, daß Staatshilfe, hypothetisch argumentiert, vermutlich überhaupt «nicht nötig gewesen wäre». Das Werk der preußischen Eisenbahngesellschaften bis 1848 verkörperte daher mehr als alles andere die imponierende Leistungsfähigkeit des neuen privatwirtschaftlichen Industriekapitalismus.

Außerhalb Preußens spielte, insbesondere in den finanzpolitisch handlungsfähigeren Verfassungsstaaten, die Staatsbeteiligung eine ungleich größere Rolle. Von den bis 1850 fertiggestellten 5875 km lagen außerhalb Preußens (2967 km) weitere 2908 km; davon befanden sich 1986 km im Staatsbesitz. Das Baukapital aller außerpreußischen Eisenbahnen betrug bis dahin 187 Mill. T., von denen jedoch die Staaten 137,15 Mill. T., d. h. rund 73 %, aufgebracht hatten. Allein 104,91 Mill. T. (56 %) waren über Eisenbahnanleihen beschafft worden, während Preußen bis zur oktroyierten Verfassung mit Staatsanleihen warten mußte. Der entscheidende Anstoß ging aber auch außerhalb Preußens von freien Unternehmern aus, denen freilich mit öffentlich beschafften Anleihen, die gut das Doppelte der direkten Privatinvestitionen betrugen, ungleich kräftiger unter die Arme gegriffen wurde.

Mit unterschiedlichen Methoden sind jedenfalls bis zur Jahrhundertmitte vier verkehrsgeographische Bahnzentren geschaffen worden: ein nord- und mitteldeutsches Zentrum (Leipzig–Berlin–Hannover–Hamburg); ein mittelrheinisches um Köln, ein südwestdeutsches (Frankfurt–Mannheim) und ein bayerisches (München–Nürnberg). Nur mehr drei kleine Lücken trennten diese vier Systeme voneinander. Deutlich treten auf einer zeitgenössischen Eisenbahnkarte die miteinander verbundenen Staaten des Zollvereins hervor – schärfer noch, wenn man die projektierten oder bereits in Angriff genommenen Linien miteinbezieht. Verkehrsökonomisch zeichnete sich seither die stetig zunehmende Durchsetzungsfähigkeit kleindeutscher Politik ab.[11]

Frühzeitig haben Unternehmer und Publizisten, die dem modernen Wachstum aufgeschlossen gegenüberstanden, das revolutionierende Potential der Eisenbahnen als eines «Kommunikationsmittels» erkannt, das – wie bereits 1835 das Kölner «Organ für Handel und Gewerbe» triumphierte – «mit Recht als einer der größten Hebel für die Beförderung» des wirtschaftlichen Wohlstands betrachtet werden müsse. In nuce trafen zwei Welten aufeinander, als Friedrich Wilhelm III. 1838 bei der Eröffnung der Strecke zwischen Berlin und Potsdam murrte: «Alles soll Karriere gehen, die Ruhe und Gemütlichkeit leidet aber darunter. Kann mir keine große Seligkeit davon versprechen, ein paar Stunden früher in Berlin und Potsdam zu sein», während der Kronprinz erkannte: «Diesen Karren, der durch die Welt rollt, hält kein Menschenarm mehr auf.»

Zahlreich sind seither die Zeugnisse dafür, wie mit dem «Wunderbau der Eisenbahnen» eine neue Ära eröffnet wurde, eine Beschleunigung der

Zeiterfahrungen sich einstellte. Keiner jedoch hat es enthusiastischer und treffender ausgedrückt als Heinrich Heine. «Wir merken», drückte er 1843 ein zeitgenössisches Grundgefühl aus, «wie unsere ganze Existenz in neue Gleise fortgerissen... wird, daß neue Verhältnisse, Freuden und Drangsale uns erwarten, und das Unbekannte übt seinen schauerlichen Reiz, verlokkend und zugleich beängstigend. So muß unseren Vätern zumute gewesen sein, als Amerika entdeckt wurde, als sich die Erfindung des Pulvers durch die ersten Schüsse ankündigte, als die Buchdruckerei die ersten Aushängebogen des göttlichen Wortes in die Welt schickte. Die Eisenbahnen sind wieder ein solches bestimmendes Ereignis, das der Menschheit einen neuen Schwung gibt... es beginnt ein neuer Abschnitt in der Weltgeschichte... Durch die Eisenbahn wird der Raum getötet, und es bleibt uns nur noch die Zeit übrig.»[12]

Zurück aus der Welt der intuitiven Einsicht des Poeten in die abstrakte Begrifflichkeit der Führungssektorenanalyse! Der Eisenbahnbau löste die entscheidenden Rückwärtskoppelungseffekte in den Sektoren aus, die für ihn den Input bereitstellten: Er forderte Eisen und Stahl für Schienen und Ausrüstung an; er regte unmittelbar oder mittelfristig den Steinkohlenbergbau zu erhöhten Leistungen an; er gab durch die Nachfrage nach Lokomotiven und Waggons, Dampfmaschinen für den Bergbau, damit aber überhaupt nach Werkzeug- und Kraftmaschinen dem Maschinenbau einen mächtigen Auftrieb. Die Eisenbahn induzierte und dominierte mithin auf lange Sicht das gesamte Wachstum des schwerindustriellen Komplexes und des Maschinenbaus samt den typischen zyklischen Konjunkturschwankungen dieser Sektoren.

Zu Beginn des Eisenbahnbaus unterschied sich, wie vorn bereits betont, die deutsche Eisenindustrie noch immer «nur unwesentlich» von der des späten Mittelalters. 80% des Stabeisens im Zollverein wurden nach uralten Methoden mit Holzkohle hergestellt; bei der Roheisenproduktion traf das sogar auf 95% zu, 1835 wurden nur 4,5% mit Hilfe von Kokshochöfen erzeugt; in der führenden preußischen Metallurgie lautete das Verhältnis 1837 mit 90:10% etwas besser, da die einzigen sieben deutschen Kokshochöfen in Oberschlesien lagen. In diese altertümlichen Verhältnisse fuhr die plötzliche und alsbald riesig anschwellende Nachfrage des Eisenbahnbaus hinein. Allein der Koksroheisenbedarf an Schienen, der seit 1837 für die Linie zwischen Leipzig und Dresden (115 km) entstand, betrug 5650 To. – das waren damals mehr als 90% der gesamten preußischen Koksroheisenproduktion eines Jahres. Keine deutsche Fabrik war zur Lieferung von so viel Material imstande, geschweige denn fähig, daraus gut gewalzte Eisenbahnschienen herzustellen. Das starke Streckenwachstum seit 1842 löste dann einen fulminanten Nachfrageboom nach Schienen, Stabeisen, Roheisen und rollendem Material aus. Nach einer relativ kurzlebigen Vorherrschaft ausländischer Importe setzte er sich in einen «gewaltigen Stimulus» für die deutsche Produktion um. Die 40er Jahre sind eine hochinteressante Übergangszeit.

Der Bedarf der Eisenbahnen richtete sich in erster Linie auf hochwertiges modernes Kokseisen, aus dem die Schienen gewalzt wurden, in zweiter Linie auf Roheisen gleich welcher Herkunft. Da die deutschen Betriebe zunächst lieferunfähig waren, wurde der größte Anteil der Eisenbahnnachfrage zwischen 1835 und 1844 durch Importe gedeckt, von denen sich England den Löwenanteil sicherte. Von 1837 bis 1844 verzehnfachte sich die Einfuhr von Eisen und Eisenprodukten in den Zollverein. Von 1840 bis 1844 kletterte dort der Import von Schienen, Stabeisen und Kokseisen von 1840 = 437100 Ztr. über 554100, 933600 und 984000 Ztr. auf 1844 = 1,518 Mill. Ztr. hoch. In diesem Jahr stammten 90% aller preußischen Schienen aus England, und es lieferte allein 1843 noch einmal 860000 Ztr. Schienen von 905500 Ztr. Schienenbedarf; das stellte ein Drittel des gesamten englischen Stabeisenexports dar. In derselben Zeitspanne stieg der Roheisenimport von 1840 = 735200 Ztr. über 986400, 1,2 und 2,7 auf 1844 =1,4 Mill. Ztr.; das waren durchschnittlich 50% aller englischen Roheisenexporte.

Die deutsche Importabhängigkeit wird um so deutlicher, wenn man sich zweierlei vergegenwärtigt: Einmal wuchs im Zollverein aus den verschiedensten Gründen der Roheisenbedarf in jenen Jahren ständig an, während die eigene Produktion noch weit von einer Bedarfsdeckung entfernt blieb, so daß sich die Schere zwischen den beiden Größen ständig weiter öffnete: 1840 = 4,6:3,5, 1841 = 4,9:3,4, 1842 = 5,7:3,4, 1843 = 7,4:3,5 und 1844 = 6,8:3,4 Mill. Ztr. Aufgrund einer eher konservativen Berechnung, deren Ergebnis um 15% zu niedrig liegen könnte, sollen allein die Eisenbahnneubauten von 1840 bis 1844 22,5% (eventuell 37%) der gesamten inländischen Roheisenerzeugung verbraucht haben!

Die handelspolitisch wie wachstumsstrategisch kluge Antwort auf diese evidente Einfuhrabhängigkeit und Produktionsschwäche bildeten die Zollvereinszölle vom September 1844. Sie verteuerten Schienen und Stabeisen um 52 bis 68%. Das bedeutete sowohl einen unmittelbar spürbaren Schutz vor überlegenen ausländischen Fertigwaren als auch einen «Erziehungszoll» zur Förderung der einheimischen Produktions- und Verarbeitungsindustrie. Für sie blieb die Einfuhr von Koksroheisen leicht möglich; das altertümliche Holzkohleneisen wurde also, um den Übergang zur modernen Technologie zu unterstützen, vor diesem Rivalen nicht geschützt. Die Grenzzölle griffen sofort in den Außenhandel wirksam ein, wie die Einfuhrstatistik unmißverständlich verrät. Der Schienen- und Stabeisenimport fiel von seinem Höchststand im Jahr 1844 = 1,5 Mill. Ztr. auf 1845 = 982600, 1846 = 1 Mill., 1847 = 1 Mill., 1848 = 639000 Ztr., 1849 = 162000 und 1850 = 197000 Ztr. hinunter. Stärker fluktuierte die Roheiseneinfuhr, die 1845 auf 427400 Ztr. fiel, aber 1846 = 1,6, 1847 = 2,3, 1848 = 1,4, 1849 = 829800 und 1850 =2,2 Mill. Ztr. erreichte. Die manchmal noch hohen Ziffern spiegeln die erst allmählich abnehmende Schwierigkeit wider, den weiterhin rasch steigenden Roheisenbedarf des Zollvereins überwiegend aus eigener Produktion zu decken. Die Verhältniszahlen enthüllen zwar die Annäherungstendenz: 1845 = 5,4:3,7, 1846 = 6,7:4,0, 1847 = 8,3:4,6 (in diesem Jahr hatte sich die Nachfrage seit 1839 mehr als verdoppelt, die Produktion nur – bzw. schon – um 35 % erhöht), 1848 = 6,5:4,3, 1849 = 4,8:4 und 1850 = 6,6:4,2. Die jährlichen Lücken ließen sich jedoch ohne den Import nicht schließen. Ihn erzwang vor allem wiederum der Eisenbahnbau, der von 1845 bis 1849 mindestens 54,2 % (evtl. 69 %!) der deutschen Roheisenerzeugung für seine Neubauten verbraucht haben soll und damit den absoluten Höhepunkt im 19. Jahrhundert erreichte. Da der Roheisenkonsum seit langem als provisorisches Indiz für «industriellen Fortschritt» benutzt wird, unterstützt auch diese Entwicklung in der zweiten Hälfte der 40er Jahre noch einmal die Plausibilität der These, die deutsche Industrielle Revolution sei von 1845 ab zu datieren.

Wo die lukrativsten Geschäfte winkten, vollzog sich auch am schnellsten die Adoption der modernen englischen Technologie, wie überhaupt noch einmal betont werden muß, daß der Konkurrenzkampf sowie der relativ leicht mögliche Transfer von Innovationen die deutsche industrielle Modernisierung keineswegs schädigten, sondern nachhaltig förderten, während die geschickt dosierte Zollpolitik seit 1844 im richtigen Augenblick der Schwerindustrie eine wertvolle Starthilfe gab.

Im zentralen Bereich der Schienenherstellung z. B. lassen sich drei typische Entwicklungsstufen klar erkennen. Zuerst mußte hochwertiges Puddelstabeisen importiert und bearbeitet werden. Wegen der schlagenden Beweise für die Vorzüge des Puddelverfahrens, das gut die zehnfache Leistung im Vergleich mit dem Frischen, also in drei Monaten dieselbe Stahlmenge wie vorher in drei Jahren herzustellen ermöglichte, wurden deutsche Puddelwerke, vor allem seit der Mitte der 40er Jahre, gegründet, die zuerst Holzkohleneisen, dann importiertes und schließlich seit den 50er Jahren bald ausschließlich eigenes Koksroheisen verarbeiteten.

Dank dieser Verbindung von Technologieimitation und Zollhilfe, Zwischenproduktimport und Aufbau eigener Puddelanlagen, Walzwerke und Koksschmelzöfen wuchs die Konkurrenzfähigkeit der deutschen Unternehmen so schnell an, daß seit 1847/48 die Nachfrage des Eisenbahnbaus nach Schienen und Eisen aller Art durch die inländische Produktion überwiegend, seit Beginn der 50er Jahre voll gedeckt werden konnte. Innerhalb von sechs Jahren verdoppelte sich z. B. die preußische Stabeisenerzeugung von 1841 = 1,5 auf 1847 = 3,1 Mill. Ztr. Waren die in Preußen verlegten Schienen 1843 noch zu 88 % englischer, aber nur zu 10 % deutscher Herkunft gewesen, veränderte sich daher das Verhältnis bis 1851 auf 66:31 und bis 1853 auf 51:48 %.

Die rasante Dynamik des preußischen Eisenbahnbaus und das Ausmaß seiner Rückwärtskoppelungseffekte werden noch einmal durch die exzeptionelle Stellung unterstrichen, die Preußen bis 1850 in der Eisenverarbeitungsindustrie des Zollvereins gewonnen hatte. Seine Industriebetriebe erzeugten: 100% des Gußstahls, 89% des Rohstahls, 74 bis 77% des Stabeisens, 81% der Roheisengußwaren, 91% des Drahts und 76% des Blechs; es besaß 90% aller Puddelöfen und 29 der 37 Kokshochöfen. Allgemein aber gilt, daß im Vergleich mit den USA und Großbritannien der Eisenbahnbau ungleich «bedeutendere Rückwärtskoppelungseffekte auf die Entwicklung der deutschen Eisenindustrie» in all ihren Varianten ausübte. Durch die Induzierung hoher Investitionen wurden sogar bald Überkapazitäten geschaffen, die einen beträchtlichen Export ermöglichten, später freilich auch den zyklischen Abschwung mit auslösten.[13]

Weniger dramatisch, aber auf längere Sicht nicht minder folgenreich übten die Rückwärtskoppelungseffekte ihren Einfluß auf den Kohlenbergbau aus. Zum ersten wirkte die Nachfrage der Eisenindustrie stimulierend auf den Abbau in den Kohlenrevieren ein. Deshalb wurden jetzt große Bergwerksgesellschaften gegründet, die Senkrechtschächte durch die Mergelschicht nach unten trieben, starke Dampfmaschinen für das Abpumpen verwendeten und riesige Flöze mit Fettkohle, die für Koks besonders geeignet war, erschlossen. Zum zweiten stieg der Absatz von Kohle als Heizmaterial außerhalb der Reviere, da die Eisenbahnen durch sinkende Transportkosten erstmals den Wettbewerb mit der bisher dominierenden billigen englischen Kohle ermöglichten; dieser Vorgang gehört jedoch, strenggenommen, zu den unten zu erörternden Vorwärtskoppelungseffekten. Die beschleunigte Kohlenförderung seit rund 1840 hing mithin direkt vom Eisenbahnbau selber, vom Verbrauch der Lokomotiven und schließlich von den ökonomischen Folgen der Transportverbesserung ab.

Im industriereichen Preußen hatte die Steinkohlenproduktion 1827 = 1,5, 1836 erstmals 2 Mill. To. erreicht; im OBAB Dortmund, dem Kern des entstehenden Ruhrreviers, wurde 1837 die Eine-Million-Marke überschritten. Wie in dem Jahrzehnt nach 1840 die Entwicklung in Preußen, im Ruhrgebiet und an der Saar verlief – wobei die charakteristische Steigerung der Wachstumsraten zwischen 1844 und 1847 wiederum hervortritt –, zeigt die folgende Zusammenstellung der wichtigsten Daten (Übersicht 44, S. 627!).

Während der Kohlenabbau in Preußen von 1840 bis 1850 um 60% zunahm – was ziemlich genau dem Anstieg im Deutschen Bund von 3,2 auf 5,2 Mill. To. entsprach –, wuchs er im OBA Dortmund, wo 38 bis 44% der preußischen Kohle bereits gefördert wurden, um 80%; das verweist auf die lebhafte industrielle Entwicklung im Ruhrgebiet in den 40er Jahren. In den zwölf Jahren bis 1852 haben sich diese beiden Produktionsresultate genau verdoppelt: auf 5,67 bzw. 2,35 Mill. To. Im OBAB Dortmund hatte sich die Belegschaft von 1830 bis 1840 auf 222 Zechen um 100% vermehrt, stieg aber

Übersicht 44: Die Steinkohlenproduktion in Preußen 1840–1850/Mill. To.

	Preußen	OBAB Dortmund	Beleg-schaft OBAB	Saarrevier
1840	2,82	1,12	8945	0.408
1841	3,07	1,31	9215	0.470
1842	3,29	1,36	9434	0.552
1843	3,13	1,30	9442	0.457
1844	3,43	1,44	10058	0.526
1845	4,03	1,52	10472	0.672
1846	3,82	1,61	10852	0.627
1847	4,22	1,73	11888	0.618
1848	3,87	1,16	11473	0.483
1849	4,01	1,66	12084	0.537
1850	4,56	1,99	12741	0.636

dann bis 1850 auf 198 Zechen nur mehr um knapp 50% an. Das hing wesentlich mit dem verbesserten Maschineneinsatz zusammen. Deshalb kletterte dort auch die Arbeitsproduktivität (gemessen als jährliche Produktionsleistung eines Belegschaftsmitglieds in To.) von 1840 = 133 auf 1850 = 157. 1842 wurde mit der «Bergisch-Märkischen» der Bau der ersten Eisenbahnlinie, zunächst an der Peripherie des Ruhrreviers von Köln nach Duisburg, begonnen; 1847 folgte die wichtige «Köln-Mindener», und innerhalb der nächsten acht Jahre wurden die Grundzüge des heutigen Streckennetzes geschaffen. Der Bahnbau und die Expansion der kapitalstarken Kohlebergbau-AG seit 1848/50 trieben sich wechselseitig voran. 1850 verbrauchten allein die 15 Kokshochöfen, die primär Eisenbahnmaterial erzeugten, 138000 To., d.h. 7% der Förderung. Anfang der 50er Jahre erreichte die Ruhrkohle in Magdeburg den größten Binnenhafen und Stapelplatz des Zollvereins.

Derselbe Zusammenhang zwischen Eisenbahnbau und Anstieg der Kohleförderung läßt sich in den 40er Jahren in Oberschlesien beobachten, wo aufgrund des ersten Eisenbahnbooms zwischen 1842 und 1847 der Steinkohlenabbau so angeregt wurde, daß er 1850 = 975400 To. aus 71 Zechen erreichte. Er übertraf damit um gut 50% die Leistung des dritten preußischen Kohlenreviers an der Saar, die von 1840 = 408000 bis 1850 = 636000 To., dem Gesamttrend im Zollverein und Preußen entsprechend, um rund 60% wuchs.[14]

Das dritte Bündel von Rückwärtskoppelungseffekten des Eisenbahnbaus äußerte sich in der zunächst unersättlich wirkenden Nachfrage nach Lokomotiven, Personen- und Güterwaggons – letztlich nach den vielfältigen Produkten des Maschinenbaus überhaupt. Die ersten Lokomotiven wurden durchweg aus England, einige aus Belgien und den USA eingeführt. Es bleibt ein erstaunliches Phänomen, in wie kurzer Zeit deutsche Unternehmen diese relativ komplizierten Schleppmaschinen funktionsgerecht nachbauen konnten, so daß sie nach einem runden Dutzend Jahre den zunächst erdrückenden Import vollständig substituierten. Vor Beginn der eigentlichen Hochkonjunktur liefen auf den Strecken im Zollverein 178 Lokomotiven (1843, allein in Preußen 121), von denen 89% (158, davon 112 englische) aus dem westlichen Ausland, aber nur 20 aus deutschen Werkstätten stammten. Bis 1850 war die Lokomotivenzahl im Zollverein auf 1083 (in Preußen auf 528) gestiegen, von denen bereits 679, also rund zwei Drittel, deutsche Fabrikate waren.

Daß die Aufholjagd so schnell zu so eindrucksvollen Ergebnissen führte, beruhte auf der Leistungsfähigkeit weniger junger Maschinenbauanstalten, an deren Spitze sich unbestritten die 1836 gegründete Berliner Fabrik von August Borsig schob. Dort wurde 1841 die erste Lokomotive gebaut; innerhalb von nur fünf Jahren, bis 1846, verließen 100 zum Preis von je 14000 T. das Werk; bis 1850 waren es 334; 1854 entstand die 500ste und schon 1858 die 1000ste Lokomotive. In anderthalb Jahrzehnten baute Borsig mit seinen 1100 Facharbeitern das drittgrößte Lokomotivenunternehmen der Welt auf, das dicht hinter den führenden englischen Firmen Stephenson und Sharp rangierte. Borsig galt seither als Paradebeispiel für die Qualität der Absolventen von Beuths Gewerbe-Institut. Aber auch andere Maschinenbaubetriebe erreichten bis zur Jahrhundertmitte ebenfalls schon einen bemerkenswerten «Output»: Die Kesslersche Maschinenfabrik in Karlsruhe baute 156, Maffei in München 53, die Esslinger Maschinenfabrik 30, Hartmann in Chemnitz 26 Lokomotiven. Die Besiegelung ihres Erfolgs: Seit 1854 wurden keine Lokomotiven mehr aus dem Ausland importiert.

Die Lokomotiven der späten 40er Jahre mit ihren rund 157 PS verkörperten eine technische Spitzenleistung. Der handwerklich weniger anspruchsvolle Wagenbau erreichte noch früher sein Ziel, eine marktbeherrschende Position zu gewinnen. Schon 1837/39 hatte die Leipziger Wagenbauanstalt für die Strecke nach Dresden 171 Personen- und Güterwagen liefern können. Schmiede und ehemalige Kutschenbauer zeigten sich dieser Aufgabe durchaus gewachsen. Bis 1846 wurden für die deutschen Eisenbahnen 1679 Personen- und 3540 Güterwagen gebaut, bis 1850 waren es bereits 3104 Personen- und 13920 Güterwagen. Diese rund 17000 Waggons stammten nahezu ausschließlich aus deutschen Fabriken, da seit der Mitte der 40er Jahre keine Wagen mehr eingeführt zu werden brauchten. An der Spitze der Herstellungsbetriebe hatte sich die Leipziger Wagenbauanstalt gehalten; an zweiter Stelle lag die Firma Pauwels in Aachen.

Der alte Maschinenbau, dessen Hauptentwicklungsphase in das Jahrzehnt zwischen 1836 und 1846 fällt, hatte sich zunächst auf Spinn-, Dampf- und Werkzeugmaschinen konzentriert. Durch den Eisenbahnbau erhielt er jedoch erst den entscheidenden Impuls, da für die Herstellung von Lokomotiven und Transportwagen sowie für die verwendeten Einzelteile in sprungartig wachsendem Maße Kraft- und Werkzeugmaschinen benötigt wurden. Zu Beginn der zweiten Expansionsperiode ergab die Gewerbezählung des Zollvereins immerhin schon in den vier führenden Ländern die folgenden Zahlen für die Maschinenbaufabriken und ihre Beschäftigten: 1. Preußen: 716/8913; 2. Sachsen: 232/2250; 3. Baden: 20/1364; 4. Bayern: 31/1128. Ein wesentlicher Unterschied zwischen den beiden Spitzenreitern bestand darin, daß in Preußen bereits durchschnittlich rund 60, in Sachsen nur rund 10 Arbeiter auf einen Betrieb entfielen. Der Eisenbahnbau hat nicht nur zu einer «quantitativen Ausweitung der Produktion» und einer «qualitativen Verbesserung des Produktionsapparats» den wichtigsten Anstoß gegeben, sondern binnen kurzem auch die «Entstehung moderner und leistungsfähiger Großbetriebe» entscheidend gefördert.[15]

Die Vorwärtskoppelungseffekte des Eisenbahnbaus begannen sich erst nach dem Ausbau eines größeren, zusammenhängenden Streckennetzes einzustellen, dann allerdings mit weitreichenden Konsequenzen. Die Gütertarife z. B. betrugen auf den deutschen Bahnen 1840 = 16,9 Pfg. je To. km, 30 Jahre später nur mehr 4,6 Pfg. je To. km; in Preußen fiel derselbe Preis sogar von 18 auf 4,4 Pfg. je To. km. Dank der kontinuierlich sinkenden Transportkosten, die bis 1850 schon den Massentransport von Gütern ermöglichten, konnte z. B. die Marktherrschaft der englischen Kohle in Nord- und Mitteldeutschland, das sie auf billigen Wasserstraßen erreichte, relativ schnell aufgebrochen werden, wobei die deutsche Kohle den Vorteil auszunutzen imstande war, daß die englische Kohle den Markt bereits für diesen Energieträger erschlossen hatte. 1840 wurde Berlin zu 100% mit englischer Kohle versorgt, 1860 waren es nur mehr 73%. Nachdem die Ruhrkohle über die West-Ost-Verbindung und von Magdeburg aus über das Fluß- und Kanalsystem vorgedrungen war, begann seit 1852 auch die oberschlesische Kohle das englische Monopol aufzulösen.

Mit der Verdichtung des Bahnnetzes, das in nur 40 Jahren nach Baubeginn seinen Endzustand erreicht hat, ging ein unaufhaltsamer Abbau von Marktdifferentialen einher. Ein relativ homogener Binnenmarkt tauchte daher mit dem Abbau der regionalen Preisgefälle zuerst im Zollverein auf. Dort wuchs auch der Handelsumsatz im ersten Jahrzehnt nach dem Beginn des Eisenbahnbaus um 24% (1836–1846), im zweiten Jahrzehnt jedoch, als sich der Boom voll ausgewirkt hatte (1846–1856), schon um 100%.

Nicht zuletzt gingen von dem Eisenbahnbau, den die Zeitgenossen als ein gigantisches Unternehmen empfanden, unabschätzbare Demonstrationseffekte aus. In den Eisenbahnen wurde das Ergebnis riesiger produktiver Kapitalbewegungen schnell sichtbar. Die Wohlfahrtseffekte des neuen Kommunikationsmittels erreichten im Nu Hunderttausende. Ungewöhnliche Organisationsleistungen hatten Entstehung und Ausbau zustande gebracht. Sie verrieten, wessen eine ebenso kühne wie exakte Planung fähig war. Vor allem wurde die institutionelle Überlegenheit der großen Aktiengesellschaften nachdrücklich unter Beweis gestellt. In vielfacher Hinsicht galten deshalb die Eisenbahnen als das Erfolgssymbol der heraufziehenden industriekapitalistischen Welt.

Schließlich verband sich mit den Eisenbahnen auch noch eine Reihe von wichtigen Begleiteffekten. Die Industriearbeiterschaft wuchs mit der Expansion dieses Führungssektors an. Ihre Disziplinierung für die industriellen Arbeitsprozesse wurde verschärft. Der Warencharakter des auf dem Arbeitsmarkt käuflichen «Humankapitals» trat noch klarer hervor. Das Wirtschaftsrecht gewann stetig neue Bereiche hinzu, da der Problemdruck die rechtliche Regulierung neuer konflikthaltiger Komplexe erzwang: ob es nun um die Aktiengesellschaften oder die Eisenbahnen selber, um den Börsenverkehr oder die Kodifizierung des Handelsrechts im Zollverein ging. Die ungewohnte Aufgabe der Finanzierung von Großprojekten wie den weitausgreifenden Eisenbahnlinien, Maschinenbaufabriken, Mammutzechen und Hochofenwerken wertete die Banken auf. Auch hier gehörte, das war seit den 40er Jahren für Sachkenner unschwer zu erkennen, die Zukunft den potenten AG-Banken. Der Fernhandel konnte seither mit bisher unbekannten Mengen, neuartigen Lieferfristen und sinkenden Transportkosten rechnen. Überhaupt veränderte sich der Zeithorizont des unternehmerischen Kalküls. Dieser Vorgang blieb nicht allein auf das Wirtschaftsleben beschränkt. Die Eisenbahnen ließen nicht nur bisher abschreckende Entfernungen zusammenschrumpfen, ließen die kleinen Partikularstaaten erst recht als Anachronismen erscheinen, sondern sie veränderten überhaupt die Zeitkategorien und Vorstellungen von der Geschwindigkeit historischer Prozesse. Insofern reichten die vermittelten Wirkungen des Eisenbahnbaus weit über die rein ökonomische Dimension hinaus.

Kehrt man noch einmal zu den Ausgangsfragen nach Beginn und Struktur der deutschen industriellen Revolution zurück, zeigt die Expansion des Eisenbahnbaus und der von ihm hochgradig abhängigen Sektoren der Eisen-, Stahl-, Montan- und Maschinenbauindustrie, wie ein derartig dynamischer Wachstumskomplex entstand, daß die gewerbliche Gesamtwirtschaft in den säkularen Prozeß der modernen ökonomischen «Entwicklung» hineingerissen wurde. Mit diesem Wachstumskern entstand seit der Mitte der 40er Jahre jener strategische Investitionsgüterbereich, der sich auch für die deutsche Industrielle Revolution als der eigentliche Motor erweisen sollte. Diese Zäsur wird durch eine Fülle konjunktursensitiver Indikatoren bestätigt; sie können hier nicht alle erörtert werden, wenige Hinweise müssen zur Illustration genügen. Die Nettoinvestitionsraten zogen in den 40er Jahren steil nach oben an, wenn sie sich auch seither noch nicht stetig auf der für den «Take-off» idealtypisch postulierten Höhe von rund 10 bis 12% des Nettosozialprodukts (statt der rund 5% in «traditionalen» Gesellschaften) hielten. Der «sprunghafte Anstieg» eines so aufschlußreichen Meßwerts wie des Zinsfußes, der nach einem längeren Tiefstand bis 1844 seinem Trend nach von 1845 bis 1873 auf hohem Plateau verharrte, bestätigt ganz so den qualitativen Sprung wie die selten herangezogene, aber außerordentlich aufschlußreiche Konkursstatistik, da Konkursfrequenzen als indirektes Indiz für die «Stärke einer Industrialisierungswelle» betrachtet werden können. Der dramatische Anstieg von Firmenzusammenbrüchen, von Insolvenzerklärungen, der Ausscheidung von Grenzbetrieben – kurz: aller Konkurszahlen in den sechs wichtigsten industrialisierenden Staaten des Bundes hielt seit 1846 an. Diese Tatsache unterstreicht ebenfalls den Beginn des deutschen «Big Push» (Hirschmann) im Jahre 1845.

Anders als in England hat die deutsche Textilerzeugung, insbesondere die Baumwollindustrie, den Primat eines Leitsektors während der industriellen Revolution nicht errungen. Sie ging zwar relativ frühzeitig zur maschinellen Fabrikproduktion über, unstreitig trug dieser Vorgang auch auf breiter Front zur Industrialisierung bei. Da sie die spezifische Motorik eines Führungssektors in den entscheidenden Jahrzehnten nicht gewann, trug sie eher undramatisch-gleichmäßig zur Verbreitung der industriewirtschaftlichen Basis bei.

Ebenfalls anders als in England, wo vielleicht tatsächlich eine «Agrarrevolution» der Industriellen Revolution vorausging und diese als eine der wichtigen Vorbedingungen mit ermöglicht haben mag, hat es in den deutschen Staaten im 19. Jahrhundert weder eine Agrarrevolution, die diesen Namen wirklich verdiente, gegeben noch überhaupt eine starke Unterstützung der Landwirtschaft für die Industrie in der Phase des «Take-off». Man kann die allgemeine Wachstumsbedeutung des Primärsektors, seine Binnenmarktnachfrage und Kaufkraft leicht überschätzen, da noch immer ein Großteil der Bevölkerung in ihm und von ihm lebte; sein strukturelles Übergewicht ist gar nicht zu bestreiten, auch sozial- und politikgeschichtlich blieb das Schwergewicht der ländlichen Welt überall nachhaltig fühlbar. Aber im streng ökonomischen Sinn ist es mehr als fraglich, ob die Landwirtschaft für die deutsche Industrielle Revolution überhaupt «eine nennenswerte konjunkturelle Anregungsfunktion» in diesen entscheidenden Jahrzehnten gewonnen hat. Vielmehr läßt sich ein «frühzeitiger konjunktureller Bedeutungsschwund» des Primärsektors nachweisen. Sowohl in den 40er Jahren, als eine schwere Agrarkrise den ersten industriellen Konjunkturaufschwung ernsthaft störte, als auch in den 50er Jahren sind von ihm eher «konjunkturdämpfende Effekte» als starke Belebungsimpulse ausgegangen. Die Nachfrage nach industriellen Fertigwaren, die Kaufkraft, die Bereitstellung von Investitionskapital hielt sich noch in sehr engen Grenzen. Andrerseits agierte die Landwirtschaft nicht ständig als gefährliche Opposition mit einer prinzipiellen Blockadepolitik. Zusammen mit der vorn (Teil 3, II, 1 a) geschilderten hohen Leistungssteigerung wirkte sich das zumindest funktional als eine indirekte Begünstigung des «Großen Spurts» aus.[16]

5. Führungsregionen der deutschen Industriellen Revolution

Mit der Herausbildung der Führungssektoren wurde die Spitzenposition der gewerblichen Führungsregionen in der Regel befestigt, manchmal bildeten sich auch mehr oder minder schnell neue Führungsregionen heraus. Daß die Frühindustrialisierung und die Industrielle Revolution in erster Linie regionale, keineswegs aber gesamtstaatliche Phänomene sind, ist vorn bereits mehrfach betont worden. Eben diese Grundtatsache des Regionalzentrismus der modernen industriellen Entwicklung wirft auch an dieser Stelle noch einmal die Frage nach dem entscheidenden Vorsprung solcher Führungsregionen auf. Idealtypisch zugespitzt lassen sich unter ihnen zwei Arten unterscheiden. Entweder handelte es sich um traditionsreiche Gewerbegebiete mit hoher Bevölkerungsdichte. Das trifft etwa auf «Frühstarter» wie die Wachstumszentren in Sachsen, im Bergischen und Märkischen, am Niederrhein und im Wuppertal zu. Oder aber es fand sich in bislang eher unauffälligen, vorherrschend agrarischen Gebieten ein so begehrtes Potential für die beschleunigte Industrialisierung wie z. B. die Kohle in Oberschlesien, im Ruhr- und Saargebiet, im Wurmrevier bei Aachen. Die Eisenindustrie, weiterverarbeitende Betriebe und Maschinenbaufabriken siedelten sich dann häufig in der Nähe der Bergwerke oder aber der neuen Verkehrsknotenpunkte an. Außerdem gab es selbstverständlich verschiedene Übergangs- und Mischformen.

Die beiden Haupttypen begünstigten auf unterschiedliche Art den industriellen Ausbau der Gewerbewirtschaft bis hin zur Industriellen Revolution. Von dieser Phase ab konnte sich jedoch auch der Vorsprung der älteren Gewerbegebiete leicht in einen Nachteil verwandeln und zumindest zeitweilig ihre Entwicklung retardieren, da dort der Verzicht auf überlieferte Verfahren und Produktionsweisen, obwohl die kostspielige Umstellung auf neue Technologien notwendig wurde, wegen der tief verwurzelten Tradition und des Erfolgspolsters besonders schwerfiel.

Führungsregionen zeichneten sich durch erfahrene Protofabrik-Unternehmer oder aber durch jene Familien von Verlegern, Fernhändlern und Handwerkern aus, aus denen die Gründer eines industriellen «Etablissements» so häufig hervorgingen. Spezifische Verfahrenskenntnisse konnten ebenso eine regionale Eigenart sein wie soziokulturelle Überlieferungen, die der neuen gewerblichen Aktivität zugute kamen. In allererster Linie handwerklich geschulte, gelegentlich auch protoindustrielle Arbeitskräfte brachten begehrte Fähigkeiten mit, kannten die Gewöhnung an die Routine bestimmter Produktionsabläufe und erleichterten den Aufbau einer Stammbelegschaft aus disziplinierten Facharbeitern. Bereits bestehende Betriebe erwiesen sich als fähig zur Umwandlung in Fabriken, Neugründungen nutzten eine gute Faktorenausstattung. Manche Regionen waren durch vertraute Energieträger wie Holz und Wasser privilegiert, andere durch

Bodenschätze wie Kohle und Erz. Daraus ergaben sich jeweils vorteilhafte Standortbedingungen für die Unternehmen. Flexible Verbindungen, ob eingespielte Geschäftsbeziehungen oder günstige Transportwege, untermauerten den Vorrang.

Wichtig blieb auch stets die eigene lokale politische Durchsetzungsfähigkeit oder der leichte Zugang zu öffentlichen Machtträgern, um die Kosten für Straßen, Kanäle, Schulen, Eisenbahnen externalisieren, aber auch um delegierte Herrschaftsrechte ausüben, Preisabsprachen treffen, Kartelle bilden zu können. Sichere Absatzmärkte bildeten eine unabdingbare Voraussetzung für das Florieren solcher Regionen; insbesondere nah und fern gelegene städtische Märkte übten eine starke Anziehungskraft aus. Ziemlich früh bildeten sich auch kleine Arbeitsmärkte, während Kapitalmärkte noch längere Zeit nicht so entscheidend waren, da für die meisten Betriebsgründungen eine relativ geringe Kapitalausstattung genügte. Erst im Verlauf der Industriellen Revolution stiegen die Ansprüche sprunghaft an, wurden jedoch aus dem Vermögen der Familienclans oder immer häufiger aus den Fonds der Banken, Sparkassen und Versicherungen oder durch Aktienausgabe befriedigt.

Im Vergleich mit weniger entwicklungsfähigen oder stagnierenden Gebieten bildeten die komparativen Kostenvorteile der Führungsregionen eine maßgebliche ökonomische Ursache für ihren Entwicklungsvorsprung. Sie vergrößerten die einmal gewonnene Distanz. Dieser Erfolg stimulierte das eigene Bevölkerungswachstum, zog aber außerdem noch Unternehmer und Arbeitskräfte aus der näheren Umgebung oder aus der Ferne an. Daher nahm die Bevölkerung in aller Regel überproportional schnell zu. Eine hinreichende Eigenversorgung erwies sich öfters wegen der begrenzten agrarwirtschaftlichen Produktivität von einem frühen Zeitpunkt ab als nicht mehr möglich, so daß der unumgängliche Agrargüterimport für den wachsenden marktabhängigen Teil der Bevölkerung mit Hilfe der Gewerbeausfuhr bezahlt werden mußte. Dieser Exportzwang löste bereits auf kurze, erst recht auf längere Sicht kapazitätserhöhende Effekte aus. Die Exportbasis trug und finanzierte die beschleunigte innerregionale Entwicklung. Da zudem die unvorhersehbaren Launen der Natur Agrarkrisen jederzeit möglich machten, erhöhte sich von der Nachfrage- und Angebotseite her der Druck noch mehr, die Industrialisierung weiter voranzutreiben. Gerade Versorgungsengpässe konnten dank der Reaktionsfähigkeit der Region zu Rationalisierung und Spezialisierung, damit zu einer ungewöhnlichen Ertragssteigerung und weiteren ökonomischen Modernisierung führen. Im allgemeinen besaßen die zyklischen Konjunkturschwankungen auch einen regionalen Ursprung – Aufschwung und Abschwung führten mit zunehmender verkehrswirtschaftlicher Integration zu einer schnelleren Diffusion.

Auch dieser Zusammenhang lenkt noch einmal auf die fundamentale Bedeutung der Marktorientierung hin, denn von der Belieferung anderer

Regional- oder sogar Weltmärkte mit qualitativ konkurrenzfähigen Produkten hing die Vergrößerung des Absatzes ab. Daß von daher gesehen Verkehrsbeziehungen und Transportkapazitäten eine zentrale Rolle spielten und zusehends an Bedeutung gewannen, leuchtet unmittelbar ein. Deshalb auch summierten sich die Erfolgsbedingungen für den Aufstieg der Eisenbahnen.

In Führungsregionen schufen primär die sich wechselseitig fördernden Eigenkräfte, aber auch marktvermittelte Wachstumsimpulse von außen die entscheidenden Fundamente für die wirtschaftliche Entwicklung. Nirgendwo wurde sie primär vom Staat ausgelöst, nirgendwo bildete der regionale Fortschritt das klüglich intendierte Ergebnis obrigkeitlicher Gewerbepolitik. Wohl aber leistete die Verwaltung auf die bekannte Weise Beistand: durch Steuer-, Zoll- und Einwanderungspolitik, durch Rechtssicherheit und Handelsverträge, manchmal sogar Gewerbefreiheit, durch Ausbau des öffentlichen Bildungs- und Verkehrswesens. Sobald eigendynamisches Wirtschaftswachstum erst einmal in Gang gekommen war, zeigte sich, daß auch die administrative Entwicklungshilfe jeweils ihr Teil dazu beigetragen hatte, die Industrialisierung mittelbar durch vorteilhafte Rahmenbedingungen zu fördern, obwohl sie die Industrielle Revolution selber allein nie initiieren konnte.

Wird dieser Set allgemeiner Kriterien für Führungsregionen zugrunde gelegt und die erste Welle von Dynamisierungseffekten, die von den klassischen Leitsektoren der deutschen Industriellen Revolution ausging, in ihrer umwälzenden Bedeutung gewürdigt, erkennt man bis zur Jahrhundertmitte ein rundes Dutzend von Industriebezirken, die durchweg an ältere Gewerbetraditionen anknüpfen konnten, aber im Verlauf der anhebenden «Großen Transformation» zu den Führungsregionen des neuen industriekapitalistischen Wachstums aufstiegen. Die meisten Pioniergebiete mit der günstigsten Ressourcenausstattung besaß Preußen: In den neuen Westprovinzen lagen das westfälisch-rheinische «Ruhrrevier», die breite rheinische Gewerberegion von Krefeld über Köln bis Aachen einschließlich der bergischen und Eifeler Industriestandorte, im Süden das Saarrevier; im Osten das oberschlesische Industriegebiet und die Hauptstadt, die parallel zum politischen Bedeutungsgewinn zu einer führenden Industriemetropole aufstieg. Hinzu kamen noch einige städtische Gewerbezentren wie z.B. Magdeburg, wo nicht nur mit der Buckauschen Maschinenanstalt die zweitgrößte deutsche Fabrik lag, sondern auch wegen des hochentwickelten Agrarkapitalismus in der Börde und der Funktion der Elbestadt als größten innerdeutschen Umschlagplatzes eine differenzierte Industrie von Textil- über Metall- bis hin zu Zuckerbetrieben entstanden war, in denen 1849 bereits ein Zehntel der knapp 60000 Einwohner beschäftigt war.

An zweiter Stelle, aber in manchen Bereichen dicht auf, folgte Sachsen sowohl mit der obersächsischen Industrieregion um Chemnitz und Leipzig als auch mit dem Lausitzer Bezirk um Görlitz und Zittau. Im Hinblick auf die Gewerbedichte und die Häufigkeit von jenen Unternehmen auf engem Raum, die zwischen Handwerksbetrieb, Protofabrik und kleiner Industriefabrik lagen, nahm Sachsen sogar eine Spitzenstellung ein. Weniger leistungsfähige Zonen überwiegend kleinindustrieller Aktivität hatten sich am Oberrhein: in Württemberg und Baden, in Mainfranken, im Fränkischen, in Südthüringen und im Harz herausgebildet. Das Habsburgerreich besaß vor allem die hochentwickelten böhmischen Industrieschwerpunkte sowie die niederösterreichische Region einschließlich Wiens, das ähnlich wie andere deutsche Hauptstädte eine wachsende Gewerbewirtschaft an sich zog. Schließlich darf man die Hansestädte Hamburg und Bremen nicht übersehen, wo endlich moderne Werften mit ihren Zulieferbetrieben entstanden; aber auch kleinere Hafenstädte wie z. B. Stettin nahmen aus denselben Gründen, wiederum auch dank der frühen Eisenbahnverbindung mit Berlin, einen steilen Aufschwung. Überhaupt stellten die Eisenbahnen nicht nur Verkehrsverbindungen her, welche selbst die kühnen Erwartungen übertrafen, sondern sie fungierten auch als Nervenstränge, die ständig neue Industrialisierungsimpulse übermittelten. Ohne die Hauptlinien der Eisenbahnen zwischen den Hauptstädten und den zentralen Orten der Provinzen ist etwa der Aufschwung des Maschinenbaus in Berlin, Leipzig, Karlsruhe, Hannover, München und Kassel nicht vorstellbar.

Obwohl es sich bis 1850 um die frühe Anlaufphase der deutschen Industriellen Revolution handelte, sind doch zu dieser Zeit die vom Umland klar abgehobenen Führungsregionen, die besonders in der Folgezeit eine so eminente Rolle spielen sollten, unmißverständlich zu erkennen – und dieser Entwicklungssprung war den sachkundigen Zeitgenossen durchaus bewußt. In all diesen Regionen ging, unbeschadet ihrer früheren Leistungen, die ausschlaggebende neue Dynamik von den Leitsektoren des «Take-off» aus. Das läßt sich besonders einprägsam an der Wirkungsgeschichte der Eisenbahnen, des Maschinenbaus, der Metallurgie und Montanindustrie, aber auch allgemein an einer sich rasch entfaltenden Diversifizierung der industriellen Produktion ablesen. In den Führungsregionen wirkte sich nämlich augenfällig das von Gunnar Myrdal beschriebene Prinzip der kumulativen Verursachung aus, wonach eine Zusammenballung von Wachstumskräften nicht nur einen vehementen Modernisierungsschub auslöst, sondern seinen Schwung auch stetig weiter verstärkt, während umgekehrt eine Häufung von wachstumshemmenden Faktoren das Wohlstandsniveau in einer spiralförmigen Bewegung schier unaufhaltsam nach unten zieht.

In Sachsen z. B. trieben sich die hochentwickelte Textilindustrie, das Druckereiwesen der Verlagsstadt Leipzig, die Feinmechanik und der Maschinenbau bereits wechselseitig voran, als die Eisenbahnära diese Entwicklung kraftvoll beschleunigte. Vor allem die Palette der Maschinenbauprodukte wuchs seither in die Breite. In Oberschlesien kletterte nicht nur die Kohlenförderung und Eisenherstellung hoch, sondern dank der Sonderstellung der hier konzentrierten Kokshochöfen stieg der Ausstoß des begehrten Koksroheisens an, dessen Bedeutung jedoch durch die Steigerung der Zinkproduktion auf 1850 = 496000 Ztr. noch übertroffen wurde – zehn Jahre später stammten bereits 40% der Weltzinkerzeugung aus Oberschlesien! In Berlin wiederum ballten sich Textilindustrie und Maschinenbau zusammen, zugleich hing damit aber auch die Expansion des Werkzeug- und Instrumentenbaus, der Feinmechanik und Metallverarbeitung zusammen. Günstige Voraussetzungen in diesen Bereichen erleichterten wiederum den Aufstieg der jungen Elektrotechnik, die seit 1847 mit dem Namen von Werner v. Siemens verbunden war.

Im abgelegenen traditionsreichen Eifeler Eisengewerbebezirk, um noch einen Kontrapunkt zur geschäftigen Landeshauptstadt zu setzen, reagierten die zahlreichen Betriebe auf den Sog der kaum mehr erlahmenden Nachfrage nicht nur, indem sie vertrauten Bahnen folgten, vielmehr taten von diesem Erfahrungssockel aus manche auch den entscheidenden Schritt zum Experiment mit Innovationen. 1848 führte der Regierungsbezirk Aachen mit 38 bis 40 Fabriken den preußischen Maschinenbau an; 1846 reagierte Eberhard Hoesch mit dem großen Eschweiler Puddel- und Walzwerk ebenso auf die Schienennachfrage wie 1845 der Aachener Hütten-Verein «Rote Erde». Und Albert Poensgen und F. W. Schoeller, beide aus wohletablierten Unternehmerfamilien stammend, gelang es in ihrem 1845 eingerichteten Röhrenwalzwerk, ein eigenes erfolgreiches Herstellungsverfahren zu entwickeln. Im Zeichen der wachsenden, als Gipfel der Progressivität geltenden städtischen Gasverwertung brach Poensgen zuerst das englische Röhrenmonopol, dehnte sich dann als überlegener Rivale auf den deutschen Binnenmärkten aus, stieß in das Exportgeschäft vor und behauptete schließlich dank der Leistungstüchtigkeit seiner hochspezialisierten Fabrik jahrzehntelang eine konkurrenzlose Vorherrschaft, bis die Gebrüder Mannesmann 1886 ein neues, überlegenes Fabrikationsverfahren erfanden.

Diese Hinweise müssen genügen. Wie die Führungssektoren Unternehmertalente und Investoren, Innovationen und «Humankapital» in den hochkonjunkturellen Trendperioden an sich zogen, übten die Führungsregionen aufgrund ihres Potentials an unternehmerischen und gewerblichen Fähigkeiten, an gespeicherter Erfahrung und begehrten Standortvorteilen eine vergleichbare Anziehungskraft aus, die zu einer vielseitigen Diversifizierung der Industriestruktur führte und eben damit den Vorsprung einer Region mit selbsttragendem Wirtschaftswachstum vergrößerte.[17]

6. Finanzierungsfragen der deutschen Industriellen Revolution

So unstreitig es einerseits richtig ist, daß der Motor der Industrialisierung gerade in der «Take-off»-Phase eines rasch steigerungsfähigen Zuflusses von Brennstoff in Gestalt von Investitionen bedurfte, so sicher ist es andrerseits, daß die Schwierigkeiten der Kapitalbeschaffung und die Höhe der Betriebskapitalien auch noch für diese Zeit erstaunlich oft überschätzt worden sind. Diese Problematik ist bereits im Hinblick auf die Frühindustrialisierung ausführlicher erörtert worden (Teil 3, II, 3) und bedarf hier keiner Wiederholung. Vielmehr genügt für die ersten Jahre der Industriellen Revolution ein knapper Überblick über die Kapitalquellen und ihre Rangordnung; erst nach 1850 wuchsen die Finanzierungsfragen in eine so neuartige Dimension hinein, daß sie deshalb (in Bd. III) eine ausführlichere Diskussion verlangen.

An erster Stelle hielt sich das Sparkapital privater Fondsbesitzer, die auf zweierlei Weise ihre Finanzmittel für Investitionszwecke zur Verfügung stellten. Bei Betriebsgründungen vertrauenswürdiger Unternehmer wurde das notwendige Anfangskapital für sie aufgebracht. Selbst die großen Maschinenbauanstalten z. B., die bis Mitte der 40er Jahre entstanden, erforderten ja noch nicht mehr als maximal 150000 bis 160000 T. Negenborn brachte 100000 T. im Kreis der Verwandten auf. Borsig lieh sich zu den gesparten 10000 T. noch 60000 T. hinzu – fünfzehn Jahre später war er der drittgrößte Lokomotivenproduzent der Welt und hatte die Mehrzahl seiner Zugmaschinen für 15000 T. verkauft. In wahrhaft großem Stil aber wurde das Sparkapital erst durch die diversen Formen der Aktie und die AG selber mobilisiert, konzentriert und in erfolgversprechende Unternehmen kanalisiert. Nur mit Hilfe der Aktien wurden für den «Kölner Bergwerksverein» 2 Mill. T., für die «Stolberger AG für Bergbau» 2 Mill. T., für die «Metallurgische Gesellschaft» in Bonn 1 Mill. T., für die «Rheinische Bergwerks AG» in Düsseldorf 2,5 Mill. frs. so mühelos aufgebracht. Keine Zahl unterstreicht jedoch den verblüffenden Saugmechanismus dieser neuartigen Investitionspumpe schlagender als die fast 200 Mill. T., die in gut zehn Jahren aus Privatbesitz in den Eisenbahnbau gelenkt wurden. Und die nicht in Anspruch genommene Überzeichnungsquote würde, falls sie jemand einmal genau berechnete, darüber hinaus eine verblüffende Summe an anlagesuchendem Kapital ergeben.

Einen Bestandteil des ersten Finanzierungsmodus bildete die Selbstfinanzierung, zu der sich Industrielle wegen des relativ geringen Startkapitals häufig noch imstande sahen. Wuchsen die Bedürfnisse, griffen sie auf die stillen Reserven im Verwandtenkreis zurück, wie das die Krupp, Hoesch, Poensgen, Egells, Egestorff, Schichau und zahlreiche andere Fabrikanten taten. Daß Gewinne ganz überwiegend zugunsten des Kapazitätsausbaus reinvestiert wurden, verstand sich im allgemeinen von selber. Erst jenseits einer – von Fall zu Fall variierenden – Größenordnung kam eine Außenfinanzierung ins Spiel.

Fragt man nach der Herkunft solcher Familienvermögen, behält auch in dieser Zeit das Handelskapital noch seinen Vorrang. Insbesondere im Fernhandel wurden weiterhin Kapitalien in einer Höhe akkumuliert, die in der Produktionssphäre entweder nur in extremen Ausnahmefällen oder erst später in Großbetrieben erwirtschaftet werden konnten. Wahrscheinlich stammte auch der Löwenanteil der rund 130 Mill. T., die bis 1850 für die preußischen Eisenbahnen gezeichnet wurden, aus handelskapitalistischen Fonds, aus denen dieser Betrag offenbar mühelos abgezweigt werden konnte.

Banken, ob nun Privat- oder Staatsbanken, hatten sich zwar lange Zeit auf das reine Geldgeschäft, den lukrativen Fürstenkredit, dann vor allem auf die attraktiven Staatsanleihen konzentriert, waren aber seit den 20er, 30er Jahren in wachsender Zahl auch mit der Unternehmensfinanzierung vertraut geworden. In den 40er Jahren variierte diese Aktivität je nach regionalem Entwicklungsniveau und seriöser Nachfrage. Aber in Köln z. B. besaß das Bankhaus Schaaffhausen immerhin schon eine Klientel von 170 Fabrikanten, die 40000 Arbeiter beschäftigten, und das industrielle Engagement von Lokalrivalen wie Oppenheim, Herstatt, Stein und anderen nahm, über das Rheinland hinaus, stetig zu. Auch die Königlich-Württembergische Hofbank oder die Königlich Bayerische Bank – von der exzeptionellen Stellung der Preußischen «Seehandlung» ganz zu schweigen – hatten inzwischen Millionenbeträge im Industriekredit angelegt. Und die meist übersehenen Sparkassen ließen im bekannten örtlichen Umfeld ihre Einlagen in verblüffender Höhe auch im industriellen Sektor arbeiten. Gewiß: Noch gab es nicht jenes funktionsfähige, allgegenwärtige System von Banken, die seit der zweiten Hälfte des 19. Jahrhunderts als effizient organisierte Kapitalsammelanstalten und Kreditanbieter fungierten. Aber eine zum Teil regional orientierte, zum Teil die vertraute Domäne weit übergreifende Industriefinanzierung war durchaus in Gang gekommen und bereits an Grenzen gestoßen, die auf Dauer nur durch die große «Kapitalassoziation» der AG überwunden werden konnten.

Direkt angelegtes staatliches Investitionskapital spielte auch in dieser Industrialisierungsperiode nur eine minimale Rolle. Dieses Urteil wird durch den Hinweis auf das kleine Wirtschaftsimperium der «Seehandlung» keineswegs entkräftet, denn in den Führungssektoren war sie nicht einmal am Rande beteiligt. Vergleicht man sowohl die bescheidenen Industriekredite der deutschen Staatsbanken als auch die gelegentlich gewährten Kapitalspritzen mit dem riesigen Entwicklungshilfe-Programm der «Internal Improvements», das die amerikanische Bundesregierung Jahr für Jahr finanzierte, mit der massiven Hilfe, die dort außerdem von den einzelnen Bundesstaaten Eisenbahn und Industrie gewährt wurde, mit der belgischen

Staatsunterstützung oder gar mit dem staatlichen englischen Eisenbahnbau in Indien, wo selbst die in der Wolle gefärbten Freihändler diese grandiose Kostenexternalisierung als eine willkommene Regelverletzung begrüßten – verliert die staatliche Industrieförderung im Deutschen Bund ganz und gar den Nimbus, der sie früher einmal umgeben hat. Allein das beträchtliche staatliche Engagement im außerpreußischen Eisenbahnbau, wo die Staatsanleihen wiederum von privaten Investoren gezeichnet wurden, verändert die Bilanz ein wenig zugunsten des Staatsinterventionismus. Aufs Ganze gesehen hingen sich auch in diesem Leitsektor die Staaten, helfend und beschleunigend, an die privatwirtschaftliche Dynamik an, lösten sie aber nicht aus.

Weit wichtiger als das Rinnsal des direkten staatlichen Kapitalzuflusses ist, wie mehrfach betont worden ist, die Tatsache gewesen, daß die Staaten der Industrialisierung auf die Dauer nicht feindlich gegenüberstanden. Sie mochten zwar im Aktienrecht, im Börsenverkehr, in den Konzessionsauflagen zeitweilig Schwierigkeiten bereiten, hier und da Sand ins Getriebe werfen. Insgesamt jedoch blieben das lästige, vor allem aber kurzlebige Übergangserscheinungen, die durch die Bedeutung der vom Staat mitgeschaffenen vorteilhaften rechtlich-politischen Rahmenbedingungen für die Industrialisierung weit übertroffen wurden.

Zu guter Letzt: Auch das Auslandskapital hat in diesen Jahren nur geringe Bedeutung gewonnen. Jedenfalls gilt das für die quantitative Dimension des Kapitalimports, der überhaupt nur zwischen 1842 und 1848 eine erwähnenswerte, wenn auch nicht genau präzisierbare Höhe erreicht hat. Immerhin flossen kleinere französische, englische, belgische Kapitalmengen in attraktive neue Unternehmen: in die «Hardenbergsche Kohlenbergwerks AG» z.B., die Stolberger Zinkfabrik, die «Rheinische Bergwerks AG», die «Societé Anglo-Belge des Mines du Rhin», aber auch in die Phoenix-Werke und die Gelsenkirchener Bergwerks AG. In solchen strategischen Industriebetrieben der Führungssektoren mögen die ausländischen Investitionen durchaus wie eine Initialzündung gewirkt haben. Aber diese begrenzte Kapitalanlage, deren positive Wirkung natürlich vorbehaltlos anerkannt werden muß, kam im Globalrahmen der deutschen Industriefinanzierung über eine «quantité négligeable» nicht hinaus. Sie wäre, kontrafaktisch argumentiert, ohne weiteres substituierbar gewesen, wenn etwa die erfahrenen rheinischen Banken alle erforderlichen Aktien hätten unterbringen dürfen.

Als Fazit bleibt nach alledem zu ziehen, daß es auch in den 40er Jahren auf den deutschen Kapitalmärkten einen Überschuß an anlagesuchenden Geldern gab. Während die auf Sicherheit bedachten Investoren lange Zeit Staatsanleihen und Pfandbriefe bevorzugt hatten, führten Eisenbahnbau und neues Aktienrecht in Verbindung mit dem ersten industriewirtschaftlichen Aufschwung zu einer Umlenkung erstaunlich großer Kapitalströme vor allem in die Führungssektoren hinein. Trotz der hochschnellenden Investitionsbedürfnisse blieb das Angebot der Nachfrage seither weit überlegen; alle bisherigen Barrieren, die den Zugang zu industriellem Produktionskapital erschwert hatten, verschwanden. Die deutsche Industrielle Revolution wurde in ihrer ersten Phase im Grunde erstaunlich mühelos über die einheimischen Kapitalmärkte finanziert.[18]

Je kräftiger jedoch die Industrialisierung an Schwungkraft gewann, je deutlicher die Kapitalnachfrage in ungeahnte Höhen vorstieß und je überzeugender die Aktiengesellschaft ihren Funktionen gerecht wurden, desto unwiderstehlicher wurde auch der Druck, großen Banken, die ihren Schwerpunkt auf die Industriefinanzierung verlagert hatten oder im Falle der Neugründung von vornherein dorthin legen wollten, die Rechtsform einer AG zu gestatten, die ihnen – wie die jüngste Erfahrung lehrte – Zugang zu unerschöpflichen Kapitalressourcen verschaffen konnte. Das Problem der AG-Banken stand daher ökonomisch und politisch auf der Tagesordnung, als die Revolution ausbrach.

II.
Die Agrar- und Gewerbekrisen von 1845 bis 1848

Während der Wachstumsspurt der Verkehrs- und Industriewirtschaft ihren ersten hochkonjunkturellen Aufschwung auslöste, wurde die deutsche Landwirtschaft von einer folgenschweren Agrarkrise erfaßt. Sie besaß einen gemeineuropäischen Charakter, spitzte sich in Irland, nicht in Mitteleuropa zu einer tödlichen Bedrohung zu, schnitt aber auch dort seit 1845 als letzte Krise «alten Typs» in die Lebensverhältnisse von Millionen Menschen tief ein – in manchen Regionen mit massenhaft tödlichen Folgen.

Bis zur Mitte der 40er Jahre hatten sich außerdem in der Handwerksbevölkerung die Sorgen wegen der Folgen einer hastigen Expansion gehäuft, die z. B. am steilen Anstieg der Gesellen- und Einzelmeisterzahlen abgelesen und weithin als Bedrohung des «alten Handwerks» empfunden wurde. Unterbeschäftigung, Pauperisierung, Verbitterung angesichts des blockierten Aufstiegs hatten überall bereits um sich gegriffen, als die Auswirkungen der Agrarkrise – dem traditionellen Verlaufsmuster vollauf entsprechend – auf das Kleingewerbe übergriffen und in fast allen Zweigen des Handwerks die angestauten Probleme zu einer schmerzhaften Gewerbekrise verdichteten. Zu alledem kam noch der Niedergang des protoindustriellen Heimgewerbes hinzu, das in die Phase seiner Agonie eingetreten war. Der Begriff Gewerbekrise muß mithin auch diesen Krisenherd umfassen, er besitzt gewissermaßen zwei Brennpunkte.

Zwei Jahre lang überlagerten sich daher drei Krisenfelder mit so bedrükkenden Folgen, daß die Notlage nicht nur zu zahlreichen Symptomen sozialer Unruhe, sondern auch zu einer Radikalisierung des kollektiven Protests führte. Allenthalben gab es Anzeichen für eine Überdehnung der Gelenkbänder, welche die Gesellschaftsordnung zusammenhielten, bis sich jener Gefahrenpunkt näherte, wo die Zerreißprobe über kurz oder lang bevorzustehen schien. Wegen der Hilflosigkeit und des Versagens der alten Gewalten nährten die sozioökonomischen Krisen, je länger sie andauerten und sich auswuchsen, erst eine schleichende, dann eine offene politische Vertrauenskrise. Schließlich führte sie zu einem einschneidenden Legitimationsverlust des zu einer effektiven Krisenbekämpfung offensichtlich unfähigen politischen Systems, das die aufgezehrte Glaubwürdigkeit nicht wiederzugewinnen vermochte. In der nahezu identischen Verfassung einer prekären inneren Labilität traten deshalb alle Staaten in das Vorfeld der Revolution hinein.

1. Die letzte Agrarkrise «alten Typs» in den deutschen Staaten

Nach den verschiedenartigen, schweren Erschütterungen, die den Konjunkturverlauf im Agrarsektor während des ersten Jahrzehnts nach 1815 prägten, hatten 1826 die fünfzig «goldenen Jahre» der Landwirtschaft begonnen. Diese Aufschwungphase wurde jedoch im späten Vormärz mit der vollen Wucht, dessen die letzte Agrarkrise «alten Typs» fähig war, noch einmal unterbrochen. Wegen einer sehr knappen Ernte entwickelte sich bereits 1845 ein lebhafter Preisanstieg, wie es ihn seit 1831/32 nicht mehr gegeben hatte. (Vgl. *Übersicht 21.*) Die durchschnittlichen deutschen Getreidepreise, die zunächst eine Groborientierung ermöglichen sollen, kletterten von 1844 = 71,7 auf 80; die wichtigsten: die Roggenpreise, von 1844 = 66 schon auf 79 Indexeinheiten. 1845 lag aber nicht nur die Getreideernte erheblich unter dem Mittelmaß der Vorjahre, sondern die «Kartoffelfäule» – die soeben von Frankreich her eingedrungene Phytophthora – führte zu der verheerenden Folge, daß manchmal die Hälfte, häufig sogar nur ein Viertel der üblichen Ernte eingebracht werden konnte. Beides beschleunigte im Winter 1845/46 den Preisauftrieb kontinuierlich weiter. Auch in diesem Zusammenhang erweist sich die Fixierung der Agrarpreisstatistik auf das Kalenderjahr als schwerer Nachteil, da man eine ungleich realitätsnähere Vorstellung gewönne, wenn die täglichen, wöchentlichen und monatlichen Durchschnittspreise von einer Ernte bis zur Ernte des nächsten Jahres erfaßt würden, wodurch die Misere der Winter- und Frühlingsmonate nach schlechten Ernten scharf hervorträte.

Als das Jahr 1846 eine vollständige Mißernte brachte – das preußische Landesökonomiekollegium errechnete, daß 41% des üblichen Ernteertrags fehlten! –, zogen die durchschnittlichen Getreidepreise auf 102,6, die Roggenpreise auf 102, die Weizenpreise von 78 auf 108, die Kartoffelpreise wegen der anhaltenden Fäulnis schon um 60% an. Über den bösen Winter 1846/47 hinweg setzte sich der steile Preisanstieg weiter fort und erreichte 1847 seine Rekordhöhe in den sechs Jahrzehnten zwischen 1817 und 1875. Die durchschnittlichen Getreidepreise kletterten weiter auf 124,6, die Roggenpreise auf 124: damit hatten sie sich in drei Jahren nahezu verdoppelt; die Weizenpreise erzielten 140 und hatten in derselben Zeitspanne um 75%, die Kartoffelpreise sogar um 130% zugenommen. In der Regel wurde der absolute Höhepunkt jedoch erst im Mai 1847 erreicht. Diese Preisinflation bis zum Frühsommer 1847 bestimmte wesentlich den extrem hohen Preisdurchschnitt dieses Jahres. Zwar zeichnete sich zu jenem Zeitpunkt bereits eine reiche Ernte ab, aber wegen der Erfahrungen in den beiden vorhergehenden Jahren und wegen der Getreidespekulation blieben die Preise weiterhin hoch. Erst als die in der Tat vorzüglich geratene Ernte eingebracht wurde, begann ein unaufhaltsamer Preisfall; zugleich drückte die Kreditanspannung, die der Handel im Verlauf der Getreidepreishausse riskiert hatte und die ihn nun zu einem verstärkten Angebot auf den Märkten nötigte, zusätzlich auf das Preisniveau. Deshalb gaben spätestens seit dem Herbst 1847 die Preise auf breiter Front nach. Für eine massenwirksame Entspannung der Versorgungslage vor dem März 1848 kam diese Abwärtsbewegung jedoch sehr spät. Als sie durch die gute 48er Ernte unterstützt wurde, rangierte der Roggenpreis im Jahresdurchschnitt mit 62 wieder unter dem Wert von 1844; die Weizen- und Kartoffelpreise erlebten fast denselben drastischen Rückgang.

Diese globalen Indexwerte verlangen eine genauere Aufschlüsselung, die Faustskizze der Mißernten- und Spekulationskrise bedarf der Präzisierung, wenn man sich das wahre Ausmaß dieser Agrarkrise realistisch vor Augen führen will. Für Preußen, das größte Agrarland des Bundes mit der vielseitigsten Landwirtschaft, bietet die amtliche Statistik die vergleichsweise günstigsten Differenzierungsmöglichkeiten, die durch Befunde aus anderen Regionen in der Grundtendenz bestätigt werden.

Geht man vom Basisjahr 1844 mit seiner Normalernte aus, demonstrieren die preußischen jährlichen Durchschnittspreise in den folgenden sechs Jahren eine seit 1816/17 nicht mehr erlebte heftige Fluktuation.

Übersicht 45: Preußische Agrardurchschnittspreise p.a. 1844–1850 (Scheffel/Silbergroschen bzw. in M./To.)

	Roggen	Weizen	Gerste	Hafer	Kartoffeln	Weizen
1844	40	57	32	21	13	137
1845	51	65	38	26	14	155
1846	70	86	50	33	21	206
1847	87	110	67	40	30	263
1848	38	62	32	22	17	156
1849	31	61	25	18	13	147
1850	36	58	28	20	14	139

Alle aufgeführten Preise stiegen von 1844 bis zu den «Gipfelpreisen» von 1847 um 90 bis 130% an, seither fielen sie bis zur Jahrhundertmitte wieder um 90 bis 110% ab, wobei der Unterschied zwischen den Werten für 1847 und 1848 am markantesten hervortrat. Diesen krassen Schwankungen lag zuerst einmal als harte, unabänderliche Grundtatsache ein scharfer Rückgang der durchschnittlichen Ernteerträge in allen preußischen Regierungsbezirken im kritischen Jahr 1846 zugrunde. Setzt man die Mittelernten vor 1846 mit 1 an, sackte 1846 der Ertrag des Roggens auf 0,57, des Weizens auf 0,76, der Gerste auf 0,74, des Hafers auf 0,71 und der Kartoffeln sogar auf 0,53 hinab. 1847 ergab dann bereits wieder überdurchschnittliche Werte für Roggen und Weizen (1,22, 1,07), für Kartoffeln aber immer noch 0,67.

Das objektiv kümmerliche Ernteergebnis wurde jedoch durch die Preisspekulation, die – wie gewöhnlich nach Mangelerscheinungen – auch diesmal sofort einsetzte, radikal verschlimmert. Prozentual überstieg die rasante Preissteigerung das Schrumpfen der Ernteerträge bei weitem, nicht selten um mehr als das Doppelte! Das traf auch noch für einen Großteil des Jahres 1847 zu, als eine gute Ernte bevorstand bzw. eingebracht wurde. Wägt man beide Faktoren gegeneinander ab, hat der spekulativ angeheizte Preisanstieg wahrscheinlich noch mehr dazu beigetragen, den Notstand zu verschärfen, als der ohnehin schmerzhafte Ernteausfall. Dieser von Großproduzenten und Getreidehändlern forcierte Preisauftrieb wurde durch zwei weitere Bedingungen zum Schaden der marktabhängigen Konsumenten nachhaltig begünstigt. Erstens hielt der Getreideexport weiter an; zweitens wanderte ein beträchtlicher Prozentsatz der Getreide- und Kartoffelernte in die Branntweinbrennereien, die als sogenannte landwirtschaftliche Nebengewerbe den Großagrariern eine noch attraktivere Gewinnspanne versprachen. Trotz der Krisenlage lehnte das preußische Staatsministerium selbst im November 1846 sowohl eine Exportbeschränkung als auch ein Verbot der Belieferung der Branntweinbrennereien unumwunden ab. Immerhin wurden von 1846 bis 1848 die Einfuhrzölle auf Getreide aufgehoben und die städtischen Mahlsteuern zeitweilig außer Kraft gesetzt, um den Brotpreis zu senken.

1846 übertraf der preußische Weizenexport von 3,058 Mill. Scheffeln den Weizenimport von 508 893 Scheffeln so hoch, daß sich ein Ausfuhrplus von 2,549 Mill. Scheffeln ergab. 1847 lauteten die entsprechenden Ziffern 3,662 Mill.:502 139, so daß der Exportüberschuß schon 3,160 Mill. Scheffel, 1848 (5,251 Mill.:86431) sogar 5,165 Mill. Scheffel betrug. Bei dem Massennahrungsmittel des Roggens lagen die Verhältnisse jedoch umgekehrt: 1846, als das Landesökonomiekollegium einen Fehlbetrag von 20 Mill. Scheffeln Roggen errechnete, stand dem Export von 510822 Scheffeln immerhin ein Import von 3,031 Mill. Scheffeln, mithin ein Einfuhrplus von 2,519 Mill. Scheffeln, 1847 (447959:4,826 Mill.) sogar von 4,347 Mill. Scheffeln gegenüber; erst 1848 ergab sich ein Ausfuhrüberschuß von 1,138 Mill. Scheffeln. Um nur ein Regionalbeispiel zu nennen: Noch im Januar 1847 wurden aus dem Regierungsbezirk Aachen 50700 Scheffel Weizen nach Belgien exportiert, das Vierfache des monatlichen Durchschnitts, der selbst im Krisenjahr 1846 stets erreicht worden war.

Trugen diese Außenhandelsergebnisse schon nicht zu einer Preisverbesserung und einer effektiven Minderung des Getreidedefizits bei, wurde die Krisenlage durch den hohen Verbrauch des Nebengewerbes noch verschlechtert. 1846 wanderten 2,6 Mill. Scheffel Getreide und 19 Mill. Scheffel Kartoffeln in die Branntweinbrennereien, 1847 lagen die Zahlen noch etwas höher, 1848 bei 3,6 Mill. Scheffeln Getreide und 19 Mill. Scheffeln Kartoffeln. Bei beiden Grundsubstanzen handelte es sich um beträchtliche Mengen, die dem Nahrungsmittelmarkt für Verbraucher vorenthalten wurden, so daß sich zusätzlich eine preissteigernde Wirkung einstellen mußte.

Nicht nur die allgemein bekannte fatale Mißernte und die selten angeprangerte hemmungslose Handelsspekulation verschärften 1846/47 den Krisendruck, sondern auch der ununterbrochene Getreideexport und der gewöhnlich unterschätzte Riesenkonsum der Branntweinbrennereien fungierten weiter, als ob es weit und breit kein Massenelend gebe. Preishöhe und Not variierten freilich je nach den verbleibenden agrarischen Ressourcen der Regionen. Im städtereichen Rheinland etwa stiegen – gemessen an den Vorjahrspreisen – bereits vom Juli bis Oktober 1845 die Kartoffelpreise um 50%, die Weizenpreise um 25%, bis zum Juli 1846 schnellten diese Preise aber dann um 300 bzw. 60%, bis zum Juli 1847 sogar um 425 bzw. 250% in eine schier unerreichbare Höhe. Im überwiegend agrarischen Schlesien dagegen erreichte die Preisinflation zwar auch ein furchterregendes Ausmaß, ließ sich aber nur zeitweilig mit den rheinischen Verhältnissen vergleichen. Von 1844 bis 1847 stiegen die Scheffelpreise für das Volksnahrungsmittel Roggen von 36,4 über 48,7 und 69,3 auf 86,3 Silbergroschen, d.h. um 140%; für die Kartoffeln von 10 über 11,9 und 18,6 auf 30,6 Silbergroschen, d.h. um 300%. Ein Index, der für die Durchschnittspreise von 1816 bis 1849 100 ansetzt, verdeutlicht ebenso augenfällig den enormen Preissprung, da ihm zufolge der Roggenpreis in diesen vier Jahren um 135%, der Kartoffelpreis sogar um 310% anwuchs.

Fraglos bekam die erdrückende Mehrheit der städtischen Bevölkerung die Preisinflation in extrem zugespitztem Maße zu spüren, da die Marktabhängigkeit im allgemeinen schon scharf ausgeprägt war. Aus den Regierungsberichten sind für die 63 wichtigsten preußischen Städte in allen Provinzen die monatlichen Durchschnittspreise der meistgefragten Lebensmittel für die Jahre von 1845 bis 1848 ermittelt worden; leider sind die Wochen- und Monatsdurchschnitte nicht bekannt, sondern wieder in einen Jahresdurchschnitt umgerechnet worden. Diese Methode löscht notwendig die zeitweilig enormen, sozialhistorisch besonders aufschlußreichen Differenzen von Woche zu Woche und von Monat zu Monat aus, aber selbst die Spitzen und Tiefen abschleifenden Jahresziffern lassen noch unmißverständlich erkennen, wie die städtischen Verbraucher den Preisfluktuationen wehrlos ausgesetzt waren. Ausnahmslos war in allen Städten und bei allen Lebensmittelsorten 1847 das eigentlich verhängnisvolle Krisenjahr. (Übersicht 46, S. 646!)

Die preußische Preisentwicklung stellte alles andere als ein Unikum dar, vielmehr unterstreichen die überlieferten Informationen aus den verschiedensten Regionen des Deutschen Bundes durchweg denselben Trend, daß die Preise 1846 und im ersten Halbjahr 1847 ihr höchstes Niveau seit 1817 erreichten. Einige Beispiele sollen zur Illustration dienen. In München stieg der Scheffel Roggen von 1844 = 13, 1845 = 24 auf 1846 = 28 fl., Weizen von 20 über 24 auf 36 fl.; im niederbayerischen Straubing lagen die Werte für Roggen in diesen Jahren bei 13, 18 und 26 fl., für Weizen bei 17, 20 und 35 fl. Der Weizenpreis in Baden verdreifachte sich nach der 46er Mißernte von 11

Übersicht 46: Lebensmittelpreise in 63 preußischen Städten 1845–1848 (Scheffel/Silbergroschen)
Jahrespreis auf der Basis der monatlichen Durchschnittspreise

		Roggen	Kartoffeln	Weizen
12 in Ost- und	1845	50,9	19,4	66,3
Westpreußen	1846	58,2	18,10	79,11
	1847	73,6	28,7	98,10
	1848	34,8	18,3	63,9
5 in Posen	1845	43,3	12,10	59,0
	1846	65,10	18,1	83,3
	1847	83,10	26,2	105,0
	1848	37,1	14,9	57,5
9 in Brandenburg	1845	44,5	11,11	59,3
	1846	62,2	17,9	82,8
	1847	80,4	27,4	107,4
	1848	35,6	15,7	64,2
11 in Schlesien	1845	48,8	14,11	62,1
	1846	69,4	20,1	83,3
	1847	86,4	29,10	107,7
	1848	38,11	19,11	59,9
8 in Sachsen	1845	47,3	12,7	58,8
	1846	65,1	17,7	76,9
	1847	91,2	29,8	109,3
	1848	37,5	14,4	60,3
4 in Westfalen	1845	60,1	19,0	74,1
	1846	83,3	29,1	95,1
	1847	94,8	35,6	119,9
	1848	38,3	17,1	63,1
14 im Rheinland	1845	62,1	19,0	75,3
	1846	92,0	31,4	106,1
	1847	99,7	35,3	127,4
	1848	48,2	20,4	71,11

auf 33 fl. In Oldenburg kletterten die Monatsmittelpreise für Roggen und Kartoffeln bis zum Frühjahr 1847 um fast 300% über den Jahresdurchschnitt von 1844. Noch höher zogen sie im weimarischen Jena an. 1844/45 hielt sich ein durchschnittlicher Roggenpreis für den preußischen Scheffel von 1 T. 10 Sgr. 11 Pfg., 1845/46 erreichte er 2 T., auf dem Gipfel der Krise, im Mai 1847, runde 5 T.! Nach dem Erntebeginn sackte er dann bereits im Juli 1847 auf 1 T. 25 Sgr. hinunter. Im Königreich Sachsen bewegte sich der Roggenpreis je Dresdener Scheffel von 1844 = 2 T. 28 Ngr. 5 Pfg. auf 1845 = 3 T. 7 Ngr. 3 Pfg., 1846 = 4 T. 18 Ngr., 1847 = 6 T. 7 Ngr. 6 Pfg. (1848 wieder 2 T. 21 Ngr. 8 Pfg.); der Kartoffelpreis durchlief in diesen Jahren Schwankungen von 1844 = 0,29 Ngr. 2 Pfg., 1845 = 0,29 Ngr. 6 Pfg., 1846 = 1 T. 8 Ngr. 9 Pfg., 1847 = 1 T. 24 Ngr. 9 Pfg. (1848 = 1 T. 4 Ngr. 3 Pfg.); der Weizenpreis erhöhte sich von 1844 = 4 T. 58 Ngr., 1845 = 4 T. 16 Ngr. 9 Pfg., 1846 = 6 T. 4 Ngr. auf 1847 = 7 T. 24 Ngr. 8 Pfg. (1848 = 4 T. 19 Ngr. 4 Pfg.). Da half es wenig, wenn die Regierung gut wirtschaftsliberal verlauten ließ, «jeder, welcher Klasse er auch angehöre, muß einsehen», daß das Übel auf die Witterung zurückgehe und diese nicht beeinflußt werden könne.

Wohin auch immer man blickt, überall ergibt sich für 1846 und 1847 ein in den Grundzügen ähnliches, düsteres Bild. Ohnehin gilt ja für die Jahrzehnte vor der Jahrhundertmitte der vielfach erhärtete empirische Befund, daß die Mehrheit der Bevölkerung in den deutschen Staaten keine ausreichende Ernährung erhielt und meistens «hart an der Hungergrenze» lebte. 1846/47 mußte die Mehrheit eine außergewöhnlich lange Zeit unterhalb jener Grenze ihr Leben zu fristen versuchen. Noch immer bildete der Roggen das Hauptnahrungsmittel der Unter- und Mittelschichten; der Massenkonsum der Kartoffeln war allerdings in raschem Vordringen begriffen. Daß gerade die Roggen- und Kartoffelpreise während der Klimax der Agrarkrise – häufig mehr als ein Jahr lang – eine exorbitante Höhe erreichten, während Substitute, sofern sie überhaupt den Markt erreichten, mindestens ebenso unerschwinglich waren, hat nach der Bevölkerungsexplosion der vorangegangenen Jahrzehnte das Massenelend in einem Ausmaß gesteigert, das nicht nur alle bisherigen Pauperismuserfahrungen übertraf, sondern in den am härtesten betroffenen Regionen apokalyptische Schreckensbilder heraufbeschwor.

1847 versuchte der sozialpolitisch engagierte «Verein für deutsche Statistik» mit Hilfe einer breit angelegten Enquête die Basis für repräsentative Aussagen über die Lage der «handarbeitenden Volksklassen» zu gewinnen. Immerhin 3000 Antworten trafen aus dem Bundesgebiet ein und wurden von F.W. v. Reden ausgewertet. Folgt man seinen Ergebnissen, brauchte eine fünfköpfige Familie täglich vier Pfund Roggen, jährlich rund 1450 Pfd. oder 17 Scheffel, wobei nach Normalernten ein Mittelpreis von 1,5 T. für den Scheffel gezahlt werden mußte. Seit der Mißernte von 1846 war der Roggenpreis jedoch gewöhnlich um 75 % angestiegen. Bei Kartoffeln betrug der Jahresverbrauch dieser Familie rund 25 Scheffel; sein Mittelpreis lag in guten Zeiten bei 10 Sgr. Seit 1846 hatten sich die Kartoffelpreise aber durchweg verdoppelt. Reden errechnete, daß diese «Normal-Familien», deren es rund 8,312 Mill. im Bund gebe, zur Erhaltung ihres Existenzminimums im Zeichen des Preisauftriebs eigentlich Roggen- und Kartoffelmengen im Werte von 157 Mill. und 70 Mill. T., insgesamt von 227 Mill. T. hätten kaufen müssen. Diese Summe entsprach, wie er mit eindrucksvollen Vergleichen nüchtern konstatierte, dem fünffachen jährlichen Steuereinkommen des preußischen Staates, den 2,8fachen jährlichen Gesamtausgaben dieses Staates oder ungefähr dem «Gesamtwerte der verzollten Jahreseinfuhr des Zollvereins».[1]

2. Die Verschärfung der Notlage: Die Gewerbekrisen von Handwerk und Protoindustrie – Die Industrie- und Bankenkrisen

Der verhängnisvolle Verlaufszyklus der Agrarkrise erreichte wegen der Vehemenz des Preisanstiegs frühzeitig den kritischen Punkt, wo das Handwerk die Auswirkungen unmittelbar zu spüren bekam. Wurde zuerst der Einkommensanteil der Haushalte, der für gewerbliche Produkte zur Verfügung stand, wegen der hochkletternden Lebensmittelpreise zunehmend knapper, sahen sich alsbald Millionen von Konsumenten einer Situation gegenüber, die es schlichtweg erzwang, alle Kaufwünsche in dieser Richtung für eine unbestimmte Zeit, jedenfalls auf eine ferne Zukunft, zu verschieben. Spätestens seit dem Sommer 1846 kennzeichnete eine lähmende Stagnation den Absatz fast aller handwerklichen Erzeugnisse.

Dieser fatale geschäftliche Rückschlag traf das Handwerk inmitten einer ohnehin gefährlichen strukturellen Krise, die durch die Konsequenzen der Agrarkrise noch weiter zugespitzt wurde. Wie vorn geschildert (Teil 3, II, 2) hatte diese Krise verschiedene Gründe; einen ganz wesentlichen Anteil an ihr hatte jedoch die unaufhaltsam wirkende Vermehrung der Meister- und Gesellenzahlen in kürzester Zeit. Hatte es z.B. in Preußen 1840 336000 Meister und 280000 Gesellen, also 616000 Handwerker gegeben, vermehrte sich ihre Zahl innerhalb von nur sechs Jahren um rund 25%, denn 1846 wurden schon 842000 Handwerker (457000 Meister und 385000 Gesellen) gezählt. In den drei folgenden Jahren bis 1849 folgte erneut ein Zuwachs um 100000 Handwerker, so daß ihre Zahl allein seit 1840 um rund 40% zunahm. Diese springflutartige Expansion löste gravierende Folgeprobleme aus. In erster Linie gehörte nicht so sehr verbreitete Arbeitslosigkeit dazu, obwohl auch diese vorkam, sondern eine enervierende Unterbeschäftigung und damit eine zum Teil radikale Abwertung des Stellenwerts. Weithin konnte mit einem regelmäßigen, hinreichenden Einkommen, das den traditionellen Leitbildern der existenzsichernden «Nahrung» und der «ehrbaren» Lebensführung entsprach, überhaupt nicht mehr gerechnet werden. Die Verarmung der kleinen Einzelmeister, die seit langem die Mehrheit stellten, wuchs sich zu einem Massenphänomen aus. Den meisten Gesellen wurde nicht nur der Verlust des reputierlichen ständischen Sozialstatus zugemutet, der Aufstieg in die begehrte Meisterstelle und damit die jahrzehntelang angestrebte Autonomie materieller Selbständigkeit verwehrt, sondern sie standen auch wegen der völlig ungenügenden kollektiven Interessenvertretung den Lohnkürzungen hilflos gegenüber. Kurzum: Der Pauperismus fraß sich immer tiefer in das Handwerk hinein.

Untrüglicher als an den zeitgenössischen Eindrucksschilderungen, die auf deprimierende Anschaulichkeit zielten, läßt sich der Wohlstandsverfall an der Unfähigkeit zur Steuerzahlung ablesen. In Preußen sank die Zahl der gewerbesteuerpflichtigen Handwerker bis 1848 auf fast 10% hinab. Das Verhältnis derjenigen Handwerksmeister, die wegen zu geringen Einkommens völlig unbesteuert blieben, zu den besteuerten Handwerkern verschlechterte sich seit 1845 von Jahr zu Jahr: 1845 = 417580:50102; 1846 = 427744:51031; 1847 = 432030:50633 und 1848 = 435416:47666 (1849 = 41221!). Gleichzeitig fiel die von den Handwerkern noch aufgebrachte Gewerbesteuer von 275293 T. um 12000 T. auf 263361 T. Indirekt wird diese Tendenz auch durch die Entwicklung des Klassensteueraufkommens bestätigt. Obwohl die Zahl der Steuerpflichtigen insbesondere in der 4. Klasse (62%) und 3. Klasse (32%) anstieg, die zusammen 94% der Haushalte – darunter die fast aller Handwerker – umfaßten, wurde von 1845 = 7,62 Mill. T. bis 1848 = 7,75 Mill. T. nur ein minimaler Anstieg registriert.

Auch in einer großen Gewerbestadt wie Berlin, wo sich ein ungleich höheres Kaufkraftpotential als in den kleinen Landstädten oder auf den Dörfern hielt, hinterließen die Krisenjahre tiefe Spuren. Das Verhältnis von steuerpflichtigen und steuerfreien Meistern verschob sich stetig zuungunsten der zahlungsfähigen: 1845 = 5190:14998 (74,3%); 1846 = 5263:15751 (75%); 1847 = 5385:16693 (75,6%) und 1848 = 5036:17140 (77,3%). Durchschnittlich drei Viertel der Meister blieben mithin steuerfrei. Der Tiefpunkt wurde sogar erst 1849 mit 83,1% erreicht. Natürlich variierte das Ausmaß der Misere zwischen den einzelnen Gewerbezweigen, aber an erschreckenden Indizien der allgemeinen Notlage herrscht kein Mangel. 1845 konnten etwa von 1046 selbständigen Seidenwirkern noch 176 (16%) die Gewerbesteuer entrichten, 1846 aber von 1835 nicht mehr als 130 (7%) und auch von ihnen die Hälfte nur den allerniedrigsten Satz. Von 755 Kattundruckergesellen waren bereits 1843 420 (55,6%) arbeitslos gewesen; bis 1848 besaßen jedoch von 800 Gesellen nur mehr 150 (19%) eine Stelle, 81% konnten keine Beschäftigung finden. Kein Wunder, daß die Korporation der Berliner Kaufmannschaft in ihrem Jahresbericht für 1846 an erster Stelle die Krise und Arbeitslosigkeit im Kleingewerbe hervorhob.

Vergleichbare Verhältnisse mit einem allgemeinen Tiefstand der Handwerkereinkommen in den Jahren 1846/47 herrschten nahezu überall. In Krefeld waren zu Beginn des Winters 1846/47 gut 3000 Webstühle von 8000 außer Betrieb, wodurch indirekt mindestens weitere 12000 Menschen ohne regelmäßigen Unterhalt blieben. Köln und Bielefeld unterschieden sich in anderen Gewerken genausowenig von dieser Kalamität wie Nürnberg, wo das Collegium der Gemeindebevollmächtigten im Juli 1847 die extreme Armut «des gegenwärtigen Notjahres, welches so außerordentliche Opfer erfordert», beklagte und der Bürgermeister nach dem Winter 1847/48 keine

Abhilfe für die «sich immer trauriger gestaltenden Nahrungsverhältnisse der hiesigen Gewerbe» wußte. Dieses Urteil gab den Tenor schier zahlloser Äußerungen wider, die nach der zweijährigen Gewerbedepression die ubiquitäre Notlage kommentierten. Ihr entsprach eine Stimmungslage, die nicht nur als Nährboden für tiefe Resignation und passives Erdulden einer offenbar aussichtslosen Abschwungphase diente, sondern auch verzweifelten Protest und militantes Aufbegehren auslösen konnte.[2]

Im allgemeinen wird mit der Gewerbekrise seit der Mitte der 40er Jahre die außerordentliche Belastung des Handwerks verbunden. Schon vorher hatte jedoch der langwährende Niedergang des protoindustriellen Heimgewerbes eingesetzt, so daß sich die beiden neuen Krisenfelder über ein bereits bestehendes schoben. Daß Hausindustrie und Handwerk im späten Vormärz gleichzeitig in einen irreversibel wirkenden Verfall verstrickt wurden, hat den zeitgenössischen Eindruck von einer allgemeinen Gewerbekrise als verhängnisvollem Wendepunkt auf dem Weg in eine unbekannte Zukunft vertieft – die gerade jetzt anschwellende Pauperismusliteratur ist voll davon.

Protoindustrie – ob nun auf dem Land oder in der Stadt, im Verlags- oder Kaufsystem betrieben –, das bedeutete bekanntlich in allererster Linie und oft ausschließlich dezentralisierte Textilerzeugung. Sie geriet in den deutschen Staaten nach 1815 erst unter den Druck des englischen Fabrikwarenimports, danach mit dem Fortschreiten der kontinentaleuropäischen Industrialisierung in einen gnadenlosen Konkurrenzkampf mit maschinell hergestellten einheimischen Textilprodukten aller Art. Der verzweifelte Widerstand der protoindustriellen Arbeitskräfte gegen diese überlegenen Rivalen zwang sie, endlose Arbeitszeiten, minimale Löhne, krasse Formen der Ausbeutung hinzunehmen. Trotzdem war die Agonie des Heimgewerbes nicht aufzuhalten. Als auch im Zollverein eine Baumwoll- und Tuchfabrik nach der andern gegründet wurde und florierte, als eine Maschine Hunderte von Webstühlen protoindustrieller Verlagsarbeiter zu anachronistischem Werkzeug degradierte, setzte in allen Regionen mit verdichteter Hausindustrie die tödliche Krise ein. Selten war es ein plötzlicher Tod, am ehesten noch dort, wo der Siegeszug der billigen Baumwollwaren die Wettbewerbsfähigkeit traditioneller Stoffe im Nu zerstörte. In der Regel zog sich jedoch das qualvolle Sterben der einst blühenden Protoindustrie über lange Jahre, wenn nicht gar Jahrzehnte hin. In der Regel traf aber auch das Urteil sachkundiger Beobachter zu, daß seit den 40er Jahren die Unumkehrbarkeit dieses Zerfallsprozesses im Schatten der expandierenden Textilfabriken evident sei.

Um nur ein typisches Beispiel zu nennen: Der steile Niedergang der Handspinnerei im gesamten Gebiet der ostwestfälischen Senne ließ dieses ohnehin arme, sandige Gebiet in der Nähe von Bielefeld zu einer «Wüste» verkommen. Nach einer Inspektionsreise errechnete der Regierungsrat und spätere preußische Minister Karl Hermann Bitter, daß das Einkommen einer fünfköpfigen Spinnerfamilie von 1800 = 82 auf 1853 = 49 Reichstaler gesunken sei; der jährliche Fehlbetrag liege bei mindestens 36 Talern.

Gewiß überwog in den an Leiden und Entbehrungen gewöhnten protoindustriellen Familien gewöhnlich jene lethargische Hinnahme ihres Schicksals, die der physischen und der psychischen Auszehrung, aber auch einer Mentalität entsprach, die von der generationenübergreifenden Erfahrung, fernen übermächtigen Gewalten wehrlos ausgeliefert zu sein, geprägt worden war. Überschritten aber Entbehrung und Verzweiflung jedes herkömmliche Maß, staute sich auch unter dem protoindustriellen Proletariat ein Unruhepotential auf, das sich in den vormärzlichen Krisenjahren in offenem Aufbegehren entladen konnte.

Als ob die gravierenden Probleme der Landwirtschaft, des Handwerks und des Heimgewerbes den Menschen noch nicht genug zugesetzt hätten, kamen 1847 und 1848 sogar noch zwei neue Krisen hinzu. Erschlaffende Wachstumskräfte im industrie- und verkehrswirtschaftlichen Sektor, der akute Kaufkraftschwund angesichts horrender Lebensmittelpreise sowie der negative Multiplikatoreffekt, den die sich überlappenden Krisen auslösten, hatten zur Folge, daß seit dem Herbst 1847 in wichtigen Industriebranchen eine Rezession mit gravierenden Absatzproblemen vordrang. Im Führungssektor des Eisenbahnbaus etwa wuchs das Streckennetz erheblich langsamer als in den beiden Vorjahren an. 40000 Arbeiter weniger als 1846 wurden an den neuen Linien beschäftigt. Die Nettoinvestitionen fielen scharf ab (s. *Übersicht* 43). Dieser Einbruch in der zweiten Jahreshälfte wirkte sich auch auf die Zubringerindustrien aus: Produktionsschrumpfung, Massenentlassungen und Lohnkürzungen folgten als bittere Resultate auf dem Fuß. Selbst Borsig mußte bis Anfang März 1848 einem Drittel seiner Beschäftigten kündigen, bei Krupp widerfuhr das sogar der Hälfte.

Diese endogenen Wachstumsstörungen wurden überdies noch einmal verschärft, als eine von London und New York ausgehende internationale Banken- und Börsenkrise Ende 1847 durch das Einfallstor Hamburg so schnell in den deutschen Kapitalmarkt eindrang, daß sie binnen weniger Wochen eine gravierende Erschütterung des Finanz- und Kreditsystems auslöste. An einem so bedeutenden Bankenplatz wie Frankfurt brachen solide Institute über Nacht zusammen. In Köln stand der potente Schaaffhausensche Bankverein überraschend vor dem Konkurs, der Unternehmen mit gut 40000 Arbeitern in unmittelbare Mitleidenschaft ziehen mußte. Die altrenommierte Wiener Bank Arnstein & Eskeles wurde kurz vor dem Kollaps von Rothschild noch einmal saniert. Das von den Rothschilds angeführte Bankenkonsortium jedoch, von dessen Anleihenübernahme wegen eines längst chronischen Defizits die Ausbalancierung des österreichischen Etats unmittelbar abhing, stellte am 6. März 1848 seine Zahlungen ein. Faktisch drohte damit der finanzielle Bankrott der Habsburgermonarchie zu Beginn des Schicksalsmonats.

Als dann die Revolution ausbrach, hielten vielerorts im Deutschen Bund die Auswirkungen der Rezession in der Industrie, im Kredit- und Warenverkehr weiter an, so daß die politischen Probleme durch die sozioökonomischen Belastungen verschärft wurden. Anfang Mai 1848 berichtete z. B. der französische Geschäftsträger in Dresden, daß «die industrielle und finanzielle Krise in Sachsen von Tag zu Tag ernster» werde und folgerichtig zu zahlreichen Entlassungen führe. «Als Ergebnis gibt es natürlich große Gefahren für die öffentliche Ruhe und Ordnung.»

Noch dramatischer wurde die Krisenlage von den liberalen rheinischen Großunternehmern empfunden. «Die Finanzangelegenheiten drängen», urteilte etwa Mevissen, den inneren Zusammenbruch von Schaaffhausen vor Augen, «die Politik in den Hintergrund. Kann der Kredit nicht wiederhergestellt werden, so ist die bestehende Ordnung rettungslos verloren.» Denn diesem «Übelstand» entspringe «die aufgeregte Stimmung der Proletarier..., die wie durch einen elektrischen Schlag allgemein ist», und aus diesem Grunde habe sich auch bereits die Aktivität «einer kommunistischen Bewegung so drohend und unverhüllt gezeigt». Deshalb beschwor er Hansemann, den befreundeten neuen Finanzminister, nicht nur die staatliche Intervention zugunsten der Banken, unter anderem in Gestalt eines verlorenen Zuschusses von zwei Mill. T., einzuleiten, sondern vor allem AG-Banken unverzüglich rechtsgültig zuzulassen, da sie allein – «das eigentliche Instrument des Fortschritts!» – dank ihrer Fähigkeit zur Mobilisierung großer Mittel der Situation auf Dauer gewachsen seien.

Als der Schaaffhausensche Bankverein Ende März seine Zahlungen einstellen mußte, wurde auf Drängen Hansemanns, den die rheinische Bourgeoisie-Lobby nachhaltig unterstützte, mit der Sanierung der Übergang zu AG-Banken publikumswirksam demonstriert. Anfang August genehmigte das Staatsministerium endlich auch formal die Umwandlung des Kölner Bankhauses in eine AG; als Erster Direktor und zugleich als Vertreter des Staates fungierte Mevissen. Weit über die Unterstützung eines insolventen Unternehmens hinaus wurde damit ein Präzedenzfall geschaffen, dem die Ausdehung der AG in das Bankwesen und damit der Übergang zur modernen, leistungsfähigen Universalbank unmittelbar folgte. Die preußische Banken- und Kreditpolitik der ersten Revolutionsmonate enthüllt daher sehr klar, wie eng ökonomische Krise und politische Revolution verbunden waren.[3]

3. Soziale Krisenfolgen und Radikalisierung des kollektiven Protests

Der Massennotstand, der aus der wechselseitigen Verschränkung und Verstärkung von Agrarkrise, Handwerkskrise, Heimgewerbekrise und Industriekrise resultierte, führte zu einer Vielzahl sozialer Folgen. Ihre Häufung ist es, die hier interessiert, aber hinter der verallgemeinernden Skizze auffälliger Depressionsphänomene verbirgt sich eine Unsumme individuellen Elends: Hunger, Siechtum, Arbeitslosigkeit, der Tod ringsum. Was die Krisenkonsequenzen in jedem Einzelfall konkret bedeuteten, muß in der Vorstellung stets präsent bleiben.

Die Armut dehnte sich seit 1845 schlechthin unübersehbar aus. In Köln sollen 30% (25000 von 86000 Einwohnern) in den Armenlisten geführt worden sein, in den bayerischen Städten rund 33% der Bevölkerung von Almosen und öffentlicher Unterstützung gelebt haben. In Berlin stiegen die Ausgaben der Armenkasse in den Krisenjahren um 63%, so daß sie 40% des gesamten Stadtetats in Anspruch nahmen. Parallel zu den Preisen fielen die Heiratsziffern in Baden, Württemberg, Hessen und Preußen, in der Pfalz und im rechtsrheinischen Bayern. Während die Geburtenzahl zurückging, stieg die Sterblichkeitsquote. Da Hunger und unzureichende Nahrung ungezählte Menschen schwächte, griffen bösartige Krankheiten um sich: Diarrhö mit Kreislaufkollaps z.B., Ruhr und Typhus. In Oberschlesien grassierte im Winter 1847/48 und Frühjahr 1848 der Flecktyphus, er raffte mehr als 30000 Opfer dahin, ehe überhaupt die ersten Hilfsmaßnahmen begannen. An Ort und Stelle konstatierte Rudolf Virchow als junger Arzt, daß der Typhus «nur durch den Hunger eine so große Ausdehnung gewonnen» habe. Wegen fehlender «Vorbeugungsmaßnahmen» seien von der Regierung «soviel Menschen geopfert worden, als ein kleiner Krieg kosten würde»; diesen «Skandal, der durch den Tod von Tausenden vollendet ist, kann nichts mehr tilgen». Insgesamt 50000 Todesopfer wurden schließlich allein in dieser Provinz registriert. Dieselben Seuchen sollen in Ostpreußen rund 40000 Tote gefordert haben. Weder Ärzte noch Behörden waren den Epidemien gewachsen. Nachrichten darüber wurden unterdrückt, so daß nicht einmal eine nach den Möglichkeiten der Zeit rechtzeitige Vorsorge gegen die Ansteckung getroffen werden konnte. Die warnende Berichterstattung einer freien Presse hätte vermutlich manche Exzesse verhindert. Zensur und Informationsreglementierung dagegen hatten jetzt einen tödlichen Preis zur Folge. 1848 wurde die Stimmung in den Seuchengebieten noch immer durch die Erfahrung des Massensterbens beeinflußt; so kann z.B. die vieldiskutierte Erregung und Reizbarkeit, die 1848 in Schlesien herrschte, ohne den Schock der Typhusepidemie nicht angemessen verstanden werden.

In manchen Gebieten flüchtete, wer die Mittel dazu hatte, in die Auswanderung, die seit 1845 sprungartig zunahm. Andere vermehrten, Gerüchten über Arbeitsplätze und erschwingliche Lebensmittel folgend, die ebenfalls anschwellenden Ströme der Binnenwanderung. Bettelei wurde eine allgegenwärtige Erscheinung in Stadt und Land. Vagabundierende Haufen von Hungrigen, zu kriminellen Akten neigend, lösten Furcht und Schrecken aus. Die Anzahl kleiner Eigentumsdelikte, meist ging es um Mundraub und Holzdiebstahl, folgte dem Anstieg der Roggen- und Kartoffelpreise. Daher wurde das Maximum an Rechtsbrüchen 1846/47 erreicht. Das häufig unverhältnismäßig hohe Strafmaß stand in keiner Relation zu dem materiellen Schaden, der aufgrund der Normverletzung entstand, aber von der drakonischen Ahndung versprachen sich Gerichte und Behörden eine präventive Abschreckung. Vergebens, auch damals kannte Not kein Gebot.

Noch ehe die sozioökonomischen Krisen zahlreiche Aktionen des sozialen Protests auslösten, wirkte der schlesische Weberaufstand vom Frühsommer 1844 wie ein Fanal künftigen Aufruhrs. Mit der Helligkeit eines Blitzes wurde der qualvolle Verfall der Protoindustrie so grell beleuchtet, daß er in das Bewußtsein einer breiten Öffentlichkeit eindrang. Die schlesischen Weberdörfer hatten sich schon seit längerem zu einem Notstandsgebiet entwickelt. Die allgemeine Ursache lag in der Überlegenheit der Fabrikproduktion begründet, zumal es in Schlesien zu dieser Zeit keineswegs hauptsächlich um den unstrittigen Niedergang der Leinenherstellung, sondern vor allem um die Lage der Baumwollweber ging. 1844 machte der durchschnittliche Weberwochenlohn von 20 Silbergroschen (30 zählte ein preußischer Taler) gerade noch ein Viertel des Wochenlohnes von 1830 aus! Die Konkurrenz der Maschinenwaren hatte den Lebensstandard der Weber mithin bereits auf ein Niveau gedrückt, das Abertausenden von Familien im Heimgewerbe nur mehr gestattete, notdürftig von Zahltag zu Zahltag dahinzuvegetieren. Die Abhängigkeit von der Marktmacht weniger Großunternehmer verschärfte die Situation. In Langenbielau mit seinen 13 000 Einwohnern arbeiteten allein für die Firma Dierig 2 000 Lohnweber, 1 000 Spinner und 1 000 Spuler; in Landshut kamen 1 000, in Ludwigsdorf 800 Verlagsweber noch hinzu. Im nahen Peterswaldau besaß der berüchtigte Textilfabrikant Zwanziger eine vergleichbare Position. Daneben versuchten kleinere Betriebe, sich durch rücksichtslose Ausbeutung über Wasser zu halten.

Als die Absatzkrise seit 1843 die Inferiorität der Verlagsarbeit unterstrich, wurden die Löhne erneut gedrückt. Sozialkritische Publizisten wie Wilhelm Wolff, Pelz und Schlöffel gründeten erste Weber-Unterstützungsvereine. Die Börsenkrise seit dem 25. Mai 1844 und der zeitweilige Kursverfall der Eisenbahnaktien trafen dann im folgenden Frühjahr auch die schlesischen Textilfabrikanten, deren Verhandlungsstil gegenüber den Webern sich weiter verhärtete. Aus dieser Überlappung von langlebiger Notlage und aktueller Zuspitzung resultierte am 4. Juni ein Protestmarsch, der sich – aus Peterswaldau ständig Zulauf erhaltend – bis hin vor Zwanzigers neue Villa bewegte. Die Weber forderten, immer noch maßvoll, eine Lohnerhöhung und ein Geschenk als symbolischen Akt der Wiedergutmachung begangenen Unrechts und der Rückkehr zu «gerechten» Löhnen. Als sie mit Hohn und Spott abgewiesen wurden, begann ihr Sturm auf den protzigen Neubau, dessen Möbel und Innenausstattung ganz so zerstört wurden wie später die Maschinen und Kaufmannsbücher im Betrieb. Zwanziger gelang die Flucht nach Reichenbach, wo er die Verwaltung alarmierte. Unverzüglich wurden am 5. Juni 200 Soldaten nach Peterswaldau geschickt, wo sie eine Schutzwache hinterließen, ehe sie nach Langenbielau weitermarschierten. Dort trafen sie auf einen großen, anschwellenden Demonstrationszug, der vor Dierigs Haus die Forderungen des Vortags vertrat. Die schwer überschaubare Situation löste nach anfänglicher Kompromißbereitschaft erst Warnschüsse, danach eine gezielte Salve aus: 11 Tote und 30 Schwerverletzte wurden gezählt. Mit Steinen und Knüppeln leistete die empörte Menge dennoch solchen Widerstand, daß das Militär sich zurückzog. Jetzt wurde auch Dierigs Wohnhaus gestürmt, während die Soldaten vor Peterswaldau auf Verstärkung aus Schweidnitz warteten. Bereits am 6. Juni trafen vier neue Kompanien mit Geschützen und Kavallerie ein, die beide Ortschaften besetzten, 1500 Weber verhafteten und abführten.

In einem ausführlichen Bericht analysierte der Landrat des Kreises Reichenbach bereits am 8. Juni die Ursachen des Aufruhrs: Als erstes nannte er die Verzweiflung erzeugende, drückende Notlage, an zweiter Stelle den «wirklichen langgenährten Haß der Lohnweber gegen einzelne und durch ihren Arbeitsschweiß reich gewordene und im Überfluß hochmütig schwelgende Fabrikherren», schließlich nach dieser realistischen Diagnose im Stil der konservativen Verschwörungstheorie «die philanthropische Presse» und die «zur Mode der Zeit gewordenen Weber-Unterstützungsvereine». Auch der Präsident des zuständigen Breslauer Kriminalgerichts, Graf Rittberg, urteilte ungeschminkt: «Die Härte der Handlung Zwanziger und Söhne hat die bedauerlichen Exzesse provoziert.» Bis zum 1. September verurteilte dieses Gericht 87 Weber zu mehrjährigen Haftstrafen – insgesamt wurden 203 Jahre Zuchthaus und 90 Jahre Festung verhängt – sowie zu 20 bis 30 Peitschenhieben; der Rest erhielt 14 Tage Gefängnis und 10 bis 20 Hiebe. Die Kosten des Verfahrens jedoch wurden von Rittberg auf die Fabrikanten umgelegt. Und nicht nur das: In einem in der preußischen Rechtsgeschichte einmaligen Gesuch bat das gesamte Kriminalgericht unter Rittberg im März 1845 um Begnadigung, da die Weber sich nur aus Armut und Ausweglosigkeit empört hätten. Tatsächlich sind zwischen dem Juli 1845 und dem Juni 1846 alle Inhaftierten begnadigt worden.

Auch die Verwaltung und das Breslauer Konsistorium versuchten, mit den beschränkten Mitteln der Armenhilfe die Not zu lindern. Angesichts des Massenelends blieben freilich all diese Bemühungen «Symptompfuscherei». Mit dem treffenden, aber herzlosen Urteil der frühen Manchesterliberalen war den Webern freilich ebensowenig geholfen. So betrachtete etwa der Bremer Bundestagsgesandte Smidt die «Aufregung... als ein temporäres, bei dem Übergang vom Handwerk zur Maschinenarbeit fast unvermeidliches Übel», das «durch tunlichste Beschleunigung dieses einmal nicht mehr ausbleibenden Übergangs am sichersten und dauerndsten zu beseitigen sein möchte». Damit wurde zwar ein prinzipielles Strukturproblem des Heimgewerbes richtig erfaßt – wo aber war denn 1844 die Industrie zu finden, die etwa den schlesischen Webern Arbeit und Lohn hätte bieten können? Vergleichbare Protestaktionen, die im Herbst 1844 in Böhmen, in der Folgezeit im sächsischen Vogtland, in Thüringen und anderswo vorkamen, enthüllten stets dasselbe Dilemma, endeten aber ebenfalls in Unterdrückung und Fortsetzung des Elends.

Seit dem 1. Juni 1844 wurde durch Presseberichte das wahre Ausmaß der schlesischen Tragödie allmählich enthüllt. Offizielle Untersuchungen im Regierungsauftrag machten alsbald die Einzelheiten bekannt. Allgemein wandte sich die Sympathie den Webern zu. Das Echo der öffentlichen Debatte hallte noch lange nach. Von der «Weberlyrik» bis hin zu Gerhart Hauptmanns «Webern» löste das spektakuläre Ereignis immer wieder Mitgefühl und Kritik aus. Bereits unmittelbar danach wurde es von frühsozialistischen Radikalen wie Wolff und Marx als erste militante Aktion des deutschen Proletariats gründlich mißverstanden. Tatsächlich kamen die Verzweiflungstaten der Weber zustande, als die Verkettung der abgrundtiefen Not protoindustrieller Verlagsarbeiter mit dem sowohl raffgierig-bösartigen als auch unklug-kurzsichtigen Verhalten mächtiger Unternehmer und schließlich der nervös-brutalen Reaktion des Militärs das spontane Aufbegehren auslöste. Was danach über die Lebensverhältnisse der Weberfamilien bekannt wurde, nährte nicht nur die Systemkritik der Radikalen, sondern auch die antikapitalistischen Ressentiments von Konservativen. Der Schockwirkung des «Aufstands» konnten sich beide nicht entziehen. Hatte eben noch ein Hitzkopf in Bettina v. Arnims Freundeskreis postuliert: «Den Hungrigen helfen wollen, heißt jetzt – Aufruhr predigen», nährte der Aufruhr, als er dann so plötzlich ausbrach, nährte auch die Hilflosigkeit der Staatsverwaltung gegenüber den schwierigen Problemen des ökonomischen Strukturwandels eine unverhohlene Skepsis gegenüber der Fähigkeit des alten Regimes, mit Krisen von einem derartigen Ausmaß überhaupt noch annäherungsweise fertig zu werden. Aufschlußreicher als die radikale Polemik ist das Urteil eines weltläufigen Konservativen, der sich wie der General Oldwig v. Natzmer häufig am Hof bewegte. «In den schlesischen Zuständen» lag nach seiner Überzeugung «der Keim zu einer bevorstehenden Umwälzung der bestehenden Verhältnisse . . ., denn es hänge zuviel daran»; freilich «könne noch viel Zeit vergehen, ehe dies einträfe.»[4]

Diese Erwartung sollte sich schon bald als trügerisch erweisen, aber zwischen 1844 und dem Revolutionsjahr häuften sich die akuten Krisensymptome des kollektiven Protests. Wiederum korrelierte von 1845 bis 1847 die Anzahl der Aktionen mit dem Ansteigen der Getreide- und Kartoffelpreise. Deshalb wurde auch im ersten Halbjahr 1847 mit den bisher eruierten 57 Zwischenfällen der Höhepunkt erreicht. Der «Getreidetumult» folgte gewöhnlich einem bestimmten Verlaufsmuster, dem ähnliche Motivationen zugrunde lagen. Auf den Kornmärkten versuchten, wie z. B. aus Altbayern berichtet wird, hungrige «Haufen» meist aus der «niederen Volksklasse» den

Ankauf und Abtransport von Getreide zu verhindern, damit es zu einem «gerechten» Preis am Ort angeboten werden könne. Trafen sie auf Widerstand, wurden Marktstände und Speicher gestürmt, auch Bäckerläden geplündert, bis das Militär – Ortspolizei reichte nur selten aus – die «Ordnung» wiederherstellte. Einmal trieb ein «mentaler Lokalismus» zum Widerstand gegen die anonymen Marktmechanismen an, die den bitter benötigten Roggen fernen Kunden zuführten. Sodann lockerte in den Hungermonaten der Zwang zur physischen Selbstbehauptung die verinnerlichte Verhaltenskontrolle, so daß gewöhnlich respektierte Barrieren überschritten wurden. Nie handelte es sich um einen vorausschauend geplanten oder formalisierten Regeln gehorchenden Protest, sondern durchweg um einen «sozialen Ausnahmebrauch», der spontan als letztes Mittel der Bedürfnisbefriedigung praktiziert wurde.

Zu vergleichbaren «Teuerungskrawallen» kam es in derselben Zeit in Süddeutschland, als der Bierpreis seit 1845 um 20% anstieg, da sowohl ein weitverbreitetes Nahrungsmittel als auch ein beliebtes «Vehikel der Geselligkeit» betroffen war. In den größeren Städten fand sich häufig eine aus dem «Pöbel», Handwerksgesellen, Studenten, sogar Honoratioren sozial bunt gemischte Protestmenge zusammen, gegen die mit militärischer Repression hart vorgegangen wurde, da die Ortspolizei «bei der damaligen Reizbarkeit» unkontrollierte Exzesse fürchtete. Der hypernervös überzogene Einsatz von Soldaten häufte sich besonders deshalb, weil die ohnmächtigen kleinen Gendarmerieposten außerstande waren, bei solchen «Tumulten» die öffentliche Ruhe wiederherzustellen. Aus Furcht vor angeblicher «Widersetzlichkeit» ging auch im August 1846 sogleich Militär vor, um die populäre Kölner Martinskirmes, eine Art sommerlichen Karneval, mit aufgepflanztem Bajonett und Kolbenhieben aufzulösen. Zwei Tage lang schienen Straßenkämpfe zu drohen, Menschenansammlungen wurden unbarmherzig auseinandergetrieben, Preußenhaß und Zivilistenverachtung schaukelten sich wechselseitig hoch, bis einer Bürgerwache die Entspannung gelang.

Im Winter 1846/47 und Frühjahr 1847 steigerte sich mit wachsender Teuerung die Konfliktintensität. In Münster, Landsberg, Eisleben, Posen, Swinemünde, Fulda, Tübingen, Ulm, Nürnberg, Regensburg, Halle, Merseburg, Stettin, Mainz, Köln, Stolp, Osterode in Ostpreußen, Frankfurt an der Oder, Wittenberg, Dresden – in rund hundert Städten wurden Läden gestürmt, Magazine leergeräumt, Märkte überfallen, bis durch den üblichen Truppeneinsatz die äußere Ordnung gewaltsam wiederhergestellt wurde. Während der Berliner «Kartoffelrevolution» vom 21. bis 23. April 1847 rückte sogar die gesamte Garnison unter General v. Prittwitz gegen zusammengeballte Haufen vor, die aus Hunger und Not zum Plündern von Marktständen und Geschäften geschritten waren, aber dem Zusammenprall mit den Soldaten keineswegs so geschwind auswichen, wie das Militär es gewohnt war. 82 Soldaten wurden verwundet, eine unbekannte, aber mit

Sicherheit größere Zahl von «Aufrührern» verletzt, bis nach drei Tagen die «Empörung» unterdrückt war.

Unleugbar vollzog sich sowohl eine «Eskalierung der gesellschaftlichen Konfliktbereitschaft» als auch eine Brutalisierung der staatlichen Präventiv- und Repressionsmaßnahmen. Häufig trieb erst die rücksichtslos ausgeübte militärische Gegengewalt die Auseinandersetzungen auf die Spitze. Seit 1845/47 hielt sich daher «der Haß gegenüber Polizei und Militärgewalt, die Empörung über soziale Diskriminierung und Entmachtung, die Erfahrung des Widerstands gegenüber der Obrigkeit». Seither auch wuchs sich die Legitimationskrise des vormärzlichen Staates immer gefährlicher aus, da die Regierungen gegenüber dem Massenelend fortwährend zwischen Hilflosigkeit und Gewaltanwendung schwankten. Da auch die privaten, kirchlichen und kommunalen Bemühungen um Linderung der Not im Endeffekt, wie sich nur zu gut beobachten ließ, einen Tropfen auf einen heißen Stein bedeuteten, kann es nicht verwundern, daß die Sozialangst vor der Radikalisierung der Protestaktionen um sich griff.

Schon 1844 warnte Friedrich Harkort, «daß eine große Krise sich nähert», die in erster Linie politisch gelöst werden müsse. 1845 verfocht Hermann v. Beckerath auf dem Rheinischen Provinziallandtag erneut das Ziel der westdeutschen Bourgeoisie, daß eine gesamtstaatliche Volksvertretung in einer Zeit, deren gesellschaftliche Grundlagen von gewaltsamen Erschütterungen bedroht würden, unabdingbar sei. Noch immer fehle eine solche politische Institution, welche die «bürgerliche Freiheit» verbürgen und die «Macht des demokratischen Elements» mäßigen könne, dem «Durchbruch der öffentlichen Meinung», wie Beckerath die Revolution umschrieb, «vorzubeugen». Ein Jahr später vibrierte das Krisengefühl noch unruhiger. «Unser ganzer Boden ist unterhöhlt», vertraute Varnhagen seinem Tagebuch an, «1000 Gänge sind hindurchgetrieben, endlich werden sie in ein großes Loch zusammenbrechen. Meine Ahndung» ist: «alles ist von demselben Strom ergriffen und wird derselben Mündung zugeführt.» Gegen den oberflächlichen Optimismus, «in Preußen fehle der Stoff zu einer Volkserhebung», begehrte er insgeheim auf: «ach lieber Gott, welche törichte Verblendung! Wieviel des Stoffes ist noch da!» Im Süden des Bergischen Landes beobachtete gleichzeitig der Landrat des Kreises Waldbröl die «steigende Not» der ländlichen «Arbeiterklasse». «Hülfe tut not», beschwor er das Regierungspräsidium, «denn sonst befüchte ich, daß die ärmere Klasse, der es häufig an dem alleinigen Nahrungsmittel... gebricht, nicht lange mehr ihre Leiden in Geduld ertragen wird.» Ein so vorzüglicher Kenner der ländlichen Gesellschaft wie der Ökonom Wilhelm Roscher stimmte 1847 im Hinblick auf die «große politische Gefahr jeder bedeutenden Teuerung» zu. «Die großen Revolutionen in der Geschichte sind», warnte er, «gar häufig durch große Teuerungen vorbereitet worden.»

Um dieselbe Zeit wurde Karl Biedermann durch «die neueste furchtbare

Not« und radikale Publizistik zur Beschäftigung mit dem «Sozialismus und der sozialen Frage» angeregt. «Es wäre das größte Unglück für uns», argumentierte er, «wenn die sozialistische Bewegung ... in die unteren Klassen eindringe ... dann hätten wir das Schlimmste zu fürchten, den vollen Ausbruch noch ungebildeter und unreifer Elemente, einen allgemeinen gewaltsamen Umsturz aller Verhältnisse, bei dem gar nicht abzusehen wäre, wann und wie sich aus seinem Schlunde wieder eine friedliche Ordnung hervorarbeiten möchte.» Allgemeine politische Emanzipation und großzügige Teilhaberechte könnten, mahnte der Leipziger Liberale, am sichersten die drohende «gewaltsame Eruption» verhindern. Während derselben Krisenmonate befürchtete auch der schlesische Rittergutsbesitzer Karl v. Vincke-Olbersdorf, daß «von unten, von den besitzlosen Armen ... ein Ungewitter» aufsteige, «welches sich nur durch die vereinte Kraft aller Besitzenden ... beschwören läßt». Dafür müßten freilich, so die verfassungspolitische Pointe, die politischen Mitwirkungswünsche «der Mittelklasse», in welcher «der Schwerpunkt unserer Staatskräfte liegt», endlich erfüllt werden.

Bis 1848 hatte sich ein explosives Gemisch von Erfahrungen und Enttäuschungen, Befürchtungen und Hoffnungen entwickelt. Hunger und Massenelend nährten Verzweiflung, im Verein mit der Ratlosigkeit und Repressionspraxis des Staates zugleich die politische Vertrauenskrise. In der Diagnose der politischen Gefährlichkeit der Situation stimmten zahlreiche Zeitgenossen überein, und es ist auffällig, wie viele einer Lösung das Wort redeten, die auf moderne Verfassungspolitik, Ausweitung der politischen Partizipationsrechte und volksnähere Gesetzgebung hinausliefen. Einen direkten Nexus zwischen Hungerkrise, Getreidetumulten und Kartoffelrevolten einerseits, der Revolution von 1848 andrerseits zu unterstellen, hieße, einer simplifizierenden Verkürzung komplizierterer Zusammenhänge zu erliegen. Die jahrelang erfahrene Unfähigkeit öffentlicher Verwaltungs- und Entscheidungsgremien der unterschiedlichsten Art, mit den sich häufenden Problemen wenigstens auf mittlere Sicht fertig zu werden, steigerte jedoch weithin das Interesse an politischen Institutionen – und an der Mitwirkung in ihnen –, die sowohl für die vitalen Interessen der Bevölkerungsmehrheit als auch für die Stabilisierungs- und Machtbeteiligungswünsche der Mittel- und Oberschichten endlich effektiver eintreten konnten. In diesem vermittelten Sinn kann man die Krise von 1845 bis 1848 «das Präludium zur 48er Revolution in ganz Europa» nennen.[5]

III.
Gesellschaftskrise und Legitimationskrise
Aufriß einer historisch-systematischen Analyse der Revolutionsursachen

Die Revolution, die im März 1848 in den deutschen Staaten ausbrach, ist ein integraler Bestandteil der gemeineuropäischen Revolutionen dieses Jahres. Trotz ihrer unübersehbaren Gemeinsamkeiten lenkt jedoch die Frage nach den Bedingungen, Ursachen und Motiven dieser deutschen Revolution auf eine eigentümliche Verschränkung von Antriebskräften hin, die in drei Dutzend Staaten mit verschiedenartigen politischen Systemen und verschiedenartigen Sozialverfassungen durchweg eine revolutionsbegünstigende Konstellation geschaffen haben. Offenbar war die Revolution mehr als eine verspätete Reaktion auf die Hungerkrise von 1846/47. Offenbar war die Revolution mehr als ein Ausbruch verfassungspolitischer Ungeduld im unkonstitutionellen Preußen, offenbar auch mehr als eine militante Aversion gegen das dreißigjährige Metternichsche Repressionssystem in Österreich. Offenbar war die Revolution mehr als eine bigotte Empörung gegen Lola Montez' Rolle in München, offenbar auch mehr als eine pure Imitation der Pariser Erhebung.

Vielmehr nahm in ihr eine allgemeine Transformationskrise, die in den verschiedenen Dimensionen der deutschen gesellschaftlichen und politischen Entwicklung zu einer antagonistischen Zuspitzung geführt hatte, die Gestalt einer revolutionären Eruption an. Anders gesagt: Da sich mehrere, manchmal lange Zeit aufgestaute, gravierende Modernisierungskrisen überschnitten, wodurch letztlich die Legitimationsbasis sowohl der politischen Herrschaftsordnung als auch der normativen Kultur der klassen- und schichtenspezifischen Lebenswelten erschüttert wurde, drängte schließlich die Krisenlage angesichts der stimulierenden Bedingungen im internationalen Staatensystem dahin, auf revolutionärem Wege eine Neuordnung zu erzwingen.

Warum es zu diesem Zeitpunkt, überdies fast gleichzeitig in fast vierzig Staaten, zur Revolution kam, muß mit rationalen Argumenten möglichst überzeugend erklärt werden. Deshalb kann es nicht die Aufgabe des Historikers sein, die kontrafaktische Behauptung, daß diese Revolution «nicht unausweichlich» gewesen sei, ausführlich zu überprüfen – das wäre nichts als Zeitverschwendung. Denn die Revolution von 1848 selber ist ein unumstößliches Faktum, ihre ubiquitäre Realität dementiert die vermeintliche Vermeidbarkeit und bezeugt machtvoll die Unausweichlichkeit des revolutionären Aufbruchs. Unbestreitbar bildet die Revolution zugleich einen

«Knotenpunkt» der modernen deutschen Geschichte, sie ist daher aus vielen Gründen in außergewöhnlichem Maße erklärungsbedürftig. Trotzdem kann man nicht sagen, daß die Historiker bis hin zu den Autoren der neuesten Darstellungen alle Kraft auf eine einleuchtende kausale und funktionale Erklärung der Revolutionsursachen verwandt hätten. Eine solche historisch-systematische Erklärung zumindest versuchsweise zu skizzieren, wird jedoch heute zu Recht von einer Revolutionsgeschichte erwartet.[1]

Die okzidentalen Gesellschaften der Neuzeit sind trotz des ständig zunehmenden und historisch durchaus neuartigen Modernisierungstempos dank ihrer Elastizität erfahrungsgemäß imstande, ein im Grunde erstaunlich hohes Ausmaß an sozialökonomischem, kulturellem und politischem Wandel bis hin zu dramatischen Krisensituationen zu «verarbeiten». Der revolutionäre Bruch mit der haltgebenden Tradition, mit dem vertrauten Ordnungsgefüge in den maßgeblichen Realitätsbereichen ist und bleibt überall eine denkwürdige Ausnahme, welche die Kausalanalyse mit einer Fülle von komplizierten Problemen konfrontiert. Wo liegt die Schwelle, an der ein Entwicklungsprozeß, der sich bisher durch die flexible Bewältigung schwieriger Modernisierungsaufgaben ausgezeichnet hat, nicht nur ins Stocken gerät, sondern jenseits derer er in Revolution einmündet? Welche Faktoren entscheiden darüber – wie man meist erst im nachhinein erkennen kann –, daß die «Problemverarbeitungskapazität» nicht mehr ausreicht, um eine stets konfliktträchtige Dynamik durch die Stabilisierungsfähigkeit eines Konsenses der Überzeugungen und Handlungen weiter in Schach zu halten? Ist es der Aufstieg neuer sozialer Kräfte, neuer Klassen, neuer Machteliten? Oder ist es die Verletzung des guten alten Rechts, mithin die traditionalistische Verteidigung einer untergehenden Ordnung? Ist es die objektive Gewalt eines Katarakts, in den der historische Prozeß gerät? Oder ist es das verbreitete subjektive Bewußtsein der überhöhten Geschwindigkeit von Veränderungen, die jede versuchte Anpassung alsbald wieder zunichte machen, so daß außer passiver Wehrlosigkeit nur das gewaltsame Entgegenstemmen bleibt? Ist es die unerträgliche Belastung einer extremen Krisensituation, welche die bislang biegsame soziopolitische Verfassung zerbrechen läßt? Oder ist es die Erbitterung, die während der Erholung von einer niederdrückenden Notlage dadurch genährt wird, daß die soeben überstandene Lebensgefahr, das soeben erduldete Unrecht jetzt erst eigentlich ins Bewußtsein tritt, so daß die verspätete Empörung über die vergangene Zumutung zum revolutionären Ausbruch führt? Ist es eine Konvulsion, die den Übergang zu einer neuen Gesellschaftsformation geradezu regelmäßig zu begleiten pflegt?

Das ist nur der Beginn eines längeren Katalogs wichtiger Fragen, von denen kaum eine umstandslos mit «Ja» oder «Nein» beantwortet werden kann. Um eine gewisse analytische Ordnung in den langwährenden, aber unentschiedenen Streit über die Revolutionsursachen zu bringen, empfiehlt sich die systematische Unterscheidung von mindestens sechs Problemkomplexen, deren Bedeutung hier und in den folgenden drei Kapiteln Schritt für Schritt zu klären und zu erklären unternommen werden soll. Auch in diesem Kontext ist Sparsamkeit im Umgang mit den wichtigsten Faktoren und Kategorien geboten, will man nicht durch ein Übermaß an leicht möglichen Differenzierungen mehr Verwirrung stiften anstatt mehr Klarheit zu schaffen.

Zuerst sollten (1.) die langfristig wirksamen Bedingungen, die von säkularen Entwicklungsprozessen geschaffen werden, von den (2.) kurzfristig wirksamen Bedingungen, die plötzlich, unvorhersehbar, in relativ kurzer Zeit eine Zuspitzung fördern, unterschieden werden. Selbstverständlich ist das eine primär analytische, zum Teil auch idealtypische Trennung. Ihr liegen realhistorische Phänomene von verschiedenartiger Zeitdauer zugrunde, die sich in der Wirklichkeit jedoch öfters berühren, miteinander verschmelzen oder kumulativ überlagern können – eine solche Kongruenz zeigt häufig eine krisenträchtige Situation an. Im Vergleich mit sozial- und politikwissenschaftlichen Revolutionstheoremen besteht eine Stärke der historischen Analyse in der möglichst exakten Herausarbeitung dieser beiden Bedingungsbündel, aus denen gewissermaßen gleitend die Ursachenkonfiguration eines revolutionären Ausbruchs hervorgehen kann. Sind die Grundlinien dieser Interaktion von Prozessen der «longue durée» mit der kurzlebigen Ereignisgeschichte freigelegt, muß (3.) die Frage nach der Hierarchie der Krisenelemente beantwortet werden: Liegt der Schwerpunkt auf einer ökonomischen oder einer sozialen Krise, auf einer Krise der kulturellen Weltdeutung, auf einer politischen Vertrauenskrise? Oder besteht die Eigenart der deutschen 48er Revolution darin, daß Krisenerscheinungen in allen Dimensionen des gesellschaftlichen Lebens auftraten, zusammenwirkten und in einer politischen Legitimationskrise, welche die Struktur der Herrschafts- und Gesellschaftsordnung in Frage stellte, gipfelten? Erst danach kann (4.) die für jede Revolution zentrale Frage nach dem «Auslöser» geklärt werden, der die Krisenlage durch eine explosive Initialzündung in eine Revolution verwandelt. Unvermeidbar müssen sodann (5.) die verschiedenen Trägergruppen der Revolution identifiziert, ihre divergierenden Interessen und Verhaltensweisen verfolgt werden, wobei die Bedeutung der konkreten und symbolischen Verletzung ihrer Interessen, Normen und Erwartungen zu klären ist. In diesem Zusammenhang läßt sich auch das bisher aufgeschobene Problem der begünstigenden und hemmenden, der hinreichenden, ja der notwendigen Bedingungen der Revolution am besten erörtern. Komplementär gehört besonders an dieser Stelle die Frage nach dem Charakter und Gewicht der Gegner hinzu: nach den konterrevolutionären Gegenmächten und ihren Ressourcen. Wenn diese Problematik zur Debatte steht, müssen auch die verschiedenen Handlungsebenen, auf denen sich die verschiedenen Kollektivakteure bewegten, sorgfältig auseinandergehalten werden, da es selbstredend naiv wäre, ein einziges Handlungsfeld für alle Revolutionäre und ihre Gegner zu unterstellen.

Schließlich sind (6.) die intendierten Ziele dieser Trägergruppen und ihrer Kontrahenten ebenso zu präzisieren wie die nichtintendierten Ergebnisse, die sich de facto, nicht selten überraschend für beide Seiten, ergeben haben. Mit diesem Komplex ist auch stets die Frage nach dem «cui bono» verbunden: Wer sind, erwartungsgemäß oder wider die allgemeine Erwartung, die eigentlichen Nutznießer der Revolution auf kurze, aber auch auf längere Sicht? Sehr selten nur gibt es einen einzigen, unzweideutigen Sieger. Welche Modernisierungsprozesse sind z. B. dank der Revolution – entgegen der ursprünglichen Absicht der Sieger und zugunsten der zeitweilig Unterlegenen – an ihr Ziel gelangt? Mit andern Worten: Welche Ziele sind, gemessen an den programmatischen Hoffnungen der revolutionären Kräfte, trotz ihrer Niederlage erreicht worden? Welche revolutionsfördernden Prozesse sind beschleunigt oder gehemmt, in ihrer Richtung verändert und umgelenkt, eventuell ganz zum Stillstand gebracht worden?

An ebenso diffizilen wie anspruchsvollen Problemen herrscht mithin kein Mangel, wenn man sich mit einer narrativen Beschreibung nicht zufriedengeben will. Sie verleihen der Frage erhöhte Dringlichkeit, ob diese Probleme bereits alle im Rahmen einer einzigen erklärungsbedürftigen Theorie befriedigend beantwortet werden können oder ob eine eklektische Kombination von verschiedenen Erklärungsansätzen vorerst unvermeidbar ist.

Bei den zuerst ins Auge zu fassenden konstitutiven Elementen der Revolutionskonstellation handelt es sich um langlebige Prozesse einer – vorn ausführlich charakterisierten – demographischen, ökonomischen, sozialen, kulturellen und politischen Dynamik, die bis zum Ende der 40er Jahre durchweg brisante Zustände erzeugt und den Nährboden für 1848 vorbereitet hatte.

Die «Demographische Revolution» während der dritten Welle der europäischen Bevölkerungsexpansion hatte auch in den deutschen Staaten in den sechs bis acht Jahrzehnten vor 1800 schon zu einer gewaltigen Vermehrung um 80 bis 100% geführt. In weiten Regionen hatte sich daher die Bevölkerung bereits vor der Jahrhundertwende verdoppelt. In der ersten Hälfte des 19. Jahrhunderts hielt diese Expansion aus den vorn erwähnten Gründen mit eher noch anwachsender Schwungkraft weiterhin an (vgl. Bd. I und vorn Teil 3, I), so daß in den wachstumsintensiven Regionen und Staaten die Zuwachsraten bis 1848 zwischen 60 und 80%, in nur 6 von 38 Staaten des Deutschen Bundes unter 50% lagen. Gewiß blieben einige Staaten wie Bayern und Württemberg weit hinter dem Durchschnitt zurück, während ausgedehnte Regionen im preußischen Osten, in Sachsen, in Westdeutschland und Baden erheblich darüber lagen. Insgesamt aber handelte es sich um ein atemberaubendes Phänomen, dessen destabilisierende Wirkungen zunehmend, insbesondere wegen der durch die Revolutionen von 1789 und

1830 geschärften Wahrnehmungsfähigkeit, tiefe Beklommenheit auslösten. Diese Unruhe wurde durch ein neues Spitzenwachstum, das seit den späten 30er Jahren einsetzte, noch einmal vertieft, zumal inzwischen die Berichte der staatlichen Statistiker diesen Vorgang recht schnell mit genauen Zahlen ins öffentliche Bewußtsein hoben.

In der furchterfüllten Pauperismusdebatte während des letzten Jahrzehnts vor 1848 fanden die Sorge und Hilflosigkeit der zeitgenössischen Kommentatoren, die einer sich blindlings voranwälzenden Springflut gegenüberzustehen glaubten, beredten Ausdruck. Das Bevölkerungswachstum wirkte überwältigend, das Arbeitsplatzangebot unverbesserlich unzureichend, die Verzweiflung der Hungernden, Verelendeten, Arbeitslosen immer gefährlicher. Daß binnen kurzer Zeit eben diese Bevölkerungszunahme die Binnenkaufkraft gewaltig steigern und anhaltende Nachfrageeffekte auch für die gewerblich-industrielle Produktion auslösen sollte – das wurde nur von vereinzelten Außenseitern als künftige Möglichkeit erkannt. Für die große Mehrheit der beobachtenden Zeitgenossen dagegen stand der Eindruck ganz im Vordergrund, daß die offenbar unbeeinflußbare Bevölkerungsexplosion von Jahr zu Jahr eine bedrohlichere Sprengkraft gewann, die für die gesellschaftliche und politische Verfassung unabschätzbare Gefahren heraufbeschwor. Daß es sich nicht selten um eine übermäßig dramatisierende, verzerrte Wahrnehmung der Problematik handelte, läßt sich zwar mit der Weisheit dessen, der vom Rathaus kommt, gewiß konstatieren. Im Erfahrungshorizont des späten Vormärz jedoch wirkte die Menschenflut gewöhnlich wie ein Menetekel, das den gewaltsamen Ausbruch der pauperisierten Massen auf dem Land und in der Stadt ankündigte.

Das beschleunigte Vordringen des Agrarkapitalismus, der Aufstieg des Industriekapitalismus und schließlich das überwältigende Parforcetempo der Industriellen Revolution seit 1845 können in historischer Perspektive fraglos als die typischen Phänomene eines erfolgreichen modernen Wirtschaftswachstums interpretiert werden. Trotz der gewaltigen regionalen und sektoralen Unterschiede, die zunächst Inseln der industriellen oder landwirtschaftlichen Progressivität inmitten einer altertümlich-traditionalen Nachbarschaft entstehen ließen, kann an der Grundtatsache nicht gerüttelt werden, daß hier ökonomische «Entwicklung» in jenem spezifisch modernen Sinn in Gang gekommen war. Freilich muß man sich vor der irreführenden Illusion hüten, daß ökonomisches Wachstum an sich und jederzeit mit einer breitgestreuten Verbesserung der Lebenschancen, einer weitgefächerten Diffusion von Wohlfahrtseffekten, einer Entschärfung der Verteilungskonflikte, kurzum: mit Stabilitätsgewinn und Risikominderung verbunden sei. Insbesondere für die ziemlich langen Anlaufphasen modernen Wirtschaftswachstums trifft weit eher das Gegenteil zu. Die Lebenschancen werden sichtbar ungleich verteilt; die Spanne zwischen dem hochschnellenden Lebensstandard kleiner privilegierter Gruppen und der Kümmerexistenz breiter Massen dehnt sich aus; die Verteilungskämpfe tendieren zu erbitterten, grundsätzlichen Auseinandersetzungen. Vielerorts stellt die Durchsetzung agrar- und industriekapitalistischen Wirtschaftens die traditionale Lebenswelt mit ihrem Normen- und Wertehimmel, ihrem Zeitmaß und Arbeitsrhythmus, ihren Sozialbeziehungen und Schichtungshierarchien prinzipiell in Frage. Wirtschaftswachstum hat daher lange Zeit gerade disruptive anstatt entspannende Wirkungen zur Folge, und die Gefährlichkeit dieser Spannungserhöhung führt im Verein mit der konfliktreichen Interessenverfechtung der Benachteiligten dazu, daß als Antwort darauf der Interventions- und Sozialstaat seit dem späten 19. Jahrhundert die Disparitäten in der Verteilung der Lebenschancen und -risiken abzumildern beginnt. Die vom Wachstum erzeugten Antagonismen erzwingen, wenn denn nicht Bürgerkrieg riskiert werden soll, die Entschärfung der ärgsten Gefahren.

Dieser allgemeine Befund läßt sich für unsere Fragestellung noch einmal zuspitzen: Je schneller und ökonomisch erfolgreicher wirtschaftliches Wachstum in seinen Frühphasen, wenn es besonders intensiv als neuartige, überraschende Macht empfunden wird, voranschreitet, desto wahrscheinlicher sind schmerzhafte wirtschaftliche Strukturverschiebungen, soziale Erschütterungen und kulturelle Orientierungskrisen bis hin zu einer Infragestellung der sozialen und politischen Herrschaftsordnung.

Im Bereich der Agrarwirtschaft, wo fast überall noch immer die Mehrheit der Bevölkerung vor 1848 – häufig, ja regelmäßig allerdings nur dank der Protoindustrie – ihren Lebensunterhalt gewann, läßt sich die Spannungserzeugung auf zwei Problemfeldern paradigmatisch verfolgen. Einmal war die Durchsetzung des Agrarkapitalismus wegen seiner Wachstumserfolge mit ganz unterschiedlichen, immer aber einschneidenden Folgelasten verknüpft. Sie sind in Preußen, wo die Agrarreformen am weitesten vorangetrieben wurden, deutlich erkennbar. Der Umbau der ländlichen Gesellschaft vollzog sich häufig auf Kosten von Bauern, die den materiellen und rechtlichen Bedingungen des Übergangs zum «befreiten» Grundbesitzer nicht gewachsen waren, während nebenan Leistungsfähigkeit und Glück den Besitz des Nachbarn konsolidieren halfen. Hunderttausende von Kleinbauern, Kossäten, Häuslern, Einliegern, Gärtnern, Insten und Landarbeitern kamen gar nicht oder nur punktuell – und dann oft zu ihrem Nachteil – in den Genuß der Reformgesetze. Ihre Arbeitskraft wurde einerseits von agrarkapitalistischen Unternehmern neuer Prägung – ob Rittern, Pächtern oder Großbauern – mit jener Skrupellosigkeit, welcher durch die smithianische Marktideologie das gute Gewissen des Normalverhaltens verschafft wurde, gegen Minimallöhne und Naturalien ausgebeutet. Andrerseits wurde die ungewohnte Existenz als freier Landarbeiter – und auf diese Sozialfigur bewegte sich die Mehrheit tendenziell hin – überlagert durch weiterbestehende feudalrechtliche Herrschaftsverhältnisse, welche die Abhängigkeit des unmündigen Untertanen erhielten.

Die andauernden Statusdiskrepanzen, deren sich die gescheiterten Bauern, Dreschgärtner, Tagelöhner, Deputatarbeiter usw. durchaus bewußt waren, wurden außerdem noch dadurch verschärft, daß sich in den ländlichen Unterschichten, in gleichwie gebrochener und unvollständiger Form, Kenntnisse des Reformrechts und seiner Absichten, damit Vergleichsmaßstäbe und Einsichten in die eklatante Benachteiligung ausbreiteten. All das nährte zunächst latente Zweifel an der Unabänderlichkeit des eigenen Lebensschicksals. Von dort waren es aber nur mehr wenige Schritte bis hin zum manifesten Aufbegehren gegen die Zumutung – wie ein Junghegelianer dem dumpfen Groll stummer Schichten pointiert seine Worte lieh –, «daß die meisten Menschen mit Sätteln auf dem Rücken und mit Gebiß im Maule geboren werden, andere wenige aber mit Stiefeln und Sporen, damit sie auf jenen reiten können».

Ein Überblick über das Spannungspotential in den ländlichen Gesellschaften aller sieben großen preußischen Provinzen würde hier den Rahmen sprengen, aber eine Art Momentaufnahme der Frontstellungen in derjenigen Provinz, die 1848 die heftigste Agrarrevolution in Preußen erleben sollte, kann einige Grundkonflikte verdeutlichen. Schlesien besaß nicht nur die höchste Kopfzahl von allen Provinzen, sondern auch die größte Zahl der Landbewohner: 2,367 Mill. standen 1845 581970 Städtern im Verhältnis von 4,07:1 gegenüber. Selbst in dem als überwiegend ländlich geltenden Pommern betrug diese Relation 794910 zu 311410 bzw. 2,25:1; der gesamtpreußische Durchschnitt lag bei 2,63:1. In Schlesien auch wurde die überkommene Agrarverfassung am zähesten gegen die Reformvorschriften verteidigt. Das gelang dem mächtigen, selbstbewußten Adel, der von seinen großen Rittergütern aus, die sich vor allem in Oberschlesien zu wahren Latifundien der Magnaten ausweiten konnten, das neue Recht bedenkenlos unterlief. Die erhebliche Zahl der großen Bauern mit gutem Besitz- und Personenrecht – nach 1811 wurden z.B. nur 5560 große Pachtbauern allodifiziert – litt unter alten Adelsvorrechten, wurde aber nicht irreparabel benachteiligt. Die seit 1821 ablösungs-, da spannfähigen Bauern mit mittelgroßen und kleinen Höfen bekamen dagegen die aristokratische Opposition voll zu spüren. In den 25 Jahren bis 1846 wurden zwar 62643 Bauern abgelöst, bei der Festsetzung der Renten wurden sie jedoch von den Generalkommissionen, die sich nur zu oft dem Interessenegoismus der Ritter beugten, mit überhöhten Beträgen betrogen; bei der Separation der Gemeinheiten wurden sie nach Kräften benachteiligt; ihre Wald- und Weiderechte wurden übermäßig eingeschränkt; wo immer den Junkern ein weiterer Vorteil winkte, wurden die Bauern mit kostspieligen Prozessen überzogen.

Noch schwieriger war die Lage der Dreschgärtner, die handdienstpflichtig blieben, das Anrecht auf einen Ernte- und Dreschanteil sowie ein kleines Stück Land (bis zu 8 Mo.) mit Nutzungs- oder beschränktem Eigentumsrecht besaßen. Bereits 1811 wollten die Junker die Gärtner auf den niederen

Häuslerstatus drücken. 1816 gelang es dem reformfeindlichen Adel, den kleinen, aber auch den größeren Kossäten jede Chance zur Regulierung zu nehmen: Der Aufstieg vom Gärtner zum freien Bauern blieb ihnen jahrzehntelang versperrt. 1827 wurde der Rechtszustand noch einmal verschlechtert, und 1845 erreichte der schlesische Adel sogar sein Maximalziel, daß Gärtner gegen ihren Willen zur Ablösung gezwungen werden konnten. Dies eklatante Unrecht, das ein grelles Schlaglicht auf das Versickern der preußischen Rechtsstaatlichkeit auf dem Lande und auf die Willfährigkeit der Provinzialregierung im späten Vormärz wirft, schürte die gärende Unruhe, die sich ohnehin seit Jahren in der notorisch «aufsässigen» Region ausgebreitet hatte. Bei Revolutionsbeginn fanden sich daher Bauern und Gärtner zu gemeinsamen Forderungen zusammen: Revision der zahlreichen Prozesse, Aufhebung der Patrimonialgerichtsbarkeit und des Jagdrechts (die jedermann schädigten), Beseitigung der Laudemien (d.h. der Abgaben bei Besitzwechsel), Einstellung aller Ablösungsverfahren gegen Gärtner, Bewilligung einer freien Gemeindeverfassung – auf solche programmatischen Postulate konnten sich in Schlesien die «Haves» selbst mit den «Have-Nots» im Nu einigen.

Ein anderes Spannungsfeld baute sich in Südwestdeutschland auf. Wie an Baden und Württemberg verfolgt werden kann, sind dort die Agrar- und Gesellschaftsreformen, die vor allem die stimulierende Konkurrenzwirtschaft einer leistungsfähigen Eigentümergesellschaft herbeiführen sollten, nur zögernd für genau eingegrenzte Kategorien von Bauern in Gang gesetzt worden und dann wieder längere Zeit ins Stocken geraten. In scharfem Kontrast selbst zu dieser verschleppten Veränderung blieben die großen Gebiete der Standesherren von Reformen völlig unberührt, und auch die grundherrlichen Bauern, die z.B. an die mediatisierten ehemaligen Reichsritter gebunden waren, standen sich durchweg weit schlechter als die freien oder staatsuntertänigen Bauern. Um die Größenverhältnisse zu verdeutlichen: Im neuen Baden gehörten 25% des Gebiets den Standesherren, 10% den Grundherrschaften. Die Fürsten v. Leiningen und v. Fürstenberg z.B. herrschten jeweils über mehr als 70000 Untertanen. Insgesamt lebte ein Fünftel der badischen Bevölkerung von 1,3 Mill. «unter standesherrlichem Regiment«. Einschließlich der grundherrlichen Bauern unterstand sogar ein Drittel dem alten Feudalrecht mit seinem Leistungszwang. Da waren weiterhin Frondienste zu erfüllen, Geldzinsen, Laudemien, Zehnten, Naturaldeputate abzuführen, die herrschaftliche Jagd mit ihrer Verheerung der Fluren ebenso zu erdulden wie die Servituten: die adligen Weide- und Waldnutzungsrechte auf Bauernland.

Zu dieser schweren Bürde kam die Belastung mit staatlichen Grundsteuern hinzu, und die Gemeinde schloß sich mit ihren Anforderungen, insbesondere der Baupflicht für Straßen, Brücken, Brunnen, Schulen, Kirchen und Armenhäuser, noch an. Am härtesten aber lastete die Sonderstellung der Standesherren auf ihren Bauern, denn außer den genannten Diensten und Abgaben besaßen sie das Ernennungsrecht für die Schultheißen, Pfarrer und Lehrer, die Forst- und Jagdpolizei, das Einspruchs- und Visitationsrecht in Gemeindefragen, ein Sondereinkommen aus Taxen, Gebühren, Sporteln und Strafgeldern. Neid und Erbitterung mußten unter den standes- und grundherrlichen Bauern anwachsen, wenn sie ihre Drangsal mit der privilegierten Existenz der unmittelbar benachbarten freien und staatlichen Bauern verglichen.

Die liberalen Reformgesetze von 1820 bis 1828 eröffneten den Übergang zu günstigeren Verhältnissen. Bestimmte Abgaben konnten seither in Renten verwandelt werden, wobei der zwanzigfache Wert des Jahresertrags bei der Kapitalisierung zugrunde gelegt wurde. Wie in Preußen wurde für den Verzicht auf Feudalrecht eine anrüchige privatrechtliche Entschädigungspflicht anerkannt, die jedoch «in Form einer ewigen Rente zugunsten der betroffenen Standes- und Grundherren der Staatskasse» aufgeladen wurde; sie zahlte allein zwischen 1824 und 1831 5 Mill. fl. an die Berechtigten als Barrenten aus. Als 1831 die Frondienste für ablösbar erklärt wurden, gab das Gesetz, nicht zuletzt dank Welckers Engagement, den mehr als dubiosen Grundsatz der vollen Entschädigung auf. Die Jahresbeträge wurden zum Achtzehn- bzw. Zwölffachen der Fronden kapitalisiert, für die erste Kategorie übernahm der Staat ein Drittel, für die zweite die Hälfte der Entschädigungssumme. Bis 1838 erhielt die Feudalaristokratie weitere 2 Mill. fl. aus der Fronablösung. Dank der Kooperation von Kammer- und Beamtenliberalismus wurde 1833 die allgemeine Zehntablösung durchgesetzt, für die ähnlich wie soeben in Sachsen eine staatliche Tilgungskasse die Ablösungskapitalien zur Verfügung stellte. Erneut wurde das Zwanzigfache des jährlichen Reinertrags des Zehnten bei der Berechnung der Rente zugrunde gelegt, von der die Bauern 80%, der Staat 20% übernehmen mußten.

Daß die liberale Modernisierungspolitik mit ihren späten Reformen endlich eine «entscheidende Bresche in die feudale Agrarverfassung» schlug, stachelte die Standes- und Grundherren zu einer ingrimmigen Opposition an. Sie sträubten sich solange wie irgend möglich gegen die Ablösung, verweigerten die Einsicht in ihre Bücher, lösten eine «Lawine von Prozessen» gegen das Großherzogtum vor der Bundesversammlung aus. Immerhin strichen sie zwischen 1833 und 1847 auch 20,6 Mill. fl. für die Zehntablösung ein. Die hindernisreiche, vielfach blockierte Verwirklichung der Reformgesetze, die erbitterten Rechtsstreitigkeiten, die finanzielle Belastung, das Fortbestehen antiquierter Abgaben und des Jagdrechts, dazu der allgegenwärtige Vergleich mit den bessergestellten Bauern, gaben dem Zorn auf die Feudalherren unablässig neue Nahrung.

Im benachbarten Württemberg gab es vergleichbare standesherrliche Sonderprivilegien, jedoch in weit geringerem Ausmaß als in Baden, und landsässige Edelleute spielten in dem auffallend adelsarmen Königreich ohnehin keine sonderlich prominente Rolle. Außerdem hatte eine entschlossene Gesetzgebung die Bauern zwischen 1817 und 1836 von ihren Diensten und Abgaben weithin befreit. Freilich war dieser Erfolg mit einem hohen Preis erkauft worden: In der Regel mußte das 20- bis 22,5fache der jährlichen Leistungen bei der Kapitalisierung zugrunde gelegt werden. Die relativ hohen Schulden wurden durch direkte Geldzahlung, mit Hilfe eines staatlichen Kredits, aber auch dadurch abgegolten, daß der Staat ein Drittel der Fronlasten ablöste. Von 1836 bis 1841 konnten die meisten Ablösungsverfahren abgeschlossen werden, auch hier gewöhnlich gegen den renitenten Widerstand der Standes- und Grundherren, die gleichzeitig immerhin mehr als 2,7 Mill. fl. kassierten. Die schwersten bäuerlichen Lasten: die Zehnten, Gefälle und Jagdrechte wagte die Regierung jedoch aus Rücksicht auf die halbsouveräne Position der Mediatisierten in ihren «Unterherrschaften» nicht zu beseitigen, so daß sie wie erratische Blöcke inmitten des Reformwerks bestehen blieben.

Mit innerer Konsequenz steigerte diese halbherzige Politik die Unzufriedenheit der Bauern. Nachdem ihre Befreiung zum Teil geglückt, die Kontinuität der Tradition durchbrochen war, schmerzte die verbleibende Feudalbürde um so mehr. Unter diesen Umständen wurde die «Doppelbelastung» erst recht als perfide, ungerechte Zumutung empfunden. Die fremdartigen neuen Geld- und Zinsleistungen wegen der Ablösung der Dienste mußten zusammen mit den herkömmlichen Naturalabgaben aufgebracht, die Jagdverwüstungen weiter erduldet werden. Im Gefolge von Mißernten trat diese aufreizende Fusion «von kapitalistisch-feudalistischer Ausbeutung grell« hervor. Unterschwellig wuchs daher die Mißstimmung unablässig weiter an.

Auf diese Weise sammelte sich, wie die drei ausgewählten, aber mühelos vermehrbaren Beispiele zeigen, in der ländlichen Gesellschaft ein bedrohlicher Konfliktstoff an, dessen Brisanz durch regionale Besonderheiten nachhaltig beeinflußt wurde. Im Prinzip aber beruhte die heranreifende Krisenlage auf dem Zusammenprall zwischen den Agrarreformen, die in evolutionstheoretischer Perspektive durchaus als breit angelegte juristische Unterstützung oder gar staatsrechtliche Besiegelung des Kapitalismus in der Landwirtschaft beurteilt werden können, und den feudalrechtlichen Privilegien der seit Revolution und Reformära zwar angeschlagenen, aber ihren Sonderstatus verbissen verteidigenden adligen Machteliten. Je sicht- und spürbarer die Agrarreformen vorankamen, je mehr die Privilegien der Aristokratie in Frage gestellt wurden, desto zäher ihr Widerstand, desto kränkender ihre Schikanen, ihre Gerichtsverfahren, ihr Betrug der Schwächeren, ihre Allüren als Feudalherren. Feuergefährlich kann man diese Reibungsflächen wohl nennen.[2]

In der Entwicklung der gewerblich-industriellen Wirtschaft läßt sich eine im Grundmuster ähnliche Gemengelage von wachstumsbegünstigten und wachstumsgeschädigten Schichten, Berufsgruppen und Klassen ausmachen.

Das wohlbekannte Wehklagen über die Krise des «alten Handwerks» – seither ununterbrochen als nützliches politisches Ritual gepflegt – darf auch im Spätvormärz nicht darüber hinwegtäuschen, daß Abertausenden von Meisterbetrieben eine erfolgreiche Behauptung ihrer überkommenen Position oder eine ebenso erfolgreiche Umstellung auf neue Bedürfnisse gelang. Im Bauhandwerk der größeren Städte, wo es seit den 30er Jahren oft einen kleinen Bauboom gab, florierten zahlreiche Kleinunternehmer ganz so wie im Nahrungsmittel-, Bekleidungs- und Metallhandwerk. Der grundlegende Strukturwandel, der in der überlegenen Konkurrenz der Verlage, Manufakturen, Kleider- und Möbelmagazine und schließlich der Maschinenfabriken zutage trat, degradierte freilich noch weit mehr kleine Einzelmeister zur proletaroiden Existenz von Teilzeitbeschäftigten oder lenkte sie schließlich als Facharbeiter in die Fabrik.

Mindestens ebenso uneinheitlich sah das Bild bei den Gesellen aus. Wer bei einem konkurrenzfähigen Meister, in einem Handwerk, das der Aufwind ständiger Nachfrage trug, tätig war, kam nicht nur in den Genuß stabilisierter Reallöhne, sondern durfte auch berechtigte Hoffnungen auf den Aufstieg in eine Meisterstelle hegen. Hunderttausende von Gesellen mußten jedoch erleben, wie ihre Berufsorientierung allmählich verschwamm, wie Hoffnungslosigkeit und Enttäuschung die ursprünglichen Erwartungen zunichte machten. Als Remedur schwebte der großen Mehrheit vor, die rivalisierenden Großunternehmen gesetzlich einzudämmen, die Gewerbefreiheit rückgängig zu machen, Innungen wieder aufzuwerten, Zunftmonopole zu garantieren, kurz: in die vermeintlich gute alte Zeit zurückzukehren. Andere dagegen entdeckten rechtzeitig die Chance, als «Gesellenarbeiter» in der Fabrik zu reüssieren. Selbst wenn sie nicht in die junge «Arbeiteraristokratie» aufstiegen, führten ihre neuen Berufs- und Lebenserfahrungen allmählich dazu, daß sie sich der Gemeinsamkeit von Interessen bewußt wurden, die sie mit anderen Angehörigen des Industrieproletariats teilten. Durch die Gesellenschaft liefen also mehrere Trennungslinien mit Zickzackkurven hindurch.

Die große Zeit des ländlichen und städtischen Heimgewerbes neigte sich im Vormärz bekanntlich dem Ende zu. Große und kleine Verleger hatten bis dahin das riesige Arbeitskräftepotential ausgeschöpft, Konjunktur und Bedarf ausgenutzt, ohne daß doch die Protoindustrie über die Schwelle zu einem modernen Wachstumssektor hinübergelangt wäre. Im Vergleich mit der Nahrungsmentalität des zünftigen Handwerks war sie dynamisch gewesen, in der Konkurrenz mit der Industriefabrik verfiel sie erst in Stagnation, dann in ihren Todeskampf. Unzählige hausindustriell tätige Familien, die ihre Arbeit hauptberuflich oder als Nebengewerbe betrieben, wurden in Mitleidenschaft gezogen. Dadurch wurde der Lebensstandard von Hunderttausenden von Angehörigen der ländlichen Unterschichten, aber auch von Klein- und Mittelbauern ebenso gedrückt, wie das für die große Zahl der städtischen Verlagsarbeiter zutraf. In beiden Fällen drohte eine ohnehin meist prekäre Existenz weiter zerrüttet zu werden, bis sie an oder unter die Hungergrenze sank.

Die Agonie der Protoindustrie hat daher strukturell die Konfliktträchtigkeit der ländlichen und städtischen Gesellschaften erhöht. Es ist jedoch zunächst eine offene Frage, inwieweit die Untertanenmentalität, die hilflose Handlungsunfähigkeit, die religiöse Orthodoxie (etwa des Pietismus) einem aktiven Protest genauso entgegenstanden wie die vielmals erfahrene Repressionsgewalt der adligen, städtischen, staatlichen Obrigkeit. Extreme Not und Entbehrung konnten ihn durch deprimierte Passivität vielleicht sogar früher ersticken als Gendarmerie und Dragoner.

Und dennoch: Der Weberaufstand hatte demonstriert, wessen die Ärmsten der Armen in ihrer Verzweiflung fähig waren. Und die meisten Pauperismusexperten verfolgte der Argwohn, daß gerade auch der Niedergang der Heimindustrie, sobald eine im ungewissen liegende Leidensgrenze überschritten wurde, zum offenen Aufruhr führen könne.

Mindestens ebenso großes Mißtrauen wurde durch die sozialen Mißstände des frühen Fabrikwesens ausgelöst, obwohl die überquellenden Ängste der zeitgenössischen Diskussion in keinem Verhältnis zu der vergleichsweise noch sehr geringen Größe des sekundären Sektors standen. Immerhin: Sein verblüffendes Wachstum konnte keinem aufmerksamen Kopf entgehen, und es waren daher oft eher schwarze Zukunftssorgen, die sich an seinen Fortschritt hefteten. Nicht selten wurde auch nach rechtzeitiger sozialpolitischer Gegensteuerung gerufen, damit die aufmerksam registrierte «englische Krankheit» einer Spaltung in «zwei Nationen» vermieden wurde.

Auch hier lohnt es sich wieder, Wachstumsbegünstigte und -geschädigte zu unterscheiden. Industrieunternehmer, Bankiers, Fern- und Großhändler, Reeder und Eisenbahnpioniere, die auf der Erfolgsleiter emporkletterten, wurden von dem industrie- und verkehrswirtschaftlichen Aufschwung in der Gesellschaftshierarchie weiter nach oben getragen. Das löste unter den alten Führungsschichten berechtigte Statussorgen aus. Wichtiger war jedoch, daß diese Aufsteiger häufig für die politischen Forderungen des Liberalismus nach Mitwirkung an der staatlichen Machtausübung empfänglich waren. Diesen selbstbewußten, karriereverwöhnten Besitzklassen konnten weder die politische Partizipation noch die Bewährung in praktischer, verantwortlicher Politik auf die Dauer verweigert werden. Da ihnen im Vormärz beides noch oft verwehrt blieb, wurde unter ihnen gerade durch den ökonomischen Erfolg wachsende Kritik am politischen Status quo genährt.

Vom industriekapitalistischen Wachstum profitierten gleichfalls die noch schmalen Berufsgruppen der Techniker, Ingenieure und Angestellten, spürbar auch die Fabrikmeister, Vorarbeiter und die kleine Belegschaftselite der «Gesellenarbeiter». Diese hochqualifizierten Facharbeiter, die für den Unternehmer ein unentbehrliches «Humankapital» verkörperten, lebten oberhalb der Notzone der Pauperisierten. Geschützt gegen krasse materielle Not, neigten sie nicht zu militantem Protest, zeigten sich aber am ehesten bereit, kollektive Arbeiterinteressen durch Aufklärungs- und Bildungsaktivität, durch disziplinierte Organisation, gegebenenfalls durch gezielte Streiks zu verfechten. Unter ihnen fanden die Forderungen nach politischer Beteiligung an der Gemeinde- und Staatspolitik, nach staatsbürgerlicher Gleichberechtigung, nach freier Erziehung ihrer Kinder – fanden demokratische, ja republikanische Ideen am ehesten Resonanz.

Ihre Zahl wurde freilich bei weitem übertroffen durch das graue Heer jener Fabrikarbeiter, das sich unterhalb der «Gesellenarbeiter» in vielfacher Differenzierung vom Angelernten bis zum Tagelöhner ausdehnte und das durch die noch mehr benachteiligten Frauen und Kinder im Produktionsprozeß vermehrt wurde. Sie mußten das vorn charakterisierte Proletarierdasein fristen, bei dem Einkommen, Gesundheit, Wohnung jederzeit auf dem Spiel standen. Unter ihnen war der Eindruck weitverbreitet, daß sich Wohlstand und Wachstum auf ihre Kosten entwickelten. Noch fehlte es ihnen an Organisationsfähigkeit und Aktionswillen, aber an den Hungerrevolten, Tumulten und «wilden» Streiks waren diese «handarbeitenden Klassen», in denen man damals «die Heloten» des 19. Jahrhunderts entdeckte, gewöhnlich beteiligt. Sie waren es, die in der zeitgenössischen Sozialanalyse als das revolutionsbereite Proletariat figurierten.[3]

Als eine zutiefst irritierende, fundamentale Veränderung wurden auch zwei parallel verlaufende sozialevolutionäre Prozesse verstanden: einerseits der autonom voranschreitende und der staatsrechtlich verordnete Zerfall der überlieferten Ständeordnung, andrerseits das machtvolle Vordringen neuer marktbedingter Klassen, deren Expansion dank der Schubkraft der sich ausdifferenzierenden kapitalistischen Marktwirtschaft, neuerdings auch der Industrie- und Kommunikationsrevolution unwiderstehlich anhielt.

Am auffälligsten trat diese tiefgreifende Veränderung des Systems der sozialen Ungleichheit in der soeben noch einmal erörterten Ausbreitung der städtischen und ländlichen «arbeitenden Klassen» hervor. Der an das Vokabular der alten Sozialhierarchie gewissermaßen angelehnte Begriff des «Vierten Standes» besaß, wie bald deutlich wurde, keine realitätserschließende Kraft – obwohl er als obsoleter, romantisierender Name weiter verwendet wurde. Die Neuartigkeit dieser Sozialformationen führte vielmehr relativ schnell zur Durchsetzung der «Klassen-Sprache». Die überall beobachtete sprungartige Vermehrung der «arbeitenden Volksklassen» verlieh nicht nur der Pauperismusproblematik in den 40er Jahren ihre eigentümliche, hypernervös aufgeladene Brisanz, sondern wurde auch zu Recht als unübersehbares Indiz fundamentaler Wandlungen in der gesamten Sozialstruktur empfunden. Dabei standen die destabilisierenden Wirkungen der Klassenbildung und des von ihr beschleunigten Verfalls der ständischen Welt eindeutig im

Vordergrund, während nur ganz selten die sich klar abzeichnende neue Schichtungsordnung mit ihren eigenen Integrationskräften positiv beurteilt wurde.

In anderen Bereichen des Sozialgefüges wurde die konflikterzeugende Klassenvermehrung ungleich länger durch die Ambivalenz der Ergebnisse bestimmt, auch etwas verhüllt und entschärft.

Das traditionelle Stadtbürgertum befand sich in einer schwierigen Übergangsphase. Einerseits wurden überlieferte Produktions- und Sozialformen insbesondere vom Kleinbürgertum verbissen verteidigt. Trotzdem machten zahlreiche städtische Handwerker und kleine Gewerbetreibende die Erfahrung, daß Verarmung und soziale Degradierung sich nicht dauerhaft aufhalten ließen. Einem Ausbruch der Verzweiflung standen jedoch starke mentale Traditionen und die Überreste korporativ-ständischer Bindungen revolutionshemmend entgegen. Andrerseits bohrte sich die kapitalistische Marktwirtschaft in Gewerbe und Handel immer tiefer in das Gehäuse der Städte hinein. Sie trug erfolgreiche Verleger, freie und zünftige Handwerksunternehmer, Krämer und Kaufleute sowohl aus der privilegierten stadtbürgerlichen Minderheit als auch aus der scheel angesehenen Einwohnerschaft empor. Unwiderruflich gerieten sie damit auch in den Sog der Klassenformierung hinein, deren Intensität sich in den vier dominanten Dimensionen ganz unterschiedlich auswirken konnte. Die sozialen Kosten trug der pauperisierte Einzelmeister, die scheiternde Händlerfamilie, während die frisch Arrivierten im Bewußtsein der gelungenen Anpassung an die wirtschaftlichen Erfordernisse der Zeit eher optimistisch in die Zukunft blickten.

Das taten auch die erfolgreichen Angehörigen der jungen Bourgeoisie, ob sie sich nun in den Städten Vermögen, Rang und Namen erkämpfen mußten oder in ländlichen Gebieten ihrer Unternehmertätigkeit rastlos hingaben. Der ökonomische Aufstieg konnte dazu führen, daß sie satt und selbstzufrieden einen konservativen Quietismus kultivierten; er konnte aber auch Zugangschancen zum politischen Liberalismus eröffnen, ein Gefühl der Gemeinsamkeit von Klasseninteressen unterstützen und zu politischen Machtansprüchen führen. Nicht nur Hansemann glaubte, daß die Bourgeoisie aufgrund ihrer Leistungsbilanz zum «Herrschen» berufen und befähigt sei. Gewiß ging es seinesgleichen meistens um systemimmanente Reformen, aber ihre Konsequenzen im Wirtschafts- oder Staatsbürgerrecht – das z.B. in Preußen den Unternehmer buchstäblich als Bürger zweiter Klasse hinter dem «Eximierten» rangieren ließ – stellten durchaus Grundlagen des Status quo in Frage. Erst recht taten das jene Repräsentanten der Bourgeoisie, die auf die parlamentarische Monarchie, einen gemeindeutschen Markt, einen deutschen Nationalstaat hinsteuerten.

Zwiespältig blieben auch die Entwicklungstendenzen im Bildungsbürgertum. Die beamtete Intelligenz war auf vielfache Weise an den Staat gebunden. Privilegierung und Disziplinierung, Loyalität und Karrierehoffnung gewährleisteten häufig einen etatistischen Konservativismus. Dem Selbstverständnis nach empfand sich die höhere Bürokratie als bevorrechtigter Herrschaftsstand. Auf der andern Seite wuchs die Abhängigkeit von Arbeitsmärkten für öffentlich Bedienstete mit akademischer Leistungsqualifikation. Offensichtlich war diese Bürokratie auch als marktbedingte Erwerbs- und Berufsklasse im Stratifikationsgefüge verortet. Beides: Selbsteinschätzung und objektive Soziallage schlossen das Fortbestehen des Beamtenliberalismus in seinen diversen nord- und süddeutschen Varianten keineswegs aus. Politisch war daher die Beamtenschaft alles andere als ein homogenes Korps von Staatsdienern. Vor allem die jungen Examensabsolventen erfuhren als Beamte in spe die Abhängigkeit von ihrem staatlich regulierten Arbeitsmarkt, erlebten Statusinkonsistenz, die Frustration langer Wartezeiten und das niederdrückende Gefühl, vielleicht vergebens Geld, Zeit und Kraft investiert zu haben: womöglich ins überschüssige akademische Proletariat abzusinken. Staatstreue und Staatskritik lagen weithin im Widerstreit, wie das der Beamtenliberalismus in der Verwaltung, in den Landtagen, in der Publizistik während seiner harten Konflikte mit konservativen Gegnern bewies. Mit der Expansion der Bürokratie traten die Klassenelemente ihrer Existenz immer profilierter hervor, zumal die jüngeren Aspiranten und Beamten schmerzende Eigenarten ihrer Klassenlage jahrelang hautnah zu spüren bekamen.

Auch die Akademiker in den freien Berufen bewegten sich in dem Spannungsfeld zwischen ständischen Sonderverbänden und marktabhängigen Berufsklassen. Nicht wenige schielten weiterhin nach einer sicheren Stelle im Staatsdienst, während die Selbstbewußteren die Autonomie einer freien Profession anstrebten, der freilich auch die staatliche Monopolgarantie ihren eigentlichen Schutz verschaffen sollte. Diesen «Cross-Pressures», denen sich die Freiberuflichen und ihre allmählich entstehenden Professionen ausgesetzt sahen, entsprach ihre politische Heterogenität. Den liberalen Ärzten und Rechtsanwälten z. B. erschien die Liberalisierung der Politik und Gesetzgebung als ein Ziel, für das es sich einzutreten lohnte. In der 48er Bewegung sollte dieser liberale Honoratiorentypus eine nicht geringe Rolle spielen.

Zu den säkularen Veränderungen in den Jahrzehnten vor 1848 gehörten folgenreiche Prozesse des kulturellen Wandels in jenem weiten Sinn, der die ideellen, religiösen, ideologischen Strömungen mit einbezieht. So setzte sich etwa der Aufstieg der modernen Natur- und Geisteswissenschaften vor allem an den reformierten Universitäten weiter fort. Die neuhumanistische Bildungsideologie prägte an den Gymnasien und Hochschulen die Angehörigen der staatlichen und freiberuflichen Funktionseliten. In den Familien des Bildungsbürgertums, aber auch des geistig aufgeschlossenen neuen Besitz- und alten Stadtbürgertums besaß sie einen festen Rückhalt. Anstatt fragwürdige Etiketten aus der Literatur- und Kunstgeschichte wie «Romantik» oder «Biedermeier» der Epoche der Restauration und des Vormärz aufzukleben, muß man sich vielmehr den vehementen Rationalisierungsschub vergegenwärtigen, den diese Entwicklungen an den höheren Lehranstalten und in bürgerlichen Sozialformationen im allgemeinen, speziell aber unter den meinungsbildenden Schichten bedeuteten.

Auch die fortdauernden Wirkungen der deutschen Spätaufklärung, des theologischen Rationalismus, des Kulturprotestantismus sind häufig unterschätzt worden. Sie verkörperten jedoch mächtige Einflüsse, die etwa der «Politischen Romantik», der mystifizierenden Naturphilosophie, erst recht dem exotischen Dogmatismus des ultramontanen Katholizismus überlegen blieben. An dem Streit, der sich wegen des Widerstands gegen die evangelische Unions-Politik, an den Bewegungen der «Lichtfreunde» und «Deutschkatholiken» entzündete, läßt sich die Stärke des rationalistischen Denkens unmißverständlich ablesen. Oder aber: Auch wenn es geboten ist, die prinzipiellen und die zeitbedingten Schwachstellen der Philosophie Hegels zu betonen, verkörperte sie doch einen gigantischen Anlauf zur Durchdringung der gesamten Welt und der Weltgeschichte mit den Kräften des Verstandes, um ihre inneren Ordnungsgesetze zu erschließen. Nicht einmal zehn Jahre nach seinem Tod demonstrierten die Junghegelianer, welche Sprengkraft eine radikale Neuinterpretation Hegels freizusetzen vermochte. War dagegen die Position der Rechtshegelianer so kraftvoll, wie sie selber oder die von ihnen Benachteiligten glaubten?

Unablässig arbeitete sich gleichzeitig der Liberalismus als politische Oppositionsbewegung und emanzipatorische «Weltanschauung» voran. Dem raffiniert ausgeklügelten Repressionssystem, das Metternich mit seinen überzeugten und opportunistischen Alliierten dagegen entwickelte, gelang zwar eine kurzlebige Unterdrückung, Schwächung und Retardierung. Effektiv aufhalten oder gar zerstören ließ sich der Liberalismus, wie etwa das letzte Jahr vor dem Bürgerkrieg unzweideutig bewies, aber keineswegs.

Eng mit dem Liberalismus verschwistert, gewann auch die neue politische Religion des Nationalismus immer neue Anhänger zu dem ursprünglich kleinen Kreis ihrer glühenden Verfechter hinzu. Auf dem Weg zur Massenerscheinung mußte dieser liberale Nationalismus um so bedrohlicher wirken, als er die Daseinsberechtigung der spätabsolutistischen Partikularstaaten, die Rechtfertigungsprinzipien ihrer politischen Ordnung, die Exklusivität des machtgewohnten Adels, aber auch das sorgsam austarierte Gleichgewicht im europäischen Staatensystem mehr oder minder schroff in Frage stellte. Denn sein Ziel eines deutschen Nationalstaats implizierte die Auflösung aller Bundesmitglieder, die Zerschlagung der multinationalen östlichen Großstaaten, eine liberalisierte Innenpolitik, eine neuartige Machtzusammenballung in Mitteleuropa. Das signalisierte allen Vertretern des Status quo die äußerste Gefahr, und entsprechend hartnäckig leisteten sie Widerstand. Aber wie der Liberalismus ließ sich auch der Nationalismus weder auslöschen noch eindämmen.

Schon diese beiden Beispiele zeigen, wie machtvolle neue politische Ideologien die gesamte Wertehierarchie, die in der Restaurationszeit und im Vormärz den Staatsregierungen und den sie tragenden Kräften als unersetzlich galt, nicht nur unterschwellig unterlaufen, sondern öffentlich bekämpft, im Grunde bereits in die Defensive gedrängt haben. Außer einem naturwüchsigen Traditionalismus und dem politischen Konservativismus, außer Geheimpolizei und Verfolgung hatte ihnen das «System Metternich» keine wahrhaft überlegene Gegenideologie und nur wenige stützende Institutionen des politischen Regimes – wie etwa Militär, Verwaltung, Adelsherrschaft – entgegenzusetzen.

Unter den Druck kaum aufhaltbarer okzidentaler Evolutionsprozesse geriet, zumindest auf längere Sicht, auch das politische System – Machtkonstellation, Methoden und Medien der politischen Auseinandersetzung selber veränderten sich. Trotz langjähriger effizienter Unterdrückung dehnte sich z. B. eine kritisch räsonierende Öffentlichkeit aus. Sie verließ den Geheimbereich der Freimaurerlogen, den privaten Zirkel der Vereine und Casinos. Sie stieg endlich zu einer wortwörtlich öffentlichen Macht empor, als sie sich auf dem publizistisch-literarischen Markt Schritt für Schritt durchsetzte. Gewiß: Sie wurde durch schwere Rückschläge gebremst, von einer quälenden Zensur verfolgt, durch rabulistische Gerichtsurteile eingeschüchtert, aber letztlich gewann sie doch in Zeitungen und Zeitschriften, in Büchern und Pamphleten, in der politischen Lyrik und auf dem Theater, auf Landtagstribünen und Kongressen immer mehr an Boden. Unverkennbar wirkte hier das Erbe der Aufklärung weiter, daß sich ausnahmslos alles auf dem Forum des öffentlichen Diskurses argumentativ zu behaupten habe. Wer dort nur auf Tradition, Macht, Gewohnheit bestand, verfiel dem Verdikt, dem Anspruch «der» Vernunft nicht zu genügen.

Die entschieden liberalen und radikalen Publizisten, vom «Staatslexikon» bis zu den «Hallischen Jahrbüchern», beherrschten diese Form des Duells meisterhaft. Rationalistische und orthodoxe Theologen standen ihnen trotz des Gebots der christlichen Nächstenliebe darin kaum nach. Die Linkshegelianer steigerten es zu einem ebenso bizarren wie vernichtenden Ritual. Wie auch immer – die langfristig mobilisierende Wirkung der neuen Öffentlichkeit schlug durch auf den Charakter der Politik. Als Liberale und Konservative, Kommunisten und Katholiken, «Lichtfreunde» und «Deutschkatholiken», Schutzzöllner und Freihändler, Turner und Sänger, Schützen und Wissenschaftler für ihre Ziele öffentlich stritten, zerbröckelte die passive Untertanenschaft – der konservative Wunschtraum erwies sich als eitle Chimäre. Statt dessen zeichnete sich der Tendenz nach eine eminent ausdehnungsfähige Gesellschaft politischer Aktivbürger ab, die in der Öffentlichkeit mit Argumenten für ihre Interessen warben. «Man kann jetzt nicht ausweichen», gestand sich 1842 der Rechtshegelianer Karl Rosenkranz ein, «politisch und kirchlich einer Partei zugezählt zu werden.» Das war das genaue Gegenteil dessen, wofür das Herrschaftskondominat jahrzehntelang gekämpft hatte. Diese politische Mobilisierung, die bis dahin dank Liberalismus und Nationalismus, dank Öffentlichkeit und Klasseninteresse Jahr für Jahr an Schwung gewonnen hatte, ließ sich von der Arena der Verfassungspolitik schlechterdings nicht fernhalten. In den frühkonstitutionellen Staaten südlich des Mains drängten mutige Liberale auf Erweiterung der Landtagskompetenzen, ihr Ton wurde fordernder, ihre Gangart härter. In offener Opposition gegen bundesrechtliche Vorschriften insistierten sie auf allgemeiner Pressefreiheit und Publizität ihrer Verhandlungen; sie verlangten die Aufhebung der Repressionsgesetze seit 1819, ja sogar die Einberufung einer gesamtdeutschen Repräsentation. Das Gefühl der Stagnation und Gängelung wurde zusehends durch den Optimismus übertroffen, daß die Offensive, zumal die Zukunft ohnehin auf ihrer Seite sei, wieder in Gang gebracht und aussichtsreich durchgehalten werden könne.

In den verfassungslosen Reichen gab es unterschiedliche Perspektiven: In Wien gelang Metternich noch einmal die Blockade aller sich regenden liberalen Tendenzen. Ein scharfzüngiger Kritiker nannte 1847 das Habsburgerreich «im Verhältnis zu Europa das, was China in Asien ist». Die Quittung für einen derart unnachgiebigen Starrsinn wurde bald präsentiert. In Preußen dagegen gerieten die politischen Fronten seit dem Regierungsantritt Friedrich Wilhelms IV. etwas in Bewegung. Wider Erwarten eröffnete 1840 das Testament seines Vorgängers, der den schieren Immobilismus personifiziert hatte, die Chance, die seit mehr als 25 Jahren versprochene, aber stets aufgeschobene «zentrale Ständeversammlung» endlich einzuführen. Fast alle hohen Staatsbeamten opponierten, als im Arkanbereich das gesamtpreußische Parlament zur geheimen Debatte stand; nur der alte Boyen riet, getreu den Plänen seiner Reformgenossen, entschieden zu. Schließlich schnitt der König mit seiner Entscheidung gegen alle «auf Pergament geschriebenen Staatsgrundgesetze» nicht nur voller Verachtung jede weitere Erörterung ab, sondern enthüllte auch eine grundsätzliche Aversion, die in den nächsten acht Jahren die politischen Optionen der preußischen Staatsspitze radikal beschnitt. Zweifel ließ er erst gar nicht aufkommen: 1841 verband er die höhnische Abwertung einer Konstitution als «papiernen Wisch» mit dem Lob auf die germanisch-christlichen Tugenden seines Landes, das einen vom westeuropäischen Verfassungsstaat getrennten politischen Sonderweg gehen sollte.

Als die allgemeine Finanzlage des Staates, insbesondere das Projekt der von Privatunternehmern verschmähten, aber aus strategischen Gründen seit 1844/46 als Staatslinie von der Oder bis zur russischen Grenze führenden, auf 36 Mill. T. Unkosten geschätzten «Ostbahn» das Problem neuer Anleihen und ihrer parlamentarischen Bewilligung aufwarfen, sollte der zum April 1847 einberufene «Erste Vereinigte Landtag» der Regierung eine leicht durchschaubare pseudolegale Zustimmung verschaffen. Schon während der

Eröffnung verprellte der König jedoch all jene zahlreichen Abgeordneten, die dieses Provisorium in die überfälligen «Reichsstände» zu verwandeln hofften. Nie werde er zugeben, bekräftigte der Hohenzollernmonarch seinen intern längst bekannten obstinaten Kurs, «daß sich zwischen unseren Herr Gott im Himmel und dieses Land ein beschriebenes Blatt, gleichsam als eine zweite Vorsehung eindränge, um uns mit seinen Paragraphen zu regieren». Alle parlamentarisch-konstitutionellen Hoffnungen wurden dadurch erneut rüde zerstört. Die Ostbahn-Anleihe verfiel folgerichtig der Ablehnung. Im Berliner Machtzentrum siegte erneut die Festungsmentalität: Die «Regierung stimmte der Fortentwicklung des Vereinigten Landtags zum konstitutionellen Parlament nicht zu». Das engherzig eingegrenzte Experiment mit dieser Versammlung sollte der bescheidene «Höhepunkt der Entwicklung von Repräsentation und Parlamentarismus» im vormärzlichen Preußen bleiben. Wie jedoch der Vereinigte Landtag selber, die Stoßrichtung seiner liberalen Abgeordneten, der Widerhall ihrer Debatten in der Öffentlichkeit gezeigt hatten, ließ sich die Verfassungsfrage nicht lange mehr zum Schweigen bringen. Nur: Wer konnte, sofern er politisch klar bei Sinnen war, noch daran glauben, daß Friedrich Wilhelm IV. für eine Verfassung, geschweige denn für eine Art parlamentarischer Monarchie zu gewinnen sei?

Schließlich ist hier noch einmal an ein langlebiges Dauerproblem zu erinnern, sobald es um die wirksame Ausübung der Staatsgewalt ging. Unstreitig hat der innere Staatsbildungsprozeß seit der Reformära, die ja überall auch Expansion des bürokratisierten modernen Anstaltsstaats bedeutete, große Fortschritte gemacht. Das staatliche Monopol der physischen Gewalt wurde konsolidiert, die rechtliche Ahndung der Verletzung staatlich gesetzter Normen – mit zum Teil unmenschlich hohen Strafen selbst bei minimalem Mundraub oder «Forstfrevel» – strenger als zuvor durchgesetzt. Dennoch fehlte es in allen Staaten des Deutschen Bundes an polizeilichen Ordnungskräften. Ihre numerische Stärke blieb, wie das an Preußen dokumentiert worden ist, nahezu unverändert so gering, daß der einzige verfügbare Polizeireiter oder Gendarm häufig nur einen begrenzten symbolischen Abschreckungswert besaß. Diese nicht kaschierbare relative Schwäche des spätabsolutistischen Obrigkeitsstaats erzwang bei ernsthaften Unruhen geradezu eine Überkompensation in Gestalt einer Militäraktion. Denn Soldaten blieben in den Augen der Machthaber das einzige verläßliche Mittel, um «Ruhe und Ordnung» möglichst schnell – koste es auch, was es wolle – wiederherzustellen. Kam es dann zu größeren Streiks von Eisenbahn- oder Fabrikarbeitern, zu Hungerrevolten, Teuerungskrawallen, überhaupt zu spontanen Demonstrationen, folgte die Unterdrückung durch Dragoner, Husaren, Ulanen oder auch Infanterie mit jener Brutalität, mit der eine Einheit die andere durch diesen Loyalitäts- und Effizienzbeweis übertreffen wollte. Tote, Verwundete, extrem hohe Strafen erinnerten noch lange an solche Erfahrungen mit dem gepanzerten Arm des Staates.

Tatsächlich besaß die staatliche Exekutive vor 1848 keine anderen Instrumente, um Übergriffe ihrer Organe zu vermeiden. Größere, im Umgang mit Protestversammlungen geschulte Polizeiverbände gab es nirgendwo. Gegenüber den mit den Umständen vertrauten, behutsamer eingreifenden Bürgerwehren mangelte es an Vertrauen. Damit aber fehlte es an Flexibilität, wenn unvorhergesehene Regelverletzungen in größerem Umfang vorkamen. Der äußerlich starke monarchische Staat blieb gegenüber Belastungsproben im Inneren während der ersten Phase nicht nur schwach, sondern durch die Überreaktion des Militäreinsatzes wurde er in der zweiten Phase selber zum Provokateur neuen Unheils.

Die meisten der hier skizzierten langfristig wirksamen Prozesse besaßen durchaus einen ambivalenten Charakter. Sie enthielten Elemente der Entspannung, die allerdings vor 1848 oft schwer zu erkennen waren. Sie enthielten jedoch zugleich auch ein Störpotential, das bis zum späten Vormärz hochgradige Spannungen erzeugt hatte. Für sich allein hätten diese säkularen Trends wahrscheinlich nicht genügt, um eine vorrevolutionäre Situation zu schaffen. Dafür mußten einflußstarke aktuelle Bedingungen von weit kürzerer Dauer hinzukommen. Ohne die nachdrückliche Berücksichtigung der langlebigen Entwicklungen ist jedoch eine realitätsangemessene Erklärung der Revolutionsursachen nicht möglich.[4]

Bevor die relativ kurzlebigen Ursachenkomplexe ins Auge zu fassen sind, muß man sich im Hinblick auf die Wahrnehmung sowohl der langlebigen Entwicklungstrends – natürlich gilt ihre Durchsetzungskraft auch unabhängig von der Perzeption der Zeitgenossen! – als auch der kurzlebigen Einflüsse – hier trifft dasselbe Urteil zu, aber das Perzeptionsproblem gewinnt doch unvergleichlich viel stärker an Gewicht! – die Bedeutung einer Sondergröße in einer Art Zwischenzone zwischen diesen Faktorenbündeln vergegenwärtigen. Das ist die Rolle, welche Generationserfahrungen als Vermittlungsgelenk zwischen objektiven Abläufen, subjektivem Bewußtsein und menschlichem Handeln spielen – sie müssen nicht etwa notwendig ausschlaggebend, aber sie können durchaus imstande sein, gegebenenfalls eine historisch folgenreiche Wirkung auszuüben.

Auch in den 1840er Jahren lebten mehrere politische Generationen mit unterschiedlichem Erfahrungs- und Erwartungshorizont miteinander. Ihre generationsspezifische Prägung sorgte wie ein Sieb für eine denkbar verschiedenartige, selektive Wahrnehmung der akuten zeitgenössischen Probleme, sie konditionierte die Natur der kollektiven Reaktionen, sie bestimmte häufig die Alternative zwischen defensivem Beharrungsstreben und offensivem Veränderungswillen, sie unterstützte Untertanengehorsam oder nährte selbstbewußten Bürgersinn. Die entscheidende Trennungslinie scheint, wenn man eine riskante Grobskizze wagt, zwischen 1800/1810 und 1830 zu liegen. Wer zwischen – grosso modo – 1780 und 1800/1810 geboren worden war, hatte die napoleonische Revolution in Deutschland, die Feldzüge des

Korsen, die Abfolge der Hegemonialkriege, die einschneidenden Reformen, endlich die Rückkehr des Friedens als formative Sozialisationserfahrungen erlebt. Damit verband sich einerseits oft die traumatische Erinnerung an Not und Elend, die Zerstörung vielhundertjähriger Traditionen, andrerseits die Eröffnung grandioser Zukunftsperspektiven, der Blick auf neue Ufer einer postrevolutionären Gesellschaft. Die individual- und sozialpsychische Verarbeitung solcher Erlebnisse, Eindrücke und Hoffnungen legte einen scharfen Schnitt durch diese Generation. Die große Mehrheit verharrte nach 1815 erleichtert in ihrer traditional-konservativen Mentalität; sie hielt die Friedhofsstille der Restaurationsjahre für die Wiederkehr der guten, alten Zeit; sie sträubte sich während des Vormärz gegen alle nicht unmittelbar einleuchtenden Neuerungen; sie ließ sich nur durch drückende Not und Angst in Bewegung setzen, bildete aber – ob hoch oben in der Verwaltung oder unten im abgelegenen Dorf – gewöhnlich eine verläßliche Stütze des Status quo.

Eine Minderheit dagegen verinnerlichte die Ideen der Spätaufklärung und des Frühliberalismus; aus ihr stammten die Angehörigen der Freikorps und ersten Burschenschaften; sie erlebte voll Bitterkeit die Unterdrückung ihrer nationalen Ideen und politischen Reformwünsche, die Verfolgung der neuen studentischen Verbindungen und jeder freisinnigen Meinung. Nach der Zäsur von 1830 engagierte sie sich aufs neue, wirkte am Ausbau des Konstitutionalismus mit, orientierte sich auch in Preußen am Ideal des zeitgenössischen Verfassungsstaates. Häufig stammten die führenden Köpfe der Liberalen und Radikalen, die bekannten Schriftsteller und Publizisten, die national-gesamtdeutsch denkenden Wissenschaftler und freiberuflichen Akademiker vom «linken Flügel» dieser älteren politischen Generation.

Die jüngere, zwischen 1800/1810 und 1830 geborene Generation kannte in der Regel das Revolutionszeitalter nur mehr vom Hörensagen. Die «Befreiungskriege» waren bereits zum Mythos vom Aufbruch der Völker gegen den Despoten geronnen. Im Frieden aufzuwachsen, im Frieden den täglichen Geschäften nachzugehen – das nahm sie als Selbstverständlichkeit hin. Als dazu seit den 30er Jahren ein bescheidener, ja behäbiger Wohlstand breitere Schichten erreichte, bildete sich eine Haltung steigender Erwartungen heraus, die durch wirtschaftliche Prosperität, Zollvereinserfolge und Eisenbahnbau stabilisiert wurde. Auch diese Generation unterlag jedoch polarisierenden Einflüssen, die erneut zu einer (schematisch vereinfachten) Dichotomie führten. Die Mehrheit nahm die gesellschaftlichen und politischen Zustände als quasi natürliche Garantie einer friedlich-gemächlichen Fortentwicklung hin. Obrigkeitsglaube und Volksreligiosität befestigten ihre Untertaneneinstellung. Die dumpfen Köpfe paßten sich umstandslos, die wacheren aus Überzeugung oder Kalkül, das Auge starr aufs Fortkommen und die Karriere gerichtet, den bestehenden Machtverhältnissen an. Gegenüber systemgefährdenden Tendenzen – wie dem Liberalismus und Nationalismus, dem Meinungsdruck der Öffentlichkeit und zeitkritischer Prosa oder

Lyrik – zogen sie sich auf einen reflektierten politischen Konservativismus zurück, der leicht zu feindseliger Abwehr erstarren konnte, sobald es um äußerst schwer kontrollierbare Entwicklungskräfte wie den Industriekapitalismus oder um offene Krisenherde wie den landesweiten Pauperismus oder politischen Radikalismus ging.

Demgegenüber zog eine Minderheit aus perennierendem Frieden und wirtschaftlichem Fortschritt die Konsequenz, nicht nur auf die Wachstumskräfte des Handels- und Produktionskapitalismus zu setzen, die obsoleten Hindernisse aus seinem Weg zu räumen, sondern vor allem auch die politische Modernisierung voranzutreiben. Ausbau oder Einführung des Verfassungsstaats, Ausdehnung liberaler Freiheits- und politischer Partizipationsrechte, Presse- und Vereinigungsfreiheit vor allem, ein freies Geistes- und Universitätsleben hielt sie für das Gebot der Stunde. Das in den 40er Jahren unverkennbar forcierte gesellschaftliche Entwicklungstempo glaubte sie in ihren nach westlichem Vorbild modernisierten Staaten am ehesten bändigen, die bedrohliche Problemhäufung so am wirksamsten entschärfen zu können. Von der Notwendigkeit überzeugt, diese unaufschiebbaren Aufgaben angesichts der verschärften Gefahren endlich in Angriff zu nehmen, nahm sie die Risiken der Veränderung bewußt und optimistisch dazu in Kauf. Auf diesem Flügel setzte sogar eine kleine, aber wachsende Minorität auf die Durchsetzungsfähigkeit demokratischer und republikanischer Ideale, auf unnachgiebige Kritik am überlebten Ançien Regime, im Krisenfall sogar auf militante Veränderung.

Natürlich traten in der Realität zahlreiche Mischformen dieser generationstypischen Merkmale auf – der Altliberale etwa stritt energisch für das ungeschmälerte Budgetrecht und die Wahlbürgerrechte der Honoratioren, lehnte aber Wirtschaftsliberalismus, Gewerbefreiheit, Großunternehmen empört ab. Auf jeden Fall aber wurde die Perzeption der Krisen in den letzten Vormärzjahren durch den Filter weit divergierender Generationserfahrungen hindurchgetrieben, und dieser Vorgang beeinflußte – außer den lang- und kurzlebigen Antriebskräften an sich – ebenfalls die Urteile, Entscheidungen und Verhaltensweisen.

Damit zu den kurzfristig wirksamen Ursachenkomplexen.

Die Abfolge innerer Krisen, die es zu überstehen und denen es zu begegnen galt, erfuhr in den 40er Jahren in der Tat eine turbulente Beschleunigung. Der Unsicherheit und Verwirrung, der Misere und Todesgefahr, die sie jahrelang mit sich brachten, antwortete jedoch nirgendwo ein zielstrebig entschlossenes politisches Entscheidungshandeln.

Eine kurze Rückblende muß hier genügen: Die religiösen Auseinandersetzungen um «Lichtfreunde» und «Deutschkatholiken», um evangelische Union und katholischen Ultramontanismus wühlten die klassischen Länder der Konfessionsspaltung tief auf. Der Streit um den «Heiligen Rock» und der schlesische Weberaufstand lagen schon dicht beieinander. Im nächsten

Jahr tauchten die Verderben verkündenden Vorboten der Agrarkrise auf. 1846 und 1847 spürten Millionen, wie der alltägliche Kampf gegen den Hunger sie zermürbte. Wie eine Gottesgeißel überzogen Seuchen ganze Provinzen mit Krankheit und Tod.

Das Handwerk litt unter seiner Strukturkrise, ungleich mehr noch die Protoindustrie unter ihrer tödlichen Erstarrung. Der Einbruch, den der erste industrielle Aufschwung gerade jetzt erlitt, traf zwar nur einen relativ schmalen Sektor, bremste aber die bisher dort besonders wirksamen Wachstumseffekte schmerzhaft ab. Die Banken- und Handelskrise wiederum schnürte sowohl das Kreditsystem als auch den Warenverkehr drastisch ein. Während sich die Versorgung mit preiswerten Lebensmitteln im Winter 1847/48 spürbar verbessert hatte, hielten alle diese Krisen im Handwerk, im Heimgewerbe, in der Industrie, im Banken- und Handelswesen im Frühjahr 1848 noch weithin ungemindert an.

Zu all den Sorgen von Groß- und Kleinunternehmern in Industrie, Gewerbe und Handel, die aus der enttäuschenden Auftragslage sowie den Produktions- und Absatzschwierigkeiten herrührten, kamen seither die oft kaum noch zu bewältigenden Finanzierungsprobleme hinzu, da Kredite kurzfristig gekündigt, Überbrückungsdarlehen aber nur äußerst selten gewährt wurden, während eine langfristige Neuverschuldung zeitweilig schier unmöglich zu bewerkstelligen war.

Nach der einschneidenden Agrar- und Hungerkrise, der zugespitzten Gewerbekrise im Handwerk und der bereits langjährigen Notlage des Heimgewerbes verstärkten im Winter 1847/48 die Industrie-, Handels- und Kreditkrisen den Eindruck, auf allen Seiten – als ob sich die Büchse der Pandora ständig weiter öffne – von immer neuen Krisen überfallen zu werden: eine schwere Belastung für die einen, unerträgliche Ausweglosigkeit für viele andere, harte Zeiten für die meisten.

Düster wirkte auch das soziale Ambiente in derart krisengebeutelten Gesellschaften. Die großen Streiks der Eisenbahnarbeiter, Dutzende von kleineren Streiks in gewerblichen Betrieben erschreckten seit der Mitte der 40er Jahre jene Teile der Bevölkerung, die – fern dem Unterschichtenleben – solch einen kollektiven Protest noch nicht gewöhnt waren, so daß seine unbarmherzige Verfolgung als kriminelles Delikt ihren Beifall fand. Nachhaltig drangen jetzt auch die wachsenden städtischen Slums, aus denen erschreckende Elendsgestalten, sonst an ihre Quartiere gebunden, zu Aberhunderten von Hungerrevolten und «Teuerungsexzessen» in das Stadtinnere aufbrachen, ins öffentliche Bewußtsein. Womöglich noch mehr Furcht erregten in allen bürgerlichen Schichten und adligen Kreisen, die in sicherer Distanz diesseits der Hungergrenze lebten, die Forderungen der Radikalen, die – sofern sie Demokraten und Republikaner waren – selbst diesen Unterschichten, horribile dictu, das Wahlrecht erstreiten wollten, ja die – sofern sie Sozialisten oder Kommunisten waren – dem Proletariat nicht nur eine historisch einmalige Führungsmission zudachten, sondern offen die revolutionäre Umwälzung der bestehenden Gesellschaftsordnung predigten: «Sturz der Monarchie, die Herrschaft des Proletariats, die Aufhebung der alten, auf Klassengegensätzen beruhenden bürgerlichen Gesellschaft und die Gründung einer neuen Gesellschaft ohne Klassen und Privateigentum» – so formulierte Marx in klaren Worten ihr Credo Ende 1847 für die Statuten des «Bundes der Kommunisten».

Während die Mehrheit der Bevölkerung unter den materiellen und psychischen Folgen der Krisen, unter Hunger und Krankheit, Arbeits- und Hoffnungslosigkeit litt, ballte sich in den bessergestellten und meinungsprägenden Schichten die diffuse Angst vor den Folgen des Pauperismus, vor dem Anwachsen der «eigentumslosen Volksklassen» in Stadt und Land, vor der unheimlichen, «riesengroßen Gestalt» des Industrieproletariats, vor der ständezersetzenden Klassenbildung in einigen Metaphern zusammen, die zwar auch unschwer erkennbare soziale und politische Phänomene beschrieben, zugleich aber noch häufiger als symbolische Chiffren für übertriebene Gefahren, mithin für Furcht vor dem Ungewissen und für eine panische Zukunftsphobie gebraucht wurden. Im Mittelpunkt dieses semantischen Syndroms standen «Pauperismus, Proletariat, Kommunismus, Sozialismus», so wurde es von Ludolf Camphausen auf dem Vereinigten Landtag prägnant definiert – «wie dunkel und verwirrt» diese «Schlagworte unserer Zeit» auch klängen. Jahre zuvor hatte Theodor Oelckers bereits beobachtet, daß die Kommunisten als «gefährliche Gespenster» weit überschätzt würden. Realistisch aber sei es, in ihren Forderungen das «allgemeine» Bedürfnis nach «gründlicher Umgestaltung und Verbesserung des gesamten gesellschaftlichen Zustandes» zu erkennen; daher stamme auch die Resonanz der radikalen Gleichheitspostulate. Karl Rosenkranz dagegen kamen die «Beschreibungen der kommunistischen Glückseligkeit» nur «grenzenlos borniert, dumm, elend» vor. Auch der Ökonom Johann v. Thünen verachtete die «chimärischen Hoffnungen», die «vernunftwidrigen Forderungen» der Kommunisten. Eben «deshalb», wegen ihres utopischen Charakters, sei jedoch «sehr zu fürchten, daß die Ansichten der Kommunisten sich verbreiten und in dem Gemüt des Volkes Wurzeln schlagen». Wo werde dann, wenn sie erst einmal Unterstützung fänden, «die Grenze der Umwälzungen und Verheerungen» liegen? Wolle man den «Gewaltlehren der Kommunisten nicht Vorschub leisten», mahnte die Augsburger «Allgemeine», müsse der «Feudalismus der Kapitalien»-Besitzer beseitigt, der Antagonismus zwischen «Fabrikherrn und Fabrikhörigen» endlich durch Sozialreformen aufgehoben werden. Frühzeitig warnte der sachkundige Radikalrepublikaner Karl Heinzen davor, daß «Despotie und Kommunismus sich brüderlich miteinander» vertrügen. Denn um ihre Ziele schneller zu erreichen, seien «die Hauptschreier der Kommunisten» aufgrund ihres «Sektenfanatismus» nur zu bereit, trotz ihrer eigenen Kritik an der politischen Unterdrückung sich selber der Tyrannei in die Arme zu werfen.

Wen wollte es da verwundern, daß der wortgewaltige Joseph Görres in seiner Zeitdiagnose zum Jahreswechsel 1847/1848 die neuen «Namen der drei Köpfe des Zerberus» zu nennen wußte: «Radikalismus, Kommunismus, Proletariat.» Kurz darauf glaubte selbst ein so kluger Beobachter wie Gustav Mevissen, in der aufsässigen «Stimmung der niederen Volksklassen» primär die «Wühlereien der Kommunistenkliquen» zu spüren. Und der greise Arndt klagte voller Altersskepsis: «Leider schleicht (ja tobt hin und wieder schon)... bei dem jüngeren Geschlecht» ein «kommunistischer Republikanismus», der «das Vaterland zerreißen und zerfleischen könnte.»

Die überspannte Sozialangst, die sich in solchen Befürchtungen ausdrückte, verführte dazu, die neuen Schlagworte auch kühl kalkuliert zu verwenden, um jeden ungewöhnlichen Reformvorschlag, jede mißliebige Meinung zu diffamieren. In die Nähe des Radikalismus gerückt zu werden, konnte das Scheitern einer wohlgemeinten Hilfsmaßnahme bedeuten; Kommunist oder Sozialist genannt zu werden, das Ende einer Karriere besiegeln. Jahrzehntelang mit allen Intrigen vertraut, ließ sich der welterfahrene Theodor v. Schön in dieser Hinsicht nichts vormachen: «Kommunisten und Partei sind heute zwei Mode-Wörter», wetterte er 1847, «mit denen man Argumente niederschmettern zu können glaubt.» Wichtiger jedoch als die manipulative Verwendung der diskriminierenden Schlüsselbegriffe blieb das vibrierende Krisengefühl, das sich in ihnen ausdrückte. Ein sensibler, obgleich keineswegs analytisch hochbegabter Zeitgenosse wie Wilhelm v. Kügelgen verspürte zur selben Zeit «das Glück eines Propheten, der in eine schwarze Zukunft blickt»: «eine gewaltsame Umgestaltung aller Verhältnisse» nahe heran. «Ich fürchte sehr, daß Deutschland am Vorabend seiner Revolution steht!» Wenn es aber zu dieser deutschen Revolution kam, konnte sie – darin stimmten so unterschiedliche Geister wie der politisierende General Joseph Maria v. Radowitz und der Sozialwissenschaftler Lorenz v. Stein, der Kunsthistoriker Gottfried Kinkel und der Exilphilosoph Karl Marx mit vielen anderen überein –, nicht nur «eine politische«, sondern mußte auch «eine soziale sein».[5]

Alle irritierenden, beklemmenden, ja eine Revolutionsdepression auslösenden inneren Probleme enthüllten die Labilität einer Gesellschaftsverfassung im Umbruch, zugleich aber immer auch mit bestürzender Regelmäßigkeit die Ineffizienz des Verwaltungshandelns, die Ineffektivität der Konfliktregulierung, die Machtdeflation der Funktionseliten. Angesichts der fortschreitenden Problemakkumulation wurde durch diese Erfahrung in allen Schichten und Klassen ein schließlich unüberwindlicher Pessimismus gegenüber der Steuerungsfähigkeit des Alten Regimes genährt, der mit den hochfahrenden Ansprüchen des monarchisch-adlig-bürokratischen Kondominats unversöhnlich kontrastierte. Ungebrochenes Zutrauen, daß die öffentlichen Herrschaftsträger der dringendsten Probleme in absehbarer Zeit wirklich Herr werden könnten, besaß schließlich keine der großen Sozialformationen mehr. Dieses Mißtrauen löste das Vertrauensfundament auf, das keine Regierung und kein politisches Machtkartell auf längere Dauer entbehren kann.

Als ob die innergesellschaftlichen Hiobsbotschaften nicht genügten, folgte außerdem in der Außenpolitik ein gefährlicher Zusammenstoß auf den anderen. Der Niedergang des Metternichschen Systems kündigte sich auch darin an, daß die beiden miteinander verschränkten und bisher im Notfall gewaltsam stillgehaltenen Politikfelder der binnenstaatlichen und der zwischenstaatlichen Verhältnisse seit der Mitte der 40er Jahre aus der Ruhelage gerieten und dem steuernden Zugriff von oben entglitten. Die neue polnische Revolution, die im Februar 1846 in der Restrepublik Krakau und in Galizien ausbrach, konnten österreichische Truppen dank ihrer erdrückenden Übermacht noch schnell niederwerfen. In der Schweiz steigerte sich aber im folgenden Jahr der Gegensatz zwischen dem Sonderbund der katholischen Kantone und den evangelischen Kantonen nach längerer Anlaufphase im November 1847 zum offenen Bürgerkrieg, und der rasche Sieg der protestantischen Allianz stärkte – das war die gemeineuropäische Wirkung – dem Liberalismus überall indirekt das Rückgrat. Übrigens begrüßte er in derselben Zeit auch den erfolgreichen Expansionskrieg der Vereinigten Staaten gegen Mexiko, da die demokratische Republik des Nordens mit dem Recht der überlegenen Kulturnation zivilisationsbedürftige Gebiete hinzugewinne oder – wie Marx enthusiastisch zustimmte – «einzig und allein im Interesse der Geschichte» halb Mexiko erobere. Auch in Übersee, glaubte man, demonstriere die nordamerikanische Staatenunion auf ihre Weise den Siegeszug des Liberalismus.

Im Januar 1848 schloß sich ohne Atempause die sizilianische Erhebung gegen die Bourbonen an. Der erfolgreiche Aufstand in Palermo wirkte seit dem 12. Januar wie ein Fanal. Als erster italienischer Monarch mußte ausgerechnet der erzreaktionäre Souverän des Königreichs Neapel bereits am 27. Januar eine Verfassung versprechen. Die Unruhen in der Toskana erreichten mit der Verfassung vom 11. Februar ihr erstes politisches Ziel, während sie in der Lombardei unter der Decke des österreichischen Kriegsrechts weiterschwelten.

Noch stärker wurde jedoch die Öffentlichkeit, wurden der gesamtdeutsche Nationalismus und Liberalismus durch die Zuspitzung des Konflikts in Schleswig und Holstein aufgewühlt, trat dieser doch mit den Beratungen über die Gesamtverfassung für Dänemark einschließlich der Herzogtümer in eine so brisante Phase ein, daß nach der Überzeugung der nationalistischen deutschen Wortführer der Augenblick der politischen Entscheidung unaufschiebbar heranrückte. Seit 1844/1845, vollends dann seit Anfang 1848 überlagerten sich mithin innergesellschaftliche und außenpolitische Probleme derart bedrohlich, daß viele Zeitgenossen von der «dumpfen Schwüle» vor dem Gewittersturm sprachen.

Angesichts der Vielzahl der inneren Krisenherde ist es außerordentlich schwierig, einem Komplex mit eindeutiger Sicherheit den Vorrang an Einflußstärke vor einem anderen zu geben, um eine argumentativ plausible Krisenhierarchie zu etablieren. Das läßt sich an einigen Beispielen schnell verdeutlichen. Der Pauperismus bildete eine wichtige Voraussetzung für das bürgerlich-adlige Krisengefühl, aber keine hinreichende Bedingung für einen Revolutionsausbruch verelendeter Massen. Die Folgen der Agrar- und Hungerkrise schufen ebenso eine der notwendigen Voraussetzungen für die bevorstehende Agrarrevolution wie die Ungleichheit nach den Reformgesetzen, aber hinreichende Bedingungen stellten beide nicht dar. Die Hungerjahre für die Mehrheit der Stadtbewohner, das Elend im städtischen Handwerk und Heimgewerbe – sie konstituierten eine notwendige Bedingung für die Aufstandsbereitschaft großer Teile der Unterschichten und Mittelklassen, aber hinreichende Voraussetzungen für eine Revolution bildeten sie, für sich genommen, noch nicht. Die industrielle Rezession und die Kreditanspannung im Verein mit der Banken- und Handelskrise ergänzten den Kranz von bereits pressierenden Notsituationen, aber je für sich bildeten sie keine hinreichenden Revolutionsursachen, zumal man trotz des strategischen Charakters der industrie- und verkehrswirtschaftlichen Wachstumssektoren stets davor auf der Hut bleiben muß, ihre damals relativ begrenzte Bedeutung im Vergleich mit Landwirtschaft, Handwerk und Protoindustrie zu überschätzen. Der beschleunigte Niedergang der ständischen Welt und das Vordringen marktbedingter Klassen lösten weithin tief verwurzelte Angst vor einem Zerfall der gesamten Gesellschaftsordnung aus, noch aber gab es keine aktionsbereiten Klassen mit voll ausgebildetem, integrierendem Klassenbewußtsein, und auch fundamentaler sozialstruktureller Wandel führt keineswegs unumgänglich durch das Stadium der Revolution in eine neue Gesellschaftsformation hinüber. Die antikonstitutionelle Verweigerungspolitik in Preußen und Österreich, die Desavouierung engerer Kooperation mit den Liberalen in anderen Staaten, die deprimierende Enttäuschung der auf steigenden Wohlstand, größere Liberalität, zeitgemäße Fortschrittlichkeit gerichteten Erwartungen, auch die Presseknebelung und Zensur, die tödliche Seuche und religiöse Intoleranz – sie alle trugen auf ihre Weise dazu bei, die Krisensymptome zu vermehren, hinreichende Revolutionsbedingungen schuf jeder Komplex für sich aber noch nicht.

Das Entscheidende an der inneren Situation bleibt daher die niederdrükkende Häufung und die fast gleichzeitige Überlagerung so vieler Krisenerscheinungen, daß die Überzeugung eine unaufhaltsame Kraft gewann, die alte Welt gerate überall aus den Fugen – nirgendwo aber sei die Macht zu erkennen, welche die allgegenwärtige Unordnung, die lähmende Depression, das heraufziehende Chaos siegreich bannen könne. Aus sehr vielen und durchaus unterschiedlichen Wurzeln wurden die schichten- und klassenspezifischen Vertrauenskrisen genährt, die schließlich zu einer allgemeinen Legitimationskrise zusammenflossen. Ausschlaggebend ist daher im März 1848 trotz aller Vielfalt der vorbehaltlos ernstzunehmenden einzelnen Vorbedingungen ein durch und durch politisches Phänomen gewesen: Der Glaube an die mehr denn je erforderliche, der düsteren Realität gewachsene Funktionsfähigkeit des politischen Systems war weithin aufgezehrt. Die Rechtfertigungsprinzipien harter Herrschaft, wie sie Dynastie, Adel und Bürokratie ausübten, konnten ihre Aufgabe, als Damm dem wachsenden Zweifel standzuhalten, immer weniger erfüllen. Weder das ominöse monarchische Prinzip noch die adlige Tradition noch das bürgerliche Leistungshandeln konnten die Risse in diesem Damm rechtzeitig und glaubwürdig schließen. Im Konkurrenzkampf unterlagen deshalb die überkommenen Legitimationsideale immer häufiger den überlegenen Geltungsansprüchen der liberalen, demokratischen, republikanischen, ja radikalen Ideen. Und jenes unübertreffliche politische Guthaben: der pralle, jeden Zweifel erdrükkende Erfolg, der für neuen Legitimationsnachschub am besten sorgt – er blieb für das politische System Jahr für Jahr allenthalben aus. So gesehen war es nur konsequent, daß die allgemeine Gesellschaftskrise zuerst in eine schleichende, dann in eine offene allgemeine politische Legitimationskrise überging. Das aber hieß: Im Frühjahr 1848 war eine klassische vorrevolutionäre Situation entstanden, es fehlte nur noch der Funke, der ins offene Pulverfaß flog.

Daß nicht nur radikale Protagonisten des Systemsturzes wie Marx, Engels, Hess und ihresgleichen die allgemeine Gesellschaftskrise diagnostizierten, weil sie als Gegner einen geschärften Blick dafür besaßen und diese ohnehin herbeisehnten, sondern daß auch wache konservative Köpfe von dieser vorrevolutionären gesamtgesellschaftlichen Labilität überzeugt waren, beweisen einmal ihre inzwischen mehrfach berücksichtigten scharfsichtigen Analysen, nicht zuletzt aber enthüllt das aber auch die desparate Therapie, mit der einige von ihnen der Gewalt des heraufziehenden Sturms begegnen wollten. In einer Grenzsituation, wo es für die Existenz von Staat und Gesellschaft um alles oder nichts gehe, sollten die Herrschaftsträger – so lautet eine von Macchiavelli klassisch formulierte und zahlreiche Male praktizierte machttechnische Maxime – die inneren Spannungen in einen Krieg ableiten – mit allen Risiken einer Niederlage, aber auch mit allen Verheißungen eines legitimationsspendenden Erfolgs. Eben diese Erfahrungsregel, «daß glückliche Kriege innere Unruhen verhindert und die innere Staatsmacht befestigt haben», hatte auch Hegel noch einmal Generationen seiner Studenten und Leser eingeprägt. Schon Anfang März 1848 fürchtete in Berlin der republikanisch gesinnte Virchow aufgrund von Gerüchten, die aus konservativen Kreisen auch zu ihm drangen, daß «die Regierung unklug genug sein» könne, «einen Krieg herbeizuführen, und es scheint fast, daß man daran denkt», um von den inneren Problemen gewaltsam abzulenken, obwohl dann «viel für sie auf dem Spiel» stehe. Überzeugte Konservative dagegen hofften auf diese antirevolutionäre Wirkung eines Krieges. «Das Erwünschteste wäre jetzt ein Krieg», gestand v. Kügelgen, «einerlei mit wem und vorderhand auch einerlei mit welchem Erfolg, damit die Staatsmuskeln sich nur etwas wieder anspannten.» Gleichzeitig konstatierte Helmuth v. Moltke, immerhin ein 47jähriger Stabsoffizier und das exakte Gegenteil eines Heißsporns, daß – wenn schon die Bereitschaft zum prophylaktischen Losschlagen fehle – auch «ein Angriff von außen in diesem Augenblick» noch «ein großes Glück» wäre, da der äußere Konflikt die inneren Spannungen absorbieren könne.

Es geht hier nicht um die Realisierungschance solcher Wünsche, sondern allein darum, daß die propagierte Flucht in den Krieg ein zutiefst pessimistisches Urteil über die Abgründe der Gesellschafts- und Legitimationskrise voraussetzte. Insofern spielte die unter Konservativen vorhandene Bereitschaft zum radikalen Risiko das Gefühl einer existentiellen Bedrohung wider, die von den Radikalen als Öffnung des Tors zu ihrer neuen Welt begrüßt wurde.[6]

Die Frage schließlich nach der Initialzündung, die in dieser vorrevolutionären Krisensituation die Mine mit all dem aufgehäuften Sprengstoff explodieren ließ, kann eindeutig beantwortet werden. Durch ein dramatisches innerdeutsches Ereignis ist diese essentielle Funktion nicht ausgelöst worden. Der äußere Anstoß der italienischen Erhebungen reichte dazu auch noch nicht aus. Als jedoch in Frankreich zum dritten Mal innerhalb von zwei Generationen der politische Vulkan ausbrach, löste die seit dem 22. Februar in Paris siegreich vordringende Revolution dank ihrer symbolischen Leuchtkraft eine Kettenreaktion aus, die in Windeseile auch die meisten deutschen Staaten erfaßte. Auf den Verlauf ist unten (Teil 4, IV) einzugehen. Hier ist nur noch einmal festzuhalten, daß der verblüffend schnelle Erfolg des Auslöser-Mechanismus ganz von den bis zum Zerreißen gespannten, revolutionsreifen Verhältnissen im deutschsprachigen Mitteleuropa abhing.

Auch die völlig verschiedenartigen Trägergruppen der deutschen Revolution: standesherrliche badische Bauern z. B., gutsherrschaftliche schlesische Gärtner, Angehörige der städtischen «handarbeitenden Klassen», Kleinbürger und Studenten, liberale Honoratioren, demokratische Republikaner, sozialistische und kommunistische Radikale – sie alle können besser charakterisiert werden, wenn man sie jeweils auf ihren eigenen Handlungsfeldern agieren läßt. In diesem Kontext sind dann ebenfalls ihre weit voneinander abweichenden Ziele zu erörtern, während die Frage nach der Verwirklichung der revolutionären Pläne und Hoffnungen, nach den nichtintendierten Ergebnissen sowie nach der eigentümlichen Mischung von Scheitern und Erfolg in die Bilanz (Teil 4, V) gehören.

Dagegen kann an dieser Stelle eine Antwort auf die Frage nicht länger aufgeschoben werden, in welchem theoretischen Rahmen so viele divergierende Elemente wie die demographischen, ökonomischen, sozialen, politischen, kulturellen, sozialpsychischen Faktoren am ehesten angemessen berücksichtigt werden können, wenn man zu einer möglichst erklärungskräftigen Interpretation der Ursachen der Revolution, insbesondere der Motive der wichtigsten Trägergruppen, vordringen will. Im Mittelpunkt steht gewissermaßen das Scharnier zwischen den ausführlicher geschilderten allgemeinen gesellschaftlichen und politischen Bedingungen einerseits, den von ihnen geschaffenen Dispositionen zu Kritik, Opposition und aktivem Protest bis hin zur direkten Revolutionsbeteiligung andrerseits. Darüber hinaus sollen die an erster Stelle favorisierten Erklärungsansätze, wenn eben möglich, dazu beitragen, das Verhalten auf den verschiedenen Handlungsebenen der Revolution, ihre Verlaufsetappen, die Gründe ihrer Niederlagen exakter bestimmen zu helfen, obwohl dafür selbstverständlich auch noch andere analytische Konzeptionen benötigt werden.

Vorn sind bereits einige der Fragen aufgeworfen worden, die auf bestimmte revolutionstheoretische Entwürfe hinlenken; sie brauchen nicht wiederholt zu werden. Jedenfalls ist das Angebot an Theoremen, die eine der deutschen 48er Revolution adäquate «Paßform» besitzen, alles andere als erdrückend groß. Das Gegenteil ist vielmehr der Fall: Wenn man die gängigen Revolutionstheorien sowie die ältere und neuere historische Literatur über die Revolution von 1848/49 daraufhin überprüft, fällt einem nicht nur auf, wie überaus selten überhaupt mit expliziten theoretischen Konzepten gearbeitet worden ist, sondern man stellt ebenfalls fest, daß womöglich noch seltener Revolutionstheorien der historischen Komplexität von 1848 gerecht zu werden vermögen – oder das auch nur versuchen.

Die heroisierend-liberale Interpretation z. B., wonach unterdrückte Volksmassen gegen Repression aufbegehrt und aufsteigende neue Schichten für «die Freiheit» gekämpft hätten, da der Liberalismus für sie auf der Tagesordnung gestanden habe, führt nicht besonders weit, wenn ein vertiefteres Verständnis der deutschen Geschichte um 1848 gewonnen werden soll. Nicht minder simplifizierend ist die Deutung, daß die Revolution als unmittelbare Reaktion auf materielle Not und Massenelend ausgebrochen sei. Dann hätte 1846 oder im Frühjahr 1847 die Eruption erfolgen müssen, ganz abgesehen davon, daß wichtige Trägergruppen bekanntlich gar nicht unter dieser Not gelitten haben. Und die Anomie-Theorie, derzufolge Menschen nach der Auflösung haltgebender Traditionen und Normen wegen ihrer Orientierungslosigkeit und des Fehlens verhaltensleitender, allgemeinverbindlicher Werte in eine Revolution der Verzweiflung ausbrechen, läßt sich nicht auf die viel differenzierteren Verhältnisse von 1848 anwenden. Etwas realistischer ist da schon die von vielen gepriesene Tocquevillesche These, daß die Menschen, wenn ein längerer Aufschwung durch eine schwere Krise abrupt beendet wird, von ihrer Not völlig absorbiert werden; erst wenn sie wieder eine gewisse Erleichterung verspüren und ihnen die zugemutete Entbehrung dank der neuen Vergleichsmöglichkeiten vollends bewußt wird, ja als vermeidbar erscheint, schlägt die Stunde der Revolution. Auch diese These besitzt jedoch einen holzschnittartigen Charakter; sie ignoriert viele Motive, die nicht auf das Wechselbad der wirtschaftlichen Schwankungen zurückführbar sind, und sie leidet außerdem unter dem Vorurteil, daß angeblich auf jede von der Revolution gestürzte Regierung mit Notwendigkeit eine schlechtere folge, die Revolutionäre also tölpelhaft die überlegene Qualität der vorrevolutionären Staatsleitung verkannten. Dennoch enthält diese Interpretation als interessanten Kern einen sozialpsychischen Mechanimus, auf den man gelegentlich zurückgreifen kann.

Angesichts der grundlegenden Bedeutung, die hier der Formierung moderner marktbedingter Erwerbs- und Berufsklassen zugemessen wird, liegt die Frage nahe, ob nicht eine Analyse von Klassenkonflikten bis hin zum revolutionären Zusammenprall am besten «greift», zumal ein klassentheoretisches Grundgerüst mit der elastischen Berücksichtigung zahlreicher anderer Faktoren durchaus vereinbar wäre. Auf ihre Weise versucht das die orthodoxe marxistische Forschung. Sie legt jedoch bis heute, indem sie dem verallgemeinerten Marxschen Klassenkonzept folgt, jeder Interpretation von 1848 zugleich ihr antiquiertes geschichtsphilosophisches Schema zugrunde: Danach war es die «historische Mission» der deutschen Bourgeoisie, der angeblich bereits «ökonomisch stärksten Klasse», sich als «Hegemon» der Revolution gegen die Feudalklassen zur neuen politisch «herrschenden Klasse» aufzuschwingen und eine «bürgerlich-demokratische Ordnung» in einem gleichzeitig neuzuschaffenden «bürgerlichen Nationalstaat» – dem «unabdingbaren» Gehäuse «für eine freie Entfaltung der kapitalistischen Gesellschaft» – durchzusetzen. Bedauerlicherweise verriet die Bourgeoisie den ihr von dieser Prädestinationslehre zugedachten Auftrag durch ihre Halbherzigkeit, ihre Feigheit, schließlich ihre Kooperation mit den alten Gewalten gegen die «rote Gefahr». Daher trägt sie einerseits «die Hauptschuld für den Mißerfolg», während andrerseits doch – ein ungelöstes Spannungsverhältnis – die «eigentlichen Ursachen» in der «objektiven Konstellation der Klassenkräfte und deren subjektivem Verhalten während der Revolution» liegen sollen. Eine säkularisierte Heilsmission und einen dogmatisierten Katalog «historischer Aufgaben» kann man jedoch nicht als Kategorien einer realistischen Klassenanalyse anerkennen, und die von der politischen Religion solcher Autoren präformierte, realhistorisch aber irritierend ungenaue Vorstellung von den sozialstrukturellen und politischen Kräfteverhältnissen verfehlt die komplexe Grundstruktur der Revolution ohnehin.

Trotz dieser Sackgasse der Orthodoxie könnte man eine Klassenanalyse im Sinne Webers vorschlagen, mithin die zwischen marktbedingten Klassen ausgetragenen Konflikte untersuchen, wobei die Natur und Stärke der beteiligten Klassen, die Intensität ihrer Antagonismen und der Ausgang ihres Kräftemessens ohne geschichtstheologische Vorentscheidung empirisch ermittelt würden. Dieses Vorhaben trifft jedoch – wie das völlige Defizit an auch nur ansatzweise auf solche Art angelegten Untersuchungen indirekt beweist – auf eine unüberwindbare Barriere. Zu dieser Zeit befanden sich in den deutschen Ländern moderne, marktbedingte Klassen überwiegend noch in statu nascendi. Sie bildeten sich in den maßgeblichen Dimensionen der Klassenformierung in jenen mühseligen, langwierigen Prozessen, die neue gesellschaftliche Formationen nun einmal gewöhnlich zu durchlaufen haben, erst allmählich heraus. Zwar zeichneten sich sowohl auf dem Land als auch in der Stadt inmitten einer noch weithin traditional geprägten Umwelt durchaus die Konturen und Grenzen, die wachsende Kohäsion und die strukturelle Interessenübereinstimmung dieser Klassen immer deutlicher ab – darauf lief die Argumentation im letzten Kapitel über die soziale Ungleichheit sowie in der Zwischenbilanz der Entwicklung bis zur Schwelle der Revolution hinaus (Teil 3, III u. VI). Man muß daher die Entstehung der sich konstituierenden Klassen und die Perzeption dieser Entstehungsgeschichte ganz so berücksichtigen wie tendenziell klassenbestimmte Verhaltensweisen und eigene Institutionen, bereits erkennbare latente und manifeste Klasseninteressen und von ihnen beeinflußte politische Ziele. Undogmatische klassenanalytische Überlegungen können durchaus an einige wichtige Probleme heranführen. Aber: Handlungsfähige Klassen als Kollektivakteure, mit ausgeprägtem Klassenbewußtsein, gemeinsamen Klassenzielen, Organisationen und Aktionsformen wird man vergeblich suchen. Noch waren die agrar- und industriekapitalistische Marktwirtschaft in den deutschen Entwicklungsregionen zu jung, als daß sie die voll ausgereiften typischen Sozialformationen einer modernen Marktgesellschaft bereits hervorgebracht hätte.

Das Schwierige an der deutschen Revolution von 1848 bleibt die verwirrende Mischung von traditionsbestimmten Kräften und Ideen der untergehenden «alteuropäischen» Welt, die vielerorts noch das Übergewicht besaß, mit Kräften und Ideen der heraufziehenden neuen Welt, die häufig erst ihre Ansprüche anmelden und nur partielle Erfolge verbuchen konnte. Daher ist, um es zu unterstreichen, die unvoreingenommene Beachtung der Klassenproblematik geboten. Einem ausschließlich klassenanalytischen Zugriff entzieht sich jedoch der eigentümliche Charakter dieser Gemengelage in einer Übergangszeit.[7]

Welche Wege der Interpretation soll man nach alledem einschlagen, da es einen direkten Königsweg zu *der* historischen Theorie der 48er Revolution offensichtlich nicht gibt? Hier wird die Kombination von drei sich ergänzenden Ansätzen wegen ihrer zum Teil bewährten, zum Teil potentiellen Erklärungskraft bevorzugt. Die beiden ersten können knapp charakterisiert werden, weil sie vorn schon bei der Analyse von komplexen Problemen häufig zugrunde gelegt worden sind; der dritte dagegen bedarf einer etwas ausführlicheren Erläuterung.

1. Da das Interesse an der Ungleichheit der Lebenschancen diesen gesellschaftsgeschichtlichen Grundriß wie ein roter Faden durchzieht, liegt die Entscheidung nahe, im Rahmen der Theorie Max Webers die revolutionären Konflikte in den drei grundlegenden Ungleichheitsdimensionen der ökonomischen Lage, der Machtposition und des sozialen Status als Kämpfe um verschiedenartige Macht- und Herrschaftschancen zu deuten. In all diesen Dimensionen stellt die Revolution von Anbeginn an die Machtfrage im Sinne der Veränderung oder Verteidigung der überkommenen Hierarchien. Unvermeidbar folgen daraufhin sogleich prinzipielle Auseinandersetzungen um den Charakter der politischen Herrschaftsordnung (als Verkörperung sozialnormativ legitimierter Macht), um die Appropriation bzw. Umverteilung von Herrschaftsmitteln, um die Gültigkeit bzw. die Durchsetzung von alten oder neuen Legitimationsprinzipien. Man hat sich auf dieser Linie zu vergegenwärtigen, daß es bei zahlreichen revolutionären Offensivaktionen und antirevolutionären Defensivmaßnahmen im Kern um einen – im Extremfall tödlichen – Streit um Macht- und Herrschaftsressourcen geht.

Diese beiden Begriffe sollten durchaus weit verstanden werden, und der Streit um solche Ressourcen findet außerdem auf durchaus unterschiedlichen Handlungsfeldern statt. Hier wird um höhere oder «gerechte» Löhne, um das Streikrecht, um die Anerkennung von Gewerkschaften, sogar um das «Recht auf Arbeit» oder aber um standesgemäße «Nahrung», Handwerkerehre und Aufstiegsmöglichkeiten gekämpft. Dort geht es um die Ablösung oder Regulierung von bäuerlichen Abgaben und Leistungspflichten, um Eigentums- und Persönlichkeitsrechte, um höhere Deputate und Minimallöhne. Hier wird um effektiven Einfluß auf die Gemeindepolitik, um kostenfreien Besuch öffentlicher Schulen, um eine menschenwürdige Behandlung durch Bürokratie und Polizei gekämpft. Dort geht es um die Ausdehnung des Wahlrechts, um die Gleichheit vor Gericht, um die Gewährung von Versammlungs- und Meinungsfreiheit, anderswo wiederum um eine zeitgemäß geschriebene Verfassung, um Parlamentsrechte und Gewaltenteilung, um Monarchie oder Republik. In zahlreichen Realitätsbereichen und auf verschiedenen Handlungsebenen wird mithin um Einfluß- und Durchsetzungschancen gestritten – die von Historikern durchweg bevorzugte Aktionsarena der Nationalversammlungen stellt, so gesehen, nur einen übermäßig privilegierten Ausschnitt aus einer Vielzahl von Kraftfeldern dar. Bei genauerem Hinsehen wird deutlich, daß der Zusammenprall der antagonistischen Kräfte eben deshalb oft zu einem Ringen auf Leben und Tod führt, weil die Verfügungsgewalt über Machtpotentiale und Herrschaftsressourcen auf dem Spiel steht, deren Besitz einen eminent tiefgreifenden sozial-, rechts- und politikgestaltenden Einfluß gewährleistet. Er vermag letztlich über die Bewahrung der herkömmlichen Verteilung maßgeblicher Lebenschancen oder über eine neuartige Distributionsstruktur zu entscheiden.

2. Auch die deutsche Revolution von 1848 kann als Ergebnis einer Kumulierung von gravierenden Modernisierungskrisen verstanden und deshalb auch mit den Schlüsselbegriffen der weberianischen Modernisierungstheorie analysiert werden. Daß so viele Krisen sich auf einmal überschnitten und mit friedlichen Mitteln offenbar nicht rechtzeitig gelöst werden konnten – wovon zahlreiche Akteure unter den Bedingungen der Zeit überzeugt waren –, führte zur Eruption des Bürgerkriegs mit seiner erbitterten Konfrontation von konservativen Beharrungs- und veränderungswilligen Bewegungskräften.

Die ökonomische Modernisierung in Gestalt eines relativ hochentwickelten Agrar- und Industriekapitalismus, aber auch das unaufhaltsame Vordringen kapitalistischer Organisationsprinzipien und kapitalistischen Geschäftsgebarens in Verkehr und Handel, Bank- und Börsenwesen, Handwerk und Kleingewerbe, in der marktorientierten und kommerzialisierten Landwirtschaft warfen zahlreiche – vorn geschilderte – Probleme auf, die ein wachsendes Spannungspotential schufen.

Die rechtliche Modernisierung in Gestalt der Reformgesetze unternahm es – mit großen regionalen Unterschieden und zeitlichen Phasenverschiebungen –, eine Reihe dringender Probleme zu kanalisieren. Aber die Umleitung in das neue Flußbett erzeugte ihre eigenen Schwierigkeiten, und ein gut Teil der spätfeudalen Privilegien und Rechtsbarrieren war vor 1848 noch immer nicht beseitigt, so daß die Anstößigkeit dieses traditionalen Überhangs unter Bauern und Bürgerlichen, Stadt- und Landarbeitern weiter wuchs.

Die soziale Modernisierung in Gestalt der beschleunigt fortschreitenden Herausbildung marktbedingter Klassen und des korrespondierenden Zerfalls der ständischen Ordnung ist ohne die ökonomische Transformation, die das Hoheitsgebiet der modernen Marktgesellschaft immer weiter ausdehnte, nicht vorstellbar. Die gesellschaftliche Umstrukturierung, die von diesen Basisprozessen vorangetrieben wurde, vermehrte jedenfalls die Krisenanfälligkeit der einzelstaatlichen Gesellschaften, vor allem in ihren entwicklungsfähigen Regionen, zumal diese anonymen und allgegenwärtigen sozialen Evolutionsschübe unheimlich und unkorrigierbar wirkten.

Mit der sozioökonomischen und staatsrechtlichen Modernisierung verband sich die soziale, kulturelle und politische Mobilisierung weiter Teile der Bevölkerung, in denen sich allmählich eine Haltung steigender Erwartungen herausbildete. Von dieser Grundeinstellung aus waren es z. B. nur wenige Schritte bis zum Ruf nach Einwohnerrecht und Lohnerhöhung, nach Meinungsfreiheit und Zensuraufhebung, nach Steuergerechtigkeit und Vereinigungsfreiheit. Zu den Aspekten der politischen Modernisierung, die teils von der Staatsverwaltung selber, teils von liberalen und demokratisch-republikanischen Strömungen gefördert wurde, gehörte das schließlich unüberhörbare Postulat, alle Untertanen zu gleichberechtigten Staatsbürgern zu machen und ihre politischen Partizipationsrechte auszudehnen. Diese Teilhaberechte waren auf der Ebene der Städte, Gemeinden und Provinzen, der Einzelstaaten und schließlich im Hinblick auf die Staatsbildungspläne von 1848/49 heftig umstritten. Mit der Absicht, mitten in Europa einen nationaldeutschen Gesamtstaat zu gründen, waren außerdem auch die schwierigen Probleme der Institutionenbildung, der politischen Integration und Penetration, der Ausbildung einer neuen Identität als deutscher Nation verbunden, welche die von den Partikularstaaten beanspruchte Loyalität überwinden sollte.

Mit dem Pauperismusproblem, mit den materiellen Forderungen der Arbeiter und Handwerker, mit dem Ruf nach «Recht auf Arbeit», nach Besteuerungsgesetzen, nach kostenloser Schulbildung meldete sich auch die Distributionskrise an, und zwar sofort mit solcher Dringlichkeit, daß Ratlosigkeit und Furcht die wenigen Lösungsvorschläge gewöhnlich weit übertrafen.

Diese verschiedenen Modernisierungskrisen mündeten in die politisch gefährlichste von allen: in die Legitimationskrise der vormärzlichen politischen Systeme und daher in den Versuch, eine neue Legitimationsbasis zu schaffen oder die alte gegen diese Konkurrenz zu verteidigen. Die charismatischen Legitimationsprinzipien waren angesichts der Mediokrität der Fürsten weithin verblaßt; die traditionalen Prinzipien, deren Geltung auf unreflektiertem Glauben, williger Hinnahme, schierer Traditionsheiligkeit beruhte, hielten 1848 dem Druck rationaler Rechtfertigungsprinzipien nicht länger stand: Die Entscheidung durch Parlamentsbeschlüsse, die Berufung auf die Volkssouveränität, der Erfolg eines volksnahen Verwaltungshandelns, die liberalen Freiheits- und demokratischen Gleichheitsrechte versprachen eine Legitimationsbasis, die aus zahlreichen Grundsätzen bestand und gegenüber der zerbröckelnden Mischung von traditionalen, charismatischen und rationalen Elementen weit überlegen wirkte. Die Frage, wie diese gefährdeten Legitimationsgrundlagen dennoch erfolgreich verteidigt werden konnten, führt auf eins der Zentralprobleme der Revolution hin.

Beide Ansätze: einmal die Interpretation der Revolution als Kampf um die verschiedenartigsten Machtchancen und Herrschaftsressourcen und zum zweiten die Interpretation mit Hilfe der Krisentheoreme der historisch-vergleichenden Modernisierungsforschung stammen aus dem Arsenal der von Weber entwickelten Globaltheorien und verkörpern einen objektivierenden Deutungszugriff. Die Erklärungskraft versprechenden Kategorien werden an komplizierte Probleme herangetragen, um mit Hilfe dieses gegenwärtigen Wissensstands die interpretierende Analyse möglichst weit voranzutreiben. Zu den Eigenschaften und zu den Vorzügen dieser Art von

Analyse gehört, daß sie auf einem mittleren Abstraktionsniveau angesiedelt ist; sie schafft eine gewisse Distanz zu all den farbigen und verwirrenden Details der Ereignisgeschichte, und sie ermöglicht im Optimalfall die erwünschte kausal-funktionale Problemerklärung bzw. eine Interpretation mit Hilfe analytischer Begriffe, die zu wesentlichen, wenn auch natürlich keineswegs allen Grundzügen der Entwicklung vorzudringen vermag.

3. Selbstverständlich schließt diese Vorgehensweise das hermeneutische «Verstehen» individueller Handlungsmotive und kollektiver Entscheidungsgründe ein, aber vom ganzen Duktus der Gedankenführung her besteht dennoch eine gewisse Gefahr, daß die Vielzahl der unterschiedlichen Motive, welche die Akteure und die passiv Verharrenden bewegt haben, etwas zu kurz kommt. Deshalb soll durch einen dritten Interpretationsansatz bewußt ein Gegengewicht geschaffen werden, das die Frage nach den individuellen und kollektiven Motiven: nach ihren Ursachen, ihren Eigenarten, ihren Wirkungen in den Vordergrund zieht. Angesichts der riesigen Heterogenität dieser Motive und der aus ihnen resultierenden Antriebskräfte kann dabei das eine oder andere hochspezielle psychologische Theorem genausowenig weiterhelfen wie die weithin übliche Privatpsychologie der Historiker. Vielmehr sollte man auf eine bereits hinreichend bewährte Theorie zurückgreifen, welche in möglichst verallgemeinerungsfähiger Form jene sozial- und individualpsychischen Reaktionsmechanismen zu klären beansprucht, die zwischen Ungleichheitsphänomenen in der «Realität», der spezifischen Art, wie diese erfahren und in wirklichkeitsnaher oder verzerrter Perzeption wahrgenommen wird, der Handlungsbereitschaft und endlich der direkten Aktion als Vermittlungsglieder fungieren.

Diesen Zusammenhängen versucht die Theorie der «Relativen Deprivation» gerecht zu werden. Sie tritt in zwei klar zu unterscheidenden Varianten auf.

In ihrer allgemeinen Form konzentriert sie sich auf die individuell, in erster Linie aber kollektiv erfahrene oder befürchtete Diskrepanz zwischen menschlichen Erwartungen und dem Grad ihrer Erfüllung oder Versagung. Anders gesagt: Es geht ihr um das Spannungsverhältnis, das zwischen den Ansprüchen und Hoffnungen auf Realisierung von Lebenschancen einerseits, der aber nur begrenzt erfolgenden oder sogar völlig ausbleibenden konkreten oder symbolischen Befriedigung dieser Wünsche andrerseits entsteht. Gemessen an den ursprünglichen Erwartungen wird die nur partielle oder vollständig verweigerte Erfüllung als mehr oder minder schmerzhafte Deprivation erfahren. Sie kann still ertragene Enttäuschung, nagende Frustration und schwere psychische Belastungen auslösen oder aber zu Aufbegehren, Opposition und aktivem Protest führen – eine Grenzform dieses Protests ist die revolutionäre Aktion.

Die zweite Version hält das generelle Verhältnis von Erwartung und Erfüllung für zu abstrakt-allgemein formuliert; sie konzentriert sich daher auf die Beziehungen zu praktischen und normativen Referenzgruppen, die als Bezugsgrößen dienen, mit denen man die eigenen Hoffnungen und Leistungen vergleicht. Entscheidend wird damit die Distanz, die im Hinblick auf die maßgebenden Referenzgruppen sich vergrößert oder verkleinert, stagniert oder ganz überwunden wird. Diese spezifizierte Form der Theorie der Relativen Deprivation besitzt den Vorzug, auf eine Grundtatsache der gesellschaftlichen Wirklichkeit abzuheben: Schichten, Klassen, Eliten (und ihre Angehörigen) orientieren sich innerhalb der vorgegebenen Sozialhierarchie ständig an mehreren Bezugsgruppen, wetteifern mit dem Blick auf sie um die Bestimmung ihrer eigenen Position, wollen gewöhnlich die soziale Distanz nach oben vermindern, nach unten aber vergrößern. Dieser permanente Vergleich bildet häufig die Basis der Selbstbeurteilung, die je nach dem Ergebnis außerordentlich schwanken kann. Und mit dem variierenden Selbstwertgefühl ist regelmäßig die Hoffnung auf realisierbare oder die Enttäuschung wegen versperrter Lebenschancen verknüpft.

Zwei Extremfälle bilden die Aufnahme in eine positiv beurteilte, hochrangierende Referenzgruppe (etwa der Aufstieg des armen Stipendiaten in eine Spitzenstellung der medizinischen Profession!) oder aber der Abstieg in eine negativ bewertete untere Bezugsgruppe, der gegenüber man seit jeher peinlich genau auf möglichst großen Abstand geachtet hatte (etwa das Absinken des «befreiten», aber scheiternden Bauern in das Tagelöhnerproletariat!).

Es gibt keinen zwingenden Grund, sich hier für eine von diesen beiden Varianten zu entscheiden. Der Optionszwang der theoretischen Puristen bringt in diesem Fall nichts ein, vielmehr bietet gerade die Kombination der beiden theoretischen Spielarten von Relativer Deprivation deutliche Vorzüge; dazu unten sogleich mehr. Bei beiden Varianten der Theorie mag es sich auf den ersten Blick öfters um ein Sprechen über recht allgemeine Deprivationserscheinungen handeln. Fast alle Deprivationen sind jedoch unter bestimmten Bedingungen politisierbar, können Konflikte um die Veränderung der Lebensbedingungen auslösen, und diese Konflikte leiten dann zur Analyse des Kampfes um die politischen Durchsetzungschancen und die involvierten Legitimationsprinzipien des politischen Herrschaftssystems über – die politische Aufladung von Deprivationserfahrungen und -wahrnehmungen gehört zu den auffälligen Charakteristika der 48er Revolution.

In der Regel existieren unterschiedliche Formen der allgemeinen und der auf Referenzgruppen bezogenen Relativen Deprivation nebeneinander. Außerdem besitzt sie eine unterschiedliche Verbreitung und Reichweite, eine unterschiedliche Intensität und Bedeutung. Zwei generelle Formen der Relativen Deprivation sind in diesem Zusammenhang besonders wichtig.

Die Erwartungen bleiben konstant, die Befriedigung sinkt jedoch ab. Oft resultiert dieser Vorgang zuerst in der passiven Beschwörung einer besseren Vergangenheit, ehe er nach einer Geduldsprobe von ungewisser Länge zu aggressiven Postulaten einer gerechteren Verteilung privater und öffentlicher

Güter führen kann. Oder aber die Erwartungen steigen kontinuierlich an, während die Befriedigung mehr oder minder drastisch nachhinkt. Dieser aufklaffende Hiatus vermag sich zu einer besonders gefährlichen Relativen Deprivation auszuweiten. Auch die aus diesem Kontext stammenden Frühformen jener Mentalitätsverfassung, die heute die «Revolution der steigenden Erwartungen» genannt wird, können früher oder später an jenen Punkt führen, wo der ungleiche Zugang zu begehrten Ressourcen hochgradige Spannungen erzeugt.

Verbreitung und Intensität der Relativen Deprivation hängen von einigen grundlegend wichtigen Faktoren ab.

1. Da hierauf die gesamte Konzeption basiert, ist an erster Stelle zu nennen die Ausdehnung und Stärke der Kollektiverwartungen auf der einen Seite, der Grad der Diskrepanz zwischen ihnen und ihrer Erfüllung oder Versagung auf der anderen Seite. Die aus diesem Spannungsverhältnis möglicherweise resultierende Frustration kann zu einer Hauptquelle aggressiven Verhaltens werden.

2. Offensichtlich ist die Anzahl der betroffenen Erwartungen und Lebenschancen grundlegend wichtig. Je mehr Erwartungen nicht erfüllt werden, desto intensiver kann sich die Relative Deprivation auswirken. Denkt man hier wieder an die Webersche Triade von Einkommen, Prestige und Macht, läßt sich die Kristallisation von Deprivationserfahrungen unschwer vorstellen.

3. Unübersehbar ist sodann der Einfluß, den die Zeitdauer der Deprivation ausübt. Über kurze Entbehrungen kann man sich leichter hinwegsetzen. Anhaltende Belastungen zehren die Resistenzkraft auf, bis Tod oder Empörung extreme Endpunkte markieren.

4. Weiterhin spielt die Bedeutung der Werte und Lebenschancen, die jeweils in Betracht kommen, eine zentrale Rolle. Befriedigung oder Versagung von Erwartungen bewegen sich stets innerhalb einer Wertehierarchie. Wird eine begehrte, von vornherein jedoch schier unerreichbare Position nicht errungen, kann die Relative Deprivation gering bleiben, im umgekehrten Fall das Erfolgserlebnis außergewöhnlich befriedigen. Werden dagegen Erwartungen im Bereich von erreichbar wirkenden Zielen nicht erfüllt, stellt sich gewöhnlich eine stark empfundene Relative Deprivation ein. Der Zielwert kann natürlich auch einen symbolischen Charakter, z. B. den des «gerechten Lohns» oder der Respektbekundung gegenüber dem «einfachen Mann» besitzen.

5. Im allgemeinen hängen Reichweite, Dauer und Intensität der Relativen Deprivation auch immer ab von der Glaubwürdigkeit und Stärke der normativen oder utilitaristischen Legitimierung nicht nur der betroffenen Erwartungen, Werte und Referenzgruppen, sondern letztlich auch des gesamtgesellschaftlichen Machtgefüges und der politischen Herrschaftsordnung. Wird diese Legitimationsstruktur fragwürdig oder beginnt sie unter

Druck sogar zu zerbröckeln, verschärfen sich die Deprivationsgefühle, zumal dann, wenn die Erfahrungen der Benachteiligung aufgrund einer gemeinsamen Sozial- oder Klassenlage eine breite Resonanz finden.

6. Für das Verhältnis zu den Bezugsgruppen gilt die Grundtatsache, daß Menschen ihre Positionen und Aspirationen zwar durchweg im Hinblick auf mehrere Referenzgruppen definieren, daß aber gewöhnlich eine wichtiger ist, als andere es sind. Bei diesem Beziehungsverhältnis ist die Nähe oder Ferne der Bezugsgruppe offensichtlich von erheblicher Bedeutung. Häufig ist auch die tiefer rangierende – bisher als abstoßende Verkörperung des Scheiterns fungierende – Referenzgruppe wegen der eminent wirksamen Bedrohlichkeit schrumpfender sozialer Distanz nach unten (zwischen Angestellten und Proletariern!) zumindest zeitweilig wichtiger als die höherplazierte Referenzgruppe, da es so aussieht, als ob konstante soziale Distanz nach oben etwas leichter zu ertragen ist. Wenn jedoch der Aufstieg bereits in greifbare Nähe gerückt scheint, löst ein Mißerfolg um so heftigere Frustrationen aus.

7. Gegebenenfalls können alternative Möglichkeiten der Befriedigung einen hohen Stellenwert gewinnen. Je weniger sich ausgleichende Chancen auftun, desto intensiver ist die Relative Deprivation. Je mehr Ausweichchancen dagegen sich öffnen, desto wahrscheinlicher sind Entspannungseffekte.

8. Und nicht zuletzt sollte die historische Analyse immer die Reaktion des politischen Regimes auf Phänomene der Relativen Deprivation miteinbeziehen. Reagiert es überhaupt, oder herrschen Ignoranz und Passivität? Wie erfolgreich ist es imstande, Relative Deprivation zu erkennen und gezielt Abhilfe zu schaffen? Wie erfolglos bleiben möglicherweise seine Anstrengungen? Wie belastbar ist seine Legitimationsbasis unter den Bedingungen vielseitiger und dauerhafter Relativer Deprivation? Wann tritt ein systemgefährdender Legitimationsverlust ein?

Mit diesen Fragen landet man wieder bei einer Untersuchung derjenigen Ursachenkomplexe, die unterschiedliche Deprivationserscheinungen hervorbringen. Denn für sich allein genommen erschließen die Phänomene und Mechanismen der Relativen Deprivation dem Historiker ziemlich engbegrenzte Interessengebiete. Unabdingbar bleibt die vorhergehende kausalfunktionale Analyse der Motive und Ursachen der Relativen Deprivation – erst auf dieser Basis gewinnt die Theorie ihre Glaubwürdigkeit! Man kommt deswegen um die Erörterung der demographischen, sozialökonomischen, politischen Probleme usw. schlichtweg nicht herum. Relative Deprivation ist kein ohne weiteres verwendbarer Passepartout für diffizile Fragen, erst recht kein Ersatz für die exakte Konstellationsanalyse. Wohl aber gestattet diese Theorie, die Vermittlungszone zwischen realhistorischer Konfiguration, psychischer Reaktion und aktivem Handeln zu erhellen. Bei der Untersuchung der Handlungsmotive und Aktionen rückt – schon wegen der hier favorisierten Weberschen Interpretationsansätze – der Kampf um die Appropriation von Herrschaftschancen und politische Legitimationsprinzipien auf den ihm gebührenden vorrangigen Platz.

Von entscheidender Wichtigkeit bleibt schließlich eine klare Antwort auf die Frage nach den aus der Relativen Deprivation resultierenden Folgen, die sich über verschiedene Etappen hinweg zu einer Fundamentalkrise aufstauen oder aber durch veränderte Umstände und effektive Maßnahmen entschärft werden können.[8]

Hier steht die springflutartige Expansion von Deprivationserfahrungen bis hin zum revolutionären Protest von 1848 im Mittelpunkt. Für die Strukturierung der Interpretation ergibt sich als ein besonderer Vorzug der Deprivationstheorie, daß sie in hohem Maße verallgemeinerungsfähig ist; diese Eigenschaft, die häufig berechtigte Einwände gegen zu stark generalisierende Aussagen auslöst, erweist sich jetzt als Gewinn. Man kann nämlich mit Hilfe der Deprivationstheorie wichtige Wirkungen der Ungleichheit der ökonomischen Lage, der politischen Machtchancen, des sozialen Ansehens, aber auch der Ungleichbehandlung von Konfessionen und Regionen, der Diskriminierung durch Recht und Vorurteil – kurzum: zahlreiche Probleme analysieren, für welche die ungleiche Verteilung von Lebenschancen, die ungleiche Erfüllung von Lebenshoffnungen, die ungleiche Zumessung von Lebensrisiken von konstitutiver Bedeutung sind. So lassen sich etwa allgemeine Deprivationserscheinungen von Unterschichten während der Hungerkrise von 1846/47 in diesem Rahmen erörtern. Welche geradezu geballten Deprivationserfahrungen machte die erdrückende Mehrheit des jungen Industrieproletariats? Die Statusinkonsistenz der jungen Akademiker, die mit herausragendem Examen auf die feste Beamtenstelle, die Habilitation, die Berufung zum Professor warteten, führte auch zu Deprivationserfahrungen, obwohl sie von anderer Natur waren. Wegen der Aussicht auf materielle Sicherheit, Prestige und Einfluß nahm der Referendar im Wartestand eine harte Deprivationsbelastung hin, die wegen des verlockenden Ziels jahrelang ertragen wurde, bis die Ernennung sie beendete oder die Ablehnung abgrundtiefe Enttäuschung auslöste. Wurde blitzgescheiten Junghegelianern die Universitätslaufbahn verweigert, konnte ihr Deprivationsschock die abstrakte intellektuelle Radikalität mit lebensgeschichtlicher Konsequenz in politische Radikalität verwandeln. Dem talentierten, aber schlecht bezahlten Professor mochte sein Ansehen geraume Zeit als kompensatorische Befriedigung über seinen kärglichen Lebensstil hinweghelfen, bis ihn die bohrende Deprivation an der gerechten Prämiierung geistiger Leistung zweifeln ließ und in die Systemkritik trieb.

Im Hinblick auf das Spannungsverhältnis innerhalb von Berufsverbänden oder entstehenden Erwerbsklassen sind zwei Vergleichsebenen zu beachten: einmal der Vergleich mit der Binnen-Referenzgruppe, wie ihn Handwerksgesellen mit den Meistern anstellten; zum zweiten der Vergleich mit Außen-

Referenzgruppen, wie er sich diesen Gesellen im Verhältnis zur Facharbeiterelite in der Industrie aufdrängte. Je krasser in beiden Fällen die eigene Situation mit der Lage der Bezugsgruppen kontrastierte, desto wahrscheinlicher wurde die Verdichtung der Deprivation zum kollektiven Protest oder Kampf um Machtchancen, um auf politischem Wege die Existenzerwartungen zu verwirklichen. Rechtliche und ökonomische Deprivation erlebte der standesherrliche Bauer im Vergleich mit dem staatsuntertänigen Nachbarn, dem die Reformen zugute gekommen waren, ganz so wie der «befreite» ostelbische Gutsbauer, der mit der Rentenzahlung und Landabtretung nicht zurecht kam und deshalb zum Insten absackte.

Politische Deprivation stellte sich als Folge des Vergleichs zwischen konstitutionellen und verfassungslosen Staaten, als Folge des beschränkten oder vorenthaltenen Wahlrechts, aber auch als Folge des Umstandes ein, von der direkten Machtausübung ausgeschlossen zu sein, an der z.B. dem politischen Repräsentanten der Großbourgeoisie so viel lag. Gleichzeitig aufgrund des unterschiedlichen landrechtlichen Status durch ein eigenes Gerichtsforum und erniedrigende Strafen gegenüber den eximierten Staatsbeamten eklatant herabgesetzt zu werden, konnte den Stachel des Deprivationsgefühls eines erfolgreichen Unternehmers nur noch tiefer treiben. Selbstredend löste auch die Diskriminierung konfessioneller Minderheiten wie der «Lichtfreunde» und «Deutschkatholiken» – gemessen am Ideal der öffentlich proklamierten Toleranz und institutionellen Gleichberechtigung der «Religionsgesellschaften» – eine Relative Deprivation aus, die der traditionell benachteiligten jüdischen Glaubensgemeinschaft nur zu vertraut war. Und auch die regionalen Disparitäten, etwa die unterschiedliche Besteuerung von Rheinpreußen und Ostpreußen, der Vergleich des seuchengeplagten Schlesien mit dem bessergestellten Baden, das Gefälle zwischen dem pfälzischen «Nebenstaat» mit seinem französischen Eigenrecht und dem bayerischen «Hauptstaat» – sie alle lösten im allgemeinen Sinn Deprivationseffekte aus.

Als außergewöhnlich folgenschwer erwies sich die vielfache Überlagerung mehrerer – wirtschaftlicher, politischer, regionaler – Deprivationserfahrungen, die eine unerträgliche Dauerbelastung schaffen konnten. Dabei blieb es entscheidend, daß sich diese Erfahrungen in der Perzeption der Zeitgenossen zusammenballten; erst an zweiter Stelle ging es um die – von ihnen oft gar nicht exakt feststellbaren – «objektiven» Deprivationsursachen, die der Historiker im nachhinein eher genau ermitteln kann. Angesichts der durch Überlappung gesteigerten Deprivationsintensität gewann der Umstand zunehmend an Bedeutung, daß der soziale Protest, zu dem die besonders schmerzhaften und erniedrigenden, demütigenden und empörenden Erfahrungen der Deprivation drängten, noch nicht zielgerichtet kanalisiert werden konnte: Legitime Ausdrucksformen waren ihm noch nicht eingeräumt worden. Interessenverbände oder Parteien nahmen sich der zugrunde liegenden Probleme zunächst noch nicht an. Erfolgversprechender Einfluß auf politische Institutionen, die – ob Staatsverwaltung oder Landtag – vorrangige Interessen durchzusetzen halfen, mußte erst noch erobert werden. So gesehen stellt sich die Revolution als Extremfall öffentlicher Gewaltandrohung und Gewaltanwendung dar mit dem Ziel, durch direkte oder symbolische Aktionen für die Korrektur kollektiver Deprivation selber zu sorgen oder um die politische Herrschaftsordnung so umzubauen, daß sie benachteiligten vitalen Bedürfnissen dauerhaft Rechnung zu tragen bereit war. Von daher stammt die Doppelgesichtigkeit der Revolution: Sie wollte fundamentale soziale Veränderungen, zugleich insistierte sie eben deshalb auf der politischen Machtfrage.

Wenn die erhofften Ergebnisse erzielt werden sollten, bedurften beide Ziele einer revolutionären Allianz, in der Trägerschichten mit unterschiedlicher, aber hochgradiger Relativer Deprivation möglichst lange kooperieren konnten. Wurden schichten-, klassen-, berufsgruppenspezifische Gravamina der Relativen Deprivation spürbar abgemildert oder sogar beseitigt, drohte das Ausscheren von begünstigten Trägerschichten, damit jedoch über kurz oder lang der Zerfall dieser heterogenen Koalition. Ihre Auflösung aus eben diesen Gründen sollte sich sehr früh als eins der Hauptprobleme der Revolution erweisen.

Betont man das potentielle und faktische Sprengpotential der Relativen Deprivation, muß man sich als Gegengewicht jedoch auch noch einmal einige Faktoren der Stabilität und Kohäsion vergegenwärtigen. Pauperismus, Hungerkrise, Arbeitslosigkeit, Karriereabbruch, Verfassungslosigkeit, Partizipationsverweigerung – all diese Belastungen trafen auf die traditionsgestützte Leidensfähigkeit der Menschen, auf ihre Bereitschaft, Ungleichheit, Notlagen und Lebensrisiken geraume Zeit als unerforschliche Fügung des Schicksals hinzunehmen. Sie trafen auch auf den tief verinnerlichten Untertanengehorsam, auf das religiös abgesicherte Obrigkeitsdenken, das offener Empörung entgegenwirkte. Begrenzte Konflikte, kriminelle Bedürfnisbefriedigung, Binnenwanderung und Emigration wirkten als soziale Sicherheitsventile. Der öffentlichen und privaten Armenfürsorge, der frühen kommunalen und staatlichen Sozialpolitik gelang manche punktuelle Entschärfung. Vor allem aber hing jederzeit das Damoklesschwert einer unnachgiebigen Repression durch die Staatsgewalt: durch Militär- und Polizeieinsatz über aufbegehrenden Untertanen. Da Verwaltung und Sicherheitsorgane die Risikoschwelle niedrig ansetzten und frühzeitig für überschritten hielten, drohte sogleich eine brutale Unterdrückung, die offenen Protest als nahezu aussichtslos erscheinen ließ. Da diese Handlungsgrenzen jedermann bewußt waren, mahnte die Sorge um Leib und Leben, die Rücksichtnahme auf die Familie und die berufliche Stellung zur Vorsicht. Nur äußerste Erbitterung und spontane Aktion vermochten sich über diese Grenzen hinwegzusetzen.

Wenn trotz der Beharrungskräfte und trotz der konservativen Eindämmungspolitik 1848 die Bewegungskräfte sich zeitweilig durchsetzten und die Dämme zeitweilig brachen, bezeugt das die Dynamik der aufgestauten Probleme und die schneidende Schärfe der weitverbreiteten Deprivationserfahrungen. Die Revolution konnte offenbar aus vielen unterschiedlichen Gründen nicht länger vermieden werden.[9]

IV.
Die Revolution von 1848/49 Handlungsebenen, Hauptphasen und Höhepunkte

Im Vergleich mit den Revolutionen von 1789, 1830 und 1917/18 ist die Revolution von 1848 die am schnellsten expandierende, am weitesten verbreitete, erst- und letztmals den größten Teil von ganz Europa erfassende Revolution, zugleich aber auch die erfolgloseste gewesen.[1] In den deutschen Staaten war ihre Niederlage nach spätestens vier Monaten nicht mehr abzuwenden; nach 18 Monaten übten die gestürzten Regime, außer in Frankreich alle im Zentrum der politischen Macht sicher restauriert, ihre Herrschaft erneut aus.

Trotz der zahlreichen Krisensignale in der letzten Phase des Vormärz wurden die meisten deutschen Zeitgenossen durch die unerhörte Geschwindigkeit und die verblüffende Unwiderstehlichkeit, mit der sich die Revolution auch in den Staaten des Bundes wie ein Steppenbrand ausdehnte, völlig überrascht. Die Radikalen sahen ihre kühnsten Hoffnungen über Nacht erfüllt, die borniertesten Herrscher von Gottes Gnaden standen trotz ihrer Arroganz, gegen jeden Umsturz gefeit zu sein, wie gelähmt da. «Damals», vertraute Friedrich Wilhelm IV. dem preußischen Hofhistoriographen Ranke später mehrmals an, «lagen wir alle auf dem Bauche». Das Tempo der Veränderungen in kürzester Zeit wirkte atemberaubend. Jetzt werde «in Deutschland», glaubte der Verleger Brockhaus, «im März mehr aufgeräumt, als fünfzig Jahre einer ruhigen Entwicklung vermocht hätten». Gleichzeitig brach sich überall die Einsicht Bahn, nicht nur einen politischen Machtwechsel, sondern auch eine soziale Revolution zu erleben. Metternich konstatierte resignierend, «daß es sich nicht mehr um Politik handelt, sondern um die soziale Frage». Dagegen begrüßte es der republikanische Virchow in Berlin, «daß diese Revolution nicht einfach eine politische, sondern wesentlich eine soziale ist»; alle Verfassungspolitik diene jetzt nur als «das Mittel, durch welches der Zustand der Gesellschaft bis in ihre Grundlagen umgestaltet werden soll». In Ostpreußen hörte Rosenkranz «unaufhörlich» die Meinung, «daß unsere Revolution vorzugsweise einen sozialen Charakter» besitze. Auch im Westen, im Rheinland, stimmten Mevissen, v. Beckerath, Otto Camphausen und der Oberpräsident Eichmann seit den ersten Märzwochen wortwörtlich überein, daß die Revolution «vorzugsweise einen sozialen Charakter» aufweise. «Aus dem Inneren der europäischen Gesellschaften steigt eine Macht hervor», trug Ranke im März in sein Tagebuch ein, «die Population der Fabrik, um die Gesellschaft umzustoßen» oder sogar – «von der Wut der roten Republik besessen» – «zu beherrschen.»[2]

Da sich in der deutschen Revolution von 1848 tatsächlich soziale und politische Revolution verschlangen, wäre es methodisch naiv, ein solches Komplexphänomen ohne eine sorgfältige analytische Unterscheidung der verschiedenen Handlungsebenen zu erörtern. Es geht schlechthin nicht an, von der Märzrevolution ziemlich umstandslos – wie das oft üblich ist – mit einem einzigen Schritt auf die bevorzugte politische Bühne vor allem in Frankfurt, danach vielleicht auch noch in Berlin und Wien, zu treten, wo die Nationalversammlungen ihr politisches Werk vorantrieben. Dadurch verfehlt man ein differenziertes Verständnis der klar zu unterscheidenden eigenständigen Antriebskräfte und Ereignisabläufe, die auf durchaus verschiedenartigen Aktionsfeldern jeweils ihre Rolle spielten, obwohl sie natürlich, auf kürzere oder längere Zeit, wechselseitig intensiv aufeinander einwirkten. Wird dieser Pluralismus von Handlungsebenen und der Charakter ihres Interdependenzgefüges nicht verdeutlicht, kann man auch die wechselnden Schauplätze und Schwerpunkte der Revolution, ihre Hauptphasen und die Ursachen sowohl ihres Scheiterns als auch ihrer Erfolge nicht angemessen herausarbeiten und erklären.

1. Die am stärksten vernachlässigte, jedoch kaum zu überschätzende erste Handlungsebene ist durch das verkürzende Stichwort «Bauernrevolution» charakterisiert. «In ihren Anfängen», insistierte aufgrund seiner eigenen Erfahrungen als Miterlebender ein so kluger konservativer Kopf wie Hermann Wagener zu Recht, sei die 48er Revolution «vornehmlich eine agrarsoziale Revolution» gewesen. In allen großen Revolutionen seit dem späten 18. Jahrhundert – etwa in der Französischen, Russischen, Chinesischen Revolution – haben Aufstände der ländlichen Bevölkerung einen maßgeblichen Einfluß ausgeübt. Das ist 1848 in weiten Gebieten des Deutschen Bundes nicht anders gewesen, auch wenn die Politikgeschichte bis heute diese Revolten zu ignorieren oder doch zu unterschätzen pflegt, so daß ihre folgenschweren Ergebnisse, die den Revolutionsverlauf grundlegend mitbestimmt haben, ausgeblendet werden. Die Folge ist ein völlig verzerrtes Bild vom Charakter dieser Revolution.

2. Auf einer zweiten Handlungsebene lief die Revolution in den Städten ab: Hier steigerte sich der revolutionäre Druck von großen Volksversammlungen mit gleichartigen Forderungen über spontane Massenaufläufe bis hin zu den Wiener und Berliner Straßengefechten und Barrikadenkämpfen – mithin bis zum offenen Bürgerkrieg zwischen Revolutionären und Soldaten. Unter den aufbegehrenden Akteuren dominierten Angehörige der städtischen Unterschichten: Gesellen und «Arbeiter» – in des Wortes diffuser zeitgenössischer Bedeutung – vor allem; zwischen ihnen Angehörige der verschiedenen Mittelschichten: kleine Kaufleute, Gewerbetreibende, Krämer, Subalternbeamte, hier und da auch Studenten, einige Bildungsbürger, vereinzelt Honoratioren. Nur wenige prominente Politiker der Nationalversammlungen haben an den Straßenschlachten teilgenommen.

3. Von dem dramatischen, blutigen Zusammenprall in Stadt und Land muß man eine dritte Handlungsebene unterscheiden, auf welcher äußerst heterogene Interessen mit friedlichen Mitteln verfolgt, unüberhörbar artikuliert, zum Teil auch mehr oder minder schnell und effektiv organisiert wurden. Gemeint sind hier die Volksversammlungen oder Politikertreffen, auf denen Petitionen verabschiedet, Ansprüche angemeldet, Ultimata angedroht wurden. Gemeint ist aber auch die Aktivität der zahlreichen, aus dem Boden schießenden demokratischen, liberalen, konservativen Vereine, der wirtschaftspolitischen Verbände, der Kongresse von Handwerkern und Arbeitern, Katholiken und Protestanten, Professoren und Studenten, nicht zuletzt der sich schneller als je zuvor herausbildenden Parteien und Assoziationen, die bestimmte politische Strömungen vertraten. Natürlich waren die Vereine mit bestimmten Phasen der ländlichen und städtischen Revolutionen, auch mit den Parteien verknüpft. Die Forderungen der Verbände und Kongresse zielten auf die Nationalversammlungen und Parteien, die Parteien und Assoziationen wiederum wirkten auf das politische Verhalten und die Interessenverfolgung ein usw. Trotz dieser evidenten Wechselwirkungen handelte es sich doch um eine ausgrenzbare Sphäre, in der durch Interessenartikulation und -organisation mit Hilfe unterschiedlicher Medien auf die öffentliche Meinung und die politische Entscheidungsfindung Druck ausgeübt wurde, um für die eigenen Ziele zu werben, sie konsensfähig zu machen, sie im Optimalfall in Form von effizienten Maßnahmen und Gesetzen zu realisieren.

4. Auf einer eher vertrauten vierten Handlungsebene lassen sich das spontane und organisierte Verhalten der politischen Eliten, ihr Protest und Machtanspruch, ihre offensive oder defensive Politik, ihre Aktion und Reaktion im Verlauf der Revolution verfolgen. Bekannte Schauplätze sind die einzelnen staatlichen Hauptstädte, wo die sogenannten Märzforderungen und Märzministerien, in welche die liberale Prominenz einrückte, durchgesetzt wurden, vor allem dann die politische Arena in der Paulskirche und die Tagungsstätten der preußischen und österreichischen Nationalversammlungen. Das Geschehen an diesen Orten hing einerseits in hohem Maße von der aggressiven Schubkraft der ländlichen und städtischen Volksbewegungen, der Mobilisierungsfähigkeit der Vereine und Verbände ab, andrerseits jedoch auch von der Handlungsschwäche, Kooperationswilligkeit und Durchsetzungsstärke der einzelstaatlichen Regime und der sie stützenden Machtfaktoren. Eingespannt in ein solches Geflecht wechselnder Einflüsse besaßen diese Versammlungen zeitweilig dennoch eine relative Autonomie, die trotz der früh einsetzenden Schrumpfung langfristig folgenreiche Wirkungen ermöglichte.

5. Von diesen Aktionsfeldern unzweideutig abgehoben existierte die Domäne sowohl der geschwächten, aber schnell wiedererstarkenden konservativen Staatsleitungen als auch der liberalen, auf die Paulskirche eingehenden

Regierungen. An der Peripherie dieses Schauplatzes agierten auch die Reichsministerien der provisorischen Zentralgewalt in Frankfurt. Da jedoch die konservativen Großstaaten ihre Handlungsfähigkeit und ihren Handlungswillen am frühesten zurückgewannen, sahen sich diese Machtzentren nach viel kürzerer Zeit, als selbst Pessimisten im März gefürchtet hatten, imstande, das Gesetz des konterrevolutionären Vorgehens zu bestimmen. Wesentliche Säulen des spätabsolutistischen Staats, wie die Armee, die Verwaltung, der Landadel und die Kontrollbehörden der Außenpolitik waren trotz aller Turbulenzen intakt geblieben; andere Herrschaftsfundamente: wie die konservative Beharrungsmentalität, die Furcht vor dem «Pöbel», die Angst vor der Republik der Radikalen gewannen alsbald wieder ihre stützende Funktion zurück, so daß das spätabsolutistische Machtkartell offen und zielstrebig darangehen konnte, den Primat der Systemerhaltung mit allen Mitteln durchzusetzen.

6. Schließlich bleibt zu prüfen, welchen Einfluß die internationale Kräftekonstellation auf den Verlauf der deutschen Revolution ausübte. Dazu gehört auch die Auseinandersetzung mit der gewöhnlich ressentimentgeladenen These, daß vorrangige politische Ziele der Revolution: in erster Linie die Gründung eines konstitutionell-liberalen Nationalstaats, auch ohne eigenes Versagen am Widerstand der Nachbarmächte ohnehin gescheitert wären.

Kurzum: Die Entscheidungen und Abläufe auf den verschiedenen Handlungsfeldern der Revolution wirkten zwar in dialektischer Verschränkung nachhaltig aufeinander ein, aber da die «Totalität» dieser Interdependenzstruktur ohnehin nicht abgebildet werden kann, verspricht die Schritt für Schritt erfolgende Analyse dessen, was die Revolution auf den einzelnen Handlungsebenen jeweils in den Grundzügen bedeutete, am ehesten Einsicht in die komplizierten Zusammenhänge (obwohl in der Darstellung eine pedantische Trennung nicht durchgehalten zu werden braucht und praktisch auch kaum durchgehalten werden kann).

1. In der ersten Phase der deutschen Revolution, von Anfang März bis Ende Juni, besaßen die zahlreichen revolutionären Erhebungen auf dem Lande eine fundamentale Bedeutung. Ihr Ausgang hat auch für den weiteren Verlauf der sozialen und politischen Eruption in entscheidendem Maße die Weichen gestellt. Die Frage, warum die deutschen «Jacquerien» dazu imstande waren, wird durch die Prüfung ihres funktionalen Stellenwerts, ihres Ausmaßes und ihrer Resultate beantwortet.[3]

Im Vormärz hatte in den ländlichen Gesellschaften der deutschen Flächenstaaten jene Dichotomisierung angehalten, die auf der Herausbildung zunehmend schärfer geschiedener agrarischer Besitzklassen beruhte. Sieht man hier einmal vom adligen und bürgerlichen Großgrundbesitz ab, war die landwirtschaftliche Prosperität der 30/40er Jahre mit dem ihr entsprechenden Einkommenszuwachs insbesondere den großen und mittleren Bauern zugute gekommen. Ihr angestiegenes Erwartungsniveau bildete einen wesentlichen Stützpfeiler für die Ansprüche und Aktionen im Frühjahr 1848. Demgegenüber hatte sich in derselben Zeit der Abstieg der Landarmen und Landlosen in ein rasch wachsendes Landarbeiterproletariat fortgesetzt. Dort besaß der Pauperismus einen seiner schlimmsten Krankheitsherde. Sowohl die aufklaffende Distanz zu den bäuerlichen Klassen als auch die immensen Schwierigkeiten, für die Familie das Lebensminimum zu sichern, stimulierten vielerorts die aktive Teilnahme ländlicher Unterschichten an den Erhebungen. Der allgemeine Druck einer sich auflösenden, auf den breit ausgebildeten Agrarkapitalismus sich hinbewegenden und durch Reformgesetze umgebauten Agrarverfassung schuf ein mindestens ebenso großes Spannungspotential, wie das die Belastung durch das Feudalsystem getan hatte. Diese Spannungen sind vorn an einigen Beispielen ganz so verdeutlicht worden wie die Wirkungen der Mißernten (Teil 4, II, 3), die ebenfalls – wie das an allen europäischen Revolutionen bis 1917 beobachtet werden kann – die vorrevolutionäre Situation vor dem März 1848 mit vorbereitet haben.

Die revolutionäre Entladung des Sprengstoffs, der sich auf dem Lande angesammelt hatte, mußte deshalb extrem gefährliche Wirkungen zeitigen, weil die politische Herrschaftsordnung der deutschen Staaten vor 1848 immer noch primär auf der wirtschaftlichen Leistungskraft der Landwirtschaft und der soziopolitischen Struktur der Agrarverfassung beruhte. Geriet dieses Fundament der «Vorherrschaft der feudal-agrarischen Eliten», letztlich auch der Dynastien und des «monarchischen Prinzips» in revolutionäre Bewegung, wurde «unabweisbar die politische Systemfrage» aufgeworfen – wenn auch ganz anders, als sich das die auf die künftige Industriewelt fixierten sozialistischen und radikalen Gesellschaftstheoretiker dachten. Ungleich bedrohlicher als aufbegehrende Handwerker, Arbeiter und Bürger stellten ländliche Revolutionäre das Überleben der «alten Gewalten» in ihren traditionalen Herrschaftszirkeln in Frage. Kein Wunder, daß der Landadel auf den vulkanartigen Ausbruch der Rebellionen zuerst nur, wie Thadden-Trieglaff beobachtete, «erstarrt von eisiger Furcht» reagierte. Denn «gegen das empörte Stadtvolk hätten die vorhandenen Militärkräfte einschreiten mögen, wo sich die Bauern von ihren Sitzen erheben», resümierte Riehl die aristokratische Sozialangst, «da ist es, als ob eine Stadt an allen Punkten zugleich brenne».

Wenn diese Annahme zutrifft, daß eine erfolgreiche Bauernrevolution im Prinzip die Schwungkraft besaß, das spätabsolutistische Regime auszuhebeln, kann man die Frage nach der Kooperation und «Zielkoordination» all jener Kräfte, die dieses Regime und die Reste des Feudalismus am entschiedendsten bekämpften, mit den ländlichen Massenbewegungen als das «eigentliche Kernproblem der 48er Revolution» charakterisieren. Kontrafaktisch formuliert: Ein dauerhaftes Bündnis der bäuerlichen Rebellen mit den Demokraten und Liberalen hätte vielleicht «als übermächtige Phalanx der

Revolution das Schicksal» der alten Ordnung besiegeln können. Diese Allianz kam jedoch nicht zustande, und deshalb war die Niederlage der Revolution bereits besiegelt, als die Union von Konservativen und Staatsgewalt den «Ausgleich mit den Bauern akzeptierte» oder aber sogar selber «diesen suchte und fand».

Die ländlichen Erhebungen setzten Anfang März in den alten Zentren des großen Bauernkriegs von 1524/25 ein. Überall in Süd- und Südwestdeutschland läßt sich der Verlauf zu einem Grundmuster ordnen. Der Aufruhr begann mit einer langen Reihe spontaner lokaler Erhebungen gegen vermögende Gläubiger, jüdische Händler und reiche Pfarrer. Allmählich entstanden die ersten Formen einer «parochialen Organisation», die häufig auf dem dichten Netz des landwirtschaftlichen Vereinswesens beruhte. Währenddessen hielten die Aktionen einer unkoordinierten Gewaltanwendung an, mit der die Rebellen ihre Ansprüche durchsetzen wollten. Die Forderungen klangen nahezu identisch. Zum Teil wurden sie offenbar – eingedenk einer dreihundertjährigen Leidensgeschichte – bewußt im Anschluß an die zwölf Artikel von 1525 formuliert. Der Charakter dieser Postulate, die Spontaneität des Aufbruchs, der «autochthone Charakter der agrarischen Bewegung« erinnerten viele Zeitgenossen (und später einige Historiker) an den Bauernkrieg. Graf Rechberg z. B., der Metternich Mitte März auf seiner Flucht durch Süddeutschland begleitete, spürte auf den Adelssitzen den verzweifelten Pessimismus der Aristokraten, die einem neuen «Bauernkrieg zu entgehen» hofften. Sieht man von dem alles entscheidenden ganz anderen Ausgang ab, bewegten sich die Bauernrebellion von 1848 und die ländliche Revolution von 1525 in mancher Hinsicht tatsächlich auf einer vergleichbaren Stufe.

Auf den Standesherrschaften suchten sich die – vorn geschilderten – aufgestauten Spannungen zuerst ein Ventil. Hier war der Kontrast zwischen einer spätfeudalen Bauernexistenz einerseits, der beneideten Rechts- und Wirtschaftslage «befreiter» Bauern andrerseits am krassesten ausgeprägt. Zwischen 1815 und 1848 hatten die meisten Standesherren in einer Art «Torschlußpanik des Feudalismus» entgegen jedem Reformansinnen «mit Härte und Schärfe» noch einmal das obsolete «Feudalsystem» auf ihre Besitzungen zu befestigen, ja auszubauen versucht. Sie wurden deswegen durch die Bauernrevolution «schwer in Mitleidenschaft gezogen».

Im Bereich der Grundherrschaft verliefen die Protestaktionen unter einigen verallgemeinerungsfähigen Rahmenbedingungen. Die Ablösungsrenten und die erzwungene Übernahme hoheitlicher Adelsfunktionen durch die staatliche Verwaltung und Justiz stellte die «patrimonialen Herrschaftsgrundlagen in Frage»; der «innere Zerfall» der adligen Grundherrschaft war seit diesen einschneidenden Eingriffen nicht mehr aufzuhalten. Da jedoch für viele Bauern die Parallelbelastung durch reformbedingte Renten und durch noch nicht abgelöste Zahlungen, Abgaben und Leistungen anhielt, wirkte insbesondere in den süd- und südwestdeutschen Realteilungsgebieten die Verbindung von traditioneller Ausbeutung und Agrarreform wie «ein ausgeklügeltes Expropriationssystem», gegen das sich zuerst ohnmächtiger Groll ansammelte. Er richtete sich gegen den Hauptgegner der Bauern, die feudalaristokratische Herrenschicht. Da zugleich das staatliche Interesse an der «Einebnung der Zwischengewalten» bekannt war, vertrauten die Bauern häufig auf eine sie begünstigende Intervention des Fürsten, zumal die alt überkommene Vorstellung vom fernen, aber gerechten Herrscher unter ihnen durchaus noch lebendig war. Beide Umstände trugen wesentlich dazu bei, daß die Bauern überall «vor den Thronen stehengeblieben sind».

Ihre wirtschaftlichen Forderungen hielten sich in engen Grenzen: Sie richteten sich vordringlich auf die Aufhebung oder wenigstens die Ablösung der feudalrechtlichen Bindungen, die Beseitigung des skandalösen adligen Jagdrechts, die Bewilligung größerer Holzkontingente für die Dorfgemeinden; hinzu traten politische Ziele wie die freie Gemeindeverwaltung und eine Reform der Gerichtsverfassung – maßvolle Forderungen durchweg, über den bäuerlichen Erfahrungshorizont kaum hinausweisend.

Die Pariser Revolution seit dem 22. Februar war noch keine zwei Wochen alt, als in den nordbadischen Standes- und Grundherrschaften die Rebellion auf dem Lande ausbrach. Sofort bildete sie ihre Stoßrichtung gegen den Adel und seine Verwaltungsbeamten aus. Gleichzeitig setzte eine Erhebung in der hessischen Grafschaft Erbach ein. Vom Kraichgau, vom badischen und hessischen Odenwald griff die Bauernrevolution auf die Fürstlich Leiningenschen und Hohenlohischen Besitztümer über, zog Tauber und Jagst hinauf bis in die Fürstlich Öttingischen Länder, erfaßte alsbald die Rhön, das Obermaingebiet und Franken. Nicht nur die Kerngebiete «des Bauernkriegs von 1525 standen wieder in Flammen», sondern der Funke sprang auch auf Thüringen und Schlesien über, im Notstandsgebiet des Eichsfelds löste er einen Aufstand aus; auf der einzigen großen mitteldeutschen Standesherrschaft wurde das Schloß der Grafen Schönberg in Waldenburg bei Glauchau niedergebrannt.

Südlich des Mains wurde innerhalb einer Woche, längst ehe auch nur die Gefahr der großen städtischen Revolten seit dem 13.–18. März auftauchte, fast jedes standesherrliche Schloß und Rentamt, jedes Reichsrittergut von Bauernhaufen belagert. Der Ablauf der Ereignisse vollzog sich überall in ähnlicher Form. Großbauern, Ortsvorsteher oder Bürgermeister führten ganze Dörfer vor die Schlösser und Administrationstrakte. Unter dem Druck der empörten Bauern wurden die Grundbücher, Lastenverzeichnisse und Schuldurkunden, verhaßte Zeugnisse jahrhundertelanger Knechtschaft, verbrannt. Die Adligen oder ihre Verwalter wurden zum schriftlichen Verzicht auf Abgaben, Jagd- und Gemeinderechte gezwungen. Hier und da wurden auch Gebäude, wie am 5./6. März das hohenlohische Schloß Niederstetten, niedergebrannt.

Seit dem 10. März spitzte sich die Lage zu. Die spontanen Odenwälder Revolten wurden von Dorfrepräsentanten organisatorisch gebündelt. 1000 bis 1200 Bauern zogen nach Amorbach, wo sie ihre Forderungen in Gestalt der vertrauten zwölf Artikel dem Leiningenschen Verwaltungsdirektor überreichten. Leiningen, ein liberaler «Whig», entsagte selber all seinen Rechten, nach ihm notgedrungen auch Hohenlohe. Gleichzeitig verdichtete sich im bayerischen Ries und auf den Öttingen-Wallersteinschen Ländereien der bäuerliche Zusammenschluß. Ein «Bauernlandtag», mit 205 Delegierten aus 65 Gemeinden besetzt, erzwang am 23. März auch Öttingens Verzicht, die drei größten Standesherren hatten kapituliert. Im südlichen Schwarzwald und auf den Fürstlich Fürstenbergschen Besitztümern machte sich sogar, von Ficklers Konstanzer «Seeblättern» energisch unterstützt, der Einfluß republikanisch-demokratischer Ideen aus der Schweiz geltend. Die adelsfeindliche Bauernbewegung war daher hier mit dem Ruf nach der Republik verbunden. 4000 Demonstranten bedrohten am 8. März in Donaueschingen die Fürstenbergsche Verwaltung; der Fürst selber gab alle Rechte auf und senkte die geltenden Ablösungszinsen. Innerhalb von wenigen Tagen hatte der ländliche «gemeine Mann» die prominenten Semisouveräne unter den Standes- und Grundherren ihrer soeben noch unantastbar wirkenden Rechte entkleidet. Nichts beweist die bäuerliche Durchsetzungskraft schlagender als die Tatsache, daß die mächtigen Herren über 70000 und mehr Seelen so überstürzt jahrhundertealte Herrschaftsattribute aufgeben mußten.

Währenddessen brandete der Protest in Südbaden, im Allgäu, in den hohenzollernschen Fürstentümern, in der thüringischen Zwergstaatenwelt, in Sachsen und Schlesien weiter gegen die Adelsgüter an. Frühzeitig kam es aber auch, und zwar im Herzogtum Nassau, zu einer modellartigen Lösung des Grundkonflikts. Bereits am 2. und 3. März gelangten rund 30000 Bauern aus dem Taunus, dem Rheingau und der Mainebene, dank freier Eisenbahnfahrkarten mit neuartiger Geschwindigkeit, nach Wiesbaden, wo sie mit Sturm und Brandstiftung drohten. Bereits am 4. März gab der Oranier jeden Widerstand auf: Alle Forderungen wurden bewilligt. Dem Wunschtraum vom gerechten Fürsten entsprechend galt er plötzlich als der «erste Held der Revolution».

Unmittelbar darauf trat jedoch die Veränderung der Kräftekonstellation zutage. Sobald dem Adel durch die Allianz von Bauern, Regierung und Herrscher die anstößigsten Privilegien genommen waren, bildete sich die neue Interessenkoalition von freien Bauern und adligen Gutsbesitzern gegen die armen Bauern und ländlichen Unterschichten heraus. Damit erfolgte ein Kurswechsel um 180 Grad – mitten ins konservative Lager hinein.

Bis Mitte April setzten die rebellierenden Bauern in Süd- und Südwestdeutschland ihre wesentlichen Forderungen durch. Am 14. April hob ein badisches Gesetz alle Feudalrechte auf; die Entschädigung sollte sich an der erwarteten Generalklausel der Frankfurter Nationalversammlung orientieren. Am selben Tag zog auch Württemberg einen Schlußstrich; ergänzend trat das Gesetz vom 17. Juni 1849 hinzu, das nicht nur die Kapitalisierung reduzierte, sondern den Bauern mit Ablösungskassen beisprang, welche seither die direkten Vertragspartner der Adligen bildeten. In Bayern sanktionierte der König am 18. April einen Gesetzesentwurf, der in der endgültigen Fassung vom 4. Juni noch präzisiert wurde: Die Bauern erhielten eine vorteilhafte Ablösungsordnung; der Staat zog die adlige Gerichtsbarkeit und Polizeigewalt allerorten an sich – ein später Triumph der Montgelasschen Reformpolitik. Die Naturalabgaben und persönlichen Pflichten wurden entschädigungslos aufgehoben; für den Rest der Lastenregelung sollte die Entscheidung der Paulskirche abgewartet werden.

Damit trat in Süddeutschland sechs Wochen nach Revolutionsbeginn ein politischer Doppeleffekt ein: Sowohl durch den erzwungenen Rechtsverzicht der Standes- und Grundherren als auch durch die rasche Gesetzesinitiative der Landtage und Regierungen wurden die wichtigsten Ansprüche der Bauernrevolution grosso modo erfüllt. Das bedeutete einen unerwartet schnellen und umfassenden Erfolg mit entspannenden Wirkungen. Zugleich wurden eben dadurch die «materiell zufriedengestellten» bäuerlichen Rebellen von der demokratischen und liberalen Bewegung außerordentlich frühzeitig abgekoppelt. Das furchterregende Drohpotential eines neuen Bauernkriegs, das die Konservativen mit Schrecken erfüllte, schied innerhalb weniger Wochen, ja Tage als Machtfaktor aus der Revolutionspolitik aus.

In Böhmen, Mähren und den österreichischen Erblanden wiederholte sich dieser Vorgang mit einer gewissen zeitlichen Phasenverschiebung. Auf Antrag des jüngsten Mitglieds des österreichischen Reichtstags, des Jura studierenden fünfundzwanzigjährigen Bauernsohns Hans Kudlich, wurde seit dem 26. Juli der vollständige Abschluß der josephinischen Agrarreformen diskutiert, beschlossen und am 7. September zum Gesetz erhoben. Es schrieb die allgemeine obligatorische Grundentlastung, die Aufhebung aller Fronen und Abgaben sowie des Untertänigkeitsverhältnisses vor. Die Verfahren hingen nicht, wie etwa in Preußen, von der Anmeldung der Beteiligten bei den Sonderbehörden ab, sondern unterlagen einem Verpflichtungsgebot. Außerdem durfte während der Umstellung auf den neuen Rechtsstatus kein bäuerliches Land an die Grundherren abgetreten werden; ihre Patrimonialgerichtsbarkeit wurde beseitigt. Anfang September kam deshalb die österreichische Bauernrevolution an ihr Ende. Damit war auch hier der «Sieg der Reaktion» vorentschieden.[4]

In Nordwestdeutschland, wo es eine überdurchschnittlich hohe Anzahl freier Vollbauernhöfe gab, gerieten die ländlichen Unterschichten stärker in Bewegung. Nach der Erfahrung des Bevölkerungswachstums, des jüngst erlebten Verdienstrückgangs und der willkürlichen Festsetzung der Löhne trieben sie materielle Not und die Aussicht auf ein vermindertes Sanktionsrisiko voran. Jedoch: Ob in Hannover, Oldenburg, Braunschweig – überall ging es um maßvolle Forderungen. Die erzwungene Landabtretung, die selbständige Besitznahme blieben außerhalb des Handlungshorizonts, das Privateigentum die akzeptierte Ordnungsgrundlage. Als allgemeines Ziel galt vielmehr die Erhaltung einer bescheidenen Subsistenzwirtschaft, ein «wohlfeiler» Anteil an Ackerboden und Gärten, insbesondere eine großzügigere Verteilung von Geldpachtland, da die Gemeinheitsteilung seit den 30er Jahren die Bauern evident begünstigt hatte; Landarmen und Landlosen waren seither die gewohnten Hilfsressourcen von Dorfwald und Allmende in Notzeiten verschlossen. Gerechte Löhne und Preise sollten die unumgängliche gewerbliche Nebentätigkeit wieder lohnend machen.

Im Oldenburgischen wurde zur Entspannung bereits eine Art Tarifvertrag zwischen «Capitalisten» und «arbeitender Klasse», das meinte hier: zwischen Bauern und Landarbeitern, angeregt. Die Aufspaltung der Dörfer in Besitzende und Besitzlose spiegelte sich in dieser Dichotomie wider. Im Braunschweigischen dagegen wurde aus derselben «Ausprägung eines Klassengegensatzes» die furchterfüllte Konsequenz gezogen, daß die «schleunige Bewaffnung der Grundbesitzer in den Dörfern» ein «dringendes Bedürfnis» sei, da «das Proletariat, die Masse der Besitzlosen» schwere «Besorgnis zu erwecken» beginne. Vielerorts stellte der nicht mehr latente, sondern manifeste Interessenkonflikt der Besitzklassen «die politische und ökonomische Herrschaft des ständischen Prinzips» auf dem Lande in Frage.

Weiter südlich etwa, in Tecklenburg, konnte erst eine Schwadron Husaren den blutigen Zusammenprall zwischen den Landlosen und den Bauern unterdrücken. Und während in einigen Gebieten von Ravensberg, wo im Vormärz die ärgste Not geherrscht hatte, das Elend den Aufruhr in Grenzen zu halten schien, kam es im allgemeinen im östlichen Westfalen zu einer «heftigen Welle lokaler Rebellionen». Kleinbauern und Landlose beteiligten sich an Massendemonstrationen, Archive mit Schuldurkunden wurden vernichtet, Ländereien beschlagnahmt, eingehegte Wälder zerstört; auf nächtlichen Bettelzügen marschierten die Heuerlinge über Land. Die «Änderungserwartung» äußerte sich in einer Fülle von Petitionen an die Berliner Nationalversammlung und die Verwaltung, deren Autorität – anders als die des Adels und der Großbauern – ungebrochen blieb; die Frankfurter Versammlung interessierte offensichtlich niemanden. Auch hier verkörperten die Erhebungen ein «Aufbäumen gegen den liberalkapitalistischen Fortschritt» im Zeichen der Agrarreformen und der Klassenformierung. Die politisch-institutionelle Absicherung der sozioökonomischen Forderungen erregte wenig Interesse, sie blieb einer patriarchalischen Obrigkeit überlassen, der keine demokratische Legitimierung abverlangt wurde. Die königstreuen Konservativen – wie durchweg die Groß- und Mittelbauern – und die einflußreichen protestantischen Geistlichen sowie die pietistischen Ältesten behielten daher letztlich das Heft in der Hand. Immerhin wurde als weitwirkendes Symbol des Entgegenkommens die Separation und Gemeinheitsteilung bis 1850 aufgeschoben und danach rücksichtsvoller durchgeführt.

In Ostelbien rumorte es unter Bauern und Landarbeitern in Mecklenburg, Pommern, Brandenburg und Ostpreußen, in der Provinz und im Königreich Sachsen. Die wichtigste Entscheidung über das Verhalten der Landbevölkerung und den eventuellen Erfolg einer Bauernrebellion mußte jedoch, schon aufgrund der spannungsreichen Vorgeschichte, in der konflikträchtigsten Provinz, in Schlesien, fallen. Dort hatten sich bekanntlich Bauern und Gärtner sogleich auf einen Katalog gemeinsamer Forderungen einigen können: Die Revision der erzwungenen Ablösungsprozesse, die Aufhebung der Patrimonialgerichtsbarkeit und des Jagdrechts, das Verbot der neuen, unbilligen Ablösungsverfahren gegen Gärtner und eine freie Gemeindeverfassung wurden von ihnen offensiv verlangt. Die preußische Staatsregierung faßte das zu Recht als Symptome einer «Revolutionsbewegung» auf. Diese ging in den ersten Märzwochen ganz ähnlich wie in Süddeutschland vor: Unter der Führung von reichen Bauern oder Dorfschulzen erzwangen die spontan aufbrechenden Haufen den Verzicht auf Leistungen und Abgaben, die Schlösser von besonders verhaßten Adelsherren wurden demoliert. Daraufhin erklärte der preußische Innenminister v. Auerswald am 27. März alle erpreßten Verzichtserklärungen für rechtsunwirksam; das VI. Armeekorps mußte mobile Einheiten für den bevorstehenden Einsatz aufstellen.

Diese schroffe Reaktion löste, zumal auch in Schlesien die Grundstimmung noch auf den Erfolg der Revolution setzte, eine geschäftige und politisch deshalb auffallend erfolgreiche Versammlungsaktivität aus, weil sie in eine Welle von Vereinsgründungen überging. Als «zweite Säule» der schlesischen «agrarsozialen Revolution» entstanden nämlich während des Wahlkampfes vor der Abstimmung im Mai die «Rustikalvereine». Bis zum August 1848 schlossen sich rund 200000 Mitglieder in 200 Ortsvereinen zusammen, die durch den «Hauptrustikalverein» unter der Leitung Ludwig Schlinkes locker koordiniert wurden. Vor der Ausbreitung des «Centralmärzvereins» handelte es sich bei den «Rustikalvereinen» – erheblich vor den sächsischen «Vaterlandsvereinen» oder den württembergischen «Volksvereinen» – um die größte Massenorganisation der 48er Revolution. Ihr Engagement schlug sich bereits im Erfolg der Demokraten in den Maiwahlen nieder. So wurden z. B. im Landkreis Breslau 28 Bauen (9 Schulzen), 34 Freigärtner, 6 Häusler, 10 Müller, 15 Wirte, 14 Handwerker aber nur ein Ritter gewählt; im Kreis Wohlau waren es 22 Bauern (9 Schulzen), 9 Gärtner, 4 Häusler, 12 Müller, 9 Wirte, 1 Handwerker, 4 Lehrer und wieder nur ein Ritter. Seither verfochten die «Rustikalvereine» mit Nachdruck die Abgaben- und Steuerverweigerung. Die ländliche Opposition fand an ihnen einen festen Rückhalt.

Auch wegen der brodelnden Unruhe in Schlesien wurde am 17. April das neue «Ministerium für Handel, Gewerbe und öffentliche Arbeit» gegründet, das unter v. Patow die Ablösung und Regulierung in der Provinz mit den seit jeher aufsässigsten Bauern beschleunigt abwickeln sollte. Nach den Wahlen zur preußischen Nationalversammlung, deren Zusammensetzung unter den Konservativen Verstörung und Niedergeschlagenheit auslöste, brachte v. Patow, explizit an die Reformära anknüpfend, unverzüglich eine Vorlage ein, wonach die letzten Feudalbindungen aufgelöst und die Ablösungsrenten um 20 bis 30% ermäßigt werden sollten. Die bäuerlichen und linken Abgeordneten in der Berliner Nationalversammlung empfanden das jedoch als zu wenig, und wegen der frisch angefachten Unzufriedenheit erreichte die schlesische Agrarrebellion im Spätsommer 1848 einen neuen Höhepunkt.

Als die Konterrevolution in Berlin endgültig die Oberhand gewann, trug die konservative Regierung wohlweislich Sorge, das schlesische Problem zu entschärfen. Am 5. November bestätigte ein Gesetz, daß alle schwebenden ungünstigen Ablösungsverfahren niedergeschlagen wurden, am 31. November wurde das Jagdrecht auf Bauernland entschädigungslos aufgehoben. Als aber die Nationalversammlung am 5. Dezember aufgelöst wurde, reagierte das schlesische Landvolk prompt mit neuen Unruhen. Im Vorgriff auf einige Gesetzesentwürfe, die dem Landtag vorlagen, bot daraufhin das Ministerium des Grafen v. Brandenburg im sogenannten Interimistikum die weitere Ablösung zu günstigen Sätzen an; Gärtner und Kossäten sollten fortab mit einbezogen werden. Durch diesen geschickten Schachzug wurde der in Breslau tagende Dritte Kongreß der «Rustikalvereine» völlig überrascht. Das materielle Interessenfundament zerfiel, als die Abgabenverweigerung, die «stärkste Waffe des bäuerlichen Kampfes», aufgegeben wurde. Vergeblich bemühte sich der linke Flügel, die Revision der Gemeinde- und Gerichtsverfassung in den Vordergrund zu schieben. Diese politischen Programmpunkte erwiesen sich als nicht attraktiv genug, um die Erosion der Vereinsbewegung aufzuhalten, zumal im entscheidenden Augenblick durch ein Gesetz vom 2. Januar 1849 rund 2000 Patrimonialgerichte durch staatliche Kreisgerichte ersetzt wurden. Im Verlauf des neuen Jahres entzogen die Wirkungen der neuen konservativen Reformgesetze dem bäuerlichen Protest in Schlesien den Boden.

Eine ähnliche politische Mobilisierung der Landbevölkerung läßt sich in Ostdeutschland sonst nur noch in Sachsen beobachten, wo die Ausbreitung der demokratischen «Vaterlandsvereine» wesentlich vom Zustrom bäuerlicher Mitglieder abhing. In Sachsen war die Agrarreform erst seit Beginn der 30er Jahre in Gang gekommen, und trotz manchen großzügigen Regelungen löste der Umstand seit dem März 1848 tiefe Enttäuschung aus, daß die finanzielle Belastung nicht so schnell wie erhofft erleichtert wurde und der Außerordentliche Landtag nicht aktiv genug vorging. Das adlige Jagdrecht wirkte unverändert aufreizend, die Nachricht über die geplante Aufhebung der Feudallasten durch die Nationalversammlung stimulierend. Bis zum Herbst wurde der Ruf nach Beseitigung aller Abgaben und Leistungen «lauter denn je». Bei den Landtagswahlen vom Dezember 1848 setzte er sich in verblüffende politische Ergebnisse um. In 44 von 75 Wahlkreisen z.B. gewannen die Demokraten 67500, die Liberalen 28000, die Konservativen nur 4000 Stimmen. Da zwei Drittel der Einwohner auf dem Lande lebten und ein Drittel von den Bauern gestellt wurde, muß demnach die klare Mehrheit der ländlichen Bevölkerung für die demokratisch-liberalen Kandidaten optiert haben. Auch hier wurde jedoch bald der agrarischen Protestbewegung durch eine effektive Mischung von Entgegenkommen und konterrevolutionärer Gewalt die Sprengkraft entzogen.

Der spektakuläre Revolutionsverlauf in den Hauptstädten hat lange Zeit die erfolgreiche ländliche Revolution verdeckt. Als die Bauern, oft sogar innerhalb weniger Wochen, ihre wirtschaftlichen und sozialen Ziele erreichten, als die «völlige Bauernbefreiung» das «nachhaltigste ... Ergebnis dieser deutschen Revolution» erbrachte, fielen die Würfel: Der bäuerliche Revolutionär verwandelte sich überall in den «Parteigänger des Konservativismus».

Die konsequente, aber späte Abhebung aller Feudalrechte durch die Frankfurter Reichsverfassung vom 28. März 1849 (Art. IX) hat an dieser Entscheidung nichts mehr geändert. Zuerst in Süddeutschland, Nassau und Mitteldeutschland, dann in Böhmen und den österreichischen Erbländern, zuletzt in Schlesien und Sachsen entpuppte sich die teils bewußt geschaffene, teils aufgrund gemeinsamer Ziele «entstehende Interessengemeinschaft von freien Bauern und entfeudalisiertem Grundbesitz» als eine entscheidende politische und «sozialgeschichtliche Weichenstellung der 48er Revolution». An der letzten Phase des Bürgerkriegs, der Reichsverfassungskampagne im Frühsommer 1849, haben sich die meisten freien Bauern schon nicht mehr beteiligt. Sie sollten «von nun an ein Eckpfeiler konservativer Politik werden».

Als es den Konservativen gelang, den Interessenausgleich mit den Bauern zu bewerkstelligen, war nicht nur die Niederlage der Revolution als Menetekel vorgezeichnet, sondern auch ein politisches Modell gefunden, nach dessen Vorbild die Fürsten und Regierungen anderen Opponenten, z.B. Handwerksmeistern und Großbourgeoisie, das gewähren konnte, was diese sich ursprünglich von der Revolution erhofft hatten. Die frühe Vehemenz der Bauernrevolution erzwang, so gesehen, einen politischen Lernprozeß unter den Konservativen, dessen wichtigstes Ergebnis darin bestand, daß sie eine breite Allianz aus heterogenen revolutionären Trägerschichten verhindern konnten.[5]

2. Während sich der Aufruhr auf dem Lande noch rapide ausbreitete, versetzten die Nachrichten aus Frankreich auch die Städte in nervöse Erregung, aber trotz der besseren Kommunikations- und Aktionsmöglichkeiten dauerte es in den ersten zwei Märzwochen einige Tage länger, bis die Unruhe auch dort in Massendemonstrationen überging. Dem deutschen Polyzentrismus entsprechend waren die Vorgänge in den einzelstaatlichen Hauptstädten am wichtigsten, denn hier schien für kurze Zeit das Regime

auf des Messers Schneide zu stehen. Von den beiden entscheidenden Ausnahmen abgesehen, stellte sich jedoch sofort heraus, daß nicht nur die Protestbewegung vor dem revolutionären Griff nach der Macht Halt machte, sondern daß auch die Regierungen nach Kräften diesen unverhüllten Zusammenprall zu vermeiden suchten. Die Aufbruchsstimmung artikulierte sich zuerst in den «Märzforderungen», die überraschend schnelle Reaktion der Staatsleitungen führte seit dem 6. März zur Bildung von konzessionsbereiten «Märzregierungen». «Challenge» und «Response» schienen zur Verblüffung der Mehrheit der Beteiligten alsbald in die Bahnen friedlicher Fortentwicklung geleitet.

Ob in den Hauptstädten der süd- und mitteldeutschen Fürstenstaaten oder ob in den Stadtrepubliken – überall wurde die Obrigkeit mehr oder minder entschieden mit Postulaten konfrontiert, aus denen sich der gemeinsame Kern der Märzforderungen herausschälen läßt: Die Einschränkung der politischen Teilhaberechte sollte endlich aufgehoben, das allgemeine und gleiche Männerwahlrecht – oft freilich weiter gebunden an Besitz- oder Bildungsqualifikationen – eingeführt, die allgemeine Versammlungs-, Vereins- und Pressefreiheit verbrieft werden. Für die Landtage wurde eine umfassende Kompetenzerweiterung, von den Regierungen die Ministerverantwortlichkeit verlangt. Die Bürokratie sollte sich um eine volksnähere Verwaltung bemühen, das Heer auf die Verfassung vereidigt, außerdem sollte aber auch im Sinne der verbreiteten Milizgedanken die allgemeine Volksbewaffnung durchgeführt werden. Den Mitgliedern aller «Religionsgesellschaften» waren dieselben bürgerlichen und politischen Rechte einzuräumen. Durch Schwurgericht und mündliche Verhandlung sollte die Rechtsprechung transparent und verständlicher gemacht werden. Eine allgemeine und kostenlose Schulausbildung sollte fortab allen Kindern zugute kommen, die Lösung der «sozialen Frage» kraftvoll mit öffentlichen Mitteln und staatlichen Gesetzen angegangen, das «Recht auf Arbeit» verankert werden. Die verfassungslosen Staaten sollten endlich eine Konstitution einführen. Durchweg gehörte zu diesem Katalog auch die Einberufung eines gesamtdeutschen Parlaments und die lang propagierte Nationalstaatsbildung unter liberal-konstitutionellem Vorzeichen.

Der plötzliche, vergleichsweise aber immer noch gelinde Druck der Petitionen und Delegationen, der aufgeregten und politisch hochmobilisierten Massenversammlungen, nicht zuletzt die lähmende Furcht vor einer ungebändigten Revolution französischen Stils führten dazu, daß von bisher unnachgiebigen Verfechtern des Status quo zahlreiche oder gar alle Konzessionen versprochen wurden. Als sichtbares Unterpfand des verheißenen Systemwandels und als Symbol des unverzüglich eingeschlagenen neuen Kurses wurden in den meisten Hauptstädten bekannte Liberale an die Spitze der Regierung berufen: Friedrich Römer z. B. in Württemberg, Alexander Braun in Sachsen: Carl Bertram Stüve in Hannover, Heinrich v. Gagern in

Hessen-Darmstadt; Bernhard Eberhard in Kurhessen; August Hergenbacher in Nassau; Wilhelm Wydenbrugk in Sachsen-Weimar. Weitere Oppositionspolitiker wurden mit wichtigen Ministerien betraut. In anderen Städten rückten Liberale auf den Bürgermeistersessel vor, gewannen Schlüsselposten im Senat oder Magistrat, in der Stadtverordnetenversammlung, in der städtischen Verwaltung. Schneller als je für möglich gehalten beugte sich selbst der reaktionäre Bundestag dem neuen Zeitgeist: Bereits am 3. März hob er die Zensur auf, am 9. März führte er sogar die bisher strafwürdigen Farben Schwarz–Rot–Gold als Bundesfahne ein.

Mit diesem Anfangssieg in vielen Hauptstädten schien im ersten Anlauf bereits «eine Legalisierung der Revolution» erreicht. Die Liberalen durchweg und selbst die Mehrheit der Demokraten «sahen mit den Märzerfolgen die Revolution bereits als beendet an». Ihre Ziele gaben sie deshalb nicht auf, aber die offenen Fragen der politischen und sozialen Neuordnung sollten jetzt auf dem Wege der «parlamentarisch legitimierten Reform» vor allem von der künftigen deutschen Nationalversammlung beantwortet werden. Die «Bewegungspartei» setzte im Augenblick ihres unerwarteten politischen Triumphs, der potentiell mehrere Verhaltenschancen in sich barg, ganz überwiegend nicht auf die «revolutionäre Zerschlagung» der alten Ordnung, sondern auf ihre reformorientierte, «behutsame Umformung». Das hat den weiteren Verlauf der Revolution wesentlich mitgeprägt.[6]

Erst drei Wochen nach dem Beginn der Pariser Revolution und zwei Wochen nach dem Ausbruch der bäuerlichen Rebellionen fielen die ersten Entscheidungen in den Metropolen der beiden deutschen Großstaaten. Anders als etwa in den süddeutschen Hauptstädten baute sich die Gewitterschwüle etwas langsamer auf, führte dann aber zu einer um so heftigeren Entladung.

In Wien, dem Zentrum der Bundespräsidialmacht, schwoll seit Anfang März eine Welle von Petitionen mit liberalen und demokratischen Forderungen an; eine Eingabe hatten 4000 Studenten in ihrer Empörung über die Stickluft des Metternichschen Systems unterschrieben, das ihnen seit Jahrzehnten nur die Alternative von gefügiger Anpassung oder rücksichtsloser Unterdrückung bot. Angesichts der spürbar gereizten Stimmung wurde, da es nur gut 1100 Polizisten gab, die Garnison mit ihren 14000 Soldaten in Alarmzustand versetzt. Den Ordnungshütern stand jedoch eine Einwohnerschaft von rund 400000 Menschen gegenüber; allein in den vergangenen zwanzig Jahren waren 125000 zugezogen und hatten die typischen Probleme einer überhastet wachsenden Großstadt verschärft, die mit diesem Expansionstempo in keinem Lebensbereich Schritt halten konnte. In den Vorstädten dehnten sich meilenweit die Elendsquartiere eines extremen Pauperismus aus. Dennoch fehlte es an Arbeitsbeschaffungsmaßnahmen, obwohl sie der Eisenbahnunternehmer Klein noch im Februar 1848 ahnungsvoll als «wahres Ableitungsmittel für die gärende Volksmasse» dringend empfohlen hatte.

Als am 13. März die altkorporative niederösterreichische Ständeversammlung zusammentrat und die konstitutionelle Adelspartei zum Adressaten neuer Petitionen wurde, löste der übersteigerte Erwartungsdruck eine spontane Protestbewegung aus, die binnen kürzester Zeit in eine Revolte überging. In der Innenstadt zogen Studenten und Jungakademiker, die ungleich aggressiver als in Berlin oder Süddeutschland auf die erlebte Repression reagierten, die politische Initiative an sich. In den Vorstädten brachen Gesellen, Arbeiter, Dienstboten zusammen mit Beschäftigungslosen auf. Die Massen der «arbeitenden Klassen» griffen öffentliche Gebäude und Fabriken an, drei Tage lang waren die Maschinenstürmer unterwegs. Häuser wurden geplündert. Die Regierung setzte das Militär ein. In der Innenstadt gewann es zeitweilig die Überlegenheit, in den Vorstädten behaupteten sich jedoch die Revolutionäre. Metternichs Villa wurde gestürmt. Die städtische Bürgerwehr verlangte die allgemeine Bewaffnung der Studenten. Eine Hiobsbotschaft jagte die andere. Nach den ersten Straßenkämpfen wurden 60 Tote gezählt, zahlreiche Verletzte weggeschleppt. Die Erbitterung stieg weiter an. An eine auf Anhieb erfolgreiche Niederwerfung der Revolution wagte zu diesem Zeitpunkt kein Offizier oder Politiker mehr zu denken.

Noch am Abend des 13. März gab die in sich heftig zerstrittene Regierung nach. Metternich trat zurück, er floh incognito nach England. Der Kaiser versprach die Einberufung von «Abgeordneten aller Provinzialstände» und eine «Konstitution des Vaterlandes», die Volksbewaffnung wurde bewilligt. Die bürgerliche «Nationalgarde» und eine «Akademische Legion» der Studenten erhielten Gewehre, bis zum nächsten Tag sollen bereits 30000 bewaffnet gewesen sein. An diesem 14. März versuchte die Regierung jedoch noch einmal, entgegen all ihren Zusagen, die uneingeschränkte Oberhand zu gewinnen. Fürst Windischgrätz, ein unbeugsamer «Falke», wurde als Militärgouverneur eingesetzt, er sollte das Kriegsrecht verkünden und alle Konzessionen widerrufen. Das Vorhaben scheiterte jedoch kläglich. Am 15. März mußte der Hof das Verfassungsversprechen bestätigen. Die Regierung wurde bis zum 21. März umgebildet, wies aber nur in v. Pillersdorf ein einziges liberal eingestelltes Mitglied auf.

Innerhalb von drei Tagen hatte die Revolutionsbewegung einige wichtige Ziele erreicht. Andrerseits: An der Regierung beteiligt zu werden, war ihr nicht gelungen; der Umbau zum Verfassungsstaat stand erst bevor; ein tragfähiges Arrangement zwischen Revolution und Regierung zeichnete sich noch nicht ab. Dieser Schwebezustand wurde dadurch unterbrochen, daß die Regierung am 23. April die zugesagte Verfassung ohne Vorverhandlungen aus eigener Machtvollkommenheit oktroyierte. Daraufhin stieg die Spannung in Wien unverzüglich wieder an, die Radikalisierung dehnte sich aus. Weithin wurde die Verfassung abgelehnt, zumal sie die gesamten nichtbesitzenden Unterschichten vom Wahlrecht ausschloß. Nationalgarde und Akademische Legion kündigten ihren Widerstand an. Als die Regierung sie aufzulösen versuchte, brach am 15. Mai ein neuer Wiener Aufstand aus. Zum erstenmal erlebte die Stadt Barrikadenkämpfe, und die offene Polarisierung erreichte eine solche Siedehitze, daß die Regierung am 16. Mai eine verfassunggebende Nationalversammlung konzedierte. Angsterfüllt floh der Hof nach Innsbruck. In der Hauptstadt entstand ein Machtvakuum, das ein revolutionärer «Sicherheitsausschuß» mit seiner Autorität drei Monate lang mehr oder minder erfolgreich ausfüllte.

Seit dem 22. Juli tagte in Wien ein gesamtösterreichischer Reichstag, der mit seinen sehr gemäßigten Zielen die Revolutionäre ebenso enttäuschte wie die Frankfurter Nationalversammlung mit ihren angeblich zu gemächlichen Verhandlungen. Seit dem 19. August kam es wieder zu Unruhen in den Vorstädten der Pauperisierten. Diesmal wandten sie sich auch gegen die bürgerliche Nationalgarde. Nach einem Zusammenprall gab es Tote und Verletzte, die Bürgerwehr siegte, verlor jedoch die revolutionswilligen Kräfte. Noch schärfer als zuvor blieb die revolutionäre Bewegung in sich gespalten. Jede dauerhafte Koordination scheiterte. Der Sicherheitsausschuß wurde Ende August aufgelöst. Im September verschärften sich spürbar die Spannungen.

Am 6. Oktober wurde schließlich die Grenze zum Bürgerkrieg erneut überschritten, als entschlossene Aktivisten Truppeneinheiten daran hinderten, zum Kampf gegen die ungarischen Aufständischen aufzubrechen. Die zweite Wiener Revolution brach aus: Das Zeughaus wurde gestürmt, Zehntausende bewaffneten sich, erbitterte Straßenkämpfe tobten, der Kriegsminister Latour wurde aufgehängt. Mehr als 500 Tote und Verletzte waren der Preis. Kaiser und Regierung flohen erneut, diesmal nach Olmütz. Indes: Wiederum brachte die Revolution keine eigene entscheidungsfähige Führung hervor, der Sieg blieb allein auf die Hauptstadt beschränkt, das weite Umland ruhig. Die Bauernrevolution hatte bereits seit dem 7. September dank den Reformen ihre Schwungkraft verloren.

Inzwischen hatte Windischgrätz vom 12. bis 16. Juni den Prager Aufstand erstickt. Dabei hatte seine Armee demonstriert, daß reguläre Truppen harte Barrikadenkämpfe erfolgreich beenden konnten. An internationaler Ausstrahlungskraft wurde jedoch dieser Erfolg der Gegenrevolution kurz darauf noch bei weitem übertroffen, als General Cavaignac den Pariser Aufstand mit gnadenloser Härte niederwarf; es dauerte nicht lange, bis er das Amt des Ministerpräsidenten übernahm. Im nächsten Monat, am 25. Juli, schlug der österreichische Feldmarschall Radetzky die von Piemont-Sardinien geführten Italiener bei Custozza, Anfang August war die Lombardei wieder in österreichischer Hand. In Preußen gewann die Konterrevolution Schritt für Schritt an Boden.

Wegen dieser zugunsten der alten Gewalten grundlegend veränderten innerstaatlichen und internationalen Konstellation stellte der Erfolg der zweiten Wiener Revolution einen Pyrrhussieg dar. Isoliert trieb die Stadtrevolution in einer feindselig-apathischen Umgebung ziellos in den Oktober hinein, während Windischgrätz und der kroatische Banus Jellačič ihre Truppen zum Sturm sammelten. Am 28. Oktober begann der Angriff mit weit überlegenen 70000 Mann, die innerhalb von drei Tagen trotz des harten Widerstands, den 4000 tote Verteidiger bezeugten, die Hauptstadt eroberten. Danach besiegelten die Standgerichte mit zahlreichen Exekutionen die blutige Endphase des Bürgerkriegs. Die neue Regierung unter Fürst Schwarzenberg, dem starken Mann in dieser Situation, vollendete den Übergang zur siegreichen Gegenrevolution. Seit dem 1. November konnte das Habsburgerreich wieder von Wien aus im Sinne einer konservativen Konsolidierung regiert werden.[7]

In der zweiten großstaatlichen Metropole, in Berlin, nahm ebenfalls seit der ersten Märzwoche die Anzahl vielköpfiger Volksversammlungen zu, deren Forderungen allmählich radikaler wurden, obwohl der ortskundige württembergische Gesandte Reinhard noch am 4. März nach Stuttgart berichtete, daß in Berlin «die niederen Klassen weniger als anderswo mit sozialistischen und kommunistischen Doktrinen infiziert» seien. Auch hier sah sich die Polizei Problemen gegenüber, die sie allein nicht zu bewältigen vermochte. Innerhalb von dreißig Jahren war die Bevölkerung um 180000 auf 400000 Einwohner angeschwollen. Die am Rande des Existenzminimums dahinvegetierende Mehrheit hatte unlängst den Krisennotstand seit 1846 erlebt. Die Erbitterung über den Militäreinsatz und die Enttäuschung über das Versagen der Verwaltung waren noch jedermann gegenwärtig, als sich am 13. März erste Zusammenstöße mit Garnisonstruppen ereigneten. Auf die Nachricht von Metternichs Sturz hin gab es am 15. März Massendemonstrationen, die in Straßengefechte mit ersten Toten und Verletzten übergingen. Sowohl für die 200 hauptstädtischen Polizisten und 12000 in der Stadt stationierten Soldaten als auch für die erregte Volksbewegung nahte der Augenblick der Krise. Zu spät wurde die seit dem 9. März beantragte Bürgerwehr am 16. März als sogenannte «Bürgerschutzkommission» bewilligt. Ihre Mitglieder sollten wie waffenlose englische «Bobbies» patrouillieren, um das Eingreifen des verhaßten Militärs vermeiden zu helfen.

Währenddessen spielte sich hinter den Kulissen die Auseinandersetzung zwischen einer harten, ultrakonservativen Militärpartei um den Prinzen Wilhelm, Griesheim und die Gerlachs einerseits, dem schwankenden König und einander widersprechenden Beratern andrerseits ab. Den revolutionären Umschlag in Wien vor Augen, entschied sich Friedrich Wilhelm IV. am 18. März dafür, die Aufhebung der Zensur, die Einberufung eines zweiten Vereinigten Landtags, eine Verfassung und Bundesreform zu versprechen. Als eine durch das Entgegenkommen wohlwollend gestimmte große Menge sich vor dem Schloß zusammendrängte, fielen aus den Reihen der Wachmannschaft – angeblich ohne Befehl und aus schierer Nervosität – plötzlich Schüsse, es gab Tote und Verletzte. Aller Wahrscheinlichkeit nach hatte

General v. Prittwitz als Garnisonskommandeur und «Falke» längst die Chance für eine harte Abfuhr gesucht und die günstige Gelegenheit beim Schopfe gefaßt. Das Militär räumte gewaltsam den Vorplatz. Im Nu schlug jetzt das Pendel zur anderen Seite aus: Aus freudiger Erregung gerissen, verfielen die Fliehenden in Empörung und Widerstandsgeist. Hunderte von Barrikaden wuchsen empor, Tausende nahmen spontan und planlos – auch die Radikalen hatten keinerlei Vorbereitungen getroffen und übten keinen dirigierenden Einfluß aus – den Kampf gegen die vorrückenden Truppen auf: In Berlin herrschte offener Bürgerkrieg. Obwohl schließlich nahezu 15 000 Soldaten im Kampf standen, wurden bis zum Morgen des 19. nur wenige Barrikaden erobert. Die Infanterie ging mit den «brutalsten» Methoden vor und kontrollierte schließlich Teile des Zentrums, den Sieg konnte sie jedoch nicht erringen.

Zum erstenmal seit 1789 habe ein deutscher Landesfürst «auf seine Untertanen mit Kanonen ... schießen lassen», empörte sich Virchow, der am Straßenkampf teilgenommen hatte. Als rund 230 Tote «offiziell registriert» wurden, urteilte er aufgrund seiner Erfahrungen als Arzt, daß «mindestens» doppelt soviele, in den Häusern versteckte «Barrikadenkämpfer später gestorben» seien. Die große Mehrheit der Revolutionäre, die mit Waffen Widerstand leisteten, wurde von Handwerksgesellen und Angehörigen der «arbeitenden Klassen» gestellt (90%) – das zeigt auch die soziale Zusammensetzung der «Märzgefallenen»; dazwischen aber mischten sich auch empörte Einwohner aus dem Klein-, Stadt- und Bildungsbürgertum.

Erschrocken und voller Konfusion wich der König zurück. Nachts noch entstand sein Aufruf an die «lieben Berliner», der den Konfliktkurs der militärischen Ultras faktisch desavouierte. Am 19. März wurde der Rückzugsbefehl für alle Truppen öffentlich bekanntgemacht. Barhäuptig ehrte der König im Schloßhof 200 aufgebahrte Opfer der Straßenkämpfe. Symbolisch entsprach das Verhalten Friedrich Wilhelms IV. nahezu der Flucht Metternichs.

Am Morgen des 21. März zog die Garnison tatsächlich ab. Eine königliche Proklamation verkündete, daß der Hohenzollernfürst an die Spitze der Nation treten wolle: «Preußen geht fortan in Deutschland auf.» Ein gesamtstaatliches Parlament sollte zusammentreten, dem Land wurde erneut eine Verfassung versprochen, die Märzforderungen sollten auch in Preußen erfüllt werden. Auf einem Rundritt durch die Stadt biederte sich der Monarch, mit den neuen Farben Schwarz–Rot–Gold geschmückt, als Bürgerkönig an. Anstelle der militärischen Streifen übernahmen 6000 bewaffnete Bürger die Aufgaben eines Ordnungsdienstes. Auf Schwierigkeiten trafen sie nicht, hatten doch nach dem Urteil eines Augenzeugen wie Werner v. Siemens die Revolutionäre abseits der Barrikaden «keine einzige Laterne zerschlagen, kein einziges Stück Privateigentum berührt».

Am 29. März schien der Amtsantritt der Regierung Camphausen/Hansemann den Umschwung in Berlin zu besiegeln: Zwei liberale Repräsentanten der rheinischen Großbourgeoisie übernahmen, der erste als Ministerpräsident, der zweite als Finanzminister, tatkräftig die Geschäfte in Regierungsgebäuden, die bisher zur unantastbaren Domäne des preußischen Adels gehört hatten. Bereits am 2. April trat der Zweite Vereinigte Landtag zusammen, der sich zügig auf die Einberufung einer preußischen Nationalversammlung einigte; ein demokratisches Wahlrecht sollte ihr eine breite Vertrauensbasis verschaffen. Die bereits am 22. Mai eröffnete Nationalversammlung besaß daher auch tatsächlich mehr Demokraten und Linksliberale als ihr Pendant in Wien oder in Frankfurt.

Zwei Wochen nach dem Ausbruch der beiden großen hauptstädtischen Revolutionen – aber auch noch fast zwei Monate später – wirkte die Bilanz dieser Erhebungen durchaus eindrucksvoll: Das «System Metternich» war hinweggefegt worden. Österreich und Preußen hatten, wie es aussah, nur mehr eine kurze Etappe zu durchmessen, bis sie in den Kreis der Verfassungsstaaten eintraten. In Berlin hielten liberale Politiker das Heft in der Hand, in Wien gaben die Entscheidungen des revolutionären Bürgerausschusses den Ausschlag. Die Unterdrückungspraxis sollte aufhören, überall stimmten die Regierungen zu. Selbst der Bundestag sah am 2. April ein, daß er gut daran tat, alle seit 1819 geltenden Repressionsgesetze außer Kraft zu setzen. Versammlungs-, Vereins- und Pressefreiheit sollten gelten – überall wurde es versprochen. Selbst die Volksbewaffnung wurde, ob mit oder ohne Zustimmung, vielerorts erreicht. Und bald richteten sich die Blicke erwartungsvoll auf die deutsche Nationalversammlung in Frankfurt!

Andrerseits jedoch: Keine Dynastie war gestürzt, kein Fürstenschloß niedergebrannt worden. Ähnlich wie die Märzminister und das Gros der Liberalen überhaupt wollte auch die Mehrheit in den Volksbewegungen noch immer in Zusammenarbeit mit Fürst und Verwaltung die politische Neuordnung herbeiführen. Weder in Wien noch in Berlin gab es zu dieser Zeit starke republikanische Strömungen. Weit gravierender wirkte sich der sozialpsychische Effekt aus, daß wegen der unerwarteten Anfangserfolge «Illusionen über die tatsächlichen Kräfteverhältnisse» den realistischen Blick trübten. Binnen kurzem büßte die revolutionäre Bewegung ihre anfängliche Dynamik ein. In den Städten nicht genügend beachtet, verlor die Bauernrebellion ringsum für immer ihre Schwungkraft.

Zwar waren auch in Preußen die Machtträger der alten Ordnung von jener «akuten Willenslähmung befallen, die zu den sichtbaren Kennzeichen einer revolutionären Situation gehören», aber außer der Massenloyalität blieben die tragenden Säulen dieser Ordnung erhalten. Die Truppen waren abgezogen, aber nicht entwaffnet worden; sie standen unter einem royalistischen Offizierskorps einsatzbereit Gewehr bei Fuß. Trotz aller Demütigung zwischen dem 18. und 21. März war sein Selbstbewußtsein durch die Erfahrung gestärkt worden, daß die Kampfmoral selbst unter der Bürgerkriegsbelastung intakt geblieben war: Fraternisierung mit den Revolutionären hatte es nicht gegeben, geschweige denn eine Meuterei. «Das Heer», tröstete sich deshalb ein politisch denkender rechtskonservativer Stabsoffizier wie Albrecht v. Roon, «das ist jetzt unser Vaterland. Denn hier allein sind die unreinen, gärenden Elemente ... noch nicht eingedrungen.» Auch Bürokratie und Justiz saßen, im Kern ihrer Kompetenz ungeschmälert, in den Amtsstuben, jederzeit bereit, die Hebel der «Herrschaft im Alltag» wieder zu bedienen. Und die traditionsbewußte Machtelite des Landadels war genausowenig entmachtet; sie mied die wenigen Liberalen in den eigenen Reihen wie Aussätzige, in dumpfem Groll auf die Stunde der Konterrevolution hoffend. Vom Widerstandspotential her gesehen besaß das zeitweilig geschwächte und gedemütigte Regime im Grunde alle Möglichkeiten, um für einen günstigen Zeitpunkt den Gegenangriff vorzubereiten.

In der Tat gewannen auch die preußischen Konservativen Schritt für Schritt ihre Handlungsfähigkeit und ihr Selbstvertrauen zurück, während die revolutionäre Entwicklung in der Hauptstadt stagnierte. Das Warten auf Entscheidungen zehrte sowohl an den Zielvorstellungen als auch an der Entschlußkraft. Früher noch als die Wiener Augustunruhen scheiterte am 15. Juni ein neuer Berliner Aufstand noch in der ersten Anlaufphase. Unmittelbar danach trafen die niederdrückenden Nachrichten aus Prag und Wien ein. Als daraufhin Ende Juli einige Ultras ungeduldig auf das Losschlagen drängten, wies sie Leopold v. Gerlach darauf hin, daß noch kein General die Stunde für gekommen halte und bereit sei, sich an die Spitze der antirevolutionären Truppenverbände zu stellen. «Erst wenn man das souveräne Volk gecavaignact hat», urteilte der Generaladjutant, der gemeinhin seinen tiefreligiösen christlichen Glauben zu paradieren pflegte, «könnte so etwas angehen». Mit seiner zynischen Direktheit stand er keineswegs allein da, die alte Herrenschicht überbot sich in ihrem Haß auf die «Kanaille». «Ich bin noch heute erstaunt und erschrocken über all die Unmenschlichkeit und Verruchtheit, die man in den oberen Klassen ohne Scheu gegen die unteren ausspricht; von Tieren möchte ich», notierte sich Varnhagen, «so nicht reden.»

Im Sommer verhärteten sich die Fronten in der Hauptstadt noch einmal. Politische Clubs und Arbeitervereine agitierten für eine neue revolutionäre Mobilisierung. In der Nationalversammlung gewann die Linke eine so starke Position, daß sie wichtige Entscheidungen gegen ein Wiederaufleben des sozialen und politischen Ançien Régime durchsetzen konnte. Auf der Gegenseite kündigte jedoch die dritte Regierung seit der Märzrevolution eine Kräfteverschiebung an. Die Kamarilla bereitete sich auf den vorteilhaften Augenblick weiter vor. Ahnungsvoll prophezeite Hans Victor v. Unruh dem preußischen Parlament, daß das Pendel zwischen der Konterrevolution und einer zweiten Revolution hin und her schwanke.

Zu einer zweiten Berliner Revolution, die mit der Wiener Oktoberrevolution verglichen werden könnte, kam es jedoch nicht. Nur kurz flackerten am

16. Oktober Unruhen in der Stadt auf, die revolutionären Kräfte wirkten wie gelähmnt. Und jetzt hatte die Militärpartei endlich ihre Vorbereitungen für den Staatsstreich abgeschlossen. Als die Meldungen von Windischgrätz' Wiener Sieg eintrafen, übernahm am 2. November eine unverhüllt konservative Regierung das Ruder in Berlin. Sie bestand die erste Kraftprobe, als sie am 8. November die Nationalversammlung in die Quarantäne des kleinstädtischen Brandenburg verlegte. Am 10. November rückten die Truppenkolonnen in Berlin ein, bis 80000 Soldaten – von zahlreichen erleichterten Bürgern lebhaft begrüßt, von keinen revolutionären Einheiten gehindert – die Stadt besetzt hatten. Am folgenden Tag wurde der Belagerungszustand verhängt, die Entwaffnung begann, ohne daß sich, wie jüngst in Wien, noch einmal Widerstand geregt hätte. Anderthalb Wochen nach der Eroberung Wiens hatte der konservative Gegenschlag auch in der preußischen Hauptstadt seine Ziele erreicht.[8]

Zwischen dem 13. und 19. März erlebten Wien und Berlin die städtische Revolution so gewalttätig und grausam, so blutig und erfolgreich, wie es dem Charakter des Bürgerkriegs entspricht. Sie blieben seither einige Monate lang schwer kalkulierbare Unruheherde, gewannen jedoch in der Schwächeperiode der alten Gewalten nicht soviel Eigenkraft, daß sie den Revolutionsverlauf maßgeblich hätten beeinflussen können. Nachdem ringsum der revolutionäre Aufbruch in die Isolierung gedrängt worden war oder sich, noch häufiger, der Selbstzähmung bereitwillig untergeordnet hatte, wurden die beiden revolutionären Hauptstädte sieben Monate nach Revolutionsbeginn militärisch unterworfen. Ihre Rolle als Machtfaktoren hatten sie schon vorher ausgespielt. Obwohl in Frankfurt und kurze Zeit auch noch in Brandenburg und Kremsier in den Nationalversammlungen weiterberaten wurde, waren mit der Befriedung der ländlichen Gesellschaft und der Besetzung der beiden ausschlaggebenden Metropolen die Stützpfeiler künftiger Parlamentsentscheidungen längst eingestürzt. Während der letzten revolutionären Welle im Verlauf der Reichsverfassungskampagne verlief das Leben in diesen Hauptstädten ruhig in den gewohnten Bahnen.

3. In der Aufbruchsstimmung seit den «Märztagen» griff die politische Mobilisierung auch auf Bereiche über, in denen bisher jede freie Bewegung durch das Vereinsrecht, die Repressionsgesetzgebung und die Polizeiaufsicht unterdrückt oder in engsten Grenzen gehalten worden war. Gemeint ist hier vor allem die Artikulation und Organisation weit divergierender gesellschaftlicher Interessen, die ihre Ziele öffentlich verfechten und auf unterschiedliche Weise durchsetzen wollten. Als Vorkämpfer für die Versammlungs-, Vereins- und Meinungsfreiheit, die unabdingbare Voraussetzungen für einen Pluralismus offen konkurrierender Interessen bildeten, hatten sich bisher nur die Liberalen und die demokratisch-republikanischen Linken hervorgetan. Die liberale Vereinstheorie, die in der Assoziationsfreiheit eine naturrechtlich fundierte, antietatistische Garantie bürgerlicher Freiheits-

rechte überhaupt sah, hatte der politischen Vereinspraxis intellektuell den Boden bereitet. Dagegen hatte der politische Konservativismus nicht nur alle derartigen Forderungen unterdrückt, sondern auch die – von Außenseitern angemahnte – Unumgänglichkeit formeller eigener Interessenorganisation schlichtweg geleugnet.

Im Verlauf der ersten Revolutionsmonate zerriß die Schutzdecke, die das «System Metternich» über den sich allenthalben formierenden antagonistischen Interessen festgezurrt hatte, und die ganze Vielfalt moderner Interessenpolitik breitete sich in kürzester Zeit aus. Ob politische oder soziale, wirtschaftliche oder religiöse Interessen – alle erwiesen sich als organisationsfähig, vermehrten die Polyphonie der unversehens befreiten öffentlichen Meinung und schalteten sich als außerparlamentarische Machtfaktoren in die politischen Entscheidungsprozesse auf den verschiedensten Handlungsfeldern ein. Die zahlreichen neuen Vereine, Komitees, Verbände, Klubs, Assoziationen und Kongresse verrieten, in welchem Maße die Gesellschaft in Bewegung geraten war. Die politischen Grundströmungen, die auch durch die Vereine mobilisiert und kanalisiert wurden, drängten durchweg auf überregionale, wenn möglich gesamtdeutsche Formen der Interessenvertretung. Dasselbe Ziel verfolgten die Wirtschaftsverbände, Berufsgruppen und Religionsgemeinschaften. Parallel zur Nationalstaatspolitik der Paulskirche arbeiteten mithin die Interessenorganisationen auf einen nationaldeutschen, nicht mehr nur partikularstaatlichen Geltungsbereich hin. Damit machte sich eine der modernen Triebkräfte des deutschen Nationalismus nachhaltig geltend.

Das politische Vereinswesen, das zahlreiche Funktionen wahrnahm, bildete auch ein entscheidendes Element in der Entstehung und Ausformung der deutschen Parteien. Denn die Vereine bündelten die politischen Ziele und Hoffnungen, die Sorgen und Antipathien der «Basis»; sie schufen formelle und informelle Verbindungen mit den Fraktionen und Politikergruppen der Nationalversammlungen; sie trugen so zur Ausbildung jenes fünfgliedrigen Mehrparteiensystems bei, das seither rund siebzig Jahre die deutsche Politik mitgeprägt hat.

Die Spaltung zwischen konstitutionellen liberalen und republikanischen Demokraten, die sich bereits im späten Vormärz als unüberbrückbar erwiesen hatte, hielt während der ganzen Revolutionszeit an. Die «Konstitutionellen» – die Bezeichnung war den Zeitgenossen noch geläufiger als die «Liberalen» – begannen im Frühjahr, ihre Anhänger in «Konstitutionellen Vereinen» zu sammeln, die zur «Befestigung der Freiheit und Ordnung» gegen alle «reaktionären und erst recht» – wie es mit bezeichnender Distanzierung hieß – «gegen alle republikanischen und anarchischen Bestrebungen» beitragen wollten. Konstitutionelle Monarchie, Mittelstandsschutz und Verteidigung des Privateigentums beschrieben den Kern ihrer Programmatik.

In manchen Gegenden schlossen sich die Liberalen auch in «Deutschen Vereinen» zusammen. Oft entstanden diese liberalen Klubs erst als Reaktion auf die demokratischen Vereine, erreichten aber manchmal sogar dieselbe numerische Stärke. Allein in Preußen sollen bis zum Oktober 1848 rund 300 Vereine existiert haben. Im allgemeinen blieben sie jedoch hinter den Organisationserfolgen der Linken deutlich zurück, und sie erreichten auch nie den Status eines gesamtdeutschen Zubringerverbands für die liberalen Fraktionen in den Nationalversammlungen und Landtagen.

Ein erster Kongreß der Konstitutionellen wurde vom 22. bis 24. Juli in Berlin von 158 Delegierten – zwei Drittel waren Akademiker und Beamte – aus 90 Vereinen besucht, er verlief insgesamt ergebnislos. Ein zweiter Anlauf wurde am 7. September in Kassel unternommen, wo 66 Vertreter von 28 Vereinen und Landesverbänden, allerdings ohne jede preußische Beteiligung, einen «Nationalen Verein» gründeten, dem sich bis zum April 1849 immerhin noch 160 Vereine insbesondere aus Nord-, Mittel- und Südwestdeutschland anschlossen. Nach den konservativen Erfolgen seit dem November 1848 blieben die preußischen, aber auch die bayerischen Liberalen abseits, und um die Schwungkraft der Revolution selbst im moderaten liberalen Sinn zu verstärken, kam der «Nationale Verein» ohnehin viel zu spät.

Die erfolgreichste Aktivität auf diesem Gebiet entfalteten die Demokraten, die zahlreiche «Volksvereine», «Demokratische Vereine» oder – wie in Sachsen – «Vaterlandsvereine» gründeten. Dafür forderten sie bereits am 19. März 1848 auf einer Tagung in Offenburg eine gesamtdeutsche Dachvereinigung, da sie die Wichtigkeit eines soliden organisatorischen Unterbaus sowohl für ihre parlamentarische Politik als auch für ihre außerparlamentarischen Aktionen klar erkannten. Diese Vereine traten für eine uneingeschränkte Verwirklichung der Märzforderungen, das Werk der Paulskirche und der Berliner Nationalversammlung, eine streng an die Verfassung gebundene Monarchie, ja zunehmend für die Republik und überaus modern wirkende soziale Grundrechte ein.

Vom 14. bis 17. Juni trafen sich 234 Delegierte von 89 Vereinen zu einem großen ersten «Demokratenkongreß» unter Julius Fröbels Vorsitz in Frankfurt. Sehr verschiedenartige, aber profilierte Köpfe wie Ludwig Feuerbach, Johannes Ronge, Andreas Gottschalk, Ferdinand Freiligrath, Ludwig Bamberger verkörperten jenen linken Teil des politischen Spektrums, der in der Nationalversammlung so kompakt nicht zur Geltung kam. Mit den Bemühungen, Leitlinien für die Parlamentspolitik und Programmatik der entstehenden demokratischen Partei festzulegen, kam der Kongreß ein gutes Stück voran. Er schuf einen Zentralausschuß, der von Berlin aus die Koordination übernehmen sollte; in Preußen erreichte er bis zum Oktober 1848 immerhin schon 250, in Sachsen rund 100 Vereine.

Der zweite Demokratenkongreß, der sich vom 26. bis 31. Oktober in Berlin einfand – 234 Delegierte vertraten dort 260 Vereine –, wurde auch von

Vertretern der jungen Arbeiterbewegung wie Stephan Born als Plattform für einen leidenschaftlichen Engagementsappell benutzt. Über die Versammlung fiel jedoch schon der Schatten des konservativen Rückschlags. Als am 12. November General v. Wrangel den Belagerungszustand erklärte, wurde alle öffentliche Betätigung rigoros unterbunden.

Im Gegenzug wurde bereits am 21. November der «Centralmärzverein» (CMV) als Dachorganisation aller demokratischen Vereine von linken Abgeordneten, die immerhin 37% des Parlaments vertraten, in Frankfurt gegründet. Dieser Verband, dessen Bedeutung von der Revolutionsgeschichtsschreibung lange Zeit sträflich vernachlässigt worden ist, entwickelte sich in erstaunlich kurzer Zeit zur größten Massenvereinigung der 48er Bewegung. Bis zum März 1849 wurden 950 Vereine mit einer halben Million Mitglieder von der Leitung koordiniert. Während sich die Konstitutionellen durchweg fernhielten, schlossen sich die schlesischen «Rustikalvereine» dem CMV ebenso an wie die weit in die ländliche Bevölkerung ausgreifenden sächsischen «Vaterlandsvereine» und die württembergischen «Volksvereine». Überhaupt ist es erstaunlich, in welchem Maße der Aktionsradius des CMV in die ländliche Gesellschaft hineinreichte, wo trotz der Befriedigung zentraler bäuerlicher Interessen ein erhebliches Potential für eine entschieden demokratische Politik fortbestand. In den Städten fiel freilich die politische Aktivität leichter – in 85% aller 67 preußischen Städte mit mehr als 9000 Einwohnern sind inzwischen demokratische Filialvereine des CMV ermittelt worden. Als potentielle Alliierte kamen die Arbeiter-, Turner-, Sänger- und Schützenvereine hinzu, so daß die demokratische Linke ein ungleich breiteres organisatorisches Fundament als ihre Rivalen besaß. Erkennt man außerdem an, daß der CMV in seiner institutionellen «Verknüpfung von Parlamentsfraktion und außerparlamentarischem Verein» durchaus einer «Partei moderner Prägung» entsprach, gewinnt die kontrafaktische These eines der besten Sachkenner der Materie an Plausibilität, daß die Demokraten, falls das allgemeine, gleiche, direkte Wahlrecht im Rahmen der Frankfurter Reichsverfassung je einmal angewandt worden wäre, im Unterhaus des ersten Reichstags «eine sichere absolute Mehrheit gehabt» hätten.[9]

Auch im diametral entgegengesetzten konservativen Lager formierten sich, weit früher und zahlreicher als oft angenommen, Vereine, die seit dem Mai 1848 in Bayern und Preußen als «Volksvereine», «Pastoralvereine», «Patriotische Vereine», «Preußen-Vereine» firmierten. Bereits am 26. März hatte Ernst Ludwig v. Gerlach, in diesen Fragen weitsichtiger Vordenker der Ultrakonservativen, öffentlich zu einer allgemeinen konservativen Sammelbewegung aufgerufen. Nach der liberalen Unruhe in den Provinziallandtagen und nach den Erfahrungen mit dem Ersten Vereinigten Landtag schien ihm ein solches Gegengewicht jetzt erst recht notwendig zu sein. Zwar scheiterte er zunächst; als sich jedoch die konservative Reaktion auf die

Bildung der Regierung Camphausen/Hansemann am 30. März in der Kamarilla, der auch die Gebrüder Gerlach angehörten, zu einem apokryphen «Kabinett» verdichtete, gewannen die eine situationsgerechte Politik konzipierenden Häupter der Konservativen eine einflußreiche Position, von der aus sie ihre Pläne weiterverfolgen konnten. Der Zweite Vereinigte Landtag demonstrierte erneut den konservativen Schwächezustand, so daß Gerlachs Postulat, endlich die Mittel des Gegners zu kopieren, bereits mehr Resonanz fand. Aber erst die Niederlage im Wahlkampf des Aprils und Mais 1848 bedeutete die entscheidende Zäsur im schleppenden Lernprozeß der Konservativen.

Unter den politisch beweglicheren Junkern brach sich die Einsicht endgültig Bahn, daß sie durch eigene Organisationen und Presseorgane ihre Anhänger vereinigen und die öffentliche Meinung beeinflussen mußten. Als erstes kam jetzt am 1. Juli die Gründung der «Neuen Preußischen Zeitung», der «Kreuzzeitung», zustande, die seither als Sprachrohr des unbeugsamen Hochkonservativismus diente. Unmittelbar darauf, am 3. Juli, wurde von denselben Aktivisten im Zuge einer landesweit betriebenen Sammlungspolitik der «Verein für König und Vaterland» ins Leben gerufen. Er erfüllte eine Doppelfunktion, indem er den Dachverband für die konservativen Lokalvereine abgab, zugleich aber auch eine erste zentrale Parteiorganisation des preußischen Konservativismus bildete. Königstreue Beamte, Offiziere, Pfarrer, Kaufleute und Handwerksmeister fanden sich ebenso in den konservativen Vereinen zusammen wie adlige, bürgerliche und bäuerliche Grundbesitzer, die sich häufig auf die Grundlage des landwirtschaftlichen Vereinswesens stützen konnten. Die soziale Zusammensetzung entsprach durchaus dem Ziel der Initiatoren, denen an der Außenwirkung eines klassenübergreifenden, harmonischen Zusammenwirkens aller royalistischen Staatsuntertanen zugunsten einer stabilen Herrschaft der Monarchie und ihrer Stützpfeiler lag.

Deshalb insistierte Ernst Ludwig v. Gerlach auch darauf, daß dieser Dachverband sich von dem am 24. Juli auf Betreiben vor allem des rührigen v. Bülow-Cummerow gegründeten «Vereins zur Wahrung der Interessen des Grundbesitzes und Förderung des Wohlstands aller Volksklassen» scharf abgrenzen müsse. Denn der volltönende Name konnte den nackten Interessenegoismus des Landadels nicht verbergen, und seine maßgeblichen Figuren – wie Bülow-Cummerow, Kleist-Retzow, Alexander v. Below und Bismarck – waren auch nur aus politischem Kalkül bereit, diesen harten Kern mit einigen taktischen Zugeständnissen zu verbrämen. Das zeigte sich vom 18. bis 20. August in Berlin, als eine von 200 bis 300 Adligen besuchte Generalversammlung unter dem Vorsitz Kleist-Retzows – Rittergutsbesitzer, Landrat und Mitbegründer der «Kreuzzeitung» in einem – den anstößigen Namen aufgab und sich als «Verein zum Schutze des Eigentums» neu konstituierte. «Die materiellen Interessen», verteidigte Bülow-Cummerow noch einmal die raison d'être der großagrarischen «Pressure Group», «haben eine Bedeutung, die alle anderen überwiegt; indem wir sie verfolgen, behalten wir stets einen festen Boden unter den Füßen». Von diesem Boden aus sah sich dann die Versammlung in der Tat imstande, die «Gesamtwohlfahrt des Volkes», die «Einigung der noch getrennten Klassen», die Belebung «der inneren gewerblichen Zustände», den Schutz des Mittelstands und die Verbesserung der «Lage der arbeitenden Klassen» als vorrangige Problempunkte ebenfalls anzuerkennen. Der aktive innere Kreis der Generalversammlung tagte seither in Permanenz als viel umstrittenes «Junkerparlament» weiter, verfocht die gutsherrlichen Interessen und unterstützte die Konservativen im politischen Kampf. Als Basisorganisation blieb für diese jedoch der «Verein für König und Vaterland» ungleich wichtiger, da er ein größeres Anhängerpotential zu mobilisieren verstand. Auf diese Weise wurde von den verschiedenen Institutionen und Personenkreisen «systematisch eine Art konservative Gegenöffentlichkeit aufgebaut».

Seit dem Novemberumsturz lief auch ohne eine Parteigründung wieder viel Wasser auf die konservativen Mühlen. Ein gut Teil fing der neue «Treubund mit Gott für König und Vaterland» auf, der für den Primat der Monarchie, einen starken Staat und alle Revolutionsgeschädigten eintrat. Sein Gründer, der Geheimsekretär im Kriegsministerium Habel, wurde von General v. Wrangel massiv gefördert, dazu noch aus dem Geheimfonds des Innenministeriums finanziell unterstützt. Bis Ende Juni 1849 gab es 52 «Treubünde» in Preußen, allein in den Berliner Bezirken zählten sie über 10000 Mitglieder; in den Vorständen besaßen Pfarrer und Beamte gewöhnlich zusammen das Übergewicht. Bis Anfang 1850 waren 40 weitere Bünde im Entstehen begriffen.

Die altpreußischen Konservativen hatten begonnen, ihre Lektion zu lernen, daß auch sie sich an den modernen Interessenpluralismus und seine politischen Organisationsbedürfnisse, wie sie die liberalen und demokratischen Gegner früher erfaßt hatten, anpassen mußten, wenn sie mit zeitgemäß neuen Mitteln alte Ziele weiterverfolgen wollten. Der Prozeß der «Pseudodemokratisierung» der adligen Machteliten hatte unwiderruflich begonnen.[10]

Auch dem politischen Katholizismus gelang eine mit den demokratischen, liberalen und konservativen Strömungen durchaus vergleichbare Massenmobilisierung. In manchen Regionen konnte er nahtlos an die polarisierenden politischen Konflikte des Vormärz anknüpfen: an den ungemilderten Zusammenstoß von amtskirchlicher Arroganz und bürokratischem Absolutismus während der «Kölner Wirren», an die Unterstützung oder Bekämpfung des archaischen Kults mit dem Trierer «Heiligen Rock», an den Kampf um die Lehre und Verselbständigung der «Deutschkatholiken». Dabei war den politisch engagierten Katholiken klargeworden, daß sie zur Verteidigung der kirchlichen Freiheit der liberalen Vereins-, Versammlungs- und Pressefreiheit bedurften. Nicht etwa aus liberaler Überzeugung, sondern in erster Linie wegen der funktionalen Nützlichkeit für die eigene Sache traten sie für einen Teil der Märzforderungen ein. Das katholische Vereinswesen, das in den 40er Jahren einen auffälligen Aufschwung erlebt hatte, wurde jetzt dank der Schwungkraft des politischen Katholizismus mächtig ausgeweitet. Zum Symbol des Aufbruchs wurden die «Pius-Vereine für religiöse Freiheit», die seit Ende März 1848 unter der Leitung der Ortsgeistlichen überall aus dem Boden schossen. Bis zum Herbst existierten Hunderte dieser Vereine, allein in Baden z.B., wo der sozialpolitisch engagierte Franz Josef v. Buß wirkte, gab es rund 400 mit rund 100000 Mitgliedern.

Zu diesem Zeitpunkt drängten viele Kräfte auf einen gesamtdeutschen Verband hin. Daher trafen sich Delegierte der Lokalvereine vom 3. bis 6. Oktober zu einer Generalversammlung unter dem Vorsitz von Buß: zum ersten deutschen Katholikentag in Mainz. Als Zentralorganisation wurde der «Katholische Verein Deutschlands» gegründet, der dank der zahlreichen Verbindungen zwischen Ortsvereinen und katholischen Abgeordneten in den Nationalversammlungen und Landtagen zum Kern einer katholischen Partei werden konnte.

Der mit Hilfe des Klerus effektiv organisierte politische Katholizismus blieb einerseits wegen der Bindung an die Dogmen der religiösen Heilslehre, für die er eintrat, durch und durch konservativ. Auf der anderen Seite nutzte er souverän die instrumentellen Vorteile aus, die sich ihm durch die Erkämpfung liberaler Freiheits- und demokratischer Gleichheitsrechte eröffneten. Als Ergebnis besaß er von Anbeginn ein hohes Maß an taktischer Flexibilität, denn er konnte je nach dem Inhalt einer umstrittenen Materie sowohl mit den Konservativen als auch mit den Liberalen koalieren – das sollte sich von 1848 bis 1933 und erneut nach 1945 immer wieder erweisen. Seine neu fundamentierte Durchsetzungsfähigkeit verstand der politische Katholizismus schon im Herbst 1848 zu demonstrieren, als er sich empört gegen das im Verfassungsentwurf der Paulskirche vorgesehene Verbot des Jesuitenordens und die allgemeine Einführung der Staatsschule wandte. Der geschickt gesteigerte Meinungsdruck schwoll so stark an, daß das Ordensverbot gestrichen und die kirchliche Aufsicht über den Religionsunterricht konzediert wurde.

Das protestantische Pendant zum Katholikentag, der vom 21. bis 23. September 1848 in Wittenberg abgehaltene evangelische Kirchentag, gewann, aufs Ganze gesehen, bei weitem nicht die Bedeutung des Mainzer Treffens. Die Versammlung diente den Hochkonservativen à la Gerlach und Hengstenberg als Propagandaforum, auf dem sie gegen die Revolution als gottfernen Frevel vom Leder ziehen konnten. Auch Wichern wetterte gegen den atheistischen Sozialismus und pries die neugegründete Innere Mission als militante Tochter der Kirche zur Verteidigung des gesellschaftlichen Status quo, wofür ihm Stahl als Vorsitzender artig zu danken wußte. Während sich der Katholikentag im Rahmen der neothomistischen Gesellschaftslehre den sozialpolitischen Problemen öffnete, blieb der orthodoxe Protestantismus ganz auf Defensive gestimmt. Da er die konservative «Geschichts- und Gesellschaftsideologie» reichlich verbohrt mit dem «Geist des Evangeliums gleichsetzte», stellten die Pfarrer dieser Provenienz ein hohes Kontingent in den Vorständen der royalistischen Vereine, und ganz wie die Pietisten nutzten sie – alles andere als apolitisch – die Predigt als Medium, um die antirevolutionäre Gesinnung zu stärken. Nur die «Lichtfreunde» und die rationalistischen Theologen engagierten sich während der Revolution, nicht zuletzt auch in der Paulskirche und in der Berliner Nationalversammlung, für eine Liberalisierung von Staat und Kirche.[11]

Im Gegensatz zu den bisher skizzierten politischen Strömungen und Verbänden ist die Verfechtung sozioökonomischer und politischer Interessen durch die «arbeitenden Klassen» ungleich schwieriger gewesen. In der Gesamtbilanz überwiegt daher auch trotz erstaunlicher Erfolge die Blockierung, die Unterdrückung, das zumindest zeitweilige Scheitern der meisten Anstrengungen.

Innerhalb der weit aufgefächerten Arbeiterbewegung können drei «politische Grundkonzeptionen» mit je einem hervorstechenden «Aktionszentrum» unterschieden werden. Da gab es die «Sozialkonservativen», die sich vor allem auf den Handwerkerkongressen in Frankfurt und Berlin lautstark zu Worte meldeten. Die breite Mitte nahm der «Sozialreformismus» der meisten Arbeitervereine ein – an ihrer Spitze die «Arbeiterverbrüderung», die eine eigentümliche Fusion von Gewerkschaft und außerparlamentarischer politischer Bewegung mit sozialen und national-republikanischen Forderungen auf dem Boden der politischen Demokratie verkörperte. Schließlich versuchte der «Sozialrevolutionismus», historisch am folgenreichsten durch den «Bund der Kommunisten» vertreten, seinen utopischen Zielen näher zu kommen.

Auf dem Ersten Allgemeinen Deutschen Handwerker- und Gewerbekongreß, der vom 15. Juli bis zum 18. August in Frankfurt tagte, wirkten zunächst Meister und Gesellen zusammen. Alsbald aber gewannen die Meister, gegen die der Wortführer der «linken» Gesellen, der Marburger Professor Karl Georg Winkelblech (genannt Marlo), vergeblich für einen Ausgleich plädierte, in allen strittigen Fragen eindeutig die Oberhand. Sie entwickelten sich rasch zu einer Lobby, die mit einer Vielzahl von Forderungen auf das Parlament einwirkte. Als ihr Hauptziel entpuppte sich die Wiederherstellung handwerklicher Wirtschaftsformen, Rechtsverbände und Normen. Eine deutsche Gewerbeordnung sollte den allgemeinen Zunftzwang einführen, die Gewerbefreiheit aufheben, staatlichen Schutz gegen industrielle Konkurrenz gewähren. Die Zünfte sollten die obligatorischen Lehr- und Wanderjahre kontrollieren, das Prüfungsrecht ausüben, die Meisterzahl beschränkt halten. Staats- und Kommunalbetriebe sollten geschlossen werden, Meister den Einzelhandel übernehmen, Fabriken nicht nur alle Handwerksarbeit den Meistern vergeben, sondern darüber hinaus zugunsten des Handwerks kräftig besteuert werden. Kurzum: Das Ideal der Meister stellte ein «Innungsstaat im Staate dar», durch den man die sozioökonomische Entwicklung des Kapitalismus in den beiden letzten Jahrhunderten, vor allem die Reformgesetze, hoffte rückgängig machen zu können.

Als die Gesellen ihre konkreten Interessen völlig an den Rand gedrängt sahen, traten die langjährigen Spannungen abrupt an die Oberfläche. Der Kongreß spaltete sich entlang der Klassenlinie. Die Gesellen tagten auf einem «Gegenkongreß» vom 20. Juli bis 20. September in Frankfurt für sich allein weiter; er diente ihnen als Forum, auf dem sie zünftige Forderungen, politische Ziele, genossenschaftliche Pläne, zunehmend auch sozialistische Ideen nachdrücklich verfochten. Die Gesellenversammlung verwandelte sich schließlich unter Winkelblechs Leitung in den «Allgemeinen Deutschen Arbeiterkongreß», der im Januar 1849 den Anschluß an die «Arbeiterverbrüderung» fand. Auch dieser Vorgang enthüllt, wie die Grenzen zwischen Handwerksgesellen und Fabrikarbeitern verflossen und die Klassenkohäsion sich ein Stück weiter ausdehnte. Anstelle der mittelalterlichen «Gegensätze von Meistern und Gesellen» gebe es jetzt, besiegelte die Zeitung der «Arbeiterverbrüderung» den neuen Bund, nur mehr «die modernen gesellschaftlichen Gegensätze von Kapitalisten und Arbeitern».

Während die Gesellen zur Expansion der Arbeitervereinsbewegung wesentlich beitrugen, setzte sich auch auf dem Preußischen Handwerkerkongreß, der vom 17. bis 30. Juli 1848 in Berlin tagte, die überlegene Meister-Fraktion durch. Sie bestand auf einer reaktionären Revision der Gewerbeordnung von 1845, die ihnen im Zuge jener konservativen Politik, die seit dem November 1848 eine breite antirevolutionäre Koalition schmieden wollte, am 9. Februar 1849 tatsächlich gewährt wurde. In 70 Gewerben wurde die Selbständigkeit vom Innungsbeitritt oder dem Befähigungsnachweis einer zünftigen Prüfungskommission abhängig gemacht; die Aufsicht über die Ausbildung und das Verhalten des Nachwuchses oblag wieder den Meistern. Außerdem kamen die analog zu den Handelskammern neu eingerichteten Gewerberäte – bis 1850 hatten sich jedoch nur 96 gebildet, 1864 verfiel der letzte – dem Postulat der Zunftautonomie weiter entgegen. Auch in Preußen wiederholte sich seit dem Juli 1848 die Interessenpolarisierung zwischen Meistern und Gesellenschaft, aus der die selbstbewußten und militanten Vertreter zur «Arbeiterverbrüderung» stießen.[12]

Seit dem März 1848 verwandelten sich die Arbeiterbildungs- und Hilfskassenvereine in Organisationen, die wie die zahlreichen neuen Arbeiterausschüsse und -vereinigungen sowohl politische als auch gewerkschaftliche Aufgaben wahrnahmen. In den größeren Städten wurden Arbeiter auch oft durch die Streikwelle dieses Frühjahrs zusammengeführt, die insbesondere Textil- und Metallarbeiter, Buchdrucker und Bauhandwerker erfaßte. Seither verfochten sie ihre sozioökonomischen Forderungen mit Energie in aller Öffentlichkeit: Verkürzung der Arbeitszeit; Fixierung von Festlöhnen, die durch die Willkür des Unternehmers oder Vorarbeiters nicht länger mehr beliebig verändert werden konnten; Kontrolle und Bezahlung der Überstunden; öffentliche Arbeitsbeschaffung; gesetzliche Kündigungsfristen; Unterstützungskassen für Krankheit und Alter; Arbeiterausschüsse (d.h. Betriebsräte) zur fabrikinternen Konfliktschlichtung – diese und ähnliche programmatische Postulate tauchten vielerorts auf. Insbesondere pochten die Arbeitervereine natürlich auf eine Garantie der Koalitionsfreiheit, denn in ihrer Auseinandersetzung mit den mächtigen Unternehmern sei die effektive Assoziation das einzige Mittel, durch das der «Ausbruch des blutigsten Vernichtungskampfes» zwischen den Klassen «vermieden werden kann».

Darüber darf man jedoch das mindestens ebenso nachdrücklich angemahnte politische Entgegenkommen nicht vergessen. Hier ging es um das allgemeine und gleiche, aktive und passive Männerwahlrecht, Mitwirkung in den Gremien der Kommunal- und Landespolitik, Bürgerrechte in den Wohngemeinden, kostenfreie Schulausbildung, viele weitere Märzforderungen und endlich als politische und symbolische Aufwertung: die Anerkennung als freie, gleichberechtigte Staatsbürger. Gerade dieses Verlangen, endlich das Selbstbewußtsein und den Selbstrespekt eines gleichwertigen Mitglieds des Gemeinwesens zu gewinnen, ihn formell zuerkannt zu bekommen, darf am allerwenigsten unterschätzt werden. Vorbei sein sollte endlich die Zeit, wie es in einem Manifest vom 2. September 1848 hieß, da «die Arbeiter... nur als Ziffern in den Bevölkerungslisten», nicht aber als eigene «Staatsbürgermasse» galten.

Bereits Anfang April hatte sich in Berlin als Folge der harten Lohnstreiks ein «Zentralkomitee für Arbeiter» gebildet, um die vielfältige Aktivität zu koordinieren. Mit eigener Zielrichtung versuchten das auch vergeblich einige von Kommunisten gesteuerte Arbeitervereine, wie z. B. der von den Armenärzten Gottschalk und d'Ester dirigierte große Kölner Arbeiterverein. Die kleinen örtlichen Zellen des «Bundes der Kommunisten» scheiterten mit ihren sporadischen Anstrengungen, eine gesamtdeutsche Partei zu bilden. Diese Aufgabe wurde auch von Marx und Engels nach ihrer Rückkehr aus dem Exil bewußt vernachlässigt, da für sie, getreu ihren geschichtsphilosophischen Prämissen, der Sieg der bürgerlich-demokratischen Bewegung die unumgängliche erste Stufe zum Erfolg bildete. Erst nach der erfolgreichen bürgerlichen Revolution stand die Emanzipation des Proletariats, auch mit Hilfe seiner eigenen Partei, auf der Tagesordnung. Die von Marx seit dem 1. Juli redigierte «Neue Rheinische Zeitung» wurde jedoch schnell zum wirkungsvollsten Presseorgan der deutschen revolutionären Demokratie, ihre ebenso leidenschaftlichen wie brillanten Kommentare bildeten indes keinen Ersatz für praktische Politik.

Es dauerte ein halbes Jahr, bis die Organisationsbestrebungen der meisten Arbeitervereine auf dem Berliner Arbeiterkongreß, der vom 23. August bis 3. September 1848 in Berlin abgehalten wurde, konvergierten. Das wichtigste Ergebnis stellte die Gründung der «Arbeiterverbrüderung» dar, des ersten großen Dachverbandes für die existierenden und weiterentstehenden Assoziationen dieser «Klasse der Gesellschaft» (St. Born). Bis zum Jahresende zählte sie 170 Ortsvereine mit 15 000 Mitgliedern, bis Anfang 1850 18 000 Anhänger – vermutlich knapp 2 % der Handwerker und Fabrikarbeiter im Zollverein. Die «Arbeiterverbrüderung» bildete eine «lockere Föderation», die von einem Vorstand in Leipzig geleitet wurde. Ihre begabteste politische Führungspersönlichkeit, ein Mann mit einem ausgeprägten Organisationstalent und Gespür für das Machbare, blieb von Anfang bis Ende Stephan Born. Unter ihm sorgte die «Verbrüderung» für Petitionen an die Parlamente und Regierungen, für Streikhilfe und Tarifentwürfe, für Bildungsarbeit und eine allgemeine außerparlamentarische Opposition. Ihre eigene Zeitung «Verbrüderung – Correspondenzblatt aller deutschen Arbeiter» hielt die Verbindung mit den Mitgliedern aufrecht, zugleich stritt sie um Einfluß auf die öffentliche Meinung. Als politisches Ziel schwebte dieser Arbeiterorganisation eine pragmatische, systemimmanente Sozial- und Verfassungsreform vor. Ihr sollten der fachgewerkschaftliche Zusammenschluß, die genossenschaftliche Selbsthilfe, die Bildungsarbeit als tätige Emanzipation, aber auch eine konsequent demokratische Politik in einer parlamentarischen Monarchie, besser noch im republikanischen Volksstaat dienen. Im Extremfall galten auch revolutionäre Mittel als gerechtfertigt.

Da die wahre «Social-Demokratie» gleichzeitig in Gesellschaft und Staat verwirklicht werden sollte, wäre es irreführend, der «Verbrüderung» nur einen «engen Gewerkschaftscharakter» mit «Brot-und-Butter»-Zielen zuzubilligen; sie betrieb vielmehr weit über den berufsgenossenschaftlichen Zweck hinaus auch eine «Art sozialer Parallelpolitik der Arbeiter zu der parlamentarisch-demokratischen Politik» der Bürger. Der Sieg der Gegenrevolution unterbrach den Aufstieg dieser – wie selbst Regierungsbeamte eingestanden – «großartigen Organisation des Vereinswesens»; sie wurde aufgelöst wie die anderen Gewerkvereine auch, viele prominente Mitglieder emigrierten, den anderen blieb mehr als ein Jahrzehnt lang bestenfalls der Rückzug in Kassen- und Bildungsvereine offen.

Ein gemeinsames Kennzeichen der zahlreichen Arbeitervereine bis hinauf zur «Verbrüderung» bildete die Tatsache, daß sie durchweg autonom entstanden: Sie wurden von aktiven Arbeitern und Handwerksgesellen, auch von sozialpolitisch engagierten Bildungsbürgern gegründet – nicht etwa von den kleinen Geheimgemeinden des «Bundes der Kommunisten», obwohl das Marxsche Stufenkonzept der historisch-politischen Entwicklung eine kommunistische Infiltration mancher Vereine keineswegs ausschloß. 1848 waren die zu einer riskanten Assoziation bereiten Arbeiter nur organisierbar, wenn ihnen die Beseitigung konkreter ökonomischer und sozialer Mißstände, die Aufhebung der politischen Diskriminierung und die staatsbürgerliche Gleichstellung versprochen wurden. Das erkannt, danach gehandelt und Erfolg gehabt zu haben, bleibt das Verdienst von Born und jenen längst in die Anonymität gesunkenen Initiatoren der ersten Arbeiterbewegung, die damals die Speerspitze der wahrhaft «negativ privilegierten» Erwerbsklassen bildeten.[13]

All diese Miniaturskizzen zeigen nur Ausschnitte aus einem überaus buntscheckigen Panorama des Vereinswesens, das schier zahllose Interessen zu bündeln verstand. Es schien, als ob das liberalbürgerliche Zauberwort der «freien Assoziation» jetzt überall die Kräfte für eine geradezu explosive Entfaltung freisetzte. Die Burschenschaften und Turner traten wieder öffentlich und politisch auf. 1200 Studentendelegierte von fast allen deutschen Universitäten trafen sich Pfingsten 1848 in Eisenach zu einem neuen «Wartburgfest der deutschen Studenten», auf dem sie als nationales Studentenparlament tagten und eine «Allgemeine deutsche Studentenschaft» gründeten. Ein zweiter Kongreß vom 25. September bis 4. Oktober schloß sich mit nationalliberalen Forderungen an. Überwiegend junghegelianische Privatdozenten versammelten sich am 27. und 28. August in Frankfurt, um für eine «freie akademische Universität» mit Aufstiegsrechten für den Leistungsfähigen, befreit vom alten Zopf biedermeierlicher Ordinarienwirtschaft, einzutreten. Auch die Professorenschaft geriet in Bewegung: Nicht nur bewiesen die vielen «politischen Professoren» in der Frankfurter Nationalversammlung ihr Engagement, sondern mehr als 120 Professoren kamen vom 21. bis 24. September in Jena zusammen, um akute Fragen der Universitätsreform zu erörtern. Kaum eine Universität, wo es nicht brodelte und konträre Meinungen aufeinanderprallten, abseits stand kaum einer.

Die verschiedenen Lehrerverbände tagten, meldeten ihre langgehegten Wünsche dringlich an. In Eisenach etwa pochte Ende September eine große Versammlung auf die Reform der Gymnasien, wo das Latein zugunsten des Deutschen und moderner Fremdsprachen, aber bezeichnenderweise auch des Griechischen zurückgedrängt werden sollte. In zahlreichen Ortsvereinen der unterschiedlichsten Ausrichtung spielten die Volksschullehrer eine wichtige Rolle. Sie entwarfen die Petitionen, verfaßten die Flugschriften, führten die Protokolle. Dennoch lenkt die konservative Legende vom umtriebigen, revolutionären Schulmeister, dem seit 1849 Volksverführung angekreidet wurde, in die Irre. Wahrscheinlich hat sich rund ein Prozent der Lehrerschaft aktiv an der 48er Bewegung beteiligt. In Sachsen z. B. wurden nach der Revolution von 3200 Lehrern 44 zur Bestrafung ihres Amtes enthoben. Die Vorwürfe während der neuen Restaurationszeit schossen mithin weit über das Ziel hinaus.

Die Entstehung relativ moderner Wirtschaftsverbände hatte bereits im Vormärz – erneut im Gegensatz zur älteren Lehre – erhebliche Fortschritte gemacht. Während der Revolutionszeit trafen die rivalisierenden Interessen sowohl in der Öffentlichkeit als auch im Frankfurter Parlament frontal aufeinander. Dort wurde der «Volkswirtschaftliche Ausschuß» zur wichtigsten Anlaufinstanz für Abertausende von Eingaben, Denkschriften und Unterschriftensammlungen. Aus Sorge vor dem überlegenen ausländischen Import hatte sich auf der Basis regionaler Vorläufer am 1. September 1848 der «Allgemeine Deutsche Verein zum Schutze der vaterländischen Arbeit» gebildet, der – getragen vor allem von der Metallurgie-, Montan- und Textilindustrie im Rheinland, in Sachsen, Württemberg und Baden, aber auch vom Kleingewerbe und Handwerk und von einem Meinungsmanager modernen Zuschnitts wie Ferdinand Steinbeis geschickt gesteuert – einen möglichst umfassenden Protektionismus verfocht. Welches Echo der Ruf der Wirtschaftsbürger und Handwerker nach Schutz gegen jede Konkurrenz zur ungestörten Ausbeutung des Binnenmarktes auslöste, verriet der Erfolg einer Petitionswelle, die es dem Verein gestattete, mit 370000 Unterschriften auf Eingaben, die von dem Verband und seinen Trägervereinen vorformuliert worden waren, kraftvoll aufzutrumpfen. Dagegen hatten exportorientierte Unternehmer der Seestädte, Fernhandelskaufleute und Großagrarier den «Deutschen Verein für Handelsfreiheit» gegründet, der den Freihandel englischen Stils vertrat. In der Konfliktsituation von 1848 brachte er es als Gegengewicht zu den Schutzzöllnern nur auf 20000 Unterschriften. Im «Volkswirtschaftlichen Ausschuß» rangen sich die Mitglieder unter solch einem wechselnden Erwartungsdruck mühsam zu einem Kompromiß durch. Einerseits wollten sie, wie das dem Smithianismus der liberalen Beamten entsprach, antiquierte Privilegien aufheben und ein Maximum an Gewerbefreiheit gewähren, andrerseits jedoch auch – wie Moritz Veit eine typisch liberale Grundüberzeugung im Dezember 1848 ausdrückte – die «ungezügelte Anarchie des Laissez-Faire» nicht weiter in Deutschland vordringen lassen.

Während die Revolution den bereits bestehenden Interessen- und Berufsverbänden einen neuen Schub gab, sie sowohl mit ungeahnten Möglichkeiten als auch mit schweren Belastungsproben konfrontierte, bewies sie ihre Mobilisierungskraft ebenfalls unter den bisher gar nicht oder kaum Organisierten. Ein klassisches Beispiel dafür bildet die politisierte Arbeiterschaft, ein anderes, weit weniger bekanntes, die Frauenbewegung, die nach schwierigen Anfängen während des späten Vormärz 1848/49 mit Frauenvereinen, Frauenzeitungen und einem Katalog frauenpolitischer Postulate in das Licht der Öffentlichkeit trat. Harsch kritisiert und oft hämisch der Lächerlichkeit preisgegeben, stritten diese frühen Vorkämpferinnen der Frauenemanzipation mit Verve und politischem Geschick für ihre Sache. Wie sie Zustimmung fand und Beteiligung auslöste, das verrät deutlicher als die Aktivität mancher politischer Vereine, wie die Revolution auch auf dieser Handlungsebene der organisierten gesellschaftlichen Interessen überkommene Fesseln zu sprengen imstande war.[14]

4. In überschaubaren Arenen, in den Nationalversammlungen zu Frankfurt, Berlin und Wien, spielte sich die politische Aktivität von gewählten Volksvertretern, überwiegend Angehörigen der Funktionseliten, ab; sie versuchten, zunächst von der Schubkraft der Volksbewegungen getragen, die Ziele und Wünsche von einigen – keineswegs allen – Trägerschichten der Revolution in einer Verfassung zu verankern, welche die angestrebte politische und soziale Neuordnung garantieren sollte. Überall aber wurde die Verfassung zu spät fertig, zu einem Zeitpunkt, da die Revolution längst verloren hatte. Auch hat man die Bedeutung der neuen verfassungsgebenden Parlamente für die Revolutionsgeschichte viel zu lange hoch überschätzt. Dennoch bildeten sie alle drei, insbesondere die Konstituante in der Paulskirche, zeitweilig Brennpunkte der 48er Bewegung.

Die Märzforderungen waren bekanntlich zum Teil dadurch aufgefangen worden, daß bewährte Liberale an die Spitze der Märzregierungen oder von Ressorts traten. Zwei akute Probleme konnten jedoch auf diese Weise nicht gelöst werden: einmal die Gründung eines gesamtdeutschen National- und Verfassungsstaats, zum zweiten die Erarbeitung einer Konstitution für die bisher verfassungslosen beiden Großstaaten. Bereits am 5. März trafen sich rund 50 liberale und demokratische Repräsentanten aus Südwestdeutschland in Heidelberg, um die Einberufung eines «Vorparlaments», das die eigentliche Nationalversammlung vorbereiten sollte, frühzeitig zu erörtern. Durch das Treffen lief sogleich ein unüberbrückbarer Trennungsgraben. Die liberale Mehrheit optierte im Grunde dafür, den revolutionären Anlauf abzubrechen und alle wesentlichen Probleme der künftigen parlamentarischen Konfliktregulierung vorzubehalten. Damit wurde die Initiative an die geplante Nationalversammlung abgetreten, der Kurs der Kooperation mit reformwilligen Fürsten und Regierungen fortgesetzt. Die Minderheit dagegen strebte einen revolutionären Vollzugsausschuß an und setzte auf die Eigendynamik der Märzbewegung, unterlag aber eindeutig.

Aufgrund dieser Vorentscheidung fanden sich vom 31. März bis 3. April 1848 im Frankfurter Vorparlament 574 bereits amtierende Abgeordnete aus neu- und altständischen Landtagen – darunter freilich nur zwei Österreicher – zusammen. Das Kräfteverhältnis war im voraus schwer einzuschätzen. Selbst ein ruhiger Kopf wie der sächsische Außenminister von der Pfordten beschwor Karl Biedermann vor der Abreise nach Frankfurt in hypernervöser Stimmung: «Bringen Sie uns mit, welche Verfassung Sie nur wollen, nur halten sie uns die Republik vom Leibe.» Erneut wiederholte sich jedoch dieselbe politische Polarisierung, die schon in Heidelberg zutage getreten und 1847 in Offenburg und Heppenheim präformiert worden war. Die Mehrheit setzte weiterhin auf die Zusammenarbeit mit den Dynastien und Einzelstaaten, um auf dem Wege einvernehmlich beschlossener Reformen weiterzukommen; sie drängte daher auf eine möglichst schnelle Wahl der Nationalversammlung, um ein Auswuchern der Revolution zu verhindern.

Umgekehrt trat eine starke Minderheit für eine soziopolitische Neuordnung als Ergebnis der noch vorwärtstreibenden Revolution ein; sie postulierte deshalb die Permanenz der Versammlung, um ohne parlamentarische Umwege die Revolutionsziele erreichen zu können. Die Grundsatzpositionen ließen keine Annäherung zu. «Drei Fünftel der Versammlung ist für republikanische (d. i. konstitutionelle) Monarchie», urteilte Jacoby mit geschultem Blick, «zwei Fünftel für reine Republik, andere Parteien gibt es nicht.» Die Majorität setzte sich durch und forderte überall Wahlen für eine nationale Repräsentation, während ein Teil der Republikaner unter der Führung Friedrich Heckers am 12. April im Badischen einen Aufstand riskierte, der von Bundestruppen innerhalb weniger Tage erstickt wurde.

Der folgende Monat stand im Zeichen der Wahlen: erst des festzulegenden Wahlrechts, dann des Wahlkampfs selber. In rund zwei Dritteln des Bundesgebiets hatte es bisher keine allgemeinen Wahlen gegeben. Andrerseits mußte die Partizipationshöhe über die politische Zusammensetzung der Nationalversammlung und damit über die Mehrheit in fundamentalen Fragen entscheiden. Angesichts der politischen Rückständigkeit einerseits, der Dringlichkeit der Wahlen andrerseits, kann man nur von einem «erstaunlichen Tempo» sprechen, in dem die Wahlprobleme von den Märzregierungen gelöst wurden. Das Wahlrecht sollten alle volljährigen und «selbständigen» Männer erhalten; an die Teilnahme von Frauen dachten damals nicht einmal die Radikalen. Der Streit ging darum, wie weit oder eng die «Selbständigkeit» definiert werden sollte. Wurden hier Gesindeleute und Dienstboten ausgeschlossen, ließ man dort Häusler und Handwerksgesellen zu. Vermutlich bekamen etwa 80 bis 90% der über 25jährigen Männer das Wahlrecht zuerkannt, das allerdings in der Regel mit einem indirekten Verfahren, von dem man sich eine «mäßigende» Wirkung versprach, gekoppelt wurde. Der Druck der Volksbewegung mit dem Ziel, endlich eine «breite demokratische Willensbildung» zu ermöglichen, wirkte sich zu diesem Zeitpunkt noch so nachhaltig aus, daß konservative Skrupel und liberale Honoratiorenbedenken, die zuerst an strenger Besitz- und Bildungsqualifikation festzuhalten geboten, zurückgedrängt wurden. «Die Forderung des Augenblicks war», verteidigte Ministerpräsident Camphausen das neue preußische allgemeine und gleiche Wahlrecht intern, «gegen bessere Überzeugung das allgemeine Stimmrecht zu befürworten», um die «heulenden Wölfe vom Schlimmsten» abzuhalten. Vergeblich begehrte Ranke – wie so viele Konservative von ohnmächtigem Zorn verzehrt – in einer geheimen Denkschrift für den König dagegen auf, daß jetzt sogar «Handwerker und Tagelöhner ... plötzlich zu einem Anteil an der Staatsgewalt» gelangten, «von dem sie keine Ahnung» hätten; damit öffne das Wahlgesetz «dem Radikalismus Tür und Tor», welcher «die Begierden der Nichtbesitzenden in den Kampf ruft ... und Alles zu wagen entschlossen ist» – selbst «die Republik».

Vergebens, das verblüffend schnell demokratisierte Wahlrecht ermöglichte durchweg eine hohe männliche Beteiligung, die bis zu 75 %, in Württemberg sogar 80 % erreichte – höher kletterte sie dort selbst unter dem Reichstagswahlrecht von 1914 nicht. Schleswig und Holstein, Ost- und Westpreußen wurden in die Maiwahlen miteinbezogen, obwohl sie nicht zum Deutschen Bund gehörten; andrerseits waren von 193 Wahlkreisen im österreichischen Bundesgebiet 60 in Frankfurt nicht vertreten, da die fremdsprachigen Nationalitäten die Wahl boykottierten.[15]

Angesichts des Zustands der parlamentarischen und politischen Kultur in den deutschen Staaten stellte es eine respektheischende politische Leistung, nicht zuletzt jedoch auch einen eindrucksvollen Beweis für die Dynamik der Revolution dar, daß am 18. Mai, zweieinhalb Monate nach den ersten Märzunruhen, eine aufs Ganze demokratisch gewählte gesamtdeutsche Nationalversammlung in der Frankfurter Paulskirche ihre Arbeit aufnehmen konnte. Ihre beiden Hauptaufgaben, die mit schwindelerregenden Schwierigkeiten verknüpft waren, bestanden darin: erstens die Sozialstruktur, die Verwaltung, die Justiz und das Militärwesen im Rahmen der jetzt zu schaffenden Verfassung auf neue Grundlagen zu stellen; zum zweiten – und dieses Problem war noch anspruchsvoller – einen konstitutionellen deutschen Nationalstaat mit einem eigenen, neuen politischen System mitten in Mitteleuropa zu gründen, der die Souveränität seiner Mitglieder stark einschränkte und als Garant der inneren Neuordnung fungierte.

Wer hatte sich mit diesen Aufgaben auseinanderzusetzen? Wie setzte sich das Frankfurter «Reichsparlament» seiner sozialen Herkunft nach zusammen? Wegen der lückenhaften Überlieferung divergieren die Zahlen für die Sitzungszeit vom 18. Mai 1848 bis zum 18. Juni 1849 beträchtlich. Stützt man sich auf die zur Zeit zuverlässigsten Angaben, gewinnt man das folgende Sozialprofil. Gesetzlich vorgeschrieben hatte die Wahlordnung 649 Abgeordnete; zusammen mit ihren oft übersehenen, aber häufig angeforderten Stellvertretern ergibt sich eine Maximalzahl von rund 812; faktisch waren jedoch jeweils nur 400 bis 540 Abgeordnete in der Paulskirche anwesend. Unter den Volksvertretern besaßen Angehörige des Bildungsbürgertums eine eindeutig dominierende Stellung: Rund 95 % hatten das Gymnasium oder eine höhere Schule besucht, rund 87 % waren Absolventen von Universitäten oder funktional äquivalenten Institutionen. Dem entsprach, daß die Mehrheit zur protestantischen Konfession gehörte, obwohl die Mehrheit ihrer Wähler katholisch war.

Keineswegs handelte es sich bei der Frankfurter Nationalversammlung um das vielzitierte, vielgescholtene «Professorenparlament». Die 49 Universitätsprofessoren stellten nur 6 %. Selbst wenn man die «Studienprofessoren» an den höheren Schulen (49) mit hinzurechnete, käme man auf nicht einmal 12 %. Dagegen tagte in der Paulskirche unstreitig ein «Beamtenparlament». Mindestens 452 Abgeordnete, rund 56 % von 812, gehörten zur staatlichen und kommunalen Beamtenschaft (173 Verwaltungsbeamte, 110 Richter und

Staatsanwälte, 124 Lehrer und Professoren, 29 Offiziere und Diplomaten sowie 16 evangelische Pfarrer; hinzu gehören noch die meisten preußischen Rechtsanwälte, da sie als Justizkommissare Beamtenstatus besaßen!). Weder berufliche Abhängigkeit noch Disziplinarrecht und Treueeid haben indes die liberalen und demokratischen Beamten von einer freimütig-offenen Kritik und von selbständigen Entscheidungen abgehalten. Die Vertreter aus der freiberuflichen Intelligenz umschlossen 106 Rechtsanwälte – von denen freilich ein gut Teil noch verbeamtet war –, 23 Ärzte und 20 Journalisten; die 35 promovierten Abgeordneten ohne Beruf, oft «Schriftsteller», wird man zu dieser Gruppe auch noch rechnen dürfen, so daß sie auf höchstens 184 Abgeordnete (23%) kam.

Damit wird ein zweiter Aspekt deutlich: In Frankfurt tagte auch ein «Juristenparlament». Rund 50% der Abgeordneten waren Juristen, allein Richter, Staatsanwälte und Rechtsanwälte stellten fast 30%. Außer der Abkömmlichkeit des Beamten besaßen diese Juristen – ob höhere Verwaltungsbeamte, Professoren oder Advokaten – eine hochentwickelte Sachkunde im Hinblick auf die problematische Rechtsmaterie. Hinzu kam häufig noch ihre praktische politische Erfahrung aus den vormärzlichen Landtagen. Große Lebensbereiche waren im Vergleich damit nur extrem schmal repräsentiert: 43 adlige und bürgerliche Großgrundbesitzer sowie ganze 3 Bauern (5,7%) vertraten die Landwirtschaft; 56 Unternehmer und Kaufleute (7%) das Gewerbe und den Handel, und 4 leibhaftige Handwerkermeister (0,5%) eine Handwerksbevölkerung von rund 16%. Nicht zu ermitteln ist die Zuordnung von 44 Abgeordneten. Einen Repräsentanten der sich soeben organisierenden Arbeiterschaft oder überhaupt einen Vertreter der Unterschichten hat es in Frankfurt nicht gegeben. Die bildungsbürgerlichen Honoratioren besaßen das unbestreitbare Übergewicht, offenbar aber auch das Vertrauen einer erstmals politisch mobilisierten Wählerschaft. Die Verdienste der Paulskirche sind dieser Mehrheit zu verdanken; die politischen Fehler gehen umgekehrt weithin auch auf ihr Konto. Lob und Kritik sind da reichlich möglich. Nur eins waren diese aktiven Bildungsbürger gewiß nicht: apolitische Exponenten geistesaristokratischer Innerlichkeit!

Die Durchschnittsziffern werden, aufs Ganze gesehen, durch eine Art Momentaufnahme bestätigt, wenn man z. B. die 573 Abgeordneten, die im November 1848 in den Anwesenheitslisten geführt wurden, genauer analysiert: 429 Akademiker, 343 Beamte, 38 Großgrundbesitzer, 20 Unternehmer und Kaufleute, 62 kleinbürgerliche Beamte, Krämer, Handwerker usw., 11 Militärs (sowie 13 ohne Berufsangaben) – sie bestätigen den Umriß des generellen Sozialprofils.

Obwohl sich unter vielen Liberalen noch immer das Vorurteil hielt, daß es in Fragen des politischen Gemeinwohls nur eine einzige wahrhaft vernünftige, im Diskurs ermittelbare Lösung, folglich auch keinen zwingenden Grund zur getrennten Organisation von Interessen gebe, erwies sich jetzt –

wie bereits im späten Vormärz –, daß unter dem Druck der Revolution die Differenzierung in Fraktionen und Parteien unaufhaltsam voranschritt. Selbstverständlich reichten auch die Gemeinsamkeiten der bildungsbürgerlichen Soziallage und Ideologie nicht aus, um die Entfaltung politischer Heterogeniät aufzuhalten. Dieser Vorgang der institutionellen Verselbständigung setzte im Juni/Juli ein und war bis zum September 1848 abgeschlossen. Nach den Namen der Hotels und Restaurants, wo sich die politischen Gesinnungsgenossen regelmäßig trafen, kann man die Fraktionen und das Kräfteverhältnis unterscheiden.

Die politische Rechte (Café Milani) kam auf nur 12%; die Rechtsliberalen (Casino, Landsberg) erreichten dagegen 40%; die Linksliberalen (Württemberger Hof, Westendhall) 19%; die liberale Mitte (Augsburger Hof) besaß 11%, die gemäßigte Linke (Deutscher Hof) 12% und die äußerste Linke (Donnersberg) 6% der Abgeordnetenstimmen; rund 150 Abgeordnete sträubten sich gegen eine dauerhafte Fraktionsbindung; die katholischen Abgeordneten traten unregelmäßig im «Katholischen Klub» zusammen. Die Bildung von entscheidungsfähigen Mehrheiten erfolgte aufgrund von ad-hoc-Absprachen. Obwohl diese Zusammenarbeit meist auf vorübergehende Zweckbündnisse beschränkt blieb, bildeten sich doch auch dauerhaftere Allianzen heraus, wobei der Block der Rechtsliberalen eine Schlüsselstellung innehielt. Zusammen mit der liberalen Mitte z.B. (51%) oder mit der Rechten (52%) waren sie mehrheitsfähig. In nuce wiederholte sich an dieser zweiten Majorität die soziale Zusammensetzung des Parlaments: 66% waren Beamte, deren Anteil mithin noch höher lag als in der gesamten Nationalversammlung; 66% besaßen ein Universitätsexamen, 47% waren Juristen, 43,5% standen im staatlichen Verwaltungs- und Justizdienst. Ideologisch war dieser reformkonservative Flügel durch seine starke Affinität zur Historischen Schule Savignys geprägt. Überhaupt liefen die Kontinuitätslinien des Beamtenkonservativismus und -liberalismus bis in die Paulskirche weiter.

Während die Fraktionen noch dabei waren, klare Konturen zu gewinnen und tragfähige Koalitionen zu erkunden, kamen bereits die ersten grundlegenden Entscheidungen auf sie zu: Eine provisorische Zentralgewalt mußte eingesetzt werden. Die Rechte wollte ein Direktorium, das der Nationalversammlung keine Verantwortung schuldete, die Linke einen Vollzugsausschuß, der sich auf das Mandat der Revolution berufen sollte. Zwischen diesen Extremen kam schließlich der Kompromiß der Liberalen zustande. Mit dem Blick auf das Wohlwollen der traditionsreichen Kaiser- und Bundesvormacht wurde Erzherzog Johann von Österreich am 29. Juni zum «Reichsverweser» bestellt. Daneben fungierte seit dem 15. Juli das von ihm gebildete, aber von der Parlamentsmehrheit getragene erste deutsche «Reichsministerium», wie überhaupt bis zum Ende der Nationalversammlung ohne jede formelle Bindung das parlamentarische System praktiziert wurde. Die neue Exekutive besaß jedoch weder eine eigene Verwaltung noch eigenes Militär; sie mußte sich völlig auf die Kooperation der Einzelstaaten verlassen, daher stand sie im Grenzfall ohne effektive Sanktionsmittel da. Sogleich kündigte sich auch ein fundamentaler Konflikt an, als Österreich und Preußen sich strikt weigerten, den Reichsverweser als «Kriegsherrn» ihrer Streitkräfte anzuerkennen. Sie verteidigten vielmehr ihre uneingeschränkte autonome Kommandogewalt, so daß die Konservativen nach dem Ende der Erholungsphase über alle militärischen Machtmittel verfügten.

Während dieser Beratungen, gerade einen Monat nach der Eröffnung der Nationalversammlung, erreichte die gemeineuropäische Revolutionsbewegung bereits ihren ersten fatalen Wendepunkt: Mitte Juni wurde der Prager Aufstand, bis zum 26. Juni der Pariser Aufstand niedergeschlagen. Der «weiße Terror» übertraf insbesondere an der Seine die Exzesse der Revolution bei weitem. Seither war, wie nicht nur der momentane Schock, sondern auch die Folgen der Entwicklung lehrten, die «Roll-Back»-Strategie der Gegenrevolution nicht mehr aufzuhalten. Auch über der Paulskirche lag seit diesem frühen Zeitpunkt der Schatten der sich zusehends konsolidierenden alten Gewalten.[16]

Hinzu kam eine schwere internationale Belastung, die mit den nationalstaatlichen Aspirationen der deutschen Revolution zusammenhing. Nachdem sich der Streit um die dänische Gesamtstaatsverfassung seit dem Januar 1848 so zugespitzt hatte, daß es am Beginn der Revolution in Schleswig-Holstein zu einer deutschen Erhebung kam, die nach ihrem Anfangstriumph einer «Provisorischen Regierung» ins Amt verhalf, hatte der Bundestag die Wahlen zur Nationalversammlung auch in den Herzogtümern ausgeschrieben; sie wurden damit ohne formalen völkerrechtlichen Akt wie Bundesgebiet behandelt, das kam einer stillschweigend vollzogenen Annexion gleich. Als dänische Truppen zur Erhaltung der staatlichen Einheit eingesetzt wurden, erhielt Preußen sowohl von der Nationalversammlung als auch vom Bundestag das Mandat zur militärischen Intervention, die notwendig den heiklen Präzedenzfall einer gewaltsamen Expansion über die Bundesgrenzen hinweg schuf – und das in einer machtpolitisch sensitiven Region, in der wichtige britische und russische Interessen tangiert wurden. Ein pragmatisch kluges Londoner Vermittlungsangebot, das Land entlang der Sprachengrenze zu teilen, wurde unter dem Diktat des hocherregten deutschen Nationalismus abgelehnt. Er konnte jedoch den jetzt rasch wachsenden Gegendruck der russischen und englischen Diplomatie nicht verringern. Und da auf dem Lande kein durchschlagender preußischer Erfolg gelang, während die dänische Flotte vor beiden Küsten die Seeherrschaft behauptete (ein wichtiger Grund für die erstmals aufbrandende deutsche Flottenbegeisterung!), schloß Preußen am 26. August den Waffenstillstand zu Malmö ab. Ihm zufolge mußte Schleswig-Holstein unverzüglich geräumt werden; an die Stelle der deutschen «Provisorischen Regierung» trat die sogenannte «Gemischte Instanz», in der Kopenhagen am längeren Hebel saß.

Malmö löste einen Schock aus: zu offensichtlich war die Niederlage der deutschen Nationalbewegung im ersten bewaffneten Konflikt um ein Gebiet, das sie schon seit Jahren zu einem Prüfstein ihrer Ambitionen erhoben hatte. Voller Empörung lehnte die Mehrheit am 5. September die Ratifizierung in der Paulskirche ab, willigte aber unter dem Einfluß der allmählich zurückkehrenden politischen Vernunft am 16. September ein. Daraufhin galt wiederum in der Öffentlichkeit die Hinnahme der empfindlichen Schlappe als ein Symbol nationaler Schande. Eine schwere innenpolitische Krise, genährt aus nationalistischer Enttäuschung, brach aus. Die Linke rief unverhüllt zum Krieg um Schleswig-Holstein auf – falls Rußland, der erzreaktionäre Herd der Restauration, eingreife, sei das für den Prinzipienkampf um so besser. Marx forderte in der «Neuen Rheinischen Zeitung» leidenschaftlich das umstrittene Grenzland «mit dem Recht der geschichtlichen Entwicklung ..., dem Recht der Zivilisation gegen die Barbarei, des Fortschritts gegen die Stabilität». In Frankfurt endeten schwere Unruhen am 17. und 18. September mit 80 Toten; zwei konservative Abgeordnete wurden ermordet. In Baden, wo Struve die «Deutsche Republik» ohne Sukkurs durch die parlamentarische Linke proklamierte, brach am 21. September ein neuer Aufstand aus, erfolglos auch er wie der erste.

Die Nachwirkungen des Schleswig-Holstein-Debakels überschatteten eine der drei großen Grundsatzkontroversen in Frankfurt, als über den Charakter und die Ausdehnung des erhofften deutschen Nationalstaats mit Passion debattiert wurde. Zwei Prinzipien lagen dabei im Widerstreit: Man konnte einen deutschen Nationalstaat auf ethnische Homogenität und nationalkulturelle Tradition gründen oder aber sich an dem Primat des Machtstaats und der historischen Länder orientieren, mithin ohne Rücksicht auf fremde Nationalitäten den Besitzstand der deutsch dominierten Staaten verteidigen. In jedem Gebiet mit einer gemischtnationalen Gemengelage – wie z. B. in Schleswig-Holstein, Posen, Böhmen, Oberitalien – stellte sich diese Alternative mit aller Schärfe, als die deutschen Territorialansprüche auf die Konkurrenz der nichtdeutschen Nationalbewegungen trafen. In jedem Fall entschied sich die erdrückende Mehrheit der deutschen Parlamentarier für den staatlichen Besitzstand, für das Recht des Stärkeren, für die maximale Ausdehnung des künftigen «Großdeutschland». Im Stile der Hegelschen Geschichtsphilosophie pries der linksliberale Ostpreuße Wilhelm Jordan in einer berüchtigten Rede die deutsche Übermacht über die Slawen als «naturhistorische Tatsache», erklärte gegen die polnische Nationalbewegung die Teilung Polens vom «weltgeschichtlichen Standpunkt» aus für notwendig und verspottete den «kosmopolitischen Idealismus» des liberal-emanzipatorischen «Völkerfrühlings». In denselben Denk- und Sprachfiguren verklärten auch Marx und Engels die «welthistorische Mission» der Deutschen, welche die unterlegenen «Völkerruinen» und «Trümmer von Nationalitäten» in einem Großreich mit seinem riesigen Markt aufgrund des Rechts der überlegenen «zivilisierten Nationen» zu absorbieren hätten. Und bei dem katholischen Rheinländer August Reichensperger klang das Superioritätsbewußtsein keinen Deut anders, als er die «welthistorische Mission» der Deutschen in Mittel- und Südosteuropa beschwor.

Dagegen wurden diejenigen kulturell-sprachlichen und ethnischen Gegenargumente, die der deutsche Nationalismus gegen die Unterdrückung von Deutschsprachigen durch Fremdherrschaft selber ins Feld zu führen pflegte, in dieser Entscheidungssituation unmißverständlich häufig mit schneidender Schärfe zurückgewiesen. Nicht selten verband sich diese Schärfe mit arroganten politisch-kulturellen Hegemonieträumen.

Als Bedrohung erwies sich dieser nationalistische Machtegoismus zuerst in Schleswig-Holstein, wo er die faktische Ohnmacht der Paulskirche demonstrierte und zugleich an den Rand einer außenpolitischen Krise führte. Am gefährlichsten aber wirkte er sich im Hinblick auf das Habsburgerreich aus. Sollte es mit seinem ungeschmälerten Besitz, d.h. mit Abermillionen von Fremdsprachigen, in den deutschen «Nationalstaat» aufgenommen werden? Dann mußte der deutsche Nationalismus gegen Völker, die wie die Ungarn und Italiener in hellem Aufruhr das österreichische «Joch» abschütteln wollten, um ihren eigenen Nationalstaat zu errichten, Front machen. Das löste bei nicht wenigen nationalen Liberalen tiefe Skrupel aus, die jedoch wieder zurücktraten, wenn den Tschechen, Polen und Südslawen – überhaupt all jenen im «Frühling der Völker» erst «erwachenden» Nationalitäten – der Anspruch auf Autonomie verwehrt wurde, indem man sich auf den historischen Fortschritt zum deutschen Großstaat und das angebliche Recht der überlegenen deutschen Kulturnation berief. Wollten die deutschen Abgeordneten aber allein die überwiegend deutschsprachigen österreichischen Erbländer und die Gebiete der böhmischen Krone, wo es gleichwohl immer noch starke nationale Minderheiten gab, in den geplanten Nationalstaat aufnehmen, setzten sie entweder auf eine vorhergehende Abspaltung von Ungarn und Oberitalien, wie sie nur infolge eines Sieges der italienischen und ungarischen Revolution möglich gewesen wäre – und für beide Bewegungen war diese Chance bereits im Juli verloren –, oder sie muteten realitätsblind einer Großmacht zu, der Zerlegung ihres über Jahrhunderte hinweg zusammengebrachten Länderkonglomerats passiv zuzusehen. Das aber weckte in allen staatstragenden «schwarzgelben» Kräften den Willen zur Verteidigung des Status quo.

Waren also die deutschsprechenden Gebiete Österreichs auf friedlichem Wege, da ein illusionärer «Anschlußkrieg» ausgeschlossen war, nicht zu haben, mußte der deutsche Nationalismus auf das Ideal eines wortwörtlich gesamtdeutschen Nationalstaats verzichten. Ihm blieben dann nur noch zwei Optionen offen: eine kleindeutsche Lösung unter Ausschluß Österreichs, daher aber notwendig unter der Vorherrschaft der zweiten deutschen Großmacht, Preußens; oder – wie es der Plan Heinrich v. Gagerns vorsah –

die Ergänzung des kleindeutschen «engeren Bundes» durch einen «weiteren» lockeren Bund mit Österreich, der nach jahrhundertelanger gemeinsamer Geschichte Millionen von Deutschösterreichern mit dem entstehenden Nationalstaat wenigstens in Verbindung halten sollte.

Jede dieser Optionen besaß zwei vorhersehbare Konsequenzen: Mit Wien stand so oder so eine schwere Auseinandersetzung bevor, da sein freiwilliger Verzicht auf den Primat in «Deutschland» schlichtweg nicht zu erwarten stand. Auf der anderen Seite mußte Berlin unzweideutig bereit sein, die Führungsrolle aktiv zu übernehmen und im Konfliktfall zu behaupten. Während die Wiener Unnachgiebigkeit sicher war, blieb die Entscheidung in Berlin ein unkalkulierbarer Faktor – weit mehr Ausfluß des «Prinzips Hoffnung» als eines realistischen politischen Denkens. Seit dem Sommer 1848 lasteten diese Dilemmata des deutschen Nationalismus, der auf das Ziel eines groß- oder kleindeutschen Nationalstaats nicht verzichten wollte, als gefährliche Bürde nicht nur auf der Politik der Paulskirche, sondern auch auf der Aktionsfähigkeit der Revolutionsbewegung überhaupt. Auf die praktischen Folgen für das Verfassungswerk der Nationalversammlung ist unten noch einmal zurückzukommen.

Genau 99 Sitzungen in den ersten fünf Monaten von der Eröffnung bis zum 19. Oktober nahm eine zweite Grundsatzdebatte in Anspruch: die Diskussion und die Formulierung des Grundrechtekatalogs, der nach amerikanischem und französischem Vorbild in die Verfassung aufgenommen werden sollte und deshalb ein höheres Niveau an Rechtsstaatlichkeit bedeutete. Diese Prioritätenentscheidung und die Länge der Diskussion sind häufig kritisiert worden. Man muß sich jedoch zuerst einmal vergegenwärtigen, daß die Verfassungsversammlungen anderer Länder für dieselbe Materie wegen ihrer Bedeutung weit mehr Zeit aufgewandt haben. Im Grunde ist in Frankfurt zügig debattiert worden; den meisten Abgeordneten war durchaus bewußt, daß ihre Zeit kostbar war und jeder neue Tagungsmonat die Chancen der Nationalversammlung schmälerte. In der sorgfältigen Erörterung der Grundrechte schlug sich jedoch, zweitens, das ausgeprägte Sicherungsbedürfnis nach den bitteren Erfahrungen mit der Repression in den Jahrzehnten der Restauration und des Vormärz nieder. Und schließlich enthüllten die Grundrechte zugleich einen «materiellen Verfassungsauftrag», dessen Zielvorgaben weitreichende Vorentscheidungen über den Charakter der deutschen Konstitution implizierten.

Beide Aspekte waren gerade den prominenten Abgeordneten des rechten und linken liberalen Zentrums bewußt, die alle für die Verabschiedung umfassender Grundrechte votierten. Dispensiert, amtsentsetzt, außer Landes verwiesen worden waren von ihnen Arndt, Welcker, Dahlmann, Grimm, Vischer, Mathy und Albrecht; Haft oder Maßregelung hatten Duncker, Simon und Laube erlitten; in bittere Konflikte mit der Regierung waren v. Raumer, Mittermaier und Biedermann verstrickt worden; nach einem harten Strauß mit der Obrigkeit hatten Mohl, Uhland und Römer ihren Abschied genommen. Diesen Männern brauchte man weder die Schutzfunktion der Grundrechte noch ihren präjudizierenden Charakter klar zu machen.

In einem imponierenden Katalog wurden die klassischen individuellen Freiheits- und Eigentumsrechte verankert, die ständischen Relikte in der Sozialstruktur wie die Sonderstellung des Adels (§ 137) und alle Feudallasten und -pflichten entschädigungslos aufgehoben (§§ 166–71). Die Gleichheit vor dem Gesetz, die Presse- und Meinungsfreiheit, die Lehr- und Forschungsfreiheit, die Versammlungs- und Vereinsfreiheit, die allgemeine Religionsfreiheit, die Sicherung vor willkürlicher Verhaftung, die Abschaffung der Todesstrafe wurden Bestandteile der Verfassung. Das Verhältnis von Staat und Religionsgemeinschaften, Gemeinde- und Staatsverfassung, Wissenschaft und Bildung wurde in diese grundrechtlichen Normativbestimmungen mitaufgenommen. Sogar der Verfassungsstaat mit Ministerverantwortlichkeit und die Gleichberechtigung der fremdsprachigen «Volkstümer» wurden allgemein verbindlich geordnet. Seither sollten auch die Unabhängigkeit der Rechtspflege, die überfällige Trennung von Justiz und Verwaltung, die Öffentlichkeit und Mündlichkeit des Gerichtsverfahrens garantiert sein.

Moderne sozialstaatliche Sicherheitsrechte fehlten freilich noch, hier setzten sich die Liberalen, ihren zeitgebundenen Vorstellungen verhaftet, über die kühnen und zukunftsträchtigen Ergänzungsvorschläge der Demokraten hinweg. Insgesamt aber entstand ein Werk, von dem die deutsche Verfassungspolitik bis 1919, ja 1949 hat zehren können. Am 27./28. Dezember 1848 wurde es vorweg verabschiedet und als Gesetz veröffentlicht. Drei Jahre später fühlte sich der Bundestag bemüßigt, es am 23. August 1851 explizit aufzuheben – ohne doch dieses Erbe der Paulskirche aus der Welt schaffen zu können.[17]

Die dritte große Grundsatzkontroverse drehte sich um die alles entscheidenden Probleme der Herrschaftsordnung, der Staatsform und der Ausdehnung des künftigen Deutschland. Diese Debatte der Paulskirche über den «brisantesten Teil ihres großen verfassungs- und nationalpolitischen Neuordnungswerkes» begann am 19. Oktober mit der 100. Sitzung – sie begann mithin eine Woche vor der Erstürmung Wiens, drei Wochen vor der Eroberung Berlins; der größte Teil fiel daher bereits in die Phase der siegreichen Gegenrevolution nach dem zweiten internationalen Wendepunkt der Revolution zwischen dem 26. Oktober und dem 10. November 1848. Sie dauerte nur drei Monate bis zum 26. Januar 1849, als die Revolution schon verloren war.

Welche Vielzahl prinzipieller Entscheidungen bildeten in diesem Vierteljahr jedoch den Gegenstand der Diskussion! Die Fragen der Herrschaftsordnung und der Staatsform waren unlösbar miteinander verquickt. Monarchie oder Republik, Honoratiorenmajorität oder Demokratie, föderative Union oder unitarischer Einheitsstaat – sie standen sich geraume Zeit unversöhnlich gegenüber. Über diesen Problemen brach der Prinzipiendissens zwischen Liberalen und Demokraten aufs neue mit so ungemilderter Schärfe aus, daß sich der Zerfall des bürgerlichen Lagers zeitweilig kaum heilen ließ.

Für viele zog sich der Gegensatz in zwei Schlagworten zusammen: Konstitutionelle Monarchie oder Republik? Diese Alternative gewann eine solche Sprengkraft, weil beide Parolen jeweils eine spezifische Mischung von «verfassungspolitischen und gesellschaftlichen Zukunftsvorstellungen» charakterisierten. Die Liberalen wollten den Rechtsstaat und den Nationalstaat ohne Zweifel für alle. Aufgrund ihres hierarchisch gestuften Freiheitsbegriffs insistierten sie aber auch auf ungleichen, nach Besitz- und Bildungskriterien gestaffelten Staatsbürgerrechten. Das hieß im Effekt eine sozial restriktive Staatsbürgergesellschaft befürworten, die dem vormärzlichen liberalen Ideal einer staatsweiten Assoziation mittelständischer Existenzen entsprach und nach unten für Aufsteiger aufgrund von Einkommen und Leistung durchaus offenbleiben sollte, so daß auch der Proletarier, sofern er nur die nicht extrem hoch angesetzten Zulassungsbedingungen, etwa mit kleinbürgerlicher Selbständigkeit, erfüllte, «als künftiger Bürger» gedacht wurde. Pointiert gesagt: Dieser liberale «Nationalstaat war als ein bürgerlicher Klassenstaat auf Zeit konzipiert», auf ungewisse Zeit freilich und daher abgesichert durch das Wahlrecht und damit die exklusive Politikfähigkeit liberaler Bürger sowie durch die Geltungskraft von Recht und Gesetz nach dem Abbau aller überlebten ständisch-korporativen Privilegien.

Als oberster «Hüter der Verfassung» und als «Garant der bürgerlichen Gesellschaftsordnung» galt die monarchische Staatsspitze. Gerade im Extremfall des «Ausnahmezustandes», wenn «sozialrevolutionäre Gefahren» den Staat bedrohten – wie die Liberalen das soeben in Stadt und Land erlebt hatten –, konnte nach ihrer Auffassung nur mehr die Monarchie als wirksames «Bollwerk gegen systemverändernde Kräfte» fungieren. Zu ihnen gehörten an erster Stelle die Republikaner, und die demokratische Republik war deshalb im Verlauf der Revolution – darüber herrschte unter den Liberalen weithin Konsens – zum «Synonym für Anarchie und Herrschaft des Pöbels geworden». «Nur aus Furcht vor der roten Republik», urteilte Hansemann mit unverhüllter Bitterkeit wegen der übertriebenen Angst, «wendeten sich die besitzenden und gewerbetreibenden Klassen, welche der Mehrheit nach» ursprünglich «konstitutionell gesinnt» gewesen seien, wieder der monarchischen Regierung zu. Selbst die «absolute Monarchie wird», glaubte Mevissen, «der roten Republik vorgezogen werden». In der Tat: «Der Absolutismus», bekräftigte ein anderer rheinischer Großbourgeois wie Hermann v. Beckerath, «soll siegen über die rote Republik.»

Von links wurde die liberal-bürgerliche Panikstimmung angesichts des vermeintlich heraufziehenden republikanischen Chaos ätzend ironisiert:

«Du hast keinen Begriff von der Furcht unserer Bourgeoisie vor dem Namen der Republik», spottete der Kölner Kommunist Dr. Gottschalk gegenüber Moses Hess. «Er ist ihnen identisch mit Raub, Mord, Einfall der Massen ...» Von rechts wurde sie dagegen mit Genugtuung wahrgenommen, weil die politischen Folgen den Konservativen zugute kamen. Es gehe nicht mehr nur «um Monarchie oder Republik, sondern um Gesetz oder Anarchie», übertrieb Moltke frühzeitig seinen Kassandraruf, diesmal stehe der Feind «im Inneren»: «die Proletarier sind der Zauberbesen, den der Liberalismus heraufbeschworen und nicht mehr bannen kann. Bald wird der liberalste Deputierte ein Stockaristokrat sein!» Wie verzerrt auch immer von den Liberalen das soziopolitische Kräftepotential wahrgenommen wurde, in ihrer Perzeption stellte die «Republik» mit der drohenden demokratischen Mehrheit eine eminent reale Gefahr dar. Die Entschlossenheit, ihr mit allen Mitteln feste Dämme entgegenzusetzen, erklärt ihre Unnachgiebigkeit auch in der verfassungspolitischen Debatte, die über die künftige Gesellschaftsordnung mit entschied.

In ihrem Abwehrkampf gegen die perhorreszierte Proletarierherrschaft fühlten sich die Liberalen jedoch auch deshalb bestärkt, weil es zu ihrer optimistischen Zukunftsvision gehörte, daß es dem Liberalismus ohnehin bestimmt sei, eine freiheitliche, jeder Konkurrenz überlegene Ordnung herbeizuführen. Eine Revolution war dazu eigentlich ebenso überflüssig wie eine Republik. Da die Märzereignisse nun aber einmal geschehen waren und sogleich alle wünschenswerten Erfolge, wie es schien, gebracht hatten, konnte man jetzt erst recht auf jeden tiefen Bruch mit der sozialen und politischen Kontinuität verzichten. Im Vertrauen auf die Reformbereitschaft der deutschen Fürstenstaaten hieß es auf die Erfolge friedlicher, kooperativer Veränderung setzen. Gerade für die zahlreichen Liberalen, die trotz der bitteren Enttäuschungen seit 1815/19 noch immer auf die Reformvariante einer behutsam durchgeführten «Revolution von oben» bauten – jetzt aber nicht mehr nur von der Verwaltung, sondern von ihnen selber führend mitgesteuert – erschien die Zusammenarbeit mit den alten Gewalten unbedenklich. Die republikanisch-demokratische Gefahr jagte ihnen nicht nur Furcht ein, sondern bestätigte sie auch in ihrer tief eingefleischten Überzeugung, das in Staat und Gesellschaft bevorstehende glorreiche Reformwerk zusammen mit den Regierungen und ihren Machtmitteln gegen die Gefährdung von links verteidigen zu müssen.

Die Demokraten vertraten in diesen Grundfragen in der Tat oft eine diametral entgegengesetzte Position, obwohl diese in der Öffentlichkeit durch das einflußreiche zeitgenössische und bis heute fortlebende liberale Feindbild bis zur Unkenntlichkeit entstellt wurde. Die übergroße Majorität sowohl der bürgerlichen als auch der proletarischen Demokraten verband mit ihrer Zielutopie einer deutschen Republik keineswegs den sozialrevolutionären Umsturz. Die Republik, die auf die Volkssouveränität und daher auf das völlig uneingeschränkte Männerwahlrecht gegründet werden sollte, wurde von ihnen vielmehr als «institutionelle Garantie für eine evolutionäre Modernisierung der Gesellschaftsordnung auf gewaltlosem parlamentarischem Wege» verstanden. Die erdrückende Mehrheit der Demokraten wollte keineswegs die Revolution bis in die Nähe, geschweige denn bis zur Erreichung utopischer Fernziele weitertreiben. Sie suchte im Gegenteil auf ihre Weise einen dritten Weg zwischen Revolution und Reaktion – ein mühseliges Unternehmen, das fraglos kein Monopol der Liberalen gewesen ist. Gewiß, es gab winzige Splittergruppen mit einer sozialrevolutionären Programmatik und einer ohnmächtigen Politik; es gab auch kompromißlose Republikaner, und prominente dazu. Die meisten republikanischen Demokraten neigten jedoch schließlich aufgrund einer realistischen Kräfteanalyse zu einem noch akzeptablen Kompromiß zwischen Republik und Monarchie. Das wäre eine parlamentarische Monarchie modernen Zuschnitts unter einem ganz auf seine Repräsentativfunktionen beschränkten Fürsten gewesen oder – um Virchows glückliche Wendung aufzugreifen – ein «demokratisches Königstum», eine «Republik mit einem erblichen» statt einem «wählbaren» Präsidenten, «d. h. einem König ohne Eigenschaften».

Einer solchen Republik mit fürstlicher Spitze oblag es nach der Meinung dieser Demokraten, eine umfassende Reformpolitik Schritt für Schritt durchzuführen, um die «institutionellen Barrieren gegen politisch-sozialen Wandel» niederzulegen. Zu ihr sollten auch weitsichtig konzipierte sozial- und wohlfahrtsstaatliche Maßnahmen wie der Schutz vor Arbeitslosigkeit, die Realisierung des Rechts auf Arbeit, die kostenlose staatliche Schulausbildung für alle, überhaupt der zielstrebige Abbau sozialer Ungleichheit hinzugehören.

Die Leitvorstellung, eine Republik der «Social-Demokratie» – wie das neuaufgekommene Schlagwort hieß – in Deutschland zu verwirklichen, setzte deshalb keineswegs eine sozialrevolutionäre Umwälzung als Vorbedingung ihrer Möglichkeit voraus, sondern sie basierte darauf, daß sowohl durch überfällige, zeitgebotene als auch durch zukunftweisende Reformen ein Umsturz vermieden werden konnte. Auch für die Mehrheit der Demokraten hieß soziale und politische Modernisierung ihre Ziele in die Praxis eines friedlichen, wenn auch energisch verfolgten Reformismus übersetzen.

Von diesen Prämissen her überrascht es nicht mehr so sehr, daß trotz aller unleugbar kantigen Gegensätze wichtige Teile der Reichsverfassung auf Kompromissen zwischen diesen beiden Lagern beruhten. Die Demokraten z. B. fanden sich schließlich bereit, das preußische Erbkaisertum hinzunehmen. Die Liberalen ihrerseits gaben einen sakrosankten Grundsatz auf, als sie das demokratische Wahlrecht akzeptierten. Kompromisse in letzter Minute hießen freilich noch nicht Koalitionsbereitschaft auf Dauer. Die kraftvolle liberal-demokratische Allianz, die so mancher erhofft hatte, kam aber vor allem deshalb nicht zustande, weil sich die «liberale Mehrheit der

Nationalversammlung weigerte, die Führungsrolle im Kampf um ihr eigenes Werk zu übernehmen». Selbst wenn der Pakt – hypothetische Geschichte allemal – geschlossen worden wäre, wäre er zu spät gekommen. Die Zeit der rechtzeitigen Entscheidungen war im Revolutionskalender längst abgelaufen.

Vor diesem Hintergrund des Basiskonflikts zwischen Liberalen und Demokraten kann der Streit um den Charakter der staatlichen Herrschaft, um die künftigen Reichsorgane und ihre Kompetenzen und um die Grenzen des deutschen Nationalstaats knapp charakterisiert werden. Nach langen Kontroversen einigte sich die Mehrheit in der Paulskirche auf ein politisches System, das aus einer Mischung von monarchischen und demokratischen, föderativen und unitarischen Elementen bestand und insofern die Kräfteverhältnisse und politischen Denkströmungen dieser Zeit widerspiegelte. Das deutsche Reich sollte als monarchischer Verfassungsstaat entstehen. Ein Erbkaisertum verkörperte die monarchische Spitze. Daß der Kaiser jedoch gegenüber Gesetzesvorlagen nur mehr ein suspensives Veto besaß, enthüllte die Machtverlagerung zum Reichstag hin, der aus zwei Kammern bestand: Das «Volkshaus» ging aus dem im Reichswahlgesetz vorgeschriebenen allgemeinen demokratischen Wahlrecht hervor – es war als Bollwerk des unitarischen Prinzips, der Volkssouveränität und des aktuellen politischen Willens aller männlichen Staatsbürger konzipiert. Das «Staatenhaus» dagegen wurde nach einem bestimmten Verteilerschlüssel je zur Hälfte von den Regierungen und Landtagen der Mitgliedsstaaten beschickt, es bildete die föderative Klammer des Reiches. Das parlamentarische Regierungssystem wurde von der Verfassung nicht als obligatorisch vorgeschrieben. Es gab jedoch nach den Erfahrungen mit der Frankfurter Regierung eine stillschweigende Übereinstimmung, sich an seine Spielregeln zu halten, zumal der Reichstag zu einem außerordentlich starken Parlament aufgewertet worden war und der Grundrechtekatalog ihm zahlreiche normative Zielwerte vorgab, die seine Position weiter stärkten.

Hatte es während der Entstehung dieses Kompromisses schon manche Zerreißprobe gegeben, spitzten sich die Divergenzen erneut zu, als über die Staatsgrenzen des geplanten Reiches definitiv entschieden werden mußte. Jetzt führte an der Klärung der vorn bereits erörterten Hauptfrage, wie die Rechtsnatur seiner Verbindung mit Österreich aussehen sollte, kein Weg mehr vorbei. Damit wurde die Spaltung in ein kleindeutsches und ein großdeutsches Lager weiter vertieft. Vorerst bestand jedoch die Mehrheit auf der Zugehörigkeit der Deutschösterreicher zu dem künftigen Deutschland, wie es der Tradition eines halben Jahrtausends entsprach. Auf diesem Ziel jetzt zu insistieren, enthüllte aber auch die machtpolitisch naive Aufforderung an Wien, das Habsburgerreich in seine deutschen und nichtdeutschen Länder aufzuspalten. Um die Illusion eines staatlichen Zusammenhalts aufrechtzuerhalten, sollten diese fremdnationalen Territorien durch Personalunion mit den reichsdeutsch gewordenen Gebieten verbunden bleiben. Seit dem Sieg der österreichischen Gegenrevolution, mithin seit dem November 1848, schwebten jedoch diese großdeutschen Aspirationen im freien Raum der politischen Utopie. Auch v. Gagerns Rettungsversuch in Gestalt seines «engeren» und «weiteren» Bundes mußte trotz der Zustimmung von 31 Regierungen folgerichtig scheitern, denn Fürst Felix zu Schwarzenberg hatte unmittelbar nach der Konsolidierung des Neoabsolutismus sowohl auf der Einheit als auch ultimativ auf der Aufnahme der österreichischen Gesamtmonarchie in den neuen deutschen Staatenverband bestanden. Jetzt erst, nach Schwarzenbergs Staatsstreich, zerstoben alle großdeutschen Wunschträume, allein die kleindeutsche Lösung blieb als vage Option offen. Daher fand sich Ende März 1849 eine denkbar knappe Majorität (267:263) bereit, den kleindeutschen Weg einzuschlagen. Dreizehn Monate nach Revolutionsbeginn, zehn Monate nach der Eröffnung der Nationalversammlung wurde die Reichsverfassung am 28. März verkündet und Friedrich Wilhelm IV. zum «Kaiser der Deutschen» gewählt (290:248).

Vor der Frankfurter Deputation, die ihm daraufhin die fiktive Krone antrug, lehnte der preußische König am 3. April kaum verklausuliert das neue Amt ab. Erst in einer preußischen Note vom 28. April wurde jedoch in aller Form der Schlußstrich unter das bizarre Unternehmen gezogen, einem vom Gottesgnadentum der Herrscher durchdrungenen Hohenzollern «das eiserne Halsband der Knechtschaft» umzulegen – wie sich der Monarch selber gegenüber Arndt empört rechtfertigte –, die ihn der Revolution «leibeigen» gemacht hätte. Die rüde Desavouierung aller kleindeutschen Hoffnungen ging über eine wichtige «individuelle Entscheidung», deren Charakter nach dem politischen Verhalten des Königs in den vergangenen acht Jahren, aber auch in den letzten Monaten eigentlich nicht überraschen konnte, insofern weit hinaus, als sie die überlegene Legitimation monarchischer Herrschaft gegenüber der rivalisierenden Volkssouveränität in einer auch symbolisch weit wirkenden Eindeutigkeit demonstrieren sollte. Damit scheiterte die gesamte Verfassungspolitik der Paulskirche: Für Friedrich Wilhelm IV. gab es keinen Ersatz. Für das erste deutsche Parlament begann die Schlußphase, die nach seinem verzweifelt-vergeblichen Aufbäumen gegen die unvermeidbare Niederlage zu seinem Ende führte.[18]

Daß Schwarzenberg und Friedrich Wilhelm IV. die Stunde der Wahrheit für die Nationalversammlung bestimmen konnten, beruhte auf dem unbezweifelbaren Sieg der Gegenrevolution in den beiden deutschen Großstaaten. Zwar hatte der seit Ende Juli in Wien tagende österreichische Reichstag, in dem unter 383 Parlamentariern die deutschen Abgeordneten eine Minderheit stellten, während der drei Monate bis zur Erstürmung Wiens tüchtige Reformarbeit geleistet. Das galt nicht nur für den frühzeitigen Abschluß der Agrarreformen, die Verankerung individueller Freiheitsrechte und demokratischer Prinzipien, sondern auch für ein großzügig konzipiertes Nationalitätenrecht zur inneren Befriedung des multinationalen Reiches. Bereits kurze Zeit vor Windischgrätz' Sieg verlegte Schwarzenberg jedoch am 22. Oktober den Reichstag ohne viel Federlesens in das mährische Kremsier. Dadurch wurde er zu einer politischen quantité négligeable degradiert. Nach der Konsolidierung, am 2. Dezember, übernahm der 18jährige Franz Josef I. als Zeichen eines politischen Neubeginns die Kaiserwürde. Zusammen mit dem jungen Monarchen und den siegesbewußten Militärs vermochte Schwarzenberg die konservative Politik so vollständig durchzusetzen, daß er am 4. März 1849 den Reichstag widerstandslos auflösen und eine pseudoliberale Verfassung, die taktisch geschickt das Entgegenkommen des neuen Regimes demonstrieren sollte, oktroyieren konnte. Gleichzeitig ließ er keinen Zweifel mehr an der Führungsrolle der Donaumonarchie in dem alten oder einem neuen Deutschen Bund aufkommen.

In Berlin waren die 402 Abgeordneten der preußischen Nationalversammlung bereits Ende Mai zusammengetreten. Demokraten und Linksliberale besaßen hier ein weit stärkeres Gewicht als in Frankfurt. Populäre Vormärzdemokraten wie Jacoby und Waldeck gehörten zu den Führern des linken Flügels, obwohl die Versammlung insgesamt im Vergleich «weniger prominent, dafür aber volksnäher besetzt» war. Immerhin: Ein knappes Drittel (31%) der Abgeordneten bestand aus Handwerkern (46), Bauern (46), mittleren und kleinen, eher oppositionswilligen Beamten (34). Nach 87 höheren Beamten vor allem aus der Justiz (22%) stellten 51 Geistliche (12%) die stärkste Berufsgruppe, während freiberufliche Akademiker und Professoren nur selten gewählt worden waren. Die politische Durchsetzungsfähigkeit der Berliner Linken erwies sich daran, daß sie den im Mai von der Regierung eingebrachten Verfassungsentwurf in den folgenden Wochen ohne jede Obrigkeitsgläubigkeit grundlegend umarbeitete. An seine Stelle trat die neue demokratische «Charte Waldeck». Während der Plenarberatungen im September und Oktober beschloß das Parlament, noch immer auf Konfliktkurs, die Abschaffung des Adels, aller Titel und Orden einschließlich der Formel in der Verfassungspräambel, daß der preußische Herrscher «von Gottes Gnaden» König sei. Angesichts der unübersehbaren Konsolidierung der Konservativen wirkte das wie ein trotziger letzter Versuch der Selbstbehauptung.

In Österreich wie auch in Preußen wurde die Verfassung der Nationalversammlung erst fertig, als sie nicht mehr durchzusetzen war. Früher als in Wien schickte die am 2. November eingesetzte konservative Regierung bereits am 8. November die Nationalversammlung in das politische Abseits nach Brandenburg – zwei Tage bevor Wrangels Einmarsch in die Hauptstadt begann. Das Parlament tagte weiter, rief am 15. November ohne Erfolg zum Steuerboykott, aber nicht zum offenen Widerstand auf. Das jüngste blutige Wiener Exempel schreckte offensichtlich ganz so ab wie der Ausnahmezustand, der über alle preußischen Städte verhängt worden war.

Am 5. Dezember fühlten sich die Konservativen um Friedrich Wilhelm IV. für den offenen Staatsstreich stark genug: Die Nationalversammlung wurde aufgelöst, gleichzeitig aber die «Verfassungsurkunde für den preußischen Staat» durch Oktroi in Kraft gesetzt. Anders als in Wien wurden durch diese preußische Konstitution nicht wenige liberal-bürgerliche Reformerwartungen erfüllt, so daß sich der Oktroi trotz seiner Selbstherrlichkeit zugleich als verschleiertes Kooperationsangebot an das ruhebedürftige Besitz- und Bildungsbürgertum auswirken konnte. Ein politisch so intelligenter liberaler Bürgerlicher wie Mevissen, eben noch als Unterstaatssekretär im Frankfurter «Reichsministerium des Handels» tätig, begrüßte, darin durchaus repräsentativ, den «kühnen Griff des Königs», da er «den Augenblick für gekommen» hielt, «wo alle Männer von politischem Einfluß» auf dem «neugeschaffenen Rechtsboden... die hereindrängende Anarchie bekämpfen müssen». Zu Recht hatte daher auch E. L. v. Gerlach im Kern der Kamarilla auf die Attraktivität dieser Offerte gesetzt, um «die Obrigkeit nach links hin zu salvieren».

Unverzüglich ordnete die Regierung am 6. Dezember bereits für den Januar 1849 Wahlen zu den beiden Kammern des neuen preußischen Landtags an, dem als erste Aufgabe die Revision der Verfassung obliegen sollte. Die Wahlberechtigung für das Oberhaus wurde an einen relativ hohen Zensus geknüpft, während für das Unterhaus – ohne ernsthafte Absicht, allein der Vorsicht gehorchend und auf Zeitgewinn spielend – das allgemeine gleiche Wahlrecht für alle selbständigen Männer beibehalten wurde. Daher gelang es den Demokraten, im Februar 1849 mit der zweitstärksten Fraktion in das Abgeordnetenhaus einzuziehen; in der Hauptstadt brachte ihr Stimmenanteil ihnen sogar den ersten Platz ein. Erst nach der allgemeinen politischen Trendwende, am 30. Mai 1849, wagte es die Berliner Staatsleitung, die Gegenrevolution durch das auf der Gesamtsteuerleistung beruhende, erneut oktroyierte Dreiklassenwahlrecht für die zweite Kammer zu vollenden. Ihr Kalkül, daß dieser Modus der auf Besitz- und Bildungsqualifikation basierenden Honoratiorenpolitik der bürgerlichen Liberalen entgegenkam – wie sich das mit diesem Wahlrecht schon seit 1845 in den rheinischen Gemeinden erwiesen hatte! –, ging auf. «Die besitzenden Klassen» hätten, faßte Rudolf v. Gneist seinen wohlfundierten Eindruck zusammen, «das Dreiklassensystem im ganzen mit einem gewissen Gefühl der Beruhigung» begrüßt, «die Börse sogar mit einer unzweideutigen Hausse». Das Herrenhaus dagegen wurde, wie der liberale Theologe Hundeshagen klagte, zu einem Machtzentrum, wo «das deutsche Kreuz» (d. h. der Kreuz-Zeitung), «d. h. das Kreuz für Deutschland, die kleine aber einflußreiche Partei», die «zuerst nach den Privilegien der... Ritterschaft trachtet, nicht nach Gerechtigkeit», unangefochten dominierte.[19]

Szenenwechsel: zurück zur Paulskirche. Bis Mitte April 1849 hatten immerhin 28 deutsche Staaten die Reichsverfassung anerkannt, aber die beiden ausschlaggebenden Großstaaten, Österreich und Preußen, bildeten mit wichtigen Mittelstaaten wie Bayern, Sachsen und Hannover einen unnachgiebigen Oppositionsblock. Die Nationalversammlung appellierte erneut mit aller Dringlichkeit an die Regierungen und Landtage, dem Werk des ersten gesamtdeutschen Parlaments die Zustimmung nicht zu versagen. Vergebens, an dem prinzipiellen Charakter des Widerstands war längst nicht mehr zu zweifeln.

In dieser Situation kam es seit dem 4. Mai zu einem neuen «Anlauf von unten», der sogenannten Reichsverfassungskampagne, die sich die Verteidigung und allgemeine Durchsetzung der Frankfurter Errungenschaften zum Ziel setzte. Die Aktivisten dieser Kampagne hatten primär keine neue Revolution im Sinn, sondern verstanden sich überwiegend als «Vollstrecker einer Reichsexekution gegen verfassungsbrüchige Fürsten». Mancherorts tauchten aber durchaus auch Ansätze zu einer «zweiten Revolution» auf, die über das Aufbäumen gegen den sichtbaren Mißerfolg der Märzrevolution und des folgenden Jahres hinausging. Eine neue Aufstandsbewegung breitete sich im Mai und Juni aus, die von dem organisatorischen Netzwerk der demokratischen Vereine getragen wurde; vor allem die Aktivität des CMV bewies jetzt seine Funktionstüchtigkeit.

Trotz schwelender Unruhe gab es in Berlin keine Erhebung, dafür aber Barrikadenkämpfe in Breslau, Düsseldorf, Solingen, Elberfeld – überhaupt lag in Preußen der Schwerpunkt in den Westprovinzen. In Iserlohn, wo sich die Landwehr der Kampagne anschloß, zählte man nach dem Sieg der Linie (17. Mai) mehr als 100 Tote. 250 waren es in Dresden, dem Mittelpunkt des sächsischen Aufstands, wo es zu erbitterten Straßengefechten kam; Stephan Born, Richard Wagner, Gottfried Semper, Michael Bakunin standen mit auf den Barrikaden; der König floh. Erst die preußischen Interventionstruppen erstickten jeden Widerstand.

Zum eigentlichen Zentrum der Reichsverfassungskampagne wurde Südwestdeutschland, insbesondere wieder die bayerische Pfalz und Baden. In der Pfalz wurde die Republik ausgerufen, damit die offene Separation vom Hauptstaat vollzogen, eine die Reichsverfassung anerkennende provisorische Regierung gebildet (17. Mai). Auch hier schlug preußisches Militär die Erhebung eilends nieder. In Baden spitzte sich die Krise am gefährlichsten zu. Hier verband sich in der Tradition der sozialrevolutionär-republikanischen Aufstände vom April und September 1848 eine militante Volksbewegung mit einer Soldatenmeuterei. Der Großherzog floh; die provisorische Regierung unter Lorenz Brentano (16. Mai) verfügte über loyale Truppen und ließ Anfang Juni Wahlen für eine verfassunggebende Versammlung abhalten, die eine Mehrheit aus Republikanern und Demokraten besaß. Zu diesem Zeitpunkt war jedoch bereits auch sie in eine aussichtslose Abwehrposition gedrängt, da sich der badische Erfolg nirgendwo wiederholte – der Revolutionsexport versagte. Als gepanzerter Arm der Gegenrevolution marschierten vielmehr wiederum die preußischen Kolonnen unter dem «Kartätschenprinz» Wilhelm ein, besiegten am 21. Juni die durch Freiwilligenverbände verstärkten Regierungstruppen und zwangen am 23. Juli die 6000 Verteidiger der Festung Rastatt bedingungslos zur Kapitulation. Danach nahmen die Standgerichte ihre Arbeit auf: Zahlreiche Aufständische wurden kurzerhand füsiliert, andere erfaßte die Welle von Verhaftungen und Strafprozessen.

Die Frankfurter Nationalversammlung und die Zentralgewalt hatten sich frühzeitig gegen die Reichsverfassungskampagne gestellt. Daher fehlte ihr jede einheitliche politische Koordination. Als sich trotzdem das Aktionsfeld der Kampagne überraschend schnell ausdehnte, breitete sich parallel dazu im liberalen Bürgertum die Befürchtung aus, daß jetzt doch noch der Sieg der «sozialen Revolution» drohe. Solche Ängste ließen vielen die entschlossene Konterrevolution der Konservativen als das weit geringere Übel, ja als die begrüßenswerte Garantie der lang ersehnten Ruhe und Ordnung erscheinen.

Diese Stimmungslage wirkte auch auf viele Frankfurter Parlamentarier ein, zumal sich Skepsis und Desillusionierung bereits tief eingefressen hatten. So gab die Nationalversammlung ihre eigene Verfassung kampflos preis. Damit hielt sie an ihrer Grundentscheidung letztlich konsequent fest, das Reformwerk des neuen Deutschland nur im Vollzug einer Vereinbarungsstrategie mit den Fürstenstaaten abzuschließen, nicht aber gegen aggressiven Widerstand die revolutionäre Erzwingung zu riskieren. In die Enge gedrängt beschloß die Nationalversammlung am 31. Mai, nach Stuttgart auszuweichen. Immer mehr Abgeordnete resignierten jedoch; außerdem riefen die konservativen Regierungen beamtete Parlamentarier unter Androhung schwerer Strafen und Disziplinarverfahren ab. Das Stuttgarter Rumpfparlament tagte seit dem 6. Juni nur wenige Male. Am 18. Juni wurde es, nachdem Württemberg noch am 24. April als 29. Staat die Reichsverfassung anerkannt hatte, von württembergischen Truppen aufgelöst, vertrieben, außer Landes verwiesen. In dem Monat zwischen dem glanzlosen Untergang der Nationalversammlung und der bedingungslosen Kapitulation von Rastatt endete die deutsche Revolution.

5. Reaktion und Aktion auf der Handlungsebene der Staatspolitik sind bereits vorn in einem anderen Kontext skizziert worden, so daß ein kurzer Blick auf einige Grundlinien genügt. Dem Deutschen Bund fehlte sowohl ein gesamtstaatliches Aktionsfeld als auch ein hauptstädtisches Entscheidungszentrum. In nahezu 40 Staaten gab es natürlich eine erhebliche Variationsbreite, aber aufgrund der Kräftekonstellation mußte vorrangig den beiden Großstaaten, dann den bedeutenderen Mittelstaaten eine ausschlaggebende Rolle zufallen. Die Märzbewegung enthüllte auch in den verfassungslosen Reichen die Handlungsschwäche der alten Gewalten. Diese partielle Lähmung und Verhaltensunsicherheit hielt jedoch nur dreieinhalb bis vier Monate an. Während dieser Zeit wurden die aufständischen Bauern

durch Reformzusagen als Machtfaktor ausgeschaltet. Militär und Beamtenschaft bewiesen ihre konservative Resistenzkraft. Die ersten Signale einer grundlegenden Wende in den Machtverhältnissen gingen zwischen dem 12. und 26. Juni von dem konterrevolutionären Triumph in Prag und Paris aus. Die seither anhaltenden Demonstrationseffekte konservativer Überlegenheit übten eine weithin ausstrahlende internationale Wirkung aus, da sie den Repräsentanten des alten Regimes den Rücken stärkten, Revolutionäre wie Reformfreunde aber deprimierten.

Zwischen Ende Juni und Anfang November 1848 gewannen die konservativen Machtzentren in Wien und Berlin Schritt für Schritt die Fähigkeit endgültig zurück, das Gesetz des Handelns zu bestimmen. Für die österreichische Staatsleitung wurde die aufsteigende Linie durch die im Sommer errungenen oberitalienischen Siege bestätigt. Auch die preußische Kamarilla setzte seither, wie Ranke es Anfang Juli in einer Denkschrift für den König unverhohlen ausdrückte, auf den Sieg einer «wohlüberlegten, wohlvorbereiteten Restauration». Während die internationale Schwächung der Revolution anhielt, näherte sich auch im Deutschen Bund der «Point of no Return»: Er wurde durch die Eroberung Wiens und wenig später die Besetzung Berlins dramatisch markiert. Die Entmachtung des österreichischen und preußischen Parlaments setzte den Kurs der siegreichen Gegenrevolution konsequent fort. Die Erfolglosigkeit der drei Nationalversammlungen und der auf sie bauenden Kräfte wurde im neuen Jahr besiegelt, ihre indirekten Erfolge traten erst später zutage. Für die Regierungen in Wien und Berlin ging es seit Dezember 1848/Januar 1849 nur mehr um eine situationsgerechte Abwicklung des Krisenmanagements – ein Nachspiel im Grunde nach dem entscheidenden Durchbruch im Herbst 1848.

Ein Nachspiel zu dem Anlauf der Revolution zu einer deutschen Nationalstaatsgründung aus eigener Kraft bildete auch die preußische Unionspolitik seit dem April 1849. Sie bemühte sich um die Quadratur des Zirkels: um einen von Berlin aus dominierten, mit Österreich in einer lockeren Union verbundenen deutschen Föderativstaat mit Parlament und Konstitution, der zustande kommen sollte, ohne daß man gegen die Donaumonarchie einen Hegemonialkrieg austragen mußte. Im Dreikönigsbündnis zwischen Preußen, Sachsen und Hannover einigten sich die Vertragspartner auf die Bildung dieses deutschen Bundesstaats ohne Österreich (alsbald verkürzend «Union» genannt); eine Verfassung wurde entworfen; ein nach dem Klassenwahlrecht neu gewähltes Parlament trat vom 20. März bis 29. April 1849 in Erfurt zusammen. 26 deutsche Staaten schlossen sich der Union an. Dann aber erfolgte der Gegenzug: Mit Bayern, Württemberg, aber auch mit Sachsen und Hannover baute Wien eine Antikoalition auf. Als schließlich die militärische Konfrontation zwischen den beiden Staatenblöcken tatsächlich drohte, wurden alle Unionspolitiker aus ihrer Traumwelt, in der sie die Rechnung ohne Schwarzenberg gemacht hatten, durch ein Wiener Ultimatum rüde herausgerissen. Die stärkste politische Potenz in Mitteleuropa, der Wiener Regierungschef, ließ die preußische Einigungspolitik als schlecht kalkulierten Bluff erscheinen. Berlin gab, der fatalen Risiken endlich voll bewußt, im Olmützer Vertrag vom 29. November 1850 eilends nach – die Unionsillusionen verflogen im Nu. Statt eines großpreußischen Kleindeutschland wurde der Deutsche Bund, der völkerrechtlich weiter existiert hatte, aus seinem politischen Winterschlaf geweckt und in Frankfurt restituiert. Der österreichisch-preußische Dualismus lebte dort weiter fort, an der halbhegemonialen Position Wiens im neubelebten Deutschen Bund war jedoch vorerst nicht mehr zu rütteln.[20]

6. Ein letzter Blick bleibt auf die sechste Handlungsebene, auf das internationale Mächtesystem, zu werfen. Hier geht es in aller Kürze nur mehr darum, einer zählebigen Legende ein realistisches Urteil entgegenzusetzen. Diese Legende will weismachen, daß die Gründung eines deutschen Nationalstaats an den Interessen und der Intervention der Großmächte gescheitert wäre, selbst wenn die Revolution in dieser Hinsicht Erfolg gehabt hätte. St. Petersburg hätte sich vermutlich gegen ein neues Großreich in Mitteleuropa gestemmt, aber bis zu einem Verhinderungskrieg wäre es ein weiter Weg gewesen, und die glaubwürdige Entschlossenheit zum militärischen Eingreifen hat noch keiner aus den Staatsakten und Nachlässen verantwortlicher Politiker nachweisen können. Paris war in der Entscheidungsphase trotz aller Vorbehalte gegenüber den unwägbaren Folgen keineswegs deutschfeindlich gestimmt, außerdem mit den eigenen Konsolidierungsproblemen vollauf beschäftigt. In London herrschte keine Animosität, sondern geradezu eine wohlwollende Aufgeschlossenheit gegenüber der Aussicht, daß eine deutsche parlamentarische Monarchie nach britischem Vorbild entstehen könne. Vom deutschen Prinzgemahl, Albert von Sachsen-Coburg, und Königin Victoria, die mit ihrem Halbbruder, dem Reichsministerpräsidenten Karl v. Leiningen, engen Kontakt hielt, wäre sogar Unterstützung zu erwarten gewesen.

Noch im Dezember 1848 fand das Urteil von Lord Cowley, dem britischen Vertreter in Frankfurt, Zustimmung, daß die Einigung Deutschlands unter einem liberalen Preußen «der sicherste und problemloseste Weg» sei, um auch im Sinne Englands die deutsche Frage zu lösen. Nein, die außenpolitischen Bedingungen «für einen maßvollen deutschen Verfassungsstaat» sahen 1848 keineswegs «ungünstig», geschweige denn «aussichtslos» aus. Die Leidenschaft des deutschen Nationalismus, der sich als «gesunder Volksegoismus» (Jordan) verkleidete, wirkte fraglos irritierend, aber selbst das Engagement in Schleswig-Holstein schuf keine unlösbare Spannung. Gewiß bleibt diese Abwägung im Bereich hypothetischer Überlegungen. Das ändert aber nichts an dem Urteil, daß die deutsche Staatsgründung, sofern sie denn Realität geworden wäre, aller Wahrscheinlichkeit nach keineswegs an einer Welt voll sinistrer Feinde gescheitert wäre. Der spätwilhelminische Einkreisungskomplex darf von den angeblichen Experten für Außenpolitik nicht in Gestalt einer vagen, empiriefernen Pseudoargumentation über die Mechanismen der Mächtedynamik auf die Situation von 1848 zurückprojiziert werden.[21]

V.
Die Gründe des Scheiterns und die Ergebnisse der Revolution
Niederlagen und Erfolge

Jeder Versuch, das Scheitern einer Revolution mit stichhaltigen Argumenten zu erklären, sollte von einer wichtigen methodischen Unterscheidung ausgehen, die auch im Hinblick auf die deutsche Revolution von 1848/49 geboten ist. Zu unterscheiden sind die Grenzen und Schwächen dieser Revolution – einschließlich ihrer Überforderung durch die Schwierigkeit der zu lösenden Aufgaben – von der Stärke und den auf längere Sicht mobilisierbaren Ressourcen der Gegenrevolution. Diese Differenzierung mag banal klingen, da sich die beiden Größen selbstverständlich wechselseitig bedingen und beeinflussen. Aber einmal hat man in der Geschichtsschreibung über 1848/49 viel zu oft das Schwergewicht allein auf die Mängel der Revolutionsbewegung gelegt, anstatt gleichzeitig auch die Macht der Konterrevolution zu berücksichtigen. Zum zweiten erlaubt es diese Unterscheidung, die ausschlaggebenden Faktorenbündel auf beiden Seiten klarer herauszuarbeiten.

Die strukturellen Schwächen der deutschen Variante der europäischen 48er Revolution verdienen es, an erster Stelle analysiert zu werden. Sie werden unter sechs Sachgesichtspunkten in einer gewissen hierarchischen Ordnung, die bis zu den ausschlaggebenden Ursachen der Unterlegenheit aufsteigt, erörtert und gelegentlich thesenartig zugespitzt.

1. Am Beginn steht ein paradoxer Effekt: Die unstreitig verblüffenden Anfangserfolge bildeten nicht den Auftakt zum Sieg der Revolution, sondern wirkten sich auf verschiedenen Gebieten alsbald kontraproduktiv aus. Der Triumph der Märzbewegung nährte, verständlich gewiß, aber doch mit fatalen Folgen, die weitverbreitete Überschätzung der eigenen Kraft. Die Illusion, daß die zeitweilige Überlegenheit von Dauer sein werde, verband sich mit ungehemmtem Wunschdenken und hoffnungsfrohem Pläneschmieden, die auf voreiliger Selbstzufriedenheit anstatt auf realistischer Lagebeurteilung beruhten. Der eigenen Überschätzung korrespondierte eine mindestens ebenso gefährliche Unterschätzung der konservativen Resistenzkraft, insbesondere der Hauptgegner in Österreich und Preußen.

Von dem unerwartet schnellen Erfolg ging außer dem Hochgefühl eine weitaus schwerer wiegende Polarisierung innerhalb der Revolutionsbewegung aus. Während noch alles von einer relativ einheitlichen Schwungkraft abhing, verstärkte sie die Heterogenität der Ziele und Verhaltensweisen der Trägerschichten. Die meisten Liberalen wollten sich mit den Märzerfolgen zufrieden geben. Sie bauten auf die nunmehr initiierte parlamentarische

Systemreform in engem Schulterschluß mit einer verständigen Regierung und innovationswilligen Verwaltung, wobei die liberale Federführung vorausgesetzt wurde. Die Demokraten und Republikaner dagegen wollten die Gunst der Stunde nutzen, die Revolution vorantreiben und ihre Ziele möglichst rasch selber sicherstellen. Die Divergenz der strategischen Absichten vertiefte die ohnehin schon scharf ausgeprägten Gegensätze zu einer kaum überwindbaren Kluft.

Während die städtischen Volksbewegungen – auch deshalb mehr denn je – einer zielbewußten Führung entbehrten, schied ein entscheidender Machtfaktor für eine starke Revolutionsallianz bereits nach wenigen Wochen aus. Die Angst vor der Gewalt der Bauernrevolution spornte sowohl die liberalen Märzregierungen und liberalen Landtagsfraktionen als auch die konservativen Regierungen und konservativen Bürokraten dazu an, die noch ausstehenden Agrarreformen so geschwind wie möglich abzuschließen. Eine Vielzahl von Gesetzen und Verordnungen befriedigte die rebellierenden ländlichen Besitzklassen. Ihre spezifischen Relativen Deprivationen wurden, wie sich sogleich herausstellte, entscheidend gemildert oder sogar ganz beseitigt. Dieser frühe Erfolg der «agrarsozialen Revolution» raubte der 48er Bewegung einen unentbehrlichen Stützpfeiler.

Auf der Gegenseite vertrieb der Märzsieg der Revolution unter den Konservativen auch den letzten hochmütigen Vorbehalt gegenüber der Gefährlichkeit dieser essentiellen Bedrohung. Wer in der «Beharrungspartei» einen kühlen Kopf behielt, setzte seither alles daran, den Schwächeanfall der alten Gewalten zu überwinden, um sie für die wahre Entscheidungsprobe zu rüsten.

2. Kaum hatte die Revolution ihren kurzlebigen Siegeszug durch alle deutschen Staaten beendet, als die hemmenden Konsequenzen des Politikverständnisses der Liberalen, ihrer Nah- und Fernziele hervortraten. Für die Erreichung des liberalen Verfassungsstaats hatte die erdrückende Mehrheit der Liberalen eine Revolution nicht für nötig, ja unter den Bedingungen der deutschen reformstaatlichen Tradition für überflüssig und schädlich gehalten. Die sich plötzlich auftuenden Chancen im März wurden von ihnen dann freilich tatkräftig genutzt, als das alte Regime wider Erwarten so weit nachgab. Die Revolution weiter voranzutreiben, wurde jedoch von diesen «Revolutionären wider Willen» durchweg abgelehnt. Die bevorstehende Reform sollte sich durch ein geordnetes Verfahren legitimieren, wie es allein die parlamentarische Konfliktregulierung versprach. Ein radikaler Bruch mit der Vergangenheit und den soziopolitischen Strukturen der Gegenwart schien für die liberale Zukunft unnötig zu sein. Vielmehr versprach die vorherrschende Vereinbarungsstrategie den Erfolg eines legalen Reformkurses im Verein mit Regierung und Verwaltung. Die konstitutionelle Monarchie schuf dafür die günstigsten Rahmenbedingungen. Daß die eindeutige Mehrheit der Bevölkerung den demokratisch-republikanischen Aufrufen

nicht folgte, verstanden die Liberalen als «stilles Plebiszit» zu ihren Gunsten. Sein Effekt wurde durch die liberalen Märzregierungen und die liberalen Mehrheiten im Vorparlament und in der Frankfurter Nationalversammlung weiter verstärkt.

Im Mittelpunkt der liberalen Auffassung von Politik stand seit langem die freie, kritisch räsonierende Öffentlichkeit, die Ermittlung vernünftiger Ziele und Gesetzgebungswege im Diskurs verantwortungsbewußter Bürger, die Überzeugung durch die Kraft der Argumente anstelle von Zwang und Gewalt. Für diese Art von Politik schienen seit dem März die Tore weit offen zu stehen. Warum sollte sie gerade jetzt, lautete ein häufiger, wirklichkeitsferner Fehlschluß der Vertreter des «Liberalisierungsoptimismus», nicht erst recht darauf hoffen, daß ein geduldig verfolgter reformistischer Kurs ihre Ziele realisieren könne? Jede Vorbereitung in Parteien und Parlamenten auf ein schnelles Entscheidungshandeln in schwierigen Situationen, auf die schnelle Ausarbeitung situationsgerechter politischer Konzeptionen fehlte ihnen durchweg. Und auf die hohe politische Kunst – kaum erlernbar, sondern Ausfluß seltener Begabung –, «revolutionäre Massenströmungen» und «konservative Herrschaftseliten» gegeneinander auszubalancieren, verstand sich keiner der führenden Liberalen. Von all den gesinnungstreuen, mutigen Männern entpuppte sich keiner als charismatischer Führer, der anstelle der Kooperation mit der alten Ordnung den neuartigen Balanceakt riskiert hätte.

Statt dessen setzte sich früh und, wie sich erwies, auf Dauer die tiefe liberale Aversion gegen den anarchischen Charakter der Volksbewegungen durch. Im Zweifelsfalle entschieden sich die Liberalen stets für die Unterdrückung der «sozialen Rebellion». Die angebliche Chance einer Koaliton von liberalem Bürgertum und aufbegehrenden Volksmassen hat es in der Wirklichkeit nie gegeben. Zu groß war in jeder Hinsicht die Distanz zwischen bürgerlichen und nichtbürgerlichen Schichten und Klassen. Zu tief saß die Furcht vor Pöbel, Proletariat und Kommunismus, daher auch vor der ungewissen Zukunft in einer jakobinischen Republik der Demokraten. Hatte nicht die Radikalisierung der Französischen Revolution bereits dreimal, noch soeben wieder im Frühjahr 1848, bewiesen – so fühlten sich diese Liberalen in ihrer Abwehrhaltung bestärkt –, wohin es führte, wenn man Beelzebub den kleinen Finger reichte?

Ihre Sozialangst vor der linken Gefahr und den unüberschaubaren Risiken des erstmals auftauchenden politischen Massenmarkts hielt die Liberalen nicht nur über alle inneren Streitfragen hinweg zusammen, sondern nährte auch ihre Neigung, trotz aller Widrigkeiten an der Vereinbarungspolitik gegenüber Dynastie und Bürokratie festzuhalten. Gewiß war diese Furcht übertrieben, die Umwelt wurde wie ein Zerrbild wahrgenommen, und insofern mag man von einer «ideologischen Antizipation künftiger Realität» sprechen. Aber man darf darüber eine durchaus realistische Sorge der

Liberalen nicht vergessen, denn ihr politischer Sachverstand reichte mühelos für die «Hochrechnung» aus, daß den Demokraten durch das allgemeine gleiche Wahlrecht die Mehrheitsfähigkeit in der Frankfurter und Berliner Abgeordnetenkammer verschafft wurde. Damit rückten jedoch Republik, Volksstaat und Social-Demokratie wieder einen Schritt näher heran.

Selbst die führenden Köpfe der Liberalen erkannten nicht, daß Volksbewegungen wie 1830/31 oder spätere Formen des kollektiven sozialen Protests bis hin zum Frühjahr 1848 als Druckmittel auch und gerade für eine erfolgreiche liberale Politik unersetzlich waren, mithin politisch angebunden oder gewonnen werden mußten, wenn der Übergang zum liberal-konstitutionellen System gegen die alten Gewalten beschleunigt durchgesetzt werden sollte. Statt dessen nahmen sie mit tiefem Erschrecken wahr, daß an der feindseligen Polarisierung von Liberalen einerseits, von Demokraten, Republikanern und Arbeitern andrerseits ihre Utopie einer klassenlosen Bürgergesellschaft mittelständischer Existenzen zerschellte. Die Härte der Auseinandersetzung ließ es nicht zu, sich dieser Einsicht völlig zu versperren: Sowohl die Erfahrung des Prinzipienkonflikts als auch der daraus resultierende Verlust einer integrierenden Zielvision hat die tiefverwurzelten Sorgen und Befürchtungen der Liberalen vermehrt und ihr Bedürfnis nach Ruhe und Ordnung gesteigert. Als die Gegenrevolution bewies, daß die Kooperationspolitik gescheitert war, lähmte auch die Angst vor der social-demokratischen Republik oder gar der jakobinischen Diktatur die Liberalen, jetzt zu einer militanten Verteidigung ihres Verfassungswerks überzugehen. Andrerseits: Woher sollten Kampfbereitschaft und Risikofreudigkeit kommen, warum sollten Revolutionspessimismus und Furcht vor Demokratie und Pöbelexzeß weichen, nachdem die «Konstitutionellen» ganz und gar in der Tradition eines staatsnahen Honoratiorenliberalismus politisch sozialisiert worden waren? Hier stößt man auf eine strukturelle Grenze liberaler Politik, die zu den unaufhebbaren Dilemmata der deutschen Revolution gehört.

3. Wegen ihrer politischen Grundauffassungen und ihrer politischen Verhaltensweisen verlief zwischen den Liberalen und den Demokraten eine scharf markierte Grenzlinie, lange Zeit eine unübersteigbare Barriere. Denn die Demokraten wollten in der Tat, weit über die liberalen Fernziele hinaus, mindestens die parlamentarische Monarchie, besser noch: die Republik möglichst schnell errichten. Anstelle der nach Besitz und Bildung abgestuften, anti-egalitären politischen Rechte der Liberalen erstrebten sie die allgemeine Staatsbürgergesellschaft ohne hierarchische Reste. Als untrügliche Probe erwies sich erneut der Zugang zum Wahlakt: Jedem unbescholtenen großjährigen Mann sollte dieses politische Partizipationsrecht eingeräumt werden. Außer den liberalen Freiheitsrechten, welche auch die Demokraten vorbehaltlos beanspruchten, forderten sie soziale Grundrechte und soziale Reformen, die Elemente des modernen Sozial- und Wohlfahrtsstaats vorwegnahmen. Seine Zukunft hatte jedoch auch in Deutschland 1848 noch

nicht begonnen. Wie die Liberalen setzten die Demokraten im Prinzip ebenfalls auf eine evolutionäre Modernisierung von Gesellschaft und Staat, aber breiter, tiefer und schneller sollte der Reformprozeß schon verlaufen, und im Grenzfall galt auch die revolutionäre Überwindung von Hindernissen als legitimes Mittel einer Politik, die endlich den freien Volksstaat mit gleichberechtigten Bürgern gegen ein anachronistisches, spätfeudales Regime durchzusetzen entschlossen war.

Diametrale Gegensätze können mithin gar nicht bestritten werden. Kann man aber daraus schließen, daß die Spaltung von Liberalen und Demokraten *der* zentrale Schwachpunkt der Revolutionsbewegung war, die Hauptursache ihres Scheiterns? Zunächst einmal erwies sich, daß auch fundamentale Gegensätze angesichts der dürren Alternative, die Frankfurter Reichsverfassung verabschieden zu können oder scheitern zu lassen, durch Kompromisse überbrückt werden konnten. Der entscheidende Punkt ist nicht die totale Unvereinbarkeit liberaler und demokratischer Positionen, sondern der in beiden Lagern zu langgedehnte Lernprozeß, der mangels intimer Vertrautheit mit parlamentarischer Kompromißpolitik erst zu einem Zeitpunkt zur Verständigung führte, als es viel zu spät war. Zum zweiten hätte, und das ist der ungleich wichtigere Einwand, auch eine frühzeitig geschlossene liberaldemokratische Allianz keinen andern Ausgang der Revolution herbeiführen können, da auch sie der Stärke der Gegenrevolution nicht gewachsen gewesen wäre. Die hypothetische Annahme, diese Allianz hätte einen Erfolg der Revolution wahrscheinlich gemacht, ähnelt jener ebenso unfundierten Beschwörungsformel, daß ein Bündnis der deutschen Arbeiterparteien zwischen 1928 und 1933 die «Machtergreifung» verhindert hätte. Honorige Hoffnungen beide, aber Ausfluß eines weltfremden Wunschdenkens.

Ähnlich wie sich Liberale und Demokraten lange Zeit unversöhnlich gegenüberstanden, gab es innerhalb eines jeden politischen Lagers, innerhalb jeder Trägerschicht der Revolution kaum miteinander vereinbare, jedenfalls weit divergierende und starke Reibungsverluste verursachende Ziele. Überall trat – wie vorher besonders in der Englischen und Amerikanischen, aber auch in der Französischen Revolution – ein Spannungsverhältnis zwischen gleichzeitig verfolgten «zukunftsorientierten und rückwärtsgewandten» Leitperspektiven hervor. Die aufbegehrenden Bauern stritten sowohl für ihr gutes, altes Recht als auch für die Entfeudalisierung und moderne Agrarreform. Städtische Liberale und Demokraten verfolgten jeweils verschiedene Modernisierungsvorstellungen, aber das sozialharmonische Gesellschaftsideal der Liberalen stand ganz so in einem Spannungsverhältnis zur egalitären Staatsbürgergesellschaft wie die Demokratieverklärung der antiken Polis bei den Radikalen zu den sozialrestaurativen Zügen der Gesellenideologie oder zu den sozialistischen Ideen mancher Arbeitervereine. Im konkreten Entscheidungsmoment ließ sich schwer vorhersagen, ob die rückwärtsgewandte Utopie oder die moderne Zielprogrammatik die

Oberhand behalten werde. Auf jeden Fall schwächten diese inhärenten Spannungen die Stoßkraft der revolutionären Bewegung. Im Vergleich damit übte der zunehmende Zeitdruck eine geringere Wirkung aus, da nach der kurzen siegreichen Anfangsphase die Revolution vor ihren übermächtigen Gegnern ohnehin nicht zu retten war.

4. Ein weiteres Hindernis für die Revolution lag in den vielgestaltigen Konsequenzen des deutschen Polyzentrismus und des regionalen Entwicklungsgefälles, die beide gleichzeitig durch einen neuzugründenden konstitutionellen Nationalstaat mit seinem weiten Wirtschaftsraum überwunden werden sollten. Fraglos wurde ein schnellerer Durchsetzungsprozeß der Revolution dadurch erschwert, daß es verwirrend viele Schauplätze, nicht aber ein einziges nationales Entscheidungszentrum gab – wie etwa Paris. Außerdem wirkte sich die deutsche Vielstaaterei dahin aus, daß sich die Spannung zwischen Zentrum und Peripherie: zwischen Hauptstädten, Provinzen, Städten und Landgemeinden drei dutzendmal wiederholte. Und dann kam noch die Beziehung zwischen den politischen Zentralorganen in der Paulskirche, in der Berliner, der Wiener Nationalversammlung und ihrer je spezifischen Peripherie hinzu. Der ausgeprägte Gegensatz zwischen Stadt und Land, wo denkbar unterschiedliche Volksbewegungen ihrem eigenen Rhythmus folgten, bildete einen Unterfall dieser allgemeinen Problematik. Das gilt auch für den Unterschied zwischen dem höher entwickelten deutschen Westen und Südwesten einerseits, dem agrarischen Osten andrerseits; der General v. Gerlach konnte die Revolution sogar für eine krankhafte Aktion des Rheinlandes, die Konterrevolution für eine gesunde Reaktion der altpreußischen Provinzen gegen den Westen erklären. Überall stellte sich heraus, daß den revolutionären oder doch revolutionsfreundlichen Zentren vor allem mangels einer eigenen Verwaltung und starker Streitkräfte eine wirksame Penetration mißlang. Über kurz oder lang erwies sich daher, daß ihnen eine entscheidende politische Kapazität nicht zu Gebote stand: effektive Durchsetzungsfähigkeit.

Bildete die Heterogenität der preußischen Staatsteile auch in dieser Hinsicht schon eine gravierende Belastung, warf die Sonderstellung der Donaumonarchie schier unlösbare Probleme auf, die über die Durchschnittsschwierigkeiten der deutschen Partikularstaaten weit hinausgingen. Wie sollte dieser «altertümliche, mehr als ‹halbfeudale›», manchmal nur durch Personalunion verklammerte multinationale Staatenverband seine Neuformation durch eine Revolutionsbewegung im Zeichen des Nationalstaats, der Verfassungsstiftung, der Gesellschaftsreform überhaupt überleben? Kein Wunder, daß sich gegen diese tödliche Bedrohung alle mit dem Status quo des Habsburgerreichs verflochtenen Kräfte mit äußerster Anstrengung wandten.

Kann man deshalb, um an die österreichischen Komplikationen anzuknüpfen, in dem Konflikt zwischen großdeutscher und kleindeutscher Politik, anders gesagt: in den unterschiedlichen Zielvorstellungen von einem neuzugründenden deutschen Nationalstaat, die an «erster Stelle» stehenden Gründe für das Scheitern der Revolution ausmachen? Die großdeutsche Konzeption, alle deutschösterreichischen Gebiete in den deutschen Nationalstaat einzubeziehen, besaß wegen der langen gemeinsamen Geschichte eine nur zu verständliche Attraktivität. Realpolitisch war es jedoch schlichtweg naiv, von einer Großmacht Selbstmord durch Zerstückelung zu erwarten. Diese Zumutung traf dann auch prompt auf die unüberwindliche Barriere der österreichischen Resistenzkraft seit dem Prager Sieg und den oberitalienischen Erfolgen. Schwarzenberg drückte nur mehr unmißverständlich das politische Veto aus.

Die kleindeutsche Konzeption basierte dagegen, erstens, auf der unterstellten Bereitschaft Friedrich Wilhelms IV., durch seine eigene aktive Politik das Werk der Revolution zu unterstützen; sie beruhte, zweitens, auf der friedlichen Hinnahme des preußischen Primats durch Wien, und sie ging, drittens, von einer verhängnisvollen Unterschätzung des altpreußischen Konservativismus und monarchischen Legitimismus aus. Alle Prämissen erwiesen sich als falsch: Friedrich Wilhelm IV. dachte nicht an eine Kooperation mit der Paulskirche. Schwarzenberg verzichtete keineswegs auf die habsburgische Führungsposition. Die preußischen Machteliten verachteten das nationale Hirngespinst und scheuten vor dem Hegemonialkrieg im Bund zurück – erst 17 Jahre später waren sie dank Bismarck und seinem Bündnis mit der Nationalbewegung dazu bereit.

Kurz, unter den Bedingungen von 1848/49 besaßen weder die großdeutsche noch die kleindeutsche Politik eine ernstzunehmende Realisierungschance. Andrerseits verdrängte die Gewalt des Nationalismus als politischer Heilslehre bereits jeden realistischen Einwand. Das war in Deutschland nicht anders als in Italien, Ungarn und Böhmen. Dieses gemeineuropäische Verhalten verbietet es, allein der deutschen Revolution blinden Nationalismus vorzuwerfen. Gab es aber angesichts der Macht des Nationalismus über die Geister überhaupt eine akzeptable Alternative? Eine zentralistische Reform des Deutschen Bundes z. B. genügte keinem politischen Lager. Der leidenschaftliche Wunsch, ihn in einen Nationalstaat umzugründen, führte in die bekannte Aporie. Die nationale Frage der Deutschen konnte die Revolutionsbewegung, wie immer sie das Problem anging, nicht lösen. Den Ausschlag für ihr Scheitern gab auch dieses Dilemma jedoch nicht.[1]

5. Schwerer als der Sieg des einzelstaatlichen Egoismus über den nationalen Unitarismus wog der gravierende Nachteil, daß nach der Aufbruchsstimmung keine große Allianz der verschiedenen revolutionären Kräfte zustande kam, die dank ihres Zusammenwirkens die Überlegenheit gegen ihre Gegner gewinnen und behaupten konnten. Damit fehlte jedoch, wie der Sieg eben solcher Koalitionen in der Englischen und Amerikanischen, Französischen und Russischen Revolution zeigt, eine entscheidende, aber notwendige Voraussetzung für den Erfolg.

Die Märzregierungen und Liberalen in den Landtagen hielten nur einen lockeren, sporadischen Kontakt aufrecht. Die städtischen Volksbewegungen blieben relativ isoliert. Ohne zielbewußte Führung mangelte ihnen auch noch die Fähigkeit zur politischen Gestaltung. Vielfältige Erfahrungen Relativer Deprivation trieben sie zum Aufruhr an, bündelten sich aber nicht von selber zu einer politischen Kraft, die eine klare Konzeption beharrlich zu realisieren bemüht blieb. Die rebellierenden Bauern schieden nach wenigen Wochen aufgrund der ihnen zugute kommenden Reformbereitschaft aus der Erhebung aus. Spätestens nach vier, fünf Monaten führte kein Weg mehr an der Einsicht vorbei, daß die ländliche Revolution genauso schnell erlosch, wie sie entbrannt war, ja schlimmer noch: Die zufriedengestellten Bauern entpuppten sich, je später desto deutlicher, als verläßliche Verbündete der Konservativen. Die Liberalen waren keine passionierten Revolutionäre. Kanalisierung der Erhebung in die Bahnen konsensfähiger Reformen lautete ihre oberste Maxime. Deshalb wollten sie mit dem Radikalismus der Republikaner nicht paktieren. Und die Demokraten wiederum entdeckten auch zu spät die parlamentarische Tugend des pragmatischen Kompromisses. Das Verhalten der Abgeordneten in den Nationalversammlungen spiegelte diese Grundeinstellungen getreulich wider.

Handlungsfähige Klassen, die gegen die alte Ordnung koalieren konnten, gab es noch nicht. Das Bürgertum zerfiel in seine tief gespaltenen Formationen, die überwiegend erst auf dem Weg zu marktbedingten Klassen waren. Die ominöse Bourgeoisie, deren «historische Mission» in der geschichtstheoretischen Konstruktion des dogmatischen Marxismus in der siegreichen Durchsetzung der Revolution und dem Aufstieg zur «herrschenden Klasse» gelegen haben soll, bestand, wenn man auf einen inflationären Wortgebrauch verzichtet und statt dessen den sozialhistorischen Befund nüchtern zugrunde legt, aus einer winzigen Klasse in statu nascendi, die ihre kollektiven Interessen zuerst mit Hilfe der Liberalen zu realisieren hoffte, erst recht aber, wie sich bald herausstellte, mit Hilfe der konservativen Regierungen erreichen konnte. Welche vitalen Eigeninteressen sollten ihr da den riskanten Pakt mit unkontrollierbaren Massenbewegungen und Demokraten empfehlen? Bestärkte nicht gerade der städtische Bürgerkrieg ihre Anlehnung an die alten Ordnungsmächte? Nein, von der Hegemonialstellung einer politisch herrschenden Klasse war dieses neue Großbürgertum noch weit entfernt.

Die ländliche Bevölkerung zerfiel in eine Vielzahl von Besitzklassen, deren politische Aktionen sich nicht einmal im Frühjahr 1848 überregional koordinieren ließen. Nach der Befriedigung der bäuerlichen Wünsche schwand bis auf einzelne Regionen, wie Schlesien, der letzte Rest an überlokalen Organisationsmöglichkeiten dahin. Die große Mehrheit der gewerblich Berufstätigen war noch immer im Handwerk und Kleingewerbe tätig, wo zerfallende ständische Traditionen den klassenbildenden Kräften weiter zähen Widerstand entgegensetzten. Weder zünftige Handwerksmeister noch zünftige Gesellen verstanden sich als agierende Klassen, und das amorphe Riesenheer der protoindustriellen Verlagsarbeiter und Heimgewerbetreibenden war weder organisationsfähig noch in seiner Zerstreuung imstande, ein Klassenbewußtsein zu entwickeln. Andrerseits verstärkten die Revolutionserfahrungen die Klassenformierung der Fabrikarbeiterschaft, insbesondere unter den bereits zu ihr gehörenden und nach den Gesellenkongressen zu ihr stoßenden «Gesellenarbeitern». Aber das Industrieproletariat war im Vergleich noch außerordentlich klein und schwach, als machtbewußte Klasse konnte es noch lange nicht operieren. Kurzum: Auf aktionsfähige, politisierte Klassen, die aus wohlverstandenen Klasseninteressen eine Revolutionsallianz unterstützten, vermochte sich die deutsche Revolutionsbewegung auch nicht zu stützen.

Fehlten mithin schon aus diesen denkbar unterschiedlichen Gründen unentbehrliche Tragpfeiler für eine machtvolle Koalition, trugen außerdem noch die Repräsentanten der Revolution durch ihr eigenes politisches Handeln selber dazu bei, die prekären Grundlagen ihrer Position zu zerstören. Dafür nur drei Beispiele. Die Mitwirkung am Abschluß der Agrarreformen – langjähriges Ziel der «Bewegungspartei» und viel bejubelter Erfolg – führte binnen kurzem dazu, daß die Bauern aus der Revolutionsbewegung ausscherten und verläßliche Partner der Konservativen wurden.

Die liberale Politik der Gewerbefreiheit stieß sowohl die Handwerksmeister als auch die zünftigen Gesellen ab. Zwar wurde in der Paulskirche die Grundsatzentscheidung für die Gewerbefreiheit mit einigen Kompromißornamenten dekoriert – Zunft, Innung und Befähigungsnachweis z. B. blieben bestehen. Aber jeder kritische Handwerker sah auch sofort, daß die Innungen kein exklusives Gewerberecht zugebilligt erhielten, und eine Beitrittspflicht gab es ohnehin nicht. Um so lauter erscholl nach dieser Enttäuschung der Ruf nach staatlichem Protektionismus, den die konservativen Regierungen durchaus bieten konnten. Denselben Schluß zogen viele Schutzzöllner aus der liberalen Wirtschaftspolitik.

Liberale und Demokraten wollten die allgemeine Staatsbürgergesellschaft einrichten. Das bedeutete auch, die antiquierten korporativen Rechte und ständischen Privilegien zu beseitigen, wie sie etwa das traditionsbewußte Stadtbürgertum bisher verteidigt hatte. Indem die Paulskirche Zug um Zug den Grundriß dieser Staatsbürgergesellschaft ausfüllte, verprellte sie ihre Anhänger in den stadtbürgerlichen Mittelschichten, die sich weiter gegen die staatsabhängige Einwohnergemeinde sträubten. Überhaupt hat die liberale Mehrheit die mittelständischen Ängste und die Sorgen der bürgerlichen Mittelklassen entweder nicht ernst genommen, unterschätzt, gar nicht verstanden oder aber – dazu tendierten aufgrund ihrer Erfahrungen gerade die reformwilligen Beamten – für den Ausdruck eines endlich auszurottenden Anachronismus gehalten.

Konsequent, ehrlich, modern – das war diese Politik der Liberalen und Demokraten allemal. Aber die nichtintendierten Folgen unterminierten erst ihre politische Basis, dann stärkten sie den konservativen Gegner. Erneut ist eine akzeptable Alternative, die diese Konsequenzen vermieden hätte, nicht zu erkennen. Jedesmal kämpften ja die Liberalen und Demokraten für zeitgemäße Ziele. Etwas mehr Behutsamkeit, etwas mehr Kompromißbereitschaft hätten dennoch nicht ausgereicht, den Grundsatzentscheidungen – an denen die Revolutionspolitiker, wenn sie denn ihrer Überzeugung von der Modernisierungsbedürftigkeit der deutschen Verhältnisse treu bleiben wollten, festhalten mußten – ihren verletzenden Stachel zu nehmen. Hinreichende kompensatorische Maßnahmen, die anstelle der abwandernden ursprünglichen Anhänger ebenso viele neue Alliierte gewonnen hätten, kann man sich unter den Bedingungen der Zeit und ihres Ideenhaushalts, aber auch angesichts der erkennbaren Mehrheitsverhältnisse genausowenig vorstellen. Es bleibt deshalb bei der Anerkennung des Paradoxons, daß es gerade rühmliche Erfolge gewesen sind, welche die Trägerschichten der Revolution radikal dezimierten.

Zu alledem gab es, sozusagen als Ausgleich für fehlende Bundesgenossen und für die kontraproduktiven Wirkungen liberaldemokratischer Politik im Inneren, keine ernsthafte Chance für eine internationale Allianz der Revolutionsbewegungen, wie sie mancher während der ersten Euphorie des «Völkerfrühlings» erhofft hatte. Die Kooperation mit der italienischen, ungarischen, polnischen Revolution wurde von der Frankfurter Mehrheit, die sich die Machtinteressen deutscher Staaten zu eigen machte, blockiert. Zugleich verhinderte der egoistische «Machtutopismus» der neuen deutschen und tschechischen, ungarischen und italienischen Nationalbewegungen bereits im Ansatz ein internationales Bündnis aller liberalen und demokratischen Kräfte. Die Utopie des liberal-emanzipatorischen Nationalismus vom harmonischen Zusammenwirken aller Völker, sobald erst das Ançien Régime beseitigt sei, verflog wie Schall und Rauch. Und kaum war ein halbes Jahr vergangen, machten die Prager, Pariser und Wiener Niederlagen, machte der Siegeszug der Gegenrevolution in Österreich, Frankreich und Preußen der Vorstellung von einem gemeineuropäischen Revolutionsfeld, auf dem die Bewegungsparteien über die Grenzen hinweg zusammenarbeiten konnten, endgültig den Garaus. Ohne Beistand von außen zogen alle Revolutionsbewegungen isoliert dem bitteren Ende entgegen, während die internationale Kooperation der Konterrevolution in Ungarn, in Sachsen, in Baden diesen Niedergang besiegelte.

6. Vergegenwärtigt man sich die bisher erörterten überindividuellen Schwachstellen und objektiven Dilemmata der Revolutionsbewegung, wird deutlich, daß sie letztlich einer strukurellen Problematik der Konstellation von 1848/49 nicht gewachsen war: Zu viele Modernisierungsaufgaben überschnitten sich auf einmal und verlangten zur selben Zeit eine Lösung.

Dadurch wurden nicht nur das Reformpotential und die Durchsetzungsfähigkeit der Revolution weit überfordert, vielmehr stachelten die Lösungsversuche den unvermeidbaren Widerstand starker Opposition oder enttäuschter Interessengruppen an. Dieser Dauerüberlastung war die ohnehin heterogene Revolutionsbewegung, die durch ihr eigenes Verhalten: sowohl durch erfolglose als aber auch durch erfolgreiche Politik, das eigene Fundament untergraben half, nicht gewachsen.

Wohin man auch blickt, sieht man diese gleichzeitige Überlappung von Problemen, die schon je für sich kompliziert genug waren, und die daraus resultierende Potenzierung der Schwierigkeiten bis hin zur Unlösbarkeit. Die Frankfurter Zentralorgane sollten die administrative Integration und Penetration der Bundesstaaten vorantreiben, prallten aber am Widerstand der Groß- und Mittelstaaten ab. Weit darüber hinaus sollten sie sogar einen neuen deutschen Gesamtstaat gemäß dem Naionalitätsprinzip in Mitteleuropa gründen. Die Kriterien für den Grenzverlauf waren jedoch extrem strittig. Sollte man ethnische Homogenität und gemeinsame kulturelle Tradition oder den Besitzstand historisch gewachsener Länder zugrunde legen? Die deutschen Parlamentarier wollten beides, schließlich aber ohne Rücksicht auf die Ansprüche fremder Nationalitäten den möglichst weit ausgreifenden nationalen Machtstaat. Die damit verknüpfte Alternative zwischen großdeutscher und kleindeutscher Lösung verstrickte sie in unlösbare politische Probleme.

Überdies warf die innere Verfassung gravierende neue Fragen auf. Auf die Grundrechte und die Absicherung des Rechtsstaates konnte man sich noch einigen. Aber die konstitutionelle Monarchie der Liberalen mit starker fürstlicher Spitze und hierarchisch gestufter Staatsbürgergesellschaft einerseits, die Republik der Demokraten mit souveränem Parlament und egalitärem Staatsbürgerverband andrerseits standen sich lange unversöhnbar gegenüber, von dem Gegensatz zwischen liberaler Honoratiorenpolitik und «social-demokratischem» Reformprogramm ganz zu schweigen. Der Kompromiß in der Reichsverfassung kam zu spät, und der Gegenrevolution in Wien und Berlin paßte das ganze System überdies nicht. Ein eigenes Identitätsgefühl konnte das papierene Reich der Deutschen auch nicht wecken, und das Loyalitätsangebot der deutschen Nationalbewegung blieb eine frei vagabundierende Größe, da sich Deutschland als Nationalstaat nicht konkretisieren ließ.

Nicht nur in dem projektierten Deutschland, sondern auch in den existierenden deutschen Staaten standen die Liberalisierung und die Demokratisierung des Herrschaftssystems als Aufgaben politischer Modernisierung zur selben Zeit, nicht nacheinander an. Hier gelang der Revolutionsbewegung mit Hilfe der Märzregierungen und Landtage, auch in der Arena der Nationalversammlungen, mancher erstaunliche Fortschritt, der am Neujahrstag 1848 noch als unerreichbar gegolten hätte. Da jedoch das alte

Regime nicht zerstört worden war, vielmehr regenerationsfähig blieb, erwies sich dieser Forschritt als ein zeitlich eng begrenzter Erfolg auf Abruf – und bald sprachen die konterrevolutionären Regierungen ihr Veto aus. Die Ausdehnung der politischen Partizipationsrechte und die neuartige Mobilisierung der Staatsbürger gelang in eindrucksvollem Maße – aber die Ergebnisse erschreckten Liberale wie Konservative gleichermaßen, und die Demokraten wurden als Verfechter eines bedrohlichen Radikalismus stigmatisiert, der mit dem Pöbel die nivellierende Republik aufrichten wolle. Allgemein erschwerte die «soziale Frage» die Lösung konstitutioneller Probleme, denn die Angst vor dem Proletariat und der Republik unterhöhlte, schwächte, verzögerte die liberale Verfassungspolitik.

Und nicht nur das: Überhaupt führte die anstehende Modernisierung der Sozialstruktur schnell an die Grenzen der gesellschaftlichen Neuordnung, denn die Stellung von Adel, Bürgertum, Bauern und Arbeitern stand gleichzeitig zur Debatte. Die ständischen Privilegien wurden durch Gesetz und Verfassung rigoros aufgehoben, davon hatten die Reformer seit mehr als fünfzig Jahren geträumt. Aber die faktische Machtposition des Adels ließ sich nicht so rasch durch bedrucktes Papier auflösen. Die Diskriminierung der Wirtschaftsbürger im Vergleich mit den «Eximierten» wurde aufgehoben, zum Dank suchten sie Zuflucht beim autoritären Staat. Den Bauern wurde in Windeseile eine Reform nach der anderen gewährt, ihr politisches Engagement führte sie jedoch in die Arme der Konservativen. Und an den Arbeitern erwies sich, daß es der Revolutionsbewegung nicht möglich war, gleichzeitig rechtliche, politische und soziale Gleichheitsrechte durchzusetzen. Alle standen aber 1848/49, von eloquenten Politikern im Verein mit den städtischen Volksbewegungen angemahnt, auf der Tagesordnung, und es löste Empörung und Bitterkeit aus, wenn die diskriminierten «unteren Volksklassen» erlebten, wie die Gesellschaftsreform vor ihrer Lebenswelt haltmachte. Die Distributionskrise, die sich unmißverständlich in den Forderungen der Linken und der städtischen Unterschichten ankündigte, wurde weder durch eine Steuerreform noch durch Staatsschulen oder öffentliche Arbeitsbeschaffungsmaßnahmen entschärft – sie schwärte seither als offene Wunde weiter.

Reform der einzelstaatlichen politischen Systeme, Verankerung des Rechtsstaats und der liberalen Freiheitsrechte, Staatsgründung und gesamtdeutsche Konstitution, Agrarreform und Adelsentmachtung, Modernisierung der Gesellschaftsstruktur, Stabilisierung der Legitimationsbasis der Nationalversammlung – so beginnt eine lange Reihe von komplexen Problemen, die gleichzeitig nach einer befriedigenden politischen Antwort, nach einer Lösung möglichst zugunsten der Revolutionsziele verlangten. Jede Revolutionsbewegung mußte dadurch heillos überfordert werden – die deutsche von 1848/49 auch, und sie bildete damals in Europa keineswegs einen Sonderfall.

In der modernen Entscheidungstheorie beschreibt die Lehre von der «Tyrannei der kleinen Entscheidungen» mit ihren nicht intendierten, unerwünschten, unvorhergesehenen Folgen einen Vorgang, durch den die Breite der anfänglichen Optionschancen so lange eingeengt wird, bis eine ungeplante Alternative oder sogar nur mehr der angebliche «Sachzwang» einer einzigen, unvermeidlichen Entscheidung übrigbleibt. Die deutsche Revolution von 1848 erlebte hier und da auch diese Diktatur der kleinen Entscheidungen, vor allem aber litt sie unter dem erdrückenden Gewicht großer strukureller Probleme, die sie im Rahmen ihrer Handlungsmöglichkeiten zu ein und demselben Zeitpunkt schlechthin nicht lösen konnte.

Dieses Grunddilemma wurde noch dadurch verschärft, daß die Konservativen von der Revolution zum Umdenken genötigt wurden: Sie mußten ihre taktische Politik neu definieren, wenn sie ihre strategischen Ziele retten wollten. Nach einem quälenden, aber relativ kurzen Lernprozeß traten sie stellenweise in Realkonkurrenz mit dem Reformprogramm der 48er Bewegung, um durch eine vom Staat gesteuerte, partielle Modernisierung die Systemkrise zu entschärfen. Zugleich präsentierten sie sich damit als handlungsfähige Macht, die sowohl auf dringende Bedürfnisse der Gegenwart einzugehen als auch wichtige Weichen für die Zukunft zu stellen imstande war. Ihre «Revolution von oben» setzte den Besitz politischer Entscheidungskapazität, mithin das Wiedererstarken der Konservativen voraus. Wie konnte es zu beidem kommen? Diese Frage lenkt auf die Stärke der Gegenrevolution hin.

1. Nach dem Schwächeanfall im Frühjahr 1848 stellte sich bereits seit Mai/Juni heraus, daß in den beiden östlichen Großstaaten, wo die Entscheidung über den Sieg der deutschen Revolution fallen mußte, die wesentlichen Machtfaktoren der alten Ordnung erhalten geblieben waren. Die Streitkräfte blieben loyal. Sie mußten zwar zeitweilig die Hauptstadt räumen, aber sie meuterten nicht. Und seit dem Juni erfuhr jedermann, daß Berufstruppen auch im Bürgerkrieg den Aufständischen überlegen waren und selbst den mörderischen Barrikadenkampf für sich entschieden. Die geringe Konfliktintensität in manchen Gebieten, wie z.B. der Provinz Brandenburg, war nicht nur das Ergebnis royalistischer Gesinnung, sondern auch der Präsenz mobiler Truppeneinheiten. Als eins der Häupter der ultrakonservativen preußischen Militärpartei, der General v. Griesheim, im November 1848 die berüchtigte Parole ausgab: «Gegen Demokraten helfen nur Soldaten», wußten er und seinesgleichen, daß dank der Armee die Würfel zugunsten der alten Gewalten gefallen waren. Bürokratie und Justiz fungierten jedoch als weiterhin verläßliche Stützen. Der Landadel war nicht entmachtet worden, und das gesamte weitverzweigte Adelssystem, das Grund- und Gutsherren, Militär- und Amtsaristokratie durch gemeinsame Interessen und Verwandtschaft, Konnexion und Karriere verband, behielt seine kaum zu überschätzende Funktionsfähigkeit. Die Dynastie blieb als Fixpunkt monarchistischer

Loyalität erhalten. Diese setzte sich in breiten Bevölkerungsschichten in zunehmendem Maße als antirevolutionäre Einstellung wieder durch.

Die traditionale Beharrungsmentalität wurde durch die ebenfalls intakt gebliebenen Amtskirchen und die orthodoxen protestantischen Sekten verstärkt. Sie sahen in der Revolution an sich, nicht zuletzt aber in der politischen Aktivität der «Lichtfreunde» und «Deutschkatholiken», die offen mit der Revolution gegen Hierarchie und Privilegienwesen, für demokratisch-liberale Rechte und Selbstbestimmung stritten, das Wirken des Antichrist, der ihre eigenen Reihen aufzusprengen drohte. Um so entschlossener traten sie für die Mächte von Ruhe und Ordnung ein.

Wenn man in der Revolution insbesondere den Kampf um Macht und Herrschaft sieht, erwiesen sich die Konservativen nach einer eigentlich sehr kurzen Zeit auf wichtigen Aktionsfeldern als besser gerüstet, ja eindeutig überlegen. Daß dieses Machtpotential und die Erfahrung in der Machtverteidigung durch die gerade darin erprobten Machteliten während des Aufschwungs der Revolution unterschätzt wurden, sollte sich bitter rächen. Die vormärzliche Legitimationskrise reichte schließlich für eine Revolution aus, sie reichte jedoch nicht aus, um in den größten Staaten die Säulen des alten Regimes zum Einsturz zu bringen. Damit aber war eine eminent folgenschwere Vorentscheidung zugunsten der Gegenrevolution frühzeitig gefallen.

2. Seitdem sich die Konservativen zu erholen begannen und ihre Stellung fortlaufend konsolidieren konnten, nutzten sie die Fragmentierung ihrer Gegner aus, denn die Revolutionsbewegung konnte manches, aber sie vermochte nie, als hegemonialer Block aufzutreten. Ihre innere Zersplitterung verstanden die Konservativen zu vertiefen: Hier wurden von ihnen bäuerliche Reformwünsche befriedigt, dort wurde den Handwerkern die Erfüllung ihrer Wünsche versprochen. In den östlichen Grenzprovinzen wurde, als die Angst vor der polnischen Nationalbewegung um sich griff, auf die Stärke der preußischen Armee verwiesen – und im Posener Aufstand auch demonstriert. Den Liberalen wurde die unentbehrliche Bedeutung der Monarchie als Bollwerk gegen die demokratisch-republikanische Flut eindringlich vor Augen geführt. In ökonomisch hochentwickelten Regionen wurde an das Sicherheitsbedürfnis der Bourgeoisie appelliert. In gemischtnationalen Gebieten wurden dynastietreue Nationalitäten bedenkenlos gegen die revolutionäre Bewegung der Mehrheitsvölker ausgespielt. Auf diese Weise trieben die Konservativen ihre Keile in die Schwachstellen der Revolutionsbewegung hinein.

3. Unterdessen kam ihnen zustatten, daß der Zeitdruck für die alten Gewalten arbeitete, weil die revolutionären Fernziele so schnell nicht zu realisieren waren, die Konterrevolution aber immer stärkere Kräfte sammeln und den Gegenschlag vorbereiten konnte. Während die Nationalversammlung den Regeln der parlamentarischen Diskussion und Entscheidungsfin-

dung folgen mußte, verrann die Zeit, und schon dröhnte der Marschtritt der Truppen in Wien und Berlin.

4. Obwohl die Konservativen, als ihre Machtbasis nicht zerfiel, das Selbstbewußtsein bald wiedergewannen und zwischen Juni und November 1848 den Bürgerkrieg unwiderruflich zu ihren Gunsten entschieden, erwiesen sie sich doch auch, wie bereits betont, als lernfähig. Gewiß ist das in diesem Maß ohne den Schock der Revolution ebensowenig vorstellbar wie die preußische Reformzeit ohne das Debakel von 1806. Aber der Reformkonservativismus konnte jetzt überzeugende Argumente geltend machen, er erwies sich als weit flexibler, als die Revolutionsbewegung und ihre durch die vormärzliche Repression geprägten liberalen und demokratischen Repräsentanten glaubten. Ob aus Einsicht in das Unumgängliche oder ob aus macchiavellistischem Kalkül, die gegenrevolutionären Regierungen adoptierten wichtige Modernisierungserfolge der Revolution oder setzten manche ihrer Ziele in die Tat um. Sie vollendeten mit den Liberalen die Agrarreformen, sie gewährten den Großbürgern AG-Banken, sie akzeptierten den rechtlichen Umbau der Sozialstruktur, sie nutzten die Ausdehnung der politischen Partizipation, sie erkannten die Unvermeidbarkeit einer zensurfreien Öffentlichkeit, sie stellten sich auf die Parteienkonkurrenz ein, sie gestanden ein, daß kein Weg mehr hinter den Verfassungsstaat zurückführte. Sie lernten erneut, daß politische Modernisierung in den Dienst der Verteidigung überkommener Machtpositionen und Sonderrechte gestellt werden konnte.

Dieses Ziel setzte ihrer partiellen Modernisierung auch bestimmte Grenzen. Politische und soziale Gleichheit wurden verweigert, politische Teilhaberechte sobald wie möglich wieder abgestuft, Privilegien erneut bekräftigt. Der liberale Nationalstaat mitsamt dem Schreckgespenst einer demokratischen Mehrheit im Unterhaus wurde konzessionslos abgelehnt. Immerhin: Nicht nur durch militärische Erfolge, sondern auch durch wohldosiertes Entgegenkommen gewann die Gegenrevolution festen Boden.

5. Darauf konnte sie eine neue Herrschaftsallianz aufbauen, deren Tragfähigkeit und binnen kurzem erreichte Breite einen auffälligen konservativen Erfolg verriet. Um Hof und Adel schlossen sich die konservativen Funktionseliten in der Bürokratie, im Heer, in den Kirchen, im Bildungssystem mit Unternehmern, freien Bauern, Handwerkern, überhaupt mit städtischen wirtschaftsbürgerlichen Mittelschichten zusammen. Im Vergleich mit dieser Koalition besitzt das ominöse Bündnis zwischen Junkern und «Bourgeoisie» eine verhältnismäßig untergeordnete Bedeutung. Die damals noch ziemlich begrenzte ökonomische Macht der numerisch kleinen Bourgeoisie ließ sich nur in einer Ausnahmesituation – wie etwa durch Hansemann und Camphausen – kurze Zeit in politische Macht übersetzen. Unter dem Einfluß der Angst vor der «roten Republik» bildete sich aber schärfer als zuvor ihre mit Klasseninteressen identische Überzeugung heraus, daß der starke Staat

Ordnung, Rechtssicherheit und ökonomische Entwicklung am zuverlässigsten garantieren könne. Deshalb stießen in der Regel die marktwirtschaftlichen Unternehmer zu der politischen Herrschaft der Konservativen hinzu. Vorerst aber blieben sie ein Alliierter neben vielen anderen, und nicht wenige mußten sich erst von dem Makel reinigen, bis vor kurzem mit dem Liberalismus zu lange sympathisiert zu haben.

6. Wägt man die Grenzen und Überforderungen der Revolutionsbewegung im Vergleich mit der nur momentan ernsthaft gefährdeten, dann schnell wieder erstarkenden Macht der Konservativen ab, erkennt man, daß es in erster Linie die Stärke der Gegenrevolution war, die das Scheitern der Revolution unvermeidbar machte. Die Revolution besaß nur wenige Wochen im März und April realistische Erfolgschancen. Als dann ihre Basis zerfiel, keine machtvolle revolutionäre Allianz entstand, die nationale Frage als Sprengsatz wirkte, überhaupt die Modernisierungsaufgaben eine menschenunmögliche Leistungsfähigkeit in kürzester Zeit verlangten, während die Gegenrevolution das alte Machtkartell rasch stabilisierte und ihre ungeschmälerten Machtmittel im vorteilhaften Augenblick einsetzen konnte – da war der Mißerfolg der Revolution nur mehr eine Frage der Zeit, und die Zeit arbeitete überall für die großen konservativen Mächte. Ihre Siegesserie zwischen dem Oktober 1848 und dem Juli 1849 hat ihre Überlegenheit Schlag auf Schlag bestätigt.[2]

Da in allen anderen europäischen Ländern, die von der 48er Revolution ergriffen wurden, die Revolutionsbewegung ebenfalls unterlag, stellt ihre Niederlage in Deutschland zunächst keinen Sonderfall dar. Das Ausmaß dieses Scheiterns muß man sich aber zuerst klar machen, ehe zu erörtern ist, daß auch das Wort vom «Scheitern» nur eine Teilwahrheit bedeutet. Hinter der plakativen Formel vom Debakel der 48er Revolution verbirgt sich in Wirklichkeit ein eigentümliches Mischungsverhältnis von offensichtlichen Mißerfolgen und oft übersehenen, direkt und indirekt bewirkten Erfolgen. Darüber hinaus gibt es negative, aber auch positive Folgeerscheinungen, die sich einer historischen Kosten- und Gewinnabwägung leicht entziehen, trotzdem aber nüchtern konstatiert werden müssen.

Das Urteil über das Ausmaß der Niederlage hängt selbstverständlich von dem Bezugskriterium ab, und es liegt nahe – wie etwa auch bei der Beurteilung der Reformära – zuerst von den Maximalzielen der Revolutionsbewegung selber auszugehen. Gemessen daran fällt ein Überblick zuerst deprimierend aus. Allen Anstrengungen zum Trotz hatte der Liberalismus in den deutschen Staaten die Überlegenheit nicht behaupten können: weder in den Regierungen noch in den Landtagen, und die liberale Verfassungsrevision blieb gewöhnlich nur in Bruchstücken erhalten. Noch härter fiel das Fiasko der Demokraten aus: Nichts blieb von ihren mühsam erkämpften Errungenschaften in der Reichsverfassung und der «Charte Waldeck». Und selbst wo das Wahlrecht beibehalten wurde, zwängten es die Konservativen in das Prokrustesbett eines Mehrklassenwahlrechts, dessen plutokratischer Charakter vielen Liberalen zusagte, jedoch die Minderwertigkeit demokratischer Stimmen augenfällig demonstrierte. Das sah ganz so aus, als ob an den Demokraten für den größeren Realismus, mit dem sie das Anwachsen der gegenrevolutionären Gefahr beurteilt hatten, eine demütigende Rache genommen werden sollte.

Die intensivierte Teilhabe der Landtage an der staatlichen Macht, die Ministerverantwortlichkeit im westeuropäischen Sinn, erst recht das parlamentarische Regierungssystem, der vorbildliche Frankfurter Grundrechtekatalog mit seinen implizierten kühnen Verfassungsaufträgen, zahlreiche Erfolge, zu denen die Märzforderungen geführt hatten – alles das wurde von den siegreichen Konservativen zu einem Trümmerhaufen zusammengefegt. Vor allem aber hatte die Revolutionsbewegung mit einem ihrer wichtigsten Ziele völlig Schiffbruch erlitten: Weder gelang die Gründung eines deutschen Nationalstaats noch gelang es ihr, ihn im selben Anlauf in den Kreis der liberal-konstitutionellen Staaten Westeuropas einzureihen. Die deutsche Nationalbewegung, die 1848/49 eine für den Intellektuellennationalismus um 1815 noch unvorstellbare Dynamik entwickelt hatte, stieß überall auf strukturelle Grenzen, die sie mit ihren wenigen Machtmitteln nicht überwinden konnte; das wog ungleich schwerer als die Inkompetenz individueller Politiker mit grenzenlosen Großmachtträumen. Zähneknirschend mußten ihre besiegten Anhänger erleben, wie sich das politische Räderwerk des Deutschen Bundes und seiner Mitgliedsstaaten wieder in Gang setzte, knarrend zuerst, dann der Routine folgend, als sei das irritierende Zwischenspiel bereits vergessen.

Nicht alle konnten den Triumph der Konterrevolution miterleben, viele wollten es auch nicht. Tausende waren, als sie Leib und Leben für ihre Überzeugung während der Revolution riskiert hatten, bei den Kämpfen umgekommen, später ihren Verletzungen erlegen, von den Pelotons der Linientruppen füsiliert worden. Tausende wurden vor Gericht gestellt, verurteilt, inhaftiert, Tausende blieben jahrelang einer gehässigen Verfolgung ausgesetzt und öffentlich diskriminiert. Der eigens gegründete «Polizeiverein» der deutschen Bundesstaaten übte eine unrühmlich-gehässige Überwachung mit Bürokrateneifer aus. Tausende wanderten aus. Ein wahrer Exodus von 48ern bewegte sich insbesondere in die Vereinigten Staaten. Hatte während der beiden Revolutionsjahre die jährliche Auswanderungsquote bereits bei 62600 und 64200 gelegen (und damit fast die Höchstwerte der Hungerjahre 1846 = 63300 und 1847 = 80300 erreicht), zog sie seit 1850 = 83200 fünf Jahre lang steil an (1851 = 78800, 1852 = 176400, 1853 = 150700, 1854 = 239200), ehe sie 1855 dank der Binnenkonjunktur auf 83800 zurückfiel. Innerhalb dieser fünf Jahre verließen mithin 728300, fast drei Viertel Millionen Emigranten die deutschen Staaten – ein schmerzhafter Aderlaß, zumal zahlreiche der besten Köpfe der Revolution durch ihre politische und wirtschaftliche Karriere in der Neuen Welt bewiesen, welche Talente der deutschen Entwicklung verlorengingen. Kein Zweifel ist daran erlaubt, daß die Niederlage der Revolution in ganz unterschiedlichen Lebensbereichen einen hohen Preis verlangte.[3]

So dramatisch der Absturz von den Höhen der Märzbegeisterung in die scheinbar vollständige Erfolglosigkeit auch wirkte, so rücksichtslos auch das letzte Aufbäumen der Revolution im Frühjahr 1849 im Blut erstickt wurde, verbirgt die Negativbilanz doch allzu leicht eine Reihe von eindrucksvollen Erfolgen, die in dieser Form und zu dieser Zeit ohne den Einfluß der Revolution kaum vorstellbar sind.

Das große Werk der Agrarreformen wurde dank der Revolution endlich abgeschlossen. Keine konservative Regierung hat nach 1849 ernsthaft erwogen, diese Gesetze rückgängig zu machen – sie wurden nicht mehr angetastet, der Schock der Bauernrebellion saß zu tief. Damit aber ist erst endgültig der Schlußstrich unter das Feudalzeitalter in den deutschen ländlichen Gesellschaften gezogen worden.

Zusammen mit der Regelung der Abgaben und Leistungen wurde auch die Patrimonialgerichtsbarkeit aufgehoben; staatliche Gerichte versprachen seither eine interessenneutralere Konfliktregulierung. Das Jagdrecht auf fremdem Eigentum verschwand. Der bäuerliche Realkredit wurde durch die inzwischen bewährten ländlichen Rentenbanken endlich allgemein grundlegend verbessert. Daß die Reform der bäuerlichen Rechts- und Soziallage sich sogleich spürbar auswirkte, wurde außerdem durch die landwirtschaftliche Konjunktur begünstigt. Einmal stiegen die Agrarpreise an, so daß Mittel für die Deckung der laufenden Aufwendungen eingingen; zum zweiten gab die Produktionssteigerung je Flächeneinheit zahlreichen Bauern die Chance, sich durch eine höhere Marktquote die Abzahlungsgelder zu beschaffen. Innerhalb weniger Jahre sind daher die bislang noch abhängigen Bauern zu freien Grundeigentümern geworden, selbst wenn manche Familien bis zur Hyperinflation von 1923 ihre Rentenzahlungen geleistet haben.

Lehren aus der Revolution wurden auch in anderen Politikbereichen gezogen. Dieser Vorgang läßt sich besonders deutlich am Beispiel der preußischen Reaktion – im doppelten Wortsinn – verfolgen. Die mittelständische Gewerbepolitik bemühte sich, die Unzufriedenheit im Handwerk zu entschärfen. Innungen und Zünfte wurden wieder aufgewertet. Zeitweilig experimentierte Berlin mit Handwerkskammern, die als Pendant zu den Handelskammern die Gleichstellung des zünftigen Kleingewerbes augenfällig ausdrücken sollten. 70 Gewerbe gewannen die monopolistische Kontrolle der Zugangschancen zurück. Staatlich subventionierte Kreditvereine und Produktionsgenossenschaften sprangen dem alten Mittelstand bei.

Die staatliche Sozialpolitik, die in den frühen 50er Jahren die Lage der Fabrikarbeiter verbessern, die Kinderarbeit einschränken, die Arbeitszeit durch die Fabrikinspektoren kontrollieren, das Hilfskassenwesen nachdrücklich fördern wollte, verkörperte – faßt man nur alle Gesetze und Verordnungen zusammen – den stärksten sozialstaatlichen Eingriff vor der Bismarckschen Sozialpolitik der 80er Jahre. Ohne die Lektion der Revolution, daß man auch gegenüber dem Industrieproletariat eine Strategie der Konfliktdämpfung zu verfolgen habe, hätten sich weder die Herrschaftseliten zu solchen Hilfsmaßnahmen entschlossen, noch wäre diese Sünde gegen den Geist des vorherrschenden Wirtschaftsliberalismus überhaupt begangen worden. Die paternalistische Unterstützung wurde jedoch, das darf nicht übersehen werden, genau wie dreißig Jahre danach auch mit unverhüllter Repression verkoppelt. Nicht nur wurde das Koalitionsverbot für gewerbliche Arbeiter durch einzel- und bundesstaatliches Recht verschärft, sondern auch Landarbeiter und Bergarbeiter wurden jetzt explizit einbezogen.

Vor allem aber wurde der auf Expansion drängenden Bourgeoisie, überhaupt dem am Ausbau der modernen Markt- und Verkehrswirtschaft mitwirkenden Wirtschaftsbürgertum die Domäne der privatkapitalistischen Industrialisierung weit geöffnet. Die seit langem erstrebte großzügigere Handhabung des AG-Rechts ist ein klares Indiz dafür. Ohne diesen Kurswechsel wäre der Aufstieg der deutschen Großunternehmen in den folgenden Jahrzehnten nicht möglich gewesen. Nachdem im Sommer 1848 ein hemmendes Bollwerk bürokratischer Bevormundung aufgebrochen und die AG auch im Bankenwesen zugelassen worden war, stand – wie sich sogleich herausstellen sollte – dem Siegeszug der deutschen Universalbanken nichts mehr im Wege. Damit aber war eine Industriefinanzierung in beispiellos großem Stil gewährleistet. In allen deutschen Staaten mit industriellen Enwicklungsregionen begünstigten Regierung und Verwaltung die Entscheidung, daß sich die bürgerlichen Energien der ökonomischen Modernisierung zuwandten und dafür verbesserte rechtliche und politische Voraussetzungen vorfanden. Für diese Entscheidung sprachen nicht nur massive ökonomische Interessen während der endlich voll durchbrechenden Industriellen Revolution, sondern dafür sprach auch das politische Kalkül, nach der politischen Schlappe des bürgerlichen Liberalismus von wirtschaftlichen Erfolgen eine Art kompensatorischer Wirkung zu erwarten. Die leidenschaftliche politische Debatte der Liberalen nach 1849 ist damit keineswegs zum Schweigen gebracht worden, aber die staatlich protegierte Hochkonjunktur der 50er Jahre hat eine Zeitlang durchaus die erhofften Ablenkungs- und Entspannungseffekte gebracht.

Vorteilhafte Veränderungen erlebte auch, parallel zu der harten Verfolgungspraxis, die Rechtspflege. Bereits im Januar 1849 wurde die Gerichtsverfassung reformiert: Das öffentliche und mündliche Verfahren wurde – wie es vor allem die Verfechter des «rheinischen Rechts» seit Jahrzehnten gefordert hatten – allgemein verbindlich eingeführt. Geschworenengerichte wurden an der Urteilsfindung beteiligt. Die seit 1846 vorgesehene Anklageerhebung durch eine eigene Behörde oblag jetzt der Staatsanwaltschaft. 1851 folgte eine große Strafrechtsreform, deren Vorbereitung seit 1826 nur im Schneckentempo vorangekommen war, bis die Revolutionserfahrung dazu führte, daß ihr die letzten Hindernisse aus dem Weg geräumt wurden. Die Verhängung der Todesstrafe wurde entschieden eingeschränkt, sie durfte auch nicht mehr öffentlich vollzogen werden. Vermögenskonfiskation, Deportation, Pranger und Landesverweisung wurden ebenso wie die anachronistische Verurteilung zum sogenannten «bürgerlichen Tod» aus dem neuen Strafgesetzbuch verbannt, «körperliche Quälereien» ausdrücklich untersagt. Mehr als ein alter Zopf wurde damit am 14. April 1851 abgeschnitten.

Und schließlich, um endlich zwei der wichtigsten Erfolge zu nennen, blieben seit 1848/49 alle deutschen Staaten – mit Ausnahme der Donaumonarchie von 1851 bis 1861 – Verfassungsstaaten, in denen wichtige Schritte, welche die Revolutionsbewegung hin auf die allgemeine Staatsbürgergesellschaft durchgesetzt hatte, nicht rückgängig gemacht wurden. Selbst die preußischen Hochkonservativen, die der oktroyierten Verfassung zuerst heftig widersprochen hatten, hielten den Übergang zur konstitutionellen Regierungsform mit gedämpftem Murren für irreversibel. Bismarck etwa verfocht entschieden die Auffassung, daß sich das Rad dieser Entwicklung nicht mehr zurückdrehen lasse. Nur die unmißverständliche Entschlossenheit, mit der alle Strömungen der Revolutionsbewegung den Verfassungsstaat als politisches Gehäuse der Einzelstaaten und des nationalen Reiches gefordert, verwirklicht oder mittelbar erzwungen hatten, sicherte den Fortbestand der deutschen konstitutionellen Monarchie nach 1849.

Über ihre Behauptungs- und Entwicklungsfähigkeit ist lange kontrovers gestritten worden. Die konservative Staatslehre hat in den Verfassungen nach 1815, 1830, 1848/49, 1867 und 1871 jeweils Teilkapitulationen des Fürstenstaats vor der Volkssouveränität gesehen, aber seit Karl Jarcke und Friedrich Stahl über Carl Schmitt bis Ernst Rudolf Huber bestand man darauf, daß daraus dennoch ein auch auf Dauer in der Systemkonkurrenz lebensfähiger, eigenständiger moderner Staatstypus hervorgegangen sei. Demgegenüber ist von der Kritik zu Recht der Übergangscharakter dieser deutschen konstitutionellen Monarchie hervorgehoben worden, die unter dem anhaltenden Druck der westlichen politischen Modernisierung auf das demokratisierte parlamentarische Regierungssystem hingedrängt wurde, in dem von der – eventuell fortbestehenden – Dynastie nur noch Repräsentationsfunktionen wahrgenommen werden konnten. Insofern sind mit der von der Revolution bewirkten allgemeinen Durchsetzung des konstitutionellen Fürstenstaats die Weichen im Prinzip zugunsten der Parlamentarisierung der deutschen Staaten gestellt worden. Es bedurfte der außergewöhnlichen Koalition einer charismatischen Führungspersönlichkeit wie Bismarck mit den alten Machteliten und neuen Besitzklassen, um diesen Trend zum politischen Systemwandel mit äußerster Anstrengung und verhängnisvollen Folgen einige Jahrzehnte lang aufzuhalten.

Es steht auf einem anderen Blatt, das man indes zu den mittelbaren Erfolgen der Paulskirche rechnen muß, daß die Reichsverfassung von 1849 zusammen mit dem Reichswahlgesetz einen Fundus von Verfassungsmaximen, Grundrechten und weitschauenden politischen Entscheidungen enthielt, auf den die deutsche Politik ein Jahrhundert lang immer wieder zurückgreifen konnte. Ähnlich hat der 1848/49 ausgeführte Grundriß der allgemeinen Staatsbürgergesellschaft viel von seiner Verbindlichkeit behalten. Hier und da wurde das alte adlige Privilegienwesen wieder aufgewertet, aber ein als eigene Rechtsklasse definierter Adelsstand kehrte nicht zurück. Liberale Freiheitsrechte wurden während der schikanösen Reaktionsjahre nach 1849 eklatant mißachtet, aber die Zensur blieb aufgehoben. Politische Teilhaberechte wurden durch Zensusbestimmungen im Wahlrecht antiegalitär gestaffelt, aber die Fortführung der Judenemanzipation, die z.B. in Preußen dazu geführt hatte, daß schon am 6. April 1848 alle staatsbürgerlichen Rechte endlich auch den Juden gewährt worden waren, wurde nicht rückgängig gemacht, obwohl die praktische Diskriminierung im Staatsdienst wie im Alltagsleben in allmählich abgeschwächter Form weiter anhielt.[4]

Vergegenwärtigt man sich diese direkten und indirekten Nachwirkungen der Revolution, tritt die krasse Einseitigkeit der allzu glatten Formel von ihrem Scheitern klar zutage. Besiegt worden ist die Revolution ohne Frage, ihre Maximalziele hat sie nicht erreicht. Trotzdem hat sie mittelbar imponierende Erfolge erzielt, welche Politik und Gesellschaft nach 1850 umgestaltet, ja manchmal von Grund auf verändert haben. Und die Maßstäbe, die sie für die Staats- und Gesellschaftsverfassung, für die Freiheits- und Gleichheitsrechte gesetzt hat, behielten seither die Leuchtkraft eines Ideals, das trotz aller Rückschläge nach 1849 für viele Menschen verbindlich blieb – und deshalb als politische Grundtatsache auf längere Sicht nicht umgangen werden konnte.

VI.

Deutschland am Ende des Feudalzeitalters Der Durchbruch des Industriekapitalismus im Verfassungsstaat

Jenseits der Kategorien von Niederlage und Erfolg hat die Revolution selber zu Folgen geführt oder Prozesse beeinflußt, die in den Jahren nach 1849 weitreichende Konsequenzen gehabt haben, ohne daß sie auf die Intentionen der 48er Bewegung immer unmittelbar zurückgeführt werden könnten. Vielmehr handelt es sich um die Einwirkung auf seit längerem laufende Evolutionsvorgänge oder um Lernprozesse, die von den Erfahrungen mit der Revolution ausgelöst oder vertieft wurden. Einige wichtige Phänomene dieser Art müssen abschließend noch ins Auge gefaßt werden.

Unstreitig ist für die Gesellschaftsgeschichte wichtig, wie intensiv die Klassenbildung durch die Revolution vorangetrieben worden ist. Die Unternehmer-Bourgeoisie gewann an Selbstbewußtsein, als sie miterlebte, wie ihre Repräsentanten und Wünsche von beiden Seiten behandelt wurden. Daß sich ihre Klasseninteressen durch eine enge Zusammenarbeit mit dem autoritären Staat schneller verwirklichen ließen als durch die Macht des Liberalismus, prägte seither den mentalen Habitus einer Mehrheit ihrer Mitglieder. Das Erlebnis des Bürgerkriegs, die Angst vor der jakobinischen Diktatur und den liberal-demokratischen Neigungen im Bildungsbürgertum vertiefte die Außengrenzen und trieb außer der erhöhten Binnenhomogenität die Klassenformierung weiter voran.

Auch die Klassengrenzen zwischen der beamteten Intelligenz, die den siegreichen konservativen Staaten weiter diente, den freiberuflichen Akademikern und dem mittelständischen Wirtschaftsbürgertum sind durch unterschiedliche politische Konflikterfahrungen und unterschiedliche Erwartungen während der Revolutionszeit eher vertieft worden. Die noch zu erörternde Spaltung durch die verschiedenartige Reaktion auf das Problem, welche politischen Konsequenzen man aus dem Revolutionsausgang ziehen sollte, hat diese Trennungslinien verschärft.

In der gewerblichen Arbeiterschaft ist das Klassenbewußtsein ebenfalls durch die Härte der politischen und gesellschaftlichen Auseinandersetzungen, der militärischen und polizeilichen Repression gefördert worden. Die vielfach erlebten Abgrenzungsbemühungen der bürgerlichen Sozialformationen haben ganz so das ihre dazu beigetragen wie auf der anderen Seite die zeitweilig bestechenden Erfolge der eigenen Organisationsbildung, die Selbstvertrauen, Solidarität und Selbsthilfefähigkeit gesteigert haben.

Über den Wirkungen auf die städtischen Besitz-, Berufs- und Erwerbsklassen darf man den Einfluß auf den Landadel nicht vergessen. Der Abschluß der Agrarreformen hat zusammen mit der landwirtschaftlichen Hochkonjunktur den ohnehin langlebigen Trend, diesen Adel in eine Agrarunternehmerklasse mit erneut geschmälerten herrschaftsständischen Attributen zu verwandeln, noch einmal gefördert. Und schließlich hat die Revolution die Unterschiede zwischen den agrarischen Besitzklassen, aber auch zwischen Bauern und Landproletariat scharf hervorgetrieben.

Nicht Marktkräfte, sondern in erster Linie politische Konflikterfahrungen haben die Klassenkonstituierung unterstützt. Überhaupt hinterließ die Politik, auch der bis zum Bürgerkrieg gesteigerte politische Machtkampf von 1848/49 tiefe Spuren, auf die wiederum politisch reagiert wurde.

Die Faszination eines deutschen Nationalstaats, der vielen so greifbar nahe erschienen war, blieb trotz des Fiaskos der Paulskirche erhalten. Zwar mußte die Verwirklichung dieses Ziels, wie in Italien, Ungarn und anderswo, aufgeschoben werden, die Dynamik des Nationalismus als politischer Religion einer Massenbewegung blieb jedoch erhalten. Sie erwies sich schließlich als so stark, daß die konservativen «Totengräber der Revolution» auf diesem Gebiet, wie Friedrich Engels eine komplizierte zwanzigjährige Entwicklung pointiert charakterisierte, schließlich «ihre Testamentsvollstrecker» wurden.

Zu den strukturellen Folgen der Revolution gehörte auch die seither nicht mehr aufzuhaltende Politisierung der verschiedenen Schichten und Klassen. Die Arbeiter insbesondere der Gewerberegionen und der städtischen Industrie machten eine Erfahrung von weitwirkender Bedeutung. Von der Mehrheit des Bürgertums war offenbar sobald keine durchgreifende Sozialreform und keine staatsbürgerliche Gleichberechtigung zu erwarten. Andrerseits konnte der «Emanzipationskampf des Vierten Standes», wie es in zeitgenössischer Sprache hieß, offenbar auch nicht auf den Barrikaden gewonnen werden. Daraus ergab sich der Schluß, daß eine selbständige, effektive Gegenmacht des Proletariats nur auf lange Sicht in mühseliger Kärrnerarbeit organisiert werden konnte. In gewisser Hinsicht haben bereits die Enttäuschungen der Revolutionszeit den Bruch zwischen bürgerlichem Liberalismus und proletarischer Demokratie in den späten 60er Jahren vorgeformt.

Zu den Grunderfahrungen der bürgerlichen Welt gehörte die Bestätigung der Auffassung, daß wichtige bürgerliche ökonomische und politische Ziele auch ohne eine revolutionäre Umwälzung mit ihren hohen sozialen Kosten zu erreichen seien. Dem lag zwar ein Fehlurteil über die damals kaum entbehrliche Hilfsfunktion revolutionärer Volksbewegungen zugrunde, ohne die das Ausmaß staatlicher Konzessionen schwer vorstellbar ist, aber auf jeden Fall, hieß es, komme die bürgerliche Bewegung – wie die Liberalen immer geglaubt hatten – «nicht-jakobinisch» besser voran als in Verbindung mit Demokraten und Republikanern.

Sieht man genauer hin, erkennt man zwei unterschiedliche Reaktionen auf die Revolution. Bei einem gut Teil der bürgerlichen Liberalen wurden Resignation und Enttäuschung rasch überwunden. In einer weitverzweigten Publizistik über die Zukunft von Liberalismus und Bürgertum ist alsbald wieder erstaunlich selbstsicher und in dem Bewußtsein argumentiert worden, daß sich die unaufhaltbaren gesellschaftlichen Veränderungen über kurz oder lang doch zugunsten des liberalen Bürgertums auswirken müßten. Die Erfolge des süddeutschen Liberalismus und die Tatsache, daß gut zehn Jahre nach der Revolution auch der preußische Liberalismus bereits wieder in einen «Verfassungskonflikt» eintreten konnte, wirkten als Bestätigung solcher Überlegungen.

In einer anderen Strömung herrschte, nachdem die bürgerlichen Liberalen sowohl mit einem deutschen Nationalstaat als auch mit einer gesamtdeutschen Verfassung gescheitert waren, zuerst tiefer Pessimismus vor. Er leitete zu einer skeptischen Überprüfung der eigenen politischen Möglichkeiten über; diese räumte mit allerhand Illusionen auf und fand schließlich in Ludwig August v. Rochaus Postulat einer neuen «Realpolitik» (1853), welche die gegenwärtig bestehende Machtkonstellation als Grundlage erfolgreichen politischen Handelns akzeptieren sollte, ihren adäquaten Ausdruck.

Neu gestärkt gingen die alten Herrschaftseliten aus dem Bürgerkrieg hervor. In der Regierung und Verwaltung, in den Gutsbezirken und dem Heer, das nach drei Jahrzehnten voller Enttäuschungen jetzt von seinem konterrevolutionären Erfolgserlebnis zehren konnte, hatten sie die strategischen Positionen behauptet. Dennoch sahen sich diese Exponenten des Konservativismus einer schwierigen Aufgabe gegenüber. Während und dank der Revolution war die traditionale Politik der Gottesgnadenherrschaft in ihre Endphase eingetreten. Als Rechtfertigungsprinzip hatte diese Metaphysik des spätabsolutistischen Fürstenstaats ihre Glaubwürdigkeit weithin verloren – obwohl sie sich im Bewußtsein mancher Herrscher und konservativer Bevölkerungsteile weiter halten mochte. Unter den – in Preußen noch ganz ungewohnten – Bedingungen des Verfassungsstaats mußten sich die weniger dogmatischen Köpfe dieser Machteliten auf die eigentliche politische Innovation der nachrevolutionären Epoche einstellen: auf den rasch expandierenden politischen Massenmarkt, wo «das Volk» in einem neuen Sinn als politischer Faktor nicht mehr zu umgehen war, sondern bewußt berücksichtigt werden mußte. Seither hing die Stellung des starken Staats entscheidend davon ab, ob es ihm gelingen werde, durch eine volkstümliche Fortsetzung der «Revolution von oben» seine Flexibilität zu beweisen und im Verbund mit starken Volksbewegungen seine Führungsrolle zu behaupten.

Blickt man auf solche Erscheinungen der postrevolutionären Ära, läßt sich kaum bestreiten, daß auch im Kontext gemeineuropäischer Revolutionsniederlagen und Revolutionserfahrungen einige Sonderbedingungen des deutschen Modernisierungswegs eher verstärkt als vermindert worden sind. Die privilegierte Stellung der alten Eliten war gegen den Ansturm der Revolution behauptet worden. Bürokratische Herrschaft im Alltag veränderte sich genauso wenig wie das ländliche Leben in Ostelbien. Das Militär kultivierte das Bewußtsein, sich als wahrhaft staatserhaltende Macht bewährt zu haben. Die Parlamente hatten weiterhin um ihren Rang als Machtfaktor zu kämpfen, von einer Aufwertung, wie sie sie inzwischen in England, Westeuropa und Nordamerika längst erfahren hatten, trennte sie noch ein langer Weg. Die Spaltung zwischen den bürgerlichen Sozialformationen hatte sich vertieft, die Kluft zwischen Bürgern und Arbeitern weiter denn zuvor geöffnet.

Und, nicht zuletzt, statt des stolzen Rückblicks auf eine erfolgreiche Revolution blieb trotz aller positiven Auswirkungen vorerst der Eindruck der Niederlage im Gedächtnis haften. Daran konnte die negative Stilisierung der 48er Revolution durch die Konservativen und ihre Hilfstruppen unter den Journalisten und Historikern anknüpfen. Angeblich hatte der Mißerfolg die politische Unfähigkeit der Liberalen und Demokraten, ihren Doktrinarismus, ihren Mangel an Machtinstinkt eklatant bewiesen. Wegen der evidenten politischen Unmündigkeit der Deutschen sollte, lautete die Schlußfolgerung, das Regieren ein Monopol der erfahrenen Herrschaftseliten bleiben. Als «Lehre» der Revolution wurde unermüdlich verkündet, man sollte möglichst ihnen allein eine wahrhaft zeitgemäße «Realpolitik» überlassen. Wenn Heinrich Heine urteilte: «Eine Revolution ist ein Unglück, aber ein noch größeres Unglück ist eine verunglückte Revolution», und wenn Friedrich Hebbel klagte: «Wenn eine Revolution verunglückt, so verunglückt ein ganzes Jahrhundert, denn dann hat der Philister einen Sachbeweis» – dann lag das eigentliche Unglück der deutschen Revolution von 1848/49 darin, daß ihre mittelbar erzielten Erfolge so oft aus dem öffentlichen Bewußtsein verdrängt, die konservativen Machteliten als die einzig politikfähigen Kräfte hochstilisiert und nachteilige Sonderbedingungen der neueren deutschen Geschichte noch tiefer eingeschliffen wurden.

Diese negativen Wirkungen zu konstatieren, heißt jedoch nicht, auf ein positives Urteil über zwei grundlegend wichtige gesamtgesellschaftliche Konstellationen zu verzichten. Im Gegenteil: Aus der historischen Distanz muß mit allem Nachdruck eine zweifache fundamentale Zäsur noch einmal betont werden.

Einmal spielte sich seither das politische Leben der Deutschen im konstitutionellen Staat ab: mit einem funktionsfähigen Parlament und politischen Parteien, von einer grundgesetzlichen Verfassungsurkunde garantiert, von den Aktivwählern des entstehenden politischen Massenmarkts mitgetragen und bald zu demokratischen Veränderungen gedrängt. Daß Preußen als eines der beiden deutschen Großreiche 1848 Verfassungsstaat wurde und blieb, hat unstreitig die Revolution bewirkt; mit rund zehnjähriger Verspätung mußte sich auch die Habsburgermonarchie dem politischen Modernisierungstrend beugen. Welche Schwächen und Grenzen dieses politische System vorerst noch besitzen mochte, im Grunde wurde jetzt von allen Staaten des späteren kleindeutschen Reiches der Weg in die moderne politische Welt eingeschlagen. Und aus der Perspektive seines Hegemonialstaats Preußen erwies sich der Übergang zum Verfassungsstaat als geradezu außerordentlich folgenreich. Trotz der Niederlage der 48er Revolution hat die deutsche «Doppelrevolution» auf ihrem politischen Aktionsfeld doch diesen eminent wichtigen Erfolg erreicht.

Als wichtiger noch erwies sich, daß nunmehr dem endgültigen Durchbruch der deutschen Industriellen Revolution keine Barrieren mehr im Wege standen. Der erste, ihren Beginn repräsentierende zyklische Aufschwung seit 1845 hatte zwar 1847/48 mit seinen Wachstumskräften eine konjunkturelle Stockung nicht sogleich überwinden können; es folgten die turbulenten Revolutionjahre und eine kurzlebige nachrevolutionäre Rezession. Danach aber trat der deutsche Industriekapitalismus mit beispielloser Dynamik seinen eigentlichen Siegeszug an.

Deshalb endete zwischen 1845 und 1850 das tausendjährige Feudalzeitalter auch auf deutschem Boden. Wenn der Industriekapitalismus «weltgeschichtlich die erste Produktionsweise» ist, «die selbstgeregeltes wirtschaftliches Wachstum institutionalisiert», dehnte seither dieser neuartige Evolutionsprozeß in den entwicklungsfähigen deutschen Regionen sein Fundament mit ungeahnter Durchsetzungskraft aus. In ihrem ökonomischem Bereich eröffnete daher die deutsche «Doppelrevolution» das neue Zeitalter der industriellen Welt auch in den deutschen Staaten.[1]

Anhang

Anmerkungen

Dritter Teil
Deutschland in der Epoche vor seiner «Doppelrevolution» 1815–1845/1848

1 A. de Tocqueville, Memoirs I, London 1861, 423 (an M. Stoffels, 28.4. 1850). Eric Hobsbawm (Europ. Revolutionen) hat die «Doppelrevolution» (sinngemäß zuerst bei: F. Engels, Anti-Dühring [1878], in: MEW 20. 1971, 243; faktisch aber auch schon bei: Burckhardt, Weltgeschichtl. Betrachtungen [1868], 102) eingehend thematisiert. Außer den bereits zitierten Darstellungen und Handbüchern sind die folgenden sieben am besten: K.-G. Faber, Deutsche Geschichte im 19. Jh., Restauration u. Revolution 1815–1851 (in: Just Hg. 3/I b), Wiesbaden 1979; D. Langewiesche, Europa zwischen Restauration u. Revolution 1815–1849, München 1985; R. Koch, Deutsche Geschichte 1815–1848. Restauration oder Vormärz?, Stuttgart 1985; R. Rürup, Deutsche Geschichte 1815–1871, Göttingen 1984; M. Botzenhart, Deutsche Geschichte 1789–1847, Frankfurt 1985; W. Hardtwig, Vormärz. Der monarch. Staat u. das Bürgertum, München 1985; H. Lutz, Zwischen Habsburg u. Preußen. Deutschland 1820–66, Berlin 1985. – T.S. Hamerow, The Birth of a New Europe. State and Society in the 19th Century, Chapel Hill 1983, ders., Restoration, Revolution, Reaction. Economics and Politics in Germany 1815–1871, Princeton 1972^{6}; W. Bussmann, Vom Heiligen Röm. Reich deutscher Nation zur Gründung des Deutschen Reiches 1789–1871, in: HEG V, 38–186, 404–615; E.N. u. P. Anderson, Political Institutions and Social Change in Continental Europe in the 19th Century, Berkeley 1967; H. Benedikt, Das Zeitalter der Emanzipation 1815–48, Wien 1977; C. Morazé, Das Gesicht des 19. Jh., Düsseldorf 1959; Koselleck, in: L. Bergeron u.a., 199–319; H. Hürten, Restauration u. Revolution im 19. Jh., Stuttgart 1981; K. Obermann, Deutschland 1815–1849, Berlin 1976^{4}; W. Carr, A History of Germany 1815–1945, London 1979^{2}, 1–63; E. Sagarra, An Introduction to 19th Century Germany, ebd. 1980, 1–123; Ford, 1780–1830; B. Croce, Geschichte Europas im 19. Jh., Frankfurt 1968^{3}; G.A. Craig, Geschichte Europas 1815–1980, München 1983; F.B. Artz, Reaction and Revolution 1814–1832, N.Y. 1963^{2}; W.L. Langer, Political and Social Upheaval 1832–1952, ebd. 1969; C. Breunig, The Age of Revolution and Reaction 1789–1850, ebd. 1977^{2}; J. Droz, Europe Between Revolutions 1815–1848, ebd. 1967; H. Hearder, Europe in the 19th Century 1830–1880, ebd. 1966; J. McManners, Europeans History 1789–1914, ebd. 1969^{2}; E. Lipson, Europe in the 19th Century, ebd, 1966^{2}; NCMH 9. 1965 (1793–1830); 10. 1960 (1830–1870); P.M. Hayes, The 19th Century 1814–1880, London 1975; M.S. Anderson, The Ascendancy of Europe 1815–1914, ebd. 1972^{2}; K.R. Perry, The Bourgeois Century 1780–1870, Basingstoke 1972; E.L. Woodward, Prelude to Modern Europe 1815–1914, London 1972; H.L. Peacock, A History of Modern Europe 1789–1970, ebd. 1971^{4}; B.D. Gooch, Europe in the 19th Century, ebd. 1970. – M. Tacel, Restauration, révolutions, nationalitès 1815–1870, Paris 1975^{2}; J. Vial, L'avènement de la civilisation industriel 1815–1970, ebd. 1973; F.-G. Dreyfus, Histoire des Allemagnes, ebd. 1972^{2}; P. Ayçoberry, L'unité allemande 1800–1871, ebd. 1972^{2}; J. Droz, La formation de l'unité allemande 1848–1871, ebd. 1984^{2}, sowie P. Flora, State, Economy, and Society in Western Europe. A Data Handbook 1815–1980, 2 Bde, Frankfurt 1983/87.

Aufschlußreich, um wissenschaftliche Analyse durch Anschaulichkeit zu ergänzen: z.B. Gutzkow; Klöden; Perthes; F. Lewald, Meine Lebensgeschichte, 3 Bde, Berlin 1861/62; L. v.Schlözer, D. v.Schlözer, 1770–1825, Göttingen 1937; T. Fontane, Meine Kinderjahre,

München 1971; ders., Von 20 bis 30, ebd. 1973; J. Fröbel, Ein Lebenslauf, 2 Bde, Stuttgart 1890/91; W. v. Kügelgen, Lebenserinnerungen des alten Mannes, 1840–1867, Leipzig 1923/1942; J. v. Hartmann, Lebenserinnerungen, 2 Bde, Berlin 1882; H. Steffens, Was ich erlebte, 10 Bde, Breslau 1841–45; H.V. v. Unruh, Erinnerungen, Stuttgart 1895; J. Jacoby, Briefwechsel 1816–49, Hg. E. Silberner, Hannover 1974; A. v. Ungern-Sternberg, Erinnerungsblätter, 6 Bde, Berlin 1855/60, natürlich: K. A. Varnhagen v. Ense, Denkwürdigkeiten des eigenen Lebens, 6 Bde, Leipzig 1871[3]; ders., Tagebücher, 8 Bde, ebd. 1861/62 – Zürich 1865; J. Schondorf Hg., K. A. Varnhagen v. Ense u. Fried. Fürst Schwarzenberg, Tagebücher 1835–66, München 1960; G. Freytag, Bilder aus der deutschen Vergangenheit IV: 1700–1848, Leipzig 1867[5], sowie M. v. Boehn, Biedermeier Deutschland 1815–1847, Berlin 1923.

[2] Mann, 130. Vgl. Weis (Durchbruch, 11, 80): «Sozial- und verfassungsgeschichtlich bedeutet das Zeitalter» zwischen 1776 und 1848 «für Europa einen tieferen Einschnitt, als es der Beginn der Neuzeit um 1500 getan hatte»; bis 1848 habe sich eine säkulare Zäsur nach dem 1000jährigen Feudalzeitalter vollzogen. – Burckhardt, Fragmente, 269. Vgl. T. Schieder, Die histor. Krisen im Geschichtsdenken J. Burckhardts, in: ders., Begegnungen mit der Geschichte, Göttingen 1962, 129–62. – Zur bürgerlich-liberalen Bewegung vgl. hier nur: L. Gall Hg., Liberalismus, Königstein 1985[3] (v. a. Krieger, Sheehan, Gall, Schieder, Schmidt); dazu: W. J. Mommsen, Der deutsche Liberalismus zwischen «klassenloser Bürgergesellschaft» u. «Organisiertem Kapitalismus», in: GG 4. 1978, 77–90; K.-G. Faber, Strukturprobleme des deutschen Liberalismus im 19. Jh., in: Der Staat 14. 1975, 201–27. – Zur Judenemanzipation: Rürup, Emanzipation. – Zur Frauenemanzipation als typisches frühliberales Zeugnis: T. G. v. Hippel, Über die bürgerl. Verbesserung der Weiber, Frankfurt 1794/ebd. 1977; mit zahlreichen Lit.hinweisen: U. Frevert, Frauen-Geschichte. Zwischen Bürgerl. Verbesserung u. Neuer Weiblichkeit, Frankfurt 1986; H.-U. Wehler Hg., Frauen in der Geschichte des 19. u. 20. Jh. (= GG 7. 1981, H. 3 u. 4). – Zur Arbeiterbewegung jetzt nur: W. Schieder, Anfänge der deutschen Arbeiterbewegung, Stuttgart 1963; ders., Die Rolle der deutschen Arbeiter in der Revolution von 1848/49, in: W. Klötzer u. a., Ideen u. Strukturen der deutschen Revolution 1848, Frankfurt 1974, 43–56.

I. Kontinuität und Anstieg des Bevölkerungswachstums

[1] Vgl. zur Bevölkerungsgeschichte von 1815 bis 1848 außer der bereits genannten allg. Lit. (Carr-Saunders; Guilleaume u. Pousseau; Reinhard u. a.; Cipolla u. Borchardt; Wrigley; Mackenroth; Keyser, Bevölkerungsgeschichte; Lösch; Mombert; v. Inama-Sternegg u. a.; Imhof, Demographie; ders. Hg.) v. a. noch: K. M. Bolte u. a., Bevölkerung, in: HSW 2. 1959, 151–98; W. Winkler u. a., Bevölkerungswesen, in: HStW 2. 1924[2], 633–825; D. Kirck u. a., Population, in: IESS 12. 1968, 342–88; R. R. Kuczynski u. A. B. Wolfe, dass., in: ESS 12. 1934, 240–54; G. Feichtinger, Bevölkerung, in: HWW 1. 1977, 610–31; B. R. Mitchell, European Historical Statistics 1750–1970, London 1975; D. V. Glass u. E. Grebenik, World Population 1800–1950, in: CEHE VI/1, 57–138, 930–37; J. Dupâquier, Population, in: NCMH 13. 1980[2], 80–114; T. McKeown, The Modern Rise of Population, London 1976; A. Armengaud, Population in Europe 1700–1914, in: FEHE 3. 1973, 22–77; P. Léon, L'évolution démographique, économique et sociale, in: M. Beloff u. a. Hg., L'Europe du XIXe et du XXe Siècle I, Mailand 1959, 333–70; J. de Vries, European Urbanization 1500–1800, London 1984; P. M. Hohenberg u. L. H. Lees, The Making of Urban Europe 1000–1950, Cambridge/Mass. 1985; P. Bairoch, Populations Urbaine et Tailles des Villes en Europe 1600–1970, in: RHES 54. 1976, 304–35; H. Haufe, Die Bevölkerung Europas im 19. u. 20. Jh., Berlin 1936; W. L. Langer, Europe's Initial Population Explosion, in: ders., Explorations in Crisis, Hg. C. u. E. Schorske, Cambridge/Mass. 1969, 433–51; A. F. Weber, The Growth of Cities in the 19th Century, Ithaca 1968[2], 80–94. – W. Köllmann Hg., Quellen zur Bevölkerungs-, Sozial- u. Wirtschaftsstatistik Deutschlands 1815–1875 I: Bevölkerungsstatistik 1815–1875, Bearb. A. Kraus, Boppard 1980; ders., Bevölkerungsgeschichte 1800–1970, in: HWS II, 9–50; ders., Bevölke-

rung in der Industriellen Revolution; ders. u. P. Marschalck Hg., Bevölkerungsgeschichte, Köln 1972, Lit.: 391–400; W.R. Lee, Germany 1750–1970, z.T. identisch mit: ders., Regionale Differenzierung im Bevölkerungswachstum Deutschlands im frühen 19. Jh., in: Fremdling u. Tilly Hg., 192–229; S. Hochstadt: Migration and Industrialization in Germany 1815–1977, in: Social Science History 5. 1981, 445–68; H. Michel, Volkszählungen in Deutschland 1816–1933, in: JbW 1985/II, 79–89; H. Thümmler, Zur regionalen Bevölkerungsentwicklung in Deutschland 1816–1871, in: JbW 1977/I, 55–72; K. Obermann, Die deutsche Bevölkerungsstatistik u. die Bevölkerungsstruktur des Deutschen Bundes um 1815, in: Köllmann u. Marschalck Hg., 190–219; H. Harnisch, Bevölkerung; ders., Bevölkerungsgeschichtl. Probleme der Industriellen Revolution in Deutschland, in: K. Lärmer Hg., Studien zur Geschichte der Produktivkräfte, Berlin 1979, 267–339; ders., Quellen zur Bevölkerungsgeschichte in der Periode des Übergangs vom Feudalismus zum Kapitalismus, in: JbW 1979/I, 243–49; Ipsen, Bauernbefreiung; Schissler, Agrargesellschaft, 159–63; Hohorst, Wirtschaftswachstum; A. v. Nell, Die Entwicklung der generativen Strukturen von bürgerl. u. bäuerl. Familien 1750–1970, Diss. Bochum 1973. – Die Volkszahl der deutschen Staaten seit 1816, in: Statistik des Deutschen Reiches (= SDR) 37/II, Berlin 1879; Stand u. Bewegung der Bevölkerung 1841–1886, SDR, NF 44, ebd., 1892; F. Zahn, Die Bevölkerung des Deutschen Reiches im 19. Jh., in: VSDR 11. 1902, 161–226. – Für Preußen insbes.: JbSPS 2. 1867; A. v. Fircks, Rückblick auf die Bewegung der Bevölkerung im preuß. Staate 1816–1874, in: Preuß. Statistik (= PSt) 48 A, Berlin 1879; A. Markov, Das Wachstum der Bevölkerung u. die Entwicklung der Aus- u. Einwanderungen, Ab- u. Zuzüge in Preußen 1824–1885, Tübingen 1889; H. Rogmann, Die Bevölkerungsentwicklung im preuß. Osten in den letzten 100 Jahren, Berlin 1937; P. Quante, Die Bevölkerungsentwicklung der preuß. Ostprovinzen im 19. u. 20. Jh., in: ZfO 8. 1959, 481–99; K. Weimann, Bevölkerungsentwicklung u. Frühindustrialisierung in Berlin, 1800–1850, in: Büsch Hg., Untersuchungen, 150–90; E. Schmieder, Wirtschaft u. Bevölkerung, in: H. Herzfeld Hg., Berlin u. die Provinz Brandenburg im 19. u. 20. Jh., Berlin 1968, 309–421. – Lee, Population Growth; ders., Zur Bevölkerungsgeschichte Bayerns 1750–1850, in: VSWG 62. 1975, 309–38; Königl. Statist. Landesamt Hg., Bayern. Entwicklung nach den Ergebnissen der amtl. Statistik, München 1915. – H. Kiesewetter, Bevölkerungswachstum während der Industrialisierung im Königreich Sachsen, in: SM 16. 1982, 79–108; K. Lange, Die soziale Gliederung der Bevölkerung im Königreich Sachsen, Diss. Leipzig 1915; Blaschke, Bevölkerungsgeschichte, 181–95. – S. Reekers, Westfalens Bevölkerung 1818–1955, Münster 1956; H. Uekötter, Die Bevölkerungsbewegung in Westfalen u. Lippe 1818–1933, Diss. ebd. 1941; E. Knirim, Die Verschiebungen der Volksdichte im engeren westfäl. Ruhrgebiet 1818–1925, ebd. 1928; K. Horstmann, Bevölkerungs- u. Wirtschaftsentwicklung in Minden-Ravensberg, Lippe u. Osnabrück 1800–1860, in: Raumordnung im 19. Jh., Hannover 1965, 97–116; Buchholz, 4–85; H. Losch, Die Bewegung der Bevölkerung Württembergs im 19. Jh., in: Württ. Jb. für Statistik u. Landeskunde 1900, 55–165; Griesmeier, 123–32. – P. Marschalck, Deutsche Überseewanderung im 19. Jh., Stuttgart 1973; M. Walker, Germany and the Emigration 1816–1885, Cambridge/Mass. 1964; F. Burgdörfer, Die Wanderungen über die deutschen Reichsgrenzen im letzten Jh., in: Allg. Statist. Archiv (= ASA) 20. 1930, 161–96, 383–419, 537–51, z.T. auch in: Köllmann u. Marschalck Hg., 281–322; W. Mönckmeier, Die deutsche überseeische Auswanderung, Jena 1912; W. v. Hippel, Auswanderung aus Süddeutschland, Stuttgart 1984; G. Moltmann Hg., Deutsche Amerikaauswanderung im 19. Jh., ebd. 1976. Aus der älteren Statistik v.a. noch: F.W. Schubert, Handbuch der allg. Staatskunde von Europa I/1–4; II/1, Königsberg 1834/42; F.W. v. Reden, Vergl. Kultur-Statistik, Berlin 1848; ders., Deutschland u. das übrige Europa, 2 Bde, Wiesbaden 1854; G. Kolb, Handbuch der vergl. Statistik, Zürich 1857; H.F. v. Brachielli, Deutsche Staatenkunde, 2 Bde, Wien 1856/57; ders., Handbuch der Statistik des Königreichs Preußen u. der deutschen Mittel- u. Kleinstaaten, Leipzig 1864; Hausner; G. Hassel, Statist. Umriß der sämtl. europ. Staaten, Braunschweig 1805/Weimar 1823²; J.G. Hoffmann, Die Bevölkerung des preuß. Staates, Berlin 1839; H.K. Berghaus, Statistik des preuß. Staates, ebd. 1845; C.F.W. Dieterici, Die Bevölkerung des preuß. Staates 1846, ebd. 1848; ders., Handbuch der Statistik des preuß. Staates, ebd. 1861; G. v. Viebahn, Statistik des zollvereinten u. nördl. Deutschland, 3 Bde, ebd. 1858/62/63; A. Franz, Der preuß. Staat. Handbuch der Statistik, Leipzig 1854. – Zitat: Hegel, Grundlinien, §§ 243–45, 200f. Zur Diskussion vorher: II.2.1, Anm. 11–14; 2.5, Anm. 46; 3.4, Anm. 95.

[2] Vgl. oben Bd. I, Teil 2, II, 6 und *Übersicht 1*; Mackenroth, Bevölkerungslehre, 325–31, s. 119–30; H. Linde, Generative Strukturen, in: Studium Generale 12. 1955, 343–50; G. Ipsen, Bevölkerungslehre, in: HGA I, 1933, 425–74; z.T. in: Köllmann u. Marschalck Hg., 84–92; W. Köllmann, Bevölkerungsentwicklung u. ‹moderne Welt›, in: ders., Bevölkerung, 26f.; ders., Gesellschaftl. Grundlagen der Bevölkerungsbewegung, in: F.X. Kaufmann Hg., Bevölkerungsbewegung zwischen Quantität u. Qualität, Stuttgart 1975, 20–29; Kraus Bearb., 5–12. – Zur protoindustriellen Familie die exzellenten Studien von Medick und Mooser. – Zur vieldiskutierten «Demographic Transition»: Imhof; Wrigley; Helleiner; T.H. Hollingsworth, Historical Demography, Ithaca 1969; Glass u. Eversley Hg., z.T. in: Köllmann u. Marschalck Hg., 93–153; R. Mackensen, Theoret. Erwägungen zur Vielgestaltigkeit des «Demographischen Übergangs», in: ebd., 76–83; P. Marschalck, Zur Theorie des demogr. Übergangs, in: K. Schwarz u.a., Ursachen des Geburtenrückgangs, Stuttgart 1979, 43–60; A. Castell, Unterschichten im «Demograph. Übergang», in: Mommsen u. Schulze Hg., 373–94; allg. A.C. Kelly, Demographic Cycles and Economic Growth: The Long Swing Reconsidered, in: JEH 29. 1969, 633–56; G. Hohorst, Bevölkerungsentwicklung u. Wirtschaftswachstum als histor. Entwicklungsprozeß demo-ökonomischer Systeme, in: R. Mackensen u. W. Wever Hg., Dynamik der Bevölkerungsentwicklung, München 1973, 91–118; Behre, 456–62; Harnisch, Bevölkerung, 56–73; ders., Probleme, 285–87; Koselleck, Preußen, 132–34, 503f.; Wrigley, 152–58; Abel, Wachstumsschwankungen, 187; Hajnal, 101–43.

[3] Vgl. Harnisch, Bevölkerung, 79–84, Zit. 80 u. 84; v. Nell; Thümmler, 57f.; W. Köllmann, Bevölkerung u. Arbeitskräftepotential in Deutschland 1815–1865, in: ders., Bevölkerung, 61–98, s. 62, Tab. 1 u. 96 (Marschalck); Gillis, Development, 25, 27 (Europa 1770–1847: 1.5 p.a.); Dieterici, Handbuch, 154f.; Lösch, 12–15; Weber, Growth, 82; H. Matzerath (Grundstruktur städt. Bevölkerungsentwicklung in Mitteleuropa im 19. Jh., in: W. Rausch Hg., Die Städte Mitteleuropas im 19. Jh., Linz 1983, 27f.) zeigt klar, daß das Wachstum der preußischen Stadtbevölkerung von 1816 = 27,9% bis 1849 = 28,1% genau dem der Gesamtbevölkerung (= +57,5%) entsprach: +59%; Keyser, Städte, 33f.; ders., Bevölkerungsgeschichte, 509–23; v. Ciriacy-Wantrup, 89; D.G. Rohr, The Origins of Social Liberalism in Germany, Chicago 1963, 13–16; Lee, Differenzen, 207f.; – *Übersicht 15 u. 16:* nach Kraus Bearb., 226; die Provinzen ebd., 154, 160, 166, 172, 178, 184, 196, 208, 214, s. 8; Lee, Germany, 178, Tab. 4.1. In Klammern die berichtigten Zahlen der Neuberechnung der (bei Kraus zugrunde liegenden) amtlichen Angaben durch P. Marschalck in: Köllmann, Bevölkerung, 94. Vgl. auch Ipsen, Bauernbefreiung, 182, Tab. 8; Meitzen I, 313. Dietericis Zahlen aus dem «Statistischen Büro» werden ab 1843 allgemein akzeptiert. Durch Kraus und Marschalck sind überholt die statistischen Angaben bei Obermann, Bevölkerungsstatistik, 198–200. Krug (Abriß, 12–15) gibt für 1800 9,3 Mill. an, davon waren jedoch 4,2 Mill. Polen. Nachdem Tilsit Preußen 5,2 Mill. Einwohner gelassen hatte, kamen nach der Wiener Neuordnung von 1815 2,95 Mill. Einwohner mit den neuen Westprovinzen hinzu. Vgl. J. Droz, La Formation de l' Unité Allemande 1848–1871, Paris 1970, 126. – Berlin: Kraus Bearb., 190; Baar, Berliner Industrie, 171; Schmieder (414) gibt für seine Stichjahre viel höhere Zahlen an, da er vermutlich die Garnison hinzurechnet. Bis 1784: F. Nicolai, Beschreibung der Residenz- u. Hauptstädte Berlin u. Potsdam, Berlin 1795/ebd. 1968/1987. – Die angedeuteten kritischen Vorbehalte richten sich gegen die Auffassung, daß Bevölkerung und Wirtschaft nicht in einem Kausalverhältnis zueinander stünden, sondern «zwei Seiten eines integrativen Sozialprozesses» bildeten (Mackenroth, 414; vgl. Kraus Bearb., 5; Köllmann, Bevölkerungsge-

schichte, 9; vgl. dagegen: K.O. Trieb, Wirtschaft u. Bevölkerung in Deutschland 1800–1850 in ihren Wechselbeziehungen [Württ., Sachsen, Prov. Preußen], Diss. Gießen 1928), mithin sich nur «strukturanalog» verhielten. Dialektische Wechselwirkung wird wohl eher zutreffen, während die zitierte Formulierung leicht von der Frage nach den Ursachen der Entwicklung jener «zwei Seiten des Sozialprozesses» ablenken und scharfes Nachbohren (z. B.bei Harnisch, Probleme!) durch voreiliges Sichzufriedengeben ersetzen kann.

[4] Vgl. Schissler, Agrargesellschaft, 159–63; Dickler, 218f.; Lee, Differenzen, 196; Harnisch, Probleme, 288. – *Übersicht 17:* Posener Zahlen nach: Kraus Bearb., 166; S. Borowski, Demographic Development and the Malthusian Problem in the Polish Territories under German Rule 1807–1914, in: P. Deprez Hg., Population and Economics, Winnipeg 1970, 46; ders., Kształtowanie się rolniczego rynku pracy w Wielkopolsce w okresie wielkich reform agrarnych 1807–1860 (Die Entwicklung des Landarbeitermarktes in Großpolen zur Zeit der Hauptagrarreformen), Posen 1963, 623; Dickler, 282. – *Übersicht 18:* Ipsen, Bauernbefreiung, 175 (nach R. Stein, III, 404, 417); s. auch Harnisch, Bevölkerung, 79 Tab. 15 (1798: Kurmark mit ca. 70% Landlosen u. -armen), 82 (80% i. Krs. Lebus); gutes lokalgeschichtliches Beispiel: H. Linde, Preuß. Landesausbau (Piasutten/Kr. Ortelsburg), Leipzig 1939. Schlesien: Kraus Bearb., 172; Bleiber, Reform, 60–81. – Pommern: Kraus Bearb., 184; Harnisch, Bevölkerung, 83, Tab. 18; Wrigley, 155; J.H. Clapham, The Economic Development of France and Germany 1815–1914, Cambridge 1961^4, 37–52.

[5] Vgl. Dickler, 281f.; Schissler, Agrargesellschaft, 159f.; Lee, Differenzen, 204 (dazu Tilly, ebd., 227); R. Berthold, Die Veränderungen im Bodeneigentum u. in der Zahl der Bauernstellen, der Kleinstellen u. der Rittergüter in den preuß. Prov. Sachsen, Braunschweig u. Pommern während der Durchführung der Agrarreformen des 19. Jh., in: Studien zu den Agrarreformen, 7–116; Harnisch, Bedeutung, 83; ders., Probleme, 304f., 309–13, 317f., (318: Gegenbeispiel Mecklenburg); Thümmler, 65, vgl. 66f.; Meitzen IV, 324f.; A. Mützell u. L. Krug, Neues Topograph. Statist. Geograph. Wb. des preuß. Staates VI, Halle 1825, 394; Ipsen, Bauernbefreiung, 175f.; Bleiber, Reform, 62f.; Linde, Landesausbau, 53, sowie: C. Joannidis u. W.R. Lee, Demographic Fluctuations and the Pattern of Economic Development in Prussia 1816–1873, in: Schröder u. Spree Hg., 289–303; W. Strenz, Zum Prozeß der Bevölkerungsagglomeration unter den Bedingungen der Industriellen Revolution des Kapitalismus am Beispiel der Entwicklung im Königreich Preußen vor 1866, in: Lärmer Hg., 341–62; auch noch immer, auch wegen der historischen Teile: M. Weber, Entwicklungstendenzen in der Lage der ostelb. Landarbeiter, in: ders., Ges. Aufsätze zur Sozial- u. Wirtschaftsgeschichte (= GASW), Tübingen 1924, 470–507; ders., Die ländl. Arbeitsverfassung, in: ebd., 444–69; ders., Die Verhältnisse der Landarbeiter im ostelb. Preußen, Leipzig 1892.

[6] Sachsen: Kraus Bearb., 52; Blaschke, Bevölkerungsgeschichte, 190f., 194f.; ders., Industrialisierung u. Bevölkerung in Sachsen 1830–1890, in: Raumordnung im 19. Jh., 69–95; Harnisch, Probleme, 322, 324–28; sozialstatistische Details: Kiesewetter, 89–106. – Bayern: Kraus Bearb., 64; Lee, Bevölkerungsgeschichte, 314, 317, 319–34; ders., Differenzen, 186, 201, 205–9, 219–21; ders., Population Growth, 19–51; J. Knodel, Law, Marriage, and Illegitimacy in 19th Century Germany, in: Population Studies (= PoSt) 20. 1967, 279–94; ders., Two and a Half Centuries of Demographic History in a Bavarian Village, in: ebd. 24. 1970, 353–76; ders., Infant Mortality and Fertility in 3 Bavarian Villages, in: ebd. 22. 1968, 297–318; Harnisch, Probleme, 307, Tab. 28f. – Württemberg: Kraus Bearb., 34; Griesmeier, 122–26, 128; Harnisch, Probleme, 333–35; Lee, Germany, 178; ders., Differenzen, 196f. – Baden: Kraus Bearb., 40; Griesmeier, 122–26; Obermann, Bevölkerungsstatistik, 200; Thümmler, 71; Becker u. a., 103–29. Ganz ähnliche Erscheinungen (ländliche Bevölkerungsvermehrung seit ca. 1750, Massenverelendung der Unterbäuerlichen, Zusammenbruch der Protoindustrie, z. T. Auswanderung) beschreibt auch Buchholz (5, 8, 10f., 81) für Braunschweig. Für Hannover: H. Linde, Das Königreich

Hannover an der Schwelle des Industriezeitalters, in: Neues Archiv für Niedersachsen 1951, 413–43. Im preuß. Regierungsbezirk (= Rb.) Arnsberg, um ein letztes Beispiel zu nennen, stieg die Bevölkerung von 1816 = 968000 auf 1855 = 1,64 Mill., Wrigley, 155.

[7] K. Obermann, Die Arbeitermigrationen in Deutschland im Prozeß der Industrialisierung u. der Entstehung der Arbeiterklasse 1815–1867, in: JbW 1972/I, 135–81; Köllmann, Bevölkerungsgeschichte, 10f.; Marschalck, Auswanderung, 34–37, Tab. 4 (danach *Übersicht 19*), vgl. 48, Tab. 10. 52–55, 61; Mönckmeier, 14–29; G. Ipsen, Die atlant. u. die deutsche Wanderung des 19. Jh., in: Ostdeutsche Wissenschaft 8. 1961, 48–62.

[8] Vgl. Thümmler, 68f.; Harnisch, Probleme, 321; Walker, Home Towns, 283–353, v. a. 347–53; ders., Home Towns and State Administrators 1815–1830, in: PSQ 82. 1967, 35–60. Ausführlich, auch mit den einzelstaatlichen Sonderregelungen: K.-J. Matz, Pauperismus u. Bevölkerung. Die gesetzl. Ehebeschränkungen in den süddeutschen Staaten im 19. Jh., Stuttgart 1980; A. Kraus, «Antizipierter Ehesegen» im 19. Jh., in: VSWG 66. 1979, 174–215, Zit. 175; H. Mitterauer, Ledige Mütter. Zur Geschichte unehelicher Geburten in Europa, München 1983; H. Rehm u. H. Nawiawsky, Heimatrecht, in: HStW 5. 1923[4], 214–16. Vgl. W.R. Lee, Bastardy and the Socioeconomic Structure of South Germany, in: JIH 7. 1977, 403–25; Knodel, Law; ders., Centuries; Gillis, Development, 33 (z.T. 40%); P. Laslett u. R. Smith Hg., Bastardy and its Comparative History, London 1977; E. Shorter, Illegitimacy, Sexual Revolution, and Social Change in Modern Europe, in: JIH 2. 1971, 237–72; ders., Sexual Change and Illegitimacy, in: R.J. Bezucha Hg., Modern European Social History, London 1972, 231–69; ders., «La vie intime», in: Ludz Hg., Soziologie, 530–49; ders., Female Emancipation, Birth Control, and Fertility in European History, in: AHR 78. 1973, 605–40; ders., The Making of the Modern Family, N.Y. 1975, dt. Die Geburt der modernen Familie, Hamburg 1977. Zur Kritik außer Kraus v. a. L. Tilly u. a., Woman's Work and European Fertility Patterns, in: JIH 6. 1976, 447–76; D. Sabean, Unehelichkeit: Ein Aspekt sozialer Reproduktion kleinbäuerl. Produzenten um 1800, in: Berdahl u. a., 54–76; W. Conze Hg., Sozialgeschichte der Familie in der Neuzeit Europas, Stuttgart 1976; M. Mitterauer u. R. Sieder, Vom Patriarchat zur Partnerschaft, München 1980[2]; vgl. D. Schwab, Familie, in: GGr. II, 253–301; R. Rotberg u. T. Rabb Hg., Marriage and Fertility, Princeton 1981; M. Anderson, Approaches to the History of the Western Family 1500–1914, London 1980; R.J. Evans u. W.R. Lee Hg., The German Family, ebd. 1981; J. Weber-Kellermann, Die deutsche Familie, Frankfurt 1978[4]; D. Klippel, Entstehung u. Strukturwandel der modernen Familie, in: Familienrechtszeitschrift 25. 1978, 558–66; R.V. Wells, Family History and Demographic Transition, in: JSH 9. 1975, 1–19. E. Shorter u. a., The Decline of Non-Marital Fertility in Europe 1880–1914, in: PoSt 25. 1971, 375–93. – Gute Lit.-Übersicht: U. Herrmann u. a., Bibliographie zur Geschichte der Kindheit, Jugend u. Familie, München 1980.

[9] Köllmann, Bevölkerungsgeschichte, 12 (dieser Aufsatz enthält übrigens einige konventionelle und überholte Interpretationen: Bevölkerungswachstum seit den 1770er statt 1740er Jahren, Überschätzung der preuß. Reformen und fehlender Vergleich, völlige Vernachlässigung der Protoindustrialisierung, auch beim Pauperismusproblem usw.); ders., Bevölkerungsentwicklung, 28; vgl. J. Gugumus, Konjunktur u. Eheschließung im Deutschen Reich seit 1820, Diss. Köln 1940; H.J. Habakkuk, Family Structure and Economic Change in 19th Century Europe, in: JEH 15. 1955, 1–12; Lee, Germany, 146–49, 180, Tab. 4.3; ders., Differenzen, 193, 201–3; Harnisch, Probleme, 274, 277, 281, 295f., 299, 313.

[10] Lee, Germany, 149–56, 186, Tab. 4.5; ders., Differenzen, 197f., 209–12, 213–29, 222–24; ders., Medicalisation and Mortality Trends in South Germany in the Early 19th Century, in: A.E. Imhof Hg., Mensch u. Gesundheit in der Geschichte, Husum 1980, 79–113; ders., The Mechanism of Mortality Change in Germany 1750–1850, in: Medizinhistor. Journal 15. 1980, 244–68; ders., Primary Sector Output and Mortality Changes in Early 19th Century Bavaria, in: JEEH 6. 1977, 133–62; ders., Family and ‹Modernisation›. The Peasant Family and Social Change in 19th Century Bavaria, in: Evans u. ders. Hg.,

84–119; Wrigley, 176f.; Harnisch, Probleme, 313, 297, 277f. (nach Tab. 4. u. Lee, Germany, 186f., Tab. 4., 10f., die *Übersicht 20*); Betonung der sinkenden Mortalität: Gillis, Development, 27; Köllmann, Bevölkerungsgeschichte, 11–13. Vgl. allg. A.E. Imhof, Die gewonnenen Jahre, München 1981; M.B. Hexter, Social Consequences of the Business Cycles, Boston 1925, 175; L. v. Bortkiewiecz, Sterblichkeit u. Sterbetafeln, in: HStW 7. 1911[3], 930–44, u. ebd. 7. 1926[4], 1030–45; C. Huerkamp, Ärzte u. Professionalisierung in Deutschland, in: GG 6. 1980, 349–82; Franz, Landwirtschaft, in: HWS II, 313; Helling, Berechnung eines Index, 128; W. Abel, Stufen der Ernährung, Göttingen 1981, 65–69; auch: W.L. Langer, American Foods and European Population Growth 1750–1850, in: JSH 8. 1974/75, 51–66. Vgl. H. Leibenstein, Population Growth and the Take-Off Hypothesis, in: W.W. Rostow Hg., The Economics of Take-Off Into Sustained Growth, London 1968, 170–84.

Zur Groborientierung über die Bevölkerung in damaligen und späteren politischen Herrschaftseinheiten:

Deutsches Reich (in den Grenzen von 1913), in Mill.

1800 = 24,5	1830 = 29,5
1810 = 25,5	1840 = 32,8
1820 = 26,3	1850 = 35,4

Deutsches Reich (ohne Elsaß-Lothringen): 1871 = 39,48

Lütge, Sozial- u. Wirtschaftsgeschichte, 368f.; Weber, Growth, 84. – Der Deutsche Bund von 1815 bis 1866, der zuerst 41, dann 38 Mitglieder, darunter 37 bzw. 34 erbliche Monarchien und vier Stadtrepubliken, umfaßte, soll 1816 = 30,41 Mill. Einwohner (32,64 Mill. mit den 2,23 Mill. in Ost- und Westpreußen, die außerhalb der Bundesgrenzen lagen), davon rd. 24,5 Mill. Deutschsprechende besessen haben. 1847 sollen es 41,1 Mill. Einwohner (einschließlich Ost- und Westpreußens), 1864: 45,29 Mill. gewesen sein. Vom Habsburgerreich gehörten 1816 = 8,7 Mill., 1864 = 12 Mill. Einwohner zum Bund, während der Gesamtstaat 1816 = 26 Mill. Einwohner zählte. Obermann, Bevölkerungsstatistik, 195f.; v. Viebahn II, 40–43; Köllmann, Bevölkerungsgeschichte, 10; Thümmler, 55f., vgl. 60, Tab. 4 (Deutsche Bevölkerung nach Regionen 1816–1871), 62: Tab. 5, 63: Karte, 67: Graphik.

II. Strukturbedingungen und Entwicklungsprozesse der Wirtschaft

[1] A.N. Whitehead, Modes of Thought, N.Y. 1938, 138. Kluge Vergleiche z.B. bei K. Borchardt, Europas Wirtschaftsgeschichte – ein Modell für Entwicklungsländer?, Stuttgart 1967, auch in ders., Wachstum, 13–27, sowie in: R. Braun u.a. Hg., Gesellschaft in der Industriellen Revolution, Köln 1973, 343–66; E. Schremmer, Das 18. Jh., das Kontinuitätsproblem u. die Geschichte der Industrialisierung: Erfahrungen für Entwicklungsländer, in: ZAA 29. 1982, 58–78; B.A. Supple, Economic History and Economic Underdevelopment, in: Canadian Journal of Economic and Political Science 27. 1961, 460–78; B.F. Hoselitz, Wirtschaftl. Wachstum u. sozialer Wandel, Berlin 1969; A.O. Hirschmann, Strategie der wirtschaftl. Entwicklung, Stuttgart 1967; G. Myrdal, Ökonom. Theorie u. unterentwickelte Regionen, ebd. 1959. Vgl. allg. P. Bairoch, Niveau de développement économique 1810–1910, in: Annales 20. 1965, 1091–1112.

[2] Zur Industriellen Revolution vgl. Bd. II, Teil 3, III, 2 und Teil 4, I u. VI. «Great Spurt»: Gerschenkron, Backwardness; ders., Continuity. «Take-Off»: W.W. Rostow, The Take-Off Into Self-Sustained Growth, in: Economic Journal (= EJ) 66. 1956, 25–48; ders., The Stages of Economic Growth, N.Y. 1962, dt. Stadien wirtschaftl. Wachstums, Göttingen 1967; ders., Politics and the Stages of Growth, Cambridge 1971; ders. Hg., Economics of Take-Off. Vorher bereits: Hobsbawm, Crisis, 39. – Zu den allgemeinen Gesichtspunkten vgl. von den vorn genannten Darstellungen z.B. Landes, Entfesselter Prometheus; Polanyi, Transformation; Dobb; Braudel, Capitalism I–III; Léon Hg. III u. IV; Pollard, Conquest, mit der mangels Belegen völlig unkontrollierbaren, interpretationsarmen Faktenhuberei von Henning, Industrialisierung 1800–1914; ders., Landwirtschaft

1750–1976, oder dem blanken Positivismus von Kellenbenz, Deutsche Wirtschaftsgeschichte II.

3 Vgl. zum Folgenden die vorn bereits zit. allg. Lit. (v. a. Abel; Aereboe; v.d. Goltz; Krzymowski; Lütge; Klein; Slicher van Bath; Finck v. Finckenstein; Bittermann; Helling; v. Ciriacy-Wantrup; Harnisch; Schissler, Agrargesellschaft; Weyermann; Ziekursch; Sombart; Weber, Wg; ders., Kapitalismus; über Süddeutschland: Bd. I, Teil 2, III, 2 c; Preußen: Teil 2, III, 3 c). Zur Zeit nach 1815 speziell noch: W. Abel, Agrarkonjunktur, in: HSW 1. 1953, 49–59; G. v. Below, Agrargeschichte, in: HStW 1. 1923[4], 48–62; G. Franz, Agrargeschichte, in: O. Konrad u. R. Würtenberger Hg., Landwirtschaftl. Lehrbuch II, Stuttgart 1960[2], 24–41; C. J. Fuchs, Die Epochen der deutschen Agrargeschichte, Jena 1898; Wittich, Epochen; K. Grünberg, Agrarpolitik, in: Fs. Schmoller II, XXI: 1–67; Franz, in: HWS II, 276–320; V.Klemm u. a., Agrargeschichte, Berlin 1978; H.-H. Müller, Entwicklungstendenzen der Agrarproduktion während der ersten Etappe der kapitalist. Intensivierung in der deutschen Landwirtschaft, in: Landwirtschaftl. Produktion u. Agrarwissenschafen im 19. Jh., Berlin 1979, 5–14; ders., Die Entwicklung des Ackerbaus u. der Aufschwung der landwirtschaftl. Nebenindustrie 1800–1870, in: Lärmer Hg., 215–43; hervorragend ist: H. Harnisch, Die kapitalist. Agrarreformen in den preuß. Ostprov. u. die Entwicklung der Landwirtschaft vor 1848, in: JbW Sobd. 1981, 135–254; H. J. Teuteberg, Die deutsche Landwirtschaft beim Eintritt in die Phase der Industrialisierung, Köln 1977; H. Haushofer, Die deutsche Landwirtschaft im techn. Zeitalter, Stuttgart 1972[2], 14–123 (zu diesem konventionellen Überblick die Kritik von H. Rosenberg, in: ders., Machteliten, 118–49); Frauendorfer I, 155–350; Milward u. Saul I, 387–96; Bairoch, Agriculture, 1700–1914; Dovring, Transformation; H. Noilhan, Histoire de l'agriculture à l'ère industrielle, Paris 1965, 3–357; H. Sée, Esquisse d'une histoire du régime agraire en Europe aux XVIII et XIX siècle, ebd. 1921; v. d. Goltz, Geschichte II; ders., Handbuch der ges. Landwirtschaft, 3 Bde, Tübingen 1890/Stuttgart 1902/03[2]; A. Buchenberger u. W. Wygodzinski, Agrarwesen u. Agrarpolitik, 2 Bde, Leipzig 1914[2] bzw. W. Wygodzinski u. A. Skalweit, dass., 2 Bde, Berlin 1928; M. Sering, Deutsche Agrarpolitik, Leipzig 1934, 1–57, 77–78; K. Ritter, Agrarwirtschaft u. Agrarpolitik im Kapitalismus I, Berlin 1955, 241–45; H. Pruns, Staat u. Agrarwirtschaft 1800–1965, 2 Bde, Hamburg 1979; A. Heese, Die langfristige Entwicklung der deutschen Landwirtschaft, Diss. Münster 1956; T. Häbich, Deutsche Latifundien, Stuttgart 1947[3]; J. Rybark, Die Steigerung der Produktivität der deutschen Landwirtschaft im 19. Jh., Diss. Breslau, Merseburg 1905; J. Kulischer, Das Aufkommen landwirtschaftl. Maschinen um die Wende des 18. u. in der ersten Hälfte des 19. Jh., in: JNS 139. 1933, 321–68; über die nicht eigens behandelte Forstwirtschaft: H. Rubner, Forstgeschichte im Zeitalter der Industriellen Revolution, Berlin 1967. Ein hervorragendes Sammelwerk ostdeutscher Experten als ein Beispiel für gelungene Regionalgeschichte: H.-J. Rach u. a. Hg., Landwirtschaft u. Kapitalismus in der Magdeburger Börde, 2 Bde, ebd. 1978/79. – Preise: anon., Getreidepreise; B. Foeldes, Die Getreidepreise im 19. Jh., in: JNS 3. F. 29. 1905, 467–514; L. Perlmann, Die Bewegung der Weizenpreise u. ihre Ursachen, München 1914, 5–23; K. Wiedenfeld, Die Organisation des deutschen Getreidehandels u. die Getreidepreisbildung im 19. Jh., in: Sch. Jb. 24. 1900, 623–61; A. Soetbeer, Graph. Darstellung von Schwankungen der Getreidepreise 1816–1854, Hamburg 1854.

4 *Übersicht 21:* nach anon., Getreidepreise, 290. Vgl. Foeldes, 498; Perlmann, 23 u. 20: Graphik preuß. Weizenpreise 1816–1860; v. d. Goltz, Geschichte II, 269, 334, 345; Wiedenfeld, 647 (alle drei mit preuß. Weizenpreisen 1821–1850, Silbergroschen/Scheffel, das statistische Berechnungsmaß bis 1871); ZKPSB 1861/62, 252; 1887, 211; Das Getreide im Weltverkehr, Wien 1905. – Zur Krise von 1816/17 vgl. v. Ciriacy-Wantrup, 22–24; Viebahn II, 849–56; Schissler, Agrargesellschaft; Abel, Agrarkrisen, 207–25; ders., Massenarmut, 317–45, v. a. 317–19, 343 f.; ders., Wechsellagen, 18 f.; ders., Preis-, Lohn- u. Agrargeschichte, in: Fs. Franz, 67–79; Haushofer, 17 f., 110 f.; Teuteberg, 85. Vgl. A. Stollenwerk, Der Rb. Koblenz, während der großen Hungersnot 1816/17, in: Jb. für

Geschichte u. Kunst des Mittelrheins 22./23. 1970/71, 109–49; P. Hertner u. T. Fox, Lebensmittelpreise in Marburg 1764–1830, in: Imhof Hg., Histor. Demographie als Sozialgeschichte II, 855–917; D. Bayer, O gib mir Brot! Die Hungerjahre 1816 u. 1817 in Württemberg u. Baden, Ulm 1966; H. Medick, Teuerung, Hunger u. «moral. Ökonomie von oben». Die Hungerkrise in Württemberg 1816/17, in: BHS 15. 1985, 39–44; vgl. auch ders., Hungerkrisen in der histor. Forschung (17.–19. Jh.), in: Sowi 14. 1985, 95–103. Allg. E. Lagler, Theorie der Landwirtschaftskrisen, Berlin 1935; R. Schäffner, Zur Geschichte der Agrarkrisen im 19. Jh., Diss. Heidelberg, Bruchsal 1933, 1–18; J. Sirol, Le rôle de l'agriculture dans les fluctuations économiques, Paris 1942; M. Sering, Agrarkrisen u. Agrarzölle, Berlin 1925, 11f.; Ritter, Agrarwirtschaft I, 192–230; Henning, Kapitalbildungsmöglichkeiten, 64; Aden, 83–114. – Zum Vergleich: J.D. Post, The Last Great Subsistence Crisis in the Western World 1816/1817, Baltimore 1977; ders., The Economic Crisis of 1816/17, in: JEH 30. 1970, 248–50; ders., A Study in Metereological and Trade Cycle History: The Economic Crisis Following the Napoleonic Wars, in: ebd. 34. 1974, 315–49; R. Marjolin, Troubles provoqués en France par la disette de 1816/1817, in: Revue d'Histoire Moderne (= RHM) 8. 1933, 423–60; B. Gille, Les Crises 1815–1848, in: ebd. 11. 1964, 5–30; W.W. Rostow, Adjustments and Maladjustments After the Napoleonic Wars, in: AER 32. 1942, Suppl. 13–23; ders., Business Cycles, Harvests, and Politics, 1790–1850, in: JEH 1. 1941, 206–21.

[5] Zur Krise der 1820er Jahre vgl. außer der Lit. in Anm. 3 und 4 v.a. Abel, Massenarmut, 346–52; ders., Epochen, 106; ders., Krisen, 221–28, 264; ders., Geschichte, 230–43; ders., Wechsellagen, 19; Schissler, Agrargesellschaft; Vopelius, 81–99, 95; Franz, in: HWS II, 314–17; v. Ciriacy-Wantrup, 87; Neumann, Lohngestaltung, 370f.; Klein, Landwirtschaft, 52; Haushofer, 19; A. Dimpfl, Der Einfluß der Bauernbefreiung in Bayern auf den landwirt. Betrieb, Diss. Erlangen 1916; J. Kuczynski, Lage XI, 23–51; ders., Löhne u. Ernährungskosten in Deutschland 1820–1937, Libau 1937; A. Ucke, Die Agrarkrise in Preußen während der 20er Jahre dieses Jh., Diss. Halle 1887; H. Liebaug, Die Ursachen der Agrarkrise der 20er Jahre des 19. Jh., Diss. Gießen 1924; H. Westphal, Die Agrarkrise in Mecklenburg in den 20er Jahren des vorigen Jh., Diss. Göttingen 1924. – J.H. Thünen, Der Isolierte Staat in Beziehung auf Landwirtschaft u. Nationalökonomie (1826), Hg. W. Bräuner u. E.E.A. Gerhardt, Darmstadt 1966; vgl. Thünen-Sonderheft, ZAA 1958, 243–359; BWb III, 2889f.; H.C. Recktenwald Hg., Lebensbilder großer Nationalökonomen, Köln 1965, 194–216. – Lavergnes statistische Unterlagen für seinen Bericht an das Preuß. Abgeordnetenhaus sind unbekannt.

[6] Abel, Massenarmut, 352; Neumann, Lohngestaltung, 374; Sering, Die innere Kolonisation, Leipzig 1893, 67; R. Strauss, Löhne sowie Brot- u. Kartoffelpreise in Chemnitz 1770–1850, in: JbW 1962/IV, 144–90; L. v. Baczko, Über die unglücklichen Verhältnisse der Grundeigentümer, Königsberg 1814, 10; v.d. Goltz, Geschichte II, 350; Klein, Landwirtschaft, 118–20; Haushofer, 114–18; Teuteberg, 80; A. Jacobs u. H. Richter, Die Großhandelspreise in Deutschland 1792–1934, Berlin 1935, 40, 78. – Zur Krise von 1846/47 vgl. v.a. J. Bergmann, Ökonom. Voraussetzungen der Revolution von 1848. Zur Krise von 1845 bis 1848 in Deutschland, in: Wehler Hg., 200 Jahre, 254–87, auch in: Bergmann u.a. Hg., Geschichte als Polit. Wissenschaft, Stuttgart 1979, 24–54; ders. u. R. Spree, Die konjunkturelle Entwicklung der deutschen Wirtschaft 1840–1864, in: Wehler Hg., 2. Fs. Rosenberg, 289–326; R. Spree, Wachstumstrends u. Konjunkturzyklen in der deutschen Wirtschaft 1820–1913, Göttingen 1978; ders., Die Wachstumszyklen der deutschen Wirtschaft 1840–1880, Berlin 1977; H.-J. Teuteberg u. G. Wiegelmann, Der Wandel der Nahrungsgewohnheiten unter dem Einfluß der Industrialisierung, Göttingen 1971, 70–73; Kuczynski, Lage XI, 71–109; Abel, Massenarmut, 362–89; Viebahn II, 960; S. Fleischmann, Die Agrarkrise 1845–1855, Diss. Heidelberg 1922; J.H. Kremp, Über den Einfluß des Ernteausfalls auf die Getreidepreise während der Jahre 1846–1875, Jena 1879, 15–22; E. Jordan, Die Entstehung der Konservativen Partei u. die preuß. Agrarverhältnisse von 1848, München 1914, 102–15; als einsichtenreicher Zeitgenosse: W. Roscher, Über

Kornhandel u. Teuerungspolitik, Leipzig (1847) 1852[2]. Zum Vergleich: C. Woodham-Smith, The Great Hunger, N.Y. 1962 (Irland 1845/49); C.N. Ward-Perkins, The Commercial Crisis of 1847, in: Oxford Economic Papers (= OEP) 2. 1950, 75–94, auch in: E.M. Carus-Wilson Hg., Essays in Economic History III, London 1962, 263–79; E. Labrousse Hg., Aspects de la crise et de la depression de l'économie française au milieu du XIX ciècle 1846–1851, La Roche-sur-Yon 1956; T.J. Markovitch, La Crise de 1847/1848, in: RHES 43. 1965, 256–68; G. Jacquemyns, Histoire de la crise économique des Flandres 1845–1850, Brüssel 1929.

[7] Schremmer, 18. Jh., 66f., vgl. Anl. 1 u. 2, 72–75 (beruht auf dem «Histor. Atlas für Bayern»); ders., Agrareinkommen u. Kapitalbildung im 19. Jh. in Südwestdeutschland, in: JNS 176. 1964, 196–240 (Bruttoeinkommen bäuerlicher Haushalte 1821–1872: +300%, leider nicht für 1815–1848); ders., Bauernbefreiung; Winkel, Ablösungskapitalien; ders., Höhe; Abel, Epochen, 97; vgl. Wittich, Grundherrschaft; Stüve I; Franz, in: HWS II, 295; G. Milkereit, Sozial- u. Wirtschaftsentwicklung der südl. Rheinlande seit 1815, in: F. Petri u. G. Droege Hg., Rhein. Geschichte III, Düsseldorf 1979, 199–246, 312–27; H. Kellenbenz, Wirtschafts- u. Sozialentwicklung der nördl. Rheinlande seit 1815, in: ebd., 9–70, 173–92; G. Droege, Zur Lage der rhein. Landwirtschaft 1800–1850, in: Fs. F. Petri, Bonn 1970, 143–56; W. Engels, Ablösungen u. Gemeinheitsteilungen in der Rheinprov., ebd. 1957; F. Meier, Die Änderung der Bodennutzung u. des Grundeigentums im Ruhrgebiet 1820–1955, Bad Godesberg 1961. – Sachsen: Gross, 14–23, 38–145, 146 (Nutzflächen 1838/43), 148f.(Grundbesitzer 1854), 150 (Nutzflächenverteilung 1865/82); H. Kiesewetter, Agrarreform, landwirtschaftl. Produktion u. Industrialisierung im Königreich Sachsen 1832–1861, in: F. Blaich Hg., Entwicklungsprobleme einer Region, Berlin 1981, 89–138; R. Kötzschke u. H. Kretschmar, Sächs. Geschichte, Frankfurt 1965[2], 320–40; G. Schmidt, Reform; zur wirtschaftlich starken Oberlausitz: Boelcke, Bauer u. Gutsherr. Vgl. K. Bielefeldt, Das Eindringen des Kapitalismus in die Landwirtschaft der Prov. Sachsen, Berlin 1911. – Preußen: Harnisch, Bedeutung, 68–82; Franz, in: HWS II, 295 (Tab. 3 für 1849 mit Details für alle 8 Provinzen, danach *Übersicht 22* (nach Harnischs verschiedenen Studien scheint mir strittig zu sein, ob die Zahl der preuß. Vollbauernhöfe von 1816 bis 1859 wirklich um 2% und ihre Fläche um 2,7%, so Franz, ebd., 297, Tab. 4, zurückgegangen ist); Sombart, Volkswirtschaft, 520, Anl. 31 (ohne Rheinprov.); Meitzen IV, 498. Weitere statistische Angaben: A. v. Lengerke, Landwirtschaftl. Statistik der deutschen Bundesstaaten, 2 Bde, Berlin 1840/41; ders., Entwurf einer Agrikultur-Statistik des preuß. Staates, ebd. 1847; W. Dieterici, Der Volkswohlstand im preuß. Staate, ebd. 1846; A. Kotelmann, Die preuß. Landwirtschaft, ebd. 1853.

[8] H. Mauer, Die Verschuldungsgrenze für Bauerngüter in Preußen 1811–1843, in: ASS 27. 1907, 547–57; ders., Agrarkredit, in: GdS VII, Tübingen 1922, 193–230; ders., Kreditwesen, v.a. 84, 111, 141; Weyermann, 167–77, vgl. 183, 200 (nach Aktenstudien in den Grundbüchern der Bezirke); R. Stein III, 265; R. Theophile, Die Verschuldung des deutschen ländl. Grundbesitzes, Diss. Frankfurt 1934, 16–28, vgl. dort (24) auch noch die Preistabelle: 1821–1860, sowie Klein, Landwirtschaft, 117; Vopelius, 76, 80; Haushofer, 65–70; Abel, Agrarkrisen, 221–24, 256f.; Grünberg, Agrarpolitik, 46. Vgl. allg. W. v. Altrock, Landwirtschaftl. Kreditwesen, in: HStW 6. 1925[4], 189–96; E. Troch, Die wirtschaftl. Bedeutung der staatl. u. provinziellen Bodenkreditinstitute in Deutschland, Jena 1905; A. Zuhorst, Die Organisation des ländl. Bodenkredits, Tübingen 1912 (ZGS, Erg.H. 42); W. Wygodzinski, Wandlungen der deutschen Volkswirtschaft im 19. Jh., Köln 1907, 143. Dönniges (I, 58) räumte 1843 in seiner offiziösen Darstellung der preuß. «Landes-Kulturgesetzgebung» ein, daß die bäuerliche Verschuldung «allerdings gestiegen» sei, fuhr aber, die Schuldsperre beschönigend, fort, daß sie «nur ausnahmsweise gefahrdrohend für den derzeitigen Besitzer» wirke. Vgl. allg. J. Kahn, Geschichte des Zinsfußes in Deutschland seit 1815, Stuttgart 1884; E. Voye, Über die Höhe der verschiedenen Zinssätze. Die Entwicklung des Zinsfußes in Preußen 1807–1900, Jena 1902; P. Wallich, Beiträge zur Geschichte des Zinsfußes 1800–1910, in: JNS 97. 1911, 289–312. – *Übersicht*

23: nach v. Ciriacy-Wantrup, 27 (Ost- u. Westpreußen, Pommern, Schlesien, Kur- u. Neumark: in 28 Jahren rd. 40% Zunahme der Schuldsumme!); Weyermann, 168f. (aus den Akten des Justizministeriums; leider setzen die Zahlen erst 1837 ein, als die Aufwärtsbewegung schon sehr weit fortgeschritten war); K. Rodbertus v. Jagetzow, Zur Erklärung u. Abhilfe der heutigen Kreditnot des Grundbesitzes, Jena 1869, Anhang: Verschuldung 1835–1864.

[9] Teuteberg, 44–48, 82f.; Viebahn II, 815; Franz, in: HWS II, 307, 314, 289; Bittermann, 31–33, 35; Lütge, Geschichte, 273; Haushofer, 43 (steht für die durchschnittliche preuß. Ertragsfähigkeit 100, betrug der Index für die Rheinprov. 175, für Ostpreußen 57), 45, 47, 84f.; Klein, Landwirtschaft, 93; Groß, 54f., 181f. (sächs. Erträge); gegen: Dickler, 288–90. Vgl. dagegen: R. N. Salaman, The History and Social Influence of the Potatoe, Cambridge 1949; H.-J. Teuteberg, Zur sozialgeschichtl. Bedeutung der Kartoffel, in: Ernährungslehre u. Praxis 1974/12, 45–47; 1975/1, 1–4; s. ders., Some Aspects of Nutrition as Influenced by Socio-Economic Changes in the 19th Century in Germany, in: Proceedings of the 7th International Congress of Nutrition 1966, Braunschweig 1967, 77–86; ders., Variations in Meat Consumption in Germany, in: Ethnologia Scandinavia 1971, 131–41. Vgl. Henning, Kapitalbildungsmöglichkeiten, 60; ders., Stadien, 58; v. d. Goltz, Geschichte II, 257; Krzymowski, 269; Helling, Entwicklung, 140, Tab. B (landwirtschaftl. Arbeitskräfte); Viebahn II, 961–80. – *Übersicht 24:* nach Bittermann, 34, Tab. 8a; 35, Tab. 8b; Helling, Entwicklung, 139, Tab. A (Getreide- und Kartoffelerträge dz/ha im 19. Jh.). Vgl. die preuß. Produktion: Finck v. Finckenstein, Entwicklung, 311–16 (seit 1804). – *Übersicht 25:* nach Helling, Indices, 219, Tab. 10. Es handelt sich um Mittelwerte von Indices (beide in: dies., Index, 150), die sowohl auf der Basis von festen Preisen als auch von Getreidewerten berechnet sind. Der Vergleich mit Frankreich und den USA bei Helling, Berechnung, 218f. u. Tab. 10; vgl. Viebahn II, 820f.; Meitzen V, 213f. – Zückerrüben: Franz, in: HWS II, 286f., vgl. 287 (Tab. 1: Deutsche Rübenzuckerindustrie 1834–1851); Haushofer, 85, 88–90; Teuteberg, Landwirtschaft, 46, 50; v. d. Goltz, Geschichte II, 252f.; v. a. aber: H. Harnisch, Produktivkräfte u. Produktionsverhältnisse in der Landwirtschaft der Magdeburger Börde 1750–1835, in: Rach Hg. I, 67–173; H. Plaul, Gründzüge der Entwicklung der sozialökonom. Verhältnisse, 1830–1880, in: ebd., 175–231; H. H. Müller, Zur Geschichte u. Bedeutung der Rübenzuckerindustrie in der Prov. Sachsen im 19. Jh., in: ebd. II, 7–61; ders. u. G. B. Hagelberg, Kapitalgesellschaften für Anbau u. Verarbeitung von Zuckerrüben in Deutschland im 19. Jh., in: JbW 1974/IV, 113–47.

[10] *Übersicht 26:* nach Helling, Entwicklung, 134, Tab. 1; vgl. ebd., 136, Tab. 2 (in festen Preisen von 1900, Index: +60%); Bittermann, 105; Finck v. Finckenstein, Entwicklung, 313 (Preußen); Milward u. Saul I, 392; Kuczynski, Lage I, 112–14; Franz, in: HWS II, 312. In Konsumgüterindustrien wie der Textilindustrie stieg die Produktivität erheblich rascher an (vgl. z. B. Kirchhain; Blumberg). – *Übersicht 27:* nach Bittermann, 42, vgl. 50, 59; für die höheren Zahlen bis 1861: Milward u. Saul I, 393; Preußen: Finck v. Finckenstein, Entwicklung, 24f., 40–67 (Viehbestand seit 1804, s. auch v. Ciriacy-Wantrup, 69f.); Sachsen: Gross, 154–57 (Viehbestand 1834–1850). Vgl. Haushofer, 92–103; Klein, Landwirtschaft, 109, 115; Slicher van Bath, History, 324; Teuteberg, Landwirtschaft, 69–74; ders., Das deutsche u. britische Wollgewerbe um 1850, in: SVS 83. 1975, 9–103; ders. u. Wiegelmann, 120. 125. – *Übersicht 28:* nach Helling, Berechnung, 150; s. Franz, in: HWS II, 310f.; Abel, Agrarkrisen, 245. – Zur Zäsur um 1830: Berthold, Bemerkungen, 261, 264f.; Gross, 151; v. Ciriacy-Wantrup, 27, 69; Teuteberg, 24, 52; Franz, in: HWS II, 310; Henning, Industrialisierung 1800–1914, 185; ders., Kapitalbildungsmöglichkeiten, 60, 64, 74, 76; Haushofer, 111. Typisch dafür auch seither der Zückerrübenbau, die Entfaltung der landwirtschaftlichen Nebengewerbe, die Viehwirtschaft usw.

[11] Vgl. Kulischer, Maschinen; Gross, 157f.; Krzymowski, 250; Haushofer, 103–9; Teuteberg, Landwirtschaft, 56–62; Milward u. Saul I, 393f. – Vereine: A. v. Altrock, Landwirtschaftl. Vereinswesen, in: HStW 6. 1924[4], 212–18; O. Ebersbach, Die Entwick-

lung u. Organisation des landwirtschaftl. Vereinswesens in Deutschland, Diss. Leipzig 1926; Gross, 153f., 158–62; R. Stadelmann, Das landwirtschaftl. Vereinswesen in Preußen, Halle 1874; Haushofer, 70–84, 25–36, 60–62. Vgl. allg. Müller, Korporation; G. Erdmann, Die verfassungspolit. Funktion der Wirtschaftsverbände in Deutschland 1815–1871, ebd. 1968, sowie auch V. Klemm, Der Aufschwung der Agrarwissenschaften in Deutschland, Ende des 18. Jh. bis 1870/80, in: Lärmer Hg., 183–214.

[12] Vgl. Slicher, Revolution?; ders., History; die wichtigste Lit. zum englischen Paradebeispiel: bei Landes (Prometheus), Pollard (Conquest), Dovring (Transformation), J.D. Chambers u. G.E. Mingay (The Agricultural Revolution 1750–1880, London 1968[3]), G.E. Fussell (The Agricultural Revolution, in: Kranzberg u. Pursell Hg. I, 128–42); P. Bairoch (Révolution industrielle et sous-développement, Paris 1969[3], 73–83, dt. in: H. Kellenbenz u.a. Hg., Wirtschaftl. Wachstum im Spiegel der Wirtschaftsgeschichte, Darmstadt 1978, 83–99); P. Deane (The First Industrial Revolution, Cambridge 1965 u.ö., 36–50) und Bairoch (Agriculture, 502–6). Vgl. zum weitaus strittigeren «Fall» Frankreich: F. Crouzet, Agriculture et révolution industrielle, in: Cahiers d'Histoire 1. 1967, 67–86; M. Augé-Laribé, La révolution agricole, Paris 1955; Noilhan. Allg. vgl. E. Boserup, The Conditions of Agricultural Growth, London 1965; dies., Agrarian Structure and Take-Off, in: Rostow Hg., 201–24, dt. in: Braun u.a., Industrielle Revolution, 309–30, v.a. 309, 311–19; C. Eicher u. L. Witt Hg., Agriculture and Economic Development, N.Y. 1964, v.a. W.H. Nicholls, The Place of Agriculture in Economic Development, 11–44; E.L. Jones u. S.J. Woolf Hg., Agrarian Change and Economic Development, London 1969; J. Fourastié, Die große Hoffnung des 20. Jh., Köln 1969[4], 135f.; Schissler, Agrargesellschaft, 38–40; Teuteberg, Landwirtschaft, 5f., 79, 82f., 86, 89 (verteidigt eine «deutsche Agrarrevolution», parallelisiert aber ihren Verlauf völlig mit der deutschen Industriellen Revolution! Vgl. J.A. Perkins, The Agricultural Revolution in Germany 1850–1914, in: JEEH 10. 1981, 71–118); Abel, Massenarmut, 279; Franz, in: HWS II, 312, 314; Kuczynski, Lage XI, 71f.; Henning, Kapitalbildungsmöglichkeiten, 59, 76–80; ders., Innovationen, 155–68; ders., Der Beginn der modernen Welt im agrar. Bereich, in: Koselleck Hg., Studien, 97–114; Kapitalstock: nach Hoffmann, Wachstum, 255 (Mark u. Preise von 1913); vgl. Helling, Berechnung, 218f. In England waren um 1800 in der Landwirtschaft auch noch drei Viertel des Kapitals angelegt, aber nur gut ein Drittel der Arbeitskräfte tätig, die ein knappes Drittel des Sozialprodukts erwirtschafteten (Deane u. Cole, 62, 147, 166, 271). Vgl. W. Roschers Urteil (Grundlagen der Nationalökonomik, Berlin 1918[25], 288) aus dem Jahre 1858! – Aufgrund, wie ich hoffe, verbesserter Sachkenntnisse revidiere ich hier frühere Urteile über eine «deutsche Agrarrevolution» in: Theorieprobleme, 81, 83f.; ders., Histor. Sozialwissenschaft, 114f.; ders., Das Deutsche Kaiserreich 1871–1918, Göttingen (1973) 1985[6], 20–24.

[13] Vgl. zuletzt zur Tradition der Krisendiskussion: Stürmer Hg., 263–330; Griessinger, 284–389, 426–57; allg. vgl. Bd. I, Teil 1, II, 4a, Teil 2, III, 2d u. Teil 2, III, 3d. Vgl. aus der bereits zit. Lit. auch für die Zeit bis 1848 v.a. die besonders kenntnisreichen und statistisch abgesicherten Studien von Kaufhold, Handwerk; ders., Entstehung; ders., Umfang; ders., Preuß. Handwerk; ders., Gewerbe 1800; ders., Hildesheim; U. Ludwig, Die soziale Lage u. soziale Organisation des Kleingewerbes 1800–50, Diss. Göttingen 1981; vor allem: F. Lenger, Zwischen Kleinbürgertum u. Proletariat. Studien zur Sozialgeschichte der Düsseldorfer Handwerker 1816–1878, Göttingen 1986; M. Birnbaum, Das Münchener Handwerk im 19. Jh., München 1984; Fischer, Handwerk; ders., Handwerksrecht, ders., Baden, 277, 288–90, 297–303; ders. u.a., Sozialgeschichtl. Arbeitsbuch (= SgAb) 1815–1870, München 1982, 55, 69; W. Conze, Sozialer u. wirtschaftl. Wandel, in: DVG II, 15–56; Köllmann, Arbeitskräftepotential; Schmoller, Kleingewerbe; Abel Hg.; Bergmann, Berliner Handwerk; Assmann; ders. u. Stavenhagen; Steinkamp; Saalfeld, Handwerkereinkommen; Sedatis, 62–87; Schnell; Wiest; Jeschke; Abraham; Bruns; Bopp; Franck; Henning, Gewerbefreiheit; Waentig; Vogel, Reformpolitik; Büsch, Industrialisierung 1800–1850; Mieck; v. Rohrscheid; Thissen; Roehl; Hamerow; Conze, Sozialge-

schichte 1800–1850, 438–40, sowie H.-J. Ruckhäberle, Bildung u. Organisation. Zur Kultur der Handwerker u. Arbeiter 1830–1914, in: IASL 3. 1978, 191–207; H.C.M. Wendel, The Evolution of Industrial Freedom in Prussia 1845–1849, N.Y. 1921, 2–42; G. Adelmann Hg., Der gewerbl.-industrielle Zustand der Rheinprov. im Jahre 1836, Bonn 1967, außerdem die Literaturübersicht in: W. Sachse, Bibliographie zur preuß. Gewerbestatistik 1750–1850, Göttingen 1981.

[14] Bergmann, Berliner Handwerk, 2f., 69; Kaufhold, Handwerk, 322, 323: Tab. 1. Vgl. allg. ders., Grundzüge des handwerkl. Lebensstandards in Deutschland im 19. Jh., in: W. Conze u. U. Engelhardt Hg., Arbeiter im Industrialisierungsprozeß, Stuttgart 1979, 136–62. Die Zahlen von 1816 bis 1849 immer noch nach Schmoller (Kleingewerbe, 65, 71, danach auch *Übersicht 29*); vgl. 358–73; Kaufhold, Preuß. Handwerk, 172, 179; Fischer u.a., SgAb, 69, Tab. d. Etwas abweichende Zahlen z.B. bei Bergmann, Berliner Handwerk, 137 (1801, 1816), 143 (1840); Abraham (17f., 29) schätzt bereits für 1800 zu hohe Ausgangszahlen (440000). 1837: K.H. Rau, Grundsätze der Volkswirtschaftspolitik II, Leipzig 1863[5], 61 (nach J.G. Hoffmanns Zahlen). Für 1828 vgl. Schmoller, Kleingewerbe, 363: Verhältnis der Meister zu den Gesellen in den 39 größten Städten 100 zu 117, in den übrigen Städten 100 zu 58, auf dem Lande 100 zu 26. Vgl. J. Kaizl, Der Kampf um Gewerbereform u. Gewerbefreiheit in Bayern 1799–1868, Leipzig 1879, sowie allg. hierzu: Statist. Übersicht der Fabrikations- u. gewerbl. Zustände in den verschiedenen Staaten des Deutschen Zollvereins im Jahre 1846, in: C.F.W. Dieterici Hg., Mitteilungen des Statist. Büros in Berlin 4. 1851, 252–301, vgl. 1. 1848, 213–91; 2. 1849, 1; 5. 1852, 80; F.E. Keller, Der preuß. Staat I, Minden 1866, 758; Koselleck, Preußen, 605f.; Schmoller, Kleingewerbe, 104–6, 108–12, 118–27, 143–45; Zeitschrift des Vereins für deutsche Statistik (= ZVDS) 1. 1847, 1077.

[15] Kaufhold, Handwerk, 340, 346–50; ders., Entstehung, 80; Saalfeld, Handwerkereinkommen; Bergmann, Berliner Handwerk, 237, 242, 69; vgl. B. Vogel, Staatl. Gewerbereform u. Handwerk in Preußen 1810–1820, in: Engelhardt Hg., 184–208; P. Rudolph, Zunftverfassung u. Gewerbefreiheit im preuß. Gewerberecht bis 1845, Diss. Jena 1935; Henning, Weimar, 234–38; Steinkamp, 72f., 160, 165; Assmann u. Stavenhagen, 41; Brockhaus-Konversations-Lexikon der Gegenwart III, Leipzig 1838, 417f.; Bergmann, 203; Baar, Berliner Industrie, 177; Schnell, 37f.; Schmoller, Kleingewerbe, 336–55; 666–70. – GS 1845, 41–78: Gewerbeordnung (= GO) v. 17.1. 1845; vgl. Wendel, 2–15; Waentig, 16–18; G.K. Anton, Geschichte der preuß. Fabrikgesetzgebung, Leipzig 1891/Berlin 1953; Köttgen, 1008f.; A. Gladen, Geschichte der Sozialpolitik in Deutschland, Wiesbaden 1974, 21–24.

[16] J.G. Hoffmann, Die Befugnisse zum Gewerbebetrieb, Berlin 1841, 396. Zur Interpretation vgl. die Urteile von der Pauperismus-Debatte (s.u. III.3.6) bis in die Gegenwart: SVS 62–71, 76 (Die Lage des Handwerks), Leipzig 1895/97; Köllmann, Arbeitskräftepotential, 61–92; Abel Hg.; K.F. Wernet, Handwerksgeschichtl. Perspektiven, Münster 1963; ders., Handwerkspolitik, Göttingen 1952; Fischer, Handwerk, 326–29 (positive Beurteilung, vgl. ebd., 315–57). Die «optimistische» Interpretation kann die «pessimistische» im Hinblick auf das Dutzend Jahre der Notphase vor 1848 anerkennen, relativiert diese aber von ihrem Standpunkt aus. Natürlich ließen sich hier bereits erste Parallelen zu der zählebigen Kontroverse über den Lebensstandard der englischen Arbeiter und Handwerker seit Beginn der Industriellen Revolution ziehen (s.u. Teil 3, III, 5 u. 6). Dabei stehen sich bekanntlich auch eine «pessimistische» und eine «optimistische» Schule gegenüber. Vgl. als abgewogenen Überblick: D.S. Landes, The Standard of Living During the Industrial Revolution, in: Büsch Hg., Industrialisierung u. «Europ. Wirtschaft», 65–82. Gegen die Überschätzung der Gewerbefreiheit: Fischer, Handwerk, 321; Kaufhold, Handwerk, 322; Henning, Gewerbefreiheit; so auch schon Schmoller, Kleingewerbe, 653–704.

[17] Kaufhold, Handwerk, 356; Gewerbesteuer: Bergmann, Berliner Handwerk, 207, 214–17, 231, 234f., 237; Fischer, Handwerk, 327.

[18] Borchardt, Industrielle Revolution, 23, 58; ders., Wirtschaftl. Wachstum u. Wechsellagen 1800–1914, in: HWS II, 198–274; Kaufhold, Metallgewerbe, 74. Mottek (II, 78–118) spricht ähnlich von der «Vorbereitungsperiode», W. G. Hoffmann (The Take-Off in Germany, in: Rostow Hg., 95–188, dt. in: Kellenbenz u. a. Hg., Wirtschaftl. Wachstum, 143–70, auch als: Der wirtschaftl. Aufstieg in Deutschland, in: W. Abelshauser u. D. Petzina Hg., Deutsche Wirtschaftsgeschichte im Industriezeitalter, Königstein 1981, 144–68) von der Phase, in der sich die notwendigen «Vorbedingungen» für den Take-Off hinreichend herausbildeten. – Kaufhold, in: HWS II, 354. Wieder in den Niederungen eines biederen Positivismus ohne theoretische Durchdringung, ja Kenntnis der neueren Studien und Kontroversen: H. Pohl, Die wirtschaftl. u. soziale Entwicklung vom Spätmittelalter bis zum ausgeh. 18. Jh., in: DVG 1, 215–67. Zur Regionalentwicklung vgl. Bd. I, Teil 2, IV, mit der Lit. Hoselitz, 174; T. C. Cochran, The Business Revolution, in: AHR 79. 1974, 1449–51.

[19] Borchardt, Industrielle Revolution, 29, 37 (s. aber 36 die kontrafaktische Einschränkung, daß eine deutsche Industrialisierung eventuell ohne England vorstellbar wäre); Gerschenkron, Backwardness, 5–30; ders., Continuity, 77–97; ders., Europe, 98f. (vorzügliches Resümee der eigenen historischen Theorie), 107–30; Wilson, Europa; Barsby. Vgl. Bd. I, Teil 1, I, 5–6; Teil 1, IV, 2–3; I, 1, Anm. 19. Zum deutsch-englischen Verhältnis: W. Feldenkirchen, Die wirtschaftl. Rivalität zwischen Deutschland u. England im 19. Jh., in: ZfU 25. 1980, 77–107; C. P. Kindleberger, Germany's Overtaking of England 1806–1914, in: WA 111. 1975, 253–81; R. H. Tilly, Los von England: Probleme des Nationalismus in der deutschen Wirtschaftsgeschichte, in: ders., Kapital, 197–206; K. W. Hardach, Anglomanie u. Anglophobie während der Industriellen Revolution in Deutschland, in: Sch. Jb. 91. 1971, 153–81; ders., Nationalismus – die deutsche Industrialisierungsideologie, Köln 1976; Henderson, Britain.

[20] Vgl. Borchardt, Industrielle Revolution, 34f., 42; A. Fanfani, Considerations on the Industrial Revolution, in: M. Kooy Hg., Studies in Economics and Economic History, London 1972, 220, 226, 230f.; S. B. Clough, The Diffusion of Industry in the Last Century and a Half, in: Fs. A. Sapori II, Mailand 1957, 1341–57; Landes Hg., 10; Habakkuk, Population. Zum Holzproblem: Sombart II/1, 1152f.; Cipolla, Before, 111; ders., Die Industrielle Revolution in der Weltgeschichte, in: Borchardt, Industrielle Revolution, 12f.; Kritik: Radkau. – F. Gehrmann, Konkurse im Industrialisierungsprozeß 1810–1913, Diss. Münster 1970, 89; vgl. G. Hahn, Untersuchungen über die Ursachen von Unternehmensmißerfolgen bes. im rhein.-westfäl. Industriebezirk, Diss. Köln 1956. Zur staatlichen Gewerbepolitik s. u. noch ausführlicher.

[21] Borchardt, Industrielle Revolution, 37, 30–35. Scharfsinnig: R. Clapham, Probleme der Übernahme u. Verbreitung neuer Technologien im frühindustriellen Deutschland, in: Hamburger Jb. 21. 1976, 303–16; W. Hoth, Die Industrialisierung einer rhein. Gewerbestadt: Wuppertal, Köln 1975; Barkhausen, Wirtschaftslenkung, 294f.; W. Köllmann, Frühe Unternehmer, in: W. Först Hg., Ruhrgebiet u. neues Land II, Köln 1968, 13; ders., Rheinland, 211; Hardach, Anglomanie, 155, 160, 163; Henderson, Britain, 139–66; Pollard, Industrialization, 648; Schramm, Hamburg, 239; Ritter, Rolle, 58–60; W. Fischer, Das Verhältnis von Staat u. Wirtschaft in Deutschland am Beginn der Industrialisierung, in: ders., Wirtschaft, 60–74; ders., Staat u. Anfänge, 365; Landes, Prometheus, 140, 174, 529. Vgl. M. Schumacher, Auslandsreisen deutscher Unternehmer 1750–1851, Köln 1968; Mieck, 87–124; Kroker. Einige konkrete Beispiele für Englandreisen: W. Berdrow, A. Krupp I, Berlin 1927, 136; oben in Köllmanns Aufsätzen u. in ders., F. Harkort I: 1793–1838, Düsseldorf 1964; RWB I, 38–72; H. Kellenbenz, Die Wirtschaftsgeschichte des Aachener Bereichs im Gang der Jh., in: C. Bruckner, Zur Wirtschaftsgeschichte des Rb. Aachen, Köln 1967, 486; L. Hatzfeld, Die Begründung der deutschen Röhrenindustrie durch die Fa. Poensgen & Schoeller, Mauel 1844–1850, Wiesbaden 1962, 16; Kindleberger, 261f.; allg. Rhein.-Westfäl. Wirtschaftsarchiv Hg., Kölner Unternehmer u. die Frühindustrialisierung im Rheinland u. Westfalen 1835–71, Köln 1984; J. Bauert-

Keetmann, Deutsche Industriepioniere, Tübingen 1966. – A. Heggen, Erfindungsschutz u. Industrialisierung in Preußen 1793–1877, Göttingen 1975; H. Rectanus, Die preuß. Patentgesetzgebung von 1796 bis zur Reichsgesetzgebung, in: Zeitschrift des VDI 78. 1934, 657–60.

[22] Köllmann, Rheinland, 208; M. D. Jankowski, Public Policy in Industrial Growth. The Case of the Ruhr Mining Region 1766–1865, N. Y. 1977, 204f.; ders., Law, Economic Policy, and Private Enterprise: The Case of the Early Ruhr Mining Region, 1766–1865, in: JEEH 2. 1973, 689–91; H. D. Krampe, Der Staatseinfluß auf den Ruhrkohlenbergbau 1800–1865, Köln 1961; A. M. Prym, Staatswirtschaft u. Privatunternehmung in der Geschichte des Ruhrkohlenbergbaus, Essen 1950, 21–23. Zahlenangaben (auch für: *Übersicht 30*) nach der besten neuen Darstellung: C.-L. Holtfrerich, Quantitative Wirtschaftsgeschichte des Ruhrkohlenbergbaus im 19. Jh., Dortmund 1973, 16, 51f., 66f. (Förderungsstatistik, Beschäftigtenzahl, Arbeitsproduktivität), nach S. 14: Karte OBAB. Ergänzend dazu, mit z. T. etwas abweichenden Zahlen: G. Gebhardt, Ruhrbergbau, Essen 1957, 492; G. Adelmann Hg., Quellensammlung zur Geschichte der sozialen Betriebsverfassung I, Bonn 1960, 143; Jankowski, Law, 703, 718, 710 (zwischen 1766 und 1851 machten die Abgaben des Ruhrbergbaus immerhin 14–20% des Zecheneinkommens aus; 7–11% wurden nach Berlin abgeführt, 4–7% behielten die Bergämterkassen, weniger als 1% floß in die Knappschaftskassen); ders., Policy, 69–71; Däbritz, Entstehung, 20, 26; H.-G. Steinberg, Die Entwicklung des Ruhrgebiets 1840–1914, in: Raumordnung im 19. Jh., 176f.; W. Weber, Techn. Entwicklung u. Arbeitszeit im deutschen Bergbau in der Frühindustrialisierung, in: Technikgeschichte 47. 1980, 194–214; P. Wiel, Wirtschaftsgeschichte des Ruhrgebiets, Essen 1970, 113; G. Thuillier, La Métallurgie rhénane 1800–1830, in: Annales 16. 1961, 877–907; ders., Les Houillères de la Ruhr, in: ebd. 15. 1960, 882–97; vgl. K. Düwell u. W. Köllmann Hg., Rheinland–Westfalen im Industriezeitalter I, Wuppertal 1984; W. Kohl Hg., Westfäl. Geschichte III, Düsseldorf 1984; H. Lademacher, Die nördl. Rheinlande 1815–1953, in: Petri u. Droege Hg. II, 1976, 475–866; T. C. Banfield, Industry of the Rhine, 2 Bde, London 1846/48, N. Y. 1969; Milz. Vgl. allg. N. J. G. Pounds, The Ruhr, London 1952, 27–95; A. K. Hömberg, Wirtschaftsgeschichte Westfalens, Münster 1968, 145f.; K. Bergmann, Die wirtschaftsgeschichtl. Entwicklung des Ruhrkohlenbergbaus seit Anfang des 19. Jh., Diss. Köln, Kettwig 1937; Kellenbenz, Nördl. Rheinlande; ders., Die Wirtschaft im Rb. Köln 1816–1945, in: 150 Jahre Rb. Köln, Berlin 1966, 321–40; ders., Grundzüge der Wirtschaftsgeschichte, in: W. Först Hg., Das Rheinland in preuß. Zeit, Köln 1965, 125–44; L. Schwerin v. Krosigk, Die Große Zeit des Feuers, der Weg der deutschen Industrie I, Tübingen 1957, 273–353, vgl. 247–410; P. Benaerts, Les origines de la grande industrie allemande, Paris 1933, 373–467; B. Kuske, Gewerbe, Handel u. Verkehr, in: H. Aubin u. a. Hg., Geschichte des Rheinlandes von der älteren Zeit bis zur Gegenwart II, Essen 1922, 149–204.

[23] Wiel, 113; P. Neubaur, M. Stinnes u. sein Haus 1808–1908 I, Mülheim/Ruhr (1908), 303, 309, 60, 71, 107, 230–49; Köllmann, Unternehmer, 23–34; A. Heinrichsbauer, Die Harpener Bergbau-AG 1856–1936, Essen 1936, 8f.; Gebhardt, 10–14; K. Wiedenfeld, Ein Jh. rhein. Montanindustrie, 1815–1915, Bonn 1916, 7f., 11; H. Kellenbenz, Die Brüder F. u. J. Dinnendahl, in: H. Behrens, Mechanicus F. Dinnendahl, 1775–1826, Köln 1970, 5–8; RWB I, 357–72; H. Spethmann, F. Haniel, Duisburg 1956, 148–271; NDB 7, 616f.; B. Herzog u. K. Mattheier, F. Haniel 1779–1868, Bonn 1979; F. Schunder, Tradition u. Fortschritt. 100 Jahre Gemeinschaftsarbeit im Ruhrbergbau, Stuttgart 1959, 23f., 27; Steinberg, 177; Janowski, Policy, 143; vgl. A. Gladen, Der Kreis Tecklenburg an der Schwelle des Zeitalters der Industrialisierung, Münster 1970, 81–84, 87–89, 99.

[24] F. Büchner, 125 Jahre Geschichte der Gutehoffnungshütte (= GHH), Oberhausen 1935; A. Woltmann u. F. Frölich, Die GHH Oberhausen 1810–1910, ebd. 1910; H.-J. Joest, Pionier im Ruhrgebiet – GHH, Stuttgart 1982, 1–66; Köllmann, Unternehmer, 16–22, 22–28; ders., Rheinland, 219; Huyssen: NDB 10,107f.; Jacobi: ebd., 10, 228; Berdrow I, 49, 83f., 124, 136, 160f., 182, 190; E. Schröder, Krupp, Göttingen 1968[2], 47, 59; ders., dass., in: RWB 5. 1953, 46–78; NDB 13. 1982, 128–35; vgl. RWB I, 20–37; N.

Mühlen, Die Krupps, Frankfurt 1960, 68; W. Däbritz, Unternehmergestalten aus dem rhein.-westfäl. Industriebezirk: F. Krupp u. a., Jena 1929; NDB 13, 129–35; Köllmann, Harkort I; ders., Unternehmer, 11–16; P. Borscheid, Westfäl. Pioniere der Frühindustrialisierung, in Düwell u. Köllmann Hg. I, 148–57; C. Matschoss, Ein Jh. deutscher Maschinenbau 1819–1919, Berlin 1922[2], 8–56; Köllmann, Rheinland, 220; Däbritz, Entstehung, 24; vgl. W. Zorn, Die wirtschaftl. Struktur der Rheinprovinz um 1820, in: VSWG 54. 1967, 289–93, 307; ders., Zur Betriebsstruktur der rhein. Industrie um 1820, in: Tradition 12. 1967, 497–510; ders., Preuß. Staat u. rhein. Wirtschaft 1815–1830, in: Fs. F. Petri, Bonn 1970, 552–60; Wiedenfeld, Ein Jh., 5f.; Wiel, 192–95, 304; L. Beck, Die Geschichte des Eisens IV: 1801–1866, Braunschweig 1899, 175; O. Johannsen, dass., Düsseldorf 1953[3]; K. W. Bosak, Die Geschichte der Walzwerktechnik im 19. Jh. in Deutschland bis 1873, Diss. Hannover 1970, 118f.; F. M. Ress, Geschichte der Kokereitechnik Essen 1957; I. Lange-Kothe, Die ersten Kokshochöfen in Deutschland, in: Stahl u. Eisen 85. 1965, 1053–61; M. Sering, Geschichte der preuß.-deutschen Eisenzölle von 1818 bis zur Gegenwart, Leipzig 1882, 80; W. Rabius, Der Aachener Hütten-Aktien-Verein in Rote Erde 1846–1906, Jena 1906, 4ff.

[25] Kaufhold, Metallgewerbe, 5, 9–13, 16, 38, 42, 70–74, 96–98; W. Hostert, Die Entwicklung der Lüdenscheider Industrie im 19. Jh., Lüdenscheid 1960, 20f., 28, 31, 28, 40–42, 55–67; Herbig, 12–32, 51–54; W. Philipps, Der Unternehmer in der Solinger Stahlwarenindustrie im 19. Jh., Köln 1956; Thun II, 7–160; Voyes materialreiche Bände; Ringel, 59, 64, 72; E. Strutz, Berg. Wirtschaftsgeschichte, in: J. Hashagen u. a., Berg. Geschichte, Remscheid 1958, 299–446; W. Zorn, Die Struktur der rhein. Wirtschaft in der Neuzeit, in: RVB 28. 1963, 40, 44; E. Bähren, Strukturwandlung der Wirtschaft des Siegerlandes im 19. Jh., Diss. Köln, Weidenau 1931, 22–25, 27–30, 34; K. Fuchs, Die Erschließung des Siegerlandes durch die Eisenbahn 1840–1917, Wiesbaden 1974, 5, 7–10, 12f., 36, 38. Vgl. zum rasch entwickelten nassauischen Lahn-Dill-Gebiet: F. Lerner, Wirtschafts- u. Sozialgeschichte des Nassauer Raumes 1816–1964, ebd. 1965, 33–44; Kellenbenz, Aachener Bereich, 484–98; van Eyll, Aachen; Wiedenfeld, Ein Jh., 3f., 7, 19–21; B. Kuske, Rhein. Industrie 1815–1915, Köln 1916; J. Hashagen, Geschichte der Familie Hoesch I/1 u. 2, ebd. 1911; NDB 9, 365, vgl. 364–68; Englerth: ebd., 4, 534; H. Kelleter, Die Geschichte der Familie Poensgen, 2 Bde, Düsseldorf 1908; Bauert-Keetmann, 220f.; Schnabel III, 262f.; Henderson, Britain, 113, 145; ders., State, 113; Milkereit. Vgl. zur frühen rheinischen Chemie-, Papier- und Zuckerindustrie: Schaumann; H. Pohl u. a., Die chem. Industrie in den Rheinlanden während der Industriellen Revolution I: Die Farbenindustrie, Wiesbaden 1983; H. Kellenbenz, Die Zuckerwirtschaft im Kölner Raum von der napoleon. Zeit bis 1871, Köln 1966; D. Gessner, «Industrialisiertes Handwerk» am Mittelrhein und Untermain 1790–1865, in: Archiv für hess. Geschichte 40. 1982, 251–301; zum Hannoverschen vgl. W. Buschmann, Linden: Geschichte einer Industriestadt im 19. Jh., Hildesheim 1981, 25–108.

[26] MEW 23 (Kapital I), 398; Kellenbenz, in: Behrens, 4–13, 298f.; H. Behrens, J. Dinnendahl, Neustadt a. d. Aisch 1974; NDB 3, 732f.; RWB 1. 1932, 357–72; K. Lärmer, Berlins Dampfmaschinen im quantitativen Vergleich zu den Dampfmaschinen Preußens u. Sachsens in der ersten Phase der Industriellen Revolution, in: ders. Hg., 175; Baar, 63; Ringel, 59; Köllmann, Rheinland, 210, 225; E. Levasseur, La Population Française III, Paris 1892, 74 (PS-Sklaven); MEW 23, 393, 396; C. Matschoss, Geschichte der Dampfmaschine, Berlin 1908/Hildesheim 1968; F. Redlich, Die führenden Köpfe in der deutschen Dampfmaschinenindustrie in den ersten 100 Jahren, in: ders., Unternehmer, 251–79; S. Reitschuler, Die Stellung der Maschinenindustrie im Prozeß der Industrialisierung, Opladen 1963, 212f. Vgl. allg. W. Treue, Die Technik in Wirtschaft u. Gesellschaft 1800–1970, in: HWS II, 51–121; C. A. Singer Hg., The History of Technology, 5 Bde, Oxford 1954–58; T. K. Derry u. T. J. Williams, A Short History of Technology, ebd. 1960; Daumas Hg.; C. v. Klinkowstroem, Knaurs Geschichte der Technik, München 1960[2]; F. Klemm, Technik. Eine Geschichte ihrer Probleme, Freiburg 1954.

[27] A. Hasslacher, Das Industriegebiet an der Saar, Saarbrücken 1912, 34–43, 110f.; Holtfrerich, 16; Wiedenfeld, Ein Jh., 5, 9, 19; Herrmann, Führungsschichten, 284f., 290.

[28] K. Fuchs, Vom Dirigismus zum Liberalismus. Die Entwicklung Oberschlesiens als preuß. Berg- u. Hüttenrevier, Wiesbaden 1970, 65, 67, 73, 128f., 133, 138, 140, 153, 170f., 182, 262, vgl. 129: Adlige in der Unternehmerliste von 1828; ders., Wirtschaft. Führungskräfte in Schlesien 1815–1914, in: ZfO 21. 1972, 264–87; W. Dugoborski, Wirtschaftl. Region u. polit. Grenzen: Die Industrialisierung des oberschles. Kohlenbekkens, in: Pollard Hg., 146–58; Groba, 9, 12–14, 20f.; Illies, Aus der geschichtl. Entwicklung des Eisenhüttenwesens Oberschlesiens, in: BGTI 12. 1922, 1–3; W. Weber, Innovationen im frühindustriellen deutschen Bergbau u. Hüttenwesen, Göttingen 1976, 168–242; F. Redlich, European Aristocracy and Economic Development, in: EEH 6. 1953, 78–91; W. Zorn, Unternehmer u. Aristokratie in Deutschland, in: Tradition 8. 1963, 241–54; N.J.G. Pounds, The Upper Silesian Industrial Region, Bloomington 1958, 42–119; vgl. M.R. Haines, Economic-Demographic Interrelations in Developing Agricultural Regions: A Case Study of Prussian Upper Silesia 1840–1914, N.Y. 1977; ders., Population and Economic Chance in 19th Century Eastern Europe: Prussian Upper Silesia 1840–1913, in: JEH 36. 1976, 334–58.

[29] Baar, 40–87, 87–183, v.a. 88–93, 97, 102f., 113, 117f.; ders., Probleme, 529–42; Schröter u. Becker, 35–63; Egells: NDB 4, 323; Borsig: ebd., 2, 476f.; Büsch, Industrialisierung; ders. Hg., Untersuchungen; O. Wiedfeldt, Statist. Studien zur Entwicklungsgeschichte der Berliner Industrie, 1720–1890, Leipzig 1898, 74–82, 89, 159, 228, 255, 259; K. Doogs, Die Berliner Maschinenindustrie u. ihre Produktionsbedingungen seit ihrer Entstehung, Diss. TH Berlin 1928, 11–15, 19; Schmieder, 351–61; Lärmer, Dampfmaschinen, 157, 169, 172f., 175, 180f.; Die Korporation der Kaufmannschaft von Berlin 1820–1920, Berlin 1920, 40–130. Vgl. Thienel; Mieck; Rachel u. Wallich III; Zimmen; W. Treue, Gewerbeförderung u. techn. Entwicklung z.Zt. der Frühindustrialisierung in Preußen, in: Technikgeschichte 36. 1969, 68–74.

[30] Schröter, Die Entstehung der deutschen Maschinenbauindustrie, in: ders. u. Becker, 36, 46–52, 55–59, 68f., 73, 77f., 83, 92–99, 108, 111, 124–26 (Firmenverzeichnis), allg. 15–111; Blaschke, Industrialisierung, 69–71, 74, 93; J. Bode, Die staatl. Gewerbeförderung im Königreich Sachsen, Diss. Erlangen 1914; Haubold: NDB 8, 71f.; Hartmann: ebd., 7, 736f.; Dittrich Hg., 143–50, vgl. 1–56; ders., Herkunft, 144f.; vgl. Tipton, 19–22, 30–38; Dietrich; Sieber.

[31] Fischer, Staat u. Anfänge, 284, 295f., 313, 317f.; ders., Ansätze zur Industrialisierung in Baden 1770–1870, in: ders., Wirtschaft, 358–91; ders., Die Anfänge der Fabrik von St. Blasien 1809–1848, in: ebd., 408–27; Kaiser, 621–26; F. Haverkamp, Staatl. Gewerbeförderung im Großherzogtum Baden, Freiburg 1979, 166f. – Loreth, 47, 51, 97–100; Borst, Staat, 153, 175; ders., Führungsschichten, 246; E. Klein, Die Anfänge der Industrialisierung Württembergs 1800–1850, in: Histor. Raumforschung 6. 1967, 96, 120, 122–24; F. Wauschkuhn, Staatl. Gewerbepolitik u. frühindustrielles Unternehmertum in Württemberg 1800–1848, in: E. Maschke u. J. Sydow Hg., Zur Geschichte der Industrialisierung in den südwestdeutschen Städten, Sigmaringen 1977, 14–24; ders., Die Anfänge der württemberg. Textilindustrie 1806–1848, Diss. Hamburg 1974; W. v. Hippel, Bevölkerungsentwicklung u. Wirtschaftsstruktur im Königreich Württemberg 1815–1865, in: Fs. W. Conze, 270–371; K. Megerle, Württemberg im Industrialisierungsprozeß Deutschlands, Stuttgart 1982; Gehring; Griesmeier.

[32] Jaeger, Führungsschichten, 203–9, 213, 217–19, 221–23; Zorn, Handelsgeschichte, 119–33, 144–48; ders., Kleine Wirtschaftsgeschichte, 49–52, 57f.; ders., Die wirtschaftl. Struktur Altbayerns im Vormärz 1815–1848, in: Oberbayer. Archiv 93. 1971, 191, 197; ders., Die wirtschaftl. Struktur Bayerns um 1820, in: Fs. M. Spindler, München 1969, 611–31; ders., Probleme der Industrialisierung Oberfrankens im 19. Jh., in: Jb. für fränk. Landesforschung 29. 1969, 295–310; ders., L'industrialisation de l'Allemagne du Sud au XIX Siècle, in: P. Léon u.a., L'industrialisation en Europe au XIX siècle, Paris 1972,

379–92; C. Grimm u.a. Hg., Aufbruch ins Industriezeitalter. Wirtschafts- u. Sozialgeschichte Bayerns 1750–1850, 4 Bde, München 1985; E. Schremmer, The Textile Industry in South Germany 1750–1850, in: Textile History 7. 1976, 56, 69–73; J. Grassmann, Die Entwicklung der Augsburger Industrie im 19. Jh., Augsburg 1894, 4, 10f., 17, 20f., 26; P. Schröder, Die Entwicklung des Nürnberger Großgewerbes 1806–1870, Nürnberg 1971, 121–30; R. Gömmel, Wachstum u. Konjunktur der Nürnberger Wirtschaft 1815–1914, Stuttgart 1978, 74, 173; G. Eibert, Unternehmerpolitik Nürnberger Maschinenbauer 1835–1914, ebd. 1978; Faber: NDB 4, 722f.; Klett: ebd. 12, 53; König: ebd., 336–38; Schröter, 124; Frauenhofer: NDB 5, 382–84; J. Kahn, Münchens Großindustrie u. Großhandel, München 1913²; gute Regionalstudie: W. Kaltenstadler, Bevölkerung u. Gesellschaft Oberbayerns im Zeitalter der frühen Industrialisierung 1780–1820, Kallmünz 1977.

[33] Kirchhain, 253f., vgl. 190, 145 (die beste neue Analyse der Baumwollindustrie). *Übersicht 31:* nach ebd., 39, 41, 73. Parallel dazu: Blumberg (70–420, bei dem die Wollindustrie ganz im Mittelpunkt steht), vgl. 13–69, 381, 384f., 406; Adelmann, Strukturwandlungen, 182–84, 168, 172, 174; Benaerts, 471–92; Kellenbenz II, 88; Kaufhold, in: HWS II, 328–31; Fischer, Staat u. Anfänge, 317f.; W. Fränken, Die Entwicklung des Gewerbes in den Städten Mönchengladbach u. Rheydt im 19. Jh., Köln 1969, 22–27, 32–59; F.O. Dilthey, Die Geschichte der niederrhein. Baumwollindustrie, Jena 1908; Kisch, Textilgewerbe, 368–72; Thun I, 7–192; II, 163–221; F.-W. Henning, Düsseldorf u. seine Wirtschaft I, Düsseldorf 1981, 225, 217; J. Esser, Die Geschichte der Düsseldorfer Textilindustrie bis 1902, ebd. 1969, 53–57; Ringel, 64; MEW 27, 455; 7, 117; G. Adelmann, Strukturelle Krisen im ländl. Textilgewerbe Nordwestdeutschlands zu Beginn der Industrialisierung, in: Kellenbenz Hg., Wirtschaftspolitik, 111–15; H. Blumberg, Ein Beitrag zur Geschichte der deutschen Leinenindustrie 1834–1870, in: H. Mottek Hg., Studien zur Geschichte der Industriellen Revolution in Deutschland, Berlin 1960, 65–143; Kisch, 356–64; Schremmer, Textile Industry, 60–64. Allg. hierzu Kriedte u.a., 272–321.

[34] Borchardt, Industrielle Revolution, 51f., 56f., 59f., 62; Fischer u.a., SgAb; Kirchhain, 29; Bairoch, Niveau, 1095f.; vgl. R. Metz u. R. Spree, Kuznets-Zyklen im Wachstum der deutschen Wirtschaft während des 19. u. frühen 20. Jh., in: D. Petzina u. G. van Roon Hg., Konjunktur, Krise, Gesellschaft, Stuttgart 1981, 343–76; Spree, Wachstumstrends, 110f. Vgl. G. v. Gülich, Geschichtl. Darstellung des Handels, der Gewerbe u. des Ackerbaus der bedeutendsten handeltreibenden Staaten unserer Zeit, 6 Bde, Jena 1830/Graz 1972; A. Bienengräber, Statistik des Verkehrs u. Verbrauchs im Zollverein 1842–1864, Berlin 1868; C.F.W. Dieterici, Über preuß. Zustände, über Kapital u. Arbeit, ebd. 1848; L.H.W. Jacobi, Gewerbestatistik von Preußen, 3 Bde, Iserlohn 1857–64; B.F. Weber.

[35] Vgl. M.E. Hilger, Kapital, in: GGr. III, 1982, 399–454; E. v. Böhm-Bawerk u. J.A. Schumpeter, Kapital, in: HStW 5. 1923⁴, 576–84; O. Weinberger u. H. Peters, dass., in: HSW 5. 1956, 480–94; B.B. Seligman u. G. Frenzel, dass., in: SDG 3. 1969, 513–37; L. Männer u.a., dass., in: HWW 4. 1978, 346–78; A.P. Lerner, Capital, in: IESS 2. 1968, 270–78; F.A. Fetter, dass., in: ESS 3. 1937, 187–90; E. Preiser, Der Kapitalbegriff u. die neuere Theorie, in: ders., Bildung u. Verteilung des Volkseinkommens, Göttingen 1970⁴, 99–123; Schumpeter, Geschichte I, 354–61, 409–14; M. Blaug, Systemat. Theoriegeschichte der Ökonomie, 3 Bde, München 1970–1975; D.R. Fusfeld, Geschichte u. Aktualität der ökonom. Theorien, Frankfurt 1975; E. Heimann, Geschichte der volkswirtschaftlichen Lehrmeinungen, ebd. 1949; G. Stavenhagen, Geschichte der Wirtschaftstheorie, Göttingen 1969⁴; E. Salin, Polit. Ökonomie, Tübingen 1967⁵. Typisch für die neuere Kritik: F. Crouzet Hg., Capital Formation in the Industrial Revolution, London 1972, 29, 39, 69; Deane, 152–67; Mathias, 196; M.W. Flinn, The Origins of the Industrial Revolution, London 1966, 40; S. Pollard, Fixed Capital in the Industrial Revolution in Britain, in: JEH 24. 1964, 299–314, u. in: Crouzet Hg., 145–61; S. Kuznets, Capital Formation in Modern Economic Growth, in: Troisième Conférence 1965, 15–53; W.G. Hoffmann, Long-Term

Growth and Capital Formation in Germany, in: F.A. Lutz u. D.C. Hague Hg., The Theory of Capital, N.Y. 1961, 118–40; R.H. Tilly, Capital Formation in Germany in the 19th Century, in: CEHE VII/1. 1968, 382–441; ders., Zur Entwicklung des Kapitalmarkts im 19. Jh., in: ders., Kapital, 77–91; ders., Die Industrialisierung des Ruhrgebiets u. das Problem der Kapitalmobilisierung, in: ebd., 65–76; K. Borchardt, Zur Frage des Kapitalmangels 1800–1850, in: JNS 173. 1961, 401–21, u. in: ders., Wachstum, 28–41, u. in: Braun u.a. Hg., Industrielle Revolution, 216–36; H. Winkel, Kapitalquellen u. Kapitalverwendung am Vorabend des industriellen Aufschwungs in Deutschland, in: Sch. Jb. 90. 1970, 275–301; P. Coym, Unternehmensfinanzierung im frühen 19. Jh., Diss. Hamburg 1971; H. Schramm, Die Kapitalbildung in der frühen Industrialisierung des Raumes Essen–Mülheim/Ruhr 1810–1870, Diss. Bonn 1969; C. Dunker, Der Kapitalbedarf u. seine Befriedigung bei den Kölner Unternehmungen im 19. Jh., Diss. Köln 1950; E. Klein, Zur Frage der Industriefinanzierung im frühen 19. Jh., in: H. Kellenbenz Hg., Öffentl. Finanzen u. privates Kapital, Stuttgart 1971, 118–28; ders., Die Königl. Württemberg. Hofbank u. ihre Bedeutung für die Industriefinanzierung 1800–1850, in: JNS 179. 1966, 324–43; Ritter, Rolle, 65–92, 115–37; Benaerts, 251–88; Brockhage; Kocka, Unternehmer, 65–73.

[36] Coym, 152, 160, 162; Trende, 207; Tilly, Industrialisierung, 67; Brockhage, 24, 58f.; J. Hansen, G. v. Mevissen I, Berlin 1906, 619f.; H. Blumberg, Die Finanzierung...der deutschen Aktiengesellschaften, in: Mottek Hg., 167 (Rother 1839); C. v. Rother, Die Verhältnisse des Königl. Seehandlungsinstituts u. dessen Geschäftsführung u. industrielle Unternehmungen, Berlin 1845, 59; Wallich, 291–94, 299; Winkel, Höhe, 92–96; ders., Kapitalquellen, 288; ders., Ablösungskapitalien; Borchard, 16, 2f., 8. Vgl. als Beispiel: Schremmer (Agrareinkommen, 230, 235f.: 1821–1871 Verdreifachung des Bruttoeinkommens, Steigerung der Amts- u. Gemeindesteuern um 550%, primär für Infrastrukturausgaben); Tilly, Capital, 410–18; Marx, Kapital, MEW 23–25; vgl. J. Hicks, A Theory of Economic History, Oxford 1969, 2f., 142 (mit später Reverenz vor Marx' Scharfblick). *Übersicht 32:* Tilly, Capital, 427, Tab. 108; ders., Entwicklung, 83, Tab. 3 (s.u. IV.1: die radikal veränderten Werte für 1840–1849, ebd.; vgl. die inzwischen verbesserten Berechnungen Tillys (Take-Off, 51f: S. 868, Anm. 8) mit höheren Werten: 1820er Jahre = 144 statt 88; 1830er Jahre = 313 statt 225; 1840er Jahre = 816 statt 737!).

[37] Tilly, Industrialisierung, 65; Klein, Frage, 120; Winkel, Höhe, 93–95; ders., Kapitalquellen, 283f.; Coym, 27–45, 58, 145–50, 167f., Tab. 3 u. 4 (Delius u. GHH); Zorn, Oberfranken, 299; ders., Die gewerbl. Struktur Deutschlands um 1820, in: Fs. W. Treue, München 1969, 160; Borchardt, Kapitalmangel, 411; Brockhage, 75; W. Fischer, Herz des Reviers. 125 Jahre Wirtschaftsgeschichte des Industrie- und Handelskammerbezirks Essen, Mülheim, Oberhausen, Essen 1965, 170; E. Roos, Das Verhältnis der Banken zur rhein.-westfäl. Schwerindustrie 1800–1875, Diss. Köln 1953, 10, 29; L. Kluitmann, Der gewerbl. Geld- u. Kapitalverkehr im Ruhrgebiet im 19. Jh., Bonn 1931, 18, 20f., 30; Redlich, Unternehmer, 260; Zunkel, 42f., Wiedenfeld, Ein Jh., 17; Krüger, Bankiergewerbe, 12; Dunker, 17; Berdrow I, 13f., 38, 54, 63; Neubaur I, 58f., 307f.; Hashagen I, 516; Spethmann, 95; E. Strutz, 175 Jahre A. Frowein, Düsseldorf (1938), 55f.; Matschoss, Jh., 9, 28f.; Köllmann, Harkort; W. Däbritz, Bochumer Verein, Düsseldorf 1934, 7–10, 39, 48f., 67; RWB 6, 36–59; Stumm: RWB 2. 1932, 276–89; H. Schmidt, Vom Leinen zur Seide. Geschichte der Fa. C.A. Delius & Söhne, 1722–1925, Lemgo 1926, 85; R. Schmitt, Geschichte der Rheinböllerhütte, Köln 1961, 73, 85; allg. zur zentralen Rolle der Familie: J. Kocka, Familie, Unternehmen u. Kapitalismus an Beispielen aus der frühen deutschen Industrialisierung, in: ZfU 24. 1979, 99–135.

[38] Coym, 61–72, 78–93; Klein, Frage, 121; Berdrow I, 38f.; Kluitmann, 16f., 19, 30; Däbritz, Bochumer Verein, 38; Schmidt, Delius, 134; Thun II, 82; Woltmann u. Frölich, 56; H. Bräutigam, Das Bankgewerbe des Rb. Aachen 1800–1933, Diss. Köln 1949, 9, 12–15, 41f., 159; Roos, 72f.; Krüger, Bankiergewerbe, 13–17, 54, 59, 65, 108,110f., 116, 195; U. Perlitz, Das Geld-, Bank- u. Versicherungswesen in Köln 1700–1815, Berlin 1976,

132–204; A. Thul, Grundzüge der histor. Entwicklung des Hypothekarkredits in der Rheinprov. im 19. Jh., Diss. Köln 1930, 126; Neubaur I, 306–8; R. Tilly, Financial Institutions and Industrialization in the Rhineland 1815–1870, Madison 1966, 47; C. Eckert, J.H. Stein. Werden u. Wachsen eines Kölner Bankhauses in 150 Jahren, Köln 1940, 5–70; Herstatt: NDB 8, 700; W. Treue, A. Oppenheim 1804–1878, in: RWB 8. 1962, 1–31; H. Kurzrock, Von der Heydt, Kersten u. Söhne 1754–1954, Elberfeld 1954, 3, 8f., 13; A. Bergengrün, A. v. d. Heydt, Leipzig 1908; E. Achterberg, Aus der Chronik der deutschen Privatbanken, in: 175 Jahre C. G. Trinkaus, Düsseldorf 1960, 45–78; J. M. Lutz u. H. Stammer, 125 Jahre Bayer. Hypotheken- u. Wechselbank, München 1960, 16–18; E. Rosenbaum u. A. J. Sherman, Das Bankhaus M. M. Warburg & Co. 1798–1938, Hamburg 1976, 46f. Vgl. allg. zur Banken- u. Sparkassenentwicklung unten Teil 3, II, 4.

[39] J. Wysocki, Untersuchungen zur Wirtschafts- u. Sozialgeschichte der deutschen Sparkassen im 19. Jh., Stuttgart 1980, 18–20, 26, 34, 38, 46, 13, 120; Trende, 100, 134; V. Murko, Der Staat als Bankier, Leipzig 1934, 64; W. Traupel, Das Kredit- u. Versicherungswesen der preuß. Prov., Stuttgart 1938, 36–39; Hansen, Mevissen I, 378f.; II, 514; Coym, 99–103, 113, 119–23, 126, 129–31, 135–44; Ritter, Rolle, 76–92, 114, 119, 130f.; Wagner, Finanzwissenschaft III, 1890³, 54; Klein, Hofbank, 334, 340, 342f.; ders., Frage, 121–23; F. Steffan u. W. Diehm, Bayer. Staatsbank 1780–1955, München 1955, 109, 121, vgl. 61–143; Mieck, 201; Rother, 20f., vgl. 25–57; G. Keil, Das niederschles. Industriegebiet, Berlin 1935, 36; Krüger, Bankiergewerbe, 17f., 124; Tilly, Industrialisierung, 69 (das Münstersche Kontor nannte für die Prov. Westfalen nur 34 Geschäftsleute, bei denen zwei Unterschriften genügten!); W. Radtke, Die Preuß. Seehandlung 1820–1848, Berlin 1981; F. Hellwig, Die Preuß. Staatsbank (Seehandlung) 1772–1922, Hg. Dombois, ebd. 1922, 72–87; Winkel, Kapitalquellen, 289; Hoffmann, Take-Off, 112; W. Däbritz, D. Hansemann, 1790–1864, in: RWB 7. 1960, 19. Zur weiteren Staatsbanken-Lit. s. u. Anm. 46.

[40] Tilly, Industrialisierung, 71, Tab. 3; Coym, 106f., 111, 146–52, 162–64; Krüger, Bankiergewerbe, 23, 94f., 179f.; Brockhage, 73f.; Bräutigam, 157; Hansen, Mevissen I, 380; II, 522; Treue, Wirtschaftszustände, 215, 229; Schnabel III, 262; Wygodzinski, 19. Jh., 77; W. Zorn, Typen u. Entwicklungskräfte deutschen Unternehmertums im 19. Jh., in: VSWG 44. 1957, 57–77, u. in: K. E. Born Hg., Moderne Deutsche Wirtschaftsgeschichte, Köln 1966, 25–41; M. Niebuhr, Bankrevolution u. Bankreform, Berlin 1846, 51f., 83.

[41] E. Schmalenbach, Die Aktiengesellschaft (= AG), Köln 1950⁷, 12; N. Reich, Die Entwicklung des deutschen Aktienrechts im 19. Jh., in: H. Coing Hg., Jus Commune, Frankfurt 1969, 240. Vgl. allg. G. Landwehr, Die Verfassung der AG in Preußen 1800–1870, in: Zeitschrift der Savigny-Stiftung, Germ. Abtl. 99. 1982, 1–112; W. Hadding, Kapitalgesellschaften, in: HWW 4. 1978, 404–18; R. Kolbeck, Unternehmen: Wahl der Rechtsformen, in: ebd. 8. 1980, 71–83; H. Würdinger u. a., AG, in: HSW 1. 1956, 123–31, 143–62; V. Ring, Das Aktienrecht in Deutschland, in: HStW 1. 1923⁴, 96–115; R. Passow, Wirtschaftlicher Charakter der AG, in: ebd., 129–41; ders., Die AG, Jena 1922²; G. M. Hamburger, dass., in: Rechtsvergl. Hwb. für das Zivil- u. Handelsrecht II, Berlin 1929, 59–143; K. J. Hopt, Ideelle u. wirtschaftliche Grundlagen der Aktien-, Bank- u. Börsenrechtsentwicklung im 19. Jh., in: H. Coing u. W. Walter Hg., Wissenschaft u. Kodifikation des Privatrechts im 19. Jh. V: Geld u. Banken, Frankfurt 1980, 128–68; B. Grossfeldt, Die rechtspolit. Beurteilung der AG im 19. Jh., in: dies. Hg. IV: Eigentum u. industrielle Entwicklung, ebd. 1979, 236–55; H. Thieme, Statist. Materialien zur Konzessionierung von AG in Preußen bis 1867, in: JbW 1960/II, 285–300 (ohne die Eisenbahn-AG!); P. C. Martin, Die Entstehung des preuß. Aktiengesetzes von 1843, in: VSWG 56. 1969, 499–542; ders., Frühindustrielles Gewerbe in der Rechtsform der AG, in: W. Fischer, Beiträge, 195–214; Coym, 49–52; K. Bösselmann, Die Entwicklung des deutschen Aktienwesens im 19. Jh., Berlin 1939; H. Leiskow, Spekulation u. öffentl. Meinung 1800–1850, Jena 1930, 4–37; K. Neidlinger, Studien zur Geschichte der deutschen Effektenspekulation von ihren Anfängen bis zum Beginn der Eisenbahnspekulation, ebd. 1930, 60–87. Vgl. Gierke I, 1002.

[42] Martin, Entstehung, 501–4, 506, 509, 538f.; ders., Gewerbe, 196, 198f., 206f., 211; ders., Monetäre Probleme der Frühindustrialisierung am Beispiel der Rheinprov. in: JNS 181. 1967, 148; Bösselmann, 189f.; Coym, 49–55; H. Kubitschek, Die Börsenverordnung vom 24. 5. 1844 u. die Situation im Finanz- u. Kreditwesen Preußens 1840–1847, in: JbW 1962/IV, 58–61; ALR II.8, 10. 1835 zirkulierten Pfandbriefe für 100 Mill. T., die zwei Drittel der preußischen Staatsschuld entsprachen, v. Gülich II, 368; IV, 582f.; Kahn, Zinsfuß, 49; M. Schwann, L. Camphausen I, 264f.; II, Nr. 40–46; vgl. NDB 3, 112–15; E. Angermann, dass., in: Rhein. Lebensbilder 2. 1966, 195–219; K. Loose, dass., in: RWB 2. 1937, 254–75; A. Caspary, L. Camphausens Leben, Stuttgart 1902; H. R. v. Poschinger, Bankwesen u. Bankpolitik in Preußen I, Berlin 1878, 264 (Rother 1845); Reich, 243–53; Großfeldt, 236–41; Hopt, 138–44; Passow, AG, 63. Zum Zusammenhang von AG, Spekulation und Börsenentwicklung s. u. Teil 3, II, 4.

[43] R.H. Tilly, Banken u. Industrialisierung in Deutschland 1815–1870, in: ders., Kapital, 35. Vgl. allg. M. Ströll u. a., Die Banken in Deutschland, in: HStW 2. 1924[4], 190–220; S. Wendt, Banken, in: HSW 1. 1956, 539–49; M. Pohl, Kreditwesen, in: HWW 4. 1978, 609–24; ders., Einführung in die deutsche Bankengeschichte, Frankfurt 1976; B. Gille, Banking and Industrialization in Europe 1730–1914, in: FEHE 3. 1973, 255–300; M. Lévy-Leboyer, Le banques européennes et l'industrialisation international dans la première moitié du XIX siècle, Paris 1964; J. Bouvier, Systèmes bancaires et entreprises industrielles dans la croissance européenne aux XIX siècle, in: Annales 27. 1972, 46–70; K.E. Born, Geld u. Banken in der Geschichte des 19. u. 20. Jh., Stuttgart 1977, 48–112; Tilly, Banken, 29–54; G. Ashauer u. a., Deutsche Banken-Geschichte, 3 Bde, Frankfurt 1982 (darin: E. Klein, Von den Anfängen bis 1806 = Bd. I; H. Pohl, Das deutsche Bankenwesen 1806–48, in: II, 13–140); L. Goldschmidt, Handbuch des Handelsrechts I, 1. Abt., 1. Lief., Stuttgart 1891, 318–31; A. Weber, Depositenbanken u. Spekulationsbanken, München 1938[4]; Kellenbenz II, 150–55; ders., in: HWS II, 414–23; Hopt, 129–31; E. Achterberg u. K. Lenz, Enzyklopäd. Lexikon für das Geld-, Bank- u. Börsenwesen, 2 Bde, Frankfurt 1967/68[2]; O. Hübner, Die Banken, 2 Bde, Leipzig 1853/54/Frankfurt 1968; M. Wirth, Handbuch des Bankwesens, Köln 1870; H.R. v. Poschinger, Die Banken im Deutschen Reich I: Bayern, Erlangen 1875/76; II: Sachsen, Jena 1877; III: Preußen, 3 Bde, Berlin 1878/79; H.H. Hofmann Hg., Bankherren u. Bankiers, Limburg 1978; P.H. Emden, Money Powers of Europe in the 19th and 20th Centuries, London 1937.

[44] Born, 48, 56–58, 103–8; vgl. allg. Schnee. Am Beispiel der Rothschilds: ders., Rothschild, Göttingen 1961; E. C. C. Corti u. W. Gong, Die Rothschilds, Frankfurt 1962; R. Ehrenberg, Die Fugger–Rothschild–Krupp, Jena 1925[3], 42–139; Gille, Rothschild. – L. Metzler, Studien zur Geschichte des deutschen Effektenbankwesens, Leipzig 1911/Glashütten 1976, 98–101; Achterberg, Chronik, 52–60; ders., Frankfurter Bankherren, Frankfurt 1956; ders., Der Bankplatz Frankfurt, ebd. 1955; ders. u. M. Müller-Jabusch, Lebensbilder deutscher Bankiers aus fünf Jh., ebd. 1964[2]; M. Klötzer, Der Bankier u. seine Stadt, in: Hofmann Hg., 1–26; Treue, Oppenheim; Klein, Hofbank; F.H. Brunner, Juden als Bankiers, in: Fs. S. Moses, Tel Aviv 1962, 509–35; Bethmann: NDB 2, 186f.; C. Helbing, Die Bethmanns, Wiesbaden 1948; J.P. v. Bethmann Hg., Bankiers sind auch Menschen. 225 Jahre Bankhaus Gebr. Bethmann, Frankfurt 1973; H. Voelcker Bearb., Geschichte des Bankhauses B. Metzler & Co. zu Frankfurt 1674–1924, ebd. 1924; Rachel u. Wallich II u. III; F. Lenz u. O. Unholz, Die Geschichte des Bankhauses Gebr. Schickler, Berlin 1912; Bleichröder: NDB 2, 299; D.S. Landes, Das Bankhaus Bleichröder, in: Deutsches Judentum, Stuttgart 1963, 187–215. – R. Ehrenberg, Das Haus Parish in Hamburg, Jena 1905; Rosenbaum u. Sherman, 1, 27–50; M. Möring, J. Berenberg, Gossler & Co., Hamburg 1962; R. Zimmermann, Hamburg. Patriotismus u. deutscher Nationalismus. Die Emanzipation der Juden in Hamburg 1830–65, Hamburg 1979; H. Krohn, Die Juden in Hamburg 1800–1850, Frankfurt 1967. Allg. W. Treue, Das Privatbankenwesen im 19. Jh., in: H. Coing u. W. Wilhelm Hg., Wissenschaft u. Kodifikation im 19. Jh. V, Frankfurt 1980, 94–127; P. Schwarz, Die Entwicklungstendenzen im

deutschen Privatbankiergewerbe, Diss. Straßburg 1915; J. D. C. Zahn, Der Privatbankier, Frankfurt 1972[3]; A. Hassmann, Die Gestalt des Privatbankiers, Bielefeld 1953; F. W. Euler, Bankherren u. Großbankleiter nach Herkunft u. Heiratsalter, in: Hofmann Hg., Bankherren, 85–144. – Tilly, Banken, 44; ders., Institutions, 46–93, 82 (Vermögen u. Leihkapital 1845); W. Kähler, Handel, Bankwesen, Versicherungswesen, in: J. Hansen Hg., Die Rheinprovinz 1815–1915 I, Bonn 1917, 522–42.

[45] Tilly, Banken, 35–37; Benaerts, 136; Born, 88; Leiskow, 1–4; Neidlinger, 49, 62; v. Poschinger I, 287–92, 237–71; Bösselmann, 26f., 102f.; Krüger, Bankiergewerbe, 51–55, 123, 156, 195, 110–12; vgl. W. Feldenkirchen, Die Kölner Banken u. die Entwicklung des Ruhrgebiets, in: ZfU 27. 1982, 81–106; ders., Zur Industriefinanzierung im 19. Jh., in: Düwell u. Köllmann Hg. II, 189–210; Bräutigam, 22–25; Roos, 100; Fischer, Herz, 170–72; Coym, 94–97; Kaehler; F. Hecht, Bankwesen u. Bankpolitik in den süddeutschen Staaten 1819–1875, Jena 1880, 5–24, 98–102, 154–61. Zu Camphausen s. Anm. 43; Borchardt, Industrielle Revolution, 62. *Übersicht 33:* Tilly, Banken, 36 (Schätzungen).

[46] Lutz u. Stammer, 15–22; Zorn, Kl. Wirtschaftsgeschichte, 59. – Die erste und bis 1835 einzige AG-Bank war v. Bülow-Cummerows nur für Junker gedachte «Ritterschaftl. Privatbank» in Stettin von 1825. – Steffen u. Diehm; Metzler, 108; Pohl, Einführung, 10; v. Poschinger I, 205, 215–36; C. Schauer, Die Preuß. Bank, Halle 1912; Hellwig, 53–61, 66–90; Hopt, 145; P. Schrader, Die Geschichte der Königl. Seehandlung, Berlin 1911; W. Lexis, Seehandlungsgesellschaft, in: HStW 7. 1911[3], 406–8; beste histor. Analyse: Radtke; R. Keller, C. v. Rother als Präsident der Seehandlung, Diss. Rostock 1930; BWb II, 2370; v. Rother, Bericht. Als Beispiel für die scharfe konservative Polemik gegen AG-Banken vgl. das von B. G. Niebuhrs Sohn Markus verfaßte Pamphlet: Bankrevolution.

[47] F. Wieacker, Pandektenwissenschaft u. Industrielle Revolution, in: ders., Industriegesellschaft, 56; vgl. D. Blasius, Bürgerl. Recht u. bürgerl. Identität, in: 2. Fs. T. Schieder, 221; Hopt, 132f., 156–59; O. Wormser, Die Frankfurter Börse, Tübingen 1919; E. Achterberg, Die Frankfurter Börse in 5 Jh., in: ders., Schwarz auf Weiß, Frankfurt 1960, 13–21; v. Gülich II, 1838, 375; H. Gebhard, Die Berliner Börse bis 1905, Berlin 1928; J. Spangenthal, Geschichte der Berliner Börse, ebd. 1903, 29, 40, 53, 98; Korporation, 91; Leiskow, 3f., 7–14, 15: Kursübersicht; Neidlinger, 49, 57, 62; Kubitschek, 58–62, frühe Kritik: K. H. Rau, Lehrbuch der Polit. Ökonomie I, Heidelberg 1833[2], 455f.; Varnhagen v. Ense II, 309f. (11. 7. 1844). Pfandbriefe fielen vom Febr. 1842 = 105 bis Ende 1844 erstmals seit 1834 unter 100. Der Index der durchschnittlichen Aktienkurse an den deutschen Börsen (Fischer u. a., SgAb, 106) zeigt die Bewegung bis 1848: 1840 = 100; 1842 = 91; 1843 = 113; 1844 = 129; 1845 = 111; 1846 = 106; 1847 = 103; 1848 = 82. – J. Helten, Die Kölner Börse 1553–1927, (Köln 1928); B. Kuske, 400 Jahre Börse zu Köln, (ebd.) 1953; G. Klein, 400 Jahre Hamburger Börse, (Hamburg 1958); S. Moltke, Geschichte der Leipziger Börse, Leipzig 1936; L. Lieb, Die Entwicklung der Augsburger Effektenbörse 1816–96, Augsburg 1930; G. Spenkuch, Zur Geschichte der Münchener Börse, Leipzig 1908.

[48] Hopt, 163; Wysocki, 10–20, 23, 26, 29, 32, 35, 38, 61, 77–79, 89–92, 104, 115, 140f., 153–55, 161, 168–70 (die beste neuere, empirisch breit fundierte Analyse). Vgl. C. Eisfeld, Sparkassen, in: HWS 9. 1956, 665–84; W. Hoffmann, dass., in: HStW 7. 1926[4], 668–706; W. Henze, Grundzüge der Geschichte des Sparkassenwesens, in: Grundriß für die Sparkassenarbeit I, Stuttgart 1969[3]; W. G. Hoffmann u. a., Die Entwicklung der deutschen Sparkassen 1850–1967, in: ZGS 125. 1969, 562–605; A. Trende, Geschichte der deutschen Sparkassen bis 1900, Stuttgart 1957, hier v. a. 103, 39; R. Schachner, Das bayer. Sparkassenwesen, Erlangen 1900; Traupel, 38f.; Coym, 100, 108; Fischer u. a., SgAb; zum Einkommen der Dienstboten s. o. Bd. I, Teil 1, III, 4, b – C. A. v. Malchus, Die Sparkassen in Europa, Heidelberg 1838 I; A. Sommer, Geistesgeschichte der deutschen Sparkassen, Berlin 1935, 34–41, 43.

[49] Burckhardt, Betrachtungen, 197; Wieacker, Industriegesellschaft, 57. Vgl. F. Büch-

ner, Geschichte, in: Hwb. des Versicherungswesens I, Darmstadt 1958, 792–805; W. Grosse, Versicherungsgeschichte, in: HSW 11. 1961, 213–17; A. Manes, Versicherung, in: HStW 8. 1928[4], 621–32; P. Koch, Pioniere des Versicherungsgedankens 1550–1850, Wiesbaden 1968; G. Helmer, Entwicklung u. Entstehung der öffentl.-rechtl. Brandversicherungsanstalten in Deutschland, Berlin 1936; P. Borscheid, Die Entstehung der deutschen Lebensversicherungsgesellschaft im 19. Jh., in: VSWG 70. 1983, 305–30; R. Bergmann, Geschichte des rhein. Versicherungswesens bis 1850, Essen 1928, 14, 21, 29–38, 50, 55, 61, 64–85, 127, 137–39; Kähler, Handel, 542–59; Tilly, Institutions, 120–26; ders., Banken, 39; Kellenbenz, in: HWS II, 420–22; Haushofer, 70–74; Hecht, 14–24; Arnoldi: NDB 1, 389; Koch, Pioniere, 229–32; Hansemann: NDB 7, 626–29; E. Rehmann, D. Hansemann als Repräsentant der preuß. Bourgeoisie, Diss. FU Berlin 1981; A. Bergengrün, D. Hansemann, ebd. 1901; B. Poll Hg., dass., Aachen 1964; W. Balke, D. Hansemann, L. Camphausen u. G. Mevissen als Wirtschaftspolitiker, Jena 1923; W. Däbritz, D. Hansemann, A. v. Hansemann, Krefeld 1954; ders., RWB 7, 1–24. – Mevissen: Hansen; Balke; B. Kuske, G. v. Mevissens Stellung in der Wirtschaftsentwicklung, Köln 1921; RWB II, 17–45.

[50] Weber, Wg, 255. Vgl. allg. L. Girard, Transport, in: CEHE VI/1. 1965, 212–73; K. Wiedenfeld, Transportwesen, in: GdS V/3, Tübingen 1930; Lotz, Verkehr; Benaerts, 291–329; F. Voigt, Verkehr II/1, Berlin 1965, 68–94, 430–41; K. Borchardt, Die Bedeutung der Infrastruktur für die sozialökonom. Entwicklung, in: SVS, NF 58, ebd. 1971, 11–30. – J. Hirsch, Der moderne Handel, in: GdS V/2, Tübingen 1925[2]; Wehner; Tilly, Capital, 411–13; Kellenbenz, in: HWS II, 369f., 373–78; Borchardt, Industrielle Revolution, 56f.; Borchard, 223–78, v. a. 229, 234, 239, 263f., 277; Fischer u. a., SgAb, 90; Gabor, 62f., 79, 123, 125, 59f., 66, 72, 134f., 137; P. Thimme, Straßenbau u. Straßenpolitik in Deutschland 1825–1835, Stuttgart 1931; B. Schulze, Die Anfänge des norddeutschen Kunststraßenbaus, in: BDL 84. 1938, 220–26; S. Wollheim, Staatsstraßen u. Verkehrspolitik in Kurhessen 1815–1840, Marburg 1931; H. Cassinone, Die geschichtl. u. techn. Entwicklung des Straßenwesens in Baden 1810–1920, Diss. Karlsruhe 1925; G. Hartung, Die bayer. Landstraßen, Leipzig 1902; A. Speck, Die histor.-geograph. Entwicklung des sächs. Straßennetzes, in: E. Lehmann Hg., Wissenschaftl. Veröffentlichungen des Deutschen Instituts für Länderkunde NF 12, ebd. 1953, 131–74. – *Übersicht 34:* nach Fischer u. a., SgAb 91; Tilly, Capital, 411; Borchard, 263f.; Gador 123, mit kleinen Variationen; etwas abweichende Zahlen auch in: Dieterici, Volkswohlstand, 189; Meitzen III, 221. 1828: Thimme, 47; H. v. Petersdorff, F. v. Motz I, Berlin 1913, 176, 193; II, 298f. – Preußische Wasserstraßenkosten 1815–1850: 11,55 Mill. in laufenden Preisen.

[51] C. Eckert, Rheinschiffahrt im 19. Jh., Leipzig 1900, 142–216, 219–95, 332, 264; E. Gothein, Geschichtl. Entwicklung der Rheinschiffahrt im 19. Jh., ebd. 1903; R. v. d. Borght, Die wirtschaftl. Bedeutung der Rheinschiffahrt, Köln 1892; J. H. Schawacht, Schiffahrt u. Güterverkehr zwischen den Häfen des deutschen Niederrheins u. Rotterdam 1794–1851, ebd. 1973; Caspary, 47–62; Henning, Düsseldorf I, 311; K. Fischer, Eine Studie über die Elbschiffahrt in den letzten 100 Jahren, Jena 1907, 4–17, 63–66, 92–131; Wehner, 363; W. Tietze, Die Oderschiffahrt, Leipzig 1907, 17, 21, 26, 40–43; Fischer u. a., SgAb, 92, 94; M. Peters, Die Entwicklung der deutschen Reederei seit 1800 I, Jena 1899, 72–98, 165f., 181f.; II, 1905, 215; O. Mathies, Hamburgs Reederei 1814–1914, Hamburg 1924, 5–21, 27, 32, 37f., 73–79; R. Hertz, Das Hamburger Seehandelshaus J. C. Godeffroy u. Sohn, ebd. 1922; F. Rauers, Bremer Handelsgeschichte im 19. Jh., Bremen 1913; H. Entholt, Bremens Handel, Schiffahrt u. Industrie 1815–1914, in: O. Mathies u. a., Die Hansestädte Hamburg, Bremen, Lübeck (Die deutsche Wirtschaft u. ihre Führer V), Gotha 1928, 129–66. Vgl. Borchard, 277; Wehner, 354, 386; Tilly, Capital, 412f.

[52] Vgl. W. Glahe, Post, in: HSW 8. 1964, 430–44; H. Schwaighofer, dass., in: HStW 6. 1925[4], 894–984; K. Sautter, Geschichte der deutschen Post I, Frankfurt 1951[2]; ders. u. H. v. Stephan, Geschichte der preuß. Post (bis 1868), Berlin 1928; W. Ortmann, Deutsch-

lands Post, Düsseldorf 1950; H. Rackow u.a. Bearb., Hwb. des Postwesens, 2 Bde, Frankfurt 1953²/1956; Voigt II/2, 854–59; H. C. Bräuer, Die Entwicklung des Nachrichtenverkehrs, Diss. Nürnberg 1957; R. v.d. Borght, Das Verkehrswesen, Leipzig 1925²; W. Schröder, Das deutsche Postwesen 1815–1850, in: Wiss. Zeitschrift der Hochschule für Verkehrswesen Dresden 9. 1961/62, 593–97; Kellenbenz, in: HSW II, 379–83. – H. Schwaighofer, Telegraphie u. Telefonie, in: HStW 8. 1928⁴, 59–97; E. Sax, Die Verkehrsmittel I, Berlin 1918²; P. Hübel, Deutsches Post- u. Telegraphenwesen, München 1912; Voigt II/2, 859f.; E. Schilly, Nachrichtenwesen, in: DVG II, 257–85; neuerdings ausführlich: H. A. Wessel, Die Entwicklung des elektr. Nachrichtenwesens in Deutschland bis 1914, Wiesbaden 1983, 15–244.

[53] Mottek II, 56; Hoffmann, Take-Off, 95, 111 (so auch List, Schmoller, Lütge, Benaerts u.v.a., zuletzt: W.O.Henderson, The Rise of German Industrial Power 1834–1914, London 1976); Treitschke IV, 350–56; A.J.P. Taylor, The Course of German History, N.Y. 1962², 62, 64; Streisand, Deutsche Geschichte, 168 (nach Engels, in: MEW 8, 8; 21, 421). Vgl. allg. H. Berding, Die Entstehung des Deutschen Zollvereins als Problem histor. Forschung, in: 2. Fs. Schieder, 225–38; ders. Hg., Wirtschaftl. u. polit. Integration in Europa im 19. Jh. (= GG SoH. 10), Göttingen 1984; H.W. Hahn, Geschichte des deutschen Zollvereins, ebd. 1984; W.O. Henderson, Deutscher Zollverein, in: HSW 12. 1965, 468–73; T. Sommerlad, Zollverein, in: HStW 8. 1911³, 1058–65; W. Fischer, Der Deutsche Zollverein, in: ders., Wirtschaft, 110–28; ders., Der Deutsche Zollverein, die EWG u. die Freihandelszone, in: ebd., 129–38; R.H. Dumke, The Political Economy of Economic Integration: The Case of the German Zollverein of 1834, in: Queens University, Kingston, Institute of Economic Research, Discussion Paper Nr. 153; ders., Der Deutsche Zollverein als Modell ökonom. Integration, in: Berding Hg., Integration, 71–101; ders., Die wirtschaftl. Folgen des Zollvereins, in: Abelshauser u. Petzina Hg., 241–73; ders., Intra-German Trade in 1837 and Regional Economic Development, in: VSWG 64. 1977, 468–96; ders., Anglodeutscher Handel u. Frühindustrialisierung in Deutschland, in: GG 5. 1979, 175–200; H.W. Hahn, Wirtschaftl. Integration im 19. Jh. Die hess. Staaten u. der Zollverein, Göttingen 1982; ders., Zwischen deutscher Handelsfreiheit u. Sicherung landständischer Rechte. Der Liberalismus u. die Gründung des deutschen Zollvereins, in: W. Schieder Hg., Liberalismus in der Gesellschaft des deutschen Vormärz (= GG SoH. 9), Göttingen 1983, 239–71; ders., Hegemonie u. Integration. Voraussetzungen u. Folgen der preuß. Führungsrolle im Deutschen Zollverein, in: Berding Hg., Integration, 45–70; W.O. Henderson, The Zollverein, London 1959²; ders., Mitteleurop. Zollvereinspläne 1840–1940, in: ZGS 122. 1966, 130–62; ders., The German Zollverein and the European Integration, in: ZGS 137. 1981, 491–507; vgl. S. Richter, Die preuß. Zollpolitik 1814/15–1834, in: Wiss. Zeitschrift der Univ. Halle–Wittenberg, Gesellwiss. Reihe 7. 1957/58, 561–70; A.H. Price, The Evolution of the Zollverein 1815–1833, Ann Arbor 1949; Benaerts, 15–126, 215–47; H. Oncken u. H. Saemisch Hg., Vorgeschichte u. Begründung des Deutschen Zollvereins 1815–1834, Bearb. W. v. Eisenhart-Rothe u. A. Ritthaler, 3 Bde, Berlin 1934, darin Oncken, XI–XCIX; sehr detailliert: W. Weber, Der Deutsche Zollverein, Leipzig 1871²/Glashütten 1972; B. Bab, Die öffentl. Meinung über den Deutschen Zollverein z. Zt. seiner Entstehung, Diss. Berlin 1930; W. Röpke, Le Zollverein et le Marche Commun Européen, in: Fs. A. Babel II, Genf 1963, 449–57; M.W. v. Bissing, Der Deutsche Zollverein u. die monetären Probleme, in: Sch. Jb. 79. 1959, 71–86; A. Weber, Der Deutsche Zollverein, in: ebd. 78. 1958, 685–87; J. Wysocki, Süddeutsche Aspekte der räuml. Ordnung des Zollvereins, in: Raumforschung im 19. Jh. II, Hannover 1967, 151–79; F. Schönert-Röhlk, Aufgaben des Zollvereins, in: DVG II, 286–300; M. Doeberl, Bayern u. die wirtschaftl. Einigung Deutschlands, München 1915; E. Franz, Ein Weg zum Reich. Die Entstehung des Deutschen Zollvereins, in: VSWG 27. 1934, 105–36; W. Thieme, Eintritt Sachsens in den Zollverein u. seine wirtschaftl. Folgen, Diss. Leipzig 1914; G. Otruba, Der Deutsche Zollverein u. Österreich, in: Österreich in Geschichte u. Literatur 15. 1971, 121–34; V. Vomáčková, Österreich u. der Deutsche

Zollverein, in: Historica 5. 1963, 109–46; H. Benedikt, Der Deutsche Zollverein u. Österreich, in: Der Donauraum 6. 1961, 25–34; D. L. Long, An Austro-German Customs Union, in: Univ. of Michigan Historical Essays XI, Ann Arbor 1937, 45–74; H. Rosenberg, The Struggle for a German-Austrian Customs Union 1815–1932, in: Slavonic and East European Review 14. 1936, 322–42. Allg. noch: W. Halbenz, Handelspolit. Zusammenschlußbestrebungen in Mitteleuropa im 19. u. ersten Drittel des 20. Jh., Diss. Hamburg 1947, MS; A. Robinski, Die Vorkämpfer eines größeren Deutschlands in zollpolit. Hinsicht bis 1914, Diss. Heidelberg 1917; L. Bosc, Zollallianzen u. Zollunionen, Berlin 1907; J. Pentmann, Die Zollunionsidee, Jena 1917; ders., Customs Union, in: ESS 4. 1931, 673–77; H. Jürgensen, Zollunionen, in: HSW 12. 1965, 462–68; R. Lipsey, International Integration: Economic Unions, in: IESS 7. 1968, 541–47; H. Siebert, Zollunion, in: HWW 9. 1982, 666–78; K. Borchardt, Integration in wirtschaftshistor. Perspektive, in: Weltwirtschaftl. Probleme der Gegenwart, Berlin 1965, 388–410; S. Pollard, The Integration of the European Economy Since 1815, London 1981; ders., European Economic Integration 1815–1970, ebd. 1974; V. Hentschel, Deutsche Wirtschafts- u. Sozialpolitik 1815–1945, Königstein 1980, 16–24; in den letzten sieben Arbeiten weitere Lit. und in: A. Matlekovits Hg., Bibliographie der mitteleurop. Zollunionsfrage, Budapest 1917. S. noch: Sieveking, Handel; Hirsch, dass.; v. Viebahn; G. Hermes, Statist. Studien zur wirtschaftl. u. gesellschaftl. Struktur des zollvereinten Deutschland, in: ASS 63. 1929, 121–62.

[54] Außer der breiten Schilderung bei Henderson, Price, Benaerts, W. Weber und Oncken, zuletzt Dumke (Economy) und Hahn, vgl. I. Bog, Wirtschaft u. Gesellschaft im Zeitalter der Industriellen Revolution, in: GWU 20. 1969, 193–224; C. P. Kindleberger, The Rise of Free Trade in Western Europe 1820–1875, in: JEH 35. 1975, 41–44; ders., Overtaking, 263–65; Vomáčková, 112; Oncken Hg. II, 362 (Metternich, 18. 3. 1828), III, 464 (v. Grote, 27. 2. 1829); v. Petersdorff I; BWb II, 1946; W. Mommsen, F. v. Motz, in: Lebensbilder aus Kurhessen 2. 1940, 267–81; Borchard, 51; Dumke (Economy, 1–39) hat das fiskalpolitische Argument am schärfsten herausgearbeitet (vorher schon: Fischer, Zollverein, 67); in generalisierter Form liegt das neoklassische Kostenargument auch North u. Thomas zugrunde. – Wysocki, Aspekte, 160–62, 170; Henderson, The Zollverein, 104–22, 126; P. Laband, Staatsrecht des Deutschen Reiches I, Tübingen 1876, 257, III/2, 1880, 242 (Aalen 1964); vgl. die Karten in Gr. Histor. Weltatlas III, 155. Treitschkes (IV, 379) viel zitierte farbige Schilderung der Neujahrsnacht 1834, als angeblich lange Kolonnen von Frachtwagen auf allen Landstraßen auf den «letzten Glockenschlag» warteten, bis die Schlagbäume sich hoben und es «vorwärts(ging) durch das befreite Land», ist ein reines Phantasieprodukt, für das es keine einzige Quelle gibt. Vgl. dagegen anon. (= J. G. Hoffmann), Zur Geschichte der deutschen, insbes. der preuß. Handelspolitik 1818–1828, in: Histor.-Polit. Zeitschrift 2. 1833/26, 64–127.

[55] Benaerts, 15 (Chargé de Rumigny, 4. 4. 1829); A. Kahan, 19th Century European Experience with Policies of Economic Nationalism, in: H. G. Johnson Hg., Economic Nationalism in Old and New States, Chicago 1967, 24; Dumke, Folgen, 265, 250f., 263, 265; Otruba, Zollverein, 127f.; A. v. Klinkowström Hg., Aus Metternichs nachgel. Papieren V, Wien 1882, 502, 507, 509; Henderson, The Zollverein, 96, 143, 186; L. J. Baack, C. Bernstorff and Prussia. Diplomacy and Reform Conservatism 1818–1832, New Brunswick 1980, 108–40; contra Huber I, 749, 815; Dumke, Economy, 19–39. Zu einem Entscheidungszentrum wie der Bürokratie, mit deren Handlungsspielräumen sich die DDR-Historiker schwertun, vgl. J. Kocka, Preuß. Staat u. Modernisierung im Vormärz, in: 2. Fs. H. Rosenberg, 211–27. – F. List, Das nationale System der Polit. Ökonomie (1841), Jena 1920[3], 514, 498; Dumke, Folgen, 251–53; 263; ders., Handel, 175, 177, 181; vgl. Kutz, Außenhandel, 72.

[56] Wysocki, Aspekte, 151–53; zeitgenössischer Optimismus: v. Viebahn II, 182f.; III, 752 (zuerst wuchs das Handwerk jedoch schneller als die Fabriken: Kaufhold, Entstehung, 80; v. Hippel, Bevölkerungsentwicklung u. Wirtschaftsstruktur im Königreich Württem-

berg 1815/66, in: Fs. W. Conze, 330); skeptisch: Clapham, 96; A. Sartorius v. Waltershausen, Deutsche Wirtschaftsgeschichte 1815–1914, Jena 1923[2], 60; Dumke, Folgen, 243–46, 260, 264; ders., Trade, 475, 486, 489. Süddeutsche Baumwollindustrie: Wysocki, 167f., 174–77; instruktive vergleichende Tabellen in: Benaerts, 448, 491 (1846–1861, leider fehlen Angaben für 1834–1846); Gehring, 231; Griesmeier, 126; P.C. Martin, Rahmenordnung u. Geldwirtschaft der Frühindustrialisierung, in: Kellenbenz Hg., Öff. Finanzen, 92–94, 97f., 114, vgl. 93.

[57] Kutz, Außenhandel, 65, 72, 3f., 261, 265. K. hat die unzuverlässige Mengenstatistik anhand laufender Preise in Wertstatistiken umgerechnet und erheblich korrigiert: danach war z.B. der Realwert deutscher Exporte nach England (1829/30) zweieinhalb- bis dreimal so hoch (232–285 % der britischen Realwerte) wie die britische Statistik auswies; 179, 182, 191, zur Definition von «Deutschland»: 5. Vgl. hierzu Bd. I, Teil 2, IV; zum Folgenden: B. v. Borries, Deutschlands Außenhandel 1836–1856, Stuttgart 1970; überholt ist Bondi. – R. Renzing, Die Handelsbeziehungen zwischen Frankreich u. Deutschland 1834–1871, Diss. Frankfurt 1959; H. Sydow, Die Handelsbeziehungen zwischen Belgien u. dem Zollverein 1830–1885, 2 Bde, Köln 1979. Vgl. allg. K. Berrill, International Trade and the Rate of Economic Growth, in: EHR 12. 1960, 351–59; A.K. Cairncross, International Trade and Economic Development, in: Kyklos 13. 1960, 545–58; P. Bairoch, Commerce extérieur et développement économique de l'Europe aux XIX siècle, Paris 1976; ders., European Foreign Trade in the 19th Century, in: JEEH 2. 1973, 5–36; A.G. Kenwood u. A.L. Lougheed, The Growth of the International Economy 1820–1960, London 1971; A. Birnie, An Economic History of Europe 1760–1939, ebd. 1964[7]; Landes, Prometheus; Kulischer II; Haussherr; Clough u. Cole; Heaton; A. Satorius v. Waltershausen, Die Entstehung der Weltwirtschaft, Jena 1931. Zur deutschen Handelspolitik: H. Best, Interessenpolitik u. nationale Integration 1848/49, Göttingen 1980; G. Mayer, Die Freihandelslehre in Deutschland, Jena 1922; K. Rathgen, Freihandel u. Schutzzoll, in: Fs. Schmoller II, XXVII: 1–54; L. Grambow, Die deutsche Freihandelspartei zur Zeit ihrer Blüte, Jena 1903; Hentschel; Kindleberger, Free Trade.

III. Strukturbedingungen und Entwicklungsprozesse sozialer Ungleichheit

[1] Arndt, Erinnerungen, in: ders., Werke, Hg. Leffson II, 23f.

[2] K.F. v. Eichhorn, Deutsche Staats- u. Rechtsgeschichte IV, Göttingen 1844[5], VI (Vorwort 1822). – Vgl. die Belege zu «Klasse» in Bd. I, Teil 2, VI, Anm. 4. – Koselleck, Preußen, 75 (Svarez); Reif, Adel, 367 (v. Fürstenberg), 541, Anm. 97 (1796, v. Korff); Clausewitz, Polit. Schriften, 19; C. Jantke u. D. Hilger, Die Eigentumslosen, Freiburg 1965, 133 (Stein), 12 (Hess), und zahlreiche Belege, u.a. 57, 91, 145, 286, 307, 324, 365, 426, 435, 448f., 455; Meusel Hg. II/2, 454 (1836); Fischer, Staat, 386; Conze, Bildung, 151; Hansen, Mevissen II, 162 (1845); Buchholz, Bevölkerung, 22; G. v. Gülich, Über die gegenwärtige Lage ... der arbeitenden Klassen, Rintelen 1843; H. v. Dohn-Kotzenau, Die freien Arbeiter im preuß. Staate, Leipzig 1847, 3; F. Harkort, Bemerkungen über die Hindernisse der Zivilisation u. Emanzipation der untern Klassen, Elberfeld 1844, 26, auch in: ders., Schriften u. Reden zur Volksschule u. Volksbildung, K.-E. Jeismann Hg., Paderborn 1969, 64–100; Brockhaus-Konversations-Lexikon 11. 1846[9], 15f.; ebd., 6. 1852[10], 688f. Allg. unten (Teil 3, III, 3) die zahlreichen Nachweise in Kockas Buch über die Entstehung der deutschen Arbeiterklasse, sowie erneut: Conze, Stand, Klasse, in: GGr. V. – Allg. zum Folgenden: Wehler Hg., Klassen; G. Hardach, Klassen u. Schichten in Deutschland 1848–1970, in: GG 3. 1977, 503–24; H. Kaelble, Soziale Mobilität u. Chancengleichheit im 19. u. 20. Jh. Deutschland im internationalen Vergleich, Göttingen 1983; ders., Histor. Mobilitätsforschung, Darmstadt 1978; ders. Hg., Geschichte der sozialen Mobilität seit der industriellen Revolution, Königstein 1978; K. Allerbeck u. H.R. Stork, Soziale Mobilität in Deutschland 1833–1970, in: KZfS 32. 1980, 93–110; G. Schildt, Wachstum u. Stagnation der sozialen Mobilität im 19. u. 20. Jh., in: ebd. 29. 1977, 702–30; als Regionalbeispiel: J. Brockstedt Hg., Regionale Mobilität in Schleswig-Hol-

stein 1600–1900, Neumünster 1979. Undogmatische klassenanalytisch konzipierte sozialhistorische Studien zur Zeit bis 1848 sind außerordentlich rar, vgl. aber z.B. Mooser; Berthold; Harnisch; Kocka, Arbeiter.

3 Huber Hg. I, 78f. (Art. XIV); H. Gollwitzer, Die Standesherren 1815–1918, Göttingen 1964², 10, 17, 20, 32–36, 72–75, 43, 46–59, 65f. (Zöpfl), 81; s. auch: R. Schier, Standesherrn 1815–1918, Karlsruhe 1977; H. Weber, Die Fürsten von Hohenlohe im Vormärz. Polit. u. soziale Verhaltensweisen württ. Standesherrn bis 1850, Schwäbisch Hall 1977; U. Neth, Standesherrn u. liberale Bewegung, Stuttgart 1970; H. Henning, 49–53, 70–75; Hofmann, Eliten, 336, 342. Vgl. allg. die Lit. über den Adel Teil 1, III, 3, Anm. 30–55, v.a. Conze, Adel, 34–47; Hofmann, Herrschaft; Koselleck, Preußen; Reif, Adel; Rosenberg, Bureaucracy; ders., Machteliten; Schissler, Agrargesellschaft; dies., Junker; Sagarra, Social History, 183–202; v. Preradovich, sowie: S.D. Bowman, Antebellum Planters and Vormärz Junkers in Comparative Perspective, in: AHR 85. 1980, 779–808; G. Habermann, Über Junkertum u. Bürokratie, Diss. Konstanz 1972/Bonn 1977; Koselleck, in: Bergeron u.a., 199–319; J.R. Gillis, Aristocracy and Bureaucracy in 19th Century Prussia, in: PP 41. 1968, 105–29; nur sehr beschränkt brauchbar: Görlitz, Junker; H. Giebel, Strukturanalyse der Gesellschaft des Königreichs Bayern 1818–1848, Diss. München 1971; Toennies; R. Meyer; Preuss, Junkerfrage; O. v. Dungern, Der Aufbau des Adels in Deutschland, in: Süddeutsche Monatshefte 23. 1925/26, 370–77; R. v. Thaddden-Vahnerow, Der Adel in Norddeutschland, in: ebd., 391–96. – Anschaulichkeit gewinnt man aus der Erinnerungs-Literatur: U. v. Alvensleben, Besuche vor dem Untergang, Hg. H.K. Königswald, Berlin 1968²; F. v. Andlaw, Mein Tagebuch 1811–61, 2 Bde, Frankfurt 1862; v. Arnim-Densen, Erlebtes u. Gedachtes, Schwedt 1902; F.F. v. Beust, Aus drei Vierteljahrhunderten, Stuttgart 1887; O. v. Bismarck, Erinnerung u. Gedanke (= GW 15), Berlin 1936; H. v. Bismarck, Erinnerungen, Halle 1910⁷; M. v. Brünneck, Von Preußens Befreiungs- u. Verfassungskampf, Hg. P. Herre, Berlin 1914; P. v. Bülow, Aus verklungenen Zeiten 1833–1920, Leipzig 1924; G. v. Diest-Daber, Aus dem Leben eines Glücklichen, Berlin 1904; R. v. Friesen, Erinnerungen, 2 Bde, Dresden 1882²; E.L. v. Gerlach, Aufzeichnungen aus seinem Leben u. Wirken 1795–1877, 2 Bde, Schwerin 1903; ders., Von der Revolution zum Norddeutschen Bund, Hg. H. Diwald, 2 Bde, Göttingen 1970; L. v. Hasner, Denkwürdigkeiten, Stuttgart 1882; K. v. Hohenlohe-Ingelfingen, Aus meinem Leben, 4 Bde, Berlin 1897–1907; v. Kügelgen; H. v. Lerchenfeld, Erinnerungen 1843–1925, Berlin 1935²; O. v. Natzmer, Unter den Hohenzollern, 4 Bde, Gotha 1889; A. v. Roon, Denkwürdigkeiten I, Berlin 1909⁵; Ernst II. v. Sachsen-Coburg-Gotha, Aus meinem Leben, 2 Bde, ebd. 1889⁶; A.F. v. Schack, Ein halbes Jh., Stuttgart 1894³; L. v. Strauss u. Torney, Vom Biedermeier zur Bismarckzeit, Jena (1923); K.W.H. du Thil, Denkwürdigkeiten, Hg. H. Ullmann, Stuttgart 1921; v. Ungern-Sternberg; V. v. Unruh; C.F. Vitzthum v. Eckstädt, Berlin u. Wien 1845–1852, ebd. 1886²; H. Wagener, Erlebtes, Berlin 1884; P. Wentzke u. W. Klötzer Hg., Deutscher Liberalismus im Vormärz: H. v. Gagern, 1815–1848, Göttingen 1959; U. v. Wilamowitz-Moellendorf, Erinnerungen 1848–1914, Leipzig 1928, und natürlich: T. Fontane, Wanderungen durch die Mark Brandenburg, 4 Bde, Stuttgart 1925.

4 Hofmann, Herrschaft, 278f.; 370, 384f., 303, 400, 366f., 404, 481, 533, 537, 378f., 339f., 472, 368f., 361, 363, 375, 389f., 392, 312, 314, 461, 463, 496; ders., Eliten, 612f.; v. Lang II, 149; Zorn, in: HGB IV/2, 852–54; vgl. ders., Gesellschaft u. Staat im Bayern des Vormärz, in: W. Conze Hg., Staat, 116f.; Giebel, 125; Möckl, 102–9, 238–42; H. Henning, 53–57, 75–96 (wes Geistes Kind der Verf. ist, zeigt z.B. der Satz [77], daß der Heiratskonsens für adlige Offiziere und Beamte «zu zahlreichen außerehelichen Beziehungen» führte, «deren Folgen häufig nicht zu einer Stärkung des Erbgutes beitrugen».) Württemberg hielt sich mit Adelsprivilegien noch stärker als Bayern zurück. In Baden lehnte der Landtag das dem bayerischen ähnelnde Adelsedikt von 1819 ab, dennoch wurde es durch großherzogliche Verordnung in Kraft gesetzt, ohne bis 1848 formales Verfassungsrecht zu werden; vgl. W. Fischer, Staat u. Gesellschaft Badens im Vormärz, in:

Conze Hg., Staat, 162f.; E. Fehrenbach, Das Erbe der Rheinbundzeit: Macht u. Privilegienschwund des bad. Adels 1815–48, in: AfS 23. 1983, 99–122; dies., Das Scheitern der Adelsrestauration in Baden, in: Weis Hg., 251–68.

5 Meusel Hg. I, 47; II/1, 242 (über Adel als «Mittelstand» natürlich schon Montesquieu, auch J. G. Schlosser [1787] u. a., nach: Conze, Adel, 20f.; vgl. F. W. D. v. Geisler, Über den Adel als einen zur Vermittlung zwischen Monarchie u. Demokratie notwendigen Volksbestandteil, Minden 1835); Koselleck, Preußen, 516, 525, 492, 534f., 153, 486, 512, 514, 679 (Nobil.); Bleiber, Staat, 222; Rosenberg, Pseudodemokratisierung, 8, 10, 12, 15–17, 26; Koselleck, in: Bergeron u. a., 249; R. Michels, Zum Problem der zeitl. Widerstandsfähigkeit des Adels, in: ders., Probleme, 150; K. F. Rauer, Hand-Matrikel der in sämtl. Kreisen des Preuß. Staates auf Kreis- u. Landtagen vertretenen Rittergüter, Berlin 1857, 451 (1856); J. Conrad, Agrarkrisis, in: HStW 1. 1909[3], 209; Dieterici, Handbuch, 319f.; Jordan, 28; Stein, Briefe VI, 374 (Kunth an S., 22. 4. 1826); Pertz, Stein VI/1, 1855, 302 (Niebuhr an S., 18. 11. 1826). Stein selber wollte keineswegs den bürgerlichen Rittergutsbesitzern die Ritterschaft geben. Der «Grundbegriff des Adels ..., der Grundbesitz, Geschlechtscharakter und sittliche Würde in sich schließt», werde so «zerstört», «seine Ehre vernichtet. An ihre Stelle treten materieller Reichtum, Ackerfläche, Kornsäkke, die höchsten Güter des gemeinen irdischen Menschen». Stein VI, 564, 3. 11. 1822; H. Henning, 55, 81–83, 77–79; Gillis, Aristocracy, 110, 113–17; v. Preradovich, 6; Sagarra, Social History, 187, vgl. 185. Der hannoversche Adel besaß nur 6% des Bodens, aber im Deutschen Bund die auffälligsten Vorrechte; allerdings konnte der mecklenburgische Adel seine Bauern am ehesten wie russische Leibeigene behandeln.

6 Koselleck, Preußen, 508, 512f., 520. Hier muß erneut erwähnt werden, daß es in Preußen eine hohe Zahl von nicht-ritterlichen Großgrundbesitzungen gab. Von den 18197 Gütern mit mehr als 600 Mo. (vor den Annexionen von 1866) waren 12150 Rittergüter, 6047 also nicht! Nur 8731 (72%) Rittergüter erwirtschafteten einen jährlichen Reinertrag von 1000 T. und mehr; ebd., 518; Meitzen IV, 498. – E. Bleich, Die Verhandlungen der zum 2. 4. 1848 zusammenberufenen Vereinigten Landtage, Berlin 1848, 99 (v. Thadden); T. Fontane, Der Stechlin II, München 1969, 61; Ziekursch, Ergebnis, 197; Koselleck, Preußen, 209, 464f., 468, 448, 477, 18, 450–53 (vgl. Beispiele: 680–90), 345, 555, 519, 531, 343, 515f., 466, 374, s. 386 u. 691–93. Vgl. K. R. Weitz, Die preuß. Rheinprovinz als Adelslandschaft, in: RVB 38. 1974, 333–54; ders., Der niederrhein. u. westfäl. Adel in der Auseinandersetzung in Verfassung u. Status, in: Düwell u. Köllmann Hg. I, 27–38. Der Anteil der teils abhängigen, teils wacker liberalen Beamten unter den Provinzialdeputierten betrug gelegentlich bis zu einem Viertel: Koselleck, in: Bergeron u. a., 243; Huber I, 182, 170–72; H. Gräff u. a., Ergänzungen u. Erläuterungen der preuß. Rechtsbücher durch Gesetzgebung u. Wissenschaft VI, Breslau 1844, 147 (Gans); vgl. C. v. Unruh, Der Landrat, Köln 1966; Koselleck, Preußen, 540, 546–49; 674f.; D. Blasius, Eigentum u. Strafe. Probleme der preuß. Kriminalitäts- u. Strafrechtsentwicklung im Vormärz, in: HZ 220. 1975, 88 (etwas andere Zahlen als bei Koselleck).

7 F. v. d. Marwitz, Preußens Verfall u. Aufstieg, Hg. F. Schinkel, Breslau 1932, 184 (das «Bureau» meint natürlich die Zentralbürokratie, könnte aber auch noch eine Anspielung auf Hardenbergs «Büro des Staatskanzlers» sein); Meusel Hg. I, XXXII; II/2, 289; F. Ancillon, Über den Geist der Staatsverfassungen, Berlin 1825, 86; C. W. v. Lancizolle, Über König u. Landstände, ebd. 1846; das antiquierte Adelsideal des hochkonservativen «Berliner Polit. Wochenblatts» z. B. in Jg. 1836, 126; vgl. W. Scheel, Das «Berliner Polit. Wochenblatt», Göttingen 1964; Huber I, 164f., 171; gegen die altkonservativen Pläne: Humboldt, in: ders., G.Sch. XII, 477, 492f. (1821, 1825). Vgl. S. Schmidt, Junkertum u. Genesis des deutschen Konservativismus im 19. Jh., in: ZfG 27. 1979, 1058–72; H. Henning, 55, 91f., 95. Das ALR enthielt ein allgemeines Duellverbot. – B. v. Poten, Geschichte des Militär-, Erziehungs- u. Bildungswesens in den Landen deutscher Zunge, 5 Bde, Berlin 1889–97; Gillis, Aristocracy, 113f.; v. Preradovich, 104–23; R. v. Delbrück, Lebenserinnerungen I, Leipzig 1905, 194 (über das Berliner gesellschaftliche Leben;

ähnlich Perthes über die thüringischen Staaten und die Berichte der preußischen Gesandten aus München); H. v. Bülow, Die Aristokratie des Talents als Grundlage des Zweikammersystems, Berlin 1848, 25; Hofmann, Eliten, 630f.; vgl. H. Gollwitzer, Graf Giech, in: ZBL 24. 1961, 102–62.

[8] Klemm Hg., 21; regionalhistorisch aufgeschlüsselt der Verlauf und die Ergebnisse der Reformen: ebd., 12–21 u. bei Dipper, Bauernbefreiung, 55–93, 113–26; H. Plaul, Grundzüge der Entwicklung der sozialökonom. Verhältnisse in der Magdeburger Börde 1830–1880, in: Rach u. a. Hg. I, 212 (vgl. 175–231, auch in: ders., Landarbeiterleben im 19. Jh., Berlin 1979, 30–88). – Vgl. die Lit. in Bd. I, Teil 1, II, 3; Teil 1, III, 3 b; Teil 2, III, 2 c; Teil 2, III, 3 c – hier Teil 3, II, 1; v. a. Abel; Lütge; v. d. Goltz; Meitzen; Knapp; R. Stein; Weber, Entwicklungstendenzen, 470–507; ders., Verhältnisse; Franz, Geschichte; ders., Landwirtschaft 1800–1850; Klein; Dipper, Bauernbefreiung; Schissler, Agrargesellschaft, 145–201; Koselleck, Preußen, 499–507; Harnischs, Bertholds und Müllers Studien. – Allg. hierzu: J. Blum Hg., Die bäuerl. Welt, München 1982; R. v. Dülmen Hg., Kultur der einfachen Leute, ebd. 1983, 7–16; W. Kaschuba u. C. Lipp, Dörfl. Überleben, Tübingen 1982; E. J. Hobsbawm, Peasants and Politics, in: JPS 1. 1973, 3–22; A. L. Stinchcombe, Agricultural Enterprise and Rural Class Relations, in: R. Bendix u. S. M. Lipset Hg., Class, Status, Power, N. Y. 1966[2], 182–90; G. Heitz u. G. Vogler, Agrarfrage, bäuerl. Klassenkampf u. bürgerl. Revolution in der Übergangsepoche vom Feudalismus zum Kapitalismus, in: ZfG 28. 1980, 1060–78; H. Bleiber u. W. Schmidt, Die deutschen Bauernbewegungen 1789–1871, in: ebd. 1079–95; E. J. T. Collins, Labor Supply and Demand in European Agriculture 1800–80, in: Jones u. Woolf Hg., Change, 61–94; H. Linde, Zur sozialökonom. Struktur u. soziolog. Situation des deutschen Dorfes, in: ders. u. a., Das Dorf, Hannover 1954, 5–24; U. Jeggle, Kiebingen, Tübingen 1977; J. Weber-Kellermann, Die Familie auf dem Lande zwischen Bauernbefreiung u. Industrialisierung, in: ZAA 26. 1978, 66–76; V. Gläntzer, Ländl. Wohnen vor der Industrialisierung, München 1983. – Einige Regionalstudien: Mooser, Klassengesellschaft; ders., Gleichheit; ders., Rebellion u. Loyalität 1789–1848. Sozialstruktur, sozialer Protest u. polit. Verhalten ländl. Unterschichten im östl. Westfalen, in: P. Steinbach Hg., Probleme polit. Partizipation im Modernisierungsprozeß, Stuttgart 1982, 57–87; W. Mager, Protoindustrialisierung u. agrar.-heimgewerbl. Verflechtung in Ravensberg, in: GG 8. 1982, 435–74. – H.-G. Husung, Zur ländl. Sozialschichtung im norddeutschen Vormärz, in: Mommsen u. Schulze Hg., 259–73; W. Bornstedt, Geschichte des braunschweig. Bauernstandes, Braunschweig 1970; W. Achilles, Die niedersächs. Landwirtschaft 1820–1914, in: Niedersächs. Jb. für Landesgeschichte 50. 1978, 7–26; Buchholz; Gladen, Tecklenburg. – W. K. Blessing, Staat; ders., Umwelt u. Mentalität im ländl. Bayern im 19. Jh., in: AfS 19. 1979, 1–42; Kaltenstadler, 196–246; A. Sandberger, Die Landwirtschaft, in: HBG IV/2, 732–48. – Harnisch, Statist. Untersuchungen; ders., Kapitalist. Agrarreformen (Zit. 141); Rach u. a. Hg.; Bleiber, Reform; Šolta, Bauern; ders., Die kapitalist. Klassendifferenzierung der Bauernschaft, 1850–1939 (Lausitz), in: Letopis, Reihe B 1968, 15/2, 235–45. – Zu den Landarbeitern: v. a. Plaul; M. Webers Arbeiten; Neumann, Bewegung; dies., Lohngestaltung; H. Hübner u. H. Kathe Hg., Lage u. Kampf der Landarbeiter im ostelb. Preußen 1800–1918, Berlin 1977; E. Preuss, Die ostpreuß. Landarbeiterschaft, Diss. Königsberg 1926; v. Lengerke, Arbeiterfrage; W. Asmis, Zur Entwicklung der Landarbeiterlöhne in Preußen, in: Landwirtschaftl. Jb. 52. 1919, 457–614; F. W. Schaer, Die ländl. Unterschichten zwischen Weser u. Ems vor der Industrialisierung, in: Niedersächs. Jb. für Landesgeschichte 50. 1978, 45–69; v. Kahlden; Aereboe, Arbeiter; Skalweit, Landarbeiter.

[9] Schissler, Agrargesellschaft, 159–61; H. Harnisch, Produktivkräfte u. Produktionsverhältnisse in der Landwirtschaft der Magdeburger Börde 1750–1835, in: Rach u. a. Hg. I, 172; R. Berthold, Bevölkerungsentwicklung u. Sozialstruktur im Rb. Magdeburg 1816–1910, in: ebd. II, 149–51; allg. H.-J. Rach u. B. Weissel Hg., Bauer u. Landarbeiter im Kapitalismus in der Magdeburger Börde, Berlin 1982. – Husung, Sozialschichtung, 262; Mooser, Gleichheit, 232f., 236f., 243, 246f.; ders., Rebellion, 60–63; vgl. M. Bosch,

Die wirtschaftl. Bedingungen der Befreiung des Bauernstandes im Herzogtum Kleve u. in der Grafschaft Mark, Stuttgart 1920; Blessing, Umwelt, 1–3, 7, 10; Kaltenstadler, 214; Strobel, 127; Jeggle, 182, 184f. (contra: Franz, Bauernstand, 232–34); Linde, Dorf, 16f.; Kramer, Unterfranken, 37–40; ders., Ansbach, 29–32; ders., Bamberg, 25–30; Weber-Kellermann, 68–71; dies., Die deutsche Familie, Frankfurt 1977[3], 15, 82, 147; C. Büchsel, Erinnerungen aus dem Leben eines Landgeistlichen I, Berlin 1925[10], 37.

[10] Steinmann, 237; Dipper, Bauernbefreiung, 69–71, 118, 76–79, 158f.; G. Vogdt, Die Bauernbefreiung in Mecklenburg, Diss. Berlin/Würzburg 1937; zu Sachsen s. Teil 3, II, 1; Harnisch, Kapitalist. Agrarreformen, 139, 143, 151, 197f., 201–3, 206f., 211, allg. 139–253, mit genauen Angaben für die ostelbischen Provinzen; Koselleck, Preußen, 500. Vgl. den bitteren Hohn von Hugo Preuss (Junkerfrage, 33): «Als die siegreichen Wehrmänner (von 1814/15) in ihre heimatlichen Dörfer zurückkehrten, konnten sie die freudige Überraschung genießen, nicht nur das Vaterland, sondern auch die Patrimonialgerichtsbarkeit und die Polizeigewalt der Rittergüter... gerettet zu haben», und trotz der «Befreiung» konnten sie bis 1848 daran nichts ändern. – H. Bleiber, Zum Anteil der Landarbeiter an den Bewegungen der Dorfbevölkerung in der deutschen Revolution 1848/49, in: JbW 1975/IV, 69. Paradigmatische Behandlung von vollbäuerlicher Kontinuität und Kleinstellenzuwachs, schneller Durchführung der Agrarreformen seit 1829 (bis 1840 ein Drittel der Gemeinheitsteilungen und Separationen, wegen des Zuckerrübenanbaus auf großen Flächen bis 1848 schon 67%) bei Harnisch, Produktivkräfte, 157–73; Berthold, 125–71; Plaul, Grundzüge, 175–231, v.a. 179f., 191f., 208. – v.d. Goltz, Geschichte II, 202; ders., Arbeiterklasse, 103f.; Klemm Hg., 17; W. Hucho, Die Naturalentlohnung in der deutschen Landwirtschaft, in: Berichte über Landwirtschaft 2. 1925, 571–650.

[11] Weber, Verhältnisse, 18, vgl. 11–19; ders., Entwicklungstendenzen, 484; v.d. Goltz, Arbeiterklasse, 96, 103f.; Knapp, Bauernbefreiung I, 294; Abel, Epochen, 100; ders., Agrarpolitik, 117, s. 116–21; Hübner u. Kathe Hg., 89–92 (KO 8.8. 1837, vgl. XXIIf.). Vgl. allg. J. Flemming u. K. Saul, Sozialgeschichte der Landarbeiter in Preußen 1800–1945, München 1987; Schmoller, Grundriß II, 299–306; Sombart, Kapitalismus III/1, 345–50; R. Stein III, 422–30; Neumann, Bewegung, 19–22; Preuss, Landarbeiterschaft, 62–70, 81; Jordan, 64–66; Lütge, Geschichte, 284; Schissler, Agrargesellschaft, 178–85. In Schlesien gab es statt der Insten sog. Lohngärtner mit mehrjährigen Arbeitsverträgen, Bleiber, Reform, 57–81. – v.d. Goltz, Geschichte II, 196; Neumann, Bewegung, 214–332f.; v. Lengerke, Arbeiterfrage, 114, 254; Bleiber, Anteil, 69f.; Harnisch, Kapitalist. Agrarreformen, 203–6; Mitteilungen des Statist. Bureaus in Berlin 1. 1848, 84; 2. 1849, 26f. (Zahlen 1846); Plaul, Landarbeiterleben, 91–97; Franz, Landwirtschaft, 303f.; Gesindeordnung vom 8.11. 1810 u.a. in: Hübner u. Kathe Hg., 55–76 (s. Bd. I, Teil 1, III, 3c); ebd., 76 (Putbus als Generalgouv. von Neupommern, 7.5. 1817), 96–102 (Dienstbücher, VO 29.9. 1846); Koselleck, Preußen, 499, vgl. 500–07. Die Wanderung von Saisonarbeitern, z.B. den Sachsengängern aus dem Harz, Eichsfeld und Warthebruch, setzte erst allmählich seit den 1840er Jahren ein.

[12] Husung, Sozialschichtung, 261–65, 267–69, 271; Haufe, 201; Ennen u. Janssen, 224; Buchholz, 4f., 9f., 15–18; Achilles, Landwirtschaft, 8–10; Bornstedt, 115f.; Schaer, 46f., 64f.; Abel, Agrarpolitik, 115f.; Freiburg, 209–27; Dipper, Bauernbefreiung, 74–76; Mooser, Gleichheit, 233, 253ff., 258f.; ders., Rebellion, 62f., 66–68; ausführlicher ders., Klassengesellschaft; Gladen, Tecklenburg, 169–74; Franz, Landwirtschaft, 303; vgl. H.J. Seraphim, Das Heuerlingswesen in Nordwestdeutschland, Münster 1948.

[13] Vgl. Sandberger, 732–48; Lütge, Geschichte, 250–53, 267–70; Blessing, Umwelt, 1–9, 11f., 15f.; Schremmer, Wirtschaft Bayerns, 372; Kaltenstadler, 214, 216, 219–23, 223–43; Platzer, 172–76, 194, 198; Könnecke, 206–9; vgl. Küther, Räuber; ders., Menschen; Klemm Hg., 20f.; Teuteberg, Landwirtschaft, 22–40; Dipper, Bauernbefreiung, 88; v. Hippels Buch, Bauernbefreiung in Württemberg. – F. Sengle, Wunschbild Land u. Schreckbild Stadt, in: Studium Generale 16. 1963, 619, 622, 624–28, 630; ders., Biedermeierzeit. Deutsche Literatur 1815–1848, 3 Bde, Stuttgart 1971/1972/1980; P. Zimmermann,

Der Bauernroman, ebd. 1975; R. Brandmeyer, Biedermeierroman u. Krise der ständ. Ordnung, Tübingen 1983; A. Lees, Cities Perceived. Urban Society in European and American Thought 1820–1940, Manchester 1985, 82–90.

[14] Riehl, Gesellschaft, 153, vgl. 154–204; Brockhaus, Lexikon VI, 1852[10], 688 f.; vgl. aus derselben Zeit die verwandte Definition Fröbels (Die Bourgeoisie u. das Volk, 3.9. 1848, in: ders., Lebenslauf I, 199): «der wesentliche Charakter dieser Klasse der Gesellschaft» bestehe bei der neu emporgekommenen Bourgeoisie «in der Richtung auf das Privatleben, in einem politisch-sozialen System, welches... im Staat nichts erblickt als eine Anstalt zur Sicherung dieses Privatlebens». K.J.A. Mittermaier, Bürgerstand, in: Staats-Lexikon II, 1846[2], 762; vgl. H. Zehntner, Das Staatslexikon von Rottek-Welcker, Jena 1929; J.C. Bluntschli, Dritter Stand, in: ders. u. Brater Hg. II, 1858, 176–82. – H. Rehm, Heimatrecht, in: HStW 5. 1910[3], 426–28; ders. u. H. Nawiasky, dass., in: ebd., 1923[4], 214–16; ders., Der Erwerb von Staats- u. Gemeindeangehörigkeit in seiner geschichtl. Entwicklung, in: Hirths Annalen 24. 1892, 137–281; O. v. Gierke, Gemeindebürgerrecht, in: F. v. Holtzendorff Hg., Rechtslexikon I, Leipzig 1875[2], 652–61; ders., Privatrecht I, 451–56; G. Meyer u. G. Anschütz, Lehrbuch des deutschen Staatsrechts II, München 1917[7], 423–31; Walker, Home Towns, 63, 140, 171, 205, 210, 263–76 (eine Parallele zu Walkers süddeutschen städtischen Gemeinwesen findet sich in G. Kellers Schilderung schweizerischer Kleinstädte). Vgl. Bd. I, Teil 1, III, 4a; Teil 1, III, 5–6; Teil 1, IV, 6; Teil 1, V, 2–6; Sagarra, 253–322; Henning, Entwicklungen, 97–113; Koselleck, Preußen, 471–81; Hardach, Klassen, 507–14; T. Mundt, Die Geschichte der Gesellschaft, Berlin 1844/Leipzig 1856[2]; ders., Geschichte der deutschen Stände, Berlin 1854; H. Heller, Bürger u. Bourgeois, in: NR 43. 1932, 721–36; ganz unscharf: Sombart, Bourgeois; L. Beutin, Das Bürgertum als Gesellschaftsstand im 19. Jh., in: BDL 90. 1953, 135–62, auch in: ders., G.Sch., 284–319; ders., Die Massengesellschaft im 19. Jh., in: Welt als Geschichte (= WaG) 17. 1957, 69–89, u. in: ders., Schriften, 320–48; H. Kellenbenz, Das Unternehmertum u. das Problem des bürgerl. Selbstverständnisses bis ins 19. Jh., in: Archiv für öff. u. freigemeinnützige Unternehmen 7. 1964/65, 330–46; E. Krafft, Die Haltung des wirtschaftl. Bürgertums im 19. Jh., Diss. Marburg 1941; G. Huard, L'évolution de la bourgeoisie allemande, Paris 1919; W. Küttler u. G. Seeber, Forschungsprobleme der Geschichte des deutschen Bürgertums u. der deutschen Bourgeoisie, in: ZfG 28. 1980, 203–22. – Präzise Analysen der verschiedenen bürgerlichen Formationen sind sehr rar. Vgl. z. B. R. Koch, Grundlagen bürgerl. Herrschaft. Verfassungs- u. sozialgeschichtl. Studien zur bürgerl. Gesellschaft in Frankfurt a. M. 1612–1866, Wiesbaden 1983; Kaelble, Berliner Unternehmer; H. Zwahr, Zur Klassenkonstituierung der deutschen Bourgeoisie, in: JbfG 18. 1978, 21–83; ders., Proletariat u. Bourgeoisie in Deutschland, Köln 1980 (Z. geht analog zur Methode in seinem wichtigen Buch über die Konstituierung des Leipziger Proletariats vor, s. u. Teil 3, III, 5); vgl. K. Obermann, Zur Genesis der bürgerl. Klasse in Deutschland 1830–1840, in: JbG 16. 1977, 33–69; ders., Zur Klassenstruktur u. zur sozialen Lage der Bevölkerung in Preußen 1846–49, in: JbW 1973/II, 79–120; III, 143–74. Als gutes (Mannheimer) Beispiel für den gleitenden Übergang des Stadtbürgertums zum modernen Unternehmertum vgl. L. Gall, Die Stadt der bürgerl. Gesellschaft, in: Rhein.-Westfäl. Akademie der Wissenschaften Hg., Forschungen zur Stadtgeschichte, Opladen 1986, 55–71.

Unentbehrlich für Anschaulichkeit und Differenzierung ist die Memoirenliteratur. Vgl. z. B. außer Büchsel; Delbrück; Fontane; Fröbel; Gutzkow, Knabenzeit; Jacoby; Klöden; Lewald; Perthes; Ruge, 4 Bde, 1862–67; Steffens; Varnhagen, Denkwürdigkeiten; ders., Tagebücher, v. a. A. Andrae-Roman, Aus längst vergangenen Tagen. Erinnerungen, Bielefeld 1899; F.D. Bassermann, Denkwürdigkeiten 1811–55, Frankfurt 1926; G. Beseler, Erlebtes, 1809–59, Berlin 1884; K. Biedermann, Mein Leben, 2 Bde, Breslau 1886; J.C. Bluntschli, Denkwürdigkeiten, 3 Bde, Nördlingen 1884; H. Brockhaus, Aus den Tagebüchern, 5 Bde, Leipzig 1884–86; R. Dohme, Unter 5 preuß. Königen, Hg. P. Lindenberg, Berlin 1901; C.E.L. Dürre, Aufzeichnungen aus einem deutschen Turner- u.

Lehrerleben, Hg. E.F. Dürre, Leipzig 1881; F. Eberty, Jugenderinnerungen eines alten Berliners, Berlin 1878; G. Eilers, Meine Wanderung durchs Leben, 6 Bde, Leipzig 1856–61; F.W. Gubitz, Erlebnisse nach Erinnerungen u. Aufzeichnungen, 3 Bde, Berlin 1868–69; K. Gutzkow, Rückblick auf mein Leben, in: ders., Werke, Hg. P. Müller IV, Leipzig 1911; E. Hausmann, Erinnerungen, Hannover 1904²; G. Kinkel, Selbstbiographie 1838–48, Hg. R. Sander, Bonn 1931; H.E. Kochhann, Tagebücher, 4 Bde, Hg. A. Kochhann, Berlin 1905–07; H.F. Kohlrausch, Erinnerungen, Hannover 1863; G.F. Kolb, Lebenserinnerungen 1804–1884, Hg. L. Merckle, Feiburg 1976; F.W. Krummacher, Selbstbiographie, Berlin 1869; H. Laube, Erinnerungen, in: ders., GW, Hg. H.H. Houben, 40, Leipzig 1909; H. Leo, Aus meiner Jugendzeit, Gotha 1880; E. Lindau, Nur Erinnerungen, 2 Bde, Stuttgart 1919⁶; H. Luden, Rückblicke in mein Leben, Jena 1847; W. Menzel, Denkwürdigkeiten, Hg. K. Menzel, Bielefeld 1877; R. v. Mohl, Lebenserinnerungen 1799–1875, 2 Bde, Stuttgart 1902; P.E. Müllensiefen, Ein deutsches Bürgerleben vor 100 Jahren, Hg. F. v. Oppeln-Bronikowski, Berlin 1931; R. Oetker, Lebenserinnerungen, 3 Bde, Stuttgart 1877–85; C.H.A. Pagenstecher, dass., 2 Bde, Leipzig 1913; W.H. Puchta, Erinnerungen aus dem Leben u. Wirken eines alten Beamten, Nördlingen 1842; L. Rellstab, Aus meinem Leben, 2 Bde, Berlin 1861; A.L. Reyscher, Erinnerungen 1802–80, Freiburg 1884; K. Schorn, Lebenserinnerungen, 2 Bde, Bonn 1898; A. Stahr, Aus der Jugendzeit, 2 Bde, Prenzlau 1870–77²; G.F.L. Stromeyer, Erinnerungen, 2 Bde, Hannover 1875; C. Vogt, Aus meinem Leben, Stuttgart 1896. S. auch: W. Poels Hg., Deutsche Sozialgeschichte I: 1815–1870, München 1979³; H.M. Enzensberger u.a. Hg., Klassenbuch. Ein Lesebuch zu den Klassenkämpfen in Deutschland 1750–1970 I, Neuwied 1972. – Spezialstudien über «das Bürgertum» müßten natürlich nicht nur mit der hier verwandten groben Dreiteilung, sondern mit mehreren Feindifferenzierungen arbeiten, wie das Beispiel der aus alten Stadtbürgerfamilien stammenden, politisch mächtigen Frankfurter Juristen (also bildungsbürgerlicher Intelligenz), aber auch der Unterschied von beamteten und freiberuflichen Akademikern, von stadtbürgerlichen Handwerksmeistern und hochbezahlten unzünftigen Fabrikmeistern usw. deutlich machen.

[15] Koch, Grundlagen, 70–93, 443; vgl. Sharlin; Gothein, Köln, 238; Koselleck, Preußen, 571–81; H. Croon, Die gesell. Auswirkungen des Gemeindewahlrechts in den Gemeinden u. Kreisen des Rheinlandes u. Westfalens im 19. Jh., Köln 1960; ders., Bürgertum u. Verwaltung in den Städten des Ruhrgebiets im 19. Jh., in: Tradition 9. 1964, 23–41; ders., Die Stadtvertretungen in Krefeld u. Bochum im 19. Jh., in: Fs. F. Hartung, Berlin 1958, 289–306; R. Schütz, Preußen u. die Rheinlande im Vormärz, Wiesbaden 1979; K.G. Faber, Die Rheinlande zwischen Restauration u. Revolution 1814–48, ebd. 1966; ders., Die kommunale Selbstverwaltung in der Rheinprov. im 19. Jh., in: RVB 30. 1965, 132–51; Obermann, Klassenstruktur, 150, 163–65 (Tab. V: Steuereinschätzung 1849); nur zwei Kölner Handwerksmeister versteuerten 1000 T., in guten Jahren wurde ein Drittel der Handwerker zur Gewerbesteuer veranschlagt, in Krisen nur «ein Bruchteil», s. K. van Eyll, Wirtschaftsgeschichte Kölns 1815–71, in: Kellenbenz u. dies. Hg. II, 248f.; P. Ayçoberry, Cologne 1815–71, Paris 1981, 46–61, 84–96, 119–39, 168–81, 399; vgl. W. Feldenkirchen, Aspekte der Bevölkerungs- u. Sozialstruktur der Stadt Köln 1794–1814, in: RVB 44. 1980, 182–227; D. Höroldt, Die Sozialstruktur der Stadt Bonn 1800–1850, in: E. Ennen u. ders. Hg., Fs. J. Dietz, Bonn 1973, 284–96, 306, 308–11, ähnlich wie in Köln waren 1840 nur 237 (35%) der 672 Handwerksmeister steuerpflichtig; Kinkel, 35, 204, 251, 315–18 (durch journalistische Nebeneinnahmen kam auch K. auf 2000 T.); vgl. auch H. Kühn, Polit., wirtschaftl. u. sozialer Wandel in Worms 1796–1866, Worms 1975, 69–84. – H. Croon, Krefelder Bürgertum im Wandel des 19. Jh., in: Die Heimat. Zs. für niederrhein. Heimatpflege 14. 1958, 16–19; P. Kriedte, Lebensverhältnisse, Klassenstrukturen u. Proto-Industrie in Krefeld während der französ. Zeit, in: Fs. Vierhaus, 295–314; Schramm II, 35–39; Kraus, 31, 73, 76; Pust, 28, 31; Saalfeld, Einkommensentwicklung, 250; vgl. ders., Ständ. Gliederung; ders., Lebensstandard; ders., Method. Probleme; H. Asmus Hg., Geschichte der Stadt Magdeburg, Berlin 1975, 126, 148f.; ders., Grundzüge

der ökonom. Entwicklung der Stadt Magdeburg 1800–1917/18, in: Rach u.a. Hg. II, 205f., 210f.; E. Fischer, 251 (Zuwachs in Magdeburg bis 1840: 70%, 1837–1849: 40%); Huschner, 85, 92, 207 (1851!). In Konstanz sollen 1842 die Oberschicht sogar ⅙, die Unterschichten nur die Hälfte der 6880 Einwohner ausgemacht haben: H. Krümmer, Die Wirtschafts- u. Sozialstruktur von Konstanz 1806–50, Sigmaringen 1973, 134; R. Vogelsang, Geschichte der Stadt Bielefeld I: Bis 1850, Bielefeld 1980, 254f.; K. Ditt, Industrialisierung, Arbeiterschaft u. Arbeiterbewegung in Bielefeld 1850–1914, Dortmund 1982, 27, 31; Köllmann, Barmen, 102–4; vgl. für dieselbe Zeit (1864) die Zahlen für Duisburg: K. K. Bork, Die sozialen Wandlungen in der Stadt Duisburg 1850–80, in: Duisburger Forschungen 8. 1965, 65, 70; I. Fischer, Industrialisierung, sozialer Konflikt u. polit. Willensbildung in der Stadtgemeinde Augsburg 1840–1914, Augsburg 1977, u. F. Blendinger u.a. Hg., Augsburg, München 1976, enthalten leider keine Schichtungs- bzw. Klassenanalyse.

[16] Die Angaben zu *Übersicht 36* nach: 1. Ayçoberry, 396f., 399; ders., Der Strukturwandel im Kölner Mittelstand 1820–1850, in: GG 1. 1975, 81, 83, 85, 87; ders., Probleme der Sozialschichtung in Köln im Zeitalter der Frühindustrialisierung, in: Fischer Hg., Probleme, 513; van Eyll, Wirtschaftsgeschichte, 244f., 247; Obermann, Klassenstruktur, 162–65; vgl. Gothein und Hartsough. – 2. Höroldt, 284, 286–89, 314f., 316–18, 324. – 3. Kraus, 31, 51–76; Schramm II, 33–41. – 4. Pust, 28, 30f., 100., – 5. Saalfeld, Einkommensentwicklung, 250, 252f. (1856: 21% der Einkommen für 3%, 50% für 13%); ders., Haushaltsstruktur; H.-J. Gerhard, Diensteinkommen der Göttinger Officianten 1750–1850, Göttingen 1978. – 6. Asmus, Geschichte, 126, 129, 149; ders., Grundzüge, 204f., 211; E. Fischer, 89f., 114, 117, 247, 251. – 7. Eberhardt, 30, 24, 26f. (50% der Einkommen für 16,5%); Henning, Weimar, 234–37. – 8. Huschner, 85, 97, vgl. 207. – 9. Vogelsang I, 254f.; Ditt, 27, 31, 95. – 10. Köllmann, Barmen, 104; vgl. W.H. Wiedemann, Die Barmer Unternehmer, Diss. Köln 1952, MS; Watanabe. – 11. Nach informierten Schätzungen von R. Koch (freundliche Auskunft v. 23. 3. 1983).

[17] Am klarsten und entschiedensten hat R. Koch das Vorherrschen des stadtbürgerlichen Traditionalismus in seiner vorzüglichen Studie nachgewiesen. – Gemessen am Industriekapitalismus gilt hier der altehrwürdige Handelskapitalismus mit Verlagen und Handwerksbetrieben als traditional. – Asmus, Geschichte, 129–42; E. Fischer, 192–251; Schramm II, 26–71; Gause II, 435–48; Huschner, 97–207; Höroldt, 282–331; Saalfeld, Einkommensentwicklung, 226–59; Krümmer, 134; Croon, Bürgertum, 15–37; Ayçoberry, Cologne, 46–61, 119–39. Vgl. unten Anm. 18ff. die Lit. zum Bourgeois-Unternehmer. S. Kaelble (Unternehmer, 1f.) u. Kocka (Unternehmer, 38) mit Kritik an Verfechtern des Ammenmärchens von der uneingeschränkten Aufstiegsmobilität, wie Sombart, Volkswirtschaft, 446; Lütge, Wirtschaftsgeschichte, 488; Beutin, Schriften, 289, sowie als Exponent der «Unternehmergeschichte» v.a. W. Treue, Wirtschaftsgeschichte der Neuzeit, 560; ders., in: Gebhardt III[9], 499 (bis 1840 seien sogar angeblich 61% der Unternehmereltern Arbeiter und Kleinbürger gewesen!); vgl. ders., Der Unternehmer u. die Differenzierung der deutschen Gesellschaft im 19. Jh., in: ZfU 22. 1977, 9–25; ders., Deutsche Wirtschaftsführer im 19. Jh., in: HZ 167. 1942, 548–65.

[18] Anregend sind die klassenanalytischen Überlegungen bei Zwahr, Bourgeoisie, 21, 27–31; vgl. seine Veröffentlichungen unten Teil 3, III, 5; J. Kocka, Klassengesellschaft im Krieg. Deutsche Sozialgeschichte 1914–18, Göttingen 1978[2], 3–6; vgl. H.-U. Wehler, Bürger, Arbeiter u. das Problem der Klassenbildung 1800–1870, in: J. Kocka Hg., Bürger u. Arbeiter im 19. Jh., München 1986, 1–27 (überhaupt diesen Band), u. in: ders., Aus der Geschichte lernen?, und natürlich M. Webers Überlegungen, Bd. I, Teil III, 1 u. die Lit. ebd. Die empirischen Befunde: Kaelble, Unternehmer, 31–33, 99f., 108, 55, 123, 39, 42f., 110; Maschinenbau: Schröter, 64f.; Kocka, Unternehmer, 43–50; vgl. H.-P. Helbach, Berliner Unternehmer in Vormärz u. Revolution 1847–48, in: Büsch Hg., Untersuchungen, 425f., 439; Dascher, 85 (Hessen); Huschke, 9f. (Thüringen); Wutzmer, 147, 152f., 156f.; Henning, Entwicklungen, 116, 121f., 124 (Samplegröße nicht angegeben!); Stahl, 103–78 (NDB 1–8 [bis Heske]); Beau, 69–71; H.-J. Teuteberg, Westfäl. Textilunternehmer in der

Industrialisierung, Dortmund 1980, 8, 25f.; Beutin, Märk. Unternehmer, 66; Croon, Führungsschichten, 317; ders., Bürgertum, 16–19; Zunkel, 13–17; Hellwig, Unternehmer, 411; Herrmann, 291–93; Dittrich, Herkunft, 142–45; ders. Hg., 120–27, 196–213, 143–80; vgl. H. Poenicke, Die wirtschaftl. Führungsschichten in Sachsen 1790–1850, in: Deutsche Führungsschichten, 1973, 167–201; E. Scherer, Das Unternehmertum des deutschen Verlagshandels, Diss. Göttingen 1926, 137. Vgl. für Südwestdeutschland: Borst; Gehring; H. Kellenbenz, Unternehmertum in Südwestdeutschland, in: Tradition 10. 1965, 163–88. Vgl. allg. D. Visser, The German Captain of Enterprise, in: EEH 6. 1969, 309–28; Eulenburg, Herkunft; K. Wiedenfeld, Die Herkunft der Unternehmer u. Kapitalisten im Aufbau der kapitalist. Zeit, in: WA 72. 1954, 254–79; E. Schwieland, Zur Soziologie des Unternehmertums, Leipzig 1933; H. Witt, Die Triebkräfte des industriellen Unternehmertums vor 100 Jahren u. heute, Diss. Hamburg 1929. – Kocka, Unternehmer, 140, Anm. 30. Den Langzeit-Befund bestätigt noch einmal: H. Kaelble, Sozialer Aufstieg in Deutschland 1850–1914, in: VSWG 60. 1973, 52–54% aller Unternehmer zwischen 1800 und 1870 folgten dem Vaterberuf. In der Romanliteratur treffend Fontanes vom «Bürger» scharf abgehobene «Bourgois»-Typen, gewöhnlich neureiche Industrielle.

[19] Zunkel, 13–19, 22, 25; Beutin, Märk. Unternehmer, 66; Croon, Führungsschichten, 315, 317; Hellwig, Unternehmer, 405f., 407, 411; Herrmann, 291–94; Beau, 25–29; vgl. Philipps; vgl. H. Thimme, Geschichte der Familie C. Andreae in Mülheim/Rh. 1714–1914, Köln 1914; W. Kocks, Verhaltensweise u. geistige Einstellung niederberg. Unternehmer der frühindustriellen Zeit, Diss. ebd. 1956, MS; A. Eyberg, Umwelt u. Verhalten der Unternehmer des Oberberg. Kreises im 19. Jh., ebd. 1955, MS; H. Hammacher, Tradition u. Persönlichkeiten in der ersten Unternehmergeneration der Eisen- u. Kohleindustrie des Ruhrgebiets, ebd. 1954, MS. Vgl. die Unternehmerbiographien oben Teil 3, II, 2b u. Teil 3, II, 3–4; für Westdeutschland die bisher einzigartige Sammlung von Kurzbiographien in RWB: bis 11. 1983. Kaelble, Unternehmer, 22f., 27; List: Hofmann, Elitentransformation, 626. – Familienpolitik: P. Bourdieu, Wirtschaftl. Kapital, kulturelles Kapital, soziales Kapital, in: R. Kreckel Hg., Ungleichheiten, 183–98; ders. u. a., Titel u. Stelle. Über die Reproduktion sozialer Macht, Frankfurt 1981; H. Reif, Theoretischer Kontext u. Ziele, in: Kocka u. a., Familie, 20–66; Kocka, Familie, in: ZfU 24; ders., dass., in: H. Reif Hg., Die Familie in der Geschichte, Göttingen 1982, 163–86; dess. Thesen in: Bulst u. a. Hg., 221–23; Zunkel, 21, 72–74, 83, 94f.; B. Kuske, Allg. geschichtl. Entwicklung der kapitalist. Wirtschaftsweise u. ihrer persönl. Kräfte in Westdeutschland, in: Jb. der Arbeitsgemeinschaft der Rhein. Geschichtsvereine 4. 1938, 1–26; H. C. Scheibler u. K. Wülfrath, Westdeutsche Ahnentafeln I, Weimar 1939, 144f., 149f., passim (mit höchst instruktiven Geschlechtertafeln); vgl. G. Kessler, Genealogie u. Wirtschaftsgeschichte, in: AfK 22. 1932/1965², 199–236; K. Wiedenfeld Hg., Die deutsche Wirtschaft u. ihre Führer, 9 Bde, Gotha 1925–27; G. Wenzel, Deutsche Wirtschaftsführer, Hamburg 1929; F. Pinner, dass., Charlottenburg 1925¹⁵. – Hellwig, Unternehmer, 413, 408; Henning, Entwicklungen, 119f.; Teuteberg, Textilunternehmer, 33; Zorn, Handelsgeschichte, 210f.; Zwahr, Bourgeoisie, 30f., 36–41, 46f.; Schramm II; Euler.

[20] Kaelble, Unternehmer, 79. Vgl. die Bankierslit. oben Anm. 44; sowie Kellenbenz, Sephardim; Krohn; Rosenbaum u. Sherman; aufschlußreich über Frankfurt: Koch, 160–221; Corti; Brunner, Bankiers; Euler; Toury; Liebeschütz u. Pauckert; Katz; Richarz Hg. I; K. Fuchs, Zur Rolle des deutsch-jüd. Unternehmertums beim Industrialisierungsprozeß im 19. u. 20. Jh., in: SM 14. 1980, 71–90. Zu den Auslandsbeziehungen vgl. A. Barkai, The German Jews at the Start of Industrialization – Structural Change and Mobility 1835–60, in: W. E. Mosse u. a. Hg., Revolution and Evolution. 1848 in German-Jewish History, Tübingen 1981, 123–56, auch z. B. B. E. Supple, A Business Elite: German-Jewish Financiers in 19th Century New York, in: BHR 31. 1957, 143–78. W. Mosse wird demn. eine Monographie über die kleine Elite der deutsch-jüdischen Bourgeoisie im 19. und frühen 20. Jh. vorlegen. – Jersch-Wenzel, Juden u. Franzosen; Scoville; vgl. Croons Studien über Krefeld; eine Monographie über die Siegerländer Reformierten

und Freikirchler steht noch aus. Stahl, 206, 208, 218, 223–27; Zunkel, 29f., 70. Der evangelische Bevölkerungsanteil betrug während des Untersuchungszeitraums im Rheinland nur 24%, in Westfalen 43%. Vgl. W. Däbritz, Führende Persönlichkeiten des rhein.-westfäl. Wirtschafts- u. Soziallebens, in: O. Most u.a. Hg., Wirtschaftskunde für Rheinland u. Westfalen, Berlin 1931, 108–33; Beutin, Märk. Unternehmer, 62; Hellwig, Unternehmer, 412; Herrmann, 294; Zorn, Handelsgeschichte, 265; z.T. nach Kocka, Unternehmer, 36f. Vgl. allg. Sombart II/1, 338, 446f., 877–81, 889f.; II/2, 10, 38; III/1, 10–41, 224; Gerschenkron, Europe, 23–63; natürlich v.a. M. Weber, bei dem es nicht nur um den berühmten Aufsatz geht (Die protestant. Ethik u. der Geist des Kapitalismus, in: AR I, 17–206, s. 207–76; insbes. 19–23, 82f., 105, 114, 120, 162, 203; dazu weitere Studien von Weber in der Sammlung von Winkelmann Hg., Protestant. Ethik II u. III; vgl. Seyfarth u. Sprondel Hg.; Braun, Einwirkung; Samuelson; Lüthys Aufsätze), sondern um die gesamte universalhistorisch ausgeweitete vergleichende Religionssoziologie (in: AR I–II; WG), die er für seine Beweisführung entwickelt hat. Informativ sind: K. Wiedenmann, Arbeit u. Bürgertum. Die Entwicklung des Arbeitsbegriffs in der Literatur Deutschlands an der Wende zur Neuzeit, Heidelberg 1979; I. Rarisch, Das Unternehmerbild in der deutschen Erzählliteratur der 1. Hälfte des 19. Jh., Berlin 1977. – Köllmann, Barmen, 110f., 198, 219; MEW 1, 428 (Briefe aus dem Wuppertal, April 1838); J. Hashagen, Der rhein. Protestantismus u. die Entwicklung der rhein. Kultur, Essen 1924, 76; Zunkel, 82, 136.

[21] E.K. Bramstedt, Aristocracy and the Middle Classes in Germany, N.Y. 1937/Chicago 1964², 42 (Varnhagen); Boehn, 276; Zunkel, 97, 136f., 165, 89–91, 134, 85f., 114; Henning, Entwicklungen, 120, 130; G. Croon, Der rhein. Provinziallandtag bis 1874, Düsseldorf 1918/Bonn 1974, 199 (1843); Kaelble, Unternehmer, 137, 146f.; ders., Kommunalverwaltung u. Unternehmer in Berlin während der frühen Industrialisierung, in: Büsch Hg., Untersuchungen, 371–415; H. Zwahr, Vom feudalen Stadtregiment zur bürgerl. Kommunalpolitik, in: Jb. für Regionalgeschichte, (= JbR) 7. 1979, 7–34; ders., Bourgeoisie, 66; Henning, Entwicklungen, 131–33; Hansen, Mevissen II, 84, 212, vgl. 249f.; I, 233, 267; D. Hansemann, Die polit. Tagesfragen, Aachen 1846, 24. Vgl. auch aus dem entgegengesetzten Lager den Ratschlag des streng konservativen Ernst Senfft v. Pilsach für den neuen König im Februar 1840: «Vor allem scheint es mir wichtig zu sein, daß man sich der materiellen Interessen als eines Mittels bedient, um die mächtige Klasse der Industriellen mit dem Thron zu verbinden und sie konservativ zu machen.» P. Haake, E. Frhr. Senfft v. Pilsach als Politiker, in: FBPG 53. 1941, 49. Koselleck, Preußen, 527, 529 (so auch Tilly, Financial Institutions; Kritik bei Zorn [Preuß. Staat. 553–55], der aber bestätigt, daß der Pro-Kopf-Steuerbetrag im Rheinland erheblich höher als in ganz Preußen lag, vgl. E. Käding, Beiträge zur preuß. Finanzpolitik in den Rheinlanden 1815–1840, Bonn 1913); H. Boberach, Wahlrechtsfragen im Vormärz. Die Wahlrechtsanschauung im Rheinland1815–49 u. die Entstehung des Dreiklassenwahlrechts, Düsseldorf 1959, 44; K. Schwank, P.H. Merkens, Köln 1973; G. Croon, 38, 108; Rauer, 387, 417f., 451; v. Viebahn, Statistik II, 310; Mundt, Gesellschaft, 253; J. Hansen Hg., Rhein. Briefe u. Akten zur Geschichte der polit. Bewegung 1830–50 I, Essen 1919/Osnabrück 1967, 589; ders. Hg., Die Rheinprov. 1815–1915 I, Bonn 1917, 767; Croon, Führungsschichten, 330f.; Schwann I, 25.

[22] Hansen, Mevissen II, 104 (1842); Schwann II, 408 (1836; in der aus wirtschaftsliberalen Gründen ausgesprochenen ministeriellen Ablehnung von Schutzzollforderungen vermochte Camphausen nur den «zur höchsten Potenz gesteigerten Geist der Behörden» zu erkennen); Hansen Hg., Briefe II/1, 1942/1967, 54 (1846); I, 716 (1845), vgl. 609; L.H. Fischer, Der teutsche Adel I, Frankfurt 1852, 237; Zunkel, 278, 93, 134, 136; Henning, Entwicklungen, 118f.; Hansen Hg., Briefe I, 240 (Denkschrift 1840), 9–13, vgl. 9–81 (Denkschrift 1830, erst 1845 gedruckt), 696 (1844); Zwahr, Bourgeoisie, 69; vgl. Staatslexikon IV, 1837, 252f.

[23] K. Buchheim, Geschichte der Köln. Zeitung bis 1849 II, Köln 1930, 294 (DuMont);

vgl. ders., Die Stellung der «Köln. Zeitung» im vormärzl. rhein. Liberalismus, Leipzig 1913; Zunkel, 134; Boberach, 92f.; H. Steffens VIII, 226; Hansen Hg., Briefe I, 12f., 779; II/1, 208; I, 197; H. Boberach, H. v. Beckerath 1801–70, in: Rhein. Lebensbilder II, Düsseldorf 1966, 177–93; Hansen, Mevissen I, 448, 473f.; II, 132, 148; ders. Hg., Briefe II/1, 312 (Wagener 1847 im «Rhein. Beobachter»); H. v. Sybel, Die polit. Parteien der Rheinprov. in ihrem Verhältnis zur preuß. Verfassung, Düsseldorf 1847, 38, 80–82; vgl. F. Haferkorn, Soziale Vorstellungen H. v. Sybels, Stuttgart 1976; vgl. Obermann, Genesis, 45–49, 53, 60–62; Jacoby, Briefe, 268, 275f.; Varnhagen v. Ense, Tagebücher I, 277f., 286, 300; Zunkel, 167; J. Droz, Le Libéralisme Rhénan 1815–1848, Paris 1940; C. Fiecker, German Liberals and the Labor Question 1844–58, Diss. Univ. of Minnesota 1972, MS.

[24] Anschaulich zum Lebensstil z. B. Zunkel; zum Wohnen: G. Benker, Bürgerl. Wohnen, München 1984; H. Büttner u. G. Meissner, Bürgerhäuser in Europa, Stuttgart 1981; G. Binding Hg., Das deutsche Bürgerhaus, bisher 34 Bde, Tübingen 1959–84; zum «Image» in der Literatur: P. Jackson, Bürgerl. Arbeit u. Romanwirklichkeit, Frankfurt 1981; K. Bullivant u. H. Ridley, Industrie u. deutsche Literatur 1830–1914, München 1976; G. M. Kern, The Image of the Middle Class in the German Novel 1774–1855, Diss. Univ. of Wisconsin, Madison 1960; Zur Rolle der Familie s. o. Anm. 19. Vgl. G. Mackenroth, Bevölkerungslehre, in: Gehlen u. Schelsky Hg., 84; Kaelble, Unternehmer, 170; Zwahr, Bourgeoisie, 54; Zorn, Handelsgeschichte, 265; Brinkmann, Aristokratie, 18; O. Hübner, Die Arbeiter u. die Maschinen, Berlin 1850, 14; L. Berger, Der alte Harkort, Leipzig 1902^4, 253; Kocka, Unternehmer, 56f. Vereine: Zunkel, 82, 151–53; Fischer, Augsburg, 24f.; Croon, Führungsschichten, 321f.; Henning, Entwicklungen, 133. Vgl. G. Milkereit, Das Unternehmerbild im zeitkrit. Roman des Vormärz, Köln 1970; M. Schwann, Geschichte der Kölner Handelskammer I, ebd. 1906; H. Kellenbenz u. K. van Eyll, Geschichte der unternehmerischen Selbstverwaltung in Köln 1799–1914, ebd. 1972. Die Vereins-Lit. s. Bd. I, Teil 1, V, 5. Die im Folgenden geäußerte These, daß auch für den Durchbruch der deutschen Industrialisierung vergleichsweise sehr wenige Unternehmerfamilien eine Schlüsselrolle gespielt haben, hat ein so guter Sachkenner der komparativen Unternehmergeschichte wie Fritz Redlich mehrfach im Gespräch vertreten. Eine exakte empirische Überprüfung steht noch aus. Vgl. die Bestätigung dieser Vermutung in Mosses Buch über jüdische Unternehmer.

[25] G. Freytag, Bilder aus der deutschen Vergangenheit, in: ders., GW 2. Serie VII/4, Leipzig 1928, 320. Vgl. NDB V, 425–27, u. G. M. Kren, G. Freytag and the Assimilation of the German Middle Class, in: American Journal of Economics and Sociology 22. 1963, 483–94. Allg. s. Bd. I, Teil 1, III, 5–6 mit der Lit. – J. G. Hoffmann, Sammlung kl. Schriften staatswirtschaftl. Inhalts, Berlin 1843, 255; 166,170f., 173, vgl. 165–79; 190–92, 195f., 202; C. F. W. Dieterici, Geschichtl. u. statist. Nachrichten über die Universitäten im preuß. Staate, ebd. 1836/Aalen 1982; F. W. Schubert, Zur Geschichte u. Statistik der akadem. Studien u. gelehrten Berufe in Preußen seit 1840, in: Archiv für Landeskunde der preuß. Monarchie 2. 1856/II, 188–204; Brockhaus-Lexikon 7. 1841, 351f.; 9, 169 (Art. Univ.); ZVdS 2. 1848, 505; Lenz, Berlin III, 494f. Zusammenfassend: J. Conrad, Das Universitätsstudium in Deutschland während der letzten 50 Jahre, Jena 1884, 15, 60, 106–8, 63. Neuerdings: H. G. Herrlitz u. H. Titze Hg., Datenhandbuch zur deutschen Universitätsgeschichte 1830–1940, Göttingen 1984, MS.

[26] Hoffmann, Sammlung, 194f., 198–200, 202, 205, 211–14, 218–20; Conrad, Universitätsstudium, 17–21, 60, 112 (hier und z. T. bei Hoffmann auch die Zahlen der nichtpreußischen Studenten); Laube, Werke 40, 49; Gutzkow, Rückblick auf mein Leben, in: ders., Werke, Hg. P. Müller IV, Leipzig 1911, 26f.; über die Arbeitsintensität in der dünn besetzten vormärzlichen Verwaltung z. B. Delbrück I, 104. Allg. P. Gerstfeldt, Beiträge zur Statistik der Finanzen in Preußen, in: JNS 41. 1883, 1–61; W. Frijoff, Surplus ou déficit? Hypothéses sur le nombre des étudiants en Allemagne à l'epoque moderne, in: Francia 7. 1970, 173–216; v. a. T. Kolbeck, Juristenschwemmen (im 19. u. 20. Jh.), Frankfurt 1978, 33–53; Koselleck, Preußen, 438–47, 232, 245; Wiese I, 485–92 (25.6.

1812; 18.2. 1831; 4.6. 1834); Dieterici, Nachrichten, 115, 124; L. O'Boyle, The Problem of Excess of Educated Men in Western Europe 1800–50, in: JMH 42. 1970, 473–78 (u.a. Marmier 1834, v. Wessenberg 1835, Howitt 1844); dies., The Middle Class in Western Europe 1815–48, in: AHR 71. 1966, 834–43; D. Hansemann, Über Preußens Lage u. Politik am Ende des Jahres 1830, Aachen 1845, 19; S. Laing, Observations on the Social and Political State of the European People in 1848 and 1849, London 1850, 211f.; H. Marggraff, Deutschlands jüngste Literatur- u. Kulturepoche, Leipzig 1839, 292; s. auch Gillis, Aristocracy; A.A. v. Below, Der soziale Status der Akademiker in der preuß. Gesellschaft des 19. Jh., Diss. Bonn 1977. – Zu Bayern und Baden vgl. Zorns und Fischers Vormärz-Studien (o. Anm. 4); v. Rudhart I, 1825, 104; III, 1827, 221; K. Venturini, Chronik des 19. Jh., 19, Altona 1822, 239; NF 2. 1827, 326f., 359f., 409; am Beispiel einer süddeutschen Kleinstadt: H. Bühler, Das beamtete Bürgertum Göppingens 1815–47, Göppingen 1976. Frühe Kritik am akademischen «Überschuß» schon bei W. v. Humboldt, Werke, Hg. A. Flitner u. K. Giel IV, Darmstadt 1964², 218f. (1809), und Stein III, 296 (1810). 1851 beklagte Riehl (Bürgerl. Gesellschaft, 300) noch immer das vielköpfige «geistige Proletariat» ohne Aussicht auf Dauerstellung. – Paulsen II, 462f. (Eichhorn); Mitteilungen des Statist. Büros 1848, Nr. 3; ZVdS 2. 1848, 498f.; Varrentrapp, Schulze, 401f.

[27] Vgl. allg. und mit weiterführender Lit. in erster Linie hierzu: Conze u. Kocka Hg. I; Engelhardt, Bildungsbürgertum; D. Rüschemeyer, Theoret. Probleme für die vergl. Forschung, in: H.-U. Wehler Hg., Professionalisierung in histor. Perspektive = GG 6. 1980, 311–25; ders., Professions. Histor. u. kulturell vergl. Überlegungen, in: Fs. R. König, Opladen 1973, 250–60; H. Daheim, Soziologie der Berufe, in: R. König Hg., Handbuch VIII, 1977², 1–100; ders. Der Beruf in der modernen Gesellschaft, Köln 1970²; U. Beck u.a., Soziologie der Arbeit u. Berufe, Reinbek 1980; T. Parsons, Professions, in: IESS 12. 1968, 536–47; W. Conze, Beruf, in: GGr. I, 500–04; ders., Arbeit, in: ebd., 182–215; C.E. McClelland, Zur Professionalisierung der akadem. Berufe in Deutschland, in: Conze u. Kocka Hg., 233–47; Henning, Entwicklungen, 109–13. – Rüschemeyer, Probleme, 311, 315, 317–19, 323–25; ders., Professions, 250, 252. Die Professionalisierungstheorie ist ursprünglich ganz an den Verhältnissen im anglo-amerikanischen Bereich orientiert gewesen. Deutschland mußte daher im Vergleich als exotischer Sonderfall wirken, der sich jedoch u.a. durch die Historisierung des Kontrollproblems auflösen ließ. Längst entwickeln sich Professionen immer häufiger innerhalb öffentlicher und privater bürokratischer Organisationen, und die deutsche Professionalisierung kann dafür jetzt eher als Vorbild gelten. Die Kompetenzkontrolle wird überdies häufig von modernen Leistungsabnehmern wie Industrieunternehmen selber übernommen. – Vgl. allg. L. Mair, New Nations, London 1967, 8f., 13.

[28] Dieterici, Nachrichten, 118–32; Hoffmann, Sammlung, 222; R. Virchow Hg., Medizin. Reform 1849, Nr. 50; vgl. ders., Ges. Abhandlungen aus dem Gebiet der öffentl. Medizin I, Berlin 1879, 3–5, vgl. 6–78; Rüschemeyer, Probleme, 322. – Zur Anwaltschaft: A. Weissler, Geschichte der Rechtsanwaltschaft, Leipzig 1905/Frankfurt 1967; ders., Anwaltschaft (Advokatur), in: HStW 1. 1903³, 551–56; G. Krauss, Rechtsanwalt, in: HSW 8. 1964, 746–48; A. Roesen, dass., in: Staatslexikon 6. 1961⁶, 646–52; D. Rüschemeyer, Juristen in Deutschland u. in den USA, Stuttgart 1976; A. Kneer, Der Rechtsanwalt, Mönchengladbach 1928; M. Rumpf, Anwalt u. Anwaltsstand, Leipzig 1926; E. Benedikt, Die Advokatur, Berlin 1912⁴; C. v. Schwerin, Die Anwaltschaft im deutschen Recht, in: J. Magnus Hg., Die Rechtsanwaltschaft, Leipzig 1929, 467f.; R. v. Gneist, Freie Advokatur, Berlin 1867/1911; anon., Die Advokatur in Preußen, in: PJ 14. 1864, 424–39. – Zur Ärzteschaft: Huerkamp, Ärzte, 349–63; dies., Der Aufstieg der Ärzte im 19. Jh., Göttingen 1985; Die preuß.-deutsche Ärzteschaft als Teil des Bildungsbürgertums, in: Conze u. Kocka Hg., 358–87; H.G. Wenig, Medizin. Ausbildung im 19. Jh., med. Diss. Bonn 1969; P. Diepgen, Geschichte der Medizin II/1, Berlin 1959²; C. Lichtenthaler, dass., 2 Bde, Köln 1974/77; A. Fischer, Geschichte des deutschen Gesundheitswesens I,

Berlin 1933/Hildesheim 1965; C. Marx, Die Entwicklung des ärztl. Standes seit den ersten Dezennien des 19. Jh., Berlin 1907; J.H. Baas, Die geschichtl. Entwicklung des ärztl. Standes, ebd. 1896; E. Heischkel-Artelt, Die Welt des prakt. Arztes, in: W. Artelt u. W. Ruëgg Hg., Der Arzt u. Kranke in der Gesellschaft des 19. Jh., Stuttgart 1967, 1–16; H. Schipperges, Moderne Medizin im Spiegel der Geschichte, ebd. 1970; H.H. Eulner, Die Entwicklung der medizin. Spezialfächer an den Universitäten des deutschen Sprachgebiets, ebd. 1970; K. Finkenrath, Die Medizinalreform. Geschichte der ersten ärztl. Standesbewegung 1800–1850, Leipzig 1929; D. Leistikow, Das deutsche Krankenhaus 1800–1850, in: H. Schadewaldt Hg., Studien zur Krankenhausgeschichte im 19. Jh. im Hinblick auf die Entwicklung in Deutschland, Göttingen 1976, 11–37; C.M.F. Sponholz, Allg. u. spez. Statistik der Medizinalpersonen in Preußen, Stralsund 1845; L. v. Rönne u. H. Simon, Das Medizinalwesen des preuß. Staates I, Breslau 1844.

[29] Döhring, 153f., 176, 127, 132f., 116, 173–77; ALR II. 20, § 176; Weissler, Anwaltschaft, 553f.; ders., Geschichte, 253, 353–85, 405–12, 421–36, 458–522; Benedikt, 78; v. Gneist, 22, 577f.; anon., Advokatur, 432, 429f., 435; Rüschemeyer, Juristen, 142f., 156–59, 165–67.

[30] Huerkamp, Ärzte, 349, 351–63; Conze, Sozialgeschichte, 455f.; v. Rönne u. Simon I, 95–99, 115–18, 291, 293–99, 322–30, 359–67; Marx, Entwicklung, 2, 63; Baas, 317–30; Eulner, 295–300; Fischer, Gesundheitswesen I, 369–82; Sponholz, 44f., 64, 69, 78; zu R. Virchow 1848: vgl. E.H. Ackerknecht, Beiträge zur Geschichte der Medizinalreform von 1848, in: Sudhoffs Archiv für Geschichte der Medizin 25. 1932, 61–109, 113–83. Finkenrath, 19, 311f.; Wenig, 44–54; Hoffmann, Sammlung, 213–16; Conrad, Universitätsstudium, 60, 122, 126; Henning, Entwicklungen, 103–13. – Über die Vermehrung und Leistungsverbesserung der meist kommunalen Krankenhäuser (Preußen 1822: 155, 1852: 567) vgl. Fischer, Gesundheitswesen I, 388–97; Leistikow. – In den anderen deutschen Staaten verlief die Entwicklung der Ärzteberufe sehr unterschiedlich. Erst die vom Reich übernommene Gewerbeordnung des Norddeutschen Bundes (1869), welche die Heilberufe den Gewerbetreibenden gleichstellte, führte überall die Gewerbe- und Niederlassungsfreiheit für akademische Ärzte ein und gab allgemein den Weg zur selbständigen Profession frei.

[31] Koselleck, Preußen, 438, 446f.; Delbrück I, 183, 194; Gerth, 38, 45, 75; Holborn, Idealismus, 105, vgl. 85, 87, 90, 102; Henning, Entwicklungen, 97, 103, 108. – Das liberale Mittelklassenbewußtsein spiegelt sich in der Romanliteratur besonders deutlich bei Immermann, Freytag, Gutzkow, Keller, Spielhagen u. a. wider.

[32] C. Tilly, Proletarianization, in: ders., As Sociology Meets History, N.Y. 1981, 179, 181, vgl. 179–89 u. ders., States, Taxes, and Proletarians, in: ebd., 191–210. – Am besten hierzu demn. J. Kocka, Unterschichten, Lohnarbeit u. Klassenbildung. Arbeiter u. Arbeiterbewegung in Deutschland vom Ende des 18. Jh. bis in die 1870er Jahre; kurz ders., Lohnarbeit u. Klassenbildung. Arbeiter u. Arbeiterbewegung in Deutschland 1800–1875, Berlin 1983, 24–27, 31–36. Durch Kockas Darstellung ist endgültig überholt das kompilatorische Opus von J. Kuczynski, Geschichte I u. II (vgl. dazu die ausführliche Kritik in: AfS 14. 1974, 471–542); ders., Das Entstehen der Arbeiterklasse, München 1967. Vgl. allg. Bd. I; H. Kaelble, Industrialisierung u. soziale Ungleichheit. Europa im 19. Jh., Göttingen 1983; W. Conze, Proletariat, Pöbel, Pauperismus, in: GGr. V, 27–68; Kaufhold, in: HWS II; ders., Entstehung; die älteren Darstellungen von Schmoller, Soziale Frage; Herkner, Arbeiterfrage; Sombart, Sozialismus; ders., Proletariat; Geck, 31–152; F. Toennies, Die Entwicklung der sozialen Frage bis 1914, Berlin 1914; C. Jantke, Der Vierte Stand, Freiburg 1955; Koselleck, Preußen, 598–610, 697–701; J.J. Lee, Labor in German Industrialization, in: CEHE VII/1. 1978, 442–91; D. Langewiesche u. K. Schönhoven Hg., Arbeiter in Deutschland, Paderborn 1981; vgl. W. Ruppert Hg., Die Arbeiter, München 1986; Conze, Arbeiter; demn. ders., Stand/Klasse, in: GGr. VI. – Die offiziöse ostdeutsche «Geschichte der deutschen Arbeiterbewegung» (I, Berlin 1966) ist nahezu unbrauchbar (vgl. die umfassende Kritik: E. Schraepler u. a., Grundriß der Geschichte der

Arbeiterbewegung, in: JbGMO 13. 1964, 268–347). Aufschlußreich dagegen: H. Zwahr Hg., Die Konstituierung der deutschen Arbeiterklasse von den 30er zu den 70er Jahren des 19. Jh., Berlin 1981; R. Weinhold Hg., Volksleben zwischen Zunft u. Fabrik. Studien zu Kultur u. Lebensweise werktätiger Klassen u. Schichten während des Übergangs vom Feudalismus zum Kapitalismus, ebd. 1982; s. auch: T. Pierenkemper u. R.H. Tilly, Histor. Arbeitsmarktforschung, Göttingen 1982. – Von den zahlreichen zeitgenössischen Stimmen (z.B. s.u. Hoppe; Jantke u. Hilger Hg.; Schieder in Anm. 40) außer v. Mohl nur: K. Rodbertus-Jagetzow, Aus dem literar. Nachlaß, Hg. A. Wagner u. T. Kozak III, Berlin 1885, 195–223 (ein von der Augsburger «Allg. Zeitung» 1837 nicht gedruckter Aufsatz «Die Forderungen der arbeitenden Klassen»; ND Hg. A. Skalweit, Frankfurt 1946); Fregier, Über die gefährl. Klassen der Bevölkerung in den großen Städten, Koblenz 1840; W.H. Riehl, Der Vierte Stand, in: Deutsche Vierteljahrsschrift (= DVS) 1850/4, 182–268, vgl. K. Guth, Der 4. Stand u. die soziale Frage bei W.H. Riehl, in: Oberbayer. Archiv 105. 1980, 211–24; V.A. Huber, Die arbeitenden Klassen, in: Bluntschli u. Brater Hg., Staats-Wb. I, 1869, 87–126; vgl. auch O. Scholz, Arbeiterselbstbild u. Arbeiterfremdbild zur Zeit der industriellen Revolution, Berlin 1980. Zum Vergleich: Furet, Definition; Chevalier; E. Gruner, Die Arbeiter in der Schweiz im 19. Jh. I: Bis 1880, Bern 1968; Thompson, Making; dt. Die Entstehung der englischen Arbeiterklasse, Frankfurt 1987. – Die z.Zt. nützlichsten Bibliographien: D. Dowe Hg., Bibliographie zur deutschen Arbeiterbewegung bis 1863, Bonn 1981[3]; z.T. K. Tenfelde u. G.A. Ritter Hg., Bibliographie zur Geschichte der deutschen Arbeiterschaft u. Arbeiterbewegung 1863–1914, ebd. 1981; K. Tenfelde Hg., Arbeiter u. Arbeiterbewegung im Vergleich. Berichte zur intern. histor. Forschung, München 1986; H.J. Steinberg Hg., Die deutsche sozialistische Arbeiterbewegung bis 1914, Frankfurt 1979; D. Emig u. R. Zimmermann, Arbeiterbewegung in Deutschland. Ein Dissertationsverzeichnis (= IWK 13/3), Berlin 1977; Histor. Forschungen in der DDR 1950–1960, 1960–1970, 1970–1980, Berlin 1960/1970/1980; R. Hoppe, Bibliographie der 1820–1850 erschienenen bürgerl. Literatur zur Lage der Arbeiter, in: J. Kuczynski, Bürgerl. u. halbfeudale Literatur aus den Jahren 1840–1847 zur Lage der Arbeiter, Berlin 1960 (= Geschichte IX), Jantke u. Hilger Hg., 484–510.

[33] Kaufhold, in: HWS II, 321, 356; W. Fischer, Bergbau, Industrie u. Handwerk 1850–1914, in: ebd., 557–59; vgl. Bd. I, Teil 1, II, 5; Hilger, Fabrik; Croon, Auswirkungen, 303; Doogs, 12, 15; Fischer, Status, 260–65; ders., Soziale Unterschichten im Zeitalter der Frühindustrialisierung, in: ders., Wirtschaft u. Gesellschaft, 251–55; R. Strauss, Die Lage u. die Bewegung der Chemnitzer Arbeiter 1800–1850, Berlin 1960, 31, 49. Vgl. hierzu und zum Folgenden die Angaben in den wichtigsten Lokalstudien. *Berlin:* F.D. Marquardt, A Working Class in Berlin in the 1840's?, in: 2. Fs. H. Rosenberg, 191–210; ders., Sozialer Aufstieg, sozialer Abstieg u. die Entstehung der Berliner Arbeiterklasse 1806–1848, in: GG 1. 1975, 43–77; Baar, Industrie; ders., Probleme; ders., Der Kampf der Berliner Arbeiter während der Industriellen Revolution, in: JbR 2. 1967, 27–49; D. Bergmann, Die Berliner Arbeiterschaft in Vormärz u. Revolution 1830–1848, in: Büsch Hg., Untersuchungen, 455–511; G. Liebchen, Zu den Lebensbedingungen der unteren Schichten im Berlin des Vormärz, in: ebd., 270–314; K. Wernicke, Geschichte der revolutionären Berliner Arbeiterbewegung 1830–1849, Berlin 1978; Doogs. – *Leipzig:* H. Zwahr, Zur Konstituierung des Proletariats als Klasse, Berlin 1978/München 1981 (vgl. zu dieser vorzüglichen Studie: Kocka, in: AfS 20. 1980, 590–92; V. Lidtke, The Formation of the Working Class in Germany, in: CEH 13. 1980, 393–400; W. Bührer u.a., Zur Konstitution des Proletariats, in: L. Lambrecht Hg., Entstehung der Arbeiterbewegung, Berlin 1981, 9–43); ders., Proletariat u. Bourgeoisie in Deutschland, Köln 1980; ders., Die Entwicklung proletar. Gemeinschaftsbeziehungen im Prozeß der sozialen Konstitution der deutschen Arbeiterklasse, in: JbG 13. 1975, 203–42; ders., Zur Genesis der deutschen Arbeiterklasse, in: Zur Entstehung des Proletariats, Magdeburg 1980, 25–50 (= ders., Zur Herausbildung der deutschen Arbeiterklasse, Berlin 1977); ders., Zur Strukturanalyse der sich konstituierenden deutschen Arbeiterklasse, in: Beiträge zur Geschichte der Arbeiter-

bewegung (= BGA) 18. 1976, 605–28; ders., Die Struktur des sich als Klasse konstituierenden deutschen Proletariats als Gegenstand histor. Forschung, in: E. Engelberg Hg., Probleme der marxist. Geschichtswissenschaft, Köln 1972, 235–69; ders., Zur Konstituierung des Proletariats als Klasse, in: H. Bartel u. E. Engelberg Hg., Die großpreuß.-militarist. Reichsgründung I, Berlin 1971, 501–51. – *Görlitz:* R. Kabus, Zur Konstituierung des Görlitzer Proletariats im Verlauf der Industriellen Revolution, Görlitz 1974; allg. zu *Sachsen*: Forberger, Industrielle Revolution I/1; H. Kiesewetter, Zur Entwicklung sächs. Sparkassen. Zum Sparverhalten u. zur Lebenshaltung sächs. Arbeiter im 19. Jh. 1819–1914, in: W. Conze u. U. Engelhardt Hg., Arbeiterexistenz im 19. Jh., Stuttgart 1981, 446–86. – *Halle:* Neuss. – *Magdeburg:* Asmus, Geschichte, 146–50; ders., Grundzüge, 203–11. – *Rostock:* H. Schultz, Zur Vorgeschichte des Proletariats in der Epoche des Übergangs zum Kapitalismus, in: Entstehung, 18–24; dies., Zur Herausbildung der Arbeiterklasse am Beispiel der mittl. ostelb. Handelsstadt Rostock 1789–1870, in: JbG 13. 1975, 153–202; dies., Zur Herausbildung der Arbeiterklasse in Rostock 1800–1850, in: Wiss. Zeitschrift der Univ. Rostock, Gesell.- u. Sprachwiss. Reihe 21. 1972/2, 237–47. – *Hamburg:* Kraus; Herzig u. a. Hg.; Laufenberg; vgl. G. Schildt, Tagelöhner, Gesellen, Arbeiter. Sozialgeschichte der vorindustriellen u. industriellen Arbeiter in Braunschweig 1830–80, Stuttgart 1986. – *Kiel:* J. Brockstedt, Familiengröße u. Wohnsituation von Handwerkern u. Arbeitern in Kiel 1800–1867, in: Conze u. Engelhardt Hg., Arbeiterexistenz, 138–62. – *Barmen:* Köllmann, Sozialgeschichte; ders., Wuppertaler Färbergesellen-Innung u. Färbergesellenstreiks 1848–1857, Wiesbaden 1962; B. Weisbrod, Wohltätigkeit u. «symbol. Gewalt» in der Frühindustrialisierung. Städt. Armut u. Armenpolitik in Wuppertal, in: Mommsen u. Schulze Hg., 334–57. – *Köln:* Ayçoberry, Cologne, 181–99, 399; van Eyll, Wirtschaftsgeschichte. – *Augsburg:* Fischer, Augsburg, 117–53; H. Rupieper, Arbeiter u. Angestellte im Zeitalter der Industrialisierung. MAN 1837–1914, Frankfurt 1982; ders., Die Herausbildung der Industriearbeiterschaft im 19. Jh. Das Beispiel MAN 1837–1914, in: J. Bergmann u. a., Arbeit, Mobilität, Partizipation, Protest, Opladen 1986, 199–319; ders., Regionale Herkunft, Fluktuation u. innerbetriebl. Mobilität der Arbeiterschaft der Maschinenfabrik Augsburg-Nürnberg (MAN) 1844–1914, in: Conze u. Engelhardt Hg., Arbeiter, 94–112. – *Nürnberg:* Gömmel; Rupieper; P. Schröder. – *Esslingen:* H. Schomerus, Die Arbeiter der Maschinenfabrik Esslingen, Stuttgart 1977; dies., Soziale Differenzierungen u. Nivellierungen der Fabrikarbeiterschaft Esslingens 1846–1914, in: H. Pohl Hg., Forschungen zur Lage der Arbeiter im Industrialisierungsprozeß, ebd. 1978, 20–64; P. Borscheid, Textilarbeiterschaft in der Industrialisierung. Soziale Lage u. Mobilität in Württemberg (19. Jh.), ebd. 1978; ders. u. H. Schomerus, Mobilität u. Lage der württ. Fabrikarbeiterschaft im 19. Jh., in: P. J. Müller Hg., Die Analyse prozeß-orientierter Daten, ebd. 1977, 199–224. Vgl. die beiden materialreichen, aber begrifflich-theoretisch sehr heterogenen Sammelbände von Conze u. Engelhardt Hg., Arbeiterexistenz; dies., Arbeiter. – Die bestuntersuchte Branche ist z. Zt. der Bergbau. Vgl. für das *Ruhrgebiet* die absolut herausragende Studie von K. Tenfelde, Sozialgeschichte der Bergarbeiterschaft an der Ruhr 1815–1889, Bonn 1977 u. ö.; allg. O. Huë, Die Bergarbeiter, 2 Bde, Stuttgart 1913; A. Imbusch, Arbeitsverhältnisse u. Arbeiterorganisation im deutschen Bergbau, Essen 1908; auch: W. Köllmann, Die Geschichte der Bergarbeiterschaft, in: Ruhrgebiet u. Neues Land II, Köln 1968, 49–112. – *Saarrevier:* E. Wächtler, Zur Geschichte der Lage u. des Kampfes der Bergleute im Staatsbergbau an der Saar 1789–1849, in: JbW 1961/II, 231–49; E. Klein, Der Staat als Unternehmer im Saarländ. Steinkohlenbergbau 1750–1850, in: VSWG 57. 1970, 323–49; K. M. Mallmann, Die Anfänge der Bergarbeiterbewegung an der Saar 1848–1904, Saarbrücken 1981, 26–28. – *Oberschlesien:* Franzke. – *Zwickau:* W. Döhler, Die ökonom. Lage der Zwickauer Bergarbeiter im vorigen Jh., Leipzig 1962. Zum bestbezahlten Gewerbe der Setzer und Drucker: B. Beier, Schwarze Kunst u. Klassenkampf I: 1830–1890, Frankfurt 1966.

[34] Fischer, Status, 266–81 (274: Krupps Lohntabelle 1844/45); Lee, Labor, 480; Marquardt, Class, 193, 196f.; van Eyll, Wirtschaftsgeschichte, 248–53; Kaelble, Unternehmer,

75; Baar, Industrie, 179, 183–97; D. Bergmann, 458–60; Strauss, 80–90; Fischer, Augsburg, 156–70; Gömmel, 114–17, 204, Tab. 8; Hoffmann u. a., Wachstum, 461, 470f., 486, 492f. (1850/60); Kaufhold, in: HWS II, 356; Saalfeld, Darlegungen 230–34, 237–41, 245f.; C. Tyszka, Löhne u. Lebenskosten in Westeuropa im 19. Jh., München 1914, 263, 269, 271, 274; D. Dowe, Methodol. Überlegungen zum Problem des Hungers in Deutschland 1800–1850, in: Conze u. Engelhardt Hg., Arbeiterexistenz, 210, 214; vgl. L. Schneider, Der Arbeiterhaushalt im 18. und 19. Jh., Berlin 1967; Tenfelde, 108–15, 119f., vgl. 107–22; Döhler, 71. Die Lage der Bergarbeiter glich derjenigen der württembergischen «Arbeiter-Bauern», die landwirtschaftliche und gewerbliche Tätigkeit kombinierten, so daß ziemlich lange keine eigentliche «Fabrikbevölkerung von Proletariern» entstand. Borst, Staat, 179.

[35] Schomerus (Arbeiter) hat diesen Lohnzyklus überzeugend beschrieben. Vgl. allg. dies., Lebenszyklus u. Lebenshaltung in Arbeiterhaushaltungen des 19. Jh., in: Conze u. Engelhardt Hg., Arbeiter, 196–99; dies., Soziale Differenzierungen, 22, 39; Borscheid u. dies., 205f. Allg. H. Reif, Soziale Lage u. Erfahrungen des alternden Fabrikarbeiters in der Schwerindustrie des westl. Ruhrgebiets während der Hochindustrialisierung, in: AfS 22. 1982, 1–94; H. Schäfer, Arbeitsverdienst im Lebenszyklus, in: ebd. 21. 1981, 237–67; P. Borscheid, Altern zwischen Wohlstand u. Armut, in: C. Conrad u. H.-J. v. Kondratowitz Hg., Gerontologie u. Sozialgeschichte, Berlin 1983, 217–53; vgl. auch E. Lederer, Die Gesellschaft der Unselbständigen, in: ders., Kapitalismus, Klassenstruktur u. Probleme der Demokratie in Deutschland 1910–1940, Hg. J. Kocka, Göttingen 1979, 14–32. – R. Meinert, Die Entwicklung der Arbeitszeit in der deutschen Industrie 1820–1956, Diss. Münster 1958, 4f.; H. Herkner, Arbeitszeit, in: HStW 1. 1923^4, 889–94; Schmoller, Grundriß II, 282f.; W. Woytinski, Die Welt in Zahlen II, Berlin 1926, 258; Baar, Industrie, 193; Thun II, 177f.; Döhler, 59. Vgl. allg. N. Smelser, Social Change in the Industrial Revolution, Chicago 1969^3; ders., Sociological History: The Industrial Revolution and the British Working-Class Family, in: ders., Essays in Sociological Explanation, Englewood Cliffs 1968, 76–91. – E. Abbe, Ges. Abhandlungen III: Sozialpol. Schriften, Jena 1906, 241; E. P. Thompson, Time, Work-Discipline, and Industrial Capitalism, in: PP 38. 1967, 56–97, dt. Zeit, Arbeitsdisziplin u. Industriekapitalismus, in: ders., Plebej. Kultur u. moral. Ökonomie, Hg. D. Groh, Berlin 1980, 35–66; auch in: Braun u. a. Hg., Gesellschaft, 81–112; S. Pollard, Factory Discipline in the Industrial Revolution, in: EHR 16. 1963, 205–18, dt. Die Fabrikdisziplin in der Industriellen Revolution, in: W. Fischer u. G. Bajor Hg., Die Soziale Frage, Stuttgart 1967, 159–85; K. Piesowicz, Lebensrhythmus u. Zeitrechnung in der vorindustriellen u. in der industriellen Gesellschaft, in: GWU 31. 1980, 465–85; vgl. H. Treiber u. S. Steinert, Die Fabrikation des zuverlässigen Menschen. Über die Wahlverwandschaft von Kloster- u. Fabrikdisziplin, München 1980; Köllmann, Rheinland–Westfalen, 211f.; H. Zwahr, Ausbeutung u. gesellschaftl. Stellung des Fabrik- u. Manufakturproletariats am Ende der Industriellen Revolution im Spiegel Leipziger Fabrikordnungen, in: W. Jacobeit u. U. Mohrmann Hg., Kultur- u. Lebensweise des Proletariats, Berlin 1977^2, 85–136; F.-W. Henning, Humanisierung u. Technisierung der Arbeitswelt. Über den Einfluß der Industrialisierung auf die Arbeitsbedingungen im 19. Jh., in: Archiv u. Wirtschaft 9. 1976, 29–59. Vgl. G. Bernert, Arbeitsverhältnisse im 19. Jh., Marburg 1972, 59–250; T. Blanke u. a. Hg., Kollektives Arbeitsrecht I: 1840–1933, Reinbek 1975; Gellbach. Vgl. zur Eingewöhnungsthese: E. Rosenstock, Lebensarbeit in der Industrie, Berlin 1926; ders., Werkstattaussiedlung, ebd. 1922; M. R. Lepsius, Strukturen u. Wandlungen im Industriebetrieb, München 1960; R. Dahrendorf, Sozialstruktur des Betriebs. Betriebssoziologie, Wiesbaden 1959.

[36] Dieterici, Statist. Übersicht 2. F., 629; Hoffmann, Befugnisse, 396; J. Bergmann, 365; sehr klar: Marquardt, Class, 191–99; S. Born, Erinnerungen eines 48ers, Leipzig 1898^3, 134, 122 (ähnlich urteilte übrigens Weitling über die interne Hierarchie); vgl. D. Bergmann, 460, 262, 266f.; Kocka, Lohnarbeit, 113, 128; ders., Traditionsbindung u. Klassenbildung. Zum sozialhistor. Ort der frühen deutschen Arbeiterbewegung, in: HZ

243. 1986, 333–76; ders., Craft Traditions and the Labour Movement in 19th Century Germany, in: P. Thane u. a. Hg., The Power of the Past, Fs. E. J. Hobsbawm, Cambridge 1984, 95–118; ders., Unternehmensverwaltung u. Angestelltenschaft am Beispiel Siemens 1847–1914, Stuttgart 1969, 78–93; Conze, Bildung, 151 f.; ders., Der Beginn der deutschen Arbeiterbewegung, in: 2. Fs. H. Rothfels, Göttingen 1963, 325; Lee, Labor, 455; Fischer, Status, 260–65; ders., Unterschichten, 251–55; Gömmel, 117; Rupieper, Herkunft, 96f., 100; Borscheid u. Schomerus, 213–19; Zwahr, Zur Konstituierung, 503, 506; ders., Entwicklung, 206; Forberger, Industrielle Revolution I/1, 390, 416–19; Strauss, 345; Baar, Kampf, 30; ders., Industrie, 167–75; Asmus, Grundzüge, 211. – L. Niethammer u. F. Brüggemeier, Wie wohnten die Arbeiter im Kaiserreich?, in: AfS 16. 1976, 61–134; s. auch W. Emmerich Hg., Proletar. Lebensläufe I: Anfänge bis 1914, Reinbek 1976[3], 71–84; K. J. Bade, Altes Handwerk, Wanderzwang u. Gute Polizey. Gesellenwanderung zwischen Zunftökonomie u. Gewerbereform, in: VSWG 69. 1982, 1–37; W. Koeppen, Die Anfänge der Arbeiter- u. Gesellenbewegung in Franken 1830–1852, Diss. Erlangen 1935.

[37] Anton, Fabrikgesetzgebung, 6–125; Kocka, Lohnarbeit, 113–16; U. Gerhard, Verhältnisse u. Verhinderungen. Frauenarbeit, Familie u. Recht der Frauen im 19. Jh., Frankfurt 1978; J. Kuczynski u. R. Hoppe, Geschichte der Kinderarbeit in Deutschland 1750–1939 II, Berlin 1958, 70–74 (Hardenberg 5.9. 1817, vgl. Kuczynski, Geschichte VIII, 23–26; Reaktionen: 27–108); 75–81 (Keller, 1.2. 1834, vgl. Schumacher, Rhein. Textilindustrie, 305f.); 93–95 (9.3. 1839); 102–10 (Bayer. u. bad. Verord. 28.1. bzw. 14.3. 1840); 111–15 (Ges. 16.5. 1853). Am besten zur Kinderarbeit: W. Feldenkirchen, Kinderarbeit im 19. Jh., in: ZfU 26. 1981, 1–41, v. a. 5, 9f., 12–15, 17f., 20f., 35–39, s. Tab. 6 über die Verteilung der Kinder in Preußen auf die Industriezweige 1846/49; A. Herzig, Kinderarbeit in Deutschland in Manufaktur u. Protofabrik 1750–1850, in: AfS 23. 1983, 311–75; L. Adolphs, Industrielle Kinderarbeit im 19. Jh., Duisburg 1972, 17–32, 113f.; H. W. Erdbrügger, Kinder im Fabriksystem, in: Fs. H. Herzfeld, Berlin 1958, 431–40; W. Schulze, Kinderarbeit u. Erziehungsfragen in Preußen zu Beginn des 19. Jh., in: SW 9. 1958, 299–309; Aumüller; K. L. Hartmann, Schule u. «Fabrikgeschäft». Zum histor. Zusammenhang von Kinderarbeit, Kinderschutzgesetz u. allg. Elementarbildung, in: Hartmann u. a., 171–253; K.-H. Ludwig, Die Fabrikarbeit von Kindern im 19. Jh., in: VSWG 52. 1965, 63–85 (irreführende These vom techn. Fortschritt als Verdrängungsursache); Kuczynski u. Hoppe, Kinderarbeit I, 103–30. Vgl. W. Köllmann, Die Anfänge der staatl. Sozialpolitik in Preußen bis 1869, in: VSWG 53. 1966, 33; auch in: E.-W. Böckenförde u. R. Wahl Hg., Moderne Deutsche Verfassungsgeschichte, Köln 1972/Königstein 1981[2], 410–29; W. Ebel Hg., Quellen zur Geschichte des deutschen Arbeitsrechts, Göttingen 1964, 277–81; M. Stolleis Hg., Quellen zur Geschichte des Sozialrechts, ebd. 1976, 67; L. Puppke, Sozialpolitik u. soziale Anschauungen frühindustrieller Unternehmer in Rheinland-Westfalen, Köln 1966; H. Goetting, Die sozialpol. Idee in den konservativen Kreisen der vormärzl. Zeit, Diss. Berlin 1920; H. J. Henning, Preuß. Sozialpolitik im Vormärz, in: VSWG 52. 1965, 485–539; D. Blasius, Konservative Sozialpolitik u. Sozialreform im 19. Jh., in: G. K. Kaltenbrunner Hg., Rekonstruktion des Konservativismus, Freiburg 1972, 469–88; J. Reulecke, Sozialer Frieden durch soziale Reform. Der «Zentralverein für das Wohl der arbeitenden Klassen» in der Frühindustrialisierung, Wuppertal 1983; H. R. Schneider, Bürgerl. Vereinsbestrebungen für das «Wohl der arbeitenden Klassen» in der preuß. Rheinprovinz im 19. Jh., Bonn 1967. – J. Paulsen, V. A. Huber als Sozialpolitiker, Leipzig 1931/Berlin 1956; S. Hindelang, Konservativismus u. soziale Frage: V. A. Huber, Frankfurt 1983; Sachße u. Tennstedt; F. Tennstedt, Sozialgeschichte der Sozialpolitik in Deutschland, Göttingen 1981, 25–77; Gladen, 12–20; H. J. Teuteberg, Geschichte der industriellen Mitbestimmung in Deutschland, Tübingen 1961, 44–59.

[38] Fischer, Status, 260f., 264f.; ders., Unterschichten, 251–55; Kocka, Lohnarbeit, 112; Langewiesche u. Schönhoven, 11, 14f.; vgl. zu den Unterschichten die Lit. in Anm. 33 u. z. B. Fischer, Baden; Büsch, Berlin; P. Steinbach, Industrialisierung u. Sozialsystem im Fürstentum Lippe, Berlin 1976. – Beutin, Märk. Unternehmer, 65 (Denkschrift zum

Regierungsantritt 1840); Marquardt, Aufstieg, 53–58, 61f., 69f. (arme Lehrlinge zahlten in fünf Jahren bis 50 T., lernten wenig und stellten für den Meister billige Arbeitskräfte dar); Kaelble, Mobilitätsforschung, 57–72; ders., Arbeiter u. soziale Ungleichheit 1850–1930, in: Tenfelde Hg., Arbeiter; L. Uhen, Gruppenbewußtsein u. informelle Gruppenbildung bei deutschen Arbeitern im Jh. der Industrialisierung, Berlin 1964; K. Biedermann, Sozialismus u. soziale Frage, Leipzig 1847, 62. Vgl. W. Schulze, «Sozialist. Bestrebungen in Deutschland». Bemerkungen zu einer Aufsatzfolge K. Biedermanns, in: VSWG 57. 1970, 93–104.

[39] K. Rosenkranz, Von Magdeburg bis Königsberg, Berlin 1873, 54 (40er Jahre). – H. J. Nörnberg u. D. Schubert, Massenwohnungsbau in Hamburg. Materialien zur Entstehung u. Veränderung Hamburger Arbeiterwohnungen u. -siedlungen 1800–1967, ebd. 1975; vgl. Kraus und Laufenberg; Brockstedt, Familiengröße, 147, 161; ders., Regionale Mobilität, 194; ders. Hg., Frühindustrialisierung in Schleswig-Holstein, Neumünster 1983; Gömmel; Rupieper, 105–7; Ayçoberry, Cologne, 96–108, 181–99; Kiesewetter, Zur Entwicklung, 472. – Liebchen, 271f.; J. Wietog, Der Wohnungsstandard der Unterschichten in Berlin 1848–1871, in: Conze u. Engelhardt Hg., Arbeiterexistenz, 114–37; J. F. Geist u. K. Kürvers, Das Berliner Mietshaus 1740–1862, München 1980; E. Reich, Der Wohnungsmarkt in Berlin 1840–1910, München 1912; B. v. Arnim, Dies Buch gehört dem König (Berlin 1843), in: SW, Hg. W. Oehlke VI, Berlin 1920; dies., Armenbuch, Hg. W. Vordtriede, Frankfurt 1981; vgl. dazu: Jacoby, Briefwechsel, 216 (20. 9. 43). – E. Dronke, Berlin, 2 Bde, Frankfurt 1846/1953, Darmstadt 1974/Berlin 1987, 35f., 45f., 237f. Vgl. allg. H. Matzerath, Urbanisierung in Preußen 1815–1914, 2 Bde, Stuttgart 1985; L. Niethammer Hg., Wohnen im Wandel, Wuppertal 1979. Für den Vergleich unübertroffen anschaulich über den Slum von Manchester: R. Roberts, The Classic Slum, Harmondsworth 1973[2]. Zu Leipzig das Buch von Zwahr. Vgl. Langewiesche u. Schönhoven, 15–20. Grundlegend zu dem Gesundheitszustand: U. Frevert, Krankheit als polit. Problem 1770–1880, Göttingen 1984, 21–148. – Welche Wirkungen die extreme geographische Mobilität von Hunderttausenden von (meist jüngeren, arbeitsfähigen, männlichen) Arbeitern, die vom Schleusenwerk der Industriestädte und -dörfer angezogen und wieder ausgestoßen wurden, vor allem seit dem letzten Viertel des 19. Jahrhunderts gehabt hat, wird in Bd. III erörtert. Vgl. Obermann, Arbeitermigrationen; D. Langewiesche, Mobilität in deutschen Mittel- u. Großstädten, in: Conze u. Engelhardt Hg., Arbeiter, 70–93.

[40] Marquardt, Aufstieg, 76; ders., Class, 200–202; S. Born, 126f., 134f.; Gubitz III, 256; Fischer, Status, 266f.; R. Bendix, The Lower Classes and the «Democratic Revolution», in: Industrial Relations 1. 1961, 104; Langewiesche u. Schönhoven, 12. – Stein VII, 285 (an Giech, 23. 2. 1831, franz.), ähnlich am 14. 1. 1831 im Westfälischen Provinziallandtag: W. Schulte, Volk u. Staat. Westfalen im Vormärz u. in der Revolution 1848/49, Münster 1954, 499; vgl. J. Siegert, Freiheit u. Bindung im Zeitalter der Reformen, Diss. München 1950, 12; Rodbertus-Jagetzow III, 195, 204f., 217–19, 212, 216f.; Harkort, Bemerkungen, 50, vgl. auch in: ders., Schriften, Hg. Jeismann, 64–94; Hansen, Mevissen II, 129f. (März 1845), vgl. 132, 153, 162, 290 (März 1847). Kritikern seiner Befürwortung einer «Reform der sozialen Zustände» und der politischen Gleichheitsrechte hielt der junge Mevissen (132f.) entgegen: «Die Massen, meine Herren, haben dieselben Vernunftanlagen, die Ihr habt.» Vgl. Rohr, 97; Hardach, Anglomanie, 160; E. Benz, F. v. Baaders Gedanken über den Proletair, in: Zeitschrift für Religions- u. Geistesgeschichte 1. 1948, 124; J. M. v. Radowitz, Gespräche aus der Gegenwart über Staat u. Kirche, Stuttgart 1846 (2 Bde, 1851), 5. Gespräch; ders., G.Sch. IV, Berlin 1853, 5, 211, 264; vgl. P. Hassel, J.-M. v. Radowitz I, Berlin 1905, E. Czobel, Zur Verbreitung der Worte Sozialist u. Sozialismus, in: Archiv für die Geschichte des Sozialismus (= AGS) 3. 1913, 481–85. – L. v. Stein, Der Sozialismus u Kommunismus des heutigen Frankreich, Leipzig 1842 u. ö./ND München 1971, Vorwort; zur linken deutschen «Szene» der 40er Jahre: ders., Blicke auf den Sozialismus u. Kommunismus in Deutschland u. ihre Zukunft, in: DVS 1844/2, 1–61; ders., Die sozialen Bewegungen der Gegenwart, in: Die Gegenwart 1. 1848, 79–93, u. in: ders., Schriften zum Sozialismus, Hg. E. Pankoke, Darmstadt 1974, 1–15; ders., Der

Sozialismus in Deutschland, in: Die Gegenwart 8. 1852, 517–63, u. in: ders., Schriften, 16–62. Vgl. dazu D. Blasius, L. v. Stein, Diss. Köln 1970; ders. u. E. Pankoke, dass., Darmstadt 1977; E. Pankoke, Sociale Bewegung, sociale Frage, sociale Politik. Grundfragen der «deutschen Socialwissenschaft» im 19. Jh., Stuttgart 1970. Ähnlich wie Radowitz und v. Stein: H. Wagener, s. o. Anm. 23; Biedermann, Sozialismus, 276–78; v. Sybel, 80f.; vgl. M. Niebuhrs (Bankrevolution, 103f.) furchterfüllte Expektoration über «Proletarier» und «Pöbel» oder Mundt, Geschichte der Stände, 491; F. Klitzsch, Sozialismus u. soziale Bewegung im Spiegel der Augsburger «Allg. Zeitung» 1840–1850, Diss. München/Gütersloh 1934, 8 (Sozialismus u. Kommunismus), 9 (25. 10. 1847 über Biedermann); vgl. 7 (11./12. 1. 1845 über L. v. Stein, der als regelmäßiger Mitarbeiter und Sachverständiger tätig war); 48 (über Rodbertus 1837/39). Vgl. allg. W. Schieder, Sozialismus, in: GGr. V, 944–61; ders., Kommunismus, in: GGr. III, 470–506; Conze, Pauperismus, 39–48.

[41] Klitzsch, 51 (Allg. Ztg. 24. 7. 1844, 4. 10. 1845); Koselleck, Preußen, 598f.; Huber Hg. I, 136 (15. 1. 1835). Vgl. S. Volkov, Enactment and Repeal of Combination Acts: England and Prussia Compared, in: JbIDG 9. 1980, 313, 325 (309–38: guter Vergleich mit England); W. Ritscher, Koalitionen u. Koalitionsrecht in Deutschland bis zur Reichsgewerbeordnung, Stuttgart 1917; H. Kollmann, Die Entstehungsgeschichte der deutschen Koalitionsgesetzgebung, Breslau 1916. Eine zeitgenössische Stimme: J. Fallati: Das Vereinswesen als Mittel zur Sittigung der Fabrikarbeiter, in: ZGS 1. 1844, 737–91. S. allg. Blasius, Sozialpolitik; Reulecke, Frieden; Paulsen.

[42] Kocka, Lohnarbeit, 154–61, 110, 134; H. Volkmann, Wirtschaftl. Strukturwandel u. sozialer Konflikt in der Frühindustrialisierung. Eine Fallstudie zum Aachener Aufruhr von 1830, in: Ludz Hg., Soziologie, 550–65; ders., Soziale Innovation u. Systemstabilität am Beispiel der Krise von 1830–32 in Deutschland, in: O. Neuloh Hg., Soziale Innovation u. sozialer Konflikt, Göttingen 1977, 41–68; E. Todt u. H. Radandt, Zur Frühgeschichte der deutschen Gewerkschaftsbewegung 1800–1849, Berlin 1950, 78; Zwahr, Genesis, 41; Baar, Industrie, 198; D. Bergmann, 470; Marquardt, Class, 201; D. Geary, European Labor Protest 1848–1939, London 1979, 26–41, dt. Arbeiterprotest u. Arbeiterbewegung in Europe, München 1983; vgl. J. Goebel, Die Geschichte der Industriegegnerschaft, Diss. Heidelberg/Mainz 1936; C. Ergang, Untersuchungen zum Maschinenproblem in der Volkswirtschaftslehre, Karlsruhe 1911. Allg. zum «sozialen Protest»: H. Volkmann, Kategorien des sozialen Protests im Vormärz, in: GG 3. 1977, 164–89; ders. u. J. Bergmann Hg., Sozialer Protest, Opladen 1984; C. Tilly u. a., The Rebellious Century 1830–1930, Cambridge/Mass. 1975; ders., Hauptformen kollektiver Aktion in Westeuropa 1500–1975, in: GG 3. 1977, 153–63; ders., From Mobilization to Revolution, Reading/Mass. 1978; ders., Revolution and Collective Violence, in: F. J. Greenstein u. N. Polsby Hg., Handbook of Political Science III, ebd. 1975, 483–555; R. Tilly, Popular Disorders in 19th Century Germany, in: JSH 4. 1970, 1–40, dt. Unruhen u. Protest in Deutschland im 19. Jh., in: ders., Kapital, 143–74; ders., Sozialer Protest als Gegenstand histor. Forschung, in: ders., ebd., 175–96; ders. u. G. Hohorst, Sozialer Protest in Deutschland im 19. Jh., in: K. H. Jarausch Hg., Quantifizierung in der Geschichtswissenschaft, Düsseldorf 1976, 232–78. Kritik: R. Wirtz, Sozialer Protest u. «Collective Violence» in Deutschland im 19. Jh., in: Sowi 4. 1975, 6–12; H.-G. Haupt, Zur histor. Analyse von Gewalt, in: GG 3. 1977, 236–56; K. Hausen, Schwierigkeiten mit dem «sozialen Protest», in: ebd., 257–63. Antwort: G. Hohorst u. R. Tilly, Sozialer Protest, Gewalt, Rebellion u. die Kritik, in: ebd. 418–21. Die beste Regionalstudie stammt von H.-G. Husung (Protest u. Repression im Vormärz. Norddeutschland zwischen Restauration u. Revolution, Göttingen 1983), die R. Wirtz (Widersetzlichkeiten, Excesse, Crawalle, Tumulte u. Skandale. Soziale Bewegung u. gewalthafter sozialer Protest in Baden 1815–48, Berlin 1981), A. Lüdtke (Praxis u. Funktion staatl. Repression: Preußen 1815–50, in: GG 3. 1977, 190–211) und den meisten Beiträgen in Volkmann u. Bergmann Hg. überlegen ist. – Streiks: U. Engelhardt, Streiks in Deutschland 1830–1986, Frankfurt 1987; ders., Zur Entwicklung der Streikbewegungen in der ersten Industrialisierungsphase u. zur Funktion von Streiks

bei der Konstituierung der Gewerkschaftsbewegung in Deutschland, in: Internationale Wissenschaftl. Korrepondenz zur Geschichte der deutschen Arbeiterbewegung (= IWK) 15. 1979, 549f.; ders., Gewerkschaftl. Organisationsverhalten in der ersten Industrialisierungsphase, in: Conze u. ders. Hg., Arbeiter, 374–86 (381, 383: Born); vgl. ders., Arbeitskämpfe als Instrument der Lageverbesserung?, in: Conze u. ders. Hg., Arbeiterexistenz, 385–409; Todt u. Radandt, 61, 68, 89. Am besten zu den frühen Gewerkschaften aber: C. Eisenberg, Deutsche u. engl. Gewerkschaften. Entstehung u. Entwicklung bis 1875 im Vergleich, Göttingen 1986; vgl. allg. G. Beier, Gewerkschaften, in: HWW 3. 1981, 641–59; G.V. Rimlinger, The Legitimation of Protest. A Comparative Study in Labor History, in: CSSH 2. 1960, 329–43, dt. in: Fischer u. Bajohr Hg., 284–304; E. Dittrich, Arbeiterbewegung u. Arbeiterbildung im 19. Jh., Bensheim 1980, 116–25; Handwerksgesellenstreiks: Griessinger; Schwarz. Vgl. J. Reulecke, Die Anfänge der organisierten Sozialreform in Deutschland, in: R. vom Bruch Hg., Weder Kommunismus noch Kapitalismus, München 1985, 21–59; ders., Sozialer Konflikt u. bürgerl. Sozialreform in der Frühindustrialisierung, in: K. Tenfelde u. H. Volkmann Hg., Streik, München 1981, 237–52; Strauss, 170–81; Baar, Industrie, 198–210; Mottek II, 241–43; Köllmann, Färbergesellen. Aufschlußreicher zeitgenössischer Bericht: W. Menzel, Aus Anlaß der Fabrikemeuten, in: DVS 1844/4, 371–405.

[43] Tenfelde, 89, 91, 124, 128, 130; vgl. Riehl, 4. Stand, 254. – H.-G. Husung, Eisenbahnarbeiter im Vormärz: Arbeitsformen u. Konfliktmuster, in: Langewiesche u. Schönhoven Hg., 209–20; ders., Protest u. Repression, 163–70; Koselleck, Preußen, 634–37; GS 1847, 21f.; W. Wortmann, Eisenbahnarbeiter im Vormärz 1844–47, Köln 1972; K. Ringsdorf, Der Eisenbahnbau südl. Nürnberg 1841–49, Würzburg 1977, 180–306; Schulte, passim; Fehlinterpretation in: K. Obermann, Zur Rolle der Eisenbahnarbeiter im Prozeß der Formierung der Arbeiterklasse in Deutschland, in: JbW 1970/II, 129–40; ders., Arbeitermigrationen, 139, 149–55; W. Wolfgramm u.a., Die sozialökonom. Kämpfe der Eisenbahnbauarbeiter in Sachsen 1844–48, in: Aus der Frühgeschichte der deutschen Arbeiterbewegung, Berlin 1964, 65–101; D. Eichholtz, Bewegungen unter den preuß. Eisenbahnarbeitern im Vormärz, in: Beiträge zur deutschen Wirtschafts- u. Sozialgeschichte, 251–87; falsch auch: D. Kramer, Sozialkulturelle Lage u. Ideologie der Arbeiterschaft im 19. Jh., in: G. Wiegelmann Hg., Kultureller Wandel im 19. Jh., Göttingen 1973, 116–18; vgl. M. v. Ditfurth, Die Fürsorge für das Los der Eisenbahnarbeiter, in: DVS 1847/2, 86–123; v. Dohna, Arbeiter; K. Fischer, Denkwürdigkeiten u. Erinnerungen eines Arbeiters, Hg. P. Göhre, 2 Bde, Leipzig 1903/04; s. dazu W. Fischer, Arbeitermemoiren als Quelle für Geschichte u. Volkskunde der industriellen Gesellschaft, in: ders., Wirtschaft u. Gesellschaft, 214–23.

[44] Conze, Beginn, 326; Marx war nur ein Teilnehmer u.v.a. an dieser Debatte, vgl. z.B. 1844 über «deutsche Arbeiterbewegung»: MEW 1, 404. Vgl. L. v. Stein in Anm. 40; Kocka, Lohnarbeit, 165–71, 92f.; Beier, 199f., 69; Teuteberg, 115–20; Tennstedt, 110–13; Ruckhäberle, 191–207; C.-D. Storm, Verfolgt u. geächtet. Handwerker zwischen Liberalismus und Kommunismus (1832–40), Hamburg 1980; Schieder, Anfänge; ders., Bund der Kommunisten, in: SDG 2. 1966, 900–09; E. Schraepler, Der Bund der Gerechten 1840–1847, in: AfS 2. 1962, 5–29; ders., Handwerkerbünde u. Arbeitervereine 1830–1853, Berlin 1972; O. Büsch u.a. Hg., Die frühsozialist. Bünde in der Geschichte der Arbeiterbewegung 1836–1847, ebd. 1975; K. Birker, Die deutschen Arbeiterbildungsvereine 1840–1870, ebd. 1973; K. Tenfelde, Lesegesellschaften u. Arbeiterbildungsvereine, in: Dann Hg., Lesegesellschaften, 253–79; D. Dowe, Aktion u. Organisation. Arbeiterbewegung, sozialist. u. kommunist. Bewegung in der preuß. Rheinprov. 1820–1852, Hannover 1970; Todt u. Radandt, 81–103; W. Kowalski, Vorgeschichte u. Entstehung des Bundes der Gerechten, Berlin 1962; H. Förder, Marx u. Engels am Vorabend der Revolution, ebd. 1960; K. Obermann, Zur Geschichte des «Bundes der Kommunisten», ebd. 1966; F. Engels, Zur Geschichte des «Bundes der Kommunisten», in: MEW 8, 577–93, vgl. 405–70; G. Mayer, F. Engels I, Köln 1970², 245–90; R.R. Hunt, The Political Ideas of Marx and

Engels I: 1818–1850, Pittsburgh 1974, 49–175. – K. Koszyk, Das Dampfboot u. der Rhedaer Kreis, in: Dortmunder Beiträge zur Zeitungsforschung 2. 1958, 1–60; F. Kapp, Vom radikalen Frühsozialisten des Vormärz zum liberalen Parteipolitiker des Bismarckreichs. Briefe 1843–1884, Hg. H.-U. Wehler, Frankfurt 1969, 11f., 45–52; Schulte, Volk u. Staat, 175, 236, 239; Engelhardt, Organisationsverhalten, 384. – H. Stein, Der Kölner Handwerkerverein 1848/49, Diss. Köln 1921; ders., Pauperismus u. Assoziation, Leiden 1936; vgl. W. v. Hippel, Der Mannheimer Gesellenverein 1844–47, in: Fs. E. Hassinger, Freiburg 1978, 209–44. – E. Silberner, Der «Kommunistenrabbi» u. der «Gesellschaftsspiegel», in: AfS 3. 1963, 87–102; ders., M. Hess, Leiden 1966; S. Avineri, dass., N.Y. 1985; S. Na'aman, Emanzipation u. Messianismus: M. Hess, Frankfurt 1982; vgl. Hess' «Gesellschaftsspiegel» (2 Bde, 1845/46, ND Glashütten 1971). – D. Bergmann, 474f., 478; Marquardt, Class, 202; S. Born, 24, 27; D. Meyer, Das öffentl. Leben in Berlin im Jahr vor der Märzrevolution, Berlin 1912, 51; R. Haenchen, Zur revolutionären Unterwühlung Berlins vor den Märztagen des Jahres 1848, in: FBPG 55. 1944, 99f., 114; Riehl, 4. Stand, 183; F. D. Bassermann, Denkwürdigkeiten 1811–1855, Frankfurt 1926, 66. Vgl. als Kritik an gängigen Interpretationen: H. Blumer, Early Industrialization and the Laboring Class, in: Sociological Quarterly 1. 1960, 5–14, sowie E. E. Lampard, The Social Impact of the Industrial Revolution, in: Kranzberg u. Pursell Hg. I, 302–21.

45 Kocka, Lohnarbeit, 91, 143, 146–51; v. Stein, Geschichte I, 59; H. Rosenbaum, Formen der Familie, Frankfurt 1982, 381–475; J. Ehmer, Familie u. Klasse. Zur Entstehung der Arbeiterfamilie in Wien, in: M. Mitterauer u. R. Sieder Hg., Histor. Familienforschung, ebd. 1982, 300–25; J. Schlumbohm Hg., Kinderstuben 1700–1850, München 1983; I. Hardach-Pinke, Kinderalltag 1700–1900, Frankfurt 1981; dies. u. G. Hardach Hg., Deutsche Kindheiten 1700–1900, Kronberg 1978; J. Weber-Kellermann, Die Kindheit, Frankfurt 1979; vgl. G. A. Ritter Hg., Arbeiterkultur, Königstein 1979 (darin Tenfeldes Bibliographie: 247–81); J. Kocka Hg., Arbeiterkultur im 19. Jh. (= GG 5/1), Göttingen 1979; Michel, 155. «Arbeiterkultur» ist gewöhnlich eine Übersetzung des gegen die Dominanz der bürgerlichen Kultur gerichteten englischen Kampfbegriffs «Working-Class Culture», der – jetzt auch im Sinn der Sozialanthropologie – viel weiter gefaßt ist als der herkömmliche deutsche Kulturbegriff.

46 Zur Zeit vor 1815 vgl. Bd. I, Teil 1, III, 4 b. – P. Kühn, Materialien zu einer Geschichte der Mannheimer Unterschichten 1835–1862/1871, Frankfurt 1974, 20; Gömmel, 173; Liebchen, 278. Die anderen Angaben o. in Anm. 15 u. 16. – *Übersicht 37:* Nachweise in Anm. 16. – Kühn, 79–81; Engelsing, Personal, 249, 251; ders., Arbeitsmarkt, 184, 192, 200, 216; ders., Einkommen, 17, 63f.; van Eyll, Wirtschaftsgeschichte, 247; Ayçoberry, Cologne, 96–108; Liebchen, 278, 294, 305; D. Bergmann, 469; Wietog, 114–37; Baar, Industrie, 177f.; Kraus, 49, 67, 73f.; zusammenfassend: Saalfeld, Darlegungen, 254; vgl. W. Sachse, Lebensverhältnisse u. Lebensgestaltung der Unterschichten in Göttingen bis 1860, in: Conze u. Engelhardt Hg., Arbeiterexistenz, 19–45; Fischer, Unterschichten, 242–57; Weisbrod, Wohltätigkeit, 334–57; W. Köllmann, Industrielle Unterschichten im Berg. Land u. im Ruhrgebiet in der Früh- u. Hochindustrialisierung, in: Mommsen u. Schulze Hg., 319–33; ders., Aus dem Alltag der Unterschichten in der Vor- u. Frühindustrialisierung, in: J. Reulecke u. W. Weber Hg., Fabrik–Familie–Feierabend, Wuppertal 1978², 11–37; ders., Soziale Frage u. soziale Bewegungen, in: Das Rheinland in preuß. Zeit, Köln 1965, 145–64. – K. v. Rotteck, Armenwesen, in: Staatslexikon I, 1845², 670, 672; vgl. C. Jantke, Zur Deutung des Pauperismus, in: ders. u. Hilger Hg., 23.

47 Jantke, Deutung, 18. Bereits 1817 urteilte Clausewitz nach der Beobachtung der Hungersnot in der Eifel: «Der Mangel (ist) immer nur bei der letzten Klasse …, welche gar kein Eigentum besitzt, … fühlbar» (Polit. Schriften, 191). Über «soziale Revolution» gleichzeitig z. B. L. v. Stein (o. Anm. 40) und J. Burckhardt (u. Anm. 51). Mooser (Klassengesellschaft) entwickelt am besten die Perzeptionsproblematik; vgl. Hilger, Fabrik, 247. Allg. T. Schieder, Das Problem der Revolution im 19. Jh., in: ders., Staat u. Gesellschaft im Wandel unserer Zeit, München 1974³, 11–57. – *Stein:* Schulte, Volk, 499

(14. 1. 1831); Jantke u. Hilger Hg., 131–33. *Marwitz:* Meusel Hg. II/2, 454, vgl. 449–65 (1836). *Baader:* ders., SW VI, Leipzig, 1854/Aalen 1963, 127–44; Benz, 97–124; NDB I, 474–76. *Buss:* Fischer, Staat I, 383–85, 149, vgl. 386; NDB III, 72f. Vgl. Rodbertus-Jagetzow III, 195–217. – J. G. Hoffmann, Übersicht der allg. staatswirt. Verhältnisse, welche die Verschiedenheit der Bildung u. des Besitzstandes unter den Staatsangehörigen erzeugt, in: Abhandlungen der Königl. Akademie der Wissenschaften (Philosoph. u. Histor. Klasse 7. XI. 1844), Berlin 1845, 20; K. v. Rotteck, Armenwesen, in: Staatslexikon II, 1835, 6–21; s. auch R. v. Mohl, Bevölkerung, in: ebd., 519–52 (im selben Jahr, 1835, verwendete v. Mohl aber anderswo den Begriff: Jantke u. Hilger Hg., 305); vgl. vorher: K. H. Rau, dass., in: Ersch u. Gruber Hg. XI/9, 1822, 366–70; s. aber: F. Bülau, Der Pauperismus, in: DVS 1. 1838/1, 79–117. – J. Buddeus, Pauperismus, in: Ersch u. Gruber Hg. III/13, 1840, 239, 257, allg. 239–68; anon., dass., in: Brockhaus-Konversationslexikon XI, 1846[9], 15f.; vgl. W. Schulz, Bevölkerung, in: Staatslexikon II, 1846[2], 458–601; v. Radowitz: Benz, 124.

Vgl. allg. zum Pauperismusproblem: Conze, Pauperismus, 39–48, 57–60; F. D. Marquardt, Pauperism in Germany During the Vormärz, in: CEH 2. 1969, 77–88; v. Hippel, Bevölkerungsentwicklung, 270–371; Matz, 53–84; Jantke u. Hilger Hg.; Abel, Massenarmut, 1974, 306–09, 317–89; ders., dass., 1972, 7–69; ders., Der Pauperismus in Deutschland am Vorabend der industriellen Revolution, Dortmund 1966/Hannover 1970; ders., dass., in: Fs. Lütge, 284–98; W. Conze, Vom «Pöbel» zum «Proletariat», in: VSWG 41. 1954, 333–64, u. in: Wehler Hg., Sozialgeschichte, 1981[6], 111–36; Köllmann, Arbeitskräftepotential; ders., Pauperismus in Rheinland–Westfalen im Vormärz, in: ders. u. Düwell Hg. I, 148–57; W. Plum Hg., Diskussionen über Massenarmut in der Frühindustrialisierung, Bonn 1977; W. Fischer, Industrialisierung u. soziale Frage in Preußen, in: K. D. Erdmann u. a., Preußen, Stuttgart 1985, 223–60; Reulecke, Frieden; Dowe, Überlegungen; L. Dilcher, Der deutsche Pauperismus u. seine Literatur, Diss. Frankfurt 1957; A. Rörig, Die Anschauungen über den Pauperismus 1800–1850, Diss. Köln 1920, MS; H. E. Jansen, Das Proletariat im Vormärz in den Anschauungen deutscher Denker, Diss. Kiel, Essen 1928. Lokalstudien: z. B. Schwarz, Armenwesen Köln; G. Mertens, Die Geschichte des Pauperismus in der Stadt Krefeld u. seine Bekämpfung, Diss. Köln 1921, MS. Frühzeitig treffend: F. J. Neumann, Pauperismus u. Kindersterblichkeit, in: JNS 3. F. 5. 1983, 617–69. Vgl. C. Müller, Der gescheiterte Kleinbürger. Pauperismus u. Proletariat in der sozialkrit. Publizistik, Prosa u. Lyrik 1844–1848, Köln 1981; L. Kauffeldt, Elend u. Ausweg im 19. Jh., Diss. Frankfurt 1981; H. Kals, Die soziale Frage in der Romantik, Köln 1974; K. Gafert, Die soziale Frage in Literatur u. Kunst des 19. Jh., 2 Bde, Kronberg 1973. – Bibliographien: Jantke u. Hilger Hg., 484–510; Hoppe, Bibliographie 1820–1850, in: Kuczynski, Geschichte IX, 267–84; Dilcher; Matz, 274–98; P. Mombert, Aus der Literatur über die soziale Frage u. über die Arbeiterbewegung in Deutschland 1800–1850, in: AGS 9. 1921, 169–236.

[48] F. Engels, Die Lage der arbeitenden Klasse in England (1845), in: MEW 2, 225–506. Vgl. z. B. Mehring, Kuczynski, Strauss, Baar, Blumberg, zeitweilig ähnlich: Schmoller, Mombert, H. Stein. Die Gegenseite: zu Engels' Zeitgenossen (Hildebrand, List, Mevissen, Riehl u. a.: u. Anm. 50); seit den 1950er Jahren dann Conze, Abel, Jantke (konservative Deutung als «Emanzipationskrise»), Köllmann u. a.; vgl. F. Seidel, Die soziale Frage in der deutschen Geschichte (Waldeck!), Wiesbaden 1964. Diskussionsüberblick: Marquardt; v. Hippel, 270–77; Matz, 53–84. – Vgl. Bd. I, Teil 1, II, 2; oben, Teil 3, I; II, 1; Bd. I, Teil II, 4, a–c; II, 1, a; P. Kriedte, Die Protoindustrialisierung zwischen Industrialisierung u. De-Industrialisierung, in: ders. u. a., Industrialisierung, 272–321; Mooser, Klassengesellschaft, 438–70; Marschalck, Auswanderung, 35; Abel, Massenarmut, 1972, 69; ders., dass., 1974, 306, 308f., 388. Andere potentielle Möglichkeiten wie massenwirksame Geburtenkontrolle, d. h. gezielt eingeleiteter Bevölkerungsrückgang, angemessen umfangreiche, staatlich initiierte Arbeitsbeschaffungsprogramme usw. waren unter den historischen Bedingungen noch nicht effektiv realisierbar.

[49] Abel, Massenarmut, 1972, 16; ders., dass. 1974, 306–8, 317–89; ders., Agrarkrisen, 226–28; 241; Adelmann, Krisen, 111–26; Saalfeld, Darlegungen, 240f., 246, 254, 256; Baar, Berliner Industrie, 177f., dazu v. Arnim, Dies Buch; für den Westen, etwa Bonn: Höroldt, 315; für ein Agrargebiet: Gladen, Tecklenburg, 169f. Riehl, 4. Stand, 184, 238, 210f. (vgl. B. Hildebrand ähnlich 1846: die Intellektuellen als die «eigentlichen Proletarier», in: Jantke u. Hilger Hg., 451); Dowe, Überlegungen, 225–27, 218–21; Köllmann, in: HWS II, 13f.; Conze, Pöbel, 123; Dieterici, Volkswohlstand, 46; etwas später ebenso: F. W. v. Reden, Erwerbsmangel, Massenverarmung, Massenverderbnis, deren Ursachen u. Heilmittel, in: ZVdS 1. 1847, 118–35 (überhaupt viele Beiträge dieses Jg.); ders., Vergl. Statistik der Bevölkerungsverhältnisse in Deutschland u. den übrigen Staaten Europas, in: ebd., 1057–71; Brockhaus-Konversationslexikon XI, 1846[9], 16. Vgl. auch o. Teil 3, III, 3 u. 5 zu den ländlichen und städtischen Unterschichten u. Teil 4, II zu den Krisen 1845/48, jeweils mit der Lit.

[50] Hansen, Mevissen II, 290 (1847); v. Sybel, 39 (1847); F. List, Werke, Hg. K. Beckerath u. a. V (1831–1844), Berlin 1928, 352, vgl. 391 (1839f.); vgl. knapp: F. Seidel, Das Armutsproblem im deutschen Vormärz bei F. List, Köln 1971 (L. bestand schon vorher und nachher auf diesem Argument!); J. Köster, Der rhein. Frühliberalismus u. die soziale Frage, Berlin 1938, 44f. (1847); Hansen, Mevissen II, 162, 153, 184 (dazu sollten nach M. bereits – 1845! – gesetzliche fixierte Arbeitszeit, garantierte Mindestlöhne, kostenlose «freie Volksbildung» und antizyklisch wirksame staatliche Aufträge treten, ebd., 162). Scharf gegen weitere Fabriken wegen der Vermehrung des Proletariats z. B. L. Camphausen: Rohr, 97; vgl. Kösters, 31f.,; Bleich Hg. III, 1591; II, 136; Caspary, 78; Schwann I, 201–10; II, 275; F. Schmidt, Die sozialpolit. Anschauungen des rhein. Frühliberalismus. Diss. Köln 1927; J. Sprung, Der deutsche Liberalismus u. die soziale Frage bis 1848, Diss. Leipzig 1925. – P. Reichensperger, Die Agrarfrage, Trier 1847, 29; B. Hildebrand, Die Nationalökonomie der Gegenwart u. Zukunft (1848), Hg. H. Gehring I, Jena 1922, 184–86; vgl., anon., Pauperismus u. Industrie, in: DVS 10. 1847/1, 376–88; Jantke u. Hilger Hg., 266–70; Riehl, Bürgerl. Gesellschaft, 199, vgl. 161f. Hierzu auch das Urteil L. v. Steins in den vorn (Anm. 40) zitierten Publikationen. Ein Frühkommunist wie M. Hess (Gesellschaftsspiegel 1. 1845, Einl.) verzichtete auf personalistische Vorwürfe gegen die Kapitalisten und sprach die Überzeugung aus, «daß weder einzelne Klassen unserer Gesellschaft, z. B. die Klasse der Besitzer», noch die Regierung die Schuld am Massenelend trügen. Vielmehr bilde die gesamte Gesellschaftsverfassung die Ursache und bedürfe daher der revolutionären Veränderung. Dagegen zogen die diskutierenden Beamten, Unternehmer und Wissenschaftler aus demselben Strukturargument meist den Schluß, daß rechtzeitige Reformen im Stil der «Revolution von oben» den Umsturz vermeiden und aus der Misere hinausführen könnten.

[51] Marquardt, Pauperism, 83, 86–88; Hoffmann, Übersicht, 11; vgl. Jantke u. Hilger Hg., 361–76; Gotthelf: ebd., 377 (1841: «die Armut,... das feindlichste Wesen, welches dem alten Europa am drohendsten» gegenüberstehe; ganz ähnlich Burckhardts Wendung «Alteuropa» im März 1846!); Burckhardt, Briefe II, 210 (5. 3. 1846), vgl. III, 1955, 46, 9. 12. 1846); Koselleck, Preußen, 500 (1845); Fischer, Staat I, 386 (1846); Abel, Massenarmut, 1974, 382 (1847); v. Dohna, 3 (1847); Zorn, Handelsgeschichte, 154 (Ludwig, 11. 4. 1847); ders., in Conze Hg., Staat, 137; ders., Struktur Altbayerns, 198f.; vgl. K. Lenk, Revolutionär-Kommunist. Umtriebe im Königreich Bayern 1848–1864, in: ZBL 28. 1965, 555–622. L. Zimmermann, Die Einheits- u. Freiheitsbewegung u. die Revolution von 1848 in Franken, Würzburg 1951, 240. Vgl. v. Sybel, 80f.; Harkort, Bemerkungen, 50 (Kommunismus u. Sozialismus: 77–82); Biedermann, Vorlesungen, 26–66 (Das Proletariat). Diese wenigen Beispiele ließen sich aus der Literatur über Politik und Sozialismus im Vormärz beliebig vermehren.

[52] Vgl. Teil 3, III, 4a; Matz; Kraus, Ehesegen; L. Militzer-Schwenger, Armenerziehung durch Arbeit (Württemberg. Schwarzwaldkreis 1806–1914), Tübingen 1979. – ALR II. 19, §§ 1–3, 6f., 10–16, 33f.; s. auch: II. 3, §§ 14–30; II. 7, §§ 18, 122–32; Sachße u. Tennstedt,

179–214, v. a. 188f., 196–203, 276–80; Tennstedt, Sozialgeschichte, 39–47; Fischer, Armut, 56–82; Koselleck, Preußen, 621–23, 627–34, 506, 582, vgl. 129, 131; ders., in: Bergeron u. a., 259; H. Henning, Sozialpolitik: Geschichte, in: HWW 7. 1977, 85–110; H. Schinkel, Armenpflege u. Freizügigkeit in der preuß. Gesetzgebung 1842, in: VSWG 50. 1963, 459f., 464–67, 471, 477f.; H. Volkmann, Die Arbeiterfrage im preuß. Abgeordnetenhaus 1848–1869, Berlin 1968, 84. Vgl. allg. J. Klumker u. a., Armenwesen, in: HStW 1. 1924[4], 926–1044; E. Loening, dass., in: Handbuch der Polit. Ökonomie III, 1891[3], 963–1030; H. Rehm u. O. Loening, Freizügigkeit, in: HStW 4. 1927[4], 373–80. – Zahlen 1848/49: Tabellen u. amtl. Nachrichten für den preuß. Staat IV, Berlin 1853, 429–59; Gesetze 1842/43: GS 1843, 5–20; KO v. 22. 1. 1826 gegen Armensteuern. Dem Gesinde, Handwerksgesellen und Fabrikarbeitern wurde häufig trotz dreijähriger Anwesenheit wegen der fehlenden, angeblich unverzichtbaren «Selbständigkeit» der Unterstützungsanspruch contra legem bestritten.

IV. Strukturbedingungen und Entwicklungsprozesse politischer Herrschaft

[1] F. Lassalle, Über Verfassungswesen (1862), in: ders., Ges. Reden u. Schriften, Hg. E. Bernstein II, Berlin 1919, 60.

[2] Hartung, Kräfte, 223; vorher Hintze, vgl. III, Register, 639, 642; auch gegen Schmoller, Verfassungs-, Verwaltungs- u. Finanzgeschichte, 203 («die Bürokratie als Form der Staatsverfassung»); Kehr, Primat, 40, 46; Rosenberg, Bureaucracy, 202–28; ders., Überwindung, 182–204; Fann, Consolidation; ders., Rise. – Kehr, Primat, 37f., vgl. 247; v. Borch, 144 (nach Rüstow, Mskr. 1924); E. v. Bülow-Cummerow, Preußen, seine Verfassung, seine Verwaltung, sein Verhältnis zu Deutschland II, Berlin 1843[2], 189f. Vgl. Jacoby, Briefwechsel, 171 (E. v. Flottwell an J., 12. 3. 1842: nach Bülow sei der König «lediglich ein Popanz der Beamtenhierarchie und diese letztere der eigentliche Regent des Landes»).

[3] Klein, Reform, 317; Meisner (Staats- u. Regierungsformen, 330) ist mit seiner Charakterisierung als «spätabsolutistisch» nicht trennscharf genug. H. Obenaus, Anfänge des Parlamentarismus in Preußen bis 1848, Düsseldorf 1984, 187, Tab.; 208, Tab.; 661f., Tab. Allg. zu *Preußen*: Obenaus; Koselleck, Preußen; Vogel, Gewerbefreiheit. Zu *Bayern*: HBG IV; Kraus; Volkert, Bayern; Möckl, Staat; Bosl, Bayer. Geschichte; G. S. Werner, Bavaria in the German Federation 1820–1848, London 1970; E. Franz, Bayer. Verfassungskämpfe 1818–1849, München 1926; H. Ostadal, Die Kammer der Reichsräte in Bayern 1819–1848, ebd. 1968. – Zu *Baden*: Becker u. a.; Haebler; Ott; L. Lee, The Politics of Harmony. Civil Service, Liberalism, and Social Reform in Baden 1800–1850, Newark 1980; ders., Liberal Constitutionalism as Administrative Reform: The Baden Constitution of 1818, in: CEH 8. 1975, 91–112; A. Reinhardt, Volk u. Abgeordnetenkammer in Baden 1819–1831, Diss. Göttingen 1953; H. P. Becht, Die Abgeordnetenschaft der bad. Zweiten Kammer 1819–1840, in: ZGO 128. 1980, 345–402. – Zu *Württemberg*: Dehlinger; Mann u. Nüske; Grube; Blickle u. a.; F. Mögle-Hofacker, Zur Entwicklung des Parlamentarismus in Württemberg (unter König Wilhelm I.), Stuttgart 1981; R. Menzinger, Verfassungsrevision u. Demokratisierungsprozeß im Königreich Württemberg, ebd. 1969; H. Brandt, Gesellschaft, Parlament u. Regierung in Württemberg 1830–1840; in: Ritter Hg., Gesellschaft, 101–18; B. Wunder, Grundrechte u. Freiheit in den württ. Verfassungskämpfen, in: Birtsch Hg., 435–59. – Zu *Hessen*: M. Bullik, Staat u. Gesellschaft im hess. Vormärz, Köln 1972; S. Büttner, Die Anfänge des Parlamentarismus in Hessen-Darmstadt, Darmstadt 1969; J. Spangenberg, Hessen-Darmstadt u. der Deutsche Bund 1815–1848, ebd. 1969. Allg. vgl. H. Reinke, Bürokratie im polit. System Deutschlands, Diss. Köln 1979; R. Mussgnug, Die rechtl. u. pragmat. Beziehungen zwischen Regierung, Parlament u. Verwaltung, in: DVG II, 1983, 95–119; K. Schwabe Hg., Die Regierungen der deutschen Mittel- u. Kleinstaaten 1815–1933, Boppad 1983.

[4] Hansen Hg., Briefe I, 669 (O. an L. Camphausen, 10. 11. 1843); Vogt, 61 (hess. Beamte); v. Eichhorn IV, 1823, 735, vgl. 839; Hegel, Philosophie der Geschichte, 567; ders., Philosophie des Rechts, 258, 264, 253 (§§ 297, 303, 289; Zusatz zu 280, in: Ausg.

Hg. H. Reichelt, Berlin 1972, 254). Vgl. K.H. Ilting, Einleitung, in: ders. Hg., Hegels Rechtsphilosophie I, Stuttgart 1983, 17–34; H. Lübbe, Polit. Philosophie in Deutschland, München 1974², v.a. 27–82; R.K. Hočevar, Hegel u. der preuß. Staat, ebd. 1973; E. Cassirer, Vom Mythos des Staates, Frankfurt 1984; H. Kiesewetter, Von Hegel zu Hitler, Hamburg 1974; ders., Theorie u. Praxis deutscher Machtstaatspolitik im 19. Jh., in: JbIDG 9. 1970, 273–308. Der Hegel-Adept L. v. Stein (Verwaltungslehre I/1, 31) übersteigerte in seinem Hymnus auf die Beamtenschaft deren «staatliche Arbeit» als Leistung, die «im Dienste der arbeitenden Gottheit steht». – L. v. Ranke, Die Großen Mächte – Polit. Gespräch, Hg. T. Schieder, Göttingen 1953, 69; K.-H. Brüggemann, Preußens Beruf in der deutschen Staats-Entwicklung, Berlin 1843, 73; G. Wehnert, Über den Geist der preuß. Staatsorganisation u. Staatsdienerschaft, Potsdam 1833, 3. K. Streckfuss vom preußischen Innenministerium bekräftigte 1838 das Selbstbewußtsein der Beamtenschaft gegenüber konstitutionellen Forderungen in der Augsburger «Allg. Zeitung»: «Unsere Zustände sind durch sich selbst und durch ihren Zusammenhang vollkommen gesichert» (Obenaus, Anfänge, 518). Ausführlicher ders., Über die Garantien der preuß. Zustände, Halle 1839.

[5] Stein VI, 381 (an v. Gagern, 24.8. 1821); D. Hansemann, Kritik des preuß. Eisenbahngesetzes von 1838, Aachen 1841, 57; Hansen Hg., Briefe, 20f. (Hansemann, 1830), 205 (ders. 1840), vgl. I, 716; II/1, 54; D. Hansemann, Preußen u. Frankreich. Leipzig 1834²/ebd. 1975, 229; vgl. H. Nathan, Preußens Verfassung u. Verwaltung im Urteil rhein. 48er, Bonn 1912, 78–86; Heffter, 310f.; Koselleck, Preußen, 364–76; Delbrück I, 183; C.T. Perthes, Der Staatsdienst in Preußen, Hamburg 1838, 45; Obenaus, Anfänge, 533 (Schöns «Woher u. Wohin», 1840); v. Schön, Aus den Papieren III, 80 (1844). Vgl. allg. zur zeitgenössischen Bürokratiedebatte: Wehnert, Geist; ders., Die Politik des Zivil-Staatsdienstes, Potsdam 1836; F. Murhard, Das Beamtenregiment in den modernen Staaten, in: K.H.L. Pölitz Hg., Jahrbücher für Geschichte u. Politik 1837/1, 289–304, 410–34; (R. v. Mohl), Der jetzige Staatsdienst, in: DVS 1842/1, 176–96; ders., Über Bürokratie, in: ZGS 3. 1846, 330–64; C.T. Welcker, Staatsdienst, in: Staatslexikon 14. 1843, 727–63; ders., dass., in: ebd. 12. 1848², 297–322; anon., Vom Zivilstaatsdienste, in: DVS 1844/1, 87–156; anon., Der Staatsdienst u. die Staatsdiener in Deutschland, in: ebd. 1846/3, 129–68; A. Keller, Preußen, der Beamtenstaat, Mannheim 1844; H. Heinzen, Die preuß. Bürokratie, Darmstadt 1845; K. Twesten, Der preuß. Beamtenstaat (1866), Darmstadt 1979, sowie noch J. v. Pözl, Staatsdienst, in: Bluntschli u. Brater Hg., 9. 1865, 686–720; R. Prutz, 10 Jahre. Geschichte der neuesten Zeit 1840–1850, 2 Bde, Leipzig 1850/56; K. Biedermann, 30 Jahre deutscher Geschichte 1840–1870, Breslau 1881–82/1883².

[6] Koselleck, Preußen, 245f., 434–40, 680–90 (Anh. IV: Bürgerl. u. adliger Anteil an der Provinzialverwaltung 1818–48); die «Rhein. Zeitung» schlüsselte 1842 die Anteile von Bürgerlichen und Adligen an der Staatsverwaltung auf (ebd., 435, vgl. für 1820: Gillis, s.u. in dieser Anmerk, 30.

Gesamtzahl	Adlige	Bürgerliche
Minister 12	9	3
Minist.-Direkt. 9	6	3
Oberpräs. 8	7	1
Wirkl. Geh. Räte 24	20	4
Staatsrat 49	27	22*
Gesandte 30	29	1
Reg.präs. u. Vizepräs. 28	20	8
Präs. u. Vizepräs. bis OLG 48	19	29
Landräte 306	234	72

* ohne permanente Mitglieder

Die Kürzung von 1825 wurde überdies noch durch ein neues Pensionssystem, das zu erhöhten Eigenbeiträgen für den Alters- und Krankheitsruhestand zwang, verschärft. Gillis, 28; O. Most, Zur Wirtschaft u. Sozialstatistik höherer Beamter in Preußen, Leipzig 1916, 183–89; vgl. E. u. P. Anderson, 217–22. – v. Rudhart I, 52; Perthes, Staatsdienst, 54; Conrad, Universitätsstudium, 51f.; J. E. Gillis, The Prussian Bureaucracy in Crisis 1840–1860, Stanford 1971, 32 (Mühler, Kamptz), 34, 37–44, 233, Anm. 62, 234, Anm. 64. Gillis' Zahlen (41: 1800 und knapp 2000) divergieren etwas von Hoffmanns Angaben (s. Teil 3, III, 4, Anm. 26): 2500 u. 2000; ders., Aristocracy, 114–17. Vgl. vorn Teil 3, III, 4c; v. Preradovich, 104–23; F. Maas, Über die Herkunftsbedingungen der geistigen Führer, in: ASS 41. 1916, 144–86; v. Bülow-Cummerow, 218–22; Eberty, 365; Hartung, Kräfte, 234; Koselleck, Preußen, 676–79 (Anh. III: Standeserhöhungen 1790–1848), 245; H. Wagener, Die Politik Friedr. Wilh. IV., Berlin 1883, 21. Vgl. allg. Habermann; Selling; H. Branig, Wesen u. Geist der höheren Verwaltungsbeamten in Preußen im Vormärz, in: Neue FBPG 1. 1979, 161–71; W. Rüfner, Die Verwaltungstätigkeit unter Restauration u. Konstitution, in: DVG II, 470–503; F.-L. Knemeyer, Polizei, in: GGr. IV, 875–97; W. Damkowski, Die Entstehung des Verwaltungsbegriffs, Köln 1969.

[7] Gillis, Bureaucracy, 2–29, 33–35, 45–51, 53–61, 63–66, 70–72, 74–83; Koselleck, Preußen, 439f., 411f. (Simon), 414; J. Jacoby, H. Simon, Berlin 1865, 148, 161–84, 234–32; Plathner, 111–18; Hattenhauer, Geschichte, 222f.; Gneist (22–24, 43f.) mußte selber 8 Jahre auf eine Planstelle warten und kritisierte das Senioritätsprinzip und den Nepotismus heftig; vgl. E. Schiffer, R. v. Gneist, Berlin 1929, 1–13; Heinzen, 124, 146, 189–201; Schorn I, 238; Hamerow, Restoration, 77; Koselleck, Staat, 93; Lotz, 364–76, 401f., 423f.; Hartung, Kräfte, 231–44; Perthes, Staatsdienst, 45; Gillis, Aristocracy, 110; Heffter, 69–77; v. Unruh, 54f. (v. U. gehörte seit 1848 auch 30 Jahre lang zu den prominenten liberalen Politikern); Naudé, 1, 10, 12, 16; Brüggemann, 109; vgl. H. Kübler, Besoldung u. Lebenshaltung der preuß. Staatsbeamten im 19. Jh., Nürnberg 1976.

[8] Hierzu der ganz vorzügliche Aufsatz von B. Vogel (Beamtenkonservativismus, in: 3. Fs. F. Fischer, Bonn 1983, 1–31), der ich weithin folge, v. a. 5–11, 13–17, 19–21, 23, 26f., 14 (Scharnweber). Abkömmlichkeit: Weber, WG, 170, 678, 837, 868. Vgl. Valjavec, Strömungen; Epstein, Konservativismus; Gerth; früher schon Hinweise bei Kehr, Primat, 37, 247, dann bei Koselleck. Preußen, 267f., 280 u. ö. Zur quellennahen Kritik an Kosellecks Interpretation «der» liberalen Reformbürokratie außer Vogel, Beamtenkonservativismus; dies., Gewerbefreiheit; Obenaus, Anfänge, 519, 149, 201–03; ders., Finanzkrise; ders., Immediatkommission. – R. Grawert, Histor. Entwicklungslinien des neuzeitl. Gesetzesrechts, in: Koselleck Hg., Studien, 218–40; ders., Gesetz, in GGr. II, 863–922. – F. Meinecke, Die Deutschen Gesellschaften u. der Hoffmannsche Bund, Stuttgart 1891; Schneider, Staatsrat; ders., Die Entstehung des preuß. Staatsrats 1806–1817, in: ZGS 102. 1942, 480–529; Koselleck, Preußen, 267, 271f., 331, 380 (Gans), 324 (Staegemann, 1819), 271f.; W. T. Krug, Geschichtl. Darstellung des Liberalismus, Leipzig 1823/Frankfurt 1970, 131; – Rühl Hg. III/3, 494 (Staegemann an Olfers, 9. 4. 1832).

[9] BWb III, 2450f.; H. Hattenhauer Hg., Thibaut u. Savigny: ihre programmat. Schriften, München 1973, 95–192; vgl. ders., Die geistesgeschichtl. Grundlagen des geltenden deutschen Rechts (19./20. Jh.), Heidelberg 1980[2]; Vogel, Beamtenkonservativismus, 27–30; vgl. Schnabel III, 52; J. Rückert, Idealismus, Jurisprudenz u. Politik bei F. C. v. Savigny, Ebelsbach 1984; H. Kantorowicz, Volksgeist u. histor. Rechtsschule, in: HZ 108. 1912, 295–325; E. Rothacker, Savigny, Grimm, Ranke, in: ebd. 128. 1923, 415–45; K. H. Scheidler, Republik, in: Staatslexikon 13. 1843, 706, 713; dagegen die Verteidigung in: H. Wagener Hg., Staats- u. Gesellschaftslexikon 18. 1865, 126–31 (Art. Savigny).

[10] Gillis, Bureaucracy, 13, 15, 18, 67, 75–79; Koselleck, Preußen, 414; Treitschke V, 629–31; D. Meyer, 44f.; Eberty, 365–75; Jacoby, Simon, 107–12, 170; Heinzen, 146–71; E. v. Ernsthausen, Erinnerungen eines preuß. Beamten, Leipzig 1894, 95, 98. Vgl.

Reulecke, Sozialer Frieden, u. die Lit. zu den Vereinen. Koselleck, Preußen, 691–93 (Anh. V: Beamte in den Landtagen 1831–41), 437; H. Rothfels, T. v. Schön, Friedr. Wilhelm IV. u. die Revolution von 1848, Halle 1938, 246; Lenz, Univ. Berlin II/2, 39 (Eichhorn, 1842); Koselleck, 587 u. ö., 366–81, 392–97, 691–93; Obenaus, Anfänge, 398f.; ders., Ostpreuß. Gutsbesitzerliberalismus im Vormärz, in: GG 14. 1988; P. Schuppan, Ostpreuß. Junkerliberalismus u. bürgerl. Opposition um 1840, in: Fs. Obermann, 65–100; ders., J. Jacoby u. die antifeudale Opposition in Preußen, in: JbG 7. 1972, 97–13; ders., J.J. Jacoby, in: Männer der Revolution von 1848, Berlin 1970, 239–75; Gillis, Bureaucracy, 82, 35f., 231, Anm. 40 (1850–58 waren von 149 Höheren Beamten der Rheinprovinz, vom Oberpräsidenten bis zum Landrat, 76 katholisch, 73 evangelisch!); Heffter, 246f.; Faber, Rheinland, 422–31; ders., Verwaltungs- u. Justizbeamte auf dem linken Rheinufer während der französ. Herrschaft, in: Fs. F. Steinbach, Bonn 1960, 381–88; Nathan, 78–86; M. Bär, Die Behördenverfassung der Rheinprov. seit 1815, Bonn 1919, 180, 232; D. Wegemann, Die leitenden staatl. Verwaltungsbeamten der Prov. Westfalen 1815–1918, Münster 1969; Hattenhauer, Geschichte, 208, 229; Wehnert, Geist, 92; F.C. Dahlmann, Die Politik auf den Grund u. das Mass der gegebenen Zustände zurückgeführt, Leipzig 1835/Frankfurt 1968, § 161; Treitschke V, 666; W. Conze, Das Spannungsfeld von Staat u. Gesellschaft im Vormärz, in: ders. Hg., Staat, 238; ders., DVG II, 42; E. Heintz, Der Beamtenabgeordnete im bayer. Landtag, Diss. FU Berlin 1966; Fischer, in: Conze Hg., Vormärz, 146, 147 (Reitzenstein); Zorn, in: ebd., 129; G.A. Ritter, Entwicklungsprobleme des deutschen Parlamentarismus, in: ders. Hg., Gesellschaft, 35 (auch in: ders., Arbeiterbewegung, Parteien u. Parlamentarismus, Göttingen 1976, 158–90); W. Clauss, Der Staatsbeamte als Abgeordneter, Karlsruhe 1906. Vgl. allg. R. Vierhaus, Liberalismus, Beamtenstand u. konstitutionelles System, in: W. Schieder Hg., Liberalismus, 39–54; P.M. Ehrle, Volksvertretungen im Vormärz, 2 Bde, Frankfurt 1980; Varnhagen v. Ense, Tagebücher II, 1861, 127,

[11] Vgl. allg. hierzu: E. Kraehe, Metternich's German Policy II: The Congress of Vienna 1814/15, Princeton 1983 (die letzte, ausführliche Darstellung); H.R. v. Srbik, Metternich I, München 1954[3]; ders., Einheit I; K. Griewank, Der Wiener Kongreß u. die Europ. Restauration 1814/15, Leipzig 1963[3]; H. Nicolson, Der Wiener Kongreß (1812–22), Zürich 1945; J. de Bourgoing, Vom Wiener Kongreß, Wien 1943; knapp: P. Burg, Der Wiener Kongreß. Der Deutsche Bund im europ. Staatensystem 1815–48, München 1984; vgl. A. Gauland, Das Legitimationsprinzip in der Staatenpraxis seit 1815, Berlin 1971; Huber I, 475–695; Deutsche Bundesakte (= DBA) 8.6. 1815, in: ders. Hg. I, 75–90. Vgl. die Darstellungen und Handbücher oben S. 786f., v. a. Faber, Langewiesche, Koch, Rürup, Hardtwig, Botzenhart, Weis u. a. mit ihren verschiedenen Interpretationsperspektiven; als Kontrast: F. Meinecke, Das Zeitalter der Restauration (1906), in: ders., Brandenburg, 320–28; zur Begriffsgeschichte: P. Kondylis, Reaktion, Restauration, in: GGr. V, 179–230; vgl. R.A. Kann, Die Restauration, Graz 1974. – Zit.: Huber I, 540 (Metternich), vgl. 475–86; ders. Hg. I, 81, 102–16 (Bundesgerichtsbarkeit und Militärverfassung); vgl. E. Wienhöfer, Das Militärwesen des Deutschen Bundes 1815–66, Osnabrück 1973; Faber, Geschichte, 21f., 34; Burg, Kongreß, 94, 56f., 88, 91–93; Rürup, Geschichte, 126, 128f.; G.G. Gervinus, Hinterlass. Schriften, Wien 1872, 12; s. G. Hübinger, G.G. Gervinus, Göttingen 1984. Vgl. noch: T. Nipperdey, Der deutsche Föderalismus 1815–66 im Rückblick, in: Fs. M. Spindler III, München 1984, 1–18; ders., Der Föderalismus in der deutschen Geschichte, in: ders., Nachdenken, 60–109; W.D. Gruner, Die deutschen Einzelstaaten u. der Deutsche Bund, in: Fs. Spindler III, 19–36; R. Austensen, Einheit oder Einigkeit? Another Look at Metternich's View of the German Dilemma, in: German Studies Review 6. 1983, 41–57; R. Spencer, Thoughts on the German Confederation 1815–66, in: Canadian Historical Assoc. Report 1962, 68–81; G. Klingenstein u. a. Hg., Österreich u. die deutsche Frage im 19. u. 20. Jh., München 1983; Ehrle; V. Press, Landtage im Alten Reich u. im Deutschen Bund 1750–1830, in: Zeitschrift für Württ. Landesgeschichte 39. 1980, 100–40; ders., Landstände; G. Engelbert, Der Konstitutiona-

lismus in den deutschen Kleinstaaten, in: E.-W. Böckenförde Hg., Probleme des Konstitutionalismus im 19. Jh., Berlin 1975, 103–21.

[12] B. Wunder, Landstände u. Rechtsstaat. Zur Entstehung u. Verwirklichung des Art. 13 DBA, in: ZHF 5. 1978, 139–85; Mager, Probleme, 296–346; Weis, in: HBG IV/1, 79–83; Hofmann, Herrschaft, 336, 402, 408, 467; Grimm, Verfassungsgeschichte I, Kap. 2; Ullmann, Staatsschulden II, 435–37, 639f.; allg. Huber I, 319–60; vgl. die Lit. zur Verfassungspolitik der drei süddeutschen Staaten oben Anm. 3; Burg, Kongreß, 86; H. Brandt Hg., Restauration u. Frühliberalismus 1814–40, Darmstadt 1979, 7; Wittichen u. Salzer Hg. III/1, 465 (Metternich an Gentz, 17.6. 1819); Varnhagen, Denkwürdigkeiten V, 1843²; 65; E. Büssem, Die Karlsbader Beschlüsse 1819, Hildesheim 1974, 48, 50–68, 75–78 (77: KO an Altenstein 7.12. 1817), 85, 101–28, 538, Anm. 9 (C. v. Brentano, vgl. Treitschke I, 307, Kritik an dem «lärmenden Barbaren als ... Lehrer» der Turner), 539, Anm. 5 (B. bietet die grundlegende Monographie, s. 64: Stahl hat als Heidelberger Burschenschaftler den religiösen Antisemitismus mitformuliert; 59: Goethe wäre dem Festredner gern «um den Hals gefallen», um «ihn tüchtig zu küssen»); Huber I, 722, 704, 718; H. Haupt, K. Follen u. die Gießener Schwarzen, Gießen 1907, 130; vgl. NDB V, 286f.; BWb I, 704f.; P. Wentzke u. G. Heer, Geschichte der deutschen Burschenschaft I, Heidelberg 1919, 306. Wichtig hierzu: W. Hardtwig, Student. Mentalität – Polit. Jugendbewegung – Nationalismus. Die Anfänge der deutschen Burschenschaft, in: HZ 242. 1986, 581–628; ders., Die Burschenschaften zwischen aufklärer. Sozietätsbewegung u. Nationalismus, in: H. Reinalter Hg., Aufklärung, Vormärz, Revolution 4. 1984, 46–55 (s. dagegen antiquiert; Huber II, 696–730); ders., Krise der Universität, student. Reformbewegung u. die Sozialisation der jugendl. deutschen Bildungsschicht 1750–1819, in: GG 11. 1985, 155–76; ders., Organisationsstrukturen u. Protestformen der deutschen Burschenschaft 1815–33, in: H. Reinalter Hg., Demokrat. u. soziale Protestbewegungen in Mitteleuropa 1815–1848/49, Frankfurt 1986, 37–76; G. Stark, The Ideology of the German Burschenschaft Generation, in: ESR 8. 1978, 323–48; M. Wawrykowa, Die student. Bewegung in Deutschland 1815–25, in: Fs. K. Obermann, Berlin 1977, 49–63; dies., «Für eure u. unsere Freiheit». Studentenschaft, u. junge Intelligenz in Ost- u. Mitteleuropa 1800–50, Wiesbaden 1984; K. Jarausch, The Sources of German Student Unrest 1815–48, in: Stone Hg. II, 533–69; K. G. Faber, Student u. Politik in der ersten Burschenschaft, in: GWU 21. 1970, 68–80; F. G. Eyck, The Political Theories and Activities of the German Academic Youth 1815–19, in: JMH 27. 1955, 27–38; K. Griewank, Die polit. Bedeutung der Burschenschaft in den ersten Jahrzehnten ihres Bestehens, in: Wiss. Zeitschrift der Univ. Jena 2. 1952/53, 27–35; E. H. Altbach, Vanguard of Revolt: Students and Politics in Central Europe 1815–48, in: S. M. Lipset Hg., Students in Revolt, N. Y. 1970², 451–76; G. Bartol, Ideologie u. student. Protest. Zur Entstehung deutscher Studentenbewegungen im 19. u. 20. Jh., München 1977; speziell: L. Winckler, M. Luther als Bürger u. Patriot: Das Reformationsjubiläum von 1817 u. der polit. Patriotismus des Wartburgfestes, Lübeck 1969; noch immer: K. Hagen, Die öffentl. Meinung in Deutschland 1813–19, in: F. v. Raumer Hg., Histor. Taschenbuch NF 7. 1846, 599–700; G. Steiger, Aufbruch, Urburschenschaft u. Wartburgfest, Leipzig 1967, 90f., 109, 114, 191, 197; W. Schröder, Burschenturner im Kampf um Einheit u. Freiheit, ebd. 1968, 196; ALR II. 20, §§ 153, 621; Koselleck, Preußen, 296–315; Müsebeck, 288f.; Stein V, 675 (an Gersdorff, 10.12. 1817); ähnlich Görres, in: G. Mann, 122.

[13] Büssem, 66, 129, 141, vgl. 130–55, 263, 271–77, 269, 282–86, vgl. 264–89. Sands Selbstmordversuch nach der Tat scheiterte, er wurde im Frühjahr 1820 in Mannheim enthauptet; danach entstand ein wahrer Sand-Kult. Vgl. G. Heydemann, C. Sand, Hof 1985. Kotzebue: BWb II, 1549f.; Stein VI, 97 (an Solms-Laubach, 2.6. 1819, Görres' Deutung zustimmend); Faber, Geschichte, 86–92; Stölzel, Rechtsverwaltung II, 460 (Kamptz, 14.7. 1819); W. Obenaus, Die Entwicklung der preuß. Sicherheitspolizei bis zum Ende der Reaktionszeit, Berlin 1940, 97, 110–17; Perthes, Leben II, 195 (1819); Koselleck, Preußen, 303 (v. Hippel).

[14] Büssem, 290–565, v.a. 420–22, 425, 416, 429, 458f.; Huber Hg. I, 90–102 (Karlsbad); ders. I, 735, vgl. 732–53; M. v. Lerchenfeld, Die baier. Verfassung u. die Karlsbader Beschlüsse, Nördlingen 1883, 110, 118 (L. an Wangenheim, 21. 10. 1819); Burg, Kongreß, 95f.; Klein, Reform, 218; Jacoby, Briefwechsel, 386 (6. 12. 1847, Zensor), vgl. R. Adam, J. Jacobys polit. Werdegang 1805–40, in: HZ 143. 1930, 48–76; F. Schneider, Pressefreiheit u. polit. Öffentlichkeit bis 1848, Neuwied 1966, 244; Hegel, Rechtsphilosophie (Hg. Reichelt, Berlin 1972), Vorrede 1821, 6, 8f.; Stein VI, 160 (an K. v. Humboldt, 19. 10. 1819); W. Richter Hg., W. v. Humboldts Polit. Briefe II: 1813–15 (= G.Sch. 17), Berlin 1936/1968, 293 (an Niebuhr, 22. 4. 1819); J. Heyderhoff, Benzenberg 1815–23, Bonn 1928, 123, auch in: F. Rühl Hg., Briefe F. A. v. Stägemanns an K. E. Oelsner 1818/19 II, Berlin 1901, 396f. (Benzenberg an Stägemann, 28. 10. 1819, leicht abweichend), ähnlich Stägemann selber, s.o. Anm. 8; L. Börne, Sämtl. Schriften, Hg. J. U. P. Rippmann II, Düsseldorf 1964, 240; vgl. H. Bock, L. Börne, Berlin 1962; F. v. Gentz, Briefe an Pilat, Hg. K. Mendelssohn-Bartholdy I, Leipzig 1868, 411 (1. 9. 1819); C. de Prokesch-Osten Hg., Dépêches inédits du Chevalier de Gentz aux Hospodars de Valachie 1813–28 I, Paris 1876, 448 (G. an Karadja, franz. Original); v. Klinkowström Hg. III, 294 (Metternich an Lieven, 25. 9. 1819). Vgl. W. Frühwald, «Ruhe u. Ordnung», München 1976; F. Kapp, Die preuß. Pressegesetzgebung 1815–40, in: Archiv für die Geschichte des Deutschen Buchhandels 6. 1881, 185–249; D. Blasius, Geschichte der polit. Kriminalität in Deutschland 1800–1980, Frankfurt 1983, 26–33; W. Obenaus, 89–125; W. Siemann, «Deutschlands Ruhe, Sicherheit u. Ordnung». Die Anfänge der polit. Polizei 1806–66, Tübingen 1985, 123–222; A. Funk, Die staatl. Gewalt nach Innen. Zur Entwicklung der preuß.-deutschen Polizei 1807–1914, Habil.-Schrift FU Berlin 1982; D. E. Emerson, Metternich and the Political Police 1815–30, Den Haag 1968.

[15] Huber Hg. I, 81–90 (WSA 1820); Obenaus, Anfänge, 142, 120, 236, Anm. 3 (Hardenberg 3. 5. 1819), 137, 140, 143, 149f.; Faber, Geschichte, 91f., 114–27. Vgl. O. Brunner, Vom Gottesgnadentum zum monarch. Prinzip, in: ders., Wege, 160–86; O. Hintze, Das monarch. Prinzip u. die konstitutionelle Verfassung, in: ders. I, 358–89; H.-O. Meisner, Die Lehre vom monarch. Prinzip, Breslau 1913/Aalen 1969; E. Kaufmann, Studien zur Staatslehre des monarch. Prinzips, Leipzig 1906, u. in: ders., G.Sch. I, Göttingen 1960, 1–49. 1824 folgte ein erster Bundesbeschluß zum Schutz des monarchischen Prinzips: Huber Hg. I, 117 (16. 8. 1824). – H. Brandt, Landständ. Repräsentation im deutschen Vormärz, Neuwied 1968, 197, 165; ders. Hg., 25; Schneider, Pressefreiheit, 246; vgl. ders., Presse, Pressefreiheit, Zensur, in: GGr. IV, 899–927; U. Bermbach, Über Landstände, in: 1. Fs. D. Sternberger, Heidelberg 1968, 241–62. Srbiks verklärende Apologie (Metternich I, 595) bewertet den Vergleich mit dem Sozialistengesetz positiv. – Büssem, 461–65, 471, 144; H. Boldt, Zwischen Patrimonialismus u. Parlamentarismus. Zur Entwicklung vorparlament. Theorien in der deutschen Staatslehre des Vormärz, in: Ritter Hg., Gesellschaft, 80, vgl. 77–100; ders., Deutsche Staatslehre im Vormärz, Düsseldorf 1975; Perthes, Leben III, 282 (Niebuhr an P., 1825). Vgl. allg. H. Adler Hg., Literar. Geheimberichte, 2 Bde, Köln 1977 (vorher: K. Glossy Hg., dass., in: Jb. der Grillparzer-Gesellschaft, Bde 21–23, Wien 1912).

[16] Vgl. Mager, Frankreich, 181–235. Allg. zu 1830: C. H. Church, Europe in 1830. Revolution and Political Change, London 1983; M. Kossok Hg., Die franz. Revolution von 1830 u. Europa, Berlin 1985; D. Pinkney, The French Revolution of 1830, Princeton 1972; J. M. Merriman Hg., 1830 in France, N. Y. 1975 (Lit.: 223–26); K. Holzapfel, Der Einfluß der Julirevolution von 1830/32 auf Deutschland, in: Reinalter Hg., Protestbewegungen, 105–40; ders., Die Julirevolution u. ihre Auswirkungen auf die Innenpolitik Preußens 1830–34, in: JbG 34. 1987, 59–83; W. Schmidt, 1830: Zäsur in der deutschen Geschichte, in: ZfG 34. 1986, 992–1013; H. Bock, «Vormärz» oder «Restauration»?, in: JbVK 20. 1977, 9–41; ders., Deutsche Klassenkämpfe 1830–34, in: ebd. 17. 1974, 42–70; ders., Bürgerl. Liberalismus u. revolutionäre Demokratie 1831–34, in: JbG 13. 1975, 109–51; ders., Die Illusion der Freiheit. Deutsche Klassenkämpfe z. Zt. der französ. Julirevolution 1830–31, Berlin 1980;

ders., in: Deutsche Geschichte IV, 1984, 182–99; D. Fricke Hg., Deutsche Demokraten 1830–1945, Köln 1981; Snell u. Schmitt, 44–76; G. Huber, Kriegsgefahr über Europa 1830–32, Berlin 1936; V. Eichstädt, Die deutsche Publizistik von 1830, ebd. 1933/Vaduz 1965; auch noch: J. R. Mucke, Die polit. Bewegungen in Deutschland 1830–35 I, Leipzig 1895; Griewank Hg., 380 (Gneisenau an seine Frau, 14. 8. 1830), 379 (an dies., 9. 8. 1830); E. Marcks, Kaiser Wilhelm I., Leipzig 1943⁹, 57 (1. 4. 1833 an Natzmer); Brockhaus, Tagebücher I, 169 (31. 12. 1830); L. v. Ranke, Zur eigenen Lebensgeschichte, in: ders., SW 53/54, 50 («kein lebender Mensch konnte sich diesem großen Streit entziehen» usw., dann der gehässige Seitenhieb gegen «Varnhagen und A. v. Humboldt, die das Heil der Welt in dem Fortschritt der Revolution sahen»); ders., Das Briefwerk, Hg. W. P. Fuchs, Hamburg 1949, 224 (an H. Ritter, 4. 10. 1830); Obermann, Genesis, 33 (Metternich an Apponyi, 31. 1. 1847); Bock, Vormärz, 19; H. Brandt, Urrechte u. Bürgerrechte im polit. System vor 1848, in: Birtsch Hg., 477; Faber, Geschichte, 7f.; Koselleck, in: Bergeron u. a., 296, vgl. 305; ders., Revolution, in: GGr. V; H. U. Gumbrecht, Modern, Modernität, Moderne, in: ebd. IV, 109–14.

[17] Griewank Hg., 379 (9. 8. 1830); Obermann, Genesis, 41 (Metternich an Apponyi, 15. 11. 1831). Vgl. allg. außer der Lit. S. 829 f., Anm. 42: H. Volkmann, Die Krise von 1830, Habil.-Schrift FU Berlin 1975, MS; ders., Protestträger u. Protestformen in den Unruhen von 1830 u. 1832; in: ders. u. Bergmann Hg., 56–75; Rürup, 147–49; Burg, Kongreß, 99f.; Faber, Geschichte, 136–53. – Vgl. zu *Braunschweig*: Husung, Protest, 43–73; ders., Kollektiver Gewaltprotest im norddeutschen Vormärz, in: W. J. Mommsen u. G. Hirschfeld Hg., Sozialprotest, Gewalt, Terror, Stuttgart 1982, 44f., 50f.; ders., Zu einigen Problemen der histor. Protestforschung am Beispiel gemeinschaftl. Protests in Norddeutschland 1815–1847, in: Volkmann u. Bergmann Hg., 21–35; Huber II, 46–62; Bock, Illusionen, 89–116. Gewerbefreiheit und Agrarreform folgten dem Verfassungswandel. – *Hessen:* Bullick; Büttner; Huber II, 62–76; Bock, Illusion, 117–38; W. Wieber, Die polit. Ideen von S. Jordan, Tübingen 1913. – Spangenberg; C. Croessmann, Die Unruhen in Oberhessen 1830, Darmstadt 1929; R. Görisch u. T. M. Mayer, Die Untersuchungsberichte zur republik. Bewegung in Hessen 1831–34, Frankfurt 1982. – *Sachsen:* P. Reinhardt, Die sächs. Unruhen 1830–31, Berlin 1916, 127–93, 242–319; R. Muhs, Zwischen Staatsreform u. polit. Protest. Liberalismus in Sachsen z. Zt. des Hambacher Fests, in: W. Schieder Hg., 194–238; Briefwechsel zwischen König Johann von Sachsen u. den Königen Friedrich Wilhelm IV. u. Wilhelm I. von Preußen, Leipzig 1911, 100 (27. 9. 1830); vgl. H. Kretzschmar Hg., Lebenserinnerungen des Königs Johann von Sachsen 1801–1845, Göttingen 1958, 95–124; M. Hammer, Die «Septembererhebungen» 1830 in Sachsen, in: JbR 11. 1984, 85–108; ders., Die Volksbewegung in Sachsen 1830, in: Kossok Hg., Julirevolution, 203–14; H. Zwahr, Bourgeoisie u. Proletariat am Beginn der bürgerl. Umwälzung in Sachsen. Die Septemberereignisse von 1830, in: ZfG 25. 1977, 656–75; ders., Stadtregiment; Blaschke, Königreich Sachsen, 612–31; Strauss, 222–29; Schmidt, Staatsreform 138–311; Bock, Illusion, 69–89; E. Hartstock, Die revolut. Ereignisse von 1830 in der sächs. Oberlausitz, in: Beiträge zur Archivwissenschaft u. Geschichtsforschung, Hg. R. Gross u. M. Kobusch, Weimar 1977, 407–24; Huber II, 76–83; Treitschke III, 511 (selbst im altertümlichen Mecklenburg besaßen die bürgerlichen Rittergutsbesitzer die Landtagsfähigkeit!); Brockhaus, Tagebücher I, 162f. (4. 9. 1830).

[18] Vgl. zu *Göttingen*: Husung, Protest, 78–90, 157–62; Bock, Illusion, 139–66; Huber II, 84–91; Hausmann, Erinnerungen, 133–49; G. G. Gervinus, Geschichte des 19. Jh. VIII, Leipzig 1866, 708–15; Mucke I, 8–21. – *Berlin:* E. Kaeber, Vormärzl. Liberalismus in Berlin, in: ders., Beiträge zur Berliner Geschichte, Berlin 1964, 144; M. Gailus Hg., Pöbelexcesse u. Volkstumulte in Berlin 1830–1980, ebd. 1984, 21–23, vgl. 1–41. – *Hamburg:* Husung, Protest, 105–13; Krohn, 10f., 20–26; Zimmermann, Patriotismus, 23–30; M. Behnen, Probleme des Frühantisemitismus in Deutschland 1815–48, in: BDL 112. 1976, 244–79; E. Sterling, Anti-Jewish Riots in Germany 1819, in: Historia Judaica 12. 1950, 105–42; Richarz Hg., 1780–1871, 25, 58–62. – *Aachen:* Volkmann, Innovation;

ders., Strukturwandel (Zit. 550, 553–63); ders., Kategorien; K. Düwell, Die Unruhen der Aachener Textilarbeiter 1830, in: ders. u. Köllmann Hg. I, 114–25; E. Kliewer, Die Julirevolution u. das Rheinland, Diss. Köln 1963; vgl. auch H. Rösen, Der Aufstand der Krefelder Seidenarbeiter 1828, in: Die Heimat. Zeitschrift für niederrhein. Heimatpflege 36. 1965, 32–61. – R. Bezucha, The Lyon Uprising of 1834, Cambridge/Mass. 1974.

[19] Koselleck, Preußen, 461–63; Volkmann, Kategorien, 188; ders., Protestträger, 61, 67–69, 72, 74f.; Rürup, Geschichte, 148f.; Husung, Gewaltprotest, 59–63; Tilly, Hauptformen, 155f., 158–60, 163; Tilly u. Hohorst, 255, 259, 266. Vgl. zum Protest in anderen ländlichen Gebieten: Mooser, Klassengesellschaft; ders., Rebellion; B. Parisius, «Dass die liebe alte Vorzeit wo möglich wieder hergestellt werde». Polit. u. soziokulturelle Reaktionen von oldenburg. Landarbeitern 1800–48, in: Volkmann u. Bergmann Hg., 198–211. Ungewöhnlich einseitig, voll krasser Fehlurteile und rational nicht hinreichend diszipliniert sind einige Studien von A. Lüdtke: «Gemeinwohl», Polizei u. «Festungspraxis». Innere Verwaltung u. staatl. Gewaltsamkeit in Preußen, 1815–50, Göttingen 1982; ders., Protest – oder: die Faszination des Spektakulären, in: Volkmann u. Bergmann Hg., 325–41; ders., Von der «tätigen Verfassung» zur Abwehr von «Störern». Zur Theoriegeschichte von «Polizei» u. staatl. Zwangsgewalt im 19. u. frühen 20. Jh., in: Der Staat 20. 1981, 201–29; ders., Die «gestärkte Hand» des Staates, in: Leviathan 7. 1979, 199–226; ders., Praxis, 212–35.

[20] Huber II, 31–44, 133–52; Lee; Becker u.a.; Gall; Haebler; Ott; Reinhardt; Becht; Burg, Kongreß, 101–3; H. Fenske, Polit. u. sozialer Protest in Süddeutschland nach 1830, in: Reinalter Hg., Protestbewegungen, 143–201; H. Kopf, K. v. Rotteck, Freiburg 1980; K. Schib, Die staatsrechtl. Grundlagen der Politik K. v. Rottecks, Mülhausen 1927; H. Müller-Dietz, Das Leben K. T. Welckers, Freiburg 1968; R. Schöttle, Polit. Freiheit für die Deutsche Nation. K. T. Welckers polit. Theorie, Baden-Baden 1984; Zehntner. – Brandt, Gesellschaft, 102f., 106, 109f., 112–18; ders., Polit. Partizipation am Beispiel eines deutschen Mittelstaates im 19. Jh. Wahlrecht u. Wahlen in Württemberg, in: P. Steinbach Hg., Probleme, 135–55; Grube, 487–97; Mann u. Nüske; Dehlinger; Blickle u. a.; Mögle-Hofacker; Menzinger. – M. Spindler, Die Regierungszeit Ludwigs I. 1825–48, in: HBG IV/1, 149–86; Werner; Franz, Verfassungskämpfe; Bosl, Bayr. Geschichte; Kraus, dass.; Volkert, Bayern. Vgl. allg. W. v. Rimscha, Die Grundrechte im süddeutschen Konstitutionalismus, Köln 1973; R. Wahl, Rechtl. Wirkungen u. Funktionen der Grundrechte im deutschen Konstitutionalismus des 19. Jh., in: Der Staat 18. 1979, 321–48; G. Kleinheyer, Grundrechte, in: GGr. 2. 1975, 1047–82; G. Brunner u. B. Pfahlberg, dass., in: SDG 2. 1968, 1102–21. – W. Schieder, Der rheinpfälz. Liberalismus von 1832 als polit. Protestbewegung, in: 2. Fs. T. Schieder, München 1968, 169–96; C. Foerster, Der Press- u. Vaterlandsverein von 1832/33, Trier 1982; diess., Sozialstruktur u. Organisationsformen des deutschen Press- u. Vaterlandsvereins von 1832/33, in: W. Schieder Hg., 147–66, v. a. 152, 155f., 161; K. H. Wegert, Ideologie u. Aktion. Liberale Bewegung u. Volkstradition in der Pfalz 1830–34, in: ebd., 167–93; B. Löwenstein, Le radicalisme palatin de 1832, in: Historica 4. 1962, 59–172; überhaupt W. Schieder Hg., Liberalismus; A. Gerlich Hg., Hambach 1832, Wiesbaden 1984; N. Deuchert, Vom Hambacher Fest zur bad. Revolution. Polit. Presse u. Anfänge deutscher Demokratie 1832–48/49, Stuttgart 1983; Adler Hg. I, 3 (Metternich an K. G. v. Noé, 20. 4. 1833); H. V. v. Unruh, Erfahrungen aus den letzten 3 Jahren, Magdeburg 1851, 112. – Faber, Geschichte, 149–51; Rürup, dass., 150–53, 168f.; Huber II, 151–63, 173–84; ders. Hg. I, 117–36; vgl. E. Weber, Die Mainzer Zentraluntersuchungskommission, Karlsruhe 1970; F. T. Hoefer, Pressepolitik u. Polizeistaat Metternichs 1833–48, München 1983; J. Marx, Österreichs Kampf gegen die liberalen, radikalen u. kommunist. Schriften 1835–48, Wien 1969; W. Obenaus, 118–20; R. Reuter, Ut mine Festungstid (1862–64), Düsseldorf 1982; Ruge, Zeit; vgl. W. Neher, A. Ruge als Politiker, Heidelberg 1933; Stehr, Jugendzeit II, 226–30; MEW 2, 583 (Deutsche Zustände, III, 1846).

[21] Terhalle, 274, 277; Wagner IV, 8f.; Gerloff, 4, 11–13; Borchard, 4, 50, 55f., 89f.; Friauf, 57–64, 93, 96–108, 131, 202f., 206, 221; Huber Hg. I, 117, 119; II, 178–80; ders. I, 653; Friauf, 13, 37, 40–57, 96–102, vgl. 37–64, 91–176 (Friauf bietet die grundlegende Studie. Dagegen behauptete Huber noch [III, 955, konträr zu: I, 349, Württemberg 1819!], die preußische Verfassung von 1848/50 habe als erste deutsche den Landtag an der Budgetfeststellung beteiligt). Vgl. F. Murhard, Budget, in: Staatslexikon 2. 1846[2], 689–703; K.H. Rau, dass., in: ebd. 3. 1859[3], 115–26; J. Stahl, dass., in: Wagener Hg. IV, 585–600; P. Zorn, dass., in: HStW 3. 1926[4], 119–26; Heinig I u. II. – Rudhart III, 1827, 74; J. A. Perkins, Fiscal Policy and Economic Development in 19th Century Germany, in: JEEH 13. 1984, 311–44; Lee, Tax Structure, 154, 156, 173; Borchard, 31–33, 37, 51, 111f., 136, 59, 68, 71, 77 (danach: *Übersicht 38*). Genauere funktionelle Ausgabenaufteilung: 123f., 145f. Zur Staatsschuld zuerst Ullmanns Studien; vgl. Scheer, 40–107; R. Segner, Die bayer. Staatsschuld, in: FA 20. 1903, 314–429; 21. 1904, 222–98; A. Siebert, Über Entstehung u. Entwicklung des öffentl. Kredits in Baden, Leipzig 1919; R. v. Mohl, Erörterungen über die württ. Staatsschuld, in: ZGS 3. 1846, 617–723.

[22] Borchard, 33, 35, 37, 55, 89, 158f., 166 (danach: *Übersicht 39*); funktionelle Ausgabenaufteilung: 169f., 183–85, 196, 200–05; vgl. 82, 85, 105, 78–88, 91–93, 220, 265f. (abweichende Werte für das preußische Einkommen, stark abweichende für die Ausgaben bei Gerloff, 4f.); J. G. Hoffmann, Die Lehre von den Steuern, Berlin 1840, 163, 165; vgl. Wagner IV, 21; III, 233–300; Grabower, 510 (Kraus); Schmoller, Epochen, 215–19, 226; Gerloff, 6, 9; Koselleck, Preußen, 525–50, 600f.; ausführlich: Beckerath; Kellenbenz II, 156–59; Lee, Tax Structure, 154; Richter, Staatsschuldenwesen, 43, 166; Schwarz u. Strutz III, 14f.; Schissler, in: Kehr Bearb., 55–63; Brockhaus 4. 1840, 1261; Obenaus, Anfänge, 556 (Rother, 1842, der bis 1852 eine Tilgung um 64 Mill. T., d. h. einen Schuldenstand von 100 Mill. T. für möglich hielt!); Landmann, 34; F.W. v. Reden, Allg. vergl. Finanz-Statistik II/2, Darmstadt 1856, 96–99. – Unter Fachleuten divergieren die Angaben über die Schulden- und Tilgungszahlungen mangels archivalischer Studien erheblich. Manche geben an, bis 1843 sei bereits die extrem hohe Summe von 84 Mill. T. getilgt und ein Schuldenstand von 148 Mill. T. erreicht worden (vgl. Schissler, 58, s. dagegen oben in dieser Anm. Rother als Intimkenner für 1842!). Andere beziffern die Tilgung schon bis 1833 auf 42,8 Mill. T., bis 1848 auf 80 Mill. T. (Brockhagen, 120f.). Treitschkes Angaben (III, 76: 80,5 Mill. T. Tilgung bis 1848, 173,5 Mill. T. Zinsendienst, dazu Bildung eines Staatsschatzes von 1835 = 40 Mill. T.) sind nicht kontrollierbar. Die hohe Thesaurierung ist ganz unwahrscheinlich; die Zinszahlungen könnten m. E. bei rd. 140 Mill. T. gelegen haben; die Tilgung deckt sich mit Brockhagens Zahl, übersteigt aber die konservative Berechnung um 6,5 Mill. T.

[23] Vgl. den Überblick über die Bundesstaaten in: HdM IV/2, 226–358; Messerschmidt, Polit. Geschichte, 109, 9; ders., Preußens Militär, 53; vgl. ders., Preuß. Armee, 10–225. Eine quellennahe Monographie über die preußische Militärgeschichte von 1815 bis 1848, ja bis zum Verfassungskonflikt, fehlt eigentümlicherweise noch immer. Auch bei Koselleck (Preußen) gibt es nicht einmal einen Abschnitt darüber. Vorläufig am besten: Messerschmidt, in: HdM IV/1 u. 2; H. Müller-Link, Finanzpolitik u. Militärsystem in Preußen von der Reformära bis zum Verfassungskonflikt 1806–1862, Bielefeld 1982, MS; vgl. allg. Craig, 96–113; Huber I, 227–59; Meisner, Kriegsminister; Schmidt-Bückeburg; Förster u. a.; Jany IV, 115–72; O. v. Osten-Sacken u. v. Rhein, Preußens Heer von seinen Anfängen bis zur Gegenwart II, Berlin 1912; E. Willems, Der preuß. Militarismus, Köln 1984. Zu speziellen Problemen: D. Schmidt, Die preuß. Landwehr 1813–30, ebd. 1981, 122–59; D.E. Showalter, The Prussian Landwehr and Its Critics 1813–19, in: CEH 4. 1971, 3–33; A. Lüdtke, «Wehrhafte Nation» u. «innere Wohlfahrt». Zur militär. Mobilisierbarkeit der bürgerl. Gesellschaft 1815–1860, in: MM 1981/2, 7–56; R. Höhn, Die Armee als Erziehungsschule der Nation, Bad Harzburg 1963, 33–76; ders., Verfassungskampf u. Heereseid 1815–50, Leipzig 1938, 28–280; J.-K. Zabel, Das preuß. Kadettenkorps, Frankfurt 1978; v. Poten IV, 181–332; H. Schnitter, Das Militärwesen u. die

Militärpublizistik, Berlin 1967, 46–74; G. Brückner, Der Bürger als Soldat (Bayern, Hannover, Baden), Diss. Köln 1968; W. D. Gruner, Das Bayer. Heer 1825–64, Boppard 1972; H. Fischer, Judentum, Staat u. Heer in Preußen im frühen 19. Jh., Tübingen 1968. Allg. noch Vagts; Berghahn; dogmatisch und inhaltsleer: K. Schmiedel, Die Entwicklung des preuß.-deutschen Militarismus im 19. Jh., in: K. Nuss u. a. Hg., Der deutsche Militarismus, Berlin 1980, 84–99. Aufschlußreiche Biographien: Meinecke, Boyen II; Delbrück, Gneisenau II; Schwartz, Clausewitz; E. v. Conrady, Leben u. Wirken des Generals C. v. Grolmann III, Berlin 1896; E. Kessel, Moltke, Stuttgart 1957; R. Stadelmann, Moltke u. der Staat, Krefeld 1950; Marcks, Wilhelm I. Wichtige Quellen: Wilhelm d. Gr. (I.) Briefe, Reden u. Schriften I: 1797–1860, Hg. E. Berner, Berlin 1906³; ders., Militär. Schriften, Hg. Königl. Preuß. Kriegsministerium, 2 Bde, ebd. 1897; H. v. Moltke, G. Sch. u. Denkwürdigkeiten, 8 Bde, ebd., 1891–92; v. Roon, Denkwürdigkeiten, 3 Bde. Unergiebig sind ältere kriegsgeschichtliche Arbeiten und einige neuere Darstellungen, z. B. Delbrück, Kriegskunst IV (endet mit Napoleon!); ders. u. E. Daniels, dass. V (beginnt 1854!); C. v. d. Goltz, Kriegsgeschichte Deutschlands im 19. Jh. II, Berlin 1914; E. v. Frauenholz, Deutsche Kriegsgeschichte, Leipzig 1942; ders., Das Heerwesen des 19. Jh., München 1941; Jähns III; Linnebach Hg.; Ritter, Staatskunst I; Rosinski; Hermann; M. Kitchen, A Military History of Gemany, London 1975, 60–87.

[24] Vgl. Schmidt-Bückeburg, 29–33; Meisner, Kriegsminister 12–16; Huber I, 227–30; F. v. Cochenhausen Hg., Von Scharnhorst zu Schlieffen, Berlin 1933, 117–21, 124, 136–42; Kessel, 68–71; v. Roon I, 92; Müller-Link, 8, 10, 13, 43 f., 52, 93–96, 102, 159, 165, 168, 170–74, 179–84; Borchard, 158 (s. o. Übersicht 39!); Wilhelm I., Militär. Schriften II, 178; Jany IV, 148 f., 126, 155; Meinecke, Boyen II, 125; Messerschmidt, Geschichte, 61, 109. – *Übersicht 40. 1 u. 2:* v. Reden, Finanz-Statistik II/2, 521; Müller-Link, 168, 172 f.; v. d. Goltz II, 9; Schmidt, 223 f. (Anl. 32). – W. Rüstow, Der deutsche Militärstaat vor u. während der Revolution, Königsberg 1850/Osnabrück 1971; Griewank Hg., 351 (Gneisenau an Boyen 6. 4. 1817); Meinecke, Boyen II, 359, 467, 305; Wilhelm I., Militär. Schriften I, 587, 146, 156 f., 176, 365; II, 451, 492; Schmidt, 150 (Clausewitz), 131, 138–49; Müller-Link, 99–101, 159, 170, 179–89, 192–99, 201–09, 186; v. d. Osten II, 219 f.

[25] Meinecke, Boyen II, 147, 384; Huber I, 254–56; Messerschmidt, Geschichte, 66, 74, 80, 101, vgl. allg. 66–84; ders., Preußens Militär, 56; Schmidt, 143–49, 124, 125 (Clausewitz 26. 12. 1819), 129, 131–33, 137; Müller-Link, 103, 97, 199; v. d. Osten II, 204–06; Jany IV, 154, 117, 126.

[26] Messerschmidt, Preußens Militär, 57, 55, 60–62, 58 (v. Decker, s. auch Höhn, Armee, 54–63), vgl. 71–76; ders., Geschichte, 126, 132 f., 77; ders., Armee, 11, 13, 26 f., 81–88, 62, 45–53, 38–41, 33, 35, 74, 78–81, 95–100, 188–93, 198 f., 159–62; Demeter, 12–15, 83–85, 131–36, 176 f.; Meinecke, Boyen II, 515 f., 572; v. d. Osten II, 260; Lüdtke, Nation, 26 f. (in den Garnisonsstädten lebten damals 53 % der preußischen Stadtbewohner, rd. 2,1 Mill.); Craig, 100 f., 112 f.; Jany IV, 119, 121; v. Poten IV, 311–22; Vagts, 180 f.; Sossidi, 69; Wilhelm I., Militär. Schriften I, 489 f.; Müller-Link, 178; Schnitter (auch alle 1340 Gendarmen waren ehemalige Unteroffiziere); Wilhelm I., Briefe, 89 (an v. Hanke 9. 4. 1832, Anl. 1); ders., Militär. Schriften I, 341, 345 (1840); Rüstow, 38; Höhn, Verfassungskampf, 222 f. (Blesson, vgl. 252–59 zustimmend über das Heer als «Ordnungsfaktor in der bürgerlichen Gesellschaft»). – Messerschmidt (Armee, 202–10) und Fischer (Judentum) behandeln die anhaltende Diskriminierung jüdischer Soldaten. Ihre Beförderung wurde 1822 verbindlich ausgeschlossen. Als Toleranzbeweis diente ein einziger jüdischer Offizier, der es als Lehrer an der Artillerie- und Ingenieurschule bis zum Major brachte. – Die bei Koselleck (Preußen, 435, aus der Rhein. Zeitung 1842, Nr. 100) abgedruckte Übersicht über die soziale Zusammensetzung des Offizierskorps um 1840 enthält viel höhere Zahlen, als sie sich sonst irgendwo finden (vgl. Jany IV, 148: 5660 Offiziere); vermutlich schließen sie die Landwehroffiziere (wegen der extrem hohen Zahl von Bürgerlichen) und vielleicht sogar noch pensionierte Offiziere mit ein. Dennoch sind die Verhältnisziffern aufschlußreich.

	Gesamtzahl	Adel	Bürgerliche
Alle Offiziere	9434	5264	4170
Infanterie	6391	3521	2870
Kavallerie	1982	1497	490
Artillerie	1061	251	810
Garde	682	660	22
Majore	540	371	169
Oberstleutnants	82	62	20
Obersten	116	109	7
Generalmajore u. -leutnants	229	227	2
Generale der Infanterie u. Kavallerie	4	4	–

[27] Vgl. zur ersten Phase des Nationalismus Bd. I, Teil 2, V. mit der wichtigsten Literatur. – Dann, Nationalismus, 98; A. L. H. Heeren, Der deutsche Bund in seinen Verhältnissen zu dem Europäischen Staatensystem, Göttingen 1816, 10–39; P. J. Katzenstein, Disjoined Partners. Austria and Germany Since 1815, Berkeley 1976, v. a. 3–10, 17, 21–23, 35–65 (K. zeigt mit Hilfe von K. W. Deutschs Kommunikationstheorie Österreichs «Abnabelung»). Vgl. außer der vorn zit. Lit. v. a.: Dann, Nationalismus 1806–1850, 77–128; H. Düding, Organisierter gesellschaftl. Nationalismus in Deutschland 1808–47. Bedeutung u. Funktion der Turner- u. Sängervereine für die deutsche Nationalbewegung, München 1983 (die erste sorgfältige Analyse eines Teils der sozialen Basis des Nationalismus in seiner zweiten Phase); A. J. Hoover, The Gospel of Nationalism. German Patriotic Preaching from Napoleon to Versailles, Wiesbaden 1985; Kohn, Nationalismus, 40–54; ders., Romanticism, 443–72; Conze, Nation, 36–47; Plessner, 72–115; Burg, Kongreß, 107–24; P. Joachimsen, Vom deutschen Volk zum deutschen Staat, Göttingen 1956[3], 55–65; K. G. Faber, Polit. Denken in der Restaurationszeit, in: Berding u. Ullmann Hg., 272–75; Schieder, Partikularismus; Nipperdey, Geschichte, 300–13; ders., Auf der Suche nach Identität: Romant. Nationalismus, in: ders., Nachdenken, 110–25; ders., Der Kölner Dom als Nationaldenkmal, in: HZ 233. 1981, 595–613, u. in: ebd., 156–71; ders., Kirche u. Nationaldenkmal. Der Kölner Dom in den 40er Jahren, in: Fs. Bussmann, 175–202; ders., Nationalidee u. Nationaldenkmal im 19. Jh., in: ders., Gesellschaft, 133–73. Eine moderne sozial- und mentalitätsgeschichtliche Gesamtdarsellung des deutschen Nationalismus von 1815 bis 1848/71 steht noch immer aus! H. Schulze (Der Weg zum Nationalstaat. Die deutsche Nationalbewegung vom 18. Jh. bis 1871, München 1985; ders., Die Geburt der deutschen Nation 1740–1866, in: H. Boockmann u. a., Mitten in Europa. Deutsche Geschichte, Berlin 1984, 208–88; ders., Die deutsche Nationalbewegung bis zur Reichseinigung, in: O. Büsch u. J. J. Sheehan Hg., Die Rolle der Nation in der deutschen Geschichte u. Gegenwart, Berlin 1985, 84–117) ist weit davon entfernt. Verblüffend antiquiert ist: W. Bussmann, Das deutsche Nationalbewußtsein im 19. Jh., in: W. Weidenfeld Hg., Die Identität der Deutschen, Bonn 1983, 64–82. Allg. U. Dierse, Ideologie, in: GGr. III, 131–69; K. Lenk Hg., Ideologie, Neuwied 1978[8], mit umfassendem Verzeichnis der Lit.: 363–402.

[28] Vgl. R. Quack-Eustathiades, Der deutsche Philhellenismus 1821–1827, München 1984; D. Kramer, Der Philhellenismus u. die Entwicklung des polit. Bewußtseins in

Deutschland, in: Fs. G. Heilfurth, Göttingen 1969, 231–47; J. Irmscher, Der Philhellenismus in Preußen, in: Sitzungsberichte der Deutschen Akademie der Wissenschaften zu Berlin, Klasse für Sprachen, Literatur u. Kunst 1966/2, Berlin 1966, 3–73; W. Barth u. M. Kehrig-Korn, Die Philhellenenzeit, München 1960; Gervinus, 19. Jh. V, VI, 1861/62; Düding, 154f. – P. Ehlen Hg., Der poln. Freiheitskampf 1830/31 u. die liberale deutsche Polenfreundschaft, München 1982; M. G. Müller, Deutsche u. poln. Nation im Vormärz, in: JbGMO 30. 1981, 69–95; G. W. Strobel, Die deutsche Polenfreundschaft 1830–34, in: Die deutsch-poln. Beziehungen 1831–48; Vormärz u. Völkerfrühling, Braunschweig 1979, 126–47; E. Kolb, Polenbild u. Polenfreundschaft der deutschen Frühliberalen im Vormärz, in: Saeculum 26. 1975, 111–27; A. Gerecke, Das deutsche Echo auf die poln. Erhebung 1830, Wiesbaden 1964; Düding, 147–49; allg. W. W. Hagen, Germans, Poles and Jews. The Nationality Conflict in the Prussian East 1772–1914, Chicago 1980; M. Broszat, 200 Jahre deutsche Polenpolitik, Frankfurt 1972². – Wilhelm I., Briefe I, 112f.; Clausewitz, Polit. Schriften, 235 (1831); Faber, Geschichte, 160, vgl. 157–61; Heyderhoff, 40, 110; Hansen Hg., Briefe I, 273f. (2. 11. u. 12. 11. 1840), 275 (3. 1. 1841) Prutz, 10 Jahre I, 308; P. Herre Hg., Von Preussens Befreiungs- u. Verfassungskampf. Aus den Papieren des Oberburggrafen M. v. Brünneck, Berlin 1914, 338 (v. Brünneck an v. Auerswald, 12. 10. 1840; ähnlich der preußische Gesandte in Hannover, K. v. Canitz u. Dallwitz, in: Obenaus, Anfänge, 521); eingehend: Faber, Rheinland, 379–405; R. Buchner, Der Durchbruch des modernen Nationalismus in Deutschland, in: Fs. H. Steinacker, München 1956, 313–16, 320–23; Dann, Nationalismus, 102; A. Stahr, Kleine Schriften zur Kritik der Literatur u. Kunst I, Berlin 1871, 147; vgl. noch R. Poidevin u. H.-O. Sieburg Hg., Aspects des Relations Franco-Allemandes 1830–48, Metz 1978; A. Oświnska, La Politique de la France envers l'Allemagne 1830–48, Krakau 1974; methodisch ganz unzulänglich: I. Veit-Brause, Die deutsch-französ. Krise von 1840, Diss. Köln 1967, – O. Klose Hg., Geschichte Schleswig-Holsteins, umfaßt noch nicht diese Zeit vor 1848; O. Brandt u. W. Klüwer, dass., Kiel 1981⁸, 215–42; W. Carr, Schleswig-Holstein 1816–1848, Manchester 1961; A. Scharff, Schleswig-Holstein in der deutschen u. nordeurop. Geschichte, Stuttgart 1969; P. v. Hedemann-Hespen, Die Herzogtümer Schleswig-Holstein u. die Neuzeit, Kiel 1926; T. Fink, Geschichte des Schleswigschen Grenzlandes, Kopenhagen 1958; Brandt Hg., Restauration, 54; vgl. H. Fenske Hg., Vormärz u. Revolution 1840–49, Darmstadt 1976, 5.

29 Düding, 50, 67 (100 Turnvereine bestanden bis 1820 in Preußen, die meisten anderen in Nord- und Mitteldeutschland), 134, 127, 129, 141f., 145, 174f., 268–74, 180, 256, 184, 290–94, 2, 299f., 204, 213, 220–29, 233, 249, 251f., 257f., 265, 245, 247, 290–92, 302f. (v. Bodelschwingh). Vgl. W. Eichel u. a., Die Körperkultur in Deutschland 1789–1917, Bde 1 u. 2, Berlin 1973; K. Obermann, Die polit. Rolle der Turnvereine in der demokrat. Bewegung am Vorabend der Revolution von 1848, in: Theorie u. Praxis der Körperkultur 12. 1963, 795–805. – E. M. Arndt, Über den deutschen Studentenstaat (1815), in: ders., Schriften für u. an seine lieben Deutschen II, 1845, 237–92; Jarausch, Studenten, 35–51; ders., Unrest, 533–69; R. R. Lutz, The German Revolutionary Student Movement, in: CEH 4. 1971, 215–41; G. Heer, Geschichte der Deutschen Burschenschaft II: 1820–33, III: 1833–59, Heidelberg 1927/29; Schulze u. Ssymank, 208–46, s. dagegen W. Fabricius, Die deutschen Corps, Frankfurt 1926². Als neue Lokalstudie: R. Müth, Student. Emanzipation u. staatl. Repression, Tübingen 1825–37, Tübingen 1977. Die unübertroffene boshafte und treffsichere Kritik Heines an dem Germanenkult und deutschtümelnden Nationalismus in den ersten Burschenschaften: Über L. Börne (1840), in: ders., Werke, Hg. M. Greiner II, Köln 1962, 752–54. W. Grab, H. Heine als polit. Dichter, Heidelberg 1982.

30 R. H. Thomas, Liberalism, Nationalism, and the German Intellectuals 1822–47, Cambridge/Mass. 1951, Westport/Conn. 1975, 22, 30f., 39–41, 139, 19, 81, 84f., 92–99, vgl. 20–50, 51–80, 81–119; J. Rückert, A. L. Reyschers Leben u. Rechtstheorie 1802–80, Berlin 1974, 4, 10, 60, 62, 170–79; K. Gutzkow, Lebenserinnerungen II, in: ders.,

Ausgew. Werke, Hg. H.H. Houben XI, Leipzig (1909), 324; Riehl, Bürgerl. Gesellschaft, 242; vgl. J.J. Müller, Die ersten Germanistentage, in: ders. Hg., Germanistik u. deutsche Nation 1806–48, Stuttgart 1974, 297–318; Hübinger, 150–53; R. Pascal, Nationalism and the German Intellectuals, in: ders., The German Mind and Outlook, London 1945, 160–90; nützlich hierzu: J. Müller, Die wissenschaftl. Vereine u. Gesellschaften Deutschlands im 19. Jh., Bibliographie, Hildesheim 1965. Teilnehmerberichte: Reyscher; Beseler; W. Beyschlag, Aus meinem Leben, Halle 1896. – Wuttke, 67f.; Goldfriedrich IV: 1805–89, Leipzig 1913; Best, 16–80; zur Bedeutung der nationalen Denkmäler s. Nipperdey. – F. Wippermann, Das Nationalbewußtsein protestant. Theologen in der Restaurationszeit, Diss. Göttingen 1950, MS; A. Heger, Evangel. Verkündigung u. deutsches Nationalbewußtsein 1806–48, Berlin 1939; A.K. Huber, Kirche u. deutsche Einheit im 19. Jh., Königstein 1966. Vgl. unten Teil 3, V, 1 a, b zu den Deutschkatholiken und Lichtfreunden. – Faber, Geschichte, 165–68; G.G. Gervinus, Geschichte der poet. National-Literatur der Deutschen V, Leipzig 1842. Vgl. hierzu: Glaser Hg. VI: 1815–48, 1980; J. Jansen u.a., Einführung in die deutsche Literatur des 19. Jh. I: 1815–48, Opladen 1982; J. Hermand u. W. Windfuhr Hg., Zur Literatur der Restaurationsepoche 1815–48, Stuttgart 1971; J. Hermand Hg., Der deutsche Vormärz, ebd. 1967; ders. Hg., Das junge Deutschland, ebd. 1966; P.U. Hohendahl, Liter. Kultur im Zeitalter des Liberalismus 1830–70, München 1985; E. Sagarra, Tradition u. Revolution: Deutsche Literatur u. Gesellschaft 1830–90, ebd. 1972; Sengle I–III; U. Köster, Literar. Radikalismus. Zeitbewußtsein u. Geschichtsphilosophie in der Entwicklung vom Jungen Deutschland zur Hegelschen Linken, Frankfurt 1972; A. Estermann, Polit. Avantgarde 1830–40. Eine Dokumentation zum Jungen Deutschland, 2 Bde, ebd. 1972; K. Siblewski, Ritterl. Patriotismus u. romant. Nationalismus in der deutschen Literatur 1770–1830, München 1981; A. Gerlach, Deutsche Literatur im Schweizer Exil. Die polit. Propaganda 1833–45, Frankfurt 1975; H.G. Keller, Die polit. Verlagsanstalten u. Druckereien in der Schweiz 1840–48, Bern 1935.

[31] Vgl. zur Überschätzung oder wohlwollenden Übertreibung: Droz, Romantisme politique, 143–225; G. Vermeil, Deutsche Romantik u. Nationalismus, in: Europa und der Nationalismus, Baden-Baden 1950, 67–83; Brunschwig, 289–377; Meinecke, Weltbürgertum, 58–141; Aris, History, 207–341; Kohn, Romanticism, 443–51, 453, 456–72; A.D. Verschoor, Die ältere deutsche Romantik u. die Nationalidee, Amsterdam 1928; E. Wienecke, Patriotismus u. Religion in F. Schlegels Gedichten, München 1913; J. Baxa, Einführung in die romant. Staatswissenschaft, Jena 1923; ders. Hg., Gesellschaft; R. Stadelmann, Die Romantik u. die Geschichte, in: T. Steinbüchel Hg., Die Romantik, 1948, 153–75; K. Borries, Die Romantik u. die Geschichte, Berlin 1925; A. Poetzsch, Studien zur frühromant. Politik- u. Geschichtsauffassung, Leipzig 1907; G. v. Below, Wesen u. Ausbreitung der Romantik, in: ders., Über histor. Periodisierungen, Berlin 1925, 89–108; P. Kluckhohn, Persönlichkeit u. Gemeinschaft. Studien zur Staatsauffassung der deutschen Romantik, Halle 1925; Lenz, Agrarlehre; P. Honigsheim, Romantik, in: HSW 9. 1956, 26–41. – S. allg.: W. Schieder, Romantik im Spannungsfeld von sozialem Wandel u. Stagnation, in: R. Brinkmann Hg., Romantik in Deutschland, Stuttgart 1978, 39–46; O. Dann, Gruppenbildung u. gesellschaftl. Organisierung in der Epoche der deutschen Romantik, in: ebd., 115–31; K.G. Faber, Zur Machttheorie der polit. Romantik u. der Restauration, in: ebd., 59–69; E.N. Anderson, German Romanticism as an Ideology of Cultural Crisis, in: JHI 2. 1941, 301–17; G. Gottfried, Conservative Millenarians. The Romantic Experience in Bavaria, N.Y. 1979; C. Heselhaus, Die romant. Gruppe in Deutschland, in: E. Behler u.a., Die europ. Romantik, Frankfurt 1972, 44–162; Žmegač Hg. I/2, 92–327; Glaser Hg. V: 1786–1815, 1980. Der Vorwurf der Parteinahme für die Restauration wurde spätestens erhoben von: T. Echtermeyer u. A. Ruge. Der Protestantismus u. die Romantik. Ein Manifest, in: Hallische Jbb. 2. 1839, 1953–2004, 2113–64, 2401–80. – Faber, Denken, 258f., 262, 265; C. Schmitt, Polit. Theologie, Berlin 1979^3, 69; vielzitiert, aber verfehlt: ders., Polit. Romantik; U. Scheuner, Staatsbild u. polit. Form in der romant. Anschauung in Deutschland, in: Brinkmann Hg., 71–83; etwas

ausführlicher: ders., Der Beitrag der deutschen Romantik zur polit. Theorie, Opladen 1980; vgl. E.-W. Böckenförde, Die deutsche verfassungsgeschichtl. Forschung im 19. Jh., Berlin 1961, 74–92. Zur Volksgeistlehre s. außer Meinecke, Weltbürgertum; Rothacker; Kantorowicz; Rückert, Savigny, noch: S. Brie, Der Volksgeist bei Hegel u. in der histor. Rechtsschule, in: Archiv für Rechts- u. Wirtschaftsphilosophie 2. 1908/09, 1–10, 179–202; E. v. Moeller, Die Entstehung des Dogmas von dem Ursprung des Rechts aus dem Volksgeist, in: MIÖG 30. 1909, 1–50; G. Rexius, Studien zur Staatslehre der histor. Schule, in: HZ 107. 1911, 496–539. Zu einer der Schlüsselfiguren wie A. Müller vgl. außer Aris, Müller; Baxa, Müller; Hanisch, Müller; J. Baxa Hg., A. Müller, Die Elemente der Staatskunst, 2 Bde, Jena 1922; ders. Hg., A. Müller, Ausgew. Abhandlungen, ebd. 1931; ders. Hg., A. Müllers Lebenszeugnisse, 2 Bde, Paderborn 1966; B. Koehler, Ästhetik u. Politik. A. Müller u. die polit. Romantik, Stuttgart 1980; G. Polter, A. Müllers Kritik am Liberalismus, Diss. Leipzig 1936; R.-R. Wuthenow, Romantik als Restauration bei A. Müller, in: A. Langner Hg., Katholizismus, konservative Kapitalismuskritik u. Frühsozialismus bis 1850, Paderborn 1975, 75–97; E. Klein, Die Auseinandersetzungen A. Müllers mit den wirtschaftstheoret. u. wirtschaftspolit. Auffassungen seiner Zeit, in: ebd. 99–122; ein greulicher Wiederbelebungsversuch: A. Langner, Zur konservativen Position in der polit.-ökonom. Entwicklung Deutschlands vor 1848, in: ebd., 11–73. Zu anderen Exponenten vgl. die Lit. in Bd. I, Teil 2, V, Anm. 3. Zum folgenden: Düding, 245, 254f., 180, 233, 315–32; Dann, Nationalismus, 103.

[32] T. Mundt, Moderne Lebenswirren, Leipzig 1834, 33; vgl. R. Horovitz, Vom Roman des Jungen Deutschland zum Roman der Gartenlaube, Breslau 1937, 20; R. Haym, Aus meinem Leben, Berlin 1912, 110; L. Gall, Liberalismus u. «bürgerl. Gesellschaft», in: ders. Hg., 162f.; vgl. die knappen, aufschlußreichen Überblicke von U. Scheuner, Die Verwirklichung der bürgerl. Gleichheit, Deutschland 1780–1850, in: Birtsch Hg., 376–401; ders., Volkssouveränität u. Theorie der parlament. Vertretung 1815–48, in: Bosl Hg., Parlamentarismus, 297–340. Die folgenden Typologien z. T. nach Faber, Strukturprobleme; Gall, Liberalismus; J. J. Sheehan, German Liberalism in the 19th Century, Chicago 1978, dt. Der deutsche Liberalismus 1770–1914, München 1983 (die bisher beste wissenschaftliche Gesamtdarstellung des politischen Liberalismus); ders., Liberalism and Society in Germany 1815–1848, in: JMH 45. 1973, 583–604, dt. Liberalismus u. Gesellschaft in Deutschland, in: Gall Hg., 208–32; D. Langewiesche, Deutscher Liberalismus, Frankfurt 1987. Vgl. allg. Vierhaus, Liberalismus; V. Sellin, dass., in: SDG 4. 1971, 41–77; D. G. Smith, Liberalism, in: IESS 9. 1968, 276–82; G. de Ruggiero, dass., in: ESS 9. 1933, 435–42; J. J. Sheehan, Some Reflections on Liberalism in Comparative Perspective, in: Fs. G. A. Craig, Berlin 1984, 44–58; Nipperdey, Geschichte, 286–300; W. Schieder Hg., Liberalismus; ders., Probleme einer Sozialgeschichte des frühen Liberalismus in Deutschland, in: ebd., 9–21; I. Cervelli, Deutsche Liberale im Vormärz. Profil einer polit. Elite 1833–47, in: ebd., 312–40; J. J. Sheehan, Partei, Volk and Staat: Some Reflections on the Relationship Between Liberal Thought and Action in Vormärz, in: 2. Fs. Rosenberg, 162–74; ders., Liberalism and the City in 19th Century Germany, in: PP 51. 1971, 116–37; Heffter; Faber, Polit. Denken, 266–71; ders., Geschichte, 61–67; E.-W. Böckenförde, Die Einheit von nationaler u. konstitutioneller Bewegung im deutschen Frühliberalismus, in: ders., Forschung im 19. Jh., 78–98, u. in: ders. u. Wahl Hg., 27–39; L. Gall, B. Constant. Seine polit. Ideenwelt u. der deutsche Vormärz, Wiesbaden 1963; R. Koch, «Industriesystem» oder «bürgerl. Gesellschaft». Der frühe deutsche Liberalismus u. das Laissez-Faire-Prinzip, in: GWU 29. 1978, 605–28; H.-U. Thamer, Emanzipation u. Tradition. Zur Ideen- u. Sozialgeschichte von Liberalismus u. Handwerk 1800–1850, in: W. Schieder Hg., 55–73; Sedatis; Rohr; R. v. Thadden, Protestantismus u. Liberalismus z. Zt. des Hambacher Fests 1832, in: W. Schieder Hg., 95–114; F. Eyck, Liberalismus u. Katholizismus in der Zeit des deutschen Vormärz, in: ebd., 133–46; ders., English and French Influences on German Liberalism Before 1848, in: JHI 18. 1957, 313–41; J. P. Eichmeier, Anfänge liberaler Parteibildung 1847–1854, Diss. Göttingen 1969; Boldt, Staatslehre;

ders., Parlamentarismustheorie, in: Der Staat 19. 1980, 385–412; ders., Parlament, parl. Regierung, Parlamentarismus, in: GGr. IV, 649–76; K. v. Beyme, Parlamentarismus, in: SDG 4. 1971, 1089–1119; zu allg.: W. Bussmann, Zur Geschichte des deutschen Liberalismus im 19. Jh., in: HZ 186. 1958, 527–57; überholt ist: F. Sell, Die Tragödie des deutschen Liberalismus (1953) Hg. R. Koch, Baden-Baden 1981², 11–151. Aus der DDR-Forschung: S. Schmidt, Politik u. Ideologie des bürgerl. Liberalismus im Revolutionszyklus 1789–1917, in: ZfG 31. 1983, 24–37; ders., Liberale Parteibewegung u. Volksmassen während der bürgerl. Umwälzung in Deutschland 1789–1871, in: ebd. 26. 1978, 400–415; ders. Hg., Politik u. Ideologie des bürgerl. Liberalismus 1789–1917, Jena 1983. Literaturübersicht: Gall Hg., 319–56; J. Hess u. E. van Steensel van der Aa Hg., Bibliographie zum deutschen Liberalismus, Göttingen 1981; Textauswahl: L. Gall u. R. Koch Hg., Der europ. Liberalismus im 19. Jh., 4 Bde, Berlin 1981; Brandt Hg., 1815–1840; Fenske Hg., 1840–1848; W. Siemann, Restauration, Liberalismus u. nationale Bewegung 1815–1870, Darmstadt 1982.

[33] Allg. Krieger, German Idea, z. B. 44f.; T. H. Marshall, Citizenship and Social Class, in: ders., Class, Citizenship and Social Development, Garden City 1965, 71–134; Sheehan, Deutscher Liberalismus, 14; K. v. Rotteck, Bewegungs-Partei u. Widerstands- oder Stillstands-Partei, in: Staatslexikon 2. 1835, 558–65; vgl. ders., Geschichte der neuesten Zeit 1815–1840, Hg. H. v. Rotteck, 2 Bde, Pforzheim 1841/43; Gall, Bürgerl. Gesellschaft, 168; Faber, Strukturprobleme, 213; O. Pflanze, Judicial and Political Responsibility in 19th Century Germany, in: L. Krieger u. F. Stern Hg., The Responsibility of Power, N. Y. 1967, 162–82; Schnabel II, 128, 174; Boberach; J. Droz, Liberale Anschauungen zur Wahlrechtsfrage u. das preuß. Dreiklassenwahlrecht, in: Böckenförde u. Wahl Hg., 232–51; K. Klotzbach, Das Elitenproblem im polit. Liberalismus, Köln 1966, 1–71; Ritter, Entwicklungsprobleme, 35; Brandt, Gesellschaft, 106; M. Hörner, Die Wahlen zur bad. Zweiten Kammer 1819–47, Göttingen 1986; Fischer, in: Conze Hg. 146; Staat, Zorn, in: ebd., 129; Clauss; Gall, Constant; Staatslexikon 1. 1845², XXVII. Guter, nach einigen typischen Theorien differenzierender Überblick: Boldt, Patrimonialismus, 77–100; vgl. R. Smend, Maßstäbe des parlament. Wahlrechts u. der deutschen Staatstheorie des 19. Jh., in: ders., Staatsrechtl. Abhandlungen, 19–38; G. Meyer, Das parlament. Wahlrecht, Berlin 1901; M. Köhler, Die Lehre vom Widerstandsrecht in der deutschen konstitutionellen Staatsrechtstheorie 1800–1850, ebd. 1973; Dahlmann, 83; vgl. J. Celotti, The Political Thought and Action of F. C. Dahlmann, Diss. Stanford 1970; H. Christern, F. C. Dahlmanns polit. Entwicklung bis 1848, in: Zeitschrift der Gesellschaft für Schleswig-Holstein. Geschichte 50. 1921, 146–392; A. Springer, F. D. Dahlmann, 2 Bde, Leipzig 1970/72.

[34] Gall, Bürgerl. Gesellschaft, 163–77 (dort Zit. Grundlegend für die Debatte seither; unterschätzt den «modernen» Liberalismus im Rheinland und Sachsen, «opportunistisch» ist auch ein zu hartes Urteil; gelegentlich besteht die Gefahr der Idealisierung des Mehrheitsliberalismus vor 1848. Kritik: Mommsen, Liberalismus; Hübinger); ähnlich: Sheehan, Liberalismus u. Gesellschaft, 216–222; ders., Deutscher Liberalismus, 27–34; Koch, Industriesystem; Thamer; Sedatis; vorher schon: Brandt, Repräsentation, 21; ders., Urrechte, 481. Liberale Kritik und Ambivalenz werden deutlich in: K. T. Welcker, Juste Milieu, in: Staatslexikon 8. 1840, 3–28; ders., Städte, in: ebd. 15. 1843, 104–17; ders., Eigentum, in: ebd. 2. Erg. bd. 1846, 211f.; R. v. Mohl, Gewerbe- u. Fabrikwesen, in: ebd. 6. 1838, 775–830; vgl. E. Angermann, R. v. Mohl 1799–1875, Neuwied 1962, 211–77; ders., K. Mathy als Sozial- u. Wirtschaftspolitiker 1842–1848, in: ZGO 103. 1955, 499–622; Dahlmann, 200, antiegalitäre Verteidigung der Sozial-Stände: 133 («als gleichartige Masse zeigt sich das Volk bloß im berufslosen Pöbel»); Wehnert, 10; Hoffmann, Übersicht, 142, 144; K. v. Rotteck, Zensus, in: Staatslexikon 3. 1836, 385. Vgl. zum Mehrheitsliberalismus: Sheehan, Deutscher Liberalismus, 13–62; Gall, Bürgerl. Gesellschaft; ders., Constant; M. Schumacher, Gesellschafts- u. Ständebegriff um 1840. Ein Beitrag zum sozialen Bild des süddeutschen Liberalismus nach dem Rotteck-Welckerschen

Staatslexikon, Diss. Göttingen 1955, MS; Lee, Politics of Harmony; D. Langewiesche, Liberalismus u. Demokratie in Württemberg zwischen Revolution u. Reichsgründung, Düsseldorf 1974; G. Hildebrandt, Programm u. Bewegung des süddeutschen Liberalismus nach 1830, in: JbG 98. 1973, 7–45; M. Tullner, Der Differenzierungsprozeß zwischen Liberalen u. Demokraten in Baden am Vorabend der Revolution von 1848, in: Bleiber Hg., 169–92; A. Heuss, T. Mommsen u. das 19. Jh., Kiel 1956; M. Stammer, Die Anfänge des mecklenburg. Liberalismus bis 1848, Köln 1980; Wentzke u. Klötzer Hg.; s. u. zur sozialen Basis.

[35] Hansen, Mevissen II, 131, 84; vgl. Sheehan, Liberalismus u. Gesellschaft, 218–22; R. Muhs, Freiheit u. Elend. Die Diskussion der sozialen Frage Englands u. ihr Stellenwert... im deutschen Vormärz, in: Birtsch Hg., 483–514; vgl. demn. R. Boch, Rolle u. Selbstreflexion des deutschen Wirtschaftsbürgertums im Prozeß der Industrialisierung u. der Herausbildung einer eigenständigen Arbeiterbewegung 1830–1870, Habil.-Schrift Bielefeld; W. Köllmann, J. A. Schuchard 1782–1854, in: Wuppertaler Biographien 1. 1958, 73–78; RWB 1, 1–19; vgl. Köster, 99–102; Sprung; F. Schmidt; Köllmann, Harkort; Best, 284–90; Rohr; Fiecker; Bergengrün, Hansemann, 26; Angermann, Camphausen; Droz, Libéralisme Rhénan; K.-G. Faber, Recht u. Verfassung. Die polit. Funktion des rhein. Rechts im 19. Jh., Köln 1970; ders., Rheinland; E. Fehrenbach, Rhein. Liberalismus u. gesellschaftl. Verfassung, in: W. Schieder Hg., 272–94; dies., dass., in: Düwell u. Köllmann Hg. I, 233–42; dies., Zur sozialen Problematik des rhein. Rechts im Vormärz, in: 2. Fs. Schieder, 197–212; D. Blasius, Der Kampf um die Geschworenengerichte im Vormärz, in: 2. Fs. Rosenberg, 148–61; H. Asmus, Die «Rhein. Zeitung» u. die Genesis des rhein.-preuß. Bourgeoisliberalismus, in: Bleiber Hg., 135–67; ders., Studien zur polit. Konsolidierung der deutschen Bourgeoisie 1840–1847/48, Habil.-Schrift Berlin 1975, MS; Zunkel, 141f.; Gothein, Köln, I, 338f.; typisch das wirtschaftsliberale Plädoyer durch einen zugewanderten Engländer: J. Prince-Smith, Ges. Schriften, 3 Bde, Berlin 1877–1880. – In Leipzig, der hochentwickelten Gewerbestadt im industriereichen Sachsen, bildete sich seit den Reformen der 30er Jahre ein grosso modo vergleichbarer kleiner Kreis von großbürgerlichen Liberalen heraus: die Gebrüder Brockhaus und Härtel, die Harkort, Olearius, Flinsch, Erckel, Frege, Stieglitz u. a., die am besten mit den Rheinländern verglichen werden können. Vgl. Zwahr, Stadtregiment, und demn. dess. ausführliche Studie über das Leipziger Bürgertum; Muhs, Staatsreform, 194–238.

[36] T. Schieder, Die Theorie der Partei im älteren deutschen Liberalismus, in: ders., Staat, 112; L. Gall, Das Problem der parlament. Opposition im deutschen Frühliberalismus, in: 1. Fs. Schieder, 153–70, u. in: G. A. Ritter Hg., Die deutschen Parteien vor 1918, Köln 1973, 192–207; P. Pfizer, Liberal, Liberalismus, in: Staatslexikon 9. 1840, 714; Dahlmann, 36; W. Hardtwig, Polit. Gesellschaft u. Verein zwischen Aufgeklärtem Absolutismus u. der Grundrechtserklärung der Frankfurter Paulskirche, in: Birtsch Hg., 358; Hegel, Rechtsphilosophie, §§ 311, 301, 323. Vgl. T. Schieder, Die geschichtl. Grundlagen u. Epochen des deutschen Parteiwesens, in: ders., Staat, 133–72; T. Nipperdey, Über einige Grundzüge der deutschen Parteigeschichte, in: Fs. H. C. Nipperdey II, München 1965, 815–41, u. in: Böckenförde u. Wahl Hg., 274–94; ders., Grundprobleme der deutschen Parteigeschichte im 19. Jh., in: ders., Gesellschaft, 89–112; G. A. Ritter, Die deutschen Parteien 1830–1914, Göttingen 1985. Im übrigen hat die Parteienforschung die Zeit vor 1848 lange sträflich vernachlässigt. Vgl. aber jetzt: D. Fricke u. a. Hg., Lexikon der Parteiengeschichte, 4 Bde, Leipzig 1983/86; auch ders. Hg., Die bürgerl. Parteien 1830–1945, 2 Bde, ebd. 1968/70. Durchweg sehr schwach über den Vormärz sind: L. Bergsträsser u. W. Mommsen, Geschichte der polit. Parteien in Deutschland, München 1970[12]; W. Tormin, Geschichte der deutschen Parteien seit 1848, Stuttgart 1968[3]; H. Grebing, Geschichte der deutschen Parteien, Wiesbaden 1962; H. Kaack, Geschichte u. Struktur des deutschen Parteiensystems, Opladen 1971; H. Fenske, Strukturprobleme der deutschen Parteiengeschichte, Frankfurt 1974; W. Schlangen Hg., Die deutschen Parteien, Düsseldorf 1978; vgl. H. Kramer, Fraktionsbindungen in den deutschen Volksvertretun-

gen 1819–1848, Berlin 1968. Verbände: Best, Interessenpolitik; ders., Organisationsbedingungen u. Kommunikationsstrukturen polit. Partizipation im frühindustriellen Deutschland, in: Steinbach Hg., 114–34; E.R. Huber, Das Verbandswesen des 19. Jh. u. der Verfassungsstaat, in: Fs. T. Maunz, München 1971, 173–98; Erdmann, Wirtschaftsverbände; F. Müller. – W. Schieder, Sozialgeschichte, 13–16; H. Laube, Ausgew. Werke VIII (Erinnerungen 1810–1840), Leipzig 1906, 151; Hardtwig, Polit. Gesellschaft, 340–58; K.T. Welcker, Association, in: Staatslexikon 2. 1835, 21–53; J. Paschen, Demokrat. Vereine u. preuß. Staat 1848/49, München 1977; Cervelli, 312–40 (nutzt den prosopographischen Ansatz für die Eliteanalyse); Sheehan, Deutscher Liberalismus, 26, 28f.; S. Schmidt, Der Hallgarten-Kreis 1839–1847, in: Wiss. Zeitschrift der Univ. Jena, Gesell.- u. sprachwiss. Reihe 13. 1964, 221–28; K. Düwell, D. Hansemann als rheinpreuß. Liberaler in Heppenheim 1847, in: W. Schieder Hg., 295–311; H. Asmus, Die preuß. Verfassungsfrage im Frühjahr 1847, in: JbG 7. 1972, 175–210; L. Bergsträsser, Die Heidelberger «Deutsche Zeitung» u. ihre Mitarbeiter, in: Histor. Vierteljahrsschrift 31. 1937, 127–61, 343–74; R. Koch, Demokratie u. Staat bei J. Fröbel 1805–1893, Wiesbaden 1978; Sheehan, Liberalismus u. Gesellschaft, 210–16; G. Freytag, Erinnerungen, in: ders., GW I, Leipzig 1887, 434; Büttner, 149–52; Brandt, Gesellschaft, 106; Sheehan, City, 116–37; V. Valentin, Polit., geistiges u. wirtschaftl. Leben in Frankfurt vor dem Beginn der Revolution von 1848/49, Heidelberg 1907; Kaelble, Kommunalverwaltung; W. Henning, Geschichte der Stadtverordnetenversammlung von Essen 1890–1914, Diss. Köln, Essen 1965, 25; Köllmann, Barmen, 223; E. Süss, Die Pfälzer im Schwarzen Buch, Heidelberg 1956, 152–54; Rosenberg, Denkströmungen, 44; F. Falkson, Die liberale Bewegung in Königsberg 1840–1848, Breslau 1888, 108; E. Silberner, J. Jacoby 1843–1846, in: IRSH 14. 1969, 353–411; Paschen, 24; v. Unruh, 67; S. Born, 137; ebenso Thamer, 55–73. Falsch dazu: MEW 8, 7–10. Gegen Treitschke und Schnabel (II, 93): Liberalismus als Gelehrtentheorie, und Hamerow (Restoration, 48): als bürgerliche Unternehmerideologie.

[37] Faber, Strukturprobleme, 217–20; Conze, Spannungsfeld, 231; A. Rutenberg, Radikal, Radikalismus, in: Staatslexikon 13. 1842, 408–20; H. Fenske, Der liberale Südwesten. Freiheit u. polit. Traditionen in Baden u. Württemberg 1790–1933, Stuttgart 1981; S. Schmidt, R. Blum, Weimar 1971; E. Newman, Restoration Radical. R. Blum and the Challenge of German Democracy 1807–1848, Boston 1974; K. Griewank, Vulgärer Radikalismus u. die demokrat. Bewegung in Berlin 1842–1848, in: FBPG 36. 1924, 14–37; Kaeber, 153–58; I. Heinrich-Jost, Die polit. Publizistik A. Glasbrenners, in: JbIDG 12. 1984, 203–27; A. Ruge, Selbstkritik des Liberalismus, in: ders., G.Sch. III, Mannheim 1846, 77; H. Rosenberg, A. Ruge u. die «Hall. Jahrbücher» (1930), in: ders., Denkströmungen, 97–114; Burckhardt, Briefe III, 46 (9. 12. 1846); II, 210 (5. 3. 1846); A. Ruge, Die Denunziation der Hall. Jahrbücher, in: Hall. Jbb. 27.7. 1838/179, 1436–38; Conze, Spannungsfeld, 247, 256. Vgl. allg. P. Wende, Radikalismus im Vormärz, Wiesbaden 1975; ders., Radikalismus, in: GGr. V, 113–33; z.T. unübertroffene Pionierstudien: G. Mayer, Engels I; ders., Die Junghegelianer u. der preuß. Staat, in: ders., Arbeiterbewegung u. Obrigkeitsstaat, Hg. H.-U. Wehler, Bonn 1972, 17–31; ders., Die Anfänge des polit. Radikalismus im vormärzlichen Preußen, in: ders., Radikalismus, Sozialismus u. bürgerl. Demokratie, Hg. H.-U. Wehler, Frankfurt 1969², 7–107; O. Dann, Gleichheit u. Gleichberechtigung. Das Gleichheitspostulat in der alteurop. Tradition u. in Deutschland, Berlin 1980; ders., Gleichheit, in: GGr. II, 997–1046; W. Mager, Republik, in: ebd. V, 549–651. – W. Klutentreter, Die Rhein. Zeitung von 1842/43 in der polit. u. geistigen Bewegung des Vormärz, 2 Bde, Dortmund 1966/67; Asmus, Rhein. Zeitung; vgl. auch W. Kowalski Hg., Vom kleinbürgerl. Demokratismus zum Kommunismus. Zeitschriften aus der Frühzeit der deutschen Arbeiterbewegung 1834–1847, Berlin 1967; J. Bauern u. A. Liepert, Zum Differenzierungsprozeß im Liberalismus des deutschen Vormärz. Das Verhältnis zwischen Junghegelianern u. dem «Staatslexikon», in: ZfG 30. 1982, 413–25. Allg. zu der von Liberalen und Radikalen intensiv erörterten Emanzipationsproblematik: K. M. Grass u. R. Koselleck, Emanzipation, in: GGr. II, 153–97; U. Herrmann, dass., in: Archiv für

Begriffsgeschichte 18. 1974, 85–143; M. Greiffenhagen, dass., Hamburg 1973; K. H. Scheidler, dass., in: Ersch u. Gruber Hg., 1. Sekt., 34. Teil, 1840, 2–12; Schlumbohm, Freiheit.

[38] MEW, Erg.bd. 2. 1967, 246–48 (Rhein. Zeitung 12.4. 1842); W. Weitling, Garantien der Harmonie u. Freiheit, Vivis 1842/ND Stuttgart 1974; C.F. Wittke, The Utopian Communist: W. Weitling, Baton Ruge 1950; W. Seidel-Höppner, W. Weitling, Berlin 1961; zu Hess: 831, Anm. 44, sowie hier speziell: Z. Rosen, M. Hess u. K. Marx, Hamburg 1983; O. Lüning, Dies Buch gehört dem Volk, Paderborn 1847; Koszyk, Dampfboot, 1–60; Kapp, Briefe, 46f. (23.11. 1845), vgl. H.-U. Wehler, Vom radikalen Frühsozialismus des Vormärz zur liberalen Parteipolitik der Bismarckzeit: F. Kapp, in: ders., Krisenherde, 249–69; über Kapps Mitarbeit am «Dampfboot»: E. Lenel, F. Kapp, Leipzig 1935, 51. – D.F. Strauß, Das Leben Jesu, Tübingen 1835/ND 1984; L. Feuerbach, Das Wesen des Christentums, Leipzig 1841/ND Stuttgart 1980; K. Marx, 6. u. 11. These über Feuerbach, in: MEW 3, 6f.; F. Engels, L. Feuerbach u. der Ausgang der klass. deutschen Philosophie, in: ebd. 21, 265; Deutsche Ideologie, in: ebd. 3, 9–520 (zu Lebzeiten ungedruckt); F. Engels, Zur Geschichte des Bundes der Kommunisten, in: ebd. 21, 212; Das Kapital, in: ebd. 23, 15, Vorwort; Jacoby, Briefwechsel, 273 (Ruge an Meyerwitz, 3.4. 1845 aus Paris; danach eine apodiktische Prognose gegen die Zukunft der «ganzen Sekte» und für den Vorrang des Idealismus gegenüber dem «materiellen Zustand»); MEW 4, 462–93. Zu Marx' Historischem Materialismus als unorthodoxer Wissenschaft s. Bd. III zur Wissenschaftsgeschichte. Vgl. allg. die Lit. S. 830 f., Anm. 44; Schieder, Sozialismus; ders., Kommunismus; ders., Bund der Kommunisten; R. Walther, Marxismus, in: GGr. III, 937–76; A. Cornu, K. Marx et F. Engels, 4 Bde, Paris 1955–1970; S. Avineri, The Social and Political Thought of K. Marx, Cambridge 1968 u.ö.; D. McLellan, K. Marx, N.Y. 1973; ders., Marx Before Marxism, Harmondsworth 1972[3]; Mayer, Engels, 2 Bde; Hunt, 2 Bde; P. Vranicki, Geschichte des Marxismus I, Frankfurt 1983[3]; G. Lichtheim, Marxism, N.Y. 1962[2]; J. Droz Hg., Geschichte des Sozialismus II, Berlin 1974; C.D. Kernig, Sozialismus (bis 1848), Stuttgart 1979; v. Stein, Soziale Bewegung; ders., Blicke. Speziell zu den Jung-Hegelianern: J.E. Toews, Hegelianism 1805–1841, N.Y. 1980; J. Habermas, Der philosoph. Diskurs der Moderne, Frankfurt 1985[2], 34–103; H. Marcuse, Vernunft u. Revolution, Neuwied 1970[3]; K. Löwith, Von Hegel zu Nietzsche, Hamburg 1981[8]; ders. Hg., Die Hegelsche Linke, Stuttgart 1962; D. McLellan, The Young Hegelians and K. Marx, N.Y. 1969; H. Stuke, Philosophie der Tat, Stuttgart 1963; S. Hook, From Hegel to Marx, Ann Arbor 1962[2]; W.J. Brazill, The Young Hegelians, New Haven 1970; J. Gebhardt, Politik u. Eschatologie. Studien zur Geschichte der Hegelschen Schule 1830–1840, München 1963; H. Schnädelbach, Philosophie in Deutschland 1831–1933, Frankfurt 1983; R.R. Lutz, The «New Left» in Restoration Germany, in: JHI 31. 1970, 235–52; J. Droz u. P. Ayçoberry, Structures sociales et courants idéologiques en Allemagne prérévolutionnaire, in: Annali Feltrinelli 6. 1963, 164–236. D. Köster-Bunselmeyer, Literar. Sozialismus. Texte u. Theorien der deutschen Frühsozialisten 1843–48, Tübingen 1981; A. Brandenburg, Theoriebildungsprozesse in der deutschen Arbeiterbewegung 1835–50, Hannover 1977; B. Bouvier, Die Anfänge der sozialist. Bewegung, in: Reinalter Hg., Protestbewegungen, 265–302. Vgl. auch: M. Brandl, Deutsche kathol. Stimmen zu Sozialismus u. Kommunismus, zur sozialen Lage u. Industrialisierung bis 1850, in: Langner Hg., 165–93.

[39] Eilers V, 283f.; R.N. Bellah, Meaning and Modernization, in: ders., Beyond Belief, N.Y. 1970, 70; H.-J. Puhle, Konservatismus, in: Schlangen Hg., 32. Vgl. allg. Vierhaus, Konservativismus; K. v. Klemperer, dass., in: SDG 3. 1969, 847–58; H.J. v. Merkatz, dass., in: Evangel. Staatslexikon, 1130–33; H.J. Schoeps, dass., in: Evangel. Soziallexikon 4. 1963, 720–22; H.O. v.d. Gablentz, Reaktion u. Restauration, in: Fs. H. Herzfeld, Berlin 1958, 55–77; umfassend angelegt: P. Kondylis, Konservativismus, Stuttgart 1986; M. Greiffenhagen, Das Dilemma des Konservativismus in Deutschland, München 1971; Schumann Hg.; Nipperdey, Geschichte, 319–19; Puhle, Konservativismus, in: I. Fetscher

u. H. Münkler Hg., Pipers Handbuch der Polit. Ideen IV, München 1986, 255–78; ders., Conservatism in Modern Germany History, in: JCH 13. 1978, 689–720; W. Ribhegge, Deutscher Konservatismus 1780–1980, Frankfurt 1987; K. Mannheim, Konservativismus, Hg. D. Kettler u.a., ebd. 1984, 92–136, 138–85 (erste vollständige Druckfassung der berühmten Habil.-Schrift; zentrale Thesen sind inzwischen von der Geschichtswissenschaft widerlegt worden); ders., Konservatives Denken; ders., Essays on the Sociology of Culture, London 1956; A. v. Martin, Weltanschaul. Motive im altkonservativen Denken, in: Fs. F. Meinecke, München 1922, 342–84; S. Neumann, Die Stufen des preuß. Konservativismus, Berlin 1930/Vaduz 1965; Klatte; Obenaus, Anfänge; Vogel, Beamtenkonservativismus; R. Schult, Partei wider Willen. Kalküle u. Potentiale konservativer Parteigründer in Preußen 1847/48, in: 3. Fs. F. Fischer, 33–68; E. Winter, Romantizismus, Restauration, Frühliberalismus im österr. Vormärz, Wien 1968; neukonservative Idealisierung: H. J. Schoeps, Das andere Preußen. Konservative Gestalten u. Probleme im Zeitalter Friedrich Wilhelms IV., Berlin 1981[5]. Vgl. auch E. Hanisch, Konservatives u. revolutionäres Denken. Deutsche Sozialkatholiken u. Sozialisten im 19. Jh., Wien 1975; Langner Hg.; M. Brandl, Theolog. Schrifttum zur Französ. Revolution, in: A. Rauscher Hg., Deutscher Katholizismus u. Revolution im frühen 19. Jh., Paderborn 1975, 81–105; F. J. Stegmann, Geschichte der sozialen Ideen im deutschen Katholizismus, in: H. Grebing Hg., Geschichte der sozialen Ideen in Deutschland, München 1969, 327–560.

[40] Wagener, Friedrich Wilhelm IV., 21; Vogel, Beamtenkonservativismus; Obenaus, Anfänge; Koselleck, Preußen. – Meusel II/1, 252–62; II/2, 1–23 (die Eingabe an Hardenberg wurde von A. Müller verfaßt, von Marwitz durchgearbeitet und unterzeichnet, auch später inhaltlich immer wieder vertreten); vgl. zu v. d. Marwitz: Gölz; Butlar; Ramlow; S. Neumann. – K. L. v. Haller, Die Restauration der Staatswissenschaft, Winterthur 1816–1834/ND Aalen 1964; vgl. H. Weilenmann, Untersuchungen zur Staatslehre K. L. v. Hallers, Diss. Bern 1955; H. R. Liedke, The German Romanticists and K. L. v. Haller's Doctrine of European Restauration, in: Journal of English and German Philology 57. 1958, 371–93. (Als Konvertit mußte v. Haller 1820 vor den militanten helvetischen Protestanten nach Paris fliehen, diente dort Karl X. und kehrte erst nach der Julirevolution nach Solothurn zurück.) Boldt, Patrimonialismus, 83–85; Brandt, Repräsentation, 59–74; Müller, Elemente I, 35f., 59, 66f.; II, 102f., 117f., 129, 156 («Naturprodukt» vermutlich Schellings Naturphilosophie entlehnt); vgl. J. Baxa, A. Müllers Philosophie, Ästhetik u. Staatswissenschaft, Berlin 1929, 73, 78f.; Brandt, Repräsentation, 64–73; Hanisch, Antikapitalismus, 132–46; Lenz, Agrarlehre, sowie die Lit. vorn Anm. 31 u. Bd. I, Teil 2, III, 3, c, Anm. 44. F. Schlegel (ungedr.) zit. nach E. Winter, K. E. Jarcke, in: NDB 10, 354; vgl. ders., Romantizismus; Heyer, 96, Anm. 5 (Goethe). Typisch für Jarcke: Revolution u. Absolutismus, in: ders., Verm. Schriften I, München 1839, 166–203 (dort in 3 Bden, 1839–1854, die Publizistik); vgl. Brandt, Repräsentation, 73–84, vgl. 84–106; ders. Hg., 63f.; Scheel, Wochenblatt; Winter, Jarcke, 353f.; J. Droz, Préoccupations sociales et préoccupations religieuses aux origines du parti conservateur prussien, in: RHM 1955, 280–300; M. Lamberti, Lutheran Orthodoxy and the Beginning of Conservative Party Organization in Prussia, in: Church History 37. 1968, 439–53. Die Gerlachs: NDB 6, 194–99 (mit Lit.); Schoeps, Andere Preußen. – Brandt Hg., 32–35; Srbik, Metternich II; Mann, Gentz; H. v. Petersdorff, Ein Programm Bismarcks zur Gründung einer konservativen Zeitung, in: FBPG 17. 1904, 580–86; Bismarck, GW XIV/1, 1933, 98 (17. 7. 1847 an A. v. Kleist).

[41] Boldt, Patrimonialismus, 84; Brandt, Repräsentation, 106–22; ders. Hg., 65f.; ders., Urrechte, 469f.; v. Bülow-Cummerow, Preußen, 2 Bde; ders., Nachtrag zur 3. Aufl. Berlin 1842; vgl. Krauss, 130–38; Kaeber, 148; NDB 2, 737f.; E. J. Stahl, Die Philosophie des Rechts, 2 Bde, Heidelberg 1830–1837/Tübingen 1846 (1878[5]), z. B. II/2, 103f., 144–46, 153–57, 331, 519; D. Grosser, Grundlagen u. Struktur der Staatslehre E. J. Stahls, Köln 1963 (mit der Lit.); E. L. v. Gerlach, Denkwürdigkeiten aus dem Leben I, Berlin 1891, 114, 282f. – C. F. G(erber), Der Pauperismus, in: DVS 1844/3, 323; Paulsen, Huber (2.

Aufl. mit vollständiger Bibliographie); Kaeber, 155; NDB 9, 688f.; W.O. Shanahan, Der deutsche Protestantismus vor der sozialen Frage 1815–1871, München 1962, 175–80, 336–38, 413–15; Radowitz, Gespräche; E. Ritter, Radowitz, Köln 1948, 135; vgl. Hassel I; Meinecke Hg., J.M. v. Radowitz, Ausgew. Schriften u. Reden, München 1921; ders., J.M. v. Radowitz, in: ders., Brandenburg 364–76; ders., Radowitz u. die deutsche Revolution, Berlin 1913. Zu Friedrich Wilhelm IV.: L. Dehio, F.W. IV., München 1961; E. Lewalter, dass., Berlin 1938; H. v. Petersdorff, dass., Stuttgart 1900; verspätete Verklärung: H.J. Schoeps, Preußen, Berlin 1981. – Reulecke (Sozialer Frieden) behandelt ausführlich und wohlwollend den «Zentralverein». – Lübbe, Polit. Philosophie, 50f.; Brandt, Repräsentation, 153–59; Hegel, Rechtsphilosophie, §§ 279, 244f., 319, 258 (Zusatz), vgl. 257f., 301, 323, 311, vgl. 202f.; Kiesewetter, Theorie, 274, 284–93; Schieder, Theorie, 112, 114f. Vgl. dazu die Lit. in Bd. I, Teil 2, V, Anm. 10, v.a. Rosenzweig, Heller, Avineri, Yack. Die erste rechtshegelianische Parteitheorie entwickelte einige Jahre nach den Linkshegelianern der erste Biograph Hegels, der Königsberger Philosoph K. Rosenkranz: Über den Begriff der polit. Partei, Königsberg 1843; vgl. L. Esau, K. Rosenkranz als Politiker, in: Schriften der Königsberger Gelehrten Gesellschaft, Geisteswiss. Klasse 12. 1935/36, Halle 1935, 55–209; H. Lübbe Hg., Die Hegelsche Rechte, Stuttgart 1962; Schult, 34–42; T. Mundt, Ständ. Blätter I: Der Adel in Deutschland, Berlin 1847, 6; v. Gerlach, Aufzeichnungen I, 473; Vitzthum v. Eckstädt, 25–28. Vgl. R. Koser, Die Anfänge der polit. Parteibildung in Preußen bis 1849, in: ders., Zur preuß.-deutschen Geschichte, Stuttgart 1921, 376–400; ders., Zur Charakteristik des Vereinigten Landtags von 1847, in: Fs. Schmoller, 287–331.

V. Soziopolitische Strukturbedingungen und Entwicklungsprozesse der Kultur

1 Vgl. hierzu aus der bereits zit. Lit. in Bd. I, 617–19, v.a. Kottje u. Moeller III; Hermelinck I (1789–1835), II (1835–70); K.D. Schmidt IV; Bihlmeyer u. Tüchle III; Wallmann II; Hirsch IV; Flückiger; Heyer; Alexander; Bigler; v. Thadden, Kirche im Schatten; Shanahan; Eyck, Liberalismus u. Katholizismus; Blessing, Staat u. Kirche; Brandl, Stimmung; Langner Hg., Katholizismus; Nipperdey, Geschichte, 403–51; Schnabel widmet den «religiösen Kräften» den gesamten Bd. IV. mit 600 Seiten. Vgl. zum Folgenden: Huber I, 387–482; II, 185–281; Koch, Geschichte, 112–36; Faber, dass., 67–75; K. Kupisch, Die deutschen Landeskirchen im 19. u. 20. Jh., Göttingen 1975², 49–71; ders., Kirchengeschichte V, Stuttgart 1975, 8–37; ders., Zwischen Idealismus u. Massendemokratie. Eine Geschichte der evangel. Kirche in Deutschland 1815–1945, Berlin 1955, 15–67; M. Greschat, Das Zeitalter der Industriellen Revolution (= Christentum u. Gesellschaft XI), Stuttgart 1980, 75–85; ders. Hg., Theologen des Protestantismus im 19. u. 20. Jh., 2 Bde, ebd. 1978; K. Barth, Die protestant. Theologie im 19. Jh., Zürich 1960³; J.E. Groh, 19th Century German Protestantism, Washington D.C. 1982; C. Welch, Protestant Thought in the 19th Century I: 1799–1870, New Haven/Conn. 1972; J.L. Altholz, The Churches in the 19th Century, Indianapolis 1967; K.S. Latourette, Christianity in a Revolutionary Age. The 19th Century in Europe II, N.Y. 1959, 9–120; A.L. Drummond, German Protestantism Since Luther, London 1951; ders., Church and State in Protestant Germany Before 1918, in: Church History 13. 1944, 210–29; E.R. u. W. Huber Hg., Staat u. Kirche im 19. u. 20. Jh. I, Berlin 1973. – Jedin Hg., Handbuch VI/1: Die Kirche zwischen Revolution u. Restauration, 1971, 105–71, 259–98, 392–461; Latourette I, 1958, 237–68, 433–39; G. Franz, Kulturkampf. Staat u. Kirche in Mitteleuropa 1803–80, München 1954; J. Sperber, Popular Catholicism in 19th Century Germany, Princeton 1984; T.C.W. Blanning, The Role of Religion in European Counter-Revolution 1789–1815, in: D. Beales u.a. Hg., Fs. O. Chadwick, Cambridge 1985, 195–214; K.-E. Lönne, Polit. Katholizismus im 19. u. 20. Jh., Frankfurt 1986, 31–40, 51–85; O. Weiss, Der Ultramontanismus, in: ZBLG 41. 1978, 821–77; A. Rauscher Hg., Der soziale u. polit. Katholizismus in Deutschland 1803–1963 I, München 1981, 19–43; E. Heinen Hg., Staatl. Macht u. Katholizismus in Deutschland I: Dokumente des polit. Katholizismus von

seinen Anfängen bis 1867, Paderborn 1971; L. Scheffczyk Hg., Theologie im Aufbruch u. Widerstreit. Die deutsche kathol. Theologie im 19. Jh., Bremen 1965. – Zu Atheismus und Säkularisierung: H.W. Strätz u. H. Zabel, Säkularisation, Säkularisierung, in: GGr. V, 789–829; P. Burke, Religion and Secularization, in: NCMH 13. 1980², 293–317; O. Chadwick, The Secularization of the European Mind in the 19th Century, Cambridge 1979²; F. Mauthner, Der Atheismus u. seine Geschichte im Abendland, 4 Bde, Berlin 1920–23/Hildesheim 1963.

[2] Bigler, Politics, 39–41, 55–57, 63–72; vgl. ders., The Social Status and Political Role of the Protestant Clergy in Pre-March Prussia, in: 2. Fs. Rosenberg, 175–90; G.E. Jensen, Official Reform in Vormärz Prussia: The Ecclesiastical Dimension, in: CEH 7. 1974, 137–58; E.C. Helmreich, Religious Education in German Schools, Cambridge/Mass. 1959, dt. Religionsunterricht in Deutschland, Hamburg 1966, 80f.; Hansen Hg., Rheinprovinz II, 216; Conrad, Universitätsstudium, 63–75. Zu Schleiermacher: Bd. I, 619 A. 8; 657, A 3; Barth, 379–424; Kupisch V, 18; Flückiger, 9. Zur Union außer den zit. allg. Darstellungen: W. Elliger Hg., Die Evangel. Kirche der Union, Witten 1967; noch immer: E. Förster, Die Entstehung der preuß. Landeskirche, 2 Bde, Tübingen 1905/07; guter Überblick: M. Foltz, Bibliographie zu den Kirchen-Unionen zwischen Lutheranern u. Reformierten in Deutschland, in: W. Eger Hg., Kirche u. Staat im 19. Jh., Neustadt a.d.A. 1968, 184–94. – Beyreuther, 22–45; vgl. Alandt; Scharfe; Lehmann; Kantzenbach; Trautwein; Weigert, sowie J. Mooser, Religion u. sozialer Protest. Erweckungsbewegung u. ländl. Unterschichten im Vormärz am Beispiel von Minden-Ravensberg, in: Volkmann u. Bergmann Hg., 304–24; A. Neher, Die kathol. u. evangel. Geistlichkeit Württembergs 1813–1904, Regensburg 1904; Kupisch V, 8–10; Flückiger, 68; Bigler, Politics, 48, 68f., 78, 80, 104, 108, 124, 146f., 155, 160; Lamberti, 439–54; Greschat, Zeitalter, 76–78, 80. Vgl. H. Wulfmeyer, E.W. Hengstenberg, Diss. Erlangen–Nürnberg 1970; J. Bachmann, dass., 2 Bde, Gütersloh 1876–80; G. Mehnert, Programme evangel. Kirchenzeitungen im 19. Jh., Witten 1972; A. v.Thadden (1844) zit. nach Bigler, Politics, 147.

[3] V.Thadden, Protestantismus, 95–98; vgl. E. Troeltsch, Religion u. Kirche, in: ders., G. Sch. II, Tübingen 1922/Aalen 1962, 146–82; H.-J. Birkner, Liberale Theologie, in: M. Schmidt u. G. Schwaiger Hg., Kirchen u. Liberalismus im 19. Jh., Göttingen 1976, 33–42; Krug, Darstellung, 148f., 134; Bigler, Politics, 229–52, 101f., 261, vgl. 187–230; Haym, Leben, 167; A. Ruge, Briefwechsel u. Tagebuchblätter 1825–80, Hg. P. Nerrlich I, Berlin 1886, 304 (Feuerbach an R., 10.3. 1843). Vgl. allg. J. Brederlow, «Lichtfreunde» u. «Freie Gemeinden». Religiöser Protest u. Freiheitsbewegung im Vormärz u. in der Revolution von 1848/49, München 1976; C.M. Holden, A Decade of Dissent in Germany. A Historical Study of the Society of Protestant Friends and the German-Catholic Church 1840–48, Diss. Yale Univ. New Haven 1954; W. Nigg, Geschichte des religiösen Liberalismus, Zürich 1937; Rosenberg, Theolog. Rationalismus, 18–50; M. Schmidt, Lichtfreunde, in: RGG 4. 1960³, 359–61; R. Prutz, Theologie oder Politik? Staat oder Kirche? (1846), in: ders., Zwischen Vaterland u. Freiheit, Hg. H. Kircher, Köln 1975, 133, 144f., 149; vgl. K. Rosenkranz, Aus meinem Tagebuch. Königsberg 1833–46, Leipzig 1954, 239 (1842); J. Droz, Die religiösen Sekten u. die Revolution von 1848, in: AfS 3. 1963, 109–18. – C.B. Hundeshagen, Der deutsche Protestantismus, Frankfurt 1847/1850³; vgl. ders., Ausgew. kl. Schriften u. Abhandlungen, 2 Bde, Hg. T. Christliep, Gotha 1874–75; Greschat, Zeitalter, 85; T. Nipperdey, C.B. Hundeshagen, in: ders., Gesellschaft, 228–58; M. Weber, «Kirchen» u. «Sekten» in Nordamerika (1906), in: ders., Soziologie – Universalgeschichtl. Analysen – Politik, Hg. J. Winckelmann, Stuttgart 1973⁵, 395; Troeltsch, G. Sch. IV, 1925/1962, 254f.; Greschat, Zeitalter, 80–82; E. Benz, Wichern u. der Sozialismus, Stuttgart 1949 (beschönigt den Sachverhalt); vgl. Shanahan.

[4] Jedin Hg. VI/1, 170, 394, 416, vgl. 111, 129f., 135–37, 163–71, 401f., 405, 419–21; Heyer, 90f., 122f., 120 (Baader); G. Franz, 22–26, 36, 41; H.-J. Wiegand, Der Kampf der protestant. Landeskirche Bayerns gegen die Unterdrückungsmaßnahmen des Ministeriums v.Abel, in: Schmidt u. Schwaiger Hg., 84–125. – Krasse Entstellung: K. Buchheim,

Ultramontanismus u. Demokratie. Der Weg der deutschen Katholiken im 19. Jh., München 1969; vgl. K. Grenner, Wirtschaftsliberalismus u. kathol. Denken im Deutschland des 19. Jh., Köln 1967; A. Kuhn, Die Kirche im Ringen mit dem Sozialismus, München 1965; Rauscher Hg., Deutscher Katholizismus. – F. Keinemann, Das Kölner Ereignis: Sein Widerhall in der Rheinprovinz u. Westfalen, 2 Bde, Münster 1974; H. Schroers. Die Kölner Wirren 1837, Berlin 1927; R. Lill, Die Beilegung der Kölner Wirren 1840–42, Düsseldorf 1962. Vgl. C. Weber, Aufklärung u. Orthodoxie am Mittelrhein 1820–50, Paderborn 1973. – W. Schieder, Kirche u. Revolution. Aspekte der Trierer Wallfahrt 1844, in: AfS 14. 1974, 421–31, 435f., 439–54 (mit der Lit.); kümmerliche klerikale Kritik: R. Lill, Kirche u. Revolution, in: ebd. 18. 1978, 565–75.

[5] F.W. Graf, Die Politisierung des religiösen Bewußtseins. Die bürgerl. Religionsparteien im deutschen Vormärz: Das Beispiel des Deutschkatholizismus, Stuttgart 1978; Holden; Droz, Sekten; Schmidt, Blum; E.J. Newman, Politics and Religion. R. Blum and the German-Catholic Movement 1844–46, in: Journal of Religious History 8. 1975, 217–27; ders., Blum; G. Kolbe, Demokrat. Opposition in religiösem Gewande. Zur Geschichte der deutschkathol. Bewegung in Sachsen am Vorabend der Revolution von 1848/49, in: ZfG 20. 1972, 1102–12; als weitere Regionalstudien: A. Stollenwerk, Der Deutschkatholizismus in den preuß. Rheinlanden, Mainz 1971; W. Leesch, Die Geschichte des Deutschkatholizismus in Schlesien 1844–52, Breslau 1938. – G. Maron, Deutschkatholizismus, in: RGG 2. 1958[3], 112f.; Heyer, 120–22; Greschat, Zeitalter, 75f.; G.G. Gervinus, Die Mission der Deutschkatholiken, Heidelberg 1845; B. Bauer, Die bürgerliche Revolution in Deutschland, Berlin 1849, 11. – Jedin Hg. VI/1, 259–70, 297f.; Heyer, 94–109; Greschat, Zeitalter, 73–76; D.J. Dietrich, The Goethezeit and the Metamorphosis of Catholic Theology in the Age of Idealism, Bern 1979; W.K. Blessing, Reform, Restauration, Resignation. Kirchenreligion u. Volksreligiosität zwischen Aufklärung u. Industrialisierung, in: W. Schieder Hg., Volksreligiosität (= GG SoH. 11), Göttingen 1986, 97–122; Sperber, 18–36; ders., Roman Catholic Religion. Identity in Rhineland-Westfalia 1800–70, in: SH 7. 1982, 305–18; ders., The Transformation of Catholic Associations in the Northern Rhineland and Westfalia, in: JSH 15. 1981, 253–63. – M. Schneider, Kirche u. soziale Frage im 19. u. 20. Jh. unter bes. Berück. des Katholizismus, in: AfS 21. 1981, 533–53; F.H. Mueller, Kirche u. Industrialisierung. Sozialer Katholizismus bis Pius XII., Osnabrück 1971; A. Franz, Der soziale Katholizismus in Deutschland bis zum Tode Kettelers, Mönchengladbach 1914.

[6] Vgl. in Bd. I: Teil 1, V, 2; hier: Teil 3, V, 2–4. Die Etappen der Interpretationsverfeinerung am besten nach: Nipperdey, Volksschule; ders., Mass Education and Modernization: The Case of Germany 1780–1850, in: Royal Historical Society Transactions 5. Ser. 27. 1977, 155–72; ders., Geschichte, 451–70; Schleunes; Lundgreen, Sozialgeschichte I; LaVopa; K. Barkin, Social Control and the Volksschule in Vormärz Prussia, in: CEH 16. 1983, 31–52 (38–42: ausländ. Beobachter). Vgl. auch Anderson, Volksschule; E. Keiner u. H.-E. Tenorth, Schulmänner–Volkslehrer–Unterrichtsbeamte, in: IASL 6. 1981, 198–222. Die Polemik richtet sich hier gegen solche – zudem noch in einem schwer erträglichen pädagogisch-soziologischen Jargon geschriebenen – Arbeiten wie: H.-G. Thien, Schule, Staat u. Lehrerschaft. Deutschland u. England 1790–1918, Frankfurt 1984; G. Petrat, Schulunterricht. Seine Sozialgeschichte in Deutschland 1750–1850, München 1979; H. Plickat, Die Schule als Instrument des sozialen Aufstiegs, Weinheim 1959; Hartmann u. a.; Godefroid. Der «politökonomische» Ansatz, der die Schule zum Annex der kapitalistischen Wirtschaft erklärt, ist von der seriösen Forschung inzwischen demoliert worden; vgl. P. Lundgreen, Schulbildung u. Industrialisierung in Berlin, in: Büsch Hg., Untersuchungen, 562–671, s. auch ders., in Anm. 8. Allg. hierzu: ders., Sozialgeschichte I, 53–100; Herrlitz u.a., 32–44; Blankertz; Flitner; Tews; Böllig, 53–91; D.R. Skopp, Auf der untersten Sprosse: Die Volksschullehrer als «Semi-Professionals» im Deutschland des 19. Jh., in: GG 6. 1980, 383–402; A.J. LaVopa, Status and Ideology: Rural Schoolteachers in Pre-March and Revolutionary Prussia, in: JSH 12. 1979, 430–56;

A. Zieger, Schulmeister, Schullehrer, Volksschullehrer. Das Werden des Lehrerstandes in Sachsen, Berlin 1933; C. Müller, Grundriß des preuß. Volksschulwesens, Osterwieck 1913[4], 122–87; K. A. u. G. Schmid Hg., Geschichte der Erziehung vom Anfang bis auf unsere Zeit V/3, Stuttgart 1902/Aalen 1970, 127–77; R. Müller-Freienfels, Bildungs- u. Erziehungsgeschichte im 19. u. 20. Jh., Leipzig 1933. Zu Süddeutschland: G. Friederich, Die Volksschule in Württemberg im 19. Jh., Köln 1978; Neukamm; J. Neukum, Schule u. Politik. Polit. Geschichte der bayer. Volksschule 1818–48, München 1969 (ein ziemlich klerikaler Traktat); eindringlich: Blessing, Volksbildung; vorzüglich ders., Staat, passim. Über den Stellenwert der Schulzeit: M. Mitterauer, Sozialgeschichte der Jugend, Frankfurt 1985.

7 F. Schleiermacher, Über den Beruf des Staates zur Erziehung, in: ders., SW III/3, Berlin 1835, 227–70; vgl. F. Kade, Schleiermachers Anteil an der Entwicklung des preuß. Bildungswesens 1808–18, Leipzig 1925; F. A. W. Diesterweg, SW, Hg. H. Deiters u. a., bisher 15 Bde, Berlin 1956ff. (20 geplant); H. Bloth, A. Diesterweg, Heidelberg 1968, 95–165; Harkort, Schriften; Hansen, Mevissen II, 109, 129, 133. Vgl. O. Hattermann, Konservative u. liberale Strömungen in der preuß. Volksschulpolitik 1819–48, Hamburg 1938; M. Gleich, Die Pädagogik des preuß. Konservativismus in der Epoche seiner Entstehung, Diss. Münster 1938; H. Brunnengräber, L. v. Beckedorff, Düsseldorf 1929; dagegen: J. W. Süvern, Die Reform des Bildungswesens, Hg. H.-G. Grosse Jäger u. K.-E. Jeismann, Paderborn 1981; Quarck; Dilthey, Süvern; Varrentrapp; Schleunes, 339; Blessing, Volksbildung, 490f.; v. Rönne, Unterrichtswesen I, 1855, 642f. (29. 3. 1822), vgl. 245f.; Romberg, 46–89, 384–433; Lundgreen, Sozialgeschichte I, 11, 55; F. A. W. Diesterweg, Wegweiser zur Bildung für deutsche Lehrer, Essen 1844/Paderborn 1958, 234; NDB 3, 666ff.; Nipperdey, Education, 165; ders., Volksschule, 124f., 131, 135–57, 141ff.; Bölling, 12; Skopp, 396–99; Diesterweg, SW I/1, 183 (1827); Beckedorffs «Jahrbücher für das preuß. Volksschulwesen», 9 Bde, Berlin 1825–29; Nipperdey, Education, 163, 157; Schmid Hg. V/3, 153 (Diesterweg 1855); LaVopa, Schoolteachers, 78.

8 Die Zahlen für die Zwischenzeit: *1822:* 20440/21999/1427. *1831:* 21786/22905/1908. *1840:* 23323/25887/2224. Angaben nach: Dieterici Hg., Mitteilungen des Statist. Büros 1848, Nr. 3; Fischer u. a., Sg. Ab., 224; P. Lundgreen, Educational Expansion and Economic Growth in 19th Century Germany, in: L. Stone Hg., Schooling and Society, Baltimore 1976, 22; P. Flora Hg., Indikatoren der Modernisierung, Opladen 1975, 110–31; ders. Hg., State I, 586–92; ders., Bildungsentwicklung, 294–319; Bölling, 14 (Tab. 2), 65f.; Müller, Grundriß, 141–44, 149f.; Tews, 105; Herrlitz u. a., 51; Busshoff, 389; Koselleck, Preußen, 440–42. – Leschinsky u. Röder, 137f.; Hattermann, 69; Skopp, 391; Nipperdey, Volksschule, 125, 122; G. Thiele, Geschichte der preuß. Lehrerseminare, Berlin 1938; Bölling, 54–56; Lundgreen, Expansion, 22; LaVopa, Schoolteachers, 53, 69, 71; Thien, 142; Rönne I, 411–65 (1. 6. 1826), 440 (12. 6. 1824), 471 (Wiederholung 18. 6. 1829); Müller, Grundriß, 148–54; Lexis Hg. III, 240; Tews, 95f.; P. Lundgreen, Bildung u. Wirtschaftswachstum im Industrialisierungsprozeß des 19. Jh., Berlin 1973, 152–56; Barkin, 45; Skopp, 385, 390; Busshoff, 389f. (Neuzell); Bölling, 77, und Müller, Sozialstruktur, 199f. (Berlin); Ziegler, 99f. (Sachsen); Romberg, 467–540. – *Übersicht 41* nach: Müller, Grundriß, 141–44; Lexis Hg. III, 12; Thien, 146; Bölling, 63f., 69–72. Vgl. auch Skopp, 392 (Einkommen 1855); Nipperdey, Volksschule, 138f.; Diesterweg, SW I/1, 179; v. Rönne I, 480. – Friedrich, Volksschule, 41f., 46, 50, 82, 84; Bölling, 56; Skopp, 387, 390 (1854); Neukum, 17–20, 27f., 84, 90f., 95f., 111–17, 119–32, 178; Blessing, Volksbildung, 479, 490f., 517, 566; vgl. Schmid Hg. V/3, 140, 168–77; Romberg, 120–53. Verklärung des Elternwiderstands in manchen Beiträgen zum «sozialen Protest».

9 Vgl. Bd. I: Teil 1, V, 2b; Teil 2, III, 3f: Paulsen II, 278–442, 456–73. *Übersicht 42* nach: Lundgreen, Sozialgeschichte I, 79; ders., Expansion, 22, 58; ders., Bildung, 152f.; vgl. Fischer u. a., Sg. Ab., 226; Dieterici Hg., Mitteilungen 1848, Nr. 3. – Kraul, Deutsches Gymnasium, 47–73; dies., Gymnasium, passim; dies., Untersuchungen zur sozialen Struktur der Schülerschaft des preuß. Gymnasiums im Vormärz, in: Bildung u.

Erziehung 29. 1976, 514, 516; die Ergebnisse für Baden: P. Koppenhöfer, Bildung u. Auslese. Untersuchungen zur Herkunft der höheren Schüler Badens 1834–90, Weinheim 1980. Vgl. B. Schönemann, Das braunschweig. Gymnasium, Köln 1983, v. a. H.-J. Apel, Das preuß. Gymnasium in den Rheinlanden u. Westfalen 1814–48, Köln 1984; ders., Preuß. Gymnasiallehrer 1820–50, in: VSWG 72. 1985, 353–68. – Humboldt, Werke IV, 1964, 241f. (11.4. 1810); Rönne II, 1855, 26–57. Konkret: G. Jäger, Schule u. literar. Kultur, I: Sozialgeschichte des Unterrichts an höheren Schulen von der Spätaufklärung bis zum Vormärz, Stuttgart 1981. Borniert wirkt: B. Gafert, Höhere Bildung als Antiaufklärung. Entstehung u. Bedeutung des preuß. Gymnasiums, Frankfurt 1978. Vgl. Bölling, 20–52; C. Führ, Gelehrter Schulmann–Oberlehrer–Studienrat, in: Conze u. Kocka Hg., 417–57; R. Grosse, 1810–1910: Beiträge zur Geschichte des Oberlehrerstandes, Leipzig 1910; W. S. Learned, The Oberlehrer, Cambridge/Mass. 1914/1969, 31–66; F. Paulsen, Der höhere Lehrerstand, Braunschweig 1902; Lundgreen, Sozialgeschichte I, 73, 84, 64–87; Schmid Hg. V/1, 254–83, 290–310; Romberg, 199–253, 558–602. – 1818 hatte Schulze 41 Amtsjahre vor sich; als Eichhorn ihn 1842 versetzte, wurde Kortüm, den S. seit 1830 «angelernt» hatte, sein Nachfolger. – Den weltoffenen liberalen Gymnasialdirektor verkörperte z. B. Christian Kapp in Hamm, Friedrichs Vater, vgl. Lenel, 35–41. Lundgreen, Sozialgeschichte I, 65, 71; ders., Expansion 22, 58, 51. Vgl. H.-W. Brandau, Die mittlere Bildung in Deutschland, Weinheim 1959, 167–249; R. W. Keck, Geschichte der mittleren Schule in Württemberg, Stuttgart 1968; J. Zinnecker, Sozialgeschichte der Mädchenbildung, Weinheim 1973, 26–31, 48–50; vgl. I. Weber-Kellermann, Frauenleben im 19. Jh., München 1983.

[10] Eine moderne Gesamtdarstellung der deutschen Polytechnischen Schulen und Technischen Hochschulen fehlt noch immer. Vgl. allg. W. König, Stand u. Aufgaben der Forschung zur Geschichte der deutschen Polytechn. Schulen u. Techn. Hochschulen im 19. Jh., in: Technikgeschichte 48. 1981, 47–67; F. Schnabel, Die Anfänge des techn. Hochschulwesens, in: Fs. zum 100jähr. Bestehen der TH Karlsruhe, Karlsruhe 1925, 1–44; ders., Geschichte III, 302–30; Lundgreen, Sozialgeschichte I, 109–18; K. H. Manegold, Das Verhältnis von Naturwissenschaft u. Technik im 19. Jh. im Spiegel der Wissenschaftsorganisation, in: Geschichte der Naturwissenschaften u. der Technik im 19. Jh., Düsseldorf 1969, 141–87; ders., Univ., TH u. Industrie, Berlin 1969, 31–53; W. Treue, Die Geschichte des techn. Unterrichts, in: Fs. zur 125-Jahr-Feier der TH Hannover, Hannover 1956, 44–58; ders., Das Verhältnis der Univ. u. TH zueinander u. ihre Bedeutung für die Wirtschaft, in: Lütge Hg., Situation, 223–37; G. Grüner, Die Entwicklung der höheren techn. Fachschulen im deutschen Sprachgebiet, Braunschweig 1967, 13–39; G. Aldström, Higher Technical Education and the Engineering Profession in France and Germany During the 19th Century, in: Economy and History 21, 1978, 51–88.

Vgl. allg. zu *Wien*: H. Sequenz, 150 Jahre TH in Wien 1815–1965 I, Wien 1965 16, 19, 21, 163f., 181; R. H. Kastner, Die Geschichte der TH in Wien, ebd. 1965. – *Prag:* Fs. zur 100-Jahr-Feier der TH Prag 1806–1906, Prag 1906; A. Birk, Die Deutsche TH Prag 1806–1931, ebd. 1931. – *Graz:* 1811 wurde aus dem «Museum für Naturgeschichte» das «Ioanneum» als Gewerbeschule geschaffen, die jedoch erst 1825 regelmäßigen technischen Unterricht aufnahm; bis 1850 kam sie auch nur auf 110 Studenten. Vgl.: Die TH in Graz. Fs. zur 150. Wiederkehr des Gründungstages, Graz 1961. – *Karlsruhe:* Schnabel, Anfänge, 15, 19, 22–38; W. Bussmann u. K. Neumaier (Staat, Technik u. Gesellschaft. Zur Geschichte der Fridericiana im 19. Jh., in: Fridericiana. Zs. der Univ. Karlsruhe, H. 15: 150 Jahre Univ. K. 1825–1975, 7–21) führen über Schnabel nicht hinaus. Vgl. Haverkamp, 31–114; C.F. Nebenius, Über techn. Lehranstalten, Karlsruhe 1833; Manegold, Univ., 33. 1865 Hochschulverfassung, erst 1885 TH. – *Berlin:* Humboldt, G. Sch. XIII, 265; Die TH zu Berlin 1799–1924, Berlin 1925, 39–46; J. Becker, Von der Bauakademie zur Techn. Univ., ebd. 1949, 7–19. Am besten jetzt: P. Lundgreen, Techniker in Preußen während der frühen Industrialisierung, Berlin 1975; ders., Techniker u. Arbeitsmarkt in Preußen 1810–50, in: Jarausch Hg., Quantifizierung, 346–63; C. Schiersmann, Zur Sozialgeschichte der preuß. Provinzialgewerbeschulen im 19. Jh., Weinheim 1979. Vgl. F. u. P. Goldschmidt, Das Leben des Staatsrats Kunth, Berlin 1881; H. J. Straube, C. P. Beuth, in: Abhandlungen u. Berichte des deutschen Museums Berlin 2. 1930, 116–52; ders., Die Gewerbeförderung Preußens 1800–50, Diss. TH Berlin 1933; C. Matschoss, Preußens Gewerbeförderung u. ihre großen Männer 1821–1921, ebd. 1921, 39–49; O. Simon, Die Fachbildung des preuß. Gewerbe- u. Handelsstandes im 18. u. 19. Jh., ebd. 1902. – *München:* Grüner, 20–23; vgl. TH München 1868–1968, München 1968. – *Dresden:* R. Sonnemann u. a., Geschichte der TU Dresden 1828–1978, Berlin 1978, 19–27; 125 Jahre TH Dresden, Dresden 1953, – *Stuttgart:* J. H. Voigt, Lehre zwischen Politik u. Wirtschaft 1829–64, in: ders. Hg., Die Univ. Stuttgart I, Stuttgart 1979, 13–138; TH Stuttgart, Fs. 1829–1929, Berlin 1929. – *Hannover:* K. H. Manegold, Die Entwicklung der TH Hannover zur wissenschaftl. Hochschule, in: K. Mauel u. W. Treue Hg., Naturwissenschaft, Technik u. Wirtschaft im 19. Jh. I, Göttingen 1976, 284–304; R. Seidel u. a. Hg., Univ. Hannover, Fs. zum 150jähr. Bestehen 1831–1981, Stuttgart 1981; Treue, in: Fs. 1956, 50–58; L. U. Scholl, Ingenieure in der Frühindustrialisierung. Staatl. u. private Techniker im Königreich Hannover u. an der Ruhr 1815–73, Göttingen 1978. – *Braunschweig:* W. Schneider Hg., Die TH Braunschweig, Berlin 1963, 17–25; F. Moeller, Die TH Carola-Wilhelmina zu Braunschweig, Braunschweig 1951. – *Darmstadt:* W. Schlink, Entwicklung u. Gestaltung der TH, in: ders. Hg., Die TH Darmstadt 1836–1936, Darmstadt 1936, 11f.

[11] Vgl. Bd. I: Teil 1, V, 3; Teil 2, III, 3 f sowie aus der zit. allg. Lit.: McClelland, State, 101–232; Ringer, Education, 32–112; vom Bruch, Universität; Nipperdey, Geschichte, 470–82; Schnabel, dass. III, 128–44; Turner, University Reformers, 495–532; Jarausch, Univ., 11–57 (beruht auf Matrikeln des Sample: Tübingen, Göttingen, Erlangen, Kiel, Heidelberg); Paulsen II, 247–78; Lundgreen, Sozialgeschichte I, 110–18; R. König, 125–220; Schelsky, 41–124; Prahl, Sozialgeschichte, 187–204. Ein Überblick: J. H. van de Graff, The Politics of German University Reform 1810–1970, Diss. Columbia Univ. N. Y. 1973, MS; als Gegengewicht: J. D. Cobb, The Forgotten Reforms: Non-Prussian Universities 1797–1817, Diss. Univ. of Wisconsin, Madison 1980, MS; vgl. L. O'Boyle, Learning for His Own Sake: The German University as 19th-Century-Model, in: CSSH 25. 1983, 3–25; zu positiv stilisiert: T. Nipperdey, Preußen u. die Univ., in: Erdmann u. a., Preußen, 65–85, u. in: ders., Nachdenken, 140–55. – Zum Vergleich: L. Stone Hg., The University in Society, 2 Bde, Princeton 1974; M. Sanderson, The Universities in the 19th Century, London 1975 (nur für England); S. D'Irsay, Histoire des Universités Françaises et Étrangères II, Paris 1935. – Muhlack, 305f., 324–26, 312, 322; Humboldt, GS X, 258, 273f.; Menze, 307f., 405f.; McClelland, State, 112, 204f. (z. T. Mark mit Taler = ca. 3 M., verwechselt! 208, Tab. 6, erwähnt M. selber Dietericis Unversitätsstatistik mit dem Berliner Etat von 1834 = rd. 99850 T.), 127, 145, 185, 125, 163; Lenz III, 529f.; Kaufmann Hg. II, 68; Schrader II, 191; v. Bezold I, 103. Unter Eichhorn wurden von 15 Juraprofessoren nur 8 gemäß der Liste berufen. – Humboldt, G. Sch. XIII, 279. Die Einheit von Forschung und Lehre bedeutete übrigens auch keinen «radikalen Bruch» (Lundgreen, Sozialgeschichte I, 101f.), sondern Humboldt, Schulze, Süvern u. a. waren an den Seminaren in Göttingen und Halle eben damit vertraut geworden. – Harnack II, 341f.; Hardtwig, Vormärz, 108, 111; Ben-David u. Zloczower, 51, 53, 57f., 62; Schnabel, Geschichte II, 140; Dieterici, Nachrichten, 26, 35, 45, 56f., 67–70, 82, 106.

Vgl. aus der qualitativ sehr ungleichmäßigen Festschriften-Literatur, die gerade die hier interessierenden Fragen oft nicht genau behandelt: *Berlin:* Lenz, 4 Bde, 1910–19; Forschen u. Wirken. Fs. zur 150-Jahr-Feier der Humboldt-Univ. zu Berlin 1810–1960, 3 Bde, Berlin 1960; R. Berthold u. a., Die Humboldt-Univ. Zum 150jähr. Bestehen, ebd. 1960, 36–40, 71–74. – *Bonn:* v. Bezold, 2 Bde, 1920/33; 150 Jahre Rhein. Friedrich-Wilhelms-Univ. zu Bonn 1818–1968, Bonn 1968ff.; M. Braubach, Kleine Geschichte der Univ. Bonn 1818–1968, ebd. 1968. – *Breslau:* Kaufmann Hg., I, 87–192. – *Erlangen:* Kolde; Fs. zum 200jähr. Jubiläum der Friedrich-Alexander-Univ. zu Erlangen, Erlangen 1943; E. Deuerlein, Geschichte der Univ. Erlangen, ebd. 1927. – *Freiburg:* C. Bauer, Aufsätze zur

Freiburger Wissenschafts- u. Universitätsgeschichte, Freiburg 1969; Beiträge zur Freiburger Wissenschafts- u. Universitätsgeschichte, bisher 38 Bde, Freiburg 1954ff. – *Gießen:* P. Moraw, Kleine Geschichte der Univ. Gießen 1982, 103–91; Ludwigs-Univ. – J. Liebig-Hochschule Gießen 1607–1957, Fs. zur 350-Jahr-Feier, ebd. 1957. – *Göttingen:* v. Selle, Univ. Göttingen; G. Meinhardt, Die Univ. Göttingen 1734–1974, Göttingen 1977. – *Greifswald:* Braun u. a. Hg., 81–112. – *Halle–Wittenberg:* Schrader, 2 Bde, 1894; Timm; L. Stern u. a. Hg., 450 Jahre M. Luther-Univ. Halle–Wittenberg, 3 Bde, Halle 1952, II, 213–72. – *Heidelberg:* W. Doerr Hg., Semper Apertus. 600 Jahre Ruprecht-Karls-Univ. Heidelberg 1386–1986, 6 Bde, Berlin 1986; P. Classen u. E. Wolgast, Kleine Geschichte der Univ. Heidelberg, ebd. 1983; H. Weisert, Geschichte der Univ. Heidelberg, Heidelberg 1983; Schneider, Heidelberg; G. Hinz Hg., Ruperta Carola. Aus Anlaß des 575jähr. Bestehens, ebd. 1961. – *Jena:* M. Steinmetz Hg., Geschichte der Univ. Jena 1548/58–1958, 2 Bde, Jena 1958/62. – *Kiel:* E. Döhring u. a. Hg., Geschichte der Christian-Albrecht-Univ. Kiel 1665–1965, 6 Bde, Neumünster 1965ff. – *Königsberg:* v. Selle, Königsberg; H. Prutz, Die Königl. Albertus-Univ. zu Königsberg im 19. Jh., Königsberg 1894, 71–240. – *Leipzig:* F. Eulenburg, Die Entwicklung der Univ. Leipzig in den letzten 100 Jahren, Leipzig 1909; E. Engelberg Hg., K. Marx-Univ. Leipzig 1409–1959, 2 Bde, ebd. 1959; L. Rathmann Hg., Alma Mater Lipsiensis. Geschichte der K.-Marx-Univ. Leipzig (1409–1984), ebd. 1984. – *Marburg:* H. Hermelinck u. S. A. Kaehler, Die Philipps-Univ. zu Marburg 1527–1927, Marburg 1927, 507–65; W. v. Bredow Hg., 450 Jahre Philipps-Univ. Marburg, ebd. 1979; W. Heinemeyer u. a. Hg., Academia Marburgensis, ebd. 1977. – *München:* L. Boehm u. J. Spoerl Hg., Ludwig-Maximilians-Univ. 1472–1972, Berlin 1972; dies. Hg., Die Ludwig-Maximilians-Univ. in ihren Fakultäten, 2 Bde, ebd. 1972/80. – *Rostock:* G. Heidorn u. a. Hg., Geschichte der Univ. Rostock 1419–1969, 2 Bde, ebd. 1969, I, 85–113. – *Tübingen:* H. Decker-Hauff u. a., Beiträge zur Geschichte der Univ. Tübingen 1477–1977, Tübingen 1977; W. Jens, Eine deutsche Universität: 500 Jahre Tübinger Gelehrtenrepublik, München 1977. – *Wien:* F. Gall, Alma Mater Rudolphina 1365–1965, Wien 1965; Studien zur Geschichte der Univ. Wien, bisher 8 Bde, Graz 1965ff. – *Würzburg:* P. Baumgart Hg., 400 Jahre Univ. Würzburg, Neustadt 1982; M. Buchner Hg., Aus der Vergangenheit der Univ. Würzburg, Fs. zum 350jähr. Bestehen, Berlin 1932.

[12] Braun u. a. Hg., 81; Eulenburg, Frequenz, 298; Heidorn u. a. Hg. I, 86–90; Hermelinck u. Kaehler, 507–65; K. Jordan Hg., Univ. Kiel V/2, 1969, 27–51; Eulenburg, Leipzig, 14–17; Doerr Hg.; E. Naujoks, Reform u. Lehrkörperstruktur an der Univ. Tübingen 1815–1914, in: Decker-Hauff u. a. Hg., 136–45, 189; Jens, 240, 250, 286; Angermann, Mohl (auch M. hatte ohne Habilitation dank der Empfehlung des Vaters, eines hohen Beamten, seine Stelle erhalten); Steinmetz Hg. I, 370; H. Dickerhoff-Fröhlich, Das Fach Geschichte an der Univ. München im 19. Jh., in: Boehm u. Spoerl Hg., Fakultäten II, 260–64. Von Ingolstadt war die bayerische Universität 1800 nach Landshut verlegt worden, um den Resten des jesuitischen «Obskurantismus» zu entkommen. Dort setzten Montgelas' Reformmaßnahmen ein, um die Beamtenausbildung zu verbessern (s. ebd. I, 140–45). 1826 erfolgte der Umzug nach München. – Eulenburg, Frequenz, 164f., 302–7; Conrad, Universitätsstudium, 15, 17, 22. 60, Anh. Tab. II; Jarausch, Univ., 17, 46; McClelland, State, 187 (die Zahlen der vier Autoren divergieren minimal). – Lenz III, 521; v. Bezold I, 97f., 287; H. Prutz, 148, 173; Schrader I, 552; II, 215; Eulenburg, Leipzig, 191; Engelsing, Sozialgeschichte, 35; McClelland, State, 210, 119, 189; Prahl, Sozialgeschichte, 374f.; Jarausch, Univ., 27, 37–57; ders., Studenten, 24–34; H. Titze, Die zykl. Überproduktion von Akademikern im 19. u. 20. Jh., in: GG 10. 1984, 92–121; Eulenburg, Frequenz, 248f., 319; ders., Der akadem. Nachwuchs, Leipzig 1908, 10f.; C. v. Ferber, Die Entwicklung des Lehrkörpers der deutschen Univ. u. Hochschulen 1864–1954, Göttingen 1956, 102f., 195, 210; Prahl, Sozialgeschichte, 208f. (mit merkwürdig abweichenden Zahlen für 1796 und 1860!); McClelland, State, 164 (M. kommt für 1796 aus unbekannten Gründen auf 650 o. Prof.), 125, 148, 170, 196, 206f.,

350, 209, 220, 227; v. Bezold I, 71; Heidorn u. a. Hg., 90; Schrader II, 192; Busch, 22–48, 76; Lenz II/1, 14; IV, 595; McClelland, State, 166–69, 208, Tab. 6 (und die Angaben von Dieterici, s. o. Anm. 52), 164, 174f., 178, 204f., 195f.; Lenz III, 446, 480f., 525–27; H. Prutz, v. Bezold II; v. Selle, Göttingen, je passim; Liebig: NDB 14. 1985, 497–501. Vgl. allg. R. S. Turner, The Growth of Professorial Research in Prussia 1818–48, in: Historical Studies in the Physical Sciences 3. 1971, 137–82; ders., J. v. Liebig vs. Prussian Chemistry. Reflections on the Rise of the Institute System in Germany, in: ebd. 13. 1982, 129–62; ders., Historicism, Kritik, and the Prussian Professorate 1790–1840, in: M. Bollack u. a. Hg., Philosophie u. Hermeneutik im 19. Jh. II, Göttingen 1983, 450–78; W. Erben, Entstehung der Universitätsseminare, in: Internationale Monatsschrift für Wissenschaft, Kunst u. Technik 1913, 1247–64, 1335–47; H. Plessner, Zur Soziologie moderner Forschung u. ihrer Organisation in der deutschen Univ., in: ders., Diesseits der Utopie, Düsseldorf 1966, 121–42.

[13] Vgl. oben 365–82, 394–401. H. J. Graff, The Legacies of Literacy: Continuities and Contradictions in Western Society and Culture, Bloomington 1985; ders. Hg., Literacy and Social Development in the West, Cambridge 1981; ders., Literacy in History. A Bibliography, N. Y. 1981; R. Houston, Literarcy and Society in the West 1500–1850, in: SH 8. 1983, 269, 93; Engelsing, Analphabetentum, 105, 95; ders., Massenpublikum u. Journalismus im 19. Jh. in Nordwestdeutschland, Berlin 1966, 26–28; beispielhaft: G. Jäger u. J. Schönert Hg., Die Leihbibliothek als Institution des literar. Lebens im 18. u. 19. Jh., Hamburg 1980; Goldfriedrich IV, 199–219; Scherer, Unternehmertum; Schulze, Buchhandel; H. Hiller, Zur Sozialgeschichte von Buch u. Buchhandel, Bonn 1966; A. Martino, Publikumsschichten u. Leihbibliotheken, in: Glaser Hg. VI: 1815–48, 1980, 36–42 (36: Perthes urteilte 1842, daß der Buchhandel in den vergangenen vier Jahren nur überlebt habe, da Leihbibliotheken und Lesezirkel Literatur gekauft hätten). I. Rarisch, Industrialisierung u. Literatur. Buchproduktion, Verlagswesen u. Buchhandel in Deutschland im 19. Jh., Berlin 1976, 27–31; W. Krieg, Materialien zu einer Entwicklungsgeschichte der Bücher-Preise u. der Autoren-Honorare vom 15. bis 20. Jh., Wien 1953, 85–129. Vgl. allg. zu den Themen der Kulturgeschichte in diesen Abschnitten: Eisenstein, Press; Engelsing, Perioden; Wittmann; Schenda; Göpfert Hg.; Raabe, Leselust; Bruford, Kultur; Hauser; v. Böhn; K. Buchheim, Deutsche Kultur 1830–70, Frankfurt 1966; G. Böhmer, Die Welt des Biedermeier, Gütersloh 1968; M. Bernhard, Das Biedermeier 1815–48, Düsseldorf 1983; F. Hertz, The German Public Mind in the 19th Century, Hg. F. Eyck, London 1975, 190–224; T. Ziegler, Die geistigen u. sozialen Strömungen des 19. Jh., Berlin 1921[7]. – Glaser Hg. VI; Žmegač Hg. I/2; Newald; Sagarra, Tradition; Dahnke; Boettcher, Bramstedt; Hohendahl.

[14] Rarisch, 98–101 (Anhang: Produktion 1801–50), 21–24, 31, 104 (22: Tab. 2; 27: Tab. IV. Die 12 wichtigsten Verlagsorte 1801–40); S. Obenaus, Buchmarkt, Verlagswesen u. Zeitschriften, in: Glaser Hg. VI, 44–46; Engelsing, Analphabetentum, 90–95; Goldfriedrich IV, 294, 457; R. A. Fullerton, The Development of the German Book Market 1815–88, Diss. Univ. of Wisconsin, Madison 1975; C. P. Magill, The Development of the German Reading Public 1840–48, London 1938, Anhang; Escarpit, 19; U. Haltern, Polit. Bildung u. bürgerl. Liberalismus. Zur Rolle des Konversationslexikons in Deutschland, in: HZ 223. 1976, 61–97. (Schon 1843/48 folgte die 9. Aufl. des «Brockhaus» in 15 Bden; die 11. Aufl. von 1864/68 in 15 Bden erreichte 300000 Exemplare!) Vgl. O. Schottenloher, Bücher bewegten die Welt. Eine Kulturgeschichte des Buches, 2 Bde, Stuttgart 1968[2]; enttäuschend: K. Schottenloher u. J. Binkowski, Flugblatt u. Zeitung I: Bis 1848, München 1985, 369–73; s. aber Paschke u. Rath; Pietschmann; Dziatzko u. ders. – Groth I, 197, 199, 247; Engelsing, Massenpubklikum, 27, 48, 50; ders., Zeitung u. Zeitschrift in Nordwestdeutschland 1800–50, in: Archiv für Geschichte des Buchwesens 5. 1964, 852, 859; H.-D. Fischer, Handbuch der polit. Presse in Deutschland 1480–1980, Düsseldorf 1981, 53, 51; H. v. Kleist, Berliner Abendblätter 1810, Hg. H. Sembdner, ND Darmstadt 1982; Görres, Rhein. Merkur, Hg. Duch, 2 Bde; anon., Deutschlands polit. Zeitungen,

Zürich 1842, 9–40; anon., Die Zeitungen u. ihre Leser, in: DVS 1842/II, 156–71; F.W. v. Reden, Statist. Ergebnisse der deutschen period. Presse, in: ZVDS 2. 1848, 244–50; Fischer, Deutsche Zeitungen, 25–176 (mit Kurzporträts der meisten genannten Zeitungen, vgl. 35f., 47f., 59f., 86f., 111, 122, 146f., 161); K. Koszyk, Geschichte der deutschen Presse II: 19. Jh., Berlin 1966/1986, 62f., 90–92, 97–99; H. Heenemann, Die Auflagenhöhen der deutschen Zeitungen, Diss. Leipzig, Berlin 1930, 33, 36, 43, 48, 51–54; H.F. Meyer, Zeitungspreise in Deutschland im 19. Jh., Diss. Münster 1969, 537–40; ausführlich: Klutentreter. Vgl. allg. Salomon III: 1814–71, 1–539. – S. Obenaus, 57–61; E. Lorenz, Die Entwicklung des deutschen Zeitschriftenwesens, Charlottenburg 1937, 28, 55, 63. Übersicht: Kirchner, Zeitschriftenwesen II, 1–148 (bis 1848); ders., Bibliographie: Koszyk II, 63f., 92–96; Histor.-Polit. Zeitschrift 1. Hamburg 1832, 2. Berlin 1832–36; vgl. Baacke. F. Deitmaring, Die «Deutsche Vierteljahrsschrift», Diss. Münster 1922; Ruge, Aus früher Zeit; ders., Briefwechsel; Neher; Deutsch-Französ. Jahrbücher, Paris 1844/ND Darmstadt 1973; zu den anderen kritischen Zeitschriften: Dowe, Aktion, und Kirchners Studien. E. Drahn, Geschichte des deutschen Buch- u. Zeitschriftenhandels, Berlin 1914, 22f.; J. Kirchner, Redaktion u. Publikum. Gedanken zur Gestaltung der Massenzeitschrift im 19. Jh., in: Publizistik 5. 1960, 143–55 (das erste Pfennigmagazin erschien bis 1855 [ND 1. 1833–10. 1842, Hg. R. Kaiser, Nördlingen 1985], Webers «Illustrierte» bis 1914). Vgl. allg. Haacke; Wuttke; Bauer, Öffentl. Meinung; Toennis, dass.

[15] Vgl. als Beispiele nur: Laube, Erinnerungen, Zit. 129, 243; Gutzkow, Rückblicke; Menzel, Denkwürdigkeiten. Überblick und erste Grundlage für die fehlende sozialgeschichtlich-prosopographische Studie: F. Brümmer, Lexikon der deutschen Dichter u. Prosaisten des 19. Jh., 2 Bde, Leipzig 1885[4]. S. Obenaus, 55f.; Krieg, 124, 127–29 (mit zahlreichen anderen Beispielen; zu Scotts Einkommen: Bd. I, Teil 1, V, 4c; zum beneideten Einkommen französischer Schriftsteller: L. Börne, SW V, Leipzig 1889, 47); Groth IV, 57f.; Baumert, 35–62, 41, 60; Engelsing, Massenpublikum, 48, 50, 52–57 (52: Riehl); ders., Zeitung, 818–20. Aufwertung: Biedermann I, 216; Kircher Hg., Prutz, 13–41; A. Lammers, Zeitungswesen, in: Bluntschli u. Brater Hg., Staats-Wb. 11. 1870, 283–93. K. Brunöhler, Die Redakteure der mittleren u. größeren Zeitungen im heutigen Reichsgebiet 1800–48, Diss. Leipzig, Bottrop 1933, 8–52, 55 (mit 90 Kurzbiographien); L. O'Boyle, The Image of the Journalist in France, Germany, and England 1815–48, in: CSSH 10. 1968, 302–12; Groth I, 371. – S. Obenaus, 52–54, 44, 46–49; allg. Perthes, Leben, 3 Bde; Goldfriedrich IV; Brockhaus, Tagebücher; NDB 2, 623–25; Campe: NDB 3, 111f.; Cotta: ebd., 376–80; G. Kramer, G. v. Cotta als Verleger, Frankfurt 1985; Huber Hg. I, 80, 91–93 (Pressgesetz 20. 9. 1819), 129 (1834, Art. 36f.). Ein Sonderproblem bilden die kurzlebigen deutschen Exilverlage v. a. in der Schweiz. Der bekannteste war Fröbels Zürcher «Literarisches Comptoir», das bewußt im Bund unterdrückte Schriften verlegte. Allein von 1841 bis 1843 stieg die Produktion von 9 auf 40 Titel. Herweghs «Gedichte eines Lebendigen» (1841) wurden zu dem bis dahin größten Verkaufserfolg eines deutschen Lyrikers. Zwei Bundesverbote von 1845 bis 1847 sowie die zu schmale Kapitaldecke beendigten das Experiment. Vgl. Keller, Verlagsanstalten; Gerlach, Literatur; Fröbel, Leben.

[16] Habermas, Strukturwandel, 8, 66. Kritisch: W. Jäger, Öffentlichkeit u. Parlamentarismus, Stuttgart 1973. Zur halbprivaten kritischen Öffentlichkeit der Salons als «Ersatz» für eine freie Presse: I. Drewitz, Berliner Salons. Gesellschaft u. Literatur zwischen Aufklärung und Industriezeitalter, Berlin 1965. Schneider, Pressefreiheit, 198, vgl. allg. 171–274, 289–301; Büssem, 322 (Gentz); Koszyk II, 35–62; S. Obenaus, 49–52; Fischer, Handbuch, 52, 55–61; Faber, Geschichte, 165–67; enttäuschend: H. Adler, Staatsschutz im Vormärz, in: ders. Hg. I, 3–45; Lammers, 287; Huber Hg. I, 128 (Wien, 12. 6. 1834, Art. 28f.); Groth I, 198; anon., Zeitungen, 167; Varnhagen v. Ense, Tagebuch I, 58f. (27. 8. 1837); W. Hömberg, Literpublizist. Strategien der Jungdeutschen u. Vormärz-Literaten, in: Glaser Hg. VI, 83–98. Liberale Kritik: K. T. Welcker, Zensur der Druck-

schriften, in: Staatslexikon 3. 1836, 329–66, Zit. 359, 340; ders., dass., Nachtrag, in: ebd., 3. 1846[2], 140–45; ders., Öffentlichkeit, in: ebd., 12. 1841, 252–309; Zit. 290; ders., Zeitschriften, Zeitungen, in: ebd., 15. 1843, 835–38, Zit. 836f., 838; H. K. Jaup, Pressefreiheit, in: ebd., 13. 1842, 331–88 (das «Staatslexikon» wurde im zensurfreien Altona gedruckt). Vgl. R. Darmstadt, Der Deutsche Bund in der zeitgenöss. Publizistik, Bern 1971; Koszyk II, 88f.; Mayer, Radikalismus; anon., Deutschlands Zeitungen, 41; Fischer, Handbuch, 60 (Held, vgl. NDB 8, 462f.); O'Boyle, Image, 305 (For. Quart. 33. 1844, 373); zu einem Regierungsblatt: J. C. Struckmann, Staatsdiener als Zeitungsmacher. Die Geschichte der «Allg. Preuß. Staatszeitung», Berlin 1981; S. Obenaus, 56 (Biedermann); Rarisch, 37f.; Engelsing, Massenpublikum, 51.

VI. Deutschland im späten Vormärz. An der Schwelle zweier Revolutionen

[1] A. H. Everett, Europa oder Übersicht über die Lage der europ. Hauptmächte im Jahr 1821, Bamberg 1823, 6f., vgl. Dictionary of American Biography III, 220f. Zu Tocqueville und Burckhardt: 786, Anm. 1; 268, Anm. 51, sowie vorn die zahlreichen Belege zu Revolutionsfurcht und Fortschrittstempo. – H. Freyer, Die weltgeschichtl. Bedeutung des 19. Jh., Kiel 1951, 26, vgl. 10f., 19.

[2] Harnisch, Kapitalist. Agrarreform, 144 mit Tab. IIIc–VIIIc im Anhang, 350f.

[3] Obenaus, Anfänge, 58f. (Hardenberg), 80 (Cramer), 74 (Hatzfeld), vgl. 71 (1812 hieß es von schlesischen Städtevertretern, daß der Ersatz für die Armee «aus allen Klassen der Staatsbürger» genommen werden solle); E. v. Bülow-Cummerow, Über die Mittel zur Erhaltung des Grundbesitzes, Berlin 1814, 10; Hübner u. Kathe Hg., 76 (Putbus); Hegel, Rechtsphilosophie, 200f., § 243, vgl. 245; Stein VI, 381; Brandt, Repräsentation, 67 (Müller), 82 (Jarcke), 88, 92 (Vollgraff); Wehnert, Geist, 3 (1833); Der Hochwächter Jg. 1832, 813; Jacoby, Briefwechsel, 264 (1844), 216 (1843); F. K. v. Savigny, Verm. Schriften V, Berlin 1850/Aalen 1968, 218; F. Bülau, Übervölkerung u. Nahrungslosigkeit, Leipzig 1834, 22–51; zu B. auch: Conze, Spannungsfeld, 263, und Jantke u. Hilger Hg., 256–65, mit vielen anderen Belegen; s. auch: H. Bodemer, Über die Zustände der arbeitenden Klassen, Grimma 1845; Brockhaus-Lexikon 9. 1837[8], 882; v. Stein, Geschichte I, 64; II, 27; ders., System II/1, 273–431; Engels: MEW 4. 1964, 50 (1847); 8. 1960, 7.

[4] Ancillon, 35. Adelsverteidigung z. B.: F. Schlegel, Über die neuere Geschichte (1810/11), in: Krit. Fried.-Schlegel-Ausgabe, Hg. E. Behler VII, München 1966, 406f.; Perthes, Leben II, 247; A. v. Arnim, Gräfin Dolores (1810), in: ders., Sämtl. Romane, Hg. W. Migge I, München 1952/Darmstadt 1962, 159.

[5] J. Gessinger, Sprache u. Bürgertum. Sozialgeschichte sprachl. Verhaltensformen im Deutschland des 18. Jh., Stuttgart 1980, 12 u. ö. Vgl. allg. J. Kocka Hg., Bürger u. Bürgerlichkeit im 19. Jh., Göttingen 1987; ders. Hg., Bürger u. Arbeiter; Conze u. ders. Hg., Bildungsbürgertum.

[6] F. v. Raumer, Lebenserinnerungen u. Briefwechsel I, Leipzig 1861, 262 (R. an Hardenberg, 25. 8. 1812); Droysen, Freiheitskriege, 242; Conze, Spannungsfeld, 243.

[7] Ruge, Denunziation, 1437; H. M. Enzensberger Hg., Gespräche mit Marx u. Engels I, Frankfurt 1973, 3 (Hess an B. Auerbach, 2. 9. 1841), 59 (Annenkow, 30. 3. 1846), 34 (Ruge an Fröbel, 6. 12. 1844, s. auch Ruges Urteil 1845: 851, Anm. 38); vgl. ebd. 104: Schurz' Eindruck von Marx' menschenverachtendem Hochmut im Sommer 1848.

[8] Schlingensiepen-Pogge, 21; M. v. Lavergne-Peguilhen, Grundzüge der Gesellschaftswissenschaft I, Königsberg 1838, 361; Varnhagen v. Ense, Tagebücher II, 66 (1. 5. 1842); Fröbel I, 133 (Mai 1843, danach Humboldts bemerkenswerte Äußerung: «Der große Fehler der deutschen Geschichte ist, daß die Bewegung des Bauernkriegs nicht durchgedrungen ist»; vgl. auch Humboldts mokantes Aperçu, Friedrich Wilhelm IV. habe gegen den Geist der Zeit vor, «ein kleines Mittelalter zu bilden», Herre Hg., 346, v. Brünneck, 28. 10. 1840); Schramm, 9 Generationen II, 142; Biedermann, Leben I, 215; R. v. Friesen, Erinnerungen I, Dresden 1910, 48; Burckhardt, Briefe II, 210 (5. 3. 1846, vgl. III, 46).

Vierter Teil
Die «Deutsche Doppelrevolution»
Erfolgreiche Industrielle Revolution und gescheiterte politische Revolution 1845–1848/49

[1] Vgl. zu Burckhardt und Engels die Belege: 786, Anm. 1; ebd. die allg. Lit., sowie Nipperdey; Huber; Schnabel; Treitschke und die Speziallit. mit sehr verschiedenartigen Periodisierungskriterien. Zur allg. einführenden Lit. über die deutsche Industrielle Revolution und die 1848er Revolution vgl. 867 f., Anm. 8ff.

I. Die Fundamentalzäsur: Industrielle Revolution und Verkehrsrevolution

[1] A. Gehlen, Die Seele im techn. Zeitalter, Hamburg 1957, 87; vgl. 71; ders., Urmensch u. Spätkultur, Bonn 1957/1977[4], 294; Cipolla, Industrielle Revolution, 7, s. 16., 20; Freyer, Bedeutung, 19, s. 10f. Vgl. E. Troeltsch, Das 19. Jh., in: ders., GS IV, Tübingen 1925, 632, vgl. 634; R. Hansen, Neolith. u. industrielle Revolutionen als universalgeschichtl. Zäsuren, in: Fs. W. Heistermann, Berlin 1978, 83–102.

[2] Vgl. zuerst die Diskussion über die Entstehung des okzidentalen Kapitalismus in Bd. I, Teil 1, II, 1. Allg. zu Weber nur: ders., RS I, 1–16, u. die Belege in Bd. I, Teil 1, II, 1; zu Marx ebd.; S. Avineri, Marx and Modernization, in: RoP 31. 1969, 172–88; B.F. Hoselitz, K. Marx on Secular Economic and Social Development, in: CSSH 6. 1963/64, 142–63; R.J. Antonio u. R.M. Glassman Hg., A Weber-Marx-Dialogue, Lawrence 1985; zu Hintze: ders., Ges. Abh. I–III; zu Sombart: Kapitalismus II/2, 730f. Neuerdings wie Weber: Anderson, Lineages, 397–431. Vgl. dazu Bd. I, Teil 1, II, 2–6; Teil 2, IV; hier, Teil 3, II–VI. Offene/geschlossene Beziehungen natürlich nach Weber.

[3] Cipolla, Industrielle Revolution, 12f.; vgl. ders., Wirtschaftsgeschichte u. Weltbevölkerung, München 1972, 41–52; Landes, Prometheus, 15, s. 21, 20f. (Relativierung durch Einbettung in einen «komplexeren» Modernisierungsprozeß); indirekte Kritik: D.C. Coleman, Industrial Growth and Industrial Revolutions, in: Economica 23. 1956, 17 (gegen Überschätzung der Maschinen) oder: Cochran, Business Revolution (Technologie als «Folge» der «Anforderungen neuer Elemente» des sozioökonomischen und politischen Systems). Vorzüglich über Innovationsschübe: H. Freudenberger u. G. Mensch, Von der Provinzstadt zur Industrieregion (Brünn-Studie), Göttingen 1975; Fanfani, 220, 226; Sombart, Kapitalismus II/2, 862 (u. seine Bücher über «Luxus» u. «Krieg»). Übersee: contra Marx, Kapital I, Kap. 4 u. 24; III, Kap. 20; ders., Grundrisse, 224–26; Williams, Capitalism; Mandel, Theorie, 71–93; zuletzt Wallersteins «Weltsystem»-Konstrukte, vgl. die Kritik daran: Bd. I, Teil 1, I, Anm. 3, sowie B. v. Borries, Kolonialgeschichte u. Weltwirtschaftssystem 1492–1830, Düsseldorf 1986; Weber, Wg, 265, 258. – Crouzet, Capital Formation, 1–69; Kuznets, Capital Formation in Modern Economic Growth, 15–53; Flinn, Origins, 40; Mathias, 196; Deane, 152–67; demn. umfassend: S. Pollard, Capital Formation in England 1750–1850; vgl. E.J. Hobsbawm, Industry and Empire, London 1968, dt. Industrie u. Empire, 2 Bde, Frankfurt 1969; allg. Schröder, Neuere engl. Geschichte; Pollard, Industrialization, 636–48; ders., Conquest; Crouzet, Western Europe, 100–8; vgl. diese acht Autoren zur englischen industriellen Revolution. Neuerdings: F. Crouzet, The First Industrialization. The Problem of Origins, Cambridge 1985.

[4] Hoselitz, Theories of Stages, 193–223; Z.Y. Herschlag, Theory of Stages in Economic Growth in Historical Perspective, in: Kyklos 22. 1969, 661–87; G. Bäthge, Die logische Struktur der Wirtschaftsstufen, Meisenheim 1962; H. Giersch, Stufen- u. Fortschrittsperioden der wirtschaftl. Entwicklung, in: Zeitschrift für Nationalökonomie 15. 1955/56, 61–72; Spiegel; Kalveram; Bornhausen. – A. Wellmer, Kritische Gesellschaftstheorie u. Positivismus, Frankfurt 1969, 69–127; W. Leontief, The Significance of Marxian Economics for Present-Day Economic Theory, in: AER 28. 1938, 1–9, dt. Die Bedeutung der Marxschen Wirtschaftslehre für die gegenwärtige Theorie, in: R. Jochimsen u. H. Knobel

Hg., Gegenstand u. Methoden der Nationalökonomie, Köln 1971, 109–17; J. Kromphardt, Konzeptionen u. Analysen des Kapitalismus von seiner Entstehung bis zur Gegenwart, Göttingen 1980; T. Ramm, Die künftige Gesellschaftsordnung nach der Theorie von Marx und Engels, in: Marxismusstudien 2. 1957, 77–119; Rostow, Stages; ders., Take-Off; ders., Process; ders. Hg., Economics; ders., Politics; ders., How; ders., World Economy; ders., Leading Sectors and the Take-Off; in: ders. Hg., Economics, 1–21; ders., Industrialization and Economic Growth, in: First International Conference of Economic History, Paris 1960, 17–34; ders., British Economy of the 19th Century, London 1948/1961; Gerschenkron, Continuity, 79; vgl. zur Kritik an Rostow: ders., The Typology of Industrial Development as a Tool of Analysis, in: ders., Continuity, 77–98; S. Kuznets, Notes on the Take-Off, in: Rostow Hg., Economics, 22–43 (in diesem Band schon präzise Kritik); zur neuen Debatte über «Stufen» nach Rostow: BW, 42–68, v. a. Baran u. Hobsbawm; Baudet u. Stuivenberg; Bauer u. Wilson; Fishlow; Hagen; Myrdal; Ohlin; Paulsen; Rosovsky.

[5] N. D. Kondratieff, Die langen Wellen der Konjunktur, in: ASS 56. 1926, 573–609; ders., Die Preisdynamik der industriellen u. landwirtschaftl. Waren, in: ebd. 60. 1928, 1–85. Vgl. die nützliche Literaturzusammenstellung von: W. Plumpe u. J. Rosenkranz, Forschungsbibliographie zum Problem der langen Wellen wirtschaftl. Entwicklung, in: D. Petzina u. G. van Roon Hg., Konjunktur, Krise, Gesellschaft, Stuttgart 1981, 379–411; v. a. W. W. Rostow, Kondratieff, Schumpeter, and Kuznets. Trend Periods Revisited, in: JEH 35. 1975, 719–53; G. Garvy, Kondratieff, in: IESS 8. 1968, 443 f.; ders., Kondratieff's Theory of Long Cycles, in: AES 25. 1943, 203–20, u. in: A. H. Hansen u. R. V. Clemence Hg., Readings in Business Cycles and National Income, N. Y. 1953, 438–66; G. Imbert, Des Mouvements de longue durée Kondratieff, 3 Bde, Aix-en-Provence 1956–59; E. Mandel, Long Waves of Capitalist Development, Cambridge 1980; R. Metz, Zur empir. Evidenz langer Wellen, in: Kyklos 37. 1984, 266–90; ders., «Long Waves» in English and German Economic Historical Series from the Middle of the 16th to the Middle of the 20th Century, in: R. Fremdling u. P. O'Brien Hg., Productivity in the Economies of Europe, Stuttgart 1983, 175–219; H. W. Finck v. Finckenstein, Das Problem des Trend. Kurze, mittlere u. lange Wellen des wirtschaftl. Ablaufs, Bern 1956; B. Glenday, Long Period Economic Trends, in: Journal of the Royal Statistical Society III, 101. 1938, 511–52; J. Kuczynski, Das Problem der langen Wellen u. die Entwicklung der Industriewaren-Preise 1820–1933, Basel 1934; W. Woytinski, Das Rätsel der langen Wellen, in: Sch.Jb. 55. 1931, 1–42; E. Wagemann, Probleme der Wirtschaftsentwicklung: die langen Wellen der Konjunktur, in: Vierteljahrshefte zur Konjunkturforschung 3. 1928, 27–30; s. auch J. Trachtenberg, Monetary Crises 1821–1938, Moskau 1938. – C. Juglar, Des crises commercials et de leur retour périodique, Paris 1889[2]; J. Kitchin, Cycles and Trends in Economic Factors, in: RES 5. 1923, 10–16; Schumpeter, Konjunkturzyklen; s. dazu: E. Bernhauer, Die Konjunkturtheorie J. Schumpeters, in: ZGS 115. 1959, 626–55; R. V. Clemence u. F. S. Doody, The Schumpeterian System, Cambridge/Mass. 1950. – Der Schmoller-Schüler A. Spiethoff (Krisen, in: HStW 6. 1925[4], 8–91; danach: Die wirtschaftl. Wechsellagen, 2 Bde, Tübingen 1955; ders., Overproduction, in: ESS VI/1, 513–17) hat nach langjähriger empirischer Beschäftigung mit der Konjunkturgeschichte etwa gleichzeitig eine nach langen «Wechselspannen» und kurzen «Wechsellagen» untergliederte Konjunkturtheorie vorgelegt; seine vier «Wechselspannen» sind jedoch ebenso wenig haltbar wie Kondratieffs «lange Wellen», s. Spree, Wachstumstrends, 173; vgl. A. Schweitzer, Spiethoffs Konjunkturlehre, Basel 1938; ders., Spiethoff's Theory of the Business Cycle, in: Univ. of Wyoming Publications 8. 1941, 1–30. – Vgl. allg. hierzu: H.-J. Ramser, Stand u. Entwicklungsperspektiven der Konjunkturtheorie, in: M. Timmermann u. a. Hg., Nationalökonomie morgen, Stuttgart 1981, 27–58; H.-J. Vosgerau, Konjunkturtheorie, in: HWW 4. 1978, 438–507; A. F. Burns, Business Cycles, in: IESS 2. 1968, 226–45; ders., The Business Cycle in a Changing World, N. Y. 1969 (v. a. The Nature and Causes of Business Cycles); ders., New Facts on Business Cycles, N. Y. 1950; ders., Measuring Business Cycles, N. Y. 1946; W. Stützel, Konjunkturbeobachtung, Konjunkturtheorie,

in: Enzyklopäd. Lexikon des Geld-, Bank- u. Börsenwesens II, Frankfurt 1968², 1013–17, 1027–39; H. Besters, Wirtschaftl. Konjunkturen, in: Staatslexikon 8. 1963, 738–53; M. Teschner, Wirtschaftskonjunkturbewegung u. Konjunkturtheorie, in: Handwb. der Betriebswirtschaft 4. 1962, 6407–23; W. Jöhr u. G. Clausing, Konjunkturen, in: HSW 6. 1959, 97–141; W. Jöhr, Die Konjunkturschwankungen, 2 Bde, Zürich 1952; R.C.O. Matthews, The Business Cycle, Cambridge 1959, dt. Konjunktur, München 1973; H. Dupriez, Philosophie des conjunctures économiques, Paris 1959, dt. Konjunkturphilosophie, Berlin 1963; ders., Des Mouvements économiques généraux, 2 Bde, Löwen 1947/1951²; J. Åkerman, Structures et cycles économiques, 3 Bde, Paris 1955–57; H. Mottek, Die Krisen u. die Entwicklung des Kapitalismus, Berlin 1982; ders., Zum Problem Stagnation u. Wachstum in der Wirtschaftsgeschichte, in: JbW 1969/III, 151–69; G. Haberler, Prosperität u. Depression, Tübingen 1955². – V. Vomfelde, Langfristige Wandlungen im Konjunkturtyp u. ihre Erklärung, Diss. Hamburg 1971; R. Barthelt, Trendfunktionen u. Konjunkturzyklen, Diss. Marburg 1960; S. Knetsch, Lange Konjunkturwellen u. Wirtschaftswachstum, Diss. ebd. 1959; H. Becker, Die Entwicklung der nichtmonetären Überproduktions- u. Überinvestitionstheorien als Krisen- u. Konjunkturerklärung, Diss. Bonn 1952; W.C. Mitchell, Business Cycles, in: ESS II/1, 92–107; ders., Der Konjunkturzyklus, Leipzig 1931; ders., Business Cycles and Their Causes (1913), Berkeley 1960; F. Simiand, Les fluctuations économiques à longue période et la crise mondiale, Paris 1932; W.G. Hoffmann, Stadien u. Typen der Industrialisierung, Jena 1931, 71–81, 94, 165; E. Wagemann, Struktur u. Rhythmus der Weltwirtschaft, Berlin 1931; ders., Konjunkturlehre, ebd. 1928; E. Lederer, Konjunkturen u. Krisen, in: GdS 4. Abt./I, Tübingen 1925, 354–413; A. Aftalion, Les Crises périodiques des surproduction, 2 Bde, Paris 1913; M. Wirth, Geschichte der Handelskrisen, Frankfurt 1890⁴; E. v. Bergmann, Die Wirtschaftskrisen. Geschichte der nationalökonom. Krisentheorie, Stuttgart 1895. Vgl. die Übersicht in den Sammelbänden von: G. Bombach u.a. Hg., Perspektiven der Konjunkturforschung, Tübingen 1984; A.E. Ott Hg., Wachstumszyklen, Berlin 1973; H. König Hg., Wachstum u. Entwicklung der Wirtschaft, Köln 1968; W. Weber Hg., Konjunktur- u. Beschäftigungstheorie, ebd. 1967; R.A. Gordon u. L.R. Klein Hg., Readings in Business Cycles, London 1966; J.J. Clark u. M. Cohen Hg., Business Fluctuations, Growth, and Economic Stabilization, N.Y. 1963; E. James u. A. Marchal Hg., Fluctuations économiques. 2 Bde, Paris 1954; J. Tinbergen u. J.J. Polak Hg., The Dynamics of Business Cycles, Chicago 1950; G. Haberler u.a. Hg., Readings in Business Cycle Theory, London 1944. – Kritik an den «langen Wellen»: U. Weinstock, Das Problem der Kondratieff-Zyklen, Berlin 1964; T. Kuczynski, Kondratieff Cycles-Appearance or Reality?, in: M.W. Flinn Hg., Proceedings of the 7th International Economic History Congress II, Edinburgh 1978, 79–86; I.G. Adelman, Long Cycles-Fact or Artifact?, in: AER 60. 1965, 444–63; s. dies., Theories of Economic Growth and Development, Stanford 1961; Y.S. Brenner, Theories of Economic Development and Growth, N.Y. 1966; A. Maddison, Phases of Capitalist Development (1820–1980), Oxford 1982, 64–95. – R. Spree faßt die Einwände pointiert zusammen: Veränderungen der Muster zyklischen Wachstums der deutschen Wirtschaft von der Früh- zur Hochindustrialisierung, in: GG 5. 1979, 228–50; ders., Wachstumstrends, 19–41, 110f., 171–77; ders., Wachstumszyklen; ders. u. Bergmann, 289–325; ders., Was kommt nach den «langen Wellen» der Konjunktur?, in: W.H. Schröder u. ders. Hg., Histor. Konjunkturforschung, Stuttgart 1980, 305–15 (in diesem Band auch: A. Kleinknecht, Überlegungen zur Renaissance der «Langen Wellen» der Konjunktur, 316–38; A. Wagner, Demograph. Ursachen langfristiger Wachstumszyklen, 339–58); s. aber auch ders., Zur Theoriebedürftigkeit quantitativer Wirtschaftsgeschichte, in: Kocka Hg., Theorien, 189–204. Vgl. R. Tilly, Renaissance der Konjunkturgeschichte?, in: GG 6. 1980, 243–62. – Zu den Kuznets-Zyklen: S. Kuznets, Secular Movements in Production and Prices, N.Y. 1930; ders., Capital in the American Economy 1961; s. auch: R.A. Easterlin, Population, Labor, Force, and Long Swing in Economic Growth, N.Y. 1968; A.F. Burns, Production Trends in the United States Since 1870, N. Y. 1934; M. Abramovitz, The Nature and Significance of Kuznets Cycles, in: Economic Development and Cultural Change (= EDCC) 9. 1961, 225–48, u. in: Gordon u. Klein Hg., 519–45; ders., The Passing of the Kuznets Cycle, in: Economica 35. 1968, 349–67. Zur Bedeutung des demographischen Wachstums und von Einwandererwellen, die bei Kuznets eine zentrale Rolle spielen, vgl. v. Lösch; oben A. Wagner; Kelly, Demographic Cycles. – Vorzüglich zur diskutierten Problematik: K. Borchardt, Konjunkturtheorie in der Konjunkturgeschichte, in: VSWG 72. 1985, 537–55.

Vor rd. zwanzig Jahren habe ich die Theorie der «langen Wellen» aufgrund meines damaligen Informationsstands und ohne die Kompetenz zu einer selbständigen Überprüfung ihrer Validität sowohl für ein Periodisierungsschema als auch für eine Interpretation mit beträchtlicher Erklärungskraft gehalten (H.-U. Wehler, Bismarck u. der Imperialismus, Köln 1969/Frankfurt 1984[5]; ders., Der Aufstieg des amerikanischen Imperialismus 1865–1900, Göttingen 1974/1987[2]). Mir ging es, mit der Stoßrichtung gegen die öde herkömmliche Politikgeschichte, um die Wechselwirkungen zwischen konjunkturellen Auf- und Abschwüngen einerseits, politischen Entscheidungen andrerseits, um den Einfluß des Konjunkturverlaufs auf sozialstrukturelle Veränderungen, Ideologiebildung, Interessenorganisation, sozialpsychische «Klimata» usw. Rückblickend muß man wegen der Resultate der seitherigen Diskussion über die «langen Wellen» heute konstatieren, daß mein Ansatz mit ihnen sozusagen überfrachtet war. Verzichtet man auf sie, verändern sich die Periodisierungskriterien, aber die Wirkungen der unstrittigen mittel- und kurzfristigen Konjunkturbewegungen genügen völlig, um die erwähnten Einflüsse und Wechselwirkungen weiterhin zu verteidigen. Das empirische Fundament sowohl für die kürzeren Zyklen als auch für die Interdependenzproblematik ist inzwischen sogar erheblich verbessert worden. Insofern hat sich m. E. das Experiment im Kern durchaus gelohnt. Vgl. z. B. H. Siegenthaler, Ansätze zur Interpretation des Zusammenhangs von langfristigen Wachstumsschwankungen u. sozio-polit. Strukturwandel, in: H. Kellenbenz Hg., Wachstumsschwankungen, Stuttgart 1981, 1–45, knapper auch in: Schröder u. Spree Hg., 359–71. Zur Zeit werden unter Ökonomen die «langen Wellen» wegen der weltwirtschaftlichen Wachstumsstörungen erneut diskutiert; auch gibt es im Umkreis Wallersteins eine meist naive Verteidigung (z. B. in der Zeitschrift «Review»), wo – wie auch oft in Frankreich – die industriellen «Kondratieffs» unbekümmert auf das 15. bis 18. Jahrhundert übertragen werden.

6 Spree, Veränderungen, 228–30; ders., Was kommt, 307; ders., Wachstumstrends, 29; vgl. überhaupt diese sehr sachkundigen, vorzüglichen Arbeiten von Spree. Drei-Sektoren-Modell: C. Clark, The Conditions of Economic Progress, London 1940/1957[3]; Schumpeter, Konjunkturzyklen; ders., Theorie; S. Kuznets, Wesen u. Bedeutung des Trends, Bonn 1930; ders., Secular Movements, 4f.; ders., Economic Trends and Business Cycles, in: ders., Economic Change, N. Y. 1953, 135; H. J. Habakukk, Fluctuation and Growth in the 19th Century, in: M. Kooy Hg., Studies in Economics and Economic History, London 1972, 274–78. Vgl. aus der kaum mehr überschaubaren Lit.: den klaren Überblick von Rostow, World Economy, 101–304, sowie: C.-L. Holtfrerich, Wachstum I: Wachstum der Volkswirtschaften, in: HWW 8. 1980, 413–32; R. A. Easterlin u. a., Economic Growth, in: IESS 4. 1968, 395–429; J. R. T. Hughes u. W. E. Moore, Industrialization, in: ebd., 7. 1968, 252–70; G. Bombach, Wirtschaftswachstum, in: HSW 12. 1965, 753–801; W. G. Hoffmann, Industrialisierung, in: ebd. 5. 1956, 224–38; S. Klatt, Zur Theorie der Industrialisierung, Köln 1959; J. Åkerman, Theory of Industrialism, Lund 1960; Gerschenkron, Backwardness,; ders., Continuity; Gould; S. Kuznets, Modern Economic Growth, in: AER 63. 1973, 247–58 u. in: C. E. Black Hg., Comparative Modernization, N. Y. 1976, 186–200; ders., Economic Growth of Nations, Cambridge/Mass. 1971; ders., Modern Economic Growth, New Haven/Conn. 1966; ders., Reflections on the Economic Growth of Modern Nations, in: ders., Economic Growth and Structure, N. Y. 1965, 82–122, dt. Die wirtschaftl. Vorbedingungen der Industrialisierung, in: Braun u. a. Hg., Industrielle Revolution, 17–34; ders., Economic Growth and Structure; ders., Six Lectures on Economic Growth, Glencoe/Ill. 1959; ders., Economic Change; Myrdal, Ökonom.

Theorie; W.A. Lewis, Die Theorie des wirtschaftl. Wachstums, Tübingen 1956; A. Maddison, A Comparison of Levels of GDP p.c. in Developed and Developing Countries 1700–1980, in: JEH 43. 1983, 27–41; P. Bairoch, International Industrialization Levels 1750–1980, in: JEEH 11. 1982, 269–333; ders., Le mythe de la croissance économique rapide au XIX siècle, in: Revue de l'Institut de Sociologie 2. 1962, 307–31; ders., Niveau 1810–1910; ders., Europe's GNP 1800–1975; vgl. auch: T. Kemp, Historical Patterns of Industrialization, London 1878; ders., Industrialization in 19th Century Europe, ebd. 1973[4]; J.R.T. Hughes, Industrialization and Economic History, N.Y. 1970.

[7] Vgl. Polanyi (Transformation) als immer noch anregendste allgemeine Erörterung der Marktprobleme sowie seine wichtigen Beiträge, in: ders., Ökonomie u. Gesellschaft, Frankfurt 1979; V. Stamm, Ursprünge der Wirtschaftsgesellschaft, ebd. 1982; J. Robinson, Die Gesellschaft als Wirtschaftsgesellschaft, München 1972; H. Rosenberg, Große Depression u. Bismarckzeit, Berlin1967/1976[2], 13; Heimann, Soziale Theorie, 48; vgl. C.M. Elliott, The Ideology of Economic Growth, in: E.L. Jones u. G.E. Mingay, Land, Labor, and Population in the Industrial Revolution, London 1967, 75–99; Schumpeter, Kapitalismus, 138; vgl. Borchardt, Industrielle Revolution, 87; D.S. Landes, Patterns of Leadership and Authority in the European Industrial Revolution, in: G. Wijeyewardene Hg., Leadership and Authority, Singapur 1968, 107–46; A. Löwe, Polit. Ökonomik, Frankfurt 1968, 89, 94, 97, 215. Noch immer grundlegend zum «ungleichgewichtigen Wachstum»: Hirschmann, Strategie der wirtschaftl. Entwicklung; die Führungssektortheorie gehört in dieses Theoriefeld. Vgl. L. Hoffmann, Entwicklungstheorien des ausgewogenen u. unausgewogenen Wachstums, in: ZGS 121. 1965, 523–74. – Spiethoff I, 38, 72, 115; Hoffmann, Stadien, 165. Zu Führungsregionen: Bd. I, Teil 2, IV. – Führungssektoren nach Rostows Studien (s.o. Anm. 4), dort auch ausführlich über «backward, lateral, forward linkeages». Rostow knüpfte, wie vorn erwähnt, an Schumpeter, Kuznets, Hoffmann und andere Konjunkturforscher an. Vgl. knapp und präzis: Holtfrerich, Wachstum; ders., Wirtschaftsgeschichte, 11–14. R.W. Fogels Polemik (die Führungssektorenanalyse stelle eine Übertragung der Große-Männer-machen-die-Geschichte-Theorie von Personen auf Dinge dar, in: ders. u. S.L. Engerman Hg., The Reinterpretation of American Economic History, N.Y. 1971, 203) verfehlt ganz die empirische Ergiebigkeit dieses Ansatzes. – T.W. Adorno, Einleitung, in: ders. Hg., Spätkapitalismus oder Industriegesellschaft, Stuttgart 1969, 23f.; klar darüber auch: R. Luxemburg, Polit. Schriften I, Hg. O.K. Flechtheim, Frankfurt 1966, 67; Kuznets, Modern Economic Growth, 193, vgl. 194, 189f. (Nobelpreis-Vortrag 1971). – In Bd. III ist daher erst genauer auf den Zusammenhang von Konjunkturbewegung, Interventionismus und Legitimation des politischen Systems einzugehen.

[8] Natürlich ist die Betonung unterschiedlicher Trendperioden prinzipiell mit dem statistischen Kunstprodukt des langlebigen Trends durchaus kompatibel. Der Streit geht um die Interpretationsperspektive: Zeigen die empirischen Daten der Konjunkturforschung wirklich einen langfristigen Anstieg an, welcher der Trendkurve verblüffend ähnlich ist? Oder beweisen sie nicht vielmehr die mehr oder minder heftigen Schwingungen ungleichmäßigen industriellen Wachstums, darunter auch den steilen Aufschwung eines «Take-Off»? – Hoffmann, Take-Off, 96, 114; Mottek II, 171–201; ders., Zum Verlauf u. zu einigen Hauptproblemen der Industriellen Revolution in Deutschland, in: ders. u.a., Studien, 11–63 (für den Beginn der Anlaufphase gilt hier die Gründung des Zollvereins als wichtig, obwohl seine industriellen Wachstumseffekte in den ersten Jahren durchweg überschätzt werden; außerdem habe seither das Wachstum des realen Sozialprodukts [1,4% p.a. nach Hoffmann] das durchschnittliche Bevölkerungswachstum von 1% p.a. übertroffen, so daß man von industriellem Wachstum sprechen könne). Spiethoff I, 114f., 83; Schumpeter, Konjunkturzyklen I, 313; vgl. Sombart, Kapitalismus III/2, 564; Spree u. Bergmann, 292–97, 305, 314–21; Spree, Veränderungen, 231f., 237 (Tab. 2, s. auch 232, Anm. 7: 18 Indikatoren); ders., Wachstumstrends, 46–51, 107 (wichtiges Schaubild 37 mit Kurvenverlauf 1820–1913), 171–77, vgl. 178–95; ders., Wachstumszyk-

len, 370–555; ders., Zur quantitativ-histor. Analyse ökonom. Zeitreihen: Trends u. Zyklen in der deutschen Volkswirtschaft 1820–1913, in: H. Best u. R. Mann Hg., Quantitative Methoden in der histor.-sozialwissenschaftl. Forschung, Stuttgart 1977, 126–71; Borchardt, Grundriß, 47; ausführlicher: ders., Industrielle Revolution (58: 1835–1849 «entscheidende Phase der Entfaltung eigener Wachstumskräfte»; 23: Favorisierung von 1850–1873); Landes, Prometheus, 16; Gerschenkron, Backwardness, 38. Seinem «Spurt» entspricht außer dem «Take-Off» Rostows auch Hirschmanns (47) «Big Push». R. Tilly, The Growth of Large-Scale Industrial Enterprise in Germany Since 1850, in: H. Daems u. H. van der Wee Hg., The Rise of Managerial Capitalism, Den Haag 1974, 147, 162; J. v. Kruedener, Die Jahresberichte der Preuß. Bank (1847–1875) als Quelle zur Konjunkturgeschichte, in: VSWG 62. 1975, 465–99. – Vielleicht bewährt es sich auch, die Phase von 1844 bis 1879 als langen Kuznets-Zyklus zu behandeln, obwohl mangels empirischer Daten diese Interpretation noch nicht zureichend untermauert werden kann. Contra «Take-Off» z. B. Kuznets, Notes; Kellenbenz, Wirtschaftsgeschichte II, 74, 79, 170. Vgl. allg. hierzu: H. Siegenthaler, Industrielle Revolution, in: HWW 4. 1978, 142–59; R. H. Tilly, The «Take-Off» in Germany, in: E. Angermann u. M.-L. Frings Hg., Oceans Apart? Stuttgart 1981, 47–59; H. Kaelble, Der Mythos von der rapiden Industrialisierung in Deutschland, in: GG 9. 1983, 106–19; R. Sonnemann, Die Industrielle Revolution in Deutschland, in: G. Wendel Hg., Die Zeit der Industriellen Revolution, Berlin 1982, 31–57; F. B. Tipton, The National Consensus in German Economic History, in: CEH 7. 1974, 195–224; K. W. Hardach, Some Remarks on German Economic Historiography and Its Understanding of the Industrial Revolution in Germany, in: JEEH 1. 1972, 37–99, sowie die Lit. in Bd. I, Teil 1, I, Anm. 1 zur europäischen und deutschen Wirtschaftsgeschichte, v. a. Cipolla u. Borchardt Hg.; Milward u. Saul; Landes, Prometheus; Pollard, Conquest; Sombart, Kapitalismus; HWS II; Weber Wg. Unbrauchbar: M. Kitchen, The Political Economy of Germany 1815–1914, London 1978.

[9] Holtfrerich, Wirtschaftsgeschichte, 167. Grundlegend: R. Fremdling: Eisenbahnen u. deutsches Wirtschaftswachstum 1840–79, Dortmund 1975/1985[2], 21, 34, 84f., 48, 98, 24, 17, 28, 31, 23, 98, 30f., 27, 137, 144f. Nach Fremdlings Tabellen auch *Übersicht 43*. Knapp ders., Railroads and German Economic Growth: A Leading Sector Analysis with a Comparison to the United States and Great Britain, in: JEH 37. 1977, 583–604; Borchard, 284–88, 295; D. Eichholtz, Junker u. Bourgeoisie vor 1848 in der preuß. Eisenbahngeschichte, Berlin 1962, 4; W. Linden, Eisenbahnbau u. Konjunktur, Karlsruhe 1936, 19, 26f.; B. Schultz, Die volkswirtschaftl. Bedeutung der Eisenbahnen, Jena 1922, 164; F. W. v. Reden, Vergleich. Statistik der deutschen Eisenbahnen Anfang 1847, in: ZVDS 1. 1847, 282–85; Spree u. Bergmann, 314; Tilly, Growth, 147; W. Hoth, Zur Finanzierung des Eisenbahnstreckenbaus im 19. Jh. in Deutschland, in: SM 12. 1978, 1–19; K. Obermann, Zur Beschaffung des Eisenbahn-Kapitals in Deutschland 1835–55, in: Revue International d'Histoire de la Banque 1972, 315–52; Voigt II/1, 497–520. Allg. noch: H. S. Seidenfuss, Eisenbahnwesen, in: DVG II. 1983, 227–57; H. Wagenblass, Der Eisenbahnbau u. das Wachstum der deutschen Eisen- u. Maschinenbauindustrie 1835–60, Stuttgart 1973; F. Blaich, Der Einfluß der Eisenbahnpolitik auf die Struktur der Arbeitsmärkte im Zeitalter der Industrialisierung, in: Kellenbenz Hg., Wirtschaftspolitik, 86–109; V. v. Röll Hg., Enzyklopädie des Eisenbahnwesens, 10 Bde, Berlin 1912–23[2]. Die Lit. zu den einzelstaatlichen und regionalen Bahnen bei Fremdling, Eisenbahnen, und v. Röll. – Fremdling zeigt im Gegensatz zu den neueren «cliometrischen» Arbeiten, welche die Bedeutung des Eisenbahnbaus abwerten oder durch kontrafaktische Berechnungen stark relativieren, die realhistorische Führungsfunktion der Eisenbahnen in der deutschen Industriellen Revolution. Vgl. dagegen: R. W. Fogel, Railroads and American Economic Growth, Baltimore 1964; A. Fishlow, American Railroads and the Transformation of the Anti-Bellum Economy, Cambridge/Mass. 1965; G. R. Hawke, Railways and Economic Growth in England and Wales 1814–70, Oxford 1971. Allg. hierzu: P. O'Brien, Transport and Economic Growth in Western Europe, in: JEEH 11. 1982, 335–67; A. G. Gomez-Mendoza, Railways and

Western Economic Development, in: Transport History 11. 1980, 122–29; T. Sarrazin u. a., Eisenbahnen u. wirtschaftl. Entwicklung, in: JbS 24. 1973, 85–105; Fremdling, Railroads.

[10] Spree u. Bergmann, 319; R. Fremdling u. G. Hohorst, Marktintegration der preuß. Wirtschaft des 19. Jh., in: Fremdling u. Tilly Hg., Industrialisierung, 56–99; P. B. Huber, Regionale Expansion u. Entleerung im Deutschland des 19. Jh.: eine Folge der Eisenbahnentwicklung, in: ebd., 27–52; zeitgenössische Bestätigung (1840): v. Delbrück I, 142; F. List, Eisenbahnen u. Kanäle, in: Staatslexikon 4. 1837, 650–778 (zu den frühen Plänen Lists vgl. W. O. Henderson, F. List, London 1983; H. Gehring, dass., Leipzig 1956; C. Brinkmann, dass., Berlin 1949; F. Lenz, dass., München 1936/Aalen 1970; zu Harkorts ungefähr gleichzeitigen Projekten: Köllmann, Harkort); Borchardt, Industrielle Revolution, 98; Weber, Wg, 255; ebenso Schumpeter (Konjunkturzyklen I, 336–63) und, wie üblich, bombastisch auch Sombart (Kapitalismus III/1, 289: «diese in der Menschheitsgeschichte einzige Riesenhaftigkeit der Erscheinung ‹Eisenbahn›» usf.); Crouzet, Western Europe, 116; Landes, Prometheus, 153. Jetzt als *der* Führungssektor nüchtern bestätigt von Fremdling, Eisenbahnen. – Zorn, Kleine Wirtschaftsgeschichte, 64; Ringsdorf; P. Beyer, Leipzig u. die Anfänge des deutschen Eisenbahnbaus 1829–40; Weimar 1978; preuß. Zahlen in: Fremdling, Eisenbahnen; Asmus, Geschichte, 144f.; ders., Grundzüge, 208f. (1840 in Betrieb; 1846: Magdeburg–Potsdam, 1847 Verbindung mit Köln); K. van Eyll, Camphausen u. Hansemann – zwei rhein. Eisenbahnunternehmer 1833–44, in: Tradition 11. 1966, 218–29; vgl. W. Kumpmann, Die Entstehung der Rhein. Eisenbahngesellschaft 1830–44, Essen 1910; W. Steitz, Die Entstehung der Köln-Mindener Eisenbahngesellschaft, Köln 1974.

[11] GS 1838, 1947; Treitschke V, 593; Hansemann, Kritik, 57; Borchardt, Industrielle Revolution, 50; H. Paul, Die preuß. Eisenbahnpolitik 1835–38, in: FBPG 50. 1938, 271 (Nagler); H. Nordmann, Die ältere preuß. Eisenbahngeschichte, in: Abhandlungen der Deutschen Akademie der Wissenschaften Berlin (Mathemat.-naturwiss. Klasse 1948, Nr. 4), Berlin 1950, 1–34; ders., Die Frühgeschichte der Eisenbahnen, in: ebd. (1947, Nr. 4), ebd. 1948, 2–27; J. C. Possart, Über die Anlage preuß. Eisenbahnen durch den Staat, ebd. 1838, 5. Allg. W. Klee, Preuß. Eisenbahngeschichte, Stuttgart 1982; E. Rehbein, Zum Charakter der preuß. Eisenbahnpolitik bis 1879, Diss. Dresden 1953, MS; G. M. Kletke, Die preuß. Eisenbahnen, 4 Bde, Berlin 1844/46. – Bülow-Cummerow II, 119, 139; 3. Aufl. 1843: 145f.; Obenaus, Anfänge, 523f.; Leiskow, 5–32; Eichholtz, 90–93, 97f., 112–15, 123, 33; Weyermann, 177–79 (178f.: Pfandbriefkurse 1842–1848); Metzler, 102; Hansen Hg., Briefe I, 644 (Camphausen); Obermann, Beschaffung, 321 (Rother, vgl. Rachel u. Wallich III, 233, 237; Henderson, State, 130); Niebuhr, Bankrevolution, 5; K. Knies, Die Eisenbahnen, Braunschweig 1853, 71; Tilly, Kapitalmarkt, 83f. Zur Börsen-VO v. 24. 5. 1844, s. o. Teil 3, II, 4; Kubitschek, 60–62; Varnhagen, Tagebücher II, 309 (11. 6. 1844). Vgl. O. Michaels, Eisenbahnaktionäre u. Eisenbahninteressen, in: ders., Volkswirtschaftl. Schriften I, Berlin 1873, 102–52. Eisenbahnkapital in preuß. Talern: JbSPS 1. 1863, 511f. (1849: 158,5 Mill. T.); vgl. F. W. v. Reden Hg., Eisenbahn-Jb. II, Berlin 1847, 102f. Von 1845 bis 1855 stieg das preuß. Eisenbahnkapital sogar weiter von 98,4 auf 326, d. h. um 228 Mill. T. – Koselleck, Preußen, 616–18; Sombart, Volkswirtschaft, 281; B. Kuske, 150 Jahre Kölner Handelskammer, Köln 1947, 27f., 30. Kritik an der Hochschätzung der preußischen Staatshilfe: Tilly, Polit. Ökonomie; ders., Aspekte; ders., Institutions; Fremdling, Eisenbahnen, 127–29, vgl. 130 (126, Tab. 31: Zinsgarantie und Aktienübernahme); Borchard, 284–88, 294–301.

[12] Allg. Organ für Handel u. Gewerbe 2. 7. 1835, Extrabeilage; Berger, 233f. (29. 10. 1838); R. Wittram, Drei Generationen 1830–1914, Göttingen 1949, 225; H. Heine, SW 9, Leipzig 1910, 291, vgl. 290–302 (5. 5. 1843); vgl. I. Hahn-Hahn, Reisebriefe I, Berlin 1841, 7; D. Sternberger, Panorama oder Ansichten vom 19. Jh., Düsseldorf 1938/Frankfurt 1974^3, 48, 223; Schramm, Hamburg, 192; ders., 9 Generationen II, 141; anregend: W. Schivelbusch, Geschichte der Eisenbahnreise. Zur Industrialisierung von Raum u. Zeit im 19. Jh., München 1977; vgl. K. Lärmer u. a., Zur Haltung von Klassen u. Schichten zum

produktionstechn. Fortschritt während der Industriellen Revolution in Deutschland, in: JbW 1986/I, 122–30; M. Riedel, Vom Biedermeier zum Maschinenzeitalter. Zur Kulturgeschichte der ersten Eisenbahnen in Deutschland, in: AfK 43. 1961, 100–23.

[13] Spree u. Bergmann, 305, 319, 321; Spree, Wachstumszyklen, 301–16; Fremdling, Eisenbahnen, 74–83; ders., Railroads, 584–601; ders., Brit. Exporte u. die Modernisierung der deutschen Eisenindustrie während der Frühindustrialisierung, in: VSWG 68. 1981, 305–24; ders., Die Eisenindustrien Großbritanniens u. Deutschlands als Indikator für Konjunkturschwankungen 1821–70, in: Schröder u. Spree Hg., 141–59; ders., Foreign Trade Patterns, Technical Change, Cost and Productivity in the West European Iron Industries 1820–70, in: ders. u. O'Brien Hg., 152–74; ders., Technolog. Wandel u. internat. Handel im 18. u. 19. Jh. Die Eisenindustrie in Großbritannien, Belgien, Frankreich u. Deutschland, Berlin 1986, 45–214, 234–371; F. W. Henning, Eisenbahnbau u. Entwicklung der Eisenindustrie in Deutschland, in: Archiv u. Wissenschaft 6. 1973, 1–20; Tilly, Take-Off, 53–56; Wagenblass, 11–23, 86, 237; Bosak, 118, 162; Beck, Eisen IV; Fremdling, Eisenbahnen, 144–54; ders., Exporte, 308–24; Wagenblass, 44f., 48, 25, 172, 236, 240, 246, 248; H. Marchand, Säkularstatistik der deutschen Eisenindustrie, Diss. Köln, Essen 1939, 115; W. Oechelhäuser, Vergleich. Statistik der Eisenindustrie aller Länder, Berlin 1853. – Zölle: Sering, Eisenzölle, 19f., 35, 60f., 244; N. N. Gordon, Britain and the Zollverein Iron Duties 1842–45, in: EHR 22. 1969, 75–87; vgl. C. Buchheim, Deutsche Gewerbeexporte nach England im 19. Jh., Ostfildern 1984; H. v. Laer, Industrialisierung u. Qualität der Arbeit im 19. Jh., N. Y. 1977, 113f.; v. Borries, 19–21, 53, 60–62, 88–94, 175–96; Wagenblass, 47, 55–57, 59, 171. – R. Fremdling, Der Puddler. Zur Sozialgeschichte eines Industriehandwerks, in: Engelhardt Hg., Handwerker, 637–65; ders., Exporte, 324; Holtfrerich, Wirtschaftsgeschichte, 157; Behrens, Kokshochofen, 122; Marchand, 70f.; Rabius, 9–11; Wiel, 194–96; Wiedenfeldt, Ein Jh., 26–29; Köllmann, Unternehmer, 21f.; Bruckner, 487; zahlreiche Firmenbeispiele in Wagenblass, 59–86. – Hier steht der Prozeßcharakter der Industriellen Revolution im Vordergrund. Die im Zuge der Analyse der Frühindustrialisierung erwähnten Unternehmerpersönlichkeiten treten demgegenüber zurück. – Vgl. noch A. Paulinyi, Der Technologie-Transfer für die Metallbearbeitung u. die preuß. Gewerbeförderung 1820–50, in: F. Blaich, Die Rolle des Staates für die wirtschaftl. Entwicklung, Berlin 1982, 99–142; K. Troitzsch, Belgien als Vermittler techn. Neuerungen beim Aufbau der eisenschaffenden Industrie im Ruhrgebiet um 1850, in: Technikgeschichte 39. 1972, 142–58; ders., Die Rolle des Ingenieurs in der Frühindustrialisierung, in: ebd. 37. 1970, 289–309; W. Treue, Ingenieur u. Erfinder, in: VSWG 54. 1967, 456–87; ders., Erfinder u. Unternehmer, in: Tradition 8. 1963, 255–71; ders., Unternehmer, Technik u. Politik im 19. Jh., in: ders. u. K. Mauel Hg., Naturwissenschaft, Technik u. Wirtschaft im 19. Jh. I, Göttingen 1976, 221–35; A. P. Usher, A History of Mechanical Inventions, Cambridge/Mass. 1962², 332–411. – K. Hardach, 164f. (Anglomanie erleichterte Nachahmung und Akkulturation); Fremdling, Railroads, 590 (1863 lag der deutsche Schienenanteil schon bei 85%; die deutsche Roheisenproduktion erreichte 1850 jedoch erst ein Zehntel der englischen, die PS-Zahl nur 6% der englischen; ders., Eisenindustrie, 142; Borchardt, Industrielle Revolution, 53). Fremdling, Eisenbahnen, 83; Hoffmann, Wachstum, 43f.; Hirschmann, 202f.

[14] Holtfrerich, Wirtschaftsgeschichte, 16, 52, 66–68 (danach: *Übersicht 44*), 67; Tilly, Institutions, 10; Gebhardt, 492, 13; Wiel, 114; Steinberg, 177, 186, 188; Jankowski, Policy, 69–71; ders., Law, 703; Wächtler, 233–61 (niedrigere Saar-Zahlen als bei Holtfrerich); Franzke, 40–45; Fuchs, Dirigismus, 152, 170.

[15] Fremdling, Eisenbahnen, 49f., 76; Wagenblass, 40, 202–4, 87, 89, 91, 93, 107f., 116, 200, 260, 275; 100 Jahre Borsig-Lokomotiven 1837–1937, Berlin 1937, 86, 92–96; Helbach, Unternehmer, 439; Baar, Berliner Industrie, 225f.; Wiedfeldt, 79, 83, 88, 228; D. Vorsteher, Borsig, Berlin 1983. – Kaiser, 625f.; Hentschel, Esslingen, 1, 13–26; Haverkamp, 12–18, 115–39, 166–69; Schröter u. Becker, 111, 73, 83, 124. Vgl. wiederum die zahlreichen Firmenbeispiele in: Wagenblass, 86–117.

[16] Fremdling, Eisenbahnen, 55–74; v. Borries, 196; Tilly, Institutions, 94–132; Pohl, Einführung, 19; Holtfrerich, Wirtschaftsgeschichte, 167 (contra: Landes, Prometheus, und Hoffmann, Wachstum, die beide primär für Eisen und Kohle plädierten); Hoffmann, Stadien, 165; Rostow, Stages, 36–58; Marx, Kapital II, 21. Kap., in: MEW 24, 485–518; Spree, Wachstumszyklen, 370–502; Tilly, Take-Off, 51f. (neue Korrektur der Nettoinvestitionswerte dess. in: CEHE VII/1, 382–441); Wallich, Beiträge, 291, 299, 311; Spree, Wachstumstrends, 183; Gehrmann, 89, 85f., 93, 95f., 4, 9, 35f., 47 (auf der Ebene des Rb. Arnsberg). Zum Textilsektor: Kirchhain, 39–42, 73, 109, 145, 241–54; Blumberg, Textilindustrie, 70–205 (nur Wollindustrie); ders., Leinenindustrie, 65–143. – Tilly, Take-Off, 51; contra: Borchardt, HWS II, 255f., und Harnischs (Kapitalist. Agrarreformen) Hauptthese. Vgl. oben Teil 3, II, 1 b (deutsche Agrarrevolution?); Spree, Veränderungen, 240f., 229; ders., Wachstumstrends, 125–27 (Agrarzyklen und gesamtwirtschaftliche Konjunktur); ders. u. Bergmann, 302.

[17] Vgl. hierzu Pollard, Conquest, 3–12, 111–23; ders. Hg., 12–19; Fremdling u.a., 10–15, 19–24; Tipton, Variations, 12–15, 17–30; ders., National Growth Cycles and Regional Economic Structures in 19th Century Germany, in: Schröder u. Spree Hg., 29–46; Kiesewetter, Erklärungshypothesen, 307–9, 313–32; Hohorst, Entwicklungsunterschiede, 215–33; ders., Wirtschaftswachstum, 311–57. Vgl. Fischer, Stadien; Borchardt, Wachstumsdifferenzen, v.a. 336–38; Hesse; Zorn, Verflechtung; ders., Schwerpunkte; Kiesewetter u. Fremdling Hg.; ders. u. Tilly Hg.; Bairoch u. Lévy-Leboyer Hg.; Pohl Hg., Gewerberegionen; Kischs Aufsätze. Leider fehlt für ein deutsches Gewerbezentrum eine Pilotstudie wie die von: Freudenberger u. Mensch. – Die Gegenwart III, Leipzig 1848, 37; Asmus, Geschichte, 148f. Stettins Bevölkerung wuchs von 1840 bis 1855 um rd. 50%; J.J. Lee, Aspects of Urbanization and Economic Development in Germany 1815–1914, in: P. Abrams u. E.A. Wrigley Hg., Towns in Societies, Cambridge 1979[2], 281f.; Myrdal, Kap. 2; R. Zeise, Zur sozialen Struktur u. zur Lage der Volksmassen auf dem Lande am Vorabend der Revolution von 1848/49 in Sachsen, in: JbW 1968/I, 239–73; Schröter u. Becker, 83–133; Fuchs, Dirigismus, 128–92, 226; Długoborski, 142–74; H.W. Büchsel, Rechts- u. Sozialgeschichte des oberschles. Berg- u. Hüttenwesens 1740–1906, Breslau 1941. – Baar, Berliner Industrie, 87–138; Büsch, Berlin/Brandenburg, 152–212; Wiedfeldt, 74–92, 159, 228, 255; Kocka, Unternehmensverwaltung, 48–62; Hatzfeldt, 15–91; Bruckner, 487, 490; Rabius, 16.

[18] Vgl. vorn Teil 3, II, 3–4; Schröter u. Becker, 73; Borchardt, 295; Brockhage, 206; Tilly, Institutions, 46–62; Wysocki, Untersuchungen, 114–96; Hoffmann, Take-Off, 111f.; Bienengräber, 452f.; Gebhardt, 14; R.E. Cameron, Some French Contributions to the Industrial Development of Germany 1840–70, in: JEH 16. 1956, 284, 305, 312, 316–21; J.M. Maréchal, La contribution des Belges et des Français à l'essor de la grande industrie allemande, in: Revue Universelle des Mines 85. 1937, 517–31; Winkel, Kapitalquellen, 278–95; ders., Höhe, 83–99; Klein, Zur Frage, 118–28; ders., Anfänge, 100–4, 136f. – Die vorn mehrfach geübte Kritik an der Überschätzung der staatlichen Industrieförderung richtet sich z.B. gegen: Ritter, Rolle des Staates; Mieck; Straube; Haverkamp; Bode; vgl. aber hierzu: G. Ambrosius, Der Staat als Unternehmer. Öffentl. Wirtschaft u. Kapitalismus seit dem 19. Jh., Göttingen 1984; H. Kiesewetter, Staat u. Unternehmen während der frühen Industrialisierung. Das Königreich Sachsen als Paradigma, in: ZfU 29. 1984, 1–32; F.B. Tipton, Government Policy and Economic Development in Germany and Japan, in: JEH 41. 1981, 139–50; F. Facius, Wirtschaft u. Staat. Die Entwicklung der staatl. Wirtschaftsverwaltung in Deutschland vom 17. Jh. bis 1945, Boppard 1959.

II. Die Agrar- und Gewerbekrisen von 1845 bis 1848

[1] Vgl. vorn *Übersicht 21*: Deutsche Getreidepreise 1816–1850; anon., Getreidepreise, 276, 290; ZKPSB 1861/62, 252; 1887, 211; Getreide im Weltverkehr, 699; v.d. Goltz II, 269, 334; Perlmann, 20 (Tab. 8: preuß. Weizenpreise 1816–60, Scheffel/Silbergroschen), 23 (dass. 1821–1900, M./To.); Jordan, 102–16 (nach 110: *Übersicht 45*. Weizen/To. nach

Übersicht 21); Fleischmann; Kremp, 15–22; Bergmann, Voraussetzungen, 254–87; Husung, Protest, 171–89; R. Metz, Agrarpreiszyklen u. Wirtschaftskonjunktur, in: Schröder u. Spree Hg., 255–88; Abel, Massenarmut, 359–89; K. Obermann, Wirtschafts- u. sozialpolit. Aspekte der Krise von 1845–1847 in Deutschland, insbes. in Preußen, in: JbG 7. 1972, 141–74, v.a. 145 f., 171 f. (Export, Branntweinbrennereien, Zollverein), 150 f. (63 Städte, dort auch Gerste, Hafer, Erbsen, Fleisch; danach *Übersicht 46*); 153; K. Rodbertus-Jagetzow, Die Handelskrisen u. die Hypothekennot des Grundbesitzes (1858), in: ders., Ges. kleine Schriften, Hg. M. Wirth IV, Berlin 1899, 213–68; Conze, DVG II, 34; Dowe, Hunger, 214, 218–21, 210; O. Hammen, Economic and Social Factors in the Prussian Rhineland in 1848, in: AHR 54. 1949, 830; Hansen Hg., Briefe II/1, 20, 56, 91, 128 f., 139 f., 255 f., 264; C. Wischermann, Hungerkrisen im vormärzl. Westfalen, in: Düwell u. Köllmann Hg. I, 126–47; Wiatrowski, 258 f.; W. Blessing, «Theuerungsexcesse» im vorrevolutionären Kontext – Getreidetumult u. Bierkrawall im späten Vormärz, in: Conze u. Engelhardt Hg., Arbeiterexistenz, 358 f., 363 (Bayern); Fischer, Staat u. Gesellschaft, 167 (Baden); Parisius, Vorzeit, 198–211; ders., Vom Groll der «Kleinen Leute» zum Programm der kleinen Schritte. Arbeiterbewegung im Herzogtum Oldenburg 1840–90, Oldenburg 1985, 16–52; Leiskow, 65 f. (Jena); Strauss, 363 (Sachsen); vgl. F. Hauptmann, Sachsens Wirtschaft u. der soziale Gedanke 1840–48, in: Neues Archiv für Sächs. Geschichte 59. 1938, 127–207. – Selbst bei den unglücklich gewählten Fünfjahresdurchschnitten (1841/45, 1846/50), die Tyszka (260, 263, 268–71, 274, vgl. 259–90) für Preise wichtiger Lebensmitel in Preußen und München bzw. für eine preußische und Münchener Arbeiterfamilie ermittelt hat, gibt es Sprünge von bis zu 16 Indexeinheiten. Vgl. J. Bohmbach, Die Hungerjahre 1846/47 in Oberhessen, in: Hess. Jb. für Landesgeschichte 23. 1973, 333–65; A. Diesbach, 1847, in: Hegau 11. 1967/H. 21–22, 113–26; Kuczynski, Lage XI, 71–109; ganz überholt sind: ders., Die wirtschaftl. u. sozialen Voraussetzungen der Revolution 1848/49, in: Todt u. Radandt Hg., 9–32; S.B. Kan, Deutschland am Vorabend der Revolution von 1848. Die wirtschaftl. Entwicklung Deutschlands in den 30er u. 40er Jahren, in: Die Revolution in Deutschland 1848/49 I, Berlin 1956, 9–44; H. Kamnitzer, Die wirtschaftl. Struktur Deutschlands z.Zt. der Revolution 1848, ebd. 1952. Zur europäischen Dimension der Krise: Gille; Labrousse; Markovitch; Jacquemyns; Ward-Perkins; Woodham-Smith.

[2] Vgl. vorn Teil 3, II, 2 und *Übersicht 29*. Verarmungsbeschreibungen in: Jantke u. Hilger Hg. und in der Lit. zu Teil 3, III, 6. Obermann, Aspekte, 165; ders., Klassenstruktur I, 90 (Abfall der gesamten Gewerbesteuer von 1845 = 2,66 auf 1850 = 2,58 Mill. T.), 88; Bergmann, Berliner Handwerk, 203, vgl. 207, 214–17, 231, 234 f.; Löhne: 237, 242 f.; Baar, Berliner Industrie, 177 f.; ders., Kampf, 31; Kubitschek, 69; Helbach, Unternehmer, 439; Abel, Massenarmut, 376; Vogelsang, 238 f.; Schulte, Westfalen, 149–57; Coym, 133; Gömmel, 182. Vgl. G. Otruba, Wirtschaftl. u. soziale Lage Österreichs im Vormärz, in: Österreich in Geschichte u. Literatur 10. 1966, 151–76. Am härtesten wirkte sich die Krise der 40er Jahre in Irland aus, wo es 1846/47 rd. 1 Mill. Tote, von 1845 bis 1855 rd. 2 Mill. Auswanderer, allein von 1845 bis 1851 einen Bevölkerungsverlust von 1,7 Mill. gab. Die Angst vor «irischen Verhältnissen» bildete einen festen Topos der vormärzlichen deutschen Diskussion.

[3] Vgl. v.a. Kriedte, Protoindustrialisierung, in: ders. u.a., 309–21; Mooser, Klassengesellschaft, 281–341, sowie die Lit. in Bd. I, Teil 1, II, 3; hier, Teil 3, III, 6. G. Weerth, Die Armen in der Senne, in: H. Püttmann Hg., Deutsches Bürgerbuch für 1845, Darmstadt 1845/Köln 1975, 266–71, u. in: ders., Werke I, Berlin 1974, 1017; C.H. Bitter, Bericht über den Notstand in der Senne zwischen Bielefeld und Paderborn, in: Jahresbericht des Histor. Vereins für die Grafschaft Ravensberg 64. 1966, 1–108, v.a. 26–29. Vgl. noch: Kaufhold, HWS II, 330; Crouzet, Western Europe, 99, 106; Pollard, Conquest, 63–78; Clarkson; Schmoller, Kleingewerbe, 547–51; Gladen, Tecklenburg, 139–55, 169–74; Tennstedt, Sozialgeschichte, 47–76; Schmidt, Leinen, 125; Blumberg, Beitrag, 128, 131–33; Adelmann, Krisen, 116 f.; Kellenbenz Hg., Nebengewerbe, 36 f., 184–93. – Zur Industrie-

und Bankenkrise: Berdrow, Krupp I, 221; Vorsteher, 45; Rürup, Geschichte, 174; Krüger, Bankiergewerbe, 23–31. Wiener Finanzprobleme: H.-H. Brandt, Der österr. Neoabsolutismus, Staatsfinanzen u. Politik, 1848–60 I, Göttingen 1978, 119f., 139–47; kurz: D. F. Good, Der wirtschaftl. Aufstieg des Habsburgerreiches 1750–1914, Köln 1968, 61–74; A. Wandruszka u. P. Urbanitsch Hg., Die Habsburgermonarchie 1848–1918 I: Die wirtschaftl. Entwicklung, Wien 1973, 82f. – H. Kretzschmar u. H. Schlechte Hg., Französ. u. sächs. Gesandtschaftsberichte aus Dresden u. Paris 1848/49, Berlin 1956, 94 (Meneval, 5. 5. 1848); Hansen, Mevissen II, 362 (2. 4. 1848); 361 (1. 4. 1848, an Hansemann); s. 334, 339; ders. Hg. Briefe II/1, 544f. (8. 3. 1848); ders., Mevissen I, 618–20; II, 533; K. Obermann, Die Rolle der ersten Aktienbanken 1848–56, in: JbW 1960/II, 48–60.

[4] Vgl. allg. Dowe, Hunger, 222–30; van Eyll, Wirtschaftsgeschichte Kölns, 247, vgl. 250f. (Preise 1816–66); Hamerow, Restoration, 80; Matz, 301; v. Hippel, Pauperismus, 282; Marschalck, Überseewanderung, 39; 82f.; K. Obermann, Die deutsche Auswanderung nach den Vereinigten Staaten 1830–70, in: JbW 1975/II, 33–55; Jordan, 106, 108; R. Virchow, Mitteilungen über die in Oberschlesien herrschende Typhusepidemie (1849) – Die Not im Spessart (1852), ND Hildesheim 1968; ders., Briefe an seine Eltern 1839–64, Hg. M. Rahl, Leipzig 1907², 125 (24. 2.), 130 (29. 2.), 122 (13. 2. 1848); R. Stein III, 473–92. Grundlegend hierzu: Frevert, Krankheit. – D. Blasius, Bürgerl. Gesellschaft u. Kriminalität. Zur Sozialgeschichte Preußens im Vormärz, Göttingen 1976, 35–38, 140–46; ders., Sozialprotest u. Sozialkriminalität in Deutschland (Vormärz), in: Volkmann u. Bergmann Hg., 212–27; ders., Kriminalität u. Alltag, Göttingen 1978; ders., Gesellschaftsgeschichte u. Kriminalität, in: BHS 11. 1981, 13–19; V. A. C. Gatrell Hg., Crime and Law in Western Europe Since 1500, London 1980; B. L. Ingraham, Political Crime in Europe. A Comparative Study of France, Germany and England, Berkeley 1979; H. Zehr, The Modernization of Crime in Germany and France, in: JSH 8. 1975, 117–41. – W. Büttner, Der Weberaufstand in Schlesien 1844, in: Reinalter Hg., Protestbewegungen, 202–29; L. Kroneberg u. R. Schlösser, Weber-Revolte 1844, Köln 1979 (57–112: Presse 1844, 147–239: Aufstand); G. Meinhardt, Der schles. Weberaufstand 1844, in: Jb. der schles. Fried.-Wilh.-Univ. Breslau 17. 1972, 91–112 (103: Rittberg); Obermann, 1815–48, 162 (Landrat); Mann I, 144; MEW I, 392–95, 404; Smidt: Valentin I, 312 (u. Teil 4, IV, Anm. 1); Mooser, Rebellion, 69; vgl. W.-E. Peuckert u. E. Fuchs, Die schles. Weber, 2 Bde, Darmstadt 1971; W. Wehner, Weberaufstände u. Weberelend in der Lyrik des 19. Jh., München 1981; H. Schwab-Felisch, G. Hauptmann – Die Weber, Berlin 1974². Zeitgenöss. Schilderungen: W. Wolff, Das Elend u. der Aufruhr in Schlesien, in: Püttmann Hg., 174–202, u. in: ders., G.Sch., Hg. F. Mehring, Berlin 1909, 38–60, sowie in: Jantke u. Hilger Hg., 157–78; A. Schneer, Über die Not der Leinen-Arbeiter in Schlesien, Berlin 1844 (offizieller Bericht); A. v. Minutoli, Die Lage der Weber u. Spinner im schles. Gebirge, ebd. 1851. Vgl. noch: F. V. Grünfeld, Streiks in der schles. Leinen- u. Baumwollindustrie, Diss. ebd. 1919; C. Frahne, Die Textilindustrie im Wirtschaftsleben Schlesiens, Diss. Tübingen 1905; A. Zimmermann, Blüte u. Verfall des Leinengewerbes in Schlesien, Breslau 1892²; anon. Das Weberelend in Schlesien, in: PJ 67. 1891, 173–90; C. Meyer, Die schles. Leinenindustrie u. ihr Notstand, in: Vierteljahrsschrift für Volkswirtschaft, Politik u. Kulturgeschichte 29. 1892, 58–66. Zu verwandten Bewegungen in Nachbarregionen: A. Klima, Die Arbeiterunruhen in Böhmen 1844, in: Reinalter Hg., Protestbewegungen, 230–64; A. Beutler, Die Entwicklung der sozialen u. wirtschaftl. Lage der Weber im sächs. Vogtland, Greifswald 1921; W. Engel, Wirtschaftl. u. soziale Kämpfe in Thüringen vor 1848, Jena 1927. Außer Wolff und Marx vgl. H. Heinzen, Ein Wort über erlaubten Widerstand, in: Püttmann Hg., 1–21. – L. Geiger, B. v. Arnim u. Friedr. Wilh. IV., Frankfurt 1902, 70 (27. 6. 1844 an A. Stahr); v. Natzmer IV/2, 281.

[5] Tilly u. Hohorst, 234, 237, 249f.; Blessing, Theuerungsexcesse, 360f., 366f., 369–80; Gegenwart II, 78f.; D. Meyer, 81–98; Gailus, Pöbel, 23f., 27, 34f.; Leiskow, 66–79. Vgl. allg. K. Obermann, Die Volksbewegungen in Deutschland 1844–46, in: ZfG 5. 1957, 503–25; M. Gailus, Soziale Protestbewegungen in Deutschland 1847–49, in: Volkmann u.

Bergmann Hg., 76–106; R. Wirtz, Bemerkungen zum «sozialen Protest» in Baden 1815–48, in: ebd., 36–55; W. Häusler, Von der Manufaktur zum Maschinensturm, in: R. Banik-Schweitzer u. a. Hg., Wien im Vormärz, Wien 1980, 32–56; Droz u. Ayçoberry. – Abel, Massenarmut, 387; Schnabel II, 95; Harkort, Bemerkungen, 26, vgl. 77–82; Hansen Hg., Briefe I, 779 (v. Beckerath), vgl. II/1, 208; K. A. Varnhagen v. Ense, Journal einer Revolution. Tagesblätter 1848/49, Nördlingen 1986, 7 (30. 9. 1846), 9 (27. 1. 1847); Abel, Massenarmut, 419 (Landrat, 2. 3. 1846), vgl. 387; Haushofer, 118 (Roscher), vgl. 114f.; Biedermann, Sozialismus, 277f., 281; ders., Leben I, 151; Obenaus, Anfänge, 648 (v. Vincke-Olbersdorf, 7./11. 1. 1847). Die Augsburger «Allg. Zeitung» (13. 8. 1847, vgl. Leiskow, 77) rief aus Sorge vor den soziopolitischen Folgen der Krise nach kraftvollen Staatseingriffen: «Was den Pauperismus vermehrt…, darf» der Staat «in seinem Bereich nicht dulden.» – Dowe, Hunger, 224; Koselleck, in: Bergeron u. a., 235; vgl. Jordan, 115 (Revolution als «Ergebnis der großen und anhaltenden Krisis, sie war ein Kind der Not»). Ökonomisch unzutreffend und überpointiert Marx' Urteil, daß die «Welthandelskrise» von 1847 «die eigentliche Mutter der Februar- und Märzrevolution gewesen» sei, MEW 7. 1960, 512 (so Engels' Einleitung zu Marx, Klassenkämpfe in Frankreich 1848–50).

III. Gesellschaftskrise und Legitimationskrise

[1] Nipperdey, Geschichte, 595. Anregungen zu den unterschiedlichen Zeitschichten bzw. lang- und kurzlebigen Prozessen bei: F. Braudel, Histoire et sciences sociales: la longue durée, in: Annales 13. 1958, 725–53, u. in: ders., Ecrits, 41–83, dt. Geschichte u. Sozialwissenschaften – die «longue durée», in: Wehler Hg., Geschichte u. Soziologie, 189–215, u. in: C. Honegger Hg., M. Bloch u. a., Schrift u. Materie der Geschichte, Frankfurt 1977, 47–85; ders., Civilization, I–III; ders., Dynamik, sowie in seinem bekannten Mittelmeer-Buch.

Vgl. allg. zur Revolutionsproblematik und speziell zu den vergleichsweise dürren, da zu unhistorisch konstruierten, vorschnell generalisierenden sozialwissenschaftlichen Revolutions-«Theorien»: W. Laqueur, Revolution, in: IESS 13. 1968, 501–7; C. Brinkmann, dass., in: HSW 9. 1956, 10–13; T. Geiger, dass., in: Vierkandt Hg., 511–19; A. Meusel, Revolution and Counterrevolution, in: ESS 13. 1934, 365–76; E. Labrousse, 1848–1830–1789. Comment naissent les révolutions?, in: Actes du Congrès Historique du Centenaire de la Révolution de 1848, Paris 1948, 1–21, dt. in: I. A. Hartig Hg., Geburt der bürgerl. Gesellschaft, Frankfurt 1979, 67–87; H. Steinert u. H. Treiber, Die Revolution u. ihre Theoretiker 1848: Marx, v. Stein, Tocqueville, Wiesbaden 1975; K. Griewank, Der neuzeitl. Revolutionsbegriff (1955), Frankfurt 1974[3], z. T. deutlich überlegen ist jedoch: Rosenstock-Huessy, Europ. Revolutionen; ders., Revolution als polit. Begriff der Neuzeit, in: Fs. P. Heilborn, Breslau 1931, 83–124; F. Gilbert, Revolution, in: Dictionary of the History of Ideas, N. Y. 1973, 152–62. Vgl. Tilly, Revolution; ders., Mobilization; E. Zimmermann, Krisen, Staatsstreiche u. Revolutionen, Opladen 1981; C. Johnson, Revolutionary Change, Boston 1966, dt. Revolutionstheorie, Köln 1971. – G. P. Meyer, Revolutionstheorien heute, in: Wehler Hg., 200 Jahre, 122–76; L. Stone, Theories of Revolution, in: World Politics (= WP) 18. 1966, 160–76, u. in: ders., The Causes of the English Revolution, London 1972, 3–25, dt. in: U. Jaeggi u. S. Papcke Hg., Revolution u. Theorie I, Frankfurt 1974, 259–78; P. Zagorin, Theories of Revolution in Contemporary Historiography, in: PSQ 88. 1973, 23–52. – K. v. Beyme Hg., Empir. Revolutionsforschung, Opladen 1973; J. C. Davies Hg., When Men Revolt and Why, N. Y. 1971; Jaeggi u. Papcke Hg.; L. Kaplan Hg., Revolutions, N. Y. 1973; B. Mazlish u. a. Hg., Revolution, N. Y. 1971; C. J. Friedrich Hg., dass., N. Y. 1966; H. Eckstein Hg., Internal War, N. Y. 1964. – J. Dunn, Moderne Revolutionen, Stuttgart 1974; T. H. Greene, Comparative Revolutionary Movements, Englewood Cliffs 1974; C. Lindner, Theorie der Revolution, München 1973; P. Calvert, A Study of Revolution, Oxford 1972[2]; T. G. Hart, The Dynamics of Revolution, Stockholm 1971; C. Leiden u. K. M. Schmitt, The Politics of Violence: Revolution in the Modern World, Englewood Cliffs 1968; H. Bienen, Violence and Social Change, Chicago 1968; S. M. Lipset, Revolution and Counterrevolution, N. Y. 1968. – A. Gerschenkron, Reflections on Economic Aspects of Revolution, in: Eckstein Hg., 180–204, u. in: ders., Continuity, 257–80; D. Willer u. G. K. Zollschan, Prolegomena To a Theory of Revolution, in: Zollschan u. W. H. Hirsch Hg., Explorations in Social Change, Boston 1964, 124–51, dt. in: Jaeggi u. Papcke Hg., 226–58. Vgl. noch H. Arendt, On Revolution, N. Y. 1963, dt. Über die Revolution, München 1963; C. Brinkmann, Soziolog. Theorie der Revolution, Göttingen 1948; C. Brinton, The Anatomy of Revolution (1938), N. Y. 1952, dt. Die Revolution u. ihre Gesetze, Frankfurt 1959; P. Sorokin, Die Soziologie der Revolutionen, München 1928; T. Geiger, Die Masse u. ihre Aktion. Ein Beitrag zur Soziologie der Revolution (1926), Darmstadt 1977; zu abstrakt-unhistorisch: S. N. Eisenstadt, Revolution u. Tranformation von Gesellschaften, Opladen 1982. Zur marxistischen Theorie v. a.: H. A. Winkler, Zum Verhältnis von bürgerl. u. proletar. Revolution bei Marx u. Engels, in: ders., Revolution, Staat, Faschismus, Göttingen 1978, 8–34; dagegen fällt stark ab: R. Sieferle, Die Revolution in der Theorie von K. Marx, Berlin 1979; zu dogmengeschichtlich: K. Lenk, Theorien der Revolution, München 1973; vgl. E. J. Hobsbawm, Revolution, in: R. Porter u. M. Teich Hg., Revolution in History, Cambridge 1986, 5–46..

[2] Vgl. Bd. I, Teil 1, II, 2; hier, Teil 3, I: zur Bevölkerungsexplosion; Teil 3, III, 6: zum Pauperismus, sowie G. Otruba Hg., Wiener Flugschriften zur Sozialen Frage 1848, 2 Bde, Wien 1878/80. Allg. M. Olson, Rapid Growth as a Destabilizing Force, in: JEH 23, 1963, 529–42, u. in: Davies Hg., 215–27, dt. Rapides Wachstum als Destabilisierungsfaktor, in: v. Beyme Hg., 205–22; R. G. Ridker, Discontent and Economic Growth, in: EDCC 11. 1962, 1–15. – Teil 3, III, 3. – L. Buhl, Die Herrschaft des Geburts- u. Bodenprivilegiums in Preußen, Mannheim 1844, III. – *Schlesien:* Am besten allg. hierzu: R. Koch, Die Agrarrevolution in Deutschland 1848, in: D. Langewiesche Hg., Die Deutsche Revolution von 1848/49, Darmstadt 1983, 385–87; ausführlich: Bleiber, Zwischen Reform, 11–171; K. Reis, Agrarfrage u. Agrarbewegung in Schlesien 1848, Breslau 1910; Ziekursch, 100 Jahre, 358–60; Knapp, Bauernbefreiung I, 214–16; II, 396–404; v. Lengerke, 243–45. – *Baden:* Koch, 370–75; F. Lautenschlager, Die Agrarunruhen in den bad. Standes- u. Grundherrschaften 1848, Heidelberg 1916; H. Locher, Die wirtschaftl. u. soziale Lage in Baden am Vorabend von 1848, Diss. Freiburg 1950, MS; Gollwitzer, Standesherren, 72–93; Winkel, Ablösung, 49–57; zeittypisch: K. T. Welcker, Bauerngut u. bäuerl. Lasten, in: Staatslexikon 2. 1835, 257–69. – *Württemberg:* Koch, 372f.; neuerdings präzis: M. Hettling, Bürgertum u. Bürokratie in Württemberg 1800–1850, Göttingen 1988; v. Hippel, Bauernbefreiung I, 330–44, 517–20; Winkel, Ablösung, 41–46; H. Mohrdieck, Die Bauernunruhen in Württemberg 1848/49, Diss. Tübingen 1949, MS; T. Knapp, Neue Beiträge, 160–66.

[3] Vgl. Teil 3, II, 2a; Teil 4, II, 2. Ähnlich gehörten in kürzester Zeit große Teile des Fuhr- und Transportgewerbes zu den von Eisenbahn und Dampfschiffahrt schwer Geschädigten oder ganz Verdrängten. Vgl. Teil 3, III, 5. – B. Bauer, Vollständ. Geschichte der Parteikämpfe in Deutschland 1842–46 III, Charlottenburg 1847/Aalen 1964, 14, vgl. 5–64; auch Riehl, 4. Stand, 183.

[4] Vgl. Teil 3, III; Teil 3, VI, v. a. Teil 3, III, 5 und Teil 3, IV; Teil 3, V, 1b; Teil 3, IV, 1 u. 6; Teil 3, V, 6. – K. Rosenkranz, Aus einem Tagebuch 1833–46, Leipzig 1854, 239. R. zog die Konsequenz, 1843 entwickelte er seine Parteitheorie. Vgl. oben Teil 3, IV, 6 u. Esau. – Lutz, Geschichte, 236 (v. Andrian-Werburg); Obenaus, Anfänge, 525–27, 532, 563, 686, 724, 710, vgl. 650–716; Bleich Hg., Erster Ver. Landtag; F. Keinemann, Preußen auf dem Wege zur Revolution. Die Provinziallandtags- u. Verfassungspolitik Friedr. Wilh. IV. 1840–47, Hamm 1875; vgl. R. Koser, Friedr. Wilh. IV. am Vorabend der Märzrevolution, in: ders., Geschichte, 287–329; A. Arndt, Der Anteil der Stände an der Gesetzgebung in Preußen 1823–48; in: Archiv für Öffentl. Recht 17. 1902, 570–88; Preußen vor dem Februarpatent von 1847, in: Die Gegenwart 2. 1849, 30–89. Vgl. allg. J. J. Sheehan, Conflict and Cohesion Among German Elites in the 19th Century, in: R. J. Bezucha Hg., Modern European Social History, Lexington/Mass. 1972, 3–27. Zum

Polizeiproblem vgl. z.B. vorn Teil 3, IV, 2. Das Schreckenswort der «Dragonade» besaß damals noch seine jedermann präsente Gültigkeit.

[5] Vgl. die Lit. zum Generationsproblem: Bd. I, S. 660, A 7. Die Stilisierung der (natürlich mehrfach, nicht nur dualistisch) gespaltenen politischen Generationen beruht v.a. auf der Lektüre der weithin autobiographischen Lit., oben 786 f., Anm. 1; 812, Anm. 3; 816 f., Anm. 14, mit den daraus resultierenden Grenzen (keine Bauern-, wenig Arbeiter-, Gesellenerinnerungen usw.). Vgl. N. Bullock u. J. Read, The Movement for Housing Reform in Germany and France 1840–1914, Cambridge 1985; P. Borscheid, Schranken sozialer Mobilität u. Binnenwanderung im 19. Jh., in: Conze u. Engelhardt Hg., Arbeiter, 31–50. – H. Förder u.a. Hg., Der Bund der Kommunisten I: 1836–49, Berlin 1970, 626; Camphausen, in: Bleich Hg. III, 1591 (1847); vgl. Koselleck, Preußen, 539; Valentin I, 77. Scheitere der Vereinigte Landtag, urteilte der russische Diplomat P. v. Meyendorff (O. Hötzsch Hg., P. v. Meyendorff 1826–63 I, Berlin 1923, 379, 1./13.4. 1847 an Nesselrode), gebe es keinen verläßlichen Deich mehr gegen «Pauperismus und Kommunismus». T. Oelckers, Die Bewegung des Sozialismus u. Kommunismus, Leipzig 1844, 109, III, 12, vgl. 11f., 109–12; Rosenkranz, Tagebuch, 250 (1843), vgl. 240f., 262; J. v. Thünen, Der isolierte Staat (1842), Jena 1921^2, 439; Klitzsch, 49 (7.5. 1842, 24.7. 1844), 51 (4.10. 1845); K. Heinzen, Kommunistisches, in: Teutsche Revolution. Ges. Flugschriften, Bern 1847, 359, 363f.; J. Görres, Die Aspekte an der Zeitenwende. Zum neuen Jahr 1848, in: ders., G.Sch. VI, München 1860, 524; Hansen, Mevissen II, 334 (28.2. 1848 an Hansemann); F. Jonas Hg., Aus Arndts Briefen, in: PJ 34. 1874, 616 (3.3. 1848, an M. v. Schwerin); v. Schön II, 1875, 30 (17.3. 1847, an Gervinus); vgl. Kapp, Briefe, 7–52; v. Kügelgen, 108 (21.4. 1847); v. Radowitz, Ausgew. Schriften, 41 (1846); v. Stein, Sozialismus u. Kommunismus, 1842, Vorwort; H. Kersken, Stadt u. Univ. Bonn 1848/49, Bonn 1931, 21 (Kinkel 16.3. 1847 an W. Beyschlag); zahlreiche frühe Äußerungen von Marx sind bequem zugänglich in: Förder u.a. Hg., 3 Bde, 1970–84. Vgl. allg. O. Hammen, The Spectre of Communism in the 1840's, in: JHI 14. 1953, 404–20; G. Kertesz, The View From the Middle Class: The German Moderate Liberals and Socialism, in: E. Kamenka u. F.-B. Smith Hg., Intellectuals and Revolution 1848, London 1979, 61–75; Lenk, Umtriebe.

[6] Vgl. zu Krakau, der Schweiz und Italien: Langewiesche, Europa; H.-U. Wehler, Sozialdemokratie u. Nationalstaat 1840–1914, Göttingen 1971^2, 20 (Marx zum amerikanisch-mexikanischen Krieg). Zu Schleswig-Holstein: s.o. Teil 3, IV, 5. Biedermann, Leben I, 215; Hegel, Rechtsphilosophie, 281, § 324; Virchow, Briefe, 131 (11.3. 1848); v. Kügelgen, 126 (29.3. 1848); v. Moltke, G.Sch. VI, 1892, 160 (29.3. 1848). Vgl. z.B. auch früher: v. Brünneck (in: Herre, 338) und v. Canitz (in: Obenaus, Anfänge, 521).

[7] A. de Toqueville, Der alte Staat u. die Revolution, Birsfelden 1960, 219; ders., Regime, 176. Vgl. dazu: S.R. Weitmann, The Sociological Thesis of Toqueville's «The Old Regime and the Revolution», in: Social Research 33. 1966, 389–406; verwandt damit ist: J.C. Davies, Toward a Theory of Revolution (1962), in: ders. Hg., 134–47, dt. in: v. Beyme Hg., 185–204. Ähnlich ebenfalls R. Stadelmanns (s.u. Teil 4, IV, Anm. 1: 21, vgl. 17) These von der Dominanz des subjektiven Bewußtseins eines erlittenen Notstands; nicht dieser an sich, sondern das später einsetzende «Durchdrungensein von dem Bewußtsein eines Notstandes hat revolutionierend gewirkt». – Eine relativ grobkörnige Erklärung bei Labrousse (1848, 77, 85): «Der ‹Dirigent› der Revolution war 1848... einzig der anonyme Rhythmus der kapitalistischen Produktion»; die «explosive Mischung» entstand aus dem «Zusammentreffen» einer «schweren Wirtschaftskrise mit einer gravierenden politischen Krise.» – Gegen die von Durkheim stammende Anomie-Theorie z.B. C. Tilly u.a., Century, 4–6, 243, 271–74; die Verf. insistieren zu Recht auf dem politischen Kern solcher Großkonflikte: 217, 236, 252–54, 262f., 282f., 288, 300. – G. Becker u. W. Schmidt, Die bürgerl.-demokrat. Revolution von 1848/49, in: Bartel u.a. Hg., Geschichte IV, 1984, 282, 376, mit typischen Urteilen – im DDR-Jargon: «Einschätzungen» – in der repräsentativ angelegten neuesten «Deutschen Geschichte», vgl. dort insgesamt 282–378.

[8] Vgl. zur allgemeinen Deprivationstheorie: Gurr, 22–91. z.T. dt. in: v.Beyme Hg., 23–69; H.D. Graham u. ders. Hg., Violence in America, N.Y. 1970. Zur speziellen Form: Runciman, Relative Deprivation, 10–41. Zur sozialpsychologischen und soziologischen Grundlagenforschung vgl. allg. H.H. Hyman, Reference Groups, in: IEES 13. 1968, 353–61; ausführlicher: N.J. Smelser, Theory of Collective Behavior, N.Y. 1963; dt. Theorie des kollektiven Verhaltens, Köln 1972. Eine scharfsichtige, wenn auch noch allgemeine Frühform schon bei Marx (Lohnarbeit u. Kapital, 1849, in: MEW 6. 1959, 412): «Unsere Bedürfnisse entspringen aus der Gesellschaft, wir messen sie daher an der Gesellschaft; wir messen sie nicht an den Gegenständen ihrer Befriedigung. Weil sie gesellschaftlicher Natur sind, sind sie relativer Natur.» – Das Deprivationsphänomen wird als «Tunnel-Effekt» anschaulich beschrieben von A. Hirschmann (The Changing Tolerance for Income Inequality in the Course of Economic Development, in: Quarterly Journal of Economics 87. 1973, 545, vgl. 555–61): Gerät man auf der linken Fahrbahn einer zweispurigen Autobahn mitten in einem Tunnel in einen Stau, regt sich trotz fehlender Übersicht die Hoffnung auf Bewegung auch dann, wenn es nur rechts (direkte Referenzgruppe!) weitergeht. Das Anfahren der rechten Wagen erzeugt zumindest eine Befriedigung, die zeitweilig den Neid auf die aus unerfindlichen Gründen bevorzugten Fahrer übertrifft. Die kritische Frage gilt der Länge der Zeitspanne, während der diese Ungleichheit ertragen wird, bis bei anhaltendem Linksstau die Geduld erschöpft ist.

[9] Vor einer in den älteren Modernisierungstheorien lange Zeit geläufigen Behauptung zu warnen, ist hier geboten. Industrialisierung und Demokratisierung gehören nicht notwendig zusammen. 1848 bildete mithin nicht einen ersten Demokratisierungsschub als unmittelbare Folge der anlaufenden Industrialisierung. Allgemein zeigt die moderne, vor allem aber gerade die deutsche Geschichte, daß erfolgreiche industrielle Modernisierung mit autoritären politischen Strukturen durchaus vereinbar ist. Das trifft auf die Jahre zwischen 1815 und 1848, auf die Zeit nach 1871 und nach 1933 zu. Mit der privatkapitalistischen Industrialisierung ist die vielzitierte «Fundamentaldemokratisierung» keineswegs automatisch verknüpft, die politische Demokratie muß vielmehr mühsam erkämpft werden, wobei allerdings jene liberalen und demokratischen Kräfte eine wichtige Rolle spielen, die fortschrittsoptimistisch auf die Industrialisierung als irreversiblen Prozeß setzen und deshalb die Zukunft auf ihrer Seite glauben. Allgemein gilt, daß Industrialisierung und Demokratisierung «durchaus unabhängigen Tendenzen folgen». Der «Zusammenhang zwischen Sozialstruktur und politischer Ordnung» ist nicht prinzipiell festgelegt, sondern über ihn wird als «offene Frage» empirisch entschieden: «Das Verhältnis von Industrialisierung und Demokratisierung wird darum nur in historischen Zeitabfolgen und Mischungsverhältnissen konkreter Strukturelemente faßbar», so M.R. Lepsius, Demokratie in Deutschland als histor.-soziolog. Problem, in: Adorno Hg., 199. – Im speziellen Fall ist überdies die Parallele von restaurativer Innenpolitik und Industrialisierung im Deutschen Bund keine deutsche Sondererscheinung. Ein gut Teil der englischen Industriellen Revolution fällt in die berüchtigte «Repressive Period» der britischen Innenpolitik. Das Massaker von Peterloo übertrifft die Karlsbader Repressionsbeschlüsse desselben Jahres. Dieser Befund lenkt erneut auf die oben aufgeworfene Frage zurück, ob nicht eine gewisse Zeitlang eine schnelle industrielle Entwicklung ohne politische Modernisierung möglich ist, da alle Energien des Wirtschaftsbürgertums in den ökonomischen Bereich hineingelenkt werden. Der kritische Punkt ist natürlich wieder die Länge dieser Periode, da schließlich die von den politischen Interessen und Machtansprüchen des Bürgertums und der Arbeiterschaft erzeugten Spannungen politisch gelöst werden müssen.

IV. Die Revolution 1848/49: Handlungsebenen, Hauptphasen und Höhepunkte

[1] Als relativ schnelle Einführung in die Revolutionsproblematik mit ihren unterschiedlichen Aspekten sind einige Aufsätze besonders geeignet: D. Langewiesche, Die deutsche Revolution von 1848/49 u. die vorrevolutionäre Gesellschaft, in: AfS 21. 1981, 458–98; H.-J. Rupieper, Probleme einer Sozialgeschichte der Revolution von 1848/49 in Deutschland,

in: M. Salewski Hg., Die Deutschen u. die Revolution, Göttingen 1985, 157–78; D.J. Mattheisen, History as Current Events: Recent Works on the German Revolution of 1848, in: AHR 88. 1983, 1219–37; T. Nipperdey, Kritik oder Objektivität? Zur Beurteilung der Revolution von 1848 (1974), in: ders., Gesellschaft, 259–78; W. Schieder, Die ungewollte Revolution, in: C. Stern u. H.A. Winkler Hg., Wendepunkte deutscher Geschichte 1848–1945, Frankfurt 1979, 13–35; A. Dorpalen, Die Revolution von 1848, in: SDG 5. 1972, 748–66, u. in: T. Schieder Hg., Revolution u. Gesellschaft, Freiburg 1973[2], 97–116; zu schmal angelegt: J. Bergmann, Die Revolution von 1848 als Modernisierungskrise, in: ders. u.a., Arbeit, Mobilität, Partizipation, Protest, Opladen 1986, 13–35; ebenso: J.R. Gillis, Political Decay and the European Revolutions 1789–1848, in: WP 22. 1970, 344–70. Vgl. noch: T.S. Hamerow, 1848, in: L. Krieger u. F. Stern Hg., The Responsibility of Power, London 1968, 155–74, dt. in: Langewiesche Hg., 115–33; ders., History and the German Revolution of 1848, in: AHR 60. 1954/55, 27–44; P. Amann, The Changing Outlines of 1848, in: ebd. 68. 1963, 938–53, dt. in: Stuke u. Forstmann Hg. (s.u. in dieser Anm.), 93–109. Urteile einer älteren Generation: H. Rothfels, 1848, in: JMH 20. 1948, 219–319, dt. 1848, Darmstadt 1972; F. Meinecke, 1848 (1948), in: ders., Werke 9, 345–63; F. Schnabel, Die Revolution von 1848 (1941), in: ders., Abhandlungen u. Vorträge 1914–65, Hg. H. Lutz, Freiburg 1970, 189–95; V. Valentin, Die revolutionären Bewegungen der Jahre 1848/49, in: Die Befreiung der Menschheit, Berlin 1921, 106–38. Neukonservative Position: M. Stürmer, Die Geburt eines Dilemmas. Nationalstaat u. Massendemokratie im Mächtesystem 1848, in: Merkur 36. 1982, 1–12; ders., 1848 in der deutschen Geschichte, in: 2. Fs. Rosenberg, 228–42. Typisch für die Dogmatik von DDR-Historikern: W. Schmidt u.a., Die europ. Revolutionen 1848/49, in: M. Kossok Hg., Revolutionen der Neuzeit 1500–1917, Berlin 1982, 271–348; ders., Zu Problemen der europ. bürgerl. Revolutionen von 1848/49, in: ZfG 27. 1979, 639–59; ders., Zum histor. Platz der bürgerl.-demokrat. Revolutionen von 1848/49 in Europa, in: Fs. E. Engelberg I, Berlin 1976, 67–93; ders., Zur histor. Stellung der deutschen Revolution von 1848/49, in: H. Bartel u. E. Engelberg Hg., Die großpreuß.-militarist. Reichsgründung 1871 I, ebd. 1971, 1–23.

Allgemeine Darstellungen bieten: die z.Zt. beste Analyse von W. Siemann, Die deutsche Revolution von 1848/49, Frankfurt 1985; dagegen inhaltlich antiquierte Politikgeschichte und stilistisch unzumutbar: G. Wollstein, Deutsche Geschichte 1848/49, Stuttgart 1986. – M. Botzenhart, Deutscher Parlamentarismus in der Revolutionszeit 1848–50, Düsseldorf 1977; J. Droz u. E. Tonnelat, Les Révolutions Allemandes de 1848, Paris 1957; eine Pilotstudie: R. Stadelmann, Soziale u. polit. Geschichte der Revolution von 1848, München 1948/1970[3]; quellennah und narrativ: V. Valentin, Geschichte der deutschen Revolution 1848/49, 2 Bde, Berlin 1930/Köln 1970[3]. Vgl. W. Klötzer u.a. Hg., Ideen u. Strukturen der deutschen Revolution von 1848, Frankfurt 1974; C. Pouthas, The Revolutions of 1848, in: NCMH 10. 1971, 389–415; penetrant antiquiert: W. Bussmann, in: HEG 5, 482–511. Vgl. W. Mommsen, Größe u. Versagen des deutschen Bürgertums (1949), München 1964[2]; O. Vossler, Die Revolution von 1848 in Deutschland (1949), Frankfurt 1967[2]; E.J. Hobsbawm, The Age of Capital 1848–75, London 1975, dt. Die Blütezeit des Kapitals, München 1977, 9–26; P. Stearns, The Revolutions of 1848, London 1974. Enttäuschend: R. Lougee, Midcentury Revolutions 1848, Lexington/Mass. 1972; J. Sigmann, 1848. Les Révolutions Romantiques et Democratiques de l'Europe, Paris 1970; P. Robertson, Revolutions of 1848: A Social History, Princeton 1952; F. Fetjö Hg., Les Printemps du Peuple. 1848 dans le Monde, 2 Bde, Paris 1948; völlig verfehlt: L. Namier, 1848 – Revolution of the Intellectuals (1944), N.Y. 1967[2]. Für die DDR-Historie: M. Kossok Hg., Revolutionen der Neuzeit; ders. Hg., Rolle u. Formen der Volksbewegungen im bürgerl. Revolutionszyklus, ebd. 1976, 169–81; ders. Hg., Studien zur vergleich. Revolutionsgeschichte 1500–1917, ebd. 1974; ders. Hg., Studien über die Revolution, ebd. 1971[2]; H. Bartel u.a. Hg., Die bürgerl.-demokrat. Revolution von 1848 in Deutschland, 2 Bde (= JbG 7, 8), ebd. 1972; popular-vulgärmarxistisch: W. Schmidt u.a., Illustrierte

Geschichte der deutschen Revolution 1848/49, Berlin 1973/1975[2]. – Von den bereits zit. allg. Darstellungen v. a.: Faber, Geschichte, 218–83; Nipperdey, dass., 595–673; Rürup, dass., 170–97; Lutz, 228–323; Langewiesche, Europa, 71–112; Langer, Upheaval, 351–420; Hamerow, Restoration, 97–195; häufig irreführend: Huber II, 501–884; Obermann, Deutschland, 245–426; Bartel u. a. Hg., Geschichte IV, 282–378. Typisch für abwertende ältere Darstellungen: H. v. Sybel, Die Begründung des Deutschen Reiches durch Wilhelm I., I, München 1889, 129–319; Marcks I, 251–358; v. Srbik, Einheit I, 315–456.

Nützliche Sammelbände: D. Langewiesche Hg., Die deutsche Revolution 1848/49, Darmstadt 1983; H. Stuke u. W. Forstmann Hg., Die europ. Revolutionen von 1848, Königstein 1979; W. Grab Hg., Die Revolution von 1848, München 1980; J. Jessen Hg., Die Deutsche Revolution 1848/49, ebd. 1973[2]; P. Goldammer Hg., 1848. Augenzeugen der Revolution, Berlin 1973; R. Weber Hg., Revolutionsbriefe 1848/49, Leipzig/Frankfurt 1973.

Zur Historiographie über 1848/49: F. Baumgart, Die verdrängte Revolution. Die Revolution von 1848 in der deutschen Geschichtsschreibung vor 1914, Düsseldorf 1976; M. Neumüller, Liberalismus u. Revolution. Das Problem der Revolution in der deutschen liberalen Geschichtsschreibung des 19. Jh., ebd. 1973; A. Gurwitsch, Das Revolutionsproblem in der deutschen staatswiss. Literatur insbes. des 19. Jh., Diss. Berlin 1935; J. Schradi, Die DDR-Geschichtswissenschaft u. das bürgerl. Erbe. Das deutsche Bürgertum u. die Revolution von 1848 im sozialist. Geschichtsverständnis, Frankfurt 1984; A. Dorpalen, Die Revolution von 1848 in der Geschichtsschreibung der DDR, in: HZ 210. 1970, 324–68; H. Bleiber, Die bürgerl.-demokrat. Revolution von 1848/49 in Deutschland in der bürgerl. Geschichtsschreibung der BRD, in: ders. Hg., Fs. Obermann, 193–227.

Bibliographien mit der umfangreichen Lit.: BS, 183–86; C. Kittsteiner, 1848. Bibliographie zur bürgerl.-demokr. Revolution 1848/49 in Deutschland, Berlin 1975, MS; Siemann, 1848, 248–53; Wollstein, 178–86; Botzenhart, Parlamentarismus, 800–43; Langewiesche Hg., 395–400; ders., AfS 21, 458–98; Stuke u. Forstmann Hg., 211–32; Valentin I, 611–62; II, 687–98; Dowe Hg.; Hess Hg. Überblick über die ostdeutsche Lit.: J. Hofmann u. W. Schmidt, Forschungen zur Geschichte der Revolution von 1848/49, in: Histor. Forschungen in der DDR 1970–80, Berlin 1980, 143–86; H. Müller, Forschungen zur deutschen Geschichte 1789–1848, in: ebd., 122–42; H. Bleiber u . W. Schmidt, Forschungen zur Geschichte der Revolution von 1848/49, in: ebd. 1960–70, 1970, 408–27; H. Bleiber, Literatur zur Geschichte der Revolution von 1848/49, in: ebd. 1950–60, 1960, 212–28.

[2] Vgl. Hobsbawm, Age, 10, 13–15; Langewiesche, Europa, 71. Zur Einschränkung von Urteilen wie «Erfolglosigkeit» oder «Scheitern» vgl. Teil 4, V über die Erfolge der Revolution. – L. v. Ranke, Friedr. d. Gr./Friedr. IV., in: ders., SW 51/52, 1888, 465; Brockhaus, Tagebücher II, 169 (15. 3. 1848); E. Stern-Rubarth, Sturz u. Flucht Metternichs, in: Deutsche Revue 199. 1924, 290 (Graf B. Rechberg an A. Rechberg, 19. 3. 1848); Virchow, Briefe, 144 (1. 5. 1848, an den Vater); vgl. F. Brüggemeier, R. v. Virchow als Mediziner u. liberaler Politiker, Habil.-Schrift, demn.; Lübbe Hg., 143 (Rosenkranz, 6. 5. 1848, vgl. ders., Polit. Briefe u. Aufsätze 1848–56, Hg. P. Herre, Leipzig 1919); Hansen Hg., Briefe II/1, 544 (8. 3. 1848, Mevissen), 692 (30. 3. 1848, OP Eichmann), 718 (3. 4. 1848, O. Camphausen), Rehmann, 129 (v. Beckerath); H. F. Helmolt, L. Rankes Leben u. Wirken, Leipzig 1921, 102 (Tagebuch, März 1848), 103 (an Bruder Heinrich, 11. 8. 1848); vgl. auch Justus Liebigs Furcht im Mai 1848, «daß der Kommunismus, unter den Fahnen der Republik, uns Alle verschlingen wird». R. Schwarz Hg., Aus J. Liebigs u. F. Wöhlers Briefwechsel 1829–73, Weinheim 1958, 187 (5. 5. 1848), sowie B. Bauers Urteil: Bürgerl. Revolution, 3; ders., Der Untergang des Frankfurter Parlaments, Berlin 1849/Aalen 1970, 279.

[3] Wagener, Erlebtes, 28; Gollwitzer, Standesherren, 93; Hofmann, Eliten, 617; Bleiber u. Schmidt, 1082, 1085, 1089. Grundlegend die längst überfällige Analyse und die neue Perspektiven eröffnende Interpretation von Koch (Agarrevolution, 362–94), deren Grund-

zügen ich folge. Vgl. allg. Dipper, Bauernbefreiung, 143–84; Rupieper, Probleme, 166–70; Mooser, Klassengesellschaft, 355–67; ders., Rebellion, 77–80; G. Franz, Die agrar. Bewegung 1848, in: ZAA 7. 1959, 176–93; M. Gailus, Zur Politisierung der Landbevölkerung in der Märzbewegung 1848, in: Steinbach Hg., 88–113; W. Siemann, Protestbewegungen in der deutschen Revolution 1848/49, in: Reinalter Hg., Protestbewegungen, 305–26; Eckardt, Jagd, 232–89; H. Bleiber, Bauern u. Landarbeiter in der bürgerl.-demokrat. Revolution 1848/49, in: ZfG 17. 1969, 289–309; ders., Anteil der Landarbeiter, 65–81; ders., Zur Rolle der Bauern in der deutschen Revolution 1848/49, in: Nordharzer Jb. 7. 1978, 77–80; dogmatisch: F. Schaaf, Der Kampf der deutschen Arbeiterbewegung um die Landarbeiter u. werktätigen Bauern 1848–90, Berlin 1962; H. Hübner, Die Bewegung der ostelb. Landarbeiter in der Revolution 1848/49, Diss. Halle 1958. – Beispiele für aufschlußreiche Regionalstudien über *Baden*: Lautenschlager; Locher; R. Wirtz, Die Begriffsverwirrung der Bauern im Odenwald 1848, in: D. Puls Hg., Wahrnehmungsformen u. Protestverhalten, Frankfurt 1979, 81–104, ders., Die Revolution im Seekreis 1848/49, in: D. Schott u. W. Trapp Hg., Seegründe, Weingarten 1984, 103–27; W. Real, Die Revolution in Baden 1848/49, Stuttgart 1983; M. Botzenhart, Baden in der deutschen Revolution 1848/49, in: A. Schäfer Hg., Oberrhein. Studien 2. 1973, 61–91; F.X. Vollmer, Die 48er Revolution in Baden, in: Becker u. a., 37–64; K. Hofmann, Die Unruhen 1848 u. 1849 im bad. Frankenland, Weinheim 1911. – *Württemberg:* v. Hippel, Bauernbefreiung, I; Hettling; Mohrdieck; W. Kaschuba u. C. Lipp, 1848, Provinz u. Revolution, Tübingen 1979; R. Leibbrand, Das Revolutionsjahr 1848 in Württemberg, Stuttgart 1948; vgl. E. Gönner, Die Revolution 1848/49 in den hohenzoll. Fürstentümern, Hechingen 1952. – *Bayern:* Giebel; Zimmermann, 1848 in Franken; E. L. Shorter, Social Change and Policy in Bavaria 1800–60, Diss. Harvard Univ. 1967, MS; H. Reiter, Die Revolution 1848/49 in Altbayern, München 1983; H. Renner, Die pfälz. Bewegung 1848/49, Diss. Marburg 1955, MS; K. Bachmann, Die Volksbewegung 1848/49 im Allgäu, Erlangen 1954; H. Kessler, Polit. Bewegungen in Nördlingen u. dem bayer. Ries 1848/49, Diss. München 1939. – *Sachsen:* R. Weber, Die Revolution in Sachsen 1848/49, Berlin 1970; A. Zwahr, Sachsen im März 1848, in: JbR 7. 1979, 35–50; R. Zeise, Bauern u. Demokraten 1848/49, in: ebd. 4. 1972, 148–77; ders., Der Kampf um die Mobilisierung der Landbevölkerung in Sachsen im Frühjahr 1848, in: Sächs. Heimatblätter 12. 1966, 429–44; H.-J. Rupieper, Die Sozialstruktur der Trägerschichten der Revolution 1848/49 am Beispiel Sachsen, in: H. Kaelble u. a., Probleme der Modernisierung in Deutschland, Opladen 1978, 80–109; ders., Die Sozialstruktur demokrat. Vereine im Königreich Sachsen 1848–55, in: JbDIG 7. 1978, 457–68; vgl. H. Mastmann, Die demokrat.-republikan. Bewegung in Thüringen 1848, Diss. FU Berlin 1953, MS. – *Österreich:* J. Marx, Die wirtschaftl. Ursachen der Revolution 1848 in Österreich, Köln 1965; J. Blum, Noble Landowners and Agriculture in Austria 1815–48, Baltimore 1948; K. Grünberg, Die Bauerbefreiung u. die Auflösung des gutsherrl.-bäuerl. Verhältnisses in Böhmen, Mähren u. Schlesien, 2 Bde, Leipzig 1894; P. Heumos, Agrar. Interessen u. nationale Politik in Böhmen 1848/49, Wiesbaden 1979, sowie die Lit. unten Anm. 7. – *Preußen:* H. Bleiber, Die Haltung von Gutsherrn, Behörden u. Bürgertum zur revolutionären Bewegung der schles. Bauern u. Landarbeiter, in: JbG 21. 1980, 103–46; ders., Die Haltung der Parteien gegenüber der Landbevölkerung in der Wahlbewegung im Frühjahr 1848 in Schlesien, in: ebd. 7. 1972, 407–57; seine oben in Anm. 3 zit. Studien; K. u. F. Popiołek, 1848 in Silesia, in: Slavonic and East European Revies 26. 1948, 374–89; Reis; G. Becker, Antifeudale Petitionen preuß. Bauern vom März 1848, in: ZfG 16. 1968, 182–97; O. Yanigasawa, Die sozialökonom. Forderungen der preuß. Landbevölkerung im Spiegel der Petitionsnachweisung, in: Fs. H. Kellenbenz III, Stuttgart 1978, 297–308; M.J. Orr, East Prussia and the Revolution of 1848, in: CEH 13. 1980, 303–31; H. Hübner, Die ostpreuß. Landarbeiter 1848–1914, in: ZfG 11. 1963, 552–70. – *Norddeutschland:* Mooser, Klassengesellschaft; Schulte, Westfalen; Gladen, Tecklenburg; Husung, Protest; ders., Sozialschichtung; J. A. Klocke, Wirtschaftl. Entwicklung u. soziale Lage der Unterschichten in Ostwestfalen

1830–50; Diss. Bochum/Markdorf 1974; H.-J. Behr, Zur Rolle der Osnabrücker Landbevölkerung 1848, in: Osnabrücker Mitteil. 81. 1974, 128–46; Buchholz, Bevölkerung, 15–29, 82–85; H. Golka u. A. Reese, Soziale Strömungen der Märzrevolution 1848 in der Landdrostei Hannover, in: Niedersächs. Jb. für Landesgeschichte 45. 1973, 275–301; H. Bollnow, Polit. u. soziale Bewegung in Oldenburg 1848, in: ebd. 36. 1964, 158–71; M. Wegmann–Peitsch, Die Revolution 1848 im Großherzogtum Oldenburg, Oldenburg 1974; Parisius; H. Hübner, Die mecklenburg. Landarbeiter in der Revolution 1848/49, in: BGA 10. 1968, 858–75; A. Werner, Die polit. Bewegungen in Mecklenburg 1848, Berlin 1907. Zuletzt allg. M. Kossok u. W. Loch Hg., Bauern u. bürgerl. Revolution, Vaduz 1985, 199–220, 227–57 (1848!).

[4] Koch, Agrarrevolution, 367–70, 376–84; v. Gerlach, Aufzeichnungen I, 523 (v. Thadden-Trieglaff, April 1848); Riehl, Bürgerl. Gesellschaft, 89, vgl. 57–111; Stern-Rubarth, 290 («oder, um mich modernerer Bezeichnungen zu bedienen», fuhr Rechberg zeittypisch fort, «einem Krieg der Proletarier gegen die Reichen»); Franz, Bewegung, 193; Gollwitzer, Standesherren, 83–93; Riehl, 57; Lautenschlager, 38–46, 54, 71–74; Zorn, Kl. Wirtschaftsgeschichte, 87; Wirtz, Widersetzlichkeiten, 169–97; ders., Odenwald; Kessler; Wirtz, Seekreis; Koch, Fröbel, 185, 209; Bachmann, Gönner; Mastmann; Gross, Sachsen; Zeise; Reis; Valentin I, 356; Winkel, Ablösungskapitalien, 53; v. Hippel, Bauernbefreiung I; Hofmann, Herrschaft, 486–91, 461, 498; Stolz, 58–66. Der Nassauer Erfolg wurde erst später in die Gesetze vom 24. 12. 1848 und 14. 4. 1849 umgegossen: Zwangsablösung des Zehnten und der Grundabgaben, Verlust der Gerichts- und Hoheitsrechte, Reduktion der Kapitalisierung. – Grünberg I, 389, vgl. Heumos.

[5] Husung, Sozialschichtung, 267–72; Buchholz, Bevölkerung, 15 (28 5. 1848), vgl. 16f., 26–29, 82f.; Gladen, Tecklenburg, 163–68; Schulte, Westfalen, 10, 168f.; Mooser, Rebellion, 77–80; ders., Klassengesellschaft, 326–67; Koch, Agrarrevolution, 385–94, 369; Hübner, Mecklenburg. Landarbeiter; Jordan; Orr; vgl. Teil 4, III: Schlesien; Reis, 25–38; Bleiber, Anteil, 66–70; ders., Rustikalvereine in Schlesien 1848/49, in: Fricke u. a. Hg., Lexikon IV, 110–17 (von Paschen wurden diese wichtigen Vereine eigentümlicherweise übersehen!); ders., Bauern u. Landarbeiter; W. Dönniges Hg., Die neueste preuß. Gesetzgebung über die Befreiung des Grundbesitzes, Frankfurt 1848/49, 57; Knapp, Bauernbefreiung II, 411f.; Zeise, Bauern, 153f., 156–76; Hofmann, Eliten, 617; Huber Hg. I, 321 (Art. IX RV 1849, §§ 166–70).

[6] Vgl. zur städtischen Revolution außer der z. T. bereits zit. landesgeschichtl. Lit. noch zu *Baden*: Botzenhart; Tullner; Real; Vollmer; Locher; P. Lahnstein, Die unvollendete Revolution 1848/49, Stuttgart 1982; H. Schmitt, Das vormärzl. Staatsdenken u. die Revolution 1848 in Baden, in: K. S. Bader Hg., Baden im 19. u. 20. Jh. II, Karlsruhe 1950, 13–88; R. Reith, Der Aprilaufstand 1848 in Konstanz, Sigmaringen 1982. *Württemberg:* Langewiesche, Liberalismus u. Demokratie; Hettling; Leibbrand; W.-D. Hepach, Ulm im Königreich Württemberg 1810–48, Ulm 1979; E. Sieber, Stadt u. Univ. Tübingen in der Revolution 1848/49, Tübingen 1975; B. Mann, Die Württemberger u. die Deutsche Nationalversammlung 1848/49, Düsseldorf 1975. – *Bayern:* Giebel; F. Simhart, Bürgerl. Gesellschaft u. Revolution, München 1978; H. Rall. Die polit. Entwicklung 1848–71, in: HBG IV/1, 224–82; L. Brunner, Polit. Bewegungen in Nürnberg 1848/49, Heidelberg 1907; D. Nickel, Die Revolution 1848/49 in Augsburg u. Bayer.-Schwaben, Augsburg 1965; Fischer, Augsburg, 225–31. – *Sachsen:* Weber, Revolution; Rupieper, Trägerschichten; ders., Vereine; A. Zwahr, Zur Politik der Bourgeoisie in Sachsen vom Febr. bis Sept. 1848, in: Fs. Obermann, 331–60. – *Hansestädte:* W. Schmidt, Die Revolution 1848/49 in Hamburg, Hamburg 1983; D. Bavendamm, Von der Revolution zur Reform. Die Verfassungspolitik des hamburg. Senats 1849/50, Berlin 1969; W. Biebusch, Revolution u. Staatsstreich. Verfassungskämpfe in Bremen 1848–54, Hamburg 1979; H. Entholt, Die brem. Revolution 1848, Bremen 1951; Valentin, Frankfurt. Einige Beispiele von weiteren Städten: Ayçoberry, Cologne, 200–54; Köllmann, Barmen, 224–30; S. Kuhn, Der Aufstand der Kleineisenindustriearbeiter in Solingen am 16. u. 17. 3. 1848, Diss. München

1938; F. Meisenburg, Die Stadt Essen 1848/49, in: Beiträge zur Geschichte von Stadt u. Stift Essen 59. 1940, 121–275; Vogelsang, Bielefeld; W. J. Orr, Königsberg u. die Revolution von 1848, in: ZfO 26. 1977, 271–306; Gause II, 522–42; K. H. Loui, Stralsund 1848, Schwerin 1958; H. Peters, Erfurt 1848, Diss. Berlin 1966; Huschner, 189–200. – Rürup, Geschichte, 175f.; Langewiesche, Europa, 92. Allg. zum Revolutionsverlauf in den Einzelstaaten noch immer die Länderartikel in: Die Gegenwart, 12 Bde, Leipzig 1848–56, Bd. 12, XIII–XVIII.

[7] W. Häusler, Von der Manufaktur, 46, 52f.; vgl. ders., Von der Massenarmut zur Arbeiterbewegung (Wien), München 1979; ders., Soziale Protestbewegungen in der bürgerl.-demokrat. Revolution 1848 in der Habsburgermonarchie, in: Reinalter Hg., Protestbewegungen, 327–59. Allg. zu Österreich: R. J. Rath, The Viennese Revolution of 1848, Austin 1969[2]; J. Polisenský, Aristocrats and the Crowd in the Revolutionary Year 1848, N. Y. 1980; R. Kiszling u. a., Die Revolution im Kaisertum Österreich 1848/49, 2 Bde, Wien 1948; ders., Fürst Felix zu Schwarzenberg, Köln 1952; R. A. Kann, Das Nationalitätenproblem der Habsburgermonarchie (1830–1918), 2 Bde, ebd. 1964; J. W. Boyer, Political Radicalism in Late Imperial Vienna 1848–97, Chicago 1981; A. Sked, The Survival of the Habsburg Empire. Radetzky, the Imperial Army, and the Class War 1848, London 1979; A. Schmidt-Brentano, Die Armee in Österreich 1848–67, Boppard 1975; E. Winter, Revolution, Neoabsolutismus, Liberalismus in der Donaumonarchie, Wien 1969; auch noch: H. R. v. Srbik, Die Wiener Revolution 1848 in sozialgeschichtl. Betrachtung, in: Sch. Jb. 43. 1919, 829–68; E. V. Zenker, Die Wiener Revolution (1848), Wien 1897; E. Violand, Die soziale Geschichte der Revolution in Österreich 1848 (1850), Hg. W. Häusler, ebd. 1984. Vgl. allg. W. L. Langer, The Pattern of Urban Revolution in 1848, in: ders., Explorations, 452–77, dt. in: Stuke u. Forstmann Hg., 46–69; K.-E. Loenne, Zur Bedeutung der Unterschichten für die Revolution 1848 in Deutschland, in: Zeitgeschichte 5. 1978, 311–21; H. Bleiber, Volksmassen u. Revolution 1848/49 in Deutschland, in: BGA 21. 1979, 821–40.

[8] Valentin I, 418; K. L. v. Prittwitz, Berlin 1848, Hg. G. Heinrich, Berlin 1985. Informativ hierzu: M. Kliem, Genesis der Führungskräfte der feudal-militarist. Konterrevolution 1848 in Preußen, Diss. Berlin 1966, 248–304. Virchow, Briefe, 137, 134 (19. 3.), 143 (1. 4. 1848); Helbach, 451 (Siemens, 20. 3. 1849, vgl. ders., Lebenserinnerungen, München 1966[17]); R. Hoppe u. J. Kuczynski, Eine Berufs-, bzw. Klassen- u. Schichtenanalyse der Märzgefallenen in Berlin, in: JbW 1964/IV, 200–76. Plastisch über die Atmosphäre: Fontane, 20 bis 30, 327–54; R. v. Gneist, Berliner Zustände. Polit. Skizzen 18. 3. 1848 – 18. 3. 1849, Berlin 1849; A. Wolff, Berliner Revolutionschronik, 3 Bde, ebd. 1851–54/Leipzig 1979; A. Streckfuss, 1848 – Die Märzrevolution in Berlin, Hg. H. Denkler, Opladen 1984; Varnhagen, Journal, 15–58; Diwald Hg. I, 81–244; II, 485–646; s. auch: K. F. v. Savigny 1814–75, Hg. W. Real, Boppard 1982; F. Lewald, Erinnerungen aus dem Jahre 1848, Frankfurt 1969. Vgl. speziell: E. Kaeber, Berlin 1848, Berlin 1949; G. Lüders, Die demokrat. Bewegung in Berlin im Okt. 1848, ebd. 1909; W. Bussmann, Eine histor. Würdigung Fried. Wilh. IV., in: ders., Wandel u. Kontinuität in Politik u. Gesellschaft, Boppard 1973, 289–304 (im borussischen Stil über die Figur dieses Psychopathen, dem vielleicht die «Psychohistorie» am ehesten einmal gerecht werden könnte). Vgl. auch: R. Haenchen, Revolutionsbriefe 1848 (Fried. Wilh. IV.), Leipzig 1930, sowie die Lit. über den König: 853, Anm. 41. – J. Hofmann, Das Ministerium Camphausen–Hansemann, Berlin 1981; ders., Die Innenpolitik der Regierung Camphausen–Hansemann u. der 2. Ver. Landtag 1848, in: Fs. Obermann, 299–330; H. Maehl, Die Überleitung Preußens in das konstitut. System durch den 2. Ver. Landtag, München 1909; E. Brandenburg Hg., König Fried. Wilh. IV., Briefwechsel mit L. Camphausen, Berlin 1906; K. Obermann, L. Camphausen u. die bourgeoise Konterrevolution 1848/49, in: ZfG 18. 1970, 144–69; Rürup, Geschichte, 179, 188; v. Roon I, 145 (25. 3. 1848), vgl. 120–84; Diwald Hg. II, 551 (Gerlach, 20. 7. 1848); Varnhagen, Journal, 209 (20. 10. 1848); Craig, Armee, 113–43; K. Canis, Ideologie u. polit. Taktik der junkerl.-militarist. Reaktion bei

der Vorbereitung u. Durchführung des Staatsstreichs in Preußen im Herbst 1848, in: JbG 7. 1972, 459–503; ders., Der preuß. Militarismus 1848, Diss. Rostock 1965, MS; M. Kliem, Die Rolle der feudaljunkerl. Reaktion in der Revolution 1848/49, in: ZfG 17. 1969, 310–30.

[9] Siemann, Revolution 91, vgl. 90–114 (vorzügliche Zusammenfassung); D. Langewiesche, Die Anfänge der deutschen Parteien. Partei, Fraktion u. Verein in der Revolution 1848/49, in: GG 4. 1978, 324–61 (weist auch die reichhaltige regionalgeschichtliche Literatur nach, dazu ders., AfS 21, 458–98); vgl. Botzenhart, Parlamentarismus, 215–414; W. Boldt, Die Anfänge des deutschen Parteiweisens, Paderborn 1971, sowie die bereits zit. Lit. zur Parteigeschichte. Allg. zu den Vereinen und Verbänden: H.-P. Ullmann, Interessenverbände in Deutschland 1800–1986, Frankfurt 1987; ders., Bibliographie zur Geschichte der deutschen Parteien u. Interessenverbände, Göttingen 1978; K. v. Beyme, Gesell. Organisationen, Interessengruppen, Verbände, in: SDG 2. 1968, 972–1000; G. Schulz, Über Entstehung u. Formen der Interessengruppen, in: ders., Das Zeitalter der Gesellschaft, München 1969, 222–51; H. Stuke, Materielle Volksinteressen u. liberale Ideale 1848, in: ders., Sozialgeschichte, 232–45; K. Adam, Stände u. Berufe in Preußen gegenüber der nationalen Erhebung 1848, in: PJ 89. 1897, 285–308; Erdmann; Paschen; Eichmeier, 47–54. – Buchheim, Köln Ztg. II, 129; vgl. allg. H. Gebhardt, Revolution u. liberale Bewegung. Die nationale Organisation der konstitut. Partei in Deutschland 1848/49, Bremen 1974; Paschen, 90f., 96–112; Botzenhart, Parlamentarismus, 402f.; Fröbel, Leben; Koch, Fröbel; zu Feuerbach s. o. Teil 3, IV, 6; zu Ronge, dem führenden Deutschkatholiken, s. Teil 3, V, 2; zu Gottschalk: Stein, Köln. Arbeiterverein; S. Zucker, L. Bamberger 1823–1899, Pittsburgh 1975; L. Bamberger, Erinnerungen, Hg. P. Nathan, Berlin 1899; G. Becker, Das Protokoll des 1. Demokratenkongresses vom Juni 1848, in: JbG 8. 1973, 379–405; E. Weber, Centralmärzverein 1848/49, in: Fricke u. a., Lexikon I, 403–12 (die Abgeordneten gehörten zu der linken Fraktion «Donnersberg» – vgl. G. Hildebrandt Hg., Opposition in der Paulskirche, Berlin 1981 –, «Westendhall» und «Deutscher Hof»); Bleiber, Rustikalvereine; Rupieper, Vereine; W. Boldt, Die württ. Volksvereine 1848–52, Stuttgart 1970; C. Lipp, Vereine als polit. Handlungsmuster. Das Beispiel des württ. Vereinswesens 1800–48, in: M. Agulhon Hg., Sociabilité et Société Bourgeoisie, Paris 1985; W. Kaschuba u. dies., Revolutionskultur 1848, in: Zeitschrift für Württ. Landesgeschichte 39. 1980, 141–64. Vgl. V. Klemm, Größe u. Grenzen der kleinbürgerl.-demokrat. Bewegung in der Revolution 1848/49, Berlin 1968; R. Weber, Die Beziehungen zwischen sozialer Struktur u. polit. Ideologie des Kleinbürgertums in der Revolution 1848/49, in: ZfG 13. 1965, 1186–93; L. O'Boyle, The Democratic Left of Germany 1848, in: JMH 33. 1961, 374–83, dt. in: Langewiesche Hg., 261–77; H. Krause, Die demokrat. Partei 1848 u. die soziale Frage, Frankfurt 1923; Langewiesche, Europa, 95; M. Botzenhart, Die Parlamentarismusmodelle der deutschen Parteien 1848/49, in: G. Ritter Hg., Gesellschaft, 121–44 u. in: Langewiesche Hg., 309. – Zur freien Öffentlichkeit, die nach der Beseitigung der Zensur die Interessenartikulation ermöglichte und breit widerspiegelte, vgl. u. a.: K. Obermann Hg., Flugblätter der Revolution 1848/49, Berlin 1970/München 1972; B. James u. W. Mossmann, Glasbruch 1848. Flugblattlieder u. Dokumente einer zerbrochenen Revolution, Neuwied 1983; U. Otto, Die histor.-polit. Lieder u. Karikaturen des Vormärz u. der Revolution 1848/49, Köln 1982; R.-E. Geiger, Zeitschriften 1848 in Berlin, Berlin 1980; S. Weigel, Flugschriftenliteratur 1848 in Berlin, Stuttgart 1979.

[10] Siemann, Revolution, 112; Schult, 34, 48–51–54, 63, 68; Hamerow, 1848, dt. in: Langewiesche Hg., 123 (Bülow, Neue Preuß. Ztg. 22. 8. 1848); W. Mommsen Hg., Deutsche Parteiprogramme, München 1964², 40–42 (gegen Huber [II, 684], der im «Junkerparlament» anstatt im «Verein für König u. Vaterland» den Kern konservativer Parteibildung sieht); Rürup, Geschichte, 193; Klatte, 224–303; Bowman, 805; trotz der beiden Vereine plädierte E. L. v. Gerlach am 31. 8. (Botzenhart, Parlamentarismus, 392) noch einmal in der «Neuen Preuß. Ztg.» für die Gründung einer konservativen Partei. – K.

Canis, Verein für König und Vaterland 1848/49, in: Fricke u.a., Lexikon IV, 298–303; ders., Verein zur Wahrung der Interessen des Grundbesitzes u. Förderung des Wohlstandes aller Volksklassen 1848–52, in: ebd., 403–7; G. Becker, Die Beschlüsse des preuß. Junkerparlaments 1848, in: ZfG 24. 1976, 889–918; H. Fischer, Konservativismus von unten. Wahlen im ländl. Preußen 1849/52, in: 3. Fs. F. Fischer, 69–127; ders., Der «Treubund mit Gott für König u. Vaterland», in: JbGMO 24. 1975, 60–127; Jordan; zu den Gerlachs: NDB 6. 1971[2], 294–99, sowie die jeweiligen Erinnerungen; Diwald Hg., 2 Bde; zu Bülow-Cummerow s. Teil 3, IV, 1; Kleist-Retzow: NDB 12. 1980, 28f. Bismarck: L. Gall, Bismarck, Berlin 1980 u.ö., 63–84; E. Engelberg, dass. I: 1815–71, ebd. 1985, 251–336. – Rosenberg, Pseudodemokratisierung, 83–101.

[11] Vgl. Loenne, Polit. Katholizismus, 106–16; F. Schnabel, Der Zusammenschluß des polit. Katholizismus in Deutschland 1848, Heidelberg 1910 (44f.: Baden); K. Bachem, Vorgeschichte, Geschichte u. Politik der deutschen Zentrumspartei 1815–1914 II, Köln 1927/Aalen 1967, 1–74; M. N. Ebertz, Organisierung von Massenreligiosität im 19. Jh., in: Jb. f. Volkskunde 2. 1979, 38–72; K. Jaeger, Die Revolution 1848 u. die Stellung des Katholizismus zum Problem der Revolution, in: Huber u. Schwerdtfeger Hg., 243–92; J. Roes, Hierarchie u. Demokratie. Die kathol. Bischöfe Deutschlands vor der demokrat. Frage 1848/49, in: Nederlands Archief voor Kerkgeschiedenis 52. 1972, 178–238; K. Repgen, Klerus u. Politik 1848, in: Fs. F. Steinbach, Bonn 1960, 133–65; E. Filhaut, Deutsche Katholikentage 1848–1958 u. die soziale Frage, Essen 1960; P. Reichensperger, Erlebnisse eines alten Parlamentariers 1848, Berlin 1882; J. H. Hüffer, Lebenserinnerungen, Hg. W. Steffens u. E. Hovel, Münster 1952; F. J. Stegmann, Der soziale Katholizismus u. die Mitbestimmung, Paderborn 1974; C. Bauer, Der deutsche Katholizismus u. die bürgerl. Gesellschaft, in: ders., Deutscher Katholizismus, Frankfurt 1964, 28–53. – Kupisch, Landeskirchen, 60f., 67–71; Droz, Sekten; E. Amelung, Die demokrat. Bewegung 1848 im Urteil der protestant. Theologie, Diss. Marburg 1954; Pietismus u. Neuzeit V.: Die Evangel. Kirchen u. die Revolution 1848, Göttingen 1980; W. Delius, Die evangel. Kirche u. die Revolution 1848, Berlin 1948; E. Schubert, Die evangel. Predigt 1848, Gießen 1913; C. Homrichhausen, Evangel. Christen in der Paulskirche 1948/49, Diss. Heidelberg 1980; K. G. Steck, Revolution u. Gegenrevolution in der theolog. Ethik des 19. Jh., in: T. Rendtorff Hg., Theolog. Existenz heute, München 1969, 27–62.

[12] Schieder, Rolle, 331–35; Conze, Beginn, 328–36; Kocka, Lohnarbeit, 173–77; Waentig, 20–22; Siemann, Revolution, 95, 239, Anm. 6; M. Tilmann, Der Einfluß des Revolutionsjahres 1848 auf die preuß. Gewerbe- u. Sozialgesetzgebung, Diss. Berlin 1935. Vgl. allg.: D. Dowe u. T. Offermann Hg., Deutsche Handwerker- u. Arbeiterkongresse 1848–52, Berlin 1983; J. Bergmann, Wirtschaftskrise u. Revolution. Handwerker u. Arbeiter 1848/49, Stuttgart 1986; ders., Das Handwerk in der Revolution von 1848, in: Engelhardt Hg., Handwerker, 320–46; M. Simon, Handwerk in Krise u. Umbruch. Wirtschaftl. Forderungen u. sozialpolit. Vorstellungen der Handwerksmeister im Revolutionsjahr 1848/49, Köln 1983; H. Meusch Hg., Die Handwerksbewegung 1848/49, Alfeld 1949; W. E. Biermann, K. G. Winkelblech (K. Marlo) I: bis 1849, Leipzig 1909; H.-U. Thamer, Arbeit u. Solidarität. Formen u. Entwicklung der Handwerkermentalität im 18. u. 19. Jh. in Frankreich u. Deutschland, in: Engelhardt Hg., Handwerker, 469–96; K. H. Kaufhold, Handwerkl. Tradition u. industrielle Revolution, in: 3. Fs. W. Abel, 169–88; H.-G. Haupt Hg., Die radikale Mitte. Lebensweise u. Politik von Handwerkern u. Kleinhändlern in Deutschland seit 1848, München 1985; G. Crossick u. H.-G. Haupt, Shopkeepers, Master Artisans and the Historian. The Petite Bourgeoisie in Comparative Focus, in: dies. Hg., Shopkeepers and Master Artisans in 19th Century Europe, London 1984, 3–31; T. S. Hamerow, The German Artisan Movement 1848/49, in: JCEA 21. 1961, 135–52. – Regionalanalysen Sedatis; Jeschke; Birnbaum; Ludwig; Bergmann, Berliner Handwerk; Lenger, Kleinbürgertum; ders., Polarisierung u. Verlag. Schumacher, Schneider u. Schreiner in Düsseldorf 1816–61, in: Engelhardt Hg., Handwerker, 127–45; A. Herzig, Kontinuität u. Wandel der polit. u. sozialen Vorstellungen der Hamburger

Handwerker 1790–1870, in: ebd, 294–319; W. Kaschuba, Vom Gesellenkampf zum sozialen Protest in den Vormärz- u. Revolutionsjahren, in: ebd., 381–406; C. Lipp, Württ. Handwerker u. Handwerkervereine im Vormärz u. in der Revolution 1848/49, in: ebd., 347–80; J. Ehmer, Ökonom. u. sozialer Strukturwandel im Wiener Handwerk von der Industriellen Revolution zur Hochindustrialisierung, in: ebd. 78–104; A.J. MacLachlan, Der Übergang vom Handwerker zum Unternehmer in Mainz 1830–60, in: ebd. 146–64.

[13] E. Bernstein, Die Geschichte der Berliner Arbeiterbewegung I, Berlin 1907/Glashütten 1972, 58; M. Quarck, Die erste deutsche Arbeiterbewegung. Geschichte der Arbeiterverbrüderung 1848/49, Leipzig 1924/Berlin 1977, 348; Schieder, Rolle, 335; vgl. ders., Sozialismus; ders., Kommunismus; ders., Bund der Kommunisten; ders., Brüderlichkeit, in: GGr. 1, 552–81; ders., K. Marx als Politiker, München 1987; Winkler, Revolution, 8–34; dagegen: G. Becker, K. Marx u. F. Engels in Köln 1848/49, Berlin 1963; I. Strey u. G. Winkler, Marx u. Engels 1848/49. Die Politik u. Taktik der «Neuen Rhein. Ztg.», ebd. 1972; O.J. Hammen, Die roten 48er, Frankfurt 1972. – Zur «Verbrüderung»: H. Schlechte Bearb., Die Allg. Deutsche Arbeiterverbrüderung 1848–50, Weimar 1979; Zeitung: Die Verbrüderung 1848–50, ND Leipzig 1975; Dowe u. Offermann Hg.; K. Schönhoven, Deutsche Gewerkschaften 1848–1986, Frankfurt 1986; F. Balser, Social-Demokratie 1848/49–63, 2 Bde, Stuttgart 1965[2] (Zit. I, 437); F. Rogger, «Wir helfen uns selbst». Die kollektive Selbsthilfe der Arbeiterverbrüderung 1848/49 u. die individuelle Selbsthilfe S. Borns, Erlangen 1986; U. Engelhardt, Die Anfänge der deutschen Gewerkschaftsbewegung, in: E. Matthias u. K. Schönhoven Hg., Solidarität u. Menschenwürde, Bonn 1984, 9–23; ders., Von der «Unruhe» zum «Streik» 1848/49–1869/70, in: Volkmann u. Bergmann Hg., 228–52; ders., Organisationsverhalten, 381 (Born), 383f.; H. Radandt, Arbeiterbewegung u. Gewerkschaften in der Revolution 1848/49, in: Todt u. ders., 107–211; E. Todt, Die gewerkschaftl. Betätigung in Deutschland 1850–59, Berlin 1950; H. Pflaume, Organisation u. Vertretung der Arbeitnehmer 1848, Diss. Jena/Weimar 1934. Sonst gelang nur den Buchdruckern und Setzern sowie den Zigarrenarbeitern ein gesamtdeutscher Zusammenschluß: W.H. Schröder, Arbeitergeschichte u. Arbeiterbewegung, Frankfurt 1978, 237f.; Dittrich, Arbeiterbewegung, 126f. – Allg. J. Bergmann, Soziallage, Selbstverständnis u. Aktionsformen der Arbeiter in der Revolution 1848, in: ders. u. Volkmann Hg., 283–303; ders., Wirtschaftskrise; P.H. Noyes, Organization and Revolution: Working-Class Associations in the German Revolution of 1848/49, Princeton 1966; Geary, Arbeiterprotest; G.A. Ritter, Staat, Arbeiterschaft u. Arbeiterbewegung in Deutschland 1840–1933, Berlin 1980; W. Conze u. D. Groh, Die Arbeiterbewegung in der nationalen Bewegung, Stuttgart 1966; E. Faul, Kreuzwege radikaler Ziel- u. Strategiediskussion in den Anfängen der deutschen Arbeiterbewegung, in: PVS 17. 1976, 297–316; K. Obermann, Die deutschen Arbeiter in der Revolution 1848, Berlin 1953[2]; H. Wachenheim, Die deutsche Arbeiterbewegung 1844–1914, Opladen 1971[2]; A. Klönne, Die deutsche Arbeiterbewegung, Düsseldorf 1980; G. Lichtheim, Kurze Geschichte des Sozialismus, Köln 1972; B. Moore, Ungerechtigkeit, Frankfurt 1982, 126–72. – Einige Regionalstudien: Marquardt, Class, 202–10; D. Bergmann, 479–508; Bernstein I; Tenfelde, Bergarbeiter, 132–60; A. Herzig, Vom sozialen Protest zur Arbeiterbewegung. Das Beispiel des märk.-westfäl. Industriereviers 1780–1865, in: Volkmann u. Bergmann Hg., 253–80; E.G. Franz, Die hess. Arbeitervereine 1848–50, Darmstadt 1975; M. Scharfe, Die Erwartung, «daß nun alles frey sei...» Polit.-rechtl. Vorstellungen u. Erwartungen von Angehörigen der unteren Volksklassen Württembergs 1848/49, in: Fs. K.-S. Kramer, Hg. K. Köstlin u. K.D. Sievers, Berlin 1976, 179–94; W. Seidel-Höppner u. J. Rokitjanski, Weitling in der Revolution 1848/49, in: JbG 32. 1985, 65–170; K. Rüdinger, Die Arbeiterbewegung in Bayern 1848–50, Diss. München/Bottrop 1934. Vgl. auch: Birker, Arbeiterbildungsvereine; Dowe, Aktion; Schraepler, Handwerkerbünde; Büsch Hg., Frühsozialist. Bünde. Interessante Informationen in: W. Köllmann u. J. Reulecke Hg., Mitteil. des Zentralvereins für das Wohl der arbeitenden Klassen I, Berlin 1848/Hagen 1980. Durch die Brille einer antiquierten Geschichtsphilosophie: W. Schmidt, Sieg u. Festigung des Kapitalismus

im Weltmaßstab u. die Rolle der Arbeiterklasse in den bürgerl.-demokrat. Revolutionen des 19. Jh., in: ZfG 20. 1972, 1245–62; ders., Zur Rolle des Proletariats in der deutschen Revolution 1848/49, in: ebd. 17. 1969, 270–88; ders., Zu einigen Fragen der sozialen Struktur u. der polit. Ideologie in der Zeit des Vormärz u. der Revolution 1848/49, in: BGA 7. 1965, 645–60.

[14] Vgl. S. Thielbeer, Univ. u. Politik in der Deutschen Revolution 1848, Bonn 1983; K. Griewank, Deutsche Studenten u. Univ. in der Revolution 1848, Weimar 1949; W. König, Universitätsreform in Bayern 1848/49, München 1977; E. J. C. Hahn, The Junior Faculty in Revolt: Reform Plans for Berlin University in 1848, in: AHR 82. 1977, 875–95; K. Obermann, Die Berliner Univ. am Vorabend u. während der Revolution 1848/49, in: Forschung u. Wirkung 1. 1960, 165–201; P. Robertson, Students on the Barricades: Germany and Austria, 1848, in: PSQ 84. 1969, 367–79; vgl. auch C. Schurz, Lebenserinnerungen I, Berlin 1929. – F. Baumgart, Lehrer u. Lehrervereine während der Revolution 1848, in: Fs. Vierhaus, 173–88; Bölling, 83; Skopp, 400; Rupieper, Sozialstruktur, 93–95. Fried. Wilh. IV. bekannte Verdächtigung der Volksschullehrer wegen ihrer «Schuld» an «all dem Elend» von 1848 im Januar 1849 z. B. in: Nipperdey, Volksschule, 117; Michael u. Schepp I, 313. Zu den neu entdeckten Wirtschaftsverbänden vor 1848 v. a. Ullmann, Interessenverbände; ausführlich Best, Interessenpolitik; ders., Struktur u. Wandel kollektiven polit. Handelns: Die handelspolit. Petitionsbewegung 1848/49, in: Volkmann u. Bergmann Hg., 169–97; W. Siemann, Wirtschaftsliberalismus 1848/49 zwischen sozialer Verpflichtung u. Konkurrenzprinzip, in: Fs. W. Zeeden, Münster 1976, 407–32; W. Schneider, Wirtschafts- u. Sozialpolitik im Frankfurter Parlament, Frankfurt 1923; P. Albrecht, Die volkswirtschaftl. u. sozialen Fragen in der Frankfurter Nationalversammlung, Diss. Halle–Wittenberg 1914; L. Oelsner, Die wirtschafts- u. sozialpolit. Verhandlungen des Frankfurter Parlaments, in: PJ 87. 1897, 81–100. – Frevert, Frauen-Geschichte, 72–80; U. Gerhard, Über die Anfänge der deutschen Frauenbewegung um 1848. Frauenpresse, Frauenpolitik u. Frauenvereine, in: K. Hausen Hg., Frauen suchen ihre Geschichte, München 1983, 196–220; dies. u. a. Hg., Dem Reich der Freiheit werb ich Bürgerinnen. Die Frauenzeitung von L. Otto, Frankfurt 1980; C. Lipp Hg., Schimpfende Weiber u. patriot. Jungfrauen. Frauen im Vormärz u. in der Revolution 1848/49, Baden-Baden 1986; S. Zucker, German Women and the Revolution of 1848, in: CEH 13. 1980, 237–43; S. Thurn, Frauen 1848/49, in: Geschichtsdidaktik 4. 1979, 36–86; M. Twellmann-Schepp, Die deutsche Frauenbewegung 1843–89, Frankfurt 1976; R. J. Evans, The Feminists. Women's Emancipation Movements in Europe, America, and Australasia 1840–1920, London 1977; G. Hummel-Haasis Hg., Schwestern, zerreißt eure Ketten. Frauen in der Revolution 1848/49, München 1981; F. Böttger Hg., Frauen im Aufbruch. Frauenbriefe aus dem Vormärz u. der Revolution 1848, Berlin 1977/Darmstadt 1979.

[15] Vgl. G. Wollstein, Das Vorparlament 1848, in: Salewski Hg., 179–205; K. Obermann, Die Auseinandersetzungen zwischen Demokraten u. Liberalen im deutschen Vorparlament 1848, in: ZfG 27. 1979, 1156–72; ders., Zur polit. Haltung der gemäßigten Liberalen am Vorabend u. in der deutschen Märzrevolution 1848, in: ebd. 27. 1979, 209–26; Silberner Hg., 407 (Jacoby, 4. 4. 1848); Biedermann, Leben I, 291 (v. d. Pfordten), vgl. ders., Erinnerungen aus der Paulskirche, Leipzig 1849; Rürup, Geschichte, 182f.; Langewiesche, Europa, 93; J. Hansen, Friedr. Wilh. IV u. das liberale März-Ministerium, Trier 1912, 175 (Camphausen); L. v. Ranke, Zur Geschichte Deutschlands u. Frankreichs im 19. Jh., in: SW 49/50, 1887, 588f. (Polit. Denkschrift für Fried. Wilh. IV., Mai 1848). Vgl. allg. W. Gagel, Die Wahlrechtsfrage in der Geschichte der deutschen Parteien 1848–1918, Düsseldorf 1958; G. Schilfert, Sieg u. Niederlage des demokrat. Wahlrechts in der deutschen Revolution 1848/49, Berlin 1952 (für alle Staaten außer Preußen sehr unzuverlässig); K. Repgen, Märzbewegung u. Maiwahlen des Revolutionsjahres 1848 im Rheinland, Bonn 1955; T. S. Hamerow, The Elections to the Frankfurt Parliament, in: JMH 33. 1961, 15–32, dt. in: Böckenförde u. Wahl Hg., 215–36; K. Obermann, Verlauf u. Ergebnisse der Wahlen zur Frankfurter Nationalversammlung im

Königreich Hannover u. Herzogtum Braunschweig, in: JbG 32. 1985, 239–69; ders., Die österreich. Reichstagswahlen 1848, in: Mitteil. des Österreich. Staatsarchivs 26. 1973, 342–74. Allg. O. Büsch u. P. Steinbach Hg., Vergleich. europ. Wahlgeschichte, Berlin 1983; B. Vogel u. a., Wahlen in Deutschland 1848–1970, ebd. 1971; D. Thränhardt, Wahlen u. Strukturen in Bayern 1848–1953, Düsseldorf 1974.

[16] Zur Paulskirche die zit. allg. Darstellungen, bes. ausführlich: Botzenhart, Parlamentarismus; Huber II; Valentin II; hier v. a. nach: Siemann, Revolution; ders., Die Frankfurter Nationalversammlung 1848/49, Frankfurt 1976; F. Eyck, Deutschlands große Hoffnung. Die Frankfurter Nationalversammlung 1848/49, München 1973; über Präsidenten: Wentzke u. Klötzer, v. Gagern; J. E. Dow, A Prussian Liberal: E. v. Simson, Washington D.C. 1981. L. Bergsträsser Hg., Das Frankfurter Parlament in Briefen u. Tagebüchern, Frankfurt 1929; W. Fiedler Hg., Die erste deutsche Nationalversammlung 1848/49, Königstein 1980; außer den bereits zit. Memoiren: A. Duckwitz, Denkwürdigkeiten, Bremen 1877; J. G. Droysen, Beiträge zur neuesten deutschen Geschichte, Braunschweig 1849; ders., Polit. Schriften, Hg. F. Gilbert, München 1933; M. Duncker, Polit. Briefwechsel, Hg. J. Schultze, Stuttgart 1923; G. G. Gervinus Leben. Von ihm selbst (1860), Leipzig 1893. – Zusammensetzung: Am besten auf der Basis der Daten von: M. Schwarz, MdR. Biograph. Handbuch des Reichstags, Hannover 1965, 43–112; Siemann, Revolution, 126, Tab. 16; Botzenhart, Parlamentarismus, 160f. (klarer Vergleich der Zahlen von: Schwarz, Eyck, Valentin, Schilfert, Rosenbaum); vgl. Stuke, Interessen, 242; Eyck, Hoffnung, 95; Schilfert, Sieg, 402f.; Rürup, Geschichte, 182; Lutz, Zwischen Habsburg, 268f. (Nov. 1848); Wollstein, 1848/49, 70f.; Huber II, 610f. (unklar, offenbar wieder nach antiquierten Unterlagen gearbeitet, hier nach: Valentin II, 11f.). Vgl. K. Obermann u. a., Männer der Revolution 1848, Berlin 1970; E. Maschke, Die Industrialisierung Deutschlands im Spiegel der Parlamentszusammensetzungen 1848 bis heute, in: Tradition 10. 1965, 230–45; K. Demeter, Die soziale Schichtung des deutschen Parlaments seit 1848, in: VSWG 39. 1952, 1–29; L. Rosenbaum, Beruf u. Herkunft der Abgeordneten zu den deutschen u. preuß. Parlamenten 1847–1919, Diss. Frankfurt 1923, MS; neuerdings v. a. H. Best, Recruiment, Careers, and Legislative Behavior of German Parliamentarians 1848–1953, in: HSR 23. 1982, 10–54; ders., Der «Ausschluß» – Elitenstruktur u. kleindeutsche Lösung. Ergebnisse einer kollektiven Biographie der Abgeordneten der Frankfurter Nationalversammlung, in: Bericht über den 16. Österreich. Historikertag 1984, Wien 1985, 609–19; nicht mehr berücksichtigen konnte ich: ders., Die Männer von Bildung u. Besitz. Struktur u. Handeln parlamentar. Führungsgruppen in Deutschland u. Frankreich 1848/49, Habil.-Schrift Köln 1986, MS; ders., Die Abgeordneten der Frankfurter Nationalversammlung – Datenhandbuch, Köln 1984, MS. – Vogel, Beamtenkonservativismus, 30f.; W. Siemann, Parteibildung 1848/49 als «Kampf ums Recht», in: Der Staat 18. 1979, 199–227; ders., Nationalversammlung, 80–95; vgl. D. J. Mattheisen, Understanding Political Alignments in the Frankfurt Parliament, in: HSR 35. 1985, 19–30; C. Rose, The Issue of Parliamentary Suffrage at the Frankfurt National Assembly, in: CEH 5. 1972, 127–49; W. Hock, Liberales Denken im Zeitalter der Paulskirche, München 1957; G. Hildebrandt, Parlamentsopposition auf Linkskurs. Die kleinbürgerl. Fraktion Donnersberg in der Frankfurter Nationalversammlung 1848/49, Berlin 1975; über die Fraktionen die Beiträge in: Fricke u. a., Lexikon; G. Ziebura, Anfänge des deutschen Parlamentarismus. Geschäftsverfahren u. Entscheidungsprozesse in der ersten deutschen Nationalversammlung 1848/49, in: Fs. E. Fraenkel, Hg. G. A. Ritter, Berlin 1963, 185–236. Allg. K. v. Beyme, Die parlamentar. Regierungssysteme in Europa, München 1973^2, 150–75; K. Kluxen, Geschichte u. Problematik des Parlamentarismus, Frankfurt 1983.

[17] Zu Schleswig-Holstein s. o. Teil 3, IV, 5 und die zit. Lit., knapp v. a. Carr; Fink; Brandt u. Klüwer. Marx: Wehler, Sozialdemokratie, 20, allg. über Marx u. Engels zu Nationalitätenfragen 1848/49: 17–33, mit den Nachweisen für Hegels Einfluß. – J. Peiser, G. Struve, Frankfurt 1983; G. Wollstein, Das «Großdeutschland» der Paulskirche. Nationale Ziele in der bürgerl. Revolution 1848/49, Düsseldorf 1977 (überschätzt seine Thema-

tik, aber zahlreiche Stimmen à la Jordan, Marx, Reichensperger); K. G. Faber, Nationalität u. Geschichte in der Frankfurter Nationalversammlung, in: Klötzer u. a. Hg., 103–24. Zu Posen: Hagen; Broszat; H. K. Rosenthal, German and Pole. National Conflict and Modern Myth, Gainesville 1976; M. Wawrykowa, Revolutionäre Demokraten in Deutschland u. Polen 1815–48, Braunschweig 1974; W. Hallgarten, Studien über die Polenfreundschaft in der Periode der Märzrevolution, München 1928. Zu Böhmen, Ungarn, Oberitalien und anderen österreichischen Nationalitätenproblemen vgl. souverän: Kann, sowie die Lit. oben in Anm. 7. Grundrechte: Huber Hg. I, 317–23 (Ab. VI, §§ 130–89); O. Dann, Die Proklamation von Grundrechten in den deutschen Revolutionen 1848/49, in: Birtsch Hg., 515–32; G. Birtsch, Gemäßigter Liberalismus u. Grundrechte, in: Schieder Hg., Liberalismus, 22–38; U. Scheuner, Die rechtl. Tragweite der Grundrechte in der deutschen Verfassungsentwicklung des 19. Jh., in: ders., Staatstheorie u. Staatsrecht, Berlin 1978, 633–63; u. in: Böckenförde u. Wahl Hg., 319–45; Wahl, Grundrechte im deutschen Konstitutionalismus, 346–71; H. Scholler, Die Grundrechtsdiskussion in der Paulskirche, Darmstadt 1973; ders. Hg., Die sozialen Grundrechte in der Paulskirche, in: Der Staat 13. 1974, 51–72; D. Bohnert, Die Behandlung der sozialen Frage in den Debatten der Frankfurter Nationalversammlung 1848/49, Diss. Heidelberg 1980; über den «Vordenker» der Grundrechte: B.-R. Kern, G. Beseler, Berlin 1982. – E. G. Franz, Das Amerikabild der deutschen Revolution 1848/49, Heidelberg 1958 (z. B. Senat als Modell für das «Staatenhaus» usw.); Hardtwig, Polit. Gesellschaft, 352.

[18] D. Langewiesche, Republik, konstitutionelle Monarchie u. «soziale Frage». Grundprobleme der deutschen Revolution 1848/49, in: HZ 230. 1980, 529–48, u. in: ders. Hg., 341–61; ders., Gesellschafts- u. verfassungspolit. Handlungsbedingungen u. Zielvorstellungen europ. Liberaler in den Revolutionen 1848, in: Schieder Hg., Liberalismus, 341–62; ders., Europ. Liberale in den Revolutionen 1848, in: Aus Politik u. Zeitgeschichte B 20/82, 22–32; ders., Europa, 95 f., 100 (Langewiesche als einem der derzeit besten Revolutionskenner verdanke ich wichtige Einsichten); Sheehan, Liberalismus, 463–91; D. Hansemann, Das preuß. u. deutsche Verfassungswerk, Berlin 1850^2, 231; Hansen, Mevissen II, 474 (14. 5. 1849), 473 (v. Beckerath, 12. 5. 1849); ders. Hg., Briefe II/1, 660 f. (Gottschalk, 26. 3. 1848); Moltke, GS VI, 1892, 160 (29. 3. 1848); s. auch F. Harkort, Brief an die Arbeiter, Berlin 1849. Vgl. Stadelmann, Revolution, 104; Zunkel, 170–82; Schulte, Westfalen, 184; Repgen, Märzbewegung, 16; Valentin II, 557; Pastor I, 249 f. Aus der neueren Lit.: W. Boldt, Konstitutionelle Monarchie oder parlament. Demokratie 1848, in: HZ 216. 1973, 553–622; M. Botzenhart, Die Verfassungsfrage in der Revolution 1848/49, in: Salewski Hg., 206–27; P. Wende, Der Revolutionsbegriff der radikalen Demokraten, in: Klötzer u. a. Hg., 57–68; s. auch: J. Talmon, Political Messianism: The Romantic Phase 1814–48, London 1960, 395–486. – Auch ein Konservativer wie Ranke (SW 49/50, 597) glaubte, daß der Staat als Pendant zur allgemeinen Dienstpflicht «das Recht auf Arbeit anerkennen» solle. – H. Fenske, Die Verfassung des Deutschen Reiches, 28. März 1849, in: Zeitschrift für Hess. Geschichte 90. 1984/5, 253–312; J.-D. Kühne, Die Reichsverfassung der Paulskirche, Frankfurt 1985; J. H. Kumpf, Petitionsrecht u. öffentl. Meinung im Entstehungsprozeß der Paulskirchenverfassung 1848/49, Frankfurt 1983; Huber II, 587–884; Scheuner, Verwirklichung, 399–401; Virchow, Briefe, 142, 145 (1. 5. 1848); Fried. Wilh. IV an Arndt nach: Faber, Geschichte, 266.

[19] Die Zusammensetzung der Berliner Versammlung: Botzenhart, Parlamentarismus, 516; Rürup, Geschichte, 187 f.; anders als in Preußen hob der franzisko-josephinische Neoabsolutismus die Verfassung 1851 wieder auf, Huber III, 27–35. Vgl. D. J. Mattheisen, Die Fraktionen der preuß. Nationalversammlung 1848, in: Jarausch Hg., Quantifizierung, 149–67; G. Grünthal, Zwischen König, Kabinett u. Kamarilla. Der Verfassungsoktroi in Preußen vom 5. 12. 1848, in: JbGMO 32. 1983, 119–74; ders., Parlamentarismus in Preußen 1848/49–1857/58, Düsseldorf 1982, 27–95; ders., Das preuß. Dreiklassenwahlrecht 1849, in: HZ 226. 1978, 17–66; ders., Die Konstitutionalisierung Preußens, Karlsruhe 1975; ders., Crown and Parliament in Prussia 1848–66, in: Parliaments, Estates, and

Representation 5. 1985, 165–74; W. Orr, The Prussian Ultra Right and the Advent of Constitutionalism in Prussia, in: Canadian Journal of History 11. 1976, 295–310. Vgl. J. Droz, L'Origine de la lois des trois classes en Prusse 1848–1910, Paris 1963; Boberach; Gagel; Koselleck, Preußen, 700f.; Huber II, 724–66; III, 35–53; vgl. auch K.H. Brüggemann, Meine Leitung der Kölner Zeitung u. die Krisen der preuß. Politik 1846–55, Leipzig 1855; A. Andrae, Erinnerungen eines alten Mannes aus dem Jahre 1848, Bielefeld 1895, 20–27; Hansen, Mevissen II, 448 (M. an Mallinckrodt, 8.12. 1848); Facius, 52f.; Zunkel, 179f. E.L. v. Gerlach, Denkwürdigkeiten I, 392 (17.12. 1849); Schilfert, Sieg, 283 (Gneist); Hundeshagen, Kl. Schriften I, 379; Obermann, Klassenstruktur I, 91f., 104f. Die Urwählerverteilung 1849 bei einer Gesamtzahl von 3,256 Mill. unter 15,896 Mill. Preußen: I: 4,72 % (153808); II: 12,59 % (409945); III: 67,47 % (2,196 Mill.); unbesteuert: 15,22 % (495457). Jede Klasse wählte im indirekten Verfahren gleichviele Wahlmänner.

[20] Vgl. C. Kleßmann, Zur Sozialgeschichte der Reichsverfassungskampagne 1849, in: HZ 218. 1974, 283–337; B. Mann, Das Ende der Deutschen Nationalversammlung 1849, in: ebd. 214. 1972, 265–309; H.-J. Rupieper, Die Polizei u. die Fahndungen anläßl. der Revolution 1848/49, in: VSWG 64. 1977, 328–55; Langewiesche, Europa, 100; Rürup, Geschichte, 192–94; Ranke, SW 49/50, 591. Über den nachdrücklichsten Befürworter der Unionspolitik: Meinecke, Radowitz; W. Möring Hg., J.M. v. Radowitz, Nachgel. Briefe u. Aufzeichnungen 1848–53, Stuttgart 1922. Vgl. H. Rumpler, Die deutsche Politik des Freiherrn v. Beust 1848–50, Wien 1972; E. Franz, L. v.d. Pfordten, München 1938. Über die oft überschätzte Unionspolitik vgl. die allg. Darstellungen, z.B. von Faber, Geschichte; Rürup, dass.; Langewiesche, Europa; Nipperdey, Geschichte; v.a. Grünthal, Parlamentarisierung. Aus einer anderen Perspektive betrachtet, zeigte die Unionspolitik, für wie stark die Kraft der soeben besiegten deutschen Nationalbewegung doch noch gehalten wurde. Im Verein mit ihren kooperationswilligen «erbkaiserlichen» Vertretern sollte die kleindeutsche Lösung «von oben» durch ein Regierungskartell erreicht werden. Die überhastete Wiederholung des Dramas endete, wie Marx zu urteilen pflegte, als «Farce» – als «Reprise der Frankfurter Anstrengung in preußisch-konservativem Gewande», so Lutz, 307.

[21] Die älteren Feindbilder z.B. bei E. Marcks, Die europ. Mächte u. die 48er Revolution, in: HZ 142. 1930, 73–87; Aufstieg I, 251–58; v. Srbik, Einheit I, 315–456; v. Sybel, Gründung I, 129–319. Dann v.a.: A. Scharff, Die europ. Großmächte u. die deutsche Revolution 1848–51, Leipzig 1942; der bornierte Aufsatz von S.A. Kaehler, Die deutsche Revolution 1848 u. die europ. Mächte, in: ders., Vorurteile u. Tatsachen, Hameln 1949, 59–89. Neuerdings ebenso spekulativ: Stürmer, 1848, 237f.; ders., Nationalstaat u. Massendemokratie im Mächtesystem. 1848 oder die Geburt eines Dilemmas, in: Becker u. Hillgruber Hg., 37–50; ders., Kein Eigentum der Deutschen: die deutsche Frage, in: Weidenfeld Hg., 90f. Die nüchterne und überzeugende Gegenposition: G. Gillesen, Lord Palmerston u. die Einigung Deutschland 1848–51, Lübeck 1961, 5. Langewiesche, Europa, 96; Rürup, Geschichte, 185; Faber, Geschichte, 238–40; Lutz, 227f., 499. Vgl. V. Valentin, Fürst K. Leiningen u. das deutsche Einheitsproblem, Stuttgart 1910; W.E. Mosse, The European Powers and the German Question 1848–71, Cambridge 1958/1969[2]; A.J.P. Taylor, The Struggle for Mastery in Europe 1848–1918, Oxford 1954/1971, 16 (Cowley, 3.12. 1848 an Palmerston), dt. in: Langewiesche Hg., 204.

V. Die Gründe des Scheiterns und die Ergebnisse der Revolution
Niederlagen und Erfolge

[1] Allg. hierzu: Siemann, Revolution, 223–28; Langewiesche, Europa, 109–12, 71f.; Rürup, Geschichte, 195–97; Faber, dass., 278–83; Nipperdey, dass., 663–70; Lutz, 320–22; Stadelmann, Revolution, 196f.; Becker u. Schmidt, 375–78; T. Schieder, Staatensystem als Vormacht der Welt 1848–1918, Berlin 1982[2], 12–55; J. Breuilly, The Failure of the Revolution of 1848, in: ESR 1. 1981, 103–16; unbefriedigend: W. Bussmann, Das Scheitern der Revolution in Preußen 1848, in: Erdmann u.a., 153–77; K. Griewank,

Ursachen u. Folgen des Scheiterns der Revolution 1848, in: HZ 170. 1950, 494–523, u. in: Böckenförde u. Wahl Hg., 40–62. – Faber, Strukturprobleme, 220f.; ders., Geschichte, 281; Lutz, 439f.; v. Gerlach, Denkwürdigkeiten I, 595; Lutz, 229, 228, vgl. aber 500, Anm. 105 (klarer Widerspruch zu 228); Nipperdey, Geschichte, 669. Überdies wurden auch die nationalen Grenzen des künftigen Deutschland verbindlich erst dann diskutiert, als die Revolution schon seit Monaten nicht mehr gewonnen werden konnte.

[2] Die antiquierte These vom Verrat der Bourgeoisie an ihrer «Mission» noch immer bei: Becker u. Schmidt, 375–78; G. Becker, Zur Rolle der preuß. Bourgeoisie nach der Märzrevolution 1848, in: ZfG 24. 1976, 168–89; W. Schmidt, Zur Rolle der Bourgeoisie in den bürgerl. Revolutionen 1789 u. 1848, in: ebd. 21. 1973, 301–20, sowie an vielen anderen Stellen der orthodox-marxistischen Lit., vgl. die Verzeichnisse: Teil 4, IV, Anm. 1. – E. Shorter, Middle Class Anxiety in the German Revolution of 1848, in: JSH 2. 1968/69, 189–216, v. a. 213–15; Waentig, 21f.; Lutz, 321. Zur entscheidenden Rolle des Militärs: D. Langewiesche, Die Rolle des Militärs in den europ. Revolutionen 1848/49, in: W. Bachofer u. H. Fischer Hg., Ungarn–Deutschland, München 1983, 273–88; s. auch J. Callies, Militär in der Krise. Die bayer. Armee in der Revolution 1848/49, Boppard 1976; Canis, Militarismus. Vgl. H. Herz, Zur ökonom.-sozialen Entwicklung von Adel u. Junkertum in Preußen 1848/49–1871, in: ZfG 31. 1983, 523–37; G.A. Ritter Hg., Regierung, Bürokratie u. Parlament in Preußen u. Deutschland von 1848 bis zur Gegenwart, Düsseldorf 1983.

[3] Vgl. allg. die Lit. oben in Anm. 1. – Marschalck, Überseewanderung, 35f.; M.L. Hansen, The Revolution of 1848 and German Emigration, in: Journal of Economic and Business History 2. 1930, 630–58; E.W. Dobert, Deutsche Demokraten in Amerika: Die 48er, Göttingen 1958; C. Wittke, Refuges of Revolution. The German Forty-Eighters in America, Philadelphia 1952/Greenwood 1970; A.E. Zucker Hg., The Forty-Eighters. Political Refugees of the German Revolution of 1848, N.Y. 1950. – W. Siemann Hg., Der «Polizeiverein» deutscher Staaten. Eine Dokumentation zur Überwachung der Öffentlichkeit nach der Revolution 1848/49, Tübingen 1983; ders., Deutschlands Ruhe, 242–459; D. Langewiesche, «Staatsschutz» u. polit.-gesell. Wandel in Deutschland 1848–1914, in: Adler Hg. II, 201–39; H. Pelger, Zur demokrat. u. sozialist. Bewegung in Norddeutschland im Anschluß an die Revolution 1848, in: AfS 8. 1968, 161–228; A. Funk, Polizei u. Rechtsstaat. Die Entwicklung des staatl. Gewaltmonopols in Preußen 1848–1914, Frankfurt 1986.

[4] In Bd. III ist zu behandeln, daß während der Reaktionszeit in manchen Staaten ein empfindlicher Rückschlag erfolgte: die preußische Landgemeindeordnung von 1850 z.B. wurde wieder annulliert, die Selbstverwaltungsgremien in den Kreisen und Regierungsbezirken wurden aufgehoben; die Ritter übten seit 1856 die Polizeigewalt wieder aus; der Fideikommiß kehrte zurück usw. – Zur Handwerksgeschichte vgl. die Lit.: 798 f., Anm. 13. 1852 begann eine diese Politik unterstützende Erholung vieler Handwerksbranchen, vgl. Schmoller, Kleingewerbe, 91f. – Köllmann, Anfänge der Sozialpolitik, 454–57; Teuteberg, Mitbestimmung, 201; K.-E. Born, Sozialpolit. Probleme u. Bestrebungen in Deutschland von 1848 bis zur Bismarckschen Sozialgesetzgebung, in: VSWG 46. 1959, 29–44; G. Erdmann, Die Entwicklung der deutschen Sozialgesetzgebung, Göttingen 1957[2]; F. Syrup u. O. Neuloh, 100 Jahre staatl. Sozialpolitik 1839–1939, Stuttgart 1957; F. Tennstedt, Portraits u. Skizzen zur Geschichte der Sozialpolitik in Deutschland, Kassel 1983; ders., Vom Proleten zum Industriearbeiter 1800–1914, Köln 1983; die Darstellungen von Tennstedt und Gladen, sowie allg. D. Grimm, Die sozialgeschichtl. u. verfassungsrechtl. Entwicklung zum Sozialstaat, in: P. Koslowski u.a. Hg., Chancen u. Grenzen des Sozialstaats, Tübingen 1983, 41–65. – Zum AG-Recht s. o. Teil 3, II, 3 u. Teil 4, I; M. Pohl, Entstehung u. Entwicklung des Universalbankensystems, Frankfurt 1986, 11–37; zur Industriellen Revolution nach 1849 vgl. Bd. III. – Schmidt, Strafrechtspflege, 316–19. – Am genauesten zur preußischen Verfassungspolitik: Grünthal, Parlamentarisierung. Vgl. zur Kontroverse: Brandt, Repräsentation (Jarcke, Stahl); C. Schmitt, Verfassungslehre

(1929), Berlin 1957[3]; Huber durchlaufend in seiner «Verfassungsgeschichte» I–V, z. B. III, 3–26; ders., Bewahrung u. Wandlung, Berlin 1975, 62–106; ders., Nationalstaat u. Verfassungsstaat, Stuttgart 1965, 188–223. Dagegen: E.-W. Böckenförde, Der Verfassungstyp der deutschen konstitutionellen Monarchie im 19. Jh., in: ders. u. Wahl Hg., 146–70 u. in: ders., Staat, 112–45; vgl. Boldt, Staatslehre, 263–68. – Mosse u. a. Hg., Revolution; W. Grab u. J. H. Schoeps Hg., Juden im Vormärz u. in der Revolution 1848, Stuttgart 1983; J. Toury, Soziale u. polit. Geschichte der Juden in Deutschland 1847–71, Tel Aviv 1977; T. Klein u. a. Hg., Judentum und Antisemitismus von der Antike bis zur Gegenwart, Düsseldorf 1984; H. Greive, Geschichte des modernen Antisemitismus in Deutschland, Darmstadt 1983; M. Richarz, Der Eintritt der Juden in die akadem. Berufe 1678–1848, Tübingen 1974, 164–82, 206–13; dies., Juden – Wissenschaft u. Univ. Preußen 1800–50, in: JIDG Beih. 4. 1982, 55–72.

VI. Deutschland am Ende des Feudalzeitalters:
Der Durchbruch des Industriekapitalismus im Verfassungsstaat

[1] F. Engels, Einleitung zu: K. Marx, Klassenkampf in Frankreich (1895), in: MEW 22, 516; fast identisch schon: ders., Feuerbach (1888), in: ebd. 21, 265; E. J. Hobsbawm, Gesellschaftskrise 1789–1848, in: R. Urbach Hg., Wien u. Europa zwischen den Revolutionen 1789–1848, Wien 1978, 20; A. Lees, Revolution and Reflection. Intellectual Change in Germany During the 1850's, Den Haag 1974; L. A. v. Rochau, Grundsätze der Realpolitik (1853), Hg. H.-U. Wehler, Berlin 1972; Hobsbawm, Age, 24f.; Rürup, Geschichte, 196; vgl. Stadelmann, Deutschland, 31. – Zu den Schlußperspektiven vgl. Abel, Massenarmut, 393; Sombart, Volkswirtschaft, 21; Schnabel, 1848, 189; Koselleck, in: Bergeron u. a., 235; Habermas, Technik, 68.

Abkürzungsverzeichnis

AB	Acta Borussica, 31 Bde
ADB	Allgemeine Deutsche Biographie, 56 Bde
AER	American Economic Review
AG	Aktiengesellschaft
AGS	Archiv für die Geschichte des Sozialismus u. der Arbeiterbewegung
AH	Agricultural History
AHR	American Historical Review
AJS	American Journal of Sociology
AfK	Archiv für Kulturgeschichte
ALR	Allgemeines Landrecht für die preußischen Staaten von 1794
AR	M. Weber, Gesammelte Aufsätze zur Religionssoziologie
ASA	Allg. Statistisches Archiv
ASS	Archiv für Sozialwissenschaft u. Sozialpolitik
ASSp	M. Weber, Ges. Aufsätze zur Soziologie u. Sozialpolitik
AfS	Archiv für Sozialgeschichte
BAB	Bergamtsbezirk
BDL	Blätter für Deutsche Landesgeschichte
BGA	Beiträge zur Geschichte der Arbeiterbewegung
BGTI	Beiträge zur Geschichte der Technik u. Industrie
BHR	Business History Review
BHS	Beiträge zur Historischen Sozialkunde
BM	Berlinische Monatsschrift
BRT	Bruttoregistertonnen
BS	Bibliographie zur modernen deutschen Sozialgeschichte 18.–20. Jh., Hg. H.-U. Wehler
BW	Bibliographie zur modernen deutschen Wirtschaftsgeschichte 18.–20. Jh., Hg. H.-U- Wehler
BWb	Biographisches Wörterbuch zur deutschen Geschichte
CEH	Central European History
CEHE	Cambridge Economic History of Europe, 7 Bde
CMV	Centralmärzverein
CN	Code Napoleon
CSSH	Comparative Studies in Society and History
DBA	Deutsche Bundesakte
DVG	Deutsche Verwaltungsgeschichte, 6 Bde
DVS	Deutsche Vierteljahresschrift
dz.	Doppelzentner
DZW	Deutsche Zeitschrift für Wirtschaftskunde
EAS	Europäisches Archiv für Soziologie
EDCC	Economic Development and Cultural Change
EEH	Explorations in Entrepreneurial bzw. Economic History
EHR	Economic History Review
EJ	Economic Journal
ESR	European Studies Review
ESS	Encyclopaedia of the Social Sciences, 15 Bde
FBPG	Forschungen zur Brandenburgischen u. Preußischen Geschichte

FEHE	Fontana Economic History of Europe, 6 Bde
fl.	Gulden
Fs.	Festschrift
GASW	M. Weber, Gesammelte Aufsätze zur Sozial- u. Wirtschaftsgeschichte
GG	Geschichte u. Gesellschaft
GGA	Göttingische Gelehrte Anzeigen
GGr.	Geschichtliche Grundbegriffe, bisher 5 Bde
GHH	Gutehoffnungshütte
GO	Gewerbeordnung
GS	Preußische Gesetzessammlung
G.Sch.	Gesammelte Schriften
GdS	Grundriß der Sozialökonomik, Abt. 1–9
GW	Gesammelte Werke
GWU	Geschichte in Wissenschaft u. Unterricht
ha	Hektar
HBG	Handbuch der Bayerischen Geschichte, 4 Bde
HEG	Handbuch der Europäischen Geschichte, 7 Bde
HEWS	Handbuch der Europäischen Wirtschafts- u. Sozialgeschichte, bisher 3 Bde
HF	Handbuch der Finanzwissenschaft, 4 Bde
HGA	Handwörterbuch des Grenz- u. Auslandsdeutschtums, 3 Bde
HJ	Historical Journal
HdM	Handbuch zur deutschen Militärgeschichte, 9 Bde
HdR	Handwörterbuch zur deutschen Rechtsgeschichte, bisher 3 Bde
HSR	Historical Social Research
HSW	Handwörterbuch der Sozialwissenschaften, 14 Bde
HStW	Handwörterbuch der Staatswissenschaften, 9 Bde
HT	History and Theory
HW	History Workshop
HWP	Historisches Wörterbuch der Philosophie, bisher 6 Bde
HWS	Handbuch der deutschen Wirtschafts- u. Sozialgeschichte, 2 Bde
HWW	Handwörterbuch der Wirtschaftswissenschaft, 10 Bde
HZ	Historische Zeitschrift
IASL	Internationales Archiv für Sozialgeschichte der deutschen Literatur
IESS	International Encyclopaedia of the Social Sciences, 17 Bde
IRSH	International Review of Social History
IWK	Internationale Wissenschaftl. Korrespondenz zur Geschichte der deutschen Arbeiterbewegung
JCEA	Journal of Central European Affairs
JCH	Journal of Contemporary History
JEEH	Journal of European Economic History
JEH	Journal of Economic History
JHI	Journal of the History of Ideas
JIH	Journal of Interdisciplinary History
JMH	Journal of Modern History
JNS	Jahrbücher für Nationalökonomie u. Statistik
JPE	Journal of Political Economy
JSH	Journal of Social History
JVK	Jahrbuch für Volkskunde u. Kulturgeschichte
Jb.	Jahrbuch
JbG	Jahrbuch für Geschichte
JbGMO	Jahrbuch für Geschichte Mittel- u. Ostdeutschlands
JbIDG	Jahrbuch des Instituts für Deutsche Geschichte in Tel Aviv

JbR	Jahrbuch für Regionalgeschichte
JbS	Jahrbuch für Sozialwissenschaft
JbSPS	Jahrbuch für die Statistik des Preußischen Staates
JbW	Jahrbuch für Wirtschaftsgeschichte
Jh.	Jahrhundert
KiG	Die Kirche in ihrer Geschichte
KO	Kabinettsordre
KZfS	Kölner Zeitschrift für Soziologie
km	Kilometer
M.	Mark
MEW	Marx-Engels, Werke, 39 Bde
MIÖG	Mitteilungen des Instituts für österreichische Geschichtsforschung
Mo.	Morgen
NCMH	New Cambridge Modern History, 14 Bde
NDB	Neue Deutsche Biographie, bisher 14 Bde
OBAB	Oberbergamtsbezirk
OEP	Oxford Economic Papers
p.a.	per annum, jährlich
PAFK	Probleme der Agrargeschichte des Feudalismus u. Kapitalismus
p.c.	per capita, pro Kopf
PJ	Preußische Jahrbücher
p.M.	pro Mille, je 1000
PoST	Population Studies
PP	Past & Present
Prov.	Provinz
PS	Peasant Studies
PS	M. Weber, Gesammelte Politische Schriften
PSQ	Political Science Quarterly
PSt	Preußische Statistik
PVS	Politische Vierteljahrsschrift
Rb.	Regierungsbezirk
RDH	Reichsdeputationshauptschluß
RGG	Religion in Geschichte u. Gegenwart, 6 Bde
RH	Revue Historique
RHES	Revue d'Histoire Economique et Social
RHM	Revue d'Histoire Moderne
RoP	Review of Politics
Rt.	Reichstaler
RVB	Rheinische Vierteljahrsblätter
RWB	Rheinisch-Westfälische Wirtschaftsbiographien
Sch.Jb.	Schmollers Jahrbuch
SDG	Sowjetsystem u. Demokratische Gesellschaft, 7 Bde
SDR	Statistik des Deutschen Reiches
SgAB	Sozialgeschichtliches Arbeitsbuch
SH	Social History
SM	Scripta Mercaturae
SoH.	Sonderheft
Sowi	Sozialwissenschaftliche Informationen
SR	Social Research
SVS	Schriften des Vereins für Sozialpolitik
SW	Sämtliche Werke
SW	Soziale Welt

T.	Taler
To.	Tonne
VO	Verordnung
VSDR	Vierteljahrshefte zur Statistik des Deutschen Reiches
VSWG	Vierteljahrsschrift für Sozial- u. Wirtschaftsgeschichte
WaG	Welt als Geschichte
Wb.	Wörterbuch
WbV	Wörterbuch der Volkswirtschaft, 3 Bde
WF	Westfälische Forschungen
Wg	M. Weber, Wirtschaftsgeschichte
WG	M. Weber, Wirtschaft u. Gesellschaft
WL	M. Weber, Gesammelte Aufsätze zur Wissenschaftslehre
WP	World Politics
WSA	Wolfenbütteler Studien zur Aufklärung
ZAA	Zeitschrift für Agrargeschichte u. Agrarsoziologie
ZBL	Zeitschrift für Bayerische Landesgeschichte
ZfG	Zeitschrift für Geschichtswissenschaft
ZfO	Zeitschrift für Ostforschung
ZfS	Zeitschrift für Soziologie
ZfV	Zeitschrift für Volkskunde
ZGO	Zeitschrift für die Geschichte des Oberrheins
ZGS	Zeitschrift für die Gesamte Staatswissenschaft
ZHF	Zeitschrift für Historische Forschung
ZKPSB	Zeitschrift des Königlich Preußischen Statistischen Büros
ZVdS	Zeitschrift des Vereins für deutsche Statistik

Personenregister

Sachregister

Deutsche Geschichte

Horst Rabe
Deutsche Geschichte 1500–1600
Das Jahrhundert der Glaubensspaltung
1991. 728 Seiten.
Leinen

Gordon Alexander Craig
Deutsche Geschichte 1866–1945
Vom Norddeutschen Bund
bis zum Ende des Dritten Reiches
Aus dem Englischen von Karl Heinz Siber
72. Tausend. 1993. 806 Seiten. Leinen
Beck's Historische Bibliothek

Thomas Nipperdey
Deutsche Geschichte 1800–1866
Bürgerwelt und starker Staat
51. Tausend. 1994. 838 Seiten mit 36 Tabellen.
Leinen

Thomas Nipperdey
Deutsche Geschichte 1866–1918
Band I: Arbeitswelt und Bürgergeist
36. Tausend. 1994. 885 Seiten.
Leinen

Thomas Nipperdey
Deutsche Geschichte 1866–1918
Band II: Machtstaat vor der Demokratie
3., durchgesehene Auflage. 1995. 948 Seiten.
Leinen

Heinrich August Winkler
Weimar 1918–1933
Die Geschichte der ersten deutschen Demokratie
2., durchgesehene Auflage. 1994. 709 Seiten.
Leinen

Verlag C. H. Beck München